ANTHROPOLOGIE ET HISTOIRE
AU SIÈCLE DES LUMIÈRES

Bibliothèque de
« L'Évolution de l'Humanité »

DU MÊME AUTEUR

Entretiens sur le Neveu de Rameau, avec M. Launay, Paris, Nizet, 1967.

Diderot et l'histoire des Deux Indes ou l'écriture fragmentaire, Paris, Nizet, 1978.

Le Partage des savoirs : discours historique, discours ethnologique, Paris, La Découverte, textes à l'appui, 1984.

L'Amérique de Théodore de Bry : une collection de voyages protestants du xvıᵉ siècle (dir.), Paris, éd. du CNRS, 1987.

MICHÈLE DUCHET

ANTHROPOLOGIE ET HISTOIRE AU SIÈCLE DES LUMIÈRES

Postface de Claude Blanckaert

Albin Michel

Bibliothèque de « L'Évolution de l'Humanité »

Première édition :
© François Maspero, 1971

Édition au format de poche :
© Éditions Albin Michel, S.A., 1995
22, rue Huyghens, 75014 Paris

ISBN : 2-226-07872-X
ISSN : 0755-1770

A Jane Bonnissol et G.F., mes parents.

A Claude Duchet, à nos camarades algériens, à l'Algérie, où ce livre a pris racine.

A l'équipe des XVIIIèmistes, dont le travail collectif donnera un sens à ce travail personnel.

A Madeleine et Jean Fabre, dont l'amitié ne s'est jamais démentie.

Introduction

On reconnaîtra sans peine dans ce livre l'influence de deux méthodes : méthode historique et méthode structurale. Elles se sont trouvées nécessairement, dialectiquement liées au cours d'une enquête qui portait à la fois sur des faits de conscience collective, et sur des œuvres constituées en systèmes. Le problème n'est donc pas à nos yeux de justifier une méthode, mais de rendre compte d'un choix : pourquoi ce livre, pourquoi cette rencontre de l'anthropologie et de l'histoire, dans le champ de notre recherche, pourquoi cette thématique, ou cette problématique, comme on voudra ?

Notre idée initiale était d'étudier le thème du bon sauvage, de Montaigne à Raynal, d'en fixer la permanence et d'en dénombrer les variantes, à l'intérieur de l'espace littéraire. Mais aussitôt se trouvait posée la question de la réalité de l'homme sauvage, investi par la pensée chrétienne ou la libre pensée d'une fonction mythique. Alphonse Dupront et Georges Gusdorf[1] ont bien montré que la découverte d'une humanité exotique avait ébranlé jusqu'en ses fondements l'ancienne conception du monde, dominée par l'idée de la Révélation :

« Le démenti infligé aux doctrines traditionnelles démasquait un néant conceptuel impossible à combler sur le moment. Il s'agissait, pour les sages de ce temps, d'une première expérience de la mort de Dieu ».

Qu'il s'agisse de l'origine des Américains ou de la couleur des nègres, l'Eglise tente de concilier les réalités exotiques et les en-

---

1. A. Dupront, *Espace et Humanisme*, Bibliothèque d'humanisme et de renaissance, tome VIII, 1946; G. Gusdorf, « Ethnologie et métaphysique », dans *Ethnologie générale*, Encyclopédie de la Pléiade, 1968, p. 1775.

seignements universels de l'Ecriture. Fils de Japhet, fils de Cham ou descendants de Caïn, Américains et Noirs cessent d'être des enfants perdus pour s'intégrer, par l'évangélisation, au grand corps de la chrétienté. Mieux, les missionnaires inventent les « bons sauvages », dont ils opposent les vertus naturelles et la touchante simplicité à la détestable corruption des Européens. En eux revit l'esprit des premières communautés chrétiennes, avec eux jésuites ou quakers vont bâtir ces sociétés-modèles, cités en réduction dressées comme des citadelles au cœur de l'incroyance. A ses débuts tout au moins, la République chrétienne du Paraguay, comme plus tard la Pennsylvanie des quakers, témoignent de la vigueur de ce primitivisme militant.

A l'inverse, humanistes et libertins voient dans ces peuples qui vivent sans lois, sans rois, sans prêtres, sans tien ni mien, et qui sont heureux et vertueux, la preuve de la supériorité d'une morale naturelle, fondée en instinct et en raison. Des premiers récits de voyages, certains s'étaient empressés de conclure à l'existence de peuples athées. Pour leur répondre, les missionnaires, ethnologues par nécessité sinon par vocation, se livrèrent à une enquête systématique sur les mœurs et les croyances des sauvages, cherchant à découvrir, sous leur apparente diversité, un principe d'identité qui manifestât la présence d'un Dieu caché. Niant l'existence de peuples athées, ils réaffirmèrent la valeur de l'argument traditionnel tiré du consentement universel. A leur tour, d'érudits libertins [2], tel La Mothe le Vayer, se livrèrent à une savante exégèse de leurs écrits, au terme de laquelle la « vertu des païens », cet instinct divin qui, selon le père Acosta, préparait les âmes du Nouveau Monde à la révélation et à la prédication, devenait un instinct naturel qui permettait à des peuples privés des lumières de la véritable religion de distinguer le bien du mal et d'avoir une conduite morale. L'éloge des bons sauvages, entonné pour la plus grande gloire de Dieu, se retournait contre leurs imprudents laudateurs.

Dans ce débat, les peuples sauvages sont cités comme témoins; leur être réel importe peu, puisque tous ensemble ils forment une seule et même figure mythique, où les rêves d'un Eden primitif ou d'un Age d'or situé aux origines de l'humanité reprennent chair et vie en abordant des terres nouvelles. Dans l'arsenal de la libre pensée, où ils viennent rejoindre le bon Turc ou le sage Egyptien pour servir à la critique des institutions, leur « condition d'hommes », opposée « à toutes les peintures de quoi la poésie a embelli l'âge d'or [3] », est tout aussi abstraite : heureux parce qu'ils ignorent tous les maux dont souffrent les

---

2. Pour ce débat, nous renvoyons le lecteur au livre de R. Pintard, *Le Libertinage érudit* (...) et à l'étude de A. Adam, « Sur le problème religieux dans la première moitié du xviiᵉ siècle », *Zaharoff Lectures*, 1959.
3. Montaigne, *Essais*, Livre i, ch. xxxi, « Des Cannibales », éd. Pléiade, 1937, p. 214.

sociétés civilisées, ils ont pour fonction, entre l'histoire et l'utopie, de peupler l'espace politique où s'aventure l'homme européen, de la Renaissance au siècle des Lumières. A une société
qui doute de ses valeurs et de ses pouvoirs, l'occasion est donnée
de se mettre elle-même en question, de se penser autre qu'elle
n'est, d'inventer sa propre négation, pour mieux mesurer son
aliénation.

Ainsi s'estompent les caractères originaux d'une humanité
exotique, dont on ne retient que les traits susceptibles de fournir
un modèle, ou à l'inverse de dénoncer l'illusion d'un modèle.
La réalité du monde sauvage demeure enserrée dans un réseau
de négations, qui, par le jeu des combinaisons, permet la construction de modèles antithétiques. Tantôt il est question de peuples sans histoire, sans écriture, sans religion, sans mœurs, sans
police, et dans ce premier type de discours les négations se combinent avec des traits marqués positivement pour signifier le
manque, le vide immense de la sauvagerie opposé au monde
plein du civilisé. Tantôt on envie ces mêmes peuples qui vivent
sans maîtres, sans prêtres, sans lois, sans vices, sans tien ni
mien, et les négations, combinées ici avec des traits marqués
négativement, disent le désenchantement de l'homme social et
l'infini bonheur de l'homme naturel. Dans le premier cas, le
parallèle tourne à l'avantage de l'homme policé, dans le second,
la différence est tout entière au désavantage de l'homme social.
Il s'ensuit qu'un seul changement de signe suffit à inverser tout
le sens du discours : de Voltaire à Rousseau ou Diderot, ce sont
moins ses éléments qui varient que leur distribution dans un
système où ils sont affectés tantôt du signe *plus,* tantôt du signe
moins.

Il arrive pourtant que ces deux discours interfèrent : les apologistes du bonheur de l'homme sauvage ne peuvent ignorer
qu'il mène une vie hasardeuse et pénible, qu'il peut être méchant
et cruel; les esprits les plus convaincus des bienfaits de la civilisation ne peuvent nier que les civilisés ne soient parfois « de
vrais anthropophages ». De la misère de l'homme civil à la barbarie des civilisés, de l'incertitude de la vie sauvage au bonheur
de l'homme naturel, toute une thématique de l'état sauvage
témoigne d'une vision ambiguë, où affleure la perception d'une
réalité contradictoire; on ne peut séparer les bons sauvages des
mauvais aussi aisément que le fait Prévost dans *Cleveland,* où
les cruels Rouintons servent de repoussoir aux sages Abaquis.
Les peuples du Canada sont à la fois bons et hospitaliers, et
redoutables à leurs ennemis, les Mexicains ont eu quelque notion
des arts et des sciences, mais ils ont pratiqué les sacrifices
humains. Cette ambiguïté du monde que l'on dit sauvage ne
renvoie-t-elle pas à une nature humaine, sans doute perfectible,
mais partagée entre le Bien et le Mal et capable des pires régres-
sions ? S'il n'est pas sûr que l'homme civil soit plus heureux
que l'homme sauvage, il est encore moins sûr qu'il soit meilleur.

Débat sans fin, dont l'objet est moins finalement la condition de sauvage que le statut du civilisé, et le sens de l'histoire humaine. Le paradoxe de Montaigne, selon qui les cannibales sont moins barbares que les peuples soi-disant policés qui traitent cruellement leurs ennemis, quoique de même nation, a une valeur exemplaire; de ce renversement, de cette confrontation surgit l'image d'une sauvagerie latente, enfouie au cœur du monde civilisé, comme une menace ou une tentation. Absorbé par le spectacle de sa propre histoire, l'homme européen se détourne de tout ce qui n'est pas elle, et ne parvient à s'intéresser au monde sauvage que dans la mesure où celui-ci lui offre l'image de son passé, ou d'un présent encore enténébré.

Ainsi le mythe et ses avatars nous renvoyaient sans cesse de l'homme sauvage à l'homme civilisé, à la fois sujet et objet du discours mythique. Nous décidions alors de chercher si, indépendamment d'un tel discours, le siècle des Lumières s'était entretenu du monde sauvage et si oui, quelle sorte de discours rendait compte, ou prétendait rendre compte, de sa réalité.

Aujourd'hui, quand il est question du monde sauvage, nous savons qui parle : l'ethnologie et l'anthropologie sont les sciences dont l'objet spécifique est l'étude des sociétés dites sauvages, c'est-à-dire des sociétés sans histoire et sans écriture. Mais au XVIIIᵉ, le discours ethnologique et le discours anthropologique n'existent qu'à l'intérieur du discours philosophique en général. Nous n'avons pas cherché à les isoler arbitrairement, mais seulement à les identifier comme parties constituantes d'un discours nouveau qui, dès la fin du XVIIIᵉ s., portera le nom d'*anthropologie*. C'est en effet en 1788 qu'un certain Chavannes, professeur de théologie à Lausanne, publie une *Anthropologie ou science générale de l'homme,* distribuée en neuf parties : Anthropologie physique — Ethnologie ou « science de l'homme considéré comme appartenant à une espèce répandue sur le globe et divisée en plusieurs corps de société... » — Noologie ou « science de l'homme considéré comme doué de volonté » — Glossologie ou « science de l'homme parlant » — Etymologie — Lexicologie — Grammatologie — Mythologie... Au milieu du XVIIIᵉ s., le mot *anthropologie* appartient encore au vocabulaire de l'anatomie et signifie « étude du corps humain » :

« L'anatomie humaine qui est absolument et proprement appelée anatomie a pour objet, ou, si l'on aime mieux, pour sujet le corps humain. C'est l'art que plusieurs appellent anthropologie »,

écrit Diderot à l'article *Anatomie.* L'article *Anthropologie* rappelle le sens théologique, « manière de s'exprimer par laquelle les écrivains sacrés attribuent à Dieu des parties, des actions ou des affections qui ne conviennent qu'aux hommes », et précise : « Dans l'économie animale, c'est un traité de l'homme. » Exemples : l'*Anthropologie* de Teichmeyer (Gênes, 1739) et celle de

Drake (Londres, 1707). Si l'on compare ces définitions au titre de l'ouvrage de Chavannes, on constate qu'en moins de trente ans s'est constituée une « science générale de l'homme », dont la plus grande part forme ce que nous appelons encore aujourd'hui *anthropologie*, tandis que la linguistique a remplacé la « glosso-logie » comme « science de l'homme parlant », et que la mytho-logie, un temps rattachée à l'histoire, est redevenue une des provinces de l'anthropologie. Dès lors il était légitime de consi-dérer tous les fragments de discours qui se donnent comme objet, entre 1750 et 1788, cette science générale de l'homme. Au pre-mier chef bien sûr, l'*Histoire naturelle de l'homme* de Buffon, mais aussi tous les textes qui traitent de l'homme physique, de l'espèce humaine, des différentes races, des sociétés humaines, de leur formation et de leur progrès, de l'origine du langage, des inventions et des techniques. Corpus immense, dans lequel il fallait nécessairement choisir, mais selon quel critère ?

C'est en examinant le problème des sources d'information que nous avons commencé à y voir plus clair. Avec la littérature de voyages, nous glissions en effet de l'anthropologie à l'ethnologie : une science générale de l'homme supposait achevée — ou du moins suffisamment avancée — la collecte des faits, et la connais-sance de l'espace humain dans lequel ils se situaient. Qu'en était-il véritablement ?

Il est presque banal aujourd'hui de parler de « pré-ethnologie » à propos des relations de voyages écrites par des historiens an-ciens, comme Hérodote ou Pausanias, par les chroniqueurs ara-bes ou chinois, ou par les premiers observateurs du monde sau-vage, africain ou américain. On leur doit en effet les premières enquêtes sur le terrain, sans lesquelles il n'y a pas de science ethnologique possible. Beaucoup sont irremplaçables, dans la mesure où elles décrivent des sociétés que la présence des Euro-péens arrachait à un état d'équilibre pour les précipiter dans une histoire qui n'était pas la leur. Ainsi Alfred Métraux consi-dérait les observations du cosmographe André Thevet sur les Tupinambas comme une source d'informations d'une valeur inestimable. Ainsi il arrive souvent à Claude Lévi-Strauss de trouver dans de très anciennes relations — celle de Laborde sur les Caraïbes par exemple — la trace d'usages dont le sens s'était déjà perdu au moment où les premiers ethnologues arrivèrent sur le terrain au début du XIXᵉ siècle. L'ethno-histoire et la science des mythes ont redonné vie à cette littérature ethnogra-phique. Mais si l'enquête sur le terrain reste le préalable obligé à toute étude ethnologique, elle ne suffit pas à fonder une mé-thode scientifique. Ni les anciens historiens ni les premiers explorateurs de l'intérieur de l'Afrique ou du continent améri-cain ne se donnèrent pour but d'observer et de décrire les socié-tés avec lesquelles ils entrèrent en contact en faisant abstraction de leur propre société, de leurs habitudes ou de leurs préjugés. Loin d'être objet de connaissance, le monde sauvage n'existe pour eux qu'à travers une certaine pratique, qui leur interdit de renoncer à leur statut de civilisé pour n'être que des observateurs-participants, à la manière des ethnographes modernes. En Afrique et en Amérique, marchands, marins, soldats ou missionnaires sont engagés dans une entreprise dont ils escomptent un profit, qu'il soit d'ordre matériel ou d'ordre spirituel : conquérir des empires, préparer ou fortifier un établissement, jeter les bases d'un commerce suivi de gomme ou d'ivoire, dénombrer les tribus hostiles ou accueillantes, évangéliser des peuples « grossiers » et « superstitieux », autant de tâches qui ne prédisposent ni à l'observation ni à la compréhension. Seuls les missionnaires qui demeuraient de longues années en contact avec les mêmes tribus, apprenant leur langue et s'efforçant d'en fixer l'usage dans des dictionnaires et des grammaires, font exception à la règle. Mais leur fonction même ne les met nullement à l'abri du préjugé, surtout lorsqu'il s'agit de religion :

« Toute statue est pour eux le diable », dit Voltaire avec humour; « toute assemblée est un sabbat, toute figure symbolique est un talisman, tout brachmane est un sorcier [4]. »

Les relations les plus intéressantes sont de plus écrites sans ordre ni méthode, mêlant à la description des mœurs et des usages le récit des mille et une péripéties du voyage ou du séjour. Les monographies étant fort rares — et pour cause — le lecteur doit parcourir d'innombrables pages pour s'informer des Hottentots ou des Patagons. Cornélius de Pauw, l'auteur des *Recherches philosophiques sur les Américains,* résume ainsi la difficulté :

« On est dans le cas d'un botaniste qui, pour trouver une plante dont il veut connaître les caractères, est quelquefois contraint de parcourir des forêts, des landes, des rochers, des précipices, et d'herboriser dans toute une province avant que d'être satisfait [5]. »

Ainsi ni par son contenu, ni par sa forme, cette littérature pré-ethnographique n'a favorisé la constitution d'un savoir nouveau. Il faut attendre le moment où les grandes collections de voyages sont constituées (De Bry en Allemagne, Raleigh en Angleterre, Thévenot en France) et que les *recueils* facilitent la collecte des informations (*Recueil des voyages des Hollandais, Histoire des découvertes et des conquêtes des Portugais, Recueil des voyages au Nord* et *dans l'Amérique Méridionale,* tous entre 1700 et 1740) pour que la réflexion prenne le pas sur l'observation. L'ouvrage du père Lafitau sur les *Mœurs des sauvages améri-*

4. *Questions sur l'Encyclopédie,* art. « Almanach ».
5. *Recherches philosophiques sur les Américains,* éd. Berlin, 1774, in-12, I, p. 237.

cains comparées aux mœurs des premiers temps (1724) ordonne une masse d'informations considérable selon une méthode non plus analytique, mais synthétique : en comparant terme à terme les croyances et les usages de peuples séparés les uns des autres par des siècles, dans le temps, ou par des obstacles infranchissables dans l'espace, il jette les bases d'une science de l'homme universel; à une perspective historique et géographique, il substitue une perspective anthropologique. Certes il veut avant tout démontrer qu'il n'y a jamais eu et qu'il ne peut y avoir de peuple athée, que toute société humaine enfante des dieux et des cultes et témoigne par là de son essence divine. Mais la thèse importe moins que l'esprit de synthèse qui, liant entre eux des faits prélevés dans toute l'étendue du monde sauvage, propose de celui-ci une nouvelle vision et comme une nouvelle lecture. Il est significatif pourtant que ce soit par le biais de l'ethnologie comparée que l'humanité exotique, présente depuis plus de deux siècles aux horizons de la pensée moderne, entre dans le champ du savoir. Ses mœurs et ses croyances ne perdent de leur étrangeté que rapportées à celles des « premiers temps », dont les Anciens ont laissé le témoignage. Ce n'est qu'à travers sa propre culture que l'Européen perçoit la réalité du monde sauvage qui, en soi, lui demeure étrangère, inaccessible. La métamorphose de l'homme sauvage en homme primitif, parce qu'elle fait de lui un être historique, rend du même coup possible une visée anthropologique; en lui enfin l'homme européen peut se reconnaître et apprendre à se connaître : il lui suffit d'ouvrir l'espace de sa propre histoire, et de faire figurer l'*homo sylvestris* parmi ses ancêtres. Ainsi se trouve définitivement constitué le couple sauvage-civilisé qui, par le jeu des parallèles et des antithèses, le long d'une échelle des êtres et des valeurs, commande tout le fonctionnement de la pensé anthropologique jusqu'au début du XIXᵉ. L'homme sauvage s'y confond avec ses doubles, Scythe ou Germain, et prend place à leurs côtés dans un vaste mythe des origines.

Le progrès des connaissances, l'élargissement des horizons et la fréquence des contacts ont-ils fondamentalement modifié ce mode de perception ? Pour le savoir, nous devions nous demander quel espace nouveau l'homme des Lumières était réellement en mesure d'embrasser du regard, c'est-à-dire apprécier la distance qui sépare les relations de voyages les plus récentes de leurs lecteurs : quinze ou vingt ans même, lorsqu'il s'agit d'ouvrages russes, danois ou même allemands. A l'inverse, nous constatons que les observations de certains voyageurs, Bruce ou Patterson par exemple, étaient diffusées auprès d'un public restreint — savants et philosophes — des années avant que leurs relations ne soient publiées. En raison d'exigences nouvelles, des circuits parallèles se créent : correspondances, mémoires, extraits de journaux, tandis que les découvertes et les explorations tiennent une place de plus en plus grande dans les périodiques et les mémoires de l'Académie des sciences. Mais en même temps, au nom de la saine philosophie et d'un rationalisme pointilleux, on assiste à un véritable écrémage de la littérature des voyages, selon des critères souvent judicieux, parfois peu pertinents : ainsi Garcilaso est suspect parce que métis, Lahontan parce que libertin, les jésuites parce que... jésuites. Il faut tenir compte de toutes ces distorsions pour apprécier comme il convient l'information des philosophes, et admettre une fois pour toutes que si l'anthropologie des Lumières a sa propre chronologie, qui ne s'accorde pas exactement avec celle de l'histoire des explorations, ni avec un catalogue de récits de voyages, elle porte aussi la marque d'une idéologie.

Le monde sauvage lui-même, objet de curiosité ou d'enquête, lentement perçu comme devant faire l'objet d'un savoir spécifique, n'existe encore qu'à travers le prisme déformant de l'histoire européenne. Réduit géographiquement aux frontières du monde colonial, mutilé et asservi par ses conquérants ou lentement investi par les Blancs, il n'est plus cet autre monde, miraculeusement neuf, dont s'émerveillaient les hommes de la Renaissance. Les sauvages d'hier, réduits en esclavage, brutalement jetés dans le creuset des races et des civilisations, ont changé d'être et de visage, partout où la nature n'a pas opposé d'obstacle infranchissable à l'avidité des nations européennes. *L'Histoire des voyages* qui parle des « anciens Mexicains » et des « anciens Péruviens », l'*Encyclopédie* qui décrit l'empire du Mexique comme une province de la Nouvelle-Espagne disent bien cette mort lente de peuples dont les monuments ne sont plus que des « vestiges ». Les Guaranis, forcés de quitter la condition de sauvages pour devenir des « hommes » et des « chrétiens » sous la conduite de leurs « religieux instituteurs », ont cessé d'exister en tant que tels, et ne sont plus que le symbole d'une expérience civilisatrice. L'histoire a tracé une ligne de démarcation à l'intérieur d'un espace naguère homogène, structuré selon d'autres lois. Tandis que certaines nations appartiennent déjà à un passé dont il ne reste que des témoignages incertains — tels les Caraïbes, presque entièrement exterminés —, d'autres ont été dépossédées de leurs terres et réduites en esclavage, d'autres enfin ne ressemblent plus à ce qu'elles étaient au moment de leur découverte, tant leurs mœurs et leur physionomie ont été altérées. Avec le temps, ces différences sont devenues si sensibles qu'il faut sans cesse redéfinir l'état sauvage à partir d'images à demi effacées, ou le redécouvrir au cœur des continents inexplorés ou dans les terres encore vierges de l'empreinte des conquérants. Les sauvages des bords de l'Amazone et de l'Orénoque, ceux du nord de l'Europe ou de l'Asie, les Tahitiens, les Papous ou les Cafres renouvellent l'image d'un monde sauvage encore intact, où, à l'abri des périls de l'histoire, se survit une humanité primitive. Lorsque Rousseau note que « toute la terre est couverte de nations dont nous ne connaissons que les noms », et qu'il reste à observer et à décrire « les contrées sauvages, voyage le plus important de tous et celui qu'il faudrait faire avec le plus de soin » [6], il ne fait que mesurer la difficulté d'une science de l'homme et des sociétés humaines, forcée, par l'absence de documents ethnologiques, de reconstituer un état originel à partir d'un état déjà fort éloigné de l'état sauvage. Dans un siècle qui se souvient à peine de l'état primitif du Nouveau Monde, l'homme sauvage n'est plus que dans les récits des voyageurs. Peut-être même est-il en train de disparaître sans recours :

« Si l'on considère la haine que les sauvages se portent de horde à horde, leur vie dure et disetteuse, la continuité de leurs guerres, les pièges sans nombre que nous ne cessons de leur tendre, on ne pourra s'empêcher de prévoir qu'avant qu'il se soit écoulé trois siècles, ils auront disparu de la terre. Alors que penseront nos descendants de cette espèce d'hommes, qui ne sera plus que dans l'histoire des voyageurs ? Les temps de l'homme sauvage ne seront-ils pas pour la postérité, ce que sont pour nous les temps fabuleux de l'Antiquité ? Ne parlera-t-elle pas de lui comme nous parlons des Centaures et des lapithes ? Combien ne trouvera-t-on pas de contradictions dans leurs mœurs, dans leurs usages (...). »

Ces réflexions de Diderot [6 bis] n'illustrent pas seulement l'idée d'une disparition inéluctable du monde sauvage, par l'effet conjugué de ses faiblesses internes et de la présence des Européens, elles posent aussi clairement le problème des rapports de l'histoire et de l'anthropologie. Car le couple sauvage-civilisé ne commande le fonctionnement de la pensée anthropologique que parce que d'avance sa structure est donnée, et les rôles distribués : depuis la découverte de l'Afrique et de l'Amérique, et le début du processus de colonisation, l'homme sauvage est objet, l'homme civilisé seul est sujet; il est celui qui civilise, il apporte avec lui la civilisation, il la parle, il la pense, et parce qu'elle est le mode de son action, elle devient le référent de son discours. Bon gré mal gré, la pensée philosophique prend en charge la violence faite à l'homme sauvage, au nom d'une supériorité dont il participe : elle a beau affirmer que tous les hommes sont frères, elle ne peut se défendre d'un européocentrisme, qui trouve dans l'idée de progrès son meilleur alibi. Elle a beau se défendre de consentir à l'ordre des choses, elle ne peut lui opposer, dans le meilleur des cas, qu'un réformisme humanitaire. Affranchir les nègres esclaves, civiliser les peuples sauvages, concilier l'humanité et l'intérêt, n'est-ce pas composer avec un système, dont la destruction supposerait un nouvel

---

6. Deuxième *Discours*, Note x.
6 bis. *Histoire des Deux Indes*, éd. cit. dans Bibl., vii, p. 162-163. Voir infra, p. 226 et p. 450.

équilibre commercial et une révolution politique ? [7] Le bien et le mal qu'a produits la découverte des Deux Indes devient vers 1780 un thème de concours académique, mais chacun sait bien que l'histoire ne revient pas en arrière. Certes il n'est pas un philosophe qui ne condamne les crimes des conquistadors, l'atroce commerce des esclaves, la cruauté des colons. Mais le siècle qui s'attendrit si volontiers sur le sort des peuples sauvages et qui s'indigne de la barbarie des civilisés ne lui connaît réellement qu'un antidote : la civilisation des sauvages, seul fondement moral d'un humanisme de la conquête. Aussi avons-nous jugé nécessaire de dénoncer le mythe de l'anticolonialisme des philosophes, et de ramener leur campagne en faveur des nègres et des Indiens à de justes proportions. Quand on y regarde de près, et qu'on compare leur position à celle des responsables de la politique coloniale, on ne peut s'empêcher de conclure qu'en accord avec ceux-ci ils ont surtout cherché à remédier aux abus, et par là contribué au maintien de l'ordre établi. Affranchissement des nègres, protection des Indiens, et civilisation des sauvages ne sont, en dépit des apparences, que les éléments d'une même structure, celle de l'idéologie coloniale, qui connaîtra au XIXᵉ s., le développement que l'on sait.

Comment pourrait-il en être autrement, puisque, à la suite de Buffon, toute l'anthropologie des Lumières concourt à faire de l'homme civilisé l'être le plus intéressant de la création ? A l'homme sauvage, dont un climat excessif ou un sol stérile arrête les progrès, à l'homme américain resté pour ainsi dire au seuil de sa propre histoire, elle oppose la figure triomphante de l'homme européen, qui a relevé le défi de la nature et s'en est rendu le maître. L'idée d'une dégénération de certaines variétés d'hommes à l'intérieur de l'espèce humaine enveloppe un racisme latent, puis d'apparence scientifique, qui trouve dans l'écart alors maximal qui sépare le monde sauvage du monde civilisé un semblant de justification [8]. Certes la thèse célèbre de la perfection de la race blanche dans les climats tempérés, avancée par Buffon et développée par Cornelius de Pauw, est fortement contestée. Mais le scandale qu'elle suscite naît moins de l'énoncé initial que de ses corollaires : on ne prend pas la défense des Indiens d'Amérique, mais celle des Créoles et des Américains, de souche européenne, que rien ne saurait faire « dégénérer ». A travers ce débat, une fois de plus, la supériorité de l'homme civilisé ne souffre pas d'être mise en question; là où l'homme

___

7. Voir dans RAYNAL le mouvement oratoire qui amorce ce renoncement : « Brisons les chaînes de tant de victimes de notre cupidité, *dussions-nous renoncer* à un commerce qui n'a que l'injustice pour base, et que le luxe pour objet », immédiatement suivi du mouvement inverse : « Mais non, il n'est pas nécessaire de faire le sacrifice de productions que l'habitude nous a rendu si chères (...); ces denrées pourraient être cueillies par des mains libres, et dès lors *consommées sans remords* », [souligné par nous], *Histoire des Deux Indes*, V, p. 285.

8. Sur cette « mathématique raciale », voir M. DUCHET, « Esclavage et préjugé de couleur », dans *Racisme et société*, éd. Maspero, 1969, p. 121-130.

sauvage n'a pu établir son empire, il soumettra la nature à ses vues, et fera éclore les germes d'un monde encore brut.

Dira-t-on que l'anthropologie de Rousseau nie précisément cette supériorité, en soutenant que l'homme civil, corrompu et malheureux, perverti par l'histoire et par ses progrès mêmes, a tout à envier à l'homme des premières sociétés, auquel il ne saurait servir de modèle ? Ce serait oublier que ce paradoxe initial n'a d'autre fonction que de dénoncer les maux dont souffrent les sociétés fondées sur l'inégalité, et de préparer, par une critique radicale, leur passage à la société du contrat. Ce n'est que dans ce nouvel ordre de choses que l'homme, ayant inventé une société à la mesure de son être et du projet divin, jouira du double bonheur d'être homme et vertueux. Loin d'être refus de la socialité, l'anthropologie de Rousseau en est au contraire l'exaltation : l'homme y a véritablement vocation, à travers un procès de perversion mais aussi un procès de perfection, à devenir « un être moral, un animal raisonnable, le roi des autres animaux, et l'image de Dieu sur la terre ». Ce n'est donc pas la civilisation que combat Rousseau, mais un état d'aliénation qui en est la négation même. La question qu'il invite à se poser n'est pas : comment se dé-civiliser ?, mais au contraire : qu'est-ce qu'une société *civile* digne de ce nom [9] ?

Nous touchons ici à l'une des difficultés essentielles de notre propos : l'emploi du mot *anthropologie*. Parfaitement accordé à l'objet principal de l'*Histoire naturelle de l'homme* de Buffon, qui est bien de constituer une science générale de l'homme, il peut paraître artificiel lorsqu'il s'agit de Voltaire, de Rousseau, de Diderot et d'Helvétius, chez qui cette science n'est qu'un moyen de fonder une morale et une politique. C'est donc finalement l'ensemble de leurs idées sur la nature de l'homme, la genèse et le mouvement des sociétés humaines qu'on appellera *anthropologie,* en prenant le mot dans son sens le plus étendu, philosophique, et non plus seulement scientifique. Extension justifiée par nos prémisses, puisque nous étudions la formation, à l'intérieur de plusieurs types de discours, d'un discours nouveau, qui recevra bientôt le nom d'anthropologie. Chez Buffon même, nous le verrons, discours scientifique et discours philosophique restent encore confondus. Certes il a dégagé et constitué en chaîne tous les thèmes — ou schèmes — d'une anthropologie : l'homme et l'animal, individu et espèce, sociétés animales et sociétés humaines, entendement et perfectibilité, état sauvage et progrès des sociétés, enfin et surtout nature et culture, considérées comme les deux faces d'une même réalité, l'envers et l'endroit d'un même devenir. Mais cette anthropologie ne fait qu'un avec une philosophie de l'histoire qui distribue êtres, races et espèces le long d'une échelle, dont l'homme civilisé, vivant dans les climats tempérés, occupe le premier degré, et qui pos-

---

9. Voir le chapitre sur « L'anthropologie de Rousseau ».

tule un type de développement commun à toutes les variétés d'hommes. C'est parce que l'histoire a un sens que l'homme ne peut demeurer à l'état sauvage sans souffrir d'un manque essentiel, et que l'espèce doit tendre vers l'état de civilisation comme vers sa fin naturelle. En ce sens, l'anthropologie de Buffon n'est pas fondamentalement différente, dans sa structure et dans ses aspects idéologiques, de celles des autres philosophes : elle apparaît d'abord comme une dimension nouvelle de l'histoire, naturelle, civile ou politique. Pourquoi alors ne retenir, dans la philosophie des Lumières, que les œuvres majeures, et ne pas étudier en général la formation d'une pensée anthropologique, à tous les niveaux où elle a pu se manifester, chez Lafitau, de Brosses, Cornelius de Pauw, Turgot, ou encore dans l'*Histoire des voyages* ou les *Lettres Edifiantes* ? Cette perspective, qui est celle de l'histoire des idées, nous l'avons écartée. Non que nous contestions la valeur de cette discipline, qui est restée au centre de la plupart de nos entreprises. Mais dans ce livre, nous avons voulu tenter autre chose. Il nous reste à dire pourquoi.

Puisqu'il n'existe nulle part de discours anthropologique, distinct du discours philosophique ou historique, il fallait au moins en chercher les linéaments à l'intérieur de systèmes suffisamment rigoureux et cohérents pour que s'y dessine, en creux, la possibilité et comme le manque d'un discours nouveau, qui suppose l'éclatement des catégories selon lesquelles jusqu'alors se distribue un certain savoir. Ce qui empêche cet éclatement de se produire, ce n'est pas seulement le doute, ressenti par la plupart des philosophes, sur les données mêmes de ce savoir, c'est le besoin d'une théorie générale des sociétés humaines propre à servir de fondement à une philosophie de l'homme moderne, et qui devait nécessairement anticiper les conclusions d'une démarche expérimentale. L'impatience militante de la philosophie des Lumières, qu'elle soit spiritualiste ou matérialiste, son ardeur réformiste, la détournent d'une réflexion dont l'homme européen, ses maux et ses vices, ses conflits et leur solution ne seraient pas le centre. Pris dans le réseau des tensions et des contradictions qui forme le tissu d'une « civilisation », dont il met en doute l'ordre et les valeurs, il ne peut s'abstraire de sa propre société, pour concevoir une science de l'homme libérée de la hantise de l'histoire. Autant elle lui apparaît comme un instrument théorique d'une valeur incomparable, ou comme une arme idéologique, autant il néglige de la constituer en discipline à part entière. Mais inversement, plus ils éprouvent le besoin d'embrasser l'histoire humaine dans sa totalité pour y trouver la mesure de toutes choses, plus, dans la pratique d'un tel discours, ils fondent la possibilité d'une telle discipline. Nous avons donc privilégié cinq systèmes : ceux de Buffon, de Voltaire, de Rousseau, d'Helvétius et de Diderot, en essayant de montrer ce qui, dans la logique qui est la leur, se cristallise peu à peu en un sous-système, qui n'est plus ni une philosophie de l'histoire, ni une histoire de l'homme, mais bien une anthropologie.

Nous avons volontairement négligé la diachronie, quitte à préciser, en cours d'analyse, les influences et les emprunts, quand ils n'étaient pas déjà connus. Entre l'*Histoire naturelle* de Buffon, le *Discours sur l'inégalité* et les derniers écrits de Diderot et d'Helvétius, aucune révolution épistémologique n'a en effet eu lieu, qui pourrait justifier l'emploi d'une méthode diachronique. Elle s'est produite avant, comme l'a vu Georges Gusdorf, qui fait remonter à Locke et aux sensualistes la naissance d'une « pensée empirique », « en rupture avec l'ontologie rationaliste de Descartes, de Spinoza, ou de Malebranche »[10]. C'est parce que Buffon, Rousseau, Voltaire, Diderot ou Helvétius sont également sensualistes qu'ils ont pu concevoir une science de l'homme, fondée sur la reconstitution d'une genèse des idées et des actions humaines : science, dont l'*Histoire naturelle* de Buffon pose le principe, mais dont elle n'invente pas la possibilité. Chez Buffon, l'homme sauvage — ou ses doubles — joue en somme le rôle de la statue chez Condillac, et pour la première fois, tout se passe à l'intérieur de l'histoire humaine, sans qu'il soit besoin de faire appel à quelque simulacre. Il ne s'agit pourtant que d'une transformation interne au système sensualiste, non d'une nouvelle philosophie.

Transformation décisive pourtant, puisqu'elle unissait dans un même discours l'histoire de l'individu sentant et pensant, et celle de l'espèce, réalité biologique et être collectif, l'histoire de l'homme et celle des sociétés humaines. Est-ce à dire que nous devions considérer l'anthropologie des philosophes comme le produit de cette mutation, et revenir, par ce détour, à une analyse diachronique, qui eût lié entre eux comme les maillons d'une même chaîne des systèmes d'idées ? Si anthropologie il y a, elle est à nos yeux bien autre chose que le réseau des identités et des différences qui fait communiquer entre eux des systèmes et qui assure de l'un à l'autre une libre circulation des idées. Chacun d'eux a sa logique et sa grammaire, et s'ils s'articulent aisément dans un même discours, ce n'est nullement l'effet d'une homologie de structure, mais de leur inscription dans une certaine configuration du monde et du savoir, où, avec le recul du temps, nous pouvons aujourd'hui les situer, gravitant dans un espace dont nous reconstruisons les lois. Pour échapper à cette illusion, nous nous sommes efforcée au contraire de les constituer dans leur différence et, si possible, dans leur insularité. Trop rompue à d'autres méthodes, nous n'avons pas l'impression d'y être toujours parvenue. D'autres pourront, dans cette voie, aller plus loin *.

10. *Op. cit.*, p. 1785.
* J'adresse une pensée reconnaissante à tous ceux qui m'ont aidée à corriger les épreuves de ce livre, en particulier A. Berthelet, G. Benrekassa, J.-M. Goulemot, J. Jornet, M. Launay et P. Minvielle.

I

Du mythe aux images

1

L'espace humain
Horizons et contacts

En lisant une *Histoire des explorations* [1], et en suivant sur les cartes [2] les pas des découvreurs ou la course des voiliers, il est relativement aisé de tracer une frontière entre le connu et l'inconnu, et de circonscrire géographiquement l'espace offert à la curiosité et à la réflexion des hommes du XVIIIe siècle. Dans le dernier tiers du siècle, presque toutes les côtes des terres habitables ont été reconnues, mais l'intérieur de l'Afrique, des Amériques et de l'Asie reste à explorer. Le cinquième continent n'a pas encore de nom [3], mais les voyages de circumnavigation, qui se multiplient après 1763, en ont déjà fixé les dimensions et les contours. Les difficultés commencent lorsqu'on tente de se représenter l'espace humain à partir de ces coordonnées géographiques. Plus que les régions parcourues ou reconnues, les rencontres et les contacts façonnent une image du monde à la fois plus trompeuse et plus réelle.

1. Nous avons surtout utilisé l'*Histoire universelle des explorations*, tome III, Pierre-Jacques CHARLIAT, *le Temps des grands voiliers*, Paris, Nouvelle Librairie de France, 1955, et l'excellente *History of geographical discovery in the seventeeth and eighteenth centuries*, d'Edward HEAWOOD, Cambridge, University Press, 1912. Pour la bibliographie des récits de voyages, nous avons utilisé le livre de E.G. Cox (voir Bibl.), signalé dans les notes par « Cox » lorsqu'il contient des précisions utiles.
2. *L'Atlas de toutes les parties connues du globe terrestre*, qui sert de complément à la dernière édition de l'*Histoire des Deux Indes*, offre l'inestimable avantage de correspondre exactement aux limites de notre étude. Nous l'avons donc utilisé de préférence à tout autre.
3. C'est le géographe MALTE-BRUN qui nommera « Océanique » l'ensemble formé par les îles de la mer du Sud et la Nouvelle-Hollande dans sa *Géographie de toutes les parties du monde*, 1804, tome XIII.

Plus trompeuse parce qu'elle substitue à une figure de la Terre géométriquement ordonnée une mosaïque de peuples et de races, à un univers cohérent et fini une fresque mouvante et des silhouettes incertaines : le monde sauvage, lentement investi par les Européens, de continent en continent et d'île en île, se révèle aussi vaste que l'univers lui-même.

Image plus réelle pourtant, parce qu'elle se fait et se défait selon les rêves et l'action des hommes, au hasard de leurs entreprises, dans le sillage de leurs aventures, qui convergent vers ce seul but : la possession du monde.

L'espace humain se constitue donc à partir de deux images opposées : d'un côté des nations civilisées, emportées par un mouvement qui les éloigne sans cesse davantage de leur condition primitive, de l'autre, des peuples sauvages, sans écriture et donc sans passé, brutalement arrachés à une durée immobile et jetés dans le creuset des races et des civilisations. Monde sauvage et monde civilisé s'affrontent et se définissent l'un par l'autre, l'un contre l'autre, irréconciliables dans le temps et l'histoire. Pour une philosophie qui se donne comme science de l'universel, il y a là un scandale, aussi bien dans l'ordre des faits que dans l'ordre de la connaissance. La destruction des Indiens, l'esclavage des nègres, la corruption des Tahitiens sont aussi inacceptables que l'existence de deux types de sociétés irréductibles l'une à l'autre. Humanisme et anthropologie vont s'efforcer, sur le double plan de la science et de la politique, de dépasser cette contradiction initiale : tandis que des administrateurs-philosophes formeront le projet d'« assimiler », d'« incorporer »[4], de réduire en quelque sorte à l'état de civilisation des peuples allogènes, des philosophes-hommes de science voudront fonder une science nouvelle qui, de toutes les variétés d'hommes, fasse surgir une image de l'homme, partout divers et partout semblable, se différenciant de lui-même par degrés insensibles, par un lent processus dont toutes les causes et les étapes seraient connues.

I. LE MONDE SAUVAGE, CET INCONNU.

Le monde sauvage s'offre aux regards dans un prodigieux désordre. La richesse de la nomenclature ne doit pas faire illusion : les *Suppléments de l'Encyclopédie* en 1776, dénombrent par exemple vingt-huit « nations » canadiennes[5], Raynal en recense vingt et une[6], l'Atlas de l'*Histoire des Indes* en situe vingt-huit[7]. Mais cet inventaire est plus satisfaisant pour l'œil

---

4. Ces termes se rencontrent dans les *Mémoires* et les plans d'administration que nous analyserons plus loin.
5. Article « Canada » (rédigé par De Sacy).
6. Tome VII (voir la Table des matières de ce volume).
7. *Atlas*, Cartes n° 25 : « Amérique septentrionale », Nos 44, 45, 46, 47 et 48 : Parties orientale, occidentale du Canada, carte de la Louisiane et de la Floride, carte de la partie Nord des Etats-Unis de l'Amérique septentrionale.

que pour l'esprit : la plupart des peuples cités ne sont pas autrement connus, trop de noms n'ont d'autre fonction que de remplir
les vides d'une carte. Il est significatif que l'*Encyclopédie* ne
donne de renseignements que sur deux nations, Hurons et Iroquois, et se contente de localiser rapidement les autres, que
Raynal ne donne de détails que sur les Hurons, les Iroquois et
les Natchez, tandis qu'il consacre un long développement aux
« Sauvages du Canada » et aux « Sauvages de la Louisiane ».
Algonquins, Illinois, Chicacas, Micmacs ou Montagnez n'apparaissent dans la narration que par le jeu des alliances ou des
guerres entre des tribus dont Anglais et Français se disputent
les faveurs. Cette recension n'est guère qu'un constat d'existence.
Au-delà commence la réalité, patiemment décrite par les auteurs
de *Relations,* mais presque totalement absente de ces herbiers.
Pour passer de la simple localisation géographique [8] ou de la
mention anecdotique [9] à une connaissance plus précise, les dif-
cultés sont d'ailleurs multiples, la première étant d'identifier des
peuples dont les noms varient d'une relation ou d'une carte à
l'autre au point d'être méconnaissables. Les Tsonnontuans des
Français sont pour les Anglais des Senecas, les Ouataouais sont
des Outagamis ou des Renards, les Shawanesses peuvent être
des Chouanons, voire des Savanas, les Malhominis cités dans
l'*Encyclopédie* sont des Maloumines que Bougainville, dans son
Journal nomme « Folles-Avoines ». Le Canada, occupé à la fois
par les Anglais et les Français, offre l'exemple le plus net de
cette confusion linguistique, dont on pourra se faire une idées
en consultant le tableau ci-après, évidemment non exhaustif.

PRÉVOST, *Histoire des Voyages,* XV, livre VI	*Encyclopédie* Art. « Canada » [*Suppléments*]	*Histoire des Indes,* VII, et *Atlas* [10]	*Handbook of American Indians*
Abenaquis (ch. XIV) (ou Canibas)		Abenaquis	Abenaquis
Akansas (XIV)		* Acansas	
Algonquins (XIV-XV) [11]		* Algonquins	Algonquins
Alimabons [Crees] [12]		* Alibamous	Alibamus
		Apaches	
Apalachites (XV)			Apalachites

---

8. *Atlas,* carte 46 : « village des Caskakias », « rivière des Osages » ;
carte 45 : pays des Sioux ou des « Tintons errants »...
9. RRYNAL, VII, 234, Victoire des Chicacas sur les Français en 1736 ; p. 238,
établissement d'un fort sur les terres des « Nachitoches ».
10. Sont précédés de l'astérisque les noms qui figurent aussi dans l'Atlas.
Sont en italique ceux qui sont portés sur la carte 46, mais ne figurent pas dans
le texte.
11. Orthographe de Champlain et Sagard. Hennepin écrit *Algoncains*.
12. DUMONT, I, 134, 1753.

Prévost, *Histoire des Voyages*, XV, livre VI	*Encyclopédie* Art. « Canada »	*Histoire des Indes*, VII, et *Atlas*	*Handbook of American Indians*
Assiniboils (XIV)	Assiribouets Ayoes	* *Assinipouels* [13]	Assinibouins Iowas
Kaskaquias (XIV)		* *Caskakias*	Kaskakias
		* *Chaccoumas* [14]	Chakchiumas
		* *Chactas* [15]	Choctaws
Chouanons (XIV)		{ * *Chaouanes* { Shawenesses	Shawnees [16]
Cheraquis (XIV)		* *Cherokees*	Cherokees
Chicacas (XIV)		* *Chicachas*	Chickasaws
	Chichigoueks [17]		Nikikouets (?)
Christinaux (XIV)	Christinaux	{ * *Creeks* { *Christinaux*	Creeks
	Cynagos		Sinagos
Hurons (XIV)	Hurons	* *Hurons*	Hurons
Illinois (XIV)	Illinois	* *Illinois*	
Iroquois (XIV)	Iroquois	* *Iroquois*	Iroquois
	Kaetous		
		* *Kaniez*	
		Kikabous	Kickapoos
	Kiskakous	Kiskakous [18]	Kishkakons
	Malhominis [19]		Menominees
	Mansovas		Mansos
	Maskouteks		Mascoutins
		Masphis	Mashpees
		* *Metchigramias*	Michigameas
	Onaovientagos	Oneidas [20]	Onneyouts
	Onegebons (ou Puants)		Ouinipigons
	{ Outagamis { (ou Renards) { Outaouaicks [21]	* *Outagamis*	Ouataouiais
	Ponteanotamis		Poutewatomis
		* *Souriquois*	

---

13. Ce sont des Sioux.
14. Appelés chez Le Page du Pratz : « Les Ecrevisses Rouges ».
15. Surnommés par les Français : les « Têtes Plates ».
16. Le *Handbook* (...) donne les formes suivantes : Chaganons (chez Tonti), Cacahouanons (chez Justel), Chaouanonromon (chez Charlevoix), Chaouenon (chez Hennepin), Chauenese (chez Colden), Savannas, Shawànoh (chez James Adair).
17. La Potherie, II, 49, 1753.
18. Surnommés « Queues coupées ». Bougainville dit Kiscacones.
19. Les « Folles-Avoines », chez Bougainville.
20. Ce sont des Iroquois.
21. Dans l'article des *Suppléments* (1776). Les Ouataouiais sont des Algonquins.

On reconnaît plus facilement les Araucans du Chili dans les Araucos de Raynal, francisés en *Arauques* dans l'*Encyclopédie :* il est vrai que l'*Araucana* [23], qui célèbre la victoire des Espagnols sur ce peuple guerrier, limite le nombre des variantes possibles, vrai aussi que les formes espagnoles, fixées déjà par une longue tradition, prêtent à moins de méprises. Mais les différents peuples africains sont si mal connus qu'on se contente le plus souvent d'énumérer « les provinces du pays des noirs » [24] et de parler de leurs « habitants ». Chez Dapper [25] Cafres et Hottentots sont confondus, Kolben ne fait non plus aucune distinction entre eux, mais pour Prévost [26] les Namaquas et les Souquas sont des Cafres, alors qu'ils sont des Hottentots pour Kolben : la liste des différentes tribus hottentotes dressée par ce dernier ne compte pas moins de dix-sept noms [27] mais ne renvoie évidemment à aucune connaissance précise de leurs mœurs et de leurs usages. Science en trompe-l'œil, qui n'abuse d'ailleurs personne : comment les lecteurs s'y reconnaîtraient-ils ? Il n'est même pas sûr qu'ils en aient envie : l'*Encyclopédie* cite pêle-mêle une vingtaine de nations canadiennes. Le fait de classer les tribus en trois groupes : Hurons, Iroquois et Algonquins, et dans un ordre géographique représente déjà un souci de rigueur qui n'est pas si commun. La pratique courante est l'amalgame : « En peignant les Iroquois et les Hurons », affirme M. de Sacy, « j'ai peint toutes les nations voisines : même caractère, mêmes vices, mêmes talents... [28]. »

Les seuls peuples qui soient réellement connus sont ceux qui font partie d'un paysage familier ou que de récents voyages de découverte placent au premier rang de l'actualité.

II. Un paysage familier.

En dépit de l'éloignement et de son immensité, l'Amérique des conquistadors et des jésuites est la plus proche des imaginations : il suffit de relire *Candide* pour s'apercevoir que l'on ne change plus de monde en changeant de continent : l'empire colonial des Espagnols et des Portugais, le réseau des commanderies et des missions ont donné aux Indiens un statut uniforme qui estompe les différences ethniques et linguistiques. Aux heureux Brésiliens de Jean de Léry et de Montaigne, aux Incas et aux Mexicains décrits par les historiens de la conquête, s'est substi-

---

23. Poème épique en 37 chants, d'Alonzo DE ERCILLA. Il est cité à l'article « Arauques » des *Suppléments de l'Encyclopédie.*
24. Article « Afrique » de l'*Encyclopédie.*
25. *Description de l'Afrique* (...).
26. *Histoire des voyages,* V, Livre XIV, p. 157.
27. Gungemans, Kokhaquas, Sussaquas, Odiquas, Khirigriquas, Namaquas, Attaquas, Khoroganquas, Kopmans, Hessaquas. Sonquas. Dunquas, Damaquas, Gauros ou Gauriquas, Honteniquas, Khamtovers, Heykoms, cités ibid.
28. *Suppléments* (...), tome II, p. 163 b-168 (1776).

tuée cette entité : les Américains. La colonisation a terni l'éclat des anciennes civilisations, au point que Buffon n'hésite pas à écrire :

« (...) tous les Américains naturels étaient, ou sont encore sauvages ou presque sauvages; les Mexicains et les Péruviens étaient si nouvellement policés, qu'ils ne doivent pas faire une exception [29]. »

et le mélange des races a profondément altéré leurs caractères singuliers :

« Les peuples qui habitent actuellement le Mexique et la Nouvelle-Espagne sont si mêlés, qu'à peine trouve-t-on deux visages de la même couleur [30]. »

L'*Histoire des Voyages,* qui parle des « anciens Mexicains » et des « anciens Péruviens », l'*Encyclopédie,* qui définit l'empire du Mexique comme une « province de la Nouvelle-Espagne », disent bien cette mort lente de peuples dont les monuments ne sont plus que des « vestiges », et qui prennent place dans le passé de l'humanité, à côté des Grecs et des Romains, parmi les ombres familières. Pour leurs vainqueurs, comme pour leurs défenseurs, il n'y a plus que des Indiens et des métis, « la dernière classe [dans] un pays qui appartenait à leurs ancêtres » [31].

Les peuplades du Paraguay, rassemblées par les jésuites dans les « réductions » et forcées par leurs « religieux instituteurs » [32] de quitter la vie sauvage pour devenir des « hommes » et des « chrétiens » [33] sont un autre exemple de cette assimilation brutale, qui bouleverse de fond en comble la structure du monde sauvage. L'intérêt, puis les controverses passionnées dont ils sont l'objet concernent non les vrais Guaranis, dont on continue de tout ignorer, mais ces nations artificiellement rassemblées et conduites par degrés « à un point de civilisation... fort supérieur à tout ce qui existait « dans le reste du nouvel hémisphère » [33]. Tout le monde parle des Guaranis, au moment où précisément les Guaranis ont cessé d'exister en tant que tels.

Brésiliens [34], Mexicains, Péruviens [34 bis], Guaranis, asservis,

29. *Variétés dans l'espèce humaine, O. C.,* IX, 261.
30. *Ibid.,* 253.
31. RAYNAL, IV, 161.
32. RAYNAL, IV, 142.
33. « Ils [les jésuites] n'essayèrent d'en faire des chrétiens, qu'après en avoir fait des hommes », RAYNAL, IV, 139 et 153.
34. Le nom de « Tupinambas » continue d'apparaître sur les cartes (Atlas de l'*Histoire des Indes,* carte n° 29) et dans quelques textes (voir par exemple DESBOULMIERS [Jullien], *Trapue, reine des Topinambous,* conte allégorique, Paris, 1771, in-12). Mais l'article « Tupinambas » de l'*Encyclopédie* précise : « Nation (...) aujourd'hui réduite à une poignée d'hommes, sous le nom de Topayos, sur le bord d'une grande rivière qui vient du Brésil, et se décharge dans l'Amazone. » L'article « Brésil » cite les Topinambous, les Marjagas, et les Onétacas. Voltaire ne distingue pas les uns des autres et parle des « Brésiliens ». Buffon, Prévost et Raynal font de même.
34 bis. Le mot « Inca » n'est employé que pour désigner les anciens rois

assimilés ou domestiqués, ont cessé d'appartenir au monde sauvage : leur présence dans la littérature des Lumières n'est pas l'indice d'une familiarité avec des sociétés que la conquête a irrémédiablement détruites, mais seulement avec ces empires prestigieux, où règne l'ordre colonial, et où « l'état sauvage » ne peut plus être qu'une défaite ou un défi.

Autre province de ce Nouveau Monde dont l'Ancien a pris possession, le Canada fait lui aussi partie de cet espace imaginaire, où le merveilleux côtoie la terrible réalité, où des peuples entiers perdent peu à peu leur forme primitive et entrent vivants dans leur légende, à travers les hauts faits d'une chronique sanglante ou la geste héroïque des *Relations*. Le mot « Canada » désigne globalement au XVIIIᵉ s. toutes les possessions françaises de l'Amérique septentrionale, parcourue depuis la première moitié du XVIᵉ siècle par les pionniers, les colons, les trappeurs, les soldats et les missionnaires. Mais la rivalité franco-anglaise, la politique d'alliance avec les tribus, et la forte résistance opposée par celles-ci à toute tentative d'assimilation, ont laissé subsister, dans un vaste pays que son relief et son climat défendent âprement, des nations indépendantes et bien distinctes. Jouant de leurs divisions intestines, et forcés par les hasards de la guerre de recruter des « partis de sauvages », Français et Anglais n'ont cherché ni à les détruire, ni à les réduire en un seul corps de peuples. Certes les expéditions punitives — contre les Renards notamment —, les luttes intertribales, l'eau-de-vie se chargeront de les décimer, et le bilan de deux siècles de présence coloniale est ici comme ailleurs très lourd [35]. Certes les observateurs sont plus sensibles aux ressemblances qu'aux singularités, mais des Hurons aux Natchez, du pays des Lacs à la Louisiane et aux Apalaches, le paysage humain se déploie dans toute sa variété, et il y a plus que des nuances d'un portrait à l'autre. Les Hurons, les Iroquois, les Illinois, les Crees existent encore en tant que tels, et les témoignages littéraires reflètent cette survie. L'*Adario* de Lahontan n'est pas un « sauvage » quelconque, mais un Huron, et même le plus célèbre d'entre eux : Kondiaronk, dit le Rat, « un Machiavel né dans les forêts (...) le sauvage le plus intrépide, le plus ferme et le plus éclairé qu'on ait trouvé dans l'Amérique septentrionale » [36]. Huron encore l'*Arlequin sauvage*

du Pérou. Il semble qu'il faille dater l'extension du terme des *Incas* de Marmontel. Leblanc par exemple donne comme sous-titre à sa tragédie de *Manco-Capac* (1763), « premier Inca du Pérou ».

35. CHARLEVOIX, dans son *Histoire de la Nouvelle France*, note en 1744 : « Des nations entières ont absolument disparu depuis quarante ans au plus. Celles qui subsistent encore ne sont plus que l'ombre de ce qu'elles étaient. » Les Hurons, les Abaquis, et les Nipissings, christianisés et protégés par les missionnaires, survivront plus longtemps. Quant aux Iroquois, considérés comme sujets anglais, ils étaient protégés par une clause spéciale du traité d'Utrecht.

36. RAYNAL, VII, 173. Sur Lahontan et son personnage, voir G. CHINARD, Préface à l'édition des *Dialogues curieux...*, p. 48-50.

de Delisle, Huron à demi l'*Ingénu* de Voltaire, un des fils spirituels d'Adario. Mais Iroquois l'*Igli* de Maubert de Gouvest, et non sans doute par simple souci de variété, mais parce que les Iroquois, ennemis acharnés des Français, manifestent mieux que toute autre nation l'hostilité latente du monde sauvage [37]. Iroquois les *Deux Amis* de Saint-Lambert [38], Illinoise la *Canadienne* de Vadé [39] et l'*Hirza*... de Sauvigny, tandis que pour Mercier le dernier des Mohicans est le dernier des Chebutois [40] et qu'un roman violemment satirique de 1778 s'intitule : *Mémoires de la vie et des aventures de Tsonnonthouan, chef de la nation occidentale des Têtes Rondes* [41]. Les *Lettres illinoises* [42] et ces prétendues *Lettres cherakeesiennes* [43] qui sont une contrefaçon des *Lettres iroquoises* continuent ce dialogue à plusieurs voix, ouvert en 1747 par les *Lettres d'une Péruvienne* de Mme de Grafigny. Chacun sait bien qu'Irocopolis [44] n'est pas en Huronie, et si les méchants Rouitons de Cleveland semblent de pure invention [45], les bons Abaquis sont bien conformes à l'image qu'en donnent les *Lettres édifiantes* [46]. Les Shawenesses, les Cheroquis, les Natchez sont plus souvent nommés que cette entité « les Canadiens » [47]. A côté des *Histoire(s) de la Nouvelle-France*, les monographies sont rares : Colden écrit une *Histoire des Cinq Nations*. En revanche, nombreux sont les mémoires, qui s'attachent à décrire les mœurs et les usages de nations moins

---

37. Voir sur ce point Enea BALMAS, *Préface* à l'édition des *Lettres iroquoises*, p. 44.

38. Ce « conte iroquois » s'inspirait d'un « Mémoire sur les coutumes et usages des cinq nations iroquoises du Canada », paru en 1768 dans les *Variétés littéraires*. Voir Michèle DUCHET, « Bougainville, Raynal. Diderot et les sauvages du Canada », *R.H.L.F.*, 1963.

39. Comédie, La Haye, 1761.

40. *L'Homme sauvage*, 1767.

41. *Bibliothèque des romans*, tome 26. [Londres, 1763, 2 vol. in-12.] Ces pièces et ces romans sont déjà cités par G. CHINARD, *l'Amérique et le rêve exotique* (...), p. 160 sq.

42. *L'espion américain en Europe ou Lettres illinoises* (1767).

43. *Correspondance littéraire*, avril 1769. On les attribua un moment à Diderot. Elles sont de MAUBERT DE GOUVEST.

44. Lieu fictif de publication des *Lettres iroquoises*.

45. Nous n'en sommes pas si sûre. Le *Handbook of American Indians...* ne relève aucun peuple de ce nom, mais cite un village Kaskakia, appelé Rouinsac. La création des Rouintons, à partir de Rouinsac, procéderait alors d'un jeu de mot sur Kaskakia. Ce n'est qu'une hypothèse.

46. Il y a des missions en pays abaqui dès 1639. Après l'assassinat du père Rales en 1724, l'évangélisation avait repris. Cleveland se comporte en missionnaire, et s'emploie à « civiliser ces pauvres sauvages, à les tirer des ténèbres de l'idolâtrie, et à leur faire goûter quelques idées de morale et de discipline ». PRÉVOST, *O.C.*, IV, 117.

47. Dans l'*Essai sur les mœurs* (éd. Pomeau, II, 23) VOLTAIRE cite les Algonquins, les Illinois et les Hurons. Les Natchez sont bien avant Chateaubriand des figures familières : Charlevoix (d'après le père Le Petit), Tonti, Le Page du Pratz les ont décrits. La source de MONTESQUIEU dans l'*Esprit des Lois* (XVIII, 18) est le père Le Petit (*Let. Edif.*, vol. 20), celle de l'*Encyclopédie* aussi, à travers Charlevoix.

connues [48]. Dans la chronique canadienne, les personnalités marquantes ne sont pas, comme Guatimozin ou le cacique Hatuey [49]) des ombres du passé, mais des chefs de tribus avec qui l'on négocie, et dont on admire l'éloquence ou la bravoure : Kondiaronk bien sûr, mais aussi le « généreux Pontheack », chef des Iroquois [50], Tomochichi, ce chef Cree dont Prévost rapporte dans le *Pour et Contre* [50 bis] les fières paroles, Logan, chef des Shawanais, qui tient tête à Dunmore, gouverneur de Virginie [51].

On ne saurait multiplier les exemples : nous avons montré qu'au-delà d'une certaine frontière le paysage reste flou. Mais en deçà, il offre une grande variété de figures au profil accusé. Avec le monde canadien, un dialogue existe et se poursuit sous des formes diverses. Décimées par les guerres, les maladies et l'ivrognerie, les tribus n'ont pas encore été dépossédées totalement de leurs terres et de leur être. La présence dans la littérature des Lumières de ces sauvages éloquents et raisonneurs, qui, face aux civilisés, assument pleinement leur sauvagerie [52], est le signe de cette familiarité, sans doute illusoire, mais qui ne disparaîtra qu'avec la fin de la Nouvelle-France.

La fréquence, plus que la durée des contacts, explique la célébrité des Hottentots, comme plus tard celle des Patagons. Sur la route des Indes orientales, la « Hollande hottentote » [53] est une escale obligée, et de Gama à Kolbe, de La Loubère à l'abbé de la Caille, du jésuite Tachard et de Tavernier à Levaillant, on peut dire avec Buffon que « presque tous les voyageurs en ont parlé ». Etonnant portrait qui, pendant deux siècles [54], ne subit guère de retouches, et dénote une profonde répulsion à l'égard de ces êtres « qui n'ont rien d'humain que la figure » [55]. En attendant que les Patagons viennent leur disputer le privilège de figurer les hommes « les plus misérables de l'espèce humaine » [56], leurs particularités anatomiques, leur saleté repoussante, leurs usages singuliers et leur langage bizarre [57] suscitent l'horreur

48. Ceux par exemple de Timberlake sur les Cheraquis, v. Bibl.
49. Pour le premier, voir RAYNAL, III, 184; *Encyclopédie*, art. « Mexique »; VOLTAIRE, lettre du 6 sept. 1769 (Bes. 14891) et *Essai sur les mœurs* (II, 353); pour le second, PRÉVOST, *Histoire des voyages* (XII, 173, d'après Herrera); VOLTAIRE, *Essai...* II, 360; RAYNAL, VI, 26-27.
50. RAYNAL, VIII. 209.
50 bis. Tome IV, et *Histoire des voyages* (XIV, 581).
51. DIDEROT, *O.C.*, A.T., XVII, 503, et RAYNAL, VIII, 170. Sur les sources, voir E.D. SEEBER, « Chief Logans's speech in France », *Modern Language Notes*, 1946.
52. Voir les discours de Tomochichi ou de Logan.
53. L'expression est de LEVAILLANT, *Voyage... dans l'intérieur de l'Afrique...*, réédité chez Plon, 1932, I, 26.
54. De Ten Rhyne, qui les a décrits le premier en 1673, à Gordon, qui détruira bien des légendes en 1777.
55. Nicolas de GRAAF, *Voyage aux Indes orientales...*, (1719), p. 87.
56. BUFFON, *Variétés dans l'espèce humaine*, IX, 234.
57. Tablier des Hottentotes, ablation d'un testicule, onctions huileuses, entrailles d'animaux autour des jambes, odeur affreuse, gloussements, tels sont les principaux traits qui se retrouvent partout.

ou le dégoût. « Je sais bien que vous vous éloignerez avec dégoût d'un homme emmailloté, pour ainsi dire, dans les entrailles des animaux », écrit Diderot [58], excédé par cette sensiblerie méprisante. Pourtant le portrait moral des Hottentots est loin d'être aussi négatif. L'abbé Yvon hésite à voir des athées dans ces peuples qui n'ont « ni temples, ni idoles, ni cultes », mais qui « reconnaissent une équité » et « savent le droit des gens et de la nature » [59]; Raynal vante « leur concorde inaltérable » [60], leur « bienveillance », et Voltaire les place aux côtés des Canadiens parmi les peuples qui « ont l'art de fabriquer eux-mêmes tout ce dont ils ont besoin » [61]. La métamorphose des Hottentots en « bons sauvages », se fait à partir de ces images contrastées : une sauvagerie dont on se détourne, parce qu'elle est animalité, et un état sauvage, qui est innocence et repos.

Si l'Afrique dans son ensemble est fort mal connue, et l'intérieur presque inexploré [62], la Nigritie, cette « annexe des Antilles », est pourtant familière à tout ce qui vit de la traite ou du travail des esclaves. Les Portugais, les Hollandais, les Anglais et les Français ont installé des forts et des comptoirs le long des côtes où les négriers viennent s'approvisionner en bois d'ébène. Les voyages d'exploration vers l'intérieur se limitent au cours de quelques rivières [63] et ne sont pas encouragés par les Compagnies qui ne s'intéressent qu'au commerce des esclaves, drainés vers la côte par des marchands nègres. L'ivoire et la gomme arrivent par la même voie, et les difficultés d'accès apparaissent encore insurmontables. Les principales *relations* sont l'ouvrage soit d'agents des Compagnies, comme Bruë, directeur de la Compagnie du Sénégal, soit de marchands à la recherche de nouveaux points de traite, comme Snelgrave, soit d'assez rares missionnaires, comme Cavazzi. Labat a composé sa *Nouvelle Relation de l'Afrique occidentale* en utilisant leurs récits, notamment ceux de Bruë et du sieur La Courbe, dont il a copié textuellement un grand nombre de pages [63 bis]. Il a publié aussi les *Voyages* de Des Marchais, qui décrit le pays depuis la

58. *Histoire des Indes*, IV, 239.
59. *Encyclopédie*, art. « Athée ».
60. *Histoire des Indes*, IV, 237.
61. *Essai sur les mœurs*, I, 23.
62. Dans la première moitié du XVIIIe s., aucune exploration importante. Dans l'*Histoire des voyages*, la partie consacrée à l'Afrique s'appuie sur d'anciennes relations, par exemple celle de Lopez, capucin portugais (publiée par Pigasetta) pour l'intérieur du Congo, alors que son voyage date de 1578. Dans sa *Lettre sur le progrès des sciences*, en 1752, Maupertuis recommande l'exploration de l'Afrique au même titre que celle des Terres australes, car : « Tout ce vaste continent nous est presqu'aussi peu connu (...) », p. 48.
63. Bruë avait remonté vers 1697 le cours du Sénégal et créé un comptoir à Galam. Un de ses compagnons poussa plus haut et recueillit les premières indications sur les mines de Bambouc. En 1716, le sieur Compagnon atteint Bambouc (HEAWOOD, *op. cit.*, p. 157-160).
63 bis. Voir P. CULTRU, *Histoire du Sénégal...*, Préface, p. III. M. Cultru a publié la relation de La Courbe, et critiqué le livre du père Labat. Voir Bibl.

rivière de Sierra Leone jusqu'au royaume de Juda, et ceux de Cavazzi sur l'Ethiopie occidentale, les royaumes de Congo, Angola et Matamba [64]. Mais Labat lui-même n'a jamais mis les pieds en Afrique, et ce sont bien moins les Africains qui intéressent ce supérieur de la mission des Antilles, auteur d'un *Voyage aux îles de l'Amérique,* que les races d'esclaves destinés aux plantations de La Martinique et de Saint-Domingue. On peut admettre avec M. Mercier le « zèle sincère » de Labat, qui se plaint de l'indifférence des Compagnies pour la conversion des esclaves [65], mais il faut bien reconnaître qu'il parle plus souvent en marchand qu'en missionnaire. C'est toujours en pensant aux îles qu'il évalue les qualités et les défauts des Africains. Il consacre ainsi un chapitre [66] aux « esclaves noirs dont on se sert aux îles ». Tout un chapitre des voyages de Des Marchais n'est de même qu'une longue énumération des diverses « races » nègres des royaumes de Juda et d'Ardra : les Aradas sont les meilleurs pour l'esclavage, les Tebous (Soudanais) les plus mauvais, les nègres « ayois » sont dangereux, les « minois » [royaume de Mina] sont excellents pour le service domestique [67]. Chez Cavazzi, on trouve un tableau complet des « défauts naturels et moraux de ces peuples (...) encore enveloppés dans les ténèbres du paganisme » [68]. La liste en est longue : vanité, paresse, lâcheté, fourberie, dureté de cœur, envie, malhonnêteté, superstitions ridicules. Pour des peuples dont le « naturel » est si mauvais, il n'est de salut que dans l'esclavage, qui les arrache à une condition misérable pour en faire des hommes et des chrétiens. Dans son *Histoire de Saint-Domingue,* le père Charlevoix affirme que « ces misérables avouent sans façon qu'un sentiment intime leur dit qu'ils sont une nation maudite » et que « les plus spirituels, comme ceux du Sénégal, ont appris par une tradition, qui se perpétue parmi eux, que le malheur est une suite du péché de leur Papa Tam, qui se moqua de son Père » [69]. La qualité essentielle des Sénégalais est d'ailleurs d'être « de tous les nègres les mieux faits, les plus aisés à discipliner, et les plus propres au service domestique. Les Bambaras sont les plus grands, mais voleurs, les Arandas, ceux qui entendent mieux la culture des terres, mais les plus fiers; les Congos les plus petits, les plus habiles pêcheurs, mais ils désertent aisément; les Nagos, les plus humains, les Mondongos, les plus cruels, les Mines les plus résolus, les plus capricieux, les plus sujets à se désespérer. Enfin

---

64. Voir la Bibliographie.
65. R. MERCIER. *L'Afrique noire dans la littérature française,* p. 67. M. Mercier relève lui aussi cependant les insuffisances de Labat, et note : « Pour qu'il manifeste son indignation, il faut qu'il se trouve en présence d'un acte véritablement monstrueux (...) » (*Ibid.*)
66. *Nouveau voyage aux îles de l'Amérique,* IV, ch. 7, p. 110 sq.
67. *Voyage du chevalier Des Marchais en Guinée,* II, ch. 6, p. 125 sq.
68. *Relation historique de l'Ethiopie occidentale,* I, ch. 13.
69. II, 498.

les nègres créoles, de quelque nation qu'ils tirent leurs origines, ne tiennent de leur père que l'esprit de servitude et la couleur [70] ». Et il conclut :

« On vient à bout de corriger une bonne partie de leurs défauts par le fouet, quand on emploie à propos ce remède; mais il faut recommencer souvent [71]. »

Les sources étant ce qu'elles sont, on ne s'étonnera pas de lire dans Prévost [72] mille traits de ce genre, et dans Raynal cette condamnation méprisante :

« L'intérieur du pays est peu connu et ce qu'on en sait ne peut intéresser ni l'avidité du négociant, ni la curiosité du voyageur, ni l'humanité du philosophe. Les missionnaires mêmes, qui avaient fait quelques progrès dans ces contrées, surtout dans l'Abyssinie, rebutés par les traitements qu'ils éprouvaient, ont abandonné ces peuples à leur légèreté et à leur perfidie [73]. »

Réaction significative : l'Afrique noire n'existe qu'en creux, comme une terre hostile et refusée. Tout se passe comme si, transplantés en Amérique, les habitants de la Nigritie cessaient d'être des « Africains » pour n'être plus que des « nègres », presque une autre race. Il y a bien chez Prévost, composée d'après les « meilleurs auteurs », une peinture du monde africain d'une surprenante richesse. Mais dans l'*Encyclopédie*, chez Buffon ou chez Raynal, il en reste peu de chose. Les pages les plus intéressantes de l'*Histoire des Indes* sont empruntées à Chanvalon et concernent la vie des esclaves à la Martinique : les chants et les danses ont les couleurs du folklore antillais, au rythme des travaux des plantations [74], et n'évoquent en rien la terre africaine.

Le mouvement d'intérêt pour l'Afrique que nous verrons se dessiner après 1763 prendra lui aussi l'Amérique comme centre. Pour les philosophes, les nègres de Guyane ou des Antilles sont les seuls « Africains » qui comptent, jusqu'au moment où le problème de l'esclavage va ramener leurs regards vers ce continent déshérité, que la traite a peu à peu vidé de ses habitants, et qu'on songera alors à repeupler et à mettre en valeur. Dire que l'Afrique n'est au siècle des Lumières qu'une « annexe des Antilles », ce n'est donc pas seulement reconnaître une réalité économique, c'est aussi tracer les contours d'un paysage humain où l'imagerie a fini par tuer l'image. Le « bon nègre », l'esclave généreux et révolté font oublier leurs origines, tandis que

---

70. Ce passage se retrouve dans Buffon, *Variétés dans l'espèce humaine*, IX, 232-233.
71. *Op. cit.*, II, 500.
72. *Histoire des voyages*, tomes II, III, IV et V.
73. V, p. 159.
74. *Histoire des Indes*, V, 262, 263 : « Dans leurs travaux, le mouvement de leurs bras ou de leurs pieds est toujours en cadence. Ils ne font rien qu'en chantant (...) ».

l'« affreuse condition des nègres en Amérique »[75] apparaît plus digne d'émouvoir « l'humanité du philosophe » que le sort sans espoir de peuplades livrées à la grande peur de la barbarie.

On peut encore situer dans les limites de ce paysage familier les Caraïbes, bien qu'ils appartiennent déjà à un passé dont il ne reste plus que des témoignages incertains :

« Les naturels des îles Lucaïes sont moins basanés que ceux de Saint-Domingue et de l'île de Cuba, mais il reste si peu des uns et des autres aujourd'hui qu'on ne peut guère vérifier ce que nous en ont dit les premiers voyageurs qui ont parlé de ces peuples », écrit Buffon[76].

Raynal n'en parle qu'au passé[77]. L'*Encyclopédie* distingue les *Caraïbes* (ou *Cannibales*)[78], insulaires des Antilles, des *Caribes*, sauvages de la Guyane, « aux confins des terres des Caripous ». Mais le mot « cannibale » est en fait couramment employé depuis Montaigne comme synonyme d'anthropophage, et on nomme Caraïbes indifféremment les « naturels » des Antilles ou de la Guyane, dont on admet qu'ils ne constituaient à l'origine qu'un seul et même peuple[79]. Buffon cependant rattache les Caraïbes aux Apalachites du sud de la Floride, ce qui est la thèse de Du Tertre[80]. La rareté des contacts[81] explique la remarquable fixité des caractères attribués aux Caraïbes : entre Du Tertre, qui écrit vers 1640 et Labat, dont la *Relation* paraît aux ethnologues d'aujourd'hui « plus digne de créance que les récits qu'il a composés ultérieurement sur les peuples africains »[82], il n'y a guère que des différences de détail; et Thibaut de Chanvalon, que Raynal se contente de copier, copie lui-même Labat et Du Tertre, en ajoutant quelques traits pris des *Lettres édifiantes*[83].

Malgré l'ancienneté des contacts, on peut dire que le monde indonésien se situe en marge du paysage humain, dont nous essayons de dessiner les contours. Certes Buffon inclut dans son tableau des *Variétés dans l'espèce humaine* les « naturels » de

75. RAYNAL, v, Table des matières : « Nègres ».
76. *Variétés dans l'espèce humaine*, O.C., IX, 251.
77. v, p. 72 sq.
78. De *Canibi*, nom primitivement donné aux Caraïbes par les Espagnols.
79. PRÉVOST, XI, 57-60 et XV, ch. 2; RAYNAL, v, 72.
80. *Histoire naturelle et morale des Antilles*, citée par BUFFON, O.C., IX, 250. L'une et l'autre thèse se fondent sur le souvenir d'anciennes migrations conservé par les indigènes. On considère aujourd'hui que la première est la plus probable : A. LEROI-GOURHAN et J. POIRIER, *Ethnologie de l'Union Française*, p. 870.
81. Le père Labat est obligé d'organiser une véritable expédition pour trouver d'authentiques Caraïbes
82. *Ethnologie de l'Union Française*, p. 838. En réalité, Labat a peu observé et habilement utilisé une ancienne relation de Laborde (J. de DAMPIERRE, *Essai sur les sources de l'histoire des Antilles*).
83. *Voyage à la Martinique*, p. 51 à 56 et RAYNAL, v, 72 sq.

la presqu'île de Malaca, des îles de Ceylan, Sumatra, Java et Bornéo, des Moluques, des Philippines, de Formose, des îles Mariannes. Mais il insiste sur le caractère « suspect » de certains témoignages : faut-il admettre l'existence dans l'île de Mindoro d'une « race d'hommes appelés *Manghiens,* qui tous ont des queues de quatre ou cinq pouces de longueur », parce que des « jésuites dignes de foi » l'ont rapporté à Gemelli Carreri ? Faut-il croire Struys quand il affirme avoir vu à Formose « de ses propres yeux un homme qui avait une queue longue de plus d'un pied, toute couverte d'un poil roux, et fort semblable à celle d'un bœuf » ? Et Rechteren quand il répète, après tant d'autres, l'histoire des prêtresses de Formose foulant aux pieds les femmes qui n'ont pas atteint l'âge de trente-cinq ans, pour les empêcher de mettre au monde leurs enfants avant « l'âge prescrit » [84] ? On est au seuil d'un monde inconnu : seules les légendes sont ici familières. Ces monstres, ces interdits étranges renvoient à un paysage imaginaire, à quelque vision apocalyptique, à la manière de Jérôme Bosch ou d'Agrippa d'Aubigné, à une « antinature », qui, laissant à la nature tous ses pouvoirs, effaçant toute frontière entre le possible et l'impossible, le normal et le monstrueux, se prêtera aux audaces des premières théories transformistes [85]. Il se trouve que, dans ce cas précis, l'existence d'idiomes presque totalement différents d'une île à l'autre [86], explique l'incertitude des connaissances et la rareté des contacts. Mais que les meilleurs esprits du siècle aient hésité à refuser ces images mythiques d'un monde ignoré en dit plus long sur leur univers mental que ces répertoires méthodiques, ces « herbiers » sans vie, qui entretiennent l'illusion du savoir.

Tel est ce paysage immobile et comme immuable, ensemble d'images fixes, ancien monde à l'intérieur du Nouveau, qui de la Nouvelle-Espagne à la Nouvelle-France, voire à la Nouvelle-Hollande s'est progressivement intégré dans les cadres de la pensée moderne. L'aisance avec laquelle les personnages de Lesage [87] ou de Prévost, en attendant *Candide* et les *Voyages de Scarmentado,* se déplacent dans un espace dilaté jusqu'aux confins du monde connu, l'envahissement du roman par un romanesque qui a délaissé la Carte du Tendre pour les courses lointaines et les navigations hasardeuses, montrent bien que non seulement les voyages sont entrés dans les mœurs, et les récits de voyages dans les bibliothèques, mais que la découverte du monde est devenue, pour la conscience collective, l'aventure humaine par excellence. Il est tant d'îles heureuses au fond des

84. BUFFON, *O. C.,* IX, p. 188-191, avec des réserves. Repris dans l'article « Humaine (Espèce) » de l'*Encyclopédie,* avec les mêmes réserves, et dans l'article « Jébuses » (*Hist. Mod. Superst.*), [d'Holbach ?], sous réserves.
85. Voir J. EHRARD, *L'idée de nature,* p. 233, à propos de Maupertuis.
86. Voir *Etnologia* (Enciclopedia Feltrinelli), p. 261.
87. Voir Jean SARRAILH, « A propos de A.R. Lesage américaniste », dans *Cahiers de l'Institut des hautes études de l'Amérique latine,* 1964.

mers du Sud que la nature se lassera plus tôt de fournir que l'imagination de concevoir. L'histoire de la découverte du monde ressemble elle-même à un roman : itinéraires singuliers et entreprises désespérées donnent on ne sait quel aspect d'Odyssée à ces voyages, à ces périples, à ces reconnaissances, dont beaucoup sont le fruit d'initiatives individuelles, comme au temps des Conquistadors. Ce n'est que dans la deuxième moitié du XVIIIe s. que l'on verra partir pour les mers du Sud de véritables expéditions scientifiquement préparées. Nous ne parlerons ici que des voyages qui ont permis une meilleure connaissance du monde sauvage : exploration des continents et circumnavigations.

III. L'EXPLORATION DES CONTINENTS

1. *L'Amérique du Nord*

Si le livre de Charlevoix, *Histoire et description générale de la Nouvelle-France,* paru en 1744 [88] marque une date importante, c'est que l'auteur tient compte des plus récentes explorations qui, en dehors du monde des Bureaux, n'ont été connues au XVIIIe s. qu'à travers lui. Chargé en effet d'enquêter sur les routes possibles vers la « mer de l'Ouest », il s'est informé sur place des voyages de Jacques de Noyon et de Zacharie de la Noue [89] dans la région des Lacs supérieurs, et a dû lire le récit des voyages de La Vérendrye et de ses fils dans le pays des Crees et des Assiniboins [90]. Mais, en dépit de l'intérêt que Maurepas continue de porter à ces vastes contrées de l'Ouest [91] la rivalité franco-anglaise empêchera toute nouvelle tentative d'exploration et, pendant longtemps encore, les Crees et les Assiniboins marqueront sur les cartes la frontière atteinte [92]. Dans les *Suppléments* de *l'Encyclopédie,* en 1778, le bailli Engel se fonde encore sur les seuls témoignages de Lahontan, de Jérémie et de Charlevoix pour affirmer l'existence du « lac des Assinipoels », remarquablement absent des atlas [93].

Un disciple de Linné, Pierre Kalm, visite l'Amérique et le

---

88. Avec vingt ans de décalage, puisque le « Journal historique » de son voyage, qui forme le troisième volume, renvoie aux années 1720-23.

89. HEAWOOD, *op. cit.,* p. 323.

90. C'est en 1744 que Beauharnais et Hocquart envoient au Ministre le *Journal* du dernier voyage des fils de La Vérendrye, qui avaient atteint les Montagnes Rocheuses. (*Collection Margry,* N.a. fr. 9308, F° 227 sq.). Un *Mémoire* de La Vérendrye, daté de 1741, est dans la même collection (f° 244).

91. Voir dans la *Collection Margry* différentes pièces datées de 1750-1752, et notamment : « Mémoire ou Journal sommaire du voyage de Jacques le Gardeur de Saint-Pierre... chargé de la découverte de la mer de l'Ouest », 5 juin 1750, « Mémoire concernant les parties de l'Amérique située à l'ouest du Canada, présenté par M. de la Condamine... », 6 janvier 1752.

92. Atlas de *l'Histoire des Indes,* carte n° 25.

93. Art. *Assinipoels* (Il s'agit du lac des Bois).

Canada en 1748-1749, mais son livre, écrit en suédois, ne fut traduit en français qu'en 1768 : quelques extraits cependant avaient paru dans les *Mémoires de l'Académie de Stockholm* et étaient connus par exemple de Buffon et de De Pauw [94].

En 1766, Jonathan Carver explore le pays des Sioux mais sa relation (accompagnée d'une carte), ne paraîtra qu'en 1778, et ne sera traduite en français qu'en 1784. Le voyage le plus important dans la région située à l'ouest de la baie d'Hudson, celui d'Antony Hendry, n'a donné lieu à aucune relation [95]. Samuel Hearne atteint le premier en 1771 l'océan arctique et revient par le lac des Esclaves [96], mais son voyage ne semble même pas avoir été connu en France; nous n'en avons trouvé trace nulle part.

Au contraire l'intérêt qu'on attachait à la découverte d'un passage au Nord explique l'importance accordée aux voyages de Christopher Middleton et d'Henry Ellis dans la baie d'Hudson [97]. Depuis que la Compagnie anglaise de la baie d'Hudson s'était, après une longue rivalité, emparé du monopole de la traite des pelleteries dans cette région, l'exploration n'avait guère progressé, et l'on rendait la Compagnie responsable de cet état de choses : on trouve un écho de ce mécontentement dans les *Voyages de Lade*, où Prévost publie une relation française, celle de Bayly [98], qui vient à point nommé « remplir le vide des nôtres » — c'est Lade qui parle — depuis le commencement de ce siècle » [99]. Autre écho défavorable : l'article de De Jaucourt sur ladite Compagnie, rédigé d'après le petit livre de Nickole [100]. Aussi l'initiative d'Arthur Dobbs [101], qui obtint les fonds nécessaires à deux expéditions successives, eut-elle un grand succès. Dobbs d'ailleurs se refusa à admettre qu'il n'y avait pas de passage possible vers l'ouest, même après l'insuccès de sa deuxième tentative. Ellis s'obstina lui aussi, puisque aux dires du bailli Engel il croyait encore en 1770 à l'existence du passage [102]. L'expédition en 1761 du capitaine Christopher, dont parle Heawod [103], ne semble pas, elle, avoir été connue. Les trois sources essentielles pour la description des sauvages de la baie d'Hudson [104]

---

94. Buffon, xi, 195, l'*Ecureuil*. Pauw, *Recherches sur les Américains*, éd. cit., i, 29. Un résumé du voyage de Kalm avait paru en juillet 1761 dans le *Journal étranger* (p. 80 sq.); la traduction anglaise est de 1770.
95. Heawood, *op. cit.*, p. 330.
96. Heawood, *op. cit.*, p. 332.
97. Ces voyages figurent dans la collection Harris. Voir aussi Bibl. pour une controverse entre Middleton et Arthur Dobbs.
98. *Voyages de Lade*, éd. cit., ii, p. 190 sq. Elle contient en particulier un « Vocabulaire des Indiens de la Baie », p. 239-240. Sur Bayly, voir Cox, ii, p. 26.
99. *Ibid.*, p. 263, et Cox, *loc. cit.*
100. Art. « Hudson (Compagnie de la baie d') », *Encyclopédie*.
101. Heawood, *op. cit.*, p. 329-330 et 413-414.
102. *Suppléments* de l'*Encyclopédie*, article « Passage par le Nord ».
103. *Loc. cit.*
104. Voir dans l'*Encyclopédie*, l'article « Hudson (Baie d') ».

restent celles dont nous avons parlé, la relation d'Ellis surtout [105]. De Pauw cependant se montre sévère pour cette dernière,
à laquelle il reproche de donner trop peu de détails sur cette
contrée et ses habitants [106].

Ces quelques indications montrent déjà qu'il faut tenir compte
d'un décalage entre l'histoire des explorations, telle qu'on peut
l'écrire aujourd'hui, et ce que les contemporains ont été à même
d'en connaître. Certains voyages très importants sont restés
quasi ignorés. Aux difficultés de traduction — pour les voyages
des Suédois et des Danois notamment —, il faut ajouter la censure officielle pour toutes les découvertes susceptibles d'inter-
resser une nation concurrente : c'est le cas des régions de la baie
d'Hudson, pour les Compagnies anglaises, et des régions situées
à l'ouest du Canada, pour les Français qui souhaitaient trouver
un débouché vers la Chine pour les pelleteries du Canada.
L'*Histoire de la Nouvelle-France* du père Charlevoix se faisait
l'écho des voyages entrepris, mais les *Journaux* eux-mêmes ne
sortaient pas des Archives, et on ne publiait que des informations fragmentaires. Aussi la géographie des philosophes accuse-
t-elle un retard considérable sur l'événement, retard qui entraîne
à son tour un effet de distorsion : par rapport à des voyages
d'importance capitale, mais dont on ne sait presque rien, on
privilégie des *Relations* d'intérêt secondaire, qu'à l'inverse
l'histoire des voyages ignore aujourd'hui.

Ainsi les *Mémoires* du lieutenant Timberlake et sa description des Cheraquis ont valu à son auteur une célébrité, dont il
ne reste rien, pour la seule raison qu'on ne disposait pas d'autre
source d'information sur cette nation. En réalité, entre 1745 et
1770, les Anglais envoyèrent plusieurs agents pour négocier
avec les Indiens de l'Ohio et du Mississipi et gagner leur alliance. Heawod cite les noms de George Croghan et de Conrad
Wieser [107], et celui d'un missionnaire morave : Christian Frede-
rick Post, qui fonda une mission chez les Indiens de l'Ohio pour
s'assurer leur neutralité. Le Kentucky, déjà reconnu par James
Adair [108] commence à être systématiquement exploré à la même
époque. Mais rien de tout cela ne transparaît dans la littérature
des voyages ni dans les textes contemporains. C'est souvent
l'anecdotique qui crée l'événement littéraire, là où l'histoire
ne garde aucune trace des faits : il suffit que Timberlake ramène
à Londres trois indiens Cheroquis en 1762, pour acquérir une
certaine renommée : le *Journal des savants* signale son *Voyage*,
paru à Londres en 1765, à l'attention de ses lecteurs [109], la
Gazette littéraire en publie des extraits, sous le titre « Relation

105. Parue en 1750, C.R. dans la *Correspondance littéraire*, I, p. 314.
106. *Recherches* (...) *sur les Américains*, éd. cit., I, p. 212.
107. *Op. cit.*, 345 sq, « The Mississipi Basin ».
108. Mais le récit de ce voyage ne parut qu'en 1775.
109. 1766, V, 131.

de la nation sauvage des Cheraquis » [110]. Le titre de la traduction française, parue en 1797, est révélateur : *Voyage du lieutenant Henri Timberlake, qui fut chargé dans l'année 1760 (?) de conduire en Angleterre trois sauvages de la tribu des Cherokees.* Indice d'une curiosité toujours en éveil, l'intérêt suscité par ces visites inattendues et ces brèves rencontres est resté le même depuis Montaigne [111] et ne se démentira pas jusqu'à la fin du siècle [112]. Ces sauvages qu'on peut voir et toucher, avec qui un dialogue est possible, donnent l'illusion d'un contact humain, d'une familiarité dont aucune lecture ne fournit l'équivalent. Dans les livres, n'aimera-t-on pas surtout ce qui crée l'illusion d'une présence : les discours, les harangues, les sentences, les traits de bravoure ou de cruauté, tout ce qui donne à l'homme sauvage une chance d'exister et d'entrer dans un monde de relations et d'échanges, situé à la fois en marge de son propre monde et en marge du monde des civilisés ?

A l'exception donc des Cheroquis, les tribus du Mississipi et de l'Ohio ne sont connues qu'à travers le livre de Le Page du Pratz, qu'on trouve cité ou copié partout. Vers le milieu du XVIIIᵉ, Nicolas Bossu a exploré longuement le bassin du Mississipi, mais la relation de ses voyages ne paraît qu'en 1777, et sa description des mœurs des Natchitoches et des Indios Bravos [113], celle du pays des Akansas [114] ne semblent avoir nourri ni les articles pourtant bien documentés d'Engel sur l'Amérique dans les *Suppléments* de *l'Encyclopédie*, ni les *Réflexions* de De Pauw : pourtant son livre figure dans la bibliothèque de Voltaire.

L'exploration de la Californie s'est poursuivie pendant tout le siècle à partir des établissements espagnols du Mexique. Les missions fondées par les jésuites chez les Indiens Yumas et dans la péninsule remontent aux premières années du XVIIᵉ siècle [115].

---

110. 1766, VIII, p. 171.

111. La visite de quatre rois indiens à Londres en 1710 (*The Spectator*, 27 avril 1711 et 4 mai 1711, nᵒˢ 50 et 63) donne lieu à une publication spéciale (COX, II, 91-92 : *The four kings of Canada...*). Visite de quatre chefs crees, ramenés par Oglethorpe (*Pour et Contre*, IV, nᵒ 56, 1734, repris dans *Les Voyages de Lade* et l'*Histoire des Voyages*), sauvages du Mississipi rencontrés par Voltaire en 1725 (*Dictionnaire philosophique*, art. « Anthropophages »), etc.

112. Voir dans DE PAUW, *Recherches philosophiques* (...), éd. cit., III, p. 167 sq., un témoignage de cette curiosité pour le « singularités » de toute sorte, toutes espèces confondues, des Nègres blancs aux crapauds de Surinam « qui accouchent par le dos », des Brésiliens infibulés aux Négresses hermaphrodites et aux Autruches. Il y a évidemment très loin de cette curiosité des badauds pour les monstres et la difformité à celle des philosophes pour des « variétés » inconnues, ou rares. Mais combien de textes révèlent ce que dénonce DE PAUW : une certaine complaisance pour le fabuleux, l'extraordinaire, le monstrueux. C'est pourquoi la tératologie — sciences des monstres — est un aspect important au siècle des Lumières, de la science de l'homme. Voir sur ce sujet, Franck TINLAND, *l'Homme sauvage*, Paris, Payot, 1968. Add. chap. I.

113. Lettres VI et VII.

114. Lettres III et IV. Ces noms de peuples figurent sur la carte 28 de l'Atlas de l'*Histoire des Indes*.

115. HEAWOOD, *op. cit.*, p. 352.

Les franciscains prennent le relais, après l'expulsion des jésuites des colonies espagnoles en 1767 [116]. En 1776, le père Garcès fonde un établissement chez les Indiens Yumas, mais les missionnaires, s'étant emparé des meilleures terres, furent massacrés. Deux autres franciscains explorent en 1776-1777 le bassin du Colorado. Le livre du père Miguel Venegas, dont une traduction française parut en 1766, ne relate évidemment qu'une partie de ces événements, dont on trouve un résumé chez Raynal [117], mais les cartes qui l'accompagnent permettent de situer les différentes tribus : Cochimes, Monquis et Yumas. Pourtant aucun de ces peuples n'est répertorié dans l'*Encyclopédie*, qui ne consacre à la Californie qu'un article purement géographique.

2. *L'Amérique du Sud*

Là encore, les tentatives d'exploration recoupent l'effort missionnaire. L'échec subi dans les premières années du XVIIe auprès des Chiquitos [118] conduit à l'exploration du bassin supérieur du Paraguay où les premières missions s'installent au début du XVIIe. Dès 1668, les jésuites fondent des établissements chez les Moxos [119]. Deux missionnaires allemands, Henry Richter et Samuel Fritz, reconnaissent la région du Marañon, où les missions espagnoles se développent avec une grande rapidité chez les Maynas :

« Leur mission, commencée en 1637, réunissait en 1766 dix mille habitants distribués en trente-six bourgades, dont douze étaient situées sur le Napo et vingt-quatre sur l'Amazone », note Raynal [120].

Vers 1733, la carte dressée par d'Anville pour l'édition des *Lettres édifiantes* [121] permet de mesurer le progrès des découvertes. Une lettre du père Nyel sur les Moxos, et celle du père Fritz sur le Marañon donnaient sur ces régions quasi inconnues de précieux renseignements. La première est reprise dans le *Recueil des voyages dans l'Amérique méridionale* de J.F. Bernard, paru en 1738 [122], et la seconde se trouve dans l'*Histoire des voyages* [123]. Aussi peut-on lire dans l'*Encyclopédie* un article

---

116. *Ibid.*, p. 355 à 358.
117. III. p. 260-263.
118. Premières tentatives : 1697, HEAWOOD. *op. cit.*, p. 177.
119. Premières tentatives : 1668. *ibid.*,
120. *Histoire des Indes*, IV, p. 281.
121. Reproduite dans HEAWOOD, p. 360.
122. Tome III, avec une relation espagnole sur le même peuple. On trouve déjà ces documents à la suite des *Voyages de François Coréal aux Indes Occidentales*, en 1722. Voir Bibl.
123. PRÉVOST, XIII. 380 sq.

sur les « Moxos », quelques lignes sur les « Chiquitos », et l'article « Amazones » cite la relation du père Fritz à côté de celle de La Condamine. Certes on désigne sous le nom de Moxos non la tribu ainsi nommée aujourd'hui, mais « un assemblage de différentes nations idolâtres de l'Amérique méridionale », qu'on ne distingue les unes des autres que « par les diverses langues qu'elles parlent, et qui semblent n'avoir point de rapport entre elles ». Mais la « civilisation » de ces « sauvages des bords de l'Amérique » n'en excite pas moins la curiosité, et Raynal parle longuement des missions espagnoles et portugaises [124]. Le rôle des *Lettres édifiantes* apparaît ici clairement. Si nous négligeons les découvertes purement géographiques pour nous attacher aux informations qui concernent des nations sauvages encore mal connues, la littérature missionnaire, dont le but est précisément de faire état de contacts réels avec les tribus rassemblées et fixées par les Pères, est ce qui a contribué le plus [125] à familiariser ses lecteurs avec un paysage nouveau.

Les missions scientifiques [126] marquent un tournant dans l'exploration des continents. C'est ainsi qu'en 1743, La Condamine, après un séjour de plusieurs années au Pérou pour mesurer trois degrés du méridien, entreprend de descendre le cours de l'Amazone, et fait porter ses observations sur la faune, la flore, et la population indigène. Ses relations allaient mettre à la mode le pays des Oreillons [127], et des Amazones [128], faire connaître les découvertes du père Ramon sur l'Orénoque et l'Amazone [129], et préparer le succès du livre du jésuite Gumilla sur *L'Histoire naturelle, civile et géographique de l'Orénoque* [130]. Il s'était fait remettre aussi par le père Magnin une description des mœurs et coutumes des nations voisines des Maynas [131]. Les aventures de Godin des Odonais et de sa femme, dignes des meilleures

---

124. *Histoire des Indes*, IV, p. 281-284. Table des matières, p. 322 : « Nombre des sauvages des bords de l'Amérique, civilisés depuis 1637 jusqu'en 1766, par les missionnaires ».

125. Et le plus rapidement, au moins jusqu'en 1750. Jusqu'à cette date, seules les *Lettres édifiantes* et les *Philosophical Transactions,* encouragées par la Société Royale de Londres, offrent une chronique continue de l'histoire des explorations. Mais la « civilisation » des sauvages, activité essentielle des missionnaires, donne à leurs relations un intérêt ethnologique beaucoup plus grand.

126. Sur leurs causes et leur développement, voir l'*Histoire universelle des explorations,* III, ch. II et III.

127. La Condamine avait envoyé en 1752 le récit de son voyage à Voltaire (Bes. XX, 63).

128. Voir l'article « Amazones » de l'*Encyclopédie*, et RAYNAL, IV, p. 274-276 : Diderot y prend le contrepied du précédent article, et s'emploie à détruire la légende. (Le passage est dans les *Pensées détachées* : « Des colonies espagnoles »).

129. HEAWOOD, *op. cit.*, p. 367-368.

130. Traduit par Eidous en 1758. Compte rendu élogieux dans la *Correspondance littéraire,* en novembre.

131. *Relation abrégée* (...), 1745, p. 58.

pages du *Cleveland* [132], allaient entretenir la curiosité autour d'une région, où il n'y aura plus d'explorations avant celle de Humboldt aux sources de l'Orénoque en 1800.

Quant à l'expédition au Pérou même, si elle se soldait sur le plan scientifique par un succès complet, et si les péripéties d'un voyage difficile à travers les Andes avaient fourni à La Condamine et à ses compagnons l'occasion de nombreuses observations sur la topographie du pays et ses productions, elle ne laissa guère aux savants le loisir de s'intéresser aux ruines de l'empire inca. Pourtant La Condamine rédigea un *Mémoire* sur les anciens monuments du Pérou [133], Jorge Juan et Ulloa donnent une description des ruines du palais de Canar [134]. Prévost, qui s'inspire de ces relations, dont l'autorité l'emporte à ses yeux sur les « fables » de Garcilaso, fait aussi état d'une collection d'objets envoyés au roi par La Condamine en 1737, avec un dictionnaire et une grammaire de la langue des Incas [135]. Mais la controverse sur la grandeur de la civilisation inca, qui trouve sa source dans ces témoignages assez contradictoires, reste confuse, faute d'arguments solides. Le voyage du naturaliste Dombey au Pérou, au Chili et au Brésil, entre 1778 et 1785, par le nombre et l'importance des documents archéologiques recueillis au cours d'une campagne de fouilles, apportera sur les civilisations andines les premières informations sérieuses. Mais elle se situe trop tard dans le siècle pour modifier la vision de l'ancien Pérou qui doit finalement plus à Garcilaso qu'à tout autre, en dépit des réserves de Prévost ou de De Pauw [136].

Avant de s'embarquer pour la France, La Condamine séjourna quelque temps en Guyane. En 1709, les jésuites avaient créé au Kourou une mission qui rassemblait dix mille Indiens. En 1725, le père Lombard groupait dans une « réduction » les convertis qu'il avait pu faire chez les Arouas, les Galibis, les Coussaris et les Maraones, tandis qu'une autre rassemblait les Caranes et les Pirioux [137]. Là encore, les *Lettres Edifiantes* jouent un rôle de premier plan : les lettres du père Lombard [138], celles

132. Voir Heawood, p. 369-70, *Lettre de M. Godin des Odonais...*, 1773, in-8, et l'article de R. Mercier, « Les Français en Amérique du Sud au XVIIIe siècle : la mission de l'Académie des sciences (1735-1745) », dans *Revue Fse d'Hist. d'outre-mer*, 1969.

133. Inséré dans les *Mémoires de l'Académie de Berlin*, 1746, tome 2. Voir R. Mercier, *art. cit.*

134. Tome I, ch. XI de l'éd. citée dans la Bibliographie.

135. *Histoire des voyages*, XIII, ch. 4 et 5, et p. 481. Mais tout cela s'est perdu (La Condamine, *Journal*, p. 104).

136. Buffon a cependant utilisé quelques-unes des observations de Dombey, qui l'a tenu au courant de son voyage (Voir *Muséum d'Histoire naturelle :* lettres de Dombey à Buffon, Bibl.).

137. *Histoire universelle des Missions catholiques*, p. 320.

138. XXe Recueil. Il y est question des Oreillons. La Sociétés des américanistes a publié en 1928 l'ensemble des travaux du père Lombard, sous le titre *Recherches sur les tribus indiennes qui occupaient le territoire de la Guyane française vers 1730.* Le père Labat a inséré une *Relation* du père

du père Fauque [139], en 1728 une du père Lavit, donnent sur les Indiens de Guyane des informations inédites. L'histoire de La Condamine cherchant à s'informer dès son arrivée de la vérité d'une assertion du père Lombard sur la nation des Amicouanes qui ignoraient l'usage du feu [140] montre assez avec quelle curiosité on lisait de tels récits.

Les projets de « civilisation » des Indiens, qu'on vit fleurir après 1763 [141], allaient donner une actualité nouvelle aux tentatives d'exploration : le naturaliste Aublet s'intéresse particulièrement aux Galibis, et ses observations sont connues des administrateurs bien avant que ne paraisse son *Histoire naturelle des plantes de la Guyane* [142]. On trouve trace aussi dans les cartons des Archives d'une « Recherche faite par le chevalier Audyfredy des Indiens habitant et avoisinant la Guyane Française en 1762 [143], et vers 1763, le gouverneur Béhague peut envoyer à Choiseul un rapport fourni sur les « Indiens de la Guyane », qui « semblent être à la vérité les plus lâches de tous les peuples naturels de l'Amérique » [144]. Cependant en 1777, Malouet, chargé d'enquêter sur la possibilité de fixer les Indiens et de mettre en valeur le pays en les faisant travailler, constate :

« Une histoire des Indiens, telle qu'on m'invite à la faire, ne pourrait être qu'un roman; car il n'y a ni mémoires, ni traditions constantes, qui nous éclairent sur les différentes peuplades qui habitaient la Guyane avant l'arrivée des Européens (...). Quelle était la population présumée de la Guyane il y a deux ou trois siècles ? et en quoi consistaient toutes les nations dont on nous parle encore aujourd'hui ? C'est sur quoi il n'y a aucun document authentique dans les plus anciennes correspondances des chefs de la colonie ou des supérieurs des missions [145]. »

Le *Précis sur les Indiens* du baron de Bessner, qui concluait, lui, à la possibilité de civiliser ces nations éparses, se fondait sur le rapport de « quelques aventuriers qui [ont] pénétré depuis peu dans l'intérieur des terres » [146], c'est-à-dire en fait sur les mêmes informations. La polémique est significative : on n'a encore qu'une connaissance très vague des tribus indiennes, et on commence à sentir le besoin d'être exactement informé de

Lombard à son frère à la suite des *Voyages* de Desmarchais (Voir Bibl.). En 1743, *La nouvelle relation de la France équinoxiale,* de Pierre Barrère, reconnaît sa dette à l'égard du père Lombard (voir l'*Avertissement*).
    139. Recueils 19, 20, 22, 23, 24, 27 et 29.
    140. Il s'agissait en réalité d'une faute d'impression : voir H. FROIDEVAUX. « Une faute d'impression des *Lettres édifiantes* », Bibl.
    141. Voir notre chapitre IV.
    142. 1775. Le récit de son voyage, daté de 1763, est dans la série C 14-27. aux Arch. Nat.
    143. Arch. Nat. F 4-19.
    144. C 14-26.
    145. *Voyage de Surinam,* 1777 (D.F.C. Guyane, 305) et « Mélanges de Littérature de M. Suard (...) », 1803, I, p. 236.
    146. Arch. Nat. F 3-95, Fol. 74 et suiv. et D.F.C. Guyanne, 218.

leur nombre et de leurs mœurs, pour choisir entre deux modes
de colonisation : esclaves noirs ou Indiens libres. L'estimation
de la « population » indienne varie aisément du simple au double [147], et les mêmes traits de mœurs servent à montrer ici l'inap-
titude définitive des Indiens à la civilisation, là à mesurer les
obstacles qui restent à vaincre [148].

3. *L'Afrique*

Ce n'est qu'après 1763 que les regards se tournent vers l'Afrique et que l'on songe à mettre en valeur des régions presque
inconnues. Entre 1760 et 1780, la Correspondance des Colonies
ne parle que des moyens d'améliorer la position des Français en
Afrique. Certes parce que, comme l'écrit un administrateur : « La
France ne saurait regarder indifféremment l'Afrique. C'est cette
partie du monde qui fait valoir toutes ses possessions de l'Amérique » [149], mais aussi parce que la crise du système esclavagiste[150]
impose de nouvelles solutions : on voit dès 1771 [151] les physiocrates préconiser « la culture du sucre établie chez les nègres et par
eux-mêmes dans leurs pays ». Ces projets de « reconversion », qui
tendent à faire de l'Afrique une colonie de peuplement, en mettant fin au trafic négrier, ont eu un précurseur dans la personne
du naturaliste Adanson, l'un des premiers explorateurs de la
forêt vierge. Au cours d'un voyage au Sénégal, de 1749 à 1754,
il fait l'inventaire des ressources naturelles du pays, et propose
de substituer à « l'Afrique désolée, languissante, barbare », une
« Afrique heureuse, active et civilisée » [152]. La relation abrégée
de son voyage, placée en tête de son *Histoire naturelle du
Sénégal* (1757) donne du paysage africain et de ses habitants une
image riante [153] qui contraste fortement avec celle qu'en offraient

---

147. MALOUET, *loc. cit.*, p. 236 : « Les voyageurs que j'ai consultés, Meu,
Patric, Mentel [Mentelle] et Brodel, le chasseur Alexandre, qui ont pu pénétrer le plus avant dans l'intérieur de la Guyane, évaluent à 3,4, et jusqu'à
10 000 la totalité des différentes nations subsistant dans une étendue de 120
lieues de côte jusqu'à 100 de profondeur. » Fiedmont compte 600 « guerriers » sur le territoire de la colonie, Malouet ramène ce chiffre à 300.
   148. MALOUET, *loc. cit.*, p. 240, insiste sur « l'amour de la vie sauvage,
la résistance à la civilisation perfectionnée »; pour le gouverneur Béhague, il
suffirait de « travailler à les rassembler, à les fixer et de les unir à la colonie,
en leur faisant goûter les avantages d'être civilisés », loc. cit. Même optimisme
dans le *Précis sur les Indiens* de BESSNER, dont l'*Histoire des Indes* reproduit
l'essentiel (VI, p. 144-45), pour soutenir son plan de « civilisation ».
   149. D.F.C. Gorée 1-38.
   150. Voir notre chapitre III.
   151. *Ephémérides du citoyen*, VI, p. 242-243.
   152. Sur le détail du voyage d'Adanson, voir A. LACROIX : « Michel
Adanson au Sénégal » (1749-1753), Extrait du *Comité d'études historiques et
scientifiques de l'Afrique occidentale française*, XXI, Nº 1, 1938, et DELCOURT,
La France et les Etablissements français au Sénégal entre 1713 et 1763, Paris,
1953, in-4.
   153. Roger MERCIER, dans son livre l'*Afrique noire dans la littérature
française*, a cité ce texte, p. 108-109.

les autres voyageurs, et qu'on trouve encore dans l'article « Sénégal » de l'*Encyclopédie* [154]. Dans cette « image la plus parfaite
de la pure nature », qui rappelle au naturaliste « l'idée des premiers hommes » et le monde à sa naissance, il y a une vision
idyllique des heureux Africains, qui les absout du péché de barbarie, et leur ouvre la terre promise de la civilisation. Alors que
le mot *barbare* implique une condamnation sans appel, l'état de
« pure nature » appelle un devenir, une succession de degrés
qu'il est donné de gravir aux nations les plus *sauvages*. L'optimisme d'Adanson montre quel parti on pouvait tirer d'une anthropologie qui fait de l'état de civilisation le terme, et la fin
de toutes les sociétés humaines. L'idée de civilisation — au sens
actif — suppose l'image rassurante d'un monde sauvage où la
culture garde ses droits, où les hommes ne sont point dénaturés,
où le mal n'est qu'ignorance. Ainsi chez Adanson, les Oualofs
ne sont pas ces êtres déshérités que des voyageurs de mauvaise
foi avaient peints de si noires couleurs : ils « raisonnent (...) per-
tinemment sur les astres, et il n'est pas douteux qu'avec des
instruments et de la volonté ils deviendraient d'excellents astronomes » [155]. La peinture du paysage africain, « riant séjour »,
« agréable solitude (...) bornée de tous côtés (...) par la vue d'un
paysage charmant », et de la « situation champêtre des cases au
milieu des arbres », est, elle, rousseauiste. Mais elle ne garde du
rousseauisme que ce qui va dans le sens d'une idéologie, qui est
en fait exactement le contraire de celle de Rousseau : un décor,
l'image d'une vie sauvage innocente et libre, d'une bonté naturelle exempte d'agressivité. Qu'il s'agisse des mœurs ou du paysage, la description tend à estomper les différences trop accusées;
à rapprocher l'homme et la terre sauvages d'un modèle européen, comme sur les estampes de l'époque les costumes et les
physionomies. La représentation du monde sauvage repose tout
entière sur cette idéalisation : refusé en tant que tel, il n'est
accessible qu'à travers ses doubles, idylliques ou champêtres.

Cette réhabilitation aura en tout cas une influence décisive
sur les lecteurs de l'*Histoire naturelle du Sénégal :* même les
plus « sauvages » d'entre les Africains, les Jagas, trouvent des
avocats :

« (...) L'auteur qui a rédigé dans l'*Encyclopédie* l'article « Jagas », écrit Cornélius de Pauw, serait fort en peine de constater,
par des témoignages irrécusables, toutes les horreurs dont il
accuse ce peuple de brigands. »

Et il reproche au rédacteur de s'être fié imprudemment à « la

154. Rédigé par De Jaucourt. L'article signale l'ouvrage d'Adanson, mais
utilise en fait l'*Histoire des voyages*. Dans celle-ci, III, 140, les Jalofs sont
présentés comme débauchés, lâches, vindicatifs, menteurs et ivrognes, vendant leurs enfants et se vendant entre eux.
155. *Histoire naturelle du Sénégal*, p. 140.

révoltante et fabuleuse relation » de Cavazzi [156]. A ces autorités suspectes, il oppose deux excellents auteurs : Adanson et Demanet. En fait, la *Nouvelle Histoire de l'Afrique française* de l'abbé Demanet est beaucoup moins originale que ne le croit De Pauw. Demanet a pillé ses devanciers, et qu'il s'agisse des causes de la couleur des nègres [157] ou des mines de Bambouk [158], son livre est davantage une source commode qu'une source sûre. Mais les circonstances ont fait le succès d'un ouvrage vite périmé. Parti comme aumônier à Gorée en 1763, l'abbé Demanet semble avoir été un de ces prêtres perdus que l'Eglise aimait mieux voir en Afrique que dans une paroisse de France [159]. Dès son arrivée, il songe à faire fortune, et non content de régner sur un troupeau de 1 200 âmes, il forme en 1772 une société au capital de 400 000 livres pour le commerce sur les côtes et dans l'intérieur de l'Afrique. Il signe des traités avec les rois d'Arguin et de Portendic et réussit à obtenir un privilège pour tous les comptoirs compris entre le Cap-Blanc et la Sierra Leone. Un des buts essentiels de l'entreprise était ces fameuses mines d'or de Bambouk, vers lesquelles il prétendait avoir trouvé une voie d'accès par la rivière de Cassamance [160] : son livre venait donc à propos pour les partisans d'une politique d'expansion vers l'intérieur de l'Afrique. Mais on ne tarda pas à reconnaître la vanité d'un tel projet, fondé sur des données géographiques hautement fantaisistes [161] et Raynal en 1780 commente en ces termes l'aventure :

---

156. *Recherches philosophiques...*, I, p. 186, note I. Cornélius de PAUW signale d'ailleurs que ce même reproche figure aussi au tome VII de l'*Encyclopédie*, mais au mot « Galles », qui sont un peuple d'Ethiopie. La confusion est significative : l'amalgame nourrit le mythe. Jagas et Galles sont présentés comme des nations cruelles, « où règne l'inhumanité la plus atroce, autorisée et même ordonnée par la religion et la législation ». La *Relation* de CAVAZZI, augmentée de plusieurs relations portugaises, avait été traduite en 1732 (voir Bibliographie).

157. P. 205-241, 279-316, compilées par RAYNAL, *Histoire des Indes*, V, 193-95.

158. DEMANET, p. 163 à 170, d'après le récit du sieur Compagnon (PRÉVOST, *Histoire des voyages*, II, 640-641). Le passage se retrouve dans RAYNAL, V, 219.

159. L'*Histoire universelle des Missions...*, p. 238, se montre discrète sur le personnage. Il y a dans les Archives des Colonies un dossier édifiant sur son compte (C 6-16 Gorée, 1771). Dans un pamphlet contre l'Exclusif paru vers 1790, Lamiral traite Demanet de « prêtre ambitieux et fou », qui engendra la Compagnie d'Afrique (« Les métamorphoses aristocratiques ou généalogie de la Compagnie exclusive du Sénégal », voir Bibl.).

160. DEMANET, chapitre VI, p. 178 et suiv. « Description de la rivière de Cassamance; autre chemin pour les mines d'or et le commerce de l'intérieur de l'Afrique. »

161. Dès 1776, M. Le Brasseur relève l'erreur et reproche à Raynal de l'avoir accréditée (Arch. Nat. C 6-17, Pièce n° 16, art. 8 « l'Abbé Demanet auteur de l'Afrique Française a prétendu que le lac de Salun était une rivière qui pouvait conduire la nation française jusqu'aux mines de Bambouc... ») L'erreur a disparu de l'édition de 1780, où plusieurs détails sur cette région et ses habitants sont empruntés à un *Mémoire* de Le Brasseur (voir Bibliographie). Sur les mines d'Afrique et les convoitises qu'elles pouvaient susciter, l'article « Mines », de l'*Encyclopédie*, est fort explicite.

« A cette époque [1772] un homme inquiet et ardent persuada à quelques citoyens crédules que rien ne serait plus aisé que d'arriver, par des routes jusqu'alors inconnues, à Bambouk et d'autres mines non moins riches. Un ministère ignorant seconda l'illusion par un privilège exclusif, et l'on dépensa des sommes considérables à la poursuite de cette chimère. La direction du monopole passa, deux ans après, dans des mains plus sages; et l'on s'est borné depuis à l'achat des noirs qui doivent être portés à Cayenne, où la société a obtenu un territoire immense [162] »

L'intérêt éveillé par les ressources, non plus en hommes, mais en ivoire, en or, en gomme, que pouvaient offrir ces régions, ressort nettement de tous les mémoires d'administrateurs que nous avons pu lire. Comme l'écrit l'un d'eux, il s'agissait pour la France de « mettre dans sa disposition des richesses aussi abondantes que celles du Pérou et du Brésil, qui n'auraient l'inconvénient d'être achetées ni par l'esclavage des nations qui les possèdent, ni par l'affaiblissement de la métropole » [163]. Chassée du Canada, menacée aux Antilles, la France commence à rêver d'un « empire » africain. Le regain de missions depuis longtemps désertées entre dans le cadre de cette politique : en 1766, une préfecture apostolique est créée à Loango, mais l'installation est précaire [164]. En 1772, une nouvelle mission, composée de six prêtres et d'un groupe de laïcs destinés à former l'embryon d'un « colonat », part pour le Congo [165]. L'abbé Proyart publie à son retour une *Histoire de Loango, Kakongo et autres royaumes d'Afrique*, qui fait elle aussi une grande part à la compilation [166], mais connaît un grand succès. Si la valeur ethnologique des relations de Demanet et de Proyart est faible, on ne peut cependant négliger leur influence sur des lecteurs qui, comme De Pauw ou Raynal, récusaient le témoignage d'auteurs plus anciens, et sacrifiaient beaucoup à l'actualité. Par leur intermédiaire, une certaine image de l'Afrique et de ses habitants s'est substituée à la fresque très sombre de l'*Histoire des voyages*. Il suffit de comparer par exemple l'article « Afrique » de l'*Encyclopédie* de Paris à l'article « Afrique » de l'*Encyclopédie* d'Yverdon, dont la matière est empruntée à Raynal, pour mesurer l'écart qui les sépare. Cette Afrique rassurante, au seuil de l'aventure coloniale, offre encore des traces de barbarie [167], mais le tableau

---

162. v, p. 226-227.
163. *Affaires étrangères*, Mémoires et Documents, Afrique-II : c'est un projet d'établissement au Sénégal et d'exploitation des mines de Bambouk.
164. *Histoire universelle des Missions...*, p. 238.
165. Archives Nationales, C 6-24, Dossier I : « Missionnaires Français à Loango ».
166. Ainsi, pour les pages recopiées par Raynal (v, 209 à 213), Proyart a lui-même pillé Barbot et Lemaire (*Histoire des voyages*, III, 181-183). Sa description du travail des potiers et des tisserands est empruntée à Labat (*ibid.*, v, 183).
167. RAYNAL, v, p. 212 (c'est-à-dire PROYART, p. 68) : « Tandis qu'elles

d'ensemble n'a plus rien qui puisse décourager les tentatives de colonisation : l'Afrique maudite des trafiquants d'esclaves commence à exercer sur les esprits une fascination réservée jusqu'alors au Pérou et au Brésil. Cette « région qui contient tant de trésors » [168] doit être terre de colonisation.

Les Français ne sont évidemment pas les seuls à découvrir les promesses de cet immense continent. Les Hollandais, à partir de leur colonie du Cap, ont entrepris une exploration systématique de l'arrière-pays. En 1752, le gouverneur Tulbagh organise une expédition à laquelle succède en 1761 celle de Hendrik Hop, à la tête d'une caravane de quatre-vingts personnes : elle atteint la rivière Orange et s'aventure chez les Namaques. Pour la première fois, les explorateurs rencontrent des girafes [169]. Un récit de l'expédition parut en français en 1778 [170], mais bien avant cette date, ces tentatives sont connues : lors de son séjour au Cap au début de 1769, Bougainville en est informé et note dans son *Voyage :*

« Le gouvernement envoie de temps en temps des caravanes visiter l'intérieur du pays. Il s'en est fait une de huit mois en 1763. Le détachement perça dans le nord, et fit, m'a-t-on assuré, des découvertes importantes (...). Les Hollandais avaient eu connaissance d'une nation jaune, dont les cheveux sont longs, et qui leur a paru très farouche. »

« C'est dans ce voyage que l'on a trouvé le quadrupède de dix-sept pieds de hauteur, dont j'ai remis le dessin à M. de Buffon (...) [171]. »

Chargé d'observations astronomiques, l'abbé de La Caille avait aussi séjourné au Cap durant deux ans, de 1751 à 1753, et son *Journal* contient de nombreuses observations sur les Hottentots, qui viennent heureusement corriger les erreurs de Kolbe [172]. Bernardin de Saint-Pierre fait lui aussi dans le récit de son *Voyage à l'île de France* un portrait aimable des Hottentots, et dénonce la « fable » du « tablier des femmes hottentotes » [173]. Ces « peuples pasteurs », qui « vivent égaux », « ne sont point voleurs, ne vendent point leurs enfants, et ne se réduisent point entre

---

[les femmes de Guinée] épuisent au service de leurs tyrans le peu que la nature leur a donné de force, ces barbares coulent des jours inutiles dans une inaction entière. » On note aussi la nudité des Noirs, la pauvreté de l'ameublement et la grossièreté des arts. Mais on vante leur hospitalité et leur mépris des richesses.

168. Raynal. v, p. 219.
169. Heawood, p. 392-394.
170. *Nouvelle description du cap de Bonne-Espérance*, Amsterdam, 1778.
171. *Voyage autour du monde*, Club des Libraires de France, p. 264.
172. *Journal historique du voyage fait au Cap* (...), p. 315 sq. « Notes et Réflexions critiques sur la description du cap de Bonne-Espérance, par P. Kolbe ». La Caille la qualifie de « roman tissu de fables ».
173. Lettre 23.

eux à l'esclavage » [174]. Le naturaliste suédois Sparrmann, compagnon de Cook dans son premier voyage autour du monde pénètre à l'intérieur du pays des Hottentots et confirme les dires de Bernardin, mais le récit de ses voyages chez les Hottentots et les Cafres ne parut qu'en 1787 et nous n'en avons trouvé trace que dans la bibliothèque de d'Holbach [175]. C'est par une autre voie que des renseignements sur les Hottentots parviennent à Buffon, mieux informé pour ses *Additions* de 1777 aux *Variétés dans l'espèce humaine* que Raynal, qui se contente de copier La Caille [176]. Les sources de Buffon sont d'une part le *Journal* du vicomte de Querhoent et une lettre du même, datée de 1775 [177], d'autre part les renseignements donnés à Querhoent par lord Gordon, officier écossais, qui accompagna en 1777 et 1778 le lieutenant Patterson à l'intérieur du pays : ils remontèrent à l'ouest jusqu'au fleuve Orange et longèrent le pays des Boshimans, à l'est jusqu'au pays des Cafres [178]. Mais, avant cette expédition, Gordon avait déjà « pénétré plus avant dans l'intérieur du pays qu'aucun autre Européen, accompagné d'un seul Hottentot » [179]. Chose assez remarquable : il savait la langue des Hottentots [180]. En 1774, il se rend en Hollande, où Diderot le rencontre et l'interroge sur l'anatomie des Hottentots [181]. L'Histoire des explorations ne retient que le voyage accompli en compagnie de Patterson, dont une relation parut en 1790, mais les témoignages littéraires permettent de reconstituer une autre chronologie, qui supprime cet écart de quinze années entre les voyages de Gordon et leur relation officielle.

Le même phénomène se produit avec les voyages de Bruce aux sources du Nil [182], à travers la Nubie, l'Abyssinie et la région alors appelée Galles Occidentales et Orientales [183]. Ce voyage se situe entre les années 1768 et 1773, la relation paraît en 1790, mais en 1777, Buffon publie des notes que le chevalier Bruce lui a fait parvenir, sur les Arabes, les Abyssins et les nègres de

---

174. Portrait qui réfute point par point non celui des Hottentots, mais encore une fois celui des Jalofs, tel qu'on le trouve dans Prévost (voir plus haut, p. 48, note 154). Il y a là encore un exemple de contamination, qui suppose une référence implicite à un stéréotype du « mauvais » sauvage.

175. No 1903.

176. Voir I, p. 236-237.

177. BUFFON, IX, p. 308-309.

178. HEAWOOD, p. 394 sq., avec une carte de leur itinéraire.

179. PATTERSON, *Voyage dans le pays des Hottentots et dans la Cafrerie*, p. 6; BUFFON, XIV, p. 256, recopie à son sujet une note du professeur Allamand insérée dans le XVe volume de l'édition hollandaise de l'*Histoire naturelle* : « C'est un officier de mérite, que son goût pour l'histoire naturelle et l'envie de connaître les mœurs et les coutumes des peuples qui habitent la partie méridionale de l'Afrique ont conduit au Cap. De là, il a pénétré plus avant dans l'intérieur du pays qu'aucun autre Européen, accompagné d'un seul Hottentot. »

180. PATTERSON, p. 7.

181. *Voyage en Hollande*, A.T., XVII, p. 446.

182. HEAWOOD, *op. cit.*, p. 385-389.

183. Voir l'Atlas de l'*Histoire des Indes*, carte no 5.

Nubie, sur les Egyptiens et sur les pays situés entre le huitième degré de latitude Nord et le dix-huitième degré de latitude Sud :

« Les nègres de la Nubie, m'a dit M. Bruce, ne s'étendent pas jusqu'à la mer Rouge; toutes les côtes de cette mer sont habitées ou par les Arabes ou par leurs descendants. Dès le huitième degré de latitude Nord commence le peuple de Galles, divisé en plusieurs tribus, qui s'étendent peut-être de là jusqu'aux Hottentots, et ces peuples de Galles sont pour la plupart blancs [184]. »

L'anthropologie de Buffon pourra ainsi intégrer des éléments d'une connaissance de l'Afrique qui semble avoir laissé indifférents la plupart de ses contemporains : ni l'article « Hottentots », ni l'article « Afrique » des dernières éditions de l'*Encyclopédie* ne sont mis à jour [185].

Dans le même chapitre, Buffon insère un curieux mémoire du naturaliste Commerson, *Sur les nains de Madagascar :* il y est question d'un peuple de « demi-hommes qui habitent les hautes montagnes de l'intérieur dans la grande île de Madagascar, et qui y forment un corps de nation considérable, appelé Quimos ou Kimos en langue madécasse » [186]. Raynal a puisé à la même source et fait état lui aussi de cette race de pygmées [187]. Ce qu'il dit des Madecasses est d'ailleurs tiré du *Journal* du comte de Maudave, qui avait fondé dans l'île un établissement en 1768 et avait envoyé au duc de Praslin un véritable « plan de civilisation » : interdiction de l'esclavage, « liberté indéfinie des mariages », essai pour fixer les Madécasses et les attirer dans l'orbe de la civilisation [188].

Il y a là un second circuit parallèle, dont il faut tenir compte pour comprendre comment les philosophes ont pu être informés de l'existence — réelle ou supposée — de certains peuples sauvages, et se faire quelque idée de leurs mœurs. La lecture des récits de voyages ne suffit pas à reconstituer un espace humain qui n'est ni continu ni homogène : la place accordée aux Quimosses ou aux Galibis s'explique moins par l'histoire des explorations que par celle de la colonisation, qui provoque ou favorise de nouveaux contacts, et tend à modeler le monde sauvage, en lui imposant une présence civilisatrice [189].

---

184. BUFFON, IX, p. 304-308. Bruce nie aussi l'existence de « cette excroissance de peau que les voyageurs ont appelé le tablier des Hottentotes, et que Thevenot dit se trouver aussi chez les Egyptiennes ».

185. C'est Levaillant, au cours d'un voyage en 1780-81, qui dénombrera les tribus Cafres, dont on ne connaissait même pas le nom. La grande période d'exploration de l'Afrique ne fait que commencer.

186. P. 313 à 318. Sur ce mémoire de Commerson, voir le chapitre II.

187. II, p. 94.

188. Voir POUGET DE SAINT-ANDRÉ, *La colonisation de Madagascar sous Louis XV* (...) et B. FOURY, *Maudave et la colonisation de Madagascar*, R. H. des Colonies, 1955. Le « Mémoire sur l'établissement de Madagascar » est aux Archives des Colonies, et il est daté de 1772. Pouget de Saint-André et B. Foury en ont publié des extraits.

189. Voir les chapitres III et IV.

4. *Les voyages au Nord.*

Les explorations arctiques avaient commencé dès 1550 et n'avaient guère connu d'interruption. L'intérêt commercial d'un passage possible au Nord de l'Asie vers les Indes occidentales [190], et les entreprises des Norvégiens et des Suédois dans la région du Spitzberg les avaient soutenues [191]. Cependant, au début du XVIIIe s., « une zone immense restait pratiquement inconnue dans l'hémisphère Nord, elle descendait presque jusqu'au 45e degré dans le Pacifique. Sur la rive américaine, les explorateurs n'avaient pas dépassé la Californie, du côté asiatique, les Russes avaient atteint le Kamtchatka, mais la position de l'île Yéso restait incertaine. On ne savait pratiquement rien des côtes de l'Océan glacial, des bouches de l'Obi aux îles Aléoutiennes » [192]. En 1715, le *Recueil des voyages au Nord* de J.F. Bernard offre un choix des meilleures relations, dont celles d'Evert Ysbrantz Ides [193], de Frédéric Martens sur le Spitzberg, de la Peyrere sur le Groënland, du suédois Müller [194] sur les Ostiaks, une description des mœurs des Samoyèdes d'après Linschoten, etc., mais trace aussi un programme complet d'explorations avec l'état des problèmes à résoudre. L'effort conjugé des nations du Nord allait bientôt en remplir l'essentiel; en Suède, l'Académie d'Upsal, fondée en 1710, en Russie, l'Académie de Pétersbourg, créée par Pierre le Grand en 1725 donnèrent une remarquable impulsion aux voyages scientifiques, auxquels participèrent des astronomes, des naturalistes, des historiens. Les expéditions de Béring dans les années 1725-1728 et 1741-1743 furent à la mesure des moyens considérables mis en œuvre : 360 000 roubles. La première eut pour résultat la découverte du détroit qui porte le nom de Béring, et qui permit de démontrer de manière irréfutable la séparation de l'Asie et de l'Amérique. La seconde parcourut la région de la Léna et du lac Baïkal, une partie de l'expédition gagna la côte américaine et découvrit les îles Aléoutiennes : un astronome français, Delisle de la Croyère, prit part à ce voyage. Dans l'*Histoire de la Russie sous Pierre le Grand,* Voltaire donne les détails de ces expéditions [195]. Il marque un certain scepticisme : « On ne sait pas encore quel fruit on tirera de ces découvertes si pénibles et si dangereuses », mais souligne leur importance géographique :

---

190. *Encyclopédie,* article « Passage par le Nord » (Géogr. Comm. Navig.).
191. Voir dans l'*Encyclopédie,* l'article « Spitzberg », qui note que la pêche à la baleine « y est meilleure qu'en aucun autre pays du pôle arctique ».
192. *Histoire universelle des explorations,* p. 123.
193. Qui contient une description des mœurs des Ostiaks, des Tunguses, des Buriates...
194. Ne pas confondre avec l'Allemand Müller, compagnon de Béring. Il s'agit d'un officier suédois, prisonnier des Russes et envoyé en Sibérie.
195. *Œuvres historiques,* Pléiade, p. 375-376.

« Béring et lui [Delisle] atteignirent les côtes de l'Amérique, au nord de la Californie. Ce passage, si longtemps cherché par les mers du Nord, fut donc enfin découvert (...) [196]. »

En 1750, dans l'« Avertissement » du tome VIII de l'*Histoire des voyages* [197], Prévost avertit ses lecteurs qu'il ne traitera pas de la Sibérie : « M. De Lisle de la Croyère, revenu depuis quelque temps de Pétersbourg, avec un trésor d'observations, qu'il doit à ses propres recherches autant qu'à celles de M. De Lisle son frère [198], [m'] ayant témoigné qu'il se disposait à les donner au public. » Il annonce qu'il donnera cependant plus de place que dans les volumes précédents aux « Nations du Nord », « absolument négligées ».

« Outre les secours publics, j'ai pris des mesures pour me procurer diverses relations de Suède, de Danemark, de Hambourg, etc., qui sont encore peu connues dans nos bibliothèques, parce qu'elles sont demeurées sans traduction (...). Les Ministres de plusieurs cours se sont crus intéressés à favoriser cette entreprise, et même à veiller sur les extraits [199]. »

Dans les *Voyages de Lade,* Prévost avait utilisé les *Mémoires* du Capitaine Best, un des compagnons de Frobisher [200], et décrit d'après cette source les habitations, les mœurs et les usages des Esquimaux, et la relation d'un voyageur danois, dont il situe le voyage « entre le dernier voyage de Frobisher et celui de Hudson », et qui ne peut guère être que Monck [201]. Dans l'*Histoire des voyages,* le chapitre VII du tome XV [202] est consacré aux voyages au Nord-Ouest et au Nord-Est; il contient en particulier une relation des voyages de Béring et de ses compagnons : Spangberg et Tchirikov. Mais ce sont surtout les tomes XVIII et XIX, publiés par les successeurs de Prévost en 1768 et 1770 qui rassemblent le plus grand nombre de relations et offrent un tableau complet des « peuples du Nord ». C'est sans doute Démeunier qui se chargea de la rédaction de ces volumes, du moins en ce qui concerne les découvertes des Russes dont il fut par la suite l'excellent traducteur [203].

---

196. P. 375. Pourtant les rapports de Béring demeurèrent inutilisés dans les Archives Impériales jusqu'à la fin du XVIIIe, moment où le géographe Coxe et le naturaliste Pallas révélèrent leur importance.
197. N.p., [p. I], note a.
198. Géographe du Roi. Delisle mourut au cours de l'expédition, mais ses notes de voyage furent publiées en 1753 (Cox, II, 23) et suscitèrent quelques controverses (*ibid.*).
199. *Loc. cit.*, n.p. [p. 3].
200. Première édition : 1578 (Cox, II, 2). Prévost a « découvert » la relation de Best dans la collection Hakluyt.
201. Original danois : 1650, traduction anglaise, dans Churchill, en 1732.
202. Paru en 1759.
203. *Nouvelles découvertes des Russes, entre l'Asie et l'Amérique* (...), traduit de l'anglais, du Dr William COXE, v. Bibl.

Jusqu'à cette date, on peut dire que le vrai vulgarisateur des nouvelles découvertes sur les régions et les peuples du Nord fut Voltaire. La preuve de cette assertion, ce sont tous les articles de l'*Encyclopédie* sur le « Kamtschatka », la « Laponie », les « Ostiaks », les « Samoyèdes », les « Tongues », qui ont un seul rédacteur : De Jaucourt, et une seule source : Voltaire [204]. Dans l'article « Laponie », De Jaucourt justifie ainsi ses emprunts : « Le lecteur aimera mieux trouver ici les réflexions [de Voltaire] que l'histoire mal digérée de Scheffer. » C'est donc une image déjà élaborée qu'on offre au lecteur, et le « point de vue » de Voltaire-Sirius commande toute la description : c'est Voltaire qui s'intéresse plus à l'histoire des Tartares, revue et corrigée d'après de Guignes, qu'aux Tartares « sauvages », « séparés quoique descendant des Anciens Tartares », qui peuplent la Sibérie et les bords de la mer glaciale. C'est l'anthropologie voltairienne qui fait des Lapons une « espèce particulière faite pour les climats qu'ils habitent », et refuse d'admettre une migration possible vers cet affreux pays, la « contrée des Cynocéphales, des Himantopodes, des Troglodites et des Pygmées ». Voltaire lui-même ne s'était pas contenté pourtant de puiser dans les anciennes relations, que les derniers voyages des Russes rendaient périmées : il s'était fait adresser, par l'intermédiaire de Jean Schouvalov, plusieurs mémoires, dont celui de Klingstöd sur les Samoyèdes et les Lapons [205], et il avait consulté divers ouvrages, dont celui d'un officier suédois qui « ayant été pris à Pultava, passa quinze ans en Sibérie et la parcourut tout entière » [206]. Il avait aussi envoyé son manuscrit à Pétersbourg où il avait été lu par plusieurs savants, et il avait tenu compte de certaines de leurs réflexions [207].

Mais d'autres relations offraient plus de valeur encore aux yeux des spécialistes de l'histoire naturelle. Avec un retard de quinze à vingt ans, les observations de Gmelin sur les peuples de Sibérie [208], de Krasheninnikov sur les mœurs, la religion et le dialecte des habitants du Kamtschatka et des îles Kurilsky [209],

---

204. L'ouvrage de référence est surtout l'*Histoire de la Russie sous Pierre le Grand*, que de Jaucourt appelle aussi *Description de la Russie*, Genève, 1759, ou *Histoire de Russie*. L'article « Laponie » renvoie à l'*Essai sur l'histoire universelle*, mais le passage cité est aussi dans l'*Histoire de la Russie* (...), *Œuvres Historiques*, éd. Pléiade, p. 359.

205. Il sera publié en 1762. Les éditeurs l'avaient fait venir de Hambourg, grâce à Pierre Rousseau. (Voir *Histoire des voyages*, XVIII, p. XXIV et p. 496.)

206. *Histoire de la Russie*, éd. cit., p. 372. La *Description historique de l'empire russien*, de STRAHLENBERG, avait paru à Amsterdam en 1752 (2 vol., in-12).

207. Sur la documentation de Voltaire, voir E. SMURLO, *Voltaire et son œuvre : Histoire de l'empire de Russie*, Prague, 1929.

208. Original allemand : 1751-52.

209. Original russe : 1754, traduction anglaise : 1763. Le troisième volume du *Voyage en Sibérie* de CHAPPE D'AUTEROCHE en donne des extraits. C'est un des volumes que Voltaire avait demandés à Schouvalov (voir aussi *Philosophical Transactions*, LI, 477).

de Steller [210], tous naturalistes et compagnons de Béring. Le voyage en Sibérie de l'académicien Chappe d'Auteroche en 1761 apporta de nouvelles lumières sur la géographie de ces régions [211] et entretint autour des découvertes des Russes une fièvre de curiosité. En 1769, Catherine II décida d'envoyer des astronomes pour observer le second passage de Vénus. Le médecin allemand Pierre Simon Pallas fut choisi pour accompagner l'expédition et découvrit des ossements de mammouths et d'autres animaux fossiles. Ses observations recoupaient celles d'un certain Collinson, membre de la société royale de Londres, qui avait trouvé en 1765 et 1766, au cours d'un voyage dans la région de l'Ohio, « un nombre prodigieux d'os de grands animaux ». Collinson rédigea plusieurs mémoires, et entretint une correspondance avec les savants russes [212] au sujet de ces vestiges. Pallas en concluait à l'existence dans ces terres glaciales d'une civilisation qui s'y serait épanouie avant la venue des grands froids : « Ces médailles naturelles, écrivait-il, prouvent que les pays dévastés aujourd'hui par la rigueur du froid, ont eu autrefois tous les avantages du midi [213]. » L'article « Sibérie » de l'*Encyclopédie* se contente de faire état des « Antiquités trouvées dans la Sibérie », d'après une lettre de Demidoff à Collinson, écrite de Pétersbourg le 11 septembre 1764 [214]. Mais Buffon, dans les *Epoques de la Nature* adopte les vues de Pallas :

« Les cultures, les arts, les bourgs épars dans cette région (dit le savant naturaliste M. Pallas) sont les restes encore vivants d'un empire ou d'une société florissante, dont l'histoire même est ensevelie avec ses cités, ses temples, ses armes, ses monuments, dont on déterre à chaque pas d'énormes débris : ces peuplades sont les membres d'une énorme nation, à laquelle il manque une tête [215]. »

Buffon s'intéresse fort aussi aux migrations des Tschutschis [216], qui, d'île en île, ont pu passer d'Asie en Amérique, et se fonde sur un mémoire de Domascheneff [Domaschnief] président de la Société impériale de Pétersbourg, que le comte Schouvalov

---

210. Voir BUFFON, *O. C.*, IX, 293, à propos des Kamtchadales.

211. *Histoire universelle des explorations*, p. 118. La relation de Chappe d'Auteroche était accompagnée d'un Atlas. Dans l'Atlas de l'*Histoire des Indes*, la carte dressée par Bellin, reproduit celle de Müller, établie en 1754 et revue en 1758 (HEAWOOD, *op. cit.*, p. 268).

212. Voir une lettre de Collinson à Buffon, citée par celui-ci dans les « Notes Justificatives » des *Epoques de la Nature* (éd. J. Roger, p. 225), et datée du 3 juillet 1767. BUFFON renvoie également à deux mémoires de COLLINSON (*Transactions philosophiques*, 1767).

213. Cité par BUFFON, *loc. cit.*, p. 224-225. Buffon renvoie au *Journal de politique et de littérature*, 5 janvier 1776, article de « Pétersbourg ».

214. Autres sources indiquées : *Traités relatifs à l'Antiquité*, Londres, 1773 et *Gazette de Littérature*, 1774, n° 5.

215. BUFFON, *Epoques de la Nature*, éd. Jacques Roger, p. 210.

216. L'*Encyclopédie* contient un article « Tchukotsoi », qui est purement descriptif.

a eu l'obligeance de lui envoyer, avec une carte toute nouvelle de cette contrée [217]. Loin de tenir secrètes leurs découvertes, les Russes souhaitaient alors divulguer les résultats de voyages, dont tout l'honneur revenait à Pierre le Grand et à Catherine II, et qui consacraient une politique d'expansion féconde elle aussi en « plans de civilisation ».

Mais la « route du Nord » vers les ports sibériens, et au-delà vers la Chine et l'Extrême-Orient reste à découvrir. En 1732, un jeune savant, Carl Linné, est chargé d'explorer la Laponie et de son étude de la flore tire les principes de son système de classification des plantes. Venu à Paris, il rencontre Clairaut, Camus et Maupertuis qui avaient également visité la Laponie pour mesurer un arc de cercle près du pôle, tandis que Bouguer et La Condamine procédaient aux mêmes opérations au Pérou. Le système de Linné et son enseignement à l'université d'Upsal eurent un tel succès dans toute l'Europe savante que, grâce à ses disciples à et ses élèves, son nom se trouve associé à toutes les explorations de la seconde moitié du XVIIIe s. De Pauw cite une liste impressionnante de ces « linnéistes » par occasion ou par vocation [218]. A côté de leurs savants écrits, les relations de Regnard ou de Maupertuis font figure d'aimables fantaisies. Pourtant si l'on met à part les naturalistes-anthropologues que sont Buffon et De Pauw, et ces disciples tardifs que furent Banks et Solander, compagnons de Cook, on constate que La Martinière, Scheffer, Regnard et Maupertuis ont eu, en France du moins, plus d'influence sur les philosophes et sur la formation d'une image assez peu flatteuse de ces « pygmées septentrionaux », situés, avec les Hottentots, aux extrêmes de l'espèce humaine.

Les disciples les plus célèbres de Linné furent Hans Egede et ses fils. Hans Egede fonda à Copenhague une société d'armement, équipa et lança un navire et se consacra à l'évangélisation du Groënland, ancienne colonie du Danemark, où il fonda une mission en 1729. Il parcourut tout le pays et retrouva les traces de la civilisation médiévale [219]. Son fils Paul le remplaça, tandis qu'il créait à Copenhague un séminaire pour le Groënland, où il retourna lui-même, pour y séjourner jusqu'en 1747. Un autre de ses fils, Christian Egede, explora la côte Est. Hans Egede publia une *Description et Histoire naturelle du Groënland,* dont une édition française parut en 1763 [220]. Les frères Moraves fondèrent eux aussi une mission au Groënland, et David Crantz rédigea une *Histoire du Groënland,* qui contenait la description de la contrée et de ses habitants, mais aussi « une relation de la mission entreprise pendant trente ans par l'unité des frè-

---

217. *Loc. cit.,* p. 251.
218. *Recherches* (...), III, p. 284.
219. Voir *Histoire universelle des explorations,* p. 133.
220. Original danois 1729, traduction anglaise 1745.

res » [221]. Ces deux livres firent connaître le monde esquimau mieux sans doute qu'aucun autre à l'époque. Les Egede et Crantz firent réellement œuvre d'ethnologues, de naturalistes et de philologues, décrivant les techniques de chasse et de pêche [222], le dressage des chiens, les habitations « tapissées de peaux de veaux marins et de rennes », les dessins et les sculptures. On peut mesurer la distance parcourue, en comparant ce que Charlevoix écrit des Esquimaux, en se fondant sur la très ancienne relation de La Peyrère [223] et ce qu'en disent De Pauw ou Buffon. Pour Charlevoix, « de tous les peuples connus de l'Amérique il n'en est point qui remplisse mieux que celui-ci la première idée que l'on a eue en Europe des sauvages » : ils mangent la chair et le poisson tout crus, avalent l'huile de baleine « comme nous ferions l'eau », et se font des chemises avec des intestins de poissons [224]. L'*Encyclopédie* les présente encore comme « les sauvages des sauvages (...) petits, blancs, gros, et vrais anthropophages ». « Tout chez eux est " féroce et presque incroyable " [225]. »

Chez Buffon même, entre le texte de 1749 des *Variétés dans l'espèce humaine* et des *Additions* de 1777, s'opère un véritable renversement des images. Les plus sauvages des sauvages ne sont après tout que des peuples « chasseurs » ou « pêcheurs », qui « ne vivent que des animaux qu'ils tuent », et si certains de leurs usages sont « superstitieux », d'autres sont « raisonnables » [226]. Tant de vocables qui, appliqués indistinctement aux Cafres, aux Jalofs, aux Lapons, et autres Hottentots, s'étaient mués en épithètes de nature : féroces, cruels, inhumains, anthropophages, disparaissent pour céder la place à un autre langage, fondé sur l'analogie, qui établit entre toutes les sociétés humaines un système de correspondances ou, mieux, d'équivalences. Conscients de leur pouvoir et sûrs de leur savoir, les civilisés cessent de se donner à eux-mêmes le spectacle d'une sauvagerie affreuse à voir, dont ils ont conjuré les maléfices. La découverte d'un monde sauvage heureux et voluptueux, jouissant sans remords et sans pudeur des avantages de la « pure nature », va bientôt donner naissance à l'exotisme, qui suppose vaincue la grande peur du monde sauvage.

---

221. Original allemand 1765, traduction anglaise 1767.
222. Voir les planches reproduites dans l'*Histoire universelle des explorations*.
223. 1647.
224. CHARLEVOIX, *Journal historique*, dans *Histoire de la Nouvelle-France*, III, 178.
225. Art. *Eskimaux*. Sources : La Peyrere, La Hontan, et une lettre de Sainte-Hélène, datée du 30 octobre 1751 (?).
226. BUFFON, IX, p. 169-170 (passage repris dans l'article « Humaine (Espèce) » de l'*Encyclopédie*) et IX, p. 295-297, d'après Crantz.

IV. La course des voiliers et le mirage tahitien

Entre 1650 et 1750, les explorations dirigées vers les mers du Sud, à la recherche d'un continent antarctique [227] se réduisent à peu de chose, et les découvertes se firent au hasard de la course des voiliers [228]. Les Anglais Woodes Rogers et Anson sont les plus célèbres des voyageurs qui suivirent les traces de l'aventurier William Dampier [229] et des boucaniers à travers les mers du Sud. Le but du voyage de Woodes Rogers était un raid contre les Espagnols sur les côtes du Pérou et du Mexique. De là l'expédition continua vers le sud et, à son passage dans l'île de Juan Fernandez, recueillit un matelot écossais, nommé Selkirk, abandonné cinq ans plus tôt par Dampier et ses compagnons [230]. L'aventure du marin Selkirk, racontée par Edward Cooke, second du capitaine Rogers et par Rogers lui-même, fut exploitée, comme on le sait, par Defoë dans son *Robinson Crusoé* (1719) et, à sa suite, par Prévost dans les *Voyages de Lade* [231]. Le voyage d'Anson était lui aussi à l'origine une expédition contre les Espagnols, mais la poursuite d'un galion chargé d'or la transforma en une véritable circumnavigation, qui dura quatre années. Voltaire en a rapporté les péripéties dans le *Précis du Siècle de Louis XV* [232], et Rousseau a fait de Saint-Preux un des compagnons de lord Anson [233]. La relation, rédigée par Richard Walter, eut bien d'autres lecteurs, et les îles heureuses de Tinian et de Juan Fernandez, associées à la double fortune littéraire de Robinson et de la Nouvelle-Héloïse, firent rêver toute une génération [234]. Mais elle eut aussi pour effet de révéler au grand jour l'ampleur des ambitions anglaises et le but de leurs entreprises dans les mers du Sud [235]. Jusqu'alors les expéditions françaises avaient été rares dans ces régions. En 1735, Prévost insère dans l'*Histoire des voyages* le *Journal* inédit de Beauchêne-Gouin,

---

227. On croyait à la nécessité d'un tel continent pour faire équilibre à la masse des terres septentrionales. C'est Cook qui démontrera son inexistence.
228. Heawood, *op. cit.*, chapitre VIII, « The South seas, 1650-1750 ».
229. Heawood, *op. cit.*, p. 183 sq. Dampier faisait partie de la même bande que Morgan. Le récit de ses voyages parut en 1699 et 1705 (*Histoire des voyages*, XI, p. 215 sq.) Dampier passa en Nouvelle-Hollande, en Nouvelle-Guinée. Avec Lionel Wafer, il explora la côte occidentale de la Patagonie.
230. Au cours d'un troisième voyage, dont il n'existe pas de relation.
231. Dans l'*Histoire des voyages* (XI, p. 69-71) elle est rapportée d'après Rogers.
232. Chapitre XXVII (1756), O.H., éd. cit., p. 1454 et suiv.
233. La source de Rousseau est l'*Histoire des voyages*, XI (1753). Voir H. Roddier, *L'abbé Prévost*, 1958, p. 183 et la note I (p. 1580) de l'édition de la *Nouvelle-Héloïse* dans Rousseau, *O. C.*, Pléiade, II.
234. Voir le chapitre II.
235. Voir J. Martin-Allanic, *Bougainville navigateur* (...).

dont le voyage date de 1693 [236]. Il signale aussi le voyage de deux vaisseaux français en 1738, mais, fait significatif, il ne connaît pas les noms de ceux qui y prirent part, et se contente de reproduire une relation parue « sans autre explication », dans le *Journal* de Trévoux [237] : il s'agit en fait du voyage de Lozier-Bouvet, commandité par la Compagnie des Indes, et entrepris dans le but de retrouver une île signalée par Gonneville au XVIᵉ siècle, et qui figurait sur les cartes avec l'indication « Terre de Vue ». Le périple accompli par Lozier-Bouvet dans l'Atlantique Sud eut une grande influence sur les plans du deuxième voyage de Cook. Quand Maupertuis en 1752 fit paraître sa *Lettre sur le progrès des sciences,* où il insistait sur l'intérêt que présentait la découverte des terres australes, cette « nouvelle partie du monde plus grande que les quatre autres », Lozier-Bouvet écrivit à Duvelaër, directeur de la Compagnie des Indes pour lui conseiller de faire appel aux « lumières » de Maupertuis [238]. En 1756, l'*Histoire des navigations aux terres australes* du président De Brosses se présente à la fois comme une anthologie des voyages au Sud et comme un manifeste : il ne faut pas oublier que le Président est le gendre du marquis de Crèvecœur, l'un des plus gros actionnaires de la Compagnie des Indes [239]. De Brosses s'est efforcé de « dépouiller en entier tout ce qu'il y avait de descriptions, tout ce que l'on pouvait savoir de faits relatifs à cet objet », et en particulier le onzième volume de l'*Histoire des Voyages*. Il délimite l'espace qui reste à explorer :

« (J'appelle) terres australes tout ce qui est au-delà des trois pointes méridionales du monde connu, en Afrique, Asie et Amérique, c'est-à-dire au delà du cap de Bonne-Espérance, des îles Moluques et Célèbes, et du détroit de Magellan »,

affirme qu'il n'est pas possible

« qu'il n'y ait dans une si vaste plage quelque immense continent de terre solide au sud de l'Asie capable de tenir le globe en équilibre dans sa rotation, et de servir de contrepoids à la masse de l'Asie septentrionale »,

et vante, outre l'intérêt des échanges qu'on pourrait faire avec ses habitants, celui qu'offrirait l'image de tant « de peuples différents entre eux, et certainement très dissemblables à nous, pour la figure, les mœurs, les usages, les idées, le culte religieux » [240].

---

236. HEAWOOD, *op. cit.,* p. 204. Prévost emprunte des extraits de ce journal à Woodes Rogers.
237. Février 1740 (*Histoire des voyages,* XI, 256, note 2).
238. Bibl. Nat. N.a.fr. 9407 (Collection Margry), p. I, Copie d'une lettre datée du 8 fév. 1755. Lozier-Bouvet était, comme Maupertuis, originaire de Saint-Malo et c'est dans ce port que furent armés les deux vaisseaux qui prirent part à l'expédition de 1738.
239. Voir BOUCHARD, *De l'humanisme à l'Encyclopédie,* p. 687.
240. *Histoire des Navigations* (...), I, livre I, p. 13.

L'idée d'un voyage dans les mers du Sud, d'une colonisation des îles et du continent qu'on y pourrait découvrir, était donc dans l'air et, après 1763, la conjoncture était favorable. L'histoire des explorations fait une assez grande place aux voyages de Byron (qui avait été un des compagnons d'Anson, de Wallis et de Carteret) et aux trois voyages de Cook [241] et, du côté français, au voyage de Bougainville, pour qu'il soit inutile d'entrer dans le détail de leurs découvertes. Ce qui est mal connu c'est l'histoire littéraire de ces découvertes et la manière dont elles sont venues à la connaissance des contemporains. Paradoxalement, une relation du voyage de Cook [242], accompli dans les années 1768 à 1771, parut avant celle de Bougainville, qui partit en 1766 et était de retour en mars 1769. Si le journal personnel de Cook ne vit le jour qu'en 1893, et s'il fallut attendre 1931 pour avoir une édition complète de ses manuscrits [243], dès octobre 1771 — Cook étant rentré en mai —, le *Journal d'Agriculture* publie une « Relation abrégée du voyage de la frégate l'*Endeavour* ». Le Journal ne cite pas ses sources, mais l'auteur est assurément un des compagnons de Cook, puisqu'il précise :

« Quoique nous ayons été obligés de remettre tous nos papiers au Bureau de l'Amirauté, je vous envoie néanmoins quelques détails des découvertes que nous avons faites à la mer du Sud [244]. »

Malgré l'obligation faite aux membres de l'expédition de remettre leurs papiers à l'Amirauté, un *Journal* du voyage avait été, en réalité, anonymement et subrepticement publié à Londres en 1771 [245]. Certains l'attribuent à Banks, d'autres à Sydney Parkinson, un adjoint de Banks qui mourut sur la route du retour, d'autres, enfin, à un certain Matra ; la première moitié du livre est en tout cas une paraphrase du *Journal* de Sydney Parkinson, tel qu'il fut publié à Londres en 1773, et traduit en français en 1797 [246]. Il semble que le texte paru en 1771 ait été une compilation du *Journal* de Parkinson et d'autres journaux

241. Une traduction de l'ensemble des « Voyages entrepris par ordre de sa Majesté Britannique » parut en 1789, 8 vol., in-8. Elle contient une *Table des Matières*. C'est cette édition que nous avons utilisée. Voir Bibliographie.

242. Une traduction du voyage de Byron avait paru en 1767. Un « abrégé » avait été envoyé à Dubuq dès 1766. (MARTIN-ALLANIC, *op. cit.*, p. 439 et 454. note 76).

243. SPENCE, *Captain James Cook* (...) *a bibliography his voyages* (...). Mitcham, 1960.

244. I, p. 32-33.

245. Voir Bibliographie. On le trouve dans la bibliothèque de Voltaire (N° 259) attribué à Banks. L'ouvrage est recensé en sept. 1771 dans le *Gentleman's Magazine*, XLI, p. 509-512.

246. On trouve dans la bibliothèque de De Brosses et dans celle de d'Holbach (N° 1904) l'édition anglaise.

manuscrits dont il est difficile d'identifier les auteurs. Ce qui nous intéresse surtout, c'est qu'une traduction française de ce *Journal* anonyme parut en 1772, sous le titre « *Supplément au voyage de Bougainville, ou Journal d'un voyage fait autour du monde par MM. Banks et Solander...* »[247]. De son côté, Banks avait envoyé au comte de Lauraguais, à la demande de ce dernier, un compte rendu du voyage de l'*Endeavour*[248] et sa lettre, datée du 6 décembre 1771, avait été communiquée au *Journal des Savants*. Quant à son propre *Journal*, il le remit à Hawkesworth, qui se chargea de faire paraître la relation officielle du premier voyage de Cook, groupé avec ceux de Byron, Wallis et Carteret. Hawkesworth reconnaît que la plupart des faits concernant « les mœurs, les coutumes, la religion, la police et le langage des peuples » viennent surtout de Banks.

Si le récit de Bougainville attendit assez longtemps l'imprimatur, un de ses compagnons, le naturaliste Commerson, s'était chargé de répandre dans le public la nouvelle de la découverte de Tahiti, surnommée la Nouvelle-Cythère. Un « post-scriptum » sur l'île parut dès novembre 1769 dans le *Mercure de France*. Commerson y faisait une peinture sans ombres de ces peuples « nés sous le plus beau ciel, nourris des fruits d'une terre féconde sans culture, régis par des pères de famille plutôt que par des rois » : « C'est le seul coin de la terre où habitent des hommes sans vices, sans préjugés, sans besoins, sans dissensions »[249]. Cette vision idyllique est dénoncée dans le *Journal d'Agriculture* en 1771, par l'auteur de la « Relation abrégée (...) » que nous avons signalée tout à l'heure :

« J'apprends », écrit-il, « que dans des journaux français on a peint l'île de Tahiti comme le séjour de la paix, de la concorde, du bonheur et de la vertu simple et naturelle : si c'est celle dont je parle, comme il n'y a pas lieu d'en douter, les mœurs de ces insulaires avaient bien dégénéré dans un très court espace de temps (...) »[250]. »

Et le rédacteur ajoute :

« Ces récits confirment les conjectures que nous avons publiées l'année dernière sur ce pays, dans un de nos journaux [le *Journal des Savants*] contre les assertions d'un témoin oculaire [Commerson] insérées dans un autre ouvrage périodique[251]. »

Ainsi, avant même la parution du *Voyage* de Bougainville, la querelle de Tahiti est commencée. Bougainville lui-même est

247. Annoncé le 8 août dans le *Journal de la Librairie*. Le *Voyage* de Bougainville avait paru en mai. Fréville présente l'ouvrage comme une relation du voyage de Solander (p. 70). Voir Bibl. à Banks.
248. SPENCE, ouv. cit., p. 10.
249. *Voyage autour du Monde*, Club des Libraires de France, p. 283 sq. Sur ce *Post-scriptum*, voir chapitre II et Bibliographie, à Commerson.
250. P. 37.
251. P. 39, note.

beaucoup plus réservé que Commerson, et l'image qu'il donne des Tahitiens est plus proche de celle de Banks, Wallis, Solander et Cook. A lire les pages de Buffon en 1777 sur les « Insulaires de la mer du Sud »[252], on a l'impression qu'il refuse l'illusion du mythe, et sa description des habitants d'Otahiti, empruntée à Wallis, Cook et Bougainville, est la plus neutre qui soit. Le titre même de cette section, « Insulaires de la mer du Sud », témoigne de cet effort d'objectivité. Tout se passe comme si l'image des Tahitiens avait cristallisé deux visions antinomiques du monde et de l'homme sauvage. Leur bonté et leur bonheur ne sont pas choses évidentes pour tous. Ils ne sont exemplaires que pour ceux qui, sensibles à la misère de l'homme social, trouvent dans l'Eden tahitien le modèle d'une vie heureuse et libre, au sein d'une société « naturelle ». La curiosité provoquée par les mœurs tahitiennes — et par le séjour à Paris d'Aotourou — a eu comme résultat de détourner l'attention des contemporains, à quelques exceptions près, des autres peuples décrits par les découvreurs des mers du Sud et des terres australes[253]. Il n'y eut guère que les Patagons pour disputer aux Tahitiens les honneurs de l'actualité. De Pauw et Buffon, qui semblent avoir parcouru tous les récits qui les concernent[254], s'interrogent sur la taille de ces « prétendus » géants. Avec les nains de Madagascar, les Patagons, objet de la *gigantologie* du père Torrubia, seront une des plus belles énigmes anthropologiques du demi-siècle; les témoignages de Byron, de Wallis, de Commerson, de Bougainville et de Cook suffiront à peine à la résoudre.

---

252. IX, p. 239 sq.
253. La découverte des statues de l'île de Pâques par Roggeween en 1721 (HEAWOOD, p. 209-211) ne provoque aucune curiosité bien que le récit de son voyage ait été publié par Dalrymple en 1770 (collection des *Voyages dans les mers du Sud par les Espagnols et les Hollandais*, traduits en français par de Fréville en 1774).
254. Ils citent chacun plus de vingt auteurs. Voir la Bibliographie.

2

L'information :
de la littérature des voyages
aux mémoires d'administration

Daniel Mornet signalait jadis la place importante tenue dans les bibliothèques privées par les récits de voyages [1]. MM. Chinard et Atkinson ont étudié depuis l'influence de cette littérature exotique sur l'évolution des idées [2], M. René Pintard a montré qu'elle était une des sources de la pensée libertine [3], de Montaigne à la fin du XVIIIe s., tandis que M. Lichtenberger la situait aux origines du socialisme utopique [4]. Récemment encore, M. Delpla, étudiant les bibliothèques des émigrés toulousains, a établi une relation entre la lecture des récits de voyages et la diffusion des Lumières : ceux qui pratiquent les voyageurs sont aussi les plus perméables aux idées philosophiques, en particulier à celles de Rousseau [5].

Le rôle joué par la littérature des voyages dans la formation de l'esprit philosophique n'est donc plus à démontrer. Il n'est nullement dans nos intentions de le contester, ni d'en faire une

1. *R.H.L.F.*, 1910, p. 448 sq. « Les enseignements des bibliothèques privées » (1750-1780, avec répertoire des catalogues examinés).
2. G. CHINARD, *L'Amérique et le rêve exotique* (...). (Voir aussi les préfaces de son édition du *Supplément au Voyage de Bougainville* et de celle des *Dialogues* de Lahontan); G. ATKINSON : *Les relations de voyages au XVIIe siècle et l'évolution des idées.*
3. *Le libertinage érudit* (...).
4. *Le Socialisme utopique*, Paris, Alcan, 1898.
5. *Etude du niveau intellectuel des émigrés toulousains d'après les inventaires des bibliothèques*, D.E.S. Toulouse, 1960, 110 p, dactylographié.

fois de plus la preuve par un inventaire des « lectures » des philosophes. Il faut pourtant parcourir les rayons de quelques bibliothèques, et remonter à la source des œuvres les plus significatives. Ce serait en effet commettre une erreur de méthode que de croire que Voltaire, Buffon ou Turgot ont lu ce qu'un lecteur d'aujourd'hui ne manquerait pas de lire s'il voulait s'informer des mœurs des Lapons ou des Hottentots. Nous savons aujourd'hui faire la différence entre d'excellents auteurs, comme Garcilaso, Flacourt ou Bougainville, et d'autres fort suspects, comme l'abbé Proyart ou le Hollandais Kolbe. C'était, au XVIIIe siècle, beaucoup plus difficile, et des esprits avertis se sont laissé prendre à des fables grossières. Pour cette raison d'abord, la meilleure bibliographie des récits de voyages ne saurait être qu'un guide imparfait pour apprécier l'information des philosophes.

Mais il y a d'autres raisons à ces difficultés. Si la littérature des voyages tient une place importante dans la bibliothèque des philosophes et dans leurs œuvres, bien des titres qui la composent ne figurent dans aucune bibliographie méthodique. Journaux inédits, mémoires, correspondances, articles de journaux, copies manuscrites sont des « sources » au même titre que les « relations » et les recueils imprimés. Ce qui caractérise l'information des philosophes, c'est précisément ce décalage entre la littérature des voyages proprement dite et la librairie où ils se pourvoient de matériaux de toutes sortes. Un tel décalage n'existait pas dans la période antérieure [6]. Dans la seconde moitié du XVIIIe siècle, il est assez net pour que des sources inattendues se rencontrent à la fois dans plusieurs bibliothèques. Cette dérive ne peut être le fait du hasard : le but de ce chapitre est d'en rendre compte.

I — Quelques bibliothèques.

Précisons tout de suite que nous prenons le mot « bibliothèque » dans son sens le plus large. Dans cinq cas seulement nous disposions d'une liste de livres quasi exhaustive : Bibliothèque de Voltaire [7], Catalogues des livres de Turgot, de De Brosses et du baron d'Holbach [8], liste des livres et des auteurs cités

6. M. Pintard montre par exemple que La Mothe le Vayer puise aux mêmes sources que Montaigne, tout en s'attachant à des détails différents. Dans les deux cas les livres consultés sont des « classiques » de la littérature des voyages : Acosta. Oviedo, les *Lettres édifiantes*, etc. (R. Pintard, *op. cit.*, p. 596, note 4.)

7. Récemment publiée par les soins de M. Liublinsky, voir Bibl.

8. *Catalogue des livres de la Bibliothèque de feu M. Turgot, ministre de l'Etat*, Paris, Barrois l'aîné, 1782 (Sorbonne, BSa 103 (2), 8°), *Catalogue des livres de feu M. de Brosses, premier président du Parlement de Dijon*, Dijon, L.N. Frantin, 1778, (B.N. △ 1035), *Liste des livres du baron d'Holbach, vendus en 1789*, Paris, Debure, (B.N. △ 2004).

dans les *Recherches philosophiques sur les Américains* de Cornelius de Pauw[9]. Dans les autres cas, pour Buffon, Rousseau, Diderot, Raynal, Helvétius, nous avons dû suppléer à l'absence de tels catalogues par les indications fournies par leurs œuvres. Pour certains d'entre eux, la tâche était relativement aisée, soit parce que leurs « lectures » avaient fait l'objet d'un travail antérieur[10], soit parce que les références données en bas de pages étaient assez nombreuses et assez précises pour que notre relevé puisse être significatif[11]. Pour d'autres, elle s'est révélée fort ardue, le cas-limite étant celui de Raynal, dont on sait qu'il ne cite jamais ses sources, alors que son œuvre est une véritable mosaïque d'emprunts divers : ici nous ne pouvions prétendre à l'exhaustivité, et nous avons dû nous contenter d'une étude partielle des sources.

Les matériaux utilisés sont donc hétérogènes, et nous ne cherchons pas à dissimuler que notre analyse se fonde tantôt sur des documents sûrs et précis, tantôt sur des données nécessairement incomplètes. Pourtant, cette hétérogénéité est plus apparente que réelle. En effet, les catalogues de livres dont nous disposons ne renseignent qu'imparfaitement sur les « lectures » de Voltaire, de Turgot, ou de d'Holbach, et ne dispensent pas de recourir à leurs œuvres : les sources de *Candide* ou de l'*Essai sur les mœurs* ne sont pas toutes à chercher dans la bibliothèque de Ferney. Inversement, en partant des indications fournies par les œuvres et la correspondance de Rousseau ou de Diderot, on reconstitue assez bien leurs bibliothèques aujourd'hui dispersées[12]. Pour Diderot, on peut encore glaner dans le registre des prêts de la Bibliothèque du Roi[13], pour Rousseau dans des cahiers de notes conservés à Neuchâtel qui gardent la trace de la plupart de ses lectures[14]. En dépit donc des faiblesses inhérentes à toute enquête de ce genre, nous pensons que les résultats acquis sont assez nets pour que les recherches ultérieures qui permettront de les compléter sur des points de détail ne les remettent pas en cause dans leur ensemble.

9. Berlin, 3 vol., in-12, 1774. Les deux premiers volumes comportent des index détaillés.

10. *Annales Jean-Jacques Rousseau*, XXI, 1932, M. REICHENBURG : « Essai sur les lectures de Rousseau » (avec une « Table des ouvrages possédés, lus ou mentionnés par Rousseau »). DELARUELLE, « Les sources du Premier Discours », *R.H.L.F.*, 1912; J. MOREL : « Les sources du Deuxième Discours », *Annales J.-J. Rousseau*, V, 1909; G. PIRE, « J.-J. Rousseau et les relations de voyages », *R.H.L.F.*, 1956.

11. C'est le cas en particulier pour des auteurs comme Buffon et Helvétius.

12. On essaie actuellement de retrouver en Russie les éléments de celle de Diderot (voir A. WILSON, « Diderot's and Voltaire's gleanings », *French Review*, 1958, et dans *Europe*, numéro spécial sur Diderot, 1964, la traduction d'un article de V. LIUBLINSKY : « Sur les traces de la bibliothèque de Diderot »). Quant à la bibliothèque de Rousseau, elle fut toujours assez mal pourvue.

13. Registres 5 à 9, conservés à la B.N. (1748 à 1770).

14. Mss. 7842. Quelques indications aussi dans le Mss. 7840.

Nous voudrions encore répondre à une objection possible : notre enquête ne porte que sur un nombre limité d'auteurs. Peut-être nous accordera-t-on que nous avons choisi les plus importants et les plus représentatifs : de Buffon à Turgot, de Rousseau à Raynal, d'Helvétius à Diderot, l'éventail des préoccupations est assez large, assez grande la variété des esprits pour que ce choix ait un sens. Sans doute l'examen méthodique des catalogues des bibliothèques privées donnerait-il des résultats différents, mais ici ou là, l'objet de la recherche n'est pas le même : la curiosité et les goûts d'un public éclairé sont une chose, l'information des philosophes, plus concertée, moins désintéressée, orientée par les exigences de l'homme de science ou de l'historien, évoluant en fonction des préjugés ou des systèmes, en est une autre.

De cette confrontation entre la pensée des philosophes et la littérature des voyages, on a donc retenu surtout ce qui intéresse la première, mais chemin faisant nous avons dû corriger l'image un peu schématique que suggère l'expression même de « littérature des voyages » : la bibliographie qu'on trouvera en appendice permettra de s'orienter dans la masse des écrits auxquels renvoie le détail de l'analyse.

Il est juste de donner la première place à la bibliothèque de Voltaire, la mieux fournie et la plus complète de celles que nous avons examinées. Elle s'est en effet régulièrement enrichie au cours des années, et contient à peu près tous les livres que nous rencontrerons ailleurs : les derniers grands voyages parus avant la mort de Voltaire, ceux de Bougainville et de Cook notamment, y voisinent avec les « classiques » de la littérature des voyages, tels Sagard ou Garcilaso.

Le fonds ancien doit beaucoup au catalogue des « Meilleurs livres de voyages », qui fait suite à *l'Histoire de la navigation* (...) de John Locke [15] : l'ouvrage figure dans la bibliothèque de Voltaire et porte des traces de lecture. Pour les relations récentes, Voltaire possède le plus souvent la première édition. L'ensemble offre un équilibre assez remarquable, puisque le nombre des livres antérieurs à 1750 est sensiblement égal au nombre de ceux publiés après cette date.

Le décompte exact s'établit ainsi : sur un total de 3 867 titres, 133 concernent la littérature des voyages : 19 recueils, collec-

15. Ce John Locke n'a rien à voir avec son célèbre homonyme. Son *Histoire de la Navigation, son commencement, son progrès et ses découvertes jusqu'à présent, le commerce des Indes occidentales, avec un catalogue des meilleures cartes géographiques et des meilleurs livres de voyages et le caractère de leurs auteurs*, parut en 1722. Il s'agit en réalité de la préface écrite par J. Locke pour la collection des voyages de Churchill. Le traducteur a fait toutefois de nombreuses additions, surtout au catalogue des livres de voyages (Préface, n.p.).

tions ou histoires générales [16], 7 voyages autour du monde (Anson, Banks et Solander, Bougainville, Dampier, Hawkesworth, La Barbinais, Woodes Rogers) ; 2 livres sur les Terres australes (De Brosses et Gabriel Foigny); 26 sur les Indes Occidentales [17] ; 4 seulement sur l'Afrique [18] ; un sur les Moluques (Argensola) ; 8 sur les régions du Nord [19] ; 70 titres enfin concernent les Indes Orientales, dont 16 la Chine. A quoi il convient d'ajouter un choix important de livres de géographie : le *Dictionnaire géographique portatif* de Laurent Echard, souvent cité dans *l'Encyclopédie*, celui en neuf volumes de Bruzen de la Martinière, les deux éditions de *la Géographie universelle* de Hübner, et la *Géographie familière* de l'abbé Lebeau [20].

On peut conclure de cet inventaire que Voltaire s'intéresse plus aux civilisations orientales qu'au monde sauvage, plus aux religions qu'aux mœurs, mais qu'il possède cependant sur l'Amérique, l'Afrique, les Terres australes et les découvertes faites au Nord de l'Asie ou de l'Europe, à peu près tout ce qui mérite attention en son temps, par la qualité des auteurs ou la nouveauté de leurs relations. C'est, pourrait-on dire, une bibliothèque-modèle, où l'on ne décèle, par rapport aux autres, ni lacune importante [21], ni lecture inédite [22]. Son examen confirme ce qu'on pouvait penser de la curiosité voltairienne et de son sens de l'actualité.

---

16. *Bibliotheca Voltera*, Nos 357 (Bergeron); 366 et 367 (J.-F. Bernard); 564 et 565 (Bruzen de la Martinière); 852 (Contant d'Orville); 1626 (d'Herbelot); 1645 (Prévost); 1921 (Delaporte); 2104 (*Lettres édifiantes*); 2151 (*Histoire de la Navigation*); 2880 (Raynal); 2885 (Abbé Lambert); 2900 (J.-F. Bernard); 3045 (Rousselot de Surgy); 3276 (Thevenot). On peut classer sous la même rubrique 1850, Lafitau (*Histoire des découvertes et conquêtes des Portugais*); 1905, les *Voyages* de La Mottraye; 1258, Oexmelin : l'*Histoire des Flibustiers*. Nous avons renoncé à tenir compte du nombre de volumes : 48 pour Prévost (édition in-12), mais 2 seulement pour Delaporte, dont Voltaire n'a que les tomes 21 et 22, 34 pour les *Lettres édifiantes*, etc.

17. 13 sur l'Amérique du Sud, 10 sur l'Amérique du Nord, 3 sur l'Amérique en général : Citons Bossu, Sagard, Charlevoix, Barrère, Las Casas, La Condamine, Le Page du Pratz, Vallette de Laudun, Solis, Zarate, Ulloa et bien sûr Lahontan... Pauw, Coyer, Raleigh, Pernety; Garcilaso, en espagnol à Ferney (v. p. 1111), a été ensuite remplacé par l'*Histoire des Incas* en traduction. Solis est sans doute le seul que Voltaire ait lu dans le texte original (à d'Alembert, 20 mai 1754, Bes. XXIV, p. 262 : « A l'égard des Espagnols je ne connais que Don Quichotte et Antonio de Solis. Je ne sais pas assez l'espagnol pour avoir lu d'autres livres. »).

18. Cavazzi revu par Labat, De Brosses sur le culte des Fétiches, Kolb sur les Hottentots, un mémoire de J.-P. Purry sur les Cafres, que lui a envoyé l'auteur (Pot-Pourri, t. XLIV, p. 978).

19. Perry, Regnard, Ellis, Müller (compagnon de Béring) Gmelin, Scheffer, La Peyrere, La Martinière, Chappe d'Auteroche, dont le 3e volume contient la description du Kamtschatka par Kracheninnikof.

20. Voltaire a la 13e édition (!) d'Echard, celle de 1759. La *Géographie* de Hübner (Nos 1686-1687) porte des traces de lectures et des notes marginales.

21. A l'exception de Du Tertre, mais Voltaire le cite souvent dans l'*Essai sur les mœurs*.

22. A l'exception du *Plan du Monde primitif* de Court de Gébelin (885). Est-ce l'hommage d'un maçon à son illustre confrère ? Il y a des traces de lecture.

Fait remarquable : les ouvrages de caractère philosophique sur l'origine des religions, des peuples, des langues ou des sociétés sont peu nombreux. En dehors des *Recherches* de De Pauw *sur les Américains,* déjà citées, et sur *les Egyptiens et les Chinois,* de l'ouvrage bien connu de De Guignes sur les Huns (1574) et de sa réfutation (2052), il n'y a guère à signaler que le livre de Poisinet de Sivry sur l'*Origine des premières sociétés* (2779), le *Dictionnaire historique des cultes religieux* de Delacroix et l'ouvrage de Goguet sur *l'Origine des lois, des arts et des sciences* (...) [23], parce qu'on les retrouve dans la bibliothèque du baron d'Holbach, de Bailly enfin les *Lettres sur l'origine des sciences et sur l'Atlantide,* que l'auteur n'a pas manqué d'adresser à son illustre correspondant. Aucun dictionnaire ou grammaire des langues sauvages, mais deux *Dissertations sur l'origine du langage et sur les runes* [24], l'essai de lord Monboddo sur l'origine et le progrès des langues (2475), le savant traité du président De Brosses sur la « mécanique » des langues.

La bibliothèque du président De Brosses, moins étendue, compte relativement un plus grand nombre de relations de voyages, et d'ouvrages traitant des mœurs des sauvages : nous en avons relevé 75. Parmi les recueils, notons celui, peu répandu, de Du Périer [25], et une traduction de la collection de John Barrow, que possède aussi d'Holbach [26]. Mais deux choses frappent surtout : le nombre des relations sur l'Afrique : le père Labat, le jésuite Lobo [27], dont De Brosses possède deux éditions différentes, l'une en anglais, l'autre en français [28], Dapper, Snelgrave, Kolbe, et le nombre de celles qui concernent les mers du Sud : aux titres déjà relevés chez Voltaire, il faut ajouter une traduction du voyage de Byron par Suard [29], le *Journal* de Sydney Parkinson, c'est-à-dire le premier récit qui ait paru du voyage de Cook [30], un mémoire de l'astronome Pingré sur les îles de la Mer du Sud [31], et les relations bien plus anciennes d'Hawkins [32] et de Gemelli Carreri [33]. Un tel choix ne saurait étonner de la part de l'auteur d'une *Histoire des Terres australes* et du *Culte des dieux fétiches.* Il est plus intéressant de remarquer, comme

---

23. Respectivement Nos 1821 et 1481.

24. No 1026 (Pot-Pourri, 65).

25. 1707, in-12, voir Bibl. Ce recueil fut traduit en anglais en 1711, et le nom de Bellegarde alors substitué à celui de Du Périer.

26. △ 2004, no 1893.

27. Voir Bibliographie.

28. Respectivement Londres, 1735, in-8° et Paris, 1728, in-4°.

29. 1767, in-12.

30. En anglais, *A Journal of a voyage in the south seas* (...), 1773, in-4°. Sur l'auteur voir supra, p. 62, Cox, I, 54 et 58, et notre Bibliographie.

31. Cox, II, 301, mais la date indiquée dans le catalogue des livres de De Brosses, 1767, fait difficulté. Le mémoire fut lu devant l'Académie des Sciences en déc. 1766 et janvier 1767, mais semble n'avoir été publié qu'en 1768.

32. 1622, in-4°.

33. 1719, 6 vol., in-12.

chez Voltaire, la présence de nombreuses relations sur les régions du Nord : Islande, Groënland, Laponie, Baie d'Hudson [34] : la composition des bibliothèques reflète l'intérêt suscité par les « Voyages au Nord » [85] et les mœurs des habitants de ces régions encore mal connues.

Enfin la bibliothèque du président De Brosses contient quelques ouvrages qui touchent plus à l'histoire coloniale qu'à celle des explorations : *Mémoire de Bigot* sur le Canada, *Histoire de l'expédition contre les Indiens de l'Ohio*, par Henri Bouquet [36], l'*Histoire de la Virginie*, de Robert Beverley et l'*Histoire des Colonies anglaises* de Butel-Dumont, l'*Histoire des Deux Indes* de Raynal. Faut-il même attribuer la présence du livre du naturaliste Barrère sur la Guyane à un intérêt particulier pour les mœurs des sauvages plutôt qu'à l'affaire du Kourou, qui avait mis « la France Équinoxiale » au premier rang de l'actualité ?

La bibliothèque du baron d'Holbach contient elle aussi une dizaine d'ouvrages qui traitent des « établissements des Européens » dans le Nouveau Monde, dont trois pour la seule Guyane : celui du naturaliste anglais Bancroft (836), la *Description géographique* de Bellin (2587) et le *Tableau historique et politique* (...) *de la colonie de Surinam,* par Fermin, docteur en médecine à Maestricht (2582). On retrouve dans cette bibliothèque la relation d'Henri Bouquet, déjà citée, on y remarque l'*Histoire des colonies européennes dans l'Amérique,* d'Edmond Burke (2569) [37], et une *Histoire* de l'Amérique Espagnole, de John Campbell [38]; l'*Histoire des découvertes et des conquêtes des Portugais* du père Lafitau (2566), l'*Histoire naturelle et civile de la Californie* du père Venegas [39], les *Voyages* du chevalier de Chastellux (1945) et les *Voyages intéressants dans différentes colonies françaises, espagnoles...* (1930). Fait significatif, la rubrique « Histoire de l'Amérique » compte 26 titres, contre 17 à l'« Histoire orientale » et 31 à l'« Histoire asiatique ».

Si les recueils de voyages sont ceux que nous avons déjà rencontrés [40], les voyages autour du monde et dans les mers du Sud

34. Anderson, La Peyrere, Schaeffer, Ellis.
35. De Brosses possède le *Recueil de voyages au nord* de J.-F. Bernard, 8 vol., in-12, 1715-1727 et le *Voyage des Pays septentrionaux* (...), de Pierre de la Martinière. Ce dernier voyage décrit « les mœurs, manière de vivre et superstitions des Norwéguiens, Lappons, Kiloppes, Borandiens, Sybériens, Samoyèdes, Zembliens et Islandais ».
36. Voir Cox, II, 137. Le chevalier Henri Bouquet commandait l'expédition, qui eut lieu en 1764. Le narrateur est le Dr William Smith. La traduction française est de 1769. C'est la première victoire des Anglais sur les Indiens armés de fusils.
37. 2569, en anglais, 1757, 2 vol., in-8°.
38. 2571, en anglais également, 1741, in-8°.
39. Original espagnol, 1757. D'Holbach possède la traduction anglaise de 1759 (2583) et la traduction française, beaucoup plus tardive, de 1766 (835), qui figure sous la rubrique *Histoire naturelle.*
40. A l'exception des *Voyageurs modernes* (...) de De Puisieux (n° 1894) et de la collection anglaise de John Knox (1767, 7 vol., in-8°).

sont particulièrement bien représentés : Dampier, Anson, Bougainville, Cook, mais aussi le *Journal* de Sydney Parkinson (1904), les voyages des Espagnols dans les Mers du Sud, traduits de Dalrymple par de Fréville (1905), et du même de Fréville une *Histoire des nouvelles découvertes faites dans la mer du Sud* (1906), parue en 1774, et le *Supplément au Voyage de Bougainville* (1900)[41], dont nous aurons à reparler — ne fût-ce qu'à cause de son titre et de sa date — enfin le voyage de Sonnerat dans les îles de Papouasie[42].

Les voyages au Nord sont également nombreux, avec cette particularité que les relations d'Ellis, Gmelin et Scheffer sont en allemand. Ce détail a son importance, si l'on songe que le voyage de Gmelin par exemple, publié à Göttingen en 1751-1752 ne fut traduit en anglais qu'en 1757, et en français par de Keralio en 1767 seulement[43].

Enfin la présence des classiques de l'histoire des « Indes occidentales » : Zarate, Gumilla, Garcilaso, Solis, Las Casas (en latin), celle des meilleurs livres parus sur l'Amérique du Nord : Charlevoix, Bacqueville de la Potherie, Le Page du Pratz, Lahontan, de la relation de Bosman sur la Guinée, des voyages de La Condamine[44], du *Voyage à l'Ile de France,* du *Journal* de Pernety, compagnon de Bougainville aux Malouines, montrent l'étendue de la curiosité du baron et la richesse de cette bibliothèque qui, avec 67 titres de recueils, collections et récits de voyages, et un total de 47 titres sur l'histoire de l'Asie et de l'Orient, supporte fort bien la comparaison avec celle de Voltaire.

Un trait cependant la distingue de cette dernière, c'est le nombre élevé d'ouvrages de caractère philosophique, dont nous avons noté au contraire la rareté chez Voltaire, et qui méritent ici un décompte particulier. La plupart figurent sous la rubrique « Traités de l'homme et de ses facultés (...) » : *Anthropologie* du Mis Gorini Corio, traduit de l'italien[44 bis], *Sketches of the history of Man,* de lord Kames [Henry Home], *Nouveaux Eléments de la science de l'homme,* de Barthez, l'*Homme moral* (...) de P. Ch. Lévesque, *Considérations sur les corps organisés* de Bonnet. Mais à la rubrique « Economie », on trouve aussi deux exemplaires en anglais de l'*Essai sur l'histoire de la société civile* d'Adam Ferguson, ainsi que sa traduction en français par Bergier. A la rubrique « Arts », le livre de Goguet sur l'*Origine des lois, des arts et des Sciences;* dans les Dictionnaires, le livre du président De Brosses sur la *Formation mécanique des langues;* dans « l'Histoire de l'Amérique », Lafitau, De Pauw, l'*Essai* du bailli Engel *sur cette question : quand et comment l'Amérique a-t-elle été peuplée*

---

41. Paris, Saillant, 1772, in-8°.
42. Improprement appelé *Voyage à la Nouvelle-Guinée,* puisque l'auteur n'est pas allé en Nouvelle-Guinée.
43. Cette traduction est aussi dans la bibliothèque de d'Holbach (1939).
44. Voir Bibl.
44 bis. *L'Uomo,* Luques, 1755.

d'hommes et d'animaux et les *Mémoires philosophiques et historiques concernant la découverte de l'Amérique,* de Ulloa. Dans
les utopies, Sethos, Télémaque et les Sévarambes (classés dans les
Romans), l'*Oceania* d'Harrington et l'*Utopie* de Th. Morus [45]
dans les ouvrages de Politique; la *Fable des Abeilles* [46] dans les
livres de Logique et de Morale [47]. L'ensemble témoigne d'un
intérêt particulier pour la science de l'homme et l'histoire des
sociétés humaines, et accuse l'aspect « documentaire » de cette
bibliothèque des Voyages, d'où sont exclus tous les auteurs suspects, tandis qu'y figurent tous ceux que nous verrons partout
cités comme les plus dignes de foi. Enfin, comme on peut s'y
attendre, la rubrique « Histoire générale des religions, sectes
et hérésies » est particulièrement riche [48], avec notamment le
Dictionnaire historique des cultes religieux de La Croix [49], et le
recueil de B. Picart, *Cérémonies et Coutumes religieuses de
tous les peuples du monde* [50]. L'ensemble témoigne d'un intérêt
particulier pour la « science de l'homme », l'histoire des sociétés
humaines et des superstitions anciennes et modernes; et l'aspect
documentaire de cette bibliothèque, d'où sont exclus tous les
auteurs suspects, tandis qu'y figurent tous ceux que nous verrons partout cités comme les plus dignes de foi, est frappant.
On peut considérer qu'elle contient presque tous les ouvrages où
d'Holbach et Diderot ont puisé [51].

Nous retrouvons dans la bibliothèque de Turgot les deux do-
minantes que nous avons déjà relevées : voyages autour du
monde [52] et voyages au Nord [53] s'équilibrent à peu près, tandis
que les autres contrées, Amérique du Nord et du Sud ou Afrique, ne sont représentées que par quelques titres : Hennepin,
Champlain et de Chabert, Cortès, Solis, Garcilaso et Du Tertre,
Adanson pour le Sénégal. Pour la Guyane, quatre titres : Bellin,
Bancroft et Fermin (comme chez D'Holbach) et Bajon. Plusieurs
livres sur les colonies anglaises, celui de Burke sur les établissements des Européens en Amérique, une *Histoire naturelle et
politique de la Pensylvanie* de Rousselot de Surgy, qui est aussi
dans la bibliothèque de Voltaire (3044), le *Voyage à la Marti-*

45. Traduite par Gueudeville, Amsterdam, 1730, in-12.
46. D'Holbach a l'édition anglaise, et la traduction française de 1740 (2
vol., in-12).
47. Ajouter *Le Voyageur philosophe dans un pays inconnu,* par DE LIS-
TONAI, qui figure sous la rubrique « Histoire de l'Amérique » (N° 1952).
48. N°s 2051 à 2085.
49. Qui est aussi dans la bibliothèque de Voltaire, n° 1821.
50. 11 vol., in-fol., 1723-1743, éd. par J.-F. Bernard.
51. Voir « l'Anthropologie de Diderot », dans la Deuxième partie.
52. A ceux déjà cités ailleurs, il faut ajouter de Fleurieu, Verdun, Borda et
Pingrè, Forster (en anglais); FORREST : *Voyage aux Moluques et à la Nouvelle Guinée.*
53. Tous ceux déjà cités et en plus : le *Voyage* de PHIPPS au pôle Boréal,
et une « Collection de différents matériaux sur l'histoire naturelle et civile
du Nord », par DE KERALIO, la *Description (...) de l'empire russien* de
STRAHLENBERG, et la *Description (...) du Groenland,* de Hans EGEDE.

nique de Thibault de Chanvalon; 80 « cahiers » sur les « Affaires de l'Angleterre » avec ses colonies d'Amérique septentrionale sont à classer entre la littérature des voyages et la littérature coloniale. Mais le trait distinctif de la bibliothèque de Turgot est plutôt à chercher du côté des Dictionnaires : *Grammaires lapponnes* [54], *Grammatica Groenlandico-Danico-Latina* (...) [55]; dictionnaires péruvien, galibi, caraïbe [56], ouvrages sur l'origine et la formation des langues [57].

L'examen de ces quatre bibliothèques ne saurait conduire qu'à des conclusions partielles : leur nombre est trop limité, et limitée la valeur des informations recueillies, puisque chacune d'entre elles ne constitue qu'un choix de livres, parmi ceux que Voltaire, De Brosses, d'Holbach ou Turgot ont pu réellement lire. Certaines convergences n'en sont pas moins remarquables : il y a des livres que l'on retrouve dans les quatre bibliothèques [58]; les pôles d'intérêt ont un rapport direct avec les grandes explorations vers le Nord et vers le Sud; l'histoire des différentes colonies occupe une place importante. Sur le plan géographique comme sur le plan historique, l'actualité joue donc un rôle essentiel. Il en est de même au plan des idées : De Brosses, De Pauw et son contradicteur Pernety, Engel, Bailly, ces quelques livres offrent un résumé des débats auxquels donnent lieu, entre 1750 et 1780, la question de l'origine des Américains, les « transmigrations », les religions de l'Ancien et du Nouveau Monde, le problème de la naissance et de la diversité des civilisations. Seule la bibliothèque de d'Holbach contient les éléments d'une nouvelle « science de l'homme », qui n'est guère représentée ailleurs que par l'*Histoire naturelle* de Buffon.

Cette brève synthèse révèle en même temps les lacunes de cet inventaire : il s'accorde trop bien aux goûts et aux préoccupations d'un Voltaire, d'un Turgot, d'un De Brosses, d'un d'Holbach pour ne pas offrir une image déformée de « l'information des philosophes »; d'autres ont été plus curieux des mœurs et des usages, plus attentifs au physique et au moral des sauvages, plus tentés par leur vie hasardeuse et précaire. Qu'ont-ils lu ? Et les livres ont-ils été leur seule source d'information ?

Nous avons renoncé à une énumération qui eût été fastidieuse, et dont la Bibliographie nous dispense. Nous préférons ici prendre l'enquête à rebours, si l'on peut dire, et, en allant du général

---

54. Celle de Fiellstrom et celle de Knud Leems.
55. De Hans Egede.
56. Voir la Bibliographie.
57. De Brosses, Bergier, et l'*Essai synthétique sur l'origine et la formation des langues* de l'abbé Copineau. On sait que Turgot est lui-même l'auteur de *Réflexions sur les langues*. Voir *Varia Linguistica*, éd. Ducros, 1970, Préface de Michèle Duchet.
58. Et notamment Prévost, Anson, Bougainville, Solis, Garcilaso... Voir la Bibliographie et les noms portés en regard de chaque relation, mémoire ou document figurant dans les Bibliothèques examinées.

au particulier, brosser une sorte de tableau des principales sources d'information. L'avantage de cette méthode sera d'en permettre une description sommaire.

II. LA LITTÉRATURE DE VOYAGES :
RECUEILS ET COLLECTIONS

Au premier rang il faut faire figurer les *Recueils* ou *Collections*, qui dispensent de bien des recherches. La plupart des renvois à des relations peu répandues renvoient en fait à ces « manuels » fort commodes. Le plus célèbre est l'*Histoire des voyages* de Prévost, qui fait l'objet de nombreuses mentions : nous reviendrons tout à l'heure sur cet ouvrage, qui mérite une attention particulière. Mais des recueils plus anciens ou moins connus se partagent la faveur des philosophes. C'est d'abord celui de Thévenot [59], présent dans les quatre bibliothèques étudiées, et que pratiquent aussi Buffon, De Pauw ou Bernardin de Saint-Pierre. Ce succès s'explique par l'intérêt d'une collection qui groupe des relations très variées, de tous les pays, et que Thévenot a été le premier à publier, ou à faire traduire de l'anglais, du portugais, de l'allemand, du hollandais, de l'espagnol ou de l'arabe : on y trouve notamment le voyage d'Acarete à Buenos-Aires, la première relation du voyage du père Marquette dans le bassin du Mississipi, une carte des régions du Nord reconnues par les Hollandais, des cartes de l'Australie, de la Tasmanie et de la Nouvelle-Zélande, une relation de l'empire du Mexique par Thomas Gage, le voyage de Pelsart en Nouvelle-Hollande, dont les collections anglaises ne donnent que des extraits [60], le traité de Juan Palafox sur la vertu des Indiens... [61].

Le *Recueil des voyages des Hollandais* [62] et l'*Histoire des découvertes et conquêtes des Portugais* [63] comptent aussi parmi les ouvrages plus lus. Pour d'autres recueils, le rôle joué par un édi-

---

59. Sur cette collection, voir A.G. CAMUS : *Mémoire sur la collection des grands et petits voyages* — c'est-à-dire la collection De Bry —, *et sur la Collection des voyages de Melchisédech Thévenot*, Paris, Baudouin, 1802, in-4º, et Cox, I, 31. La première édition, en 4 vol., in-folio (1666-72) est celle qui figure dans trois bibliothèques sur quatre, mais d'Holbach a celle de 1689, en 5 vol., in-12. Il y a encore d'autres éditions : 1681 (in-8º) et 1727 (in-12).
60. Voir Cox, II, 312. Le récit de Pelsart a excité une vive curiosité, parce qu'il y était question d'hommes à queue, marchant à quatre pattes.
61. L'original est de 1650 environ.
62. Principales éditions : 1702, 2 vol in-12; 1716, 5 vol. in-12; 1725, 12 vol. in-12. D'Holbach possède cette dernière, revue et augmentée publiée par J.-F. Bernard.
63. Du R.P. Lafitau. Voltaire (1850 et 1851) a les 2 vol. de l'édition de 1733, et les 4 vol. de celle de 1734 (traces de lecture). D'Holbach a cette dernière. On trouve de nombreux renvois à l'un ou l'autre de ces ouvrages chez Buffon, Helvétius, De Pauw, etc.

teur spécialisé comme J.F. Bernard [64] paraît essentiel. Le *Recueil des voyages dans l'Amérique méridionale* n'est en fait que la reprise d'un ouvrage paru en 1722 et intitulé *Voyage de François Coréal aux Indes Occidentales* (...) [65], mais le *Recueil des Voyages du Nord*, vanté par le *Journal des Savants* [66] est très riche et a eu de nombreuses éditions [67]. Jusqu'au moment où paraîtra le tome XIX de l'*Histoire des voyages,* ce sera assurément la collection la plus commode à consulter pour tous les voyages au Nord. Publiée au moment où Russes et Danois projettent de mener plus avant l'exploration de cette partie du monde, elle offrait un tableau d'ensemble des contrées du Nord de l'Asie, de l'Amérique et de l'Europe, et soulignait leur intérêt pour le commerce et la navigation, comme pour la solution des problèmes posés par le peuplement de l'Amérique. Elle contient notamment la « Relation du Groënland » de La Peyrere et les « Navigations » de Martin Frobisher [68], le « Voyage de Moscou à la Chine » par Evert Ides, le « Journal » de Lange (tome VIII), un ensemble de relations sur la Tartarie et la Mingrélie (tome VII et tome X), une relation de la Louisiane du chevalier Tonti (tome V), et une relation des Natchez, par le père Le Petit (tome IX).

Quant aux *Lettres édifiantes* des pères jésuites, on ne s'étonnera pas de leur diffusion [69]. Presque tous les philosophes ont été les élèves des jésuites et ont connu cet usage dont parle M. Aimé Martin, dans son « Essai sur la vie de Bernardin de Saint-Pierre » [70] :

« Les veilles des saints de leur ordre, ils avaient établi des espèces de demi-congés où chaque professeur lisait à son auditoire les voyages de quelque missionnaire jésuite. »

Chez Bernardin, le goût de ces relations, dont on imagine l'effet qu'elles pouvaient produire sur de jeunes imaginations, devint « une espèce de fureur », au point qu'il écrivit à son père pour lui demander la permission de se faire jésuite « attendu qu'il

---

64. Sur cet éditeur moraliste, voir R. MERCIER, *La réhabilitation de la nature humaine* (...), p. 128 et 189 et J. EHRARD, *L'idée de nature en France* (...), p. 415.

65. Voir Cox, II, 267. Dans les deux, on trouve, en plus de Coréal, la relation de la Guyane, de W. Raleigh, le voyage de Narborough dans les Mers du Sud, le Journal de Tasman, et une lettre du père Nyel sur la mission des Moxos. Le recueil de J.-F. Bernard est de 1738 (3 vol., in-12).

66. 1716, I, 278; 1718, II, 302; 1720, I, 614.

67. 1715 (4 vol., in-12); 1716-18 (4 vol., in-12); 1720 (8 vol., in-12); 1731 (10 vol., in-12)... Voltaire a les tomes I, II et IV de l'édition de 1716-18. Buffon emprunte en 1746 à la Bibliothèque du Roi les trois premiers volumes de l'édition de 1731 (*Registre de Prêt*, N° 5), et s'y réfère dans le chapitre « Variétés dans l'espèce humaine » de son *Histoire naturelle.*

68. Au tome I, dans l'édition de 1731, que nous décrivons ici.

69. Voir A. RÉTIF, « Brève histoire des Lettres Edifiantes et Curieuses », dans *Neue Zeischrift für Missions Wissenschaft;* R.G. THWAITES, « The Jesuit Relations ».

70. Dans BERNARDIN, *Œuvres complètes,* tome II, p. VI et VII, Paris, 1840.

était absolument décidé à convertir les peuples sauvages » [71].
Il était de règle aussi que les mêmes religieux passent du Collège à la mission [72] : Voltaire eut ainsi pour préfet d'études le
père Charlevoix, et pour maître le père Porée, qui avait dû
refouler une vocation de missionnaire [73]. Raynal eut pour condis-
ciple à Rodez le futur père Lavalette, dont on sait les mésaven-
tures à la Martinique. Sans partager la « fureur » de Bernardin,
beaucoup conservent du goût pour ces relations où flottait le
parfum de leur adolescence. Voltaire parlera longtemps avec
respect et attendrissement du père Charlevoix, dont il possède
toutes les œuvres [74], comme il a les 34 volumes des *Lettres édifiantes*. Buffon, De Pauw ou Bernardin les cite fréquemment [75].
Veut-on une marque de l'estime qu'on leur accorde au début du
siècle ? *L'histoire de la Navigation* de John Locke les recommande en ces termes :

« Ces lettres répondent parfaitement à leur titre, et si elles édi-
fient la piété du lecteur, elles ne satisfont pas moins sa curiosité (...). Les auteurs sont gens que l'on peut en croire [76]. »

A mesure pourtant que des relations nouvelles permettent de
mieux juger de la valeur de ces *Lettres*, et que le rôle des jésuites
dans certaines contrées du Nouveau-Monde suscite des réserves,
puis des critiques violentes, les jugements portés sur leurs écrits
se font plus sévères [77]. Leur zèle les rend suspects à un double
titre, comme instruments d'un Ordre tout puissant, et comme
témoins, plus disposés à condamner les « superstitions » des sauvages qu'à en faire un tableau fidèle. De Pauw, après avoir peint la
richesse des établissements des jésuites au Paraguay, et en Californie, remarque traîtreusement qu'ils n'ont envoyé aucun missionnaire chez les Patagons :

« (...) trop pauvres pour avoir des prêtres; on ne gagnerait
rien ni à les tromper ni à les instruire. Aussi n'ont-ils pas été
visités par ces aventuriers qu'on nomme des missionnaires, et
qui préfèrent, comme tout le monde fait, les perles de la Californie et l'or du Paraguay aux sables magellaniques, et au salut de leurs misérables habitants [78]. »

---

71. *Ibid.*
72. René POMEAU, *la Religion de Voltaire*, p. 38-39.
73. *Ibid.*
74. Voir le *Dictionnaire philosophique*, art. « Anthropophages », Ed. Garnier, I, 266 : « Le jésuite Charlevoix, que j'ai fort connu, et qui était un
homme très véridique (...) ». Il est vrai que dans une lettre de 1759 au *Journal encyclopédique* (Bes. XXXVI, I), il le traite d'auteur « aussi insipide que
mal instruit ».
75. Buffon les emprunte à la Bibliothèque du Roi en 1746 (Registre de
Prêt, N° 5).
76. II, 122.
77. Sur les attaques lancées contre les « entreprises » des jésuites aux
Indes par les jansénistes, et par d'autres ordres religieux, voir G. CHINARD,
L'Amérique et le rêve exotique, p. 120 et p. 152 notamment.
78. *Recherches philosophiques sur les Américains*, Berlin, 1774, in-12, I, 243.

Prévost brosse aussi un tableau peu édifiant de certaines missions, en invoquant les témoignages de Coréal, de Thomas Gage et de Gemelli Carreri, qui dénoncent leur mollesse, leur ignorance et leur cupidité [79]. Voltaire reproche à Montesquieu d'avoir copié trop souvent leur recueil [80], et les accuse de s'être trompés lourdement « sur les usages des Indiens, sur leurs sciences, leurs opinions, leur mœurs et leurs cultes » :

« Toute statue est pour eux le diable, toute assemblée est un sabbat, toute figure symbolique est un talisman, tout brachmane est un sorcier [81]. »

Lorsque De Pauw se plaint des préjugés et des mensonges des voyageurs, c'est surtout aux *Lettres édifiantes* qu'il s'en prend :

« ... on se croit transporté au centre des absurdités et des prodiges. Il est étonnant qu'on ait tant de faussetés à objecter à ceux qui ont été, à ce qu'ils disent, prêcher la vérité au bout du monde (...). [Ils ont écrit] des relations où les miracles sont répandus avec tant de profusion, qu'on y distingue à peine deux ou trois faits, qui peuvent être plus ou moins vraisemblables [82]. »

Il reste cependant que la plupart des *Lettres* n'étaient pas entachées de cet esprit de préjugé et de fanatisme. La naïveté de certaines n'enlevait rien non plus à la qualité de nombreuses relations, dont les auteurs avaient vécu vingt ans ou plus en contact étroit avec leurs catéchumènes [83]. Ils avaient eu l'inappréciable mérite d'apprendre leur langue et, seuls ou presque, ils avaient eu le temps et la patience nécessaires pour rédiger des dictionnaires ou des grammaires [84]. Ceci compensait bien cela, et explique pourquoi ils gardèrent tant de lecteurs jusqu'à la fin du xviiie s., parmi leurs adversaires mêmes. Mais l'usage s'établit de distinguer les meilleures relations des autres, soit en les publiant à part, soit en citant nommément leurs auteurs. C'est ainsi que le *Recueil des voyages dans l'Amérique méridionale* donne la lettre du Père Nyel sur la mission des Moxos [85], celui des *Voyages au Nord* la lettre du père Jartoux sur le Ginseng [86], une relation du père Martini sur la Tartarie [87], du père Le Petit sur les Natchez [88]. En 1767, le recueil de Rousselot de Surgy,

---

79. *Histoire des voyages*, xii, 584.
80. *Commentaire de l'Esprit des Lois* (1777), Moland, xxx, 443.
81. Article « Almanach » des *Questions sur l'Encyclopédie*, Ed. Garnier, i. 122. Il s'agit plus particulièrement ici des missions aux Indes orientales.
82. *Recherches philosophiques sur les Américains*, éd. citée, Discours préliminaire, p. ix.
83. Le père Lombard resta en Guyane près de quarante ans (1708-1748).
84. Voir la Bibliographie.
85. Tome iii, dans l'édition déjà citée.
86. Tome iv, dans l'édition déjà citée.
87. *Ibid.*
88. Tome ix.

intitulé *Mémoires géographiques, physiques et historiques sur l'Asie, l'Afrique et l'Amérique* est une compilation des *Lettres édifiantes* et se donne pour but de

« recueillir tout ce qui se trouve d'intéressant dans les *Lettres édifiantes,* dans le recueil des missions au Levant, et dans quelques autres voyages des jésuites, d'en supprimer les absurdités et les prodiges qui y sont si multipliés [89]. »

On y trouve par exemple la lettre du père Lombard sur les Amicouanes, nation « inconnue jusqu'ici » et « extrêmement sauvage » : une malheureuse faute d'impression lui faisait écrire en effet : « On n'y a aucune connaissance du feu » pour : « On n'y a aucune connaissance du fer », assertion étonnante que La Condamine s'emploie à vérifier, lors de son séjour en Guyane [90]. Ou encore des lettres du père Margat, dont le *Journal de Trévoux* avait annoncé en 1730 [91] des « Mémoires géographiques, historiques, physiques et économiques de Saint-Domingue », dont le livre de Charlevoix lui fit sans doute abandonner le projet [92]. Dans ces lettres [93], il peint le sort malheureux des habitants de l'île ; le passage figure en bonne place dans l'*Histoire des Indes* [94]. On sait que la publication des *Lettres* des missionnaires par leurs Supérieurs donnait lieu à un véritable filtrage [95] : les philosophes aussi firent leur choix, et un recueil comme celui de Rousselot de Surgy n'est qu'une des sources épurées — mais à d'autres fins — où ils puisèrent. Raynal n'ignore pas, quand il emprunte à la Bibliothèque du Roi en 1774 les tomes XX et XXI des *Lettres édifiantes* qu'il y trouvera les plus intéressantes de celles dont nous avons parlé. De même lorsque Buffon ou Helvétius citent tel ou tel missionnaire, il ne faut pas se hâter de conclure qu'ils ont lu toute la collection des *Lettres :* le petit nombre des relations citées, toujours les mêmes, prouve le contraire.

Quelques autres recueils sont assez répandus, mais plutôt pour leur commodité que pour leur qualité : on trouve chez Voltaire les *Mélanges intéressants et curieux* de Rousselot de Surgy;

89. 4 vol., in-12, Préface, I, p. III. Compte rendu de l'ouvrage dans la *Correspondance ittéraire,* en avril 1767, VII, p. 286.

90. Voir chapitre I.

91. P. 1097-1098.

92. Voir J. de DAMPIERRE, *Essai sur les sources de l'histoire des Antilles,* p. 167. Charlevoix a utilisé les lettres du père Margat pour son *Histoire de (...) Saint-Domingue,* parue en 1730-31.

93. *Lettres édifiantes,* tomes 18, 20 et 27. Signalons un mss. du père Margat aux Archives des Colonies, D.F.C. Saint-Domingue, I, 6. Il porte comme titre « Mémoire sur les indigènes naturels de l'île de Saint-Domingue et ce qu'ils sont devenus depuis la découverte de cette île ». Date : 1730. Ce doit être le début de l'ouvrage annoncé par le *Journal* de Trévoux.

94. III, p. 161.

95. Voir R. MERCIER, *op. cit.,* p. 283 et J. EHRARD, *op. cit.,* p. 431, note I.

Helvétius y renvoie, mais De Pauw juge sévèrement ce compilateur [96]. Nous avons déjà cité les Recueils de Du Perier, de Delaporte et de de Puisieux : il faut faire une place à part au *Recueil
de divers voyages* (...) d'Henri Justel, utilisé par Prévost dans les
Voyages de Lade [97], et où l'on trouve une intéressante relation
sur les Caraïbes, celle de Laborde, que connaissent aussi Buffon
et Helvétius [98].

Que conclure de ce rapide examen ? On aura noté l'absence
presque complète des collections anglaises, fussent-elles aussi
célèbres que celles de Churchill ou de Harris. Si la plupart des
philosophes sont familiarisés avec la langue anglaise, ils recou-
rent de préférence aux recueils écrits en français, ou traduits de
l'anglais, fussent-ils médiocres [99]. Nous tenons là une des raisons
du succès de l'*Histoire des voyages* de Prévost.

Mais toute collection devait avoir au moins une qualité essentielle; qui était d'offrir un choix des relations qui, pour des raisons diverses, étaient difficilement accessibles. Les unes parce
que, anciennes sans avoir été remplacées, elles n'avaient pas
été rééditées : c'est le cas par exemple des Voyages d'Hennepin
et de Tonti [100], de ceux de Martin Frobisher ou de La Peyrere [101].
Les autres parce qu'elles n'avaient jamais été traduites : c'est le
cas des observations de l'Allemand Müller sur les Ostiaques, du
voyage du Hollandais Ides, ou du voyage du Danois Römer,
dont on trouve des extraits dans le *Journal encyclopédique* de
1761 et que Rousselot de Surgy publie dans le tome X des
Mélanges intéressants et curieux. Ces recueils comblent donc
une lacune importante de la littérature des voyages, dont la diffusion se heurtait à de nombreux obstacles : obligation du secret
pour les terres nouvellement découvertes (surtout pour les cartes), difficulté et lenteur des traductions. Certes les prétentions
de leurs auteurs sont moins modestes : ils ont fait choix, disent-
ils, des relations les plus curieuses et les plus intéressantes; en
fait, la composition de leurs recueils doit plus au génie de la
compilation ou aux exigences de l'actualité qu'à la raison critique. A travers eux, on suit assez bien la courbe d'une curiosité
qui, aiguillonnée par la course aux terres inconnues, relègue au
second rang les silhouettes familières des Brésiliens et des Canadiens pour s'intéresser aux Lapons ou aux Samoyèdes, aux sau-

96. *Recherches...*, éd. citée, I, 227.
97. Voir plus loin ce qui concerne les sources de Prévost.
98. Sa *Relation de l'origine, mœurs, coutumes, religions, guerres et voyages des Caraïbes*, avait paru en 1684 (Paris, Vve Cellier). Sur le recueil de
Justel, voir Bibliographie et Cox, I, 31.
99. C'est le cas de l'*Histoire universelle des Voyages* de De Puisieux, traduite de l'anglais, qu'on ne songerait même pas à citer à côté de celle de
Prévost, si on ne la trouvait dans la bibliothèque de d'Holbach. Signalons que
d'Holbach utilise l'*Universal History* anglaise, composée de 23 vol. in-fol.
Voir John Lough, *Essays on the Encyclopedie* (...), p. 124 et Bibl.
100. Hennepin, 1697 et 1698, Tonti, 1697.
101. Frobisher, 1578, La Peyrere, 1647.

vages de Guyane ou de Madagascar, en attendant les Tahitiens et les Papous. Il est pourtant permis de penser que l'embarras des meilleurs esprits en ce qui concerne les fables les plus absurdes sur les boucheries de chair humaine des Jagas [102], sur l'anatomie des Hottentots, sur les hommes à queue, sans cou ou sans tête, sur la taille des Patagons, est dû aux faiseurs de recueils, qui les colportaient sans vergogne en se copiant les uns les autres.

Il reste à examiner la place faite à l'*Histoire des voyages* de Prévost, qui se distingue de toutes ces collections à la fois par ses dimensions, et par sa conception.

III. L'HISTOIRE DES VOYAGES DE PRÉVOST :
ORIGINALITÉ ET INFLUENCE

Dernier grand ouvrage de l'abbé Prévost, l'*Histoire des voyages* est une commande officielle, et le chancelier d'Aguesseau semble avoir surveillé d'assez près sa rédaction. L'*Avertissement* placé en tête du tome XIII fait état de son approbation, et d'un droit de regard exercé sur la composition du recueil, au point, note Prévost, d'« avoir pris la peine de vérifier, par ses yeux, l'exactitude de mes citations et de mes extraits » [103]. C'est à lui aussi que revient l'idée d'une traduction du recueil anglais d'Astley, puisque, selon Prévost, « il regrettait lui-même de s'être assez fié aux Anglais pour m'avoir fait adopter leur plan ».

Il faut en effet faire deux parts dans l'*Histoire des voyages*. Les sept premiers volumes sont traduits des auteurs anglais, ce n'est qu'à partir du tome VIII que Prévost assume seul la responsabilité de l'entreprise, non sans soulagement. Le but des auteurs anglais [104] était triple : empêcher la perte d'un grand nombre de livres précieux, rendre communs les livres rares, former un « corps » des meilleurs auteurs. Ils reprochent à Hakluyt et à Purchas de s'être bornés aux auteurs anglais, et de n'avoir composé qu'un « fantôme de collection » générale. Ils s'attribuent le mérite d'avoir fait venir des relations hollandaises, et d'avoir judicieusement puisé à diverses sources : *Lettres édifiantes*, Mémoires des missions, journaux littéraires, mémoires de l'Académie des Sciences, *Transactions philosophiques*. Le plan est en effet assez singulier : le journal de chaque voyageur et le récit de ses aventures sont disjoints de ses « observations », et celles-ci rapprochées de celles des autres voyageurs sur les mêmes

---

102. Dont parlent Pigasetta et Snelgrave. Cette légende aura la vie dure : on la trouve encore chez SADE, dans *Aline et Valcour*. Voir *Encyclopédie*, article « Jagas », attribué à d'Holbach.
103. P. IV. Le tome XIII parut en 1756.
104. Tome I, « Préface des auteurs anglais ».

régions [105]. La raison alléguée est que cette confrontation sert à corriger les erreurs des uns et des autres. On trouve donc d'une part des « extraits » des voyageurs, d'autre part des « réductions », où sont groupées toutes les remarques sur les mœurs, les usages, les religions, etc. [106]. Quand une question demande de plus longs développements, on y ajoute des « dissertations particulières sur le fond de la difficulté »[107]. Comme le souligne la « Préface du traducteur », l'objet des auteurs anglais n'est pas « l'histoire des pays où les voyageurs ont pénétré, mais seulement l'histoire de leurs voyages et de leurs observations » [108].

Aux yeux des spécialistes, on conçoit que cette collection, qui ne respecte pas le texte original des relations, mais le découpe selon les exigences d'un double plan, d'abord chronologique, ensuite géographique, n'ait aucune valeur scientifique [109]. Il faut rendre cette justice à Prévost qu'il n'a pas tardé à voir tous les inconvénients d'un tel parti. Aussi accueille-t-il avec satisfaction la nouvelle de la brusque interruption de la collection Astley :

« Enfin la constance a manqué aux auteurs anglais de ce recueil. Ils ont abandonné l'entreprise dans laquelle je ne me suis engagé que sur leurs traces (...). On conçoit donc qu'à l'avenir, si cet ouvrage prend une autre forme et devient plus digne de son titre, ce n'est point aux Anglais qu'on en aura l'obligation [110]. »

Prévost auteur réapparaît, impatient du rôle de traducteur, se bornant à remédier aux « excès de pesanteur et de prolixité », mais impuissant à corriger les défauts d'un ouvrage dont il a dû suivre le rythme de parution [111]. Le difficile était de changer tout à coup de plan. Il y a donc, du tome VIII au tome XIII, une partie intermédiaire, dans laquelle Prévost continue de suivre la méthode des auteurs anglais, mais en modifiant peu à peu le dessein de l'ouvrage. D'abord en donnant plus de place aux autres nations, en particulier à celles du Nord. A cet effet, il s'est procuré « diverses relations de Suède, de Danemark, de Hambourg, etc. (...) qui sont encore peu connues dans nos bibliothèques, parce qu'elles sont demeurées sans traduction ». « Les Ministres de plusieurs cours se sont crus intéressés à favoriser cette entreprise », ajoute Prévost, « et même à veiller sur les extraits ». Ensuite, en mettant les relations

105. « Préface des auteurs anglais ».
106. Ainsi au livre III, le livre IX est la « réduction de toutes les relations précédentes depuis le livre VII (...) réduction d'une si grande utilité qu'elle fait le principal mérite de cet ouvrage » (note de la p. 568).
107. Par exemple, au tome V, livre XIV, ch. 7 : « Eclaircissement sur l'empire du Monomotapa ».
108. « Préface du Traducteur », I, p. X.
109. Voir COX, I, 15.
110. *Avertissement* du tome VIII, 1750, n.p. [p. I].
111. *Ibid.*

dans un autre ordre, pour « donner à l'ouvrage la qualité d'une véritable histoire, par la liaison des événements et par celle de l'intérêt ». Enfin en ne craignant pas de donner « plusieurs journaux d'une même route », car tous les voyageurs ont droit « de faire successivement leur rôle, par un récit qui doit faire oublier les noms [de lieux] pour ne s'attacher qu'aux faits et aux circonstances » [112].

Le contenu des volumes suivants répond-il à ces intentions ? Et quelle est alors la physionomie de l'ouvrage ? Dès le début du tome VIII, Prévost commence par distinguer les « véritables relations des voyageurs » des journaux compilés par exemple dans le *Recueil des voyages de la Compagnie Hollandaise* [113]. Il cite en note, à propos de la rivalité des Portugais et des Hollandais aux Indes un *Mémoire* de Matelief sur l'état et le commerce des Indes, qui « paraît avoir servir de règle à la Compagnie hollandaise dans toutes les entreprises qui l'ont suivi » [114]. Ailleurs, ce sont des indications bibliographiques sur le voyage de La Haye, ou les différentes éditions de Mandeslo [115], des extraits du journal inédit de Beauchêne-Gouin [116], la relation du voyage de deux vaisseaux français aux Terres australes, prise du *Journal* de Trévoux [117]. C'est enfin tout un livre consacré aux « voyageurs errants » [118] qui « ne s'attachant point à suivre les routes communes, et se laissant conduire, tantôt par la seule curiosité, tantôt par le hasard des événements » visitent « des pays ignorés, et les parties des pays connus qui n'avaient jamais été visitées par d'autres voyageurs » [119]. Parmi eux, Gautier Schouten, Dampier, Gemelli Carreri, La Barbinais, dont le voyage est « le seul que la Nation française ait fait autour du monde ou le seul du moins qui ait jamais été publié » [120].

Mais c'est seulement à partir du tome XII, paru en 1754, que Prévost se dégage complètement de l'influence de ses modèles et adopte un « nouvel ordre ». Au lieu de s'abandonner aux voyageurs et d'aller avec eux au hasard, il se propose de « commencer par une exposition générale, qui contiendra l'histoire des découvertes et des établissements » [121]. Il procède à un examen critique des sources de l'histoire du Nouveau Monde. « On n'a jamais publié, note-t-il, les véritables journaux des Colombs, des Pinçons, d'Ojeda, d'Ovando, de Balboa, de Ponce de Léon, d'Hernandez de Cordoue, de Cortez (...). » Au moins doit-on choisir parmi les divers historiens, « dont quelques-uns n'avaient

---

112. *Avertissement* du tome VIII, n.p. [p. 3].
113. Tome VIII, p. 67.
114. *Ibid.*, p. 341, note I.
115. VIII, p. 626, note 28 et X, p. 89.
116. XI, p. 66.
117. Tome XI, p. 256 sq.
118. Tome XI, Seconde partie, livre IV, p. 263 sq.
119. *Ibid.*, p. 263.
120. *Ibid.*, p. 562.
121. Tome XII, Avant-Propos, p. IV-V.

jamais quitté leur patrie », et dont le « poids n'est pas le même dans la balance de la critique ». Analysant successivement les mérites des plus célèbres il rend un hommage particulier à Benzoni, dont l'ouvrage

« (...) est d'autant plus estimable qu'avec de justes éloges du courage et de la constance des Espagnols, on y trouve une fidèle peinture de leurs cruautés, de leur avarice, et de tous les autres excès auxquels ils se laissèrent emporter par la soif de l'or et par leurs propres divisions. Benzone a cet avantage sur Barthelemi de Las Casas qu'en relevant, comme lui, leurs passions et leurs vices, il a rendu plus de justice à leurs vertus; et de toutes les qualités qui forment le bon historien, cette égalité, dans l'estimation des vertus et des vices, passe, avec raison, pour la plus difficile et la plus rare [122]. »

Il place Antonio de Solis « entre les meilleurs écrivains d'Espagne », mais regrette que la traduction soit fort inférieure à l'original. Herrera lui paraît être une source abondante et pure, mais il lui reproche de glisser trop légèrement sur « quantité de faits odieux » [123], tandis qu'à l'inverse Las Casas montre « un zèle aigri par de longues traverses et par le souvenir toujours présent des injustices et des cruautés dont il avait été témoin » [124]. Corneille Wytfliet, Jean de Laet, Ogilby, Torquemada n'ont pas écrit des relations « originales » : il ne faut donc y recourir que pour les événements postérieurs à ceux que rapportent les autres auteurs. A la limite, on peut se fier à Charlevoix, dont les sources sont solides et qui a eu à sa disposition les mémoires du père le Pers et les Actes du Dépôt de la Marine [125].

« C'est donc, conclut Prévost, à cette suite de récits et de témoignages que j'entreprends de donner une forme historique [126]. »

Rendre l'œuvre enfin digne de son titre, en faire un « système complet d'histoire et de géographie moderne, qui représentera l'état actuel de toutes les nations », telle est l'ambition de Prévost. Pour lui rendre justice, il convient donc de dissocier les volumes sur l'Amérique d'un ensemble trop inégal, auquel seule l'élégance du style confère une certaine unité. Encore faut-il préciser que, même dans cette partie de l'ouvrage, Prévost n'a pu s'affranchir totalement du plan initial, et a conservé l'alternance des « Extraits » et des « Réductions ». Quant au dernier volume, consacré aux « Voyages et Etablissements aux Antilles », aux voyages au Nord-Est et au Nord-Ouest, à la baie d'Hudson et en Lapo-

---

122. *Ibid.*, p. IX.
123. Prévost note que la Troisième Décade n'a paru qu'en 1671 après la mort du traducteur (Nicolas de la Coste) et que le reste n'a jamais été traduit. Tome XII, *Avant-Propos*, p. IX, note 8.
124. *Ibid.*, p. X.
125. *Ibid.*, p. XII
126. *Ibid.*, p. XIV.

nie, il a tous les défauts d'une compilation hâtive. Alors qu'il annonçait au début du tome XIII qu'il se réservait d'exposer dans le dernier « la forme qu'[il] aurai[t] donnée à l'ouvrage entier, s'il en avai[t] eu la liberté », Prévost semble avoir sacrifié l'*Histoire des voyages* aux autres travaux qui ont occupé ses dernières années.

Mais dans les livres où il a vraiment pris à cœur sa tâche d'historien, il se montre supérieur aux auteurs de recueils dont nous avons eu à parler. Certes, en dépit de ses prétentions, l'*Histoire des voyages* n'est pas un ouvrage scientifique, au sens où nous l'entendons aujourd'hui. Prévost ne donne pas les textes originaux des voyageurs : il les récrit, ne pouvant s'empêcher de « répare[r] le style », selon son propre aveu [126 bis]. L'unité du ton, l'élégance de la narration contribuent à l'agrément du lecteur, mais donnent à l'ensemble un tour romanesque, qui a frappé les contemporains [127]. D'autre part, l'information de Prévost est souvent rapide, il ne recourt pas toujours aux meilleures éditions [128]. Enfin l'œuvre se ressent de la condition nouvelle de Prévost, devenu écrivain à gages : l'*Histoire des voyages* est une commande officielle, et doit servir de stimulant à une politique d'expansion. L'auteur se garde bien de sacrifier à cette « anglomanie » qui lui faisait écrire par exemple dans la préface des *Voyages de Robert Lade* [129] :

« De qui attendrait-on des relations de voyages plus utiles et plus intéressantes que des Anglais ? La moitié de leur nation est sans cesse en mouvement vers les parties du monde les plus éloignées. L'Angleterre a presqu'autant de vaisseaux que de maisons, et l'on peut dire de l'île entière ce que les historiens de la Chine rapportent de Nankin, qu'une grande partie d'un peuple si nombreux, demeure habituellement sur l'eau. Aussi voit-on paraître à Londres plus de journaux de mer et de recueils d'observations, que dans tout autre lieu. »

Il censure avec soin les hardiesses antipapistes des auteurs anglais, et va jusqu'à reprocher à Las Casas d'avoir « confirmé les Rebelles des Pays-Bas dans leur haine pour les Espagnols ». « La faveur qu'il a trouvée chez les protestants semble avoir un peu décrié son œuvre dans l'esprit des catholiques », précise-

---

126 *bis. Ibid.*, p. XIII, à propos de Charlevoix.

127. Son successeur Querlon dira sans ambages (*Préface* du tome XVII) que Prévost n'était peut-être pas l'homme le mieux fait pour cette tâche du traducteur, à cause de ce « style nombreux qui lui avait si bien réussi dans ses romans », mais il reconnaît les mérites littéraires de l'ouvrage « qui lui ont valu l'honneur extraordinaire d'être rendu comme original par d'autres traducteurs » [allemands et italiens].

128. Il donne par exemple la relation du capitaine John Wood, au tome XI, d'après une édition hollandaise de 1712, alors qu'il en existait au moins deux autres éditions bien meilleures. (Voir Cox, I, 9 et 10, et Bibl.)

129. Paris, 1744, 2 vol., in-12, I, p. 1.

t-il [130]. Ce sage conformisme lui vaut les attaques violentes des éditeurs de la traduction hollandaise [131] qui lui reprochent de ne pas traduire exactement les relations qu'il publie. Les successeurs de Prévost allèguent que

« (...) le traducteur leur a répondu, dans plusieurs de ses préfaces, qu'il s'était écarté volontairement du texte anglais, lorsqu'il avait jugé ce changement nécessaire, pour l'intérêt même de la vérité, de l'ordre, de l'honnêteté, ou de la Religion [132]. »

mais sous prétexte de le justifier, ils s'empressent de citer le texte des Hollandais, faisant ressortir du même coup l'étonnante prudence d'un Prévost enfin rentré en grâce :

« Le traducteur ayant averti qu'il supprime quelques réflexions dans le goût anglais, sur le malheur qui menace les rois lorsqu'ils agissent contre l'avis de leurs sujets, on restitue ce qui suit (...) ».

Suit l'édifiante et curieuse histoire d'un empereur chinois battu alors qu'il combattait les Tartares contre l'avis de ses conseillers, exemple qui fait assez voir « à quel malheur les Princes s'exposent, en agissant contre l'avis de leurs peuples » [133]. Ailleurs, ils « restituent » un passage du capucin Merolla, qui donne une juste idée « de l'hypocrisie, de la stupidité, des impostures, et de l'esprit persécuteur des hommes de cet ordre » (toujours bien sûr selon les Hollandais) ou tel autre de Roberts sur les nègres de Saint Yago, dont on fait des prêtres pour remédier à la carence du clergé portugais, « le plus ignorant de toute la chrétienté » [134].

A lire ce florilège, on se rend compte à quel point Prévost a évité tout ce qui pouvait faire de cette *Histoire des voyages* une « machine de guerre ». Pourtant la satire religieuse n'est pas totalement absente, elle emprunte seulement des voies détournées. Citant ce passage de Labat sur le culte des Fétiches chez les nègres de la Sierra Leone :

« Telles sont les bornes de leur religion; plus heureux que les sauvages de l'Amérique, que le diable bat cruellement lorsque cette fantaisie lui vient (...). »

---

130. Tome XII, p. X et XI.
131. L'édition hollandaise, revue sur l'original anglais, comporte 22 vol., in-4°. Elle commença à paraître en 1747.
132. Tome XVII, Préface, p. IV. Une note manuscrite du Catalogue O, « Récits de Voyages » de la Bibliothèque nationale précise (art. 20, n° 1498) : « Le XVIIIe volume est de M. de Querlon, et le XIXe de M. Deleyre. » Le XVIIe, formé de « Suppléments tirés de l'édition hollandaise » semble être aussi de Querlon.
133. *Ibid.*, p. XXXIX.
134. *Ibid.*, p. XVI-XVII et p. XII.

Prévost commente [135] :

« Labat mêle au récit des auteurs qu'il a publiés quantité de ces puériles imaginations qui décréditent le bon sens d'un écrivain »,

ou encore il transcrit ce passage de Thomas Gage décrivant la vie peu monacale d'un couvent des environs de Mexico, nommé le « Désert des Carmes » :

« Les carmes, qui s'y sont bâti un magnifique couvent, ont fait faire, entre les rochers qui environnent l'édifice, des caves ou des grottes, en forme de petites chambres, qui servent de logement à leurs hermites, et plusieurs chapelles, ornées de statues et de peintures, avec des disciplines de fil de fer, des haires, des ceintures garnies de pointes, et d'autres instruments de mortification, qui sont exposés à la vue du public, pour faire connaître l'austérité de leur vie. Ce sanctuaire de la pénitence est entouré de vergers et de jardins, remplis de fleurs et de fruits (...). On ne s'y promène qu'entre les jasmins, les roses et les plus belles fleurs du pays. Il n'y manque rien qui puisse donner du plaisir aux sens et satisfaire la vue et l'odorat. Les Hermites sont relevés chaque semaine (...) [136]. »

N'oublions pas non plus les pages célèbres sur l'Inquisition de Goa et la description d'un autodafé, dont Voltaire s'inspirera dans Candide [137], ni cette note sur la haine des Mexicains pour les Espagnols que Prévost, avec François Coréal, attribue à « la substitution (...) d'un mélange de spectacles ridicules aux anciens exercices des Mexicains », à ces sermons surtout « pleins de bouffonneries plates et grossières », aux processions où « des gens masqués [y] faisaient toutes sortes de gestes bouffons » [138]. Le ton de l'*Histoire des voyages* est voltairien, la violence en moins, mais compensée par une sorte de fausse naïveté, qui rappelle la manière d'un Montaigne.
Mais le principal intérêt de l'*Histoire des voyages* n'est pas là. Il est dans la présence constante de l'auteur, à la fois narrateur et historien. Avec Prévost, la littérature des voyages acquiert une saveur en même temps qu'une dignité nouvelles. C'est que Prévost, à la différence de tant de compilateurs, est réellement un amateur de voyages. L'aventure est son domaine, à tous les sens du terme. Romancier du hasard et du destin, il a toujours aimé les péripéties empruntées au récit de quelque

---

135. Tome III, p. 250, note 23.
136. Tome XII, p. 621-22. Dans Thomas GAGE, *Nouvelle relation, contenant les voyages de Thomas Gage dans la Nouvelle-Espagne*, 4 vol., in-12, Paris, 1676, le passage se trouve tome II, ch. I, p. 10 et 11. Prévost n'y a rien ajouté. Il utilise l'édition parue à Amsterdam en 1721.
137. Tome VIII, p. 267-268, d'après François Pyrard.
138. Tome XII, p. 567, note 10.

voyageur. Sensible au romanesque du dépaysement, il a fait de ses romans des « gestes » aventureuses. Dans les *Mémoires d'un homme de qualité*, dans *Cleveland*, l'intrigue est d'abord un itinéraire : les héros de Prévost sont eux aussi des « voyageurs errants » à la découverte d'eux-mêmes, dans un espace aux dimensions du rêve, où les chemins, les ports, la mer semée d'écueils, les îles, les forêts et les déserts figurent un paysage intérieur. L'auteur présente *Cleveland* en ces termes :

« Un ouvrage de cette nature peut être regardé comme un pays nouvellement découvert; et le dessein de le lire comme une espèce de voyage que le lecteur entreprend [139]. »

Et du voyageur Gautier Schouten, il dira dans l'*Histoire des voyages* qu'il

« (...) semble que dans le récit de ses petites aventures, son dessein soit de faire connaître par quels degrés sa raison et son courage eurent l'occasion de se former [140]. »

Le voyage est donc à la fois pour lui le symbole et le lieu du romanesque : le fantastique, le merveilleux, le monstrueux même y ont droit de cité; œuvre de fiction, le roman dit l'étrangeté du réel; le voyage est donc d'essence romanesque. Ce n'est pas un hasard si, le jour où Prévost cesse d'écrire des romans, sa nostalgie du romanesque trouve un dernier refuge dans cette œuvre où il se donne le change à lui-même, bien plus qu'il ne mystifie autrui : je veux parler des *Voyages du capitaine Robert Lade* [141]. La même année, Prévost commence l'*Histoire des voyages*.

On nous pardonnera de ne pas insister sur la place que tient le thème du voyage dans l'univers romanesque de Prévost. Ce n'est pas ici notre propos. Il était pourtant essentiel de montrer que si conversion il y a eu du roman à l'*Histoire des voyages*, elle n'est pas seulement une fuite des circonstances, et ne s'est pas faite soudainement. Dans l'*Histoire des voyages*, il reste quelque chose du romancier : l'aisance incomparable de la narration, un intérêt très vif pour les détours et les incidents particuliers de chaque voyage, pour les relations « originales » [142], le désir enfin de « mêler l'agrément à l'instruction » [143].

---

139. *Œuvres choisies*, éd. cit., tome IV.

140. Tome XI, « Voyages errants (...) », p. 265.

141. *Œuvres choisies*, tome XV. L'ouvrage fut publié en 1744, 2 vol., in-12. Nous renvoyons à cette édition dans les notes qui suivent.

142. A propos des voyages des Hollandais aux Indes Orientales, il insiste sur la distinction nécessaire entre les « véritables relations des voyageurs » et les journaux compilés dans le *Recueil des Voyages de la Compagnie hollandaise (...)* (tome VIII, p. 67). Les voyageurs sont pour lui des auteurs : cela est nouveau. Toutefois c'est la personnalité de chacun d'eux qui l'intéresse, non les termes exacts du récit, dont il revoit toujours le style.

143. Tome XI, p. 263.

Dans cette conversion entre aussi pour une part l'expérience du journalisme. Dans le *Pour et Contre*, entre 1733 et 1740, les comptes rendus de relations de voyages sont nombreux, ainsi que les extraits des « papiers anglais » sur les colonies anglaises [144]. Or, on constate que ces différents matériaux ont été utilisés par Prévost d'abord dans les *Voyages de Lade*, puis quelques années plus tard dans l'*Histoire des voyages*. Ainsi une lettre d'Oglethorpe sur la Géorgie, parue dans le tome II du *Pour et Contre* fournit un épisode des *Voyages de Lade* [145], dont le fils est présenté comme un des compagnons d'Oglethorpe. Le séjour à Londres en 1734 de chefs creeks, ramenés par Oglethorpe, et le discours de leur chef Tomochichi au roi, relatés par Prévost au tome IV du *Pour et Contre*, se retrouvent aussi dans les *Voyages de Lade* [146]. L'ensemble de ces épisodes géorgiens figure en 1756 dans l'*Histoire des voyages* [147].

Il en est de même pour les esclaves de la Barbade [148] ou les révoltes de la Jamaïque [149], pour l'histoire d'un marchand anglais jeté par une tempête sur l'île d'Anguilla, où vit une petite colonie « sans commerce avec les îles voisines, sans prêtres, sans juges et presque sans chefs » [150], pour le voyage de Monck chez les Esquimaux ou les relations de la baie d'Hudson [151], pour la pêche de l'ambre gris dans l'île de la Providence, une des Bahamas [152]. On comprend alors qu'il arrive à Prévost de renvoyer son lecteur aux *Voyages de Lade* dans une note de l'*Histoire des voyages* : il n'y a pas de frontière pour lui entre l'affabulation et la narration historique, puisque les sources sont les mêmes [153].

La plupart des relations utilisées par Prévost ont un trait commun : l'actualité. Etablissement nouveau en Géorgie, problèmes

---

144. M. SGARD en a donné un relevé dans son ouvrage sur le *Pour et Contre*. Voir Bibl.

145. Ed. citée, II, p. 164 et suiv., *Pour et Contre*, 1732. Pour la relation d'Oglethorpe, voir Cox, II, 100 et la Bibl.

146. *Ibid.*, p. 172-173.

147. Tome XIV, p. 578 sq.

148. *Lade*, I, p. 250 sq.; *Histoire*, XV, p. 595 sq.

149. *Pour et Contre*, IV, n° 54 et V, n° 72; *Lade*, II, p. 3 sq. La source est SLOANE, *Histoire de la Jamaïque*. Voir infra, chapitre III pour les événements relatés et le commentaire qu'en donne Prévost.

150. *Lade*, II, p. 111; *Histoire*, XV, 625.

151. *Lade*, II, p. 190; *Histoire*, tome XV, ch. XV et XVI.

152. *Lade*, II, p. 42 sq. C'est l'histoire des Anglais Chard, Waters et Carter racontée dans l'*Histoire des voyages*, XV, 627-28. Prévost l'a puisée dans les *Philosophical Transactions*, 1725, n° 383. Voir J. DUCARRE, « Une supercherie littéraire de l'abbé Prévost : les Voyages de Robert Lade », dans *R.L.C.*, 1936, 465-476. Contrairement à M. Ducarre, nous ne pensons pas que les observations du Dr Stubbs sur la couleur des nègres (*Lade*, II, p. 274 et *Histoire des voyages*, XV, 613) aient été puisées à la même source. Elles sont en effet dans SLOANE, *op. cit.*, II, p. 177.

153. *Histoire*, XII, 512, note 6 (à propos des Mosquitos). Ces quelques exemples montrent en tout cas qu'il faudrait étudier à fond les sources des romans et des nouvelles de Prévost.

de peuplement à la Jamaïque, explorations vers le Nord, tout cela, entre les années 1730 et 1745 intéresse les lecteurs du *Pour et Contre*, donc des *Voyages de Lade*. Cette « chronique », Prévost va la poursuivre dans l'*Histoire des voyages* : il s'agit d'offrir un « état actuel » des découvertes géographiques, des problèmes de peuplement et de colonisation. L'apport de Prévost en ce sens se précise à partir du tome IX, avec un « Supplément à la description des îles de Bourbon et de France », tiré d'un mémoire de La Bourdonnais, nommé gouverneur en 1734. Au tome XI, il publie des extraits de Woodes Rogers (1716) et de Frézier (1716) [154], au tome XI encore le voyage de deux vaisseaux français en 1738, celui de La Barbinais, au tome XIII, Ulloa et La Condamine, au tome XV, Bering, Spanberg, Ellis, Maupertuis... En accueillant ainsi les relations les plus récentes, en se tenant à l'affût des traductions nouvelles, des extraits parus dans les journaux, des relations manuscrites, Prévost ne faisait que transposer les méthodes journalistiques, mais il créait en même temps [155] une attitude nouvelle à l'égard de la littérature des voyages, qui se reflète précisément dans la place de plus en plus grande qui lui est consacrée dans les périodiques. L'*Histoire des voyages* a certainement contribué à accélérer une évolution, qui dans la deuxième moitié du XVIIIe siècle tend à faire des récits de voyages une littérature de consommation courante, dont la production et la diffusion se transforment. Les collections *in-folio*, véritables objets d'art, enrichies de gravures et d'estampes, disparaissent peu à peu. L'édition *in-quarto* de l'*Histoire des voyages* se double d'une édition moins somptueuse, destinée à un plus large public [156] : ce souci du format « de poche » s'inspire de l'idée qu'un récit de voyage doit pouvoir entrer aisément dans les bagages d'un navigateur, qu'il est avant tout un ouvrage instructif, une sorte de « guide » qu'on emporte avec soi :

« Il faudrait avoir lu toutes les relations et les histoires des pays qu'on entreprend de parcourir », conseille Prévost aux voyageurs. « (...) Qu'on y joigne, s'il est possible, une courte description de chaque pays, soit qu'on soit capable de la faire soi-même par de fidèles extraits, soit qu'on la trouve imprimée *en petits volumes*. » Bibliothèque portative qu'un Montcalm, un Bougainville par exemple ne manqueront pas d'emporter avec eux.

Ce souci pratique répond à un besoin nouveau, mais il est

---

154. Pour ce dernier, Prévost utilise l'édition de 1732, in-4°. Il ajoute : « J'ai reçu de lui quelques bons avis sur les premiers tomes de ce recueil, et je ne manquerai pas d'en profiter dans l'errata général. » (Il ne fut jamais publié.)

155. En France, car l'Angleterre avait de ce point de vue une avance considérable.

156. Elle comporte 80 vol., in-12, 1746-1789.

aussi le signe d'un esprit nouveau. Jean Sgard souligne avec raison que Prévost est « un des premiers en France, à voir l'importance des dictionnaires encyclopédiques, à la fois comme tableaux de l'esprit humain, et comme moyens de diffusion du savoir universel ». Il y a, écrit-il, « une parenté d'inspiration entre l'*Histoire des voyages* et l'*Encyclopédie,* dont les privilèges furent d'ailleurs accordés à peu d'intervalle, en 1745 et 1746. Les deux ouvrages, d'une certaine manière, se complétaient » [157]. Pour toutes les matières « exotiques », l'un est d'ailleurs la source obligée de l'autre. L'*Histoire des voyages* est bien un dictionnaire « raisonné » qui met en ordre un ensemble de connaissances géographiques et historiques et offre un tableau complet des mœurs et des civilisations. On y trouve aussi bien une mise au point sur le fleuve Niger, « où l'on examine si les rivières du Sénégal et de Gambra [Gambie] en sont des bras » [158], qu'une histoire des différentes Compagnies de commerce en Afrique [159] ou une liste des établissements européens sur les côtes de Guinée, de Bénin et d'Angola [160]; aussi bien une liste des diverses tribus hottentotes [161] que des observations sur la langue de Madagascar [162] ou le mélange des races au Pérou [163]. Avec l'intervention du « narrateur », on passe de la fable à l'histoire : la méthode des « réductions » devient l'outil d'une véritable critique des sources. Elle permet de faire s'entrechoquer les opinions contradictoires des voyageurs ou des historiens du Nouveau Monde, et de les passer au crible de la « saine philosophie ». Les absurdités, les naïvetés, les témoignages suspects sont dénoncés [164], les auteurs « dignes de foi » signalés à l'attention du lecteur [165], les voyageurs-philosophes, tels Frézier, La Condamine, Ulloa font autorité [166]. Prévost inaugure en France la critique des relations de voyages et, en réduisant la part de l'anecdotique et du merveilleux, il met l'accent sur leur valeur documentaire. Par là il a

---

157. *Studies on Voltaire,* XXIV-XXVII, 1963, *Prévost, de l'ombre aux lumières,* p. 1484-85.
158. Tome III, p. 8 sq.
159. *Ibid.,* p. 20 sq., en particulier, p. 25 un « Mémoire de la Compagnie [royale d'Afrique] au Comité de commerce et des colonies », du 26 mars 1736.
160. Tome IV, p. 14-15.
161. Tome V, livre XIV, d'après Kolben, qui en distingue 17 (p. 111).
162. Tome VIII, p. 623, d'après Flacourt.
163. Tome XIII, p. 258-59, d'après Ulloa.
164. Voir par exemple ce que Prévost écrit de Jobson (tome III, p. 159) pour qui le fait que les Mandingos n'ont point de commerce avec leurs femmes pendant leur grossesse est « une preuve suffisante qu'ils descendent de Canaan, maudit du ciel pour avoir découvert la nudité de son père (...) » ; ou de la « grossière crédulité » de Jannequin qui affirme qu'on ne peut apprendre l'hébreu sans le secours du malin, *ibid.,* p. 219.
165. Ainsi, au tome III, Villault, Atkins, Snelgrave... qui « paraissent avoir été plus jaloux de la qualité d'observateurs que de celle de marchands », dans « un temps où l'avidité de s'enrichir commençait à s'accorder avec le goût du savoir et le désir de l'instruction » (p. 334).
166. Au tome XIII, il s'en remet à Ulloa, de préférence à Garcilaso, pour l'ancienne civilisation du Pérou, et admet l'idée qu'avant le règne de Manco-

exercé une influence positive sur les voyageurs de son temps, auxquels il adresse ces « conseils importants », empruntés à Gemelli Carreri, placé par lui « au nombre des voyageurs les plus judicieux et les plus éclairés » [167] :

« Le politique s'attache au gouvernement, le naturaliste aux plantes et aux animaux, le géographe aux distances et aux situations, l'historien aux événements passés, l'antiquaire aux monuments des siècles les plus éloignés, le marchand à tout ce qui concerne le commerce, et chaque artiste à l'objet de sa profession. Ce n'est pas le but d'un véritable voyageur, qui doit travailler pour la postérité autant que pour soi-même, et rendre ses écrits utiles à tout le monde. Il doit être exercé à faire une relation, non seulement où la vérité ne manque pas, mais qui renferme, sans distinction, tous les objets de la curiosité et du savoir [168]. »

Un amateur éclairé, curieux de tout et capable d'observer tout ce qui peut intéresser l'ensemble de ses lecteurs, tel est le voyageur idéal, tels sauront être un Poivre, un Bougainville, un Cook. Prévost leur a aussi conquis un public, auquel il a montré qu'on pouvait lire avec fruit leurs relations, pourvu qu'on sût les corriger l'une par l'autre, et ne tenir pour vrai que ce qui est assuré par la convergence des témoignages.

Mais cet effort critique ne prend tout son sens que dans une perspective plus large : le véritable sujet de Prévost, ce n'est pas tant l'*Histoire des voyages* que cette histoire en marge de l'histoire, d'où surgit l'image d'un monde en devenir.

« A quel titre, se demande Prévost, cet ouvrage mériterait-il le nom d'histoire, si les récits n'ont pas entre eux une sorte de rapport constant, qui leur donne le caractère historique ? [169] »

Comme chez Montesquieu, ce « rapport constant » dérive de la nature des choses : il n'y a pas de hasard, sinon celui des vents et des tempêtes, dans ces voyages entrepris par toutes les nations commerçantes, dans cette course aux terres nouvelles et ce vaste effort de « possession du monde ». S'il y a dans l'*Histoire des voyages* un « tableau critique et cohérent de l'univers » [170], c'est que Prévost s'y appuie sur une conception de l'histoire, qui est celle des Lumières, et que l'*Esprit des lois* puis l'*Essai sur les*

Capac, certaines tribus avaient déjà des chefs et avaient atteint un certain degré de police. Dans le même volume, le passage où Prévost se sert de Benzoni pour trancher entre l'historien espagnol Zarate, trop favorable à sa nation, et Garcilaso, trop favorable à la sienne, est un excellent exemple de critique des sources (p. 70).

167. Tome XI, note de la page 465.
168. *Ibid.*, p. 560.
169. Tome VIII, *Avertissement*, p. 3 [n.p.].
170. J. SGARD, art. cité.

mœurs illustrent avec éclat entre 1748 et 1755 [171]; ni providence, ni hasard, mais un système de forces, un enchaînement de causes et d'effets, et le partage inexorable du temps qui donne le pouvoir aux plus hardis : ainsi les Portugais cédant le pas aux Hollandais « plus habiles et plus heureux » [172], les Espagnols préparant de leurs propres mains la ruine de leur empire et glissant vers la décadence [173], les Anglais et les Français s'assurant peu à peu le contrôle des mers [174]. Histoire « raisonnée » du commerce et de la navigation, l'histoire des voyages est aussi une chronique de la colonisation : contacts, heurts, révoltes s'y inscrivent au fil du récit, et dans un espace que les Européens lentement investissent et s'approprient, des nations entières, réduites en esclavage, cessent de ressembler à elles-mêmes. Destruction des Indiens, esclavage des nègres, l'injustice et la cruauté ont marqué les pas des conquérants, et ces empires fondés sur la violence sont menacés de l'intérieur par de sourdes poussées, dont le voyageur et l'historien mesurent la fréquence et l'intensité. La Barbinais signale une révolte d'Indiens au Chili; en 1715 Prévost note :

« On a déjà rapporté quelques exemples de ces révoltes; mais ils deviennent précieux pour l'Histoire, lorsqu'ils portent sur la foi d'un témoignage oculaire [175]. »

Autres témoins, François Coréal pour le Mexique [176] et, pour le Pérou, Frézier :

« Il paraît certain à M. Frézier que les Péruviens, poussés à bout par la dureté du joug espagnol, n'aspirent qu'au moment de pouvoir le secouer [177]. »

Et Prévost de citer longuement un passage où l'auteur analyse la politique des Espagnols, opposant à la haine des Indiens le rempart de leurs esclaves nègres, dont ils se font des alliés contre une révolte possible :

171. 1748 : tomes v et vi de l'*Histoire des voyages*, puis un volume par an jusqu'en 1754, 1756 : tomes xiii et xiv.

172. Tome viii, p. 308.

173. Tome xii, p. 582-83.

174. Prévost est parfaitement conscient du fait que tous les grands voyages d'exploration sont liés les uns aux autres. Il montre par exemple qu'un des résultats du voyage de Drake fut de provoquer une expédition espagnole dans les mêmes parages (Tome xi, p. 9). L'ouvrage a d'ailleurs un caractère « nationaliste » : voir par exemple au tome iii le chapitre qui concerne les « différends entre les Français et les Anglais pour le commerce de la rivière de Gambra » (p. 535 et suiv.).

175. Tome xi, p. 568.

176. Tome xii, p. 582-83 : « L'impatience de voir finir leur esclavage est devenue si vive, que tous les jours on en voit passer un grand nombre dans l'intérieur des terres et dans des montagnes inaccessibles, d'où ils ne sortent que pour massacrer les voyageurs espagnols. »

177. Tome xiii, p. 554. Sur l'état d'esprit des Indiens vers 1745, voir aussi xi, p. 152, note 52, un passage du voyage d'Anson.

« Comme il ne leur est plus permis de réduire les Indiens à l'esclavage, ils ont moins d'égards pour eux que pour les nègres, qui leur coûtent assez cher, et qui sont la plus grande partie de leur richesse et de leur magnificence. Ceux-ci, faisant fond sur l'affection de leurs maîtres, imitent leur conduite à l'égard des Indiens, et prennent sur eux un ascendant qui nourrit une haine implacable entre ces deux nations (...). Ainsi les esclaves nègres, qui dans d'autres colonies, sont les ennemis des blancs, sont ici les partisans de leurs maîtres [178]. »

C'est bien ainsi que certains liront l'*Histoire des voyages* : à preuve cet exemple péruvien invoqué par les partisans d'une promotion des mulâtres, au moment où la situation à Saint-Domingue apparaîtra elle aussi comme explosive [179]. Ici encore, guidé par son sens de l'actualité, Prévost met l'accent sur des faits mêlés à la trame des relations au moment où l'histoire est sur le point de confirmer leur importance : menaces de révolte en Amérique espagnole [180], importance grandissante des mulâtres, peur du marronnage [181], problèmes de peuplement et d'administration, tels sont les aspects essentiels d'une situation « coloniale » que Prévost dégage avec une grande lucidité, parce qu'elle est partie intégrante de l'histoire de son temps. Dans l'*Histoire des voyages*, toute une époque s'est reconnue, éclairée dans son dynamisme et son devenir, concernée dans ses intérêts vitaux. Prévost a mis à l'ordre du jour des questions qui ne cesseront plus d'être agitées, et il y a de ce point de vue une évidente continuité entre l'*Histoire des voyages* et l'*Histoire des Indes* : l'une est la suite de l'autre, et le réformisme de Raynal est un essai pour donner une réponse politique au problème implicitement posé par Prévost : celui des rapports humains ou inhumains dans le cadre des impérialismes naissants.

Certes, l'humanisme de Prévost est discret : il laisse les faits parler d'eux-mêmes, et ne hausse guère le ton; mais il pratique une forme d'humour qui suppose une attitude critique. Le voyageur d'Elbée conte l'histoire des femmes d'un roi nègre vendues par leur époux :

« Ces malheureuses créatures n'auraient pas résisté longtemps au chagrin de leur disgrâce, si d'Elbée n'eût pris soin de les faire

---

178. *Ibid.*
179. Voir le Mémoire inédit de Saint-Lambert que nous avons publié dans les *Annales historiques de la Révolution française* (1965) sous le titre : « Esclavage et Humanisme en 1787 », repris ici en *Annexe.*
180. Voir la conclusion des chapitres sur la Nouvelle-Espagne : « Il reste à conclure (...) que dans une si grande étendue de pays qui reconnaît la domination espagnole, cette Couronne n'a de véritables sujets que ceux qu'elle y fait passer, pour retenir les autres sous le joug; et qu'une autorité si faible, diminuant tous les jours, il ne serait pas surprenant qu'elle fût anéantie tout d'un coup, comme la plupart des voyageurs l'annoncent, par des révolutions dont les causes augmentent sans cesse, et dont il est impossible que le temps n'amène pas l'occasion » (Tome XII, p. 587).
181. Voir le chapitre III.

traiter avec un peu de distinction. Elles arrivèrent en bonne santé à la Martinique. »

Prévost commente : « On ne dit pas que la compassion ait eu d'autres effets dans cette île [182]. »

Les mauvaises relations des Hollandais avec les indigènes de Madagascar sont résumées dans cette suite de sous-titres : « Les fusils font fuir les nègres » — « Les Hollandais brûlent leur village » — « Réconciliation douteuse » [183]. Ce n'est même pas une protestation contre l'esclavage [184] ni contre la violence. Mais, pour qui lit d'un bout à l'autre l'*Histoire des voyages,* la leçon est claire : aux désastreuses cruautés des Espagnols — plus qu'un crime, une faute — aux atrocités des colons anglais qui font régner l'insécurité à la Jamaïque, il convient de préférer des méthodes plus humaines et moins coûteuses.

IV. La critique des relations de voyages
    et l'évolution du genre.

Le succès des recueils et des collections a comme conséquence la relative rareté des livres anciens dans les bibliothèques consultées. Seuls les auteurs de premier ordre sont bien représentés : historiens espagnols, quelques voyageurs anglais : Raleigh ou Narborough, quelques auteurs très connus : Dampier ou Du Tertre. La plupart du temps les renvois à d'autres auteurs concernent en fait les extraits parus dans des collections courantes, en particulier dans Prévost. Mais ce n'est pas toujours le cas, et il convient de distinguer entre l'amateur éclairé, curieux des mœurs ou de « singularités », qu'elles soient physiques ou morales, et le savant ou l'historien, qui poussent plus loin le souci de l'information exacte. Le premier se situerait aisément entre le lecteur moyen, auquel s'adressent ces *Anecdotes* africaines ou américaines, qui fleurissent pendant tout le siècle, et les rédacteurs des articles de l'*Encyclopédie,* qui se contentent souvent de puiser à une seule source. Les seconds s'efforcent de constituer ce que nous appelons aujourd'hui une documentation sur un sujet précis : histoire naturelle de l'homme, pour Buffon, découverte de l'Amérique, pour Voltaire, origine et caractères physiques des Américains pour De Pauw, histoire des Deux Indes pour Raynal : le recours au texte original est ici la règle, et la recherche de l'exhaustivité est manifeste quand il s'agit d'une

---

182. Tome IV, p. 3-4.
183. Tome VIII, p. 79.
184. Il est impossible pourtant que les lecteurs de l'*Histoire des voyages* ne se soient pas souvenus de cette phrase de Cleveland sur son esclave Iglou : « Je ne voyais point que ma qualité de maître lui fît perdre celle d'homme. », *Cleveland,* dans *Œuvres choisies,* Amsterdam et Paris, 1783, tome V, p. 48.

enquête limitée : celle par exemple qui porte sur la taille des Patagons, chez Buffon ou chez De Pauw. Les deux attitudes peuvent d'ailleurs se rencontrer chez un même auteur : M. Pomeau a montré que les sources de l'*Essai sur les mœurs* et celles des épisodes américains de *Candide* tendaient à se confondre. Le Diderot qui écrit le *Supplément au Voyage de Bougainville* collabore à l'*Histoire des Indes* et ne manque pas de lire tous les livres qui pouvaient l'instruire des sujets qu'il avait à traiter [185].

Réduite aux recueils et à une vingtaine de titres si l'on s'en tient aux auteurs les plus cités, notre bibliographie se gonfle démesurément d'ouvrages connus des seuls spécialistes, dès qu'il s'agit de problèmes qui touchent à l'histoire naturelle, ou à la configuration du monde. Seule donc l'analyse de la pensée des philosophes, celle de leurs œuvres, permettra de traduire en termes qualitatifs ce qui, à ce stade de l'enquête, ne prend forme que quantitativement.

Le trait le plus frappant est l'absence de toute perspective ethnologique. Pas de livres sur les Hurons, les Hottentots, ou les Galibis, mais des voyages en Nouvelle France, des séjours au Cap, des descriptions de la Guyane : le cadre est géographique ou historique, et l'enquête ethnologique s'inscrit en marge de l'histoire des explorations et de celle des colonies. Les monographies sont l'exception : l'article « Iroquois » de l'*Encyclopédie* vante les mérites du livre de Colden, intitulé *History of the five nations* [186] mais le titre complet de l'ouvrage montre assez les raisons pour lesquelles l'auteur s'intéresse à la confédération iroquoise :

« The History of the five nations of Canada, which are dependent on the province of New York in America, and are the Barrier between the English and French in that part of the world (...) In which are shown the great advantage of their Trade and Alliance to the British Nation, and the Intrigues and attempts of the French to engage them from us (...) [187]. »

Cela n'exclut nullement, nous le verrons, la qualité des observations recueillies, mais a comme conséquences la dispersion des informations et leur étroite dépendance par rapport à l'actualité. Tout voyage aux Indes orientales peut contenir des détails sur les Hottentots, tout voyage dans le Pacifique consacrer quelques pages aux Patagons, tout voyage en Guyane parler des Caraïbes; d'où la multiplicité des sources possibles, et l'embarras des lecteurs, dont Cornélius De Pauw se fait l'interprète :

185. « Mémoires » de Mme DE VANDEUL, dans DIDEROT, *Œuvres* (...), A.T.I., p. 17.

186. Tome VIII (1765), 906 b. L'article est rédigé de Jaucourt, qui se réfère aussi à Bacqueville de la Potherie.

187. Cox, II, 111. L'édition citée dans l'*Encyclopédie* : London, 1753, in-8°, ne figure pas dans la liste donnée par M. Cox.

« On est dans le cas d'un botaniste qui, pour trouver une plante dont il veut connaître les caractères, est quelquefois contraint de parcourir des forêts, des landes, des rochers, des précipices, et d'herboriser dans toute une province avant que d'être satisfait [188]. »

Constituer un herbier de toutes les « variétés » d'hommes, c'est à quoi devront s'attacher en effet un Buffon, un De Pauw, en ordonnant selon un cadre ethnologique la matière brute des relations.

Pourtant, lié aux nouvelles tentatives d'exploration, au Nord et dans les mers du Sud notamment, ou aux projets d'implantation à Madagascar, en Guyane, en Afrique, un autre type de relations apparaît et se développe, avec Adanson, Aublet, les naturalistes de l'école de Linné. *C'est la coexistence de ces deux sortes de sources qui donne à l'information des philosophes un aspect hétéroclite :* Struys, Mandeslo, Gemelli Carreri y voisinent avec La Condamine, Ulloa, Gmelin et Sonnerat, le meilleur avec le pire, le fabuleux avec le véridique. Pour bien des raisons, il n'était pas possible en effet de négliger les anciennes relations. Pour certaines contrées [189], elles restaient la seule source d'information possible, pour toutes elles conservaient une valeur historique, que rien ne pouvait altérer : si le relief et les plantes du Nouveau Monde pouvaient être décrits par les géographes et les naturalistes avec plus de précision que par leurs devanciers, la physionomie du monde sauvage avait été profondément altérée depuis près de trois siècles que les Européens étaient entrés en contact avec lui.

« (...) l'image de la nature brute et sauvage est déjà défigurée », écrit Diderot à propos des Américains, « il faut se hâter d'en rassembler les traits à demi effacés [190] ». Déjà les Péruviens, dont tous les observateurs [191] notent l'apathie et la morne tristesse, et les Mexicains ne ressemblent plus à leurs ancêtres, et errent comme des ombres sur les ruines d'empires anéantis dont la grandeur n'est plus attestée que par les historiens de la conquête; leur seul témoignage doit donc être pris en considération :

« On a donc suivi autant qu'il a été possible », déclare Cornélius De Pauw, « dans la partie historique de cet ouvrage, les auteurs contemporains de la découverte du Nouveau Monde, et

188. *Recherches philosophiques* (...), Berlin, 1774, in-12, I, p. 237, Troisième partie, Section II.
189. C'est le cas des Terres australes (Nouvelle-Guinée, Nouvelle-Hollande) jusqu'aux grands voyages dans les mers du Sud. Pour ces régions, les auteurs consultés sont toujours Pelsart, Tasman et Dampier (voir PRÉVOST, tome XI, Seconde partie, Livre III, et BUFFON). C'est le cas du Groënland, jusqu'à ce que paraisse une traduction anglaise des livres d'EGEDE (1745).
190. *Histoire des Indes*, éd. cit., III, 139 et *Fragments politiques* (A.T., IV, 41 [1772]).
191. Par exemple Dampier (voir *Histoire des voyages*, XI, 348), Frézier, Ulloa (*Ibid.*, p. 541), Bouguer (voir plus loin).

qui ont pu le voir avant qu'il eût été entièrement bouleversé par la cruauté, l'avarice, l'insatiabilité des Européens. Il n'est presque rien resté de l'ancienne Amérique que le ciel, la terre et le souvenir de ses épouvantables malheurs. Oviedo se plaignait déjà de son temps qu'on avait été si pressé d'égorger les Américains, qu'à peine les naturalistes avaient eu le loisir de les étudier (...) [192]. »

Et Pernety part du principe que « pour les anciennes coutumes, il faut s'en tenir aux anciennes relations, et leur donner la préférence sur les nouvelles » [193]. Encore faut-il opérer un tri, faire un choix des meilleurs auteurs. La critique des sources, telle que la pratique Prévost, reste de règle. Certains vont si loin en ce sens qu'ils récusent tous les anciens auteurs, et font commencer la littérature des voyages avec le siècle des Lumières. On connaît le célèbre passage de Rousseau, dans les Notes du second Discours :

« Depuis trois ou quatre cents ans que les habitants de l'Europe inondent les autres parties du monde et publient sans cesse de nouveaux recueils de voyages et de relations, je suis persuadé que nous ne connaissons d'hommes que les seuls Européens (...). Les particuliers ont beau aller et venir, il semble que la philosophie ne voyage point, aussi celle de chaque peuple est-elle peu propre pour un autre. La cause de ceci est manifeste, au moins pour les contrées éloignées : il n'y a guère que quatre sortes d'hommes qui fassent des voyages de long cours; les Marins, les Marchands, les Soldats et les Missionnaires; or on ne doit guère s'attendre que les trois premières classes fournissent de bons Observateurs, et quant à ceux de la quatrième, occupés de la vocation sublime qui les appelle, quand ils ne seraient pas sujets à des préjugés d'état comme tous les autres, on doit croire qu'ils ne se livreraient pas volontiers à des recherches qui paraissent de pure curiosité, et qui les détourneraient des travaux plus importants auxquels ils se destinent [194]. »

Les seules relations qu'il excepte de ce mépris général sont celles des académiciens, « les La Condamine et les Maupertuis », qui ont parcouru « les parties septentrionales de l'Europe et méridionales de l'Amérique », Chardin « qui a voyagé comme Platon », les jésuites pour la Chine, et Kempfer pour le Japon. Aussi appelle-t-il de ses vœux quelque voyageur-philosophe, qui ne dédaigne pas, comme jadis « les Platons, les Thalès et les Pythagores » d'entreprendre les plus grands voyages « uniquement pour s'instruire », « un Montesquieu, un Buffon, un Diderot, un Duclos, un d'Alembert, un Condillac, ou des hommes de

---

192. *Recherches philosophiques...*, Berlin, 1774, in-12, I, Préface, p. VI, VII.
193. *Dissertation sur l'Amérique..., ibid.*, II, p. 15.
194. ROUSSEAU, *Œuvres politiques*, Pléiade, III, p. 212.

cette trempe » (...) « voyageant pour instruire leurs compatriotes, observant et décrivant » les contrées et les peuples [195]. En attendant il lui paraît plus sage de se fier à l'*Histoire des voyages* et à l'*Histoire naturelle* de Buffon, ses principales sources d'information.

Mais le cas de Rousseau est un cas-limite, et si l'ensemble des philosophes partage son scepticisme, celui-ci se traduit moins par un mépris systématique que par un doute méthodique : il n'y a pas pour eux de différence entre la littérature des voyages et les textes sacrés, les récits des anciens historiens, ou les compilations des érudits qui servent de matériaux à la connaissance historique. Ici et là, la critique des textes, le rejet de tout ce qui n'offre pas prise à la raison, la distinction établie entre les faits eux-mêmes et leur interprétation sont les armes dont ils usent. Dispersée chez Voltaire ou dans l'*Encyclopédie*, où ses caractères originaux se distinguent mal, implicite le plus souvent chez Buffon, la critique des sources prend avec De Pauw une rigueur nouvelle. Ses « Observations sur les voyageurs » [196] n'accordent de crédit qu'à une minorité d'auteurs :

> « (...) on peut établir comme une règle générale que sur cent voyageurs, il y en a soixante qui mentent sans intérêt, et comme par imbécillité, trente qui mentent par intérêt, ou si l'on veut par malice, et enfin dix qui disent la vérité, et qui sont des hommes (...). »

et ses jugements sont sans nuances : Atkins n'est qu'un « raisonneur diffus », Struys est « fabuleux et puéril », Garcilaso, « indigeste » et « pitoyable », Anderson ? un « roman médiocre », Pigafetta ? « on ne saurait être ni plus crédule ni moins éclairé ». Lafitau ? « rêveries » et « impertinences ». Plus intéressants que ces formules lapidaires sont les critères sur lesquels se fondent l'éloge ou le blâme; c'est d'abord la nation à laquelle appartient un voyageur : les Espagnols sont « pitoyablement superstitieux, exagérateurs, et ce qui pis est, d'une prolixité assommante », les Italiens sont « crédules et minutieux », les Anglais, si l'on excepte « Halley, Wood, Shaw, Anson, Pococke, Dampierre, Adisson », « raisonnent plus profondément qu'ils n'observent avec exactitude », on peut compter sur ce que disent les Hollandais, « les Allemands ont produit des voyageurs très estimables », tel Kempfer. Mais le modèle des voyageurs est assurément Chardin :

> « Il est parmi les voyageurs modernes ce qu'est Pausanias

---

195. *Ibid.*, p. 213. Le passage de Diderot que nous avons cité plus haut exprime le même regret : « Quelle lecture eût été aussi surprenante, aussi pathétique que le récit » d'un Locke, d'un Buffon, d'un Montesquieu découvrant le Nouveau Monde.
196. *Défense des recherches philosophiques* (...), ch. XXXVI, (III, p. 181, dans l'édition de Berlin, 1774).

parmi les Anciens, Polybe parmi les historiens, et Strabon parmi les géographes [197]. »

Tout de suite après vient Poivre, qui « s'il avait plus écrit, aurait peut-être éclipsé les plus célèbres auteurs de son pays dans ce genre », mais qui a bien « rempli son titre de *Voyageur philosophe* [198]. »

Quant aux raisons qui lui font préférer tel auteur à tel autre, elles sont de deux sortes : compétence et impartialité. L'ignorance et la crédulité, les « préjugés » surtout corrompent trop de récits, « ce tissu d'éternelles contradictions qui ont fait lutter la fable contre la vérité pendant deux siècles et demi » [199]. Comment se fier aux propos d'hommes dépourvus de toute culture ? De Pauw reproche violemment à Pernety de « compiler » l'*Histoire naturelle et morale des Antilles* de Rochefort [200] :

« (...) remplie d'exagérations et de récits romanesques; ce qui n'est pas étonnant quand on sait que Rochefort n'avait jamais étudié : il ne savait ni latin ni grec; et en parlant de l'Histoire Naturelle, il démontre qu'il ne connaissait ni les plantes ni les animaux [201]. »

La position de l'observateur a aussi son importance : il faut préférer l'autorité de Zarate à celle du père Feuillée, parce que le premier « par son emploi, était obligé de connaître toutes les habitations du Pérou, puisqu'il y devait lever le tribut » et qu'il était contemporain des choses qu'il rapporte, tandis que le second est venu deux cents ans après [202]. Il est plus difficile de saisir ce qu'il faut entendre par impartialité. Pour ne pas être suspect, il convient qu'un auteur n'ait eu aucune espèce d'intérêt à travestir la vérité [203], ni pour des raisons personnelles ni pour des raisons politiques ou religieuses. Suspect donc Gueudeville « ce moine défroqué qui compilait en Hollande, pour gagner sa vie, quelques relations de voyages » [204], suspects les historiens espagnols, intéressés à forcer ou à masquer la vérité [205], suspect aussi Garcilaso, vendu à la cour de Madrid [206], suspect Las Casas, esprit « intrigant » et orgueilleux [207], suspects, les relateurs anglais qui « sous prétexte de tra-

197. *Ibid.*, p. 182 et 183.
198. Le livre de POIVRE s'intitule : *Voyages d'un philosophe, ou Observations sur les mœurs et les arts des peuples de l'Afrique et de l'Asie.*
199. *Recherches philosophiques*, éd. cit., I, 237, Troisième partie, section II.
200. Attribuée à Du Tertre (voir la Bibliographie).
201. *Recherches philosophiques*, III, note de la page 155.
202. *Ibid.*, III, 135.
203. Qu'il soit, comme dit Pernety, totalement « désintéressé » dans son récit, *Dissertation sur l'Amérique* (...), *Ibid.*, II, 15.
204. *Recherches philosophiques*, III, 161-162. L'ouvrage visé est les *Dialogues* (...) de LAHONTAN, publiés en 1704 à Amsterdam.
205. *Recherches philosophiques*, I, 55.
206. I, 56.
207. I, 101.

cer naïvement le portrait des sauvages, ont fait la satire de leur propre nation » [208], suspects enfin les auteurs qui n'écrivent que pour défendre une thèse, comme La Peyrere, ou Lafitau [209].

A travers ces éloges inconditionnels et ces condamnations sans appel, ce qui transparaît, c'est un réseau de sympathies et d'hostilités, dont il n'est pas inutile de pénétrer les raisons, si l'on ne veut pas être dupe d'une feinte objectivté. La « dispute du Nouveau Monde », dont parle Antonello Gerbi [210], et dont la querelle De Pauw-Pernety n'est qu'un épisode, est d'abord une bataille de sources. C'est qu'en cette matière rares sont les écrivains « désintéressés » : la littérature des voyages véhicule depuis ses origines trop de mythes, trop d'inquiétudes ou de nostalgies, trop d'idées libertines aussi, pour n'être pas l'objet d'une critique elle-même encombrée de préjugés et qui fait aux auteurs des procès d'intention. Nous retiendrons quelques exemples, pour éclairer notre propos : celui de Lahontan, celui de Las Casas, celui de Garcilaso, et accessoirement, ceux de La Peyrere et de Benjamin Tudèle.

On sait l'influence exercée par les *Dialogues* de Lahontan, et le scandale provoqué par les discours d'Adario contre la propriété privée, la tyrannie des riches, l'inégalité des conditions [211]. Il est trop clair que la valeur qu'on accorde ou qu'on refuse à son témoignage tient moins aux faits qu'il rapporte qu'à l'interprétation qu'il en propose. A la suite de Brucker, l'*Encyclopédie* lui emprunte la matière d'un article sur la philosophie des Canadiens [212]. Brucker rapporte que le contenu des *Dialogues* d'Adario était tel que l'on mît en doute non seulement l'existence d'Adario, mais celle de Lahontan lui-même, et qu'il fallut le témoignage de Leibniz pour qu'on admît son existence. Il reconnaît [213] que certaines réponses de Lahontan à Adario sont le résultat d'un parti pris, mais il s'appuie cependant sur leur dialogue pour dégager les sept principes de la philosophie des Canadiens, qu'on retrouve dans l'article rédigé par De Jaucourt pour l'*Encyclopédie* [214]. Dans la deuxième partie de l'article « Amérique » des *Suppléments de l'Encyclopédie* [215], le bailli Engel défend la valeur des informations fournies par Lahontan,

208. I, 103. L'auteur ici visé est le lieutenant Timberlake, auteur d'une relation sur les Chéraquis, publiée en 1766 dans la *Gazette littéraire* (VIII, p. 171 et suiv.) (Voir Bibliographie). Il vante fort l'éloquence et la vertu des sauvages. L'article « Caractère » du *Code de l'Humanité* de DE FELICE, l'éditeur de l'*Encyclopédie* d'Yverdon, reproduit textuellement l'avis ici exprimé.
209. I, 212 et II, 84.
210. *La Disputa del Nuevo Mondo* (1750-1900), Mexico, 1960.
211. Voir l'édition des *Dialogues* par G. CHINARD, et sur LAHONTAN, l'ouvrage de J. EHRARD, l'*Idée de Nature* (...), p. 746-749.
212. Tome II, 581 b-582, article « Canadiens (Philosophie des) ».
213. *Historia Critica* (...), tome V, p. 919 sq. « De Philosophia Canadensium ».
214. L'auteur suit Brucker, dit expressément Engel (*Suppléments*, art. « Amérique », I, 352).
215. I, 357-58.

qui a exploré des régions à l'ouest du Mississipi, où nul n'est retourné depuis. Si l'on refuse de croire Lahontan, ajoute-t-il, c'est parce que « c'était un libertin », mais il convient de distinguer les « faits historiques » et « ceux de la religion » :

> « Personne ne croira que l'Adario du baron de Lahontan ait été un homme en chair et en os; on voit évidemment que c'est lui-même : mais la relation du voyage ne doit pas être moins authentique, n'étant point de même nature que ses dialogues. »

Prévost, Buffon, Raynal se servent de Lahontan, mais avec une grande discrétion, pour des faits anodins, Buffon, pour la taille des élans [216], Raynal pour la chasse aux castors [217]. La véritable influence de Lahontan est souterraine, elle s'exerce au niveau des idées : il est le premier à avoir donné forme, dans ses *Dialogues,* à une contestation du monde civilisé, non point nostalgique, mais âprement critique, le premier surtout à développer toute une argumentation, à comparer à terme les avantages de l'état sauvage et de l'état de civilisation, dans un *dialogue* où le personnage du sauvage « raisonneur » tient un rôle essentiel, et non plus seulement épisodique. Le *Supplément,* entretien d'Orou et de l'aumônier, apparaît à bien des égards comme la suite des dialogues d'Adario et du baron de Lahontan, mais, pour être littérairement moins évidente, la filiation entre Lahontan et des auteurs comme Morelly, Rousseau et même Voltaire est tout aussi certaine. Toute comparaison entre sauvages et civilisés se réfère implicitement à ce modèle rhétorique et dialectique, soit pour le refuser soit pour le dépasser.

Avec le cas de Garcilaso, nous touchons à un autre problème, celui d'un racisme latent, dont il faut tenir compte pour comprendre la méfiance de la plupart des philosophes à l'égard d'un auteur qui pouvait apparaître comme l'un des mieux informés de l'histoire des Incas. L'œuvre est partout citée et suscite l'intérêt [218], mais la personne de Garcilaso, sa qualité de métis surtout donnent lieu à des commentaires malveillants :

> « Garcilaso de la Vega », explique De Pauw [219], « qu'on prend ordinairement pour un Américain, n'était qu'un métis, né à Cusco d'un père espagnol et d'une Péruvienne. »

et la suite du texte montre assez que ce mépris rejaillit sur ses écrits :

216. *Histoire naturelle,* XIII, 19.
217. *Histoire des Indes,* VII, 188-89 et LAHONTAN, éd. Chinard, p. 135.
218. Voltaire avait à Ferney l'édition originale des *Commentarios reales,* Lisboa, 1609, puis la remplaça par la traduction de Baudoin parue en 1744 (Bibl. nᵒ 1953). C'est aussi celle qu'utilise DE PAUW (éd. citée, I, 57; II, 131). De Brosses a l'édition de 1715 (2 vol., in-12); d'Holbach celle de La Haye (3 vol., in-12). Une autre édition parut chez J.-F. Bernard, en 1737. Elle contient aussi l'*Histoire de la Floride.*
219. *Recherches philosophiques* (...), éd. cit., II, 131.

« (...) ayant hasardé d'écrire l'histoire de son pays, il a produit un ouvrage si indigeste, si pitoyable, si foncièrement mal raisonné, que trois auteurs français qui ont tenté de le rédiger et de le mettre en ordre, n'ont pu y réussir. Dans la dernière *Histoire des Incas*, qui a paru à Paris en 1744, et qu'on attribue à Garcilaso, on n'a pas conservé une phrase de l'original. Enfin on peut juger de son peu de capacité, par là même qu'il a été incapable de faire un mauvais livre; ce qui est si facile et si aisé, dans tous les pays, à tous ceux qui osent l'entreprendre. Quelque borné qu'ait été ce métis, il est certain qu'un véritable Américain n'aurait jamais été en état de composer une page dans le style et dans le goût de ce Garcilaso, qui n'aurait point écrit, s'il n'avait eu un Européen pour père [220]. »

Si les rédacteurs de l'*Encyclopédie* puisent abondamment dans l'*Histoire des Incas* [221], en 1774, dans la *Correspondance littéraire*, elle est qualifiée de « roman » [222], et dans l'*Histoire des Indes*, Raynal adopte la thèse de Pauw, qui avait réfuté les « fables » de Garcilaso sur les monuments de l'ancien Pérou. Dans la querelle qui mit aux prises vers 1770 admirateurs et détracteurs de l'empire inca, le préjugé qui fit préférer aveuglément les témoignages de Bouguer ou d'Ulloa à celui de Garcilaso a joué contre un auteur aujourd'hui pleinement réhabilité [223].

Autre préjugé, celui qui frappe d'ostracisme des auteurs accusés de fanatisme : Benjamin de Tudèle, par exemple, parce que juif, Las Casas, parce que son « zèle » est suspect.

« J'ai lu, écrit De Pauw, une certaine collection faite en Allemagne, où l'on a rassemblé tous les voyages écrits par des Juifs, dans le goût de l'itinéraire de Benjamin de Tudèle, et je puis assurer n'avoir jamais lu de relations où il y ait plus de faussetés, que je n'attribue pas à la malice, mais à la superstition et à l'ignorance [224]. »

Quant à Las Casas, De Pauw, Robertson, Roucher, entre autres, l'accusent, sur la foi de Herrera et de Charlevoix, d'avoir provoqué l'introduction des esclaves noirs en Amérique pour sauver les Indiens [225], mais aussi d'avoir eu des ambitions démesurées,

---

220. Ce mépris des « métis » est d'ailleurs chez Pauw une conséquence de sa thèse générale, à savoir l'infériorité congénitale des Américains. Le seul avantage de Garcilaso est d'avoir eu pour père un Espagnol. Il va de soi que la singularité du personnage, au confluent de deux cultures, ne l'intéresse pas.

221. Voir les articles « Pérou », « Temples (des Péruviens) », « Amautas », « Législateur », « Ynca », « Pont ».

222. Dans un compte rendu du « Voyage de M. Hawkesworth dans les mers du Sud », (mai 1774).

223. Voir l'édition critique de l'*Histoire des Incas*, par Alain GHEERBRANT.

224. *Recherches philosophiques* (...), III, p. 182.

225. DE PAUW, *Recherches...*, I, 101 (note 1); ROBERTSON, *Histoire de l'Amérique*, I, 195. ROUCHER, *les Mois*, Notes, I, 129.

où éclate la volonté de puissance qui anime l'Ordre entier. Il voulait, affirme De Pauw, mille lieues de côtes pour y établir « un ordre semi-militaire, semi-ecclésiastique; il voulait être grand maître de cet ordre et se flattait d'apprivoiser et de civiliser 10 000 Américains en deux ans » (...). « L'intention de Las Casas était de se faire souverain dans les Indes : il est certain que les jésuites ont dans la suite exécuté ce que Las Casas avait projeté, et se sont servis de ses mémoires [226]. »

Cet aspect de la personnalité de Las Casas tend à faire oublier son action en faveur des Indiens, et Prévost ou Voltaire l'accusent d'un zèle outré [227]. Raynal est plus mesuré, mais il le loue surtout d'avoir moins songé à convertir les Indiens qu'à les arracher à l'esclavage, d'avoir été « plus homme que prêtre (...) plus révolté des barbaries qu'on exerçait contre eux que de leurs folles superstitions » [228]. Dans l'édition de 1780, Diderot fait un vibrant éloge de Las Casas « plus grand par [son] humanité que tous [ses] compatriotes ensemble par leurs conquêtes » [229], et dont le nom « restera gravé dans toutes les âmes sensibles ». Ce sont donc ses vertus philosophiques, humanité et bienfaisance, qui donnent à la figure de Las Casas son éclat singulier : cette figure ne devient exemplaire, et ne prend son relief que parce qu'elle est solitaire, et que le combat mené l'oppose à tous les siens. La manière dont Raynal présente le personnage est significative.

« Las Casas, homme célèbre dans les annales du Nouveau Monde. Singularité de la conduite qu'il y tient [230]. »

« Zèle » ou humanité, pour les philosophes ces deux termes s'excluent, l'un est synonyme de « fanatisme », l'autre prête au missionnaire toutes les vertus laïques qui le rendent digne de l'admiration des âmes sensibles. Pour des raisons inverses, il semble qu'on ait accordé une estime particulière aux voyageurs protestants, comme La Mottraye [231], François Leguat, Tavernier et surtout Chardin, dont l'influence est considérable [232].

---

226. *Recherches...*, I, p. 101 (note) et *Encyclopédie, Suppléments*, art. « Amérique », I, p. 352.

227. Voir en particulier l'article « Xavier » des *Questions sur l'Encyclopédie*.

228. *Histoire...*, IV, 20. Raynal suit Charlevoix pour le détail des faits, mais écarte tout ce qui dans l'*Histoire de Saint-Domingue* (VI., p. 325 notamment) ressemble fort à une attaque contre un homme coupable d'avoir fourni aux protestants des armes contre l'Ordre.

229. IV, 163-64, et *Mélanges*, « Sur l'Esclavage » (N.a.fr. 13768).

230. Table des matières du tome IV, « Las Casas ».

231. C'est une des sources essentielles de Prévost pour le *Monde moral*. Voir Claire Eliane ENGEL, *Le Véritable Abbé Prévost*. Dans l'*Histoire des voyages*, Prévost signale à plusieurs reprises la qualité de protestant des auteurs qu'il suit.

232. « Le premier chapitre du gouvernement civil dans Chardin », estime De Pauw, « renferme le germe de toutes les idées de feu M. Boulanger sur le

Enfin il faut faire une place à part à des auteurs comme Lafitau ou La Peyrere, dont les ouvrages suscitent la controverse en soutenant une thèse : Lafitau veut montrer qu'il n'y a jamais eu de peuple athée [233], le nom de La Peyrere est lié à la querelle des préadamites, et le succès de sa *Relation du Groënland* est dû à cette circonstance plus qu'à ses mérites d'observateur [234].

On voit que la critique des sources est loin d'avoir toute l'objectivité désirable. Les erreurs d'appréciation sont finalement aussi révélatrices que les jugements ratifiés par la postérité. Certaines réputations ont la vie dure : Kolben, peut-être parce qu'il est hollandais, passe longtemps pour un excellent auteur, sur la foi de Prévost. Rousseau par exemple le suit aveuglément et il faut la double autorité de Buffon et de l'abbé de La Caille pour le discréditer [235], tandis que Charlevoix et Garcilaso sont considérés comme des « romans » par les rédacteurs de la *Correspondance littéraire*. L'*Encyclopédie* critique de façon acerbe la relation de Flacourt sur Madagascar [236], dont le gouverneur Maudave, chargé de former un établissement dans l'île, admirera au contraire la précision et la solidité [237]. De l'*Histoire de l'Afrique française* de l'abbé Demanet, Pauw n'hésite pas à écrire qu'elle est la meilleure qui ait jamais été écrite, alors que seule l'ignorance où l'on était des contrées situées à l'intérieur de l'Afrique pouvait lui donner un semblant d'autorité [238].

Ce dernier exemple est particulièrement intéressant parce qu'il fait intervenir un critère essentiel : la nouveauté. Nous avons en effet examiné jusqu'ici l'attitude des philosophes à l'égard de relations assez anciennes pour relever de la critique historique. Les relations les plus récentes bénéficient d'un préjugé favorable dans la mesure où l'on considère *a priori* leurs auteurs comme gens plus éclairés et plus instruits que leurs prédécesseurs. Au temps où savants et naturalistes prennent la relève des marchands et des marins, au temps où un Bougainville, un Cook savent être des « voyageurs-philosophes », comment admettre que les sources les plus récentes ne sont pas toujours les meilleures ? Aussi ne faut-il pas s'étonner de voir l'abbé Proyart ou l'abbé Demanet mis au rang des La Condamine et des Adanson, et préférés par Raynal à tous autres auteurs pour sa description

---

despotisme. M. de Montesquieu paraît plutôt avoir pris dans Chardin que dans la *Sagesse* de Charron son principe sur l'influence des climats (...) » (*Recherches philosophiques*, III, 183, note).

233. Sur Lafitau, voir G. CHINARD, l'*Amérique et le rêve exotique* (...), p. 323 sq.

234. DE PAUW, *Recherches philosophiques*..., I, 212.

235. Voir BUFFON, *Œuvres*..., éd. cit., XII, 53, et LA CAILLE, *Journal historique*..., p. 316 (1763). Voir aussi un article du *Mercure* (mai-juin 1755).

236. Article « Madagascar », de DE JAUCOURT (IX, 839-840).

237. *Journal de Maudave* (mss. de Commerson, N° 888, Muséum, F° 80, verso) « Les relations de Flacourt sont on ne peut plus exactes (...) c'est un plaisir de parcourir le pays son livre à la main. »

238. *Recherches philosophiques*..., I, 154.

des peuples africains [239]. Pourtant, comme tant de leurs prédécesseurs, ni l'un ni l'autre ne reculaient devant le plagiat et ne se souciaient guère de perpétuer des erreurs géographiques ou des fables grossières [240]. Mais l'abbé Proyart, ancien sous-principal du collège Louis-le-Grand, avait fait partie d'une mission française à Loango [241], et Demanet, sorte d'aventurier en soutane, avait joué un rôle essentiel dans l'établissement de nouvelles relations commerciales avec des roitelets africains [242]. Leurs écrits ont donc un caractère d'actualité, non seulement au sens chronologique mais au sens historique du terme : ils marquent une étape nouvelle dans la connaissance de l'Afrique et des peuples africains, au moment où cette connaissance devient l'instrument d'une politique concertée. Sans être radicalement nouvelle, leur description des mœurs et des usages des Africains fait autorité parce qu'elle présente un caractère synthétique et ordonne en un tableau commode des éléments d'information. Jusqu'alors sans statut véritable, la littérature des voyages s'éloigne du roman pour tendre vers l'histoire, vers l'ethnologie; au bon plaisir du narrateur, et à la curiosité ou à l'édification du lecteur se substitue le désir d'informer et d'être informé. Il se produit une sorte de court-circuit comparable à celui dont parle J. Proust à propos de l'*Encyclopédie* et de ses souscripteurs [243] : écrite par des savants ou des spécialistes, la littérature des voyages ne s'adresse plus à la masse indifférenciée des amateurs de « singularités », mais à cette partie du public qui se trouve directement intéressée, économiquement et idéologiquement, à une meilleure connaissance du monde et de ses habitants.

Ce point de vue utilitaire est parfaitement illustré par tous les comptes rendus de voyages qu'on peut lire dans la *Correspondance littéraire* ou ailleurs et par le plus célèbre d'entre eux, celui que Diderot consacre au voyage de Bougainville :

« Autant que j'en puis juger sur une lecture assez superficielle, j'en rapporterais l'avantage à trois points principaux : une meilleure connaissance de notre vieux domicile et de ses habitants; plus de sûreté sur des mers qu'il a parcourues la sonde à la main, et plus de correction dans nos cartes géographiques. Bougainville est parti avec les lumières nécessaires et les qualités

239. Tome v, p. 193 à 198 pour Demanet, p. 204 et 209 à 213 pour Proyart, p. 219 à nouveau pour Demanet.
240. Ce que Demanet écrit du pays de Bambouc est copié du voyage de Compagnon (cf. PRÉVOST, II, 640-41). Il fait du lac de Salun une rivière navigable permettant d'atteindre les mines de Bambouc. Le Brasseur, administrateur de Gorée, relève l'erreur et s'étonne de la retrouver chez Raynal (Arch. Nat. C 6-17, 1776, Pièce 6) qui rectifie dans l'édition de 1780 (v, 227), sans tendresse pour Demanet (...) Ce que Proyart dit du roi de Loango est copié de Beausobre (voir Bibl.), p. 357. A plusieurs reprises, il se contente de copier Prévost (voir par exemple p. 106-108 et PRÉVOST, III, p. 181-183).
241. Voir le chapitre I.
242. *Ibid.*
243. Voir J. PROUST, *Diderot et l'Encyclopédie*, chap. I et II.

propres à ses vues : de la philosophie, du courage, de la véracité; un coup d'œil prompt qui saisit les choses et abrège le temps des observations; de la circonspection, de la patience; *le désir de voir, de s'éclairer et d'instruire;* la science du calcul, des mécaniques, de la géométrie, de l'astronomie; et une teinture suffisante d'histoire naturelle.

« Et son style ?

« Sans apprêt; le ton de la chose, de la simplicité et de la clarté (...) [244]. »

On est loin de l'idéal, auquel De Pauw reste encore attaché, du voyageur érudit, humaniste distingué, émule de Platon ou de Pausanias, et armé de sa seule philosophie. Car il ne faut pas s'y tromper, si Poivre ou Bougainville sont des voyageurs-philosophes (et non des philosophes qui voyagent), c'est au sens que le siècle des Lumières donne à ce terme, avec une culture et une formation plus scientifiques que spéculatives, où l'histoire naturelle, l'astronomie, voire l'économie politique tiennent plus de place que le latin et le grec.

Il est naturel alors que des sommes comme l'*Encyclopédie* et l'*Histoire des voyages* soient, dans une telle optique, apparues très vite comme dépassées. Dès 1765, les articles qui concernent le Nouveau Monde sont jugés « défectueux » par le gouverneur de Saint-Domingue, Bourgeois [245] et les *Suppléments* aussi bien que l'*Encyclopédie* d'Yverdon puisent à des sources entièrement nouvelles [246]. Proyart condamne sévèrement l'*Histoire des voyages,* qu'il accuse d'avoir perpétué des erreurs grossières en publiant des relations mensongères [247] et pour la *Correspondance littéraire,* Prévost n'est qu'un compilateur sans scrupules [248]. Vers 1778, Raynal et son ami Suard, encouragés par Claret-Fleurieu qui sera plus tard ministre de la Marine, songent à une nouvelle *Histoire des voyages :*

« où l'on aurait moins recherché l'élégante narration de l'abbé Prévost que la sagacité de Pauw dégagée de ses inconcevables paradoxes [249]. »

---

244. *Supplément,* éd. Dieckmann, p. 5. Souligné par nous.

245. Lettre adressée à un certain Ruotte qui lui avait soumis le projet d'un « Journal de la colonie », et à qui il conseille d'y insérer des articles originaux, propres à remplacer ceux du *Dictionnaire encyclopédique* et du *Dictionnaire géographique* « presque toujours défectueux » (Arch. Col. D.F.C. Saint-Domingue, N° 55).

246. Raynal en particulier.

247. *Histoire de Loango...,* ch. 8, p. 57-58.

248. Déc. 1765 (VI, 455) : « L'abbé Prévost faisait toutes ces compilations avec une extrême précipitation et beaucoup de négligence; il ne travaillait pas pour acquérir la gloire, mais pour avoir de l'argent. » Jugement dont nous espérons avoir montré l'injustice, au moins pour les volumes qui concernent l'Amérique.

249. GARAT, *Mémoires,* II, p. 63-64.

Des voyages comme ceux d'Anson, de Maupertuis, de La Condamine, ont contribué à cette évolution, elle-même liée à une nouvelle phase de l'histoire des découvertes et des explorations [250]. Les innombrables éditions et traductions du premier [251] disent assez son succès, surtout dû aux circonstances aventureuses de l'expédition, aux descriptions « romanesques » [252] des îles de Tinian et de Juan Fernandez [253] mais aussi aux qualités du narrateur. Quant aux noms de Maupertuis et de La Condamine, ils sont liés à la double expédition envoyée en Laponie et au Pérou pour mesurer les degrés du méridien terrestre. A vrai dire, la *Relation du voyage fait au cercle polaire,* publiée en 1738, contient moins de détails sur les Lapons que celle, fort dédaignée semble-t-il, de l'abbé Outhier [254], un autre membre de l'expédition. Mais la curieuse personnalité de Maupertuis, la hardiesse de ses théories et les projets d'exploration avancés dans sa *Lettre sur le progrès des sciences* (1752) ont contribué à sa réputation de voyageur... La vogue des voyages au Nord, qu'on peut dater approximativement de la publication du *Recueil* de J.-F. Bernard en 1715, fit le reste.

La chance de La Condamine, ce fut d'être envoyé au Pérou et d'avoir songé à emprunter, pour regagner la Guyane, le cours de l'Amazone. D'où l'intérêt exceptionnel de relations, dues à la plume d'un savant académicien, qui offraient le contraste d'une civilisation dont les historiens espagnols vantaient l'éclat et la grandeur, et d'une des régions les plus sauvages et les plus secrètes du Nouveau Monde [255]. L'histoire de leur publication est assez embrouillée pour qu'il soit nécessaire d'en dire quelques mots. La Condamine publia d'abord une *Relation abrégée* de son voyage en Amazonie, dont il lut des extraits devant l'Académie des Sciences le 28 avril 1745. D'après Prévost (XIII, Avertissement) la première édition parut en espagnol à Amsterdam,

---

250. Voir le premier chapitre.
251. C'est Richard Walter, aumônier du navire d'Anson, qui a rédigé la relation du voyage. Pour Cox, c'est « un modèle de ce que devrait être un tel ouvrage » (II, 49). Mais il signale bien d'autres récits de ce même voyage (I, p. 48 à 50). Prévost (XI) suit Walter (Amsterdam et Leipzig, tr. française 1749, in-4°), De Brosses a une édition parue à Genève en 1750, d'Holbach une édition en 5 vol., in-12, Paris, Voltaire l'édition de 1749. En 1752, Coyer publia un burlesque « Supplément » au voyage d'Anson, qui ajouta au succès des « Relations ».
252. L'adjectif est de Prévost.
253. Sur ces îles heureuses voir ROUSSEAU, *Nouvelle Héloïse*, Pléiade, II, p. 413-414 et les *Confessions*, Pléiade, I, p. 413 et note 1583. La seconde est célèbre par l'aventure du marin Selkirk, alias Robinson Crusoë. Dans ses *Mémoires*, Brissot unit ces deux îles dans une même vision mythique, directement inspirée de Rousseau et de Defoë (éd. Perroud, Paris, Picard, 1912, I, 43). Voir aussi une lettre à Mme Roland : « Combien de fois j'ai dévoré le voyage d'Anson. Que de cabanes je me suis construites dans les îles heureuse de Juan Fernandès, de Tinian ! J'y transportais avec moi la maîtresse que je devais avoir un jour, et l'ami que j'avais déjà. » (*Ibid.,* IV, p. 145).
254. Paris, in-4°, 1744, (COX, I, 188).
255. Voir notre premier chapitre.

avant le retour de La Condamine à Paris [256]. Dans la préface, l'auteur annonçait un ouvrage plus important, qu'il n'écrivit jamais. Quant au *Journal historique* du Voyage au Pérou, il ne parut qu'en 1751. Un *Supplément* parut en 1752 [257], une autre édition, contenant une lettre de Godin des Odonais, fut publiée en 1778. La seconde partie du *Journal* intitulée « Introduction historique », contient une histoire des pyramides de Quito.

Un des mérites principaux de La Condamine fut de se documenter avant son départ sur les régions qu'il allait parcourir, et de conduire méthodiquement ses observations. Il avait pris soin de lire les historiens espagnols [258] et d'autres voyageurs « plus modernes » [259]. Sa grande supériorité est de s'être assimilé une culture appropriée à son objet et d'avoir tenté de la dépasser par des enquêtes menées sur le terrain et portant sur des points précis. Parle-t-il des Amazones ? Il renvoie son lecteur à Sarmiento, Americ Vespuce, Hulderic Schmidel, Orellana, Berria, Walter Raleigh, aux pères d'Acuna et d'Artieda, etc., mais plutôt que de disserter sur ces sources à propos de faits douteux, il préfère faire collection de flèches empoisonnées et identifier le suc végétal qui les enduit [260]. Pendant son séjour à Cayenne, il traduit avec Artur un mémoire du père Magnin sur les nations voisines des Maynas, que celui-ci lui avait confié [261]. Il s'informe auprès des missionnaires de la vérité d'une assertion du père Lombard sur les Amicouanes [262]; il fait une incursion à l'intérieur des terres avec Artur et deux officiers [263].

Pour tout cela, nulle récompense, et La Condamine s'en plaint à Voltaire en 1752 [264], mais l'estime des savants et des philosophes [265] : ses Relations sont dans toutes les bibliothèques et à la source de tout ce qui se dit ou s'écrit sur le Pérou, les sauvages de l'Amazone, et aussi la Guyane. Pour Prévost, Buffon,

---

256. Prévost avait d'abord fait honneur à Ulloa de la description de l'Amazone qui se trouve dans son voyage. Mais il s'aperçut de son erreur, le hasard lui ayant fait tomber entre les mains le Journal que M. de la Condamine fit imprimer en espagnol à Amsterdam avant son retour à Paris, en 1745, chez Catusse, in-12 : *Extracto del diario de observaciones hechas en el viaje de Quito a Para, por el Rio de Las Amazonas* (XIII, p. v, note 5).
257. Voir dans la Bibliothèque de d'Holbach les N°s 1947, 1948 et 1949.
258. « (...) les anciens auteurs espagnols qu'on ne connaît guère en France, Herrera, Acosta, Zarate, Oviedo, Ordones (de) Cevallos, etc. (...) que j'ai tous lus » (Lettre à Suard, 23 mars 1775, B.N. N.a.fr. 21015, f° 245).
259. *Ibid.*, : Narborough, Thomas Gage, les Flibustiers...
260. Voir Alfred LACROIX, *Notice historique sur les membres et correspondants de l'Académie des Sciences ayant travaillé en Guyane et aux Antilles au XVIII* (1932 et 1936), et *Bulletin de Géographie historique et descriptive*, 1897, N° 1.
261. *Lettres édifiantes et curieuses*, 23 fév. 1730, et A. LACROIX, art. cit.
262. *Relation abrégée* (...), p. 58.
263. A. LACROIX, art. cit.
264. Lettre du 15 avril (Bes. xx-4258).
265. Diderot avait fait pour un portrait de La Condamine l'épigraphe suivante : « *Vide effigiem, fortunam ignora, si non vis homines et virtutem contemnere-Aevo vindici.* » (Lettre de La Condamine à Bernouilli, B.N. N.a.fr. 21015, F° 311).

De Pauw, son témoignage fait autorité. Il rédige pour l'*Encyclopédie* l'article « Guyane », et pour Bougainville des observations sur le jeune Aotourou; Robertson le consulte pour son *Histoire de l'Amérique* [266], il est mêlé à la querelle des monuments du Pérou [267]. Surtout il a donné un exemple qui sera suivi, montré qu'on pouvait instruire, et plaire, par le sérieux d'une narration où le souci de la vérité l'emporte sur celui de l'agrément. Il suffit de lire le portrait qu'il trace des Indiens ou des sauvages de l'Amazonie pour voir à quel point il se garde de toute complaisance :

« On ne peut voir sans humiliation, écrit-il, combien l'homme abandonné à la simple nature, privé d'éducation et de société, diffère peu de la bête [268]. »

« L'insensibilité » fait, selon lui, la base du caractère des Indiens, et n'est nullement une conséquence de leur esclavage, car les Indiens des missions et les sauvages libres lui paraissent aussi « stupides (...) uniquement occupés de l'objet présent, et toujours déterminés par lui; sans inquiétude pour l'avenir, incapables de prévoyance et de réflexion » [269]. Si l'on peut reprocher quelque chose à cet observateur scrupuleux, c'est la sécheresse de ses notations : on le sent plus intéressé par les ruines des anciens Incas que par le sort de leurs malheureux descendants. Ce n'est pas lui, mais Bouguer, son compagnon de voyage, qui cherche les raisons de cette profonde apathie, de cette triste résignation (que note aussi Ulloa) :

« (...) on ne peut assez dire combien ils montrent d'indifférence pour les richesses, et même pour toutes leurs commodités : peut-être parce qu'ils sentent qu'il leur serait inutile d'y penser. A cela près qu'ils aiment un peu trop à boire d'une espèce de bière qu'ils font avec le maïs, ils forment comme une grande secte de philosophes stoïciens ou plutôt cyniques. On ne sait souvent quelle espèce de motif leur proposer, lorsqu'on veut en exiger quelque service. On leur offre inutilement quelques pièces d'argent, ils répondent qu'ils n'ont pas faim [270]. »

En juxtaposant le texte de Ulloa et celui de Bouguer, on obtient une peinture saisissante des effets de la tyrannie sur un peuple esclave [271] :

266. Lettre à Suard déjà citée : « S'il (Robertson) a quelque question à me faire, j'y satisferai de mon mieux (...) J'ai 10 petits volumes de main assez menus que je n'ai pas relus depuis 30 ans. »
267. Voir *Mémoire sur quelques anciens monuments du Pérou...*, Mém. Acad. Berlin, 1746.
268. *Relation abrégée...*, p. 52.
269. *Ibid.*, p. 53.
270. *La figure de la terre (...) avec une relation abrégée de ce voyage*, Paris, 1749, p. CII.
271. *Histoire des Indes*, éd. cit., IV, p. 56-57, et DIDEROT, *Pensées détachées*, « Colonies Espagnoles », le texte combine Bouguer, *op. cit.*, p. CII, et Ulloa, d'après PRÉVOST, XIII, p. 541-542.

« Les Péruviens, tous les Péruviens sans exception, sont un exemple de ce profond abrutissement où la tyrannie peut plonger les hommes. Ils sont tombés dans une indifférence stupide et universelle. Eh, que pourrait aimer un peuple dont la religion élevait l'âme, et à qui l'esclavage le plus avilissant a ôté tout sentiment de grandeur et de gloire (...). Tous les ressorts de leur âme sont brisés. Celui de la crainte même est souvent sans effet, par le peu d'attachement qu'ils ont à la vie. Ils s'enivrent et ils dansent : voilà tous leurs plaisirs, quand ils peuvent oublier leurs malheurs. La paresse est leur état d'habitude. *Je n'ai pas faim,* disent-ils à qui veut les payer pour travailler. »

Stupidité, indifférence, insensibilité, les mêmes mots sont pourtant sous la plume de La Condamine et de Bouguer, mais la réalité à laquelle ils renvoient est affectée tantôt d'un signe *moins,* tantôt d'un signe *plus :* stigmates d'une nature dégradée, ou blessures de l'histoire, ces traits de caractère apparaissent là comme des causes, ici comme des effets selon la vision qui les infléchit.

Cette comparaison appelle deux remarques :

La première, c'est qu'en dépit d'une objectivité apparente il n'y a pas de source « neutre » : c'est précisément au moment où l'observateur prétend adopter l'attitude du savant face aux phénomènes naturels, que se manifeste cette distorsion dont les récits parallèles de La Condamine et de Bouguer offrent l'exemple. Il semble que l'on aperçoive ici, au niveau de la littérature des voyages, ce qui apparaîtra plus clairement encore au niveau de la réflexion philosophique : l'impossibilité de décrire l'homme sauvage comme une espèce animale quelconque, en faisant abstraction de tout ce qui le lie et l'oppose à l'homme civilisé, dans l'ordre de la nature et dans celui de l'histoire. Quoi qu'il fasse, l'observateur se sent profondément concerné par ce monde énigmatique qui lui fait face, et qu'il ne peut regarder d'un œil « désintéressé ». La Condamine ne peut voir « sans humiliation » ces hommes qui vivent comme des bêtes : le mot est révélateur d'une sorte de mauvaise conscience; au siècle des Lumières la littérature de voyages ne consent à offrir l'image repoussante d'un certain monde sauvage qu'en l'exorcisant par le langage de l'horreur ou celui de la compassion. Sans doute peut-on trouver un reflet de cette attitude dans la peinture contrastée des bons et des mauvais sauvages — les Abaquis et les Rouintons dans *Cleveland,* les indigènes de Butua et de l'île de Tamoé dans *Aline et Valcour* — qu'on trouve chez tant de romanciers.

La deuxième remarque qu'on peut faire, c'est que le choix des sources ne dépend pas de leur seule valeur d'information, mais d'une attitude mentale commune à l'auteur et à son lecteur. Un des problèmes que nous aurons à examiner est en effet celui-

ci : le rapport entre la littérature des voyages et les écrits qui
s'en inspirent n'est-il qu'un jeu de reflets, une rencontre d'images
comme le laisserait croire une certaine fixité du vocabulaire
descriptif ? Y a-t-il au contraire information véritable, c'est-à-
dire perception d'une réalité au-delà de ces images, irréductible
à elles ?

Au niveau de la littérature des voyages, on ne peut s'empêcher
d'éprouver un sentiment de monotonie, qui tient sans doute à la
relative pauvreté du vocabulaire, mais aussi à la distance toujours égale qui sépare l'observateur d'un monde auquel il reste
extérieur et dont il n'a qu'une connaissance superficielle. Aussi
les relations les plus intéressantes sont-elles sans conteste celles
qui rompent, d'une manière ou d'une autre, avec les conventions
du genre, soit parce qu'elles adoptent une perspective historique,
soit parce qu'elles répondent à des préoccupations précises, d'ordre scientifique ou d'ordre pratique. Ulloa est un bon exemple
du premier type de relations, le second étant représenté par les
écrits des naturalistes, et les mémoires d'administrateurs.

Jorge Juan et Ulloa étaient deux mathématiciens espagnols
chargés par leur gouvernement d'assister — en fait, de
surveiller — les savants français venus au Pérou avec La Condamine. Les deux gros *in-quarto* de leur *Voyage* [272] offrent un
tableau complet des établissements espagnols au Pérou et à la
Nouvelle-Grenade. C'est la source principale de la partie de
l'*Histoire des voyages* consacrée à ces régions :

« Quoi qu'il n'y ait point une seule relation du Pérou », remarque Prévost, « dans laquelle on ne trouve quelques détails sur
chacun des chefs qui font le titre de cet article, nous renonçons
à toutes les remarques qui ont moins de précision, d'ordre et de
clarté, que celles des mathématiciens de France et d'Espagne (...).
Ici par exemple nous faisons moins profession de suivre Garcilaso que dom Ulloa et dom Georges Juan, qui l'ont rectifié par
leurs lumières [273]. »

et l'*Histoire philosophique et politique* de Raynal puise abondamment à cette source, qu'il s'agisse de la description de Carthagène ou de Guayaquil, du climat du Pérou, des provinces de
Quito et de Lima, de la grâce des Péruviennes [274] ou de l'ancien
empire inca [275]. Jorge Juan et Ulloa ont en effet saisi l'occasion de ce voyage pour faire doublement œuvre d'historiens, en
unissant dans une même vision l'ancien et le nouveau Pérou, le
passé et le présent, avec le souci d'établir aussi exactement que

272. *Voyage historique de l'Amérique méridionale...*, traduit en 1752.
273. Tome XIII, livre VI, ch. 5 (1756).
274. Tome IV, livre VII, chapitres 10, 21, 25, 26, 28, 31.
275. Tome III, p. 301, 314 sq.

possible l'ordre des faits [276] et d'éclaircir les origines obscures d'une civilisation légendaire. Ils relèvent les contradictions de leurs prédécesseurs, qui conviennent que « l'origine des Incas est fabuleuse », mais ne sont pas d'accord sur « la fable dont le premier Inca infatua les peuples, pour leur inspirer plus de respect pour sa personne et les gouverner avec plus d'empire ». Ils rendent justice à Garcilaso, dans lequel ils voient un témoin digne de foi, à cause de son origine, de sa connaissance du langage des Quipos et de la langue des Indiens. Mais ils s'étonnent du caractère miraculeux de la civilisation des Indiens par Manco Capac :

> « C'est une chose admirable que parmi la barbarie et la profonde ignorance où tous ces peuples étaient plongés, il se soit trouvé deux personnes d'un esprit si supérieur, avec tant de capacités et de talents, pour connaître, par leurs seules limites naturelles le dérèglement et la brutalité des mœurs de leurs compatriotes; pour imaginer un moyen de tirer ces hommes de l'état de stupidité où ils vivaient, de la vie sauvage et plus conforme à la nature des bêtes qu'à celle des hommes, laquelle ils menaient de tout temps (...) [277]. »

Partant du principe que ni l'histoire, ni la nature ne font de sauts, ils retiennent deux hypothèses : Manco-Capac aurait été le chef d'une nation plus évoluée que les autres, et aurait usé à son profit d'une superstition propre à sa famille et qui le faisait naître fils du soleil [278]. Ou encore Manco-Capac et sa femme Mama Ocello auraient appartenu à quelque nation civilisée et le hasard les aurait conduits chez ces peuples barbares [279]. Ils sont aussi les premiers à parler en détail des techniques employées par les Indiens pour le traitement des métaux, et des outils qui ont pu leur permettre de tailler les pierres de leurs monuments [280]. Si certaines de leurs remarques ont alimenté une assez vaine polémique sur l'art péruvien, ils ont puissamment contribué à faire sortir l'histoire des Incas de l'ombre de la légende [281].

---

276. *Voyage historique...*, tome II, p. 209 à 316, « Abrégé historique de l'origine et de la succession des Incas et autres souverains du Pérou, avec un récit succinct de ce qui s'est passé de plus remarquable sous le règne de chacun d'eux » (avec une Table).
277. *Voyage historique...*, II, p. 214.
278. *Ibid.*, II, 218.
279. *Ibid.*, II, 214.
280. I, p. 383.
281. Ulloa devait encore publier des « Mémoires philosophiques, historiques, physiques, concernant la découverte de l'Amérique » (*Noticias Americanas...*, Madrid, 1772) qui ne furent traduits en français qu'en 1787 (voir Bibliographie).

V. Le rôle des naturalistes

Bien des naturalistes sont moins connus que les académiciens français ou espagnols, mais l'on trouve partout des traces de leur influence. Compagnons de toutes les expéditions, envoyés en mission dans les différentes colonies, ils ont patiemment rassemblé les matériaux d'une nouvelle science de l'homme, collectionné les « variétés » de l'espèce humaine, et ouvert la voie à l'anthropologie. On sait le rôle essentiel joué par les disciples de Linné dans l'histoire des grandes explorations [282]. Dans ses *Recherches sur les Américains,* qui sont avec l'*Histoire naturelle* de Buffon, notre premier traité d'anthropologie, De Pauw rappelle que de 1745 à 1760 on a vu partir de l'université d'Upsal « plus de voyageurs naturalistes que d'aucuns pays de l'Europe ». La liste qui suit est en effet impressionnante [283], et il faudrait y ajouter diverses relations publiées par les soins de Linné lui-même, tel ce voyage de M. Olof Torée, « aumônier de la Compagnie des Indes orientales », suivi d'un « Précis historique de l'économie rurale des Chinois », par Charles Gustave Eckhenberg, capitaine de vaisseau suédois, dont Mme d'Epinay vante les mérites à l'abbé Galiani, grand amateur de récits de voyages [284]. Mais en Angleterre et en France, l'usage s'établit aussi d'adjoindre à toute expédition lointaine un naturaliste, souvent accompagné d'un dessinateur [285], pour recenser toutes les espèces végétales ou animales encore inconnues, pour observer et décrire la physionomie et les mœurs des naturels. C'est ainsi que Philibert Commerson s'embarque avec Bougainville, que sir Joseph Banks et Solander [286] furent les compagnons de Cook pour son premier voyage, les deux Forster [287] pour le second voyage, Guillaume Anderson pour le troisième [288]. D'autres, comme Joseph Jussieu et Dombey, se rendirent au Pérou, d'autres encore, installés à demeure dans les Iles, ou en Guyane, et

---

282. Voir *Histoire universelle des explorations...,* III, p. 130 sq et chap. I.
283. *Rech. Phil.,* III, 184. A côté de noms très connus, comme ceux de Kalm ou de Solander, retenons ceux de Frédéric Hasselquist qui publia en 1757 ses *Voyages au Levant* (Cox, I, 23), de Peter Loefling dont une partie du *Voyage en Amérique méridionale* fut traduite en anglais et jointe aux voyages de Nicolas Bossu (Cox, II, 242), de Keysler, dont une traduction anglaise parut en 1756 (Cox, II, 133).
284. (...) *Lettere,* II, 46-47. Linné avait aussi des « correspondants », par exemple Browne, l'auteur de l'*Histoire naturelle et civile de la Jamaïque* (Cox, II, 219).
285. Sidney Parkinson fut ainsi attaché à Banks en qualité de dessinateur.
286. Voir Edward SMITH, *The life of Sir Joseph Banks...,* London, 1911.
287. Le père Johann Reinhold Forster, et le fils Johann George Adam ont tous deux publié leurs observations (voir Cox, I, 60-61).
288. On lui avait adjoint un dessinateur, nommé Webber (COOK, *Troisième Voyage,* Paris, Raymond, 1819, p. 5.) Anderson rédigea notamment plusieurs vocabulaires de la langue des îles Sandwich, des îles des Amis, de l'île d'Otaiti (*Ibid., Intr.* p. 73.).

correspondants de l'Académie des sciences, multipliaient les
observations utiles, tel Pierre Barrère, qui résida plusieurs années
à Cayenne, et qui étudia méthodiquement le pays et ses habitants [289].

L'examen de l'*Histoire naturelle* de Buffon donne une ample moisson de noms, dont nous ne retiendrons que ceux
qu'on rencontre le plus fréquemment sous la plume des philosophes. Dans son entourage immédiat, les frères De Jussieu, et leur
neveu Antoine-Laurent. Joseph de Jussieu a rédigé un journal
fort détaillé de son voyage au Pérou. Antoine-Laurent a fourni
à Raynal de nombreux morceaux d'histoire naturelle, sur l'aloès,
la cannelle, le rocou, mais aussi sur la couleur des nègres et les
Caraïbes. Un dossier conservé au Muséum [290] indique le plus
souvent les sources utilisées, Labat et Du Tertre notamment. Mais
le naturaliste ne se contente pas de les copier : il dégage, par
exemple, l'exceptionnel intérêt d'une remarque de Labat sur le
langage des Caraïbes [291], ou propose de la sobriété de ces peuples
une explication physiologique satisfaisante, là où les voyageurs
se contentaient d'imaginer que « la transpiration des plantes
formait des molécules nourrissantes » qui suffisaient à leurs
besoins [292]. L'exemple d'Antoine-Laurent de Jussieu est en tout
cas révélateur d'un souci d'information nouveau : contrairement
à une légende très répandue, Raynal n'est pas un quelconque
compilateur, il sait utiliser les compétences et faire appel à un
lecteur plus averti que lui-même pour la description des mœurs
des sauvages. Dans cette attention portée à l'histoire naturelle,
l'influence de Buffon est sensible, et nombreuses sont les pages
où Raynal se réfère à son autorité et à ses ouvrages [293].

Mais cette influence s'est exercée d'abord sur toute une pléiade
de naturalistes, à qui le chapitre des *Variétés dans l'espèce
humaine* publié en 1749 est apparu autant comme une invite à de
nouvelles recherches que comme un modèle de synthèse. Tout un

289. Il publie en 1741 un *Essai sur l'histoire naturelle de la France équinoxiale*, et en 1743 une *Nouvelle Relation de la France équinoxiale*; sur Barrère,
voir H. FROIDEVAUX, *Notes sur le voyageur guyanais Pierre Barrère*, (Bibl.).
Froidevaux rappelle les nombreux emprunts que Raynal fait à ses ouvrages.
Pierre Barrère avait aussi rédigé un *Mémoire* sur la couleur des nègres (1741),
dont on trouve des extraits dans l'article « Nègres » de l'*Encyclopédie* d'Yverdon et dans le *Journal des savants*, fév. 1742.

290. Mss. 1225. Il a été décrit par M. COURTNEY, dans son article « A.L.
de Jussieu collaborateur de l'abbé Raynal », *R.H.L.F.*, 1963.

291. RAYNAL, IV, 331. Jussieu suggère à Raynal de noter que les femmes
caraïbes « se servent entre elles d'une langue particulière que les hommes ne
parlent pas quoiqu'ils l'entendent ». Labat explique le fait par une guerre
entre tribus, dont les vainqueurs n'auraient épargné que les femmes. Raynal
n'a pas tenu compte de cette suggestion.

292. Raynal l'intègre à son texte (V, 76). Il semble que Jussieu ait eu en
main le mss. de la première édition, et ait proposé ici des additions, là des
corrections.

293. Par exemple, pour la formation du continent américain, VIII, p. 17 sq.,
pour la faiblesse des Américains, VII, p. 141-142, pour les mœurs des castors,
VII, p. 181 sq., pour les animaux du Nouveau monde, IV, p. 68-69, etc.

réseau de correspondants et de collaborateurs fournit à l'auteur pendant les trente années qui séparent la rédaction de ce chapitre des *Additions* de 1777 la matière d'observations inédites : c'est Roume de Saint-Laurent, qui a un cabinet d'histoire naturelle à la Grenade [294], M. de la Nux, qui a vécu plus de cinquante ans à l'île de Bourbon [295], le vicomte de Querhoent, qui lui a communiqué le journal manuscrit de son voyage chez les Hottentots, Bruce, qui lui a envoyé des notes sur les Egyptiens et les nègres de Nubie [296], lord Gordon, qui lui écrit pour lui confirmer l'absence de « tablier » chez les femmes Hottentotes [297], Pagès, médecin du roi à Saint-Domingue [298], Sarrasin, médecin du roi à Québec [299], Laborde, médecin à Cayenne, une des sources de Buffon pour l'histoire naturelle de la Guyane [300], Domascheneff, dont il utilise un mémoire inédit [301], Commerson, enfin, auteur d'un mémoire sur un peuple nain de Madagascar, qu'il insère en 1777 dans les *Additions* au chapitre des *Variétés dans l'espèce humaine*.

Arrêtons-nous un instant à ce curieux personnage, dont nous avons déjà parlé, et qui, dans toutes ses entreprises, apparaît comme un disciple de Buffon, la fantaisie en plus : n'est-il pas plus connu par la mémorable aventure de sa servante Barré qui, déguisée en matelot, le suivit à bord du vaisseau de Bougainville, que par ses herbiers ? Mais il partait aussi avec un programme d'observations présenté au duc de Praslin sous le titre « Sommaire d'observations d'histoire naturelle ». Il y donne la première place à celles qui concernent l'espèce humaine :

« Qu'y a-t-il en effet de plus essentiel à observer dans un pays quelconque où l'on pénètre pour la première fois, que les races d'hommes qui l'habitent, leur figure, leurs usages, leur population, leurs habillements et leurs armes; leur figure peut offrir beaucoup de variétés dans la proportion des traits du visage comme dans sa couleur, leur taille peut se trouver au-dessous et au-dessus de la commune (...). La première nuance après l'homme est celle des animaux anthropomorphes ou à figure humaine, dont il serait fort à désirer de connaître toutes les séries, parce qu'elles établissent un passage insensible de l'homme aux quadrupèdes [302]. »

294. BUFFON, *Œuvres*, XII, 220; XI, 282.
295. BUFFON, *Œuvres*, XI, p. 273.
296. *Additions aux variétés dans l'espèce humaine*, IX, p. 308-309. Le journal de Querhoent est resté manuscrit; ses lettres à Buffon sont conservées au Muséum d'Histoire Naturelle, mss. 369. La relation de Bruce ne paraîtra qu'en 1790.
297. Sur Gordon, voir chapitre I.
298. *Œuvres*, XII, p. 41.
299. XII, p. 100, *Animaux carnassiers, l'Ondatra et le Desman*.
300. XIII, p. 223, *Animaux sauvages, le Cabiai*.
301. *Epoques de la Nature*, éd. J. Roger, p. 251.
302. Ce mss. de l'Arsenal (6600) a été publié par le Dr Montessus dans son livre : *Martyrologe et biographie de Commerson...*, 1859.

A l'exception de la dernière phrase [303], on croirait lire du Buffon : ce n'est pas seulement l'ordre de ses propres observations sur les races humaines qui se retrouve ici, c'est l'esprit même de la science de l'homme qu'il entend fonder, et qui associe étroitement anthropologie physique (taille, figure, couleur) et anthropologie culturelle (usages, habillements, armes), c'est enfin sa conception de l'espèce humaine, une et diverse, modelée par l'influence du climat.

Fidèle à son programe, Commerson rédigea des observations sur les Patagons [304], rencontrés sur la route de Tahiti, un « Post-scriptum sur l'île de Taiti ou Nouvelle-Cythère », qui parut en 1769 dans le *Mercure* [305], des observations aussi sur un curieux peuple nain de Madagascar, les Quimos — ou Quimosses —, dans lesquels il croit précisément découvrir une race proche de l'animalité, le premier élément d'une série d'« anthropomorphes » [306]. Dans ce dernier cas, il s'agit à vrai dire d'un récit mythique recueilli par Commerson et par le gouverneur Maudave, qui parle lui aussi des Quimos dans son *Journal* [307]. En 1777, Le Gentil de la Galaisière dans son *Voyage dans les mers de l'Inde...* s'éleva contre un tel témoignage fondé sur les propos de quelques chefs madécasses, et sur la présence parmi les esclaves du Comte de Maudave d'une femme qu'on supposait appartenir à cette nation. Mais l'histoire s'en était déjà répandue, et la même année, Buffon insérait dans son *Histoire Naturelle* la description des Quimos, tirée des papiers de Commerson [308]. En

---

303. Si Buffon admet de tels degrés pour les espèces animales, s'il admet que « les quadrumanes remplissent le grand intervalle qui se trouve entre l'homme et les quadrupèdes », il y a pour lui un vide dans la chaine et il n'est pas possible de « descendre insensiblement et par nuances de l'homme au singe ». *Histoire naturelle*, XIV, 9 et IV, 171.

304. Muséum, mss. 301.

305. En novembre. Il s'agit du post-scriptum d'une lettre adressée par Commerson à l'académicien Delalande, le 17 avril. Rappelons que Bougainville et ses compagnons avaient séjourné à Tahiti en avril 1768.

306. En revenant de Tahiti, Commerson s'était arrêté à l'Ile de France, où le vaisseau avait fait escale. De là il se rendit à Madagascar. La description des Quimosses se trouve dans une lettre adressée toujours à Delalande. Elle fut publiée par M. de Fréville à la suite du *Supplément au Voyage de Bougainville* (voir Bibliographie) en 1772 (III, 259 sq.). La lettre est datée du 18 avril 1771. De Brosses dut en avoir une copie, puisqu'il en donna lecture devant l'Académie de Dijon le 18 août 1771 (*Registre de l'Académie des Sciences*, tome VI et *Mercure*, janvier 1772, p. 135-46). Il semble que Commerson avait réuni les matériaux d'un ouvrage plus important sur Madagascar si l'on se réfère aux mss. du Muséum 887 et 888 : « Mémoire pour servir à l'histoire naturelle et politique de la grande île de Madagascar ».

307. Le début de ce *Journal* est au ministère de la Marine. Commerson en donne des extraits dans son *Mémoire...* déjà cité. Il est plus que probable que la lettre à Delalande a été copiée sur le *Journal* de Maudave. Le passage qui concerne les Quimos a paru dans le *Journal des Voyages ou Archives géographiques du XIXe*, en oct. 1827 (N° 108). Le mss. conservé au ministère de la Marine, a été publié par M. Pouget de Saint-André, *la Colonisation de Madagascar sous Louis XV...*, 1886.

308. Il ne semble pas que Buffon ait connu la lettre à Delalande. Il ne parle que des « papiers » de Commerson, qui lui furent en effet remis après

1780, Raynal consacre lui aussi une page à ce peuple étrange [309]; en 1791, l'abbé Rochon publie une nouvelle fois le même récit [310]. En l'an VIII, on en est toujours au même point et l'on souhaite qu'à propos d'une expédition projetée à Madagascar on fasse la lumière sur ce « fait majeur pour l'histoire de l'homme », un peuple qui « offre la nuance intermédiaire entre le singe et l'homme » [311].

Nous avons retenu l'exemple de Commerson parce qu'il illustre parfaitement le rôle joué par les naturalistes, et aussi la manière dont les informations circulaient, par le réseau des correspondances particulières des lectures publiques, des périodiques, qui diffusaient très rapidement des extraits de relations ou de journaux inédits. Nous ne pouvons envisager l'étude de ce « circuit de distribution », mais ce cas précis permet de voir quelle a été son importance. Nous avons déjà vu, à propos du *Supplément au Voyage de Bougainville* que les articles de journaux, les publications de hasard, qui précèdent l'édition des relations proprement dites ne sont pas à négliger [312].

L'exemple de Commerson est encore intéressant, dans la mesure où son nom est lié à celui de Maudave et, par-delà Maudave, à celui de Poivre, c'est-à-dire à ce milieu d'administrateurs coloniaux qui ont fait cause commune avec les économistes et les philosophes pour faire prévaloir une politique de colonisation en profondeur, fondée sur une parfaite connaissance du pays et de ses habitants. C'est en effet Poivre qui demanda à Commerson de passer à Madagascar, et de reconnaître la partie méridionale de l'île, où le comte de Maudave avait fondé un établissement en 1768. Les observations de Commerson — et de Sonnerat, le neveu de Poivre, qui l'accompagnait — devaient permettre de pénétrer à l'intérieur de l'île et de gagner les bonnes grâces des indigènes. Commerson entre parfaitement dans ces vues lorsqu'il écrit :

« La connaissance de la côte quoique très essentielle ne peut être d'aucune utilité pour s'insinuer dans un pays dont on ne veut point s'emparer à force ouverte et dans lequel l'établissement doit avoir pour base l'affection des peuples qui l'habitent [313]. »

---

la mort de ce dernier en 1773 (Dossier personnel de Commerson, aux Arch. Nat., E 89). Buffon y joint le témoignage du Dr Meunier « qui a fait quelque séjour dans cette île ».

309. II, 94, 95. Mais d'autres passages empruntés au *Journal* de Maudave (II, p. 97) laissent penser que Raynal a eu celui-ci entre les mains.

310. *Voyage à Madagascar...*, tome II.

311. Arch. Nat. Colonies F 3-23, F° 283-84. Lettre de M. Denys Montfort, aide-géologue au Muséum d'Histoire Naturelle.

312. La présence du *Journal* de Sydney PARKINSON (publié en toute hâte pour profiter de l'impatience du public, d'après des notes de qualité assez douteuse) dans les bibliothèques est à cet égard significative, aussi bien que le livre de Fréville.

313. Muséum, mss. 887 (4), f° 1.

C'est bien là ce que souhaitaient Poivre [314] et Maudave, dont toute la politique reposait sur la « civilisation » des Madecasses et s'interdisait toute violence [315]. Commerson s'emploie à montrer qu'elle n'est pas impossible :

« Les Portugais, les Hollandais et les Français en ont été massacrés tour à tour; mais j'ose croire qu'ils ne se seraient pas portés à cet excès de cruauté, si par des vexations atroces, on ne les eût forcés de sortir de leur caractère. Ces insulaires sont vraiment bons et hospitaliers », assure-t-il [316].

On voit naître ici l'idée de ce que Raynal nommera « antipathie de ressentiment » [317], et surgir une image du « bon sauvage » qui n'a ni la fraîcheur du premier regard, ni la fragilité du mythe, mais qui vient se substituer à l'image inverse, de telle façon que le péché de violence soit effacé, et que tout rentre dans l'état d'innocence primitive, qui a précédé l'arrivée des Européens.

On ne s'étonnera donc pas de trouver chez les naturalistes cette bienveillance à l'égard des sauvages, dont on pourrait dire qu'elle traduit en termes de « civilisation » presque toutes les images véhiculées depuis deux siècles par une missiologie optimiste, l'œuvre des jésuites du Paraguay servant, implicitement ou non, de référence à tous les projets dont l'*Histoire des Indes* se fait l'écho. C'est en ce sens qu'on peut parler d'un véritable renouvellement des sources : il est significatif que pour les peuples sauvages qui font partie de ce que nous avons appelé un « paysage familier », Raynal se contente de puiser dans Prévost ou dans les classiques de la littérature des voyages, tandis que pour les Canadiens, les Madécasses, les Indiens de la Guyane ou les Caraïbes, il tire son information soit des récits des naturalistes, soit de mémoires d'administrateurs. Son livre souligne une évolution, qui se trouve confirmée par de nombreux indices.

Si nous regardons du côté des naturalistes, l'exemple d'Adanson, d'Artur, de Fusée-Aublet témoigne, au même titre que celui de Commerson, d'une convergence naturelle entre leurs « observations » et les principes directeurs de la politique des bureaux. Les missions d'Adanson au Sénégal et en Guyane n'ont pas seulement un but scientifique : ce sont des missions d'information, au sens large du terme. Le fruit de ses voyages, ce n'est pas seulement l'*Histoire naturelle du Sénégal* [319], mais des mémoires

---

314. Sur les idées de Poivre, voir les chapitres suivants.
315. Voir dans RAYNAL, II, p. 98, 99, livre IV, ch. 4, l'exposé de cette politique.
316. Muséum, mss. 887 (4). L'affirmation est reprise par RAYNAL, II, 97.
317. *Histoire*, VII, 138. Voir plus loin chapitre IV.
318. Le mot est chez Raynal presque toujours employé au sens actif. Voir plus loin chapitre IV.
319. 1757, in-4º. L'*Encyclopédie* (XV, 13) renvoie à cet ouvrage à l'article « Sénégal ». Adanson collabora par la suite aux *Suppléments*, pour l'histoire naturelle.

secrets qui prennent la direction des bureaux [320] et voisinent dans les archives des colonies avec différents mémoires d'administrateurs, comme les éléments d'un même dossier [321]. Dans son *Histoire du Sénégal*, la description des mœurs des Jalofs, qui contraste d'une manière saisissante avec ce qu'on pouvait lire dans les anciennes relations [322], participe d'une vision optimiste du monde africain, totalement étrangère aux premiers voyageurs, et qu'inspire un désir nouveau de civiliser ces peuples pour en faire des travailleurs libres et mettre grâce à eux les terres en valeur.

Autre exemple : Artur, parti à Cayenne comme médecin du roi en 1735, et devenu doyen du Conseil supérieur de la colonie, où il devait rester trente-cinq ans, fut mêlé à toutes les affaires de Guyane. Si son *Histoire de la Guyane* est restée manuscrite [323], ses lettres ont fourni à Buffon, Duhamel, Rouelle, Jussieu de précieuses observations sur la flore, la faune, les montagnes de la Guyane, les fossiles de la Cordillère des Andes, mais il est probable aussi qu'il a communiqué à Raynal des renseignements sur l'histoire de la colonie [324]. Mais le cas le plus frappant est celui d'Aublet, dont les activités de naturaliste s'exercèrent entièrement dans le cadre de l'administration des colonies. Elève de Jussieu et de Rouelle, il entre en relations avec d'Holbach qui lui ouvre obligeamment sa bourse et sa bibliothèque [325]. En 1751, il est engagé par la Compagnie des Indes pour partir à l'Ile de France avec le titre pompeux de « botaniste et premier apothicaire-compositeur de la Compagnie des Indes à l'Ile de France ». On peut supposer que Magon, directeur de la Compagnie, et habitué lui aussi du salon d'Holbach [326] n'était pas étranger à ce choix, ni à l'invitation que lui adressa plus tard d'Estaing de venir à Saint-Domingue [327]. Il prit en tout

---

320. Voir H. FROIDEVAUX, « Les mémoires inédits d'Adanson sur l'île de Gorée et la Guyane Française », *Bulletin de Géographie historique et descriptive*, 1899. Les originaux sont aux Arch. Nat. (Colonies C 6 Sénégal, carton 15, f° 1 à 36 et C 14 26, pour la Guyane), une copie est à la Bibliothèque Nationale (F. fr. 6244). Sur Adanson, voir les travaux d'Alfred LACROIX et H. FROIDEVAUX, cités dans la Bibliographie.

321. Voir notre premier chapitre.

322. PRÉVOST, III, 140 sq. Les Jalofs sont décrits comme « débauchés », « lâches », « vindicatifs », « menteurs », « ivrognes », se vendant entre eux et vendant leurs enfants (...)

323. B.N. 13 vol., in-fol., mss. N.a.fr. 2571-2582. Des extraits ont été publiés par H. Froidevaux, à la suite d'un article sur La Condamine, à qui Artur servit de guide en 1744 (voir Bibl.). Sur Artur, voir A. LACROIX, *Notice historique...*, 31-34.

324. Il y a de grandes ressemblances entre le texte d'Artur et les pages 127 à 131 du tome III de l'*Histoire des Indes*.

325. Les détails qui suivent sont puisés à deux sources : 1. la Préface de l'*Histoire des plantes de la Guyane*, 1775. 2. Le dossier personnel d'Aublet aux Archives Nationales, E 10.

326. Sur Magon, voir la *Correspondance* de DIDEROT, Index général.

327. C 4 9, f° 67 Arch. Nat. contient une lettre d'Aublet au comte de Moras qui fait l'éloge de Magon.

cas le parti du naturaliste dans le différend qui l'opposa à Poivre, dont il ne partageait pas l'opinion sur les cultures convenables à l'île [328]. Revenu en France en 1762, Aublet repart bientôt pour Cayenne avec l'expédition du Kourou et le jeune protégé de Diderot : Vallet de Fayolle. Il rentre en 1765 et Diderot annonce à Sophie la bonne nouvelle :

« Aublet est de retour (...). Croiriez-vous que cette gibecière que nous vîmes partir avec Fayolle, si à contrecœur, lui a été d'un grand secours. C'est Aublet qui me l'a dit. Ces insulaires sont sots et ennuyeux. Ils ont le plus grand besoin d'être amusés, et on les émerveille à peu de frais (...) [329]. »

Entre-temps Aublet s'était rendu à Saint-Domingue, où Magon était alors intendant, et on le chargea de veiller à l'établissement du môle Saint-Nicolas. Mais sa compassion pour le sort des nègres esclaves semble avoir déplu au comte d'Estaing, qui le renvoya, si l'on en croit du moins une note de Moreau de Saint-Méry [330]. Ce qui n'empêcha nullement Aublet d'insérer à la fin de son *Histoire des plantes de la Guyane* un vigoureux plaidoyer en faveur des nègres, où il réfute les principaux arguments des esclavagistes [331]. Toujours d'après Moreau, il ne s'en tint pas là. Moreau parle en effet de « mémoires » que « ce Pline américain, instruit par son seul domestique noir, aurait fait paraître dans les Journaux encyclopédiques », et où « il avançait qu'on tirerait plus de travail des nègres rendus libres, qu'en les laissant esclaves » [332]. Son *Histoire des plantes de la Guyane* contient encore des observations sur les Galibis, fruit d'un voyage à l'intérieur des terres, dont il avait envoyé le compte rendu au Ministre dès 1763 [333].

D'une manière générale, on peut dire que l'activité des naturalistes fut surtout grande là où il s'agissait de faire prospérer des « établissements » ou de faire un travail de prospection qui permît d'en fonder de nouveaux : l'Afrique, Madagascar, les Antilles et la Guyane, voilà le champ essentiel de leurs entreprises, la Guyane surtout, sur laquelle il parut en trente ans un grand nombre d'ouvrages de caractère scientifique : *Relation* de Barrère en 1743, qui contient une description des mœurs des indigènes illustrée de dessins, *Description géographique* de Bellin en 1763, *Relation* du naturaliste Mentelle en 1767, *Tableau his-*

---

328. Aublet reprochera à Raynal d'avoir dans l'*Histoire* soutenu le point de vue de Poivre (II, 92).
329. *Corr.*, 30 déc. 1765 (Roth, v, 235). L'allusion est d'ailleurs obscure.
330. Arch. Nat. F 3, 133, f° 475 (Cahiers de notes de Moreau de Saint-Méry).
331. 1775, tome II, p. 111 sq., « Observations sur les nègres esclaves ».
332. Nous n'avons pas retrouvé ces articles.
333. II, p. 105 sq., et Arch. Nat. C 14-27, f° 213 et suiv. : « Voyage fait par le sieur Aublet de Cayenne à la crique Galibi par la rivière d'Oyac », 13 avril-24 mai 1763.

torique de la colonie de Surinam, par Fermin en 1769 [334], livre du médecin Bajon en 1777, *Histoire naturelle de la Guyane* de Bancroft.

Pour les expéditions lointaines, on tenta de remédier au caractère nécessairement fragmentaire des observations par un effort de méthode : les instructions des naturalistes concernent « les mœurs des peuples, les productions du sol, tout ce qui peut avoir rapport à l'histoire naturelle et à celle de l'homme » [335]. Le duc de Croÿ rédige une *Instruction des naturalistes pour les grands voyages* [336]. Les observations de Banks et Solander, celles de Forster sont des modèles de précision [337]. Dom Pernety, compagnon de Bougainville aux îles Malouines, et narrateur du voyage, assume à la fois les fonctions d'aumônier et de naturaliste, et prendra contre De Pauw la défense des Américains [338]. Les ouvrages des Egede, disciples de Linné, de Gmelin, Steller, Pallas, Tchirikov et Chappe d'Auteroche sur les régions du nord fournissent une ample matière aux réflexions des philosophes. Il faut encore mentionner le voyage du naturaliste Joseph Dombey au Pérou [339]. Le questionnaire que lui remet le botaniste J.-F. Séguier avant son départ porte sur des points fort précis : le problème des minéraux, celui des pétrifications et des coquilles (« Y a-t-il en un mot des marques pour découvrir que la terre ait été recouverte d'eau dans les temps reculés et qu'il s'en soit conservé quelque tradition parmi les habitants ? »), l'usage que les habitants font des simples en médecine, l'existence d'une forme quelconque de monnaie avant la découverte du pays. Dombey correspond avec Buffon, avec l'abbé Rozier, avec le bernois Gilibert, avec Raynal, à propos de la nourriture des anciens Péruviens, de la cannelle du Pérou, des plantes médicinales. Il fouille systématiquement les sépultures, d'où il retire des momies et des ustensiles divers. Il visite en 1779 les ruines de Pachacamac, et collectionne les objets archéologiques, en particulier des « silvadores », vases ornés de têtes d'hommes, de singes ou d'oiseaux, mais aussi des balances à fléaux égaux, dont il est le premier à constater l'existence chez les Péruviens. Le résultat

---

334. Docteur en médecine, originaire de Maestricht, auteur de l'article « Nègres blancs » dans l'*Encyclopédie* d'Yverdon (XXX, 214). Il passa dix ans à Surinam.

335. CHAPPE D'AUTEROCHE, *Projet de voyage dans la mer du Sud...* (1769), cité par M. MARTIN-ALLANIC, *op. cit.*, II, 911-912.

336. *Ibid.*, II, 1363 et note 28, p. 1386.

337. Deuxième voyage de Cook, *Observations (...) especially (...) on organic bodies, [and] the human species*, London, G. Robinson, 1778. A. Gerbi voit en Forster (père) un disciple de De Pauw (*La disputa del Nuevo Mondo*, p. 155-56).

338. *Dissertation sur l'Amérique et les Américains*, Berlin, 1770.

339. Voir l'ouvrage remarquablement documenté du Dr Hamy (Bibl.), d'où nous extrayons la plupart des renseignements qui suivent. Dombey est parent de Commerson, et disciple d'Antoine-Laurent de Jussieu. Son voyage dura de 1776 à 1785.

de ces travaux est consigné dans son *Journal,* resté manuscrit [340], mais de retour à Paris, il exposa une partie des objets recueillis, avant leur partage entre les Cabinets du Roi [341]. Son voyage est célèbre, Saint-Lambert vante ce « voyageur éclairé » [342], et Raynal ne manque de lui faire demander par son ami Pâris des informations sur les pays qu'il a visités [343].

Si la campagne de fouilles méthodiquement entreprise par Joseph Dombey reste exceptionnelle par son ampleur et ses résultats, il n'est pourtant pas le seul à manifester un intérêt nouveau pour les outils, les objets de la vie quotidienne, les indices matériels d'un état de civilisation. Avec l'étude des vestiges archéologiques, on sort du cadre descriptif de l'histoire naturelle, qui se contente d'un « tableau » des mœurs et des usages, sans remonter en deçà d'un présent d'éternité, pour aller vers la reconstitution historique d'un passé commun à l'espèce sans doute, mais fragmenté en une infinité de cultures originales. Déjà la représentation conjointe, dans les dessins qui accompagnent les récits des voyages de Bougainville ou de Cook, des figures humaines et des « instruments des sauvages », marque une évolution vers une vision globale et dynamique des sociétés décrites, dont il faut souligner l'importance [344].

C'est, à notre sens, ce qui distingue le plus profondément la littérature des voyages postérieure à l'*Encyclopédie* de celle qui précède. L'influence de l'*Encyclopédie* est un des facteurs qui explique l'évolution du genre, celle de Buffon étant le premier, et celle de De Pauw, sur laquelle nous reviendrons, étant le second. Chez Bougainville, par exemple, on discerne très bien les traces de ces trois influences, la première au niveau de la description des mœurs des sauvages [345], la seconde au niveau de l'interprétation de certains faits [346], la troisième dans l'inventaire des divers « instruments » des sauvages [347]. Il suffit de comparer ses

---

340. Il est au laboratoire de botanique du Muséum (HAMY, p. VII). Nous avons publié dans les *Cahiers du Sud,* en 1966, un « Catalogue » dressé par Dombey des objets trouvés dans les tombeaux péruviens. Voir Bibl.
341. Le reste fut pillé par des corsaires anglais et revendu par eux à l'Espagne (HAMY, p. XLIX).
342. Mémoire inédit sur les gens de couleur, dans *Annales historiques de la Révolution française,* juillet-sept. 1965. Voir *Annexe* Add. au chap. III.
343. A. FEUGÈRE, « L'abbé Raynal et la Révolution française », *Annales révolutionnaires,* 1913, p. 322.
344. Ainsi NICOLSON, dans son *Histoire de Saint-Domingue,* décrit les haches de pierre polie qu'il a découvertes, Forster les statues de l'île de Pâques, Sydney Parkinson dessine les « instruments des Tahitiens », Commerson, leurs barques et leurs outils.
345. *Voyage autour du monde,* Club des libraires de France ; 141 : races de Tahitiens, 168 : sauvages de l'île des Lépreux.
346. A propos des tatouages des Tahitiens, Bougainville note : « Le savant et ingénieux auteur des *Recherches philosophiques sur les Américains* donne pour cause à cet usage général le besoin où l'on est, dans les pays incultes, de se garantir ainsi de la piqûre des insectes caustiques. Cette cause n'existe point à Tahiti », *ibid.,* p. 142.
347. *Ibid.,* 146-147.

observations sur les sauvages du Canada, rédigées en 1756 [348] et le *Voyage autour du monde* : là le pittoresque, ou le trait moral l'emportent sur les détails concrets, ici le langage est volontiers technique, et les objets : hameçons, filets, pirogues à balanciers, les arts : charpente des maisons et « fabrique des étoffes », l'adresse et l'industrie des Tahitiens sont l'objet essentiel du récit.

A ce fragment du *Journal* canadien :

« Les Folles-Avoines dansèrent en rond autour des prisonniers, un son d'une espèce de tambourin placé au milieu : spectacle singulier et plus propre à effrayer qu'à réjouir, curieux cependant aux yeux même d'un philosophe qui cherche à étudier l'homme dans ceux surtout qui sont le plus voisins de la première nature. Ces hommes étaient nus à l'exception d'une pièce de drap devant et derrière, le visage et le corps matachés, des plumes sur la tête, symbole et signal de la guerre, le casse-tête et la pique à la main. En général ce sont des hommes nerveux, grands et de bonne mine; presque tous sont fort gais. On ne peut avoir plus d'oreille que n'en ont ces peuples. Tous les mouvements de leurs corps marquent la cadence avec la plus grande justesse. Cette danse est la pyrrhique des Grecs (...) [349]. »

on opposera cette description d'insulaires de l'île Choiseul, au nord de l'archipel Salomon :

« [Leur pirogues] sont fort longues, bien travaillées; l'avant et l'arrière sont extrêmement relevés, ce qui sert d'abri contre les flèches, en présentant le bout. Sur le devant d'une des pirogues, il y avait une tête d'homme sculptée, les yeux étaient de nacre, les oreilles d'écaille de tortue, et la figure ressemblait à un masque garni d'une longue barbe; les lèvres étaient teintes d'un rouge éclatant. On trouva dans leurs pirogues des arcs, des flèches en grand nombre, des lances, des boucliers, des cocos, et plusieurs autres fruits dont nous ne connaissions pas l'espèce; de l'arec, divers petits meubles à l'usage de ces Indiens, des filets à mailles très fines, artistement tissus, et une mâchoire d'homme à demi grillée (...). Leurs boucliers sont d'une forme ovale, faits de joncs tournés les uns au-dessus des autres, et parfaitement bien liés [350]. »

La volonté d'inventaire est ici d'autant plus frappante qu'il s'agit d'une rencontre due au hasard d'une « relâche » : la collection d'objets a valeur de connaissance immédiate, elle caractérise un état de civilisation, elle sert de repère et d'indice et dispense d'une plus longue familiarité. La pêche, la chasse, la

348. Voir notre article « Bougainville, Raynal, Diderot et les sauvages du Canada », *R.H.L.F.*, 1963.
349. *Journal de Bougainville,* 11 juillet 1756, voir Bibl.
350. *Voyage autour du monde,* 186.

guerre, l'anthropophagie, l'art de la navigation et celui du tissage, tout un monde d'usages et d'industries est enserré dans cette nomenclature et signifié par son seul secours. Au style de la narration, riche en images, se substitue un système de signes, qui se suffit à lui-même, et suppose déjà connus tous les signifiés. Le modèle pourrait être l'article « Canot » ou l'article « Machines » de l'*Encyclopédie*[351], les seuls objets décrits étant ceux qui n'ont pas encore été répertoriés par les auteurs du Dictionnaire, par exemple la pirogue à balancier[352]. Quant aux dessins des « instruments de Tahiti », de ceux de Malicolo et de Tanna, qu'on trouve dans les *Voyages* de Cook[353], ou dans les papiers de Commerson[354], ils sont composés comme une planche de l'*Encyclopédie*.

VI. Administrateurs et philosophes

Il reste à parler, pour donner une idée complète de « l'information » des philosophes, d'une dernière catégorie de sources, jusqu'ici non répertoriée, et constituée par les mémoires d'administration conservés dans le fonds des Colonies. Déjà le nom de Roume de Saint-Laurent, qui de la Grenade, passe à la Trinité puis à Tabago, où il est « ordonnateur » en 1786[355], renvoyait à ces « administrateurs-philosophes » — l'expression est de Raynal[356] — dont Poivre reste le modèle. Celui de Le Romain aussi : cet ingénieur en chef à la Grenade est mieux connu; c'est un collaborateur de l'*Encyclopédie*, et un familier du Granval[357]. Sa contribution à l'*Encyclopédie* ne se réduit pas, comme le pensait Tourneux, à l'article « Sucre ». A partir du tome IV, ses articles sont signés, mais d'après l'Avertissement du tome III, plusieurs articles de ce volume sont aussi de lui. L'avertissement du tome VII le donne pour l'auteur de plusieurs articles sur l'histoire naturelle de l'Amérique, signés M.L.R. Certains concernent la « Théologie caraïbe », comme « Mabouya » et « Maby »[358]. L'article « Couleuvre »[359], décrit la technique en usage chez les

---

351. II, 620-621 et IX, 794.
352. P. 146-47.
353. Les premiers sont de Sydney Parkinson (*Voyage autour du monde*, éd. citée p. 144), reproduit dans le deuxième *Voyage* de Cook.
354. Voir Bougainville, *Voyage autour du monde*, Club des Libraires de France, p. 168.
355. Il y a quelques renseignements sur lui aux Arch. du ministère de la Guerre, dossier A 1-3764, et aux Arch. Nat. sont conservés deux mémoires sur Tabago, dont il est l'auteur. (T 281-4 et T 782).
356. A propos du baron de Bessner.
357. Diderot,, *Cce*, VII, p. 158.
358. Tome IX.
359. Tome IV.

Caraïbes pour exprimer le suc du manioc, l'article « Nègres, considérés comme esclaves », s'inspire de Labat, et tout en faisant appel à l'humanité et à l'intérêt des maîtres, ne manifeste pas une compassion particulière pour le sort des esclaves [360]. A leur date, ces articles — à l'exception du dernier cité — tranchent par leur qualité sur ceux, assez médiocres dans l'ensemble, que De Jaucourt tire des anciens auteurs [361]. Ils tranchent aussi, par leur caractère technique ou la froideur du ton, sur ceux que d'Holbach consacre aux superstitions des peuples dits sauvages [362].

Plusieurs indices convergents ont orienté la recherche : une lettre de Diderot qui laissait soupçonner qu'il avait eu entre les mains une partie de la Correspondance des Colonies [363], les noms de Magon et de Dubuq fréquemment cités dans ses lettres [364], les relations avec le Bureau des Colonies qui lui permettent de « caser » le jeune Vallet de Fayolle [365], certains passages de l'*Histoire des Indes* qui ne révélaient aucun emprunt à des sources imprimées, tandis que nous avions pu constater que Raynal n'invente jamais rien, et qu'il y a un texte précis derrière chacune des pages de son livre, un mémoire de Saint-Lambert sur les nègres de Saint-Domingue retrouvé aux Archives [366], tout laissait soupçonner des liens assez étroits entre le milieu philosophique et certains commis ou administrateurs des colonies. Le rapport supposé entre les documents utilisés et les principaux problèmes touchant l'administration des colonies dont traitait l'*Histoire des Indes,* fournissait un cadre géographique : Canada, Guyane, Madagascar, Afrique, Antilles [367], et des repères chronologiques : les dernières années du Canada français, le nécessaire tournant de la politique coloniale après 1763, et les projets d'établissements nouveaux.

Quand il s'agit de « voyageurs-philosophes », tels que Bougainville ou Poivre, on ne peut dissocier leur expérience de voyageur de leur mission, officieuse ou officielle. Si Bougainville est envoyé au Canada comme adjoint de Montcalm, c'est à la suite d'un séjour à Londres où il s'est initié à la question des limites de la Nouvelle-France et de la Nouvelle-Angleterre, sur

360. Tome XI.

361. Voir le chapitre sur l'Anthropologie de Diderot.

362. *Ibid.*

363. J. PROUST, « A propos d'un fragment de lettre de Diderot » (1769), dans *Studi Francesi.* 1959, n° 7, p. 88-91. La lettre se trouve au tome IX de la *Cce.*

364. Voir l'Index de la *Cce,* tome XVI et dernier.

365. Voir l'Index de la *Cce* à ce nom, et Michèle DUCHET : « Une lettre inédite de Diderot à Vallet de Fayolle », dans *Diderot Studies,* VIII, 1966.

366. Voir chapitre III.

367. Canada VII, livre XV, Guyane VI, livre XIII, Madagascar II, livre IV, Afrique et Antilles V, livre XI, éd. cit.

laquelle il rédigera un important mémoire pendant son premier hiver canadien [368]. La faveur de Mme de Pompadour n'a pas seulement distingué en lui le neveu d'un vieil ami, M. d'Arboulin; il part avec une misison secrète : s'informer de l'état de la colonie, et proposer une politique. Il envoie directement au Ministre [369], à l'insu même des Bureaux, notes et mémoires, dénonçant certains scandales [370], proposant des réformes [371], projetant un établissement dans la baie d'Hudson [372], la découverte du passage du nord-ouest, et même une expédition au pôle Nord [373]. Partisan d'une politique d'expansion coloniale, il continuera de s'en faire le prosélyte, après que la perte du Canada aura déçu ses premières ambitions. Toutes les entreprises qu'il formera par la suite n'auront d'autre but que d'assurer à la France par l'occupation ou la découverte de terres inexplorées, la suprématie maritime [374]. Ses observations sur les sauvages du Canada ont certes un objet philosophique [375]; mais elles doivent surtout faciliter une politique d'assimilation, fondée sur « l'affection » des sauvages : un établissement durable suppose qu'on s'en fasse des alliés sûrs. Bougainville admire Montcalm d'avoir su gagner leur confiance :

« M. de Montcalm respectait l'ouvrage de la nature dans l'heureuse simplicité des sauvages, dont il avait fait ses amis. Ils

---

368. De Kerallain, *La Jeunesse de Bougainville et la guerre de sept ans*, p. 60-61.

369. Il avait la confiance du comte d'Argenson et en 1757 il se met au service du nouveau ministre de la Marine, M. de Moras, le beau-frère de Mme Hérault, dont le fils est son ami intime. En 1758, il revient à Versailles pour plaider la cause du Canada, présente différents mémoires, propose un débarquement en Caroline dont le duc de Choiseul songe à lui confier le commandement. Il apparaît comme l'homme de la situation. Mais finalement les secours envoyés ne suffiront pas à rétablir la situation. Sur tous ces points, voir Kerallain, *op. cit.*, p. 61, p. 126 sq.

370. C'est Montcalm et lui qui attirent l'attention de la Cour sur les vols de l'intendant Bigot (*ibid.*, p. 104).

371. Voir son « Mémoire sur l'état de la Nouvelle-France », rédigé pendant l'hiver 1756-57, publié dans le *Rapport de l'archiviste de la province de Québec*, 1923-1924. avec une liste des mémoires présentés à la cour en 1758 (p. 6).

372. Kerallain, *op. cit.*, p. 95. Le projet est aux Arch. Nat. C 11 A-125.

373. *Ibid.*, p. 33.

374. M. Bouchard, dans son livre *De l'Humanisme à l'Encyclopédie*, voit déjà dans le président De Brosses un représentant de cette bourgeoisie qui « rêve d'une vaste entreprise de colonisation française dans les mers australes », p. 687, et Taylor, dans *Le président de Brosses et l'Australie*, rapproche aussi la pensée de De Brosses et celle de Bougainville, p. 142-143. Enfin, pour toute cette période, l'ouvrage de Martin-Allanic apporte tous les documents nécessaires. Voir Bibl.

375. « A mesure que j'aurai occasion d'apprendre quelque chose concernant leur religion, leurs usages et leurs mœurs, je ne négligerai pas un objet important aux yeux d'un philosophe et qui tient à l'étude la plus essentielle, celle de l'homme », *Journal*, 21 juillet 1757. On sent que Bougainville a lu Lafitau, et qu'il voit dans les Canadiens des Grecs des temps homériques. C'est à travers cette culture — la sienne — qu'il goûte le côté un peu « barbare » de leurs mœurs, de leurs chants et de leurs danses, qu'il compare à la pyrrhique des Grecs, *Journal*, 11 juillet 1756.

disent eux-mêmes qu'il connaît leurs usages et leurs manières comme s'il avait été élevé au milieu de leurs cabanes [376]. »

Il rend hommage aux quakers « qui ont cru que des hommes ne devaient pas être traités en esclaves par leurs semblables, seulement par la raison qu'ils ont sur la tête de la laine au lieu de cheveux », et qui ont donné à la terre une leçon de philosophie... et de politique [377]. Lui-même n'hésite pas à se faire adopter par une tribu iroquoise, suivant l'usage fort répandu dans la colonie [378]. Politique dont Raynal ne manque pas de souligner les heureux effets :

« Les colons français, loin de leur donner les mœurs de l'Europe, avaient pris celles du pays qu'ils habitaient; l'indolence de ces peuples pendant la paix, leur activité durant la guerre, leur amour constant pour la vie errante et vagabonde. On avait même vu plusieurs officiers distingués se faire adopter parmi ces nations [379]. »

Il ajoute même que de cet « attachement décidé pour les Français » naissait « l'aversion la plus insurmontable pour les Anglais » [380]. Il insiste aussi sur le rôle des missionnaires qui « en étudiant la langue des sauvages, en se conformant à leur caractère, à leurs inclinations, en usant de tous les moyens propres à gagner leur confiance, avaient acquis un pouvoir absolu sur leurs âmes », alors que Bougainville racontait quelques anecdotes peu « édifiantes » sur leur compte. Raynal cite bien l'une d'entre elles [381], mais il omet de dire que ce sont des missionnaires qui, pour s'emparer de terres à leur convenance, voulaient déplacer une tribu d'Abenaquis [382]. Le sens de ces déformations est assez clair : rien ne doit ternir l'image d'une colonisation

---

376. Lettre au Mis de Paulmy, 19 août 1757, B.N. ms. N.a.fr. 9406, p. 65 sq. Des extraits de cette lettre figurent dans « l'Eloge historique du Mis de Montcalm », paru dans le *Mercure de France*, janvier 1760.
377. *Ibid.*
378. *Journal*, 10 juillet 1757. Son clan est celui de la Tortue. D'après certains témoignages, Bougainville eut un fils d'une jeune sauvage (Voir « Note de M. de Mun, secrétaire d'ambassade au Brésil », dans B.N. N.a.fr. 9406, p. 369-371. Ce fils, nommé Lorimier, aurait été en 1811 le chef d'une tribu de Shawanons). Bougainville cite dans son *Journal* les noms de Jonquières, Longueil, Chauvignerie (voir extraits du *Journal* dans le *Journal Etranger* de juin 1762, p. 116). Raynal cite le cas de Saint-Casteins, qui se fixa chez les Abaquis et épousa une de leurs femmes, VIII, p. 75.
379. VII, p. 294-295.
380. La politique anglaise était en effet toute différente, bien que les unions mixtes aient été en fait tolérées. Sur cette question, on lira avec profit le livre de Marcel GIRAUD, *le Métis canadien*, qui, pour cette période, s'appuie surtout sur des sources anglaises. Raynal a aussi beaucoup adouci la réalité : Bougainville raconte d'affreuses vérités dans son *Journal* sur les massacres de prisonniers qu'il fallait bien tolérer, sur le parti qu'on tirait des haines intertribales, sur l'anthropophagie des sauvages.
381. VIII, p. 295.
382. Sur les différentes versions de cette anecdote voir M. DUCHET, art. cit.

qui eût pu réussir, et dont les principes restent valables pour de nouveaux établissements à Madagascar ou en Guyane.

Nous reviendrons dans les chapitres suivants sur les plans de « civilisation » des sauvages ou d'affranchissement des nègres dont Raynal assure la diffusion dans son livre. Ici, nous prendrons l'*Histoire des Indes* comme une plaque tournante, où se démêle l'écheveau embrouillé des relations individuelles et des intérêts personnels, et où les diverses « contributions » à l'ouvrage de Raynal se donnent pour ce qu'elles sont : les matériaux d'une politique.

Plusieurs documents montrent en effet que la « fabrication » de l'*Histoire des Indes* a eu un but politique, si même elle n'a pas été une commande officielle, comme l'*Histoire des voyages* de Prévost. C'est d'abord le dossier de Raynal au ministère des Affaires Etrangères [383] : on y trouve le brevet d'une pension de 1 000 livres accordée à Raynal par le roi en 1761 « en considération d'ouvrages relatifs à l'administration du département des Affaires étrangères » [384]. Or cette pension, en dépit des attaques lancées contre l'*Histoire des Indes* dès 1774, et de l'exil de l'auteur [385], cette pension lui est confirmée en 1779 [386] et à nouveau en 1786 [387]. C'est ensuite une lettre de Malouet au ministre des Affaires Etrangères, écrite en 1777, à propos des affaires de Guyane. Dans l'édition de 1774, Raynal avait parlé des groupes de nègres marrons, retranchés dans les forêts, auxquels les Hollandais avaient dû accorder l'indépendance [388]. Or, sur la proposition de Bessner, on avait pensé attirer en Guyane française ces nègres indépendants pour augmenter la population de la colonie. Malouet, partisan un temps du projet, s'inquiète à l'idée que Raynal pourrait en parler dans l'édition de 1780 :

« Il peut en développer les moyens et les suites. Il est essentiel qu'il ne le fasse pas, qu'il s'abstienne même de toute réflexion; car les Hollandais trouveraient dans son livre l'explication et le but de notre conduite actuelle [389]. »

383. Dossier 59, Arch. Aff. Etrang.

384. F° 128. Nous savons par Grimm que l'*Ecole militaire*, recueil d'anecdotes illustrant l'héroïsme militaire, fut composé « par ordre du Gouvernement », *Cce litt.*, v, p. 73, avril 1762. En fut-il de même de l'*Histoire du Stathoudérat*, 1747, et de l'*Histoire du Parlement d'Angleterre* ? Son neveu Camboulas affirme que Raynal fut un agent secret de la diplomatie de Choiseul (Vissac, *les Révolutionnaires du Rouergue*, Riom, 1893). Nous n'avons pas ici à trancher la question.

385. La *Cce secrète* de Métra note le 9 sept. 1775 : « C'est une satisfaction qu'on a voulu donner au clergé qui l'a sollicitée très vivement. » L'*Histoire* est mise à l'index en 1774, mais il n'y eut décret de prise de corps qu'après la troisième édition.

386. Dossier de Raynal, *loc. cit.*, f° 129, pièce signée du roi et de Vergennes.

387. F° 136, certificat de Vergennes assurant à l'abbé le paiement des arrérages demandé par le banquier de Raynal, Grand.

388. *Histoire...*, VI, p. 68-69.

389. MALOUET, *Collection de mémoires...*, I, p. 227, lettre du 26 mars 1777.

Effectivement, Raynal ne dira mot du projet. La lettre de Malouet prouve trois choses : d'abord que Raynal était au courant de tous les projets qui s'élaboraient dans les Bureaux, ensuite que son livre était non seulement une encyclopédie du monde colonial, mais aussi une chronique de la politique coloniale, enfin, et surtout, que l'abbé n'avait rien à refuser au Ministère. Il est hors de doute en tout cas qu'il avait accès aux dossiers et aux correspondances officielles. Il adressait aussi aux gens compétents des questionnaires très détaillés, pour s'informer du mouvement du commerce, de la situation des Compagnies, de l'état de la traite, etc. [390]. Qu'il s'agisse de l'Afrique, de la Guyane ou de Madagascar, il est fort bien renseigné.

Pour l'Afrique, il consulte les *Mémoires* de Le Brasseur, administrateur général à Gorée, et la Correspondance du Sénégal [391]. Il semble en outre avoir pris des renseignements sur le prix des nègres d'un armateur de Saint-Malo : Grandclomeslé, dont il devint l'associé [392]. Ces informations, utiles aux négociants, aux armateurs, aux financiers et aux colons, figurent dans l'ouvrage à côté de conseils prodigués aux maîtres pour la conservation des esclaves et l'amélioration de leur sort, d'un projet pour leur affranchissement en vingt ans, tiré d'un mémoire du baron de Bessner [393], et même d'un violent réquisitoire contre l'esclavage [394].

La partie sur la Guyane mêle également l'information, tirée essentiellement d'Artur, membre du Conseil supérieur de Cayenne, et de Béhague, qui faisait fonction de gouverneur en 1763 [395], à la prospective, c'est-à-dire au plan d'aménagement des Terres Basses, et au plan de « civilisation » des Indiens, proposé par le baron de Bessner [396].

---

390. Nous n'avons retrouvé aucun de ces questionnaires pour la période qui nous intéresse. Mais le Dossier *59* déjà cité contient l'un d'eux, adressé à Noël, ministre plénipotentiaire en Hollande et au Danemark en 1796, au moment où Raynal prépare une nouvelle édition.

391. Nous avons comparé les chapitres XVIII à XX du livre XI de l'*Histoire*, v, p. 224 sq. aux documents conservés dans Arch Col. D.F.C. Gorée II-100, D.F.C. Côte d'Or 1-4, D.F.C. Sénégal I-44 et Gorée II-96. La comparaison est concluante.

392. Dans D.F.C. Gorée II-96, on trouve un « Etat des esclaves que peuvent retirer de la côte occidentale d'Afrique les nations de l'Europe », dressé à l'aide de renseignements fournis par ce négociant. C'est de lui sans doute que parle Raynal au tome v, p. 249. Leur association est prouvée par une lettre de Raynal à son banquier Grand, 27 février 1782, citée dans FEUGÈRE. l'*Abbé Raynal*, p. 96. Après la suppression de la Compagnie des Indes, Grandclomeslé avait obtenu un privilège pour la traite. Il fut anobli pour services rendus en 1785.

393. *Histoire*, v, p. 285-286 et BESSNER, Arch. Col. D.F.C. Guyane — 221.

394. *Ibid.*, p. 256-285. Voir le chapitre suivant.

395. *Histoire*, vi, p. 126-130, ARTUR, B.N. ms. N.a.fr. 2572; BÉHAGUE, Arch. Col. C 14-26, « Renseignements sur la Guyane française... », (vers 1763), fº 35 sq.

396. *Histoire*, vi, p. 143-146 et BESSNER, *Précis sur les Indiens*, Arch. Col. F 3-95, fº 75 sq.

Enfin la partie sur Madagascar soutient le projet d'établissement de Maudave, et son plan de civilisation des Madecasses [397], c'est-à-dire d'une colonie cultivée par des hommes libres.

Le problème de la fabrication de l'Histoire n'est donc pas aussi simple que le relevé des sources pourrait le faire croire, puisque ces sources elles-mêmes ne sont pas choisies au hasard, mais dans le but de définir et d'orienter une politique. Une question se pose alors : quelle politique ? On voit en effet Raynal soutenir les vues du baron de Bessner, alors que Malouet, dont il est l'ami, fait au contraire le procès de Bessner, dont il juge les projets chimériques [398]. Pour y voir clair, il faudrait démêler, mieux que nous ne sommes en mesure de le faire, le réseau des intérêts contradictoires. C'est à l'ensemble de la politique coloniale, aux conflits des intérêts et des personnes qu'il faudrait relier l'*Histoire*. Nous nous contenterons de préciser la position des principaux acteurs, et leurs relations avec le milieu où évoluent Raynal, Diderot, d'Holbach et Saint-Lambert.

Il semble bien que ce soit par Dubuq que Raynal, d'une manière régulière, et Diderot, par occasion, ont pu avoir libre accès à la Correspondance des Colonies. Député de la Martinique, où sa famille, installée dès les débuts de la colonie, était fort riche et influente [399], il était aussi syndic de la Compagnie des Indes, et partisan d'une réforme du système de l'Exclusif, qui privait les îles des nombreux esclaves dont elles avaient besoin. En le nommant premier commis du bureau des Colonies en 1764, le duc de Choiseul s'engageait dans la voie des réformes économiques [400] et inaugurait une politique qui sera précisément celle que

---

397. *Histoire*, II, p. 98-100, et MAUDAVE, *Mémoire* au duc de Praslin cité dans Pouget de Saint-André, *op. cit.*, p. 14 sq. Sur les ressemblances entre le projet Maudave et le projet Bessner, voir chap. IV. Maudave réclame d'ailleurs avec insistance l'abolition de la traite. Le plan de Maudave avait été approuvé par Dumas, gouverneur de l'île de France, et Poivre, alors intendant (Pouget de Saint-André, p. 30). Le Mémoire exposant les avantages de l'établissement fut publié en 1767 par l'abbé ROCHON, dans son *Voyage à Madagascar*. L'établissement dut être abandonné en 1770.

398. Aussi bien en ce qui concerne la Guyane que l'affranchissement des nègres.

399. Il y a quatre frères Dubuq, qu'il ne faut pas confondre : Dubuq de Sainte-Preuve, membre de la chambre d'Agriculture de la Martinique, Dubuq du Ferret, député de la Martinique à partir de 1766, Dubuq d'Enneville, et enfin celui dont nous parlons, plus tard anobli : Jean Du Buq. Le gouverneur Fénelon le peint en 1763 « anglais dans le fond de l'âme et républicain », ce qui veut simplement dire qu'il était d'avis d'acheter des nègres aux Anglais, et que, comme tous les « grands blancs », il souhaitait l'autonomie pour mettre fin à la tyrannie de l'administration. Sur la famille Dubuc, voir L.P. MAY, « Précisions sur les Dubuq » dans *Revue d'histoire des Colonies*, 1938.

400. La principale étant de mettre fin à l'Exclusif, pour apporter un remède provisoire au manque de nègres dont souffraient les colonies. Voir le *Mémoire* de DUBUQ « sur l'étendue et les bornes des lois prohibitives du commerce dans nos colonies », dans Arch. Aff. étrang. Mémoires et Documents, Amérique 16, f° 127 sq. et d'une manière générale C.L. LOKKE, *France and the colonial question...*; E. DAUBIGNY, *Choiseul et la France d'Outre-mer après le traité de Paris...*

défendra Raynal [401]. C'est vers cette date que Diderot fit sa connaissance dans le salon des Necker. Il était d'ailleurs « infiniment recherché dans la meilleure compagnie de Paris, à cause de la variété de sa conversation et de l'originalité de ses idées » [402]. Diderot le juge « un homme d'un esprit infini (...) de la probité, de l'honnêteté et de la bienfaisance la mieux avouée » [403]. C'est à lui qu'il s'adressa pour obtenir à Cayenne un emploi pour le neveu de Sophie Volland, le jeune Vallet de Fayolle, puis pour consolider sa position dans la colonie [404]. C'est sans doute aussi Dubuq qui lui fit lire la Correspondance de l'île de France, où Dumas, un de ses amis que le premier commis avait fait nommer gouverneur, avait de graves démêlés avec l'intendant Poivre [405]. Bien sûr, Diderot prend fait et cause pour « ce pauvre M. Dumas », contre ces « atroces proconsuls », le commandant et l'intendant, qui désolent la colonie et la pillent pour s'enrichir [406] :

« Ah, mon amie, les larmes me sont venues cent fois aux yeux. Est-ce ainsi qu'on traite des hommes ? Il est impossible que vous vous fassiez une idée de ce que c'est qu'un intendant, qu'un commandant qu'on envoie à ces pauvres insulaires; de ce que c'est qu'un tribunal de justice dans une colonie, de ce que c'est qu'un négociant [407]. »

Pourtant Dubuq lui-même s'enrichit considérablement, en prêtant de l'argent pour l'administration coloniale, et en se faisant rembourser — avec profit — à Paris. En 1768, il crée une société pour l'exploitation de la Guyane, ou société de l'Approuague, opération de type exclusivement commercial, où il a comme associé Choiseul, et qui échoue. Le projet entrait en concurrence avec deux autres : celui de David, ancien gouverneur du Sénégal, qui veut peupler la Guyane avec des « nègres libres » du Sénégal, réfugiés depuis 1763 à Gorée, et celui du baron de Bessner,

---

401. VII, p. 114-115. Il note pourtant que les nouvelles « maximes » risquent de ne pas être longtemps adoptées.

402. Mme NECKER raconte la rencontre dans *Nouveaux Mélanges*, II, p. 206, et c'est dans les *Mélanges*, III, p. 96 qu'on lit cet éloge de Dubuq.

403. Lettre à S.V., 27 janv. 1766, *Cce*, VI, p. 35.

404. Voir M. DUCHET, « Une lettre inédite de Diderot à Vallet de Fayolle », *Diderot Studies VIII*, 1966. L'article traite des relations de Diderot et de Fayolle depuis les premières démarches faites auprès de Dubuq aux démêlés de Fayolle avec Bessner.

405. Sur ce conflit, voir J. PROUST, art. cit. Les documents sont aux Archives nationales dans la série C4. Les *Mémoires* de Dumas sont à B.N. mss. fr. 18609. Dumas est un ancien compagnon d'armes de Bougainville.

406. *Cce*, IX, p. 196-197, nov. 1769. Dumas fut finalement rappelé.

407. *Ibid.*, cf. *Voyage en Hollande*, A.T. XVII, p. 397, « Les hommes qu'ils — les Hollandais — envoient dans leurs colonies pour les administrer ne valent guère mieux que la plupart de ceux que nous envoyons dans les nôtres (...) il n'y a point de probité à l'épreuve du passage de la ligne », et dans l'*Histoire des Indes* l'exposé des vices de l'administration coloniale, où les allusions à l'affaire Dumas-Poivre sont assez claires, VI, p. 298-303; Cf. *Pensées Détachées* « Des colonies françaises », p. 273-289.

qui a l'appui du ministre Praslin [408]. Le baron de Bessner retient particulièrement notre attention, dans la mesure où sa politique en Guyane est présentée par Raynal comme une solution au grave problème de l'esclavage et du travail colonial. Après avoir servi en Hollande, puis en Russie et en Suède, il est chaudement recommandé à Choiseul, qui le nomme inspecteur général en Guyane, en 1764; il est chargé d'enquêter sur l'échec de l'établissement du Kourou. Pendant son séjour à Cayenne, il rédige de nombreux mémoires, dont un *Précis sur les Indiens,* qui propose un plan de « civilisation » propre à les attirer dans la colonie et à les y fixer comme travailleurs libres [409]. Il acquiert une propriété : Montjoli. Revenu en France en 1768, il forme un nouveau projet d'établissement à Tonnegrande, et trouve des appuis à la cour : parmi ces appuis, Malouet cite le financier Paultz et M. de Belle-Isle, chancelier du duc D'orléans. Il a de nombreuses et brillantes relations, dit encore Malouet :

« Lié avec des savants, des financiers, des gens de la cour, il leur distribuait ses mémoires (...); pour M. de Buffon, pour les naturalistes qu'il fréquentait [c'étaient] les détails les plus piquants sur l'histoire naturelle et minéralogique de la Guyane [410]. »

En 1769, il accompagne le gouverneur d'Ennery à Saint-Domingue et voyage dans plusieurs colonies anglaises et hollandaises. En 1775, il échafaude de nouveaux plans pour une compagnie de la Guyane, dans laquelle entrent David, Paultz et Bellisle. C'est alors que Malouet est envoyé pour enquête.

Cet administrateur de la Marine avait épousé en 1768 Mlle Béhotte, fille d'un colon du Cap, et avait acquis à Saint-Domingue une plantation [412]. « J'avais toute ma fortune dans cette colonie », dira-t-il dans ses *Mémoires* [413]. A Saint-Domingue où il fut successivement commissaire puis ordonnateur, il se lia avec des colons, exaspérés par la tyrannie de l'administration, et avec les négociants Stanislas Foäche et Jacques Begouën, ardents partisans des réformes, et en particulier de la liberté du commerce [414].

---

408. Ces précisions nous ont été obligeamment fournies par M.-J. Tarrade. (Voir Bibl.)

409. Voir dans la Bibliographie une liste de *Mémoires* de Bessner. Nos informations sur ce curieux personnage sont tirées de son Dossier conservé aux Archives du Ministère de la Guerre, dossier nᵒ 2971. Ferdinand-Alexandre Bessner (ou encore Büsner) était né en 1731. Son dossier d'administrateur (Arch. Nat. E 31) fournit d'autres renseignements, en particulier sur sa fortune... et ses dettes.

410. *Collection de Mémoires...,* I, p. 6-7. Paultz est le père de Mme Lavoisier.

411. *Ibid.*

412. Voir G. DEBIEN, *Les colons de Saint-Domingue...,* p. 358, note 2.

413. Ed. 1874, II, p. 200.

414. Sur ces personnages et leurs relations avec Malouet, voir le livre de M. BEGOUEN-DEMEAUX, *Mémorial d'une famille du Havre*; G. DEBIEN, « Gouverneurs, magistrats et colons, l'opposition parlementaire et coloniale

Quand il rentra en France en 1773, ce fut pour s'en faire le défenseur, et briguer le bureau des Colonies, qu'il n'obtint pas, par suite de l'opposition du conseil du Cap. Mais lorsque Sartine forme en 1774 un Comité de législation pour les colonies, il en fait partie, les autres membres étant probablement Bongars, d'Ennery, ancien gouverneur de la Martinique passé à Saint-Domingue, le comte de Nolivos, gendre de d'Holbach [415] et gouverneur de Saint-Domingue de 1768 à 1771 [416]. Malouet y proposa tout un plan de réformes, et des mesures pour l'amélioration du sort des esclaves. Mais il inclinait surtout à s'appuyer sur les gens de couleur libres, pour les gagner en élargissant leurs droits, et pour s'en faire un rempart contre les nègres esclaves. On décida finalement de faire l'essai de nouvelles méthodes d'administration en Guyane, et Malouet partit en septembre 1775; il y fut nommé ordonnateur pour deux ans en 1776, avec mission de consulter le Conseil supérieur et une Assemblée coloniale.

Il ne se fit guère d'illusions sur le plan de civilisation des Indiens proposé par Bessner, un voyage dans l'intérieur des terres l'ayant convaincu de sa vanité [418]. Il ne croit pas non plus qu'on puisse attirer les marrons hollandais dans la colonie française [419]. Mais il s'intéresse au projet d'aménagement des Terres Basses, pour lequel on fait appel à un ingénieur suisse, Jean-Samuel Guisan, alors au service de la Compagnie hollandaise de Surinam [420]. Quant au projet d'affranchissement des nègres en vingt ans, autre projet Bessner, Malouet, après l'avoir soutenu le combattit vivement, le jugeant dangereux non pas tant pour la Guyane que pour les Antilles. Cependant l'ensemble des projets — y compris le dernier — fut inséré dans l'*Histoire* en 1780 [421], comme les éléments d'un même dossier : Malouet ne prit ses distances que plus tard [422]. Bessner devenu gouverneur

à Saint-Domingue, 1763-1769 » dans *Notes d'histoire coloniale*, VIII, 1946, et les *Mémoires* de MALOUET. Stanislas FOACHE et Jacques BEGOUEN ont publié des mémoires sur Saint-Domingue et le problème de l'esclavage (voir Bibl.).

415. Cette alliance permet de mieux comprendre les relations du salon de d'Holbach avec les milieux de l'administration coloniale.

416. Voir J. TARRADE, « L'administration coloniale en France à la fin de l'Ancien Régime : Projets de réformes », *Revue historique*, 1963, p. 103-122.

417. Voir son « Essai sur l'administration de Saint-Domingue », dans *Collection de Mémoires*, IV, p. 85 à 359. Il est traité des esclaves, p. 115 sq.

418. Voir le Premier chapitre.

419. Voir le chapitre suivant.

420. Voir M. DUCHET « Une lettre inédite de Diderot à Vallet de Fayolle », *loc. cit.* Fayolle entra en effet dans le projet, et Diderot l'approuva. On trouvera dans cet article des précisions sur Guisan, que nous jugeons inutile de donner ici.

421. Tome VI, p. 143-145 : plan de civilisation des Indiens; p. 141-142 : projet d'aménagement des Terres Basses: p. 150: éloge des mesures prises par Malouet: tome V, p. 285-286, projet d'affranchissement en vingt ans.

422. Voir « Lettre de M. Malouet sur la proposition d'un administrateur de Cayenne relativement à la civilisation des Indiens », Toulon, 1786, dans Arch. Nat. F 3-95, et ses différents Mémoires sur l'esclavage, à partir de 1783.

en 1781 resta encore plusieurs années en Guyane, où il acquit une nouvelle exploitation dans les Terres Basses, alors que Montjoli était dans les Terres Hautes. Ses démêlés avec Fayolle à propos des concessions octroyées sont à l'image de son administration, qui suscita de nombreuses plaintes. Quand il mourut en 1785, il laissait près de trois cents mille livres de dette [423].

Pour Saint-Domingue, c'est la solution de Malouet et de ses amis qui prévalut, mais bien après le moment où parut la troisième édition de l'*Histoire des Indes*: le gouverneur Bellecombe envoie à Paris Raimond, pour soutenir la cause des mulâtres et des gens de couleur libres, et c'est Saint-Lambert, l'auteur de *Ziméo*, qui, sans doute poussé par ses amis physiocrates, est chargé de proposer un nouveau code noir et l'abolition des lois somptuaires prises contre le luxe des affranchis [424]. Dans l'*Histoire des Indes*, la partie consacrée à Saint-Domingue parle surtout des vices de l'administration, de la suppression de l'impôt sur les Noirs, du droit des colons à faire eux-mêmes « le code qu'ils penseront nécessaire à leur situation », et ne dit pas un mot du sort des esclaves. Il est vrai que, par réflexion, les pages contre l'esclavage qui font suite au chapitre sur les établissements d'Afrique atteignent l'ensemble du système.

Les contradictions des philosophes étaient en dernière analyse celles du système colonial lui-même : ainsi Saint-Lambert parle en faveur des mulâtres en 1787 et s'inscrit aux Amis des Noirs en 1788. Diderot s'indigne de la mauvaise administration des colonies — c'est-à-dire qu'il soutient la cause des « grands blancs » et trouve en même temps tout à fait normal l'enrichissement d'un Dubuq ou d'un Malouet. Raynal dénonce le système esclavagiste, et se déjuge dans son *Essai sur l'administration de Saint-Domingue* inspiré par Malouet. Au-delà des relations personnelles et des fluctuations de l'opinion, il y a là les signes d'un conflit profond entre une politique coloniale fondée sur de nouveaux principes et destinée à de nouveaux établissements, et les principaux bénéficiaires de l'ordre ancien, à Saint-Domingue notamment.

A l'univers autonomiste des Antilles, s'opposent les spéculations financières qui ont joué dans les affaires coloniales un rôle d'autant plus grand qu'on ne dérogeait point en s'y livrant. Il serait intéressant d'étudier les listes des actionnaires des différentes compagnies, qui se multiplient après 1750 [426]. Beaucoup

---

423. Plaintes contre son administration, dans C 14-56, sa situation financière, dans son dossier personnel : E 31. Dubuq était l'un de ses créanciers. Fayolle, devenu, à la suite de l'intervention de Diderot auprès de Sartine, secrétaire du gouvernement de la Guyane, dut gêner Bessner dans certaines opérations. D'où leurs démêlés. Voir M. DUCHET, art. cité.

424. Voir M. DUCHET, « Esclavage et Humanisme en 1787... », *loc. cit* et *Annexe.*

425. Voir sa lettre à Vailet de Fayolle, art. cit.

426. Et qui distribuent d'énormes profits; on sait que ce capitalisme commercial permettra le passage au capitalisme industriel. Voir J. CHAILLEY-BERT,

mieux que la colonie de peuplement, cette forme d'exploitation s'accommode de mesures destinées à concilier l'humanité et l'intérêt. D'où l'ambiguïté des écrits antiesclavagistes et, d'une manière générale, de ce qu'on a appelé abusivement l'anticolonialisme des philosophes. L'étude des sources rend parfaitement compte de cette ambiguïté.

Les Compagnies de colonisation sous l'Ancien Régime; Guy RICHARD, « la Noblesse et les sociétés par actions à la fin du XVIIIe s. » dans *Revue d'histoire économique et sociale*, 1962, p. 484-523; A. DELCOURT, *la Finance parisienne et le commerce négrier au milieu du XVIIIe s.* En 1708, une liste des actionnaires de la Compagnie du Canada donne les noms de M. de Longueil, du marquis de Vandreuil, de M. d'Ennery, de M. de Tonty (Arch. Nat. C 11 A-125, 1690-1784). Bougainville dans son *Journal* déplore l'esprit mercantile de la noblesse dans la colonie : « Notre âme est avilie, un vil intérêt est seul le moteur et l'objet de notre conduite », 1er-10 oct. 1758, p. 371, dans LE ROY, *Rapport* (...). Une lettre de Malouet donne des noms de futurs « concessionnaires » en Guyane : le comte de Broglie, le comte de Mesle, la comtesse de Narbonne, la marquise de Vouillé... (C 14-52, f° 93). Le cas de Choiseul et celui de Praslin sont bien connus. Mais on se demande ce qu'il a pu en être d'un comte de Nolivos, gendre du baron d'Holbach, et du baron lui-même, fort lié avec Magon, un des directeurs de la Compagnie des Indes, directeur pour le compte de celle-ci des îles de France et de Bourbon, puis intendant à Saint-Domingue. (Voir au nom de *Magon* dans l'Index de la *Cce* de Diderot). Pourquoi Diderot en 1770 reçoit-il de la Compagnie des Indes une rente viagère, (*Cce*, X, 95, document du Minutier, Etude LIII, pièce 468) ? Lorsque le dépouillement des pièces d'Archives intéressant l'histoire littéraire sera terminé pour le XVIIIe s., il faudra reprendre cette enquête.

3

L'idéologie coloniale

La critique du système esclavagiste

Notre intention n'est pas de commenter ici tous les textes qui témoignent, entre 1750 et 1789, d'une attention particulière au problème de l'esclavage, et dont l'abondance suffit à expliquer que les philosophes aient eux aussi pris parti. Les travaux de MM. Jameson [1], Seeber [2], Mercier [3] ont mis en évidence cette sensibilité de l'opinion éclairée qui s'exprime dans une littérature antiesclavagiste, où tout n'est pas d'égale qualité, où les poètes médiocres, comme Roucher, comme Saint-Lambert, côtoient les économistes et les philosophes, où le meilleur, chez Montesquieu, Voltaire ou Raynal, voisine avec le pire, chez d'obscurs auteurs de pièces ou de romans à succès [4], mais qui constitue, sans aucun doute, un fait sociologique important. D'où l'intérêt des diverses anthologies qu'on a pu en faire [5]. Il nous semble cependant que les « coupes » ainsi pratiquées à des niveaux différents dans un ensemble si peu homogène ne permettent pas d'atteindre l'essentiel, c'est-à-dire, par-delà les mots et les thèmes, la réalité dont ils sont les signes. La juxtaposition des tex-

---

1. *Montesquieu et l'esclavage*, 1911, in-8°.
2. *Anti-slavery opinion in France during the second half of the eighteenth century*, Baltimore, 1939 et *Anti-slavery opinion in the poems of some earler French followers of James Thomson*, 1935, M.L.N., p. 427-434.
3. *L'Afrique noire dans la littérature française (XVII*e*-XVIII*e*)*, Dakar, 1962.
4. Voir R. Mercier, *op. cit.*, « Bibliographie », « B. Fictions ».
5. L'une des plus complètes, pour notre période, étant celle d'E. Seeber, *op. cit.*

tes, leur confrontation même, est décevante dans la mesure où leur apparente convergence finit par dissimuler les contradictions internes d'un humanisme qui se définit autant par ses limites et ses refus que par ses exigences. Adopter en l'occurrence un point de vue unitaire, c'est se condamner à l'impossible amalgame qui consiste à mettre sur le même plan un article de l'*Encyclopédie*, une page de *Candide*, un conte de Saint-Lambert, une livraison des *Ephémérides du Citoyen*, une lettre de Turgot ou un chapitre de l'*Histoire des Deux Indes*, et à leur accorder la même importance, à leur prêter la même signification, en prenant comme mesure unique la sympathie qui s'y exprime à l'égard des esclaves. Mais cette sympathie est-elle de l'ordre du sentiment, suppose-t-elle une prise de conscience nouvelle d'un problème humain, ou, plus précisément d'un problème social, est-elle réaction épidermique ou s'insère-t-elle dans une réflexion ordonnée, est-elle humanisme de principe ou incite-t-elle à l'action ? Si l'on tente de répondre à ces questions, on s'aperçoit que les textes invoqués n'ont pas le même poids, qu'ils ne plaident pas exactement la même cause, qu'il n'y a pas un mais plusieurs humanismes, qui ont chacun leur centre de gravité, leur langage, leur portée, leurs limites. L'humanisme de Montesquieu n'est pas celui de Raynal ou de Diderot, l'humanisme voltairien n'est pas celui des Physiocrates. Certes il se produit comme un appel d'air, tout au long du siècle : des idées circulent, passant d'une œuvre à l'autre et tirant toute leur force de cette vertu dynamique. C'est ainsi que jusqu'à la veille de la Révolution, la condamnation portée par Montesquieu *contre* le système esclavagiste, sur le plan juridique et sur le plan humain, se trouve répercutée et amplifiée par d'innombrables voix qui font écho à la sienne, et finissent, sans rien ajouter à ses arguments, par créer un courant d'opinion *en faveur* de l'affranchissement des esclaves, que Montesquieu n'avait ni prévu ni souhaité.

Seule l'histoire de l'esclavage permet de comprendre qu'il puisse y avoir entre deux œuvres telles que l'*Histoire des voyages* et l'*Histoire des Deux Indes* une continuité profonde et, pourtant, une différence radicale, de ton et d'intentions, que *Ziméo* puisse apparaître comme le frère en esclavage du nègre de Surinam, et cependant ne lui ressemble point. Pour rendre compte à la fois de cette parenté et de cette distance, il fallait rendre justice à l'histoire vivante, qui se fait par les hommes et quelquefois contre eux. L'humanisme des philosophes ne procède en effet ni d'une exigence morale, dont on ne comprendrait pas qu'elle ne soit pas apparue plus tôt, ni d'une réflexion théorique sur les droits de l'homme et les rapports qu'il entretient avec ses semblables. Il s'inscrit dans le champ idéologique à un autre niveau, il obéit à d'autres sollicitations : il est à chaque instant la mesure des forces dont l'homme dispose en faveur de l'homme, dans une situation de conflit, dont les termes apparaissent comme fixes (en l'occurrence le système colonial et la condition de l'esclave), mais qui porte en elle sa propre solution (les solutions possibles étant un adoucissement apporté au sort des esclaves par les maîtres eux-mêmes, l'affranchissement des esclaves, la révolte). Il n'y a pas « d'humanisme » sans une action humaine inscrite dans les faits, dans le refus ou la révolte, dans un procès intenté par l'esclave au maître.

C'est le dossier de ce procès que nous avons feuilleté, et dont nous avons tenté de rassembler les pièces éparses, dans les documents imprimés ou les archives. Il faut en chercher les acteurs dans la masse anonyme des esclaves, d'où émergent quelques visages : Cudjoc, chef des « marrons de la Jamaïque »[6], Moses Bom Saam, qui lui succède[7], Macandal, l'âme de la révolte de Saint-Domingue en 1758[8], Bonnie, le fondateur de la communauté des marrons de Guyane[9]. Voilà les vrais modèles d'Oronoko et de Ziméo : chez Mrs Behn, chez Prévost, chez Saint-Lambert, chez Voltaire (le nègre de Surinam n'est-il pas lui aussi un nègre marron, puni comme tel), chez Bernardin de Saint-Pierre, chez Raynal enfin, une révolte trouve sa voix, qui avait déjà pris forme dans les plantations de Surinam ou de Saint-Domingue, dans ces insurrections spontanées qui transformèrent le « marronnage » d'aventure individuelle en attitude collective de refus ou de révolte. L'histoire de ce marronnage n'est encore écrite que partiellement[10], mais son histoire littéraire est significative : dès 1730, le nègre n'est plus un personnage touchant, c'est une figure héroïque, dont la dignité d'homme s'affirme dans la noblesse des attitudes et le refus de l'injustice. C'est un homme révolté qui fait son entrée à la fois sur la scène de l'histoire et dans la conscience collective. Nous essaierons de montrer la persistance de ce thème de la révolte, qui court à travers tous les écrits antiesclavagistes, et donne à l'humanisme des philosophes son véritable sens. De ce point de vue, le fait historique dominant, ce n'est pas l'esclavage, c'est le marronnage, qui en est la négation[11] : entre le discours de Moses Bom Saam, traduit par Prévost dans le *Pour et Contre*, et le manifeste du « héros noir » dans l'*Histoire des Indes*, ce qui a changé, c'est l'aire d'extension d'un phénomène, qui a peu à peu gagné en violence et en profondeur. C'est aussi le degré de tension qui, vers 1760, commande la recherche d'une solution, pour remédier à une situation devenue explosive, et analysée comme telle. On

---

6. Voir Dallas, *History of the maroons in Jamaica*, Londres, 1903.

7. Son nom est lié à la révolte de 1734-1735, dont Prévost, comme nous le verrons, a retracé les épisodes essentiels.

8. Voir G. Martin, *Histoire de l'esclavage...*, p. 128.

9. Voir Jean Hurault, *Histoire des noirs réfugiés...*, Paris, 1963 et l'étude de Mme Marchand-Thébault sur « L'esclavage en Guyane française sous l'Ancien Régime », dans la *Revue française d'histoire d'Outre-mer*, 1960, t. XLVII.

10. Voir Y. Debbash, « Le marronnage. Essai sur la désertion de l'esclave antillais », dans l'*Année sociologique*, 1961.

11. Y. Debbash, *op. cit.*, p. 1.

est peu à peu entré dans ce qu'Y. Debbash appelle « la phase...
pathologique du système esclavagiste » [12].

Il va de soi que cela n'explique pas tout. Par rapport à ce
réseau d'événements, qui mettent l'opinion en état d'alerte, chaque œuvre garde sa distance. Elle n'est pas un miroir, mais un
regard. Chaque écrivain garde son propre système de références.
Plus que la date, c'est, de ce point de vue, l'importance relative
des textes qui compte. Par rapport au volume total de l'œuvre
où ils prennent place, ceux que Voltaire, par exemple, consacre
à la cause des nègres esclaves, frappent par leur minceur, et,
pour tout dire, par leur insignifiance. Dans la campagne antiesclavagiste, ils jouent assurément un rôle secondaire, et *Ziméo*,
littérairement très inférieur, est beaucoup plus significatif d'un
humanisme qui se donne comme tâche essentielle l'amélioration
du sort des esclaves. Pourtant il manquerait quelque chose à une
étude de l'humanisme voltairien qui ne tiendrait pas compte des
pages où il dénonce ce crime de lèse-humanité qu'est à ses yeux
l'esclavage des nègres. Comprendre pourquoi cette cause n'est
pas de celles qu'il a plaidées avec le plus de chaleur, c'est entrer
dans la logique d'une pensée et d'une œuvre. Critique interne
qui ne prend tout son sens que quand il s'agit de grands esprits,
dont la trajectoire rencontre la courbe d'une époque sans jamais
s'assujettir à la suivre. C'est pourquoi il est plus facile de situer
Ziméo et d'en épuiser la signification que de rendre compte d'une
page de *Candide,* plus facile de retrouver dans Raynal la trace
des documents qu'il a utilisés que de rendre à Diderot ce qui lui
appartient dans l'*Histoire des Indes,* sans négliger ce par quoi
les fragments *Sur l'esclavage des nègres* s'accordent aux lignes
de force de sa pensée politique.

I. LE THÈME DE LA RÉVOLTE

Il serait sans doute abusif d'en chercher la première expression littéraire dans le célèbre roman de Mrs Behn *Oronoko* [13],
si la traduction française de De La Place ne se situait en 1745.
On peut penser en effet que cet intérêt pour un roman déjà
ancien est à mettre en relation avec les récits faits par Prévost
des événements de la Jamaïque, aussi bien dans le *Pour et
Contre* en 1735 que dans les *Voyages de Lade* (1744). Certes,
Oronoko est un nègre révolté, qui harangue ses compagnons

---

12. Y. DEBBASH, *op. cit.,* p. 40.
13. Écrit en 1688. L'action se situe dans la colonie hollandaise de Surinam, où le « marronnage » va prendre une grande extension au XVIIIe. Au
moment où Mrs Behn écrit son roman, il n'est pas encore un phénomène de
masse. Il se peut cependant que le roman reflète une situation en train d'évo-
luer.

d'esclavage pour les arracher à leur inertie [14], et l'on voit bien en quoi il peut ressembler à Moses Boom Sam. Mais Oroonoko n'est pas un esclave comme les autres; c'est un jeune prince africain, que des négriers espagnols ont enlevé par traîtrise et qui se distingue de la masse servile à la fois par sa beauté, sa noblesse d'âme, ses qualités d'esprit. Son maître Tresry le traite selon son rang et s'emploie à lui faire rendre sa liberté. Ce sont des circonstances fortuites, et non sa condition d'esclave, qui font d'Oroonoko un révolté. La foule des esclaves n'est pour lui qu'un instrument : il méprise profondément ceux-là mêmes qu'il tente de rappeler à leur dignité d'hommes [15]. Le personnage est ambigu, comme le roman lui-même. Oroonoko tire tout son relief d'être opposé à sa propre race : il n'a pas plus qu'Imoinda sa compagne, aucun des caractères physiques qui rendent les Nègres repoussants aux yeux des Blancs [16]; il échappe par sa naissance [17] et son éducation [18] à leur condition morale. Il n'est pas de ceux qu'il convient de réduire en esclavage, puisqu'il est supérieur à l'état où l'on prétend le réduire. Ce n'est pas l'esclavage qui est condamné, mais l'avidité des négriers; Oroonoko ne meurt pas sous les coups d'un maître injuste [19], il est la victime d'une tragédie domestique [20].

Mais cela, qui reste valable si l'on analyse le roman en tenant compte de la date à laquelle il fut écrit, change de sens si l'on songe au succès du roman dans les années 1745. La révolte d'Oroonoko se dépouille de ses aspects romanesques, elle tend à se confondre avec ce qu'elle n'était pas : le refus par l'esclave de sa condition d'esclave, et cette affirmation du droit à la liberté qui se traduit précisément par cette négation de l'esclavage qui est le marronnage.

---

14. Voir éd. cit., p. 82 et 83 : « ... Eh, de quel droit, par quelles lois, mes dignes compagnons, devons-nous être esclaves d'un peuple inconnu ? Nous ont-ils vaincus à la guerre ? ... Ainsi que de vils animaux, trahis, vendus par nos pareils, ce sont des hommes qu'on dégrade, que l'on emploie aux plus pénibles des travaux, aux fonctions les plus abjectes... »

15. Il va jusqu'à dire à son ennemi Byam : « Je suis même honteux d'avoir tenté d'affranchir de ses fers une troupe de gens nés pour la servitude; Hommes sans sentiments, sans mœurs, sans courage, dignes enfin de servir de tels maîtres. » (p. 106).

16. P. 21 : « Sa peau n'était pas de cette couleur de fer mate et rouillée, si ordinaire à sa nation (...) Son nez, n'avait aucun des défauts qui nous choquent dans les Nègres (...) à la couleur près, où l'on s'accoutume bientôt, rien dans la Nature n'avait plus droit de plaire aux yeux. » Quant à Imoinda, elle « était en femme ce que le Prince était en homme » (p. 23).

17. Sa « faute » est excusable « dans un homme d'un sang illustre, à qui l'amour de la liberté est aussi naturel, que la haine des fers et de la servitude » (p. 102).

18. Il a reçu les leçons d'un Français : il a des notions de morale, quelque idée des sciences humaines, il a appris l'anglais et l'espagnol. « Rien, enfin, ne sentait en lui le Barbare » (p. 18-20).

19. Tresry est le modèle des « bons maîtres ».

20. Le méchant Byam, épris d'Imoinda, le poursuit de sa haine. Nous reviendrons tout à l'heure sur le sens de ces « tragédies domestiques », fréquentes dans les plantations.

C'est à la Jamaïque qu'il est devenu, dans ces années qui séparent *Oroonoko* du Discours de Moses Boom Sam [21], un mal endémique, et un phénomène collectif, qui force l'attention. Ce n'est nullement une coïncidence si l'on peut dater, comme le fait M. Roger Mercier, des années 1735-1740, l'apparition dans la littérature française « d'un intérêt particulier pour la cause des malheureux esclaves » [22]. L'événement ne fait que répercuter ceux qui se sont déroulés dans l'île de la Jamaïque, et que le journal de Prévost, le *Pour et le Contre*, a fait connaître en France, à savoir la constitution d'une communauté de marrons. Prévost s'inspire des journaux anglais [23], mais aussi de relations récentes : nous n'avons pu identifier celle dont il est question au tome IV [24], mais une source certaine est le livre déjà ancien de sir Hans Sloane [25], dont une *Nouvelle Histoire de la Jamaïque* paraîtra en 1740 [26]. Prévost connaît personnellement Hans Sloane [27], et il est probable qu'il a dû s'entretenir avec lui des troubles survenus dans l'île. On trouve un écho de ces entretiens dans les *Voyages de Lade* [28]. Dans le *Pour et Contre*, il est question des marrons de la Jamaïque à plusieurs reprises, dans les tomes IV, V et VI. C'est dans ce dernier volume que se trouve reproduit le discours de leur chef : Moses Boom Sam, qui se présente comme le Moïse du peuple africain, son guide et son libérateur. Morceau d'éloquence, dit-on habituellement, dont rien ne garantit l'authenticité. Mais il suffisait qu'il fût vraisemblable, et cette vraisemblance était la terrible leçon des événements de 1734, après ceux de 1720, après ceux de 1690 : une tradition de la révolte était née à la Jamaïque, dans des conditions, il est vrai, assez particulières, que Prévost rappelera dans l'*Histoire des voyages*, toujours d'après Sloane :

[Au moment de la conquête de l'île par les Anglais, en 1655, les Espagnols, forcés de se retirer] « ne laissèrent dans les montagnes que leurs mulâtres et leurs nègres, pour harceler l'ennemi,

---

21. *Pour et Contre*, VI, p. 342-353, 1735.

22. *Op cit.*, p. 87.

23. Au tome IV, n⁰ 54; V, n⁰ 72; VI, n⁰ 90. Le Discours de Moses Bom Saam vient du *Prompter*. Voir M.R. de LABRIOLLE, « Les sources du *Pour et Contre* », Bibl.

24. Nᵒˢ 52 et 53. Prévost indique en note : « Tout ceci est l'abrégé d'une assez longue relation qui vient d'être publiée. » Elle serait d'un certain *Morton*, qui dirigea une expédition contre les nègres marrons. Ce n'est d'ailleurs que le point de départ de l'aventure qui intéresse Prévost, celle d'un Espagnol recueilli par les Indiens et qui a marié sa fille à son fils, pour ne pas la donner à un Sauvage.

25. Hans Sloane (1660-1752) avait accompagné le duc d'Albermerle à la Jamaïque en 1688. Il publia en 1707 *A voyage to the Islands of Madera, Barbados, Nieves [Nevis], St Christopher, and Jamaica.*

26. *A new History of Jamaica*, London, 1740, traduite en français en 1751.

27. Le *Pour et le Contre*, IV, n⁰ 51, p. 129 : « Sortant un jour du cabinet de Sir Hans Sloane... ».

28. *Ed. cit.*, I, p. 273.

et conserver du moins la possession de leurs anciens droits jusqu'à leur retour [29]. »

Après le départ définitif des Espagnols, ces nègres « se donnèrent pour chef un esclave de leur nation ». Ils durent se rendre
peu après, mais quelques-uns demeurèrent dans les montagnes, et
leur troupe se grossit bientôt « par la désertion d'un grand nombre de nègres anglais » [30].

Ce que l'*Histoire des voyages* date ici, c'est le début d'une
communauté marronne, dont on peut suivre l'histoire, au long
du XVIIIᵉ, en complétant Prévost (qui parle de l'insurrection de
1720 et de celle de 1734-1735), par Raynal, pour la période 1739-
1770 [31]. Remarquable continuité, qui révèle la persistance d'une
inquiétude : la fréquence des troubles, l'impossibilité de venir à
bout d'une rébellion, qui, en durant, finit par créer une situation
nouvelle, tout montre un mal sans remède et fait craindre la
contagion. En ce sens, la place donnée par Prévost aux événements de la Jamaïque marque vraiment l'éveil d'une « mauvaise conscience », pour reprendre l'expression de M. Mercier [32].
Mais Prévost ne se contente pas de suivre l'actualité [33], il s'intéresse au processus qui a donné naissance à l'insurrection : en
1744, dans les *Voyages de Lade* [34] il revient sur les événements
relatés dans le *Pour et Contre*. L'épisode où l'on voit Lade
chargé de recruter les Indiens Mosquitos pour lutter contre les
révoltés, selon une tactique déjà employée en 1720 n'est nullement fictif : l'*Histoire de la Jamaïque*, d'E. Long, publiée en
1774, atteste sa véracité [35]. Dans un autre épisode du roman, à
propos des nègres de la Barbade [36], Prévost emprunte à Sloane
la matière d'un assez long commentaire sur leur condition :

« La plupart sont perfides et dissimulés; leur nombre, qui est
au moins de trois pour un Blanc, les rend si dangereux, qu'on
est obligé, pour les retenir dans la soumission, de les traiter avec
beaucoup de rigueur (...). Il est arrivé mille fois qu'un Nègre a
ruiné la plantation de son maître par le feu (...) on est surpris
en Europe que *leur multitude ne les encourage pas à la révolte*.
Nos Anglais, à qui j'ai marqué le même étonnement, m'ont
répondu que la plupart étant de différentes régions d'Afrique,

---

29. *Histoire des voyages*, XV, p. 573-574, d'après Sloane, *op. cit.*, I. 163 sq.
30. *Ibid.*
31. *Histoire des Deux Indes*, 1780, in-8°, tome VII, p. 59 et 65.
32. *Op. cit.*, chapitre V : « Du système colonial à la mauvaise conscience ».
33. Nous ne partageons pas sur ce point l'opinion de M. Mercier, *op. cit.*,
p. 88, qui ne voit dans la publication du Discours de Moses Bom Saam que
l'expression du goût de Prévost pour les « informations sensationnelles », et
pense que son seul mérite est d'avoir « pour la première fois rompu avec le
préjugé qui réservait aux Blancs le sérieux et l'émotion dans les sentiments et
dans l'expression ».
34. II, p. 6 sq.
35. *The History of Jamaica...*, London, 1774, tome II, p. 343. L'événement
se produisit en 1738.
36. I, p. 250 sq.

vivent non seulement sans le moindre commerce les uns avec les autres, mais avec une haine mutuelle... [37]. »

Or ce même passage est repris dans l'*Histoire des voyages*, en 1759 [38], avec se sous-titre significatif : « Apologie de la cruauté des maîtres anglais », et cette note sceptique, en réponse à l'exposé des causes qui rendent peu probable un soulèvement général :

« On a peine à concilier ce récit avec la conspiration générale qu'on a rapportée, et qui s'est renouvelée plusieurs fois dans l'île [39]. »

Dans le même volume de l'*Histoire des voyages,* Prévost fait allusion aux nègres fugitifs de la Barbade, qui cherchaient refuge à Saint-Vincent [40], évoquant ainsi ces « routes liquides », dont parle Y. Debbash [41], et qui prendront une importance particulière au fur et à mesure que le défrichement se poursuivra et que les zones-refuges à l'intérieur des îles mêmes tendront à se restreindre [42]. Mais il est bien évident que le danger, s'il est plus net dans les îles anglaises (ce que Prévost, à la suite de Labat, explique par la cruauté avec laquelle on y traite les esclaves), ne se limite pas au domaine anglais. Le marronnage est partout senti comme une menace, on craint qu'il ne prenne ce caractère de gravité, qui, dans la première moitié du xviiie, ne s'accuse qu'à la Jamaïque. Le déséquilibre numérique qui ne cesse de grandir [43] provoque un sentiment d'insécurité, surtout chez les observateurs venus du dehors. Ce n'est pas sans quelque mélancolie que Labat, en 1724, évoquait ce premier âge des colonies où la main-d'œuvre servile ne formait pas encore la masse de la population des Antilles :

« Ceux qui les ont connues anciennement ne peuvent voir, sans gémir, l'état où elles sont aujourd'hui, dépeuplées d'habitants blancs et peuplées seulement de nègres, que leur grand nombre met en état de faire des soulèvements et des révoltes, auxquelles

37. Sloane, *op. cit.*, i, p. 88 et ii, 174. Il est à noter que d'autres détails sur la Barbade viennent de Richard Ligon, *A true and exact history of the island of Barbadoes...*, London, 1657, dont une traduction française se trouve dans le *Recueil de divers voyages faits en Afrique et en l'Amérique...* d'Henri Justel, Paris, 1674. Prévost a utilisé aussi une relation anonyme de l'île des Barbades, qui est dans le même recueil : i. p. 39 sq. L'*Histoire des voyages* utilise aussi Ligon (voir xv, p. 599). C'est de Ligon que vient l'histoire célèbre d'Inkle et Yariko, *ibid.*
38. Tome xv, p. 609.
39. *Ibid.*, p. 613, note 7.
40. xv, p. 677. La source est Labat. Sur Saint-Vincent, « refuge insulaire », voir Y. Debbash, *op. cit.*, p. 43-44, et Raynal, *Histoire des Indes,* tome vii, p. 85.
41. P. 41-42.
42. *Ibid.*, p. 65 sq. « Les Refuges », chap. ii.
43. Pour la Jamaïque, voir les chiffres donnés par Raynal. *op. cit.*, vii, p. 52 (de 1 400 esclaves en 1658, pour 4 500 blancs, on passe à 112 000 esclaves pour 10 000 blancs en 1746). A Saint-Domingue, le déséquilibre atteint la même proportion.

on n'a résisté jusqu'à présent que par une faveur particulière du Ciel [44]. »

Comme la Jamaïque, la Martinique, la Guadeloupe ou Saint-Domingue sont terres de marronnage. L'*Histoire générale des Antilles* de Dutertre analyse le phénomène, en cherche les causes et les remèdes dès 1667 [45], mais le diagnostic ne vise encore qu'un nombre de cas relativement peu élevé. C'est leur multiplication et l'organisation de bandes marronnes, élément permanent de trouble et pôles d'attraction pour la masse servile, à qui elles offrent, pour ainsi dire, l'image de sa propre liberté à l'échelle du monde nouveau où l'exil les enferme, qui constitue la base sociologique de ce que nous avons appelé « le thème de la révolte ». Son rôle dans la formation de l'opinion antiesclavagiste, que nous avons tenté de saisir d'abord au niveau du fait littéraire, puis dans le sillage de l'événement même, se confirme lorsqu'on examine les documents bruts que fournit la Correspondance des Colonies [46]. Il suffit de s'y reporter pour s'apercevoir qu'entre les premiers textes antiesclavagistes où s'ébauche une prise de conscience, et la littérature réformiste, puis abolitioniste des années 1760 à 1789, il n'y a pas réellement progrès d'un humanisme qui créerait ses propres valeurs et réussirait à imposer une conception de l'homme. L'humanisme des philosophes s'ajuste à des réalités d'ordre économique, social et politique, et propose des solutions qui coïncident avec celles que préconisent au même moment les administrateurs des différentes colonies et les commis du bureau des Colonies. L'examen rapide des dossiers d'Archives et l'étude des sources de l'*Histoire des Indes* et de l'*Encyclopédie* vont nous permettre de vérifier cette assertion.

II. Humanité et Intérêt

Les rapports des administrateurs et les instructions adressées aux gouverneurs et intendants permettent de se faire une idée exacte de la situation dans les Îles ou en Guyane, et surtout de la manière dont l'analysent ceux-là mêmes qui s'occupent de leur gestion. La Correspondance « à l'arrivée » montre à quel point gouverneurs et intendants sont sensibles aux problèmes qui se

---

44. Cité par Prévost, *Histoire des voyages*, xv, p. 699.
45. ii, p. 534-537 : « Des motifs qui obligent les nègres à se rendre marrons, c'est-à-dire à fuir de chez leurs maîtres ; et de la façon dont ils vivent dans les bois ». Le chapitre est résumé et analysé par Y. Debbash, *op. cit.*, p. 3-5.
46. « Instructions du Roi aux gouverneurs et intendants et rapports d'administration », *Correspondance à l'arrivée et au départ...* Ce sont les sources essentielles de l'histoire coloniale. En ce qui concerne plus particulièrement les problèmes du marronnage, voir Y. Debbash, *op. cit.*, Description des sources, p. 5. Sur les séries consultées, voir la Bibliographie.

posent à tout instant à propos de la « population » des îles : blancs, esclaves, mulâtres et gens de couleur. La Correspondance « au départ » tient compte de leurs inquiétudes, de leurs avis, préconise des remèdes, propose des solutions, jusqu'au moment où, sous la pression des circonstances, le bureau des Colonies en vient à concevoir une véritable politique, destinée à assurer la survie du système esclavagiste, puis sa réforme [47].

Les lettres venues des Iles ou de la Guyane enregistrent l'existence et le progrès du marronnage, qui reste, tout au long du XVIIIᵉ, un facteur essentiel d'inquiétude [48], le déséquilibre démographique, les conspirations ou les soulèvements d'esclaves, les multiples symptômes d'une hostilité latente : affaires d'empoisonnements, incendies de plantations, agressions, suicides. A la Guadeloupe, des bandes marronnes, groupant 2 à 3 000 esclaves sont signalées en 1725 et en 1735. On trouve un compte rendu détaillé du procès des « meneurs », en 1736; puis, en 1738, on s'inquiète de l'importance nouvelle du groupe marron. En 1764, on évalue à 600 le nombre des nègres révoltés dans les Grands Fonds de la Grande Terre [49]. A la Martinique, on note que « l'aboutissement normal du départ en marronnage est la bande, parce que le terrain leur est propice », mais à partir de 1720, la situation change, par suite de la conquête progressive de l'intérieur qui réduit les possibilités de « refuges » [50]. A Saint-Domingue, où l'avance des cultures a été plus lente, des bandes marronnes se constituent à plusieurs reprises, et ce jusqu'à la fin du siècle [51]. La plus célèbre est celle du « Maniel », qui s'ins-

---

47. Il se produit dans l'administration des colonies un mouvement comparable à celui qui concerne d'autres secteurs. Voir J. PROUST, *Diderot et l'Encyclopédie*, ch. II. Un personnel nouveau qui représente les intérêts d'une fraction importante de la bourgeoisie tend à promouvoir une politique qui leur soit conforme. C'est dans la mesure où se développent les sociétés coloniales, avec la fin du monopole de la Compagnie des Indes, que leurs actionnaires s'intéressent de plus près à la gestion du domaine colonial. Les concessions de terres n'ont d'intérêt que si on les met en valeur rationnellement, ce qui exige la réforme du système esclavagiste.

48. Bien que son importance numérique reste faible et que les colons semblent s'en inquiéter assez peu. Voir G. DEBIEN, *Revue d'histoire des Colonies*, 1947-1949, p. 46, à propos des « Travaux d'histoire sur Saint-Domingue » : « Jamais dans les rapports mensuels des gérants, le marronnage n'est pris pour un mal sérieux. Saint-Domingue est à ce sujet fort différent de la Jamaïque. » Mais les rapports des gérants ou les impressions des colons sont une chose, les rapports des administrateurs en sont une autre, qui présentent une vue d'ensemble de la situation et sont plus lucides que les intéressés eux-mêmes, dont ils dénoncent à plusieurs reprises l'aveuglement. Les réformes proposées se heurteront pourtant à l'opposition de la majorité des colons, persuadés que la force restait le seul argument à opposer à l'agitation servile. L'histoire offre bien d'autres exemples de ces « aveuglements ». Il est à noter cependant qu'une partie des colons soutiendra les vues de l'administration. Rappelons enfin que nous ne faisons pas l'histoire du marronnage, mais celle d'un état de conscience collectif, qui est la peur du marronnage.

49. Arch. Col. F 3 225 et Y. DEBBASH, *op. cit.*, p. 70.

50. Y. DEBBASH, *op. cit.*, p. 71.

51. *Ibid.*, note 4 et p. 74, note 1.

talle à la limite de la partie française de Saint-Domingue [52]. En 1758, une conspiration donne lieu à un procès qui compte 140 accusés... [53]. L'inquiétude grandit, à partir de 1764 [54]. A l'île de France, en 1769, le gouverneur Dumas signale des désertions d'esclaves et une grave affaire criminelle [55]. Enfin la terre d'élection du marronnage au XVIIIᵉ siècle : la Guyane [56] retient particulièrement l'attention : dans cette colonie située « en continent », certaines communautés marronnes arrivent à se maintenir pendant trente années consécutives. Toute l'histoire de la colonie au XVIIIᵉ n'est qu'une longue lutte contre les rebelles retranchés dans les montagnes ou au cœur de forêts impénétrables. Des déserteurs de la colonie hollandaise de Surinam s'installent en territoire français en 1776, et constituent rapidement un pôle d'attraction pour les nègres de cette colonie. Leur existence pose un problème, que la correspondance des administrateurs reflète avec exactitude dans la période qui va de 1774 à la veille de la Révolution [57]. Voilà pour les faits. Mais l'intérêt essentiel de ces documents est d'être, en même temps qu'un récit des événements, un essai d'analyse et d'interprétation qui inspire directement des tentatives de réforme. Les administrateurs ne se contentent pas de décrire un état de choses, ils en cherchent les causes : déséquilibre numérique, certes, mais aussi et surtout la cruauté des maîtres, leur indolence, leur indifférence pour la condition des esclaves, si préjudiciable à la fois à la sécurité de la colonie et à leurs intérêts, qui font d'eux les vrais responsables d'une situation que leur négligence ne fait qu'envenimer. Tous déplorent ces « esclaves nus et mal nourris » [58] qui offrent un spectacle désolant, et se plaignent que les mauvais traitements

---

52. *Ibid.*, p. 74.
53. Voir *Relation d'une conspiration tramée par les nègres de l'île de Saint-Domingue...*, Paris, 1758 (B.N. : 8° Lk 12 - 1588). Le chef de la conspiration est François Macandal, marron depuis dix-huit ans.
54. La partie espagnole de l'île sert ici de « refuge-insulaire ». On ne viendra pas à bout du marronnage et on devra finalement se résoudre à une amnistie générale (Arch. Col. C 9 B 36, pièce 79 : Lettre de la Luzerne du 30 avril 1786).
55. Arch. Col. C 4, art. 21 : lettres du 19 septembre et du 16 octobre 1768. Rappelons que Diderot a lu précisément cette Correspondance. Voir J. PROUST, « A propos d'un fragment de lettre de Diderot », qu'il date de 1769. *Studi Francesi*, 1959, n° 7.
56. Voir un résumé de la question dans Y. DEBBASH, *op. cit.*, p. 59, avec des indications bibliographiques.
57. Voir Mme MARCHAND-THÉBAULT, *Revue française d'histoire d'Outre-mer*, 1960 : « L'esclavage en Guyane française sous l'Ancien Régime » et Arch. Col. C 14-45 *Rapport sur les nègres marrons...*, 1777. Précisons qu'il y a en fait deux groupes de marrons. L'un, qu'on appelle « les nègres en paix », est constitué par des tribus auxquelles les Hollandais avaient accordé l'indépendance en 1749 et 1760, et l'autre, « les nègres en guerre », les Boni, qui en 1776, cherchèrent refuge en territoire français. Voir Jean HURAULT, *Histoire des noirs réfugiés Boni de la Guyane Française*. Le dernier groupe existe toujours.
58. Lemoyne au Ministre, Guyane, 1750. Arch. Col. C 14, art. 21. Poivre au Ministre, Ile de France, 1767, Arch. Col. C 4, 18.

poussent les nègres à déserter [59]. Le gouverneur Fiedmont donne en 1779 des exemples de nègres qui préfèrent la mort aux rigueurs de l'esclavage [60]. Le bailli de Mirabeau, gouverneur de la Guadeloupe en 1753 note avec indignation « l'usage établi de ne point punir le meurtre des nègres » [61]. Les attaques sont plus franches, quand il s'agit de dénoncer la cruauté des Anglais ou des Hollandais, dont les nègres marrons, à la Jamaïque, ou en Guyane, sont de pernicieux exemples pour toutes les colonies. Dans une lettre adressée à M. Accaron, alors commis du bureau des Colonies, on lit :

« Comment en général les Hollandais et les Anglais traitent-ils leurs nègres pendant leur vie ? Quel cas en font-ils à leur mort ? Qui n'espère rien, ne craint rien, n'a rien à ménager, mais ose tout [62]. »

Certains proposent des mesures. C'est le cas en particulier de Poivre [63], dont le *Discours au nouveau conseil supérieur de l'île de France, à son arrivée dans cette île* en 1767 résume les principaux griefs contre les mauvais maîtres et annonce un plan de réformes. Poivre s'emploie à définir « l'esprit de la loi qui a permis aux Français d'avoir des esclaves dans leurs colonies ». Cette même loi, écrit-il :

« (...) exige que le maître favorise le mariage parmi ses esclaves, qu'il les nourrisse, les habille et les traite avec humanité. Nous sommes persuadés que le plus grand nombre des colons de cette île est à cet égard au-dessus de tout reproche. On assure néanmoins qu'il y a dans la colonie beaucoup d'anciens esclaves que leurs maîtres n'ont point encore pensé à instruire des vérités de la religion, qu'il est des maîtres qui non seulement ne favorisent pas les mariages, mais qui s'y opposent, qu'il en existe qui ne leur fournissent d'autre nourriture que les racines caustiques et vénéneuses du (souge ?) qu'ils leur permettent d'aller arracher sur les bords des rivières, que plusieurs maîtres les surchargent sans pitié de travail, qu'enfin on voit dans l'île beaucoup de ces malheureux qui ne sont point habillés et qu'on en compte plus de 1 200 que les mauvais traitements ont rendu fugitifs dans les bois [64]. »

---

59. Fiedmont au Ministre, Guyane, 1766, Arch. Col. F 3, 146.
60. Arch. Col. C 14, art. 51.
61. Louis de LOMÉNIE, *les Mirabeau*, tome I, p. 194 (Lettre du bailli de Mirabeau à son frère, 24 décembre 1753). Nous reviendrons sur cette correspondance.
62. Arch. Col. C 14, art. 25, f⁰ 320. L'auteur de la lettre est un ami des Jussieu (f⁰ 320). Date : 7 août 1762.
63. Nous avons déjà parlé de ce personnage, lié avec les Physiocrates et les Philosophes, dans notre chapitre sur « L'information des philosophes ». Rappelons qu'il est intendant aux îles de France et de Bourbon, au moment où Dumas est gouverneur. Après de longs démêlés, indépendants du problème qui nous occupe ici, Poivre obtint le rappel de Dumas.
64. Arch. Col. C 14, art. 18. Le discours fut publié en 1769 dans la deu-

Il y a du moraliste chez Poivre quand il affirme que « la vertu seule assure la conservation des êtres libres et raisonnables. Elle peut seule fonder des sociétés durables », et quelque illusion dans ce tableau idyllique de la future colonie, revenue de ses erreurs :

« Les maîtres sensibles au cri tendre et puissant de l'humanité outragée, goûteront le plaisir délicieux d'adoucir le sort de leurs malheureux esclaves, n'oubliant jamais qu'ils sont *des hommes semblables à eux* [65]. L'esclave dédommagé suivant l'esprit de la loi de la perte de sa liberté par la connaissance de la Religion, consolé par la certitude de ses promesses, encouragé par la sagesse de ses maximes, servira son maître avec joie et fidélité. Il se croira libre et heureux même dans l'esclavage. »

On songe à l'aimable société de Clarens [66], où tout se compense exactement : bienfaits et devoirs, où le rapport réel de dépendance se trouve masqué par une familiarité ambiguë. Ici, le système reste en place, mais une réforme interne lui assure quelques gages de survie : puisque l'inhumanité des maîtres accule l'esclave à la fuite ou au suicide, il faut rendre à l'esclave non sa liberté, mais l'illusion de la liberté, non la propriété de soi, mais la conscience de sa dignité, qui le « dédommage » de sa servitude. Le bon maître est celui qui sait faire oublier à l'esclave sa condition d'esclave, en le traitant non comme son égal, mais comme son « semblable ». « Un noir est un homme comme un blanc », note le gouverneur Dumas dans son Journal [67] et le bailli de Mirabeau, gouverneur de la Guadeloupe, écrit à son frère [68], le futur auteur de l'*Ami des Hommes :*

« (...) L'on ne peut cependant se cacher qu'un nègre est un homme, et un philosophe qui considérerait l'humanité de sang-

---

xième édition des *Voyages d'un philosophe*. Mais dès 1768, des copies circulèrent. Voir TURGOT, *Œuvres*, éd. Schelle, III, p. 15, Lettre du 30 août 1768.

65. C'est nous qui soulignons.

66. ROUSSEAU, *La Nouvelle Héloïse*, éd. de la Pléiade, L, p. 547 : « Chacun trouvera dans son état tout ce qu'il faut pour en être content et ne point désirer d'en sortir » (p. 547). Tout tient au pouvoir de la « modération dans ceux qui commandent », à laquelle répond le « zèle » de « ceux qui obéissent » (p. 548). Voir sur cette communauté de type patriarcal, les remarques de Bernard GUYON. (Notes de la même édition, p. 1598.) On ne saurait s'étonner de ce rapprochement. « L'aspect vertueux de l'exploitation idéale » d'un domaine rural (B. GUYON, *ibid.*, p. 1599) repose sur un schéma idéologique qui se transpose aisément du cadre des grands domaines de la métropole, dans les plantations des Antilles ou de la Guyane. Des innombrables « Maisons rustiques » de la France du XVIIIᵉ à la « Maison rustique de Cayenne » de Brûletout de Préfontaine, la filiation est évidente. L'originalité de Poivre est d'avoir pensé en physiocrate les problèmes propres à l'économie des îles.

67. Arch. Col. C 4, art. 21, 7 février 1768.

68. Louis de LOMÉNIE, *op. cit.*, I, p. 202. Lettre du 10 janvier 1755. Cette sympathie pour les esclaves s'assortit d'un profond mépris pour les « créoles », inconscients, indolents, qui sont violemment pris à partie.

froid, dans ce pays-ci, donnerait peut-être la préférence au nègre. Je sais les divers reproches que l'on fait aux gens de cette couleur, mais en approfondissant, je ne vois, moi, confesseur de tout le monde, que le crime des blancs. »

et dans une autre lettre :

« L'esclave, tout esclave qu'il est, doit être considéré comme un homme, et moi, je crois devoir aussi le considérer comme un frère [69]. »

Il est vrai que la pratique est moins aisée. L'appel à la « vertu » des bons maîtres et au « zèle » des bons esclaves apparaît dérisoire, quand on lit le texte des ordonnances qui suivirent [70] et qui peuvent se résumer ainsi : baptême obligatoire des esclaves, interdiction de les faire travailler les dimanches et fêtes sans autorisation du curé, obligation alimentaire (deux livres de maïs par jour), châtiments mesurés (pas plus de 30 coups de fouet). Ce n'est qu'un rappel des dispositions du *Code noir* [71], qui ne fut en fait jamais appliqué.

Cependant plaintes et alarmes n'étaient pas vaines. Dans le monde des Bureaux, elles étaient enregistrées et méditées. De ce réseau convergent d'informations, qui toutes allaient dans le même sens, des esprits avertis tiraient les conclusions qui s'imposaient. Les colonies devaient être défendues contre les colons eux-mêmes, il fallait réformer le système esclavagiste, ou consentir à l'échec économique, à la faillite d'une politique coloniale. Ce n'était plus possible. Le commerce colonial tenait déjà une trop grande place dans l'économie bourgeoise, l'Etat se trouvait engagé dans une stratégie à l'échelle du monde des grandes découvertes, où les Antilles, les Mascareignes, les comptoirs africains jouaient un rôle essentiel [72]. Aussi les instructions adressées aux gouvernements et aux intendants témoignent-elles d'une conscience de plus en plus nette des problèmes à résoudre, des mesures propres à éviter l'éclatement du système.

Nous ne suivons pas entièrement M. Debien, lorsqu'il écrit à propos du personnel colonial de Saint-Domingue, à la veille de la révolution :

« Les officiers du roi, les militaires et certains administrateurs généraux (...) suivent les directives générales de Versailles, qui sont pour la tradition et la sécurité, mais aussi pour de prudentes innovations qu'inspire la philanthropie. Ils éclairent les

---

69. *Ibid.*, p. 203, Lettre non datée.
70. Arch. Col. C 14, art. 18, Ordonnances de 1767.
71. Art. 22, 26, 27.
72. Nous n'insistons pas ici sur ces considérations générales : de la « civilisation » des Indiens à l'étude des réformes propres à faciliter l'exploitation d'une main-d'œuvre coloniale, on reste à l'intérieur d'un système commandé par les mêmes impératifs économiques.

bureaux et ce sont leurs conseils qui ont inspiré les ordonnances de 1784 et de 1785 [73]. »

Nous pensons comme lui qu'il y a une correspondance étroite entre l'opinion et l'action des administrateurs en place et les directives des bureaux, mais il nous semble que ce mouvement de va-et-vient des organes d'exécution aux organes de direction, et de ceux-ci aux premiers, qui produit son plein effet vers 1781, commence beaucoup plus tôt, et ne peut se dissocier d'un mouvement plus ample, où physiocrates et philosophes jouent un rôle important. Nous essaierons de le montrer, en précisant les rapports qui existent entre les instructions officielles, les écrits des physiocrates et ceux des philosophes engagés dans ce que Roger Mercier appelle « la campagne pour l'humanité » [74].

III. ADMINISTRATEURS ET PHILOSOPHES

Il suffit de parcourir les mémoires destinés à servir d'instruction aux gouverneurs et intendants au moment de leur départ pour les Iles ou la Guyane, ou les lettres qui leur sont adressées durant le temps de leur administration, pour mesurer les progrès de cet esprit « d'humanité », dans cette période de cinquante ans, qui voit, entre 1700 et 1750, se multiplier les signes avant-coureurs d'une crise. On peut distinguer trois moments dans cette évolution. Les Instructions du roi au sieur de Clugny, nommé intendant des îles sous le Vent, en 1760 [75] ne font que mettre en préceptes les conseils, suggestions des administrateurs. Elles recommandent à Clugny de veiller au sort des esclaves,

« à ce que leurs maîtres les traitent avec humanité, et leur donnent la nourriture et le vêtement conformément aux ordonnances. *C'est le plus sûr moyen d'empêcher le marronnage* [76] qui est non seulement ruineux pour les habitants, mais même dangereux pour la colonie (...). Le sieur de Clugny sera informé à son arrivée à Saint-Domingue du nombre considérable d'empoisonnements qu'il y a eu en 1757 et 1758 dans la partie du Cap. La rigueur avec laquelle les nègres coupables ont été punis a arrêté le cours de ces attentats, des nègres entre eux et envers leurs maîtres. Mais il y a lieu de croire que les exemples seraient moins fréquents si les maîtres évitaient de donner des sujets de jalousie à leurs esclaves par leur libertinage [77]. »

73. G. DEBIEN, *Les colons de Saint-Domingue et la Révolution*, p. 39.
74. *Op. cit.*, ch. VI.
75. Arch. Col. F 3 71.
76. C'est nous qui soulignons.
77. On songe ici aux multiples « tragédies domestiques », dont Oronooko est l'adaptation littéraire, et dont on retrouve l'écho dans ces « faits divers » qui servent d'illustration à une peinture de la malheureuse condition des esclaves et où se complaît « la sensibilité » d'une époque.

Les différents obstacles à la « population » des nègres sont signalés à l'attention du comte d'Estaing, gouverneur de Saint-Domingue, en 1764 : excessive mortalité, avortement des négresses [78]. On y traite en détail « de la discipline des nègres et de la population des blancs ».

Les instructions dressées pour le comte d'Ennery, gouverneur de la Martinique, sont encore plus explicites, et l'idée selon laquelle l'intérêt et l'humanité ne sont qu'une seule et même chose, s'y trouve érigée en principe de gouvernement :

« Sa majesté informée que la plupart des habitants des îles manquent au devoir si essentiel de nourrir leurs nègres recommande... la plus grande attention sur ces abus si contraires à l'*humanité* et aux *intérêts* mêmes des habitants [79]. »

Instructions particulièrement importantes puisque dressées par Jean Dubuq, récemment nommé chef du bureau des Colonies [80]. On y recommande de tenir les esclaves dans la plus grande dépendance, mais aussi d'exiger que leurs maîtres les nourrissent et leur accordent du repos. On insiste sur la nécessité de les instruire en matière de religion, car « chez des peuples policés, [des esclaves] n'ont pu perdre leur liberté que pour l'espérance meilleure des biens futurs ». Les mêmes instructions sont reproduites presque textuellement jusqu'en 1771, où l'on voit apparaître cette étonnante formule :

« L'esclavage est un état violent et contre-nature (...) ceux qui y sont assujettis sont continuellement occupés du désir de s'en délivrer, et sont toujours prêts à se révolter [81]. »

En 1773, on demande au gouverneur de la Guyane de veiller « à ce que les maîtres rendent aux esclaves leur état supportable, en leur procurant assez de douceurs pour qu'ils préfèrent les travaux de l'habitation à la vie qu'ils pourraient mener dans les forêts en devenant marrons [82]. »

Enfin en 1776, une tendance nouvelle s'affirme; elle est le produit des suggestions venues de tous les points de ce vaste horizon où rôde la grande peur du marronnage. Nulle part elle n'était plus aiguë qu'en Guyane, et c'est à la Guyane que l'on pense d'abord [83], mais les instructions données se retrouvent dans tous les documents postérieurs [84].

---

78. Arch. Col. F 3 71, 1er janvier 1764.
79. *Ibid.*, 25 janvier 1765, souligné par nous.
80. Selon une note de F 3 145, fo 152 [« dressées par M. Dubuq »] Sur Jean Dubuq et ses liaisons avec les milieux philosophiques, voir le chapitre sur « l'Information des philosophes ».
81. F 3 71, 30 novembre 1771 : Instructions au comte de Nozières, commandant général des îles du Vent au sieur Tascher, intendant.
82. F 3 71, 22 octobre 1773. C'est Fiedmont qui est gouverneur.
83. Instructions à Fiedmont, gouverneur, et Malouet, intendant, 8 septembre 1776, dans F 3 72.
84. Arch. Col. F 3 72, entre autres : Instructions pour la Martinique : 7 mars 1777; pour la Grenade : 1779; pour Saint-Domingue : 1781.

« On réussirait sans doute beaucoup mieux en adoucissant le sort des esclaves, et en leur faisant *perdre, par les bons traitements, le désir de la liberté.* Ce moyen, dicté *par la Nature est sollicité en même temps par les vues d'intérêt de l'habitant.* Le nègre bien traité, bien nourri travaillerait mieux, vivrait plus longtemps, et la fécondité des femmes suffirait pour remplacer ceux qui mourraient et deviendraient infirmes. Il est d'autant plus intéressant d'éclairer le propriétaire à cet égard que l'espèce s'épuise et viendra insensiblement à manquer [85], tandis qu'elle pourrait se soutenir, se multiplier même dans nos îles par sa seule reproduction. *Une avarice aussi cruelle qu'elle est mal entendue a rendu jusqu'à présent le colon insensible* à ces considérations *et au cri de l'humanité* [86]. » On propose donc, comme jadis Poivre, de convertir les colons à leur propre cause, en mettant en œuvre « l'empire de la persuasion, l'intérêt, la vanité, l'orgueil », en encourageant les bons maîtres par l'octroi de récompenses appropriées.

En Guyane cependant, une autre politique s'ébauchait. Il s'agissait de préparer l'affranchissement progressif des esclaves, dans cette colonie où le marronnage avait pris une importance croissante [87]. En 1762 déjà, un projet avait été soumis à Choiseul, proposant d'attirer en territoire français les marrons « hollandais » [88], en négociant avec eux par l'intermédiaire d'un esclave nommé l'Orange, et surtout en leur offrant des conditions de vie supportables, seul moyen de mettre fin au marronnage, et de sceller une sorte d'alliance entre des maîtres justes et humains et des esclaves dévoués qui leur serviront de rempart contre la masse révoltée.

« Si l'on remontait, Monsieur, au premier nègre marron de Surinam, si l'on recherchait les premières raisons de leur marronnage, on reconnaîtrait dans celui qui le premier se mit à leur tête un Nègre semblable à Eunus, le chef des esclaves révoltés de la Sicile et pour cause de la révolte celle qui fit massacrer Damophile et sa femme [89]. »

---

85. Un document de 1775 considère que 8 000 nègres par an sont nécessaires pour remédier à la mortalité annuelle, et 6 000 pour permettre l'accroissement des cultures (Arch. Col. F 4 24).

86. C'est nous qui soulignons.

87. En 1749, on dut charger un missionnaire de négocier avec les nègres marrons français. Il réussit à les ramener dans les plantations. Mais ils ne tardèrent pas à rejoindre ceux qui étaient restés dans les bois. La relation de l'ambassade du père Fauque se trouve dans les *Lettres édifiantes et curieuses*, tome 29, de Cayenne, le 10 mai 1751 et dans les *Mémoires géographiques* (...) de R. de Surgy, Paris, 1767, IV, p. 188 sq. Raynal raconte l'événement, d'après ces sources, dans *L'Histoire des Indes*, VI, p. 146.

88. Arch. Col. C 14, art. 25, fº 318 sq., 7 octobre 1762. C'est la lettre dont nous avons déjà extrait un passage sur la cruauté des maîtres hollandais. L'auteur pourrait être Brûletout de Préfontaine (?). Il s'agit, à cette date, non des Boni, mais des « nègres en paix ».

89. Grand propriétaire sicilien, dont Diodore a fait le portrait. Voir Jean-Paul BRISSON, *Spartacus*, Club Français du Livre, 1959, Ch. 5.

Evoquant les cruautés dont ceux-ci furent victimes, on rappelle au contraire que les habitants d'Enna [90] refusèrent « de se joindre dans cette guerre à ceux de leurs maîtres qui l'avaient occasionnée par leurs injustices et leurs cruautés. Voilà le but que je désirerais procurer à la Guyane ». Fort pessimiste pour l'avenir : « J'oserai prédire pour ma part que tout pays habité par des noirs ou blancs et rendus esclaves pour les cultiver, en subiront le joug tôt ou tard », l'auteur de ce projet pense que l'essentiel est de retarder ce moment le plus possible, en se conciliant l'âme des esclaves par la douceur et aussi la religion [91].

L'échec du Kourou [92] ayant montré la nécessité de recourir à la main-d'œuvre locale, le baron de Bessner [93], après avoir songé aux Indiens de l'intérieur des terres [94], propose un affranchissement progressif, qui transformerait en vingt ans la masse servile en journaliers libres, qui, sûrs d'améliorer leur condition, ne songeraient plus à se révolter. Le projet est de 1774 [95]. Aucun texte ne montre plus nettement que l'antiesclavagisme n'a pas été dicté par la seule philanthropie, mais que cette philanthropie elle-même n'était conçue que comme une « pratique », permettant de résoudre le problème de la main-d'œuvre coloniale.

« Il n'est que trop vrai que la rigueur de l'esclavage forme aujourd'hui un obstacle à la population des noirs. Beaucoup de négresses réduites au désespoir par la dureté de leur condition outragent la nature pour s'empêcher de devenir mères; d'autres par une tendresse féroce donnent la mort à leurs enfants comme un bienfait. »

« Il ne suffit pas, ajoute Bessner, de plaider la cause des esclaves *d'après le principe du droit de la nature* » [96], car la principale difficulté vient de ce que les esclaves sont la *propriété* des maîtres. On assiste donc à un véritable renversement des valeurs: chez Montesquieu, l'exigence humaniste était posée en principe, mais restait toute théorique, dans la mesure où l'intérêt des colonies exigeait le maintien de l'esclavage. A partir du moment où cet intérêt exige qu'on y mette fin, l'exigence humaniste peut

---

90. *Ibid.*, f° 324. La prise d'Enna eut lieu en 139 av. J.-C.

91. « (…) *il est nécessaire qu'ils soient persuadés qu'ils sont nos frères, à l'esclavage près.* » Le rôle joué par le père Fauque en 1749 démontre l'utilité de ce frein tout-puissant : la religion : « Un jésuite, le crucifix à la main, les réunit tous. Il fit plus, il les obligea à reprendre le joug, comme un devoir imposé par Dieu même. » Voir aussi RAYNAL, VI, p. 146.

92. 1763-1764. Voir Ch.-A. JULIEN, *Les Français en Amérique (1713-1784)*, C.D.U. et l'article de M. DEVÈZE : « La Guyane française de 1763 à 1799 », dans le *Bulletin de la Société d'histoire moderne*, 1962, n° 1.

93. Voir « L'information des philosophes ».

94. Son « Précis sur les Indiens » dans Arch. Col. F 3 95, f° 74, propose un plan de « civilisation ».

95. Arch. de la France d'Outre-mer, Dépôt des Fortifications, Guyane, Pièce n° 221 : « De l'esclavage des Nègres ».

96. Ce qui était la position de Montesquieu.

s'accorder avec un antiesclavagisme conséquent, mais en même temps elle se révèle incapable de lui fournir une base théorique suffisante. « Le véritable état de la question, remarque Bessner, est beaucoup plus compliqué. » On ne peut lutter contre le préjugé esclavagiste qu'en justifiant l'abolition de l'esclavage par des arguments économiques. C'est dans la mesure où humanité et intérêt [97] se conjuguent pour fonder une nouvelle pratique que l'antiesclavagisme peut être à lui-même sa propre justification. « La relation qui subsiste aujourd'hui entre le maître et l'esclave les conduit à se dépraver mutuellement », note encore Bessner. Il faut instaurer une « relation nouvelle entre les propriétaires des terres et les hommes destinés à les cultiver », agir donc sur le moral en modifiant le physique, en l'occurrence la base économique du système.

« Des travailleurs libres, mieux entretenus et mieux traités que des esclaves seraient plus dispos, plus vigoureux. Ils joindraient à la force mécanique l'intelligence et la bonne volonté qui manquent à la plupart des esclaves. »

Une colonie ainsi constituée n'aurait plus rien à craindre du marronnage, elle serait même un pôle d'attraction pour les esclaves des autres nations. Il semble que le plan d'affranchissement progressif proposé par Bessner s'inscrivait dans un dessein plus vaste dont il n'était qu'une étape. En 1776 en effet, Bessner reprit l'ancien projet de négociation avec les marrons de Surinam [98]. C'est à ce moment qu'intervint Malouet, que l'on chargea d'enquêter sur le projet. D'abord intéressé, il ne tarde pas à se persuader qu'il n'y a aucune chance de convaincre les marrons, auxquels le gouvernement de Surinam avait accordé l'indépendance, d'abandonner leur retraite [99]. Il est d'avis « de ne point songer à les déplacer, à les civiliser, à les assimiler aux propriétaires nationaux, avec lesquels ils ne pourront jamais avoir rien de commun ».

« Ce *peuple* a acquis, écrit-il, par la force des armes, la liberté et la propriété du terrain qu'il cultive... Il ne quittera pas la *patrie* qu'il s'est faite. »

Malouet admet donc que des nègres, anciens esclaves, puissent constituer un « peuple » (« la peuplade libre des nègres marrons », dit-il encore). Bien que l'exemple des marrons hollan-

---

97. Voir G. DEBIEN, *Etudes antillaises*, n° 11, « Humanité et Intérêt ».
98. Voir P.V. MALOUET, *Collection de Mémoires...*, Paris, an X, tome I, p. 78 : « Il (Bessner) présente à cet effet en 1776 un mémoire à M. de Sartine. »
99. D.F.C., Guyane, 285. Rapport « Sur les nègres marrons de Surinam », août 1778. Malouet note que leur nombre « ne s'élève pas à 3 000 âmes, au lieu des 40 000 annoncées par M. le baron de Bessner ». Les autorités hollandaises parlaient de 20 000, mais il semble que le chiffre de Malouet corresponde à la réalité. Voir J. MARCHAND-THÉBAUT, *art. cité*, p. 54.

dais soit unique dans l'histoire de l'esclavage [100], on peut juger de son importance dans l'opinion antiesclavagiste par ce plaidoyer de Bessner :

« Ces nègres, disent les Hollandais, sont féroces, perfides, infidèles aux traités, atroces et irréconciliables. Ils doivent nécessairement mériter toutes ces qualifications. Ils ont été tyrannisés, poursuivis, trahis, traités en guerre avec férocité. Les vices qu'on leur reproche ne sont que l'imitation de ceux dont ils ont été la victime, et des dispositions nécessaires à leur situation. C'est une erreur de croire que l'espèce nègre est une espèce maudite dont on ne doit espérer aucun bien. Ceux qui pensent ainsi confondent les dispositions naturelles avec les effets de l'esclavage. Le nègre n'est atroce dans les colonies que parce qu'il est la victime de l'atrocité de *son maître*. Il n'est traître et lâche que parce qu'il est le plus faible. Il n'est paresseux que parce qu'il est excédé de travail au profit d'un maître qui le maltraite et qui souvent ne le nourrit pas. On en trouve la preuve dans les habitations bien montées et dont les *propriétaires* [101] sont éclairés et humains. Tous les hommes, les noirs comme les blancs, sont sensibles aux bons traitements, et susceptibles de la même civilisation et de la même dépendance, lorsque l'on les y porte par l'attrait de la liberté et du bien-être [102]. »

Dans un texte que nous avons déjà cité [103], Bessner va jusqu'à opposer aux « Indiens dépravés par l'abus de la liberté naturelle » ce « peuple que l'abus des institutions sociales a ramené par le désespoir de l'esclavage à l'indépendance, aussi actif et aussi laborieux que les Indiens sont actuellement paresseux et indolents ». La réhabilitation du nègre apparaît clairement ici comme la conséquence directe de sa condition nouvelle d'homme révolté : en Guyane, un peuple noir est né, cette patrie fondée en terre d'esclavage est la preuve de la vocation des Africains à devenir des hommes « policés » au-delà de la servitude qui reste le meilleur moyen de les civiliser. Malouet dira [104] :

---

100. J. MARCHAND-THÉBAUT, *art. cité*, p. 55 et Jean HURAULT, « Histoire des noirs réfugiés Boni de la Guyane française », dans *Revue française d'histoire d'Outre-mer*, 1960. J. Marchand-Thébaut explique l'impuissance des marrons de Guyane française à reconstituer comme les Boni une structure sociale africaine, par l'influence des missionnaires. Les administrateurs avaient raison d'insister sur le rôle de frein que pouvait jouer la religion « bien entendue ».

101. La substitution du mot « propriétaire » au mot « maître » est significative. Faire des *maîtres* haïs d'esclaves qui sont leurs choses, des *propriétaires* qui useront avec ménagement d'un matériel humain dont la force de travail dépend de la manière dont on le traite, c'est la grande idée de Malouet comme de Bessner, avant d'être celle de Raynal, qui ne fait que soutenir leur politique.

102. Arch. Col. Dép. Fort. Guyane n° 286 « Mémoire sur les nègres fugitifs de Surinam », 1777. Cité par Jean HURAULT, *art. cit.*, p. 81.

103. Arch. Col. F 4 19. « Mémoire sommaire sur la colonie de Cayenne et la Guyane française », 1774.

104. Avant-propos d'un ouvrage de Barré de Saint-Venant,... dans MALOUET, *Collection de mémoires...*, tome III, p. 79.

« (...) la servitude des nègres dans leur pays avait tous les caractères de la barbarie, au lieu que dans nos colonies, elle les conduisait à la civilisation. »

L'idée se retrouve dans un mémoire anonyme de 1790 :

« Il n'est peut-être pas impossible de civiliser les Nègres, de l'amener à des principes et d'en faire un homme : il y aurait bien plus à gagner qu'à l'acheter et à le vendre [105]. »

Aussi Malouet se charge-t-il de soutenir les vues de Bessner sur un affranchissement progressif des nègres, en quinze ou vingt ans [106], tandis qu'il fait échouer son plan de « civilisation » des Indiens [107]. Cependant, revenu en France et nommé intendant de la Marine à Toulon, Malouet ne tardera pas à changer d'avis, devant les conséquences d'un tel projet, qui allait dresser en faveur de l'*abolition* de l'esclavage toute une partie de l'opinion [108], et aussi devant les réactions des colons de Saint-Domingue, dont il ne peut pas ne pas se sentir solidaire [109]. Un ami de Malouet, le négociant Begouen [110], qui fait la traite à Saint-Domingue, dénonce les dangers d'un projet qui risque de faire de Saint-Domingue un nouveau Surinam : l'affranchissement progressif aura pour résultat de permettre aux nègres de former des colonies à la limite des plantations et de devenir « *comme à Surinam* les fléaux et les ennemis les plus redoutables des cultures qu'ils ravageraient » [111]. Ce serait pour Saint-Domingue la mort lente, au lieu d'un désastre subit et violent; ce ne serait nullement une solution à ses difficultés. La hantise du marronnage [112], la peur de l'exemple guyanais sont manifestes, mais ce

---

105. Cité par A. DELCOURT, dans les *Annales historiques de la Révolution française*, 1939, p. 450, note.

106. Le plan fut discuté en 1779 dans le Comité de législation des Colonies, dont il était membre. Voir J. TARRADE, « l'Administration coloniale en France à la fin de l'Ancien Régime : Projets de réforme », dans la *Revue historique*, janvier-mars 1963, p. 113 et *Mémoires de Malouet*, Paris, 1874, II, p. 339-341.

107. L'attitude de Malouet, et celle de Bessner, à l'égard de ce problème. seront examinées dans le chapitre suivant. Le *Voyage de Surinam* de MALOUET (Arch. Col. Dép. Fort. Guyane, Pièce 305, 1777) ne fut publié qu'en 1803 dans les *Mélanges de Littérature* de Suard. Mais Raynal a connu les mémoires originaux de Bessner et de Malouet et les utilise dans l'*Histoire des Indes*.

108. MALOUET, dans ses *Mémoires*, date de 1777 le début de la campagne qui allait aboutir à la fondation des « Amis des Noirs ».

109. Rappelons qu'il avait toute sa fortune dans cette colonie, *Mémoires de Malouet*, II, p. 200. Sur l'évolution de Malouet, voir la Bibliographie, qui contient une brève analyse de ses différents mémoires (1783-1788).

110. Voir M. BEGOUEN-DEMEAUX, *Mémorial d'une famille du Havre*, tome I.

111. *Précis sur l'importance des colonies et sur la servitude des Noirs, suivi d'observations sur la traite des Noirs*, Versailles, s. d.

112. Qui tend à se développer à Saint-Domingue dans les mêmes années. On devra accorder une amnistie en 1786 (Arch. Col. C 9 B 36, Pièce n° 79). En 1785, une lettre d'un gérant, [M. BEGOUEN-DEMEAUX, *op. cit.*, II. « Stanislas Foäche », p. 110] note « Le nombre des nègres marrons augmente tous les jours et encore plus leur audace. »

n'est pas pour cette seule raison que Saint-Domingue s'opposera de toutes ses forces aux tentatives de réforme, venues de Guyane. La classe des colons y avait une autre cohérence, une autre force que dans un territoire de peuplement moins ancien. Constituée en caste, elle nourrissait des préjugés qui n'existaient pas encore en Guyane, où l'augmentation du nombre des esclaves était un fait relativement récent [113].

Ainsi s'explique que l'élan donné au mouvement antiesclavagiste soit parti de Guyane, d'où viendront encore, après 1777, toutes les initiatives qui lui donneront, en France, sa physionomie particulière. En ce qui concerne la masse des esclaves, le problème de l'esclavage est d'abord pensé dans la perspective guyanaise, et n'atteint Saint-Domingue que par réflexion. Aux projets déjà signalés, s'ajoutent les essais d'émancipation graduelle effectivement tentés dans certains ateliers de Guyane. On connaissait l'exemple de La Fayette et de son homme de confiance à Cayenne, Richeprey [114]. On trouve dans les Archives du ministère des Affaires étrangères [115] un mémoire qui semble prouver que Bessner tenta d'appliquer son propre plan à son habitation de Mont-Joly [116]. Il y précise ses projets, propose de dispenser les habitants qui les adopteront de payer pendant vingt à vingt-cinq ans la capitation des esclaves, d'installer progressivement les nègres affranchis comme « cultivateurs-serfs », et après vingt ans d'expérience, de statuer sur le sort de leurs enfants.

En revanche, c'est de Saint-Domingue que viendront les premières réclamations en faveur des mulâtres : mémoires de J. Raimond, encouragé par le gouverneur Bellecombe [117] auxquels feront écho ceux de Fitz-Maurice, administrateur à Cayenne. Mais la Guyane reste jusqu'à la veille de la Révolution un terrain d'expériences, le lieu par excellence de cet antiesclavagisme qu'on pourrait appeler officiel, et qu'on souhaiterait étendre à Saint-Domingue, par l'intermédiaire du Comité de législation [118], si l'on ne s'y heurtait à la résistance acharnée des colons.

Cependant, même à Saint-Domingue, un esprit nouveau se fait

113. Fin du XVIIᵉ. Voir J. MARCHAND-THÉBAUT, *art. cité*, p. 20, qui écrit : « Il semble (...) que le préjugé de couleur ne soit pas né au temps même où l'esclavage a été introduit dans nos colonies, mais bien plutôt qu'il fut le résultat de nombreuses années de cohabitation sur le même sol et d'expériences malheureuses. »

114. G. DEBIEN, *op. cit.*, p. 34, et *Revue française d'histoire des Colonies*, 1949 : « Aux origines de l'abolition de l'esclavage », p. 348-423.

115. *Mémoires et Documents. Amérique*-17, fᵒ 356-357. « Réflexions sur le parti provisoire à prendre par le gouvernement au plan tendant à la suppression de l'esclavage. »

116. L'inventaire de ses biens après décès, qui est dans son dossier personnel aux Archives des Colonies (E 31) confirme qu'elle lui appartient, mais ne conserve aucune trace d'affranchissements d'esclaves.

117. Voir notre article « Esclavage et humanisme en 1787 », dans *Annales historiques de la Révolution française*, 1965, reproduit ci-après.

118. Voir J. TARRADE, *art. cité*.

jour. La manière dont des hommes comme Stanislas Foäche [119] et son frère Martin conçoivent l'administration des esclaves montre qu'à tout le moins ils avaient conscience d'une crise qui s'annonçait. Les instructions de S. Foäche à son gérant en 1775 insistent sur la nécessité de « remédier au marronnage » en attachant le nègre à la plantation par des avantages matériels et des liens affectifs : « place à vivres, une bonne cave, des poules, une femme, des enfants » [120]. Les *Considérations* sur *Saint-Domingue* d'Hilliard d'Auberteuil [121] soutiennent la même conception d'un esclavage humanisé, qui, par opposition aux réformes envisagées en Guyane et souhaitées par les Bureaux, définissait assez bien la voie propre à Saint-Domingue vers un aménagement du système colonial. « Il est certain, remarque Hilliard, que la traite des Noirs ne peut pas se soutenir longtemps (...) il faut donc encourager la population des nègres et défendre aux maîtres, sous des peines sévères, de maintenir dans leurs habitations une économie destructive. » Il propose des exemptions d'impôts « à proportion de la quantité des négrillons nés dans les ateliers » et dénonce la tyrannie meurtrière des mauvais maîtres. Il semble en tout cas que les instructions de Foäche en ce sens aient été suivies, et son associé lui écrit en 1784 :

« Consultez M. Walsh à son arrivée en France : il vous dira qu'il a trouvé un changement total dans la manière de traiter les nègres, plus de soins, plus d'humanité, plus de bienfaisance [122]. »

Pour les mulâtres au contraire, classe d'importance croissante à Saint-Domingue, la résistance des colons à toute volonté de réforme n'admit pas d'exception nette et l'on peut même parler d'une véritable « réaction nobiliaire » [123], tandis que les Bureaux prenaient position dès 1781 en faveur d'une amélioration du sort des gens de couleur libres, pour des raisons qui, encore une fois, tenaient plus à *l'intérêt* qu'à *l'humanité* :

---

119. Voir M. BEGOUEN-DEMEAUX, *op. cit.*, tome II. « Stanislas Foäche (1737-1806) » et G. DEBIEN, *Plantations et esclaves à Saint-Domingue*, II : La sucrerie Foäche à Jean Rabel et ses esclaves (1770-1803) ». Ce dernier article analyse les instructions laissées par S. Foäche à son gérant en 1775. C'est à S. Foäche que Malouet, en regagnant la France en 1774, avait laissé le soin d'administrer les plantations acquises par son mariage avec une héritière de Saint-Domingue : Mlle Béhotte. L'attitude humanitaire d'un homme tel que Foäche n'est-elle pas liée au fait qu'il est parfaitement informé d'une crise prochaine du trafic négrier ? Remarque qu'on pourrait étendre à l'ensemble des administrateurs.
120. G. DEBIEN, *art. cité*, p. 118.
121. *Considérations* sur *l'état présent de la colonie française de Saint-Domingue*, 1776-1777.
122. BEGOUEN-DEMEAUX, *op. cit.*, II, p. 62. Ces instructions et l'inquiétude qui les dicte sont à rapprocher par exemple des instructions de Sartine pour la Guyane. (Arch Col. F 3 71, 8 septembre 1776). Texte déjà cité.
123. Les ordonnances tendant à maintenir la distance entre Blancs et gens de couleur se multiplièrent. Voir G. DEBIEN, *op. cit.*, p. 34.

« Les personnes les plus réfléchies considèrent... aujourd'hui les gens de couleur comme la barrière la plus forte opposée à tous les troubles de la part des esclaves. Cette classe d'hommes mérite selon leurs opinions des égards et des ménagements, et elles penchent pour le parti de tempérer la dégradation établie, de lui donner même un terme [124]. »

L'une de ces « personnes (...) réfléchies » était le gouverneur Bellecombe lui-même, qui avait transmis à Paris trois mémoires rédigés en 1783 par J. Raimond, l'avocat des gens de couleur. Dans l'un de ces mémoires, groupés sous le titre « Réclamations en faveur des gens de couleur », Raimond lui rend hommage et le désigne clairement comme cet « administrateur-philosophe », auteur de l'article « Mulâtre », paru en 1777 dans les *Suppléments* de l'*Encyclopédie*.

« La classe des personnes de couleur est sans contredit le plus sûr appui des blancs contre la rébellion des esclaves. C'est ainsi qu'en a jugé par expérience un administrateur-philosophe, qui a consigné ces faits dans une note très longue de l'*Encyclopédie* à l'article " Mulâtre " [125]. »

IV. L'ANTIESCLAVAGISME DES PHYSIOCRATES ET DES PHILOSOPHES

Ces documents, extraits des dossiers d'archives, montrent assez que « l'opinion » antiesclavagiste a une base réformiste, et que l'accord d'une partie de l'administration et du milieu encyclopédiste est sur ce point total. Il s'ensuit que tous les textes sur lesquels on s'est fondé pour parler de l'anticolonialisme et l'antiesclavagisme des philosophes doivent être en fait considérés comme l'expression d'une politique néo-colonialiste, qui sert les intérêts de la bourgeoisie métropolitaine, et qui trouve dans la fraction « éclairée » de l'opinion un appui immédiat.

Au plan de l'économie politique, les physiocrates jouent un rôle essentiel, fournissant à l'opinion antiesclavagiste des armes et des arguments [126]; mais quelle place la critique du système

---

124. Arch. Col. F 3 72, Instructions pour MM. de Bellecombe et Bongar, administrateurs à Saint-Domingue, 5 oct. 1781. Il leur est en outre demandé de mener une enquête sur les sentiments des habitants à cet égard.

125. Arch. Col. F 4-16 pièces 77 à 80 et Arch. Outre-Mer, D.F.C. Mémoires Généraux, Amérique Méridionale et Antilles, IV, 245. Il n'y a aucun doute sur le fait que l'hommage s'adresse à Bellecombe. On en trouve confirmation dans l'opuscule de RAIMOND, intitulé *Observations sur l'origine et les progrès du préjugé des blancs contre les hommes de couleur*, où il fait l'éloge de Bellecombe. Voir p. 12.

126. E. SEEBER, *op. cit.*, ch. V, « Economic arguments against slavery » cite de nombreux textes de Mirabeau, de Turgot, de l'abbé Baudeau, de Dupont de Nemours, etc. Voir aussi A. LABOUQUÈRE, *Les idées coloniales des physiocrates* et Henri SÉE, « Les économistes et la question coloniale au XVIIIe » dans *Revue d'histoire des Colonies*, 1929, p. 381-392.

esclavagiste tient-elle dans leur pensée ? Comment furent-ils amenés à s'intéresser à ce problème ? On ne s'est guère préoccupé d'éclaircir ce point. Pour M. Seeber, le marquis de Mirabeau est le premier économiste, avant même que l'école physiocrate ait été constituée, à s'élever, en 1756, dans l'*Ami des Hommes* contre l'esclavage des nègres [127]. Mais, à l'origine du texte de Mirabeau, il y a les lettres du bailli de Mirabeau, gouverneur de la Guadeloupe [128], à son frère, lettres dont nous avons déjà souligné l'intérêt. La similitude est frappante :

« Je suis ici à portée de bien connaître l'esclavage et toute son étendue, car celui de ce pays-ci est le plus fort qu'il y ait jamais eu, non dans le droit, mais bien dans le fait; l'on a assez suivi les lois romaines sur l'esclavage; mais la couleur y ajoute une indélébilité physique... », écrit le Bailli.

et son frère [129] :

« Nos esclaves de l'Amérique sont une race d'hommes à part, distincte de notre espèce par le trait le plus ineffaçable, je veux dire la couleur, et qui conséquemment reçoit de la nature le type de son infortune. Les esclaves anciens étaient des hommes ressemblant à leurs maîtres. »

Comme son frère, le marquis de Mirabeau dénonce l'indolence et l'orgueil des créoles, leur incapacité à mettre leurs terres en valeur, sans le secours d'esclaves qui, maltraités, ne fournissent qu'un travail médiocre [130]. Le pernicieux « arrangement domestique » a donc pour conséquence la ruine de la colonie, qui pourrait être prospère si l'on cessait de « mettre au dernier rang l'art et le travail qui doivent être au premier dans l'estime des hommes » [131] et si, par « une liberté entière d'importation et d'exportation », on rendait aux colons le goût de la culture, à laquelle ils ne dédaigneront plus de « mettre la main », rendant ainsi inutile l'emploi d'une main-d'œuvre servile [132] aussi dangereuse [133] que ruineuse. L'humanité et l'intérêt condamnent donc

---

127. *Op. cit.*, p. 95. L'école physiocratique se constitue, autour de Quesnay, dans les années 1757-1758.
128. De décembre 1753 à septembre 1755.
129. *L'Ami des Hommes*, Paris, 1758, in-4°, I, p. 177.
130. Le bailli de Mirabeau, 10 janvier 1755, dans LOMÉNIE, *op. cit.*, I, p. 202 : « 35 000 blancs, destinés au travail de la terre, ne font pas ce que 2 000 feraient ailleurs. L'esclavage me paraît par cela seul un mal, en ne le considérant que du côté de la cupidité, dont il tire son origine (...) »
131. *L'Ami des Hommes*, I, p. 177.
132. *Ibid.*, p. 180.
133. Car le thème de la révolte est présent chez Mirabeau, comme il l'était dans les lettres du gouverneur de la Guadeloupe : « L'on voit des cantons dans les îles où ils se sont déjà soustraits à l'obéissance. Loin de sentir le péril de ce genre de révolution qui frappe néanmoins tout le monde, il semble que l'on coure au-devant, et l'on pousse le délire à cet égard, jusques à introduire avec soin les nègres dans les colonies de terre ferme... *Ibid.*, p. 179. Mirabeau pense à la Louisiane. Voir la lettre du bailli de Mirabeau déjà citée :

également « cet ordre d'habitudes et d'usages » d'où naît « au sein de la loi de fraternité et dans un siècle qui s'estime éclairé par excellence, la plus dure et, j'ose dire, *la plus impie* des servitudes » [134]. Mirabeau ne fait que redire ici ce qu'il écrivait à son frère l'année précédente :

« On ne peut concilier l'esclavage avec le christianisme. Comment s'est-il donc introduit si généralement dans le Nouveau-Monde ? C'est une chose inconcevable. Je sais bien que si j'étais ministre de la marine demain, je ferais passer un édit qui déclarerait tout nègre libre en recevant le baptême [135]. »

On voit donc ce que l'antiesclavagisme de l'*Ami des Hommes* emprunte à l'expérience et aux observations du gouverneur de la Guadeloupe. D'une manière générale, on peut dire que les analyses des physiocrates en ce domaine s'appuieront, pour une large part, sur les rapports d'administrateurs bien informés de ces problèmes, et qui sont directement en contact avec les milieux physiocratiques. Citons Poivre, dont les *Voyages d'un philosophe* furent publiés en 1768, par ses amis physiocrates, au moment où les fonctions de l'auteur, devenu en 1767 intendant des îles de France et de Bourbon, donnaient un relief particulier à ses observations sur l'emploi d'une main-d'œuvre libre dans les plantations de Cochinchine [136]; Thibaut de Chauvalon, membre du Conseil supérieur de la Martinique, où il possédait une plantation, auteur d'un *Voyage à la Martinique* [137] qui peint sans fard la condition des esclaves [138], chargé enfin d'accompagner en Guyane Turgot, le frère du Ministre, et de tenter d'y installer une main-d'œuvre libre, comme le souhaitaient les physiocrates. Mercier de la Rivière, auteur de l'*Ordre naturel et essentiel des sociétés politiques* (1767), mais d'abord intendant des Iles du Vent de 1754 à 1762, lié avec Diderot [139] et Raynal, qui devait le recommander à Catherine II. Autant de points de contact avec l'administration des colonies, autant d'hommes bien placés pour renseigner les physiocrates [140], et en retour pour répandre

« Je vois avec chagrin que l'on introduit les nègres dans la Louisiane, pays très bon, très fertile, d'un climat admirable, où quelques Allemands, autrefois transportés, ont très bien réussi et où l'on aurait fait une magnifique colonie sans ce secours. »

134. *L'Ami des Hommes*, I, p. 178. Souligné par nous.

135. Cité dans LOMÉNIE, *op. cit.*, t. I, p. 203-204, note 1.

136. Le livre est longuement analysé par DUPONT DE NEMOURS dans *Les Ephémérides du Citoyen*, dès sa parution, 1768, II. Nous avons vu que Poivre tenta, durant son administration, de faire sentir aux colons que l'intérêt leur commandait l'humanité.

137. Paris, 1763, 1 vol. in-12.

138. C'est une des sources d'information de Raynal, comme nous l'avons vu.

139. Par Diderot nous savons qu'un mémoire m.s.s sur son administration à la Martinique circulait à Paris (DIDEROT, *Cce*, éd. Roth, VIII, p. 112). Ce mémoire a été publié par A. LABOUQUÈRE, *op. cit.*, p. 173-186.

140. Au hasard des dossiers d'archives, une lettre de Saint-Domingue, de 1766, donne des renseignements sur le prix des nègres. Son auteur demande

leurs idées, et soutenir une politique de réformes [141]. D'autres contacts sont moins connus, mais non sans importance : ainsi ceux qui furent pris dans le salon de Bernard de Jussieu, où se réunissait la Société d'agriculture de Paris, et où Brûletout de Préfontaine, colon guyanais et auteur de *La Nouvelle Maison rustique*, dont nous avons déjà parlé, rencontra en 1762 Thibaut de Chanvalon et Turgot et où se décida l'expédition du Kourou [142].

Avec la physiocratie pourtant, l'antiesclavagisme cesse d'apparaître comme une conséquence directe d'une crise du système colonial. Certes, on trouve dans leurs écrits le reflet des difficultés démographiques, économiques et sociales dont la Correspondance officielle fait le bilan au jour le jour. Mais il y a quelque chose de plus dans leur antiesclavagisme. Non une exigence humaniste supérieure à celle que nous avons vu s'exprimer dans le sens des intérêts bien entendus des planteurs et des actionnaires des sociétés coloniales [143]. Mercier de la Rivière aura ce propos révélateur :

« Personne n'ignore que les esclaves sont méchants par état [144] »,

et Le Trosne n'hésite pas à affirmer :

« Je n'examine point ici dans le point de droit la nature de ce commerce... Je ne considère les nègres que comme des animaux servant à la culture [145]. »

Mais, en liant leur critique de l'esclavage à la critique d'ensemble d'un système économique périmé, les physiocrates ont fait en quelque sorte de l'antiesclavagisme le prolongement naturel de la lutte menée en France pour la disparition du servage et son remplacement par une main-d'œuvre libre, intéressée au travail qu'elle fournit [146]. Ainsi, en mars 1766, dans les *Ephémé-*

qu'on insère sa lettre « dans quelqu'un de vos Journaux » (Arch. Col. F 3 146). Nous n'avons pu entreprendre d'aller plus loin dans une recherche de ce type, qui donnerait sûrement de nouveaux renseignements.
141. A son retour de Russie, Mercier de la Rivière devait faire partie du Comité de Législation des colonies. Voir J. TARRADE, *art. cité*, p. 114.
142. Voir M. DEVÈZE, *art. cité*, p. 2.
143. C'est dans la mesure où l'on précisera la part prise par la finance parisienne, la noblesse d'affaires, la bourgeoisie, et le personnel colonial mis en place avec leur appui, dans l'exploitation des colonies, par l'intermédiaire des sociétés par actions, que l'on pourra mesurer la pression de ces intérêts. Dans l'état actuel des recherches historiques — qui ont porté surtout sur le commerce des ports — notre chapitre d'introduction sur « Le domaine colonial : Horizons et contacts » apportera quelques éléments d'information (pour la Guyane surtout), mais ne saurait prétendre à cette synthèse nécessaire.
144. Arch. Col. F 3 145 : Lettre écrite de la Martinique, 30 janvier 1761.
145. DAIRE, *Collection des principaux économistes*, tome II ; LE TROSNE, *De l'intérêt social*, p. 1021 (1777).
146. C'est ce qui fera de Voltaire, lecteur assidu des *Ephémérides*, un antiesclavagiste convaincu, après 1774 surtout. Sans renoncer à ses préjugés anthropologiques, il sera contre l'esclavage des nègres, comme il est contre le servage, pour des raisons économiques. Voir notre chapitre sur Voltaire.

rides du Citoyen [147], l'abbé Baudeau montre que la cause des paysans encore esclaves et celle des nègres est une seule et même cause : « Les habitants de nos villages, demande-t-il, qui paissent les troupeaux, qui recueillent les moissons, qui cultivent les vignobles, sont-ils citoyens comme nous ? C'est la question préliminaire. Nos anciennes mœurs les assujetissaient à la servitude, précisément comme les Nègres de nos colonies : il fut un temps dans le royaume où vous auriez à peine trouvé un million de vrais citoyens et vingt millions de vrais esclaves (...) l'esclavage est aboli depuis plus de cinq siècles, mais il est évident qu'il en reste encore des traces dans notre législation, dans nos mœurs, dans notre esprit national [148]. »

Pour les physiocrates en effet, l'ordre moral et l'ordre physique dérivent l'un de l'autre, et tous deux des lois qui règlent la production et la répartition des richesses. Humanitarisme et économie politique ne sont donc qu'une seule et même chose : de la condition faite à l'homme dépend nécessairement la quantité et la qualité du travail fourni. Tels sont les principes que les physiocrates appliquèrent à l'analyse du travail colonial, dont ils démontrèrent qu'il constituait un frein pour la mise en valeur des Iles, de la Louisiane, de la Guyane. Pis qu'un crime, l'esclavage était une faute, et l'erreur économique était double : la main-d'œuvre servile n'était pas en elle-même rentable, et de plus la manière de traiter les esclaves constituait un véritable gaspillage du capital initialement investi [149]. Dans les Voyages d'un philosophe, Poivre écrivait :

« Après ce que j'ai vu en Cochinchine, je ne puis douter que des cultivateurs libres à qui on aurait partagé sans réserve les terres de l'Amérique ne leur eussent fait rapporter le double du produit qu'en tirent les esclaves (...). La loi de l'esclavage a été aussi contraire à ses [de l'Europe] intérêts qu'à la loi naturelle et à son honneur (....). La liberté et la propriété sont les fondements de l'abondance et de la bonne agriculture; je ne l'ai vu florissante que dans les pays où ces deux droits de l'homme étaient bien établis [150]. »

Dans les Ephémérides, un article anonyme montre en 1771 [151] qu'à chaque moment du processus économique : traite-commerce des nègres-emploi de la main-d'œuvre servile, il y a non pas profit, mais perte et que les terres s'épuisent par l'emploi

---

147. II, Nᵒ 11, « De l'Education nationale ». L'article réclame l'instruction pour les paysans.
148. Rappelons que l'abbé Baudeau devait se rallier aux thèses des physiocrates et leur ouvrir son journal en 1767.
149. Les principaux textes des économistes concernant le problème de l'esclavage se trouvent dans les Ephémérides du Citoyen (1766 à 1771). Ils sont énumérés dans la Bibliographie.
150. Ed. de 1768, p. 94.
151. XI, (B.Nle Z 21.946). L'auteur est un « ancien officier de marine qui a fait plusieurs voyages en Guinée et un long séjour aux Antilles ».

d'un mode de culture archaïque. Dupont de Nemours donne dans un autre volume des *Ephémérides*[152] les éléments du calcul, que devrait faire tout propriétaire d'esclave, et qui comprend non seulement le prix d'achat du nègre, mais la perte causée par la mortalité (Dupont compte dix ans de vie pour l'esclave, quinze pour le commandeur noir), les frais de vêtement et de nourriture, et aussi les « dangers et défenses de la guerre des marrons », les frais de milice, le temps perdu, le prix des habitations incendiées, et des plantations détruites, celui des noirs et des blancs tués (soit 10 %), la valeur des outils et instruments gâtés par l'ignorance ou la mauvaise volonté des esclaves, la perte sur des récoltes mal préparées et mal faites, et conclut par ce portrait de l'esclave, dépossédé par la servitude de sa nature et ses droits, dégradé, avili et trouvant spontanément un recours contre des conditions de travail inhumaines dans la passivité, le défi ou la révolte :

« L'esclave est paresseux parce que la paresse est son unique jouissance, et le seul moyen de reprendre en détail à son maître une partie de sa personne, que le maître a volée en gros. L'esclave est inepte, parce qu'il n'a aucun intérêt de perfectionner son intelligence. L'esclave est mal intentionné, parce qu'il est dans un véritable état de guerre toujours subsistant avec son maître. » (P. 238.)

C'est l'analyse économique qui donne toute sa force à ce portrait : la psychologie de l'esclave, son attitude au travail, son indifférence, sa « stupidité », ont des causes économiques, elles sont le produit de son esclavage comme le marronnage en est la négation. A long terme, le système est condamné parce qu'il conduit à la faillite; à court terme, l'humanité des maîtres est leur seule défense contre la violence dictée par le désespoir, contre cette révolte larvée qui fait peser une menace sur le système colonial tout entier.

L'esclave révolté prenait ici son vrai visage, enraciné dans une condition d'homme inhumaine et prouvant par sa révolte que toute relation économique contraire à « l'ordre naturel »[153] est viciée dans son principe même. C'est ce visage que Dupont de Nemours remerciait Saint-Lambert d'offrir à ses lecteurs dans *Ziméo*[154] :

---

152. 1771, VI, [Z 21.943], p. 216 sq.
153. Voir BAUDEAU, *Ephémérides*, 1767, XI, p. 200 : « Affranchissement des paysans serfs » : « Il est évident que la servitude répugne à la loi naturelle, que tout attentat contre la liberté personnelle est un crime détestable, destructeur de tout droit, de toute justice, de toute société. »
154. 1771, *Ephémérides*, tome VII, « Affranchissement des nègres » et compte rendu des *Lettres africaines* de BUTINI, p. 68 sq. A ce propos, Dupont dénombre les auteurs qui ont pris parti contre l'esclavage. Ils sont peu nombreux : Montesquieu, De Jaucourt dans l'article « Traite des Nègres » de l'*Encyclopédie*, l'abbé Baudeau, Butini et Saint-Lambert.

« [M. de Saint-Lambert] a mis en action des nègres d'un caractère ardent et sensible, comme ils le sont tous. Il a peint fortement les dangers de la tyrannie à laquelle on les soumet, et de *l'état perpétuel de guerre* dans lequel tout maître est vis-à-vis de ses esclaves. »

Une œuvre comme *Ziméo* apparaît ainsi comme l'illustration des thèses des physiocrates, et son succès est dû pour une bonne part à l'éloge qu'en firent les *Ephémérides* où, en 1771, les « Réflexions sur les Nègres » qui forment la conclusion du conte furent insérées et commentées. Roger Mercier a rappelé les liens de Saint-Lambert avec le milieu philosophique [155], mais ceux qui l'unissent à la physiocratie ont été moins remarqués [156]. Dans le même numéro des *Ephémerides* où il présente *Ziméo*, Dupont cite en note un extrait d'une lettre que lui a adressée Saint-Lambert et dans laquelle il approuve chaudement le point de vue des physiocrates [157] :

« Vous faites une bonne œuvre de soutenir la cause de ces pauvres nègres; ils m'ont toujours fait une extrême pitié (...). Vous devez naturellement faire en leur faveur beaucoup plus que moi. Vous démontrez qu'il est de l'intérêt de ne pas s'en servir; je m'étais contenté de faire sentir qu'il est injuste et barbare de s'en servir, et de l'intérêt des colons de les bien traiter. »

Saint-Lambert voit donc bien qu'avec les physiocrates on est passé d'un humanitarisme dicté par l'intérêt bien entendu à un antiesclavagisme fondé en raison, et fondant à son tour un projet nouveau, qui tend à abolir toute servitude, d'une critique externe, qui laissait subsister l'esclavage comme un mal nécessaire, à une critique interne, qui le condamne comme un mal inutile.

Rappelons enfin que Saint-Lambert était aussi fort lié avec Turgot. Dupont raconte que Turgot lui avait soumis sa traduction de Tibulle et avait projeté lui aussi d'écrire un poème intitulé *les Saisons* [158].

Or, si la position de Turgot sur le problème de l'esclavage est beaucoup plus nuancée que celle des autres physiocrates [159], il a

155. Diderot surtout, qui en novembre 1769 lui fait lire le *Rêve* et l'*Entretien*. Voir *Cce inédite*, éd. G. Roth, IX, p. 217.
156. Voir cependant E. SEEBER, *op. cit.*, p. 103 sq.
157. Ecrite d'Eaubonne, le 14 juin, *Ephémérides*, 1771, VI, p. 180-181. Citée par SEEBER, p. 105, notre 76.
158. DUPONT DE NEMOURS, *Mémoire sur la vie et les ouvrages de M. de Turgot*, p. 13, 18, 38.
159. TURGOT, *Œuvres*, éd. Schelle, tome III, p. 375, lettre à Dupont du 2 février 1770 : « Franklin a aussi montré que le travail des noirs est plus cher qu'il ne paraît au premier coup d'œil, à cause des remplacements, mais je n'en pense pas moins que dans nos îles il y a avantage à avoir des esclaves... » C'est ce point de vue qu'il avait développé en 1766 dans ses *Réflexions sur la formation et la distribution des richesses*, éd. Schelle, tome II, p. 533 sq. Celles-ci furent publiées, avec quelques modifications, par Dupont,

cependant contribué à la renforcer, dans la mesure où par l'analyse historique [160] il appuyait certaines des conclusions de leur analyse économique. En montrant que l'esclavage apparaissait dans l'histoire des sociétés comme le résultat d'une division du travail, chez les peuples pasteurs, que l'esclavage personnel et « l'esclavage de la glèbe », c'est-à-dire le servage, correspondaient à un besoin économique, et avaient disparu avec lui, Turgot allait dans le même sens que Baudeau et Dupont qui dénonçaient dans l'esclavage une structure archaïque, liée à ce que Mirabeau appelait dans l'*Ami des Hommes* le « premier âge » des colonies [161] et qui devait disparaître dans leur « troisième âge ».

C'est Turgot lui-même qui conseilla à Dupont d'insérer les *Réflexions* de Saint-Lambert dans son journal. Elles n'y étaient nullement déplacées. Les brèves considérations historiques qu'elles contenaient [162] rejoignaient les idées de Turgot, et certaines phrases auraient pu être de la plume d'un rédacteur des *Ephémérides*.

« (...) Il n'est pas plus vrai que les nègres, en général, soient paresseux, fripons, menteurs, dissimulés; ces qualités sont de l'esclavage, et pas de la nature [163]. »

Dans cet éclairage, le conte lui-même prend un autre relief. « Poème touchant et chaud, dont *le fond est historique*, et qui peut donner une juste idée de ces nègres que nous avilissons par des chaînes honteuses et cruelles », commente Dupont [164]. La scène est à la Jamaïque. Dans cette terre de marronnage, le thème de la révolte renvoie à une tradition historique et littéraire, qui remonte à Prévost, plus encore qu'à Mrs. Behn. Mais l'action pourrait se situer dans n'importe quelle île des Antilles ou en Guyane, chaque nègre marron pourrait être Ziméo et le lecteur le sait [165]. Le nom seul de Ziméo est un symbole : on sait que l'usage était d'imposer aux esclaves des noms chrétiens. Le nègre révolté reprend, avec sa liberté, un nom africain : Ziméo. « John, ou plutôt, Ziméo, car les nègres marrons quittent d'abord les

dans les *Ephémérides*, 1769, XI, et 1770. I. L'édition Schelle donne le texte rectifié par Turgot et publié en 1788, S.l., in-8°.
160. Voir *Plan de deux discours sur l'histoire universelle*, éd. Schelle, I, p. 275-324, en particulier p. 285 et 303.
161. Edition citée, p. 142.
162. *Ziméo*, éd. de 1813, Paris, Duprat-Duverger, II, p. 104. « Qu'étions-nous il y a quatre cents ans ? L'Europe (...) ne valait peut-être pas le Bénin. Les grands peuples chez les nègres, sont à peu près ce que nous avons été depuis le IXᵉ jusqu'au XIVᵉ siècle. »
163. *Ziméo*, édit. citée. p. 101.
164. *Ephémérides*, 1771, VI, p. 178. C'est nous qui soulignons.
165. Dans les *Ephémérides*, en 1771, VI, p. 231, Dupont note : « Nous voyons par les papiers publics qu'il ne se passe point d'année sans qu'un assez grand nombre d'habitations et de possesseurs soient immolés, dans les colonies anglaises, hollandaises, portugaises, espagnoles et françaises, à la vengeance des nègres marrons ou révoltés. »

noms européens qu'on donne aux esclaves qui arrivent dans les colonies [166]. » Ainsi le chef des marrons de la Guyane hollandaise, Bonnie, devient dans les forêts *Boni*, par une africanisation de son nom d'esclavage. Le chevalier de Boufflers appellera plus tard, en l'honneur de Saint-Lambert, l'un de ses nègres Zimée, en francisant Ziméo. Variations significatives : le nègre n'existe littérairement qu'avec un nom africain, c'est-à-dire comme nègre marron (ou comme Oroonoko, échappant aux rites de l'étampage et de la dépersonnalisation). Le nègre n'est une *personne,* et donc un personnage, que dans et par la révolte. Celui qui n'est que victime reste anonyme, tel *le nègre de Surinam.* Dans ce cas, c'est le nom de Surinam qui est le support du sens.

Le bon maître, Wilmouth, et son ami Filmer, le narrateur, sont des Quakers qui venaient précisément de donner l'exemple en affranchissant leurs esclaves de Pennsylvanie, événement aussitôt annoncé dans les *Ephémérides* [167]. La description que fait Saint-Lambert de la sage administration de Wilmouth rappelle l'idyllique vision de Poivre, et l'économie domestique à Clarens. Nous sommes dans un univers romanesque, mais le roman ici, comme chez Rousseau, tente d'infléchir une pratique sociale, de lui fournir un « modèle ».

« Wilmouth n'exigeait de ses esclaves qu'un travail modéré; ils travaillaient pour leur compte deux jours de chaque semaine; on abandonnait à chacun d'eux un terrain qu'il cultivait à son gré, et dont il pouvait vendre les productions. Un esclave qui pendant dix années se conduisait en homme de bien, était sûr de sa liberté. Ces affranchis restaient affectés à mon ami; leur exemple donnait de l'espérance aux autres, et leur inspirait des mœurs [168]. »

On songe au « Code moral » que Poivre voulait rédiger à l'intention des colons de l'île de France, mais le ton est rousseauiste.

« Je voyais les nègres distribués en petites familles, où régnaient la concorde et la gaîté ; ces familles étaient unies entr'elles; tous les soirs, en rentrant à l'habitation, j'entendais des chants, des instruments, je voyais des danses [169]; il y avait rarement des maladies parmi ces esclaves, peu de paresse, point de vol, ni suicide, ni complots, et aucun de ces crimes que fait commettre le désespoir, et qui ruinent quelquefois nos colonies [170]. »

Lorsque Ziméo, un nègre du Bénin devenu chef des marrons retranchés dans les Montagnes Bleues, attaque les plantations,

---

166. Ed. citée, p. 83.
167. 1769, IX : Lettre du Dr Benjamin Rush à Barbeu-Dubourg.
168. *Ziméo,* éd. citée, p. 76.
169. Sur la « fête » de Clarens, voir les remarques de M. GUYON, éd. de la Pléiade, notes de *la Nouvelle Héloïse, loc. cit.*
170. *Ziméo,* p. 77.

les esclaves de Wilmouth sont pour lui non des ennemis qu'il faut enchaîner, mais des alliés qu'on peut armer pour la défense de la plantation.

« Mes amis, leur dit Wilmouth, voilà des armes; je n'ai été pour vous qu'un bon père, venez défendre, avec moi, mes femmes et mes enfants [171]. »

On retrouve les rapports paternalistes, inspirés de la condition antique de l'esclave, que Poivre voulait instaurer entre maîtres et esclaves. Les intentions didactiques du conte sont évidentes, et l'événement se charge de donner raison aux bons maîtres, préservés du massacre et des incendies :

« Nous apprîmes que John [Ziméo] égorgeait sans pitié les hommes, les femmes et les enfants dans les habitations où les nègres avaient reçu de mauvais traitements... »

La violence de Ziméo n'est pas une violence aveugle; le personnage inspire la crainte, mais non l'horreur, il est digne de l'estime des hommes de bien et ne peut épouvanter que les méchants. Sa cruauté n'est que l'effet d'un juste ressentiment, mais son âme est sensible et bonne. Sa beauté, sa jeunesse, son attitude touchante éveillent la sympathie [172] et font reculer le spectre du nègre altéré de sang et de vengeance, que l'humanité des maîtres saura exorciser :

« Hommes de paix, n'éloignez pas vos cœurs du malheureux Ziméo : n'ayez point d'horreur du sang qui me couvre, c'est celui du méchant; c'est pour épouvanter le méchant que je ne donne point de bornes à ma vengeance. Qu'ils viennent de la ville, vos tigres, qu'ils viennent, et ils verront ceux qui leur ressemblent pendus aux arbres, et entourés de leurs femmes et de leurs enfants massacrés. »

Par cette tragédie sanglante, une sorte de catharsis s'accomplit et, au-delà de l'horreur des combats, le pacte d'alliance pourra être scellé :

« Ils voulaient porter toute leur vie le nom de nos esclaves; ils nous conjuraient de les suivre dans la montagne; nous leur promîmes de les aller voir aussitôt que la paix serait conclue entre les nègres-marrons et notre colonie. »

Ziméo, conte moral, transparent apologue, apportait bien à la cause antiesclavagiste un appui d'autant plus appréciable que, si les aventures ou le portrait physique de *Ziméo* s'inspiraient d'un modèle littéraire, Oroonoko, le fond, comme le disait Du-

---

171. *Ibid.,* p. 78.
172. Il est comparé à Apollon et à Antinoüs, il a vingt-deux ans, un « air de grandeur », ses yeux expriment « la bienveillance et la bonté » (p. 83).

pont, était bien historique : les détails de la narration étaient tous exacts, et le problème de l'esclavage posé dans les termes mêmes où le posaient les plus lucides des administrateurs, la leçon du conte allait dans le sens de leur politique. Nous savons aujourd'hui que Saint-Lambert a joué un rôle précis dans l'élaboration des projets du *Comité de législation* concernant l'amélioration du sort des esclaves. Un mémoire des Archives des Colonies [173] montre qu'avant d'entrer aux *Amis des Noirs* il fut un partisan convaincu de la nouvelle politique coloniale et de la nécessité d'améliorer le sort des mulâtres pour en faire les alliés des colons contre la masse servile. Pour celle-ci, rien n'est prévu, dans le mémoire de Saint-Lambert, qu'une réforme du Code noir. Mais le projet concerne Saint-Domingue, où la croissance d'une bourgeoisie noire offrait une solution de rechange : l'alliance avec les mulâtres prenait le relais d'un humanitarisme qui s'intéressait à une masse servile indifférenciée, et indifféremment hostile. Avec l'entrée en scène des mulâtres, proposant leur appui contre des avantages économiques, dénonçant le « préjugé » qui s'oppose à leur ascension sociale, le nègre marron rentre dans l'ombre, *Ziméo* s'efface devant Raimond et Ogé. Il faudra la révolution de Saint-Domingue et la Révolution tout court pour que l'histoire littéraire du marronnage se renouvelle [174] et qu'on réimprime *Ziméo*.

Ainsi les documents d'archives obligent-ils à corriger l'idée quelque peu artificielle que l'on pourrait se faire de « l'humanisme » du poète Saint-Lambert. Si les détours qu'une telle recherche impose peuvent paraître fastidieux, du moins avons-nous acquis peu à peu la conviction qu'ils n'étaient pas vains.

V. L'Histoire des Deux Indes

L'exemple de Raynal achève de montrer que la méthode employée était la bonne, si l'on voulait atteindre à des certitudes, là où une lecture directe de l'œuvre ne conduisait qu'à des interprétations conjecturales. Seule une étude précise des sources pouvait résoudre les problèmes de genèse interne. Car on admettra sans doute qu'il n'est pas indifférent de savoir que les pages les plus souvent citées dans l'*Histoire des Indes* et qui concernent l'amélioration du sort des esclaves, sont la reproduction pure et simple du projet Bessner, que nous avons analysé ci-dessus, que la relation des événements de Guyane est tirée textuellement des mémoires officiels, que les silences mêmes, ou les lacunes du récit révèlent que Raynal ne fut, dans l'éloquence ou la réserve, que l'interprète d'une politique.

---

173. Voir ci-après notre article « Esclavage et Humanisme en 1787 ».
174. Voir Servais Etienne, *Les sources de « Bug-Jargal » et le type du Nègre généreux et révolté avant Hugo.*

Il n'est pas facile pourtant d'y voir clair. Une remarque de Dupont de Nemours pouvait nous mettre sur la voie. Dans son compte rendu de l'*Histoire des Indes* [175], il signale la « prodigieuse quantité de morceaux littéralement transcrits », mais surtout il attribue les « contradictions » de Raynal à la multiplicité de ses sources. L'examen de ces sources confirme et infirme à la fois la justesse de ce propos. Car cette multiplicité de sources a elle-même sa raison d'être. Si l'*Histoire des Indes* accumule des propos contradictoires, c'est que son élaboration se situe très exactement dans cette phase de transition dont nous avons parlé, et qui voit naître les projets du baron de Bessner, avant que Malouet ne prenne le parti de s'opposer à son plan d'affranchissement progressif des esclaves.

On sait que Malouet était de longue date l'ami de Raynal. On a admis [176] sans approfondir que c'était Malouet qui avait fourni à Raynal des mémoires sur la Guyane. Cela est vrai pour le projet d'aménagement des Terres Basses, longuement vanté par Raynal, et qui est une des grandes idées de Malouet [177]. Mais non pour les pages qui suivent où l'on voit Raynal proposer le plan d'affranchissement progressif des esclaves, rédigé par Bessner, et que Raynal se contente de transcrire dans l'*Histoire* [178]. Il est vraisemblable qu'il l'a fait en 1780, avec l'assentiment de Malouet, car nous savons, par Malouet lui-même, que Raynal dit ou ne dit pas ce que le bureau des Colonies souhaite le voir dire ou taire. Raynal avait parlé des nègres marrons de Surinam. Fiedmond et Malouet, au moment où ils jugeaient souhaitable, comme Bessner, de les attirer en Guyane française, prennent soin d'écrire au Ministre [179] :

« Le premier point sur lequel nous nous hâtons de vous prévenir, est l'indication commencée de ce plan d'émigration, et répétée peut-être par l'auteur de l'*Histoire philosophique et politique* dans une nouvelle édition. Il peut en développer les moyens et les suites. Il est essentiel qu'il ne le fasse pas, qu'il s'abstienne même de toute réflexion, car les Hollandais trouveraient dans son livre l'explication et le but de notre conduite actuelle. Mais cet avis que M. Malouet n'est à portée de vous donner que par sa liaison avec l'auteur ne sera, à ce que nous espérons, l'occasion d'aucun désagrément pour cet homme célèbre. »

En 1780, Raynal parle bien de l'indépendance accordée par les Hollandais à ces nègres [180], mais sans faire allusion aux pro-

---

175. *Ephémérides*, 1772, II, p. 173.
176. Moreau de Saint-Méry, par exemple.
177. *Histoire des Indes*, IV, p. 141 sq.
178. *Histoire des Indes*, V, p. 285 et BESSNER, D.F.C. Guyane 221. Le projet Bessner est un peu plus long que le texte de Raynal, mais il s'agit bien dans l'Histoire d'une simple transcription du mémoire original.
179. 26 mars 1777, dans MALOUET, *Collection de Mémoires...*, I, p. 227.
180. VI, p. 83-84.

jets un moment retenus par Fiedmond et Malouet. Il n'en reste pas moins que dans la même édition il donnait une large publicité aux plans de Bessner, à peu près au moment où Malouet allait renoncer à les défendre.

L'intérêt de l'*Histoire des Deux Indes* réside donc précisément là où l'on n'avait pas songé à le voir, c'est-à-dire dans ses contradictions mêmes. Si nous prenons l'ensemble des pages qui concernent le problème de l'esclavage, et que nous les distribuons en trois groupes correspondant aux trois éditions de 1770, 1774 et 1780, nous avons un éventail complet des solutions et des réformes, qui entre 1770 et 1780, furent successivement proposées ou soutenues par la partie la plus éclairée de l'administration et par les physiocrates.

En 1770, Raynal dresse un bilan du système esclavagiste qui s'inspire des documents que nous avons étudiés : mortalité excessive, dont la source est « dans le gouvernement des esclaves » [181], avortements des négresses, attitude passive des esclaves [182]. Les réformes proposées sont celles que préconisent les administrateurs eux-mêmes et tendent à substituer à la « férocité d'une autorité précaire » une humanité qui n'est que l'intérêt du maître bien entendu : « ... il est de l'intérêt du maître que l'esclave aime à vivre; et qu'il n'en faut plus rien attendre, dès qu'il ne craint plus de mourir... » « Par degrés on arriverait à cette modération politique, qui consiste à épargner les travaux, à mitiger les peines, à rendre à l'homme une partie de ses droits, pour en retirer plus sûrement le tribut des devoirs qu'on lui impose [183]. Citant le témoignage de Chanvalon [184] sur le goût particulier des nègres pour le chant et la danse, leur sens étonnant du rythme :

« Dans leurs travaux, le mouvement de leurs bras ou de leurs pieds est toujours en cadence. Ils ne font rien qu'en chantant, rien sans avoir l'air de danser (...) on voit sur tous les muscles de leurs corps toujours nus, l'expression de cette extrême sensibilité pour l'harmonie. Poètes et musiciens, ils subordonnent toujours la parole au chant... [185] »

on suggère de favoriser ce goût pour adoucir l'esclavage et « en dissiper même l'idée ». Tirant argument des difficultés insurmontables auxquelles se heurtera bientôt la traite, on insiste sur la nécessité d'y suppléer en développant la population des esclaves par des moyens simples et naturels [186]. Sur cette base réformiste, une critique interne de l'esclavage s'esquisse [187] :

---

181. v, p. 261.
182. P. 261 sq.
183. v, p. 262.
184. Sans le dire, naturellement.
185. v, p. 263 et CHANVALON, *op. cit.*, p. 66-67. Le passage témoigne d'une véritable curiosité ethnologique.
186. v, p. 263-266.
187. Dans un groupe de fragments qu'on peut attribuer, si l'on suit Naigeon, à Pechméja, mais que Diderot conserve dans les éditions successives.

« Si tout ce que nous avons déjà dit n'a paru tendre qu'à diminuer le poids de la servitude, c'est qu'il fallait d'abord soulager
des malheureux qu'on ne pouvait délivrer; c'est qu'il s'agissait
de convaincre leurs oppresseurs mêmes, qu'ils étaient cruels au
préjudice de leurs intérêts. Mais en attendant que de grandes
révolutions fassent sentir l'évidence de cette vérité, il convient
de s'élever plus haut. Démontrons d'avance qu'il n'est point de
raison d'état qui puisse autoriser l'esclavage... [188]. »

Le dialogue entre l'esclavagiste et l'ami des noirs reprend celui
qui avait opposé, en 1766, dans les *Ephémérides*, l'abbé Baudeau
et un Américain, invoquant à l'appui de sa thèse les *Mémoires
intéressants et curieux* de Rousselot de Surgy [189]. Les solutions
préconisées sont celles-là mêmes que préconisait Baudeau : tirer
d'Afrique même les productions qu'on demandait à l'Amérique [190], ou peupler celle-ci de nègres qu'on achèterait aux marchands d'Afrique, mais pour en faire en Amérique des hommes
libres [191]. Dans l'édition de 1780, le texte peut prêter à équivoque,
puisqu'il vient immédiatement après le projet d'affranchissement
proposé par Bessner. Mais dans le contexte de 1770, il est
impossible de s'y tromper. Il s'agit non de libérer les anciens
esclaves, mais d'introduire progressivement dans les colonies des
Noirs que la traite continuerait de fournir, et qui esclaves en
Afrique, recevraient en Amérique la liberté et le titre de
citoyens [192]. L'intérêt d'une telle solution n'était-il pas de maintenir la traite, jugée indispensable à la prospérité des colonies,
en même temps qu'à celle des armateurs, tout en supprimant
l'esclavage lui-même, qui donnait à ce commerce un caractère
odieux, sans aucun avantage pour l'économie coloniale. Ainsi
s'explique que Raynal n'ait pas jugé contradictoire de condam-

Voir le Fonds Vandeul « De l'esclavage des nègres », mss. 24.937 et « Mélanges » : mss. 13.768. En numérotant de 1 à 12 les passages du texte, qui représentent 24 pages de l'édition in-8° de l'*Histoire des Indes*, en 1780, on obtient
la répartition suivante : en 1770 : 6 passages; en 1774 : 1 passage; en 1780 :
5 passages.

188. v, p. 267.

189. Voir E. Seeber, *op. cit.*, p. 99; *Ephémérides*, 1766, iii et iv, et
Rousselot de Surgy, 1765, tome x, p. 162 sq.

190. v, 285, passage de 1770 : « Hâtons-nous de substituer à l'aveugle
férocité » jusqu'à « il serait facile d'y naturaliser les autres ». L'idée avait
été soutenue par Adanson, en 1765, dans son *Histoire Naturelle du Sénégal*.
Dupont la reprendra en 1771 dans les *Ephémérides*, vi, p. 242-243 : « ... La
culture du sucre serait établie chez les nègres et par eux-mêmes, dans leur pays. »
Elle devait inspirer l'expérience de la Sierra-Leone, en 1787. (Voir notre article « Esclavage et Humanisme en 1787 » ci-après.)

191. v, 286-287. Passage de 1770 et Baudeau, *Ephémérides*, 1766, v, p.
67-68.

192. Baudeau, *loc. cit.* : « Nous proposerions (...) d'acheter dans l'Afrique
et dans l'Asie, chaque année, des esclaves de l'un et l'autre sexe », Raynal, v,
p. 266, passage de 1770 : « ... exiger des navigateurs qui fréquentent les côtes
d'Afrique, qu'ils forment leur cargaison d'un nombre égal d'hommes et de
femmes..., non pour les retenir dans les fers, mais pour les transformer en
hommes libres, en cultivateurs industrieux, en vrais citoyens de la Louisiane. »

ner l'esclavage tout en décrivant les sites de traite et la manière dont on conduit à bon port un convoi d'esclaves [193].

Quelques passages pourtant rendent un tout autre son. Au milieu des considérations économiques et des arguments humanitaires, le thème de la révolte soudain surgit, et c'est la voix de Ziméo que l'on croit alors entendre :

« (...) ne te plains donc pas quand mon bras vigoureux ouvrira ton sein pour y chercher ton cœur; ne te plains pas lorsque, dans tes entrailles déchirées, tu sentiras la mort que j'y aurai fait passer avec tes aliments [194]. »

Le droit de l'esclave à la révolte est fortement affirmé, l'hypocrisie d'une religion qui autorise « ne fût-ce que par son silence », de telles horreurs, est violemment dénoncée, l'esclavage des nègres est rapproché de celui qui accable les sujets dans un Etat despotique.

« Le sujet d'un despote est, de même que l'esclave, dans un état contre nature. Tout ce qui contribue à y retenir l'homme, est un attentat contre sa personne. Toutes les mains qui l'attachent à la tyrannie d'un seul, sont des mains ennemies (...). Le tyran ne peut rien par lui-même, il n'est que le mobile des efforts que font tous ses sujets pour s'opprimer mutuellement. Il les entretient dans un état de guerre continuelle qui rend légitimes les vols, les trahisons, les assassinats. Ainsi que le sang qui coule dans ses veines, tous les crimes partent de son cœur et reviennent s'y concentrer. Caligula disait que si le genre humain n'avait qu'une tête, il eût pris plaisir à la faire tomber; Socrate aurait dit que si tous les crimes pouvaient se trouver sur une même tête, ce serait celle-là qu'il faudrait abattre [195]. »

L'édition de 1780 ira beaucoup plus loin encore et dans la critique du système esclavagiste, et dans l'appel à la révolte. C'est qu'en 1780, tout a changé. A une perspective réformiste s'est substituée une perspective révolutionnaire. Un plan d'affranchissement des esclaves a trouvé, avec des partisans, un terrain d'expériences. On ne comprend rien à ce que dit l'*Histoire des Indes* à cette date si l'on oublie que c'est la Guyane, et non Saint-Domingue, qui est à l'horizon de cet antiesclavagisme véhément et quasi prophétique, aussi différent de celui de 1770, que le projet Bessner [196] l'est des solutions sages de l'abbé Baudeau. Les esclavagistes aussi ont renforcé leur position, et le dialogue se fait plus dense, plus serré. L'argumentation est plus

---

193. v, p. 222-223. Raynal indique cependant que la traite ne peut manquer de dépérir, par l'épuisement progressif de ses sources.
194. v, p. 278.
195. v, p. 282.
196. Peu importe qu'il n'ait jamais été pris au sérieux par les Bureaux. Ce qui nous intéresse ici, c'est son existence même et ce qu'elle implique. C'est encore son effet sur l'opinion, amplifié par l'*Histoire des Deux Indes.*

étendue, plus précise aussi. L'analyse de détail ne confirme pas tout à fait ce que dit Naigeon :

« Je sais que M. Diderot a fort ajouté à ce morceau sur les nègres dans la dernière édition, mais il a plutôt étendu les raisonnements de Pechméja et fortifié ses preuves qu'il n'a ajouté à la vigueur des pensées de cet habile homme [197]. »

Les additions en fait sont très importantes. Diderot a ajouté une définition et une histoire de l'esclavage [198], une définition de la liberté [199], qui est « la propriété de soi » sans laquelle « on n'est ni époux, ni père, ni parent, ni ami ». Enfin et surtout, le thème de la révolte prend une autre ampleur que dans l'édition de 1774, où l'on trouvait pourtant ces lignes :

« Où est-il ce grand homme que la nature doit peut-être à l'honneur de l'espèce humaine ? Où est-il ce Spartacus nouveau, qui ne trouvera point de Crassus ? Alors disparaîtra le Code noir; et que le Code blanc sera terrible, si le vainqueur ne consulte que le droit de représailles [200]. »

Ces lignes venaient à la suite d'un passage où l'on soulignait l'importance des événements de Guyane :

« Déjà se sont établies deux colonies de nègres fugitifs, que les traités et la force mettent à l'abri de vos attentats. Les éclairs annoncent la foudre, et il ne manque aux nègres qu'un chef assez courageux, pour les conduire à la vengeance et au carnage. »

Vue prophétique ? Non. Tout annonçait, bien avant 1774, pour qui savait voir — et ceux-là ne manquaient pas — que Moses Bom Sam, Baron, Ziméo et Bonnie auraient des successeurs. En 1780, Diderot ajoute au texte de Pechméja une image empruntée à Mercier [201]. Quelques pages avant, il interpole un long passage, où il établit un nouveau parallèle entre l'esclavage des nègres et celui de tous les peuples asservis au despotisme :

« L'unique avantage que nous ayons sur les nègres, c'est de pouvoir rompre une chaîne pour en prendre une autre.

197. Lettre de Naigeon, citée par H. DIECKMANN, *Inventaire du Fonds Vandeul*, p. 94.
198. P. 268-273. Diderot, procédant ici de la manière qui lui était habituelle pour ses articles de l'*Encyclopédie*, tire son information de J. MILLAR, *Observations concerning the distinctions of ranks in society*, London, 1771, traduit par Suard en 1773, in-12, p. 356 sq. C'est aussi la source de Diderot pour une partie de ses réflexions *Sur les Femmes*. Sur Millar, voir Mme D'EPINAY, *Lettres inédites*, publiées par F. Nicolini, II, p. 75.
199. Qui est à rapprocher de certains textes politiques de Diderot.
200. V, p. 288. Texte de Pechméja, selon le témoignage de Naigeon, qui affirme que Diderot n'est intervenu, dans les passages sur l'esclavage, que dans la troisième édition.
201. *L'An 2440*. Voir H. WOLPE, *Raynal et sa machine de guerre*, p. 177 et 178, et *Histoire*, V, 289.

Il n'est que trop vrai. La plupart des nations sont dans les fers (...). On ne connaît guère de région où un homme puisse se flatter d'être le maître de sa personne, de disposer à son gré de son héritage, de jouir paisiblement des fruits de son industrie (...). Partout des superstitions extravagantes, des coutumes barbares, des lois surannées étouffent la liberté [202]. »

Certes, Diderot ajoute :

« Elle renaîtra sans doute un jour de ses cendres. A mesure que la morale et la politique feront des progrès, l'homme recouvrera ses droits. »

Et l'on sait que, dans le *Supplément,* ou la *Réfutation d'Helvétius,* il a toujours exclu le recours à la révolte, et attendu du seul progrès des Lumières une réforme politique. Il n'en reste pas moins que l'antiesclavagisme poussé ici jusqu'à ses dernières conséquences, jusqu'à l'appel aux armes, a un contenu politique nouveau.

L'intérêt de l'Histoire de Raynal est donc non de prendre une position nettement antiesclavagiste, mais de refléter les différents courants d'une opinion partagée entre les avantages du réformisme, les attraits d'un humanitarisme qui rendrait « à l'esclave une partie de ses droits, pour en retirer plus sûrement le tribut des devoirs qu'on lui impose », et des solutions plus radicales, mais qui avaient le tort de n'être pas adaptées à la plus riche des colonies. L'*Essai sur l'administration de Saint-Domingue* que fit paraître Raynal en 1785, et qu'inspira sans doute Malouet, n'a-t-il pas pour objet essentiel de renier tout ce qui dans l'*Histoire* avait un caractère expérimental trop marqué ? Le but de l'*Essai* est de servir de base à la nouvelle législation de Saint-Domingue, en voie d'élaboration au Comité des Colonies [203]. On a souvent l'impression que Raynal s'y réfute lui-même. Dans la préface, on lit : « Sans doute il serait beau de n'aller chercher ces hommes stupides et féroces que pour les éclairer sur leurs droits, sur leurs intérêts et de les rendre à la nature plus libres et plus heureux. » (C'était l'idée de Baudeau, soutenue par l'*Histoire* en 1770.) Mais, ajoute Raynal : « [les nègres] jusqu'à ce qu'il s'élève parmi eux un Montesquieu, sont encore plus rapprochés de la condition d'hommes raisonnables

202. v, p. 283. Passage qui est à rapprocher de l'analyse du despotisme faite par Diderot dans d'autres fragments écrits pour Raynal (*Fonds Vandeul*: mss. 24.939 : *Pensées détachées...,* ch. « Gouvernement », p. 60-127; ch. « Les nations sauvages », p. 128-172. La pensée de Diderot rencontre souvent celle d'Helvétius, qui écrit par exemple (*De l'Homme,* section IX, ch. 7) : « C'est le poignard en main que la remontrance se présente au Sultan. Le silence des esclaves est terrible. C'est le silence des airs avant l'orage. »
203. Préface, p. XIV.

en devenant nos laboureurs, qu'en restant dans leurs pays soumis à tous les excès du brigandage et de la férocité ». Cette fois c'est du Malouet. La solution préconisée dans l'*Essai* est aussi la sienne : il faut s'appuyer sur les mulâtres, et rejoint les vues développées par Bellecombe dans l'*Encyclopédie*, et par Saint-Lambert, dans son mémoire de 1787.

Pourtant dans l'histoire de « l'humanisme », l'*Histoire des Indes*, en 1780, ouvrait sur des perspectives révolutionnaires. L'humanisation de l'esclavage c'est ce que demanderont eux-mêmes les colons de Saint-Domingue, en 1789 [204]. Les solutions des physiocrates seront reprises par les Amis des Noirs, anglais ou français. Mais la voix qui en appelait au peuple nègre lui-même ne pouvait rester sans écho. Subordonnée *politiquement* à l'administration ou aux colons réformistes, l'œuvre, dans sa partie *philosophique*, annonçait l'ère des révolutions.

Document annexe *

Esclavage et humanisme en 1787 : un mémoire inédit de Saint-Lambert sur les gens de couleur

Il est d'usage de citer Saint-Lambert, le poète des *Saisons*, comme l'un de ceux qui, dans la deuxième moitié du XVIIIᵉ siècle, prirent la défense des nègres esclaves et contribuèrent à créer un mouvement d'opinion en leur faveur. Pourtant les textes invoqués [205] restent minces : une « note » des *Saisons* (commentaire d'un vers de *l'Hiver*), un « conte moral », *Ziméo* (1769), quelques lignes d'un Discours académique [206]... Il y a bien une allusion de M. Gaston Martin, dans son *Histoire de l'esclavage dans les colonies françaises* [207], à un écrit de Saint-Lambert intitulé : « Quelques réflexions sur les nègres » (p. 168); texte qui, selon M. Martin, reprendrait les thèses antiesclavagistes de Clarkson, auteur d'un *Essai sur les désavantages politiques de la traite des nègres*, et utiliserait Moreau de Saint-Méry, *Description de la partie française de Saint-Domingue*. En fait, il y a là une confusion qui mérite quelques éclaircissements.

204. Voir G. Debien, *Les colons de Saint-Domingue* (...).
* Repris de *Annales historiques de la Révolution française*, 1965, n° 3, p. 344-360.
205. Tout récemment encore par M. Roger Mercier, *L'Afrique Noire dans la littérature française*, Dakar, 1962, p. 125-128.
206. « Discours prononcé devant l'Académie française le lundi 29 décembre 1788, à la réception de M. le chevalier de Boufflers », Paris, Demonville, 1789, p. 30. Lignes d'ailleurs dictées par les circonstances, puisque le récipiendaire revenait du Sénégal, où il avait été gouverneur en 1786-1787.
207. P.U.F., 1948, p. 168.

Aucune édition des *Œuvres* de Saint-Lambert ne contient un texte qui porte ce titre. Il ne peut s'agir que des réflexions sur l'esclavage qui servent de conclusion à *Ziméo*, dans l'édition des *Saisons, contes et pièces fugitives*, parue en 1769 [208]. Elles sont reproduites en effet dans un article des *Ephémérides du Citoyen*, écrit en 1771 à l'occasion de la troisième édition des *Saisons* : l'auteur de l'article (sans doute Du Pont, qui dirige les *Ephémérides* depuis 1768) donne de longs extraits de *Ziméo*, et termine en citant la conclusion du conte. La phrase de transsition est la suivante :

« J'ajouterai à ce récit, dit M. de Saint-Lambert, toujours sous le nom de Filmer [le narrateur de *Ziméo*] *quelques réflexions sur les nègres.* »

Ces « réflexions » sont donc de 1769, et on ne peut les considérer ni comme un écho des écrits anglais contre l'esclavage (*l'Essai...* de Clarkson est de 1786),, ni comme fondées sur des renseignements fournis par Moreau de Saint-Méry, dont la *Description* ne paraîtra qu'en 1797.

Cela posé (qui est tout de même important pour l'étude du mouvement antiesclavagiste en France), venons-en à ce qui fait plus précisément l'objet de cet article.

Nous avons eu la chance de retrouver, égaré dans les « cahiers de notes » de Moreau de Saint-Méry [209], un manuscrit de Saint-Lambert qui prouve que le poète a joué un rôle actif dans l'élaboration des projets de réforme du Comité de législation, concernant les Noirs de Saint-Domingue [210]. On sait que Saint-Lambert fit partie de la société des Amis des Noirs, fondée en 1788. On relève son nom sur une liste d'adhérents en 1789 [211], sur une autre en 1790 [212]. Le mémoire qui suit, qu'on peut dater de 1787 [213], montre que l'adhésion de Saint-Lambert à la Société fondée par Brissot ne fut pas seulement le fait d'un humaniste convaincu, mais aussi d'un esprit éclairé, informé de l'état exact des problèmes, et persuadé de la nécessité d'une évolution, à laquelle l'administration était loin d'être hostile [214]. De l'étude

---

208. Amsterdam, in-8°, p. 254-259.
209. Ce sont des notes de lectures, des recueils d'anecdotes aussi, qui serviront de matériaux pour la rédaction de ses différents ouvrages; le manuscrit de Saint-Lambert se trouve dans le cahier qui porte la cote F 3-139 (Archives nationales, Fonds des Colonies).
210. Sur ce Comité et ses travaux, voir l'article de J. TARRADE, « L'administration coloniale en France à la fin de l'Ancien Régime; Projets de réforme », *Revue historique*, janvier-mars 1963.
211. Voir Cl. PERROUD, « La Société française des Amis des Noirs », dans *La Révolution française*, 1916, p. 138 : « N° 95 : Le marquis de Saint-Lambert ».
212. Eloïse ELLERY, *Brissot de Warville*. Boston and New York, 1915, p. 446, n° 77.
213. Voir ci-après la chronologie.
214. Voir l'article de J. TARRADE, déjà cité et G. DEBIEN, *les Colons de Saint-Domingue et la Révolution*, Armand Colin, 1953, p. 39.

du texte il ressort en effet que Saint-Lambert a eu entre les mains une sorte de « dossier » constitué par des documents officiels, extraits de la Correspondance des colonies. On lit en effet au début du mémoire : « Tous les papiers que je viens de lire : lettres, ordonnances, despeches, mémoires, etc., n'ont fait que me confirmer... »

Le texte de Saint-Lambert se présente en effet comme un commentaire suivi d'un texte désigné par le terme fort vague de « depesche », mais que nous avons pu parfaitement identifier, et qui n'est autre qu'une « lettre commune », adressée au maréchal de Castries [215] par le comte de la Luzerne, le nouveau gouverneur de Saint-Domingue, et l'intendant de Marbois [216]. Cette *dépêche* répondait à une lettre du ministre, qui avait transmis aux administrateurs de la colonie trois *mémoires* que venait de lui présenter Julien Raimond, un « quarteron » du sud de Saint-Domingue, chargé par les gens de couleur de plaider leur cause auprès des Bureaux [217]. Les mémoires auxquels fait allusion Saint-Lambert sont assurément ceux de Raimond, dont il cite presque textuellement un passage.

Il est question, dans le corps de la lettre, d'un « premier mémoire » remis par Saint-Lambert au ministre. Nous n'en avons retrouvé aucune trace, mais nous n'avons aucune raison de douter de son existence. Le rôle de « conseiller » joué par Saint-Lambert semble donc suffisamment établi pour que nous puissions en tirer un certain nombre de conclusions. La première est que les rapports entre le milieu des « philosophes » et celui des administrateurs chargés de la Marine et des Colonies sont beaucoup plus complexes qu'on ne l'imagine généralement. Il semble donc arbitraire de continuer à parler des « idées » des philosophes, voire des « Amis des Noirs », sans faire une étude préalable de ces rapports. Humanisme et antiesclavagisme ne relèvent pas seulement de l'histoire des idées, mais d'une histoire de la colonisation. Inversement, l'analyse de certains écrits, qui se situent en marge des rapports et des correspondances officiels, mais qui se trouvent leur être directement associés, n'est pas sans quelque utilité pour l'historien : ainsi ce mémoire de Saint-Lambert constitue, à notre connaissance, le document le plus précis que nous ayons sur les projets de réforme du Comité de Législation

---

215. Il a remplacé de Sartine à la Marine en 1780, et a repris à son compte les projets de réforme du Comité de législation (J. TARRADE, *art. cit.*, p. 115).

216. Ce document, daté du 25 septembre 1786, se trouve dans le carton C 9-B 36, Pièce nº 268. Nous en donnerons quelques extraits dans notre présentation du Mémoire de Saint-Lambert.

217. Voir G. DEBIEN, *op. cit.*, p. 38. Nous avons pris connaissance des trois mémoires de Raimond aux Archives du ministère de la France d'Outre-Mer, Dépôt des Fortifications, Mémoires Généraux Amérique Méridionale et Antilles, IV, 245. Ils portent le titre suivant « Réclamations en faveur des gens de couleur ». Nous aurons également à en citer quelques passages.

concernant les gens de couleur [218]. Notre seconde conclusion serait qu'une « chronique » de la politique coloniale reste à faire, en particulier pour la période 1770-1789.

Enfin, peut-être sera-t-il possible, dans cette perspective, de réévaluer l'originalité et l'importance du mouvement antiesclavagiste en France, de la première édition de l'*Histoire des deux Indes* de Raynal à la campagne menée par les Amis des Noirs [219].

Chronologie des documents cités

1. Ordonnance des gouverneur général et intendant (d'Argout et De Vaivre) pour la répression des gens de couleur libres, 9 février 1779 (Arch. col., F 4 16, pièce n° 6).
   MOREAU DE SAINT-MÉRY, *Lois et constitutions des colonies françaises de l'Amérique sous le Vent*, Paris, 1784, 6 vol. in-4°, t. VI.

2. Ordonnance concernant les procureurs et économes gérants des habitations situées aux Isles sous le Vent, Paris, Imprimerie Royale, 1784, 20 p. MOREAU DE SAINT-MÉRY, *op. cit.*, VI, 655-667.

3. J. RAIMOND, *Réclamations en faveur des gens de couleur*, soit trois mémoires (Arch. de la France d'Outre-Mer, D.F.C. Mémoires généraux, Amérique Méridionale et Antilles, IV, 245. Date probable : janvier-février 1786).

4. Lettres du Maréchal de Castries à M. de la Luzerne, gouverneur de Saint-Domingue, du 11 mars et du 6 mai 1786, lui adressant les mémoires de Raimond (Arch. col., B 192).

5. Lettre de J. Raimond, concernant les dits mémoires, 21 mars 1786 (Arch. col., C 9 B 36).

6. « Lettre commune » des administrateurs, ou « Dépêche » de la Luzerne et de Marbois, gouverneur et intendant, Saint-Domingue, 25 septembre 1786, en réponse aux lettres du Ministre (Arch. col., C 9 B 36, pièce n° 268).

7. SAINT-LAMBERT, *Réflexions sur les moyens de rendre meilleur l'Etat des nègres et des affranchis de nos colonies* (Arch. col., F 3 139, f° 289 à 303).
   Eléments de datation : *a)* La connaissance du dossier constitué par les documents 3, 4 et 6. Donc au plus tôt : fin septembre 1786; *b)* Allusion à l'établissement de nègres libres à la Sierra Leone, le premier convoi partant en février 1787. Date proposée : mars-avril 1787.

---

218. Les textes auxquels renvoie M. J. Tarrade (art. cité) sont, en effet, peu explicites sur ce point.

219. Qu'il nous soit permis de remercier ici M. Gabriel Debien, qui nous a constamment encouragée dans notre travail, a bien voulu lire cet article, et nous aider, par ses remarques, à le mettre au point. [Sans adopter nos conclusions sur le marronnage, M. Debien a suivi l'ensemble de nos recherches avec une patience dont nous lui sommes très reconnaissante.]

RÉFLEXIONS SUR LES MOYENS DE RENDRE MEILLEUR L'ÉTAT DES NÈGRES OU DES AFFRANCHIS DE NOS COLONIES [220]

[F° 289, en tête du mémoire, Moreau de Saint-Méry a noté :
« Ce ms est de St-Lambert de l'académie française.
Il m'est donné par le libraire Tavernier (?) le 14 juin 1807. »]

« Tous les papiers que je viens de lire; lettres, ordonnances, despeches, mémoires [221], etc., n'ont fait que me confirmer dans l'idée où j'étais que les préjugés établis dans nos colonies rendront difficile tout changement en faveur des hommes de couleur, mais ne les rendent pas impossible et ne doivent pas empêcher de les tenter. Je commencerai par faire quelques observations sur la despeche [222], et d'abord pour admirer cette belle maxime, *la politique bien entendue se rapproche plus communément qu'on ne le croit de l'humanité qui réfléchit.* J'irais peut-être plus loin et je dirais que toute politique qui blesse l'humanité est une politique detestable et qui en est punie tot ou tard. Cette vérité peut se démontrer à la rigueur par le raisonnement et par les faits. Mais lorsqu'on croit que la politique et l'humanité doivent toujours agir d'accord, il faut si l'on veut être consequent se proposer de tendre à l'affranchissement des nègres et de traiter mieux les affranchis.

« Je ne puis penser avec les respectables auteurs de la depêche qu'il faille attendre à la sixième generation pour assimiler les descendants des noirs à la race blanche [223]. La nature alors les a parfaitement assimilés. Il faut dans la vue de préparer l'affranchissement général, rapprocher dès à présent les mulâtres des blancs, pour rapprocher un jour les noirs des mulâtres.

---

220. Nous avons respecté l'orthographe et la ponctuation de l'original.

221. Arch. Col., C 9 B 36, pièce n° 268 (voir Introduction et Chronologie) : « Monseigneur, nous répondons par cette *dépêche* aux deux *lettres* que vous nous avez fait l'honneur de nous écrire en date du 11 mars et du 6 mai de cette année; lettres auxquelles étaient joints trois *mémoires* en faveur des gens de couleur » (c'est nous qui soulignons). Le texte de Saint-Lambert reprend et discute point par point les arguments présentés par MM. de la Luzerne et de Marbois, qui eux-mêmes commentent les trois mémoires de J. Raimond. Pour les « ordonnances », voir Chronologie, documents 1 et 2.

222. Cette phrase se lit en effet dans la dépêche des administrateurs, qui se présentent en quelque sorte comme des arbitres, tentant de concilier ce qui est à leurs yeux l'intérêt véritable des colons (S'appuyer sur les « libres » contre les esclaves) et le souci d'humaniser l'esclavage pour assainir, pourrait-on dire, à la base le système colonial.

223. La Luzerne et de Marbois se référaient à HILLIART D'AUBERTEUIL, *Considérations sur l'état présent de la colonie française de Saint-Domingue, ouvrage politique et législatif...,* Paris, Grangé, 1776-1777, 2 vol., in-8°, que Raimond mettait en cause dans son premier mémoire : « ... l'auteur du mémoire », écrivaient les administrateurs, « parait n'avoir pas lu jusqu'au bout M. d'Auberteuil qui plaide souvent la cause des hommes de son espèce. Il est d'avis qu'ils puissent s'allier avec des blancs à la 6e génération, et leur

« Il est temps de commencer à ne voir, comme M. d'Enneri [224], dans nos colonies que deux races d'hommes, celle des libres et celles esclaves; en attendant le jour où l'on n'y verra que des hommes libres également sujets du Roy, et jouissants également de tous les droits de citoyen [225].

« Je ne pense pas comme les auteurs de la depesche que les affranchis, les mulâtres, s'ils sont assimilés aux blancs deviendront incessamment leurs rivaux et leurs ennemis. Dans un pays éloigné de la cour ou il y a peu de grâces à solliciter, peu de distinctions a espérer, ou le petit nombre des distinctions ne mene ni a de grands honneurs ni a une grande fortune, les rivalités seront nécessairement rares, elles sont presques nulles entre les cultivateurs occupés également de faire valoir leurs terreins, et a en tirer tout le parti possible, c'est la une des causes de ces bonnes mœurs qui regnent ordinairement chez les peuples agricoles qui ne sont pas opprimés.

« Lorsque les charges seront un jour données indifféremment aux blancs et aux noirs, il y aura sans doute quelques rivalités particulières d'individus a individus, comme il y en a dans toutes les sociétés, mais elles n'en troublent ni lordre ni la paix, et il me semble qu'elles ne doivent jamais être l'objet de l'attention du gouvernement.

« Je crois que plus les mulâtres ou affranchis seront rapprochés de la condition des blancs, et plus, dans tous les tems ils seront séparés des noirs. Alors dans toutes les occasions ils feront cause commune avec les blancs, alors s'il est nécessaire ils les défendront avec zele contre les Noirs [226], ou bien l'homme est fait dans nos Isles autrement qu'il ne l'est partout ailleurs. Il n'y a pas de distinctions au brezil [227], entre les affranchis et les

---

soient alors parfaitement assimilés. M. d'Auberteuil va bien plus loin encore, il désirerait que tout mulâtre fut libre en voyant le jour quoiqu'il sortit du sein d'une esclave. Vœu auquel nous nous garderons bien d'applaudir »...

224. D'Ennery cité par Raimond dans son 3e mémoire : « Il disait qu'il ne connaissait que deux états à Saint-Domingue, le libre et l'esclave, que tout ce qui était esclave était noir, et tout ce qui était libre, était blanc, surtout en fait de cultivateurs et de possesseurs d'esclaves. »

La dernière phrase est particulièrement significative de l'esprit des réformes envisagées. C'est leur qualité de « propriétaires » qui rend souhaitable, et donc possible, l'assimilation des gens de couleur libres aux blancs. Sur d'Ennery, et son rôle dans le premier « Comité de législation » (celui de Sartine, en 1774), voir J. TARRADE, *art. cité.*

225. L'affranchissement des esclaves n'est qu'une perspective à long terme. L'humanisme des « philosophes » est beaucoup plus réaliste qu'on ne l'a dit. Intransigeant sur le plan des principes, il est surtout, à la fin du XVIIIe, réformiste dans la pratique.

226. Ces considérations « tactiques » sont une des constantes, à la fin du XVIIIe, de l'opinion favorable aux mulâtres. Voir par exemple l'article *Mulâtre* dans les *Suppléments de l'Encyclopédie* (tome III, 1777, p. 973-974, addition de Bellecombe).

227. Le Brésil est donné en exemple par Raimond, dans son deuxième mémoire. Il se réfère aux lois de 1755, qui ont, selon lui, aboli le « préjugé ». Elles sont aussi louées par Raynal (livre IX, ch. XV, éd. de 1780), qui fait l'éloge du despotisme éclairé de Pombal.

portugais, et il n'y a de divisions qu'entre les naturels du pays et les deux autres races, celles ci restent unies et combattent ensemble contre les bresiliens.

« Je persiste donc a penser d'après mes faibles connaissances sur la nature de l'homme que les mulatres et les affranchis n'étant plus chargés de marques de mépris, étant mieux traités par le gouvernement et par les blancs, auront des mœurs et seront de bons et d'utiles citoyens.

« Je crois entrevoir une espece de contradiction dans la depêche, on dit dans un endroit que les affranchis sont des maîtres fort durs et dans un autre qu'ils ne se permettent pas contre leurs esclaves les mêmes atrocités que les blancs.

« Pour prouver que les affranchis sont des maîtres fort durs, on dit que les Negres redoutent beaucoup d'être leurs esclaves. Je crois qu'ils le redoutent, mais c'est parce qu'il est plus humiliant d'être l'esclave de son egal que de celui dont on a reconnu depuis longtemps la supériorité, c'est que dans cet état avec le malheur d'être Esclaves ils ont celui de l'être d'une race méprisée et les Nègres seront moins humiliés de la servir. D'ailleurs elle perdra de sa dureté parce qu'elle sera moins aigrie.

« Je crois qu'il faut dès à présent abolir la loi qui defend les voitures [228] aux affranchis et mulâtres et celle qui les borne à certains genres de vetements. Je persiste a penser que si vous les soumettes a des Loix somptuaires [229], ils consomeront moins de denrées de la metropole [230], ils desireront moins de s'enrichir, et des lors ils travailleront moins.

« En leur rendant toute liberté de se loger, meubler, voiturer, comme ils le jugeront a propos, je suis fort éloigné de penser qu'on doive leur conserver une petite distinction, comme se serait par exemple, un genre de coiffure, et je suis étonnée (sic) que des hommes de merite, tels que les auteurs de la depesche ayent eu cette pensée [231], la société des blancs de St Domingue pourrait l'avoir inspiré il faut une philosophie bien ferme et bien a soi pour ne pas se teindre jusques a un certain point des préjugés et des opinions de ceux dont on est environné [232].

---

228. La Luzerne et de Marbois (doc. cité) n'en ont pas trouvé trace dans leurs archives. Ils affirment qu'elle est « tombée en désuétude ». Cette loi ne figure pas dans Moreau de Saint-Méry : « Lois et constitutions... ».

229. Ordonnance d'Argout et de Vaivre (Chronologie, Doc. n° 1).

230. *Suppléments* de l'*Encyclopédie*, art. « Mulâtre » : « ... la consommation qu'ils font des marchandises de France, en quoi ils emploient tout le profit de leur travail, est une des principales ressources du commerce des colonies ».

231. Ils proposaient le maintien d'une « marque distinctive »... « Un mouchoir sur la tête ou une forme particulière de chaussure » (*Doc. n° 1*).

232. La Luzerne et de Marbois admettaient la puissance du « préjugé ». L'administrateur, avouaient-ils, « doit sentir qu'il est le seul non infecté d'une contagion générale », et qu'il ne peut choquer « trop ouvertement le préjugé... ». « Nous regardons l'opinion publique comme absurde et ne croyons pas cependant l'autorité Royale soutenue du cri de la Raison et de celui de l'humanité en état de combattre ouvertement ce phantome et d'en triompher ». L'expression

« Mais à quoi servirait cette distinction ? Serait-ce a distinguer les races d'affranchis qui sont devenus blanc a la sixième generation ? non, car les auteurs de la depesche pensent qu'il faut assimiler en tout ces nouveaux blancs aux anciens.

« Serait-ce pour distinguer des blancs les mulatres et les affranchis mais leur couleur les en distingue bien asses le genre de coiffure ou autre signe qu'on voudrait leur donner ne serait donc qu'une humiliation, une suite de ce barbare orgueil des blancs qui veulent accabler de mepris une race qu'ils ont accablé de maux ce serait un moyen de prolonger encore l'empire et la durée du préjugé qu'on veut détruire.

« Dans la vue de parvenir un jour a l'affranchissement general des nègres, et de faire d'eux un peuple citoyen il faut s'occuper de leur morale et être bien sur qu'un peuple avili et maltraité n'en peut avoir. Que doivent être les mœurs d'un pays ou la plus grande partie de la nation aurait plus à gagner a devenir blanche qu'a se rendre honnête et ou les avantages de la société seraient donnés a la couleur du teint, plus qu'au bon caractere et a la bonne conduite.

« Les auteurs de la Depesche paraissent attribuer à la manière humaine dont les nègres affranchis et même les esclaves sont traités dans les colonies espagnoles, le peu de progres de ces colonies [233]. Mais n'y a-t-il pas des causes plus vraissemblables (*sic*) de leur langueur [234].

« 1° L'Espagne n'a ni asses de population ni asses de manufacture, ni asses l'esprit de commerce pour tirer parti de ses colonies elle les voit encore de meme œil dont elle les vit dans le 16me siècle comme de grandes possessions. Ce sont des conquêtes qu'elle veut conserver plustot qu'en tirer parti pour le commerce de la métropole, elle les régit avec des vues fiscales, plus qu'avec des vues commerçantes.

« 2° Les possessions Espagnoles en Amerique sont d'une si prodigieuse étendue que le gouvernement ne peut donner qu'une legere attention a chacune d'elle.

« 3° Il faudrait tous les negres de l'Affrique pour culviter les colonies espagnoles comme on cultive nos Isles.

« 4° La préférence que l'Espagne a donnee aux métaux sur les productions de la terre, en a fait négliger la culture.

« 5° Certaines productions que l'Espagne possede exclusivement, comme la cochenille, le quinquina, les bois rares, etc., l'on

---

de Saint-Lambert « la Société des blancs de Saint-Domingue » reprend celle de « Ligue tacite » employée par La Luzerne et de Marbois.

233. Raimond, dans son premier mémoire, invoquait l'exemple des colonies espagnoles. La Luzerne et de Marbois admettent que les gens de couleur libres et esclaves y sont mieux traités, mais pensent que c'est une des causes essentielles de la décadence de ces colonies.

234. Ces causes sont également étudiées par Raynal, *Histoire des Deux Indes*, livre VIII, ch. 19 à 35 (éd. de 1780).

dispensée d'avoir des plantations de cannes et d'indigo, avec tant de richesse dispersées (*sic*) elle n'a pas été tentée d'en rassembler beaucoup d'autres dans un seul lieu.

« 6° L'esprit dans lequel les espagnols emigrent de l'Europe en Amérique nuit encor a la culture de leurs colonies. La plupart n'y vont chercher qu'une maniere de vivre et non de s'enrichir, ils sortent de la plus extrême misère et la plus legere aisance leur suffit, avec un petit terrein qui leur donne le necessaire, ou une petite charge qui leur donne quelques considérations ils sont heureux et faineants sous le beau ciel et dans les fertiles contrées du Mexique et du Perou.

« 7° Les Negres sont en general pour les Espagnols non des esclaves dont ils font servir le travail a l'augmentation de leur fortune mais des domestiques dont le zele et l'intelligence leur sont agréables.

« 8° La race que les espagnols veulent tenir sous un joug dur et humiliant est celle des naturels du pays et ils semblent même se ménager dans les nègres des défenseurs contre cette race malheureuse qui se revolte de tems en tems [235].

« Mais cette état de choses dans les colonies espagnoles ne doit pas durer, apres les belles lois du Roy d'Espagne d'aujourd'hui [236].

« Comme il y a quelque conformité entre le projet de ce Prince qui veut assimiler en tout les naturels du pays aux Espagnols et le projet d'assimiler dans nos colonies les races noires et blanches, on pourrait s'informer comment l'Espagne s'y est prise pour faire executer les nouvelles loix. On pourrait interroger M Dombei [237] l'un de ces voyageurs éclairés que M. Turgot avait envoyés en Amerique et en Asie. En suivant toujours la dépeche (*sic*) je ne dis rien sur le piquet [238], on peut abuser de cet établissement qui peut être utile c'est au commandant plus qu'au Ministre a empêcher ces abus, et il y veillera sans doute, on peut même en être sur.

« Quant aux actes matrimoniaux et autres, je pense qu'on ne doit point y insérer que les contractants sont mulatres ou noirs,

---

235. En particulier, au Pérou, révolte de Tupac-Amarú (1781-1783).

236. Il semble que Saint-Lambert se soit fait des illusions sur la portée de ces lois. Sur le despotisme éclairé de Charles III (1759-1788), voir José Maria OTS Y CAPDEQUI, *Historia de America. Instituciones*, Salvat Editores, S.A., Barcelona, Madrid, 1959, 4ᵉ partie, ch. 1, pp. 239 sq., 533 sq., et Richard KONETZKE, « Coleccion de documentos para la historia de la Formacion Social de Hispano-America », tome III, 1 et 2 (1691-1807). Madrid, 1962, gr. in-8°.

237. Sur Dombey, voir l'étude très complète du Dr E.T. HAMY : *Joseph Dombey, médecin, journaliste, archéologue, explorateur du Pérou, du Chili et du Brésil (1778-1785). Sa vie, son œuvre, sa correspondance, avec un choix de pièces relatives à sa mission*, Paris, E. Guilmoto, 1905, in-8°. Dombey était rentré à Paris en octobre 1785. Durant son voyage, il avait correspondu avec Buffon, Raynal, etc.

238. Corvées de « gardes » imposées aux gens de couleur.

mais bien qu'il faut y mettre un nom different de celui des maîtres et empecher la confusion des familles, les mulâtres ou affranchis enfants légitimes peuvent prendre le nom de leur Père, les batards celui de leur Mère.

« Il faut dire un mot sur cette insolence que les blancs plus que les auteurs de la dépesche croient devoir être le caractère des Affranchis si on les traite comme les blancs, l'exemple de quelques parvenus d'Europe contribue a faire naître cette crainte mais il faut d'abord prendre garde qu'il n'y a guères que des insolents qui craignent si prodigieusement de trouver de l'insolence nos parvenus sont d'ordinaire excessivement riches ils voudraient que leurs richesses les égalent a la Noblesse qui a des prérogatives dont ils ne peuvent jouir ils s'en vangent asses ordinairement par un peu d'insolence, cela arrive quelques fois mais plus rarement qu'on ne le dit. Si les mulatres et affranchis viennent à être assimilés aux blancs ils n'auront pas les mêmes raisons d'être insolents que les parvenus de l'Europe. Peut être si quelques-uns d'eux s'enrichissent, seront-ils comme les parvenus d'Europe c'est la un petit mal dont la société fait justice par le ridicule, et dont en vérité le gouvernement ne doit pas s'occuper.

« Je trouve que ni cette excellente depesche ni les mémoires ne doivent faire changer d'avis sur le projet de rendre dès a present meilleure la condition des affranchis, de tendre a les assimiler parfaitement dans fort peu de temps a la race blanche et de preparer l'affranchissement de tous les noirs, mais je trouve en même temp que les memoires de la depesche doivent rendre plus circonspects encor sur le choix des moyens, et sur la manière de les employer. Il y a un moyen dont je n'ai pas parlé dans le premier mémoire [239] parce que je n'avais pas asses de notions des mœurs du clergé et de son influence aux Antilles. Ce moyen — la Religion — il est bien difficile de l'employer dans ce moment ou les prêtres sont tout a découvert, fainéants, avides dissolus et très semblables au chapelain que vantait Mylord Chesterfield parce qu'il lui manquait un vice qui aurait caché tous les autres l'hypocrisie il n'y a rien a esperer d'un clergé impudent mais il n'est pas impossible de le ramener de l'impudence a l'hypocrisie [240] et cela suffira pour le faire servir aux grandes vues du Ministre.

« Les préfets apostoliques dont il dépend n'ont pas assez d'autorité et surtout n'ont pas assez de considération, je crois qu'il faudrait à ces préfets ajouter des Evêques qui reprendrait (*sic*) une partie des droits et des fonctions des préfets apostoliques.

---

239. Voir notre introduction.

240. Cette opinion défavorable sur le clergé colonial était celle d'Emilien PETIT (entre autres) dans sa *Dissertation sur le droit public des colonies françaises, espagnoles et anglaises, d'après les lois des trois nations comparées entre elles*, Paris, Knapen, 1778, in-8°. On la rencontre aussi dans nombre de « mémoires » d'administrateurs.

Mais ces Evesques tels qu'ils conviendraient sont difficiles a trouver je voudrais des hommes de 40 ans, de bonnes mœurs, fermes, humains et point devots, on les trouverait plus aisément qu'ailleurs chez les Oratoriens, ils sont en général plustot une société de philosophes qu'une société de religieux, ils ont plus de raison, que de croyance, et (sont) plus attachés à la propagation de la morale qu'à la propagation de la foi.

« Je suppose les Eveques trouvés, arrivés, et placés sur leurs sièges. Laissons leur faire d'abord ce qu'ils jugeront le plus a propos pour retablir les mœurs ou du moins la décence parmi les prestres et voyons comment ils pourront être utiles aux grandes vues du ministre. Ils ne tarderont pas a dire que l'esclavage est opposé à la loi de la naturelle (*sic*) et a celle de l'évangile, mais ils ajouteront que l'église le tolère dans l'espérance d'attirer les esclaves a la religion ils prescheront aussi que d'après l'évangile on doit la charité à tous les hommes de quelque couleur qu'ils soient et que c'est un très grand crime de traiter mal ceux qui ont le malheur d'être esclaves. Concerter avec les commandants, et intendants, les sujets de sermons qu'ils feront et feront faire. Ils prendront des Noirs a leur service, ils affranchiront ceux dont ils seront contents et les garderont chès eus comme domestiques. Quelques pretres en feront autant a leur exemple les Evesques pourront établir quelques écoles ou les enfants de différentes couleurs seront receus et traités également. On aura soin dans les écoles que les petits blancs ne traitent point mal les petits noirs.

« On affranchira de preference les esclaves qui se seront faits chretiens, cela pourra faire quelques mauvais chretiens mais cela fera des hommes libres.

« Quant aux mulatres et aux anciens affranchis, les Eveques recevront chez eux et traiteront avec politesse ceux d'entre eux qui auront des mœurs, ils ne tarderont pas a les admettre a leur table d'abord avec quelques prêtres seulement et ensuite avec quelques blancs devots, il n'y en a gueres aux isles. Cependant il ne sera pas impossible de trouver quelque vieille de race blanche et quelque libertin decrepit de la même couleur qui auront de la devotion on pourra les déterminer en l'honneur de J.C. a manger avec quelques convives ou aussi noirs ou aussi jaunes que ceux qui auront fait le repas.

« L'Evesque et les pretres precheront beaucoup l'obeissance aux loix, la fidélité au Roi; l'amour de la Métropole, celui du bien public, l'amour du travail, la charité, etc., ils paraîtront faire esperer quelque indulgence sur l'article de la chasteté c'est la vertu qui coute le plus dans nos isles, les Evesques en donneront l'exemple il en sera comme en Espagne ou les moines sont très dissolus et ou les Evesques ont les mœurs les plus pures.

« Les pretres imiteront envers les affranchis la conduite des Evesques, les devots ne s'en éloigneront pas, et le préjugé doucement attaqué cedera peu a peu. Si l'on pouvait en même temps conferer la pretrise a quelques Negres, cela releverait beaucoup la race noire on cessera de lui témoigner du mépris, lors-que le gouvernement secondera par des loix les bonnes intentions des Evesques.

« En attendant on peut dès a présent commencer par inspirer aux colons la crainte de manquer incessamment d'esclaves. Le prix qu'ils coutent attestera que cette crainte n'est pas sans fon-dement, mais il lui faut en donner d'autres c'est ce que feront deux nouvelles très sures qu'il faut se hâter de répandre dans nos isles.

« J'ai parlé d'une de ces nouvelles dans le premier mémoire c'est celle de l'association formée entre de bonnes gens, pour aller ou envoyer persuader aux princes affricains de faire cultiver le sucre et l'indigo par leurs sujets, plustot que de nous les vendre comme esclaves [241].

« La seconde nouvelle est celle de l'établissement des Anglais à la Sierra Leone [242], ils y établissent beaucoup de nègres libres, et ce n'est pas pour leur faire prendre l'air du païs c'est pour en former une colonie qui cultivera les plantes que nous cultivons en Amerique.

« Que cette colonie veuille ou ne veuille pas se servir d'escla-ves, elle nous en otera nécessairement le commerce. Si elle s'en sert elle les tirera facilement des princes voisins et quand même elle les pairait le double de ce que nous les paions, ils lui cou-teraient encore moins cher qu'a nous; parce qu'ils n'auraient point a supporter les risques de la traversée et les frais de trans-port.

« Si la nouvelle colonie ne se [?] pas d'esclaves, comme j'ai quelques raisons de le croire c'est que les nègres libres qui la composent cultiveront eux mêmes et engageront d'autres Negres a cultiver.

« Je crois que ces nouvelles répandües avec soin et avec art dans la colonie y inspireront sur le champ la crainte de manquer d'esclaves et que cette crainte disposera les colons a mieux trai-ter les Noirs quand ils les traiteront mieux ils les haïront moins,

---

241. L'idée d'une mise en valeur de l'Afrique noire proposée par le natu-raliste Michel Adanson, dans un mémoire de 1753 (voir A. Lacroix, « Michel Adanson au Sénégal », *Bulletin du Comité d'études historiques et scientifiques de l'Afrique occidentale française*, XXI, n° 1, 1938, p. 9, note 1), avait été reprise par les physiocrates (*Ephémérides*, 1771, VI, p. 242-243). Le philan-thrope suédois Wadstrom songe à la réaliser concrètement et part dans ce but en Guinée en 1787 (voir Carl Ludwig Lokke, *France and the colonial question, 1763-1801*, New York, 1932, p. 178-179).

242. En 1786 le naturaliste Smeathman avait publié un plan d'établisse-ment pour les nègres libres à la Sierra-Leone (J.J. Crooks, *A history of the colony of Sierra Leone*, London, 1903, le donne en appendice, p. 359-360). 411 Noirs furent embarqués en février 1787. Le but de l'établissement était de donner une solution au problème des Noirs qui avaient servi sur les vaisseaux anglais contre les « insurgents » américains, et dont on ne savait que faire à Londres. Bien entendu, il assurait aussi la présence anglaise en Afrique occidentale.

ils seront disposé a voir d'un meilleur œil et les esclaves et les affranchis.

« Je crois que dès a present et sans perdre un moment, il faut repandre ces nouvelles et ces craintes on ne risque rien de les repandre et cela preparera tout le bien qu'on veut faire ce qu'il faut faire encore incessamment est de promettre des primes aux vaisseaux negriers qui apporteront une certaine quantité de jeunes femmes et de jeunes filles je crois aussi qu'on peut dès a present et aussitôt ou au moins après que les mauvaises nouvelles auront été reçues dans nos isles faire une loi qui mette de la difference entre les mulâtres batards et les mulâtres legitimes.

« Les batards seront esclaves et le pere pour les rendre libres sera obligé de les affranchir.

« Les mulâtres nés légitimes seront libres de droit, quand ils seraient nés d'une blanche et d'une esclave on peut faire succeder a cette loi qui n'est pas une des plus importantes mais qui contribuera cependant a faire faire quelques mariages de plus et a faire penser des mulatres qu'il faut plus attacher le mepris a leur batardise qu'a leur couleur.

« On peut des cette année faire succeder a cette loi deux autres loix :

« La première rendra aux affranchis le droit de travailler en orfevrerie et il ne leur sera permis de travailler en pharmacie qua la 4ᵐᵉ generation [243].

« La seconde abolira les loix nouvelles qui interdisent le luxe aux affranchis, et la defense ridicule aux dragons mulatres de frequenter les blancs.

« On dit dans la depeche que ces deux loix que je propose d'abolir sont tombées en désuétude.

« Il ne faut pas moins les abolir par une ordonnance et pour plusieurs raisons si la loi est tombée en désuétude les blancs seront peu blesses de la voir abroger.

« Il vaut toujours mieux abroger une loi reconnue pour mauvaise que la laisser tomber en désuétude :

« 1° Parce que les hommes qui voient qu'on peut ne pas obeir a une loi perdent jusqu'a un certain point le respect qu'ils doivent a toutes les loix.

« 2° Ce peu de respect pour les loix dangereux partout, l'est davantage dans les colonies.

« 3° Une loi a beau être tombée en désuétude tant qu'elle n'est pas autentiquement abolie une administration peut la faire rétablir.

---

243. Pour la condition légale des esclaves, on peut se reporter à Paul TRAYER, *Etude historique sur la condition légale des esclaves*, Paris, Baudouin, 1887. Sur ce point, voir p. 38-39. L'interdiction faite aux esclaves de « travailler en orfèvrerie » ou en pharmacie avait pour but de les empêcher de manipuler des produits toxiques, et donc de réduire le nombre des empoisonnements.

« 4° C'est qu'une loi tombée en désuétude peut encor, et par la raison que je viens de dire inquieter les citoyens.

« 5° Nous avons vu souvent en france les tribunaux faire revivre de ces loix et c'est la une des causes qui augmente l'arbitraire dans leurs jugements.

« Au reste les loix sur les mulatres legitimes ou batards sur le luxe des affranchis sur l'orfevrerie, etc., peuvent toutes être renfermées dans une seule ordonnance et même cette ordonnance ne semblera qu'expliquer et faire revivre l'ancienne loi du code noir qui assimile en tout les affranchis aux blancs.

« Il y a de l'avantage a ne faire qu'une ordonnance. Si les loix qu'elle contient deplaisent aux blancs elle ne leur donnera qu'un moment d'humeur, elle n'en donnera qu'une seule fois, et selon le caractère des français plus légers encor dans nos isles qu'en France même cette humeur passera promptement.

« Si cette ordonnance nouvelle semble se borner a faire revivre d'anciennes loix du Code Noir [244] elle revoltera moins les colons, et commettra moins le Ministre.

« Après la promulgation de cette ordonnance on pourra donner quelques emplois aux affranchis mais il faut d'abord choisir des emplois qui soient plustot des marques de confiance qu'ils ne donnent de la considération.

« On pourrait dès a present se servir des affranchis pour la perception des deniers royaux, leur confier des doüannes de petites places de finances cela ne blesserait pas beaucoup les blancs et cependant les accoutumerait a voir les affranchis chargé (*sic*) de quelque chose.

« On pourrait encor les commettre à l'inspection des chemins, des ponts, etc., s'il y en avait qui eussent des connaissances relatives à ces sortes de fonctions. La police pourrait aussi les employer.

« Je crois voir dans les papiers qu'on m'a confiés que les mulatres et noirs affranchis qui composent la milice, sont traités par leurs officiers avec une extreme rigueur peut être faudrait-il par une ordonnance restreindre cette rigueur aux bornes que la discipline demande.

« Mais dans les milices les mulatres et affranchis ne parviennent jamais aux grades d'officiers, et il faudrait peu à peu les y faire parvenir. cela se peut a ce que je crois, sans offenser les blancs voici le moien.

« Je ne crois pas qu'il y ait dans cette milice des compagnies de grenadiers et je voudrais qu'il y en eut et qu'on les composat

---

244. Pour des raisons tactiques, Saint-Lambert propose de donner à l'ordonnance qui devait sortir des travaux du Comité de législation la forme d'un nouveau « Code Noir ». En fait, il convenait de « faire revivre » d'anciennes lois du Code noir, auxquelles s'était substitué un « droit local », fondé sur les arrêts des gouverneurs et des intentants.

comme ches nous de soldats qui ont de l'honneur et des mœurs. Ces grenadiers qui seraient un peu mieux traités que les autres et qui auraient une gratification legere seraient un objet d'émulation pour le reste des soldats, la troupe n'en servirait que mieux.

« Dans la milice il y a des dragons et chez nous les dragons n'ont point de grenadiers, mais on peut leur en donner à St Domingue et a l'exemple des Espagnols. Ches eux ces grenadiers ne forment point une troupe une compagnie, on pourrait aux Isles en former une compagnie de grenadiers a cheval qui serait attaché au corps des dragons.

« Dans la suite cette milice pourrait être composée indifféremment de blancs et d'affranchis.

« Mais des le moment qu'on y aurait créé des compagnies de grenadiers, ce qui ne doit pas tarder, on choisirait pour les places de lieutenant et de sous-lieutenants de ces compagnies, des sergents mulatres ou affranchis qui auraient de l'intelligence et des mœurs, cela pourrait accoutumer peu à peu les blancs a voir les affranchis élevés au rang d'officiers et dans la suite on pourrait leur confier des Compagnies lorsqu'ils y seraient conduits par leur rang d'ancienneté.

« Je vais a present faire part des changements qu'on peut faire a quelques articles du Code Noir, et dans ces changements je ne perdrai pas de vue les projets du Ministre de faire cesser les préjugés qui s'opposent à l'assimilation des blancs et des affranchis, de rendre dès a present meilleure la condition de ces affranchis ou mulatres et celles des esclaves, enfin de preparer l'affranchissement des noirs et de les multiplier par eux mêmes de manière que la traite d'Affrique devienne inutile.

« Dans l'ordonnance qui commence page 28 [245] je voudrais quelques changements les voici :

« 1° Se borner a exorter et non a obliger les colons à faire instruire leurs esclaves dans la Religion chrétienne.

« 2° Au lieu du 8ᵐᵉ article qui déclare batard tous les enfants nés d'un mariage contracté entre des Africains ou mulatres affranchis ou esclaves qui vivront dans la religion africaine.

« Pour donner de l'autenticité aux mariages de ces Esclaves on les obligera de le declarer ches quelques magistrat qui sera préposé pour cette fonction.

---

245. Il serait intéressant de savoir à quelle édition — ou réédition — du *Code Noir* se réfère Saint-Lambert. Nos recherches nous ont seulement permis d'éliminer les textes publiés dans les collections d'*Actes Royaux* (Bibl. Nat. F 23614 (263 et 264), F 21096 (69), F 23623 (51 et 52), ainsi que l'édition in-18 de 1742 (Paris, Prault père), la plus commode cependant puisqu'elle reproduit l'ensemble des règlements concernant les esclaves (c'est celle que Voltaire par exemple a dans sa Bibliothèque). Il faut écarter aussi les « Causes célèbres... » de Gayot de Pitaval (tome XIII) qui reproduit l'édit de 1685 et celui de 1716, et les « Recueils d'ordonnances... » de P. Néron, auxquels nous avions pensé. Saint-Lambert a peut-être consulté un recueil de pièces manuscrites. Ce n'est qu'une hypothèse.

« Au lieu de l'article 11me [246] j'en voudrais un qui permit aux esclaves chrétiens de se marier sans la permission de leurs maitres, et obligea les curés de les marier, la crainte de manquer bientôt d'esclaves fera que cette loi ne blessera personne.

« L'article 16me page 36 qui defend les attroupements des Nègres n'est pas asses précis, il faut spécifier le nombre auquel ils pourront se rassembler, je fixerais ce nombre à 30 dont le tiers au moins serait des femmes ou filles.

« L'article 22me [247] page 40 ne me parait pas ordonner aux maitres d'accorder asses de nourriture a leurs esclaves.

« J'ajouterais un article par lequel on préposerait des hommes de police pour veiller a ce que la nourriture des esclaves fut de bonne qualité et dans la quantité prescrite par la loi [248]

« Par l'article 26me je condamnerais a 20 coups de fouet l'esclave qui se serait plaint injustement et a quelques épices le maitre justement condamné.

« Je changerais quelques choses à l'article 27me [249] le prix de 6 sols par jour que le maitre doit payer pour son esclave a l'hopital ne suffit plus comme autrefois, il faudrait 20 s monnaie des Isles.

« L'article 29me [250] ne me parait pas assez clair.

« L'article 31me [251] semble contredire l'article 26me qui permet aux esclaves de se plaindre et de citer leur maitre devant un juge.

« Je substituerais a l'article qui condamne les esclaves fugitifs a se voir couper les oreilles ou le jarret [252], un article qui les condamnerait au fouet et a vivre quelque temps de manioc, sans viande et sans poisson.

« L'article 40me me parait fort injuste et fort atroce il prescrit de faire payer à tous les negres le prix d'un esclave condamné a mort ce dedommagement pour le maître n'est propre qu'a le rendre plus cruel.

« Il y a trop de vague dans l'article [253] qui prescrit le respect

246. Il défendait aux curés « de procéder aux mariages des esclaves, s'ils ne sont apparoir du consentement de leurs maîtres ».

247. Il prévoyait chaque semaine « deux pots et demi mesure du pays de farine de magnoc ou 3 cassavres pesans 2 livres et demie chacun au moins ou choses équivallans, avec deux livres de bœuf sallé ou 3 livres de poisson ou autres choses à proportion et aux enfants depuis qu'ils sont sevrés jusqu'à l'âge de 10 ans la moitié des vivres cy-dessus ». Presque tous les administrateurs signalaient la sous-alimentation des esclaves et l'insuffisance des vêtements qu'on leur distribuait.

248. Il prévoyait le cas des esclaves qui porteraient plainte contre leurs maîtres pour insuffisance de nourriture ou de vêtements.

249. Il fixait la redevance que les maîtres devaient verser pour leurs esclaves, infirmes ou vieillards, recueillis par l'hôpital.

250. Il concerne le « pécule » des esclaves et il est en effet fort confus.

251. Il défend aux esclaves « de poursuivre en matière criminelle la réparation des outrages ou excès qui auraient été commis contre les esclaves ».

252. C'est l'article 38.

253. Article 58.

à l'affranchi pour son ancien maitre, il ne spécifie ni ce qui constate le délit d'ingratitude ni la peine que mérite ce délit, l'ingratitude est un vice que punissent les mœurs, la conscience de l'ingrat et non les loix.

« Dans l'édit de 1716 sur les esclaves Nègres page 169 je confirmerais le 1er article [254], mais je prescrirais aux pretres de travailler a la conversion des esclaves sans les importuner, que ce soit par des caresses par des bons offices plus que par de longs sermons qu'ils persuadent.

« Le 28me article page 299 ne spécifie pas asses qu'elles sont ces voies de fait pour lesquelles un esclave doit être puni de mort.

« Des articles suivants [255] il faudrait oter la peine de mort pour les vols qui ne sont point commis avec effraction ni attentat a la vie. »

---

254. Qui prescrivait d'instruire « avec toute l'attention possible » les esclaves « dans les principes et dans l'exercice de la Religion Catholique, Apostolique et Romaine ».

255. Dans l'Edit du Roi de mars 1724 pour *Le Gouvernement et l'Administration de la Justice ... dans la province et colonie de la Louisiane*. Il est ainsi libellé « Et quant aux excès et voyes de fait, qui seront commis par les esclaves contre les personnes libres, voulons qu'ils soient sérèrement punis, mesme de mort s'il y échoit ».

Cet édit de 1724 reprenait, avec quelques modifications, les dispositions de celui de 1685. Ainsi cet article 28 reproduit l'article 34 du premier « Code Noir », et c'est à ce titre sans doute que Saint-Lambert le commente. Il faut avouer d'ailleurs qu'il y a une certaine confusion dans cette partie du mémoire. On peut se demander pourquoi il ne fait aucune allusion à l'ordonnance du 3 décembre 1784 dont le Titre II concernait justement la nourriture et l'habillement des nègres esclaves (art. 3 et 5). Peut-être le mémoire est-il inachevé. Il se termine en effet fort brusquement.

4

L'idéologie coloniale

*De la destruction des Indiens
à la civilisation des sauvages*

I. LA LÉGENDE NOIRE

Sébastien Mercier, dans l'*An 2440* imagine un « singulier monument » où « les nations figurées [demandent] pardon à l'humanité » de leur cruauté [256]. Parmi elles l'Espagne, gémissant « d'avoir couvert le nouveau continent de trente-cinq millions de cadavres, d'avoir poursuivi les restes déplorables de mille nations dans le fond des forêts et dans les trous des rochers, d'avoir accoutumé des animaux, moins féroces qu'eux, à boire le sang humain » [257]. Il suffit de comparer ce texte au célèbre chapitre « Des Coches » pour voir que les chiffres ont leur importance. Lorsque Montaigne évoque « tant de villes rasées, tant de nations exterminées, tant de millions de peuples passés au fil de l'épée » [258], il suggère l'ampleur du massacre, il n'en donne pas la mesure exacte, et s'il dénonce avec une vraie violence ces « horribles hostilités et calamités si misérables », cette « boucherie, comme sur des bêtes sauvages, universelle, autant que le fer et le feu y ont pu atteindre » [259], il ne semble pas qu'il ait soupçonné toute l'horreur de la vérité. Certes de Gomara à Benzoni, qu'il utilise de préférence, il y a un *crescendo* dans

---

256. *L'An 2440*, Londres, 1771, chapitre 22, p. 144, note.
257. *Ibid.*, p. 143-144. Page 145, Mercier parle de 20 millions d'hommes « égorgés sous le fer de quelques Espagnols ».
258. *Essais*, livre III, chapitre 6, éd. Pléiade, p. 883.
259. *Ibid.*, p. 886.

l'attitude critique à l'égard des conquérants du Nouveau
Monde [260], mais Benzoni n'est pas Las Casas. Or, ce qui fait
la force des accusations de Las Casas — et les rend en même
temps suspectes aux yeux de beaucoup d'historiens du Nouveau
Monde — c'est qu'elles sont d'une terrible précision : si l'on suit
Las Casas, la destruction des Indiens n'apparaît plus seulement
comme un des épisodes les plus cruels de l'histoire humaine,
mais, à l'échelle d'un continent, comme un meurtre collectif
d'une ampleur sans précédent. D'emblée, la présence ou l'absence
de données quantitatives dans un texte — que la référence à
Las Casas soit explicite ou demeure implicite — le situe dans
un certain contexte. C'est ce système sous-jacent que nous voudrions étudier ici.

On sait qu'aujourd'hui encore les controverses sont vives autour de Bartolomé de Las Casas : tandis que certains historiens
lui reprochent d'avoir fortement exagéré le nombre des victimes,
d'autres, se fondant sur des travaux récents, voient dans son
œuvre « une mine incomparable de précisions chiffrées », « une
source quantitative d'une valeur inappréciable » [261]. Les écrits
de Las Casas ont trop souvent servi d'arme contre l'Espagne
catholique et l'impérialisme espagnol, trop contribué à la formation de la « légende noire » [262] antihispanique pour qu'il soit
aisé de séparer « le mythe Las Casas » du « vrai Las Casas » [263].

Il en va de même au XVIIIᵉ siècle. Nous avons vu qu'à bien
des égards son témoignage reste suspect. Prévost oppose l'« égalité » de Benzoni au « zèle aigri » de l'évêque de Chiappa. Il cite
l'avis du jésuite Charlevoix qui lui reproche d'avoir confirmé
les rebelles des Pays-Bas dans leur haine pour les Espagnols et
d'avoir servi d'arme aux protestants dans leur lutte contre la
catholicité [264]. Le nom de Las Casas n'est cité dans aucun des
articles que l'*Encyclopédie* consacre à l'Amérique. Après la pous-
sée des éditions françaises et anglaises des dernières années du
XVIIᵉ siècle, qui correspond au règlement de la succession d'Espagne [265], ce silence est le signe d'un oubli volontaire : l'œuvre

---

260. Voir Marcel BATAILLON, « Montaigne et les conquérants de l'or »,
dans *Studi Francesi*, déc. 1959. Pour Marcel Bataillon, il est impossible de
savoir si Montaigne a lu ou non Las Casas.
261. Voir Marianne MAHN-LOT, « Controverses autour de Bartolomé de Las
Casas ». dans *Annales*, juillet-août 1966, et, pour une défense du vrai Las
casas, Pierre CHAUNU, « Las Casas et la première crise structurale de la colonisation espagnole », dans la *Revue historique*, janvier-mars 1963, p. 59-102 :
cet important article analyse les travaux récents de Manuel Gimenez Fernandez sur Las Casas.
262. Le livre de Romulo D. CARBIA, *Historia de la leyenda negra hispano-
america*, Buenos Aires, 1943, in-8º, fait de Las Casas le principal responsable
de cette légende. Pierre Chaunu montre bien que cette haine passionnelle
contre Las Casas est injustifiée, en dehors des préoccupations politiques qui
ont inspiré l'auteur (*art. cit.*, p. 62, note 6).
263. *Ibid.*, p. 66.
264. *Histoire des voyages*, tome XII, p. IX et p. XI, note 10.
265. Voir dans l'article cité de Pierre CHAUNU, p. 68-73, l'analyse de la
Bibliografia Critica (...) de Las Casas, établie par Lewis HANKE et Manuel

éveille des ondes passionnelles, s'y référer c'est prendre parti, et l'on évite de le faire. Or, soudain, tout change : les historiens du Nouveau Monde redécouvrent Las Casas à la fois comme personnage légendaire et comme « source quantitative ».

L'Histoire admirable des horribles insolences, cruautés et tyrannies exercées par les Espagnols en Indes Occidentales [266] fait l'objet de quatre mentions dans les chapitres de l'*Essai sur les mœurs* consacrés à l'Amérique. Voltaire lui emprunte des détails saisissants :

« Barthelémy de Las Casas, évêque de Chiapa, témoin de ces destructions, rapporte qu'on allait à la chasse des hommes avec des chiens. Ces malheureux sauvages, presque nus et sans armes, étaient poursuivis comme des daims dans le fond des forêts, dévorés par des dogues, et tués à coups de fusil, ou surpris et brûlés dans leurs habitations.

Ce témoin oculaire dépose à la postérité que souvent on faisait sommer, par un dominicain et par un cordelier, ces malheureux de se soumettre à la religion chrétienne et au roi d'Espagne; et, après cette formalité, qui n'était qu'une injustice de plus, on les égorgeait sans remords [267]. »

ou encore cette terrible anecdote des Indiens pendus treize à treize aux fourches patibulaires, « en l'honneur, disaient-ils, des treize apôtres » [268]. Mais aussi et surtout des chiffres : « (...) ils dépeuplèrent en peu d'années Hispaniola, qui contenait trois millions d'habitants, et Cuba, qui en avait plus de six cent mille » [269]. « (...) dans Cuba, dans la Jamaïque, dans les îles voisines, ils firent périr plus de douze cent mille hommes, comme des chasseurs qui dépeuplent une terre de bêtes fauves [270]. » « Enfin ce témoin oculaire affirme que dans les îles et sur la terre ferme, ce petit nombre d'Européens a fait périr plus de douze millions d'Américains [271]. » Bien qu'il croie le récit de Las Casa « exagéré en plus d'un endroit », Voltaire n'hésite pas à parler, pour Saint-Domingue de l'« extinction totale d'une race d'hommes » [272]. Il note à plusieurs reprises l'étonnante disproportion entre le petit nombre des conquérants et les multitudes qu'ils ont eu à combattre. Cortez, avec 600 hommes, et un renfort de

GIMENEZ FERNANDEZ, Santiago du Chili, *Fondo... José Toribio Medina*, 1954, Gr. in-4°. Il faut naturellement faire une distinction entre les traités polémiques et l'*Historia de las Indias*, publiée seulement au XIXᵉ siècle.
266. C'est-à-dire la traduction par Jacques de Migrodde de la *Brevissima relacion de la destruccion de las Indias*, le plus connu des traités polémiques (Bibliothèque de Voltaire, Nº 646).
267. Ed. cit., p. 339.
268. *Ibid.*, p. 360. Voltaire veut dire évidemment en l'honneur du Christ et des douze apôtres.
269. *Essai*, éd. cit., II, p. 339.
270. *Ibid.*, p. 360.
271. *Ibid.*, p. 361.
272. *Ibid.*, p. 339.

6 000 Tlascaltèques qui s'étaient joints à lui, s'empare de Mexico défendue par trois millions d'Américains [273]; 80 Espagnols lui suffisent pour mater la révolte de 200 000 Mexicains [274]; avec neuf canots et 300 hommes, il affronte la flotte de Guatimozin, forte de quatre à cinq mille canots, chargés chacun de deux hommes [275]. Avec 300 hommes, Pizarre est le vainqueur de 40 000 Péruviens [276]. Mais la vue des chevaux et le bruit des canons expliquent assez ces surprenantes victoires sur des multitudes mal armées. Voltaire ne met pas en doute les chiffres qu'il cite, d'après les historiens de la conquête, parce que la signification de ces chiffres ne lui apparaît pas tout entière. De l'Amérique, il dira seulement qu'elle était assez peuplée en son milieu, et presque déserte ailleurs, ce qui est, on le verra, la thèse de Buffon.

On ne s'est donc pas encore avisé qu'une telle hécatombe suppose une population nombreuse, et qu'il y a une contradiction interne entre l'idée d'un continent presque vide d'habitants et celle de la destruction de multitudes d'Américains. Autre contradiction : on stigmatise la cruauté des Espagnols, mais l'article « Cruauté » de l'*Encyclopédie* [277] met sur le même plan les « barbaries incroyables commises par les Espagnols sur les Maures, les Américains, et les habitants des Pays-Bas ». Tout se passe comme si les chiffres véritablement ne parlaient pas : des millions d'Américains exterminés, l'extinction totale d'une race, sont moins l'indice d'une barbarie encore inouïe que l'effet d'un « zèle destructeur » inspiré par de « faux principes » et par une aveugle superstition. L'article « Férocité » dénonce l'homme « qui porte contre ses semblables la même violence et la même cruauté que l'espèce humaine exerce sur tous les êtres sensibles et vivants » [278] et c'est bien en ce sens que Voltaire parle de la « férocité » des Espagnols, traitant les Américains comme des bêtes et non comme des hommes, et les faisant dévorer par leurs chiens. Mais « le tyran qui dévore les hommes » [279] est lui aussi « féroce » : la politique et la religion, le despotisme et le fanatisme, portent les peuples les plus policés à l'inhumanité. Le massacre de la Saint-Barthélemy, les Croisades, les guerres civiles et religieuses illustrent la barbarie des civilisés aussi souvent que les crimes de la Conquête, dont finalement on mesure mal l'ampleur réelle.

On la mesure mal parce que, nullement rapportés à un système numérique, les chiffres donnés restent parfaitement abstraits. Aussi, lorsque en 1768, Cornélius de Pauw s'interroge sur la

---

273. *Ibid.*, p. 347.
274. *Ibid.*, p. 351.
275. *Ibid.*, p. 352.
276. *Ibid.*, p. 356.
277. Rédigé par De Jaucourt.
278. L'article a comme auteur Diderot. Pour l'interprétation de ce texte, voir le chapitre sur Diderot.
279. Article « Férocité ».

population du Nouveau Monde au moment de la découverte, ce sont, par récurrence, toutes les données du problème qui se trouvent, d'un coup, modifiées. De Pauw ne conteste nullement les faits :

« Il n'est presque rien resté de l'ancienne Amérique, écrit-il dans son *Discours préliminaire,* que le ciel, la terre et le souvenir de ses épouvantables malheurs [280]. »

Il admet que dans l'Amérique septentrionale les Européens ont détruit à peu près la treizième partie des naturels, qu'on n'en a point laissé dans les Antilles, et presque point dans les Caraïbes et les Lucayes, qu'au Pérou, au Mexique et au Brésil, on a exterminé les deux tiers des habitants [281]. Il conclut que le chiffre de douze millions de victimes donné par Las Casas n'est pas exagéré, mais à condition de le rapporter à l'ensemble du continent américain, et de comprendre dans ce nombre tous ceux que les Français, les Anglais, les Portugais et les Hollandais ont égorgé ensemble d'un bout à l'autre des Indes occidentales [282]. Réfutant aussi bien Riccioli, « impertinent calculateur », qui évaluait à trois cent millions d'hommes la population des Amériques avant l'arrivée des Européens, que les « arithméticiens politiques » qui n'en comptent que cent millions, et les calculs de l'Allemand Susmilch qui en compte 150 millions [283], Pauw évalue en effet la population totale des Indes occidentales à 30 ou 40 millions. Le récit de Las Casas est donc à la fois véridique et faux. Véridique, parce qu'à l'échelle d'un continent il y a bien eu une « destruction » des Indiens égale au tiers de la population, faux parce que les Espagnols n'ont pu en massacrer douze millions dans leurs seules colonies. Aussi Las Casas, déjà assez malmené dans les *Recherches* [284], est-il violemment dénoncé dans l'article « Amérique », rédigé par de Pauw pour les *Suppléments* de l'*Encyclopédie* :

« Il ose dire, dans un traité intitulé *De la destruccion de las Indias occidentales per los castellanos,* et qui est inséré dans la collection de ses œuvres, imprimées à Barcelone, qu'en quarante ans ses compatriotes ont égorgé cinquante millions d'Indiens. Mais nous répondons que c'est une exagération grossière. Et voici pourquoi ce Las Casas a tant exagéré : il voulait établir en Amérique un ordre semi-militaire, semi-ecclésiastique; ensuite

---

280. *Recherches sur les Américains...,* éd. de Berlin, 1774, in-12, I, p. VIII.
281. *Ibid.,* p. 78-79.
282. *Ibid.*
283. Sa *Table des Vivants* donne 130 millions d'habitants à l'Europe, 150 à l'Afrique, et 650 millions à l'Asie; *Recherches...,* I, p. 49, note I. Ce livre est cité avec éloge à l'article « Population » des *Suppléments* à l'*Encyclopédie.* Il avait paru en allemand en 1765 sous le titre *Die Göttliche Ordnung (...) des menschlichen Geschlecht.*
284. Il est accusé d'avoir voulu se tailler un empire en Amérique, et d'avoir, le premier, proposé d'y amener des esclaves noirs, I, p. 101.

il voulait être grand-maître de cet ordre, et faire payer aux Américains un tribut prodigieux en argent. Pour convaincre la cour de l'utilité de ce projet, qui n'eût été utile qu'à lui seul, il portait le nombre des Indiens égorgés à des sommes innombrables (...). Ceux qui adoptent des récits si extravagants, ne conçoivent sans doute point ce que c'est qu'un tel total d'hommes; toute l'Allemagne, la Hollande, les Pays-Bas, la France et l'Espagne ensemble, ne contiennent pas exactement aujourd'hui cinquante millions d'habitants [285]. »

En fait, ce n'est pas seulement le témoignage de Las Casas qui se trouve ainsi récusé, mais celui de tous les historiens espagnols, qui ont outré leurs récits pour donner du prix à leurs victoires. L'image d'une Amérique fabuleuse, riche en hommes et en monuments prodigieux, telle que l'ont peinte, après Montaigne, ceux qui ont parlé de cette « espèce de création nouvelle » [286] : la découverte d'un nouveau monde, l'Amérique des Conquistadores et de l'*Histoire des Incas*, s'efface derrière celle d'un continent immense et désolé, laissé en friche par des peuples grossiers et épars, où quelques villes réduites au rang de « bourgades » ne font même plus illusion. Le mythe de la Conquête s'effondre : la dépopulation de l'Amérique, la faiblesse et la lâcheté de ses habitants l'ont livrée sans défense à une poignée d'aventuriers. Dépouillée de ses ornements précieux, explorée jusqu'en ses profondeurs, l'Amérique des voyageurs et des naturalistes est en train de devenir ce « monde morcelé et chimérique » [287] dont parlent aujourd'hui les historiens des Amériques précolombiennes.

II. Une autre Amérique

Nulle part cette substitution d'images n'est plus visible que dans l'*Histoire des Indes*, véritable creuset où viennent s'amalgamer les différentes versions d'une même histoire. Mexico y est représentée en 1770 comme une « ville superbe » :

« Ses murs renfermaient trente mille maisons, un peuple immense, de beaux édifices. Le palais du chef de l'Etat, bâti de marbre et de jaspe, avait une étendue prodigieuse. Des bains, des fontaines, des statues le décoraient (...). »

---

285. Il semble que de Pauw se soit reporté à une édition espagnole des œuvres de Las Casas. Cependant le chiffre de 50 millions étonne. Celui qui figure dans plusieurs titres de traductions est 20 millions. Sur ce problème, voir Pierre CHAUNU, *art. cit.* L'exactitude des chiffres donnés par Las Casas est avérée pour l'*Historia de las Indias...*, mais non pour la *Brevissima Relaccion*.
286. *Essai sur les mœurs*, éd. cit., II, p. 330.
287. Pierre CHAUNU, *l'Amérique et les Amériques*, Colin, 1954, p. 15.

Cent mille canots parcourent le lac, bordé de cinquante villes et d'une multitude de bourgs et de hameaux [288]. Raynal suit l'*Histoire des voyages,* empruntant tantôt à Gemelli Carreri, tantôt à Antonio de Solis ces traits d'« épouvantable magnificence », comme disait Montaigne [289]. L'article « Mexico des *Suppléments* de l'*Encyclopédie* [290] reproduit le texte de l'édition de 1770, accentuant l'effet produit par l'article « Mexico » de l'*Encyclopédie* de Diderot, dont la matière était empruntée à Voltaire. Nous avons là une première vision, parfaitement cohérente, nourrie par la lecture des historiens espagnols. Mais en 1774, et plus encore en 1780, Raynal dénonce

« (...) la fausseté de cette description pompeuse, tracée dans des monuments de vanité par un vainqueur naturellement porté à l'exagération, ou trompé par la grande supériorité qu'avait un état régulièrement ordonné sur les contrées sauvages, dévastées jusqu'alors dans l'autre hémisphère [291]. »
et s'efforce de dépouiller le Mexique de « tout ce que des récits fabuleux lui ont prêté » [292]. Les prétendus palais n'ont « ni commodité ni élégance, ni même des fenêtres », la multitude n'a que des « cabanes », ni la peinture ni l'architecture n'avaient fait de grands progrès, l'écriture était fort imparfaite, l'agriculture très bornée, les Mexicains n'avaient encore dompté aucun animal, enfin l'empire était soumis à un « despotisme aussi cruel que mal combiné » [293].

Si le « despotisme » des Incas, « fondé sur une confiance mutuelle entre le souverain et les peuples » [294] survit à sa légende, la splendeur de l'ancien Pérou est elle aussi niée, dans les éditions de 1774 et 1780. Les témoignages des premiers historiens, « infirmés par ceux qui les ont suivis » [295], sont détruits par « les hommes éclairés » qui ont porté leurs pas dans ces contrées, c'est-à-dire La Condamine et Ulloa. Il faut donc « reléguer au rang de fables » les cités superbes, les palais majestueux, les forteresses du Haut-Pérou, les aqueducs, les chaussées et les ponts si vantés, les bains et les jardins aux arbres d'or et d'argent, la beauté des bas-reliefs, des bijoux, des vases et des étoffes. Tout cela relève d'un art fort grossier, comme les *quipos,* dont on peut douter qu'ils aient vraiment servi d'annales [296].
En fait, la plupart des auteurs dont on choisit de suivre ici le témoignage avaient déjà été préférés par Prévost à d'autres plus

288. Edition citée, tome III, p. 185.
289. *Essais,* éd. cit., p. 882, livre III, chapitre 6.
290. Edition de Genève (Pellet) et Neuchatel, 1778, tome XXI.
291. III, p. 186-187.
292. P. 188.
293. III, p. 188-194, *passim.*
294. III, p. 309
295. *Ibid.,* p. 310.
296. *Ibid.,* p. 310-314, *passim.*

suspects [297], mais l'essentiel n'est évidemment pas cette querelle de sources. Il s'agit moins de rétablir la vérité des faits que de détruire un mythe qui, de proche en proche a fini par contaminer toute l'histoire du Nouveau Monde, au point de la rendre incompréhensible. Comment concilier en effet la grandeur de l'ancien Pérou et de l'ancien Mexique avec tout ce qu'on sait par ailleurs du continent et de l'homme américains. D'où la tentation de récrire entièrement l'histoire de l'Amérique, ou plutôt d'écrire celle de l'Amérique précolombienne, en partant non plus des récits des conquérants, mais des données fournies par l'histoire naturelle. En dépit des apparences, c'est sur ce terrain, que se situe toute la « querelle du Nouveau Monde », dont la polémique autour des « monuments » du Mexique et du Pérou n'est qu'un épisode.

On connaît la thèse de Buffon : tous les Américains sortent d'une seule et même souche, ils étaient, et sont encore, sauvages; les Mexicains et les Péruviens étaient, au moment de la découverte, « si nouvellement policés qu'ils ne doivent pas faire une exception ».

« Les Américains sont des peuples nouveaux, il me semble qu'on n'en peut pas douter lorsqu'on fait attention à leur petit nombre, à leur ignorance, et au peu de progrès que les plus civilisés d'entre eux avaient fait dans les arts [298]. »

La nature même du pays « sauvage, inculte, couvert de bois », le « peu de monuments qui restent de la prétendue grandeur de ces peuples », leurs traditions mêmes qui ne font pas remonter au-delà de trois cents ans la fondation de l'empire inca, tout concourt à prouver que le continent américain n'était peuplé que depuis peu de temps. « La facilité avec laquelle on s'est emparé de l'Amérique » [299] confirme cette hypothèse. Mais surtout cette hypothèse est conforme à toute l'anthropologie sociale de Buffon [300] : sans un grand nombre d'hommes rassemblés en société, aucune civilisation ne peut naître et se développer. C'est donc le petit nombre des sauvages américains qui explique leur « sauvagerie », et, inversement, les Mexicains et les Péruviens ne pouvaient être aussi nombreux que l'ont dit les Espagnols, puisqu'ils étaient si « nouvellement policés ».

Dans l'*Histoire naturelle,* l'homme américain apparaît donc comme un être déshérité, qui

« n'existait pour la nature que comme un être sans conséquence, une espèce d'automate impuissant... [301]. »

---

297. Au tome XII, ch. 5 de l'*Histoire des voyages,* on trouve des extraits d'Ulloa et de La Condamine, et Prévost suit Ulloa de préférence à Garcilaso. Mais Prévost ne tire pas de ces lectures les mêmes conclusions que Raynal.
298. *O. C.,* IX, p. 261.
299. P. 262.
300. Voir notre chapitre sur « l'anthropologie de Buffon ».
301. « Animaux communs aux deux continents », XI, p. 370.

dans un monde à l'état brut, où l'influence conjuguée de la terre, du ciel, de l'humidité, l'élévation des montagnes et l'étendue des forêts empêchaient le développement des grandes espèces quadrupèdes et la multiplication des hommes. Manquant d'ardeur pour sa « femelle » et d'amour pour ses semblables, mais robuste et plus lâche que l'Européen [302], l'homme du Nouveau Monde n'a pu encore développer les qualités éminentes qui distinguent entre toutes son espèce.

C'est cette thèse que Cornélius de Pauw va développer dans ses *Recherches sur les Américains,* en 1768. Le climat malsain du Nouveau Monde explique assez la « complexion altérée » des naturels et la « dépopulation », sans qu'il soit besoin d'imaginer que ce continent a été peuplé beaucoup plus tard que l'Europe et l'Asie, par des migrations récentes. « Le vice radical qui dans cette partie de l'univers arrête la propagation » [303] influe sur les facultés physiques et morales des Américains, et les rend lâches et poltrons. D'où la facilité avec laquelle les Espagnols ont pu venir à bout de milliers d'Indiens :

« Si l'on réfléchit à la manière dont s'est exécutée la conquête des Espagnols aux Indes Occidentales, on tombera d'accord que les Américains divisés et factieux, n'étaient point en état de leur résister avec leurs armes de bois, et leurs armées indisciplinées; mais il n'en est pas moins vrai que ces armées étaient composées d'hommes plus que poltrons, et d'une lâcheté inexprimable, dont on ne peut assigner d'autre cause plausible que l'abâtardissement de l'espèce humaine dans cette partie du globe [304]. »

Cette « tranquillité singulière » où certains voyageurs ont cru voir de la grandeur d'âme n'est chez les Indiens « que l'effet machinal de leur organisation altérée » [305]. Aussi, sans vouloir jeter le moindre doute sur

« (...) la multitude des Indiens réellement égorgés par les Espagnols, dévorés par les chiens, brûlés par les Dominicains de l'Inquisition, submergés à la pêche des perles, étouffés dans les mines, écrasés enfin sous le poids des fardeaux et des exactions... [306] »,

De Pauw rappelle qu'un grand nombre d'entre eux ont préféré le suicide aux risques du combat et aux peines de la servitude. Renversant la thèse jusqu'alors admise, il soutient que les conquêtes furent d'autant plus rapides que la population était plus forte, tandis que les cantons les moins peuplés résistèrent plus longtemps, « parce qu'on y devait chercher les hommes pour les

302. *Ibid.,* p. 371-72.
303. Ed. cit., I, p. 23.
304. *Recherches...,* I, p. 62. Voir encore III, p. 43-45.
305. *Ibid.,* p. 60.
306. *Ibid.,* p. 61.

vaincre » [307], Paradoxalement, c'est donc la dépopulation de l'Amérique, « solitude prodigieuse dont la race humaine n'occupait qu'un point » [308] qui l'a protégée d'une destruction totale.

Le mérite singulier de Cornélius de Pauw, c'est d'avoir compris que la « destruction des Indiens » n'était pas, ne pouvait pas être seulement un thème polémique, et de s'être interrogé sur la réalité qu'il recouvrait, dans toute l'étendue du monde sauvage : l'extrême fragilité d'un équilibre, qui s'est trouvé brusquement rompu par l'invasion des Européens. Il observe en effet que partout où ils ont porté leurs pas, on a vu diminuer dans les mêmes proportions le nombre des sauvages, et des tribus entières anéanties : les deux tiers des tribus hottentotes, les trois quarts des Groënlandais et des Lapons, la moitié des Tunguses, contaminés par les nations policées qui leur ont apporté la vérole, ont péri,

« leur commerce avec les Européens leur a porté un coup mortel, comme si c'était la destinée de tous les peuples sauvages de s'éteindre, dès que les nations policées viennent se mêler et s'établir parmi eux » [309].

La population des Iroquois et des Hurons a considérablement diminué depuis que les Européens leur vendent des liqueurs spiritueuses, eau de vie et tafia [310]. Plus encore que la cruauté des conquérants, c'est donc la rencontre d'un monde encore sauvage, où l'influence toute-puissante du climat n'était pas corrigée par l'action de l'homme sur la nature, et d'un monde anciennement civilisé, où les facultés physiques et morales de l'espèce s'étaient pleinement développées, qui a entraîné la destruction des Indiens. En dégageant avec force cette idée, déjà présente chez Buffon, d'un certain « échec de l'humanité indienne » [311], De Pauw orientait l'histoire de l'Amérique précolombienne dans une direction nouvelle.

A ses yeux, les causes de cet échec sont doubles : elles sont à la fois d'ordre historique et d'ordre anthropologique. D'ordre historique d'abord : De Pauw n'admet pas la thèse de Buffon, il ne croit pas à un peuplement plus récent du nouveau continent à partir de l'ancien, « supposition insoutenable » :

« Pourquoi le vaste continent des Indes occidentales serait-il resté vide, inutile et dépeuplé depuis l'instant de la création jusqu'à l'an 800 de notre ère, qui n'a elle-même aucune antiquité [312] ? »

---

307. *Ibid.*, p. 63.
308. *Ibid.*, p. 48.
309. *Recherches...*, I, p. 235-236. L'idée est reprise dans la *Défense...* écrite en réponse à Perneti, III, p. 19.
310. I, p. 191.
311. Pierre CHAUNU, *l'Amérique et les Amériques*, Paris, Colin, 1964, p. 15.
312. *Recherches...*, I, p. 80.

Si l'on rejette l'hypothèse de migrations, il faudrait admettre « une formation successive d'êtres organisés », alors que

« (...) les germes sont aussi anciens que les espèces, et les espèces paraissent aussi anciennes que le globe [313]. »

De Pauw pense donc que le continent de l'Amérique a été, plus tard que l'ancien, sujet à des bouleversements : inondations et tremblements de terre, et que, tout en ayant une origine aussi ancienne que les peuples de l'Europe et de l'Asie, les Américains n'avaient pu encore sortir de l'état sauvage, où le climat gouverne. Ils ressemblaient aux premiers hommes :

« (...) portant en eux le germe de la perfectibilité, ils étaient très éloignés de la perfection » [314],

et c'est en ce sens qu'ils étaient « plus modernes que les nations de l'Ancien Monde » [315].

Mais cette chronologie longue repose elle-même sur une certitude anthropologique, et sur ce plan, De Pauw est évidemment le disciple de Buffon : à l'égard des Américains, comme à l'égard de presque toutes les nations, « l'histoire est en défaut », lorsqu'on veut remonter jusqu'aux origines [316], et qu'il n'y a aucun « monument » susceptible de nous éclairer. L'histoire de l'homme sauvage, c'est donc l'histoire de l'homme aux prises avec la nature :

« Il est des peuples qui ne sont peut-être jamais sortis de l'enfance et de l'état originel : le ciel et la terre se sont opposés à leurs efforts, et la difficulté de se policer a été chez eux invincible et l'est encore. »

Pour les Américains, le temps de se policer n'était pas encore venu :

« Leur climat devait avant tout s'améliorer; les vallées et les campagnes devaient se dessécher davantage, leur constitution devait s'affermir, et leur sang s'épurer [318]. »

C'est donc « la complexion altérée » des Américains qui prouve en définitive non leur peu d'ancienneté, mais leur modernité, c'est-à-dire la brièveté de leur *histoire,* au sens que les civilisés donnent à ce terme. Dans cette chronologie longue qui recouvre une « infinité de siècles », vient s'inscrire une chronologie courte, qu'on peut établir en interrogeant les monuments et les annales des Péruviens et des Mexicains, les seuls peuples du Nouveau

313. I. p. 80-81.
314. P. 82.
315. P. 89.
316. P. 81.
317. P. 82.
318. *Recherches...*, I, p. 89.

Monde qui soient sortis de l'état sauvage, achronique par définition. Encore faut-il ne pas brouiller l'ordre des temps, ni juger de ces empires comme s'ils avaient derrière eux une épaisseur de temps historique comparable à celle des plus anciennes civilisations de l'Europe ou de l'Asie :

> « Si l'on compare les Péruviens aux Iroquois, alors on trouvera sans doute qu'ils étaient à de certains égards bien supérieurs aux Iroquois; mais si on les compare aux peuples de l'Europe du seizième siècle, alors on trouvera qu'ils n'avaient ni industrie, ni arts, ni sciences. Ils ne savaient ni lire ni écrire; ils n'avaient pas découvert l'art de travailler le fer [319]. »

On a trop souvent insisté sur l'outrance des thèses défendues par De Pauw dans ses *Recherches sur les Américains* [320], pas assez sur la vigueur d'une analyse qui rendait à l'espace et au temps américains leurs véritables dimensions. De Pauw a très bien vu qu'il fallait repenser l'histoire du Nouveau Monde, en situant les phénomènes à une autre échelle, et il a essayé, le premier, de construire un modèle qui lui permît de surmonter les contradictions dans lesquelles se débattaient ses contemporains. Ce faisant, il a mis à jour quelques-unes des données essentielles de la situation américaine, qui se trouvent rassemblées dans l'article « Amérique » des *Suppléments* de l'*Encyclopédie :* immensité des horizons, dispersion des Indiens, multiplicité des langues, difficulté des communications entre les différentes tribus, faiblesse de l'homme américain et âpreté de la nature, ancienneté du peuplement et retard historique [321]. Vision européocentriste, dira-t-on, comme celle de Buffon, dont l'anthropologie ordonne les différentes « variétés d'hommes » en cercles concentriques autour de la figure centrale de l'homme blanc, et sur un axe temporel où se succèdent dans un ordre immuable les « âges » de l'humanité. Mais ici le sentiment de la différence l'emporte sur l'idée d'une aventure commune à l'espèce : le monde américain se met à exister, il a ses phénomènes spécifiques, l'histoire s'y vit sur un autre rythme et l'homme s'y meut selon d'autres lois.

> « La faiblesse de l'homme américain en Amérique, la dégradation irréversible de l'Indien est une des règles les plus importantes de ce premier passé humain du Nouveau Monde. »

---

319. *Ibid.*, III, p. 136.
320. Plus encore que l'idée d'une « dégénération » (le terme est emprunté à Buffon) des Américains, il semble d'ailleurs que ce soit celle d'un abâtardissement des Créoles qui a provoqué la colère de ses adversaires. Voir à ce sujet le livre déjà cité d'Antonello Gerbi.
321. Ed. cit., tome II. De Pauw demeure frappé du « peu de commerce et de liaison » des tribus entre elles, du « nombre incroyable d'idiomes qu'y parlaient les sauvages », de la « désolation » de tant de contrées. Il est

Ces lignes d'un historien d'aujourd'hui [322], De Pauw eût été seul capable au XVIII° siècle de les écrire, tout comme celles-ci :

« Le drame de l'humanité amérindienne, c'est de n'avoir pu profiter de l'expérience des autres hommes, de l'Ancien Monde, les plus nombreux (...). Les civilisations amérindiennes : autant d'unités longtemps sans communications entre elles (...). L'isolement dans une quinzaine de réceptacles culturels à l'intérieur du continent américain, la malédiction du petit nombre, longtemps, jusqu'aux croissances démographiques qui précédèrent la Conquête, telle est la raison profonde de l'infériorité fondamentale des Amérindiens. Le défi de l'espace américain (...) avait été écrasant sur les épaules fragiles du premier homme américain [323]. »

Il est hors de doute que ce sont Buffon d'abord, De Pauw ensuite et surtout, qui ont imposé cette image d'un espace américain à la mesure du continent, et non plus rétréci aux frontières du monde colonial. Buffon et De Pauw, c'est-à-dire deux « anthropologues », dont la vue s'étend au-delà des temps historiques vers le passé humain du Nouveau Monde : il importe assez peu qu'ils ne soient point d'accord sur sa durée, que pour l'un il compte à peine quelques siècles, et pour l'autre une « infinité ». Pour ceux qui alors les lisaient, l'humanité amérindienne, comme nous dirions aujourd'hui, devenait une réalité.

L'*Histoire naturelle*, les *Recherches sur les Américains*, l'*Histoire des deux Indes* et l'article « Amérique » composent donc un seul et même discours, sur l'homme américain, et ce discours n'a plus rien de commun avec celui qui l'a précédé. Dès 1770, Raynal se fait l'écho des idées de Buffon sur le climat du Nouveau Monde et la « dégénération » de ses habitants [324], mais retient la thèse de De Pauw d'un déluge plus tardif, qui a empêché les progrès de la population, et de la « très grande antiquité » des Américains [325]. Qu'il s'agisse des Péruviens ou des Mexicains, des Esquimaux [326] ou des Canadiens [327], l'image d'une constitution altérée et d'un « vice radical » qui arrête la propagation vient à la fois de Buffon et de De Pauw : le réseau des emprunts ne fait que mettre en évidence la continuité d'un discours.

le premier à voir dans l'endogamie, inévitable dans de petites hordes sans commerce avec leurs voisins, une des causes de la « dégénération » des Américains.

322. Pierre CHAUNU, *op. cit.*, p. 15.

323. *Ibid.*, p. 17.

324. Ed. cit., VIII, p. 18. Cf. BUFFON, éd. cit., XI, 371, *Animaux communs aux deux continents*.

325. *Ibid.*, p. 19, 20, 21.

326. La description des Esquimaux, « nation faible et dégradée par la nature », VIII, p. 31-34, s'inspire de celle que DE PAUW donne des « pygmées septentrionaux », I, p. 217 sq.

327. VIII, p. 142, cf. BUFFON, XI, 372-373.

III. La destruction des Indiens, « une faute irréparable »

A l'intérieur d'un tel discours, le thème de la destruction des Indiens ne peut conserver ni la même structure ni la même signification : avant d'être victimes de la cruauté des conquérants, les Américains l'ont été de leur climat, de leur sol, de l'immensité d'un continent qui défiait l'industrie humaine. Une sorte de fatalité a pesé sur ces peuples que leur faiblesse a finalement livrés sans défense aux envahisseurs. Cette conjuration de la nature et de l'histoire, De Pauw en mesure exactement les effets lorsqu'il parle de peuples « également maltraités par la nature et la fortune » [328]. Si la conquête du Nouveau Monde lui apparaît comme un malheur sans précédent, c'est parce qu'il n'existait « aucune équilibre entre l'attaque et la défense » :

« Toute la force et toute l'injustice étaient du côté des Européens : les Américains n'avaient que de la faiblesse; ils devaient donc être exterminés et exterminés dans un instant. Soit que ce fût une combinaison funeste de nos destins, ou une suite nécessaire de tant de crimes et de tant de fautes, il est certain que la conquête du Nouveau Monde, si fameuse et si injuste, a été le plus grand des malheurs que l'humanité ait essuyés [329]. »

Sans être le moins du monde excusée de sa « barbarie inouïe », l'Espagne est accusée au contraire du plus grand massacre que l'histoire ait jamais connu, parce qu'en aucun autre temps et en aucun autre lieu, tant de force ne fut affrontée à tant de faiblesse : les Espagnols se sont servi « avidement du désordre des Indiens, comme d'un prétexte légitime pour les anéantir ».

« Il aurait mieux valu persister dans l'opinion que les Américains étaient des singes, que de les reconnaître pour des hommes, et de s'arroger le droit affreux de les assassiner au nom de Dieu [330]. »

C'est donc l'extermination systématique des Indiens, dans les années qui suivirent la conquête, et pas seulement la violence des premiers combats, qui signale les Espagnols à l'exécration de toutes les nations civilisées. Le crime majeur n'est plus le massacre des Indiens en armes, mais bien l'ethnocide, que l'incroyable disproportion entre vainqueurs et vaincus a finalement rendu possible.

Ainsi dans l'*Histoire des Indes,* la geste de la destruction des Indiens s'ordonne moins autour des épisodes principaux : prise

328. *Recherches...*, I, p. 28.
329. *Discours préliminaire,* p. IV-V.
330. *Recherches...*, I, p. 55-56.

de Mexico et conquête du Pérou, qu'elle ne se déroule dans tout l'espace américain et dans le temps qui va de la découverte aux premières lois en faveurs des Indiens [331]. Les historiens espagnols y sont nommés de « stupides relateurs », dont les « étranges contradictions » ont nourri la légende noire :

« (...) lorsque la haine qu'on vous portait faisait ajouter une foi entière à vos folles exagérations, l'univers, qui ne voyait plus qu'un désert dans le Mexique, était convaincu que vous aviez précipité au tombeau des générations innombrables. (...) vos cruautés furent moindres que les historiens de vos ravages n'ont autorisé les nations à le penser [332]. »

Mais « l'affreux système » qui, sous le voile de la religion et de la politique, allait aboutir à l'extermination des Indiens dans les colonies espagnoles est dénoncé avec la dernière vigueur [333]. Les causes morales et politiques de cette stupide barbarie sont impitoyablement analysées : orgueil d'une nation « idolâtre de ses préjugés » [334], fanatisme religieux, ignorance des « vrais principes du commerce » et soif insatiable de l'or, préféré aux richesses qui sont le produit de l'industrie humaine [335], enfin « férocité naturelle de l'homme » qui, loin du monde policé, retourne à ses premiers instincts [336] :

« La dépopulation de l'Amérique fut le déplorable effet de cette confusion. Les premiers pas des conquérants furent marqués par des ruisseaux de sang. Aussi étonnés de leurs victoires que le vaincu l'était de sa défaite, ils prirent, dans l'ivresse de leurs succès, le parti d'exterminer ceux qu'ils avaient dépouillés. Des peuples innombrables disparurent de la terre à l'arrivée de ces barbares [337]. »

Dépopulation : en un siècle populationniste, le mot est une condamnation. Pour les philosophes, disciples des économistes, la *dépopulation de l'Amérique*, conséquence de la *destruction des Indiens*, est le fait capital de l'histoire de la colonisation : plus qu'un crime, c'est une « faute irréparable », une erreur politique commise par des nations profondément ignorantes de leurs vrais intérêts. Leur conception de l'histoire, un sûr enchaînement de causes et d'effets, y voit la source d'innombrables maux :

---

331. Tome III, p. 156-161 : massacres de Saint-Domingue, d'après Charlevoix et Las Casas, asservissement des Indiens, VI, p. 27, massacres à Cuba, IV, p. 168-169, vexations et atrocités dans le gouvernement des Indiens.
332. III, p. 196-197.
333. III, p. 161.
334. III, p. 172-173.
335. IV, p. 192 et 195-197.
336. *Ibid.*, p. 196-197. Ce passage est de Diderot. Cf. « Fragments échappés », *Œuvres*, éd. Assézat-Tourneux, VI, p. 451-452. De même p. 197, le passage sur l'inutilité de l'or vient des « Fragments politiques », *Œuvres*, IV, p. 49.
337. *Ibid.*, p. 196.

« [On a] détruit jusqu'au dernier la race de cent nations, dira avec amertume le président De Brosses, comme s'il y avait quelque profit à faire, dans la propriété d'un pays qui manque d'habitants [338]. »

L'humanité et l'intérêt auraient dû se conjuguer pour prévenir de tels abus : la substitution, quasi générale, d'un terme emprunté au vocabulaire des économistes, à celui de *destruction,* qui n'est plus employé que dans un sens passif, et non dans le sens actif que lui donnait Las Casas [339], signale l'évolution du thème. De sa structure initiale, il reste les figures d'une rhétorique qui dénonce le péché de violence, et la barbarie des civilisés, mais son historicité s'est en quelque sorte diluée dans une histoire qui se poursuit : à l'intérieur du système colonial, le mal s'est installé, il est devenu maladie endémique, vice de constitution, dont les effets se font sentir partout; à la dépopulation de l'Amérique a succédé celle de l'Afrique, vidée d'un grand nombre de ses habitants pour fournir au travail des plantations où la mortalité est effrayante. L'inhumanité des conquérants et celle des colons ont ruiné des établissements qui auraient pu être prospères :

« On ne saurait trop répéter, écrit De Pauw, qu'en détruisant les Américains, on a fait, même en politique, une faute irréparable : on aurait dû les laisser subsister et s'y incorporer, comme on a fait aux Indes orientales avec les Javanais, les Malais, les Malabares, les Mogols et tous les autres peuples de cette partie de l'Asie [340]. »

Que n'a-t-on agi comme les Hollandais qui ont apprivoisé les Hottentots au lieu de les exterminer [341] !

IV. Colonisation et civilisation

A la recherche d'un modèle de colonisation, les philosophes s'interrogent sur la « civilisation » des Indiens : au lieu de les détruire, il eût fallu les policer, les faire sortir de l'état sauvage pour les accoutumer insensiblement au travail et à leur nouvelle condition. Mais ils ne s'accordent pas sur les moyens propres à opérer un si grand changement. Une fois encore, le personnage de Las Casas est l'objet d'un débat passionné. Tandis que De Pauw ne voit en lui qu'un « intrigant », qui cachait « des vues orgueilleuses et immenses sous [un] plan dicté en apparence par

---

338. *Histoire des navigations aux Terres australes,* I, p. 17.
339. *Histoire des Indes,* IV, p. 21, « La destruction entière des Indiens (...) » est un fait accompli, et non le drame où Las Casas fut acteur.
340. *Recherches (...),* I, p. 100.
341. *Ibid.,* p. 99-100.

l'humanité et la modestie » [342], Raynal loue sa conduite et ses desseins :

« (...) il comptait réussir sans guerre, sans violence et sans esclavage, à *civiliser* les Indiens, à les convertir, à les accoutumer au travail, à leur faire exploiter des mines [343]. »

L'œuvre des jésuites du Paraguay suscite les mêmes réserves et les mêmes éloges. De Pauw leur reproche d'avoir fait enlever de force soixante mille Indiens pour constituer leur état, et de les avoir gouvernés avec la dernière rigueur :

« Plusieurs personnes ont admiré et admirent encore l'établissement du Paraguay comme un ouvrage supérieur de la politique et de l'industrie; mais il n'est pas si difficile de soumettre des sauvages abrutis, quand on vient à eux armé de la force et de la religion. Il n'est jamais glorieux de réussir à faire des esclaves [344]. »

Dans l'*Histoire des Indes,* les missions et les établissements des jésuites, qu'il s'agisse du Paraguay, de la Californie ou du Brésil, sont donnés comme des exemples de ce que peuvent « l'humanité et la bienfaisance » sur des peuples sauvages :

« Tandis que des milliers de soldats changeaient deux grands empires policés en déserts de sauvages errants, quelques missionnaires ont changé de petites nations errantes en plusieurs grands peuples policés [345]. »

Au Paraguay surtout, les jésuites, en prenant pour base les maximes des Incas, ont fondé un gouvernement digne d'admiration [346]. Peut-être y ont-ils trop porté les usages monastiques, mais on ne fit « jamais autant de bien aux hommes avec si peu de mal » [347].

Cette défense des missionnaires, et tout particulièrement des jésuites, chez des philosophes d'ailleurs peu enclins à vanter les bons effets de la religion et d'un pouvoir théocratique [348], montre assez la difficulté de concevoir un modèle de colonisation qui fût purement laïque. Non seulement parce que l'histoire n'en offrait pas d'exemple, mais parce que l'image même des sauvages sensibles à la persuasion, véhiculée pendant des siècles par la mis-

---

342. *Ibid.,* p. 101.
343. *Histoire des Deux Indes,* éd. cit., IV, p. 21. Le passage est emprunté à CHARLEVOIX, *Histoire de Saint-Domingue,* I, p. 354.
344. *Recherches...,* II, p. 303 dans *Lettre à M... sur le Paraguay,* II, p. 292-304.
345. *Histoire...,* IV, p. 253. Voir aussi p. 149 à 153, et sur les autres missions, p. 285 : Missions de l'Amazone; p. 138 : Missions des Moxos, en Californie.
346. *Ibid.,* p. 139-140.
347. P. 140.
348. *Ibid.*

siologie, est encore indissolublement liée à un idéal d'évangélisation.

« Les Missions, écrit par exemple Buffon, ont formé plus d'hommes dans ces nations barbares que les armées victorieuses qui les ont subjuguées. Le Paraguay n'a été conquis que de cette façon : la douceur, le bon exemple, la charité et l'exercice de la vertu, constamment pratiqués par les missionnaires, ont touché ces sauvages et vaincu leur férocité : ils sont venus souvent d'eux-mêmes demander à connaître la loi qui rendait les hommes si parfaits, ils se sont soumis à cette loi et réunis en société. Rien ne fait plus d'honneur à la religion que d'avoir civilisé ces nations et jeté le fondement d'un empire sans autres armes que celles de la vertu [349]. »

Cette religion, plus soucieuse des hommes que des âmes, et dont l'humanité et la bienfaisance sont les vertus principales, il suffit au fond de la priver de son support temporel pour la faire servir à des desseins colonisateurs. Ainsi Las Casas, « plus homme que prêtre » [350], qui a voué à l'indignation publique « des hommes d'un état pieux, qu'il accusait d'avoir sacrifié l'humanité à la politique » [351] devient le champion de la plus juste des causes et son nom demeure gravé « dans toutes les âmes sensibles » [352]. Tandis que l'on stigmatise le « Pontife abominable » qui a livré l'Amérique au despotisme des rois catholiques [353], et les moines avides qui se sont fait donner des terres et des esclaves [354], on admire l'équité et l'humanité des quakers qui ont su faire le bonheur de la Pennsylvanie en gagnant la confiance des sauvages, dont ils ont acheté les terres [355].

Le parallèle que fait Voltaire entre l'œuvre des quakers et celle des jésuites montre cependant qu'au-delà des différences de méthode, on est sensible à une même pratique civilisatrice :

« Les quakers dans l'Amérique septentrionale, et les jésuites dans la méridionale, ont donné un nouveau spectacle au monde. Les primitifs ou quakers ont adouci les mœurs des sauvages voisins de la Pennsylvanie; ils les ont instruits seulement par l'exemple, sans attenter à leur liberté, et ils leur ont procuré de nouvelles douceurs de la vie par le commerce. Les jésuites se sont à la vérité servis de la religion pour ôter la liberté aux peuplades du Paraguay : mais ils les ont policées, ils les ont rendu industrieuses, et sont venus à bout de gouverner un vaste pays, comme

---

349. *Histoire naturelle*, éd. cit., IX, p. 258.
350. *Histoire des Deux Indes*, IV, p. 20.
351. *Ibid.*, p. 162.
352. *Ibid.*, p. 163.
353. III, p. 287. Comme le précédent, ce passage a été récrit par Diderot.
354. III, p. 4-5.
355. VIII, p. 134-135.

en Europe on gouverne un couvent. Il paraît que les primitifs ont été plus justes, et les jésuites plus politiques [356]. »

On sait bien où vont les préférences de Voltaire, mais, quand il juge en politique, il ne peut s'empêcher de marquer la supériorité des jésuites. Il est hors de doute que le modèle du Paraguay l'emporte sur le primitivisme des quakers, et qu'on ne recourt au second que si le premier fait défaut.

Les administrateurs du bureau des Colonies n'auront garde d'oublier les services que peuvent rendre les missionnaires, si on contient leur zèle dans de justes limites : ils savent les langues des sauvages, et ils ont l'art de les persuader. Le naturaliste Commerson entre parfaitement dans ces vues lorsqu'il écrit, à propos des naturels de l'île de Madagascar, où le comte de Maudave venait de fonder un établissement (1768) :

« La conversion des Madécasses au christianisme est le plus grand bien que nous puissions désirer. Elle naturaliserait en quelque sorte notre police et notre politique parmi ces peuples [357]. »

En 1765, le baron de Bessner propose même qu'on emploie en Guyane des jésuites expulsés des établissements espagnols et portugais, bien sûr « sans que le public en soit instruit, et de manière que la Cour aurait également l'air de l'ignorer ». Leurs connaissances seraient « infiniment précieuses relativement aux divers idiomes de ces peuples, leur génie, et la manière de les gouverner » [358]. Malouet ira jusqu'à dire que le talent des jésuites était de faire « des esclaves civilisés » et qu'à leur défaut seuls les quakers pourraient venir à bout de gouverner des sauvages [359]. Les instructions de 1787 relatives à la « civilisation des Indiens » dans la Guyane française tracent un plan de conduite pour les missionnaires « sur lesquels roulent entièrement la civilisation et le bien-être des Indiens. » Ils ne doivent pas chercher à catéchiser et à faire trop vite des prosélytes, mais gagner avant tout la confiance des sauvages pour les fixer dans des établissements et les engager à la culture des terres et à l'élevage. Ils devront tenir à jour une liste nominative des Indiens de leur district, tâcher d'avoir par ceux-ci des relations avec les Indiens de l'intérieur des terres, les attirer et augmenter ainsi la peuplade confiée à leurs soins [360]. Évangéliser ou civiliser, c'est tout un :

---

356. *Essai sur les mœurs...*, éd. cit., II, p. 387 (chap. CLIV).
357. *Mémoire sur Madagascar*, Muséum d'Histoire naturelle, mss. 888, fº 55.
358. *Précis sur les Indiens*, Arch. Nat. Fonds des Colonies, F 3, 95, fº 76.
359. Mémoire publié sous le titre « Voyage dans les forêts et les rivières de la Guyane », dans les *Mélanges de Littérature* de J.B. SUARD, Paris, 1803, p. 240-253. Le Paraguay est pour lui un modèle parfaitement réussi de civilisation des Indiens (p. 238-239).
360. *Instructions à Fitz Maurice... et Daniel Lescallier*, Arch. Nat., Colonies F 3, 95, fº 59 sq.

le rôle des missionnaires, c'est de préparer les Indiens à devenir de loyaux sujets [361]. Que ne peut un « missionnaire intelligent » pour vaincre les préjugés que ces peuples entretiennent à l'égard des occupations sédentaires, réservées aux femmes :

« Il anoblirait la culture, en travaillant lui-même avec les enfants; et il réussirait, par ce noble et heureux stratagème, à donner aux jeunes gens des mœurs nouvelles [362]. »

Mais on ne peut fonder cette politique que sur l'obéissance absolue des missionnaires aux ordres royaux; il faut « prescrire des règles à leur conduite. Des inspecteurs veilleront à ce qu'ils ne s'en écartent [pas] ». Ainsi s'ils se mêlaient d'interdire la polygamie, ils ne réussiraient qu'à faire fuir les Indiens. Ce n'est qu'après en avoir fait des hommes qu'ils pourront, s'ils le désirent, en faire des chrétiens [363].

Il s'agit donc non de reproduire un modèle, mais de l'adapter à des desseins politiques, et de faire prévaloir l'idée d'une *civilisation* des sauvages sur un idéal d'évangélisation. Les missionnaires pourront être les instruments de cette politique, ils n'en sont plus les inspirateurs. C'est du bureau des Colonies que partent ces plans de civilisation qui se multiplient après l'arrivée de Jean Dubuq et dont l'*Histoire des Indes* va se faire l'écho [364]. Le but de ces « administrateurs-philosophes », comme les appelle J. Raimond, est de fonder ou de développer des établissements sur des bases nouvelles, en conciliant l'humanité et l'intérêt. Or il y a entre tous ces plans une indéniable ressemblance. Qu'il s'agisse des projets de Maudave et de Commerson, qui concernent Madagascar, de ceux de Bessner, qui concernent la Guyane, ou encore du peuplement de la Louisiane ou de la Floride, on croit possible de substituer à une colonisation par la violence une politique d'assimilation, qui ferait la prospérité des établissements du Nouveau Monde. On refuse à la fois la destruction des Indiens par le fer et par le feu, comme au temps de la Conquête, et cette destruction lente, dont les sauvages sont menacés partout où ils [les Européens] se sont mêlés à eux :

« Les Anglais voudront-ils donc être toujours réduits à la cruelle alternative de voir leurs moissons brûlées et leurs cultivateurs massacrés, ou de poursuivre sans relâche, d'exterminer sans pitié des hordes errantes ? »

demande Raynal qui ne peut admettre, avec De Pauw, que ce

---

361. *Ibid., in fine.*
362. Bessner, *Précis sur les Indiens, loc. cit.,* f⁰ 75. Ce passage est recopié par Raynal, *Histoire...,* VI, p. 145.
363. *Ibid.*
364. Aussi bien pour Madagascar (II, p. 98-100) que pour la Guyane (VI, p. 142-146). Une phrase de Raynal traduit bien cette laïcisation du projet civilisateur : il note qu'avec le temps les jeunes Madécasses pourraient devenir « des missionnaires politiques », qui multiplieront « les prosélytes du gouvernement ».

soit « le destin des peuples sauvages de s'éteindre à mesure que des nations policées viennent s'établir au milieu d'eux [365]. »

Il faut donc s'unir aux Indiens par les liens du mariage [366], et se les concilier par de bons traitements. Rien ne s'oppose à cette heureuse politique, qui a pour elle le bon sens et l'humanité.

Encore faut-il que le but qu'on se propose, civiliser des nations sauvages ou barbares, ait des chances d'être atteint. Car cette politique contredit finalement l'image réaliste des Américains « dégénérés », ou encore celle de nations stupides et féroces, qui se sont donné des dieux cruels, et pratiquent les sacrifices humains ou l'anthropophagie. On s'emploiera donc, selon le cas, à réfuter les thèse de De Pauw dans ce qu'elles ont d'excessif, ou à faire renaître l'image rassurante des sauvages bons et hospitaliers, « les moins vicieux, les plus sociables » des hommes, selon le père Du Tertre [367].

Plus nuancée, plus ouverte que celle de De Pauw, l'anthropologie de Buffon sert de fondement à une théorie de la civilisation. Alors que De Pauw attribuait aux vices du climat non seulement l'abâtardissement des Américains, mais encore la dégénération des Créoles [368], Buffon liait fortement l'idée d'une nature encore brute à celle d'un homme demeuré à l'état sauvage; la race des Américains n'avait pu se perfectionner, parce qu'une vie dispersée et errante ne leur avait pas permis de vaincre les obstacles naturels et de se rendre maîtres du continent où ils demeuraient :

« (...) loin d'user en maître de ce territoire, comme de son domaine, il n'avait nul empire; (...) ne s'étant soumis ni les animaux ni les éléments, n'ayant ni dompté les mers ni dirigé les fleuves ni travaillé la terre, il n'était en lui-même qu'un animal du premier rang, et n'existait pour la nature que comme un être sans conséquence, une espèce d'automate impuissant, incapable de la réformer ou de la seconder (...) [369]. »

Si les espèces animales subissent sous l'effet du climat des altérations auxquelles on ne peut remédier, il n'en est pas de même de l'espèce humaine, qui a « plus de force, plus d'étendue, plus de flexibilité », et qui surtout vit en société [370]. Dans une nature

---

365. *Histoire des Deux Indes*, VIII, p. 208, à propos de la Floride.
366. Cette solution, préconisée par Raynal (*ibid.*) se retrouve partout, comme nous le verrons.
367. *Histoire générale des îles...*, Paris, 1654.
368. *Recherches...*, II, p. 140-142 et III, p. 6-7.
369. Buffon prendra position contre De Pauw en 1777 dans les *Additions* au chapitre des *Variétés dans l'espèce humaine*. Mais en dépit des textes antérieurs sur la *Dégénération des animaux* (1766) Buffon ne s'est nullement contredit. Pour lui, les Américains étaient encore sauvages parce qu'ils ne s'étaient établis au Nouveau Monde qu'à une date récente. Voir Deuxième partie, ch. I.
370. Pour Buffon, aucune variété de l'espèce humaine n'a de tache originelle. Voir *Histoire naturelle*, éd. Pourrat, XIV, p. 178.

transformée par l'activité humaine, partout où le climat ne s'oppose pas à ses progrès par un froid ou une chaleur excessive, l'homme ne peut que se perfectionner en se civilisant. A la limite, la conquête du Nouveau Monde par les Européens peut être pour ce continent une chance historique, en accélérant ce processus naturel [371]. Ainsi dans l'*Histoire des Indes*, au triste tableau d'une terre « inutile à l'homme » s'oppose celui d'un monde fécondé par le travail et propice à l'aventure humaine :

« Tout à coup l'homme (y) parut, et l'Amérique septentrionale changea de face. Il y porta la règle et la faux de la symétrie, avec les instruments de tous les arts. Aussitôt des bois impraticables s'ouvrent, et reçoivent dans de larges clairières des habitations commodes. Les animaux destructeurs cèdent la place à des troupeaux domestiques; et les ronces arides, aux moissons abondantes. Les eaux abandonnent une partie de leur domaine, et s'écoulent dans le sein de la terre ou de la mer, par des canaux profonds. Les côtes se remplissent de cités, les anses de vaisseaux; et le Nouveau-Monde subit le joug de l'homme, à l'exemple de l'ancien [372]. »

Au temps de l'*Encyclopédie,* cet éloge des arts et des techniques, cette exaltation de l'industrie humaine contribuent à masquer le fait colonial, pour ne retenir que l'image d'une nouvelle civilisation. En Amérique du Nord, où les colons européens sont assez nombreux pour suffire à cette révolution, cette civilisation peut naître sans qu'il soit besoin de civiliser les Indiens. Mais partout où il faut faire appel à la main-d'œuvre indigène, le problème de la civilisation des sauvages prend le pas sur celui du peuplement européen. Il suffit de comparer les *Mémoires* de Bougainville sur les tribus du Canada aux *plans* de Maudave ou de Bessner pour mesurer l'écart entre deux politiques. Pour Bougainville, il s'agit de recenser les Indiens, de les fixer si possible, d'apprendre leur langue et de connaître leurs mœurs pour nouer avec eux des liens d'amitié et s'en faire des alliés [373]; bien qu'il y ait métissage de fait [374], il n'est nullement question d'*incorporer* les Hurons ou les Abaquis aux colons, alors que ce terme — et la politique d'assimilation qu'il implique — figure dans tous les projets postérieurs à 1763. On passe donc de l'idée d'une coexistence pacifique entre monde civilisé et monde sauvage à

---

371. Voir *Histoire des Indes,* IX, p. 41 : « Tous les peuples policés ont été sauvages et tous les peuples sauvages, abandonnés à leur impulsion naturelle, étaient destinés à devenir policés. »
372. *Histoire...,* éd. cit., VIII, p. 28-29. Voir aussi *ibid.,* III, 269-270.
373. Ces Mémoires ont été publiées par Pierre MARGRY, *Relations et Mémoires inédits* (...) *tirés des Archives du ministère de la Marine et des Colonies,* Paris, 1867 et dans le *Rapport de l'Archiviste de la province de Québec,* 1923-1924. Voir Bibl.
374. Voir Marcel GIRAUD, *le Métis canadien,* Paris, Institut d'Ethnologie, 1945.

l'idée de leur réconciliation et d'une intégration progressive des Indiens ou des Noirs libres dans l'univers des civilisés.

On s'emploie dès lors à détruire l'image du sauvage féroce et cruel, dont les Blancs ont tout à craindre. Métamorphose parfois surprenante : les Jalos — ou Ouolofs — peints dans l'*Histoire des voyages* sous les plus noires couleurs : ils sont « débauchés, lâches, vindicatifs », ils vendent leurs enfants et se vendent eux-mêmes » [375], deviennent chez le naturaliste Adanson un peuple doux et hospitalier [376]. On ne peut nier qu'il y ait des peuples anthropophages, ni que les Canadiens torturent cruellement leurs ennemis [377], mais l'anthropophagie vient moins de mœurs féroces que de la dure condition de l'homme sauvage [378], la fureur de la vengeance est naturelle dans de petites nations où chaque individu joue un rôle essentiel [379]. Quant aux cruautés dont les Européens sont les victimes, ils en sont seuls responsables; c'est leur conduite odieuse, c'est la maladresse avec laquelle ils sont « entrés dans la forêt » qui leur ont attiré la haine des sauvages, qui ont créé cette « antipathie de ressentiment » qu'il ne faut pas confondre avec le « naturel » des sauvages :

« Tous les peintres des mœurs sauvages ne placent point la bienveillance dans leurs tableaux. Mais la prévention ne leur a-t-elle pas fait confondre, avec le caractère naturel, une *antipathie de ressentiment ?* (...) Ils sont devenus, par représailles, durs et cruels envers nous. L'aversion et le mépris que nous leur avons fait concevoir pour nos mœurs, les ont toujours éloignés de notre société [380]. »

Commerson assure de même que si les Portugais, les Hollandais et les Français ont été tour à tour massacrés par les Madécasses, c'est qu'on les a forcés de « sortir de leur caractère » par des vexations atroces, car « ces insulaires sont vraiment bons et hospitaliers » [381] :

« On a calomnié les Madécasses lorsque sur un petit nombre d'actes isolés d'emportement et de rage, commis dans l'accès de quelque passion violente, on n'a pas craint d'accuser la nation

---

375. Tome III, p. 140.
376. *Histoire naturelle du Sénégal*, Paris, 1757, p. 33 sq.
377. Voir des exemples de « férocité » dans l'*Histoire des Indes*, VII, p. 158-161.
378. Voir l'article « Anthropophages » du *Dictionnaire philosophique* de Voltaire, et dans l'*Histoire des Indes*, IV, p. 250-251.
379. *Histoire des Indes*, VII, p. 160-161 (c'est-à-dire Diderot, *Pensées détachées sur les nations sauvages*, voir infra).
380. *Ibid.*, p. 138-139.
381. Voir le *Mémoire* déjà cité et la lettre à De Lalande, publiée par De Fréville dans l'ouvrage intitulé *Supplément au voyage de Bougainville*, Paris, 1772, III, p. 261. A noter le déplacement de l'adjectif : épithète de nature dans l'expression « bon sauvage », il est ici détaché de l'être qu'il qualifie. Cette bonté est qualité acquise, fait de culture, elle vient à l'individu de l'être du groupe.

entière de férocité. Ils sont *naturellement* sociables, vifs, gais, vains et même reconnaissants [382]. »

Ainsi la méchanceté des sauvages n'est que le signe d'une perversion, d'une altération de leur *naturel* due à des causes historiques, sur lesquelles on peut agir. Corrompus par les Européens, ils s'en prennent à leurs corrupteurs, et de *sauvages* ils deviennent *barbares*. Mais gagnés par la persuasion et la douceur, incorporés à la nation sage qui saura les policer, ils retrouveront leurs vertus, dont le germe a été étouffé. Chez les peuples réduits en esclavage, elles subsistent, sous une apparente apathie : ainsi les Péruviens ne sont point *par nature* ces êtres dégradés et abâtardis dont parle De Pauw. Leur « indifférence stupide et universelle » n'est nullement la preuve du génie abruti des Américains, mais l'exemple de ce « profond abrutissement où la tyrannie peut plonger les hommes (...). « Tous les ressorts de leur âme sont brisés [383]. » Dans cette passivité, comme dans la révolte et la férocité, l'homme sauvage assume sa condition historique, sa vraie nature se corrompt ou se perd.

Dans le sillage du mot *civilisation* — l'antonyme de *barbarie* —, le mythe du bon sauvage trouve comme un regain de vigueur. Mais on se tromperait fort si l'on voyait dans cette résurgence un effet du rousseauisme. Le sauvage de Rousseau n'est qu'une abstraction, sa bonté purement négative est celle d'un être isolé, situé dans un temps antérieur à l'existence des sociétés. Au contraire les vertus de l'homme sauvage que vantent Commerson ou Maudave sont des vertus sociales, actives, positives, elles manifestent une aptitude à la civilisation. Le mythe fonctionne ici comme un rite de conjuration : effaçant l'image négative, née du péché de violence, il permet le retour à un état primitif, et la réconciliation du monde sauvage et du monde civilisé sur la base d'un nouveau contrat. Il est un instrument au service d'une politique.

Les principes de cette politique sont tirés de l'expérience : il est possible de *civiliser* des nations sauvages, puisque les jésuites l'ont fait. Ils trouvent aussi un fondement théorique dans l'anthropologie des philosophes [384], en particulier celle de Buffon : l'état sauvage n'est ni un état d'innocence ni un état d'équilibre, mais un moment de l'histoire des sociétés d'où l'on doit nécessairement sortir. Le rôle des nations polices sera d'accélérer cette évolution, par des moyens appropriés aux circonstances. S'il est vain d'espérer le succès, quand il s'agit de peuples « opiniâtrement attachés à leur idiome, à leurs mœurs, à leurs coutumes », comme les Maynas, dont les jésuites mêmes n'ont pas

---

382. *Histoire des Deux Indes*, II, p. 97. Le texte est un décalque du *Mémoire* de Commerson.
383. *Ibid.*, IV, p. 56-57.
384. Voir Deuxième partie.
385. *Histoire des Indes*, IV, p. 282.

réussi à vaincre l'idolence [385], on peut tout se promettre d'un plan de civilisation qui ne rencontre ni l'obstacle du climat, ni celui du terrain.

L'art de conduire des peuples encore sauvages de l'état d'enfance à l'état de police qui est celui des sociétés adultes s'inspire d'un modèle éducatif — là encore la référence aux jésuites s'impose.

« La politique ressemble, pour le but et l'objet, à l'éducation de la jeunesse. L'une et l'autre tendent à former des hommes. Elles doivent, à bien des égards, se ressembler par les moyens. Les peuples sauvages, quand ils se sont réunis en sociétés, veulent, ainsi que les enfants, être menés par la douceur et réprimés par la force (..) le gouvernement doit être éclairé pour eux, et les conduire par l'autorité jusqu'à l'âge des lumières [386]. »

Par la voix douce de la persuasion et l'autorité de la raison, il faut insensiblement les convaincre de sortir de leur état pour jouir des avantages de la vie policée.

D'un projet à l'autre, l'identité du vocabulaire reflète celle des principes, universellement valables, puisque les nations sauvages se ressemblent toutes. En Guyane, en Floride, en Louisiane, à Madagascar, il s'agit de leur faire parcourir les mêmes étapes : on parlera donc de la nécessité d'*assembler* les sauvages, de les réunir en *corps de nation*, de les *fixer*, de les *incorporer* aux colons par des *mariages*, de leur donner de *nouveaux besoins* pour qu'ils soient forcés de les satisfaire par l'*échange* et le *commerce*. Certes la tâche sera plus difficile en Guyane, où les peuples de l'intérieur des terres sont encore tous errants, qu'à Madagascar, où les indigènes ont « un commencement de lumière et d'industrie » [387], ou en Louisiane dont les habitants sont « naturellement industrieux, braves, amis des Français » [388]. Mais ce sont là des différences de détail, dues aux conditions locales ou aux mauvais effets d'une administration ignorante des vrais principes. Partout revient le mot de *civilisation*, notion clef autour de laquelle s'organisent tous les plans proposés :

« La civilisation des Américains septentrionaux aurait dû sans doute être considérée comme un des premiers objets de la politique qui dirigeait nos colonies », écrit l'abbé Baudeau. « Il eût fallu " les convertir non seulement à la foi chrétienne, mais encore à la civilisation européenne " (...). " L'objet le plus important au succès d'une si belle colonie — [la Louisiane] — serait de civiliser les naturels le plus parfaitement qu'il serait possible, et de les incorporer aux nations d'Europe qu'on y transportera " (...).

---

386. *Histoire des Deux Indes*, VIII, p. 242.

387. *Ibid.*, II, p. 97. Le projet exposé dans Raynal est celui de Maudave, voir POUGET DE SAINT-ANDRÉ, *op. cit.*, p. 18-23 (1768).

388. *Ephémérides du Citoyen*, 1765, tome III, projet des physiocrates sur la Louisiane, qu'on vient de céder aux Espagnols, p. 17 sq.

[Il est démontré] par de très longues et très heureuses expériences que les peuples naturels de l'Amérique sont propres à la civilisation par nous proposée [389]. »

Fatigués de l'état de guerre et d'anarchie où ils vivent, les Madécasses ne manqueront pas de se prêter « aux efforts qu'on
voudrait faire pour leur civilisation » [390]; le mariage des filles
madécasses avec les colons français favorisera ce « grand système de la civilisation » [391]. Ce moyen de « civiliser les nations
barbares, qui a été si heureusement employé par les politiques
les plus éclairés » contribuera aux progrès de la Floride [392]. La
« civilisation des Indiens dans la Guyane française », est l'objet
officiel des Instructions de 1787, et sur ce point du moins le baron de Bessner et le gouverneur Béhague s'accordent :

« Rien ne serait plus important que de s'appliquer à civiliser
ces peuples », écrit Bessner, et Béhague : « il est essentiel de
travailler à les rassembler, de les fixer et de les réunir à la colonie, en leur faisant goûter les avantages d'être civilisés, de faire
partie d'un corps politique, et de jouir de l'état de citoyen [393]. »

La place importante qu'occupe le mot dans l'*Histoire des
Indes de* Raynal n'a donc de valeur que par rapport à ces différents *Mémoires,* qu'il a recopiés. Mais, au fil des pages, l'effet
d'écho demeure saisissant : le mot devient thème, concept, il
résume et supporte toute une idéologie, exactement inverse de
celle de la conquête. Dans cette encyclopédie du monde colonial,
il sert de contrepoint au thème de la destruction des Indiens,
il en est l'antithèse et l'antidote.

Cette nouvelle politique, qui concilie l'humanité et l'intérêt —
tout comme les projets sur l'affranchissement des nègres, qui se
multiplient à la même époque, dans les mêmes milieux — est
tout aussi intéressante par les moyens proposés. La pratique y
prend le pas sur la théorie, l'expérience l'emporte sur l'autorité
d'un modèle. Ainsi le baron de Bessner distingue soigneusement
trois « espèces » de naturels, auxquels on ne peut appliquer les
mêmes principes de conduite :

« L'une de ces espèces est formée par les naturels de l'intérieur des terres, qui n'ont encore eu aucun commerce avec les

---

389. *Ephémérides du Citoyen, art. cit.* M. Dupront, poursuivant les recherches de Lucien Febvre sur le mot civilisation (« Civilisation, le mot et
l'idée », *Centre international de synthèse*, 1re semaine : 2e fasc., 1930, in-8o),
a montré que c'est Mirabeau qui a naturalisé le mot, pour désigner un état,
dans l'*Ami des Hommes*, en 1756. Il semble bien que ce soit aussi les physiocrates qui aient répandu l'emploi actif du terme. M. Dupront voit dans la
naissance du mot un effort pour désacraliser les valeurs sociales. (Conférence
prononcée à l'E.N.S. de Saint-Cloud en 1964).
390. *Histoire des Indes*, II, p. 98.
391. *Ibid.*, p. 100.
392. *Ibid.*, III, p. 208.
393. Bessner, *Mémoire sommaire sur la colonie de Cayenne* (1774), Arch.
Col. F 4-19. Béhague, *Mémoire...*, (1763 ?), *ibid.*, C 14, art. 26, fo 35 sq.

Européens », une autre « comprend tous les Indiens qui ont déjà reçu des instructions par des missionnaires », une autre enfin « les Indiens qui demeurent dans le voisinage de la colonie et vis-à-vis desquels on a déjà eu de petites vues qui n'ont pas été suivies. Ils doivent vivre sous un régime différent. La fréquentation des Européens a fait éprouver à ces hommes une altération pareille à celle que la domesticité produit dans les animaux; le régime des hommes naturels ne leur convient plus. Ce sont des hommes diversement malades, auxquels il faut des traitements divers [394]. »

A l'intérieur du monde sauvage, un clivage s'est donc opéré, dont il faut tenir compte pour agir efficacement. Le même traitement ne peut convenir à des peuplades errantes et dispersées, à des sauvages déjà à demi-policés, et à des hommes abâtardis et corrompus, qui n'ont pris des Européens que leurs vices. Les peuples de l'intérieur des terres sont divisés en petites nations « qui se portent souvent des haines implacables », il faut se garder de les rassembler, mais les fixer dans des établissements distincts, placés de manière à former une espèce de barrière que les nègres marrons — nombreux en Guyane dans la forêt — ne pourront traverser.

« Jusqu'ici on n'a pas réussi à retenir longtemps dans le même lieu (ces) Indiens (...) Pour prévenir pareille inconstance (...) on propose de leur distribuer des vaches dans chaque village. Il en arrivera que pour nourrir ces vaches, ils seront obligés de faire des défrichés de bois et de les convertir en prairies. Ces prairies une fois formées les forceront à demeurer dans le voisinage, il ne leur serait pas possible de nourrir leurs bestiaux ailleurs. Jusqu'ici les Indiens ne connaissent aucune sorte de bétail; il est est à présumer qu'ils se formeront promptement à en élever, et que cette occupation contribuera à les rendre plus sédentaires, en les dipensant de chercher leur nourriture au loin, à la chasse et à la pêche [395]. »

Dans un premier temps, il s'agit donc de faire passer ces peuples, comme l'ont fait les jésuites au Paraguay, « d'une vie errante à l'état social » [396], en modifiant un équilibre qui repose avant tout sur la chasse et la pêche; c'est la vie pastorale qui à la longue fera d'eux des cultivateurs, lorsque, prêchant d'exemple, les missionnaires auront réussi à vaincre leur répugnance pour la culture des terres, réservée aux femmes dans l'économie primitive [397].

394. *Précis sur les Indiens*, Arch. Col. F 3-95.
395. Nous citons le texte du *Précis sur les Indiens*, Arch. Col. F 3-95, f° 74 sq., mais on le trouvera, à peine remanié, dans RAYNAL, *Histoire...*, VI, p. 144-145.
396. *Histoire...*, IV, p. 148, à propos du Paraguay.
397. *Histoire...*, VI, p. 145.

« Leur indolence naturelle, qu'on a regardé comme un obstacle insurmontable à les civiliser, n'est à la considérer attentivement que l'effet de *l'absence des besoins* (...) elle disparaîtra à mesure qu'ils en contracteront [398]. »

Enfin l'augmentation de leurs besoins les forcera à une augmentation de culture

« pour avoir des denrées qu'ils puissent échanger contre les marchandises dont l'usage leur sera devenu nécessaire, et qu'ils ne pourront se procurer à d'autres conditions [399] ».

C'est donc en créant à force d'art les conditions économiques d'un passage à la vie sociale, tout entière fondée sur la production et l'échange, qu'on parviendra à civiliser ces peuplades errantes : formé à l'école de la physiocratie, Bessner donne aux facteurs économiques une place primordiale. Avant d'assimiler un peuple sauvage, il faut combler l'écart qui le sépare des colons, et l'amener à renoncer de lui-même à un mode de vie primitif pour « embrasser » celui des Européens. C'est alors seulement que, dans un deuxième temps, pourra s'établir un *commerce* fructueux pour les uns et les autres. Une formule des *Instructions* de 1787 énonce fort bien ce principe : « (...) la politique exige qu'on leur inspire nos besoins » [400].

« L'administration spirituelle » [401] n'est qu'un moyen de favoriser cette révolution : l'éducation de la jeunesse, quelques instructions morales propres à empêcher l'ivrognerie, à démontrer « les avantages temporels » qui naissent de la pratique des vertus sociales, « l'amour du prochain, la bienfaisance, la compassion et l'humanité, le respect pour les pères et mères, les devoirs réciproques des époux », les inconvénients de la polygamie. Le passage de la société primitive à la famille conjugale, noyau de production dans une économie agricole, et l'évolution des mœurs qui en résultera, rendront impossible le retour à un stade antérieur et consolideront les progrès accomplis [402]. Enfin, on pourra agir sur le « naturel » des Indiens et modifier leur comportement en utilisant des moyens appropriés : Bessner propose la musique.

« Parmi les moyens de civiliser ces peuples, la Musique sera un des plus efficaces. Leur Musique se ressent aujourd'hui de l'indolence de leur caractère et l'exprime parfaitement. Quoiqu'ils aient des instruments, qui sont des espèces de flûtes dont ils se plaisent beaucoup à jouer, ils ne s'en servent que pour faire du bruit d'une manière fort désagréable, sans marquer aucune mesure, et sans aucune mélodie. A leurs danses, les sons

398. *Précis sur les Indiens, loc. cit.* et *Histoire...,* VI, p. 145.
399. *Ibid.*
400. *Loc. cit.*
401. C'est le titre d'un autre mémoire de Bessner (Arch. Col. C 14-56).
402. *Instructions...* de 1787 pour la Guyane.

traînants et lugubres des flûtes engourdissent le pas des danseurs, au lieu de l'animer. Il y a apparence qu'une musique vive et gaie à laquelle il serait facile de les habituer influerait sur leur caractère, comme leur caractère a influé jusqu'ici sur leur musique. Pour opérer ce changement il suffira que chaque missionnaire soit muni d'un petit orgue portatif où seront notés des airs convenables [403]. »

On nous pardonnera de citer longuement ce plan, qui, outre son pittoresque, est sans doute le document le plus étonnant que nous ayons sur l'idée de *civilisation* au XVIIIᵉ siècle, entendue au sens actif, et sur la vision du monde sauvage qui s'y exprime. On y retrouve pêle-mêle les vues économiques des physiocrates, la théorie des « besoins » qui de Condillac à Helvétius est celle des sensualistes, théorie qui oppose dans une dialectique de la vie sociale le principe d'inertie et le principe d'activité [404], et jusqu'à une conception de la musique, rythmant de signes vocaux les activités d'une société harmonieuse, qui, chez Rousseau, est un des éléments de la vie heureuse dans les premières sociétés ou à Clarens [405]. On y retrouve aussi les principes d'une anthropologie dynamique, qui voit dans la succession des différents « états » la grande loi des sociétés humaines et le sens de leur progrès, et pour laquelle finalement il n'y a pas de société froide ni de société sans histoire, mais seulement des sociétés condamnées à dépérir, dès lors qu'elles ne se perfectionnent pas.

On aperçoit mieux toutes les certitudes, qu'elles soient du domaine du savoir ou relèvent de l'idéologie, dont se nourrit l'idée de civilisation. Pour Bessner, comme pour De Pauw, les sociétés sauvages sont des sociétés *malades,* que seule la civilisation peut arracher à une mort certaine. Les voyageurs qui ont pénétré à l'intérieur des forêts de Guyane ont aperçu partout « l'oppression des femmes, des superstitions qui empêchent la multiplication des hommes, des haines qui ne s'éteignent que par la destruction des familles et des peuplades, l'abandon révoltant des vieillards et des malades, l'usage habituel des poisons les plus variés et les plus subtils; cent autres désordres dont la nature brute offre trop généralement le hideux tableau » [406].

Les Indiens qui ont été corrompus par les Européens sont eux aussi « malades » et il faut les traiter comme tels. Entre la destruction naturelle dont sont victimes les premiers, et la dégénération qui atteint les seconds, il y a place pour une politique humaine et habile à la fois, qui sauverait des sociétés menacées de l'intérieur comme de l'extérieur. On réparerait ainsi

403. *Précis sur les Indiens, loc. cit.*
404. Voir le chapitre sur l'anthropologie d'Helvétius, p. 379 sq.
405. Nous avons déjà signalé de telles correspondances entre l'univers rousseauiste et les projets de Pierre Poivre sur l'amélioration du sort des esclaves de l'île de France.
406. *Précis sur les Indiens, loc. cit.,* et *Histoire des Indes,* VI, p. 144.

les crimes des conquérants et, avec une bonne conscience retrouvée, on peuplerait les nouveaux établissements d'hommes capables de les faire prospérer :

« L'exécution de ce projet, note Bessner, peuplerait la Guyane en peu d'années, d'un nombre considérable d'hommes précieux [407]. »

Beaucoup n'ont pas manqué de trouver de tels projets parfaitement chimériques. Malouet par exemple souligne la difficulté de l'entreprise et la croit vouée à l'échec [408]. Mais il est remarquable que le débat ne porte pas sur l'idée de civilisation elle-même :

« Ce n'est pas que je révoque en doute la possibilité de la civilisation d'une portion quelconque de l'espèce humaine. Nous avons sûrement commencé en Europe comme les Indiens de l'Amérique (...). »

Il faut seulement se garder de confondre un processus naturel, qui suppose une infinité de siècles, avec un *plan de civilisation,* qui s'efforce de créer artificiellement les conditions d'un passage de l'état sauvage à l'état policé :

« (...) combien doit être lente la succession d'événements et de circonstances qui réunissent les hommes épars en *sociétés politiques,* qui appellent et fixent au milieu d'eux le travail, l'industrie, les arts, la loi, la servitude. »

Alors que Bessner avait posé le problème en termes purement économiques, Malouet voit bien qu'il se pose en termes politiques. Le vice du projet est qu'il perpétue une inégalité fondamentale, et qu'il n'offre à l'homme sauvage qu'un contrat truqué:

« (...) comment se flatter qu'une poignée de sauvages, répandue sur un vaste continent, heureux par la liberté, par l'absence des peines, par la facilité de se nourrir sans beaucoup de soin, *se constitue volontairement* dans la dernière classe de nos sociétés, celle qui n'a en partage que le travail, le besoin, l'obéissance ? Du moment qu'on voudra mettre une bêche à la main de ces Indiens, qu'on le fera garder des troupeaux, ne se verra-t-il pas alors assimilé à nos esclaves ? Certainement il serait moins difficile de les engager à se faire bourgeois ou rentiers (...). »

A l'intérieur du système colonial, il n'y a donc pas de réconciliation possible : il n'y a que des maîtres et des esclaves. Même

---

407. *Précis sur les Indiens.*
408. *Lettre de M. Malouet sur la proposition des administrateurs de Cayenne relativement à la civilisation des Indiens,* Toulon, 16 juillet 1786, Arch. Nat. F 3-95, f° 53 sq.

assimilés ou *incorporés* aux Européens, les Indiens ne seront, dans ce corps politique artificiellement constitué, que des hommes du dernier rang. Il est vain d'espérer qu'on pourra les *civiliser* au prix de leur liberté. Si l'on donne au mot toute l'étendue de son sens — y compris son sens politique —, l'idée de civilisation, appliquée au monde sauvage, finit par se détruire elle-même. Elle n'est qu'un avatar de l'idée coloniale.

Malouet est donc parfaitement conséquent avec lui-même lorsqu'il s'oppose à la civilisation des sauvages, comme il s'oppose à l'affranchissement des nègres esclaves, réclamé aussi par le baron de Bessner et ses amis philosophes [409]. S'il voit bien ce que l'humanité peut y gagner, il est moins sûr de l'efficacité de ces plans à long terme. Liée à l'idée de progrès et à celle de liberté, l'idée de civilisation lui paraît incompatible avec la réalité d'une situation coloniale.

Dans l'*Histoire des Indes* même, le problème est posé en termes politiques par Diderot à propos de la civilisation de la Russie. En 1768, il avait écrit à Falconet :

« J'aimerais mieux avoir à policer des sauvages que des Russes, et des Russes que des Anglais, des Français, des Espagnols ou des Portugais. Je trouverais chez eux l'aire à peu près nettoyée [410]. »

La principale difficulté qu'il aperçoit dans les plans de Catherine II tient en effet à la nature du pouvoir, tel qu'il s'exerce en Russie.

« L'esclavage, quelque sens qu'on veuille donner à cette expression, est l'état dans lequel est tombée toute la nation [411]. »

Corrompue par le despotisme, la nation russe est dans un état de barbarie qui s'oppose aux desseins civilisateurs d'un despote, fût-il éclairé. « *L'affranchissement*, ou ce qui est le même, sous un autre nom, la *civilisation* d'un empire est un ouvrage long et difficile », note-t-il en 1780 [412]. Il est remarquable que les deux termes : *affranchissement* et *civilisation* soient ici donnés comme synonymes et que la thématique du barbare et du civilisé se constitue à partir du même réseau sémantique que celle du sauvage et du civilisé. C'est que, en Russie comme en Guyane, le corps politique se trouve « partagé en deux classes d'hommes, celles des maîtres et celle des esclaves » [413]. Pour civiliser la

---

409. Voir le chapitre 3 et dans l'*Histoire des Indes* le projet Bessner exposé tome V, p. 285-286.
410. *Correspondance*, éd. G. Roth et J. Varloot, VIII, p. 117.
411. *Histoire...*, III, p. 46, et *Fonds Vandeul*, N.a.fr. 13.766, *Sur la civilisation de la Russie*, p. 81.
412. *Ibid.*, IX, p. 53 et *Sur la civilisation de la Russie, loc. cit.*, p. 76.
413. *Histoire...*, IX, p. 54.

Russie, il faut donc que le « levain de la liberté » [414] germe dans tout l'empire, que la justice y règne [415], et que de « l'anéantissement de tous les genres d'esclavage » sorte « un tiers-état, sans lequel il n'y eut jamais chez aucun peuple ni arts, ni mœurs, ni lumières » [416].

L'inégalité des conditions, principal obstacle à la civilisation de la Russie, est aussi ce qui doit éloigner le plus les sauvages Américains d'embrasser la vie policée. Elle est « aux yeux d'un sauvage, le comble de la démence ».

« Mais ce qui leur semble une bassesse, un avilissement au-dessous de la stupidité des bêtes, c'est que des hommes qui sont égaux par la nature, se dégradent jusqu'à dépendre des volontés ou des caprices d'un seul homme [417]. »

Lorsqu'il compare la condition de l'homme sauvage à celle de l'homme civilisé, c'est « l'injustice qui règne dans l'inégalité factice des fortunes et des conditions » [418] qui fait pencher la balance du côté de l'état sauvage. Dans l'état civil, la multitude qui supporte tout le poids de la vie sociale est exposée à tous les outrages et à toutes les vexations, tandis que le sauvage ne souffre que les maux de la nature. Aussi verra-t-on plus facilement un Européen rentrer dans l'état de nature, que des sauvages, épris avant tout de leur indépendance, renoncer à leur genre de vie [419].

Si l'on fait le bilan de ces espoirs et de ces doutes, on conclura que, dans la deuxième moitié du siècle des Lumières, l'idée d'une civilisation du monde sauvage ne réussit pas encore à s'imposer. Tandis que certains veulent rassembler les sauvages pour « en faire des hommes » d'autres craignent qu'on en fasse seulement des esclaves, au moment où la population des nègres diminue dangereusement. Pour ceux-ci, ces desseins civilisateurs ne seraient, sous prétexte d'humanité, qu'un ingénieux palliatif qui remédierait à la fois à la destruction des Indiens et aux vices du système esclavagiste.

L'impression dominante est que le monde sauvage ne peut échapper à la destruction. Frappé à mort par la férocité de la

---

414. *Ibid.*, III, p. 50. Les fragments sur la civilisation de la Russie sont en effet dispersés entre le livre V et le livre XIX. Les plus critiques sont au livre XIX. L'ensemble se retrouve dans les *Observations sur le Nakaz* (DIDEROT, *Œuvres politiques*, éd. Vernière, Garnier, 1963). Voir Deuxième partie, chapitre V.
415. *Ibid.*, IX, p. 55, « Nous demanderons s'il peut y avoir de civilisation sans justice ».
416. *Ibid.*, III, p. 51. Même page : « (...) le commencement est de mettre en vigueur les arts mécaniques et les classes basses ».
417. *Ibid.*, VII, p. 138-139.
418. *Ibid.*, VIII, p. 25.
419. *Ibid.*, p. 26. Cf. DE PAUW, *Recherches...*, I, p. 106-107. De Pauw insiste lui aussi sur les causes politiques du « malheur » des civilisés.

conquête, ravagé par des maladies et des vices que leur ont transmis les Européens, déchiré par des luttes internes, acculé à la
révolte ou au désespoir, il s'éloigne sans cesse davantage d'une
histoire qui ne deviendra jamais la sienne. Dans un siècle qui
se souvient à peine de l'état primitif du Nouveau Monde et qui,
derrière l'éclat factice d'empires en pleine décadence, pressent
l'échec de l'homme américain, les peuples sauvages se mettent
à ressembler à leur destin. « ... l'image de la nature brute et sauvage est déjà défigurée. Il faut se hâter d'en rassembler les traits
à demi effacés », s'écrie Diderot [420].

« Si l'on considère la haine que les sauvages se portent de
horde à horde, leur vie dure et disetteuse, la continuité de leurs
guerres leur peu de population, les pièges sans nombre que nous
ne cessons de leur tendre, on ne pourra s'empêcher de prévoir
qu'avant qu'il se soit écoulé trois siècles, ils auront disparu de
la terre. Alors que penseront nos descendants de cette espèce
d'hommes, qui ne sera plus que dans l'histoire des voyageurs ?
Les temps de l'homme sauvage ne sont-ils pas pour la postérité,
ce que sont pour nous les temps fabuleux de l'antiquité ? Ne
parlera-t-elle pas de lui comme nous parlons des centaures et des
lapithes ? Combien ne trouvera-t-on pas de contradictions dans
leurs mœurs, dans leurs usages ? Ceux de nos écrits qui auront
échappé à l'oubli des temps, ne passeront-ils pas pour des romans semblables à celui que Platon nous a laissé sur l'ancienne
Atlantide [421] ? »

De ce monde qui sombre, rien ne sera sauvé que par la mémoire, par le rêve, et par l'héritage que recueille malgré tout la
philosophie des Lumières, de Buffon et Rousseau à Diderot et
Helvétius : l'image de sociétés humaines qui ne sont pas encore
entrées dans le mouvement périodique, qui de la barbarie à
l'anarchie en passant par la civilisation et le despotisme, les
conduit toutes de leur naissance à leur destruction.

420. *Histoire...*, III, p. 139 et DIDEROT, « Fragments politiques », *Œuvres*,
éd. A.T., IV, p. 45.
421. *Histoire...*, VII, p. 162-163 et *Pensées détachées*, « Sur les nations
sauvages ».

II

L'anthropologie des philosophes

1

L'anthropologie de Buffon

« Pour que l'histoire naturelle apparaisse », il a fallu « que l'histoire devienne naturelle », note Michel Foucault dans *Les Mots et les Choses* [1]. C'est chose faite depuis près d'un siècle, quand Buffon entreprend en 1749 cette *Histoire naturelle, générale et particulière* dont le dernier volume paraîtra en 1788, l'année même où paraît l'*Anthropologie...* de Chavannes, dont il a été question dans notre introduction.

Pour Michel Foucault, la « mutation » essentielle « dans l'espace naturel de la culture occidentale » a été celle qui « en substituant l'anatomie au classement, l'organisme à la structure, la subordination interne au caractère visible, la série au tableau », a permis de précipiter dans le vieux monde, et gravé noir sur blanc, des animaux et des plantes, toute une masse profonde de temps à laquelle on donnera le nom renouvelé d'*histoire* » [2]. Et il a sans doute raison, au plan d'une « archéologie du savoir ». Mais il faut aussi essayer de comprendre comment d'une *Histoire naturelle de l'homme* a pu surgir une science nommée *anthropologie*, dans un espace où précisément l'histoire des espèces vivantes ne peut encore s'écrire.

On ne saurait s'en tenir, pour étudier l'anthropologie de Buffon, à l'*Histoire naturelle de l'homme*, qui, en 1749, dans le préambule intitulé : « De la nature de l'homme », et dans le chapitre final : « Variétés dans l'espèce humaine », tentait une

---

1. P. 140.
2. P. 150.

difficile synthèse et posait les fondements d'une science nouvelle : la science de l'homme. Sans méconnaître la valeur méthodologique de ces textes, il est nécessaire de les lire et de les interpréter en fonction d'un ensemble dans lequel ils s'insèrent : l'anthropologie de Buffon fait partie d'une *histoire naturelle* de tous les êtres vivants, situés dans un même milieu biologique : la Terre. Jacques Roger a souligné l'ampleur des ambitions de Buffon, qui commande l'unité de l'œuvre [3]. La pensée de Buffon n'est donc pas seulement dans les discours théoriques, ni dans les chapitres de synthèse, mais tout au long de l'*Histoire naturelle,* où la réflexion scientifique proprement dite s'accompagne d'une réflexion sur les méthodes de la science, où « à chaque instant, à propos d'un animal, d'un détail de conformation ou de mœurs (...) la réflexion s'élève aux problèmes généraux de la science, et souvent aussi de la philosophie à la politique et à la morale » [4].

En ce qui concerne plus particulièrement la réflexion anthropologique, elle n'a cessé de se préciser et de s'enrichir des premiers volumes de l'*Histoire naturelle* aux *Epoques de la Nature,* à propos du Castor, du Lion ou des Singes. *Le Discours sur la nature des animaux* pose le problème des sociétés animales et des sociétés humaines. C'est dans les *Animaux carnassiers* que Buffon définit l'état de nature, dans l'*Histoire des minéraux* qu'il dénonce la soif de l'or qui a jeté les conquérants sur les routes du Nouveau Monde.

Il est donc nécessaire de tenir compte de tous ces textes, de les éclairer l'un par l'autre, pour faire apparaître les lignes de force d'un système, qui régit les figures d'un même discours sur l'Homme, des premiers volumes de l'*Histoire Naturelle* aux *Epoques de la Nature.* Le tableau qui suit fournira les points de repère indispensables.

L'ordre suivi par Buffon dans l'*Histoire naturelle,* n'est ni spontané ni ingénu. Comme l'écrit M. Jacques Roger, c'est un « ordre de dignité décroissante », qui répond à un souci de fonder toute connaissance scientifique sur l'homme, « être unique et supérieur par essence » [5], en qui la nature trouve sa fin, puisque tous les êtres qui la composent se soumettent à sa loi. Cet ordre implicite se retrouve dans le tableau des *Variétés dans l'espèce humaine,* où toutes les races gravitent autour d'un centre fixe.

3. *Les Sciences de la vie dans la pensée française du XVIII*, troisième partie, chap. II « Buffon », p. 527-536.
4. *Ibid.,* p. 558.
5. *Op. cit.,* p. 531.

Textes	Dates	Référence dans l'édition utilisée [6]	Ire édition [6]
De la nature de l'homme	1749	Tome VIII	Tome II
Variétés dans l'espèce humaine	1749	Tome IX	Tome III
Discours sur la nature des animaux	1753	Tome X	Tome IV
Les Animaux domestiques	1753	Tome X	Tome IV
Les Animaux sauvages [le Cerf]	1756	Tome XI	Tome VI
Les Animaux carnassiers	1758	Tome XI	Tome VII
[le Castor]	1760	Tome XI	Tome VIII
[le Lion]	1761	Tome XII	Tome IX
Animaux de l'ancien continent, Animaux du nouveau monde, Animaux communs aux deux continents	1761	Tome XI	Tome IX
[l'Eléphant]	1764	Tome XII	Tome XI
De la Nature : Première vue	1764	Tome XII	Tome XII
Seconde vue	1765	Tome XII	Tome XIII
Nomenclature des Singes	1766	Tome XIV	Tome XIV
De la dégénération des animaux	1766	»	»
Les Singes du nouveau monde	1767	Tome XIV	Tome XV
Des Mulets	1776	Tome »	Suppléments, Tome III
Additions aux Variétés dans l'espèce humaine	1777	Tome IX	Suppléments, Tome IV
Epoques de la nature [7]	1778	Tome III	Suppléments, Tome V

Mais commencer par l'homme, c'était trancher un des problèmes essentiels de l'anthropologie, celui qui concerne la place de l'homme dans l'échelle des êtres vivants. Le situer d'em-

6. *Œuvres complètes* de Buffon, édit. Pourrat Frères, 1833-1834. Pour la première édition, voir *Bibliographie de Buffon*, par E. GENET-VARCIN et J. ROGER. P.U.F., 1954, p. 522-525.
7. Edition de référence, celle procurée par Jacques Roger au Muséum d'Histoire naturelle, Bibl.

blée au sommet de l'échelle, c'était raisonner en philosophe, non en savant, et l'*Histoire naturelle* des espèces animales devait nécessairement contraindre Buffon à nuancer, à préciser, à retoucher sa pensée. L'anthropologie de Buffon apparaît ainsi comme le produit de l'histoire naturelle prise dans son ensemble, c'est-à-dire de vingt années de recherches, de lectures et d'observations sur les animaux de l'ancien et du nouveau monde. Sans traiter ici des « sources » de Buffon [8], on peut aisément mesurer, à partir de quelques exemples, la richesse de la documentation du naturaliste : au chapitre de « la Taupe » [9], à la suite de la *Talpa Europoea*, sont successivement décrites « la taupe du cap de Bonne-Espérance » (d'après Sonnerat), « la taupe de Pennsylvanie » (d'après Peter Kalm), « la taupe rouge d'Amérique », « la grande taupe d'Afrique » (d'après l'abbé de La Caille), « la taupe de Canada » (d'après M. de la Faille), « la grande taupe du Cap » (d'après Gordon). A propos de « la Marmotte » [10] Buffon renvoie au baron de Lahontan pour le *monax* du Canada, aux voyageurs russes pour un animal du Kamtchatka, aux naturalistes hollandais pour la marmotte du cap de Bonne Espérance. Les *Suppléments* (1774-1789) comportent une série d'« Additions », où sont consignées les informations nouvelles que Buffon a recueillies entre-temps. Cette mise à jour continuelle donne à l'*Histoire naturelle* le ton et l'allure d'une chronique, en marge de la découverte du monde. Buffon est sans doute l'homme de son siècle qui a le mieux connu et exploré la littérature des voyages, parce que cette connaissance était la base même de son œuvre. Récits et journaux de voyages, observations des naturalistes ou d'amateurs éclairés, lettres de correspondants de l'Académie des sciences ou d'admirateurs avisés sont la matière première de l'*Histoire naturelle,* et Buffon les utilise avec le souci constant d'élargir le champ de ses investigations. La curiosité, la minutie du naturaliste servent indirectement la science de l'homme. Selon le plan même de l'auteur, il n'est pas une espèce qui ne ramène à l'homme. Il n'est pas non plus de voyageur, ou de savant, qui, décrivant les taupes ou les marmottes, ait négligé d'observer les Kamtschadales ou les Hottentots.

En 1749, l'anthropologie de Buffon est à la mesure des ambitions de l'œuvre, et souffre des limites que les remarques précédentes permettent d'apercevoir. « L'histoire naturelle, prise dans toute son étendue, est une histoire immense », lit-on dans le *Premier Discours* [11]. La science des espèces ne se conçoit plus à l'échelle d'une faune familière, ni à celle d'un continent. Mais le seul recensement des êtres qui peuplent l'univers connu fait naître l'image d'un espace qui n'est ni continu ni homogène : d'un continent à l'autre les différences sont telles que l'*espèce* ne

8. Voir le chapitre : « L'information ». (Première partie, chapitre 2.)
9. *Animaux carnassiers,* XI, p. 231 sq.
10. *Idem,* XI.
11. I, p. 37.

peut se définir qu'en perdant de sa netteté, pour acquérir une plasticité, dont il n'est pas aisé de fixer le terme. La multiplicité des nuances et des « caractères » spécifiques, le pouvoir que manifeste la nature de diversifier à l'infini, sans que le « semblable » s'altère suffisamment pour ne plus être connu comme tel, contraignent à un inventaire sans fin. La science de l'homme, comme la science des êtres vivants, ne peut alors s'établir que dans le provisoire [12]. Elle est cernée, envahie par un espace animé et coloré qui lui impose ses lois, et qu'elle ne peut explorer que d'une manière fragmentaire, au hasard des livres, des rencontres, des bonnes volontés éparses. L'*Histoire naturelle* vit une crise de croissance. Les moyens dont dispose le savant ne sont pas adaptés aux dimensions nouvelles d'un monde en expansion. Contraint le plus souvent de n'observer que par les yeux d'autrui, la valeur de son œuvre est à la merci de témoignages qu'il ne peut ni négliger ni vérifier. Le résultat est une connaissance au second degré, où les médiations sont multiples et la certitude pratiquement nulle. D'où la prudence de Buffon, son souci de s'informer aux meilleures sources, et en même temps les distances prises par rapport aux « documents », qu'il se contente souvent de citer, sans les intégrer à une réflexion qui en serait le produit. Dans chacune de ses parties, l'*Histoire naturelle* est marquée par cette dichotomie : on retrouve partout les mêmes faiblesses, les mêmes indices de correction (refus du merveilleux, convergence des témoignages, recours à l'analogie) les mêmes impuissances. L'œuvre n'est qu'une étape, synthèse nécessaire, mais nécessairement provisoire. L'*Histoire de l'homme* ouvre la voie à l'anthropologie sans la fonder véritablement : il faudra pour cela non un espace ouvert sur l'inconnu et le fantastique, mais un espace clos, où les horizons de l'exotisme se seront refermés sur la dernière *terra incognita*.

I. De la nature de l'homme. Anatomie et anthropologie

Au milieu du XVIIIe siècle, le mot *anthropologie*, rappelons-le [13], appartient encore au vocabulaire de l'anatomie :

« L'anatomie humaine qui est absolument et proprement appelée anatomie, a pour objet ou, si l'on aime mieux, pour sujet le corps humain. C'est l'art que plusieurs appellent Anthropologie »,

lit-on à l'article « Anatomie » de l'*Encyclopédie*, dont le rédacteur est Diderot. L'article « Anthropologie » précise : « Dans l'économie animale, c'est un traité de l'homme. » Le concept d'*économie animale* signifie que l'on considère l'homme comme

---

12. Et s'y établit résolument. La grandeur de Buffon, c'est bien, comme l'écrit J. Roger (p. 541) de « supprimer la hantise de l'absolu » pour « s'installer dans le relatif ».
13. Voir l'Introduction.

un *tout* et c'est sur lui que repose la distinction entre l'*anthropographie* qui est « description de l'homme », et l'*anthropologie*, discours qui prend l'homme comme « objet » et non comme « sujet », ce que fait de préférence l'anatomie.

Inscrire tous ces termes dans un même réseau et comprendre la relation qui les unit, c'est se situer au point de départ de l'*Histoire naturelle de l'homme* de Buffon. Celle-ci comporte trois parties : un discours sur la *Nature de l'homme*, une partie anatomique qui traite de l'homme dans ses différents états : enfance, puberté, âge viril, vieillesse et mort, et des opérations des sens : vue, ouïe, sens en général, enfin un chapitre sur les *Variétés dans l'espèce humaine*. Quel lien unit entre elles ces différentes parties, qui aujourd'hui ne pourraient plus s'articuler dans un même discours ? Ce qui est en question, c'est l'homme considéré comme un tout et distinct de toutes les autres espèces par la nature de son entendement, la durée de son accroissement et de sa vie, l'existence d'un « principe supérieur » qui lui permet de multiplier à l'infini les opérations de son esprit et d'accroître la distance qui le sépare de la bête par une plasticité qui le fait se répandre et subsister sous tous les climats, par la complexité et la diversité des sociétés qu'il forme avec ses semblables. L'homme partout sentant, vivant, pensant, agissant comme homme, voilà l'objet de l'*Histoire naturelle de l'homme*.

L'idée « d'organisation », liée à celle d'une supériorité naturelle » est ainsi présente dans toutes les parties de ce traité « d'économie animale ». On sait que la philosophie de Buffon est, dès 1749, très proche de celle de Diderot dont il cite avec éloge la *Lettre sur les aveugles* [14] qui lui valut d'être emprisonné à Vincennes. Comme Diderot, c'est en philosophe qu'il s'intéresse à l'anatomie, qu'il dénonce les insuffisances de l'anthropographie.

« Les vrais ressorts de notre organisation ne sont pas ces muscles, ces veines, ces artères, ces nerfs, que l'on décrit avec tant d'exactitude et de soin, il existe (...) des forces intérieures dans les corps organisés qui ne suivent point du tout les lois de la mécanique grossière que nous avons imaginée et à laquelle nous voudrions tout réduire : au lieu de chercher à connaître ces forces par leurs effets on a tâché d'en écarter jusqu'à l'idée, on a voulu les bannir de la philosophie : elles ont reparu cependant et avec plus d'éclat que jamais, dans la gravitation, dans les affinités chimiques, dans les phénomènes de l'électricité » (...). Qu'avec les Anciens on appelle sympathie, cette correspondance singulière des différentes parties du corps, ou qu'avec les modernes on la considère comme un rapport inconnu dans l'action des nerfs, cette sympathie ou ce rapport existe dans *toute l'économie animale* (...) [15]. »

---

14. *Du sens de la vue*, IX, p. 103, note 1.
15. *De la puberté*, VIII, p. 397 et 398. Souligné par nous.

On notera que ce passage se retrouve à l'article « Eunuque »
de l'*Encyclopédie*. C'est en effet à propos de la « correspondance
observée chez les eunuques entre la voix et les parties de la
génération » que Buffon développe cette théorie de la « sympathie » dans « l'économie animale ». Le texte de Buffon est suivi
d'une note sur les travaux du médecin Bordeu, l'un des interlo-
cuteurs du *Rêve de d'Alembert*, qui portent précisément sur ces
effets de « sympathie » dans le corps humain [16]. Cette « anthropologie », au premier sens du terme, est aussi celle de Diderot,
et de nombreux articles de l'*Encyclopédie*, depuis l'article « Animal » jusqu'à l'article « Humaine (espèce) », ou d'autres (dont
Diderot n'est pas lui-même le rédacteur), comme « Accroissement », « Emmailloter », « Ossification », « Vie (durée de la) »,
diffusent les éléments d'une « science de l'homme » empruntée
à Buffon, où faits de nature et faits de culture se trouvent associés
dans une nouvelle configuration. Ainsi, lorsque Buffon, au chapitre *De la puberté*, écrit que « la puberté, les circonstances qui
l'accompagnent, la circoncision, la castration, la virginité, l'impuissance » sont « essentielles à l'histoire de l'homme » [17], il n'est
plus « l'historien de la nature », il pense en anthropologue, il
traite de la nature spécifique de l'homme, de son « organisation »,
de l'originalité des sociétés humaines.

II. L'HOMME ET L'ANIMAL

Un « ordre de dignité décroissante » descend par degrés de
l'homme « être unique et supérieur » aux *animaux domestiques*
qu'il a su apprivoiser et qui tirent de lui leur noblesse, aux
animaux sauvages et carnassiers, soumis aux seules lois de la
nature [18]. L'éminente dignité de l'espèce humaine se trouve affir-
mée dans le chapitre *De la nature de l'homme* qui en 1749 ouvre
l'*Histoire naturelle de l'homme*, et plus encore dans le *Discours
sur la nature des animaux*, en 1753.
Pour prononcer que la nature de l'homme est supérieure à
celle des animaux, Buffon s'appuie non sur des arguments théologiques, mais sur des arguments de faits, en comparant « les
résultats des opérations naturelles de l'un et de l'autre » [19].
« L'homme ressemble aux animaux dans ce qu'il a de matériel » [20], mais « le plus stupide des hommes suffit pour conduire
le plus spirituel des animaux » [21] :

16. Les mémoires de Bordeu sur la digestion et les glandes se trouvent
dans les *Œuvres complètes*, Bibl.
17. VIII, p. 392.
18. J. ROGER, *op. cit.*, p. 531.
19. *O. c.*, VIII, p. 356.
20. *Ibid.*, p. 355.
21. *Ibid.*, p. 356.

« Il le commande et le fait servir à ses usages, et c'est moins par force et par adresse que par supériorité de nature, et parce qu'il a un projet raisonné, un ordre d'actions et une suite de moyens par lesquels il contraint l'animal à lui obéir. »

Mais encore l'homme « communique sa pensée par la parole » et « l'homme sauvage parle comme l'homme policé », tandis qu'« aucun des animaux n'a ce signe de la pensée » [22]. Mais enfin les animaux « n'inventent et ne perfectionnent rien », « l'ordre de leurs actions est tracé dans l'espèce entière, il n'appartient point à l'individu ». De ces trois preuves — réflexion, langage, faculté d'inventer et de perfectionner — qui établissent une « distance infinie entre les facultés de l'homme et celles du plus parfait animal » [23] découle une double affirmation : l'homme est « d'une différente nature » [24], et l'on ne peut descendre « insensiblement et par nuances de l'homme au singe ».

« En voilà plus qu'il n'en faut, conclut Buffon, pour nous démontrer l'excellence de notre nature, et la distance immense que la bonté du Créateur a mise entre l'homme et la bête [25]. »

Comme le remarque encore Jacques Roger [26], « aucun argument métaphysique n'a été évoqué », et ramenant tout à l'homme, Buffon coupe l'homme de Dieu et de sa création [27]. Or cette coupure radicale est précisément ce qui permet de fonder l'anthropologie comme science de l'homme et de ses activités spécifiques (de ses « opérations naturelles », comme dirait Buffon), qui le constituent comme faisant seul « une classe à part » [28]. Certes en 1749, une allusion à la « bonté du Créateur » qui a pris soin de mettre cette distance immense entre l'homme et la bête, et des considérations sur l'immatérialité de l'âme, atténuent ces hardiesses, mais Buffon fait-il plus que « créer une illusion de conformisme », pour reprendre une formule que Jean Ehrard emploie avec bonheur à propos de Montesquieu [29] ? Assimilant l'âme à la pensée, à la raison, il ne la connaît que par ses effets, c'est-à-dire par la nature de ses opérations. « Être et penser sont pour nous la même chose » [30]. « Il nous est impossible d'apercevoir notre âme autrement que par la pensée » [31], « l'essence de la pensée », consiste dans la réflexion ou faculté d'associer des idées, combinaison dont les animaux sont incapables, et dont le langage est le signe sensible [32].

---

22. *Ibid.*, p. 357.
23. *Ibid.*, p. 359.
24. *Ibid.*, p. 360.
25. P. 360.
26. *Op. cit.*, p. 538.
27. *Ibid.*, p. 542.
28. *O. c.*, VIII, p. 360.
29. *L'Idée de nature...*, p. 192, note 1.
30. *O. c.*, VIII, p. 352.
31. *Ibid.*, p. 354.
32. *Ibid.*, p. 358.

Cette suite de propositions, énoncées en 1749, reçoit un nouveau développement en 1753, dans le *Discours sur la nature des animaux*. La « substance spirituelle » qui nous anime et nous conduit y est définie comme un « sens d'une nature supérieure et bien différente » du « sens intérieur » purement matériel de l'animal, et l'âme par sa seule activité :

« (...) l'âme fera tout ce que ce sens matériel ne peut faire [33]. »

C'est donc la faculté de réfléchir, c'est-à-dire de « comparer les sensations et d'en former des idées » qui ne sont que « des sensations comparées, ou, pour mieux dire des associations de sensations » qui distingue l'homme de l'animal [34]. Mais c'est la faculté de « comparer les idées mêmes et d'en former des raisonnements » qui distingue de la même façon l'homme ordinaire de l'homme supérieur [34]. C'est enfin la faculté de produire un plus ou moins grand nombre d'idées qui distingue ceux qui méritent pleinement ce nom d'homme des « hommes plus ou moins stupides » qui « semblent ne différer des animaux que par ce petit nombre d'idées que leur âme a tant de peine à produire » [35]. Certes, les animaux n'ont et ne peuvent avoir « aucune connaissance du passé, aucune notion de l'avenir », ils n'ont pas de mémoire mais seulement une sorte de « réminiscence » produite par « le renouvellement des ébranlements du sens intérieur matériel » [36]. Mais « l'homme imbécile » et l'animal « sont comparables » en ce que « l'un n'a point d'âme et que l'autre ne s'en sert point » [37].

La « distance infinie » qui séparait au départ l'homme de l'animal n'est donc pas si infinie qu'on ne puisse trouver des degrés entre l'un et l'autre. L'homme qui « produit » peu d'idées, n'usant point de ce « sens supérieur » qui fonde sa supériorité naturelle, perd son éminente dignité et se rapproche de la brute. « L'homme stupide », l'homme « imbécile » ou l'homme sauvage peuvent donc apparaître comme dégénérés de leur propre espèce. Comme la grâce pour les jansénistes, la qualité d'homme ne s'acquiert point, mais elle peut se perdre et l'espèce a ses damnés, promis à l'enfer de l'animalité. Cette théorie de l'entendement, qui fait une place essentielle à la production des idées, et aux opérations de l'âme conduit tout naturellement à une anthropologie différentielle. La comparaison de « l'homme en société avec l'animal en troupe » en reproduit le principe, au niveau du groupe cette fois.

---

33. *O. c.* IX, p. 136.
34. *Ibid.*, p. 141-159.
35. *Ibid.*, p. 144.
36. *Ibid.*, p. 154.
37. *Ibid.*, p. 154.

III. Sociétés animales et sociétés humaines

Prenant à parti ceux qui professent une admiration sans borne pour l'admirable industrie des insectes, et prétendent y découvrir la preuve des « perfections de Dieu » [38], Buffon récuse leurs arguments et leur finalisme simpliste :

« Ce n'est point la curiosité que je blâme ici, ce sont les raisonnements et les exclamations. Qu'on ait observé avec attention leurs manœuvres, qu'on ait suivi avec soin leurs procédés et leur travail, qu'on ait décrit exactement leur génération, leur multiplication, leurs métamorphoses, etc... tous ces objets peuvent occuper le loisir d'un naturaliste : mais c'est la morale, c'est la théologie des insectes que je ne puis entendre prêcher [39]. »

La réunion des mouches ne lui paraît supposer « aucune intelligence, n'étant qu'un assemblage physique ordonné par la nature et indépendant de toute vue, de toute connaissance, de tout raisonnement » [40]. Il admet cependant que certaines sociétés animales *semblent* « dépendre du choix de ceux qui la composent »: Ainsi,

« ... les éléphants, les castors, les singes et plusieurs autres espèces d'animaux, se cherchent, se rassemblent, vont par troupes, se secourent, se défendent, s'avertissent et se soumettent à des allures communes [41]. »

Mais la distance reste infinie entre de telles sociétés, qui ne sont fondées que sur « des rapports et des convenances physiques », et les sociétés humaines, qui supposent un ensemble de « relations morales ». De même qu'un « sens supérieur » confère à l'individu une supériorité naturelle sur n'importe quel animal, de même, au niveau du groupe, il n'y a aucune commune mesure entre le mécanisme qui rassemble les espèces animales en « troupes », et le libre choix des individus qui s'organisent en sociétés.

« ... cette réunion est de l'homme l'ouvrage le meilleur, c'est de sa raison l'usage le plus sage. »

On songe ici au saut qualitatif qui permettra à Diderot dans le *Rêve de d'Alembert* de franchir la distance qui sépare l'agré-

---

38. Buffon vise tout particulièrement l'ouvrage de Lesser, qui porte comme titre : *Théologie des insectes, ou démonstration des perfections de Dieu dans tout ce qui concerne les insectes* (1738, trad. fse La Haye, 1742), mais plus généralement tout un courant de pensée, dont l'abbé Pluche est le meilleur représentant. Voir sur ce point Jean Ehrard, *op. cit.*, Première partie, chap. II et III.
39. *O. c.*, x, p. 176-177.
40. *Ibid.*, p. 178.
41. *Ibid.*, p. 179.

gat de molécules sensibles de l'être organisé. Les sociétés animales supposent un principe de contiguïté, les sociétés humaines un principe de continuité. On voit donc qu'en dépit d'un vocabulaire spiritualiste, Buffon raisonne en naturaliste et en naturaliste seulement. Le seul usage d'une faculté qui n'appartient qu'à lui suffit à distinguer radicalement chacune des activités de l'homme et celles de l'animal. Comme entre l'homme et l'animal, il y a entre les sociétés humaines et les sociétés animales différence non de degré, mais de nature. L'attitude du savant consiste donc à penser la différence, au lieu de construire une échelle des êtres vivants :

« [L'Homme] n'est fort, il n'est grand, il ne commande à l'univers que parce qu'il a su se commander à lui-même, se dompter, se soumettre et s'imposer des lois; l'homme en un mot n'est homme que parce qu'il a su se réunir à l'homme [42]. »

Pour l'homme, la société est donc à la fois effet et cause : fruit d'une faculté raisonnable, elle est aussi l'instrument qui permet à cette faculté de se développer.

« C'est d'elle que l'homme tient sa puissance, écrit Buffon dans les *Animaux domestiques* [43], c'est par elle qu'il a perfectionné sa raison, exercé son esprit et réuni ses forces : auparavant l'homme était peut-être l'animal le plus sauvage et le moins redoutable de tous; nu, sans armes et sans abri, la terre n'était pour lui qu'un vaste désert peuplé de monstres, dont souvent il devenait la proie (...) »

Au contraire, grâce à sa réunion en sociétés, « l'homme a pu marcher en force pour conquérir l'univers » (...)

« il a fait reculer peu à peu les bêtes féroces, il a purgé la terre de ces animaux gigantesques dont nous trouvons encore les ossements énormes, il a détruit ou réduit à un petit nombre d'individus les espèces voraces et nuisibles, il a opposé les animaux aux animaux, et subjuguant les uns par adresse, domptant les autres par la force ou les écartant par le nombre, et les attaquant tous par des moyens raisonnés, il est parvenu à se mettre en sûreté et à établir un empire qui n'est borné que par les lieux inaccessibles, les solitudes reculées, les sables brûlants, les montagnes glacées, les cavernes obscures, qui servent de retraites au petit nombre d'espèces d'animaux indomptables [44]. »

Alors que les sociétés d'abeilles ou de castors présentent une fixité remarquable (les animaux n'inventent ni ne perfectionnent rien, ils ne se perfectionnent donc pas eux-mêmes), les sociétés

42. *O. c.*, x, p. 180.
43. *Ibid.*, p. 195.
44. *Ibid.*, p. 196.

humaines jouent un rôle moteur dans le développement et le progrès de l'espèce, qui semble tendre vers l'état de civilisation comme vers sa fin naturelle. Des « petites sociétés qui ne dépendaient, pour ainsi dire, que de la nature » [45], on passe aux « grandes sociétés », aux « sociétés policées », non par simple accroissement numérique, mais par un processus complexe qui met en jeu des lois spécifiques. Le propre des sociétés humaines, c'est en effet de se développer par une interaction entre deux ordres de phénomènes : nombre des individus et nature même de la société qui les unit, et ce dès l'origine :

> « La multiplication des hommes tient encore plus à la société qu'à la nature (...) mais de la même façon que le nombre des hommes ne peut augmenter considérablement que par leur réunion en société, c'est le nombre des hommes déjà augmenté à un certain point qui produit presque nécessairement la société [46]. »

Ainsi l'absence de « nation civilisée » en Amérique vient de ce que « le nombre des hommes y était encore trop petit », et les seuls peuples policés qu'on y a trouvés étaient au contraire assez nombreux. Toute société se perfectionne donc à mesure qu'elle s'étend, et s'étend dans la mesure même où elle se perfectionne. Dès lors le nombre des individus qui la composent apparaît comme la condition de son progrès, mais aussi comme un sûr indice de civilisation. C'est pourquoi, pour Buffon, « on *descend* par degrés » des nations les plus éclairées aux « petites sociétés » des sauvages, la famille, ou société naturelle, marquant en quelque sorte la limite numérique, en deçà de laquelle l'espèce s'anéantit. En 1758, dans les *Animaux carnassiers,* il opposera à l'état de nature « idéal » imaginé par Rousseau « l'état réel », dont la nature offre l'exemple :

> « (...) il faut éloigner les suppositions, et se faire une loi de n'y remonter qu'après avoir épuisé tout ce que la nature nous offre. Or nous voyons qu'*on descend par degrés assez insensibles* des nations les plus éclairées, les plus polies, à des peuples moins industrieux; de ceux-ci à d'autres plus grossiers, mais encore soumis à des rois, à des lois; de ces hommes grossiers aux sauvages, qui ne se ressemblent pas tous, mais chez lesquels on trouve autant de nuances différentes que parmi les peuples policés; que les uns forment des nations assez nombreuses, soumises à des chefs; que d'autres, en plus petites sociétés, ne sont soumis qu'à des usages; qu'enfin les plus solitaires, les plus indépendants, ne laissent pas de former des familles et d'être soumis à leurs pères. Un empire, un monarque, une famille, un père,

45. *Ibid.,* p. 180.
46. IX, p. 247.

voilà les deux extrêmes de la société : ces extrêmes sont aussi les limites de la nature (...) [47]. »

C'est donc pour des raisons biologiques que Buffon n'admet pas la possibilité d'un état antérieur à toute société, ou l'homme aurait vécu isolé, sans nul besoin de ses semblables. Pour lui, l'histoire de l'espèce et l'histoire des sociétés ne font qu'un. Seule la société a pu assurer la survie d'une espèce où « les enfants périraient s'ils n'étaient secourus et soignés pendant plusieurs années, au lieu que les animaux nouveau-nés n'ont besoin de leur mère que pendant quelques mois » [48].

« Cette nécessité physique suffit donc seule à démontrer que l'espèce humaine n'a pu durer et se multiplier qu'à la faveur de la société, (...) l'homme en tout état, dans toutes les situations et sous tous les climats, tend également à la société; c'est un effet constant d'une cause nécessaire, puisqu'elle tient à l'essence même de l'espèce, c'est-à-dire à sa propagation [49]. »

En 1760, dans le *Castor*, et en 1766 dans la *Nomenclature des Singes*, Buffon réaffirme l'idée d'une distance infinie entre ceux des animaux, qui par leur industrie ou leur forme ou leurs « associations » ressemblent le plus à l'homme, et ceux des hommes que leur condition sauvage éloigne le moins de la vie animale. « La société perfectionnée » des castors borne son industrie à des ouvrages qui ne sont chez les nations sauvages que les « résultats de la société naissante ». Nous retrouvons ici la distinction essentielle établie par Buffon entre les sociétés animales, qui n'inventent ni ne perfectionnent rien, et les sociétés humaines, où vont éclore tous les germes de la pensée. Quant aux variétés de singes qui offrent avec l'homme des ressemblances dans la « conformation extérieure », et même dans « l'organisation intérieure », il se refuse à les admettre dans l'espèce humaine, sous le nom d'orangs-outangs ou « d'hommes sauvages », que leur ont donné les Indiens,

« tandis que les nègres, presque aussi sauvages, aussi laids que ces singes, et qui n'imaginent pas que pour être plus ou moins policé l'on soit plus ou moins homme, leur ont donné un nom propre, *pongo*, un nom de bête et non pas d'homme [50] ».

Linné, dans son *Systema Naturae*, les désignait sous le nom d'*homo nocturnus* ou *homo sylvestris*, et Rousseau, dans une Note du second *Discours*, n'avait pas hésité à se demander si ces animaux « ne seraient point en effet de véritables hommes sauvages, dont la race dispersée anciennement dans les bois

---

47. XI, p. 91, souligné par nous.
48. XI, p. 91-92.
49. XI, p. 93.
50. XIV. 4.

n'avait eu occasion de développer aucune de ses facultés virtuelles, n'avait acquis aucun degré de perfection, et se trouvait
encore dans l'état primitif de Nature » [51]. C'eût été un argument
de fait au service de la thèse principale du *Discours* : l'existence
d'un état de nature antérieur à toute société, où la race humaine
aurait vécu précédemment « dispersée... dans les bois », eût cessé
d'être une pure hypothèse philosophique. La Note répondait
d'avance à cette objection si forte de Buffon dans les *Animaux
carnassiers* :

« ... n'aurait-on pas trouvé, en parcourant toutes les solitudes
du globe, des animaux humains privés de la parole, sourds à la
voix comme aux signes, les mâles et les femelles dispersés, les
petits abandonnés [52] ? »

Et si, les ayant trouvés, on n'a point reconnu en eux des hommes ? S'il est bien démontré pour Rousseau

« ... que le Singe n'est point une *variété* de l'homme; non seulement parce qu'il est privé de la faculté de parler, mais surtout
parce qu'on est sûr que son espèce n'a point celle de se perfectionner qui est le caractère spécifique de l'espèce humaine [53] »,
le cas des Pongos mérite d'être réservé, jusqu'à ce qu'on ait
conduit les expériences qui prouveront que cette espèce, ne pouvant être croisée avec l'espèce humaine, en est réellement distincte [54], comme elle l'est, pour Rousseau, de celle des Singes.

« Peut-être, écrivait-il, après des recherches plus exactes trouvera-t-on que ce sont des hommes. »

Rêverie de philosophe, mais dont Buffon aperçoit si bien les
conséquences qu'on en pourrait tirer, qu'il s'emploiera à lui
retirer toute caution scientifique. D'abord en rattachant les
orangs-outangs, ou pongos, ou encore jockos, à l'espèce des
singes, ensuite en ruinant par l'anatomie comparée l'hypothèse
selon laquelle « l'espèce du singe pourrait être prise pour une
variété dans l'espèce humaine » [55].

« L'homme et l'orang-outang sont les seuls qui aient des fesses
et des mollets, et qui par conséquent soient faits pour marcher

51. Note x. P. III, p. 208. Avant de traiter du pongo, Buffon s'en prend
au terme générique de « quadrupède », que Linné appliquait aussi à l'homme.
Bien que Linné ne soit nommé que plus loin, c'est bien le *Systema Naturae*
qui est visé, et, pour cette raison, nous inclinons à croire que cet ouvrage est
bien la source des réflexions de Rousseau, comme le suggère M. STAROBINSKI
(Rousseau, P. III, p. 1369). Dans la Note III, Rousseau insiste sur le fait que
l'homme est un « bipède ». Buffon précise que « l'homme est le seul qui soit
bimane et bipède », et que le singe est « quadrumane » (XIV, 13).
52. *O. c.*, XI, 91.
53. Note x. P. III, p. 211. Le mot « variété », souligné par nous, vient de
Buffon.
54. Expérience conforme à la définition scientifique de l'espèce par Buffon
dans l'Histoire naturelle de *l'Ane*, en 1753, *Œuvres*, x, p. 270-271. « (...) cette
reproduction constante est ce qui constitue l'espèce. »
55 : XIV, p. 23, *Nomenclature des singes*, 1766.

debout, les seuls dont le cerveau, le cœur, les poumons, le foie, la rate, le pancréas, l'estomac, les boyaux, soient absolument pareils; les seuls qui aient l'appendice vermiculaire au coecum [56] »,

et les différences physiques sont assurément moindres que les ressemblances. Mais la présence des mêmes organes, pas plus que la « conformité de l'organisation », ne suffisent à fonder une identité de « nature ». L'orang-outang « peut faire ou contrefaire tous les mouvements, toutes les *actions* humaines, et (que) cependant il ne fait aucun *acte* de l'homme » [57]. Pour rendre sa démonstration plus convaincante, il va de soi que Buffon devait opposer au plus humain des singes le plus simiesque des hommes, qui est le sauvage Hottentot. Son portrait illustre parfaitement l'idée que Buffon se fait de l'Homme sauvage, où les caractères distinctifs de l'espèce restent visibles par transparence, sous la corne, la crasse et le cal, dans l'ombre des orbites, sur cette face « voilée » qui a perdu son caractère auguste.

« La tête couverte de cheveux hérissés ou d'une laine crépue; la face *voilée* par une longue barbe, surmontée de deux croissants de poils encore plus grossiers, qui, par leur largeur et leur saillie, raccourcissent le front et lui font perdre son caractère auguste, et non seulement mettent les yeux dans l'ombre, mais les enfoncent et les arrondissent *comme ceux des animaux;* les lèvres épaisses et avancées; le nez aplati; le regard stupide et farouche; les oreilles, le corps et les membres *velus;* la peau dure comme un cuir noir ou tanné; les ongles longs, épais et crochus; une semelle calleuse, *en forme de corne,* sous la plante des pieds; et pour attributs du sexe, des *mamelles* longues et molles, la peau du ventre pendant jusque sur les genoux; les enfants se vautrant dans l'ordure et se traînant à quatre pattes, le père et la mère assis sur leurs talons, tous hideux, tous couverts d'une crasse empestée. Et cette esquisse, tirée d'après le sauvage hottentot, est encore un portrait flatté; car il y a plus loin de l'homme dans l'état de pure nature à l'Hottentot que de l'Hottentot à nous [58]. »

En fait, tout ce qui semble faire du singe une espèce « équivoque et moyenne entre celle de l'homme et celle des animaux », ou, à l'inverse, de l'Hottentot quelque orang-outang qui se serait « perfectionné », n'a aucune importance : « (...) l'intervalle qui les sépare est immense, puisqu'à l'intérieur il est rempli par la pensée et au dehors par la parole » [59], « (...) la langue et tous les organes de la voix sont les mêmes que dans l'homme, et cepen-

56. XIV, p. 41.
57. XIV, p. 22, souligné par nous.
58. XIV, p. 22-23.
59. *Ibid.,* p. 23.

dant l'orang-outang ne parle pas; le cerveau est absolument de la même forme et de la même proportion, et il ne pense pas ». Voilà pour Buffon la seule différence qui compte, la preuve évidente « que la matière seule, quoique parfaitement organisée, ne peut produire ni la pensée, ni la parole qui en est le signe, à moins qu'elle ne soit animée par un principe supérieur » [59 bis]. Il n'y a donc pas pour Buffon de problème d'origine du langage ou, plutôt, il se trouve résolu avant même d'être posé, puisque pour lui l'homme naturel et l'homme social ne font qu'un :

« L'homme sauvage parle comme l'homme policé, et tous deux parlent *naturellement* [60]. »

Alors que, pour Rousseau, on ne peut se fonder, pour refuser au Pongo le nom d'« homme sauvage », sur le fait qu'il ne parle pas, puisque la parole, loin d'être « naturelle » à l'espèce, est une *invention* de l'homme civil déjà fort éloigné de son état originel, pour Buffon l'homme sauvage contient « en germe » l'homme social et l'homme civil, et le processus par lequel il se civilise ne produit rien qui ne soit au départ dans la « nature de l'homme ». Lorsqu'il écrit que « toutes les actions qu'on doit appeler humaines sont relatives à la société » [61] — et le langage n'est qu'une de ces « actions » —, il n'entend pas seulement que l'homme civil est le produit de la vie sociale, mais que la société est consubstantielle à l'individu, qu'elle est le lieu où il se confond avec l'espèce entière :

« Ainsi cet état de pure nature où l'on suppose l'homme sans pensée, sans parole, est un état idéal, imaginaire, qui n'a jamais existé; la nécessité de la longue habitude des parents à l'enfant produit la société au milieu du désert : la famille s'entend par signes et par sons, et ce premier rayon d'intelligence, entretenu, cultivé, communiqué, a fait ensuite éclore tous les germes de la pensée [62]. »

On notera que l'anthropologie de Buffon s'appuie sur les mêmes principes que sa théorie des « molécules organiques » et des « moules intérieurs » : les premières sociétés humaines sont avant tout un milieu biologique, où des individus organisés de la même manière acquièrent l'usage des facultés propres à l'espèce. De même que tout être vivant est un « moule intérieur » qui n'admet que « les molécules organiques qui lui sont propres », et leur donne forme [63], de même la société est un

59 bis. *Ibid.*, p. 41. Buffon pense d'ailleurs que c'est uniquement sur « un rapport de ressemblance corporelle qu'est appuyé le préjugé de la grande opinion qu'on s'est formée des facultés du singe », *ibid.*, p. 27.

60. *De la Nature de l'homme*, VIII, p. 357. Voir aussi IX, p. 149, « Sur la voix des animaux ». Souligné par nous.

61. XIV, p. 27.

62. XIV, p. 26.

63. « De la génération des animaux », VIII, p. 40. Sur cette théorie, voir J. ROGER, *op. cit.*, p. 544-550.

« moule » où les caractères communs à l'espèce se fixent *au niveau du groupe, et sont ensuite transmis par lui :*

« Ce n'est plus une communication faite par des individus isolés, qui, comme dans les animaux, se borneraient à transmettre leurs simples facultés; c'est *une institution* à laquelle l'espèce entière a part, et dont le produit fait la base et le lien de la société [64]. » Supposer un état « de pure nature », antérieur à l'état de société, ce serait supposer un homme « sans pensée, sans parole », c'est-à-dire un homme dont la nature répugnerait à toutes les « actions » qu'on doit appeler humaines. La faculté de se perfectionner est bien, pour Buffon comme pour Rousseau, le caractère spécifique de l'espèce humaine, mais cette « perfectibilité » n'a nul besoin des « circonstances » pour se manifester. L'homme est son propre démiurge. Immergé dès l'origine dans une histoire — dans l'Histoire — il réalise à travers elle sa propre fin.

Nature et société se trouvent ainsi associées dans un système de signes, qui oblige à les déchiffrer l'une par l'autre, ou plutôt l'une à travers l'autre, l'être naturel de l'homme se déduisant en quelque sorte de son être social. Ainsi l'homme manifeste son « excellence » en transformant à son profit la nature, en domptant et en domestiquant les animaux, et façonne à son image le monde dont il s'est rendu maître. L'homme est en effet

« le seul de tous les êtres vivants dont la nature soit assez forte, assez étendue, assez flexible, pour pouvoir subsister, se multiplier partout, et se prêter aux influences de tous les climats de la terre [65] ».

Sa supériorité naturelle se mesure donc à l'écart qui le sépare sans cesse davantage de toutes les autres espèces, qui n'ont point reçu « ce grand privilège ». Fait pour « seconder la nature » et « présider à tous les êtres », il réalise la vocation de l'espèce en s'élevant par degrés au sommet de la création :

« La nature est le trône extérieur de la magnificence divine : l'homme qui la contemple, qui l'étudie, *s'élève par degrés* au trône intérieur de la toute-puissance; fait pour adorer le Créateur, il commande à toutes les créatures; vassal du ciel, roi de la terre, il l'anoblit, la peuple et l'enrichit; il établit entre tous les êtres vivants l'ordre, la subordination, l'harmonie; il embellit la nature même, il la cultive, l'étend et la polit, en élague le chardon et la ronce, multiplie le raisin et la rose [66]. »

L'homme exerce ainsi une influence déterminante sur l'évolution des espèces. L'ordre qui va des *Animaux domestiques* aux

64. XIV, p. 26.
65. *Animaux communs aux deux continents* (1761), XI, p. 385.
66. XII, p. 113, *De la Nature. Première vue.* Souligné par nous.

Animaux sauvages, et de ceux-ci aux *Animaux carnassiers* est donc un ordre de dignité décroissante et l'homme est le créateur de cet ordre. Les espèces se « perfectionnent » ou se « dégradent » selon qu'elles vivent dans une nature brute ou améliorée par la main de l'homme. Parlant de l'espèce disparue des Mammouths, Buffon s'écrie :

« Combien d'autres espèces s'étant *dénaturées*, c'est-à-dire *perfectionnées* ou *dégradées* par les grandes vicissitudes de la terre et des eaux, par l'*abandon ou la culture de la nature,* par la longue influence d'un climat devenu contraire ou favorable, ne sont plus les mêmes qu'elles étaient autrefois ! (...). Leur état, leur vie, leur être dépendent de la forme que l'homme donne ou laisse à la surface de la terre [67]. »

Ce n'est donc pas par hasard que Buffon place les *Animaux de l'ancien continent* avant ceux du Nouveau Monde, ou que dans le chapitre consacré aux *Animaux communs aux deux continents,* il attribue le « rapetissement » des quadrupèdes, la grandeur des reptiles, le nombre et la grosseur des insectes dans le Nouveau Monde à la qualité de la terre, à la condition du ciel, au degré de chaleur, à celui d'humidité, à la situation, à l'élévation des montagnes, à la quantité des eaux courantes ou stagnantes, à l'étendue des forêts, mais « surtout à l'état brut dans lequel on y voit la nature » [68], laissée en friche par des hommes épars et errants.

L'évolution des espèces est ainsi pensée entièrement dans une perspective anthropologique, dont il convient de souligner la hardiesse : à un anthropocentrisme de droit divin, Buffon substitue une création continue de l'homme par l'homme. Au degré le plus bas, l'homme sauvage apparaît encore enfoncé dans l'animalité, soumis aux lois du mécanisme universel, passif et comme inerte. L'homme américain est pour Buffon cet être déshérité, resté pour ainsi dire au seuil de sa propre histoire :

« (...) loin d'user en maître de ce territoire [le Nouveau Monde] comme de son domaine, il n'avait nul empire; [où] ne s'étant jamais soumis ni les animaux ni les éléments, n'ayant ni dompté les mers ni dirigé les fleuves, ni travaillé la terre, il n'était en lui-même qu'un animal du premier rang, et n'existait pour la nature que comme un être sans conséquence, une espèce d'automate impuissant, incapable de la réformer ou de la seconder (...) [69]. »

C'est donc un certain rapport — puissance ou impuissance — de l'homme à la nature — éléments et espèces vivantes — qui définit l'état sauvage, l'état policé, l'état de civilisation. Le phy-

---

67. XI, p. 385-386. Souligné par nous. Dans le texte de Buffon, la dernière phrase vient avant.
68. XI, p. 372-373.
69. *Ibid.,* p. 370.

sique et le moral ne sont que les conséquences de ce rapport de forces initial : les sauvages du Nouveau Monde sont moins robustes, moins sensibles, plus craintifs et plus lâches que les Européens. Ils n'ont « nulle vivacité, nulle activité dans l'âme ». « Ils manquent d'ardeur pour leur femelle » — le mot renvoie à la sexualité animale — « et par conséquent d'amour pour leurs semblables ». « ... Cette indifférence pour le sexe est la tache originelle qui flétrit la nature, qui l'empêche de s'épanouir, et qui, détruisant les germes de la vie, coupe en même temps la racine de la société [70]. » A l'autre extrême, l'Européen vivant sous un climat tempéré et dans un pays policé représente la perfection du type.

Entre ces limites, se déploie toute l'histoire de l'humanité, orientée vers un modèle unique de « civilisation ». Tout ce qui écarte l'homme de cette voie est pensé par Buffon en terme de « dégénérescence », de « décrépitude », qu'il s'agisse de la « stupidité » des sauvages qui laissent inculte une terre que leur travail pourrait féconder [71], ou de la fureur barbare qui détruit l'ouvrage des générations antérieures, et fait régresser un peuple vers un état antérieur, c'est-à-dire vers un stade inférieur [72].

Lorsqu'en 1778, dans les *Epoques de la Nature* [73], Buffon tentera d'inscrire cette histoire dans le temps, il restera fidèle à ce schéma d'évolution. Il emprunte à Nicolas Boulanger [74] l'idée d'une humanité primitive en proie à la terreur « sur une terre qui tremblait sous leurs pieds, nus d'esprit et de corps, exposés aux injures de tous les éléments, victimes de la fureur des animaux féroces », mais c'est pour renforcer sa propre thèse : les premiers hommes n'ont pu survivre qu'en formant des sociétés :

« Tous également pénétrés du sentiment commun d'une terreur funeste, tous également pressés par la nécessité, n'ont-ils pas très promptement cherché à se réunir, d'abord pour se défendre par le nombre, ensuite pour s'aider et travailler de concert à se faire un domicile et des armes ? [75] »

---

70. *O. c.*, XI, p. 371-372.
71. Ainsi les Africains qui demeurent très souvent « dans des lieux sauvages et dans des terres stériles, *tandis qu'il ne tiendrait qu'à eux* d'habiter de belles vallées, des collines agréables et couvertes d'arbres, des campagnes vertes, fertiles... », IX, p. 229, souligné par nous.
72. XII, p. 115-116, *De la Nature, Première Vue* : « (...) après ces jours de sang et de carnage, lorsque la fumée de sa gloire s'est dissipée, il voit d'un œil triste la terre dévastée, les arts ensevelis, les nations dispersées, les peuples affaiblis, son propre bonheur ruiné, et sa puissance réelle anéantie. »
73. En réalité la *Septième Epoque*, celle de l'homme, date de 1776, les autres sont antérieures, 1778 est la date de la première édition. Voir J. Roger, éd. citée, p. XXXI sq. « La composition du livre ». La rédaction de la *Septième Epoque* est donc contemporaine de celle des *Additions* au chapitre des *Variétés* (...).
74. Sur ces emprunts, voir J. Roger, éd. cit., et « Un manuscrit perdu et retrouvé, les *Anecdotes de la nature* de N.A. Boulanger », *R.S.H.*, 1953.
75. *Septième Epoque*, éd. cit., p. 205.

Il emprunte à Bailly l'idée d'un peuple primitif, « créateur des sciences, des arts et de toutes les institutions utiles » [76]. Mais ce peuple n'a pu exister que là où se trouvaient déjà réunies les conditions favorables à la naissance des civilisations, « dans le centre du continent de l'Asie, depuis le 40ᵉ degré de latitude jusqu'au 55° » [77] : dans ce climat bien tempéré, les hommes ont atteint au point de perfection auquel l'espèce peut prétendre, et ils s'y seraient maintenus sans les invasions barbares, qui ont détruit cette première civilisation, dont toutes les autres ne sont que des résurgences. Les nations sauvages d'Amérique ou d'Afrique ne sont que des rameaux stériles ou dégénérés des « nobles branches de cette ancienne souche » [78].

« Soit stupidité, soit paresse, ces hommes à demi brutes, ces nations non policées, grandes ou petites, ne font que peser sur le globe sans soulager la Terre, l'affamer sans la féconder, détruire sans édifier, tout user sans rien renouveler [79]. »

Les peuples *primitifs* — au double sens du terme, puisqu'ils sont aussi « les plus nouveaux de l'univers » [80], sont encore dans « l'état de pure nature », au moral et au physique : « Ni vêtements, ni religion, ni société qu'entre quelques familles dispersées à de grandes distances [81]. » Tels sont les sauvages de la Guyane, ou dans l'extrême Nord ces « hommes si bruts qu'ils préfèrent de languir dans leur ingrate terre natale, à la peine qu'il faudrait prendre pour se gîter plus commodément ailleurs » [82].

Mais plus méprisables encore sont les nations « au quart policées » qui menacent périodiquement les peuples civilisés. Depuis que leur première invasion a détruit l'ouvrage du peuple savant et éclairé qui eût instruit tous les hommes, « combien n'a t-on pas vu de ces débordements d'animaux à face humaine, toujours venant du Nord, ravager les terres du Midi » [83].

Sauvages et Barbares forment ensemble une sorte d'humanité en marge de l'histoire de l'Homme, et l'homme des premiers temps, en fabriquant des outils et en s'appropriant la terre [84], se prépare à sortir d'un état indigne de sa « haute nature », et à marquer de son empreinte l'univers entier. L'histoire de l'espèce et l'histoire de la Nature demeurent confondues, jusqu'en leurs origines. Cette histoire, c'est donc dans l'espace, et non dans le temps, que nous en découvrons la « masse pesante » [84 bis]. Le vaste tableau des *Variétés dans l'espèce humaine* nous offre de

76. *Ibid.*, p. 207. Sur cette influence, voir J. ROGER, *op. cit.*, p. LXXVII.
77. *Septième Epoque*, éd. cit., p. 207.
78. *Ibid.*, p. 210.
79. *Septième Epoque*, éd. cit., p. 211-212.
80. *Sixième Epoque*, éd. cit., p. 192.
81. *Ibid.*
82. *Cinquième Epoque*, éd. cit., p. 155.
83. *Septième Epoque*, éd. cit., p. 212.
84. *Ibid.*, p. 206.
84 bis. L'expression est de Michel Foucault.

l'homme une image marquée par de prodigieuses différences, au physique et au moral, et c'est seulement en comparant ces « variétés », les unes aux autres, que l'on reconstitue une durée élargie aux dimensions d'une histoire de l'espèce, au-delà des temps historiques.

IV. VARIÉTÉS DANS L'ESPÈCE HUMAINE

Le mot de « variétés » renvoie au postulat initial : « L'homme fait une classe à part (...) ». « Il n'y a pas dans la nature d'êtres moins parfaits que l'homme et plus parfaits que l'animal par lesquels on descendrait insensiblement et par nuances de l'homme au singe ». Les « variétés » ne sont donc dues qu'à des causes externes, elles ne sont pas des « nuances » où l'on pourrait reconnaître des formes intermédiaires de l'être. On peut réduire l'homme à la plus imparfaite de ses images sans sortir des limites de l'espèce, sans que varie la distance qui le sépare du plus parfait animal. Ainsi le chapitre des *Variétés dans l'espèce humaine* n'est pas seulement un inventaire ethnologique, c'est une démonstration. Il ne s'agit pas de « désigner » tous les types humains et de « les situer en même temps dans le système d'identités et de différences qui les rapproche et les distingue des autres », ce qui est pour Michel Foucault, la tâche de l'histoire naturelle à l'âge classique [85]; il s'agit de trouver les « causes » qui font varier l'espèce du plus au moins. L'anthropologie serait donc pour Buffon la science qui permet de penser à la fois ces deux concepts : l'unité de l'espèce humaine et ses variations.

Pour franchir la distance qui les sépare, Buffon va procéder à des réductions successives, à l'intérieur d'un espace méthodiquement exploré et quadrillé par le double tracé des méridiens et des parallèles. Il s'agit d'ordonner la multiplicité des faits, et de découvrir des constantes dans une profusion de variables.

Or la critique des sources ne conduit qu'à des vérités probables : si la plupart des voyageurs hollandais s'accordent dans leur description des habitants de Java, on peut admettre que ceux-ci sont bien tels qu'ils le disent. Si un grand nombre d'auteurs ne parlent pas de ces « hommes à queue » que Struys prétend avoir vus, il est prudent de douter de leur existence. Mais Buffon est parfaitement conscient des imperfections d'une telle méthode : il ne prononce jamais sur un fait isolé, il ne hasarde une interprétation que lorsque les faits rassemblés parlent pour ainsi dire d'eux-mêmes, et même alors garde ses distances : « Les habitants de Malaca, de Sumatra et des Iles Nicobar *semblent* tirer leur origine des Indiens de la presqu'île de l'Inde [86]. » Ceux

---

85. *Les Mots et les Choses*, p. 151.
86. IX, p. 194.

de Formose et des îles Mariannes « *paraissent* » former une race
à part. En dépit de ces précautions, il est évident que son information n'est pas à la hauteur de son ambition scientifique. Aussi
va-t-il s'installer résolument dans le provisoire, et ne retenir
qu'un petit nombre de faits, qu'il va s'efforcer d'interpréter.
C'est donc au niveau théorique qu'il faut se placer pour juger
comme il convient de la « science » de Buffon.

Au départ, Buffon ramène à trois essentielles les variétés
qui se trouvent entre les hommes des différents climats : « La
première et la plus remarquable (...) est celle de la couleur, la
seconde est celle de la forme et de la grandeur, et la troisième
est celle du naturel (...) [87]. Ainsi la race d'hommes qu'on rencontre en Laponie et sur les côtes septentrionales de la Tartarie
présente les caractères suivants :

« Le visage large et plat, le nez camus et écrasé, l'iris de l'œil
jaune-brun et tirant sur le noir, les paupières retirées vers les
tempes, les joues extrêmement élevées, la bouche très grande, le
bas du visage étroit, les lèvres grosses et relevées, la voix grêle,
la tête grosse, les cheveux noirs et lisses, la peau basanée. Ils
sont très petits, trapus, quoique maigres (...) [88]. »

La couleur est celle des cheveux, des yeux, de la peau; la
« forme et la grandeur », ce sont les dimensions et les proportions du corps, les traits de la physionomie, la conformation de
la tête et la structure du visage. Quant au naturel, ce sont les
« inclinations » et les « mœurs », c'est-à-dire aussi bien les pratiques superstitieuses — « les Lapons danois ont un gros chat
auquel ils disent tous leurs secrets et qu'ils consultent dans toutes leurs affaires » [89], — que les armes — « Ils ont aussi tous
l'usage de l'arc, de l'arbalète » —, le mode de vie — « ils vont
tous à la chasse de l'hermine, du loup-cervier, du renard » —,
la nourriture — « leur nourriture est du poisson sec (...) leur
boisson est de l'huile de baleine et de l'eau » —, l'habitat —
« tous vivent sous terre ou dans des cabanes presque entièrement enterrées » —, la sexualié — « ils offrent aux étrangers
leurs femmes et leurs filles et tiennent à grand honneur qu'on
veuille bien coucher avec elles » [89].

La présence de ces caractères permet d'affirmer que

« Les Samoièdes, les Zembliens, les Borandiens, les Lapons,
les Groënlandais et les sauvages du nord au-dessus des Esquimaux, sont (donc) des hommes de même espèces, puisqu'ils se
ressemblent par la forme, par la taille, par la couleur, et même
par la bizarrerie des coutumes [90]. »

---

87. ix, p. 168.
88. *Ibid.*, p. 168-169.
89. P. 172.
90. ix. p. 172.

Il semble que Buffon ait choisi de commencer par ce groupe humain précisément parce que les caractères communs aux différents peuples qui le composent sont assez nets pour donner une certaine consistance à l'idée d'*espèce* ou de *race*. De plus la présence de ce groupe dans une vaste étendue de terre — ou même dans des continents distincts [91] — oblige à sortir d'un cadre emprunté à la géographie, pour dresser une carte proprement ethnologique. Cette « espèce » est en effet si différente des autres qu'aucune hésitation n'est possible. Inversement ce qui sépare les peuples les uns des autres, ce n'est guère plus que des nuances, qui font varier du plus au moins leurs qualités spécifiques.

« S'il y a des différences parmi ces peuples, elles ne tombent guère que sur le *plus* ou *moins* de difformité [92]. »

La comparaison joue sur une même échelle de valeurs et ne fait intervenir aucun caractère nouveau : les Borandiens sont plus petits que les Lapons, qui sont moins trapus que les Samoièdes, lesquels ont « la tête plus grosse, le nez plus large et le teint plus obscur (...) les cheveux plus longs et moins de barbe ». Mais tous « sont également grossiers, superstitieux, stupides » [93].

Cependant très vite le tableau devient plus flou, quand on passe aux « peuples voisins de cette longue bande de terre qu'occupe la race lapone ». « Ils n'ont aucun rapport avec cette race », mais certains, tels les Ostiaques et les Tonguses, " ressemblent " pourtant aux Samoièdes, dont ils sont les voisins immédiats [94]. Sur le terrain, il est difficile de tracer les limites d'une race donnée, puisque les frontières géographiques, comme les « classes » et les « genres » ne sont que des conventions [95]. Il faut admettre des variétés intermédiaires. Ainsi les Ostiaques et les Tonguses semblent « faire la nuance entre la race lapone et la race tartare » [96].

Ici brusquement la pensée de Buffon fait un saut, et une première réduction s'opère, qui donne un sens plus précis au concept de *race :*

« Pour mieux dire », écrit-il, « les Lapons, les Samoièdes, les Borandiens, les Zembliens, et peut-être les Groënlandais et les Pygmées du Nord de l'Amérique, sont des Tartares dégénérés autant qu'il est possible; les Ostiaques sont des Tartares qui ont moins dégénéré; les Tonguses encore moins que les Ostiaques,

91. IX, p. 173 : « ... Les Lapons, les Samoièdes, les Borandiens, les Zembliens, et peut-être les Groënlandais et les Pygmées du Nord de l'Amérique... »
92. IX, p. 169, souligné par nous.
93. *Ibid.*
94. IX, p. 173.
95. Sur la critique que fait Buffon du caractère artificiel des « classifications », voir J. ROGER, *op. cit.*, p. 529-530.
96. IX, p. 173.

parce qu'ils sont moins petits et moins mal faits, quoique aussi laids (...) [97]. »

Cette idée d'une *dégénérescence* qui, d'une race primitive, ferait naître des races présentant avec elle des caractères communs, mais altérés par l'effet du climat [98], avait pourtant été préparée dans les pages précédentes par deux notations, dont le sens restait pour ainsi dire en suspens. Buffon y parlait de « ces hommes qui paraissent avoir *dégénéré* de l'espèce humaine » [99], de cette « espèce particulière dont tous les individus ne sont que des *avortons* » [100]. Leur petitesse, leur laideur, leur difformité, la bizarrerie de leurs coutumes, tout en faisait d'avance une « variété » inférieure de la race tartare, au physique et au moral.

Ne sont-ils pas « plus grossiers que sauvages, sans courage, sans respect pour soi-même, sans pudeur; ce peuple abject n'a de mœurs qu'assez pour être méprisé. Ils se baignent nus et tous ensemble » [101]. Le jeu des négations souligne leur dégradation, l'allusion à la promiscuité sexuelle est significative. Il y a là une image de l'homme qui répugne à Buffon, non qu'il se scandalise de ce qui avait choqué tant de missionnaires, mais parce qu'elle évoque l'animalité. Aussi note-t-il que ces peuples se sont étendus et multipliés » dans des déserts et sous un climat inhabitable pour toutes les autres nations », ce qui est une façon de ne les admettre dans l'espèce humaine qu'en niant leur humanité. Ces hommes qui vivent à l'écart, à l'extrême limite du monde habité, forment une humanité presque marginale, que la rigueur du climat voue à la « dégénération », dans les espaces déshérités où ils se sont aventurés.

La race tartare au contraire, par l'immensité des pays qu'elle occupe, par l'ampleur de ses migrations, mérite un meilleur sort. Certes ils n'ont « aucune religion, aucune retenue dans leurs mœurs, aucune décence », mais ils ont su dresser leurs chevaux [102], et si les Calmouques sont, selon Tavernier, « des hommes robustes, mais les plus laids et les plus difformes qui soient sous le ciel »... les Tartares Mongoux ont conquis la Chine. La race tartare s'est mêlée « d'un côté avec les Chinois, et de l'autre avec les Russes Orientaux » [103]. Entre les races « voisines »,

---

97. *Ibid.*
98. Huit degrés de latitude séparent les plus dégénérés de ces peuples (les Lapons) des moins dégénérés (les Ostiaques). On songe à Pascal « Trois degrés d'élévation du pôle renversent toute la jurisprudence, un méridien décide de la vérité » (*Pensées*, fragment 53, éd. Tourneur-Anzieu). Mais il s'agit ici de déterminisme biologique : pour Buffon il y a correspondance entre le physique et le moral.
99. P. 168, souligné par nous
100. P. 169, souligné par nous.
101. IX, p. 171.
102. On se souvient que le pouvoir de commander aux animaux est un des caractères qui définissent pour Buffon l'espèce humaine. Le « dressage » symbolise cette supériorité, alors que la « chasse » maintient encore un rapport d'égalité entre l'homme et l'animal.
103. IX, p. 177.

l'histoire noue des liens : le paysage humain perd de sa netteté, mais prend son relief définitif. La « race » n'est plus alors définie par la triple ressemblance de la couleur, de la forme, et du naturel. Une seule suffit pour que l'on puisse assimiler un peuple à un autre : si l'on compare les Chinois aux Tartares « par la figure et par les traits », « on y trouvera des caractères d'une *ressemblance* non équivoque », malgré « la *différence* totale du naturel, des mœurs, et des coutumes de ces deux peuples ».

Un nouveau pas est franchi, dans la recherche des « causes naturelles ». Elles sont à la fois géographiques et historiques. L'influence du climat *et* le mélange des « sangs » sculptent les corps, modèlent les visages, mais sous la diversité des apparences, se perpétuent les « caractères essentiels » d'une race [104]. Ces caractères sont de trois ordres : taille, conformation, physionomie. La « couleur » et le « naturel » ne sont plus que des caractères secondaires, liés au milieu géographique et au mode de vie, non à la race elle-même. Citant les conclusions de Chardin à propos des Chinois, Buffon les prend à son compte :

« (...) ces divers peuples sortent tous d'une même souche, quoiqu'il paraisse des différences dans leur teint et dans leurs mœurs: car, pour ce qui est du teint, la différence vient de la qualité du climat et de celle des aliments; et, à l'égard des mœurs, la différence vient aussi de la nature du terroir et de l'opulence plus ou moins grande [105]. »

Par ce biais, Buffon avance la thèse qu'il va développer dans la suite du chapitre. Un point d'appui encore, pris dans la « tradition » des Chinois [106], et Buffon peut affirmer, selon le principe qu'il vient d'établir : « Les Japonais sont assez semblables aux Chinois *pour qu'on puisse les regarder comme ne faisant qu'une seule et même race d'hommes.* » Ils sont seulement « plus jaunes ou plus bruns, parce qu'ils habitent un climat plus méridional ». Les Japonais et les Chinois qui « se sont très anciennement civilisés » *diffèrent* des Tartares « plus par les mœurs que par la figure » :

« (...) la bonté du terrain, la douceur du climat, le voisinage de la mer ont pu contribuer à rendre ces peuples policés, tandis que les Tartares, éloignés de la mer et du commerce des autres nations, et séparés des autres peuples du côté du midi par de

---

104. Le vocabulaire de Buffon manque cependant de précision. Lorsqu'il écrit (p. 179) : « mélange des races ». il faut comprendre « mélange des peuples », puisqu'il se rallie à l'opinion de Chardin (p. 180) selon laquelle « ces divers peuples sortent tous d'une même souche ». La vraie raison de ces imprécisions est que la « race » ne sera vraiment définie par Buffon qu'au terme de son inventaire.

105. P. 180.

106. P. 180 : « (...) ils disent que cela [ces différences] vient de l'eau et de la terre, c'est-à-dire de la nature du pays, qui opère ce changement sur le corps et même sur l'esprit des habitants. »

hautes montagnes, sont demeurés errants dans leurs vastes déserts sous un ciel dont la rigueur, surtout du côté du Nord, ne peut être supportée que par des hommes durs et grossiers [107]. »

Dès lors le climat apparaît comme la cause unique de toutes les « variétés » de l'espèce et tous les faits viendront se plier comme d'eux-mêmes, à la rigueur de ce principe. Le concept de race peut alors recouvrir des réalités très différentes : tantôt Buffon semble l'élargir démesurément, tantôt il l'emploie dans son sens le plus restreint [108]. Les insulaires de l'archipel indien ne se rattachent à aucune race précise; la « très grande variété dans les hommes, soit pour les traits du visage et la couleur de la peau, soit pour la forme du corps et la proportion des membres » vient de ce que les îles ont été « peuplées par les nations des continents voisins, et même par les Européens » [109]. Mais en dépit de leur diversité, ils présentent des caractères communs, qui tiennent à leur situation méridionale, et c'est par là qu'ils constituent une race. C'est en effet « en descendant vers le midi » que « les traits commencent à changer d'une manière plus sensible, ou du moins à se *diversifier* » [110]. Le mot est important : les « races » sont le résultat de mutations à l'intérieur de l'espèce humaine.

Au-delà d'une certaine latitude, en direction du sud, on retrouve donc en Nouvelle-Hollande [Australie] une humanité qui est pour ainsi dire l'homologue de celle qui vit au-delà du 60e degré en direction du nord. Ce sont « peut-être les gens du monde les plus misérables, et ceux de tous les humains qui approchent le plus des brutes »; même grossièreté donc, même dénuement, même côtoiement de l'animalité : « ils n'ont point de maisons; ils couchent à l'air sans aucune couverture, et n'ont pour lit que la terre; ils demeurent en troupes de vingt ou trente, femmes et enfants, tout cela pêle-mêle » [111].

Viennent ensuite « tous les peuples qui habitent entre le 20e et le 30e ou le 36e degré de latitude nord dans l'ancien continent, depuis l'empire du Mogol jusqu'en Barbarie, et même depuis le Gange jusqu'aux côtes occidentales du royaume du Maroc »

« (...) [ils ne sont pas] fort différents les uns des autres, si l'on excepte les variétés particulières occasionnées par le mélange d'autres peuples plus septentrionaux qui ont conquis ou peuplé quelques-unes de ces vastes contrées [112]. »

---

107. P. 181-182.
108. Ainsi les Tartares, les Mongols, les Chinois et les Japonais ne sont qu'une seule et même race, dont les Lapons sont une variété dégénérée, mais les insulaires de Formose et des Mariannes forment « une race à part, différente de toutes les autres qui les avoisinent », p. 194.
109. P. 187.
110. P. 185.
111. P. 194.
112. P. 209.

Ces peuples sont plus ou moins policés [113], mais par leurs caractères physiques ils se distinguent tous avantageusement de ceux qui vivent trop au nord ou trop au sud. Ils sont « bruns et basanés; *mais* ils sont en même temps assez beaux et bien faits ». Ceci compense cela : l'harmonie des proportions et l'agrément de la physionomie, en dépit de la couleur, rapprochent ce type d'hommes de celui-ci, où blancheur et beauté vont se conjuguer pour offrir l'image parfaite de la figure humaine :

« Si nous examinons maintenant ceux qui habitent sous un climat plus tempéré, nous trouverons que les habitants des provinces septentrionales du Mogol et de la Perse, les Arméniens, les Turcs, les Géorgiens, les Mingréliens, les Circassiens, les Grecs et tous les peuples de l'Europe, sont les hommes *les plus beaux, les plus blancs et les mieux faits* de toute la terre, et que, quoiqu'il y ait fort loin de Cachemire en Espagne, ou de la Circassie à la France, il ne laisse pas d'y avoir une singulière ressemblance entre ces peuples si éloignés les uns des autres, mais situés à peu près à une égale distance de l'équateur [114]. »

Nous voici asurément au cœur de l'anthropologie de Buffon, en même temps qu'au centre du chapitre des *Variétés dans l'espèce humaine,* dont la structure formelle accueille et reproduit une structure logique. Structures concentriques, dont l'analogie avec celle de l'univers formé de tous les êtres vivants s'impose : l'Homme au centre de la Nature, et au centre de l'espèce humaine un *modèle* qui en est la forme la plus achevée.

« Le climat le plus tempéré est depuis le 40ᵉ degré jusqu'au 50ᵉ (...) c'est aussi sous cette zone que se trouvent les hommes les plus beaux et les mieux faits; c'est sous ce climat qu'on doit prendre le *modèle* ou l'*unité* à laquelle il faut rapporter toutes les autres nuances de couleur et de beauté [115]. »

Toutes les « variétés » d'hommes s'écartent ou se rapprochent de ce *modèle,* selon qu'elles vivent à une distance plus ou moins grande de ce climat bien tempéré, qui apparaît comme le milieu humain par excellence, celui qui offre à l'espèce les meilleures conditions de vie et de développement. La beauté des corps, l'harmonie des visages, sont les signes visibles d'une parfaite adéquation entre le milieu et l'espèce. L'homme n'est pleinement homme que sous certaines latitudes : un vocabulaire emprunté à l'esthétique reflète un équilibre biologique, et les qualités de

---

113. Les Persans, les Turcs, les Maures sont policés « jusqu'à un certain point » les Arabes ont « le mépris des lois : ils vivent, comme les Tartares, sans règle, sans police et presque sans société... », p. 203. A l'intérieur d'un même groupe ethnique, le politique — au sens large du terme — opère un clivage, il introduit des « différences » là où la nature n'en a pas mises.
114. IX, p. 209-210.
115. P. 274, souligné par nous.

l'esprit vont de pair avec ces heureuses dispositions du corps. Si les Géorgiens « ont naturellement de l'esprit »[116], c'est par la grâce de cette seconde nature qui tient à l'excellence du climat.

L'idée d'un « moule intérieur » ou « prototype » engendre donc celle d'un point de perfection auquel chaque espèce peut prétendre, en vertu des qualités qui la distinguent des autres.

« Il y a dans la nature un prototype général dans chaque espèce, sur lequel chaque individu est modelé, mais qui semble, en se réalisant, s'altérer ou se perfectionner par les circonstances en sorte que, relativement à de certaines qualités, il y a une variation bizarre en apparence dans la succession des individus, et en même temps une constance qui paraît admirable dans l'espèce entière. Le premier animal, le premier cheval, par exemple, a été le *modèle extérieur* et le *moule intérieur* sur lequel tous les chevaux qui sont nés, tous ceux qui existent et tous ceux qui naîtront ont été formés; mais ce modèle (...) a pu s'altérer ou se perfectionner en communiquant sa forme et se multipliant (...). Cette différence se trouve dans l'espèce humaine, dans celles de tous les animaux, de tous les végétaux, de tous les êtres en un mot qui se reproduisent[117]. »

L'unité de l'espèce humaine, c'est la constance d'une forme qui tient à une identité d'organisation, mais la nature n'offre que des « variétés » perfectionnées ou altérées par des causes extérieures.

Cependant Buffon ne croit ni au hasard ni à la providence, ni à l'influence déterminante du climat. Les Géorgiens seraient « capables des sciences et des arts », mais ils ne les cultivent point. Les femmes de Mingrélie « ont de l'esprit; elles sont civiles et affectueuses », mais aussi « très perfides ». Les hommes ont aussi « bien des mauvaises qualités ». L'assassinat, le vol, le mensonge, le concubinage, la bigamie, l'inceste, telles sont leurs mœurs[118]. Le naturel peut donc être altéré par des causes morales, même lorsque le climat permet à l'homme de développer toutes ses facultés. Ainsi il y a dans l'histoire des Moscovites deux moments : encore grossier avant le règne de Pierre le Grand,

« ce peuple est aujourd'hui civilisé, commerçant, curieux des arts et des sciences, aimant les spectacles et les nouveautés ingénieuses[119]. »

Mais contrairement à beaucoup de ses contemporains, Buffon ne croit pas au rôle décisif du « grand homme ». Parce qu'il raisonne en naturaliste, et que la nature ne lui montre que des

---

116. IX, p. 210
117. *Animaux domestiques,* « Le Cheval », X, 225.
118. P. 212.
119. P. 217.

êtres qui se modifient et se perfectionnent lentement, par des changements presque insensibles, il pense que la civilisation n'est pas le fruit d'une brusque mutation, mais d'un progrès collectif : un grand homme peut naître « à propos », il ne peut policer une nation barbare, que si le processus est déjà entamé [120].

« J'admettrais donc », conclut Buffon, « trois causes, qui concourent à produire les variétés que nous remarquons dans les différents peuples de la terre : la première est l'influence du climat; la seconde, qui tient beaucoup à la première, est la nourriture, et la troisième, qui tient peut-être encore plus à la première et à la seconde, sont les mœurs [121]. »

Ce ne sont pas les « circonstances » qui règlent, comme chez Rousseau, le cours des sociétés humaines, et sollicitent l'homme d'user de ses facultés et de se perfectionner. Le procès par lequel l'espèce s'altère ou se perfectionne se joue tout entier à l'intérieur des sociétés humaines qui ont leur propre perfectibilité. Alors que les sociétés d'abeilles ou de castors présentent une fixité remarquable, des « petites sociétés » d'hommes qui ne dépendaient, pour ainsi dire que de la nature, on passe par un progrès continu aux « grandes sociétés » et aux « sociétés policées [122] ». Alors que Rousseau emploie le mot de « révolution » aussi bien pour ces « grands accidents de la nature » qui ont forcé les hommes à se rassembler et décidé de la « vocation du genre humain » que pour les deux mutations qui lui paraissent décisives dans l'histoire des sociétés : établissement et distinction des familles — première révolution — et invention de la métallurgie et de l'agriculture — deuxième révolution — Buffon ne pense en termes de « mutations » ou de « révolutions » que pour les « époques de la Nature » qui ont précédé cette Septième et dernière époque où « la puissance de l'homme a secondé celle de la nature [123] ». Au-delà les sociétés humaines ne connaissent point de révolutions, elles subissent de lentes et profondes *modifications*, et par des changements presque insensibles, se perfectionnent et se civilisent.

« Les mœurs ou la manière de vivre » distinguent donc les peuples les uns des autres aussi sûrement que la couleur, la forme du corps et la physionomie.

« Un peuple policé qui vit dans une certaine aisance, qui est accoutumé à une vie réglée, douce et tranquille qui, par les soins d'un bon gouvernement, est à l'abri d'une certaine misère, et ne peut manquer des choses de première nécessité, sera, *par cette seule raison*, composé d'hommes plus forts, plus beaux et

120. P. 218.
121. IX, p. 219.
122. Voir IX, p. 247, le texte cité plus haut.
123. *Epoques de la Nature*, éd. cit., p. 4, 5 et p. 206.

mieux faits qu'une nation sauvage et indépendante, où chaque individu, ne tirant aucun secours de la société, est obligé de pourvoir à sa subsistance, de souffrir alternativement la faim ou les excès d'une nourriture souvent mauvaise, de s'épuiser de travaux ou de lassitude, d'éprouver les rigueurs du climat sans pouvoir s'en garantir, d'agir en un mot plus souvent comme animal que comme homme [124]. »

L'évolution de l'espèce est donc en relation étroite avec l'histoire des sociétés humaines. L'homme n'est pas, comme l'animal, soumis au déterminisme d'un milieu naturel, mais acquiert par rapport à lui une indépendance que le sauvage ignore, et qui est la condition même du passage de l'état de nature à l'état de civilisation. Buffon ne se pose pas la question de savoir si le premier de ces états n'est pas préférable au second. Au niveau de l'espèce, il la résout d'emblée par la négative : certes l'individu sauvage peut apparaître plus fort et plus résistant que l'homme des cités. Il y a chez les nations sauvages « beaucoup moins de bossus, de boiteux, de sourds, de louches, etc. » [125]. A cet argument traditionnel depuis Jean de Léry et Montaigne, Buffon répond par l'idée d'une sélection naturelle qui joue chez les sauvages en faveur des plus aguerris, et dont les effets se trouvent atténués « dans une union policée où l'on se supporte les uns les autres, où le fort ne peut rien contre le faible, où les qualités du corps font beaucoup moins que celles de l'esprit » [126]. Cette tolérance de chacun à l'égard de tous, cette compensation des forces et des talents, c'est, au-delà de la lutte pour la vie qui ravale l'homme au rang des espèces animales, l'affirmation d'une sociabilité, qui suppose un degré supérieur de civilisation. Le sauvage n'est homme qu'à demi. Naturellement sociable, il n'a encore aucune des vertus de l'homme social.

V. La race des Noirs

Le tableau du monde sauvage qui forme le deuxième volet du chapitre des *Variétés dans l'espèce humaine* se réfère constamment à l'échelle de valeurs ainsi fixée :

« (...) il y a autant de variétés dans la race des noirs que dans celle des blancs : les noirs ont, comme les blancs, leurs Tartares et leurs Circassiens (...) [127]. »

Le caractère distinctif de la race noire prise dans son ensemble est la couleur mais « les traits du visage; leurs cheveux, leur

---

124. IX, 219 (souligné par nous).
125. *Ibid.*
126. *Ibid.*
127. IX, p. 223.

peau, l'odeur de leur corps, leurs mœurs et leur naturel » distinguent très nettement les Cafres des nègres [128]. Chacune de ces deux « races » présente elle-même de nombreuses « variétés ». De même que la race blanche offrait toutes les nuances du brun au blanc, on trouve ici toutes les nuances du blanc au brun et au noir, en suivant les côtes d'Afrique du nord au sud jusqu'au Cap, puis en remontant vers le Nord par le Natal, le Sofala et le Monomotapa.

De tous les nègres, les plus beaux et les mieux faits sont ceux du Sénégal, de Gorée et du Cap-Vert :

« Ils font un si grand cas de leur couleur, qui est en effet d'un noir d'ébène profond et éclatant qu'ils méprisent les autres nègres qui ne sont pas aussi noirs, comme les blancs méprisent les basanés (...). Ils croient que leur pays est le meilleur et le plus beau climat de la terre, qu'ils sont eux-mêmes les plus beaux hommes de l'univers, parce qu'ils sont les plus noirs; et si leurs femmes ne marquaient pas du goût pour les blancs ils en feraient fort peu de cas à cause de leur couleur [129]. »

Si les Noirs et les Cafres diffèrent principalement des autres hommes par les cheveux et la couleur, leurs mœurs et leur naturel offrent peu de variété. A l'exception des Hottentots [130], qui, au moral comme au physique, forment une « espèce » tout à fait particulière, les autres peuples noirs ou cafres mènent tous la même existence misérable et précaire, leurs maisons sont sans meuble ni commodité d'aucune sorte, leur nourriture est grossière; les hommes sont fort paresseux, et les femmes fort débauchées. Certains ont quelque connaissance des arts mécaniques, mais la plupart semblent indifférents à tout :

« Ils demeurent très souvent dans des lieux sauvages et dans des terres stériles, tandis qu'il ne tiendrait qu'à eux d'habiter de belles vallées, des collines agréables et couvertes d'arbres, des campagnes vertes, fertiles et entrecoupées de rivières et de ruisseaux agréables, mais tout cela ne leur fait aucun plaisir [131]. »

Dans l'échelle des sociétés humaines, ils viennent au même rang que les Lapons et les Samoièdes. Ils sont comme eux, « également grossiers, superstitieux, stupides ».

Mais la fixité du vocabulaire est ici trompeuse : un seul terme

---

128. *Ibid.*
129. IX, p. 228.
130. Pour Buffon, ce sont des Cafres « qui ne seraient que basanés s'ils ne se noircissaient pas la peau avec des graisses et des couleurs ». Ce ne sont pas de « vrais nègres, mais des hommes qui, dans la race des noirs, commencent à se rapprocher du blanc » (p. 236). Buffon suit sur ce point Ovington et le père Tachard, de préférence à Kolb qui confond les Hottentots avec les nègres. Pour le portrait du sauvage hottentot, voir le texte déjà cité de la *Nomenclature des singes*, XIV, p. 300.
131. IX, p. 229.

manque, celui de « dégénération », et cette absence dans la chaîne des signifiants change la nature du signifié. Tandis que les êtres à face d'animaux qui peuplent les solitudes du Nord semblent devoir demeurer à jamais en dehors des routes de la civilisation, le trafic triangulaire qui change les hommes en marchandises a détruit pour toujours l'unité du monde noir. Transportés dans les îles et astreints au travail, les nègres sont arrachés à leur état primitif d'inertie et contraints de se policer. L'anthropologie de Buffon se dégrade en caractérologie : les « variétés » dans la race des Noirs ne sont le produit ni d'un sol, ni d'une histoire indigène, mais d'une sélection et d'une transplantation. Ce n'est pas en Afrique, mais aux Antilles que le « naturel » des Bambaras, des Mondongos, des nègres du Sénégal ou de Guinée se révèle différent de celui des Mimes ou des Congos. C'est de l'*Histoire de Saint-Domingue* du père Charlevoix, et non de quelque « Description de l'Afrique » que Buffon tire les éléments d'un portrait tout en « nuances », plus utile aux négriers et aux colons qu'à l'historien de l'espèce humaine. Ce sont les nègres « considérés comme esclaves » qui ont « le germe de toutes les vertus », qui sont « gais ou mélancoliques, laborieux ou fainéants, amis ou ennemis, selon la manière dont on les traite »[132]. Certes Buffon s'attendrit sur leur état[133], mais sans condamner l'esclavage. Seule la misère des esclaves le touche, parce qu'elle est contraire au devoir d'humanité qui commande au « civilisé » d'agir comme tel. En traitant les nègres « comme des animaux », le maître, par sa brutalité, renonce à la qualité d'homme, par ce péché de violence, il retourne à la barbarie, et en lui et par lui, quelque chose se perd du « grand privilège » donné à l'espèce de se perfectionner.

VI. L'HOMME AMÉRICAIN

L'homme américain occupe, dans l'anthropologie de Buffon, comme dans celle de Rousseau ou de De Pauw, une place essentielle. Dans la partie du chapitre qui lui est consacrée, le jeu des analogies et des comparaisons semble d'abord redonner force et vigueur à la thèse de l'influence toute-puissante du climat : les sauvages du Nord de l'Amérique sont « des espèces de Lapons semblables à ceux d'Europe ou aux Samoïèdes d'Asie[134] », ceux qui vivent un peu plus au Sud ressemblent aux Finnois ou aux peuples du Nord du Japon. Si des peuples « séparés les uns des autres par des vastes mers » présentent

---

132. IX, p. 233-234.
133. « Je ne puis écrire leur histoire sans m'attendrir sur leur état. » (*Ibid.*). Tout ce passage se retrouve dans l'*Encyclopédie* à l'article « Nègres (considérés comme esclaves) ».
134. IX, p. 244.

tant de caractères communs, c'est que situés à la même distance du pôle, ils sont soumis à l'influence d'un même climat. Mais d'un continent à l'autre, cette thèse appelle des correctifs importants : on est vraiment dans un autre monde, où les différences de latitude entraînent des variations beaucoup moins considérables : « la température des différents climats est bien plus égale que dans l'ancien continent : l'étude du relief, du régime des eaux et des vents démontre qu'on ne doit point s'attendre à trouver en Amérique des hommes noirs, puisque leur zone torride est un climat tempéré [135] ». Mais sans aller jusqu'à ce point extrême de différenciation, la race des Américains offre peu de « variétés ». A l'exception du Nord, « tout le reste de cette vaste partie du monde ne contient que des hommes parmi lesquels il n'y a presque aucune diversité [136] ».

Or si l'absence de civilisation chez les nègres et les Cafres s'expliquait tout naturellement par le climat excessif de la zone torride, si elle peut encore s'expliquer, chez les peuples du Nord de l'Amérique, par l'extrême rigueur du froid, ces causes ne jouent plus dans le cas des tribus canadiennes, des peuples du Chili et du Brésil, tous également sauvages.

Certes on a trouvé au Mexique et au Pérou « des hommes civilisés, des peuples policés, soumis à des lois, et gouvernés par des rois qui avaient de l'industrie, des arts et une espèce de religion ». Mais Buffon ne croit pas à l'ancienneté de ces civilisations :

« Les Péruviens ne comptaient que douze rois, dont le premier avait commencé à les civiliser : ainsi il n'y avait pas trois cents ans qu'ils avaient cessé d'être, comme les autres, entièrement sauvages [137]. »

Buffon admet donc l'hypothèse d'une double migration : les premiers hommes venus en Amérique auraient abordé au nord-ouest de la Californie, puis, chassés par un froid excessif, se seraient fixés au Mexique et au Pérou, d'où ils se seraient ensuite répandus dans toutes les parties du continent. Une autre vague, plus tardivement, serait venue du Groenland, et les habitants de l'extrême nord seraient donc des Lapons.

La théorie des migrations était depuis longtemps un lien com-

---

135. P. 262-263.
136. P. 260-261.
137. Les documents archéologiques ont fait reculer cette date jusqu'à 2 000 ans environ. Buffon situe d'autre part la séparation des continents à environ 10 000 ans, III, p. 493. Il admet que l'Amérique a pu être peuplée dans le même temps que l'Ancien Monde, mais que, submergée plus tard, elle a dû être repeuplée (IX, p. 332). Aujourd'hui, on admet que l'homme était présent en Amérique depuis 20 000 ans. « Comme ces fleurs japonaises en papier comprimé qui s'ouvrent quand on les met dans l'eau, l'histoire précolombienne de l'Amérique a acquis tout à coup le volume qui lui manquait » écrit Cl. LÉVI-STRAUSS, *Tristes Tropiques*, éd. cit. dans la Bibl., p. 218.

mun chez les historiens du Nouveau Monde, à qui elle permettait de résoudre le problème de l'origine des Américains d'une manière conforme aux enseignements de la Bible. Mais Buffon ne se réfère nullement à l'autorité d'Acosta, de Gomara, ou d'Herrera. C'est pour des raisons scientifiques qu' « indépendamment même des raisons théologiques », il déclare ne pas douter que l'origine des Américains ne soit la même que la nôtre [138]. En 1749, il est *monogéniste* pour des raisons exactement inverses de celles des théologiens. Son propos n'est pas de démontrer que tous les hommes sont fils d'Adam et d'Eve, et que le genre humain sort d'une seule et même souche. Les nouvelles découvertes géographiques démontraient en effet la possibilité d'un peuplement du Nouveau Monde à partir de l'Ancien. Dans la *Théorie de la Terre* [139], Buffon écrit à l'article « Géographique » [140] :

« La vaste étendue de la Tartarie septentrionale et orientale n'a été reconnue que dans ces derniers temps [141]. Si les cartes des Moscovites sont justes, on connaît à présent les côtes de toute cette partie de l'Asie; et il paraît que depuis la pointe de la Tartarie orientale jusqu'à l'Amérique septentrionale, il n'y a guère qu'un espace de quatre ou cinq cent lieues : on a même prétendu tout nouvellement que ce trajet était bien plus court; car dans la gazette d'Amsterdam du 24 février 1747, il est dit à l'article de Pétersbourg, que M. Steller [142] avait découvert au-delà de Kamtschatka, une des îles de l'Amérique septentrionale, et qu'il avait démontré qu'on pouvait y aller des terres de l'empire de Russie par un petit trajet [143]. »

Sur le Groënland, il disposait de la description de Hans Egede [144] installé depuis 1721 dans le pays où il avait retrouvé les traces d'une ancienne colonie danoise et d'une civilisation médiévale. On peut donc dire que l'originalité de Buffon était précisément en 1749 de prendre le contre-pied des thèses développées jusqu'alors par les rationalistes, en se fondant sur les connaissances nouvelles que la double recherche d'un passage au nord-ouest de l'Amérique et d'un passage au nord-est de l'Europe avait permis d'acquérir. Comme le montre fort bien

---

138. IX, p. 164.
139. Première édition 1749, tome I. Ed. cit., tome I.
140. Article VI.
141. Par Bering et ses compagnons. Un récit de l'expédition avait paru en anglais en 1744-1749, dans la collection de Harris (II).
142. Le naturaliste Steller avait rejoint Bering en 1738, exploré le Kamtchatka avec Kracheninnikov et participé à l'expédition de Bering vers les côtes de l'Alaska. Il venait de mourir (1746).
143. Buffon connaît aussi les récits de missionnaires canadiens, dont le père Greslon, qui avait rencontré en Tartarie une femme huronne autrefois évangélisée par lui. Charlevoix en faisait état. Buffon le cite (*Théorie de la Terre, loc. cit.*, p. 203 et 204) mais ne se prononce pas sur la valeur de ces témoignages...
144. Londres, 1745, in-8° : *A description of Greenland...*

M. Chinard dans son introduction aux *Dialogues* du baron de
Lahontan [145] :

« Les continents connus avant la découverte du Nouveau
Monde formaient un ensemble au total assez compact, dont les
parties étaient rapprochées ou aisément accessibles. La géographie ne s'opposait pas à l'hypothèse d'un berceau unique et d'un
ancêtre unique pour le genre humain. »

La découverte du Nouveau Monde avait porté à cette croyance
« un coup décisif », et fait naître un violent conflit « entre la
science et la religion ». Au moment où écrivait Lahontan, c'était
donc faire preuve d'esprit critique que d'affirmer que « l'Amérique était trop éloignée des autres parties du monde pour s'imaginer que personne eût pu passer en ce nouveau continent avant
qu'on eût trouvé l'usage de l'aimant » [145 bis]. L'*Histoire naturelle*
de Buffon marque un tournant : la possibilité d'une communication entre l'Ancien et le Nouveau Monde, démontrée par les
explorateurs, donne à la théorie des migrations une tout autre
valeur. Ce n'est plus une position de repli pour les théologiens,
c'est une hypothèse scientifique, qui tient compte de la figure
de la Terre et se fonde sur l'accord de deux disciplines complémentaires : la géographie et l'anthropologie. Après les découvertes de Béring et de ses compagnons, connues dès 1747, le
polygénisme voltairien aura quelque chose de désuet et d'anachronique, si on le compare aux thèses de Buffon. Tandis que
Voltaire raisonne en métaphysicien, Buffon s'en tient aux faits.
La clef de l'histoire du Nouveau Monde, c'est donc pour lui
la date récente de l'arrivée des Américains dans cet immense
continent :

« Tous les Américains naturels étaient ou sont encore sauvages ou presque sauvages, les Mexicains et les Péruviens étaient
si nouvellement policés, qu'ils ne doivent pas faire une exception [146]. »

C'est aussi une des clefs de son anthropologie de l'homme
américain :

« En supposant qu'ils eussent tous une origine commune, les
races s'étaient dispersées sans s'être croisées; chaque famille
faisait une nation toujours semblable à elle-même, et presque
semblable aux autres, parce que le climat et la nourriture étaient
aussi à peu près semblables : ils n'avaient aucun moyen de *dégénérer ni de se perfectionner;* ils ne pouvaient donc que demeurer
toujours les mêmes, et partout à peu près les mêmes [147]. »

---

145. Ed. cit., p. 14.
145 bis. Cité par CHINARD, *ibidem.*
146. IX, p. 261. Cette thèse est reprise dans les *Epoques de la Nature, Cinquième époque,* éd. cit., p. 151, «[En Amérique méridionale], la nature bien
loin d' (...) »
147. IX, p. 264. Souligné par nous.

Etat d'équilibre tout à fait exceptionnel, dont Rousseau dans le second *Discours* tirera argument pour dire qu'il était « le moins sujet aux révolutions, le meilleur à l'homme » : l'exemple des sauvages de l'Amérique qui, ignorant le fer et le blé sont « toujours demeurés tels » prouve que « cet état est la véritable jeunesse du monde », que « le genre humain était fait pour y rester toujours », et que « tous les progrès ultérieurs ont été en apparence autant de pas vers la perfection de l'individu, et en effet vers la décrépitude de l'espèce »[148]. Mais pour Buffon, ni l'individu ni l'espèce ne peuvent échapper à cette alternative : *dégénérer* ou se *perfectionner*. Il n'y a pas de temps hors de l'histoire, où l'homme pourrait s'arrêter pour s'y fixer à jamais, car l'histoire de l'individu et celle de l'espèce ne sont qu'une seule et même chose, toutes deux enveloppées dans la grande histoire de toutes les espèces vivantes et dans celle de la Nature. Aussi toute société d'hommes qui ne se perfectionne pas ne peut manquer de dégénérer, soit parce que cette impuissance à passer de l'état sauvage à l'état de civilisation traduit l'influence excessive d'un climat — c'est le cas des Lapons, soumis à un froid trop rigoureux, ou des habitants de la zone torride — soit parce qu'un vice de constitution semble faire obstacle aux progrès de la société.

Pour l'homme américain, Buffon semble hésiter entre ces deux séries de cause, lorsque dans les *Animaux communs aux deux continents* (1761) il constate le « rapetissement » des espèces animales dans le Nouveau Monde :

« Il y a donc, dans la combinaison des éléments et des autres causes physiques quelque chose de contraire à l'agrandissement de la nature vivante dans le Nouveau Monde : il y a des obstacles au développement et peut-être à la formation des grands germes; ceux mêmes qui, par les douces influences d'un autre climat, ont reçu leur forme plénière et leur extension tout entière, se rapetissent sous ce ciel avare et dans cette terre vide, où l'homme, en petit nombre, était épars, errant[149]. »

Bien que le sauvage du Nouveau Monde soit à peu près de même stature que l'Européen, il ne fait pas exception « au fait général du rapetissement de la nature vivante dans tout ce continent ». Il est « faible et petit par les organes de la génération; il n'a ni poil ni barbe, et nulle ardeur pour sa femelle » (...). « Il ne faut pas aller chercher plus loin la cause de la vie dispersée des sauvages et de leur éloignement pour la société : la plus précieuse étincelle du feu de la nature leur a été refusée : ils manquent d'ardeur pour leur femelle, et par conséquent

---

148. *O. Pol.*, p. 170-171, souligné par nous. Les termes sont ceux de Buffon, mais la dichotomie : espèce/individu, fait éclater le « système », et le détruit en quelque sorte de l'intérieur.
149. XI, p. 370.

d'amour pour leurs semblables (...). Le physique de l'amour fait chez eux le moral des mœurs; leur cœur est glacé, leur société froide, et leur empire dur [150]. »

Buffon va jusqu'à dire que cette indifférence pour le sexe est « la tache originelle qui flétrit la nature, qui l'empêche de s'épanouir, et qui détruisant les germes de la vie, coupe en même temps la racine de la société ». La Nature l'a plus maltraité et plus rapetissé qu'aucun des animaux. Les causes physiques ont donc altéré si profondément la nature de l'homme qu'il semble frappé d'impuissance : deux ou trois cents ans plus tard, on n'eût trouvé en Amérique que des peuples aussi sauvages et aussi dispersés, tout aussi incapables de réformer et de seconder la nature, et ce faisant, de se civiliser eux-mêmes.

Pourtant Buffon n'est aucunement de mauvaise foi lorsqu'il s'alarme dans les *Additions* de 1777, des thèses extrêmistes de Cornélius de Pauw qui, dans ses *Recherches philosophiques sur les Américains*, n'hésitait pas à parler du « Génie abruti des Américains » [151], en englobant dans ce terme les sauvages, les créoles et les métis. En face de ce déterminisme rigoureux, l'anthropologie de Buffon reste profondément ouverte. A l'homme américain encore ensauvagé, tel qu'il fut découvert, il oppose une Amérique en devenir où les hommes répandus dans le vide de cet immense continent auront « défriché les terres, abattu les forêts, dirigé les fleuves et contenu les eaux », créant ainsi les conditions d'une civilisation de l'homme par l'homme. Il est vrai que dans les parties basses du continent les « naturels du pays paraissent être moins robustes que les Européens, mais c'est par des causes locales et particulières ». Dans l'Amérique septentrionale, on n'a trouvé que « des hommes forts et robustes » et dans un pays où les Européens se sont multipliés, où la vie même des sauvages est plus longue qu'ailleurs, « il n'est guère possible que les hommes dégénèrent » [152].

Cette *Dispute du Nouveau Monde* [153], dans laquelle Buffon se range résolument [154] aux côtés du père Feijoo, de Perneti et de Franklin contre De Pauw, montre bien que pour lui les termes

150. XI, p. 371. Traditionnellement, la pilosité est associée à la puissance sexuelle.

151. Section I, Cinquième partie : « Du génie abruti des Américains » et aussi Première partie : « Du climat de l'Amérique, de la complexion altérée de ses habitants (...), etc. »

152. IX, p. 332 et 333, « Des Américains », addition au chapitre des *Variétés dans l'espèce humaine.*

153. Sur cette *Dispute*, voir les ouvrages très complets d'Antonello GERBI, la *Dispu a del nuovo Mondo*, et *Viejas polemicas sobre el nuevo Mundo...* (Bibliographie).

154. Il faut noter cependant que le passage de l'*Histoire des Deux Indes* (VIII, p. 18) qui parle de la constitution altérée des Américains est emprunté à Buffon, et que l'article « Amérique » des *Suppléments* de l'*Encyclopédie*, rédigé par De Pauw, ne tient évidemment pas compte de la manière dont Buffon a atténué son propos initial.

de « dégénérescence », de « dégradation » ou de « dégénération »
n'ont de sens qu'à l'intérieur de son propre système anthropologique. Ce qu'il reproche à De Pauw, c'est d'oublier l'écart qui
sépare l'espèce humaine, jusque dans ses formes les plus altérées,
des espèces animales. La *Dégénération des animaux* est au
contraire dans l'*Histoire naturelle* un discours théorique qui
concerne *aussi* l'homme, soumis comme les animaux à l'influence
des climats, mais qui renvoie *d'abord* à la thèse maîtresse de
Buffon : la nature de l'homme n'est pas susceptible des mêmes
« altérations » que celle des autres espèces, parce qu'elle a
« plus de force, plus d'étendue, plus de *flexibilité* ».

« Dès que l'homme a commencé à changer de ciel, et qu'il
s'est répandu de climats en climats, sa nature a subi des altérations : elles ont été légères dans les contrées tempérées, que nous
supposons voisines du lieu de son origine; mais elles ont aug-
menté à mesure qu'il s'en est éloigné; et lorsque après des siècles, des continents traversés et des générations déjà dégénérées
par l'influence des différentes terres, il a voulu s'habituer dans
les climats extrêmes et peupler les sables du Midi et les glaces
du Nord, les changements sont devenus si grands et si sensibles, qu'il y aurait lieu de croire que le Nègre, le Lapon et le
Blanc, forment des espèces différentes, si, d'un côté, l'on n'était
pas assuré qu'il n'y a eu qu'un seul homme de créé, et de l'autre, que ce Blanc, ce Lapon et ce Nègre, si dissemblants entre
eux, peuvent cependant s'unir ensemble et propager la grande
et unique famille de notre genre humain. Ainsi *leurs taches ne
sont point originelles;* leurs dissemblances n'étant qu'extérieures,
ces altérations de nature ne sont que superficielles, et il est certain que tous ne font que le même homme, qui s'est verni de noir
sous la zone torride, et qui s'est tanné, rapetissé par le froid
glacial du pôle de la sphère [155]. »

Loin d'autoriser abusivement l'emploi d'un vocabulaire de la
« dégénérescence », Buffon ne faisait que reprendre la conclusion
du chapitre des *Variétés dans l'espèce humaine :* le genre humain
n'est pas composé « d'espèces essentiellement différentes entre
elles », il n'y a qu'une seule espèce d'hommes qui,

« s'étant multipliée et répandue sur toute la surface de la terre,
a subi différents changements par l'influence du climat, par la
différence de la nourriture, par celle de la manière de vivre,
par les maladies épidémiques, et aussi par le mélange varié à
l'infini des individus plus ou moins ressemblants : [que] d'abord
ces altérations n'étaient pas si marquées, et ne produisaient que

---

155. XIV, p. 178. Souligné par nous. La phrase « leurs taches ne sont
point originelles » s'oppose à celle que nous avons citée plus haut : « [Cette
indifférence pour le sexe] est la tache originelle qui flétrit la nature » (XI,
p. 371). Il ne s'agit pas en fait de la même « origine »; dans le premier cas,
il faut l'entendre pour l'*espèce* humaine, dans le second cas, pour une *variété*
de l'espèce.

des variétés individuelles; [qu']elles sont ensuite devenues variétés de l'espèce, parce qu'elles sont devenues plus générales, plus sensibles et plus constantes par l'action continuée de ces mêmes causes [156] ».

VII. LES « ALTÉRATIONS » DE FORME ET DE COULEUR

En ce qui concerne la couleur, Buffon distingue deux choses : le teint du visage et la couleur de la peau. Le premier est fonction de l'ardeur du soleil et de la manière dont on s'y expose. Les Espagnols ont le teint « jaune et basané » parce que « l'air les jaunit, [et que] le soleil les brûle » [157]; chez les Arabes, « les femmes du commun sont extrêmement halées » tandis que les princesses et les dames arabes sont blanches, parce qu'elles « sont toujours à couvert du soleil » [158]; les Tonquinois sont plus « basanés » que les Chinois parce qu'ils vivent sous un climat plus chaud [159]. Les femmes de Java, « qui ne sont pas exposées, comme les hommes, aux grandes ardeurs du soleil, sont moins basanées qu'eux » [160]. Il s'agit d'une altération accidentelle, liée au mode de vie. Buffon assimile à cette coloration la « couleur » des peuples de race jaune. Les Chinois les plus méridionaux « sont les plus bruns, et ont le teint plus basané que les autres » [161]. Les adjectifs : brun, basané, jaune, olivâtre, notent des *nuances,* sans que le jaune soit considéré vraiment comme une « couleur ». Le teint des femmes de Formose est tantôt « jaune noir » tantôt jaune blanc » ou « tout à fait jaune ». Le jaune, comme la couleur cuivrée des Américains, n'est qu'une nuance dans cette gamme chromatique qui va du blanc au brun, en passant par le « hâlé » et le « basané ». L'influence du climat suffit à expliquer de telles variétés. De plus « l'Orient philosophique » est depuis longtemps intégré à la conscience européenne : on s'est habitué à la couleur des Chinois, et surtout la différence n'était pas telle qu'elle prêtât à la recherche d'une explication physiologique. Dans le cas particulier des Américains l'usage de diverses substances colorées la rendait superflue. Enfin le mélange des races pouvait faire varier à l'infini la couleur de la peau : « Les peuples qui habitent actuellement le Mexique et la Nouvelle-Espagne sont si mêlés », remarque Buffon, « qu'à peine trouve-t-on deux visages qui soient de la même couleur [162]. » Les travaux des anatomistes sur les causes de la couleur des Noirs s'étaient au contraire multipliés, en relation

156. IX, p. 275.
157. IX, p. 216.
158. IX, p. 205.
159. IX, p. 183.
160. IX, p. 186.
161. IX, p. 178.
162. IX, p. 253.

avec la recherche des lois de la génération des êtres vivants. Comme l'écrit Jacques Roger, c'était être, vers 1705, un « attardé » que de croire que cette noirceur était une « conformité accidentelle » et de l'attribuer au climat : que l'on adopte la thèse de Malpighi et de Ruysch sur le *reticulosum mucosum* ou celle de Hanneman sur le *fermentum nigricans,* que l'on situe le germe de la noirceur sous l'épiderme, ou dans le sang (ou encore dans la bile, comme le fera Barrère [163]), on considère qu'il s'agit d'une qualité « essentielle » qui se transmet par la génération [164]. D'où l'idée que la race noire est une race particulière, différente de toutes les autres races, et séparée d'elles par une sorte de barrière biologique [165].

Ici encore, la pensée de Buffon marque un tournant important. Il ne néglige nullement les travaux de ses prédécesseurs, qu'il a soigneusement étudiés pour établir sa propre théorie de la génération [166]. Il admet le bien-fondé de leurs observations, de celles de Barrère en particulier, qui lui semble être allé plus loin que les autres, en cherchant quelle pouvait être la cause interne de la couleur de l'épiderme des Noirs. Mais il pense que ces divers travaux n'ont fait qu'avancer la solution du problème sans le résoudre vraiment, car

« si l'on prétend que c'est le sang ou la bile qui, par leur noirceur, donnent cette couleur à la peau, alors, au lieu de demander pourquoi les Nègres ont la peau noire, on demandera pourquoi ils ont la bile ou le sang noir [167] ».

Pour Buffon, le problème n'est pas de comprendre comment il se fait que les nègres sont noirs, mais pourquoi ils le sont, alors que d'autres races d'hommes ne le sont pas, sans admettre un « principe de noirceur ». C'est en tenant compte de *toutes* les variétés de l'espèce humaine qu'on peut expliquer les « singularités » de chacune d'entre elles. Ses observations sur les différents peuples de la terre permettent donc à Buffon d'affirmer que la couleur des nègres est un caractère acquis, et non spécifique.

« (...) cette cause qui fait que les Espagnols sont plus bruns que les Français, et les Maures plus que les Espagnols, fait aussi que les Nègres le sont plus que les Maures [168]. »

Les « vrais nègres, c'est-à-dire les plus noirs de tous les

163. Le mémoire de Barrère est de 1741.
164. *Op. cit.,* p. 215-217.
165. Pour l'importance de cette idée chez Voltaire, voir J. Roger, *op. cit.,* p. 733 sq. et *infra,* « L'anthropologie de Voltaire ».
166. *Histoire générale des animaux,* ch. II à XII, 1749, éd. cit., VIII, p. 14-344. Sur cette théorie, voir J. Roger, *op. cit.,* Troisième partie, ch. 2 : « Buffon ».
167. IX, p. 271-272.
168. IX, p. 272.

Noirs » [169] ne se trouvent que dans les régions où la chaleur est « excessive », sur les côtes du Sénégal, de Sierra Leone, de Guinée. Sur les côtes orientales de l'Afrique, où la chaleur « n'est que très grande (...) on trouve les Cafres, c'est-à-dire des Noirs moins noirs » [170]. Au sud de l'Afrique, où l'air est plus tempéré, les Hottentots « sont *naturellement* plus blancs que noirs » [171]. Partout où la mer adoucit l'ardeur de l'air, à Sumatra, à Ceylan, à Bornéo, aux Philippines, etc., les hommes sont « tous extrêmement bruns, sans être absolument noirs » [172]. Mais dans la Nouvelle-Guinée ou Terre des Papous, « on retrouve des hommes noirs, et qui paraissent être de vrais nègres « [173]. Selon la nature du climat, on rencontre donc sous les mêmes latitudes des hommes plus ou moins noirs, et les nègres ne sont que les plus noirs de tous les hommes. Leur « noirceur » est l'effet d'une chaleur extrême, dont l'action prolongée et constante a produit une race d'hommes où ce caractère est devenu *héréditaire* [174].

De la même manière, un froid extrême est la cause des altérations de forme et de couleur, qu'on remarque dans la race laponne :

« Un froid très vif et une chaleur brûlante produisent le même effet sur la peau, parce que l'une et l'autre de ces deux causes agissent par une qualité qui leur est commune; cette qualité est la sécheresse (...). Les deux extrêmes, comme l'on voit, se rapprochent encore ici [175]. »

Si les Lapons cependant forment une race distincte de celle des nègres, tandis que les Papous peuvent être considérés comme de « vrais nègres », c'est que le froid a d'autres effets sur leur « forme » qu'une chaleur excessive, il « resserre, rapetisse », et les Lapons sont « les plus petits de tous les hommes » : c'est cette petitesse, plus encore que leur noirceur, qui les différencie de toutes les autres races [176]. Sous le double rapport de la forme et de la couleur, ces deux races : la race laponne et la race nègre, sont donc, à l'intérieur de l'espèce humaine, les deux « variétés » qui présentent les caractères les plus éloignés du modèle offert par l'homme des climats tempérés. Ces « deux extrêmes sont également éloignés du vrai et du beau » [177].

169. P. 267.
170. *Ibid.*
171. *Ibid.*, souligné par nous
172. P. 268.
173. P. 268.
174. P. 272.
175. P. 273.
176. P. 273.
177. *Ibid.*

VIII. RACE ET ESPÈCE

Au terme de ce tableau, Buffon semble établir une distinction nette entre ces deux notions : les « races » sont des « variétés de l'espèce », dont les caractères sont devenus héréditaires, par l'action constante et continue des causes qui sont à l'origine de « variétés individuelles » [178]. Ainsi les nègres blancs ne sont que des « variétés individuelles » et « ne forment pas une race particulière et distincte » puisque certains naissent de pères et de mères noires, d'autres de parents « qui sont tous deux de couleur de cuivre jaune [179] ». Ce sont donc des « individus singuliers, qui ne font qu'une variété accidentelle » :

« Tous ces hommes blancs qu'on trouve à de si grandes distances les uns des autres sont des individus qui ont dégénéré de leur race par quelque cause accidentelle [180]. »

Le blanc, « couleur primitive de la nature », reparaît chez eux, mais « avec une si grande altération, qu'il ne ressemble point au blanc primitif (...) » [181].

« La nature aussi parfaite qu'elle peut l'être a fait les hommes blancs, et la nature altérée autant qu'il est possible les rend encore blancs; mais le blanc naturel ou *blanc de l'espèce,* est fort différent du blanc individuel ou accidentel [182]. »

C'est l'effet d'une espèce de maladie qui se traduit par d'autres symptômes : faiblesse de la vue, complexion délicate, sourcils décolorés.

Mais dans le cours du chapitre, il s'en faut que les choses soient aussi claires. Le vocabulaire de Buffon semble souvent hésiter entre : race, espèce et variété. Une première remarque s'impose : le mot *espèce* n'a pas le même sens dans le titre et dans le détail de l'analyse, où Buffon l'emploie dans son acception la plus courante. Dans les *Additions* de 1777, Buffon écrira encore :

« Les Lapons, les Samoièdes et les Koriaques, si semblables par la taille, la couleur, la figure, le naturel, et les mœurs, doivent donc être regardés comme *une espèce d'hommes,* une même

---

178. P. 273.
179. P. 254 et 255. Les premiers sont les » Dondos », les seconds les habitants du Darien ou les Chacrelas de Java.
180. P. 255.
181. P. 256. Maupertuis écrivait : « Le blanc est la couleur des premiers hommes ». Cité par J. ROGER, *op. cit.,* p. 480.
182. P. 255, souligné par nous. Cette anomalie, Buffon ne la nomme pas « albinisme », mais il sait en reconnaître les symptômes dans des groupes humains très éloignés les uns des autres.

race dans l'*espèce humaine* prise en général, quoiqu'il soit bien certain qu'ils ne sont pas de la même nation [183]. »

Buffon entend donc par « race » ou « espèce d'hommes », tout groupe humain à l'intérieur duquel les caractères communs de couleur, de forme et de « naturel », devenus fixes dans le patrimoine héréditaire, l'emportent sur les « différences particulières » qui distinguent entre elles les « variétés » d'une même race. Le concept de race est donc intermédiaire entre l'espèce, dont Buffon a donné au départ un définition purement biologique [184], et les *variétés* de l'espèce, qui sont une réalité anthropologique. Toutes les variétés se rattachent à quatre *races* principales : la race européenne, la race nègre, la race chinoise, la race américaine, auxquelles il est possible de rattacher tous les autres groupes ethniques, formés par le mélange des peuples. Cette analyse spectrale de l'espèce humaine qui fait intervenir de multiples causes de différenciation se conforme au principe essentiel de l'anthropologie de Buffon. Une, l'espèce ne peut varier que par le concours de causes extérieures et accidentelles. Dans le temps et dans l'espace, elle se diversifie à l'infini, en s'altérant ou en se perfectionnant, mais elle ne peut perdre ses caractères essentiels.

S'il arrivait que l'homme fût contraint d'abandonner les climats où des migrations successives l'on conduit,

« (...) il reprendrait, avec le temps, ses traits originaux, sa taille primitive et sa couleur naturelle [185] ».

Si l'on transportait des nègres en Danemark et si on conservait scrupuleusement leur race sans leur permettre de la croiser, on parviendrait même à savoir « combien il faudrait de temps pour *réintégrer* (...) la nature de l'homme et, par la même raison, combien il en a fallu pour le changer du blanc au noir [186] ».

Le concept de *variétés* dans l'espèce humaine s'oppose donc radicalement à celui de *singularités* qui fonde au contraire l'anthropologie voltairienne. La notion de *race*, telle que l'entend Voltaire, à savoir une collection finie d'individus, dont les caractères sont immuables et ne peuvent s'altérer que par croisement, est pour Buffon totalement inadéquate au réel. Le mélange des races ne suffit pas à rendre compte des « rapports de ressemblances » entre des peuples qui n'ont entre eux aucun lien de

---

183. IX, p. 294. Première édition, *Suppléments*, tome IV. C'est nous qui soulignons.

184. « (...) on doit regarder comme la même espèce celle qui, au moyen de la copulation, se perpétue et conserve la similitude de cette espèce », VIII, p. 9. Sur les difficultés de Buffon pour les espèces animales, voir J. ROGER, *op. cit.*, p. 567 sq.

185. XIV, p. 178, *Dégénération des animaux*, 1766.

186. XIV, p. 179. Souligné par nous.

filiation. Contre Voltaire et Klingstöd [187], Buffon défendra donc, en 1777, dans les *Additions* au chapitre des *Variétés dans l'espèce humaine,* la thèse soutenue en 1749, avec une rigueur intransigeante :

« (...) de quelque part que les hommes d'un pays quelconque tirent leur première origine, le climat où ils s'habitueront influera si fort à la longue sur leur premier état de nature, qu'après un certain nombre de générations, tous ces hommes se ressembleront, quand même ils seraient arrivés de différentes contrées fort éloignées les unes des autres, et que primitivement ils eussent été très dissemblables entre eux. Que les Groënlandais soient venus des Esquimaux d'Amérique ou des Islandais; que les Lapons tirent leur origine des Finlandais, des Norvégiens ou des Russes; que les Samoièdes viennent ou non des Tartares, et les Koriaques des Mongols ou des habitants d'Yéço, il n'en sera pas moins vrai que tous ces peuples distribués sous le cercle arctique ne soient *devenus des hommes de même espèce* dans toute l'étendue de ces terres septentrionales [188]. »

Les « rapports de ressemblance » permettent donc de considérer ces peuples comme « étant d'une même nature et d'une même race », indépendamment des hypothèses qu'on peut former sur leur origine.

« Ce que j'ai seulement prétendu et que je soutiens, déclare Buffon, c'est que tous les hommes du cercle arctique sont à peu près semblables entre eux; que le froid et les autres influences de ce climat les ont rendus très différents des peuples de la zone tempérée; qu'indépendamment de leur courte taille, ils ont tant d'autres rapports de ressemblance entre eux, qu'on peut les considérer comme étant d'une même nature ou d'une même race qui s'est étendue et multipliée le long des côtes des mers septentrionales, dans des déserts et sous un climat inhabitable pour toutes les autres nations. *J'ai pris ici, comme l'on voit, le mot de race dans son sens le plus étendu, et M. Klingstedt le prend, au contraire, dans son sens le plus étroit* [189]. »

Plus loin, il dira des Kamtschadales et des Lapons « si éloignés qu'on ne peut même pas soupçonner qu'ils viennent les uns les autres », que « leur ressemblance ne peut provenir que de l'influence du climat qui est le même et qui par conséquent, a *formé* [190] des hommes de même espèce à mille lieues les uns des autres ». Il en est de même des Koriaques et des Lapons : leur espèce ou race est la même, et sans *provenir l'une de l'au-*

---

187. Sur l'origine et les circonstances de la querelle, voir le chapitre sur l'anthropologie de Voltaire.
188. IX, p. 295.
189. IX, p. 282. *Additions* de 1777. Souligné par nous.
190. Souligné par nous.

tre, elles proviennent également de leur climat, dont les influences sont les mêmes [191].

Prendre le mot *race* au sens génétique, c'est-à-dire dans son sens « le plus étroit », c'est prolonger à l'infini la querelle du polygénisme et du monogénisme. Le prendre dans son sens le plus étendu, c'est écarter les difficultés de la thèse monogéniste, en remplaçant l'idée d'une filiation directe par celle d'une « histoire naturelle » des espèces, où la variété est le produit d'un nombre limité de causes. Alors que Voltaire ne peut affirmer l'immuabilité des espèces qu'en supposant « autant de desseins différents qu'il y a d'espèces différentes », Buffon s'est avisé assez vite qu'il n'avait nul besoin d'être monogéniste pour soutenir que « le genre humain n'est pas composé d'espèces essentiellement différentes ». En 1765, l'article « Humaine (Espèce) » dans l'*Encyclopédie,* peut opérer une disjonction entre cette proposition et l'énoncé de la thèse monogéniste qui lui faisait suite en 1749 [192]. L'importance de cette disjonction n'a nullement échappé aux contemporains et De Pauw saisit bien tous les avantages de cette position d'indifférence, lorsqu'il écrit :

« Que le genre humain ait eu une tige, ou qu'il en ait eu plusieurs, question inutile que des physiciens ne devraient jamais agiter en Europe. Il est certain que le climat seul produit toutes les variétés qu'on observe parmi les hommes : il est certain encore que les nègres forment une de ces variétés qu'Atkins prenait pour une espèce (...) [193]. »

L'espace où se déroule l'histoire de l'homme reste sans doute traversé par d'incessantes migrations qui modifient sensiblement les caractères acquis : des nations se forment et se constituent, par leurs langages et leurs mœurs, en unités indépendantes. Mais ces « révolutions », si importantes aux yeux de l'historien, ne sont pour Buffon, que des phénomènes secondaires. A la reconstitution historique du passé comme au déterminisme géographique il oppose ce que G. Gusdorf appelle une « intelligence » ethnologique de la réalité humaine » [194]. C'est précisément de ces refus que naît, avec Buffon la pensée anthropologique. De ce

---

191. IX, p. 293-294. Voir aussi p. 295, où Buffon affirme qu'il est très inutile pour son objet de rechercher si les Groenlandais tirent leur origine des Islandais ou des Américains.

192. La conclusion du chapitre était : « Tout concourt à prouver que le genre humain n'est pas composé d'espèces essentiellement différentes entre elles, et *qu'au contraire* il n'y a eu originairement qu'une seule espèce d'hommes qui, s'étant multipliée et répandue sur toute la surface de la terre, a subi différents changements (...) », IX, p. 274-275. La deuxième partie de la phrase disparaît dans l'*Encyclopédie,* art. « Humaine (Espèce) », dont le rédacteur est Diderot.

193. *Recherches (...) sur les Américains,* Deuxième Partie, section II, éd. cit., I, p. 358.

194. *De l'Histoire des Sciences à l'Histoire de la Pensée,* p. 83. Mais l'expression est employée à propos de Goguet.

point de vue, ni Georges Gusdorf ni Michel Foucault ne nous semblent avoir rendu pleine justice à Buffon.

L'anthropologie de Buffon va en effet plus loin qu'on ne le croit généralement : elle prononce une loi générale d'évolution, qui n'exclut nullement la possibilité de nouvelles variations, puisque la stabilité des caractères acquis sous l'influence des « causes extérieures et accidentelles » n'implique pas leur fixité, mais seulement une action constante et continue des mêmes causes. « Si ces mêmes causes ne subsistaient plus, ou si elles venaient à varier dans d'autres circonstances et par d'autres combinaisons », écrit Buffon, il est très probable " que les altérations dont les variétés ou races dans l'espèce humaine sont l'actuel produit ", disparaîtraient aussi peu à peu et avec le temps, ou même qu'elles deviendraient différentes de ce qu'elles sont aujourd'hui [195]. » Il y a donc pour lui un devenir de l'espèce humaine : en mettant l'accent sur l'influence du climat et du milieu, en rattachant l'homme au mouvement universel de la nature, Buffon ouvre une voie vers le transformisme.

« Si l'on peut définir le transformisme par deux thèses essentielles, à savoir que les formes vivantes sont issues les unes des autres, et que cette filiation va toujours du plus simple au plus complexe (...) »

il est évident qu'il faut conclure avec Jacques Roger [196] que le transformisme est rigoureusement absent de l'*Histoire naturelle* de Buffon, comme de la *Lettre sur les aveugles* et du *Rêve de d'Alembert*. Il n'en reste pas moins que l'interprétation linéenne de l'*Histoire naturelle* de Buffon à laquelle s'en tient Michel Foucault dans les *Mots et les Choses* (« Classer ») estompe le caractère original de la pensée de Buffon. Son *système* ne se réduit pas à « une taxinomie qui enveloppe, de plus, le temps, une classification généralisée » [197]. En faisant de l'adaptation au milieu la condition essentielle de la fixité des caractères acquis, il s'ouvre sur un autre « discours de la nature » où l'hypothèse transformiste pourra s'enraciner.

Pour Buffon pourtant, c'est l'existence sous un heureux climat de peuples policés, qui sont *aussi* les mieux faits et les plus beaux des hommes, qui permet de *rapporter* tous les groupes humains à un unique système de coordonnées [198], et de tracer la courbe de leur devenir : les Lapons ou les Hottentots ne sont « dégénérés » de l'espèce humaine que parce qu'ailleurs existe un spécimen qui semble assigner à l'espèce un point de perfection. L'anthropologie de Buffon repose sur la

---

195. IX. p. 275. L'ordre des phrases est inversé par nous.
196. *Les Sciences de la vie* (...), p. 593.
197. *Op. cit.*, p. 165.
198. « (...) c'est sous ce climat qu'on doit prendre le modèle ou l'unité à laquelle il faut *rapporter* toutes les autres nuances (...) », IX, p. 273.

somme et la différence non parce qu'il croit à l'inégalité des races, mais parce que posant en principe l'unité de l'espèce humaine, il se réfère constamment à un type de développement commun à toutes les « variétés d'hommes ». La distance qui sépare chaque groupe humain du sommet de la courbe est à la fois retard historique et écart biologique. Si celui-ci apparaît trop grand, l'histoire s'infléchit, et le devenir du groupe est compromis. Il en est ainsi des Lapons, dont « la physionomie est aussi sauvage que les mœurs ». Les Tartares physiquement les plus « dégénérés » sont aussi « grossiers, stupides et brutaux », mais « les Tartares Mongoux qui ont conquis la Chine et qui de tous ces peuples étaient les plus policés, sont encore aujourd'hui ceux qui sont les moins laids et les moins mal faits » [199].

Inversement l'espèce se différencie, s'affine et se modèle en passant de l'état sauvage à l'état policé. En supposant un peuple sauvage et un peuple policé vivant sous le même climat :

« Les hommes de la nation sauvage seraient plus basanés, plus laids, plus petits, plus ridés que ceux de la nation policée [200]. »

C'est sous les climats tempérés que l'on trouve les *hommes* les plus beaux et les mieux faits, mais sous ces mêmes climats, c'est dans les pays policés que se rencontre le plus grand nombre d'individus présentant ces caractères, c'est-à-dire les *peuples* « les plus beaux et les mieux faits de toute la terre » [201]. Le degré supérieur est en effet atteint lorsque les caractères acquis par les individus sous la double influence du climat et des mœurs se sont fixés au bénéfice du groupe, par une sorte de mutation qui profite à l'espèce tout entière. Inversement, il y a « altération » ou « dégénérescence » lorsque des caractères apparus accidentellement « par la différence de la nourriture, par celle de la manière de vivre, par les maladies épidémiques, et aussi par le mélange varié à l'infini des individus plus ou moins ressemblants » deviennent héréditaires et doivent être portés au passif du groupe, et, au-delà, de l'espèce.

« (...) d'abord ces altérations n'étaient pas marquées, et ne produisaient que des *variétés individuelles;* [qu']elles sont ensuite devenues *variétés de l'espèce* (...) [202]. »

Ainsi un climat excessif — trop chaud ou trop froid — des nourritures grossières malsaines ou mal préparées « peuvent faire dégénérer l'espèce humaine; tous les peuples qui vivent misérablement sont laids et mal faits » [203]. A l'échelle d'un continent, comme l'Amérique, où l'on aurait dû observer des différences

199. IX, p. 168, 173. 175. 176.
200. IX, p. 219.
201. IX, p. 273.
202. IX, p. 275.
203. *Ibid.*, p. 273-274.

importantes entre les individus et donc entre les peuples, l'absence de « variétés » s'explique par des causes à la fois naturelles et historiques :

« Ils ont conservé jusqu'à présent les caractères de leur race sans grande variation, parce qu'ils sont tous demeurés sauvages, qu'ils ont tous vécu à peu près de la même façon, que leur climat n'est pas à beaucoup près aussi inégal pour le froid et pour le chaud que celui de l'ancien continent, et qu'étant nouvellement établis dans leur pays, les causes qui produisent des variétés n'ont pu agir assez longtemps pour opérer des effets bien sensibles [204]. »

IX. Anthropologie et histoire

Ce n'est qu'en s'arrachant au monde du semblable et du même, où gravitent toutes les autres espèces, que l'homme se perfectionne. Demeurés « toujours les mêmes, et partout à peu près les mêmes », les Américains n'ont pas dépassé le stade, où l'homme reste soumis aux lois du mécanisme universel. Du degré le plus bas — auquel se situent les Hottentots — aux sociétés les plus perfectionnées, l'histoire n'est qu'une lente émergence de l'espèce, la civilisation est le produit d'une action continue de l'homme sur le milieu naturel, et le processus même par lequel il fait le monde à son image. « La nature brute est hideuse et mourante », comme les peuples qui l'habitent, elle est « dans la décrépitude » [205]. Au contraire la nature cultivée par la main de l'homme s'épanouit dans une sorte de germination universelle, lui renvoyant l'image de sa propre perfection; elle est le miroir où il peut se contempler, et enfin se reconnaître lui-même :

« (...) En se multipliant, il en multiplie le germe le plus précieux; elle-même aussi semble se multiplier avec lui, il met au jour par son art ce qu'elle recélait dans son sein. Que de trésors ignorés ! que de richesses nouvelles ! Les fleurs, les fruits, les grains perfectionnés, multipliés à l'infini; les espèces utiles d'animaux transportées, propagées, augmentées sans nombre, les espèces nuisibles réduites, confinées, reléguées; l'or et le fer, plus nécessaire que l'or, tirés des entrailles de la terre; les torrents contenus, les fleuves dirigés, resserrés; la mer soumise, reconnue, traversée d'un hémisphère à l'autre, la terre accessible partout, partout rendue aussi vivante que féconde; dans les vallées de riantes prairies, dans les plaines de riches pâturages ou des moissons encore plus riches; les collines chargées de vignes et

204. IX, p. 261.
205. XII, p. 113 et 114, *De la Nature, Première Vue.*

de fruits, leurs sommets couronnés d'arbres utiles et de jeunes forêts, les déserts devenus des cités habitées par un peuple immense, qui circulant sans cesse, se répand de ces centres jusqu'aux extrémités; des routes ouvertes et fréquentées, des communications établies partout comme autant de témoins de la force et de l'union de la société; mille autres monuments de puissance et de gloire démontrent assez que l'homme, maître du domaine de la terre, en a changé, renouvelé la surface entière, et que de tout temps il partage l'empire avec la nature [206]. »

Nouveau « spectacle de la nature » que l'homme se donne à lui-même, et où il joue le rôle du Démiurge. Le monde civilisé est comme une autre Création, dont les merveilles sont inépuisables, incomparable l'harmonie. Tout y chante la gloire de l'espèce humaine. Pourtant l'Homme ne peut rendre à la nature plus qu'elle ne lui a prêté. Un climat excessif [207], un sol aride, un relief trop inégal [208] sont autant d'obstacles à cette action réciproque qui permet à une civilisation de naître et de se développer. Ces causes naturelles « extérieures et accidentelles », « confirmées et rendues constantes (...) par le temps et l'action continuée de ces mêmes causes » suffisent à rendre compte des inégalités de développement, qui creusent un écart entre sauvages et civilisés, et semblent fonder du même coup un droit de « civilisation ». Tout peuple policé tend, par l'effet de son dynamisme propre, à se multiplier et à se répandre, à devenir le centre d'un réseau d'échanges et de communications, par où il rayonne jusqu'aux extrémités du monde; c'est bien ainsi qu'il faut lire le texte de Buffon que nous citions tout à l'heure : cette « mer soumise, reconnue, traversée d'un hémisphère à l'autre », « cette terre accessible partout », sont l'espace où se déploie la toute-puissance de l'homme, jusqu'aux limites de l'univers entier, jusqu'à ce qu'enfin tout ce qui est possible soit [209].

On mesure combien l'anthropologie de Buffon reste commandée par une image du monde et de l'homme, qui est celle de son temps. Elle érige en concept scientifique un fait historique :

206. XII, p. 115. Le texte est riche d'images qui montrent l'émergence de l'espèce des abîmes de l'animalité aux riants paysages d'un monde où le « nuisible » est relégué et confiné, tandis que « l'utile » vient au jour. L'opposition du nocturne, du clos, et de l'ouvert, de l'animé mériterait d'être étudiée dans toute la littérature des « Lumières ».

207. En Afrique par exemple, où les hommes sont stupides et bornés et, dans l'Extrême-Nord où l'espèce semble se rapetisser et décroître; Buffon brosse même une sorte de caractérologie de l'homme des plaines « grossier(s), pesant(s), stupide(s), mal fait(s) » opposé à l'homme des coteaux « agile, dispos, bien fait, spirituel », IX, p. 274. Voir encore XIV, p. 180, *Dégénération des animaux.*

208. Par exemple au Mexique et au Pérou où « un groupe de montagnes inaccessibles, inhabitables, (qui) ne laissent (...) que de petits espaces propres à être cultivés et habités ».

209. « Il faut ne rien voir d'impossible, s'attendre à tout, et supposer que tout ce qui peut être est (...) », écrit Buffon. Texte cité par Jean Ehrard, ouv. cit., p. 245, note 2.

la différence de potentiel, qui atteint alors son maximum, entre l'Europe civilisée et le monde sauvage, et la force d'expansion qui en résulte. Normative et explicative à la fois, l'anthropologie de Buffon respecte un ordre hiérarchique, implicitement admis comme invariable. L'écart qui sépare chaque peuple de tous les autres peut varier du plus au moins [210], il ne peut cesser d'être : « l'ordre, la subordination, l'harmonie » imposés par l'homme à tous les êtres vivants [211], et à la nature entière, règlent aussi le cours de l'histoire, et le rapport des forces est immuable. Si les variétés de l'espèce humaine s'ordonnent si aisément en tableau, c'est que les lois de la perspective permettent d'y accorder sans mal les nuances aux couleurs fondamentales du spectre, par le seul effet des dégradés et des contrastes.

Mais précisément parce qu'on passe, par ces jeux de lumière, insensiblement et par nuances, d'une race, d'un peuple à l'autre, de l'Ancien au Nouveau Monde, et de l'Europe à l'Afrique, l'unité de l'espèce humaine prend un relief nouveau. Il n'est pas indifférent par exemple de voir Buffon, dans les chapitres où il traite de l'*Enfance*, de l'*Age viril*, de la *Vieillesse et de la Mort*, éclairer souvent son propos en citant telle ou telle coutume des sauvages [212]. Certes il lui arrive d'en dénoncer la grossièreté et la barbarie; la castration, l'infibulation, la prostitution des filles, la polygamie, les mutilations volontaires ne peuvent s'expliquer que par la dépravation des mœurs ou la superstition [213]. Mais il admet que la circoncision puisse répondre à une nécessité naturelle [214]. Mais encore la manière dont les sauvages élèvent leurs enfants lui paraît plus saine que l'usage du maillot [215]. Il ne condamne en somme que ce qui lui paraît aller contre la raison et la justice, et nomme « barbare » cette sorte de « cruauté » qui, chez les peuples sauvages, attente selon lui, à la dignité ou à la liberté de l'individu. Ainsi le sort malheureux réservé aux femmes chez la plupart d'entre eux constitue « le plus grand abus que l'homme ait de sa force » [216].

Mais la barbarie des civilisés, qui maltraitent les sauvages, les excèdent de travail, les traitent non en hommes, mais en bêtes, le révolte plus encore : par ces cruautés, l'homme civilisé renonce à son propre statut, et rentre dans l'état de nature. Certes les nègres ont peu d'esprit, mais « ils ne laissent pas d'avoir beaucoup de sentiment », ils ont « le cœur excellent », et le « germe

---

210. Ainsi, dans les *Additions* aux *Variétés dans l'espèce humaine*, il admet la nécessité de retoucher le portrait des Lapons, qui « se sont en partie civilisés », IX, p. 287.

211. XII, p. 113.

212. Usage des bains froids (VIII, p. 368), liberté de mouvement laissée aux enfants (VIII, p. 369-371), sexualité (*De la puberté*), coiffure, vêtements, ornements (IX, p. 16-18).

213. VIII, p. 394 sq.

214. VIII, p. 393.

215. VIII, p. 370-371.

216. IX, p. 29.

de toutes les vertus » : en un mot, ils sont hommes, et doivent être traités comme tels.

« Ne sont-ils pas assez malheureux d'être réduits à la servitude, d'être obligés de toujours travailler sans pouvoir jamais rien acquérir, faut-il encore les excéder, les frapper, et les *traiter comme des animaux? L'humanité se révolte contre ces traitements odieux* (...) [217]. »

Les conquérants de l'Amérique sont jugés avec la même sévérité :

« Ils se permettent tous les excès du fort contre le faible : la mesure de leur gloire est celle de leurs crimes, et leur triomphe l'opprobre de la vertu. En dépeuplant ce nouveau monde, ils l'ont défiguré et presque anéanti (...) tout l'or qu'on a tiré de l'Amérique pèse peut-être moins que le sang humain qu'on y a répandu [218]. »

Ce qui pourrait n'être qu'un lieu commun de moraliste prend une grande force chez Buffon, si on le rapporte aux principes mêmes de son anthropologie : unité de l'espèce humaine et progrès indéfini de l'espèce. Tout peuple policé, du fait même de sa supériorité, est responsable d'un monde en devenir. Dépeupler un continent, le défigurer et presque l'anéantir, c'est aller contre le sens de toute l'histoire humaine. C'est revenir à ces temps où

« l'homme, encore à demi sauvage, était comme les animaux, sujet à toutes les lois et même aux excès de la nature », [où l'on vit] « des Normands, des Alains, des Huns, des Goths, des peuples ou plutôt des peuplades d'animaux à face humaine, sans domicile et sans nom, sortir tout à coup de leurs antres, marcher par troupeaux effrénés, tout opprimer sans autre force que le nombre, ravager les cités, renverser les empires, et après avoir détruit les nations et dévasté la terre, finir par la repeupler d'hommes aussi nouveaux et plus barbares qu'eux [219]. »

Vision d'apocalypse, dont la charge de violence commande toutes les images qui s'ordonnent autour du thème de la barbarie des civilisés. Il ne va point sans cet autre, qui lui sert d'antidote : la civilisation des sauvages, seul fondement moral d'un humanisme de la conquête :

« Le Paraguay n'a été conquis que de cette façon : la douceur, le bon exemple, la charité et l'exercice de la vertu, constamment pratiqués par les missionnaires, ont touché ces sauvages et vaincu leur défiance et leur férocité : ils sont venus souvent d'eux-mê-

217. IX, p. 234, souligné par nous.
218. V, p. 268, *De l'Or.*
219. XI, p. 57, *Animaux sauvages.*

mes demander à connaître la loi qui rendait les hommes si parfaits, ils se sont soumis à cette loi et réunis en société. Rien ne fait plus d'honneur à la religion que d'avoir civilisé ces nations et jeté les fondements d'un empire sans autres armes que celles de la vertu [220]. »

Stupidité, ignorance, inertie, paresse, l'état sauvage est chez Buffon pure négativité et n'est jamais pensé comme négation absolue. Il est passivité, «état » où l'homme ne peut demeurer sans souffrir d'un manque essentiel. En dépassant la contradiction, que Rousseau accusait au contraire, entre un état de nature idéalisé et l'image intolérable d'une civilisation où souffle l'esprit du mal, l'anthropologie de Buffon donnait un fondement philosophique à un nouveau modèle de colonisation. En ce sens, elle contribuait à la formation de ce que nous avons appelé « l'idéologie coloniale », en offrant à « l'humanisme » bourgeois une solution de rechange.

---

220. IX, p. 258-259

2

L'anthropologie de Voltaire

Voltaire n'est point homme de science, et ne se soucie guère d'une « science de l'homme », au sens où un Buffon, un Diderot l'entendirent. Très tôt constituées en système, ses idées sur les races humaines, l'état de nature, l'origine et le progrès des sociétés, sont demeurées invariablement les mêmes tirant toute leur force du préjugé qui les fonde; c'est ce système qui constitue l'anthropologie voltairienne, au sens philosophique du terme. M. Jacques Roger a bien montré comment le déisme voltairien avait fait nécessairement de Voltaire un « attardé » dans tous les domaines où les découvertes scientifiques « dérangeaient fort certains points de sa philosophie » [1]. La « religion de Voltaire » le détourne doublement d'une histoire naturelle de l'homme : polygéniste avec esprit contre les théologiens, il prendra contre les thèses des matérialistes le parti de « l'éternel machiniste », ce « maître de la nature [qui] a peuplé et varié tout le globe » [2].

I. LES THÈSES VOLTAIRIENNES

Dès 1734, Voltaire a tranché la question dans ce *Traité de métaphysique*, qu'il ne publiera pas, et qui porte en sous-titre : « Doutes sur l'homme ». Comme bientôt Micromégas, il se met en quête de ces étranges animaux qu'on appelle *hommes* et dé-

---

1. *Les Sciences de la vie* (...), p. 194 et 732-748. M. Roger analyse les raisons profondes de l'opposition de Voltaire aux nouvelles théories sur la génération.
2. *Essai*, éd. cit., II, p. 341.

couvre qu'il en est bien des espèces : la jaune avec des crins, la noire avec de la laine, les Européens barbus et les Américains imberbes. Un missionnaire de Goa lui affirme que tous sont « nés d'un même père ». A quoi le philosophe incrédule répond en demandant :

> « (...) si un nègre et une négresse, à la laine noire et au nez épaté, font quelquefois des enfants blancs, portant cheveux blonds, et ayant un nez aquilin et des yeux bleus; si des nations sans barbe sont sorties des peuples barbus, et si les blancs et les blanches ont jamais produit de peuples jaunes [3]. »

Il étend à toutes les races humaines l'idée de différence spécifique, que les anatomistes — Malpighi et Ruysch notamment — pensaient avoir démontrée en isolant chez les nègres un *reticulum mucosum*, constituant le « principe » de leur « noirceur » [4]. Voltaire avait eu l'occasion de voir chez Ruysch, au cours d'un voyage en Hollande (1722) un fragment de cette membrane [5]. Cette membrane, « blanche chez nous, chez eux noire, bronzée ailleurs » [6] ne permet qu'à un aveugle de douter que « les Blancs, les Nègres, les Albinos, les Hottentots, les Lapons, les Chinois, les Américains soient des races entièrement différentes » [7]. Et Voltaire d'affirmer :

> « Peut-être si on disséquait un Brésilien avec le même soin qu'on a disséqué des nègres, trouverait-on dans leur membrane muqueuse la raison de cette couleur bronzée [8]. »

Dès le *Traité de métaphysique*, il nie toute influence du climat : les nègres « transplantés » ne « font que des nègres » et « jamais homme un peu instruit n'a avancé que les espèces non mélangées dégénérassent ». Il en est des hommes comme des arbres, et si personne ne songe à dire que « les poiriers, les sapins, les chênes et les abricotiers ne viennent point d'un même arbre », il est tout aussi évident que « les blancs barbus, les nègres portant laine, les jaunes portant crin et les hommes sans barbe, ne viennent pas du même homme » [9].

Proposition à vrai dire si surprenante, qu'elle suffirait à révéler l'intention profonde de Voltaire. Dire qu'« il en est des hommes comme des arbres », n'est-ce pas dire qu'au regard de Dieu tout est égal, et que chaque espèce, dans l'ordre immuable de la Création, tient son origine et sa fin des seuls desseins du Créateur ? Aucune n'est investie d'une dignité supplémentaire, mais toutes manifestent également l'infinie liberté de Dieu, ca-

---

3. *Traité,* ch. I, p. 192-193, éd. Moland.
4. Sur ces découvertes, voir J. ROGER, *op. cit.,* p. 215-216.
5. *Essai,* ch. CXLI, II, p. 305-306.
6. *Ibid.,* p. 305.
7. *Essai, Introduction,* I, p. 6.
8. *Essai,* ch. CL, rédaction du ms. de Léningrad, antérieure à 1756 (II, 967).
9. *Traité,* ch. I, p. 193.

pable d'autant « de desseins différents qu'il y a d'espèces différentes » [10]. A plus forte raison, il n'y a point entre l'homme et l'animal cette « distance immense », remplie au-dedans par la pensée et au-dehors par la parole, que nulle forme intermédiaire ne pourra combler chez Buffon. Le philosophe du *Traité de métaphysique*, descendu sur « ce petit amas de boue » qu'est la Terre, se plaît à confondre la vanité de l'espèce humaine. Comparé au singe et à l'éléphant, que vaut cet étrange

« (...) animal noir qui a de la laine sur la tête, marchant sur deux pattes, presque aussi adroit qu'un singe, moins fort que les autres animaux de sa taille, ayant un peu plus d'idées qu'eux, et plus de facilités pour les exprimer; sujet d'ailleurs à toutes les mêmes nécessités, naissant, vivant et mourant tout comme eux [11] ? »

Voit-il enfin paraître des hommes d'une espèce supérieure à celle des nègres, ils ne sont tels que « comme les nègres le sont aux singes, et comme les singes le sont aux huîtres, et aux autres animaux de cette espèce ». L'idée d'un principe spirituel, qui fonderait en nature la supériorité de l'espèce humaine [12], est étrangère à la pensée de Voltaire, qui donne à Dieu seul la place éminente qu'elle refuse à l'homme. L'unité de la création n'est pas moins admirable que sa prodigieuse variété, et l'animal humain n'est point fait d'une autre pâte que les autres,

« (...) les organes de la vie sont les mêmes chez eux tous; les opérations de leur corps partent toutes des mêmes principes de vie; ils ont tous à mes yeux mêmes désirs, mêmes passions, mêmes besoins; ils les expriment tous chacun dans leurs langues [13] ».

Voltaire est résolument mécaniste, comme presque tous les savants et les philosophes de la première moitié du siècle [14]. Comme eux il est persuadé que tout est matière et mouvement, que la Nature est uniforme et « suit toujours invariablement les mêmes règles ». Le texte du *Traité de métaphysique* semble souvent l'écho de quelque dissertation du *Journal des Savants* [15]. Mais le maître de Voltaire est Fontenelle, pour qui physique et théologie ne sont qu'une seule et même science [16]. C'est bien ce

---

10. *Eléments de philosophie de Newton,* éd. Beuchot, Première partie, ch. VIII, XXIV, p. 57. C'est le déisme newtonien.
11. *Traité...,* ch. I, p. 191.
12. *Eléments de philosophie* (...), 1re partie, ch. V, XXIV, 40 : « Par quel privilège l'homme ne serait-il pas soumis à la même nécessité que les astres, les animaux, les plantes, et tout le reste de la nature ? »
13. *Traité,* ch. 5, p. 239-240.
14. Voir J. ROGER, *op. cit.,* Seconde partie, « La philosophie des savants, 1670-1745 », chapitre I.
15. Voir les textes cités par J. ROGER, p. 209 et p. 216.
16. *Préface sur l'utilité des Mathématiques* (texte cité par J. ROGER, p. 232) : « Surtout l'Astronomie et l'Anatomie sont les deux sciences qui nous

que celui-ci appelle la « Méchanique des animaux » qui commande l'idée que Voltaire se fait de toutes les espèces vivantes : les « organes de la vie », les « opérations [du] corps », les « désirs, les passions, les besoins », tel sont les ressorts qui mettent en mouvement toutes les « machines ». Toute la complexité des effets ne fait que rendre plus sensible l'admirable simplicité des moyens, et l'art de l'éternel machiniste qui a su mettre tant d'uniformité dans la production d'êtres si divers.

Avec Locke et Newton, Voltaire accorde aux animaux « une mesure d'idées, et les mêmes sentiments qu'à nous » [17], un langage qui leur permet de communiquer entre eux, un « amour-propre » qui les pousse à se conserver et à se reproduire. Aux abeilles et aux fourmis, Dieu a donné « quelque chose pour les faire vivre en commun, qu'il n'a donné ni aux loups ni aux faucons » [18]. Des idées plus nombreuses, une « mémoire plus vaste » [19], un langage « différemment articulé », voilà tout ce qui distingue l'homme des autres animaux, avec une « bienveillance » particulière pour son espèce, « qui ne se remarque point dans les bêtes » [20]. Encore cette « disposition à la compassion » n'est-elle qu'un instinct supplémentaire, un « principe moral » [21], inscrit dans la nature même de l'homme. Voltaire est sensualiste pour les mêmes raisons qu'il est mécaniste; cherchant pour toutes les espèces vivantes un principe unique d'organisation, qui rende compte de l'économie de la Création, il le trouve dans l'identité des besoins, des désirs, des passions et des idées « venues par les mêmes sens à des hommes tous organisés de la même manière » [22]. Avec Newton et Locke, il se range donc parmi les adversaires des idées innées. La pitié naturelle pour son semblable, qui commande à chacun de « traiter son prochain comme soi-même » n'est que le « ressort » dont Dieu se sert pour gouverner les sociétés humaines, comme il règle par le seul jeu des passions — orgueil, ambition, avarice, envie — toute l'industrie des hommes [23]. Cette loi d'attirance universelle joue dans le monde moral le même rôle que l'attraction et la gravitation dans le monde planétaire.

« Il n'y a point de philosophie qui mette plus l'homme sous la main de Dieu que celle de Newton », écrira Voltaire dans

offrent le plus sensiblement deux grands caractères du Créateur, l'une son immensité (...), l'autre son intelligence infinie, par la Méchanique des Animaux. La véritable Physique s'élève jusqu'à devenir une espèce de Théologie. »

17. *Eléments de philosophie*, Première partie, ch. VI, XXIV, 45.
18. *Ibid.*, p. 42-43.
19. *Eléments de philosophie* (...), Première partie, ch. V, XXIV, p. 39.
20. *Traité*, ch. V, p. 239-240
21. Cf. *Note Books*, II, p. 374-375 (série écrite entre 1750 et 1755) : « La faim et l'amour principe physique pour le animaux; amour-propre et bienveillance, *principe moral* pour les hommes. Ces premières roues font mouvoir toutes les autres, et toute la machine du monde est gouvernée par elles. *Chacun obéi' à son instinct.* » Souligné par nous.
22. *Eléments de philosophie...*, Première partie, ch. VI, XXIV, p. 43.
23. *Traité*, p. 223.

la *Défense du newtonianisme* [24]. De même que « l'homme ne peut se donner ni sensations ni idées », mais « reçoit tout » [25], les sociétés humaines gravitent selon des lois qu'elles ne se sont point données à elles-mêmes :

« Tout suit les lois éternelles de la nature. Nous avons perfectionné la société, oui; mais nous y étions destinés [26]. »

Ainsi « la raison, l'amour-propre, la bienveillance pour notre espèce, les besoins, les passions, tous moyens par lesquels nous avons établi la société [27] »,

ne sont que les signes visibles de cette prédestination, et la religion naturelle est ce qui permet à cette société de subsister, et d'accomplir les desseins du Créateur. Voltaire reproche à Locke de croire qu'il n'y a aucune notion du bien et du mal qui soit commune à tous les hommes ». Il ne peut s'accommoder d'usages qui contredisent la nature, c'est-à-dire l'ordre nécessaire. Le « juste » et « l'injuste » sont des catégories universelles qui ne souffrent aucune exception.

« Partout est vertueux ce qui est conforme aux lois qu'ils [les hommes] ont établies, et criminel ce qui leur est contraire (...). La vertu et le vice, le bien et le mal moral, est donc en tout pays ce qui est utile ou nuisible à la société [28]. »

Jamais Voltaire ne s'écartera de la loi ainsi formulée dans le *Traité de métaphysique* ni de la méthode employée dans les *Eléments de philosophie* pour que les faits semblent s'y plier comme d'eux-mêmes : tenir pour suspect tout usage dont la vérité est mal établie, ne point prendre « l'abus d'une loi pour la loi même », enfin, s'il est impossible de douter, chercher quelque cause naturelle qui satisfasse la raison [29] :

« Ainsi tout voyageur qui me dira, par exemple, que des sauvages mangent leur père et leur mère par pitié, me permettra de lui répondre qu'en premier lieu le fait est fort douteux; secondement, si cela est vrai, loin de détruire l'idée du respect que l'on doit à ses parents, c'est probablement une façon barbare de marquer sa tendresse; car apparemment qu'on ne tue son père et sa mère par devoir que pour les délivrer, ou des incommodités de la vieillesse, ou des fureurs de l'ennemi; et si alors on leur donne un tombeau dans le sein filial, au lieu de les laisser manger par des vainqueurs, cette coutume, tout effroyable qu'elle est à l'imagination, vient pourtant nécessairement de la bonté du cœur. La loi naturelle n'est autre chose que cette

---

24. Ed. Beuchot, XXIV, p. 236.
25. *Zadig*, dans *Romans et Contes*, éd. Pomeau, p. 801. L'homme combine sensations et idées, mais celles-ci lui sont données. Le sensualisme de Voltaire n'est génétique qu'au-delà de ce seuil.
26. *Note Books*, II, p. 375.
27. *Traité...*, p. 227-228.
28. *Ibid.*, p. 224-225.
29. *Eléments de philosophie*, Première partie, ch. VI, XXIV, p. 43.

loi qu'on connaît dans tout l'univers : " Fais ce que tu voudrais qu'on te fît " [30]. »

L'idée que Voltaire se fait de la nature humaine et de l'ordre nécessaire de la Création commande l'interprétation des faits : fondée sur un ensemble de postulats, l'anthropologie voltairienne renvoie constamment à une métaphysique dont elle ne peut se dissocier. Discuter des caractères des Albinos, du « tablier » des Hottentots ou de la barbe des Américains, ce n'est point pour Voltaire faire de l'histoire naturelle, c'est éclaircir un point de métaphysique. Il n'y a donc pas pour lui de terrain neutre, où une science de l'homme, au sens où l'entend Buffon, pourrait s'installer dans le relatif. Face à son temps, la pensée de Voltaire reste en ce domaine figée et comme rétractée. On dirait qu'il n'engrange les faits qu'à regret : qu'il s'agisse de l'espèce humaine, de la couleur des nègres ou des Indiens, de l'anthropophagie, de l'origine des Américains, des migrations, tout est sujet d'inquiétude, plus encore qu'objet de curiosité. Certes il s'informe, il collectionne les « singularités », mais c'est pour réfuter telle ou telle conséquence à la manière de ses adversaires qu'on en pourrait tirer contre le déisme, les causes finales, la religion naturelle. Contre Rousseau, contre Buffon, contre Maupertuis, contre De Pauw, Voltaire défendra inlassablement sa propre philosophie.

On n'a souvent retenu de l'anthropologie voltairienne que la thèse polygéniste, vrai cheval de bataille contre les théologiens. L'idée de la fixité des espèces n'a rien en elle-même qui puisse choquer un esprit chrétien, et, vers 1730, elle est communément admise [31]. Elle s'accorde en effet fort bien avec l'idée d'une Providence qui a partout établi un ordre immuable et infiniment sage. Mais Voltaire insiste beaucoup moins sur ce fixisme que sur le polygénisme qui en découle nécessairement, et qui soulève bien d'autres difficultés théologiques. Dire que les espèces d'hommes sont immuables, qu'elles ont toujours été ce qu'elles sont, c'est dire qu'elles ne peuvent procéder les unes des autres, et à plus forte raison, qu'elles ne peuvent descendre d'un couple unique. Par là Voltaire s'oppose à tous les théologiens qui, depuis la découverte de l'Amérique, s'efforçaient de concilier l'existence des Américains avec les enseignements de la Bible [32] et de retrouver la trace des migrations qui d'un conti-

---

30. *Eléments de philosophie...*, Première partie, ch. VI, XXIV, p. 43 ; Voltaire emprunte peut-être à Gueudeville, qui, dans son *Atlas historique*, note à propos des anthropophages du royaume d'Ansico : « Je m'imagine que le motif de ces anthropophages est que l'estomac du mortel soit le sépulcre du défunt (...) cette coutume-là, toute dénaturée, tout horrible qu'elle nous paraisse, est pourtant fondée en humanité » (p. 63). Voir Bibl.

31. Voir J. ROGER, *op. cit.*, p. 211, 224 sq.

32. Pour cette exégèse « américanisante » de la Bible, voir M. Bataillon, (Bibl.), qui analyse des textes d'Oviedo, d'Herrera, et des autres historiens espagnols.

nent à l'autre, ont peuplé le monde entier des descendants d'Adam et Eve. Il s'en prend à ce nombre prodigieux d'écrivains qui n'écrivent l'histoire qu'en paraphrasant l'Ecriture. Il s'en prend surtout aux « rêveries » du jésuite Lafitau [33], aux auteurs de l'*Histoire universelle* [34] qui ont compilé les fables les plus absurdes. Sa verve se donne libre cours dans ces réfutations brillantes où une gerbe de dérivations saugrenues réduit à un pur délire verbal les thèses de l'adversaire :

« Selon eux, quelque descendant de Noé n'eut rien de plus pressé que d'aller s'établir dans le délicieux pays de Kamtschatka, au nord de la Sibérie. Sa famille, n'ayant rien à faire, alla visiter le Canada, soit en équipant des flottes, soit en marchant par plaisir au milieu des glaces, soit par quelque langue de terre qui ne s'est pas retrouvée jusqu'à nos jours [35]. On se mit ensuite à faire des enfants dans le Canada, et bientôt ce beau pays ne pouvant plus nourrir la multitude prodigieuse de ses habitants, ils allèrent peupler le Mexique, le Pérou, le Chili; et leurs arrières petites-filles accouchèrent de géants vers le détroit de Magellan (...). Mais les Kamtschatkiens n'ont pas seuls servi à peupler le Nouveau Monde; ils ont été charitablement aidés par les Tartares Mantchou, par les Huns, par les Chinois, par les Japonais. Les Tartares Mantchou sont incontestablement les ancêtres des Péruviens, car Mango-Capak est le premier Inca du Pérou. Mango ressemble à Manco, Manco à Mancu, Mancu à Mantchu, et de là à Mantchou il n'y a pas loin. Rien n'est mieux démontré [36]. »

A ces élucubrations, Voltaire a beau jeu de n'opposer que le bon sens de « quelques métaphysiciens modestes » qui ont dit que « le même pouvoir qui a fait croître l'herbe dans les campagnes de l'Amérique y a pu mettre aussi des hommes [mais] ce système nu et simple n'a pas été écouté » [37]. On notera l'amal-

---

33. Dont l'objet était de montrer « dans tout le détail des mœurs des Américains une si grande uniformité avec les mœurs des premiers peuples, qu'on en puisse inférer qu'ils sortent tous d'une même tige », *Mœurs des Sauvages Américains...*, I, p. 18.

34. L'*Histoire Universelle depuis le commencement du monde jusqu'à présent* dont la publication s'étage de 1742 à 1802 — 45 volumes in-4° — était traduite de l'anglais, de Tobias Smollet et John Campbell. C'est une vaste compilation. Voltaire s'en fait envoyer les premières feuilles en oct. 1742 (Bes. XII, 137-138).

35. Pour HERRERA (Troisième Décade, Livre II, ch. 10 : « Des anciens habitants de la Nouvelle Espagne, et d'où ils y arrivèrent ») les premiers habitants des Indes Occidentales y allèrent par terre « quoique la terre qui les joint ne soit point encore découverte jusqu'à présent et que s'il y a de la mer entre eux, il y en a si peu que les bêtes féroces la peuvent passer, et les hommes dans des canots ». L'idée d'une filiation entre les Tunguses de Sibérie et les Canadiens, reprise par Antermony, compagnon d'Ysbrants Ides dans son ambassade en Chine (1692-1695), de l'ouvrage célèbre de HORN, *De originibus americanis* (1652) se retrouve dans l'*Histoire universelle*.

36. *Questions sur l'Encyclopédie*, article « Population », Section IV, éd. Garnier, IV, p. 254-255.

37. *Ibidem*.

game subtil entre le dogmatisme des traditionalistes dont Lafitau n'est, aux yeux de Voltaire, que le dernier en date, et les hypothèses d'esprits éclairés qui s'efforcent de reconstituer une histoire des migrations. Encore une fois, Voltaire n'examine ni les faits, ni même ce qu'on pourrait en déduire par une autre méthode d'analyse [38], il ne raisonne pas en historien, mais en philosophe, et traite par le dédain ceux qui prétendent écrire l'histoire de ces peuples barbares qui n'ont laissé aucune trace :

« Quelques-uns de nos savants de Paris, écrit-il à Schuvalov au moment d'entreprendre son *Histoire de la Russie*, veulent que les Sibériens viennent des Huns, les Huns des Chinois, les Chinois des Egyptiens. On peut égayer une préface en montrant le ridicule de la plupart de ces chimères. Il n'y a pas grand profit à faire pour l'esprit humain à rechercher l'ancienne histoire des Huns et des Ours qui ne savaient pas plus écrire les uns que les autres (...) [39]. »

Il ne se privera pas en effet d'« égayer » sa préface aux dépens de Dortous de Mairan, de Guignes, mis au même rang, ou peu s'en faut, qu'un Dom Calmet s'appliquant, dans son *Dictionnaire de la Bible,* à dresser l'arbre généalogique de tous les peuples, descendants des fils de Japhet, petits-fils de Noé [40].
Certes Voltaire n'est pas entièrement de mauvaise foi, lorsqu'il refuse de remonter à « la tour de Babel et au Déluge » pour écrire l'histoire de l'esprit humain. Mais il voit bien surtout le danger essentiel que court sa philosophie : admettre les arguments des monogénistes, n'est-ce pas mettre en cause la liberté et la puissance infinies de Dieu ? Le polygénisme est au centre de l'anthropologie voltairienne, comme l'idée d'infini est au centre de sa métaphysique :

« Chaque genre d'être est un mode à part; et bien loin qu'une matière aveugle produise tout par le simple mouvement, il est bien vraisemblable que Dieu a formé une infinité d'êtres avec des moyens infinis *parce qu'il est infini lui-même* [41]. »

C'est cet infini même que Voltaire se plaît à considérer dans la nature, où « toutes les espèces ont été déterminées par le maître du monde », où « il y a autant de desseins différents qu'il y a d'espèces différentes » [41 bis]. Il ne faut donc point s'étonner de trouver la terre peuplée de races d'hommes aussi diverses que

---

38. Ainsi De Pauw montrera que les ressemblances constatées entre Tunguses et Canadiens s'expliquent par un climat et un mode de vie identiques, sans qu'il soit nécessaire de supposer une filiation (*Recherches* (...) *sur les Américains*, I, p. 115-116).
39. 11 septembre 1759 (Bes. 7750).
40. *Œuvres historiques*, éd. Pléiade, p. 342-344.
41. *Eléments de philosophie*, Première partie, ch. VIII, XXIV, p. 58. Souligné par nous.
41 bis. *Ibid.*, p. 57.

le sont les autres productions de la nature, et la nature elle-même sous les différents climats :

« Toute cette partie du monde, depuis le soixantième degré ou environ jusqu'aux montagnes éternellement glacées qui bornent les mers du Nord, ne ressemble en rien aux régions de la zone tempérée »,

note Voltaire dans l'*Histoire de Russie* [42]; « ce ne sont ni les mêmes plantes ni les mêmes animaux sur la terre, ni les mêmes poissons dans les lacs et les rivières ». « L'Amérique, ainsi que l'Afrique et l'Asie, produit des végétaux, des animaux qui ressemblent à ceux de l'Europe; et, tout de même encore que l'Afrique et l'Asie, elle en produit beaucoup qui n'ont aucune analogie à ceux de l'Ancien Monde [43]. »

Les races humaines viendront donc elles aussi s'ordonner dans un vaste tableau où l'art du Créateur éclate dans la variété des formes de l'être. Aux quatre races énumérées par le *Traité de métaphysique*, les *Eléments de philosophie* ajoutent les Lapons. En 1748, Voltaire peut voir, de ses propres yeux, deux Lapons offerts par Charles XII à Stanislas Leczinski. La *Relation touchant un Maure Blanc* [44] enregistre avec satisfaction l'existence d'une autre espèce nouvelle :

« Voici enfin une nouvelle richesse de la nature, une espèce qui ne ressemble pas tant à la nôtre que les barbets aux lévriers. Il y a encore probablement quelque autre espèce vers les terres australes. Voilà le genre humain plus favorisé qu'on n'a cru d'abord; il eût été bien triste qu'il y eût tant d'espèces de singes et une seule d'hommes. »

Le chapitre CXLIII de l'*Essai sur les mœurs*, en 1756, énumère les « espèces d'hommes différentes » que les voyageurs ont découvertes en Afrique et dans l'Inde, et place les Albinos « après les nègres et les Hottentots, au-dessus des singes, comme un des degrés qui descendent de l'homme à l'animal » [45]. Le chapitre CXLV traite des Américains « espèce d'hommes nouvelle », dont « aucun n'avait de barbe ». En 1761, Voltaire insère dans le chapitre CXLI un développement sur la race des nègres repris presque textuellement du *Traité de métaphysique*, distinguant « plusieurs espèces de nègres : ceux de Guinée, ceux d'Ethiopie, ceux de Madagascar, ceux des Indes » [46], et un autre sur les Hottentots [47]. Ceux-ci deviennent dans l'*Introduction* de 1765 une *race* entièrement différente des autres, au même titre

42. *O. H.*, p. 371.
43. *Essai*, II, p. 341.
44. Ed. Beuchot, XXIV, p. 363.
45. *Essai*, II, p. 319.
46. *Ibid.*, p. 305-306.
47. *Ibid.*, p. 308.

que « les Blancs, les nègres, les Albinos (...), les Lapons, les Chinois, les Américains » [48]. A travers ces additions et ces retouches, Voltaire semble sans cesse vouloir se prouver à lui-même la vérité de sa thèse. Il collectionne les « singularités », cherchant obstinément dans « chaque espèce d'hommes, comme dans les plantes, un principe qui les différencie » [49]. Il multiplie les « différences spécifiques » : *reticulum mucosum* noir chez les nègres, tête portant crin ou laine, particularités anatomiques, différences de taille et de conformation. La couleur, la taille, une autre « organisation » mettent entre les hommes des « différences prodigieuses » [50]. Quand Voltaire écrit par exemple :

« Les Mexicains, les Péruviens, parurent d'une couleur bronzée, les Brésiliens d'un rouge plus foncé, les peuples du Chili plus cendrés [51] »,

il ne s'agit pas comme chez Buffon de nuances insensibles entre des *variétés* voisines de l'espèce humaine, mais d'une coloration du réseau muqueux que rien ne saurait altérer. Ainsi la « blancheur » des Albinos « n'est pas la nôtre » : « Rien d'incarnat, nul mélange de blanc et de brun; c'est une couleur de linge, ou plutôt de cire blanchie. » Mais elle ne peut non plus procéder de la noirceur des nègres, par l'effet de quelque maladie : « C'est comme si l'on disait que les Noirs eux-mêmes sont des Blancs que la lèpre a noircis. » S'ils ressemblent aux Lapons par la taille, « une autre chevelure, d'autres yeux, d'autres oreilles » les distinguent de toutes les espèces connues [52]. Chez les Hottentots, « les organes de la voix sont différents des nôtres » [53], et la nature a donné aux femmes un étrange tablier « dont la peau lâche et molle tombe du nombril sur les cuisses » [54]. Le « mamelon noir des femmes samoièdes », permet d'affirmer que ce peuple n'est pas de la même race que les Lapons [55].

Associant étroitement la notion de *race* à celle de *singularité*, ce système qui collectionne les variétés d'hommes comme autant de preuves de l'infinie liberté du Créateur, ne va pas sans difficultés. Il ne laisse de choix qu'entre deux solutions : ou multiplier à l'infini les espèces singulières, ou admettre que celles qui offrent des caractères plus accusés sont des races, les

48. La source est Pierre Kolbe. Comme lui, Voltaire confond les Cafres et les Hottentots. Cf. *Essai*, I, 7 : « Le tablier que la nature a donné aux Cafres... » et « Le tablier qui pend aux Hottentots et aux Hottentotes... », *Défense de mon oncle*, ch. XVIII, XX, p. 375. Prévost avait pourtant relevé cette erreur de Kolbe, mais Voltaire ne semble douter de sa source que lorsqu'il est question de la généalogie des Hottentots...
49. *Défense de mon oncle*, ch. XVIII, XX, p. 375.
50. *Essai*, I, p. 6
51. *Ibid.*, p. 342.
52. *Essai*, I, p. 7.
53. *Ibid.*, II, p. 308.
54. *Ibid.*, I, p. 7.
55. *O. H.*, p. 369.

autres n'étant que des « variétés ». Voltaire a eu conscience de cette délicate alternative. « Il y a beaucoup plus de races qu'on ne pense », écrit-il, mais il ajoute aussitôt : « Celles des Samoiè-des et des Hottentots paraissent les deux extrêmes de notre continent [56]. » Ailleurs une variété des plus singulières se trouve recensée, même si son existence n'est attestée que par des témoi-gnages fort rares : tels ces nègres de Nouvelle-Hollande, men-tionnés par le capitaine Pelsart, qui « marchent sur les mains comme sur les pieds » [57], ou ceux dont parle Dampier, « qui tous avaient la mâchoire supérieure dégarnie de dents par-devant » [58]; tels encore ces indigènes des Philippines et des Mariannes, « qui ont des queues, comme on peint les satyres et les faunes » [59], et ce peuple de Sibérie, à la peau tachetée et bigarrée, qu'a rencontré un officier suédois, Strahlenberg [60]. Tantôt Voltaire se promet monts et merveilles de ces terres australes si mal connues, où la nature sans doute a répandu « les marques de sa variété et de sa profusion » [61], tantôt il tire argument de la rareté de quelque espèce pour avancer que la variété des races humaines a beaucoup diminué, et que les plus singulières ont été extermi-nées par les autres [62].

On ne peut manquer d'être frappé de la relative pauvreté de l'anthropologie voltairienne, qui procède volontiers par affirma-tions, mais garde une certaine sécheresse dans la description.

« Dans l'empire de Russie, déclare Voltaire avec assurance, il y a plus de différentes espèces, plus de singularités, plus de mœurs différentes que dans aucun pays de l'univers [63]. »

Mais les développements qu'il consacre aux Lapons, aux Sa-moièdes, aux Ostiaks, aux Burates, aux peuples du Kamtschatka, sont surtout l'occasion de rappeler l'essentiel de sa thèse : dif-férences marquées entre les races, caractère immuable des traits spécifiques, lorsque les peuples ne se sont point mêlés. Tout se passe comme si Voltaire, échouant à montrer l'inépuisable richesse de la nature, se contentait de la suggérer par les vides mêmes du discours. Seule l'histoire est science pour Voltaire, elle seule peut user d'un langage plein. Mais on ne peut décrire la création, puisque toutes les formes de l'être ont leur cause et leur fin en Dieu seul, qui tient tous les fils et fait aller la machine. Situé à l'origine de tout, Dieu est le seul principe

56. *O. H.*, p. 370.
57. *Essai*, II, p. 320 et 386. Pour MAUPERTUIS, *Lettre sur le Progrès des sciences*, I, p 18, il s'agissait peut-être d'une « espèce mitoyenne entre les singes et nous ».
58. *Ibid.*, p. 386.
59. *Singularités de la Nature*, éd. Beuchot, ch. XXXI, t. XXIV, p. 443.
60. *O. H.*, p. 372.
61. *Essai*, II, p. 386.
62. *O. H.*, p. 372; *Essai*, II, p. 140.
63. *O. H.*, p. 373.

de continuité qui permette de passer de la contiguïté des êtres
à l'harmonie universelle. Les espèces sont à la fois irréductibles
les unes aux autres, séparées par des intervalles fixes [64], et
secrètement ordonnées les unes par rapport aux autres. Le lieu
commun à toutes les espèces ne peut donc être qu'en Dieu, tandis qu'elles ne sont liées les unes aux autres que par un rapport
de contiguïté. C'est pourquoi Voltaire admet fort bien que des
vides puissent se creuser dans la Création, sans altérer son
essence, par la disparition de quelques espèces « mitoyennes
inférieures » [65] que leur faiblesse a fait périr. Mais il ne se peut
pas que les Lapons soient d'anciens Finnois dont la « taille a
dégénéré » [66] ni que les Albinos soient des nègres dégénérés de
leur espèce, et « jamais homme un peu instruit n'a avancé que
les espèces non mélangées dégénérassent » [67]. Dans un monde qui
tire sa nécessité de Dieu seul et ne trouve qu'en lui sa plénitude, les espèces ne peuvent que conserver indéfiniment la forme
qu'elles ont reçue de lui, ou disparaître.

C'est d'ailleurs la même philosophie du discontinu que Voltaire
oppose à la « philosophie corpusculaire », dans les *Singularités
de la nature* [68] : c'est parce qu'il y a des « vides » dans le tissu
de la création qu'on ne peut tout expliquer par les lois de la
matière et du mouvement.

Rien ne démontre mieux la fragilité d'une telle philosophie de
la nature que les polémiques absurdes où Voltaire s'engage dès
qu'on touche à l'une de ces singularités, qui sont la pierre de
touche de son système. Dans les éditions successives de l'*Essai*,
en 1761, en 1769, en 1775, Voltaire s'entête à donner comme
caractère spécifique de la race hottentote cette « surpeau pen-
dante du nombril, qui couvre les organes de la génération, en
forme de tablier qu'on hausse et qu'on baisse » [69]. Il s'entête à
voir dans le *reticulum mucosum* « absolument noir » des nègres,
« la *cause* évidente de leur noirceur inhérente et spécifique », et
dénonce « la maladie des systèmes » qui conduit certains — dont
Buffon — à penser que cette « cause » pourrait bien être un
effet [70]. Un « compilateur » de la rue Saint-Jacques ose-t-il prétendre que la couleur rouge des Caraïbes ne leur est point naturelle [71] ? Voltaire se fait délivrer par son ami Rieu, en place
à la Guadeloupe, une « attestation », qu'il s'empresse de produire

64. « (...) il y a autant de desseins différents qu'il y a d'espèces différentes. » *Eléments*, ch. VIII.
65. *Essai*, II, p. 319.
66. *O. H.*, p. 360.
67. *Singularités* (...), ch. XXXI, XXIV, p. 443.
68. Chapitres XXVIII et XXIX. Voir aussi l'article « Chaîne des Etres créés »,
du *Dictionnaire philosophique*, éd. cit., p. 101-102.
69. Voir la note de René POMEAU, *Essai*, II, p. 966. La phrase ne disparaît
que dans l'édition de Kehl.
70. *Singularités*, ch. XXXI, XXIV, p. 440-441, souligné par nous.
71. *Journal économique*, 1765, p. 309.

une première fois dans la *Défense de mon oncle* [72], une seconde fois dans les *Singularités de la nature* [73]. L'Introduction de 1765 à l'*Essai sur les mœurs* signale qu'on a trouvé en Amérique un peuple barbu : ce sont les Esquimaux [74]. Par chance « leurs voisins sont imberbes », et Voltaire revient à son refrain : « Voilà donc deux races d'hommes absolument différentes [discontinuité] à côté l'une de l'autre [contiguïté]. » Mais l'éditeur du *Telliamed* ose encore écrire que si les Américains n'ont point de barbe, c'est qu'ils l'épilent soigneusement [75] et se frottent du jus de certaines herbes pour l'empêcher de repousser. Voltaire s'empresse d'écrire à Joseph de Caire, ingénieur en chef à Saint-Loup au Canada, transcrit aussitôt la réponse dans les *Singularités de la nature* [76], et revient à la charge dans l'article « Barbe » des *Questions sur l'Encyclopédie*, affirmant avec emphase :

« J'ai des attestations juridiques d'hommes en place qui ont vécu, conversé, combattu avec trente nations de l'Amérique septentrionale; ils attestent qu'ils ne leur ont jamais vu un poil sur le corps [77]. »

Du coup, il revient sur le cas des Esquimaux, sur le témoignage de nouveaux voyageurs — sans doute Carver — qui lui ont assuré qu'ils sont « imberbes comme les autres »[78]. Ne faut-il pas, dans de pareils procès, préférer un « principe palpable, dont tout le monde est témoin », à un usage incompréhensible ? Voltaire se défend sur le terrain qui est le sien, et n'interroge que la *nature*. Il récuse en somme l'existence de ces « singularités » au second degré, qui peuvent altérer durablement les caractères d'une race. Alors que Buffon ou De Pauw multiplient les exemples de ces déformations ou mutilations volontaires, et s'efforcent toujours de distinguer ce qui tient au naturel et ce qui relève de l'artifice, Voltaire ne fait nulle part sa place à cette « nature » équivoque, qui, conservant les apparences du « naturel », renvoie en fait à un code culturel. C'est pourquoi en définitive la notion de *race* reste chez lui si pauvre : pure forme

72. XX, p. 376. Voltaire cite une lettre de Rieu, officier du Roi, en date du 20 mars 1767. Sur Rieu, voir « Voltaire and Mr Rieu » dans Ira O'WADE, *The Search for a new Voltaire* (...), p. 13-17.

73. XXIV, p. 441. Voltaire cite à nouveau Rieu, mais les variantes laissent sceptique sur la fidélité de la transcription.

74. *Essai*, I, p. 31. Voltaire suit Charlevoix, mais se garde bien de conclure avec lui que les Esquimaux ne sont point des autochtones, et sont venus du Groënland.

75. Edition de 1755, Amsterdam, Veuve Duchesne, I, 125, note.

76. Bes. 14383 et 14384, décembre 1768, et *Singularités* (...), ch. XXXI, t. XXIV. p. 441 (1769).

77. Ed. Garnier, I, p. 550 (1770).

78. Addition de 1775 au passage déjà cité de l'*Essai*. Comparer avec Buffon, qui admet l'épilation des Brésiliens (IX, p. 258) et des indigènes de l'isthme de Panama (IX, p. 254).

assignée aux êtres, elles n'est pas, comme chez Buffon, le produit d'une histoire qui ne peut être déchiffrée qu'à l'aide d'une double référence à la nature et à la culture.

II. Voltaire et Buffon, la notion de « race »

Aucun des textes que nous avons eu à citer ne fait référence explicitement à Buffon. Voltaire réussit à écrire de l'espèce humaine, sans faire allusion au chapitre des *Variétés dans l'espèce humaine,* ni au célèbre auteur de l'*Histoire naturelle.* L'opposition entre les thèses voltairiennes et l'anthropologie de Buffon est trop évidente pour qu'il en soit autrement. D'ailleurs ne suffit-il pas à Voltaire d'écrire que

« La race des nègres est une espèce d'hommes différente de la nôtre, comme la race des épagneuls l'est des lévriers [79] »,

et que :

« Un Albinos ne ressemble pas plus à un nègre de Guinée qu'à un Anglais ou à un Espagnol [80] »,

pour répliquer à Buffon qui, par un principe exactement inverse, avait affirmé à l'article du « Chien » :

« Il n'y a pas plus de différence entre un chien grand danois, un mâtin et un lévrier, qu'entre un Hollandais, un Français et un Italien »,

et trouvé dans le chien de berger « la souche et le type de l'espèce entière » [81].

La théorie de Buffon sur l'influence du climat est dédaignée en une phrase :

« Et ce qui démontre qu'ils [les Noirs] ne doivent point cette différence à leur climat, c'est que des Nègres et des Négresses, transportés dans les pays les plus froids, y produisent toujours des animaux de leur espèce, et que les mulâtres ne sont qu'une race bâtarde d'un Noir et d'une Blanche, ou d'un Blanc et d'une Noire [82] »,

et l'allusion des *Singularités de la nature* à ceux qui « osent

79. *Essai*, ii, p. 305, addition de 1761.
80. *Essai*, i, p. 7.
81. *Animaux domestiques*, x, 376 (1755).
82. *Essai*, i, p. 6. En 1765, Voltaire ajoutait : « Comme les ânes spécifiquement différents des chevaux produisent des mulets par l'accouplement avec des cavales » (i, 842). Les éditions postérieures ne contiennent plus cette phrase qui se référait explicitement à l'*Ane* (1753). En 1766, le discours de la *Dégénération des Animaux* nie au contraire la stérilité des hybrides (voir J. Roger, p. 575-576). Sur ce point, Voltaire s'abstient de pren-

imprimer encore aujourd'hui que les Noirs sont une race de Blancs noircie par le climat » [83], vise probablement l'auteur des *Recherches sur les Américains,* parues en 1768, plutôt que Buffon.

En 1756, pourtant, Voltaire, fort des documents que la cour de Russie lui a fait parvenir, croit pouvoir prendre en défaut le naturaliste du Roi, et contester du même coup les thèses de l'*Histoire naturelle.* Dans une « Digression sur la Laponie », placée dans le chapitre CXIX de l'*Essai* [84], puis en 1759, dans le premier chapitre de l'*Histoire de Russie,* il soutient que les Lapons sont une « espèce particulière », qu'il est impossible de confondre avec leurs voisins. Voltaire s'appuie sur les mémoires qu'il a reçus de Schouvalov, dont celui de Klingstöd sur les Samoyèdes et les Lapons [35], qui ne fut publié qu'en 1762. La démonstration est toutefois plus étendue dans l'*Histoire de la Russie,* où une autre section du premier chapitre traite « Du gouvernement de la Sibérie, des Samoyèdes, des Ostiaks » [86], une autre du Kamtschatka [87], et où Buffon est pris nommément à partie, pour avoir confondu « l'espèce des Lapons avec l'espèce des Samoyèdes ». Voltaire s'emploie à dissocier les éléments de description retenus par Buffon, et, rompant la chaîne des ressemblances et des différences [88] qui permettait à celui-ci de conclure à l'existence d'une seule et même « race », il ne retient que les « singularités » des Samoyèdes et des Lapons. La taille de ceux-ci, « leurs yeux, leurs oreilles, leurs nez », les différencient de « tous les peuples qui entourent leurs déserts ». Les Samoyèdes ignorent « comme eux l'usage du pain; ils ont comme eux le secours des rangifères ou rennes, qu'ils attellent à leurs traîneaux. Ils vivent dans des cavernes, dans des huttes au milieu des neiges, *mais d'ailleurs* la nature a mis entre cette espèce d'hommes et celle des Lapons des différences très marquées » : mâchoire supérieure « plus avancée au niveau de leur nez », oreilles rehaussées, absence de poils, mamelons d'un noir d'ébène [89]. La conformité des mœurs, notée aussi pour les Samoyèdes et les Ostiaks, ne permet donc pas de conclure que

dre parti et renonce à sa comparaison, pour ne pas compromettre la netteté de sa thèse. Cette variante démontre à notre sens que Voltaire lit attentivement l'*Histoire naturelle,* de volume en volume.

83. Ch. XXXI, t. XXIV, p. 440. Cf. Conclusion des *Variétés dans l'Espèce humaine* et *Dégénération des Animaux* (XIV, p. 178).

84. II, p. 140-146. Le passage est de 1756 et ne comporte aucune addition ultérieure.

85. Voir notre chapitre sur « L'espace humain », p. 56 et Bibl.

86. *O. H.,* p. 369-373.

87. *Ibid.,* p. 373-375.

88. *Essai,* II, p. 140. *Cf.* la description toute en « nuances » de Buffon : « Visage large et plat, nez camus et écrasé (..) iris de l'œil jaune-brun et tirant sur le noir (...) paupières retirées vers les tempes (...) joues extrêmement élevées (...) taille entre quatre pieds et quatre pieds et demi. » Voltaire méprise ces détails.

89. *O. H.,* p. 369, souligné par nous.

ces peuples constituent une même race : on ne peut s'étonner
que vivant sous les mêmes latitudes, et étant tous, « comme
tous les premiers hommes, chasseurs, pasteurs et pêcheurs » [90],
Lapons, Ostiaks et Samoyèdes aient les mêmes usages. Le physique seul, parce qu'il ne tient qu'à la « nature », ne trompe
point. Alors que Buffon attache la même importance au « naturel » des peuples qu'à la couleur, à la forme et à la grandeur,
Voltaire s'efforce de tracer aussi nettement que possible une ligne
de séparation entre « nature » et « naturel ». La nature, ce sont
les caractères physiques immuables, qui différencient les espèces
entre elles. Le « naturel », ce sont les caractères secondaires,
liés au climat et au mode de vie, ce sont les mœurs et les usages,
d'ordre transitoire et historique, caractères acquis qui relèvent de
la *culture* (bien que Voltaire n'emploie pas ce terme) et non
plus de la *nature*. Pour rendre plus nette encore la frontière qui
sépare ces deux domaines, Voltaire refuse d'ailleurs la notion
même de « naturel », qui recouvre chez Buffon aussi bien l'habitat et le mode de vie que les mœurs, les coutumes et les pratiques religieuses, et découvre par exemple dans la « morale »
des Samoyèdes « des singularités aussi grandes qu'en physique » [91]. Au monde plein et continu de Buffon, il oppose une
sorte d'atomisme anthropologique qui, négligeant toute influence
externe, isole chaque espèce dans sa pureté originelle, dans sa
dignité première, avant le temps où l'histoire, brouillant le dessin
de la Création, a fait disparaître son tracé primitif.

Entre l'anthropologie et l'histoire, il y a donc pour Voltaire
une faille que rien ne peut combler, puisqu'on ne peut reconstituer le passé de l'humanité qu'à partir des traces laissées par
des peuples déjà civilisés. On peut certes conjecturer que les Lapons sont ces Troglodytes ou Pygmées septentrionaux dont
parlait Strabon, en se fondant sur leur extrême petitesse, et sur
les indications du géographe, mais on ne peut assurer qu'ils
sont originaires de Finlande, ni que les Ostiaks sont venus de
la grande Permie, en se fiant à des vagues analogies linguistiques, et en supposant quelque migration, dont la cause reste
obscure :

« Il n'est pas vraisemblable que les habitants d'une terre
moins sauvage aient franchi les glaces et les déserts pour se
transplanter dans des terres si stériles. Une famille peut être
jetée par la tempête dans une île déserte et la peupler; mais on
ne quitte point dans le continent des habitations qui produisent
quelque nourriture, pour aller s'établir au loin sur des rochers
couverts de mousse, où l'on ne peut se nourrir que de lait de
rennes et de poissons [92]. »

90. *O. H.*, p. 371.
91. *O. H.*, p. 370.
92. *Essai*, II, p. 140. *Cf. O. H.*, p. 371 : « [Pourquoi les habitants de la
Grande Permie] se seraient-ils établis si loin et si mal ? »

Différents de toutes les espèces voisines, les Lapons ne peuvent ressembler qu'à eux-mêmes, à leurs ancêtres Troglodytes, dont ils reproduisent tous les traits, demeurés « tels qu'ils étaient alors » [93], immuablement semblables. Faits « pour le climat qu'ils habitent, qu'ils aiment, et qu'eux seuls peuvent aimer », ils sont un produit de la nature septentrionale, comme les rennes et les rangifères [94].

La manière dont Buffon, dans ses *Additions* de 1777 au chapitre des *Variétés dans l'espèce humaine*, défend ses positions initiales, permet d'éclaircir le fond du débat. Son commentaire de Klingstöd montre en premier lieu la fragilité des affirmations de Voltaire. Il ne manque pas de relever dans Klingstöd que les mamelons d'un noir d'ébène constituent non une « singularité » des Samoyèdes, mais un trait remarquable des Samoyèdes et des Laponnes [95]. La conformation de la mâchoire ? autre caractère commun [96]. Les Samoyèdes ont moins de barbe et de poils que les Lapons ? Oui, mais Klingstöd note qu'ils « ont perdu l'habitude de se les arracher, comme font les Samoyèdes » [97], alors que Voltaire voit dans cette absence une autre « singularité » des Samoyèdes, et dans les longues barbes des Kamtschadales méridionaux un trait qui les oppose à ceux du Nord, comme une espèce à une autre espèce [98]. Enfin Klingstöd faisait descendre les Lapons des Finnois, et les Samoyèdes de « quelque race tartare des anciens habitants de Sibérie » [99], double hypothèse qui supposait de très anciennes migrations. Voltaire se bornait à parler d'emprunts possibles faits par les Lapons à leurs voisins, d'où l'on avait conclu faussement à une filiation entre ces peuples [100]. Buffon discute longuement les données du problème, avant de conclure que les Finlandais actuels sont un *peuple* différent des vrais et anciens Finnois, qui sont les Lapons [101]. L'idée même de migration intéresse d'ailleurs moins Buffon que la manière dont des groupes humains d'origine différente ont acquis, sous l'influence du climat, les caractères communs qui en ont fait une seule et même *race*. C'est alors, et alors seulement, qu'échappant aux hasards de la vie errante, les hommes s'enracinent dans le pays qui deviendra le leur, et qu'apparaît une race dont les caractères ne se modifieront plus. C'est donc bien sa définition de la *race* comme catégorie

---

93. *O. H.*, p. 359.
94. *Essai*, II, p. 140.
95. IX, p. 288. En 1749, Buffon l'avait relevé aussi chez les Groenlandaises (*ibid.*, p. 169).
96. IX, p. 288.
97. Cité par BUFFON, IX, p. 283 et 288.
98. *O. H.*, p. 373. Cependant Buffon, suivant Steller, distingue lui aussi les Koriaques, au nord, et les Kamtschadales proprement dits, au sud (IX, p. 293-294).
99. Citation de Buffon, IX, p. 286.
100. *O. H.*, p. 360.
101. IX, p. 290.

anthropologique, et non comme produit d'une « essence », qui permet à Buffon de dire que des peuples placés dans les mêmes conditions de vie, sont « *devenus* des hommes de même espèce » [102].

On se souvient que Buffon écarte ainsi les difficultés de la thèse monogéniste; en remplaçant l'idée d'une filiation directe par celle d'une histoire naturelle des espèces, il rend finalement l'argument polygéniste étranger à la cause. Voltaire se garde d'ailleurs de toute attaque directe contre l'*Histoire naturelle* de l'Homme, se contentant de défendre ses propres vues dans les articles « Lapons » et « Samoyèdes », insérés dans l'*Encyclopédie* [103], dans le *Dictionnaire philosophique* et les *Questions sur l'Encyclopédie*. Mais il s'en prend violemment à la *Théorie de la Terre*, dans laquelle il voit non sans raison la base du « système » de Buffon. Ni dans les *Singularités de la nature*, ni dans la *Défense de mon oncle*, ni dans l'Introduction à l'*Essai sur les mœurs*, il n'est question de Buffon dans les chapitres qui traitent « Des monstres et des races diverses » [104], « Des hommes de différentes couleurs » [105] ou « Des différentes races d'hommes » [106]; mais Buffon est réfuté à propos « De la formation des montagnes », « Des montagnes et des coquilles », et des « Changements dans le globe ». Suprême habileté qui permet à Voltaire de défendre le caractère immuable de la Création, sans se prononcer sur l'origine des espèces vivantes. Certes il admet que le monde a connu de « grandes révolutions », mais il ne se peut pas que « les montagnes ne soient pas aussi anciennes que la terre » [107] et aient été formées par le flux et le reflux des mers. « Tout conserve son essence », et prétendre que « c'est la mer qui a fait les montagnes », c'est déshonorer la physique par une « charlatanerie » « indigne de l'histoire » [108] :

« Quel est donc le véritable système ? s'écrie Voltaire. Celui du grand Etre qui a tout fait, et qui a donné à chaque élément, à chaque espèce, à chaque genre sa forme, sa place et ses fonctions éternelles. Le grand Etre qui a formé l'or et le fer, les arbres, l'herbe, l'homme et la fourmi, a fait l'Océan et les montagnes. Les hommes n'ont pas été des poissons, comme le dit Maillet; tout a été probablement ce qu'il est par des lois immuables [109]. »

La référence à Maillet est significative. A travers Buffon, Voltaire s'oppose à tout un courant de pensée qui, au-delà du

---

102. *Ibid.*, p. 295. Voir « L'anthropologie de Buffon ».
103. Et qui ne peuvent l'avoir été qu'avec son accord, puisqu'il s'agit d'extraits de l'*Histoire de la Russie*.
104. *Singularités...*, chapitre XXXI.
105. *Défense de mon oncle*, chapitre XIX.
106. *Essai*, Introduction, I.
107. *Défense de mon oncle*, XX, p. 379.
108. *Essai*, I, p. 5. Addition de 1775.
109. *Singularités* (...), ch. XI, t. XXIV, p. 385-386.

Telliamed, de la *Théorie de la Terre* et de l'*Histoire naturelle,* à travers l'œuvre de Maupertuis et celle de La Mettrie, s'épanouit dans les *Pensées philosophiques* et le *Rêve de d'Alembert.* « Jusqu'au bout, écrit J. Roger, la pensée voltairienne a conservé la marque de son temps. Voltaire est contemporain de Réaumur et de l'abbé Pluche, de Nieuwentyt et de Derham » [110]. L'anthropologie voltairienne est partie intégrante d'une théologie, et demeure impuissante à séparer deux discours jusque-là confondus en un seul, à parler de l'homme sans traiter nécessairement de Dieu.

Sans doute Buffon lui-même gardera-t-il longtemps la nostalgie d'un Ordre, dont Dieu était la cause et la fin, d'une nature miraculeusement accordée aux desseins du Créateur. Mais, en faisant de l'homme le roi de la Création, l'*Histoire naturelle* déplace le centre de gravité d'un système de connaissance, qui s'ordonnait autour de la figure rayonnante de Dieu. Aux yeux de Voltaire, un tel déisme ne déifie que la créature. Tous ces faiseurs de système « se sont mis sans façon à la place de Dieu; ils pensent créer un univers avec la parole » [111]. Son propre déisme « refuse les enthousiasmes naïfs d'un Pluche ou d'un Derham » [112] et répudie toute science qui prétend « découvrir les moyens dont Dieu s'est servi pour former le monde, pour le noyer, pour le conserver » [113]. Ni la nature, ni surtout l'histoire n'offrent un « spectacle » qui invite à glorifier l'homme. L'*Histoire naturelle,* qui fait de l'homme la mesure de toutes choses, opère un renversement dont Voltaire s'effraie. Habitué à juger de la misère de l'homme à l'échelle des siècles et des nations, son œil ne peut accommoder à plus grande distance [114], ni embrasser la suite des événements qui marquent l'histoire de l'espèce, à l'échelle des continents et des révolutions de la nature. Entre « l'état sauvage », attesté par l'existence de quelques peuples, et l'état de civilisation, qui seul intéresse l'auteur de l'*Essai sur les mœurs,* l'histoire de l'homme tient en quelques phrases :

« Le premier art est celui de pourvoir à la subsistance, ce qui était autrefois beaucoup plus difficile aux hommes qu'aux brutes; le second de former un langage, ce qui certainement demande un espace de temps très considérable; le troisième de se bâtir quelques huttes, le quatrième de se vêtir. Ensuite, pour forger le fer, ou pour y suppléer, il faut tant de hasards heureux, tant d'industrie, tant de siècles, qu'on n'imagine même pas com-

---

110. *Op. cit.,* p. 746.
111. *Dissertation... sur les changements arrivés dans notre globe* (1746), éd. Beuchot, XXIV, p. 353.
112. J. ROGER, *op. cit.,* p. 747.
113. *Dissertation...,* XXIV, p. 353-354.
114. *Essai,* I, p. 9 : « Presque tous les peuples, mais surtout ceux de l'Asie, comptent une suite de siècles qui nous effraie. »

ment les hommes en sont venus à bout. Quel saut de cet état à l'astronomie [115]. »

Distance que, pour sa part, Voltaire franchit allègrement, avec un parfait dédain pour ces « états » intermédiaires qui ne valent pas la peine d'être distingués les uns des autres. Il y a comme une fastidieuse uniformité dans cette longue suite de siècles, où seuls le hasard et un « concours de circonstances favorables pendant des siècles » [116] ont pu faire naître les arts, les religions, et mis une distance infinie entre la brute et l'homme policé :

« On pourrait faire des volumes sur ce sujet; mais tous ces volumes se réduisent à deux mots : c'est que le gros du genre humain a été et sera très longtemps insensé et imbécile [117]. »

La grossièreté, la misère, la superstition, la crainte, cette préhistoire de l'esprit humain n'a pu être que partout la même, comme tous les sauvages se ressemblent entre eux, et offrent à tous les peuples l'image de ce qu'ils furent :

« Les Lapons, les Samoyèdes, les habitants du Kamtschatka, les Cafres, les Hottentots (...) sont des animaux qui vivent six mois de l'année dans des cavernes, où ils mangent à pleines mains la vermine dont ils sont mangés (...). [Leur] subsistance coûte des peines si prodigieuses qu'il faut souvent dans le nord de l'Amérique qu'une image de Dieu coure cinq ou six lieues pour avoir à dîner. »

Encore cet état est-il si supérieur à celui de l'homme « entièrement sauvage », qu'il a fallu une « multitude de siècles » pour arriver à ce haut degré [118]. « L'homme dans l'état qu'on nomme de pure nature » ne devait être qu'un animal fort au-dessous des premiers Iroquois qu'on trouva dans le Nord de l'Amérique. Il serait très inférieur à ces Iroquois puisque ceux-ci savaient allumer du feu et se faire des flèches. « Il fallut des siècles pour parvenir à ces deux arts [119]. » Cette histoire-là ne vaut pas la peine d'être écrite. Voltaire se rencontre avec Buffon dans ce mépris des peuples « dont la physionomie est aussi sauvage que les mœurs », des Tartares « grossiers, stupides et brutaux » [120], des nègres « presque aussi sauvages, aussi laids que les singes » [121] et des sauvages du Nouveau Monde encore enfoncés dans l'animalité [122]. Ainsi les Huns « ne méritent guère d'être

115. *Essai*, I, p. 36.
116. *Essai*, I, p. 10.
117. *Ibid.*, p. 18.
118. *Questions sur l'Encyclopédie,* article « Homme » : « De l'homme dans l'état de pure nature » (Garnier, III, p. 383-384).
119. *Ibid.* On notera que Voltaire n'est pas si loin de Rousseau, quand il imagine l'état de « pure nature ».
120. *O. C.*, IX, p. 168, 173.
121. XIV, p. 4.
122. Sur tous ces points, voir « L'anthropologie de Buffon ».

connus, puisqu'ils n'ont rendu aucun service au genre humain (...); il vaut mieux sans doute cultiver un art utile à Paris, à Lyon et à Bordeaux, que d'étudier sérieusement l'histoire des Huns et des Ours » [123]. Les Samoyèdes et les Ostiaks méritent « peu d'observations », car « tout peuple qui n'a point cultivé les arts doit être condamné à être inconnu » [124]. Et puisque les Celtes n'ont point d'archives et qu'on ne « connaît pas plus leurs antiquités que celles des Samoyèdes et des terres australes », il ne faut point faire — [comme M. Mallet] — l'histoire des Celtes, qui « ne méritent pas plus nos recherches que les porcs et les ânes qui ont habité leur pays » [125].

Autre point de rencontre, à vrai dire fort proche de celui-ci : la définition de l'état sauvage comme état de société. Le chapitre CXLVI de l'*Essai sur les mœurs,* inséré en 1761, emprunte beaucoup à la réfutation des thèses de Rousseau par Buffon dans les *Animaux carnassiers* en 1758 [126]. Comme Buffon, Voltaire s'appuie sur les données de l'expérience : « (...) on n'a jamais trouvé d'hommes isolés, errant à l'aventure à la manière des animaux, s'accouplant comme eux au hasard, et quittant leurs femelles pour chercher seuls leur pâture. Il faut que la nature humaine ne comporte pas cet état (...) [127]. » L'état de société suppose l'usage du langage :

« Partout on a trouvé des idiomes formés, par lesquels les plus sauvages exprimaient le petit nombre de leurs idées, c'est encore un instinct des hommes de marquer leurs besoins par des articulations [128]. »

L'*Introduction* de 1765 remonte au-delà de ces sociétés déjà nombreuses, dont l'Amérique offrait l'exemple, jusqu'à ces « assemblage[s] d'hommes bien grossiers » vivant dans l'état de pure nature, qui n'est pour Voltaire que le degré inférieur de l'état sauvage.

« Toutes les nations ont été ainsi des sauvages, à prendre ce mot dans ce sens; c'est-à-dire qu'il y aura eu longtemps des familles errantes dans les forêts, disputant leur nourriture aux autres animaux, s'armant contre eux de pierres et de grosses branches d'arbres, se nourrissant de légumes sauvages, de fruits de toute espèce, et enfin d'animaux même [129]. »

Avec Buffon, il admet que ces « familles », sans s'être formé encore un « langage » s'entendaient « par des cris et par des gestes » (« par signes et par sons », disait Buffon), et fonde cette

123. *Questions sur l'Encyclopédie,* article « Celtes », Garnier, II, p. 106.
124. *O. H.,* p. 371-372.
125. *Questions sur l'Encyclopédie,* article « Celtes », II, p. 108.
126. Voir « L'anthropologie de Buffon ».
127. *Essai,* II, p. 342.
128. *Ibid.,* p. 342-343. Voltaire nuancera plus tard cette affirmation.
129. *Essai,* I, p. 26.

cellule primitive que constitue la famille sur l'attachement de
l'homme pour sa compagne, sur le besoin qu'ils ont l'un de l'autre, sur l'amour que la nature leur inspire pour leurs petits, sur
l'autorité du père [130]. L'article « Homme » des *Questions sur
l'Encyclopédie* réaffirme « que toutes les races d'hommes ont
toujours vécu en société », et oppose la vérité de la nature à
« l'affreux roman que cet énergumène [Rousseau] a fait
d'elle » [131]. On peut ajouter que, si Voltaire va plus loin que Buffon dans l'invective contre Rousseau, une même indignation les
anime contre un « paradoxe » qui prétend mettre « l'homme
animal farouche » au-dessus de « l'homme citoyen civilisé ».
Pour Voltaire comme pour Buffon, l'histoire n'est qu'une lente
émergence de l'espèce, mais l'on est assurément plus ou moins
homme selon qu'on est plus ou moins policé [132]. En ce sens, le
dessein de l'*Histoire universelle* n'est pas si éloigné qu'on pourrait le penser de celui de l'*Histoire naturelle*.

III. Anthropologie et Histoire

La préhistoire des sociétés

On sait que Voltaire ne s'était d'abord proposé comme point
de départ de son *Histoire universelle* que le règne de Charlema-
gne. En 1756, il remonte jusqu'à la Chine, et se justifie de vouloir « passer tout d'un coup aux nations qui ont été civilisées
les premières » et de parcourir le globe « en l'étudiant de la
même manière qu'il paraît avoir être civilisé » [133]. « Il faut »,
écrit-il, « détourner les yeux de ces temps sauvages, qui sont la
honte de la nature », et ne peuvent instruire un philosophe [134].
C'est seulement en 1765, que, comme le souligne M. Pomeau, « il
s'avise que l'histoire prend son départ dans la non-histoire » [135].
Nous dirions volontiers qu'il s'avise de la nécessité d'opposer
une « philosophie de l'histoire » aux paradoxes de Rousseau, au
naturalisme de Buffon, et accessoirement au providentialisme
des théologiens. Abandonner à ses adversaires le soin de remonter aux origines de l'humanité et d'écrire l'histoire de l'espèce,
c'est laisser s'accréditer « d'inutiles erreurs » [136].

---

130. *Ibid.*, p. 26.
131. Garnier, III, p. 378-379.
132. Voir « L'anthropologie de Buffon ».
133. *Avant-Propos*, I, p. 201 et 203. L'essentiel de cet *Avant-Propos* date
de 1740. Voltaire a donc élargi son dessein initial, mais sans remettre en
cause le principe adopté.
134. *Ibid.*, p. 199.
135. *Introduction*, p. XVIII.
136. *Essai*, I, p. 3 : « Vous voudriez que des philosophes eussent écrit
l'histoire ancienne, parce que vous voulez la lire en philosophe. Vous ne
cherchez que des vérités utiles, et vous n'avez guère trouvé, dites-vous, que
d'inutiles erreurs. Tâchons de nous éclairer ensemble (...) »

Les additions de 1761 laissaient prévoir cette conversion de Voltaire à une préhistoire de l'esprit humain, à travers l'histoire du Nouveau Monde, des découvertes des Portugais et des établissements des Hollandais [137]. « L'état de pure nature », c'est alors celui dans lequel on a trouvé les Brésiliens « dans le plus beau climat de l'univers », « sans lois, sans aucune connaissance de la divinité, uniquement occupés des besoins du corps », s'accouplant indifféremment à leurs sœurs, à leurs mères, à leurs filles, et de surcroît anthropophages. « L'instinct seul les gouvernait [138]. » La plupart des nègres n'en sont qu'à ce « premier degré de stupidité », quelques-uns à ce « second degré » qui est « de prévoir à demi, de ne former aucune société stable, de regarder les astres avec admiration, et de célébrer quelques fêtes, quelques réjouissances au retour de certaines saisons, à l'apparition de certaines étoiles » [139]. Les Hottentots sont encore dans ce degré de « stupidité », qui admet « une société informe, fondée sur les besoins communs » [140], les naturels des îles Mariannes ne sont « ni sauvages ni cruels » et cultivent des jardins, mais ils n'ont aucune religion [141]. Mais les peuples du Canada, paysans et chasseurs divisés en bourgades, « institution naturelle de l'espèce humaine », ont dépassé le stade de « l'imbécillité » et de la « raison commencée », pour former des sociétés nombreuses, animées d'un esprit républicain [142]. Les Péruviens étaient « la nation la plus policée et la plus industrieuse du Nouveau Monde » [143], ils « avaient élevé des prodiges d'architecture et taillé des statues avec un art surprenant ». La ville de Mexico était « le plus beau monument de l'industrie américaine », et malgré l'horreur des sacrifices humains, « la police instituée (...) était humaine et sage » [144]. Ainsi on s'élève par degrés des hommes qui n'obéissent qu'à l'instinct de l'espèce à ceux qui cultivent les arts et ont quelque connaissance de l'astronomie. Un langage plus ou moins formé correspond à ces divers stades : tandis que les familles encore errantes dans les forêts ne s'entendent que par cris et par gestes, et que les Hottentots ont une sorte de « bégaiement », ou de « gloussement », les nations sauvages ont

---

137. Voici la liste de ces additions : chapitre CXLI, p. 305-306 : sur la race des nègres; p. 308-309 : sur les Hottentots. Chapitre CXLIII, p. 319-320 : sur « les hommes à queue » de Nouvelle-Hollande. Chapitre CXLVI, de l'Amérique. Chapitre CXLVIII, p. 355-356 : sur les Péruviens. Chapitre CXLIX, p. 362-363 : sur les naturels des îles Mariannes. Chapitre CL, p. 365-367 : nouveaux développements sur les Brésiliens. Chapitre CLI, sur les « peuples rouges » de la Guyane et les nations du Canada. Chapitre CLII, p. 386 : sur les habitants des Terres australes, développements sur l'anthropologie dans les chapitres CL et CLI, p. 365-366 et 371.
138. *Essai*, II, p. 365-366.
139. *Ibid.*, p. 306
140. *Ibid.*, p. 308.
141. *Ibid.*, p. 362-363.
142. *Ibid.*, p. 371.
143. *Essai*, II, p. 356.
144. *Ibid.*, p. 348-349.

des langues plus ou moins riches, selon leur degré de connaissance :

« Ainsi la langue des Mexicains était plus formée que la langue des Iroquois, comme la nôtre est plus régulière et plus abondante que celle des Samoyèdes [145]. »

Il va de soi que Voltaire n'admet pas une langue primitive.

« Chaque espèce a sa langue (...). Il n'y a pas eu plus de langue primitive et d'alphabet primitif que de chênes primitifs, et d'herbe primitive [146]. »

Dans l'article « Alouette », il ridiculise les vaines recherches des étymologistes qui veulent à toute force trouver l'origine de toutes les langues dans le phénicien et le chaldéen [147].

Mais le trait essentiel qui marque l'infériorité des nations sauvages est l'absence d'une religion fondée sur « la notion distincte d'un Dieu suprême ». Seuls dans le Nouveau Monde les Péruviens avaient une religion qui semble « ne pas offenser notre raison » mais la connaissance « raisonnée » d'un Dieu créateur manquait au reste de l'Amérique comme aux Cafres et aux Nègres [148].

Tout suit donc la marche de « l'esprit humain » : les usages les plus bizarres et les superstitions les plus révoltantes ont été le fait de toutes les nations encore barbares; les sacrifices humains, l'anthropophagie ont existé chez les « anciens peuples de notre hémisphère » et « parmi les plus policés de l'autre » [149]. Partout des « religions barbares » qui ont précédé « les temps historiques » [150], ou la férocité naturelle à des peuples dont la subsistance était précaire expliquent ces exceptions à la loi naturelle [151]. L'amour socratique, ce vice qui semble « opposé au but de la nature », ne l'est point sans doute à la « nature humaine », puisqu'on a vu en Amérique ce même effet de ses « caprices » que chez les anciens Grecs [152]. Tous les peuples se ressemblent par « les passions, et par la raison universelle qui contrebalance les passions », en dépit des « prodigieuses différences », que le climat ou le naturel de chaque espèce d'hommes ont pu produire. Il y a donc moins de distance qu'on ne

---

145. *Ibid.*, p. 343. Voltaire est ici d'accord avec de Brosses; voir l'article « Langue » des *Questions sur l'Encyclopédie*, éd. cit., III, p. 553-565 : « Les langues ont été faites successivement et par degrés selon nos besoins. C'est l'instinct commun à tous les hommes qui a fait les premières grammaires. »

146. *Questions...*, article « A B C ou Alphabet », éd. cit., I, p. 14.

147. *Ibid.*, I, p. 126.

148. *Essai*, II, p. 343.

149. *Essai*, II, p. 343.

150. *Ibid.*, p. 323 et 349. « Il n'y a guère de peuples dont la religion n'ait été inhumaine et sanglante. »

151. Cf. *Dictionnaire philosophique*, art. « Anthropophages » : « C'est la superstition qui a fait immoler les victimes humaines, c'est la nécessité qui les a fait manger. », éd. cit., p. 26.

152. *Ibid.*, « Amour nommé socratique » et *Essai*, II, p. 345.

croit entre l'état de « pure nature », où l'homme obéit à cette loi imprimée par Dieu dans tous les cœurs : « Ne fais pas ce que tu ne voudrais pas qu'on te fît » [153], et l'état de police où la connaissance d'un dieu formateur, rémunérateur et vengeur, fruit de la raison cultivée, transforme en loi positive cette loi naturelle. Seul l'entendement se perfectionne, la « nature humaine » étant toujours et partout la même.

Ainsi se retrouvent les deux principes essentiels de l'anthropologie voltairienne : principe d'identité, qui accorde à toutes les races d'hommes un instinct bienfaisant propre à l'espèce, principe de différenciation, qui met entre elles de prodigieuses inégalités puisque « la nature a subordonné à ce principe ces différents degrés de génie et ces caractères des nations qu'on voit si rarement changer » [154]. « C'est par là que les nègres sont les esclaves des autres hommes » [155].

« (...) si leur intelligence n'est pas d'une autre espèce que notre entendement [principe d'identité] elle est fort inférieure [différence spécifique]. Ils ne sont pas capables d'une grande attention, ils combinent peu, et ne paraissent faits ni pour les avantages, ni pour les abus de notre philosophie [156]. »

C'est aussi la cause de la supériorité des Européens sur les Américains qui « aisément vaincus partout, n'ont jamais osé tenter une révolution, quoiqu'ils fussent plus de mille contre un » [157].

« On a connu, en général, que l'entendement humain n'est pas si formé dans le nouveau monde que dans l'ancien [158]. »

Il y a donc des *degrés* qui descendent de l'homme à l'animal, et il faut une longue suite de siècles pour que les sociétés humaines puissent échapper à ce déterminisme naturel, et franchir l'intervalle immense qui sépare la brute de l'homme.

Mais rien ne s'oppose en principe au progrès de la raison chez toutes les espèces d'hommes, auxquelles il est peut-être donné de remplir toute l'étendue de la carrière humaine, après avoir franchi la distance qui les sépare des nations déjà policées :

« (...) Le Brésilien est un animal qui n'a pas encore atteint le complément de son espèce. C'est un oiseau qui n'a ses plumes que fort tard, une chenille enfermée dans sa fève, qui ne sera en papillon que dans quelques siècles. Il aura peut-être un jour des Newton et des Locke, et alors il aura rempli toute l'étendue de la carrière humaine, supposé que les organes du Brésilien

153. *Essai*, ii, p. 321.
154. *Ibid.*, p. 335.
155. *Essai*, ii, p. 335.
156. *Ibid.*, p. 306.
157. *Ibid.*, p. 335.
158. *Ibid.*, p. 346.

soient assez forts et assez souples pour arriver à ce terme : car tout dépend des organes [159]. »

Entendons : tout dépend de Dieu, qui a formé les espèces. Il se peut que les nègres ne soient pas *faits* pour être un jour civilisés, et que les Brésiliens n'aient pas *reçu* une organisation assez forte et assez souple pour produire un jour des Newton et des Locke. Le déterminisme naturel enveloppe donc un déterminisme historique, puisque chaque race a son histoire, comme elle a ses caractères et son organisation spécifiques. Le principe d'identité tend ainsi à se résorber dans le principe de différenciation, qui explique à la fois les dénivellations de l'histoire humaine et ses singularités.

L'Introduction de 1765 à l'*Essai sur les mœurs* fait la synthèse des idées insérées dans l'ouvrage en 1761 au hasard des chapitres. La succession même des morceaux qui la composent : 1. Changement dans le globe. 2. Des différentes races d'hommes 3. De l'antiquité des nations. 4. De la connaissance de l'âme. 5. De la religion des premiers hommes. 6. Des usages et des sentiments communs à presque toutes les nations anciennes. 7. Des sauvages. 8. De l'Amérique. 9. De la théocratie, ne laissent aucun doute sur la volonté de Voltaire de lier sa « philosophie de l'histoire » aux principes du *Traité de métaphysique,* et d'en former un seul corps de doctrine. Il semble que ce caractère systématique ait échappé à beaucoup de commentateurs. Cependant, l'esquisse tracée par Voltaire des premiers temps de l'humanité, fidèle aux principes de son anthropologie, révèle à quel point sa vision de l'histoire est secrètement commandée par eux. Retraçons rapidement les étapes de ce devenir.

Les progrès de l'esprit humain

Aussi loin qu'on puisse remonter dans l'histoire de l'humanité, on trouve les hommes réunis en sociétés, suivant en cela la loi que la nature a donné à leur espèce. Le fondement de la société est cet instinct de conservation qui pousse l'homme à s'unir à son semblable [160], et cet instinct de bienveillance qui le pousse à le secourir [161].

---

159. « L'A, B, C, », dans *Dialogues,* éd. Garnier, p. 297. Voir aussi l'article « Climat », dans les *Questions sur l'Encyclopédie,* éd. Garnier, II, p. 198 sq. Voltaire réfute l'idée d'une influence déterminante du climat, mais se demande si le fait que les arts et les sciences se sont tenus jusqu'ici « entre le mont Atlas, et la mer Baltique » est le fait du hasard, ou « si ce ne sont point là les bornes que la nature leur a posées ». La cause naturelle — climat — est elle-même l'effet d'une cause supérieure, l'intelligence qui a prévu l'influence du climat sur l'organisation des êtres.

160. *Essai,* I, p. 26. Voir aussi l'article « Homme », dans *Questions sur l'Encyclopédie,* éd. Garnier, III, p. 378, Section intitulée « Que toutes les races d'hommes ont toujours vécu en société ». Le texte contient une réfutation de Rousseau.

161. *Ibid.,* p. 27.

« Dieu nous a donné un principe de raison universelle, comme il a donné des plumes aux oiseaux et la fourrure aux ours; et ce principe est si constant qu'il subsiste malgré toutes les passions qui le combattent, malgré les tyrans qui veulent le noyer dans le sang, malgré les imposteurs qui veulent l'anéantir dans la superstition [162]. »

De là une première loi : il y a dans l'homme un principe de « commisération et de justice », une sorte de « bonté naturelle » que rien ne peut altérer : tout pouvoir injuste, toute religion cruelle doivent donc « à la longue » se détruire eux-mêmes par cette seule contradiction. Parce qu'il croit à une « nature humaine », à une « raison » innée, Voltaire pense que les sociétés humaines ne peuvent s'écarter durablement d'une position d'équilibre et qu'une révolution y ramène nécessairement celles qui risque de périr de l'excès de leurs maux.

Méditant ensuite sur l'antiquité des nations, Voltaire remarque :

« Pour qu'une nation soit rassemblée en corps de peuple, qu'elle soit puissante, aguerrie, savante, il est certain qu'il faut un temps prodigieux. Voyez l'Amérique; on n'y comptait que deux royaumes quand elle fut découverte, et encore, dans ces deux royaumes, on n'avait pas inventé l'art d'écrire [163]. »

Avec l'écriture, on entre dans les « temps historiques », où l'histoire semble s'accélérer. Mais la formation d'un langage a demandé des siècles, et le genre humain a vécu à « l'état de brutes » pendant des milliers de siècles. Parcourant cette « distance immense », l'historien mesure la lenteur des progrès de l'esprit humain. Cette durée n'est point celle où se meuvent les nations modernes, et pourtant elle forme avec elle un même « temps historique », depuis la découverte de l'Afrique et du Nouveau Monde. Depuis le XVᵉ siècle, les peuples civilisés sont entrés dans une phase nouvelle de *leur* histoire, tandis que les nations sauvages se trouvaient projetées hors de la longue durée où s'étirait leur progrès presque insensible. Etonnante rencontre, qui change tout le relief de l'histoire humaine : voici qu'à la surface lisse des apparences, des failles apparaissent : la « sauvagerie », la « barbarie » n'appartiennent pas à un passé révolu, elles ne sont pas l'apanage des Nègres, des Cafres, des Lapons ou des Américains « plongés dans la même stupidité ». « Il y a de ces sauvages-là dans toute l'Europe », constate Voltaire :

« (...) des rustres vivant dans des cabanes avec leurs femelles et quelques animaux, exposés sans cesse à toute l'intempérie

---

162. *Ibid.*
163. *Essai*, I, p. 9. Voltaire mentionne pourtant l'existence des Quipos chez les Péruviens (*ibid.*) II, p. 355, et l'usage des Mexicains et des Péruviens de dessiner ce qu'ils voulaient désigner. « L'art de dessiner précéda sans doute l'art d'écrire. » *Essai*, I, p. 76.

des saisons; ne connaissant que la terre qui les nourrit, et le marché où ils vont quelquefois vendre leurs denrées pour y acheter quelques habillements grossiers; parlant un jargon qu'on n'entend pas dans les villes; ayant peu d'idées, et par conséquent peu d'expressions (...) [164] »,

tel est l'état misérable des paysans de la Westphalie [165] ou du Jura [166]. « Plus de la moitié de la terre habitable est encore peuplée d'animaux à deux pieds, qui vivent dans cet horrible état qui approche de la pure nature [167]. »

Si l'on trouve chez de « prétendus sauvages » plus d'industrie, de liberté et de courage que chez les rustres qui peuplent les campagnes de l'Europe, c'est que les sociétés « nombreuses, aguerries et savantes » ne le sont qu'à ce prix. « Au jugement de Voltaire, écrit M. Pomeau, l'histoire se joue entre les agents du progrès et un peuple réfractaire. Il voit l'humanité traîner un poids mort : elle-même en sa masse [168]. » Mais il n'en est ainsi qu'aux « temps historiques », où l'écart grandit entre les besoins de l'espèce et les inventions de l'esprit humain. Si « l'instinct mécanique » qui est chez la plupart des hommes, a pu faire naître dans des sociétés encore sauvages l'art de faire du feu et du pain, de fondre les métaux, de bâtir des maisons [169], « il a fallu un nombre prodigieux de combinaisons et de siècles, avant que la nature fît naître celui qui devait inventer la charrue et celui à qui nous devons l'art de la navette » [170], et l'invention d'un langage « imparfait et barbare », qui a précédé l'établissement des sociétés, n'a pu se faire sans que des hommes « doués d'un talent singulier » en aient formé les premiers rudiments, qu'ils ont enseignés aux autres [171]. Mais ni l'instinct ni le hasard ne permettent d'aller au-delà de ces premiers progrès, fruits de la nécessité. L'écriture, la science, les arts libéraux n'ont pu naître que dans des sociétés assez nombreuses pour qu'il s'y trouve une « infinité d'hommes utiles qui ne possèdent rien du tout » [172], et qu'un petit nombre ait ainsi le loisir de cultiver sa raison. Ainsi l'histoire des sociétés finit-elle par consacrer ce principe d'inégalité, qui commande toute leur évolution, et par

164. *Essai*, I, p. 22.
165. Cf. la lettre de Voltaire à Mme Denis, du 24 juillet 1750 (Bes. XVIII, p. 106).
166. « On croit dans une cour être au pays de Séjan, et dans les campagnes au pays des Cafres » (Bes. 7565, au président de Ruffey, 2 mai 1759).
167. *Questions sur l'Encyclopédie*, art. « Homme » (Garnier, III, p. 383-384).
168. Introduction à l'*Essai*, XLIII.
169. *Lettres philosophiques*, XII, et *Essai*, I, p. 26.
170. *O. H.*, p. 335. Dans la douzième lettre philosophique, Voltaire attribue encore au seul « instinct mécanique » l'invention de la navette. Il s'aperçoit ensuite qu'il y a une grande différence entre « découvrir » et « inventer », qui suppose un progrès décisif de « l'esprit humain ».
171. *Essai*, I, p. 10.
172. *Dictionnaire philosophique*, article « Egalité », éd. cit., p. 177.

donner raison à l'anthropologie voltairienne, qui admet au départ l'inégalité des espèces et des esprits.

Il est vrai que dans les premiers âges du monde, les hommes ont vécu « libres, égaux entre eux, sans maîtres, sans sujets, sans argent, et presque sans besoins ». Les premières sociétés se sont gouvernées en République : « C'est la marche naturelle de la nature humaine [173]. » Mais ce gouvernement, le plus naturel à des hommes presque entièrement occupés au soin de leur subsistance, ne convient qu'à de petites sociétés, que l'instinct seul gouverne, et où les hommes supérieurs ne jouent presque aucun rôle.

« Il faut un temps prodigieux avant qu'un peuple nombreux, ayant inventé les arts nécessaires, se soit réuni pour se choisir un maître »,

écrira Voltaire à l'article de la « Chine » [173 bis]. Se soumettre au gouvernement d'un seul, c'est à ses yeux franchir le pas décisif qui sépare le monde de la nature de celui de la culture. Ainsi la « puissante république de Tlascala », que Cortez trouve sur son passage, est florissante sous un gouvernement aristocratique, et les seuls peuples policés du Nouveau Monde obéissaient à des rois, dont le pouvoir était d'essence religieuse.

« Ainsi les peuples les plus policés de l'ancien monde et du nouveau se ressemblaient dans l'usage de déifier les hommes extraordinaires, soit conquérants, soit législateurs [174]. »

C'est donc la marche naturelle de l'esprit humain qui a conduit les hommes à se soumettre à l'autorité d'un seul, et à consacrer son pouvoir par des idées religieuses [175]. Cette théocratie primitive, qui préfigurait en quelque sorte le culte d'un dieu unique et bienfaisant, n'a pas tardé à dégénérer en superstition et en despotisme [176].

---

173. *Questions sur l'Encyclopédie*, article « Démocratie » (Garnier, II, p. 333).
173 bis. *Questions* (...), texte donné en note du *Dictionnaire* (...), éd. cit., p. 480.
174. *Essai.* II, p. 355.
175. Voir l'article « Théocratie », *Questions sur l'Encyclopédie*, éd. cit., IV, p. 511, où Voltaire donne les Incas comme exemple de cette déification d'un héros civilisateur : « Les premiers Incas, en se disant descendants en droite ligne du soleil, établirent une théocratie. »
176. L'idée d'une théocratie primitive, « l'âge d'or et le règne des dieux », semble venir de Boulanger, de même que celle de la dégénérescence de ce premier gouvernement. Voir Ira O'WADE, *The search for a new Voltaire*, « Voltaire and Boulanger », p. 52-56. On a retrouvé en effet dans les papiers de Voltaire une copie d'un manuscrit clandestin, imprimé plus tard dans les *Œuvres complètes* de Boulanger, éd. 1794, tome III, et intitulé « Gouvernement historique, politique, religieux, ancien et moderne ». M. Wade conclut que les idées de Voltaire sur la préhistoire des sociétés humaines sont très proches de celles de Boulanger, et aussi de celles de Rousseau. Il ne s'oppose en effet à ce dernier que sur quatre points : il n'admet pas un état d'isolement, il ne postule pas deux états de nature, il ne croit pas à un état de

Ce que retient surtout Voltaire de cette préhistoire des sociétés, c'est ce par quoi toutes se ressemblent, et renvoient à une
« nature humaine » qui est toujours et partout la même. Partout
et toujours, la marche de l'esprit humain suppose les mêmes
erreurs et les mêmes progrès : l'invention du feu [177] et des arts
du langage et de l'écriture sont partout les étapes essentielles de
son développement, les superstitions et les sacrifices humains
témoignent partout de sa faiblesse. Si l'univers physique est le
règne de la différence, l'univers moral obéit à un principe d'iden-
dité. Il n'est pas de peuples qui soient « nos antipodes en morale : il n'y a point de pareils antipodes parmi les peuples qui
cultivent leur raison » [178]. Partout les hommes sont gouvernés
par la loi naturelle qui proscrit le mensonge, l'incontinence, le
larcin et le meurtre. Tous les usages qui semblent s'en écarter
ont leur « raison », qui les y ramène : l'anthropophagie et le
meurtre des vieillards s'expliquent par la vie précaire des peuples chasseurs, la circoncision ou la mutilation que s'infligent
les Hottentots par quelque précepte religieux [179]. Du reste il ne
faut point s'étonner de la multiplicité des usages singuliers, fruits
« du sol, de la terre et de la coutume » [180]. Le climat, dont Voltaire nie l'influence sur le physique des races, agit sur le tempérament des peuples et produit de « prodigieuses différences »
dans les mœurs [181]. Mais nulle part les mœurs ne peuvent contredire la nature, ni les lois civiles ou religieuses autoriser ou
consacrer ce que défend la loi naturelle. Le juste et l'injuste ne
dépendent ni du climat ni de la forme du gouvernement, on ne
peut nommer vertu ce qui ailleurs est vice :

« Il n'est guère croyable que la dépravation des mœurs ait
jamais établi chez aucun peuple des cérémonies religieuses [182]. »

Ainsi le culte de Priape ne peut avoir été une cérémonie inventée
par la débauche, il devait être un hommage à la divinité, incar-
née dans le symbole de vie. L'usage qui veut qu'à Cochin le
roi lègue sa couronne et ses biens non à son fils, mais au fils
de sa sœur n'est qu'une fable de voyageur :

« Un tel règlement contredit trop la nature. Il n'y a point
d'homme qui veuille exclure son fils de son héritage [183]. »

---

bonheur primitif, il ignore la notion de contrat social (p. 53). Ces différences
nous paraissent tout de même considérables, tandis que le rapprochement entre Voltaire et Boulanger semble plus convaincant.
   177. Voltaire note par exemple que les Mariannais ignoraient l'usage du
feu, *Essai*, II, p. 322.
   178. *Ibid.*, p. 312 (à propos des Japonais).
   179. *Essai*, II, p. 319. Cf. ces remarques des *Note Books* : « Les juifs se
coupaient le prépuce en l'honneur de Dieu. Les Hottentots sont bien plus
dévots, ils se coupent une couille » (I, p. 224). « Je crois que le but de la
circoncision est d'obvier à la manualisation, mais les Hottentots ! » (II, p. 287.)
   180. *Essai*, II, p. 321.
   181. *Ibid.*
   182. *Ibid.*, II, p. 323.
   183. *Essai*, II, p. 314.

On voit par ce double exemple les avantages et les dangers de la méthode voltairienne : tantôt elle lui fait percevoir la vraie raison des usages, tantôt elle le force à ne point croire ce dont il ne saurait concevoir les raisons, sans changer décidément de philosophie. La « loi naturelle », gravée par Dieu dans le cœur de tous les hommes, finit par embrasser le droit d'héritage et le droit de propriété, teis qu'ils sont établis en Europe, c'est-à-dire par se confondre avec ces lois « purement civiles, éternellement arbitraires », auxquelles Voltaire prétendait l'opposer [184]. C'est qu'il raisonne en historien pour tout ce qui touche aux institutions et à la forme du gouvernement, en moraliste pour tout ce qui regarde les vertus domestiques. Il lui est plus facile d'admettre les erreurs et les folies de l'esprit humain, les excès de la superstition et les fureurs du despotisme, que de remettre en cause l'idée d'une morale universelle : si l'homme se perd dans les crimes de l'histoire, il faut qu'il se retrouve en Dieu. Sans un Dieu « créateur, gouverneur, rénumérateur et vengeur », aucune société ne pourrait subsister [185].

Aussi Voltaire refuse-t-il de croire qu'il y ait des peuples athées : les Cafres, les Hottentots, les Topinambous n'ont point de Dieu, mais on ne saurait les dire athées : « (...) ils ne nient point l'Etre Suprême; ils ne le connaissent pas, ils n'en ont nulle idée » [186]. Mais les Cafres adorent un insecte, les Nègres un serpent. Les peuples qui n'ont absolument aucun culte sont les plus stupides. L'idée religieuse est pour Voltaire un signe de civilisation, et l'idolâtrie ou le polythéisme supposent pour lui la notion confuse d'une « puissance supérieure » chez des peuples encore grossiers [187]. C'est la « raison commencée » qui a inspiré aux Péruviens quelque reconnaissance pour l'astre qui anime la nature, et pour son fils Manco-Capac, qui leur a donné des lois, mais seule la « raison perfectionnée » a su concevoir un dieu suprême et tout-puissant et produire ces grands hommes qui ont civilisé les grandes nations. L'histoire des religions et celle des sociétés se confond pour Voltaire avec la marche de l'esprit humain, qui n'a pu être que toujours et partout la même. Ce principe lui permet d'entrevoir ce que nous appellerions aujourd'hui l'unité de la pensée mythique. Tous les peuples ont eu des « fables », et toutes ces fables se ressemblent : une même fonction fabulatrice a fait naître partout des dieux et des héros [187 bis].

184. *Essai*, I, p. 192.
185. *Dictionnaire philosophique*, article « Athée, Athéisme », p. 43.
186. *Ibid.*, et *Essai*, I, p. 13, texte cité.
187. Voir dans le *Dictionnaire philosophique* l'article « Idole » et la réfutation de Bayle dans l'article « Athée ».
187 bis. Les sections V et VI de la *Philosophie de l'histoire* sur la « Religion des premiers hommes » et les « Usages et (des) sentiments communs à presque toutes les nations anciennes » utilisent une méthode comparative, qui doit beaucoup à Lafitau et au Président de Brosses.

Mais, à la différence des mythologues modernes, Voltaire ne voit dans ce pouvoir fabulateur qu'une faiblesse de l'esprit humain. L'imagination, maîtresse d'erreurs et de faussetés, retarde les progrès de la raison : le polythéisme a partout marqué un recul de l'esprit humain [188] « abandonné à lui-même », partout les hommes « se sont fait » des religions abominables, ils se sont forgé des systèmes absurdes et d'atroces superstitions qui ont ruiné les premières croyances, fondées sur un sentiment confus de la divinité [189]. La théocratie a souillé presque toute la terre de sacrifices humains et poussé la tyrannie « aux plus horribles excès où la démence humaine puisse parvenir » [190], « chez toutes les nations, l'histoire est défigurée par la fable, jusqu'à ce qu'enfin la philosophie vienne éclairer les hommes » [191].

L'on ne passe donc point de « l'état de brutes » à l'état d'homme raisonnable par un progrès continu. « L'intérêt, l'orgueil et toutes les passions » se partagent le cœur des hommes, et il faut une longue suite de siècles pour que le petit nombre de « ceux qui pensent » finisse par l'emporter sur la multitude insensée et imbécile. Toute l'histoire de l'esprit humain est donc dominée par ces hommes supérieurs, seuls capables de détruire les préjugés, d'inventer la science et la philosophie, ou de civiliser un peuple barbare. L'originalité de Voltaire est moins sans doute dans cette apologie des « grands hommes », que dans cette vision profondément pessimiste de l'histoire qui accorde si peu à l'espèce humaine prise en sa masse. Chez Buffon, l'homme triomphe de lui-même en triomphant de la nature; en la domptant, il s'en fait le démiurge et cette action continue fait partout éclore les germes de la civilisation. Chez Voltaire, l'histoire des hommes s'éclaire peu de ces grandes « vues de la nature » : histoire des mœurs et de l'esprit des nations, elle ne prend jour que du côté de la raison et fait de la barbarie le risque suprême des sociétés humaines.

La barbarie des civilisés

Il est tant de façons d'être « barbare » dans ce monde comme il va, que nul mot ne vient plus fréquemment sous la plume de Voltaire lorsqu'il s'indigne [192], et le thème de la barbarie des

---

188. Cette thèse voltairienne, opposée à celle de De Brosses dans l'article « Religion » du *Dictionnaire philosophique* (« J'ose croire (...) qu'on a commencé d'abord par reconnaître un seul Dieu, et qu'ensuite la faiblesse humaine en a adopté plusieurs », éd. cit., p. 360), est reprise dans la *Philosophie de l'histoire*.

189. Il faut ensuite de longs détours pour revenir, « par la raison », au point dont les hommes sauvages étaient partis « par instinct », *Essai*, I, p. 17.

190. *Ibid.*, p 22.

191. *Essai*, ch. CXCVII, « Résumé de toute cette histoire... », II, p. 801 (addition de 1761).

192. Il emploie le mot sept fois dans le chapitre qui sert de conclusion à l'*Essai* (chapitre CXCVII). Le mot est en relation avec un ensemble de termes

civilisés prend chez lui une ampleur particulière. « L'esprit de guerre, de meurtre, de destruction », qui a « toujours dépeuplé la terre » [193] perpétue les ravages des invasions barbares; les vainqueurs de l'Amérique se sont déshonorés par d'horribles cruautés; les « barbaries ridicules » du gouvernement féodal et les « barbaries sanglantes » des guerres de religion [194] ont long-temps retardé le progrès des Lumières en Europe. « Dans des contrées autrefois policées, des peuples presque sauvages vivent sur les ruines des anciens empires [195] et le genre humain devenu « farouche » de Bagdad jusqu'à Rome a perdu jusqu'au souve-nir de sa grandeur. Et tandis qu'au cœur des forêts du Nouveau Monde, de « prétendus sauvages » ont des « mœurs » dignes des *Grands Hommes* de Plutarque [196], Colmar, où l'on brûle les livres de Bayle et du marquis d'Argens est « la capitale des Hotten-tots » [197]. Les vrais Iroquois sont les jésuites anthropophages, qui croquent leur prochain à belles dents. Anthropophages, les moines de Mont-Jura, qui traitent leurs serfs comme des bêtes, anthropophages les « petits tyrans noirs » du pays de Gex, et les inquisiteurs de Goa ou de Lisbonne. Les juges qui ont condamné le chevalier de la Barre sont « plus cruels que les Cannibales » [198], « leurs barbaries feraient frémir des sauvages ivres ».

Ainsi toute société policée reste sous la menace de cette barbarie enfouie au cœur de la civilisation, symbole de toutes les puissances du mal.

La logique de la fable ou le mythe d'Eldorado

A leur manière, les contes voltairiens illustrent sa philo-sophie : le monde où voyagent Zadig, Candide, Scarmentado, la princesse de Babylone ou Jenni offre cette profusion de variétés ordonnées avec « une espèce d'uniformité admirable » [199], qui révèle les desseins du Créateur. Avec *Candide*, dont la rédaction est contemporaine des chapitres de l'*Essai* sur la découverte de l'Amérique, la scène s'élargit au Nouveau Monde : des hommes-singes, qui sont des quarts d'homme comme Cacambo est un

---

tels que férocité, grossièreté, ignorance, imbécillité, absurdités, fanatisme, qui sont d'un emploi plus restreint, dans le même champ lexical.
    193. *Ibid.*, p. 808. Cf. I, p. 61, « Le fanatisme et les contradictions sont l'apanage de la nature humaine. »
    194. *Essai*, II, p. 803.
    195. *Ibid.*, p. 806.
    196. *Ibid.*, I, p. 23.
    197. Lettre à d'Argental, 24 février 1754 (Bes. XXIV, p. 94).
    198. *Questions sur l'Encyclopédie*, article « Crimes » (Garnier, II. p. 275).
    199. *Romans et Contes, Micromegas*, p. 135. Même thème dans *Zadig*, p. 82, les *Oreilles du comte de Chesterfield*, p. 672 et 681, pour prendre des exemples dans deux contes fort éloignés l'un de l'autre et par leur date et par leur sujet.

quart d'Espagnol, et des anthropophages y sont l'image de « la pure nature ». Dans l'*Ingénu*, un Huron à moitié breton oppose au fanatisme et au despotisme qui sont la marque d'une raison pervertie, les naïves lumières de la raison commencée, et à l'insensibilité des « philosophes » la force des sentiments naturels [200]. Apologue voltairien par excellence, il tente et réussit une conciliation entre l'idée de nature et l'idée de civilisation.

Le sage Amabed fait part à son ami Shastasid de ses observations sur l'étrange nation des Hottentots qui n'ont qu'un gloussement en lieu de langage articulé, et dont les femmes ont un tablier formé d'un repli de peau. Réfléchissant sur ces singularités, Amabed conclut que « cette race ne peut avoir la même origine que nous [201] ». A chaque instant on est renvoyé à l'article « Anthropophages », à l'article « Des monstres et races diverses », voire à l'article « Barbe » : n'est-ce pas le menton « cotonné » de l'ingénu qui fait soupçonner à son oncle le prieur qu'il est fils d'un homme d'Europe, et non pur Huron de Huronie [202] ? Ces multiples correspondances montrent que les détours du récit ne nous éloignent guère du centre de gravité de la pensée voltairienne. Certes, Voltaire dispose avec un art infini des variantes combinatoires sans lesquelles il n'est pas de « système » bien établi : il y a du bon dans la « pure nature » puisque les Oreillons ne mangent que des jésuites [203], et que les anthropophages des Montagnes Bleues débarrassent Jenny et le meilleur des mondes de la Clive Hart, cette horrible athée [204]. Mieux vaut d'innocents sauvages que des « coquins raffinés » [205], mais mieux vaut encore un demi-Huron qui renonce à ses forêts natales pour devenir « philosophe intrépide » [206]. Il est plus aisé de convaincre de vrais anthropophages de renoncer à cette affreuse coutume que d'attendrir les « anthropokaies » de Séville ou de Lisbonne. S'il est permis à des sauvages de se conduire comme tels, les « boucheries héroïques » et les bûchers de l'Inquisition déshonorent une nation prétendue policée.

La malice voltairienne se plaît à ces tours et à ces ruses, et pourtant la logique combinatoire du conte ne fait appel qu'à des éléments connus, dont elle se sert comme des pièces d'un puzzle. Ailleurs Voltaire abuse pour convaincre des syllogismes, des fausses évidences, des fausses conséquences, et du principe de contradiction. Ici, il se promène avec délices dans les allées de sa raison la plus intérieure, pour atteindre au point, dont parle Claude Lévi-Strauss, où toute pensée mythique — c'est-à-dire toute pensée enfin cristallisée en système —

200. *L'Ingénu, ibid.*, p. 376.
201. *Lettres d'Amabed*, dans *Contes*, p. 537.
202. *L'Ingénu, Contes*, p. 329.
203. *Candide, ibid.*, p. 214.
204. *Histoire de Jenni, ibid.*, chapitre VII.
205. *L'Ingénu, ibid.*, p. 349.
206. *Ibid.*, p. 381.

« se dépasse elle-même et contemple, au-delà des images encore adhérentes à l'expérience concrète, un monde de concepts affranchis de cette servitude et dont les rapports se définissent librement » [207].

Aussi l'Eldorado est-il tout autre chose qu'un apologue. « Cet horizon immense bordé de montagnes inaccessibles », où se déploie et s'anéantit une vision fabuleuse, offre à la fois toutes les richesses et toute la rigueur du mythe. On dirait une mosaïque où viennent s'encastrer des motifs empruntés aux récits de voyages, aux *Mille et une nuits*, à Garcilaso de la Vega [208]. Mais la structure de cette micro-utopie reproduit en abîme celle des grands récits utopiques, de Thomas More à Vairasse d'Allais : clôture, découverte progressive, de caractère initiatique, d'une cité idéale [209], mythe de fondation [210], découpage du récit en descriptions et en dialogues qui permet d'inscrire le présent utopique dans une histoire et dans un projet, insertion du récit utopique proprement dit dans un récit de voyage, qui fonde sa réalité, et la tient en même temps à distance, puisque le lieu utopique une fois circonscrit, reconnu, occupé est abandonné sans espoir de retour [211].

A première vue, ce paradis voltairien semble se déduire du « monde comme il va » par simple soustraction de tout ce qui l'empêche d'être le meilleur des mondes possibles : point de guerre, point de misère, point de moines « qui enseignent, qui disputent, qui gouvernent, qui cabalent, et qui font brûler les gens qui ne sont point de leur avis » [212], point d'avarice ni d'ambition, point de juges, ni de prisons. Mais la terre cultivée « pour le plaisir comme pour le besoin », des mets délicieux, de riches appartements, de beaux habits, le luxe cher au Mondain. Et dans la ville des édifices publics « élevés jusqu'aux nues », des marchés aux mille colonnes, de splendides fontaines, les arts et les sciences à l'honneur dans une galerie de deux mille pas pleine d'instruments de mathématiques et de physique, comme dans *la Terre Australe* de Gabriel de Foigny [213]. Tout est allusion à un futur immédiat, aux temps proches où le despotisme, l'into-

---

207. *Du Miel aux cendres*, p. 407.

208. Sur les sources de l'épisode, voir l'édition Morize, et les notes de l'édition Pomeau. Richard A. BROOKS a relevé des éléments qui viennent de Garcilaso de la Vega, « Voltaire and Garcilaso de la Vega », *Studies on Voltaire*, XXX, 1964. Mais la multiplicité des emprunts importe moins, à notre sens, que la structure même du récit, qui ressortit au genre utopique.

209. Elle se fait en deux temps : découverte du pays d'Eldorado et entretien avec le vieillard, découverte de la « ville » et entretien avec le roi. La structure est identique à celle de l'*Histoire des Sévarambes*.

210. *Contes*, éd. cit., p. 217-218.

211. Certes le départ de Candide a sa justification dans le récit même : le désir de retrouver Cunégonde. Il n'empêche que, structuralement, la péripétie fait nécessairement partie de tout récit utopique.

212. P. 218.

213. P. 219.

lérance et le fanatisme auront disparu de la surface de la terre, où tous les jésuites auront été dévorés par les Oreillons, où les rois seront philosophes, ou quelque philosophe roi.

Pourtant, il faut bien convenir que les plans de cette cité idéale sont à peine tracés. De l'entretien entre Candide et le sage vieillard, nous savons seulement qu'il roula « sur la forme du gouvernement, sur les mœurs, sur les femmes, sur les spectacles publics, sur les arts », toutes choses qui dans une utopie bien comprise, sont matière à de longs développements. Mais ici le seul développement concerne la religion, fondée sur l'amour d'un Dieu unique et à tout donné à l'homme. Est-ce donc là pour Voltaire l'essentiel ? Une religion sans vaines cérémonies, qui élèverait l'homme vers Dieu par la contemplation, préserverait l'homme des vices et des maux, lui ferait oublier l'ambition et l'avarice, et assurerait son bonheur ? Nous aurions donc à faire à une utopie moralisante.

Entrons plus avant dans la logique de la fable, en utilisant les coordonnées du « système » voltairien. Comme dans toutes les utopies, cet état d'innocence et de félicité est celui d'un peuple préservé par son éloignement dans le temps ou dans l'espace de toute contagion. Les habitants d'Eldorado sont les descendants des anciens Incas, restés sagement dans leur patrie au lieu d'aller à la conquête du Pérou [214]. Si nous nous référons à la chronologie voltairienne, ils en sont toujours au stade de la « raison commencée », qu'avaient atteint les civilisateurs du Pérou, mais la connaissance des arts et des sciences nous reporte plus avant, au début des « temps historiques », et la connaissance du vrai Dieu suppose une raison « perfectionnée ». Qu'est-ce à dire, sinon que nous sommes dans une autre histoire, dans une autre dimension : tandis que le Nouveau Monde allait à la rencontre de l'ancien [215] et entrait dans le cycle de la violence et du fanatisme, les habitants d'Eldorado se sont arrêtés à ce point de perfection où les forces du Bien l'emportent sur celle du Mal. Et tandis qu'autour d'eux les hommes, en proie à l'histoire, en subissent toutes les atrocités, ils vivent dans un temps immobile et ignorent l'ambition et l'avarice, ces deux passions qui gouvernent le monde.

Mais Voltaire ne croit pas aux sociétés sans histoire : s'il construit de toutes pièces un modèle utopique, c'est précisément pour démontrer la vanité de tout espoir utopique : l'homme ne peut pas vivre dans cet état de perfection et de même que nul alchimiste n'a pu créer de l'or, de même l'Eldorado n'est qu'un rêve, car on ne change pas plus la nature de l'homme qu'on ne transmue les métaux. Il n'est pas donné à l'homme d'échapper à l'histoire, de changer l'ordre du monde et la loi divine. C'est

---

214. Cf. *Essai*, ch. CLI.
215. *Contes*, p. 217 : « [Ils] en sortirent très imprudemment pour aller subjuguer une partie du monde et (...) furent enfin détruits par les Espagnols. »

pourquoi l'Eldorado ressemble à un pays de conte de fées. C'est une anti-utopie, où l'effet d'irréel contredit et finalement annule les effets de réel [216] : il y coule des fontaines de canne à sucre, on y porte des vêtements en duvet de colibri, les enfants y jouent avec des palets d'or et de pierreries, on y vit sans annales [217], et tout y a un parfum d'éternité, rien la couleur du réel. La vraie vie est ailleurs, et toute la symbolique de l'Eldorado ne vise qu'à détruire ce qu'elle semble figurer : mythe où viennent mourir tous les mythes, il renvoie l'esprit humain, désabusé des fables, à sa propre aventure.

IV. LE PRÉJUGÉ ANTHROPOLOGIQUE ET LES LIMITES DE L'HUMANISME VOLTAIRIEN

Le thème majeur de la barbarie des civilisés, qui semble surgir d'une méditation sur l'histoire et ses périls, sur l'essence du mal et la corruption de la nature humaine, donne aussi la mesure du préjugé anthropologique, qui fonde la plupart des jugements portés par Voltaire sur les peuples de l'Ancien et du Nouveau Monde. Ces « différents degrés de génie et ces caractères des nations qu'on voit si rarement changer » [218] ont décidé de la supériorité des Européens sur les Orientaux [219] et de celle de la « race barbue » sur les espèces d'hommes imberbes qui peuplaient l'Amérique, et de la race blanche sur les nègres au nez épaté. Si les Européens sont plus civilisés que les Tartares, les Turcs, et les Chinois, il ne faut point s'étonner qu'ils aient subjugué des hommes dont l'entendement était « fort inférieur », et que la faiblesse de leur « tempérament » rendait « naturellement esclaves » [220]. Les Mexicains et les Péruviens, qui avaient formé des empires policés, n'avaient ni la fierté ni le courage qui distinguent les Canadiens des autres Américains [221], et ont assuré leur liberté. C'est la « stupidité » des Péruviens qui a

216. On sait que Roland BARTHES appelle « effet de réel » la présence, dans un texte, de détails concrets non nécessaires, qui n'ont d'autre fonction que de donner l'illusion du réel (exemple : le baromètre du salon de Mme Aubain, dans *Un cœur simple*; « L'effet de réel », dans *Communications*, XI, 1968, p. 84-89). Dans l'Eldorado, les détails qui produisent ce que nous appelons un « effet d'irréel », sont extrêmement nombreux; comme très souvent chez Voltaire, les chiffres en particulier ont cette fonction : un contour de deux cents livres, trois cents colibris dans un plat et six cents oiseaux-mouches dans un autre, cinq à six mille musiciens, la millième partie de la ville, vingt belles filles de la garde, etc.
217. Ecart remarquable par rapport aux « vraies » utopies.
218. *Essai*, II, p. 335.
219. *Ibid.*, II, p. 806.
220. Voltaire emprunte la formule à Las Casas, qui usait de cet argument en faveur des Indiens. Si Voltaire rend justice à son humanité, il le soupçonne d'avoir outré les reproches qu'il adresse à ses contemporains (*Essai*, II, p. 360-361).
221. *Essai*, II, p. 370.

décidé de leur défaite, comme celle des nègres les condamne à la servitude. Dans les deux cas, le parallélisme des termes démontre, s'il en était besoin, la fermeté des principes voltairiens [222]. Aussi les chapitres de l'*Essai* qui traitent de la conquête du Nouveau Monde et de l'esclavage manquent-ils de cette violence passionnée qu'il met à défendre les causes qui lui sont chères. Si la grandeur de l'entreprise n'excuse pas à ses yeux tant d'horreurs qui déshonorent les vainqueurs de l'Amérique, ce « mélange de grandeur et de cruauté » l'étonne pourtant plus encore qu'il ne l'indigne [223]. Il ne peut s'empêcher d'admirer le « courage opiniâtre » d'un Cortez, d'un Pizarre, et témoigne plus d'horreur pour des « atrocités » qui font frémir la nature et déshonorent des civilisés que de compassion pour les victimes. Certes, il ne manque pas de produire le témoignage de Las Casas et le triste bilan de la conquête : douze millions d'Indiens massacrés au Mexique et au Pérou, plus d'un million dans les îles. Mais il voit dans ces excès mêmes l'effet d'une fureur aveugle, dictée par le fanatisme. De l'*Essai sur les mœurs* à l'*Histoire de Jenni*, une certaine surcharge du récit, un ton plus véhément donnent après coup toute leur valeur à certains détails, et accusent les intentions de l'historien; les Indiens pendus « treize à treize » en l'honneur des treize apôtres, le cacique de l'île de Cuba qu'un franciscain exhorte à mourir chrétien, et qui refuse d'aller au ciel s'il doit y retrouver des Espagnols, le rôle de l'évêque Valverda au Pérou [224]. A côté des conquérants, et mettant ses pas dans les leurs, l'Eglise prend possession du Nouveau Monde et étend dans ce vaste domaine la puissance de son empire.

« Un nommé Almagro, prêtre, fils de prêtre, condamné à être pendu en Espagne pour avoir été voleur de grand chemin, vient, avec un nommé Pizarre, signifier au roi, par la voix d'un autre prêtre, qu'un troisième prêtre, nommé Alexandre VI, souillé d'inceste, d'assassinats et d'homicides, a donné, de son plein gré, *proprio motu* et de sa pleine puissance, non seulement le Pérou, mais la moitié du Nouveau Monde, au roi d'Espagne [225]. »

Voilà, conté par Voltaire dans l'*Histoire de Jenni*, le début de la conquête du Nouveau Monde. Et voici la suite :

222. Cf. ce qu'il dit de la « multitude des Péruviens », attendant « stupidement » l'issue du combat qui oppose Almagro à Pizarre, alors que chaque parti ne comptait guère plus de trois cents hommes (*Essai*, II, p. 359) et des « multitudes de noirs » déportés en Amérique pour y demeurer soumis à un « très petit nombre d'Européens » (II, p. 355). « Tant la nature a donné en tout la supériorité aux Européens (...) » (*Ibid.*, p. 359). Voltaire croit si peu à une révolte possible des peuples ainsi réduits en esclavage, qu'il ne voit dans cet écart numérique qu'une preuve supplémentaire de la supériorité des vainqueurs.
223. *Essai*, II, p. 362.
224. *Ibid.*, p. 358, 360. Voir notre chapitre sur « La destruction des Indiens... ».
225. *Histoire de Jenni, Contes*, p. 654.

« Déjà se formait dans le Nouveau Monde le gouvernement espagnol (...) des archevêques, des évêques, des tribunaux d'Inquisition, toute la hiérarchie ecclésiastique exerçait ses fonctions comme à Madrid [226]. »

Et voilà pourquoi le pauvre Candide trouvera le Nouveau Monde affecté des mêmes maux que l'Ancien.

A vrai dire, le sort des Indiens ne préoccupe guère le bon Candide, si l'on excepte les Paraguains, soumis au pouvoir de ses ennemis, les jésuites. S'il se moque dans *Candide* de Los Padres qui ont tout, tandis que leurs peuples n'ont rien, on sait que Voltaire leur rend justice dans l'*Essai* [227]. Ils se sont, à la vérité, « servi de la religion pour ôter la liberté aux peuplades du Paraguay; mais ils les ont policés » [228]. Esquissant un parallèle entre l'état du Paraguay et la Pennsylvanie, il donne la préférence aux quakers qui ont su instruire les sauvages sans attenter à leur liberté. Il les loue d'avoir acheté leurs terres aux indigènes au lieu de les usurper, et d'avoir apporté en Amérique un christianisme qui ne « ressemble pas plus à celui du reste de l'Europe que [leur] colonie ne ressemble aux autres » [229]. Ce double éloge et surtout celui des jésuites, qu'on n'attendait guère sous sa plume — montre assez quel est l'idéal de Voltaire : comme beaucoup de ses contemporains, il voit dans la « civilisation » des sauvages le « triomphe de l'humanité », qui semble « expier les cruautés des premiers conquérants » [230]. Comme eux, il fait gloire à don Carlos, d'avoir, par de justes lois, « réparé, autant qu'il a pu, les atrocités auxquelles les Espagnols s'abandonnèrent sous Ferdinand et sous Charles-Quint ». C'est la leçon que tire Freind de l'histoire du Nouveau Monde : « Si le crime est sur la terre, la vertu y est aussi [231]. »

Pour Voltaire les « barbaries » de la conquête appartiennent à un passé révolu. Peu d'allusions chez lui à l'injustice de la colonisation, au préjugé de couleur, au travail forcé, à la misère des Indiens dépossédés de leurs terres et privés de leurs droits. Comme Buffon, il semble admettre un droit de colonisation, fondé sur la mise en valeur d'un continent, que le petit nombre et la « stupidité » de ses habitants avaient laissé stérile jusqu'à l'arrivée des Européens. Dans son éloge des jésuites du Paraguay [232] et de la florissante colonie des quakers, on retrouve l'image du « grand homme », qui dans un monde en friche — ou chez une nation encore barbare — fait éclore les germes de

226. *Essai*, II, p. 369.
227. Dans le chapitre CLIV, dont la rédaction est contemporaine de celle de *Candide*.
228. *Essai*, II, p. 387.
229. *Ibid.*, p. 383.
230. *Ibid.*, p. 387. Voir Première partie, chap. IV.
231. *Histoire de Jenni, Contes*, p. 655.
232. Qui ressemble fort à celui qu'en avait fait Buffon dans l'*Histoire naturelle* (IX, p. 258-259).

la civilisation. Dans cette violence faite à l'homme pour le
porter au-delà de lui-même, dans cette puissance quasi divine
du législateur ou du fondateur d'un état policé, Voltaire voit
assurément la seule chance qu'ait l'humanité de vivre un jour
dans « le meilleur des mondes ».

Pour les mêmes raisons, il croit possible d'humaniser l'esclavage. Le nègre de Surinam symbolise moins l'infamante
condition de l'esclave qu'il ne stigmatise la « barbarie » du *Code
noir* [233]. C'est l'inhumanité des maîtres qui cause tous les maux
de l'esclave. Le « code humain » établi par Locke en Caroline,
et qui ordonne de traiter les nègres « avec la même humanité
qu'on a pour ses domestiques » [234], offre au contraire l'exemple
de cette modération qui caractérisait l'esclavage antique. Il prévient, par cette modération même, les fautes que sanctionne si
cruellement le *Code noir*. Cet intérêt pour la condition légale
de l'esclavage situe Voltaire parmi les disciples de Montesquieu :
comme lui il pose le problème en termes juridiques [235], et ne met
pas en cause le principe même de l'esclavage, mais seulement
ses modalités. La nature fort inférieure des nègres ne saurait
empêcher qu'ils ne soient des hommes : nul préjugé ne saurait
faire admettre à Voltaire qu'on les traite comme des bêtes. Mais
cette protestation humanitaire, si on la compare aux pages écrites
par Voltaire après le désastre de Lisbonne [236], ou au chapitre
de *Candide* qui relate les horreurs de la guerre entre les Abares
et les Bulgares (dont le nom rime avec *barbare*), reste empreinte
d'une certaine froideur. On sent que là n'est pas pour Voltaire
le péché vraiment capital. Ce n'est qu'un des visages du mal
dans le monde, qui affleure à la surface d'une conscience
inquiète.

Loin d'être en avance sur son siècle, son « humanitarisme »
n'est qu'un reflet de la mauvaise conscience des philosophes,
impuissante à poser le problème dans ses véritables termes [237].
Aussi la liberté octroyée à leurs esclaves par les quakers en 1769
est-elle pour Voltaire une sorte de révélation. Il s'enthousiasme
pour un événement « qui doit faire époque dans l'histoire de la
religion et de l'humanité », et dont les *Éphémérides du Citoyen*

---

233. R. Pomeau a bien noté l'invraisemblance du récit, qui soumet un esclave
hollandais à la juridiction du *Code noir*. Mais nous avons montré, dans le
chapitre sur l'*Esclavage*, que Voltaire a d'excellentes raisons de prendre l'exemple d'un nègre de Surinam, c'est-à-dire un nègre « marron ».

234. *Essai*, II, p. 382.

235. *Questions sur l'Encyclopédie*, l'article « Esclavage » discute les thèses
de Pufendorf, de Grotius et de Montesquieu. Contrairement à celui-ci, Voltaire n'admet pas un droit d'esclavage sur les prisonniers de guerre.

236. Voir le commentaire de ces pages dans R. POMEAU, *la Religion de
Voltaire*, p. 283.

237. R. Pomeau rattache l'épisode du nègre de Surinam à la lecture d'une
note d'Helvétius. Comme Buffon, comme Rousseau, comme tant d'autres, Helvétius ne peut que « détourner ses regards » d'un spectacle qui lui arrache
des larmes.

font grand bruit. Peut-être a-t-il retrouvé dans *Ziméo* [238] l'image d'une communauté patriarcale, où l'on pratique ce paternalisme bien entendu dont Voltaire a éprouvé les vertus à Ferney ? Il a sans doute été plus sensible encore aux arguments économiques des physiocrates. Dupont, annonçant l'heureuse initiative des quakers, ne manque pas de prédire « les profits qu'elle [l'Amérique] retirera du travail tout autrement actif, et bien plus intelligent, des hommes libres » [239]. La prédiction comble les vœux de Voltaire, qui pense moins aux profits des colons du Nouveau Monde, et au sort de leurs esclaves, qu'aux serfs du pays de Gex et à la prospérité de Ferney. Ce dont il loue les physiocrates, c'est d'avoir démontré, chiffres à l'appui, « qu'on peut tout faire avec des hommes libres » et donné force de loi à cette maxime de Montesquieu. Sa sympathie pour la cause des esclaves n'est que l'effet de cet « intérêt bien entendu » dont les économistes proclamaient les vertus [240]. Encore transpose-t-il constamment leurs idées au monde qui est le sien, plaidant plus vigoureusement pour les « esclaves de moines » [241] que pour les nègres des plantations, et préférant au domaine du bon Filmer — le narrateur de *Ziméo* — la ferme-modèle de Ferney. Humanisme bien ordonné commence par soi-même *.

---

238. Voir notre chapitre sur l'Esclavage.
239. *Ephémérides* (...), 1769, IX.
240. « J'ai puisé souvent dans les *Ephémérides* des leçons dont j'ai profité », dira Voltaire en rapportant précisément à leur influence les améliorations dont il a fait l'essai à Ferney, *Défense de Louis XIV*, dans *O. H.*, p. 1283. Il s'est d'ailleurs servi de Dupont pour obtenir de Turgot des dégrévements d'impôts pour le pays de Gex et la libération des serfs de Mont Jura, *Cce*, 20 mars 1776, et 3 avril 1776.
241. « Nous avons encore en France plus de 80.000 esclaves de moines », lettre à Dupont, 3 avril 1776. Voir aussi une lettre à M. des Essarts, 1776 : « Vous faites trop d'honneur à la France de la louer de ne point admettre d'esclaves chez elle. Il y a dans une province de France qui touche à la Suisse (...) 15 ou 16 000 esclaves, beaucoup plus malheureux que les nègres qui sont protégés par vous. (...) C'est dans la Comté, nommée franche, que le peuple est réduit à cet esclavage. »
*. Nous sommes particulièrement reconnaissante à Mme Laurent-Hubert d'avoir bien voulu lire ce chapitre : nous avons tiré grand profit de ses observations.

3

L'anthropologie de Rousseau

Pour Claude Lévi-Strauss, Rousseau est sans conteste « le père de l'ethnologie »[1], le véritable « fondateur des sciences de l'homme » :

« Rousseau, écrit-il, ne s'est pas borné à prévoir l'ethnologie : il l'a fondée. D'abord de façon pratique, en écrivant ce *Discours sur l'origine et les fondements de l'inégalité parmi les hommes* qui pose le problème des rapports entre nature et culture, et où l'on peut voir le premier traité d'ethnologie générale; et ensuite sur le plan théorique, en distinguant, avec une clarté et une concision admirables, l'objet propre de l'ethnologue de celui du moraliste et de l'historien : " Quand on veut étudier les hommes, il faut regarder près de soi; mais pour étudier l'homme, il faut apprendre à porter sa vue au loin; il faut d'abord observer les différences pour découvrir les propriétés " (*Essai sur l'origine des langues,* ch. VIII)[2]. »

D'emblée, nous sommes confrontés à un des problèmes les plus difficiles à résoudre dans l'histoire des œuvres de Rousseau :

---

* Abréviations : P, édition de la Pléiade : I, *Ecrits autobiographiques.* II, *La Nouvelle Héloïse...* III, *Ecrits politiques.* IV, *Emile...* — D, *Second Discours.* — *Essai* : *Essai sur l'origine des langues* (pour plus de commodité, nous avons numéroté les paragraphes). — N.H. : *La Nouvelle Héloïse.* — E : *Emile.* — C.S. : *Contrat social.*

1. « J.-J. Rousseau, père de l'ethnologie », dans *le Courrier de l'Unesco,* mars 1963.

2. « J.-J. Rousseau, fondateur des sciences de l'homme », dans *J.-J. Rousseau,* La Baconnière, 1963, p. 240. Les références à Rousseau sont très nombreuses dans l'œuvre de Lévi-Strauss. Sur le sens de ce rousseauisme, voir J. DERRIDA, *De la grammatologie,* Editions de Minuit, 1967 (en abrégé ici : G).

celui des relations entre le *Second Discours* [3] et l'*Essai sur l'origine des Langues* [4]. Nous l'avons déjà abordé dans un article écrit en collaboration avec Michel Launay [5], mais nous devons dire ici les raisons qui nous obligent à maintenir nos conclusions, malgré les arguments nouveaux avancés par Michel Launay dans son étude sur *Rousseau écrivain politique*, au chapitre IV [6].

I. LE « SECOND DISCOURS » ET L'« ESSAI SUR L'ORIGINE DES LANGUES »

Disons tout de suite que l'hypothèse de Michel Launay, à savoir que le *Second Discours* « rend cohérentes, en les radicalisant, des positions encore confuses dans l'*Essai* » (p. 69), en éliminant les contradicitons qui subsistent encore dans ce dernier texte a l'immense avantage de faciliter l'analyse interne des deux œuvres : si l'*Essai* représente un état moins élaboré de la pensée de Rousseau — raison suffisante pour qu'il ait écarté du Discours cette première « esquisse » (p. 65) — tout raccord entre la chronologie de l'*Essai* et celle du *Discours* devient inutile :

« Il est même possible que les différentes variantes que Rousseau présente de cette chronologie soient contradictoires, dans les textes de cette période d'élaboration de sa pensée. » (p. 62.)

Mais plusieurs raisons très fortes nous semblent s'opposer à cette interprétation. D'abord le témoignage de Rousseau lui-même, qui parle de l'*Essai* comme d'un « fragment » du *Discours*, retranché « comme *trop long* et *hors de place* » [7]. Ensuite le fait que ce « fragment », loin de subsister à l'état de fragment, comme c'est le cas d'autres morceaux du *Second Discours*, notamment celui sur les climats [8] a été « repris » et développé par Rousseau pour devenir en 1761 une dissertation indépendante et servir de riposte à Rameau. Comment admettre alors que Rousseau ait pu repenser un texte devenu étranger à son « système », et qui plus est, en faire le noyau d'une nouvelle réflexion sur l'origine du langage, beaucoup plus approfondie que celle qu'on trouve dans le *Second Discours* ? Il faudrait supposer que Rousseau, après la rédaction du *Second Discours*, a renoncé aux prin-

---

3. En abrégé D, dans l'édition de la Pléiade, III, désigné ici par P III.
4. En abrégé *Essai*. Les citations seront suivies de l'indication des chapitres et du paragraphe à l'intérieur de ceux-ci.
5. M. DUCHET et M. LAUNAY, « Synchronie et Diachronie, l'*Essai sur l'Origine des Langues* et le *Second Discours* », dans *Revue internationale de philosophie*, 1967, fascicule 4.
6. Exemplaire dactylographié.
7. Mss. cité par P. MASSON, « Questions de chronologie rousseauiste », dans *Annales J.-J. Rousseau*, IX, 1913. C'est Rousseau qui dit aussi : « Je le repris (...) » (*ibid.*).
8. P III, p. 529 sq.

cipes mêmes de son anthropologie, ou ne s'est plus soucié de repères chronologiques : or ni le *Contrat social,* ni l'*Emile* ne permettent de conclure en ce sens; au contraire, comme nous le verrons, les concepts d'*état de nature.* d'*état sauvage,* d'*état social* renvoient à la succession des « temps » du *Discours,* avec une si grande rigueur que le texte devient incompréhensible si on les confond [9].

Dans l'état actuel de nos connaissances, nous préférons nous rallier aux conclusions qui étaient déjà celles de P. Masson en 1913, et que reprend J. Derrida dans *La Grammatologie* [10]. Dès lors l'examen des relations internes entre les deux textes reprend toute son importance. Il ne s'agit pas seulement d'ailleurs d'accorder à tout prix deux « chronologies » : sur bien des points, l'*Essai* comble les lacunes du *Second Discours,* non parce qu'il lui est postérieur — il est en effet probable que Rousseau n'a pas récrit ce qui, de l'*Essai,* était déjà « fragment » du *Discours* — mais parce que, répondant à des préoccupations différentes, il développe un certain nombre d'idées que le *Second Discours,* dont la visée était autre, avait négligé d'approfondir.

Michel Launay pose la question dans ses véritables termes lorsqu'il écrit :

« Pourquoi Rousseau n'en fut-il pas satisfait, et se refusa-t-il à publier, au sein du *Discours sur l'inégalité* ou parallèlement à lui, cette première esquisse de l'évolution humaine ? » (p. 65).

Nous voudrions essayer de répondre à cette question, de deux manières. Dans son introduction à l'article *Economie politique,* Robert Derathé remarque, à propos des relations qui unissent cet article au *Second Discours :*

« En réalité l'*Economie politique* et le *Discours sur l'inégalité* sont deux ouvrages différents par leur objet. L'un traite de l'état de nature et de l'origine du gouvernement, l'autre se propose de montrer quelles sont les fonctions du gouvernement (...) [11]. »

De la même manière, le *Second Discours* et l'*Essai* n'ayant point le même objet, comment Rousseau aurait-il pu les réunir dans une même œuvre ? L'Académie avait posé « une question de droit politique » : Rousseau a donc voulu se « contenir dans les bornes d'une discussion générale et purement philosophique » [12].

Or, traiter de l'origine des langues l'entraînait bien loin de son propos initial : prouver que « l'inégalité est à peine sensible dans l'état de nature » et « montrer son origine et ses progrès dans les développements successifs de l'Esprit humain » (D, p. 162).

9. Voir l'article de M. Duchet et Michel Launay déjà cité.
10. G, p. 243-278.
11. P III, p. LXXIV.
12. Lettre à Mme de Créqui, C.G., II, 213, citée par Jean Starobinski, dans son *Introduction* au *Second Discours,* P III, p. LIII.

« Effrayé des difficultés qui se multiplient » et laissant à qui voudra l'entreprendre :

« (...) la discussion de ce difficile problème, lequel a été le plus nécessaire, de la Société déjà liée, à l'institution des langues, ou des langues déjà inventées, à l'établissement de la société » (D, p. 151), Rousseau se contente de l'exposer « dans le jour qui convient à (son) sujet » (D, p. 146). Inversement dans l'*Essai*, le long fragment sur l'histoire du genre humain à l'époque de sa dispersion, qui forme le chapitre IX, est présenté comme une « digression » [13].

Notre deuxième réponse s'inspire des remarques de Michel Launay sur la genèse du *Second Discours*, « lieu où Rousseau s'est débattu avec la contradiction suscitée en lui par sa double formation dévote et philosophique » (p. 55). La comparaison des trois états du *Discours* montre en effet que Rousseau en a retranché un passage très violent contre ces prétendus « Ministres de la divinité » qui « détournèrent insensiblement les peuples des devoirs de l'humanité et des règles de la morale » [14]. D'où une double démarche, qui le conduit à écarter le témoignage des textes sacrés, pour éviter « les contradictions dans lesquelles s'embarrasse tout philosophe chrétien qui voudrait prendre la Bible comme base de sa réflexion philosophique » (p. 56) et à se démarquer en même temps de Voltaire, de Diderot et des encyclopédistes qui attaquaient violemment « l'infâme cléricalisme » [15]. A notre sens, le dernier paragraphe de la Note IX du *Discours*, où Rousseau s'adresse à tous ceux « qui sont convaincus que la voix divine appela tout le genre humain aux lumières et au bonheur des célestes intelligences », et aussi toute la fin de la Préface, avec cette citation de Perse (Satire III) :

« Apprends ce que la divinité a voulu que tu sois, et quelle est ta place dans le monde des humains »,

confirment cette analyse. Nous verrons d'ailleurs que l'anthropologie de Rousseau s'oppose, dans le *Discours* même, à celle de Buffon et plus encore à celle de Diderot, dont elle récuse les postulats matérialistes. Si donc on voit dans le *Discours* un effort pour rendre à la « Divinité » une place essentielle dans l'histoire du genre humain, on ne peut s'étonner que Rousseau lui ait donné dans l'*Essai* cette « rallonge biblique » [16], où le

13. A la fin du chapitre VIII.
14. Voir Michèle DUCHET et Michel LAUNAY, *art. cit.*, « I. L'attitude religieuse de Rousseau dans l'*Essai* et dans le *Second Discours* », p. 424. Le fragment publié est à Neuchâtel, Ms. R.N.; a 9, fol. 1.
15. Ce que fait encore Rousseau dans la *Fiction ou morceau allégorique sur la Révélation*, P IV, p. 1044-1054, que Michel Launay fait remonter à une date voisine de celle du *Second Discours* (p. 52-55).
16. Voir l'article d'Henri GRANGE, « *l'Essai sur l'origine des Langues* dans ses rapports avec le *Discours sur l'origine de l'Inégalité* », dans *Annales historiques de la Révolution française*, juil.-sept. 1967, p. 291-307.

progrès des sociétés humaines obéit à la volonté de « Celui qui n'a besoin ni de main pour agir ni de voix pour parler »[17].

Enfin, si on prend quelque distance par rapport à la critique des textes, on peut penser, avec Claude Lévi-Strauss[18], que l'écart qui sépare le *Discours* de l'*Essai* est d'ordre méthodique : l'*Essai* tenterait la théorie d'une pratique inaugurée par le *Discours*. Hypothèse féconde, qui oblige à considérer l'anthropologie de Rousseau comme un tout, et l'*Essai* moins comme une « rallonge », que comme une suite nécessaire du *Discours* : alors que le *Discours* retrace l'histoire du genre humain, en écartant toutes les causes locales et particulières, qui ont pu en modifier le cours[19], l'*Essai* traite uniquement de « l'homme considéré par rapport à la société » et de l'influence des climats sur « l'ordre de (ses) progrès »[20]. Toute la première partie du *Discours* décrit « l'état de pure nature », tandis que l'*Essai* suppose la société « déjà commencée », et avec elle « le besoin des langues ». Alors que les « positions intermédiaires » par lesquelles toute société doit nécessairement passer ne sont que brièvement marquées dans la deuxième partie du *Discours*, où nous parcourons en quelques pages tout le cycle des « révolutions », l'*Essai* s'attache aux « circonstances », et aux causes qui ont pu accélérer ou retarder le progrès des différents peuples[21]. En ce sens on peut dire avec Claude Lévi-Strauss que dans l'*Essai* Rousseau étend à l'analyse des sociétés historiques la méthode inaugurée dans le *Discours*, cherchant l'origine des « institutions humaines »[22] [Langage et Ecriture], après avoir découvert les « fondements réels de la société humaine »[23].

Suivant donc la démarche de Rousseau, nous étudierons d'abord dans le *Discours* l'homme originel et l'état de pure nature, puis, raccordant la chronologie de l'*Essai* à celle du *Discours*, l'histoire des sociétés humaines, de l'âge des cabanes à l'invention du langage. Enfin nous traiterons de la politique de Rousseau, dans ses rapports avec l'anthropologie, puisque dès le début du *Discours*, Rousseau les a liées décidément l'une à l'autre :

---

17. *Fragment sur l'influence des climats*, P III, p. 531.
18. Voir le texte cité au début de ce chapitre.
19. N'est-ce pas avec ce souci que Rousseau a aussi « écarté » du *Discours* le « fragment » sur l'influence des climats qui allait dans la même direction que l'*Essai* ? Sur les ressemblances entre les deux textes, voir P III, p. 1534.
20. Chapitre X, § 1 : « A la longue tous les hommes deviennent semblables, mais l'ordre de leur progrès est différent. »
21. Voir aussi le *Fragment sur l'influence des climats*, P III, p. 530 et 533, et p. 528. « Alors, en appliquant ces principes et ces causes aux *diverses circonstances* où ces peuples se sont sont trouvés (...) » (Souligné par nous.)
22. *Essai*, ch. VIII, § 2 : « (...) un sujet (...) auquel il faut toujours revenir, malgré qu'on en ait, pour trouver l'origine des *institutions humaines* ». (Souligné par nous).
23. P III, p. 124.

« Cette même étude de l'homme originel, de ses vrais besoins, et des principes fondamentaux de ses devoirs, est encore le seul bon moyen qu'on puisse employer pour lever ces foules de difficultés qui se présentent sur l'origine de l'inégalité morale, sur les vrais fondements du Corps politique (...) [24]. »

II. « Tout cela est vrai, mais ne confondons point les temps » (*Essai*, ch. IX, § 13)

Dans la « lente succession des choses », le premier temps est celui où Rousseau s'arrête le plus longuement : toute la première partie du *Discours* concerne « l'homme sauvage » et « l'état de pure nature », tandis que dans la seconde partie, les « positions intermédiaires » ne sont marquées que par des pauses assez brèves. A l'état d'immobilité heureuse, au repos narcissique de l'homme originel, s'oppose ainsi — dialectiquement et stylistiquement — le cycle des révolutions qui se succèdent avec rapidité. Alors que dans l'état de nature, le temps s'étire en une durée qui semble ne devoir jamais finir, les repères temporels se multiplient dans la seconde partie : à la plénitude du bonheur primitif s'oppose une histoire humaine envahie par l'événement. Mais, s'il a tiré de ce contraste un effet dramatique, Rousseau n'a certes pas voulu confondre les temps, et la chronologie du *Discours* est extrêmement précise. Sur ce point capital, une certaine confusion semble pourtant la règle : ainsi J. Derrida ne distingue pas la « pitié naturelle » telle qu'elle s'exerce dans « l'état d'animalité », où l'homme n'a aucun commerce avec ses semblables (c'est le premier temps du *Discours*) de la pitié qui s'éveille dans l'*Essai* avec l'imagination et la réflexion, « affection sociale » qui renvoie nécessairement à un état postérieur, « l'état de raisonnement » [25]. M. Derathé commet une erreur analogue, lorsqu'il s'étonne de voir Rousseau « mettre l'accent sur la misère de l'état de nature », après avoir écrit dans le *Discours* que l'homme dans cet état n'est nullement misérable [26]. C'est oublier que dans la première version du *Contrat social*, il s'agit à cet instant non de l'état primitif de l'homme, mais de ce second état de nature [27], où la « société commencée » a déjà produit des « composés funestes au bonheur et à l'innocence ».

Il est donc nécessaire de définir avec précision chacun des états successivement décrits dans le *Discours sur l'inégalité*, si l'on veut éviter de telles confusions. Certes le contexte fournit des points de repère : ainsi le chapitre IX de l'*Essai* parlera de « famil-

24. P III, p. 126.
25. D, p. 167-171. Voir Derrida, G, p. 278.
26. P III, p. 1412, note 5 à la p. 283 du *Contrat social* (Première version).
27. D, p. 169-170. Confusion analogue dans l'article si neuf par ailleurs de H. Grange, déjà cité.

les » rassemblées dans des « cabanes », et « d'affections sociales ». Mais il y sera aussi question des « premiers temps »,
d'hommes « épars sur la face de la terre », de « dispersion », de
« siècle d'or », où les hommes ne sont pas encore « unis », mais
« séparés ». En fait, le contexte lui-même n'est cohérent que si
l'on connaît exactement le *code* employé par Rousseau : la « dispersion » des familles n'est pas celle des premiers hommes « dispersés » parmi les animaux, les « premiers temps » ne le sont
que par référence à une chronologie longue, qui est celle du
Discours, réduite dans l'*Essai* aux temps historiques. Le vocabulaire de Rousseau est à la fois d'une grande précision et d'une
remarquable souplesse. Il s'en est expliqué fort clairement dans
l'*Emile* :

« J'ai cent fois fait réflexion, en écrivant, qu'il est impossible,
dans un long ouvrage, de donner toujours les mêmes sens aux
mêmes mots. Il n'y a point de langue assez riche pour fournir
autant de termes, de tours et de phrases que nos idées peuvent
avoir de modifications. La méthode de définir tous les termes,
et de substituer sans cesse la définition à la place du défini, est
belle, mais impraticable; car comment éviter le cercle ? Les
définitions pourraient être bonnes si l'on n'employait pas des
mots pour les faire. Malgré cela, je suis persuadé qu'on peut
être clair, même dans la pauvreté de notre langue, non pas en
donnant toujours les mêmes acceptions aux mêmes mots, mais
en faisant en sorte, autant de fois qu'on emploie chaque mot,
que l'acception qu'on lui donne soit suffisamment déterminée
par les idées qui s'y rapportent, et que chaque période où ce mot
se trouve lui serve, pour ainsi dire, de définition. Tantôt je dis
que les enfants sont incapables de raisonnement, et tantôt je
les fais raisonner avec assez de finesse. Je ne crois pas en cela
me contredire dans mes idées, mais je ne puis disconvenir que
je ne me contredise souvent dans mes expressions [28]. »

Tel est le principe que doit respecter tout lecteur de Rousseau :
au-delà des *mots*, imparfaitement cernées par eux, les *choses*
conservent leur sens. Toutefois dans un second temps, on ne
saurait s'interdire de chercher dans les choses elles-mêmes la
cause d'un langage qui confère aux mots un double sens : celui
qu'ils tiennent du contexte — large ou restreint — et celui qu'ils
gardent d'un usage antérieur, dans un autre contexte : il y aura
ainsi deux « pitiés naturelles », deux « dispersions », deux « états
de nature ». De cette surimpression, Rousseau tire des effets qui
touchent à la nature même de la chose signifiée, et nous aurons
donc à en reparler.

---

28. P IV, Livre II, Note de Rousseau à la page 345.

III. L'ÉTAT DE PURE NATURE

Dans une des notes du *Discours* [29], Rousseau emploie aussi l'expression « état d'animalité », pour désigner le « pur état de nature » par opposition à la « société conjugale ». Il se situe hors du temps, « au-delà des siècles de sociétés » [30], bien au-delà des « premiers temps » dont il sera question dans l'*Essai*, au chapitre IX. Mais Rousseau se contente le plus souvent de souligner par le jeu des adjectifs (« *pur* état de nature », « *véritable* état de nature ») le caractère original de sa description, affirmé dès le préambule :

« Les philosophes qui ont examiné les fondements de la société ont tous senti la nécessité de remonter jusqu'à l'état de nature, mais *aucun d'eux n'y est arrivé* [31]. »

Il continuera donc à user de l'expression « état de nature », devenue traditionnelle, comme de la seule qui convienne en effet à son propos, qui est de peindre au vrai « l'homme naturel », « l'homme sauvage », quand tous les autres n'ont peint que « l'homme civil ». Pour tracer ce portrait physique et moral de l'homme « tel qu'il a dû sortir des mains de la nature », Rousseau s'inspire d'une longue tradition qui remonte à Aristote et à Lucrèce [32] et invoque l'exemple de certains sauvages qui, demeurés proches de cet état primitif, offrent encore quelque ressemblance avec l'homme naturel [33]. On a pu mettre en parallèle le texte du *Discours* et celui des auteurs anciens ou modernes qui lui ont fourni tel ou tel trait, et il semble qu'on puisse multiplier ces rapprochements, sans épuiser la matière du *Discours* [34].

On s'est moins attaché à la singularité des thèses de Rousseau et au caractère antiphilosophique du *Discours*, venant après l'*Histoire naturelle de l'homme* de Buffon, l'article *Animal* paru dans l'*Encyclopédie* en 1751, l'*Apologie de l'abbé de Prades*, et les *Pensées sur l'interprétation de la nature* (1753). On ne saurait pourtant être dupe de l'hommage rendu par Rousseau à Buffon, qui semble placer tout le *Discours* sous l'autorité d'une « raison solide et sublime » que tous respectent [35]. Certes, l'*His-*

29. Note XII, D, p. 217.
30. *Ibid.*, p. 218.
31. D, p. 132 (souligné par nous).
32. Voir sur ce point les notes de Jean STAROBINSKI dans son édition du *Discours*, P III, *O.P.*, notamment p. 1304-1306 et p. 1307.
33. *Ibid.*, excellente mise au point p. 1314.
34. Jean Starobinski a rappelé l'essentiel. Pour l'étude détaillée des sources, on se reportera à J. MOREL (*Annales J.-J. Rousseau*, V, 1909); G. PIRE (*R.H.L.F.*, 1956); M. REICHENBURG (*Annales J.-J. Rousseau*, XXI, 1932); Louis John COURTOIS (*Annales J.-J. Rousseau*, XXXI). Voir Bibl.
35. *Discours*, Note II, P III, p. 195. Sur Rousseau et Buffon, voir J. STAROBINSKI, « Rousseau et Buffon », dans *J.-J. Rousseau et son œuvre...*, p. 135-147, Otis FELLOWS, « Buffon and Rousseau, aspects of a relationship », *P.M.L.A.*, 1960.

toire naturelle est une des sources essentielles de l'information de Rousseau, avec l'*Essai sur l'origine des connaissances humaines* et le *Traité des sensations* de Condillac. Mais l'anthropologie de Rousseau s'oppose radicalement à celle de Buffon puisqu'elle suppose un « état de nature », où « les hommes vivaient isolés », état antérieur à toute société humaine, quelque rudimentaire qu'elle ait pu être. Ni Buffon, ni Diderot, ni d'ailleurs Helvétius, ne remontent au-delà de « l'état de troupeau », sous lequel « les hommes *rapprochés* par l'instigation simple de la nature comme les singes, les cerfs, les corneilles, etc. n'ont formé aucune convention » [36]. Ils admettent tous trois que les premiers hommes ont vécu dans un état proche de l'état d'animalité, tandis que pour Rousseau l'animal humain se distingue *d'abord* de tous les autres parce qu'il ne vit point *naturellement* en troupe. Pour Buffon et Diderot, un instinct grégaire pousse les hommes à se rassembler en troupeaux, comme le font la plupart des animaux, et cet instinct est l'expression des besoins immédiats de l'espèce, qui ne pourrait survivre sans cette première et immédiate société. Au contraire Rousseau, sans vouloir remonter à l'origine de l'espèce, ni chercher dans le « système animal ce qu'il put être au commencement, pour devenir enfin ce qu'il est » [37], imagine une longue suite de siècles pendant lesquels les hommes ont pu se conserver et se reproduire, sans sortir de l'état d'isolement. Jean Starobinski oppose avec raison [38] cette attitude à celle de Diderot qui dans les *Pensées sur l'interprétation de la nature* [39] imagine que le « premier *embryon* » humain a pu passer par une « infinité d'*organisations* et de *développements* »,

« qu'il a eu, par succession, du mouvement, de la sensation, des idées, de la pensée, de la réflexion, de la conscience, des sentiments, des passions, des signes, des gestes, des sons, des sons articulés, une langue, des lois, des sciences, et des arts »,

ce qui suppose un progrès continu de l'espèce, une suite de « développements » et d'« accroissements » qui de l'animal humain ont fait germer et croître l'homme social. C'est bien cette philosophie de la nature que Rousseau récuse lorsqu'il écrit, au début du *Discours* :

« Quelque important qu'il soit, pour bien juger de l'état naturel de l'Homme, de le considérer dès son origine, et de l'examiner, pour ainsi dire, dans le premier *Embryon de l'espèce*, je ne suivrai point son *organisation* à travers ses *développements successifs* [40]. »

36. *Suite de l'Apologie de M. l'abbé de Prades*, *O. C.*, éd. Club français du Livre, t. II, p. 634. (Souligné par nous.)

37. D. p. 134.

38. P III, p. 1305.

39. *Œuvres philosophiques*, éd. Garnier, p. 241. (Souligné par nous.)

40. D, p. 134. Nous soulignons les termes qui, à notre sens, trahissent la lecture de Diderot et l'intention de récuser son naturalisme.

S'il reprend à Buffon l'idée que l'homme est « organisé le plus avantageusement de tous » (les animaux), c'est pour montrer que, grâce à cette supériorité naturelle, il n'est nullement contraint, pour assurer sa subsistance, de s'associer à son semblable [41]. Ainsi il ne rapproche l'homme de l'animal que pour mieux opposer son espèce à toutes les autres [42]. Dès l'origine l'histoire de l'homme se trouve ainsi placée sous le signe de la liberté, et non sous celui de la nécessité.

Distinction capitale, par laquelle Rousseau se sépare de tous ceux qui avaient décrit l'homme primitif comme très proche de l'animal. Nous savons en effet que Rousseau avait lu certains manuscrits clandestins, tels la *Lettre de Thrasibule à Leucippe,* et les *Curiositates philosophicae* (...) qui sont un « essai d'histoire naturelle de l'homme » [43], et Antoine Adam a montré que Rousseau leur avait emprunté certains des traits de son « homme sauvage » [44]. Mais la thèse de Rousseau ne se rattache à la littérature matérialiste du temps que dans la mesure où elle retourne contre elle ses propres arguments. C'est ainsi qu'à chaque instant il démarque Buffon, mais se démarque aussi de lui, par la manière dont il interprète les « faits ». Tous les passages du *Discours* qui concernent l'organisation de l'homme sauvage doivent s'entendre comme une réfutation des idées de Buffon sur la « faiblesse » de l'animal humain abandonné à ses seules forces : loin d'être « l'animal le plus sauvage et le moins redoutable de tous » [44 bis], il est. « à tout prendre », le seul qui puisse se suffire à lui-même : tandis que chaque espèce n'a que l'instinct qui lui est propre, l'homme « se les approprie tous, se nourrit également de la plupart des aliments divers, que les autres animaux se partagent » [45]. La fragilité de l'enfant [46], celle de l'homme civilisé, ne sont que la conséquence d'une vie « molle et efféminée au sein des sociétés » [47]. L'homme sauvage, « tout aussi féroce » [48] que les animaux, accoutumé à la rigueur des saisons et aux intempéries, forcé de se défendre contre « les autres bêtes féroces », possède toute la vigueur dont son espèce est capable, et acquiert bientôt toute l'adresse dont il a besoin pour ne plus craindre les animaux qui le surpassent en force. La fertilité naturelle de la terre suffit à ses besoins : alors que Buffon, à l'article du *Bœuf* (1753), n'avait avancé l'idée

---

41. D. p. 135.
42. D, p. 135-139.
43. Voir J. SPINK. *la Libre Pensée Française* (...), p. 347-351. La *Lettre de Thrasibule à Leucippe* [Fréret] est mentionnée dans le mss. 7842 de Neuchâtel, qui est un cahier de notes de lecture.
44. « De quelques sources de Rousseau dans la littérature philosophique » dans *J.-J. Rousseau et son œuvre,* p. 125-133. Voir Bibl.
44 bis. *Animaux domestiques, Œuvres,* X, p. 195.
45. *Ibid.,* p. 135.
46. Soulignée par Buffon. *De l'Enfance, Œuvres,* VIII, p. 361.
47. *Ibid.,* p. 139.
48. *Ibid.,* p. 136.

que « l'homme pourrait, comme l'animal, vivre de végétaux » que pour écrire, deux pages plus loin, que son estomac et son intestin n'avaient pas une capacité suffisante pour qu'un tel régime fût le plus convenable à l'espèce [49], Rousseau propose de classer l'homme parmi les espèces frugivores [50]. Ce « détail » a son importance, puisque le fait de « tirer l'homme de la classe des animaux carnassiers » ne permet plus d'affirmer que l'homme a dû, pour assurer sa subsistance, lutter contre les autres carnassiers, et donc rechercher l'alliance de ses semblables [51]. Si l'homme réduit à ses seules forces peut se nourrir des fruits de la terre, « l'état de troupeau » n'est plus une nécessité biologique. Ni le défaut d'habitation, ni la nudité, ni la faiblesse du premier âge, ne sont des obstacles à la conservation des premiers hommes [52]. Ce portrait de l'homme sauvage dans l'état d'animalité (« l'état animal en général ») s'oppose trait pour trait à celui que Buffon et Diderot avaient tiré du modèle que leur offrait le monde encore sauvage. Au-delà de ce modèle culturel, dont il dénonce l'artifice, Rousseau imagine un sauvage « absolument sauvage », qui n'aurait nul besoin de ses semblables.

C'est donc le principe même de l'anthropologie des philosophes qui est ici contesté : pour celle-ci, les sociétés humaines étaient une sorte de milieu naturel où l'espèce entière trouvait les conditions de sa survie et de son progrès. La phrase célèbre de Buffon : « l'homme en un mot n'est homme que parce qu'il a su se réunir à l'homme [53] », est d'abord l'expression d'une nécessité biologique : à travers la société, l'espèce tend vers l'état de civilisation comme vers sa fin naturelle, et elle est naturellement adaptée à cette fin [54]. Ce que Diderot admet aussi, lorsqu'il reconnaît à l'homme « des qualités spéciales qui l'élèvent au-dessus de la bête » [55]. Si Rousseau invente le mot « perfec-

---

49. *Animaux domestiques*, x, p. 283 et 286. Voir aussi *Animaux carnassiers*, xi, p. 94 et 96.

50. Note v. Rousseau revient sur ce problème dans la note viii : il semble avoir pris conscience de la portée de l'argument avancé à la fin de la note v : « (...) si l'espèce humaine était de ce dernier genre, il est clair qu'elle aurait eu beaucoup plus de facilité à subsister dans l'état de nature, beaucoup moins de besoin et d'occasions d'en sortir. » A l'homme frugivore, les « fruits de la terre » suffisent. Les arguments de Rousseau (figure des dents et conformation des intestins) viennent de Gassendi et du Dr Wallis. Ils sont résumés dans l'article « Carnaciers » de l'*Encyclopédie*, signé L, c'est-à-dire Tarin. Jean MOREL a montré que Rousseau avait aussi pris connaissance d'un article du *Journal Economique* (janvier 1754) où le docteur Wallis et le docteur Tyson soutenaient des thèses opposées (*Annales J.-J. Rousseau*, v, 1909).

51. HELVÉTIUS, *De l'Esprit*, éd. citée, i, 2. Voir Bibl. La comparaison est révélatrice : pour Helvétius, l'homme étant « de sa nature, *et* frugivore *et* carnassier », a plus de besoins que les autres espèces. Il est forcé de s'unir à l'homme, pour former avec lui une « ligue » contre les animaux.

52. D, p. 139-140. Rousseau reprend ici un par un tous les arguments de Buffon (*Animaux domestiques*, x, p. 195-196) dans le passage que nous avons déjà cité.

53. *Ibid.*, p. 180.

54. Voir « L'anthropologie de Buffon ».

55. *Suite de l'Apologie*, éd. cit., p. 633.

tibilité », c'est précisément parce qu'il n'accepte pas que l'espèce engendre l'homme, et que tout se passe sous le signe de la nécessité. « La Nature commande à tout animal », seul l'homme « se reconnaît libre d'acquiescer ou de résister; et c'est surtout dans la conscience de cette liberté que se montre la spiritualité de son âme » [56]. En écartant « tous les faits », Rousseau renvoie en quelque sorte dos à dos les détracteurs et les apologistes de l'abbé de Prades : dépouiller l'homme de « tous les dons surnaturels qu'il a pu recevoir » [57], c'est refuser l'autorité de la *Genèse,* et fonder l'anthropologie comme *histoire naturelle* de l'homme; mais le dépouiller de « toutes les facultés artificielles qu'il n'a pu acquérir que par de longs progrès » [58], c'est refuser le point de départ choisi par « les philosophes », pour raisonner de la nature de l'homme, et découvrir « l'origine et la chaîne de ses connaissances » [59]. On peut donc dire que Rousseau se sépare définitivement et de Buffon et de Diderot quand il définit l'homme par « sa qualité d'agent libre », et non par cette « faculté raisonnable », produit d'une organisation supérieure, par « un ordre de connaissances et d'idées particulières à l'espèce humaine, qui émanent de sa dignité et qui la constituent » [60]. Comme l'a bien montré René Hubert [61], l'anthropologie des philosophes ne renonçait pas à l'idée de « sociabilité naturelle » : elle en faisait seulement une sorte d'instinct supérieur, propre à l'animal humain, et qui assure la survie et le progrès de l'espèce entière. L'homme sauvage chez Rousseau, « sans nul besoin de ses semblables, comme sans nul désir de leur nuire (...) sujet à peu de passions et se suffisant à lui-même », n'est pas cet être actif, qui répond à toutes les sollicitations extérieures, et dont la pensée s'éveille avec l'usage de ses sens : c'est un être passif, oisif, dont les facultés restent en sommeil, et qui ne développe que celles, peu nombreuses, qui lui sont nécessaires pour assurer sa subsistance. Rousseau nomme « perfectibilité » la faculté qui, « *à l'aide des circonstances* », va développer « successivement toutes les autres ». Cette faculté supplémentaire est ce qui rend possible tous les développements ultérieurs [62], mais en même temps elle subordonne les progrès de l'esprit à des circonstances

56. D, p. 142. Cf. *Emile,* P. iv, p. 586 : « Ce n'est pas le mot de liberté qui ne signifie rien, c'est celui de nécessité. »

57. D, p. 134.

58. *Ibid.*

59. *Suite de l'Apologie de M. l'abbé de Prades,* p. 623 : « Il s'agit entre les philosophes de la condition actuelle de ses descendants (des descendants d'Adam)... dont il est très permis de partir, quand on se propose de découvrir philosophiquement, non la grandeur éclipsée de la nature humaine, mais l'origine et la chaîne de ses connaissances. » Nous avons vu que l'anthropologie de Buffon renvoie elle aussi implicitement à une théorie de l'entendement.

60. Diderot, art. « Droit naturel », dans l'*Encyclopédie.*

61. *Les Sciences sociales dans l'Encyclopédie,* p. 164-165. Voir Bibl.

62. D, p. 142.

extérieures qui auraient pu tout aussi bien ne pas se présenter. Le jeu des besoins et des passions ne suffit pas à arracher l'homme à son état d'inertie heureuse : l'homme sauvage, dont les désirs ne passent point les besoins, n'a que les passions peu actives qui sont excitées par des besoins purement physiques (la nourriture, une femelle et le repos). Il ne peut donc acquérir aucune connaissance, il ne peut que demeurer toujours et invariablement le même. Ce passage du *Discours* [63] constitue, avant la lettre, une véritable réfutation d'Helvétius, mais Rousseau songe surtout à Condillac, à Buffon, à Diderot : l'histoire de l'homme ne se confond pas avec l'histoire de la raison humaine. Il ne suffit pas de reconstituer la « chaîne des connaissances » pour rendre compte du passage décisif de la nature à la culture. La distance même « des pures sensations aux simples connaissances » s'agrandit à nos regards.

« Quel progrès pourrait faire le genre humain épars dans les bois parmi les animaux ? [64] »

Pour que la perfectibilité cesse d'être une faculté virtuelle [65], pour que l'homme commence à user d'entendement, et acquière quelques « lumières », il faut qu'une suite d'événements vienne l'arracher insensiblement à ce pur sentiment de l'existence, à ce repos narcissique, qui font le bonheur de l'homme sauvage et semblent éloigner de lui pour jamais « la tentation et les moyens de cesser de l'être » [66]. Alors que l'homme de Buffon est immergé dans l'histoire dès l'origine des temps, l'homme de Rousseau est d'abord un être sans histoire, homme parmi les animaux et non parmi les hommes, pour soi et non pour autrui, sans conscience et sans mémoire. L'état de nature exclut l'accidentel, l'historique : « c'est toujours le même ordre, ce sont toujours les mêmes révolutions » [67]; et l'homme, indifférent au spectacle de la nature, ne sent rien, n'imagine rien [68], et « ses projets, bornés comme ses vues, s'étendent à peine jusqu'à la fin de la journée » [69]. Cette longue suite de siècles n'est ponctuée que de « hasards », qui ne laissent aucune trace et n'entament pas cette durée qui simplement s'écoule :

« Combien de siècles se sont peut-être écoulés avant que les hommes aient été à portée de voir d'autre feu que celui du Ciel ? Combien ne leur a-t-il pas fallu de différents hasards pour apprendre les usages les plus communs de cet élément ? Combien

---

63. D, p. 143-144.
64. D, p. 144 et 146.
65. « La perfectibilité, les vertus sociales et les autres facultés que l'homme naturel avait reçues en puissance » (...), p. 162.
66. D, p. 144.
67. D, p. 144.
68. *Ibid.*
69. *Ibid.*

de fois ne l'ont-ils pas laissé éteindre, avant que d'avoir acquis l'art de le reproduire ? Et combien de fois peut-être chacun de ces secrets n'est-il pas mort avec celui qui l'avait découvert [70]. »

L'homme « épars parmi les animaux », « l'homme errant dans les forêts », l'homme « sans industrie, sans parole, sans domicile, sans guerre, et sans liaisons, sans nul besoin de ses semblables »... à l'intérieur de l'état de nature, ces négations s'appellent les unes les autres. C'est la culture qui va transformer en « besoins » tous ces manques, et anéantir l'état de nature comme « système » de relations négatives. Il suffit pour cela qu'en un point de la chaîne un moins se change en plus; c'est la rupture initiale : « (...) Le premier qui se fit des habits et un logement, se donna en cela des choses peu nécessaires », écrit Rousseau dès les premières pages du *Discours* [71]. La phrase qui ouvre, au début de la seconde partie, l'ère des révolutions lui fait écho : « Le premier qui, ayant enclos un terrain (...) », et voici qu'en un autre point de la chaîne, à nouveau une rupture se produit, et l'on passe de la Nature, où rien ne manque à l'homme de ce qui lui est nécessaire, à la Culture, où tout est manque et besoins jamais comblés [72].

IV. L'HOMME SAUVAGE : LIBERTÉ ET MORALITÉ

Dans cette description d'un état de nature « qui n'existe plus, qui n'a peut-être point existé, qui probablement n'existera jamais » [73], il arrive à Rousseau de parler non plus de « l'homme sauvage » [74] isolé et errant, mais aussi du Sauvage ou des Sauvages [75] : ce singulier ou ce pluriel désigne également l'homme des sociétés sauvages, déjà fort éloigné de son état originel, mais qui offre encore quelque ressemblance, au physique et au moral, avec l'homme naturel, dont la vie sociale a partout altéré les traits. La force des sauvages, la finesse de leurs sens, leur nudité, leur insouciance, leurs passions peu actives, leur indifférence pour l'avenir, permettent de se faire une idée plus juste de l'homme tel qu'il a dû être, sortant des mains de la nature. Rousseau s'intéresse donc surtout à ceux qui se sont écartés le moins de l'état de nature, les Caraïbes, les Hottentots par exemple.

---

70. *Ibid.*
71. D, p. 159-160.
72. D, p. 140.
73. *Préface*, p. 123.
74. D, p. 136, 140, 142, 143, 144, 152, 153, 156, etc.
75. D, p. 136, 137, 139, 141, 144, etc. Le contexte empêche d'ailleurs toute équivoque : ainsi, p. 156, « l'homme sauvage » qu'on « *voit* toujours se livrer étourdiment au premier sentiment de l'humanité » est bien un sauvage quelconque, et non l'homme naturel.

Mais ces « variétés dans l'espèce humaine » ne s'ordonnent nullement pour lui autour de l'image de l'Européen civilisé, qui chez Buffon assignait à l'espèce entière un point de perfection. Par la prolifération des formes et des couleurs, par sa prodigieuse diversité, le monde sauvage ne raconte pas seulement l'histoire de l'homme : il est la nature même dans sa fleur et dans sa force:

« Parmi les hommes que nous connaissons, ou par nous-mêmes, ou par les historiens, ou par les voyageurs, les uns sont noirs, les autres blancs, les autres rouges; les uns portent de longs cheveux, les autres n'ont que de la laine frisée; les uns sont presque tout velus, les autres n'ont même pas de barbe; il y a eu et il y a peut-être encore des Nations d'hommes d'une taille gigantesque; et laissant à part la fable des Pygmées qui peut bien n'être qu'une exagération, on sait que les Lapons et surtout les Groënlandais sont fort au-dessous de la taille moyenne de l'homme; on prétend même qu'il y a des peuples entiers qui ont des queues comme les quadrupèdes (...) [76]. »

Encore ce tableau n'est-il qu'une esquisse, puisque « toute la terre est couverte de nations dont nous ne connaissons que les noms » [77].

« Tous ces faits dont il est aisé de fournir des preuves incontestables ne peuvent surprendre que ceux qui sont accoutumés à ne regarder que les objets qui les environnent et qui ignorent les puissants effets de la diversité des climats, de l'air, des aliments, de la manière de vivre, des habitudes en général, et surtout la force étonnante des mêmes causes, quand elles agissent continuellement sur de longues suites de générations [78]. »

« Pour étudier l'homme, il faut apprendre à porter sa vue au loin », dira Rousseau dans l'*Essai sur l'origine des langues* (VIII, § 1). Mais cette leçon d'anthropologie n'invite pas seulement à considérer sans étonnement les différentes variétés d'hommes. Elle fait éclater la notion même d'« espèce humaine », au sens où l'entendait Buffon, en déplaçant la frontière que celui-ci avait tracée entre les différentes races d'hommes et les espèces animales. De la thèse de Buffon, Rousseau ne retient que « les puissants effets de la diversité des climats », mais en écartant l'idée d'un « prototype » auquel on peut ramener toutes les « formes » humaines, il bouleverse toutes les données du problème. « Toutes ces observations sur les variétés que mille causes peuvent produire et ont produit en effet dans l'espèce humaine » [79]

76. D, Note x, p. 208.
77. Note x, p. 212.
78. *Ibid.*, p. 208. Cf. Buffon, ix, p. 000. Le *Fragment sur l'influence des climats* emprunte à Buffon l'idée que l'homme seul peut vivre sous tous les climats (P iii, p. 531) et plusieurs développements sur la force du climat (p. 530).
79. Note x, p. 212.

ne montrent-elles pas l'infinie puissance de la nature ? Ce serait lui donner des bornes que de la contraindre à s'imiter elle-même, jusque dans ses écarts, alors que la Création est pure invention de formes, auxquelles ne préexiste aucun « modèle ». Dans le *Discours*, l'idée reste voilée, mais elle est exprimée avec une grande netteté dans la *Seconde Préface* de la *Nouvelle Héloïse*, où Rousseau défend la vérité humaine de ses personnages : s'ils « ne sont pas dans la nature », c'est parce qu'étant eux-mêmes des modèles, ils ne peuvent avoir de modèle :

« R. — Savez-vous jusqu'où les hommes diffèrent les uns des autres ? Combien les caractères sont opposés ? Combien les mœurs, les préjugés, varient selon les temps, les lieux, les âges ? Qui est-ce qui ose assigner des bornes précises à la Nature, et dire : Voilà jusqu'où l'homme peut aller, et pas au-delà ?

« N. — Avec ce beau raisonnement les Monstres inouïs, les Géants, les Pygmées, les chimères de toute espèce; tout pourrait être spécifiquement dans la nature : tout serait défiguré, nous n'aurions plus de *modèle commun ?* Je le répète, dans les Tableaux de l'humanité, chacun doit reconnaître l'Homme.

« R. — J'en conviens, pourvu qu'on sache aussi discerner *ce qui fait les variétés de ce qui est essentiel à l'espèce* [80]. »

S'il n'y a pas de modèle, mais seulement des formes, on ne peut affirmer, sans preuve expérimentale, que ces animaux anthropomorphes, dont on a décidé qu'ils n'appartenaient pas à l'espèce humaine, parce qu'ils n'avaient pas l'usage de la parole, ne sont pas des « variétés » d'hommes, de véritables hommes sauvages, « dont la race anciennement dispersée dans les bois n'avait eu occasion de développer aucune de ses facultés virtuelles, n'avait acquis aucun degré de perfection, et se trouvait encore dans l'état primitif de Nature » [81].

Toute la vision anthropologique se trouve ainsi modifiée par ce regard porté au loin, au-delà de toute société, vers un animal farouche, solitaire, silencieux et nu, qui est peut-être l'homme des premiers temps. L'erreur des philosophes est d'avoir projeté sur « l'homme sauvage » l'image déformante de l'homme vivant en société ou en troupe, d'avoir fait de la socialité et du langage des critères d'humanité, et d'avoir ainsi donné des « bornes » à la nature. Pour tracer une frontière entre l'animalité et l'humanité, il ne faut retenir que « ce qui est essentiel à l'espèce », en se gardant de privilégier une certaine façon d'être homme, devenue avec le temps une seconde nature. Avec Rousseau

---

80. P II, p. 12. Souligné par nous. Ce transfert met parfaitement en évidence un jeu de correspondances entre l'anthropologie de Rousseau, sa « sociologie » et sa psychologie. Nous y reviendrons à propos de la *Nouvelle Héloïse*.

81. Note X, p. 208.

commence le grand vertige des origines, qui reste un des thèmes de méditation de l'anthropologie moderne [82].

On s'est souvent demandé si « l'homme sauvage » de Rousseau était une pure abstraction, l'homme « essentiel et idéal » [83], ou l'homme réel des premiers temps. Il nous semble qu'on a trop insisté sur le caractère « hypothétique » de l'état de nature selon Rousseau, en oubliant la *logique* qui fonde ce recours à l'hypothèse. La démarche du *Second Discours* est en effet tout à fait comparable à celle d'un dialogue platonicien [84] : s'éloignant des « faits » par une lente ascension, pour se former une *idée* de l'homme sauvage qui soit véritablement « propre à éclaircir la Nature des choses » (D, p. 133), Rousseau redescend ensuite vers les phénomènes, et les prenant en quelque sorte dans le faisceau de l'Idée, il les relie les uns aux autres dans une même transparence. Trop de « monstres » sont engendrés par une Raison impuissante à aller au-delà des apparences, jusqu'à l'essence. Il est plus aisé de faire de l'orang-outang un « monstre », c'est-à-dire une exception dans la nature, que de repenser le système entier qui distribue les êtres en espèces, sans « discerner ce qui fait les variétés de ce qui est essentiel à l'espèce ». Fausse logique, celle qui néglige les « conformités frappantes » entre l'homme et l'orang-outang, et classe ce dernier parmi les animaux parce qu'il lui manque la pensée et la parole, fausse logique qui aurait dû conduire à refuser la qualité d'homme à tel enfant sauvage « qui ne donnait aucune marque de raison, marchait sur ses pieds et sur ses mains, n'avait aucun langage et formait des sons qui ne ressemblaient en rien à ceux d'un homme » [85].

Autant de faux problèmes — ou de fausses certitudes — qui s'évanouissent si l'on définit l'espèce humaine non à partir des caractères secondaires, qu'elle a pu acquérir au cours de son histoire, mais à partir de son caractère spécifique, à savoir la faculté de se perfectionner, qui la distingue d'emblée de toutes les autres.

82. Cf. Claude Lévi-Strauss, *Tristes Tropiques*, éd. 10/18, p. 290 : « Je revivais donc l'expérience des anciens voyageurs, et à travers elle, ce moment crucial de la pensée moderne où, grâce aux grandes découvertes, une humanité qui se croyait complète et parachevée, reçut tout à coup, comme une contre-révélation, l'annonce qu'elle n'était pas seule, qu'elle formait une pièce d'un plus vaste ensemble, et que, pour se connaître, elle devait d'abord contempler sa méconnaissable image en ce miroir (...) ».

83. Voir M. Guéroult, « Nature humaine et état de nature chez Rousseau, Kant et Fichte », *Cahiers pour l'analyse*, 6, p. 12.

84. Dans sa thèse, Michel Launay a rappelé l'influence de Platon sur la pensée de Rousseau. Il faudrait l'étudier aussi au niveau des « structures » et du vocabulaire : les mots *idée* et *essence*, *essentiel*, entre autres.

85. Note X, D, p. 212. Il s'agit de l'enfant sauvage dont Condillac aussi avait parlé. Dans la note III, D, p. 196-197, Rousseau a précisé que « les exemples d'hommes quadrupèdes » ne prouvent pas que la nature ait destiné l'homme à marcher à quatre pattes : « Tous les enfants commencent par marcher à quatre pieds » et un enfant abandonné dans les bois, et nourri par quelque bête, « aura suivi l'exemple de sa nourrice ».

On est ainsi renvoyé à la *nature* de l'homme, à ce « degré zéro » [86] de l'histoire de son espèce, où l'homme sauvage, silencieux et stupide [87], *agit* pourtant en homme :

« (...) la Nature seule fait tout dans les opérations de la bête, au lieu que l'homme concourt aux siennes, en qualité d'agent libre. L'un choisit ou rejette par instinct, et l'autre par un *acte de liberté* [88]. »

Toute conduite humaine creuse ainsi un écart entre instinct et volonté, entre les « fonctions animales » et les « opérations de l'âme ». L'homme primitif *ressemble* à un animal farouche, mais agissant librement, il use de la faculté accordée à son espèce et invente à chaque instant son humanité

V. NÉCESSITÉ ET LIBERTÉ, LE CYCLE DES RÉVOLUTIONS

« *Deux principes antérieurs à la Raison* » (*Préface*, p. 126).

C'est donc sa qualité d'agent libre qui distingue l'homme de l'animal. « Apercevoir » et « sentir » ne sont que des « fonctions purement animales », mais « vouloir et ne pas vouloir, désirer et craindre » sont les premières « opérations de l'âme » [89], des actes de liberté par lesquels l'homme s'élève au-dessus de la bête, qui n'est qu'une « machine ingénieuse »

« (...) dans la puissance de vouloir ou plutôt de choisir, et dans le sentiment de cette puissance on ne trouve que des *actes purement spirituels,* dont on n'explique rien par les lois de la mécanique [90]. »

Si donc l'homme sauvage n'a que « peu de passions » (D, p. 160), et des passions « peu actives », puisque « ses désirs ne passent pas ses besoins physiques », il ne laisse pas cependant d'avoir des désirs, des craintes, et c'est ce principe actif qui le rend susceptible de nouveaux progrès. Comme l'écrit très bien Jacques Derrida [91], « la liberté est (...) la perfectibilité ». Susceptible de passions, l'homme est par là même un être spirituel, un être moral, et la « pitié naturelle » est la forme primitive de cette moralité encore en sommeil. Les concepts de *vice* et de *vertu* n'ont encore aucun sens, entre des êtres qui n'ont aucune occasion de se nuire. Nous sommes, dit encore J. Derrida, dans un

---

86. L'expression est de Jean STAROBINSKI.
87. Cf. le « silence » et la « stupidité » de l'enfant sauvage (Note X, D, p. 212).
88. D, p. 141, souligné par nous.
89. D, p. 143.
90. D, p. 142, souligné par nous.
91. G, p. 260.

état « où les oppositions qui ont cours chez Hobbes n'ont encore ni sens ni valeur » [92].

Mais la « pitié naturelle » est une « vertu » innée, qui précède « l'usage de toute réflexion » (D, p. 154). Non content de réfuter Hobbes [93], en faisant de l'état de nature un état de non-violence, où le « calme des passions » [94] exclut toute agression, Rousseau introduit une sorte de moralité dans les actions humaines, qui tempère les effets de l'amour de soi par une répugnance innée à voir souffrir son semblable » [95]. A vrai dire, le *Discours* ne précise pas dans quelles occasions cette pitié trouve à s'exercer dans l'état de nature. Rousseau dit simplement que c'est elle qui

« (...) détournera tout sauvage robuste d'enlever à un faible enfant, ou à un vieillard infirme, sa subsistance acquise avec peine, si lui-même espère pouvoir trouver la sienne ailleurs [96]. »

C'est sur la distinction entre l'*amour de soi* et l'*amour-propre* que repose la différence entre cette « pitié naturelle », telle qu'elle se manifeste dans l'état de pure nature, et la pitié naturelle « affection sociale », qui ne s'éveille qu'avec l'imagination et la réflexion, et dont il sera question dans l'*Essai* (IX, 2). Dans le *Discours,* la disjonction ne s'opère que dans cette seule phrase :

« [La pitié naturelle a été donnée à l'homme] pour adoucir, en certaines circonstances, la férocité de son amour-propre *ou* le désir de se conserver *avant la naissance de cet amour* [97]. »

La Note xv souligne l'importance de cette disjonction en précisant que dans l'état de nature, l'amour-propre n'existe pas. Le rôle de la pitié naturelle est donc d'assurer, contre l'amour de soi, la conservation de l'espèce et la survie des plus faibles, dans l'état d'isolement et d'errance qui exclut toute reconnaissance de l'autre comme son semblable, et donc toute « affection sociale ».

Ainsi, c'est parce que l'homme a une nature — et pas seulement un « instinct » — c'est parce que la liberté *est* la perfectibilité, qu'il a une histoire. Tandis que pour Buffon l'homme n'est rien d'autre que lui-même se perfectionnant, la perfectibilité est pour Rousseau « la matière de la culture et de l'histoire et non son ressort », pour reprendre l'excellente formule de Jean

---

92. G, p. 267.
93. Sur cette réfutation du « hobbisme », voir le commentaire de Jean STAROBINSKI, dans l'édition de la Pléiade, et les analyses de J. DERRIDA (G, p. 267-268). Nous ne pourrions que répéter ce qu'ils ont fort bien dit.
94. Rousseau écarte de l'état de nature cet amour impétueux et ardent, cette passion terrible qui « dans ses fureurs semble propre à détruire le genre humain qu'elle est destinée à conserver », D, p. 157.
95. D, p. 154.
96. D, p. 156.
97. D, p. 154.
98. D, p. 147. « ... ils en étaient bientôt au point de ne pas se reconnaître les uns les autres. »

Mosconi [99]. C'est le « hasard », ce sont les « circonstances », c'est le défi de la terre et du climat, qui vont « perfectionner la raison humaine, en détériorant l'espèce ».

Les circonstances

L'histoire est donc ce qui fait violence à la nature, ce qui contraint l'homme à user de ses facultés virtuelles, à sortir de sa condition primitive. L'homme isolé, épars parmi les animaux, l'homme s'accouplant fortuitement à la femme, l'homme s'unissant à l'homme pour former des « associations libres », les hommes rassemblés au sein des familles, les liens de familles entre elles, les premières sociétés, les sociétés enfin constituées et soumises à la loi des plus riches, autant de systèmes de relations qui ne s'engendrent pas les uns les autres. Il y a des « positions intermédiaires », où l'homme aurait pu demeurer — et où certains sauvages sont demeurés : ignorant la métallurgie et l'agriculture, les sauvages de l'Amérique « sont toujours demeurés tels » (D, p. 172); « Les autres peuples semblent même *être restés* barbares tant qu'ils ont pratiqué l'un de ces Arts sans l'autre » (D, p. 172). S'il y a une nécessité de l'histoire — puisque ces systèmes se succèdent dans un certain ordre [100] —, il n'y a pas de loi générale d'évolution : sans cesse provoqué par l'événement, l'homme subit l'histoire, et contraint par elle d'user de la « perfectibilité, (des) vertus sociales, et (des) autres facultés que l'homme naturel avait reçues en puissance » [101], il est sans cesse *forcé* de sortir d'un « état » où il pourrait fort bien demeurer toujours [102].

Tout se passe donc comme si une suite de « révolutions » décidait du sort des hommes : « révolutions du globe » et révolutions techniques. Dans le *Second Discours,* il n'est question des premières qu'à propos du langage et de ses progrès plus rapides « entre des hommes ainsi rapprochés, et forcés de vivre ensemble » (D., p. 168-169) [103]. Rousseau accorde plus d'importance aux deux révolutions techniques, qui, en introduisant des changements importants dans la manière de vivre des hommes,

---

99. « Analyse et genèse : regards sur la théorie du devenir de l'entendement au XVIIIe siècle », *Cahiers pour l'analyse,* 4, p. 62. Jean Mosconi souligne qu'une telle perfectibilité est « pure négation » : elle expose l'homme à une perversion en même temps qu'à une perfection ». Ce n'est évidemment le cas ni chez Condillac (*ibid.,* p. 63-65) ni chez Buffon.
100. D, p. 164 : « L'ordre le plus naturel ».
101. D, p. 162.
102. D, p. 152, pour l'état de pure nature; D, p. 171, pour l'état sauvage.
103. Rousseau ne s'arrête pas en effet à ces « causes particulières ». Dans la chronologie longue du *Discours,* ce temps est à peine marqué. C'est dans l'*Essai* que Rousseau s'attache au problème de l'institution du langage, et du passage des langues domestiques aux langues proprement dites, c'est-à-dire à la naissance d'une véritable socialité à l'âge des cabanes.

modifient sensiblement leurs rapports : la première forme « l'établissement et la distinction des familles » (D, p. 167), la seconde, marquée par l'invention de la métallurgie et de l'agriculture, met fin à l'état sauvage. La première introduit « une sorte de propriété », la seconde consacre le passage à l'état de propriété.

Mais avant la première révolution, et entre celle-ci et la seconde, des *événements* importants ont déjà eu lieu : l'invention de la ligne et du hameçon, de l'arc et de la flèche (D, p. 165). L'homme a acquis de « nouvelles lumières » (D, p. 165), il a reconnu chez les autres hommes « une manière de penser et de sentir (...) entièrement conforme à la sienne » (D, p. 166) et même formé « quelque idée grossière des engagements mutuels ». En même temps, les hommes ont perdu « quelque chose de leur férocité et de leur vigueur » (D, p. 168), ils ont fait un premier pas vers l'inégalité (D, p. 169-170) en comparant leurs talents, ils sont devenus « sanguinaires et cruels » (D, p. 170), la pitié naturelle a subi « quelque altération » (D, p. 171). Procès de civilisation, cette histoire est en même temps « procès de perversion »[104] jusqu'à ce qu'enfin les hommes soient devenus « tout ce qu'ils peuvent être en bien et en mal »[105].

Dans ce lent devenir, Rousseau marque les « positions intermédiaires » (D, p. 191-192) mais aucune révolution. Cette histoire naturelle et morale[106] a son rythme propre : tout s'y inscrit dans une longue durée, et les progrès sont « presque insensibles »[107]. Le mot « révolution » n'a de sens que si l'on considère l'histoire « politique » de l'homme : est révolution ce qui change tout à coup, avec la face de la terre, le cours que prenaient les sociétés humaines, en créant « un nouvel état de choses ». Mais de telles cassures[108] n'existent pas dans l'histoire de l'homme moral, qui répond toujours avec un certain retard à la sollicitation de l'événement, qui exige des individus « des qualités différentes de celles qu'ils tiennent de leur constitution primitive » (D, p. 170). C'est pourquoi Jean Starobinski a raison d'écrire qu'il y a à la fois continuité « génétique » et contradiction « dialectique » entre l'homme naturel et l'homme social[109]. L'homme sensible, l'homme réfléchissant, l'homme passionné, l'homme moral procèdent de l'homme naturel, mais il faut plus de temps pour inventer des conduites humaines que pour inventer des armes, des outils, des techniques; c'est pourquoi l'homme social sera le dernier à naî-

104. Jean MOSCONI, *art. cit.*
105. *Fragment sur l'influence des climats*, P III, p. 533.
106. On sait que pour Rousseau la véritable histoire de l'homme est « naturelle, morale et politique » (Note X, p. 214).
107. Ce que traduit tout un vocabulaire de la continuité : insensible, insensiblement, produire, engendrer, devenir, faire naître, continuer, s'accoutumer, à mesure que, etc.
108. Au vocabulaire de la continuité s'oppose celui de la cassure : *dès que* opposé à *tant que*, *nécessairement* opposé à *naturellement*.
109. P III, p. 1341.

tre, car il n'est pas le produit nécessaire de la socialité, mais l'homme devenu capable d'inventer une société vraiment humaine, et par l'art de la politique, d'en éterniser la durée.

De l'état de nature à l'âge des cabanes

Alors que Rousseau a décrit longuement l'état de pure nature, parce qu'il était nécessaire de détruire « d'anciennes erreurs et des préjugés invétérés » (D, p. 160), il passe très rapidement sur la « succession d'événements et de connaissances » qui précède l'établissement et la formation des familles. Il est pourtant nécessaire de décomposer les temps, puisque l'expérience montre que sans une chronologie précise, on ne peut comprendre la description que fait Rousseau de l'âge des cabanes dans l'*Essai sur l'origine des langues* [110]. De l'état de pure nature à la première « révolution », il faut compter trois temps, chacun d'eux étant marqué par des « événements » importants, et par des « progrès » nécessaires.

1. « (...) Il se présenta bientôt des difficultés; il fallut apprendre à les vaincre » : c'est par cet admirable raccourci [111] que Rousseau évoque le passage de l'état de pure nature à un état de rivalité qui met fin à l'isolement de la vie heureuse. Alors que l'homme sauvage se nourrit sans peine des fruits que la nature offre en abondance, il entre maintenant en concurrence avec les animaux qui cherchent à s'en nourrir, il doit « disputer sa subsistance aux hommes mêmes ». C'est bien là un second temps. Les hommes sont toujours « frugivores », mais ils ont cessé d'être paisibles, ils doivent pour se nourrir user de leur force.

2. De nouvelles difficultés se présentent, quand les hommes sont devenus plus nombreux : de frugivore, l'homme devient ichtyophage ou carnassier, selon les lieux et les climats. Dans les pays froids, la rigueur des hivers lui fait imaginer l'art de conserver et de reproduire le feu :

« Ils apprirent à conserver cet élément, puis à le reproduire, et enfin à en préparer les viandes qu'auparavant ils dévoraient crues » (D, p. 165). C'est par cet usage du feu à des fins culinaires que l'homme, devenu carnassier là où il s'est trouvé contraint de se nourrir du produit de ses chasses, se distingue des animaux carnassiers, qui ne manifestent aucun dégoût pour la chair crue [112]. Plus encore que par l'invention de l'hameçon et

110. Voir Michèle DUCHET et Michel LAUNAY, *art. cit.*
111. D, p. 165.
112. Cf. *Encyclopédie*, article « Carnacier » : « ... Si nous nous nourrissons de viandes, ce n'est qu'après une préparation par coction, et en la

de l'arc, par les techniques de pêche et de chasse, et la découverte du feu, c'est par ce passage du « cru » au « cuit »[113] que la nature humaine se révèle décidément autre. L'*Essai sur l'origine des langues* établira un lien plus net encore entre la cuisson des aliments et les premières assemblées autour d'un « foyer commun », où « brûle le feu sacré qui porte au fond des cœurs le premier sentiment de l'humanité » (IX, § 29). Dans le *Discours,* le seul indice d'un premier rapprochement entre les hommes dispersés est le passage du singulier au pluriel : la pêche, la chasse sont des activités collectives, et surtout, comme l'a bien noté J.-L. Lecercle, l'acquisition de ces différentes techniques implique une première forme de socialité, « puisqu'aucune invention de l'homme isolé ne peut être transmise à ses enfants »[114].

3. Ces premières inventions modifient donc l'esprit humain, et par la perception de certains rapports, il acquiert « quelque sorte de réflexion » (D, p. 165). De ces nouvelles lumières, l'homme fait un double usage : il se rend le maître des animaux qui peuvent lui servir[115], il devient le fléau des autres. De cette supériorité naît « le premier mouvement d'orgueil » : à l'origine de l'inégalité, la lutte de l'homme contre les autres espèces annonce celles qui vont opposer les hommes entre eux. Car le deuxième usage que l'homme fait de ses nouvelles lumières est de réfléchir sur la nature de ses semblables, et sur les rapports qu'il doit désormais avoir avec eux.

Cette reconnaissance de l'autre comme son semblable est le premier pas vers une socialité[115 bis] plus réfléchie, dont on pourrait dire qu'elle marque un quatrième temps, où les activités collectives ne sont plus laissées au hasard, mais où l'homme choisit, selon les circonstances, de s'associer avec ses semblables, ou au contraire, d'entrer en lutte avec lui.

4. Ce qui caractérise en effet ce quatrième temps, c'est le développement simultané d'une socialité positive et d'une socialité négative, d'une sorte de bienveillance, fondée sur « l'intérêt commun » (D, p. 166), et d'une agressivité, née de la défiance. C'est parce que l'homme a conclu, en observant ses semblables, que « leur manière de penser et de sentir était entièrement conforme à la sienne », que s'identifiant à l'autre, il se fait son

mangeant soit bouillie, soit rôtie (...) ». L'homme n'est donc pas naturellement carnassier pour Tarin, auteur de cet article. Rousseau se sert de l'argument, mais il admet un passage du *cru* au *cuit,* parce que *suivant* « l'ordre le plus naturel », il situe la découverte du feu après l'invention de l'arc et de la flèche.

113. On sait que pour Lévi-Strauss, un tel passage est un fait de « culture », capital dans l'histoire des sociétés humaines.

114. *De l'Inégalité parmi les hommes,* Ed. Sociales, p. 110, note I.

115. Il y a là une difficulté, car on voit mal comment la domesticité des animaux peut intervenir avant l'établissement des familles.

115 bis. J'emploie ce terme, comme J. Derrida, pour désigner le fait de vivre en société.

allié ou son ennemi selon les circonstances qui leur dictent à tous deux les mêmes « règles de conduite »[116]. Tantôt donc il s'unira aux autres « en troupeau, ou tout au plus par quelque sorte d'association libre » qui ne dure pas au-delà du besoin qui l'a formée, tantôt chacun cherche « à prendre ses avantages », soit par la force, soit par l'adresse et la ruse.

On ne saurait trop insister sur l'importance de ce quatrième temps, où les conduites humaines sont déjà des conduites réfléchies, prudentes, qui impliquent une réciprocité et en assument les risques, qui s'inscrivent dans un certain devenir, encore très limité — « loin de s'occuper d'un avenir éloigné, ils ne songeaient pas même au lendemain »[117] — mais marqué déjà par une première expérience de la socialité : les hommes acquièrent « insensiblement » (...) « quelque idée grossière des engagements mutuels, et de l'avantage de les remplir ».

5. « L'établissement et la distinction des familles » marque l'époque de la « première révolution ». Révolution technique, mais où seul le « hasard » intervient : la découverte des haches de pierre — comme à un stade antérieur à celle du feu — permet de nouveaux progrès, mais il n'y a pas « invention »[118], comme c'était le cas pour l'hameçon, la ligne, l'arc et la flèche. La construction de huttes — ou cabanes — introduit une « sorte de propriété », et en mettant fin à la vie errante, marque « le dernier terme de l'état de nature », dont Rousseau a dit au début de la Seconde Partie qu'il voyait naître « l'idée de propriété »[119]. Ainsi les « positions intermédiaires » qui ont été décrites jalonnent un lent procès de dégradation, qui éloigne l'homme de l'état de *pure* nature par des changements presque insensibles. C'est très exactement ici que la chronologie de l'*Essai* se raccorde à celle du *Discours :* nous rejoignons en effet les temps historiques, puisque la réunion des familles — conséquence de leur « établissement » — crée les conditions de la vie sauvage, telle qu'on a pu l'observer chez les peuples du Nouveau Monde « qu'on a presque tous trouvés à ce point » (D, p. 171). La comparaison de l'*Essai* et du *Discours* est dès ce moment nécessaire, si l'on veut comprendre pourquoi Rousseau a situé l'institution des langues à ce dernier terme de l'état de nature.

---

116. « (...) voyant qu'ils se conduisaient tous, comme il aurait fait en de pareilles circonstances (...) », D, p. 166.
117. D, p. 166.
118. Pourtant la hache, instrument complexe et non simple outil, ne peut avoir été trouvée par hasard. Voir à ce sujet la note de J. STAROBINSKI, P III. p. 1346. Mais Rousseau ne veut pas donner trop d'importance à l'*invention* : l'homme doit apparaître comme constamment sollicité par les événements et les circonstances.
119. D, p. 164. La distinction entre l'*état de nature* et l'*état de pure nature* est très importante pour toute lecture de Rousseau. Un des emplois de l'adjectif « naturel » s'explique bien que par là. Voir par exemple : *Contrat social*, chap. II, P III, p. 353 : « La plus ancienne société et la seule naturelle est celle de la famille. »

L'âge des cabanes et l'invention du langage

« La parole, étant la première institution sociale, ne doit son origine qu'à des causes naturelles », écrit Rousseau au début de l'*Essai*. La question posée dans la Première Partie du *Discours* (p. 151) :

« lequel a été le plus nécessaire, de la société déjà liée, à l'institution des langues, ou des langues déjà inventées, à l'établissement de la société »

reçoit ainsi une réponse : les langues ont été à la fois inventées *et* instituées. C'est « le désir ou le besoin de (...) communiquer » qui « en fit chercher les moyens » (I, § 2), lesquels ne se peuvent tirer que des sens. Ainsi la langue du geste et celle de la voix sont également naturelles. Mais il n'est pas sûr qu'elles répondent aux mêmes besoins, bien que toutes deux supposent seulement qu'un homme en reconnaisse un autre « pour un être sentant, pensant et semblable à lui ».

Ce premier *besoin des langues* (ou plutôt d'un *langage*) n'existe pas dans l'état de pure nature, où les hommes vivant « épars (...) parmi les animaux » (D, p. 146) et n'ayant encore nul besoin les uns des autres, n'ont nul désir de « communiquer ». Au second temps du *Discours,* bien que les hommes n'aient guère plus de commerce avec leurs semblables « qu'avec les autres animaux », leurs premiers progrès les mettent en état d'apercevoir entre eux-mêmes, leurs femelles, et les autres hommes certaines ressemblances, et de conclure que « leur manière de penser et de sentir (est) entièrement conforme à la (leur) » (D, p. 166). Cependant le *Discours* n'établit pas de lien très net entre la reconnaissance d'un autre comme son semblable et le besoin de communiquer avec lui. Il faut attendre le troisième temps, pour que s'ébauche cette communication, grâce aux « associations libres » qui se forment passagèrement :

« Un pareil commerce n'exigeait pas un langage beaucoup plus raffiné que celui des Corneilles ou des Singes, qui s'attroupent à peu près de même. Des cris inarticulés, beaucoup de gestes et quelques bruits imitatifs, durent composer *pendant longtemps* la langue universelle, *à quoi joignant* dans chaque contrée quelques sons articulés, et conventionnels dont, comme je l'ai déjà dit, il n'est pas trop facile d'expliquer l'institution, on eut des langues particulières, mais grossières, imparfaites (...) [120]. »

On remarquera l'imprécision du texte, où la vraie difficulté est en fait escamotée par la liaison grammaticale, et nullement

---

120. D, p. 167 (souligné par nous).

logique, que constitue le *à quoi joignant*. Le problème non résolu est celui de l'*institution* de ces sons « articulés et conventionnels » qui dans le *Discours* ne répondent à aucun besoin précis : entre le commerce incertain d'hommes dispersés et errants et la substitution de la parole au geste et aux cris, il y a une faille. C'est que, dans le *Discours*, la genèse du langage est prise dans la trame d'une histoire générale de l'homme et des sociétés humaines, où tout change par des progrès « insensibles ». Dans le *Discours*, il faut et il suffit que les langues existent au dernier terme de l'état de nature, puisqu'on n'a trouvé aucune société sauvage qui n'ait sa langue particulière. Au contraire la problématique qui est celle de l'*Essai* a pour objet de fixer le moment où la parole fut inventée, et les langues instituées. Là, Rousseau s'est contenté de montrer que l'invention du langage suppose un « besoin des langues » (D, p. 147), ici il distingue plusieurs moyens de répondre à ce besoin : la langue du geste et celle de la voix. La première suffit à l'expression des besoins physiques, la seconde ne peut naître que des besoins moraux, eux-mêmes nés des passions :

« Si nous n'avions jamais eu que des besoins physiques, nous aurions fort bien pu ne parler jamais, et nous entendre parfaitement par la seule langue du geste. » (I, § 2.)

Avec cette seule langue,

« Nous aurions pu instituer des lois, choisir des chefs, inventer des arts, établir le commerce, et faire, en un mot, presque autant de choses que nous en faisons par le secours de la parole. »

Le « besoin des langues » explique donc bien la nécessité d'*un* langage, mais non de ce langage proprement humain qui

« dépend moins des organes qui nous servent à cette communication, que d'une faculté propre à l'homme, qui lui fait employer ses organes à cet usage, et si ceux-là lui manquaient, lui en feraient employer d'autres à la même fin. » (I, § 13.)

La langue des castors et celle des fourmis sont naturelles et non point acquises, « la langue de convention n'appartient qu'à l'homme » : l'invention du langage n'est qu'un effet de la perfectibilité, cette faculté qui « à l'aide des circonstances, développe successivement toutes les autres » (D, p. 142). Pourtant le *Discours* comparait le langage des hommes en troupe à celui des corneilles et des singes; et les progrès du langage y allaient de pair avec ceux de la socialité, selon un schéma mécaniste; le commerce établi entre les hommes rendait peu à peu le langage « plus nécessaire » (D, p. 168) et « diverses causes particulières » (inondations, tremblements de terre, révolutions du globe) pouvaient accélérer ces processus.

L'*Essai* ne contredit pas ce schéma : l'invention des langues coïncide avec l'apparition des premières sociétés, là où se sont formés « les premiers liens des familles » (IX, § 35). Mais alors que le *Discours* ne marquait aucune solution de continuité entre la langue du geste et celle de la voix, dans l'*Essai* la préhistoire du langage tient tout entière entre les deux « révolutions » dont parle le *Discours*. En retard sur la première, mais en avance sur la seconde, elle a son propre cycle de révolutions. C'est pourquoi tout un chapitre de l'*Essai* décrit l'âge des Cabanes, dans ses deux temps successifs : la dispersion des familles et la réunion des familles.

Les « premiers temps » dont il est question dans ce chapitre ne nous ramènent pas en effet aux premières pages du *Discours* [121] :

« J'appelle les premiers temps ceux de la *dispersion* des hommes, à quelque âge du genre humain qu'on veuille en fixer l'époque. »

Cette « dispersion » n'est pas celle des hommes « épars (...) parmi les animaux » mais celle des hommes « isolés dans leurs familles et sans communication » (IX, § 36). La difficulté est à la fois d'ordre lexical et d'ordre chronologique. Lexical, parce que le mot « dispersion » s'applique à des états différents, où l'homme est « épars », « isolé », « séparé ». Chronologique, parce qu'il faut tenir compte de la loi qui règle la succession des états : si l'analyse permet de décomposer les temps, dans la réalité tout se fond dans un devenir continu. A l'intérieur de chaque état subsistent des traces de l'état antérieur, mêlées à des traits qui annoncent celui qui suivra. Ainsi l'âge des Cabanes, à mi-chemin entre la vie sauvage et la vie sociale, n'est que contradictions : naturel et inhumanité, mœurs féroces et cœurs tendres, « tant d'amour pour leurs familles et d'aversion pour leur espèce ». Ces couleurs contrastées évoquent à la fois les « premiers développements du cœur » au sein des familles (D, p. 168) et une « férocité » qui se prolonge dans une aversion pour l'espèce qui est comme l'envers de la première socialité.

« Ils avaient l'idée d'un père, d'un fils, d'un frère, et non pas d'un homme. Leur cabane contenait tous leurs semblables; un étranger, une bête, un monstre, étaient pour eux la même chose : hors eux et leur famille, l'univers entier ne leur était rien » (IX, § 5) [122].

Cette férocité, écrit très bien J. Derrida [123], « n'est pas belliqueuse, mais craintive (...). Elle est le caractère de l'animal, du

---

121. Cette confusion chronologique se trouve dans l'article, d'ailleurs remarquable, de Henri Grange. Le fait montre bien la nécessité d'une grille plus fine que celle qu'on utilise jusqu'ici.

122. Cf. P III, p. 288 : « Les mots d'étrangers et d'ennemis ont été longtemps synonymes chez plusieurs anciens peuples. »

123. G, p. 226.

vivant isolé qui, faute d'avoir été éveillé à la pitié par l'imagination, ne participe pas encore à la socialité et au genre humain ».

Arrêtons-nous un instant à ce problème de la pitié. Jean Starobinski [124] oppose une « conception plus intellectualiste » de la pitié qui serait celle de l'*Essai* aux thèses du *Discours,* qui en fait une vertu innée. L'analyse de J. Derrida [125] nous paraît beaucoup plus convaincante, et les citations qu'il rassemble [126] éclairent parfaitement, à notre sens, « l'économie » de la pitié dans le *Discours,* dans l'*Essai,* et dans l'*Emile :* loin d'admettre l'idée hobbienne de la guerre de tous contre tous, comme le pense J. Starobinski, l'*Essai* la réfute à peu près dans les mêmes termes que le *Discours :*

« Chacun, dit-on [Hobbes], s'estimait le maître de tout [127] : cela peut être; mais nul ne connaissait et ne désirait que ce qui était sous sa main; ses besoins, loin de le rapprocher de ses semblables, l'en éloignaient. Les hommes, si l'on veut, s'attaquaient dans la rencontre, mais ils se rencontraient rarement [128]. Partout régnait l'état de guerre, et toute la terre était en paix. » (§ 6.)

De même le § 3 reprend la thèse de la bonté naturelle :

« Celui qui n'a jamais réfléchi ne peut être ni clément, ni juste, ni pitoyable; il ne peut pas non plus être méchant et vindicatif. »

Mais ce que peint l'*Essai,* c'est l'éveil de la pitié ensommeillée, vertu innée mais demeurée « inactive » parmi des hommes isolés dans leurs familles. Dans l'*Essai* Rousseau noue donc en un faisceau de contradictions deux modes de relations à autrui que le *Discours* dissociait pour mieux marquer les « positions intermédiaires » : relations à l'intérieur de la famille, et relations des hommes entre eux, à l'extérieur de la famille, jusqu'à l'apparition d'une autre socialité qui dans le *Discours* et dans l'*Essai* résulte des liens des familles entre elles. Tout le chapitre IX de l'*Essai* est bâti sur cette opposition entre une socialité restreinte, qui fait obstacle au langage — les « langues domestiques » sont en deçà du langage —, et une barbarie généralisée, qui retarde le moment où vont naître les « langues populaires ».

On ne peut passer en effet des « langues domestiques » aux « langues populaires » que par une véritable révolution : les

---

124. P III, p. 1330-1331.
125. G, p. 259-272. Nous nous contentons de quelques remarques supplémentaires.
126. *Ibid.,* p. 271, note 24.
127. Cf. D, p. 153 : « N'allons surtout pas conclure avec Hobbes que (...) l'homme (...) s'imagine follement être le propriétaire de tout l'univers. »
128. Cf. D, p. 166, les « occasions » très « rares » où les hommes encore errants entrent en concurrence.

accents, les cris, les plaintes font violence au corps, aux organes de la voix, elles arrachent l'homme à l'animalité, au règne de la nécessité

« (...) les besoins *dictèrent* les premiers gestes, (...) les passions *arrachèrent* les premières voix. » (II, § 3.)

Dans la société conjugale, il n'y avait rien « d'assez animé pour dénouer la langue, rien qui pût *arracher* assez fréquemment les accents des passions ardentes pour les tourner en institution » (IX, § 36). Cessant d'obéir aux seuls besoins physiques, l'homme ressent des désirs, éprouve des émotions — voluptueuses ou violentes —, il a des sentiments, des passions, et ces « mouvements de l'âme » manifestent la spiritualité de son être, les « besoins moraux », nés des passions, mettent en branle l'imagination, font naître les « affections sociales », et avec elles, les premières langues. L'*Essai* met donc en relation, de façon beaucoup plus nette que le *Discours*, socialité et passions, passions et moralité. Dans celui-ci déjà toute chose avait, en quelque sorte, son envers et son endroit : ainsi, chez les nations sauvages, les hommes sont « sanguinaires et cruels », mais en même temps « la moralité » commence « à s'introduire dans les actions humaines » (D, p. 170). Cependant l'*Essai* développe jusqu'au bout la théorie des passions qui, dans le *Discours,* restait implicite: farouche, féroce, cruel, sanguinaire y renvoient à des formes de « méchanceté » de plus en plus passionnelles, au fur et à mesure que l'homme participe de plus en plus à la socialité. Inversement l'intérêt que l'homme éprouve pour ses semblables devient lui aussi passionnel. Tandis que « l'aversion » des barbares pour leur espèce est encore quelque chose de viscéral [129], et que, entre les membres d'une même famille « l'instinct » tient encore « lieu de passion » [130], on voit naître dans les premières sociétés des « passions ardentes », de sens contraire et d'intensité égale, qui forcent les hommes à s'expliquer :

« Ce n'est ni la faim, ni la soif, mais l'amour, la haine, la pitié, la colère, qui (...) ont arraché les premières voix. Les fruits ne se dérobent point à nos mains, on peut s'en nourrir sans parler; on poursuit en silence la proie dont on veut se repaître : mais pour émouvoir un jeune cœur, pour repousser un agresseur injuste, la nature dicte des accents, des cris, des plaintes. » (II, § 3.)

Seul donc l'homme bon *et* méchant, qui connaît l'amour *et* la haine, chez qui l'imagination et les passions ont fait des progrès

---

129. La haine n'est encore que l'effet de la crainte, et non une passion aussi forte que l'amour, mais de sens contraire. Cf. : « Ils ne haïssaient que ce qu'ils ne pouvaient connaître. » (IX, § 5).

130. IX, § 36.

égaux, l'homme éveillé aux « affections sociales », et sensible à la pitié [131], ressent le besoin de parler, et invente une langue.

On voit bien où Rousseau veut nous conduire, si on lit l'*Essai* à rebours, en partant du chapitre xv, où il s'en prend aux philosophes qui s'efforcent de « matérialiser toutes les opérations de l'âme, et d'ôter toute moralité aux sentiments humains ». On notera que les considérations sur la peinture et la musique vont dans le même sens : Rousseau veut montrer que « nos plus vives sensations agissent souvent par des impressions morales », et que tout ne peut se ramener à « l'ébranlement des fibres ». L'*Essai* propose en fait une théorie spiritualiste du langage : si l'homme parle, c'est parce qu'il est un être moral. Le langage n'est pas un pur produit de notre « organisation », il est une *invention* des sociétés humaines, à l'apogée de leur liberté.

VI. « LA VOCATION DU GENRE HUMAIN »

Nous avons vu que la « volonté divine » était déjà présente à l'horizon du *Second Discours*. L'*Essai* lui attribue expressément la formation des premières sociétés :

« Celui qui voulut que l'homme fût sociable toucha du doigt l'axe du globe et l'inclina sur l'axe de l'univers. A ce léger mouvement, je vois changer la face de la terre et décider la vocation du genre humain. » (IX, § 23.)

Cette intervention divine explique pourquoi les hommes réunis en familles, dans la période qui a suivi le Déluge [132], ont dû renoncer à l'état de dispersion pour se réunir en diverses nations. Alors que le *Discours* n'entre à ce sujet dans aucun détail [133], puisqu'il ne s'agit que de reconstituer « l'ordre le plus naturel » des choses, l'*Essai* distingue plusieurs itinéraires qui de « ces temps de barbarie » ont pu conduire les hommes à l'état social. « Les plus actifs, les plus robustes », devenus « chasseurs, violents, sanguinaires » et avec le temps « guerriers, conquérants, usurpateurs » [134], ont donné naissance à des nations par force et

---

131. « Celui qui n'a jamais réfléchi ne peut être ni clément, ni juste, ni pitoyable; il ne peut pas *non plus* être méchant et vindicatif » (IX, § 2).

132. Sur cette période post-diluvienne et sur la tentative faite par Rousseau « pour interpréter la Genèse dans un sens qui soit favorable à sa thèse », voir Henri GRANGE, *art. cit.* Les textes qu'il cite sont tout à fait probants. On y ajoutera ceux qu'on trouve cités à l'article « Langues » de l'*Encyclopédie*, et qui sont de l'abbé Pluche (Cf. *Essai*, IX, § 8 : « La vie errante des descendants de Noë dut aussi la leur faire oublier » [l'agriculture], et Pluche : « cette vie errante et longtemps incertaine fit tout oublier ».)

133. D, p. 169. Le *Discours* transcende la réalité historique, l'*Essai* tente de concilier la fable, l'histoire et la réflexion philosophique.

134. Rousseau distingue la chasse, « accessoire de l'état pastoral » (§ 18, note I) et les « chasses d'hommes » : guerre et conquêtes (§ 16). Un peuple

violence. Le plus grand nombre « moins actif et plus paisible », s'accommoda de la vie pastorale.

« Tout se rapporte dans son principe aux moyens de pourvoir à la subsistance. » (IX, § 20.)

Mais le climat et la nature du sol favorisent l'un ou l'autre de ces genres de vie. Les accidents de la nature, les révolutions des saisons forcent les hommes à se rapprocher : ils sont les « instruments dont la Providence » s'est servi (IX, § 27-28). Dans les pays froids,

« on se rassemble autour d'un foyer commun, on y fait des festins, on y danse : les doux liens de l'habitude y rapprochent insensiblement l'homme de ses semblables, et sur ce foyer rustique brûle le feu sacré qui porte au fond des cœurs le premier sentiment de l'humanité » (IX, § 29).

Dans les pays chauds et arides, « il fallut bien se réunir » pour creuser des puits :

« Là se formèrent les premiers liens des familles, là furent les premiers rendez-vous des deux sexes (...). Sous de vieux chênes, vainqueurs des ans, une ardente jeunesse oubliait par degrés sa férocité : on s'apprivoisait peu à peu les uns avec les autres; en s'efforçant de se faire entendre, on apprit à s'expliquer. Là se firent les premières fêtes : les pieds bondissaient de joie, le geste empressé ne suffisait plus, la voix l'accompagnait d'accents passionnés; le plaisir et le désir, confondus ensemble, se faisaient sentir à la fois : là fut enfin le vrai berceau des peuples; et du pur cristal des fontaines sortirent les premiers feux de l'amour. » (IX, § 35.)

Dans les pays gras et fertiles, les habitants « vécurent plus longtemps isolés dans leurs familles et sans communication », mais à la longue, tous les hommes devinrent semblables.

Rien dans l'*Essai* ne vient ternir ces premières fêtes : fêtes du feu, fêtes de l'eau, doux rites par lesquels le genre humain célèbre la naissance des premières sociétés, avant le temps où « de nouveaux besoins, introduits parmi les hommes, forcèrent chacun de ne songer qu'à lui-même » (IX, § 36). Avec l'invention de l'agriculture [135], c'est-à-dire avec la seconde révolution, on revient à l'origine de l'inégalité, c'est-à-dire au *Second Discours*.

L'expérience capitale de l'*Essai*, c'est donc celle d'une socialité heureuse, d'une communication à la fois tendre et vive, d'un lan-

---

chasseur qui ne devient pas guerrier ne peut donner naissance à aucune nation. Pour Condillac au contraire, les peuples pasteurs ont été les premiers conquérants (*Cours d'Etude*, éd. cit. II, 19).

135. IX, § 18 « elle amène la propriété, le gouvernement, les lois, et par degrés, la misère et les crimes, inséparables pour notre espèce de la science du bien et du mal ».

gage total, où le geste, la danse et les accents passionnés expriment le désir et le plaisir « confondus », sans distance ni absence, auprès du cristal des fontaines, ou du feu sacré, symboles de pureté et de transparence. C'est là que Rousseau rencontre, pour la première fois, dans la clarté de l'imaginaire, ce paysage champêtre et patriarcal, tout vibrant de « signes vocaux »[136], et ces rites du foyer et de la danse, que la vie à Clarens ordonnera dans une même symphonie.

Or, cette expérience est d'abord une expérience religieuse : si Dieu a voulu que l'homme « fût sociable », c'est que la société est le lieu où il doit répondre de sa « vocation », où il doit connaître le bien et le mal, et devenir tout ce qu'il peut être :

« L'homme isolé demeure toujours le même, il ne fait de progrès qu'en société[137]. »

« (...) ce n'est qu'en devenant sociable qu'il devient un être moral, un animal raisonnable, le roi des autres animaux, et l'image de Dieu sur la terre[137 bis]. »

Ces leçons des *Fragments* confirment celle de l'*Essai*, où l'homme, devenu sensible et passionné, découvre, avec l'amour de ses semblables, et le bonheur de la communication, qu'il est fait pour la société. Il lui reste à construire une société qui soit faite pour l'homme.

VII. La deuxième révolution, l'état de guerre et la formation des corps politiques

Selon Rousseau les hommes, parvenus au dernier terme de l'état de nature, auraient pu y demeurer toujours :

« (...) ce période du développement des facultés humaines, tenant un juste milieu entre l'indolence de l'état primitif et la pétulante activité de notre amour-propre, dut être l'époque la plus heureuse, et la plus durable (...) cet état est la véritable jeunesse du monde. » (D, p. 171.)

Ils n'ont pu en sortir que « par quelque funeste hasard » : c'est pour Rousseau la métallurgie et l'agriculture qui produisirent « cette grande révolution », en permettant la culture inten-

---

136. XVI, § 7 « ... sitôt que des signes vocaux frappent votre oreille, ils vous annoncent un être semblable à vous. »
137. P III, p. 533.
137 bis. P III, p. 477. L'expression « le roi des animaux » fait penser à Buffon. Dans l'*Essai*, Rousseau montre l'homme transformant la nature et réglant par son industrie le cours de l'univers (IX, § 32-33). Cet aspect de l'anthropologie de Buffon s'intègre en effet parfaitement à la vision rousseauiste d'une histoire humaine conduite par Dieu.

sive des terres, qui à son tour entraîne la division du travail [138], l'inégalité des ressources, le partage des terres, l'établissement de la propriété, la concurrence, la rivalité, « le cortège inséparable de l'inégalité naissante » (D, p. 172-175). L'égalité rompue est suivie du plus affreux désordre, et « la société naissante fit place au plus horrible état de guerre » (D, p. 176). Il n'y a pas lieu d'entrer dans le détail d'une analyse devenue célèbre. Il ne s'agit ici que de faire la part des « circonstances » et celle des fatals progrès que l'homme ne pouvait pas ne pas accomplir. Comme celle du feu, la découverte de la fusion des métaux est attribuée au hasard, mais l'esprit de l'homme déjà développé lui donne « l'idée d'imiter cette opération de la nature ». C'est donc la première révolution, qui, en mettant l'homme en état de faire de nouveaux progrès, a rendu la seconde possible. En quelques pages se trouvent ainsi opposées deux socialités entièrement différentes l'une de l'autre. Le dernier terme de l'état de nature, c'est *la société naturelle,* formée par les liens des familles entre elles, qui permet à l'homme de jouir des « douceurs d'un commerce indépendant » (D, p. 171) tout en conservant les principaux avantages de l'état de pure nature, c'est-à-dire la liberté et l'égalité. Cette société peut être dite « naturelle », puisqu'elle suppose seulement une « union de mœurs et de caractères », formée non « par des règlements et des lois », mais par le même genre de vie et d'aliments, et par l'influence commune du climat » (D, p. 169).

« Mais dès l'instant qu'un homme eut besoin du secours d'un autre, dès qu'on s'aperçut qu'il était utile à un seul d'avoir des provisions pour deux, l'*égalité disparut,* la propriété s'introduisit, le travail devint *nécessaire* (...) » (D, p. 171).

La seconde révolution, en soumettant les hommes à la dure loi de la propriété, modifie l'ensemble des relations que les hommes entretiennent avec leurs semblables, et « la société naissante [fait] place au plus horrible état de guerre » (D, p. 176). Autrement dit, la guerre de tous contre tous ne marque pas le passage de la société naturelle à une société belliqueuse mais à une socialité dégradée et corrompue d'où va naître un « projet (...) réfléchi » qui fixe « la loi de la propriété et de l'inégalité » (D, p. 178) et consacre les droits des riches. Comme l'écrit J. Starobinski : « Rousseau rejoint ici Hobbes : la lutte de tous contre tous est un état intolérable qui rendra nécessaire l'instauration d'un contrat [139]. »

Dans le *Discours,* l'état de guerre marque le moment où « l'homme est déjà dénaturé, et (où) la société civile n'est pas

---

138. Voir Henri GRANGE, « Rousseau et la division du travail », *R.S.H.,* 1957, p. 143 sq.
139. P III, p. 1349, souligné par nous.

encore née » [140]. Mais précisément parce que l'état de guerre n'a pu naître que dans la société déjà commencée [141], le premier pacte social ne peut apporter de remède aux vices qui s'y sont développés. Ce que Rousseau détruit, c'est bien l'essence même du « hobbisme », qui fait naître la justice du pacte qui fonde la société civile, et met fin à l'anarchie de l'état de nature; pour Rousseau, le pacte qui donne naissance aux premiers « corps politiques » [142] est vicié dans sa *nature* même, et loin d'être un acte raisonnable par lequel tous renoncent à la violence pour se soumettre à la Loi, il donne « de nouvelles entraves au faible et de nouvelles forces au riche », détruit sans retour la liberté naturelle, et fixe pour jamais « la loi de la propriété et de l'inégalité » (D, p. 178). Ainsi il a la *forme* juridique d'un contrat, puisque les deux parties en acceptent les clauses, et qu'il sert en apparence l'intérêt commun, mais il n'est en réalité qu'un instrument au service du plus fort « qui n'est jamais assez fort », dira Rousseau dans le *Contrat social,* pour être toujours le maître, s'il ne *transforme sa force en droit et l'obéissance en devoir* » [143]. Il ne met donc pas fin réellement à l'état de guerre, il le perpétue sous le masque de la loi, en faisant d'une « adroite usurpation » (...) « un droit irrévocable » (D, p. 178).

Cependant, il y a bien « contrat », puisque les deux parties « s'obligent à l'observation des lois qui y sont stipulées et qui forment les liens de leur union » [144]. Trompés par l'espérance fallacieuse de l'intérêt commun et des « devoirs mutuels » (D, p. 177) les pauvres acceptent l'union qui leur est proposée par les riches, et du consentement de tous naît un *corps politique.* Rousseau refuse en effet l'idée que les sociétés politiques aient pu tirer leur origine des « conquêtes des plus puissants ou (de) l'union des faibles » (D, p. 179), ou encore des sociétés domestiques [145]. Il n'y a pas de *corps politique* sans contrat et sans consentement de tous aux termes de ce contrat, et inversement il suffit qu'il y ait contrat pour que, quelle que soit la *nature* de celui-ci, une organisation politique apparaisse. « Intuition sociologique profonde », écrit Lévi-Strauss :

« Rousseau et ses contemporains ont compris que des attitudes et des éléments culturels tels que le " contrat " et le " consen-

---

140. *Ibid.* Et encore « La guerre est un état permanent qui suppose des relations constantes, et ces relations ont très rarement lieu d'homme à homme, où tout est entre les individus dans un flux continuel qui change incessamment les rapports et les intérêts », *Fragment sur l'Etat de guerre,* P III, p. 602. Cependant, à la différence de J. Starobinski, nous ne pensons pas que ces fragments éclairent cette partie du *Discours,* car ils concernent la guerre dans « l'état civil ».
141. « (...) entre les hommes indépendants et devenus sociables », *Contrat Social,* 1re version, P III, p. 288.
142. D, p. 178 et 184.
143. P III, p. 354, au début du chapitre III, souligné par nous.
144. D, p. 184.
145. Sur ces différentes théories, voir R. DERATHÉ, « J.-J. Rousseau et la

tement " ne sont pas des formations secondaires, comme le prétendaient leurs adversaires, et particulièrement Hume : ce sont les matières premières de la vie sociale, et il est impossible d'imaginer une forme d'organisation politique dans laquelle ils ne seraient pas présents [146]. »

Tous les philosophes sont en effet d'accord sur ce point : les premières « conventions » mettent fin à l'état de nature et à l'état social primitif, et marquent le passage à l'état civil, ou état de lois. Mais ils ne sont d'accord ni sur les conditions de ce passage, ni sur la *nature* du Contrat. L'originalité de Rousseau est double : il affirme que des sociétés « naturelles » et non contractuelles auraient pu subsister sans la culture et le partage des terres, sans la propriété, qui ajoute les effets de l'inégalité économique à ceux de l'inégalité naturelle, et conduit nécessairement à « l'inégalité d'institution » [147]. Il fait de l'état de lois le résultat d'un pacte passé entre des individus inégaux : dès lors, loin de marquer un progrès dans l'histoire des hommes, il n'est que violences et misère, corruption et vices [148].

Cependant si toutes les sociétés ont pour fondement une « inégalité d'institution », les « diverses formes de gouvernement » reflètent les différences plus ou moins grandes entre les particuliers, au moment de leur établissement. Mais monarchie, aristocratie ou démocratie voient se succéder les mêmes révolutions :

« Si nous suivons le progrès de l'inégalité dans ces différentes révolutions, nous trouverons que l'établissement de la Loi et du Droit de propriété fut son premier terme; l'institution de la Magistrature le second; que le troisième et dernier fut le changement du pouvoir légitime en pouvoir arbitraire; en sorte que l'état de riche et de pauvre fut autorisé par la première Epoque, celui de puissant et de faible par la seconde, et par la troisième celui de maître et d'esclave, qui est le dernier degré de l'inégalité, et le terme auquel aboutissent enfin tous les autres, jusqu'à ce que de nouvelles révolutions dissolvent tout à fait le Gouvernement, ou le rapprochent de l'institution légitime [149]. »

science politique de son temps » ; A. ADAM, « Rousseau et Diderot », *R.S.H.*, 1949., p. 21-34; J. PROUST, *Diderot et l'Encyclopédie*, chapitre x, et les notes de l'édition de la Pléiade. Nous ne traitons pas ici de la pensée politique de Rousseau et sa conception du politique.

146. *Tristes Tropiques*, éd. cit., p. 282.

147. D, p. 184.

148. Il n'est que l'état de guerre légitimé, puisqu'il a pour loi fondamentale la « Loi de la propriété et de l'inégalité ». Il n'y a donc aucun moment d'équilibre dans un tel état. La comparaison avec le schéma d'évolution qu'on trouve chez Helvétius est significatif. Chez celui-ci, l'état de lois naît d'un pacte passé entre des individus *égaux*. C'est le partage des terres qui met fin en effet à l'état de guerre, provoqué par le choc des « peuplades ». L'état de lois est donc l'âge d'or des sociétés humaines, avant que ne renaisse l'état de guerre. Voir notre chapitre sur Helvétius.

149. D, p. 187.

Corruption inévitable, car

« ... les vices qui rendent nécessaires les institutions sociales, sont les mêmes qui en rendent l'abus inévitable [150]. »

Au terme de ce procès de corruption, le despotisme, « élevant par degrés sa tête hideuse », dévore la société tout entière :

« C'est ici le dernier terme de l'inégalité, et le point extrême qui ferme le cercle et touche au point d'où nous sommes partis; C'est ici que tous les particuliers redeviennent égaux parce qu'ils ne sont rien (...). C'est ici que tout se ramène à la loi du plus fort, et par conséquent à un nouvel Etat de Nature différent de celui par lequel nous avons commencé, en ce que l'un était l'Etat de Nature dans sa pureté, et que ce dernier est le fruit d'un excès de corruption [151]. »

Ainsi est atteint le but du *Discours* qui était d'exposer « l'origine et le progrès de l'inégalité, l'établissement et l'abus des sociétés politiques » [152]. Il semble alors — et ce fut la conclusion de la plupart des lecteurs de Rousseau — que l'histoire tout entière ne soit qu'un lent procès de perversion, et que la cause de l'homme social soit perdue. Pourtant Rousseau a pris soin de laisser prévoir dans sa *Préface* et au fil du *Discours* de nouveaux développements. Le *Discours* n'est qu'un premier temps dans un projet plus vaste : loin de détruire l'espoir d'une société juste, il apprend au contraire « à en respecter les fondements », il sépare « dans l'actuelle constitution des choses, ce qu'a fait la volonté divine d'avec ce que l'art humain a prétendu faire » [153]. Puisque tous les législateurs sont demeurés impuissants à « réparer les vices de la constitution » [154], il faut « nettoyer l'aire et écarter tous les vieux matériaux » (D, p. 180), il faut réfléchir sur « la nature du pacte fondamental » (D, p. 184). En ce sens on peut dire que le *Discours* n'est lui-même qu'une préface aux *Institutions politiques;* bien que Rousseau en ait écarté tout ce qui dans l'*Essai* démontre que l'homme est fait pour la société et que Dieu a voulu qu'il fût sociable, par le tableau des misères et des vices de l'état social fondé sur l'inégalité, il a fait naître la nostalgie d'un « état originel » où l'homme n'était pas encore divisé contre lui-même, et l'espoir d'un autre état social où ses « inclinations naturelles » pourraient s'épanouir dans une vie libre et vertueuse [155].

---

150. *Ibid.*
151. *Ibid.*, p. 190-191.
152. *Ibid.*, p. 193.
153. *Ibid.*, p. 127.
154. « Malgré les travaux des plus sages législateurs, l'Etat politique demeura toujours imparfait, parce qu'il était l'ouvrage du hasard... » (D, p. 180). Par « hasard », il faut entendre ici la nécessité des choses, opposée à la liberté de la raison, qui eût dû décider de la formation du corps politique.
155. « Il me suffit d'avoir prouvé que ce n'est point là l'état originel de l'homme, et que c'est le seul esprit de la Société et l'inégalité qu'elle engen-

VIII. Société et moralité

> « Ceux qui voudront traiter séparément la politique et la morale n'entendront jamais rien à aucun des deux. »
>
> (*Emile*, livre IV, § IV, p. 524.)

L'*Essai* avait disposé dans une même configuration les besoins moraux, les passions, les « affections de l'âme », le langage et la naissance des premières sociétés, la liberté et la moralité. Par cet éveil à la socialité, l'homme s'élève au-dessus de toutes les espèces animales et manifeste « l'excellence de sa nature » :

« Si l'homme vivait isolé, il aurait peu d'avantages sur les autres animaux. C'est dans la fréquentation mutuelle que se développent les plus sublimes facultés et que se montre l'excellence de sa nature.

« En ne songeant qu'à pourvoir à ses besoins, il acquiert par le commerce de ses semblables, avec les *lumières* qui doivent l'éclairer, les *sentiments* qui doivent le rendre heureux. En un mot, ce n'est qu'en *devenant* sociable qu'il devient un *être moral*, un animal raisonnable, le roi des autres animaux, et l'image de Dieu sur la terre [156]. »

Le livre IV de l'*Emile* montrera l'importance des passions dans cette double genèse : ce n'est que sur le mode passionnel que se noue et se construit la relation à autrui, qui est la première forme de la sociabilité; c'est dans le « murmure des passions », que l'homme « naît véritablement à la vie » [157] : principaux « instru-

---

dre, qui *changent* et *altèrent* ainsi toutes nos inclinations naturelles » (D, p. 193). Souligné par nous.

Dans un passage des *Fragments politiques*, le projet d'une politique apparaît bien lié au sentiment de vertige que Rousseau a voulu produire dans le *Discours* : « (...) loin de penser qu'il n'y ait plus ni vertu ni bonheur pour nous et que le ciel nous ait abandonnés sans ressource à la dépravation de l'espèce; efforçons-nous de tirer du mal même le remède qui le doit guérir (...) montrons-lui toute la misère de l'état qu'il croyait heureux, faisons-lui voir dans une constitution de choses mieux entendues (...) l'accord aimable de la justice et du bonheur (...) », P III, p. 479.

156. Souligné par nous. C'est la sociabilité telle que la concevait Buffon, non dans ses causes, mais sans ses effets. Cependant chez Rousseau cette histoire « naturelle » de l'homme est tout entière transposée dans l'ordre moral : les « sentiments » ont besoin du secours des « lumières », mais celles-ci ne suffisent pas. Notons encore que le verbe *devoir* suppose non une finalité naturelle à l'espèce, mais un dessein divin. Enfin comme toutes les autres facultés humaines, la sociabilité reste une faculté virtuelle, tant que les « circonstances » ne l'ont pas éveillée. Sur cette royauté de l'homme, voir encore l'*Emile*, P IV, p. 582.

157. E, p. 493. Cf. une esquisse de cette généalogie des passions dans l'*Essai*, supra.

ments de notre conservation », elles sont l'ouvrage de Dieu, et des passions initiales : amour de soi et amour-propre naissent toutes celles qui constituent « l'être moral » dans ses rapports avec ses semblables :

« (...) les passions douces et affectueuses naissent de l'amour de soi (...) les passions haineuses et irascibles naissent de l'amour-propre. »

Toute l'éducation d'Emile tendra donc à exciter « les passions attirantes et douces » et à empêcher la naissance des « passions repoussantes et cruelles » (E, p. 506), à opposer la « force expansive de son cœur », qui le porte à aimer ses semblables, aux mouvements « qui le resserrent, le concentrent et tendent le ressort du moi humain » (E, p. 506), c'est-à-dire à diriger cette sociabilité qui peut être ou positive ou négative.

Ce qui permet de régler ces passions, ce sont précisément les « lumières » que l'homme acquiert en devenant sociable, c'est la raison : l'homme naturel n'usait de sa liberté que pour refuser d'obéir à son « instinct », l'homme sociable en use pour gouverner ses passions :

« L'Etre suprême a voulu faire en tout honneur à l'espèce humaine; en donnant à l'homme des penchants sans mesure, il lui donne en même temps la loi qui les règle, afin qu'il soit libre et se commande à lui-même; en le livrant à des passions immodérées, il joint à ces passions la raison pour les gouverner... » (E, p. 695).

La société est donc le lieu où s'exerce pleinement cette liberté : le passage de l'état de nature à l'état civil produit en effet dans l'homme « un changement très remarquable, en substituant dans sa conduite la justice à l'instinct, et donnant à ses actions la moralité qui leur manquait auparavant. C'est alors seulement que la voix du devoir succédant à l'impulsion physique et le droit à l'appétit, l'homme, qui jusque là n'avait regardé que lui-même, se voit forcé d'agir sur d'autres principes, et de consulter sa raison avant d'écouter ses penchants (...) ses facultés s'exercent et se développent, ses idées s'étendent, ses sentiments s'ennoblissent, son âme tout entière s'élève à tel point que, si les abus de cette nouvelle condition ne le dégradaient souvent au-dessous de celle dont il est sorti, il devrait bénir sans cesse l'instant heureux qui l'en arracha *pour jamais*, et qui, d'un animal stupide et borné, fit un être intelligent et un homme [158]. »

---

158. *Contrat social* (abrégé dans ce chapitre en C.S.), ch. VIII, P III, p. 364. Souligné par nous. Voir aussi *Fragment* : « Soit qu'un penchant naturel ait porté les hommes à s'unir en société, soit qu'ils y aient été forcés par leurs besoins mutuels, il est certain que c'est de ce commerce que sont nés leurs vertus et leurs vices et en quelque manière tout leur être moral » (P III, p. 505). Ecrit à un moment où Rousseau n'avait pas encore écarté les différentes théo-

Dans l'histoire de l'individu comme dans celle de l'espèce, le moment essentiel n'est pas celui où les connaissances qu'il a acquises, ses « lumières » et le progrès de son industrie l'ont déjà mis au-dessus de toutes les autres espèces, mais le moment où, pour reprendre une formule du *Discours,* « la moralité (commence) à s'introduire dans les actions humaines » (D, p. 170) :

« Avant l'âge de raison nous faisons le bien et le mal sans le connaître, dira l'*Emile,* il n'y a point de moralité dans nos actions [159]. »

L'entrée dans « l'ordre moral » exige le commerce des autres hommes, la possibilité de leur nuire, l'expérience du mal, sans laquelle justice, bonté, bien, vertu ne seraient que de « purs êtres moraux » :

« Nous entrons enfin dans l'ordre moral : nous venons de faire un second pas d'homme. Si c'en était ici le lieu, j'essayerais de montrer comment des premiers mouvements du cœur s'élèvent les premières voix de la conscience; et comment des sentiments d'amour *et* de haine naissent les premières notions du bien *et* du mal. Je ferais voir que *justice* et *bonté* ne sont point seulement des mots abstraits, de purs êtres moraux formés par l'entendement; mais de véritables *affections* de l'âme éclairée par la raison, et qui ne sont qu'un progrès ordonné de nos *affections primitives* [160]. »

Fondement de la société, la sociabilité est aussi fondement de la morale :

« (...) c'est du système moral formé par ce double rapport à

---

ries de la sociabilité, ce fragment, dans un ensemble qui portait comme titre sur le manuscrit *Histoire des mœurs* (Neuchâtel Mss. R 44, F° 4) montre que le lien entre *société* et *moralité* existe dans l'esprit de Rousseau avant le *Discours,* et bien avant le *Contrat* et l'*Emile.* Voir encore *Lettre à d'Alembert,* éd. Garnier-Flammarion. p. 174 : « Il ne faut qu'établir dans son espèce les premiers rapports de la société pour donner à ses sentiments une moralité toujours inconnue aux bêtes. »

159. E, p. 78 (mss. Favre).

160. E, p. 522, souligné par nous, mais Rousseau souligne *justice* et *bonté.* L'expression « affections de l'âme » apparaît dans l'*Essai* (xv, § 6). Remarquons que la place que tient le *Mal* dans l'économie du *Bien* explique que Rousseau ne se pose même pas le problème de la nécessité du Mal. La Providence a fait l'homme « libre afin qu'il fît non le mal, mais le bien *par choix* », (E, p. 587 et Lettre à M. de Franquières, P IV, p. 1141). C'est pourquoi il nous semble que c'est à tort que Michel LAUNAY, *op. cit.,* pense que Rousseau a « distribué » entre les peuples chasseurs et les peuples pasteurs les passions douces et les passions haineuses. Cela est en contradiction avec tout le « système » de Rousseau. Toute expérience de la sociabilité fait naître ces deux types de passions. Ce qui est vrai, c'est que les « circonstances » peuvent favoriser l'un ou l'autre. De même l'éducation — et la politique.

soi-même et à ses semblables que naît l'impulsion de la conscience [161]. »

Elle est la source des « besoins moraux » que l'*Essai* opposait
aux « besoins physiques » [162], et d'où va naître l'*amour du bien,*
qui est une passion : de même que la pitié demeure inactive
« sans l'imagination qui la met en jeu » [163], la conscience ne parle
qu'à l'homme devenu sociable :

« Connaître le bien, ce n'est pas l'aimer, l'homme n'en a pas
la connaissance innée; mais sitôt que sa raison le lui a fait
connaître, sa conscience *le porte à l'aimer :* c'est ce sentiment
qui est inné [164]. »

Ainsi la moralité n'est pas l'effet immédiat de l'excellence de
la nature de l'homme : elle est l'exercice même de sa liberté
dans l'état social, où les « circonstances » et la volonté divine
l'ont porté, pour qu'il devînt « tout ce qu'il (peut) être » en bien
et en mal » [165]. Dans cet état, il doit combattre les passions haineuses dérivées de l'amour-propre par les affections sociales
dérivées de l'amour de soi, et tirant sa perfection de la raison
éclairée par la conscience, et de la pitié devenue active et bienveillante, jouir de tout son être et du bonheur d'être homme.

De ce « système », Rousseau aurait pu ne tirer qu'une morale, et borner ses vœux à être un homme « bien ordonné » [166]
dans une société injuste et corrompue. Ce serait méconnaître la
force du système, qui lui fait écrire : « J'avais vu que tout tenait
radicalement à la politique [167]. » Dans la société corrompue que
décrivait — avec quelle violence — le *Second Discours,* quel
homme pouvait être un homme de bien ? Quelle moralité pouvaient conserver les « actions humaines » dans un « corps politique » voué à la dissolution et à la mort ? Chacun lié à tous,
et puisant dans « l'amour des hommes » le principe d'un ordre
moral, telle était l'idée que Rousseau devait se faire de la société
des hommes, dès lors qu'il voyait dans la sociabilité la source
de toutes les vertus. Il fallait donc que l'homme devînt méchant,
ou la société vertueuse.

161. E, p. 600.
162. Voir *Essai* et E, p. 600 : ce ne sont pas les « besoins physiques »
qui ont pu rapprocher les hommes.
163. *Essai,* IX, § 2.
164. E, p. 600. Cf. E, p. 605 « (...) la conscience pour aimer le bien, la
raison pour le connaître, la liberté pour le choisir. »
165. *Fragments Politiques,* P III, p. 533.
166. E, p. 306.
167. *Confessions,* P I, p. 404.

IX. Vivre a Clarens

> « (...) dans une maison simple et mo-
> deste, un petit nombre de gens heureux
> d'un bonheur commun [168]. »

Dans l'article *Economie politique*, Rousseau prend soin de
distinguer « l'économie domestique ou particulière » de « l'économie générale ou politique », et de marquer les distances qui
sépare la société familiale de la grande famille « qui est
l'Etat » [169] : différence de dimensions, mais surtout principe différent, puisque la première est une société naturelle, tandis que
la seconde est fondée sur des « conventions ». La petite société
de Clarens n'est donc même pas une ébauche de la société du
Contrat : solution morale d'un problème politique, elle n'est un
modèle que pour un petit nombre de gens vertueux capables de
de se donner à eux-mêmes leur règle. Mais en même temps, régie
par les principes assurés, elle témoigne que l'ordre et l'artifice
peuvent porter remède aux maux engendrés par un état social
corrompu, et qu'une société juste est celle où l'homme goûte le
bonheur de vivre avec ses semblables, où son être moral et son
être social se confondent dans une même « vocation ».

> « Un petit nombre de gens doux et paisibles, unis par des
> *besoins mutuels* et par une *réciproque bienveillance,* y concourt
> par divers soins à une *fin commune* [170]. »

Par sa texture et par sa finalité, une telle société répond aux
vrais besoin de l'homme devenu sociable. A la fois naturelle et
factice, artificielle et ingénue, ordonnée à la fois selon l'intérêt
commun, la liberté de chacun et le bonheur de tous, elle est
bien un « corps politique » au sens que le *Contrat social* donnera
à ce terme.

Loin d'en faire une *utopie,* Rousseau a cherché au contraire
à faire de Clarens un modèle qui ressemblât assez à la réalité
pour ne pas décourager l'imitation : Clarens ne peut exister
n'importe où, mais il a toutes les apparences du vrai moral dans
un pays où « tout anime et soutient (la) bonté naturelle » [170 bis], où
l'aisance et le bien-être règnent, où les mœurs sont honnêtes, où
Julie peut franchir les frontières de son domaine et trouver
partout des gens heureux et des objets agréables.

---

168. *Nouvelle Héloïse,* P II, p. 546.
169. P III, p. 241 et 242, et *Contrat social,* chapitre II. On sait que pour
Rousseau il y a solution de continuité entre la famille et la société politique.
On se souvient que dans *l'Essai,* on ne pouvait passer des « langues domestiques » aux « langues populaires » que par une révolution.
170. N.H., p. 547.
170 bis. N.H.. p. 532.

Pourtant, ce « rêve de bonheur » ne peut naître qu'à l'écart d'un monde déjà trop vaste pour être bien ordonné. Par le souci de perfection dont il témoigne en ses moindres parties, Clarens prononce sa propre clôture. Le mode même du discours le sépare à chaque instant de tout ce qui pourrait lui ressembler : Clarens n'est pas décrit, ce sont les personnages du roman qui le parlent, qui en vantent le charme secret, ce sont eux aussi qui l'inventent, ils en sont l'âme et la vie. Clarens n'est pas une société modèle, c'est une société idéale, conçue par « des âmes de feu » pour des êtres hors du commun, qui ne peuvent se satisfaire ni d'un bonheur médiocre ni d'une vertu facile. Le but de Rousseau n'est pas de montrer qu'on peut vivre heureux en supprimant la contagion du vice et les plaisirs factices, mais de peindre une société où l'éthique commande le politique, où tout concourt à développer l'amour de soi et de ses semblables, et à rendre chacun « bon et heureux autant qu'il est possible »[171].

Par une série de choix et d'exclusions, on s'efforce donc de rétablir, au-delà d'un ordre social factice, l'ordre le plus naturel à l'homme. Ainsi on prévient entre les deux sexes toute familiarité parce que c'est la manière de vivre « la meilleure et la plus naturelle », celle dont les sauvages donnent l'exemple[172]. On essaie de rendre la condition des paysans douce « sans jamais leur aider à en sortir »[173] car :

« La condition naturelle à l'homme est de cultiver la terre et de vivre de ses fruits[174]. »

Ecartant tous les arts inutiles, on donne tous ses soins au travail de la campagne, « la première vocation de l'homme » qui rappelle « au cœur tous les charmes de l'âge d'or »[175]. Ainsi on établit un ordre de choses « où tout a son utilité réelle et qui se borne aux vrais besoins de la nature », qui « n'offre pas seulement un spectacle approuvé par la raison, mais (...) contente les yeux et le cœur »[176].

Tant de « naturel » ne va pas sans quelque artifice : la règle est si stricte à Clarens que celui qui s'en écarte s'exclut par là même de la communauté, et, contraint de la quitter, prouve qu'il était indigne d'y vivre. Chacun demeure libre d'accepter ou de refuser les termes du contrat qui le lie à tous les autres, mais ce contrat ne souffre nulle offense, car sans lui Clarens n'est plus un corps social, mais un agrégat, où les hommes seraient rassemblés sans être unis :

---

171. N.H., p. 536.
172. *Ibid.*, p. 450 : « On ne voit point les sauvages mêmes indistinctement mêlés, hommes et femmes. »
173. *Ibid.*, p. 535.
174. *Ibid.*, p. 534.
175. *Ibid.*, p. 603.
176. *Ibid.*, p. 547.

« Il y a mille manières de rassembler les hommes, il n'y en a qu'une de les unir »,

dira Rousseau dans le *Contrat social* [177].

Pourtant la société de Clarens n'est pas une association entre des égaux, elle est une enclave à l'intérieur d'une société où l'inégalité a été instituée. L'union des membres de la communauté y repose donc sur un double principe, « subordination des inférieurs » et « concorde des égaux » [178]. C'est pourquoi tout changement d'état y serait pernicieux, puisqu'il romprait l'équilibre établi entre les différentes conditions.

La « concorde entre les égaux » est le premier point de l'administration domestique. On veille à créer une « disposition à la concorde » par le choix des sujets; et après les avoir « assortis le mieux qu'il est possible »,

« on les unit pour ainsi dire malgré eux par les services qu'on les force en quelque sorte à se rendre, et l'on fait que chacun ait un sensible intérêt d'être aimé de tous ses camarades » [179].

C'est donc sur l'amour des autres, dérivé de l'amour de soi, qu'on fonde cette entente si nécessaire au bien commun, tandis qu'on rebute « ceux qui ne sont bons que pour eux » [180], comme incapables de transcender en une socialité positive et active une passion qui ne convient qu'à des hommes encore isolés. Mais s'il ne peut y avoir d'union sans cette bienveillance réciproque, celle-ci ne suffit pas à lier entre eux les serviteurs. Il faut pour cela un principe supérieur, qui est le véritable ciment de leur union : c'est l'attachement au maître, qui en donnant à tous une fin commune, les constitue en membres d'une même société.

« (...) on fait régner entre eux un attachement né de celui qu'ils ont tous pour leur maître, et qui lui est subordonné [181]. »

La base de cet attachement, c'est leur propre intérêt : « ils savent bien que leur fortune la plus assurée est attachée à celle du maître », mais là encore l'amour de soi, principe naturel, ne suffit pas à fonder une conduite sociale [182]. Il n'est socialement utile que transfiguré par l'attachement au maître qui lui confère une valeur morale :

---

177. P III, p. 297, *Contrat social,* première version, *Notions du corps social.*
178. N.H., p. 460.
179. N.H., p. 462.
180. *Ibid.*
181. *Ibid.,* p. 463. Le mot « attachement » lui-même traduit en termes de morale sociale ce qui est d'abord une passion naturelle, dérivée de l'amour de soi, à savoir l'amour de ses semblables. L'*attachement* au maître moralise toute la vie sociale, et tout autre lui est subordonné.
182. *Ibid.,* p. 469. Loin d'en négliger les effets, on l'encourage au contraire par tous les moyens, en *intéressant* les domestiques par un système qui favorise à la fois les plus anciens et les plus zélés. Voir p. 446-447.

« Tout se fait par attachement : l'on dirait que ces âmes vénales se purifient en entrant dans ce séjour de sagesse et d'union. L'on dirait qu'une partie des lumières du maître et des sentiments de la maîtresse ont passé dans chacun de leurs gens; tant on les trouve judicieux, bienfaisants, honnêtes et supérieurs à leur état [183]. »

Par la moralité qu'un sage exemple et une juste police ont introduite dans les actions et dans leur cœur, les serviteurs oublient leur « servitude » : n'ayant ni les maux ni les vices de leur état, ils ne sont point tentés d'en sortir [184]. Leurs maîtres ne sont ni leurs ennemis ni leurs égaux, mais des êtres supérieurs, dont les vertus font oublier qu'ils tiennent aussi leur supériorité des hasards de la fortune et d'une « inégalité d'institution ». La figure du maître s'efface derrière celle du père, dont le pouvoir ne s'exerce que par la douceur et la bienveillance. En venant servir à Clarens, on ne sort point de la société naturelle qui est celle de la famille, on ne fait que « changer de père et de mère » [185], et la douce familiarité qui règne entre maîtres et serviteurs nourrit cette « illusion », sans laquelle Clarens ne pourrait subsister. Dans cette société fondée sur l'inégalité, un si juste équilibre a été trouvé qu'on ne saurait imaginer une société d'égaux où les choses seraient mieux ordonnées :

« Il y a tant de modération dans ceux qui commandent et tant de zèle dans ceux qui obéissent que *des égaux* eussent pu distribuer entre eux les mêmes emplois, sans qu'aucun se fût plaint de son partage. Ainsi nul n'envie celui d'un autre; nul ne croit pouvoir augmenter sa fortune que par l'augmentation du bien commun; les maîtres mêmes ne jugent de leur bonheur que par celui des gens qui les environnent. On ne saurait qu'ajouter ni que retrancher ici (...) [186]. »

En limitant le luxe des maîtres et en veillant au bien-être des serviteurs, par la « modération » des uns et le « zèle » des autres, on limite les effets de l'inégalité des conditions et on la réduit si bien qu'elle se confond avec l'inégalité naturelle, et ne semble plus dépendre que des talents et des vertus. Le bonheur de la petite société repose tout entier sur les « lumières du maître » et les « sentiments de la maîtresse », mais

« n'entendant jamais rien ici qui leur fasse croire que les autres maîtres ne ressemblent pas aux leurs, ils [les serviteurs] ne les louent point des vertus qu'ils estiment communes à tous,

183. N.H., p. 470.
184. *Ibid.*, p. 547, « (...) Chacun trouvant dans son état tout ce qu'il faut pour en être content et ne point désirer d'en sortir. »
185. *Ibid.*, p. 445. Voir aussi p. 447 : « Je n'ai d'autres parents que mes maîtres. »
186. *Ibid.*, p. 548, souligné par nous.

mais ils louent Dieu dans leur simplicité d'avoir mis des riches sur la terre pour le bonheur de ceux qui les servent, et pour le soulagement des pauvres » [187].

Ainsi M. et Mme de Wolmar, par le bon usage qu'ils font de leurs richesses, remédient moins aux maux engendrés par l'inégalité qu'aux vices qui en sont d'ordinaire l'effet et qui sont comme la gangrène du corps social. C'est leur supériorité morale qui les met naturellement au-dessus de ceux qui les servent et c'est elle qui fonde l'ordre qui règne à Clarens. Chez Wolmar un « goût naturel de l'ordre », un esprit qui aime « le concours bien combiné du jeu de la fortune et des actions des hommes » [188], chez Julie une âme expansive qui répand autour d'elle le bonheur et la joie, sont les « principe (s) actif(s) » qui mettent en mouvement toute la machine. Tous deux « par des chemins différents » concourent « au bonheur commun » [189]. Le sage, le judicieux Wolmar est le législateur de cette petite société, Julie en est la divinité bienfaisante. L'amour de l'ordre et l'amour de la vertu, qui sont les bases de leur union, sont aussi des passions sociales et leur inspirent le désir de construire Clarens à leur image, pour étendre et multiplier un bonheur qu'ils ne sauraient goûter sans le faire partager à leurs semblables. Si Clarens est pour Rousseau un « rêve de bonheur » [190], il est pour Wolmar et Julie « l'ouvrage de l'art » [191], et le « concert des parties » suppose « l'unité d'intention de l'ordonnateur » [192].

Qu'il s'agisse de « l'ordre et (de) la règle qui multiplient et perpétuent l'usage des biens » [193], des « lois somptuaires » qui proscrivent le luxe corrupteur [194], des « moyens d'émulation » qui rendent « tout le monde laborieux (et) diligent »[195], des « usages plus puissants que l'autorité même » [196] par lesquels on ôte aux serviteurs toute envie de transgresser les interdits, des jeux et de la danse où la présence des maîtres suffit à faire régner la décence et l'honnêteté [197], de la « familiarité modérée » qui tempère « la bassesse de la servitude et la rigueur de l'autorité » [198], tout est à Clarens l'effet de l'art et du calcul le plus exact. Puisque la nature a cessé de se faire entendre aux hommes réunis en société, l'ordre naturel ne peut être rétabli que par la contrainte:

187. N.H., p. 460.
188. P. 490.
189. N.H., p. 450.
190. B. GUYON, *Préface* à la N.H., p. XLII.
191. *Contrat social*, P III, p. 424, « La constitution de l'homme est l'ouvrage de la nature, celle de l'Etat est l'ouvrage de l'art. » Cette importante vérité trouve dans la N.H. sa première forme.
192. N.H., p. 546.
193. *Ibid.*, p. 529.
194. *Ibid.*, p. 551.
195. *Ibid.*, p. 443.
196. *Ibid.*, p. 449.
197. *Ibid.*, p. 458.
198. *Ibid.*, p. 455-456.

« Tout l'art du maître est de cacher cette gêne sous le voile du plaisir et de l'intérêt, en sorte qu'ils pensent vouloir tout ce qu'on les oblige à faire [199].. »

De cette violence réparatrice, qui par une feinte douceur force les êtres et les choses à prendre forme, à retrouver leur harmonie primitive, le verger de Julie reste le symbole. Puisque la nature n'étale ses charmes les plus touchants qu'en des lieux inaccessibles,

« (...) ceux qui l'aiment et ne peuvent l'aller chercher si loin sont réduits à lui faire violence, à la forcer en quelque sorte à venir habiter avec eux, et tout cela ne peut se faire sans un peu d'illusion [200]. »

L'ensemble n'a rien de naturel, mais il offre aux yeux qui le contemplent l'image même de la pure nature, recréée par l'homme. De même le bonheur de Clarens ne peut se vivre « sans un peu d'illusion » : tout y est appel à l'imagination, qui projette sur ce paysage factice la lumière de l'âge d'or et qui seule donne un sens à cette œuvre de raison :

« Comment se dérober à la douce illusion que ces objets font naître ? On oublie son siècle et ses contemporains; on se transporte au temps des patriarches [201]. »

Le chant à l'unisson, les « signes vocaux » qui rythment le travail des moissons et des vendanges, sont comme un écho des premières fêtes par lesquelles les hommes célébraient jadis le bonheur de leur rencontre [202]. Par eux, la voix de la nature se fait entendre à des cœurs devenus « farouches », « et quoiqu'on l'entende avec un regret inutile, elle est si douce qu'on ne l'entend jamais sans plaisir » [203]. Par les soins d'un sage et bon régisseur, la toile du théâtre se lève pour découvrir le charmant spectacle que la petite société se donne à elle-même, et qui lui rend sensible tout ce qu'elle a d'aimable. Dans ce tableau touchant des hommes rassemblés dans l'état de fête, qui « répand dans l'âme des spectateurs un charme secret » [204], l'union du corps social devient une réalité visible, sensible, musicale, et rejoint sa véritable essence.

Nous n'avons pas à dénoncer ici les illusions d'un rousseauisme dont nous avons eu l'occasion de montrer qu'il prêtait à bien des

---

199. N.H., p. 453.
200. *Ibid.*, p. 480.
201. *Ibid.*, p. 603.
202. *Ibid.*, p. 610 et p. 603. Comme l'*Essai sur l'origine des langues*, *La Nouvelle Héloïse* condamne l'harmonie, moins « douce au cœur » (*Essai*, chap. XVII) que l'accord naturel des voix humaines.
203. *Ibid.*, p. 603.
204. *Ibid.*, p. 608.

confusions [205]. Notre propos ici est seulement de montrer comment l'expérience a fait naître en Rousseau l'image vivante du *corps social*, du « concert des parties » accordées en un tout harmonieux, et l'idée d'une société humaine où, par le secours de l'art, on viendrait à bout de rétablir l'ordre le plus naturel. Par cette dimension politique, le roman embrasse à la fois des destinées singulières et la condition de l'homme au sein d'une société qui fait de lui un être moral; guidé par un instinct divin et capable d'atteindre, par ses lumières et ses vertus, à une perfection qui anticipe sur le bonheur de l'autre vie [206], l'homme ne saurait accepter un ordre social qui le mutile. En liant plus étroitement encore socialité et moralité, Rousseau achevait de se persuader que « tout ce qui est mal en morale est mal encore en politique » [207] et jetait les bases d'un contrat social propre à réparer les maux « que l'art commença fit à la nature », et à produire « l'accord aimable de la justice et du bonheur » [208].

IX. Le corps social

> « Il y a mille manières de rassembler les hommes, il n'y en a qu'une de les unir. »
>
> (*Contrat social*, § III, p. 297.)

C'est la première version du *Contrat social* qui donne les notions les plus étendues du « Corps Social ». On y trouve aussi, comme l'a bien vu Robert Derathé [209], un « artificialisme » beaucoup plus accentué que dans la version définitive. Dans celle-

---

205. Voir notre chapitre sur l'*Esclavage* : ce que certains ont retenu de Rousseau, c'est l'accord de l'intérêt et de l'humanité, une administration bienveillante qui sert « l'intérêt très bien entendu », « l'intérêt sacré » (p. 449 et 465) du maître et fait oublier à ses gens leur servitude. Autre confusion dangereuse, celle qui pourrait naître du spectacle des maîtres et des serviteurs participant au travail des champs. « Si de là naît un commun *état de fête*, non moins doux à ceux qui *descendent* qu'à ceux qui *montent* », il ne s'ensuit pas, comme l'écrit Rousseau (p. 608, Note) que « tous les états sont presque indifférents par eux-mêmes, pourvu qu'on puisse et qu'on veuille en sortir quelquefois ». En réalité, les uns sont acteurs et les autres spectateurs. Cf. *Emile*, P IV, p. 506 : « On est touché du bonheur de la vie champêtre et pastorale... parce qu'on se sent à même de *descendre* à cet état de paix et d'innocence (...) c'est *un pis-aller* qui ne donne que des idées agréables ». (Souligné par nous.) Dans l'état de propriété, les rôles sont distribués une fois pour toutes, et dans la fête elle-même on ne les échange pas, comme faisaient les Romains lors des Saturnales (p. 608), on supprime seulement les distances pour créer l'illusion de l'égalité.

206. « (...) Des jours ainsi passés tiennent du bonheur de l'autre vie », p. 486.

207. *Lettre à d'Alembert*, éd. Garnier-Flammarion. p. 209. On sait que la société des Montagnons y est une esquisse de celle de Clarens.

208. *Contrat social*, Première version, P III, p. 288.

209. C.S., notes, p. 1443-1444.

ci, Rousseau se propose d'établir les *Principes du droit politique* — c'est le sous-titre de l'ouvrage — et il s'est efforcé d'écarter de ce traité de *politique* toute considération morale ou même philosophique. Au contraire la première rédaction mettait l'accent sur la constitution et la nature du corps social :

« Je décris ses ressorts et ses pièces; je les arrange à leur place. Je mets la machine en état d'aller. D'autres plus sages en régleront les mouvements [210]. »

Elle est beaucoup plus dans le ton du *Discours,* de la *Nouvelle Héloïse* et de l'*Emile,* elle sollicite dans le lecteur l'être moral d'où doit naître l'homme social :

« Eclairons sa raison de nouvelles lumières, échauffons son cœur de nouveaux sentiments, et qu'il apprenne à multiplier son être et sa félicité, en les partageant avec ses semblables. Si mon zèle ne m'aveugle pas dans cette entreprise, ne doutons point qu'avec une âme forte et un sens droit, cet ennemi du genre humain n'abjure enfin sa haine avec ses erreurs, que la raison qui l'égarait ne le ramène à l'humanité, qu'il n'apprenne à préférer à son intérêt apparent son intérêt bien entendu; qu'il ne devienne bon, vertueux, sensible, et pour tout dire, enfin, d'un brigand féroce qu'il voulait être, le plus ferme appui d'une société bien ordonnée [211]. »

Cependant, nous considérerons comme un seul texte ces deux versions qui s'accordent sur la définition du corps social, sur son principe et sa fin, et qui font dériver les lois du monde social de la nature même de l'homme.

Revenant à l'origine des sociétés, Rousseau marque le moment où elles ont dû naître d'un nouvel « ordre de choses », où l'homme, devenu incapable de se suffire à lui-même, avait dû recourir à l'assistance de ses semblables. La « société générale » [212] telle que les besoins mutuels l'ont engendrée n'est qu'un état incertain où l'homme, conservant son indépendance et n'écoutant que ses passions, devient nécessairement l'ennemi de ses semblables. A supposer même que cette « parfaite indépendance » fût « demeurée jointe à l'antique innocence », cette première société « aurait toujours eu un vice essentiel, et nuisible au progrès de nos plus excellentes facultés, savoir le défaut de cette *liaison des parties qui constitue le tout* » :

« Il n'y aurait ni bonté dans nos cœurs ni moralité dans nos actions, et nous n'aurions jamais goûté le plus délicieux sentiment de l'âme, qui est l'amour de la vertu [213]. »

---

210. *Ibid.,* p. 365. A propos de la « liberté morale » : « (...) je n'en ai que trop dit sur cet article, et le sens philosophique du mot liberté n'est pas ici de mon sujet. »
211. *Ibid.,* III, p. 281.
212. *Ibid.,* p. 282.
213. *Ibid.,* p. 283, souligné par nous.

Alors que le mot de *genre humain* « n'offre à l'esprit qu'une idée purement collective qui ne suppose aucune union réelle entre les individus qui le constituent »[214], l'institution de l'état a pour but de « former par aggrégation une somme de forces qui puisse l'emporter sur la résistance [des obstacles qui nuisent à notre conservation], de les mettre en jeu par un seul mobile, de les faire agir conjointement et de les diriger sur un seul objet »[215]. C'est là l'essence du Pacte social, sur lequel sont fondées « la multitude d'aggrégations » qui existent sous le nom de « sociétés politiques » ou « corps politiques »[216]. Quelle que soit en effet la nature du Contrat,

« cet acte d'association produit un corps moral et collectif composé d'autant de membres que l'assemblée a de voix, et auquel le moi commun donne l'unité formelle, la vie et la volonté »[217].

Mais pour bien juger de l'état civil, il ne faut pas considérer seulement sa forme, mais encore son objet et sa fin; il faut que « la forme de la société (tende) au bien commun »[218], c'est-à-dire que le contrat soit de telle nature que le « concert des parties » tourne nécessairement à l'avantage de tous et non de quelques-uns. Ici encore, écartant tous les « faits », Rousseau ne s'occupe pas de « ce qui est », mais « de ce qui est convenable et juste »[219]. Il est si peu d'états « bien constitués »[220] qu'il ne faut raisonner que du droit, et non des lois établies.

Pour que la société soit bien instituée, il faut que le peuple ne contracte qu'avec lui-même, « condition qui fait tout l'artifice et le jeu de la machine politique »[221]. Condition sans laquelle l'acte d'association n'est qu'un acte de nécessité, et non « de volonté »[222]. Chacun se donnant à tous ne se donne à personne : il perd « sa liberté naturelle et un droit illimité à tout ce qui tente et qu'il peut atteindre »: mais il gagne « la liberté civile et la propriété de tout ce qu'il possède »[223], à quoi s'ajoute la liberté morale « qui seule rend l'homme vraiment maître de lui ». Par le pacte social ainsi formulé, tous deviennent égaux « par convention et de droit »[224]. Volonté et liberté sont en

---

214. *Ibid.*, p. 283. Sur cette critique de la « société générale », être collectif ayant une volonté propre, dont Diderot avait traité l'article *Droit naturel*, voir Jacques PROUST, *op. cit.*, p. 384-389.

215. *Ibid.*, p. 289-290.

216. *Ibid.*, p. 297.

217. *Ibid.*, p. 290.

218. *Ibid.*, p. 305.

219. *Ibid.*, et P III, p. 603. *De l'Etat Social.* Cf. mss. de Genève : « Je cherche le droit et la raison et ne dispute pas des faits », cité par R. DERATHÉ. P III, p. 1444.

220. *Ibid.*, p. 391.

221. *Ibid.*, p. 292.

222. *Ibid.*, p. 354. De volonté, c'est-à-dire de liberté.

223. *Ibid.*, p. 364-365.

224. *Ibid.*, p. 294 et 367.

quelque sorte le fondement moral du nouvel ordre politique. C'est pourquoi on ne peut stipuler d'un côté l'autorité et de l'autre l'obéissance, car :

« (...) une telle soumission est incompatible avec la nature de l'homme (...) c'est *ôter toute moralité à ses actions que d'ôter toute liberté à sa volonté* [225]. »

Sans le consentement des citoyens, et sans la volonté générale, qui est l'expression de l'intérêt commun, il manque au corps politique ce qui fait sa cohésion et sa force. De même le droit du plus fort ne peut être la base d'aucune société, car la force est une puissance physique et aucune « moralité » ne peut « résulter de ses effets » [226].

« Que des hommes épars soient successivement asservis à un seul, en quelque nombre qu'ils puissent être, je ne vois là qu'un maître et des esclaves, je n'y vois point un peuple et son chef; c'est si l'on veut *une aggrégation*, mais non pas *une association;* il n'y a là ni bien public ni *corps politique...* Si ce même homme [le despote] vient à périr, son empire après lui reste *épars et sans liaison* [227]. »

Au contraire le rapport des parties au tout est ce qui fait qu'un peuple est un peuple. La volonté générale est « le lien continuel » qui unit chacun à tous et à lui-même et les lois, expression de la volonté générale, sont « l'âme » du corps politique [228]. Chaque individu « qui par lui-même est un tout parfait et solitaire », devient une « partie d'un plus grand tout dont cet individu reçoi(t) en quelque sorte sa vie et son être » [229]. La société substitue « une existence partielle et morale à l'existence physique et indépendante que nous avons tous reçue de la nature » [230]. Le chapitre VIII du *Contrat social,* qui montre quel changement produit dans l'homme le passage de l'état de nature à l'état civil, en « donnant à ses actions la moralité qui leur manquait auparavant », souligne l'unité d'intention qui raccorde ce traité de droit politique au *Discours,* à l'*Essai sur l'origine des langues,* à

---

225. *Ibid.,* p. 302 et 356, souligné par nous.
226. *Ibid.,* p. 354, chapitre III.
227. *Ibid.,* p. 359, souligné par nous. Autour des mots « aggrégation » et « association », il faudrait construire le réseau des termes qui s'opposent deux à deux : *réunir* et *unir, rassembler* et *assembler, rattacher* et *lier,* etc. L'absence de préfixe fait prévaloir la *liberté* sur la *nécessité,* l'ordre moral sur « l'ordre des choses ». Tout le vocabulaire politique de Rousseau gravite autour de cet axe.
228. *Ibid.,* p. 316 et p. 310.
229. *Ibid.,* p. 381. Cf. *Emile,* P IV, p. 249 : « L'homme naturel est tout pour lui; il est l'unité numérique, l'entier absolu, qui n'a de rapport qu'à lui-même ou à son semblable. L'homme civil n'est qu'une unité fractionnaire qui tient au dénominateur, et dont la valeur est dans son rapport avec l'entier, qui est le corps social. »
230. *Ibid.,* p. 364.

la *Nouvelle Héloïse* et à l'*Emile*, et finalement à toute l'anthropologie de Rousseau. Lui-même n'a-t-il pas dit que toute la hardiesse du *Contrat social* était en germe dans le *Discours sur l'inégalité* [231] ? Tout y laissait prévoir en effet cette grande mutation de l'espèce qui s'accomplit dans l'ordre social, et qui donne naissance à l'homme moral.

C'est pourquoi il nous paraît difficile de voir dans les expressions « corps social », « corps politique » de simples métaphores. Si c'est bien le cas dans l'article *Economie politique*, lorsque Rousseau compare aux différentes parties du corps humain les organes du corps politique [232], il en va tout autrement dans le *Contrat social*, où la relation des parties au tout devient l'essentiel, et où le corps politique apparaît comme un ouvrage de l'art, une invention du législateur [233], et non comme un organisme naturel. C'est un « être moral », un « être de raison », au sens où l'entend Hobbes [234]. Ainsi la relation des parties au tout ne peut se comparer à aucune de celles dont la nature fournit le modèle, qu'il s'agisse du corps humain ou de la famille [235]. Pour instituer un peuple, il faut « changer la nature humaine », « altérer la constitution de l'homme pour la renforcer » [236].

« Il faut, en un mot, qu'il [le Législateur] ôte à l'homme ses forces propres pour lui en donner qui lui soient étrangères et dont il ne puisse faire usage sans le secours d'autrui. Plus ces forces naturelles sont mortes et anéanties, plus les acquises sont grandes et durables, plus aussi l'institution est solide et parfaite [237]. »

Il faut que l'homme naturel se dépouille de tout ce qui constituait sa condition primitive pour tirer de sa « condition artificielle » [238] comme un nouvel être.

Dans l'*Emile*, Rousseau répétera que « les bonnes institutions sociales sont celles qui savent le mieux *dénaturer* l'homme » et que :

---

231. *Confessions*, P I, p. 407.

232. Voir R. DERATHÉ, *op. cit.*, Appendice IV, et P III, p. 1393-1394.

233. C.S., p. 381 : « Le législateur est le mécanicien qui *invente* la machine. » Souligné par nous.

234. R. DERATHÉ, *loc. cit.* et J. PROUST : « La contribution de Diderot à l'*Encyclopédie* et les théories du Droit naturel », dans *Annales historiques de la Révolution française*, Nº 173, juil. sept. 1963, p. 283-284. Rousseau est sur ce point d'accord avec Hobbes contre Diderot.

235. C.S., p. 352. Comme dans l'article *Economie politique*, Rousseau précise que c'est seulement par « image » que l'on peut dire que la famille est le « modèle » des sociétés politiques. Elle ne l'est que dans la mesure où elle produit sa propre relation des parties au tout. Mais cette relation n'est pas stable; elle cesse lorsque les enfants sont devenus adultes.

236. *Ibid.*, p. 381. Dans la première version, Rousseau avait écrit *mutiler* au lieu d'*altérer*. Mais l'homme social, s'il est *autre*, est aussi supérieur à l'homme naturel.

237. *Ibid.*, p. 381-382.

238. *Ibid.*, p. 309.

« Celui qui dans l'ordre civil veut conserver la primauté des sentiments de la nature ne sait ce qu'il veut. Toujours en contradiction avec lui-même, il ne sera jamais ni homme ni citoyen [239]. »

Ainsi les passions, peu actives dans l'état de nature, deviennent au contraire l'âme du corps social, et lui donnent force et mouvement :

« Mille écrivains ont osé dire que le Corps politique est sans passions et qu'il n'y a point d'autre raison d'état que la raison même. Comme si l'on ne voyait pas au contraire que l'essence de la société consiste dans l'activité de ses membres et qu'un Etat sans mouvement ne serait qu'un corps mort. Comme si toutes les histoires du monde ne nous montraient pas les sociétés les mieux constituées être aussi les plus actives, et soit au-dedans, soit au-dehors l'action et réaction continuelle porter témoignage de la vigueur du corps entier [240]. »

Alors que chaque individu a naturellement toutes les forces nécessaires à sa propre conservation, l'Etat, qui est l'ouvrage de l'art, ne peut se maintenir sans « une sensibilité publique » artificiellement créée et animée par le jeu des passions, car les citoyens ont beau s'appeler membres de l'Etat, « ils ne sauraient s'unir à lui comme des vrais membres le sont au corps » [241]. Il faut donc donner à l'être social une existence qu'il ne peut tirer de son être individuel, mais seulement de sa relation au tout. C'est pourquoi les clauses du contrat social peuvent se réduire à une seule, « savoir l'*aliénation totale* de chaque associé avec tous ses droits à toute la communauté » [242], qui met fin à l'état de nature, en substituant « la loi à l'homme », et en lui donnant une « inflexibilité » qu'aucune force humaine ne peut vaincre. Alors « la dépendance des hommes » redevient celle des choses et l'homme civil possède à la fois la liberté qui le maintient « exempt de vices » et « la moralité qui l'élève à la vertu » [243].

Cette doctrine a été souvent mal comprise [244] : l'individu n'est pas absorbé dans le tout, et cette « aliénation » ne peut être la base d'aucun système totalitaire. Tout ce que Rousseau dit du passage de l'état de nature à l'état civil montre que pour lui la vie sociale est l'expression la plus haute de la liberté humaine : seul l'homme social, arraché à l'amour de soi par l'amour de ses

---

239. P IV, p. 39 et 40.
240. *Ecrits sur l'abbé de Saint-Pierre*, P III, p. 605. Voir aussi *Emile*, P IV, p. 524; C.S., p. 330; les lettres à Mirabeau et à Usteri citées dans P III, p. 1750 et 1503 (Notes).
241. *Ibid.*, p. 606.
242. C.S., p. 360.
243. *Emile*, P IV, p. 311.
244. Voir par exemple le jugement sévère de Vaughan et plus récemment de Lester G. CROCKER, « Docilité et duplicité chez Jean-Jacques Rousseau », *R.H.L.F.*, 1968, p. 448-469.

semblables, passionné et vertueux, est un être moral qui remplit en tout la vocation de son espèce. Toute société bien constituée reproduit ainsi le modèle divin :

« Quand on considère d'un œil de philosophe le jeu de toutes les parties de ce vaste univers, on s'aperçoit bientôt que la plus grande beauté de chacune des pièces qui le composent ne consiste pas en elle-même et qu'elle n'a pas été formée pour demeurer seule et indépendante; mais pour concourir avec toutes les autres à la perfection de la machine entière [245]. »

La religion civile sacralise en quelque sorte cette relation au tout, par laquelle l'homme manifeste la spiritualité de son être, en s'élevant à la vertu. Elle fixe les « sentiments de sociabilité » et fonde la « sainteté du contrat social et des lois » sur l'existence de la Divinité bienfaisante [246].

Rousseau a marqué plusieurs fois le rapport qui existe entre tous les éléments de son « système ». Sans l'histoire de l'espèce telle qu'il a tenté de l'écrire dans le *Discours sur l'inégalité*, l'image de l'homme social qui sert de base au *Contrat* resterait abstraite et vide de sens. C'est en s'attachant d'abord « aux relations primitives », en voyant « comment les hommes en doivent être affectés, et quelles passions en doivent naître », que « c'est réciproquement par le progrès des passions que ces relations se multiplient et se resserrent » [247] que l'on peut mesurer la force des besoins moraux qui sont les vrais fondements de la société humaine. C'est en suivant « les routes oubliées et perdues qui de l'état naturel ont dû mener l'homme à l'état civil » qu'on découvre « la solution d'une infinité de problèmes de morale et de politique que les philosophes ne peuvent résoudre » [248].

Comme chez Helvétius, anthropologie et politique sont les deux versants d'une philosophie de l'homme social. Mais Helvétius s'intéresse moins à l'institution des sociétés qu'à leur évolution interne. Rousseau, au contraire, portant sa vue au loin, s'interroge sur la genèse de l'être social, sur la nature des sociétés humaines, leur fondement, leur finalité. Qu'est-ce qui fait qu'une société est une société, qu'est-ce que la socialité ? Il est le seul à poser ces questions, qui demeurent des questions fondamentales, même si l'on admet, contrairement à lui, que la société est naturelle à l'homme et à l'espèce; d'une question mal posée, il a tiré des conséquences si justes que ses adversaires eux-mêmes

---

245. P III, p. 554. « Des Mœurs ».
246. C.S., p. 468. On sait que Rousseau refuse de lier le pouvoir politique à toute religion autre que la religion civile. Ainsi une société de chrétiens, trop parfaite, « manquerait de liaison »; « son vice destructeur serait dans sa perfection même », C.S., p. 465. C'est que toute religion privilégie la relation de l'homme à Dieu. Seule une religion civile peut fonder la pratique des vertus sociales.
247. *Emile*, p. 524.
248. C.S., p. 191-192.

ont été forcés de reconnaître la force d'un « système » qui faisait du « contrat » la matière de toute vie sociale.

Nous voudrions en conclusion insister sur l'originalité de son projet, parfois masquée par certaines identités formelles qui semblent le rapprocher de celui d'Helvétius, ou même de Diderot. Certes il est aisé de voir, en consultant le tableau chronologique que nous avons dressé, que le déplacement sur l'axe constitué par la succession des états d'un seul de ceux-ci : l'état de guerre, suffit à distinguer radicalement des systèmes pourtant formés des mêmes éléments. Mais ces glissements ne sont pas seulement le signe tangible de plusieurs histoires « hypothétiques » de l'espèce qui pourraient être confirmées ou infirmées par les faits. C'est toute l'histoire humaine qui se trouve ébranlée dans sa masse par ce regard jeté sur l'origine des sociétés. Il est bien vrai que pour Helvétius, pour Diderot, comme pour Rousseau, les sociétés parcourent un cycle de révolutions qui les ramène à leur point de départ. Mais chez Helvétius et Diderot, cette conception de l'histoire ne fait que transposer dans l'ordre politique la loi qui commande le renouvellement de tous les êtres vivants, transposition naturelle puisqu'ils font des sociétés humaines le produit des besoins physiques de l'espèce. Pour Rousseau au contraire, il n'y a aucune continuité entre les sociétés naturelles nées des premières révolutions et les sociétés politiques issues d'un contrat. Le cycle de révolutions qui va des premières associations d'hommes aux sociétés naturelles est purement circonstanciel : l'invention du feu, la culture des terres, la division du travail, l'invention de la métallurgie et de l'agriculture marquent des ruptures avec les états antérieurs, sans que l'homme soit en mesure de se soustraire à la dépendance des choses. Ces révolutions sont inévitables et elles scandent partout l'histoire des hommes. Le second cycle de révolutions, qui entraîne les sociétés mal instituées vers le despotisme, la dissolution et la mort, est au contraire l'effet de la corruption politique, et l'homme peut le rompre, en créant les conditions de sa propre liberté. Ainsi avec le dernier terme de l'état de nature, s'achève un processus d'évolution commun à toutes les sociétés humaines. Au-delà, chaque « corps politique » a sa propre courbe d'évolution, qui dépend de la nature du contrat initial et des lois qu'il s'est données. Seules les sociétés fondées sur l'inégalité parcourent le cycle fatal dont parlent aussi bien le *Second Discours* que le livre *De l'homme* et la *Réfutation d'Helvétius*. Tandis que Diderot et Helvétius cherchent à l'intérieur de ce cycle à trouver un point d'équilibre où les sociétés devraient se fixer pour échapper à cette loi funeste, Rousseau se place dans le *Contrat social* en dehors du cycle pour instituer une société où, par une bonne législation, on empêche le processus de s'amorcer. C'est donc ce primat de la politique qui lui permet de rompre avec une conception cyclique de l'histoire, et avec la conception juridique de l'Etat qui est encore celle de Montesquieu : la révolution n'est pas pour Rousseau le passage d'une forme de gouvernement à une autre, c'est l'acte par lequel on brise le cercle fatal des révolutions pour instituer une société juste. Par ce pouvoir donné à l'homme devenu sociable d'inventer une société à la mesure de son être, Rousseau apparaît bien comme le fondateur de la pensée politique moderne.

Chronologie

1. L'état de pure nature

> Les hommes sont dispersés parmi les animaux. L'homme est « errant dans les forêts, sans industrie, sans parole, sans domicile et sans liaisons, sans nul besoin des semblables, comme sans nul désir de leur nuire » (D, p. 160). « Peu de passions », une vertu : la pitié naturelle.

2. Les positions intermédiaires

> a) L'homme entre en concurrence avec les animaux et les autres hommes;
>
> b) L'homme pêcheur et ichtyophage, chasseur et carnassier. Inventions de l'hameçon, de l'arc, de la flèche, du feu, de la cuisson, passage du cru au cuit (D, p. 165). Ebauche d'une socialité à travers des activités collectives. Domestication des animaux;
>
> c) Reconnaissance de l'autre comme son semblable. Conduite bienveillante ou agressive, selon les circonstances (D, p. 166).
> Début d'une socialité réfléchie : troupeau ou « association libre » entre les individus;
>
> d) *Première révolution :* établissement et distinction des familles, fin de l'errance, haches, cabanes, « une sorte de propriété ». Dernier terme de l'état de nature : seconde « dispersion », celle des familles;
>
> e) Réunion des familles, invention du langage. La société naturelle, « les douceurs d'un commerce indépendant » (D, p. 171).

3. *Seconde révolution*

> a) Métallurgie, agriculture, culture des terres et division du travail;
>
> b) Etat de guerre (D, p. 176), règne de l'inégalité.

4. L'inégalité *instituée* au profit des plus forts

> Le mauvais contrat fonde les premières sociétés politiques.

4

L'anthropologie d'Helvétius

I. L'HOMME ET L'ANIMAL

Au point de départ du livre *De l'Esprit,* on trouve une réflexion sur les thèses avancées par Buffon dans le *Discours sur la nature des animaux* [1]. Lorsque Helvétius écrit, au début de l'ouvrage :

« Ou l'on regarde l'esprit comme l'effet de la faculté de penser (et l'esprit n'est, en ce sens, que l'assemblage des pensées d'un homme) ou on le considère comme la faculté même de penser » [2],

il définit sa position propre en l'opposant à celle de Buffon.

On se souvient que, pour Buffon, l'animal est un être purement matériel, qui ne pense ni ne réfléchit, tandis que l'homme possède une « substance spirituelle » « un sens d'une nature supérieure et bien différente » qui n'a été accordé qu'à son espèce, et s'ajoute au « sens intérieur » qui chez l'animal comme chez l'homme reçoit toutes les impressions transmises par les sens [3]. Buffon admet donc une « faculté de penser » propre à l'homme, qui est la cause de l'entendement [4].

Pour Helvétius, l'homme diffère de l'animal non par une substance spirituelle, mais par des caractères physiques particuliers.

---

1. *Histoire naturelle,* X, 1753.
2. *De l'Esprit,* Discours I, ch. 1, I, p. 2, éd. cit. dans Bibl. La référence à Buffon est explicite p. 2 à 4, note a.
3. *Histoire naturelle,* X, p. 129.
4. *Ibid.,* p. 159 : l'entendement humain est « une faculté de cette puissance de réfléchir ».

Une main et des doigts flexibles [5], une vie plus longue, une faiblesse naturelle plus grande, une société plus constante, la plasticité de l'espèce qui lui permet de naître et de vivre sous tous les climats, voilà les traits distinctif de l'espèce humaine. C'est cette différence d'organisation qui met entre l'homme et l'animal une distance infinie, et c'est l'identité d'organisation qui définit l'espèce. On voit qu'Helvétius reprend la plupart des observations de Buffon sur « le physique » de l'homme, mais récuse le postulat spiritualiste qui suppose chez l'homme des facultés qu'on ne trouve chez aucun animal : pour lui, l'animal humain est un *homo faber*, et ce qui le distingue de l'animal, c'est l'usage qu'il peut faire de ses facultés grâce à son organisation. Tandis que Buffon n'accorde à l'animal que « le sens intérieur » matériel et une sorte de mémoire fort inférieure qu'il nomme « réminiscence » [6], Helvétius considère la sensibilité physique, ou faculté de recevoir les impressions différentes produites par des objets extérieurs, et la mémoire, ou « sensation continuée », comme des facultés communes à l'homme et à l'animal, et les regarde comme « les causes productrices de nos pensées » [7]. S'il pense, avec Buffon, que les idées ne sont que des sensations comparées, ou « associations de sensations », il accorde à l'animal cette faculté de comparer que Buffon lui refusait, et voit la raison de son infériorité moins dans le mécanisme des idées que dans leur nombre. C'est parce que ses idées sont « jointes [en nous] à une certaine organisation extérieure » [8], que l'homme échappe à l'empire de la nécessité, se multiplie sous toutes les latitudes, et augmente sans cesse le nombre de ses idées en inventant les outils nécessaires à ses besoins :

« Si la nature, au lieu de mains et de doigts flexibles, eût terminé nos poignets par un pied de cheval, qui doute que les hommes, sans arts, sans habitations, sans défense contre les animaux, tout occupés du soin de pourvoir à leur nourriture et d'éviter les bêtes féroces, ne fussent encore errants dans les forêts comme des troupeaux fugitifs ? »

Si les singes dont « les pattes sont à peu près aussi adroites que nos mains », n'ont pas dépassé ce stade de la vie animale, c'est encore qu'ils sont moins nombreux que les hommes, qu'étant frugivores [9] ils ont moins de besoins et donc moins d'invention, que leur vie est plus courte, et leur société « fugi-

---

5. L'importance de la main et des doigts flexibles était souligné par Buffon, dans le chapitre *De l'Homme, des sens en général*, IX, p. 155.
6. *Histoire naturelle*, X, p. 154.
7. *De l'Esprit*. I, p. 2.
8. *Ibid.*
9. Alors que l'homme est « de sa nature, et frugivore et carnassier », deux raisons de s'unir à l'homme, soit pour attaquer les animaux, soit pour défendre contre eux les fruits cu les légumes qui lui servent de nourriture, *De l'Homme*, Section II, ch. VIII : *De la sociabilité*, III, p. 111.

tive », c'est enfin que leur « disposition organique » les tenant dans un mouvement perpétuel, ils ne sont pas susceptibles de l'*ennui* qui est « un des principes de la perfectibilité de l'esprit humain » [10]. C'est en combinant toutes ces différences qu'on peut rendre compte de la supériorité de l'espèce humaine. Les facultés qui chez l'animal dont la conformation se rapproche le plus de celle de l'homme, restent « stériles », se développent chez l'homme, qui est le plus industrieux des animaux. Leur développement constitue ce qu'Helvétius appelle l'*Esprit* qui n'est pas « l'effet de la faculté de penser », mais cette faculté même, produit de la sensibilité et de la mémoire, par le secours de l'organisation [11].

II. Développement de l'esprit : principe d'inertie et principe d'activité

La supériorité de l'espèce se mesure au progrès des sociétés humaines, où le langage articulé, distinct des « sons » ou des « cris », naît et se développe en relation avec l'industrie des hommes, elle-même fonction de leurs besoins. On retrouve ici l'anthropologie de Buffon : l'espèce se perfectionne et luttant contre la nature, en assurant sa survie et sa durée. Mais Helvétius s'intéresse moins à ce processus qu'au développement de l'esprit, qui en est le résultat. Le progrès continu de l'espèce, de l'état sauvage à l'état policé, ce n'est pas seulement l'histoire des activités humaines, c'est aussi celle de l'Esprit, connaissance des rapports que les objets ont entre eux, et des rapports qui les unissent à l'homme. Le langage est le support, ou plutôt l'instrument de cette connaissance. Médiation entre l'univers des choses et l'esprit qui les connaît, il est « comme la collection de toutes les pensées des hommes » [12]; la combinaison de ces signes, est proprement le travail de l'esprit :

« Tout l'esprit consiste (...) à comparer et nos sensations et nos idées, c'est-à-dire à voir les ressemblances et les différences, les convenances et les disconvenances qu'elles ont entre elles [13]. »

Il n'y a donc aucune inégalité naturelle entre les esprits. Celle-ci ne procède que du nombre inégal des objets appréhendés, et de l'étendue des connaissances qu'une société donnée met à la disposition des individus, c'est-à-dire de l'ensemble des idées acquises par le groupe. L'inégal usage que les hommes font de leur « faculté de penser » produit à la longue la différence des esprits.

---

10. *De l'Esprit*, i, p. 2, note a.
11. *Ibid.*, p. 5.
12. *Ibid.*, p. 11.
13. *Ibid.*, p. 12.

Or, constate Helvétius, « la paresse est naturelle à l'homme (...) l'attention le fatigue et le peine (...) il gravite sans cesse vers le repos, comme les corps vers un centre ». L'exemple des Hottentots qui « ne veulent ni raisonner ni penser », des Caraïbes « qui ont la même horreur pour penser et pour travailler »[14] démontre qu'il y a dans l'homme un principe d'inertie qui ne peut être vaincu que par un principe contraire, sans lequel les hommes seraient toujours demeurés dans l'état où se trouvent encore la plupart des nations sauvages. Les Hottentots et les Caraïbes représentent en quelque sorte le degré zéro des sociétés humaines[15]. Inversement l'existence de sociétés plus évoluées manifeste la force du principe d'activité, qui met en mouvement l'homme moral. Les « passions fortes » et « la haine de l'ennui » sont dans le moral ce qu'est le mouvement dans l'univers physique, et « on devient stupide dès qu'on cesse d'être passionné »[16].

Ces deux forces agissent aussi sur l'homme sauvage. Le « besoin d'être remué, et l'espèce d'inquiétude que produit dans l'âme l'absence d'impression » conduit le sauvage au bord d'un ruisseau, où il se plaît à regarder la succession rapide des flots[17]. Il subit aussi l'effet des passions primitives, qui sont immédiatement données par la nature, et qui naissent des besoins mêmes de l'espèce.

« (...) qu'on se transporte en esprit aux premiers jours du monde. L'on y verra la nature, par la soif, par la faim, le froid et le chaud, avertir l'homme de ses besoins, et attacher une infinité de plaisir et de peines à la satisfaction ou à la privation de ces besoins[18]. »

L'homme sauvage est donc, selon Helvétius, une « machine » beaucoup plus complexe que ne l'imagine Rousseau. L'état d'ataraxie que celui-ci attribue au sauvage n'existe à aucun moment pour l'homme d'Helvétius. Les Africains ne sont « inertes » que socialement, relativement à des sociétés plus actives; physiquement parlant, ils ont le degré d'activité qui correspond aux besoins de l'individu et du groupe dans une société peu avancée. C'est de ces besoins qu'il faut partir pour dresser l'arbre généalogique des passions, qui sont toutes greffées sur cette tige unique. L'envie, l'orgueil, l'avarice, l'ambition n'existent pas chez l'homme de la nature,

---

14. *De L'Esprit*, Discours III, chapitre 5, « Des forces qui agissent sur notre âme », I, p. 380 et *ibid.*, note a. L'anecdote du Caraïbe qui vend le matin le lit dont il aura besoin le soir illustre cette paresse d'esprit.

15. Pour Helvétius, le passage à l'état social primitif a suivi immédiatement la naissance de l'espèce. Cf. I, 361 : « Les hommes devaient ou disparaître ou se rassembler en société. C'est en ce sens que l'on peut dire que la société est naturelle à l'homme. »

16. Discours III, titre du ch. 8.

17. Discours III, ch. 5, I, p. 381.

18. Discours III, ch. 9 : « De l'origine des passions », I, p. 421.

« mais leur existence, qui suppose celle des sociétés, suppose encore en nous le germe caché de ces mêmes passions. C'est pourquoi si la nature ne nous donne, en naissant, que des besoins, c'est dans nos besoins et nos premiers désirs qu'il faut chercher l'origine de ces passions factices, qui ne peuvent jamais être qu'un développement de la faculté de sentir [19]. »

Conception toute matérialiste, qui s'enveloppe pourtant des prudences d'un langage emprunté, une fois de plus, à Buffon :

« Il semble que, dans l'univers moral comme dans l'univers physique, Dieu n'ait mis qu'un seul principe dans tout ce qui a été. Ce qui est et ce qui sera, n'est qu'un développement nécessaire [20]. »

Il suffit de substituer la nature à Dieu pour avoir un sensualisme matérialiste et pour fonder l'histoire de l'homme moral sur la mécanique des passions.

« Les passions sont, dans le moral, ce que dans le physique, est le mouvement; il crée, anéantit, conserve, anime tout, et sans lui tout est mort; ce sont elles aussi qui vivifient le monde moral [21]. »

III. Anthropologie et histoire

L'anthropologie matérialiste d'Helvétius sert de fondement à sa théorie des sociétés humaines. Alors que l'homme de Buffon, sorti tout armé des mains du Créateur, doué par lui de la pensée et de la parole, jouit d'une supériorité immédiate sur tous les êtres vivants et porte en lui le germe de sa perfectibilité, l'homme d'Helvétius est le produit de sa propre histoire : tout en lui est *acquisition,* fruit de l'expérience et de la pratique sociale. Les faits marquants de l'histoire des sociétés humaines : invention du langage [22], conventions primitives, invention des arts, passage d'une forme d'économie à une autre, division du travail, partage des terres, invention des lois, sont aussi les étapes du développement de l'esprit humain, dont la marche est partout la même. La distance qui sépare l'homme civilisé de l'homme de la nature est beaucoup plus grande que celle qui sépare l'homme

19. *De l'Esprit,* Discours III, ch. 9, I, p. 422.
20. *Ibid.*
21. Discours III, ch. 6, I, p. 389.
22. Qui, pour Helvétius, n'est pas l'effet immédiat de la « faculté de penser », mais le produit du développement de l'esprit, au cours de l'histoire des sociétés. Les sauvages, qui n'ont pas deux cents idées, n'ont pas deux cents mots (I, 5). Certaines nations n'ont qu'un « gloussement » (*ibid.,* note c), d'autres ne savent compter que jusqu'à trois (*ibid.,* note b).

de l'animal, et l'anthropologie serait pour Helvétius la science qui, à travers l'histoire des sociétés humaines, permet de mesurer cet écart. L'originalité de son analyse est en effet d'établir un lien entre la mécanique des passions, qui anime les individus, et celle des besoins et des intérêts, qui met les sociétés en mouvement. Pour la commodité de l'exposé, nous décrirons d'abord les différents stades du développement des sociétés, tels qu'ils ressortent des textes d'Helvétius. Mais sans oublier que son but principal est d'établir les lois qui règlent leur mouvement.

L'histoire de l'homme ne se réduit pas en effet pour Helvétius à une succession d'*états*. Elle est le mouvement réel par lequel les sociétés, et en elle, l'homme, naissent, croissent, se perfectionnent et meurent pour renaître, par l'action des forces qui poussent les hommes à s'unir, à se combattre, à se fondre en corps politiques, qui se divisent et se démembrent pour se reconstituer indéfiniment. De la mécanique des passions au jeu des intérêts, des passions primitives aux passions factices, du sentiment immédiat de ses besoins à la conscience de ses devoirs, l'Homme est le moteur, en même temps que le produit de son histoire. Système de forces et principe de vie, il est l'âme de la machine et le levier du corps social.

IV. Le mouvement des sociétés et la genèse de l'homme

Naissance des sociétés, l'homme sauvage

Les principes énoncés dans le livre *De l'Esprit* conduisaient naturellement Helvétius à nier l'existence des « idées innées ».

« La sensibilité physique est la cause de toutes nos actions, de nos pensées, de nos passions... », écrit-il dans le livre *De l'Homme* [23], et il ajoute « ... et de notre sociabilité ». L'idée même de sociabilité, comme toutes nos autres idées, ne peut naître que dans et par la société. En faire une sorte d'« amour ou de principe inné », c'est prendre l'effet pour la cause :

« Tout écrivain qui, pour donner une bonne idée de son cœur, fonde la sociabilité sur un autre principe que celui des besoins physiques et habituels, trompe les esprits faibles et leur donne de fausses idées de la morale [24]. »

L'amour de l'homme pour ses semblables n'est pas un sentiment inné, mais une sorte de réflexe conditionné, qui ne joue

---

23. Section ii, titre du ch. 7, iii, 102.
24. *Ibid.*, ch. 8, iii, p. 114.

qu'à l'intérieur d'un groupe d'individus, unis par les liens de l'intérêt commun. Le sauvage ne reconnaît et ne respecte comme son « semblable » que l'homme dont la société l'a rendu solidaire.

« Né sans idée, sans vice et sans vertu, tout jusqu'à l'humanité est dans l'homme une acquisition [25]. »

Le sentiment d'humanité est donc le fruit d'une pratique sociale, d'une éducation de la sensibilité. Il ne peut ni précéder la société, ni s'étendre à tous les hommes indistinctement, indépendamment des rapports réels qui les unissent, et qui sont fondés sur l'habitude et le besoin. Ainsi la force de leur union est-elle « toujours proportionnée à celle et de l'habitude et du besoin » [26].

L'homme n'est donc point naturellement bon. Il n'y a pas plus de « bonté naturelle » que de « sociabilité naturelle ». Helvétius s'en prend violemment à l'auteur de l'article « Vertu » dans l'*Encyclopédie,* qui fait de la connaissance du bien et du mal une donnée immédiate de la conscience [27]. Pour Helvétius, la vertu consiste dans « la connaissance de ce que les hommes se doivent les uns aux autres et [qu'] elle suppose par conséquent la formation des sociétés » [28]. Les actions vertueuses et vicieuses ne sont que « les actions utiles ou nuisibles à la société ». L'homme isolé, né dans une île déserte, abandonné à lui-même, vivrait sans vice et sans vertu, parce qu'il serait sans « obligations » [29]. C'est la société qui fait de l'homme un être moral. Le sens moral, comme l'esprit lui-même est une acquisition, et non ce « sixième sens » que la « philosophie théologique » de Shaftesbury et des shaftesburistes, accorde si généreusement à l'homme. Qu'est-ce qu'un sens dont on ne peut se former l'idée par les organes qui le constituent ? Ce « système du beau moral » n'est au fond que « le système des idées innées, détruit par Locke » [30], et ne convient qu'à ceux qui veulent faire le « roman de l'homme », et non son histoire [31].

Helvétius s'en prend aussi à Rousseau, qu'il accuse de contradiction : si Rousseau peut écrire tantôt que « le sentiment de la justice est inné dans le cœur de l'homme », tantôt que « la voix intérieure de la vertu ne se fait point entendre au pauvre [qui ne songe qu'à se nourrir] » [32], c'est qu'il croit la vertu tour à tour

25. *Ibid.,* ch. 7, III, p. 103, note b.
26. *Ibid.,* ch. 7, III, p. 114.
27. « O Homme, veux-tu savoir ce que c'est que vertu, rentre en toi-même », écrit en effet l'auteur de cet article, Jean Romilly. On songe à Rousseau : « Conscience, instinct divin... », *De l'Homme,* note 12 de la section II, III, p. 198.
28. *Ibid.*
29. *Ibid.* Cf. DIDEROT, *Histoire des Indes,* IX, p. 294 : « Les obligations de l'homme isolé me sont inconnues (...) ».
30. *De l'Homme,* Section V, ch. 3, IV, p. 11, 12 et note a de la p. 13.
31. *Ibid.,* Section III, ch. 8, III, p. 112, note b.
32. Propositions de l'*Emile* citées par Helvétius, *De l'Homme,* Section V, ch. I, IV, p. 4.

innée et acquise. Pour Helvétius, la compassion elle-même n'est pas un sentiment inné, mais un « pur effet de l'amour de soi » qui est lui-même « acquisition » [33]. La nature n'a donné à l'homme que la sensibilité physique, tout le reste est en lui le produit de la vie sociale; ses vices, ses vertus, ses passions factices, ses talents, ses préjugés, enfin jusqu'au sentiment de l'amour de soi, tout est en lui une acquisition [34].

Les différences entre les esprits sont donc aussi le fait de la société. Sa définition de l'Esprit conduit Helvétius à réfuter la théorie des climats :

« Quelques-uns », écrit-il, « attribuent au physique différent des latitudes la différence des esprits. Mais pour prouver ce fait, il faudrait, d'après la définition donnée de l'esprit, pouvoir nommer un pays où les hommes n'aperçussent ni la différence, ni la ressemblance, ni la convenance, ni la disconvenance des objets entre eux et avec nous. Or ce climat est encore à découvrir [35]. »

Il ne nie pourtant point l'influence du climat : comme Buffon il entend par « climat » non pas seulement la latitude, mais la nature du sol, la nourriture, le mode de vie [36]. Il croit donc comme celui-ci à une action réciproque de l'homme sur son milieu naturel, et de ce milieu sur l'homme. Puisque l'homme ne peut vivre sous toutes les latitudes qu'en modifiant à son profit le milieu naturel, l'influence du climat n'est décisive que dans un premier temps : lorsque les hommes errants se sont réunis en nations, que les marais ont été desséchés et les forêts abattues [37], l'homme devient en quelque sorte maître de sa propre histoire. Certes, l'adaptation de l'homme au milieu où il doit vivre produit des mœurs et des modes de vie différents, mais les aptitudes de l'espèce, sous toutes les latitudes, restent fondamentalement les mêmes. Il n'existe pas de contrée privilégiée, qui produise des hommes plus spirituels que les autres :

« Le climat générateur d'un tel peuple est encore inconnu. L'histoire ne montre en aucun d'eux une constante supériorité d'esprit sur les autres : elle prouve au contraire que depuis Deli jusqu'à Petersbourg, tous les peuples ont été successivement imbéciles et éclairés; que dans les mêmes positions, toutes les nations, comme le remarque M. Robertson, ont les mêmes lois, le même esprit, et qu'on retrouve par cette raison chez les Américains les mœurs des anciens Germains [38]. »

---

33. Helvétius en fournit la démonstration dans le chapitre 3 de la Section v, *De l'Homme*, IV, p. 13 et 14.
34. *Ibid.*, ch. 2.
35. Section II, ch. 15, III. p. 147, note b.
36. *Ibid.*, ch. 12, III, p. 130, note a, et note 37 de la même Section.
37. *Ibid.*, p. 135, note a.
38. *De l'Homme*, Section II, ch. 12, III, p. 130, note a. Helvétius se réfère à l'*Histoire de l'Amérique*, Livre 4, I, p. 229-230. Robertson proteste contre

C'est donc l'histoire, et elle seule, qu'il faut interroger pour comprendre les ressemblances et les différences qui se marquent entre les peuples. A une caractérologie complaisante, qui justifiait les mépris du civilisé pour les nations sauvages ou barbares, et semblait légitimer le droit du plus fort, Helvétius oppose une caractérologie politique, qui met l'accent sur les facteurs historiques, c'est-à-dire, pour employer la terminologie d'Helvétius, sur les « causes morales » de l'inertie, de la prospérité ou de la décadence des nations. Ainsi l'*inertie* [39] des Africains et la *mollesse* des Orientaux [40] ne sont pas à ses yeux des phénomènes de même nature. La première a des causes physiques, chez des peuples encore peu nombreux, dont les besoins sont limités, la seconde a des causes morales [41], chez des peuples très anciennement civilisés et soumis au joug du despotisme, cette maladie de la vieillesse des empires. Certes dans les deux cas, il convient d'appliquer les règles de la mécanique des passions : tout état d'apathie suppose l'absence d'un principe d'activité (« on devient stupide dès qu'on cesse d'être passionné »), mais on ne peut porter le même diagnostic sur une société naissante, comparable à un système de forces au repos, et sur une société vieillissante, où l'esclavage politique attaque l'énergie du corps social et en détruit le principe. L'analyse d'Helvétius met donc l'accent sur la spécificité des phénomènes, à l'intérieur d'une société donnée. L'homme sauvage et l'homme civilisé ne sont que l'homme social à un moment de son devenir. On ne peut comprendre l'un par l'autre : leur « sociabilité », leur « humanité », leur « caractère » et leurs mœurs sont le produit d'un état social déterminé et doivent être décrits comme tels.

---

les abus de la méthode comparatiste, lorsqu'elle prétend découvrir l'origine des Américains en observant les ressemblances qui peuvent se trouver entre leurs mœurs et celles des nations de l'ancien monde. Ces ressemblances sont naturelles entre deux peuples placés « dans un état de société également avancé », qui éprouvent les « mêmes besoins et feront les mêmes efforts pour les satisfaire » attirés par les mêmes objets, animés des mêmes passions, les mêmes idées et les mêmes sentiments s'élèveront dans leur âme ». On ne peut douter que Robertson ait lu *De L'Esprit*, dont il applique ici tous les principes. La même influence est sensible dans d'autres passages du même livre, par exemple p. 241, 242, 267. Inversement la lecture de l'*Histoire de l'Amérique* semble avoir poussé Helvétius à multiplier les exemples tirés des mœurs des Américains. Le livre ne devait paraître qu'en 1777 à Londres, la traduction de Suard à Paris en 1778, mais Helvétius a pu le lire avant sa parution.

39. Sur l'*inertie* des Africains, voir Section VIII, ch. 22, IV, p. 217, note a. Helvétius attribue l'inertie des Africains, comme celle des Caraïbes, à la fertilité de la nature qui fournit d'elle-même à tous les besoins. Les peuples qui n'ont point « intérêt de penser » pensent peu. On trouve la même idée chez ROBERTSON, *op. cit.*, Livre 4, I, p. 269-270.

40. *De l'Esprit*, Discours III, ch. 29, I, p. 593-604. Helvétius réfute l'idée qu'il y a des peuples « nés pour l'esclavage ».

41. *Ibid.*, p. 595 : « Après avoir inutilement épuisé les causes physiques pour y trouver les fondements du despotisme oriental, il faut bien avoir recours aux causes morales, et par conséquent à l'Histoire. »

L'enfance et la jeunesse des sociétés; l'état de nature

Helvétius entend par là, comme Buffon, un état social primitif, ou naturel, dans lequel vivent les premières familles, dispersées dans les bois [42]. Lorsqu'il parle de l'homme dans l'état de solitude, c'est au sens où Buffon parle d'un « sauvage absolument sauvage », c'est-à-dire d'une exception dans la nature : tel serait par exemple un homme né dans une île déserte, et complètement abandonné à lui-même [43]. Mais « l'homme des forêts, l'homme nu et sans langage » [44], c'est déjà un être social, et l'état de dispersion n'est pas un état d'isolement.

La première société humaine dut être une « ligue » contre les animaux : sentant leur faiblesse, sans armes, instruits par « le danger, le besoin ou la crainte », les hommes s'unissent contre les animaux, leurs ennemis communs. Cette ligue n'est qu'un agrégat d'individus : l'homme *s'unit* à l'homme pour lutter contre la nature, mais les hommes ne sont point encore *réunis* en société. On se souvient que Buffon voyait dans le fait que l'homme seul avait *su* se réunir à l'homme une marque évidente de sa supériorité. La naissance des sociétés humaines suppose pour lui un acte intelligent par lequel l'homme, mesurant sa faiblesse et la multiplicité de ses besoins, reconnaît l'état de société comme « le plus convenable à sa nature ». Helvétius ne voit dans cette naissance que l'effet des besoins de l'espèce, la plus faible de toutes les espèces vivantes. La multiplication des familles produit des « peuplades » : le nombre des individus joue un rôle déterminant dans le développement des premières sociétés.

L'état de guerre

Contrairement à Hobbes, Helvétius ne fait pas de cet état l'état initial de l'humanité. Les hommes ne sont pas « nés dans l'état de guerre » [46], puisque seule la société crée les conditions d'un affrontement entre les individus, et que « l'homme au berceau » n'est encore l'ennemi de personne. Mais l'état de guerre suit immédiatement la naissance des sociétés, et Helvétius tient pour vraie la maxime de Hobbes : « L'enfant robuste est l'enfant méchant » [47], si on l'applique à l'enfance des sociétés. A l'intérieur de la « ligue » primitive, il naît bientôt de la rivalité des individus : « le plus vigoureux » et « le plus spirituel » s'affron-

42. *De l'Esprit.* Discours III, ch. 4, I, p. 361 : « (...) je les vois dispersés dans les bois comme les autres animaux voraces ». Voir aussi I, p. 2, les hommes « errants dans les forêts comme des troupeaux fugitifs ».
43. *De l'Homme*, note 12 de la Section II, III, p. 198.
44. *Ibid.*
45. *Discours sur la nature des animaux*, X, p. 179-180.
46. *De l'Homme*, Section V, ch. 3, IV, p. 10.
47. *Ibid.*, Section II, ch. 8, III, p. 112, note a.

tent pour la possession des mêmes biens, et l'invention des armes permet à l'adresse de triompher de la force [48]. L'alliance qui sert les besoins immédiats de l'individu, cesse dès qu'ils sont satisfaits, et puisqu'il n'existe aucune convention qui règle les droits de chacun, des conflits internes menacent constamment une union qui reste précaire.

L'état de guerre s'étend par le choc des peuplades. « Point de lac poissonneux, point de forêt giboyeuse » qui ne devienne « un germe de guerre » entre deux peuplades voisines :

« Aussi proportionnément au nombre de ses habitants se commet-il au nord de l'Amérique plus de cruautés et de crimes que dans l'Europe entière [49]. »

L'homme de la nature, dans l'état social primitif, est nécessairement cruel. La faim est le seul principe de son activité, la force et l'adresse sont ses seules valeurs.

« Il n'a ni dans son cœur d'idée de la justice, ni dans sa langue de mots pour l'exprimer. Quelles idées pourrait-il s'en former, et qu'est-ce en effet qu'une injustice ? La violation d'une convention ou d'une loi faite pour l'avantage du plus grand nombre [50]. »

Cependant l'ébauche de conscience collective, née de l'état social primitif, va permettre la solution des conflits apparus en son sein. Il faut en quelque sorte que la société primitive éclate, et que l'état de guerre s'installe comme symptôme d'un mal qu'elle ne peut guérir, pour que la société du contrat puisse surgir. C'est à ce niveau qu'Helvétius situe l'acte intelligent, par lequel les hommes renoncent à une liberté qui leur est nuisible, pour se *réunir* en société, et faire entre eux des conventions, pour se garantir réciproquement la conservation de leur vie et de leurs biens [51].

Il s'agit donc d'une véritable mutation : l'homme social, qui s'engage à respecter des conventions, et à se soumettre à « l'intérêt commun », sort de l'état de nature, et acquiert la connaissance du juste et de l'injuste, c'est-à-dire de ce qui est utile, indifférent ou nuisible à la société [52].

De l'état sauvage à l'état de lois

Le respect des conventions qui ont mis fin à l'état de guerre est ce qui fonde l'unité du corps politique et donne naissance aux premières « vertus ». L'homme de la nature, qui n'a point fait de convention avec ses semblables, n'obéit qu'à ses passions,

48. *De l'Esprit*, Discours III, ch. 4, I, p. 361.
49. *De l'Homme*, Section V, ch. 8, IV, p. 36-37.
50. *De l'Homme*, Section IV, ch. 8, III, p. 249.
51. *De l'Esprit*, Discours III, ch. 4, I, p. 361.
52. *Ibid.*, p. 362.

tandis que la vertu consiste « dans le sacrifice de ce qu'on appelle son intérêt à l'intérêt public » [53], et suppose la société déjà perfectionnée. Une telle société reconnaît l'autorité d'un chef, et celle de magistrats, gardiens des premières conventions. En même temps, la croissance des sociétés force l'homme à inventer de nouveaux moyens de subvenir à ses besoins. Les peuples chasseurs deviennent des peuples pasteurs, puis des peuples cultivateurs. C'est la culture des terres, leur mesure et leur partage qui entraîne le passage à l'état de lois [54].

Les premières conventions sanctionnaient un état de fait : elles marquaient le moment où l'intérêt de chacun exigeait qu'il se soumettent à l'intérêt commun. L'invention des lois suppose au contraire une réflexion sur la notion de « propriété », liée à la notion nouvelle de « travail » : il fallait que la récolte appartînt à l'agriculteur, pour l'engager à semer, il fallait « assurer la récolte du champ à celui qui le défriche » [55]. Les lois sont donc la reconnaissance d'un droit acquis par l'individu, et qui le confirme, en échange de son travail, dans la possession du terrain qu'il cultive. Par-delà l'inégalité qui naît de l'inégale fertilité du sol, la loi maintient l'unité du corps politique, en liant fortement l'intérêt particulier à l'intérêt commun. C'est en ce sens qu'Helvétius peut dire que « la conservation de la propriété est le dieu moral des empires » [56].

Il y a donc un dynamisme des sociétés humaines, qui se perfectionnent en s'étendant. Alors que chez Buffon, toute société suppose l'existence du pacte social qui la fonde, Helvétius distingue nettement entre l'état de nature, ou société naturelle, et l'état de lois ou société civile. Dans le premier, la société se maintient par les besoins de l'espèce, et par le libre jeu des passions physiques : aussi toutes les sociétés sauvages se ressemblent-elles. Mais dès que le corps politique est constitué, les « causes morales » deviennent déterminantes, et c'est l'histoire qu'il faut interroger pour rendre compte de l'inégal développement des sociétés humaines. Car le propre de l'état de lois est de placer la société humaine sous le regard du législateur, à qui tout pouvoir est donné pour ordonner la société selon ses fins. Les sociétés bien ordonnées seront celles où les législateurs auront su lier l'intérêt particulier à l'intérêt public, et changer les hommes en citoyens sans les dénaturer [57].

Le pouvoir de la loi n'est alors que la forme supérieure du

53. *De l'Homme*, Section V, ch. 5, IV, p. 22. Helvétius en conclut, contre Rousseau, que ce sont les peuples les plus policés qui sont les plus vertueux.
54. *De l'Homme*, Section X, ch. 7, IV, p. 351 (cf. Section II, ch. VIII, III, p. 3 et Section IV, note 24, III, p. 311).
55. *Ibid.*
56. *Ibid.*
57. Ainsi l'ancienne Rome ou la Grèce antique, où « l'intérêt particulier étroitement lié à l'intérêt public, change les hommes en citoyens » (*De l'Esprit*, Discours III, ch. 21, I, p. 304).

pouvoir de la nature, et fait jouer les mêmes ressorts. De même qu'on devient stupide dès qu'on cesse d'être passionné, de même il faut des passions dans un Etat, elles en sont l'âme et la vie [57 bis]. L'individu ne se dénature pas en se soumettant aux lois : sa liberté s'épanouit dans la conscience de la nécessité, et sans cesser d'être homme, il devient citoyen. Dans la lumière du juste et de l'injuste, et la discipline des cités, l'homme achève de se civiliser et se moralise en s'éclairant. L'homme civil n'est ni contraint, ni défiguré : il tend à constituer l'homme véritable, dans la plénitude de ses forces et l'épanouissement de ses facultés.

Le vieillissement des sociétés, l'état de guerre dans l'état de lois

Cet état de perfection n'est qu'un point. Pour jouir du droit de propriété, les hommes ont renoncé à l'égalité de la vie sauvage, après avoir renoncé à l'indépendance de l'état de nature. Le partage des terres entraîne bientôt la division des intérêts : riches et pauvres, propriétaires et journaliers sans terre deviennent nécessairement ennemis les uns des autres. Le développement des arts et de l'industrie accroît l'inégalité, en augmentant le nombre des hommes sans propriété et des indigents [58]. La nation se partage en plusieurs classes de citoyens, dont les intérêts sont opposés. L'unité du corps social se trouve alors attaquée dans son principe même : il s'y trouve « une infinité de peuples différents et dont les intérêts sont plus ou moins contradictoires » [59]. La corruption des mœurs qui s'ensuit n'est que

« la division de l'intérêt public et particulier. Quel est le moment de cette division ? celui où toutes les richesses et le pouvoir de l'Etat se rassemblent dans les mains du petit nombre. Nul lien alors entre les différentes classes de citoyens » [60].

La nation avilie sort insensiblement de l'état de lois, pour rentrer dans l'état de guerre : la partie gouvernante, c'est-à-dire les Puissants, y est l'ennemie de la partie gouvernée, c'est-à-dire de la masse des citoyens [61].

Le despotisme est le terme extrême de cette évolution :

« Rien de plus facile à tracer que les divers degrés par lesquels une Nation passe de la pauvreté à la richesse, de la richesse

57 bis. *De l'Esprit*, disc. III, ch. 21.
58. *De l'Homme*, Section VI, ch. 7, IV, p. 79-81.
59. *Ibid.*, p. 84.
60. *Ibid.*, ch. 5, IV, p. 73, note a.
61. *Ibid.*, Section VIII, ch. 3, IV, p. 169 : « Il n'est (...) que deux classes de citoyens : l'une qui manque du nécessaire, l'autre qui regorge de superflu. »

à l'inégal partage de la richesse, de cet inégal partage au despotisme, et du despotisme à la ruine [62]. »

La multiplication des hommes sans propriété, et la concentration des richesses dans quelques mains a ruiné l'équilibre de l'état de lois, fondé pour assurer à chacun la possession de sa personne et de ses biens : lorsque les non-propriétaires composent la plus grande partie d'une nation, l'égalité est rompue entre les citoyens, les plus pauvres deviennent les esclaves des riches, et des lois cruelles développent le germe du despotisme [63]. La prolifération des passions factices, engendrées par le désir des richesses, favorise l'ambition du despote. Le despote est l'ennemi de tous : il confisque à son profit pouvoir et richesses. Alors tous sont esclaves, et la loi a cessé de régner. Le droit de propriété, fondement du pacte civil, n'existe plus.

« Nulle loi ne garantit alors aux citoyens la propriété de leur vie, de leurs biens et de leur liberté. Faute de cette garantie, tous rentrent en état de guerre et toute société est dissoute [64]. »

Le pacte social est ainsi rompu, il n'y a plus de citoyens : la *nation* retourne à l'état de *peuple,* multitude amorphe, composée d'esclaves isolés dans une « servitude commune » [65]. Leur âme est avilie, leurs mœurs corrompues. Sans passions, puisque sans intérêt, ils « végètent » et dépérissent, incapables de pensée et de vertu :

« Le despote est la Gorgone : il pétrifie dans l'homme jusqu'à la pensée [66]. »

Alors l'homme déshumanisé, dépossédé de lui-même, rentre dans l'état de nature. A nouveau il ne reconnaît d'autre droit que la force et l'adresse : exposé aux risques de la violence, il a perdu tous les avantages de l'état de lois. Tel est

« le cercle vicieux qu'ont jusqu'à présent parcouru tous les divers Gouvernements connus » [67].

V. Progrès des sociétés et conception cyclique de l'histoire

Les lois du développement des sociétés

Après avoir parcouru les stades successifs par lesquels passent toutes les sociétés humaines avant de périr par l'effet de cette maladie incurable qu'est le despotisme, essayons de dégager les

---

62. *Ibid.*, Section vi, note 22, iv, p. 115.
63. *Ibid.*, ch. 7, iv, p. 81.
64. *De l'Homme*, Section vi, ch. 6, iv, p. 77.
65. *Ibid.*, p. 78.
66. *De l'Homme*, Section ix, ch. 10, iv, p. 266. Les « effets du despotisme » sont longuement décrits dans le livre *De l'Esprit*, Discours iii, ch. 18, 19, 20 et 21.
67. *De l'Homme*, Section vi, ch. 8, iv, p. 85, note a.

lois de ce mouvement circulaire. La première est celle du nombre : c'est la croissance numérique des sociétés qui entraîne le passage d'un état à un autre, par l'effet d'un déséquilibre interne entre le nombre des individus qui composent une société et les ressources dont elle dispose. C'est la multiplication des familles, et le manque de terrains de chasses, ou de rivières poissonneuses qui poussent les hommes à travailler la terre, à s'en assurer la propriété et à passer à l'état de lois. C'est l'augmentation du nombre des citoyens et l'étendue nécessairement limitée des terres de culture qui les forcent à trouver de nouveaux moyens de subsistance. C'est aussi cette multiplication qui produit la division des intérêts, et entraîne finalement la crise et la dissolution de l'état de lois [68]. De leur naissance à leur mort, les sociétés humaines sont soumises à la loi du nombre. On retrouve donc, au plan des sociétés, un principe d'activité s'opposant à un principe d'inertie, et qui les met en mouvement. La contradiction apparue avec le développement de l'espèce entre le nombre des individus et la somme de ses richesses est le moteur du progrès économique et technique.

La nécessité où il se trouve d'inventer sans cesse de nouveaux moyens de subvenir à ses besoins oblige l'homme à créer de nouveaux objets, à les nommer, à inventer un langage, à penser, à développer son esprit. De la même façon, la complexité croissante de la vie sociale le force à inventer des formes de société de plus en plus complexes, à faire des conventions, à se donner des lois. Ainsi toute progression importante du nombre des individus qui composent une société se traduit-elle par des changements d'ordre qualitatif; les sociétés nombreuses ont plus de besoins et plus de mal à les satisfaire : elle ont donc plus d'idées. L'unité du corps politique, plus difficile à maintenir, exige de bonnes lois : c'est la législation et la morale qui prolongent dans les sociétés policées le principe d'activité qui arrachait l'homme de la nature à l'état d'inertie.

« C'est la faim, c'est le besoin qui rend les citoyens industrieux, ce sont des lois sages qui les rendent bons [69]. »

La civilisation est donc tout à la fois l'ensemble des arts et des sciences nécessaires à la subsistance du corps social, et l'ensemble des valeurs nécessaires à sa conservation. Toute société qui ne sait pas concilier l'intérêt particulier et l'intérêt public par une sage législation, tend vers le despotisme, état de non-société, où ne règne plus, comme dans l'état de nature, que le droit du plus fort.

---

68. *De l'Homme*, Section v, ch. 7 : « De la multiplication des hommes dans un état et de ses effets »; ch. 8, « Division des intérêts des citoyens produite par leur multiplication ».
69. *De l'Homme*, Note 5 de la Section vii, iv, 155.

Sociétés stagnantes et sociétés déclinantes

S'il y a un dynamisme des sociétés humaines, qui sont toutes susceptibles des mêmes progrès et mues par les mêmes forces, elles ne parcourent pas toutes du même pas le cycle des « révolutions ». Dans la mesure où l'influence des causes physiques reste déterminante au début de l'histoire des sociétés, certaines ne remplissent pas les conditions qui permettent le passage à l'état de lois : ce sont des sociétés stagnantes, où l'inertie des individus est faiblement compensée par le principe d'activité. Ainsi les Africains et les Caraïbes, vivant dans un pays fertile qui fournit presque sans culture à tous leurs besoins, demeurent « stupides » : sans besoins, ils sont sans désir et donc sans passion [70]. Les sauvages du nord de l'Amérique, soumis à un climat plus rigoureux, sont nécessairement plus industrieux, et forcés d'acquérir quelques lumières, ils se sont réunis en nations.

Dans la période qui suit l'établissement des lois, et qui marque l'apogée d'une civilisation, les causes morales, devenues déterminantes, influent seules sur le destin des peuples : c'est alors de la forme du gouvernement que dépend le bonheur ou le malheur des nations

« C'est de la législation seule que dépendent les vices, les vertus, la puissance et la félicité des nations. Les lois sont l'âme des Empires, les instruments du bonheur public [71]. »

Ce qui distingue les sociétés civilisées, c'est précisément ce pouvoir qu'elles ont acquis de régler par la loi le jeu des passions et des intérêts. Toutes les différences qui s'observent entre les nations sont donc des phénomènes *politiques :* les sociétés soumises au despotisme sont des sociétés parvenues au dernier stade de leur histoire, et atteintes d'une maladie incurable; si les nations de l'Europe sont presque toutes des nations libres, c'est que, plus nouvellement policées, elles jouissent encore des avantages de l'état de lois. Ainsi toute société qui ne progresse plus, régresse nécessairement et s'achemine vers son déclin.

Sociétés sauvages et sociétés civilisées

Entre l'état sauvage où la loi ne règne pas encore, et cet état de déclin, où elle ne règne plus, s'étend pour Helvétius la période la plus heureuse de la vie de l'humanité. Bien loin d'idéaliser l'enfance des sociétés il n'y voit qu'un état de faiblesse et d'igno-

---

70. *De l'Homme*, Section VIII, ch. 22, IV, p. 217, note a.
71. *Ibid.*, Section VII, ch. 12, IV, p. 153.

rance. Tout chez l'homme, jusqu'à l'amour de soi, qui l'intéresse à son propre bonheur, étant « acquisition », l'homme le plus
éclairé est nécessairement le plus actif, le plus passionné, le plus
épris des talents et des vertus qui concourent à sa félicité et
au bien public [72]. Il n'est donc pas vrai que l'homme le plus
ignorant soit le meilleur et le plus sage, et Helvétius reproche à
Rousseau de se faire « l'apologiste de l'ignorance » [73] :

« On n'a point observé que les Peuples les plus ignorants
fussent toujours les plus heureux, les plus doux et les plus
vertueux. »

L'exemple des nations sauvages, perpétuellement en guerre
les unes contre les autres, et celui des peuples d'Orient, que
le despotisme a réduits à la stupidité, le démontrent également. L'échelle des valeurs est chez Helvétius la même que chez
Voltaire et Buffon : les Samoyèdes et les Papous ne sont pas
plus heureux que les Hollandais, et les Orientaux, qui « végètent
sous le plus beau ciel du monde » ne sont pas plus vertueux ni
plus fortunés que les citoyens de « la nation éclairée et libre de
l'Angleterre ».

« C'est à ses lumières, c'est à la sagesse de sa législation qu'un
peuple doit ses vertus, ses prospérités, sa population et sa puissance [74]. »

Mais, à la différence de ceux-ci, Helvétius situe l'état le plus
heureux de l'humanité au début de l'état de lois. C'est le « point
de perfection » des sociétés humaines, à la fois parce que la
culture des terres a mis fin à l'angoissant problème de la faim,
et parce que les avantages que l'homme retire de la garantie du
droit de propriété compensent exactement ceux de la liberté naturelle. Il semble même qu'Helvétius soit tenté d'admettre, avec
Rousseau, que l'apparition de la propriété, en engendrant l'inégalité, a produit tous les maux dont souffre l'homme civilisé,
et que l'état le plus heureux fut celui des peuples pasteurs :

« Pour procurer le bonheur aux hommes, peut-être faudrait-il
les rapprocher de la vie de pasteur; peut-être les découvertes en
législation nous ramèneront-elles, à cet égard, au point d'où l'on
est d'abord parti [75]. »

Mais cette note du livre *De l'Esprit* est contredite par toute
l'œuvre d'Helvétius : on a vu que, dans le livre *De L'Homme*,
il fait au contraire du droit de propriété le Dieu moral des Em-

---

72. Cf. *De l'Homme*, Section VIII : « De ce qui constitue le bonheur des
individus; de la base sur laquelle on doit édifier la félicité nationale nécessairement composée de toutes les félicités particulières. »
73. *De l'Homme*, Section V, ch. VIII, IV, p. 34 et 35.
74. *Ibid.*, p. 37.
75. *De l'Esprit*, Discours I, ch. 3, I, p. 28, note c.

pires, à la fois principe d'activité et principe de conservation [76].
Les peuples sans propriété sont « sans énergie et sans émulation », et la communauté des biens, tant vantée au Paraguay ou
à Sparte, est tout illusoire : les Spartiates abandonnaient le soin
de cultiver la terre aux ilotes, qui étaient « les nègres de la
République », les Guaranis étaient soumis au gouvernement des
jésuites [77]. Il semble donc que « des obstacles secrets s'opposent
à la formation comme au bonheur de pareilles sociétés ». On ne
peut espérer raccourcir le cycle des révolutions que toutes les
sociétés, soumises à la loi du nombre, doivent parcourir.

La comparaison qu'on trouve au début du livre *De l'Esprit*
entre l'état heureux de certains sauvages et la condition misérable des paysans conserve néanmoins toute sa valeur critique :

« Il est bien singulier que les pays vantés par leur luxe et
leur police soient les pays où le plus grand nombre des hommes est plus malheureux que ne le sont les nations sauvages, si
méprisées des nations policées. Qui doute que l'état du sauvage
ne soit préférable à celui du paysan ? Le sauvage n'a point,
comme lui, à craindre la prison, la surcharge des impôts, la
vexation d'un seigneur, le pouvoir arbitraire d'un subdélégué;
il n'est point perpétuellement humilié et abruti par la pression
journalière d'hommes plus riches et plus puissants que lui; sans
supérieur, sans servitude, plus robuste que le paysan, parce qu'il
est plus heureux, il jouit du bonheur de l'égalité, et surtout du
bien inestimable de la liberté si inutilement réclamée par la plupart des nations [78]. »

C'est donc bien à l'intérieur de l'état de lois que se noue la
crise qui fait s'infléchir la courbe des sociétés humaines : les progrès de l'inégalité, l'excessive richesse des uns, l'excessive misère
des autres, tels sont les maux dont souffre l'homme civil, dans
une société où l'état de guerre s'est substitué à l'heureux équilibre de l'état de lois. La corruption des mœurs, l'avilissement
des esprits et les cœurs suivent et ouvrent la voie au despotisme.
On retrouve ainsi le schéma rousseauiste, mais alors que pour
Rousseau il rend compte d'un vice inhérent à toute société et
du mouvement fatal par lequel l'homme social se dénature en se
civilisant, Helvétius ne pose pas comme contradictoires l'état de
nature et l'état de lois, mais seulement, à l'intérieur de celui-ci,
un état primitif, où les avantages du pacte social compensent

---

76. La contradiction n'est qu'apparente, comme d'ailleurs chez Rousseau :
il y a un droit de propriété funeste, qui entretient un état de guerre entre
des individus qui se disputent les meilleures terres. Le droit du premier occupant ne peut alors être garanti que par la force. Au contraire, le droit positif
de posséder en toute propriété ce qu'on a une fois acquis par son travail, fonde
l'état de paix.
77. *De l'Homme,* note 4 de la Section X, IV, p. 408 et 409.
78. *De l'Esprit,* Discours I, I, p. 28, note c.

exactement ceux de la liberté naturelle, et un état de corruption qui marque le déclin des sociétés policées.

Progrès matériel et décadence morale : la crise de l'état de lois

La grande originalité d'Helvétius est de faire apparaître, en refusant d'idéaliser l'homme de la nature, un principe de continuité dans l'histoire des sociétés : les sociétés sauvages et les sociétés policées ne sont nullement antithétiques, puisqu'elles ont un même principe de vie : les besoins, les intérêts et les passions des hommes qu'elles rassemblent. Il n'y a pas en réalité d'*état* sauvage, ni d'*état* de civilisation : chacun d'eux est fait d'une succession de points, et a sa propre courbe d'évolution. Il y a autant de différence entre les Africains et les Américains du nord à l'intérieur de l'état sauvage, qu'entre l'Angleterre et la Russie à l'intérieur de l'état de lois, et entre la Hollande, située au début de ce même état, et la Turquie, qui en est au dernier période.

Les nations les plus éclairées sont celles où la multiplication des individus et l'inégalité des biens n'ont pas encore produit cette division des intérêts qui annonce l'état de guerre, où les lois conformes à l'intérêt du plus grand nombre assurent à chacun la propriété de sa liberté, de sa personne et de ses biens. Du mot « civilisation » — qu'il n'emploie pas — Helvétius donnerait sans doute une définition toute politique, et d'abord négative. Ce serait ce « point de perfection » idéal, où nulle société ne semble s'être maintenue.

C'est qu'aucune civilisation n'est pure création de l'homme par lui-même. A travers le jeu des images qu'Helvétius emploie pour figurer les sociétés humaines, l'idée même de civilisation révèle sa nature contradictoire. L'Etat est à la fois une machine complexe, à poulies et à ressorts, et un organisme vivant, où le sang circule, qui dépérit et meurt.

« Un état est une machine mue par différents ressorts, dont il faut augmenter ou diminuer la forme, proportionnément au jeu de ces ressorts entre eux, et à l'effet qu'on veut produire [79]. »

et en même temps c'est un corps sain ou malade, sujet à la fièvre, à la sclérose, au vieillissement, à la mort. La conception cyclique de l'histoire est organiquement liée, chez Helvétius, à ce double système de représentations; le mouvement par lequel les sociétés humaines s'élèvent jusqu'à leur point de perfection, avant de décliner pour revenir à leur point de départ, a des effets mécaniques : production de biens matériels, accumulation de richesse, développement des échanges accompagnent toujours la croissance

---

79. *De l'Esprit*, Discours i, ch. iii, i, p. 37, note h.

des sociétés. Mais il est aussi activité humaine, travail de l'esprit sur les choses et sur lui-même, prolifération d'appétits, circulation d'idées, création de valeurs morales, pensée jaillissante et féconde. Dans l'idée de civilisation, la certitude d'un pouvoir acquis et la crainte d'un mal obscur qui en tarirait les sources vives, entrent en lutte. Helvétius voit bien que tout Etat où les arts, l'industrie, le commerce cessent de se développer est condamné à périr, parce que l'argent, ce « sang qui porte la nutrition dans tous les membres » du corps social [80] ne circule plus, et que les citoyens, qui ne sont plus *intéressés* (au sens passionnel du terme chez Helvétius) à la production des richesses, retombent dans l'état d'inertie. Le mal ainsi produit devient à la longue incurable :

« La circulation du sang ossifie à la longue les vaisseaux : elle en anéantit les ressorts, et devient un germe de mort. Cependant qui la suspendrait, en serait sur-le-champ puni. La stagnation d'un instant serait suivie de la perte de la vie [81]. »

De même les richesses rassemblées dans un petit nombre de mains détachent l'intérêt particulier de l'intérêt public, et causent la ruine d'un Etat.

« Lorsqu'une nation commerçante atteint le période de sa grandeur, le même désir de gain qui fit d'abord sa force et sa puissance, devient ainsi la cause de sa ruine. Le principe de vie qui se développant dans un chêne majestueux, élève sa tige, étend ses branches, grossit son tronc, et le fait régner sur les forêts, est le principe de son dépérissement [82]. »

Il semble donc qu'il n'y ait pas de remède à la crise de l'état de lois, et que toutes les sociétés soient condamnées à périr de langueur, si elles cherchent à empêcher des progrès si funestes, ou à passer au despotisme, stade suprême de corruption, qui les ramène à leur point de départ.

Pourtant toute l'anthropologie d'Helvétius postule l'existence d'un point d'équilibre, d'un état de lois idéal, où les citoyens, sans être également riches et puissants, seraient également heureux — ou se croiraient tels ? Regardant en effet le malheur non comme inhérent à la nature des sociétés humaines, mais comme un accident occasionné par l'imperfection de leur législation, la politique d'Helvétius se donne pour but de trouver ce point d'équilibre, et de découvrir les moyens d'y arrêter le cours des sociétés.

---

80. *De l'Homme*, Section VI, ch. 17, IV, p. 104.
81. *Ibid.*, p. 105.
82. *Ibid.*, note 22 de la Section VI, IV, p. 115. Les métaphores végétales, rares chez Helvétius, semblent inspirées par le souvenir de la célèbre phrase de Rousseau : « Et l'on vit l'esclavage et la misère germer et croître avec les moissons. » Cf. Section VI, ch. 17, IV, p. 105 : « Peut-être est-ce ainsi que doit germer, croître, s'élever et mourir la plante morale nommée empire. »

VI. Principes d'une politique

Nous retiendrons seulement ici de la politique d'Helvétius les deux principes qu'il tire de cette réflexion sur la nature de l'homme et l'histoire des sociétés humaines.

D'abord, une théorie générale du despotisme, comme produit des contradictions internes de l'état de lois. Nous avons vu qu'Helvétius rejette l'idée d'une influence déterminante du climat sur l'esprit et le caractère des nations : il n'y a pas de peuples nés pour le despotisme. L'analyse des lois qui commandent le mouvement des sociétés le conduit aussi à rejeter l'idée de hasard : le despotisme est toujours un phénomène lié à la vieillesse des sociétés [83] : les peuples du Midi s'étant les premiers rassemblés en sociétés, ont été les premiers soumis au despotisme,

« parce que c'est à ce terme qu'aboutit toute espèce de gouvernement, et la forme que tout état conserve jusqu'à son entière destruction » [83 bis].

Helvétius insiste sur l'influence déterminante des causes morales : c'est la corruption des mœurs, l'ambition et l'avarice, nées de l'inégalité, qui donnent naissance au gouvernement despotique, c'est la lâcheté d'un peuple privé d'activité et d'énergie, et devenu indifférent au bien public, qui le prépare à accepter la servitude [84].

Ainsi le despotisme oriental cesse d'apparaître comme un phénomène spécifique des sociétés asiatiques, et figure l'abîme où *toute* société est menacée de tomber, si elle s'écarte des principes qui peuvent l'en préserver : cette vue théorique se trouve confirmée par l'analyse politique de l'état des principales nations de l'Europe

« Rien aujourd'hui de plus différent que le Midi et le Septentrion de l'Europe », écrit Helvétius dans la Préface du livre *De l'Homme*. « Le Ciel du Sud s'embrume de plus en plus par les brouillards de la superstition et d'un despotisme Asiatique. Le Ciel du Nord chaque jour s'éclaire et se purifie [85]. »

La Prusse et la Russie, Frédéric et Catherine II, tels sont les modèles qu'Helvétius propose à ses contemporains, tandis qu'il

---

83. « Le despotisme est la vieillesse et la dernière maladie d'un Empire. Cette maladie n'attaque point sa jeunesse, L'existence du despotisme suppose ordinairement celle d'un peuple déjà riche et nombreux », *De l'Homme*, Section VI, ch. 6, IV, p. 78.

83 bis. *De l'Esprit*, Discours III, I, p. 595.

84. Voir *De l'Homme*, Section IV, ch. 2 : « Des changements survenus dans le caractère des nations (...) », III, p. 230-232.

85. *De l'Homme*, Préface, III, p. VII.

doute de l'avenir de l'Angleterre, dont les immenses richesses lui semblent déjà présager quelque asservissement [86], et qu'il déplore l'avilissement de la nation française devenue « le mépris de l'Europe » :

« Ma Patrie a reçu enfin le joug du despotisme (...). Nulle crise salutaire ne lui rendra la liberté. C'est par la consomption qu'elle périra. La conquête est le seul remède à ses malheurs, et c'est le hasard et les circonstances qui décident de l'efficacité d'un tel remède [87]. »

Il n'est donc de salut que pour les nations qui ne sont pas encore parvenues au « dernier période de leur grandeur » : c'est alors que le philosophe peut proposer la « législation la plus propre à rendre les citoyens heureux » et découvrir le moyen d'en « éterniser » la durée [88].

Le deuxième principe de la politique d'Helvétius est la conséquence du premier : toute politique qui ne s'appuie pas sur une analyse théorique du mouvement des sociétés humaines méconnaît le risque suprême du despotisme et demeure impuissante à l'éviter. Quiconque veut raisonner sur la meilleure législation possible doit connaître les coutumes et les préjugés de tous les peuples, et s'interroger sur la nature de l'homme et l'origine de la société [89]. Il doit savoir que la douleur et le plaisir sont « les seuls moteurs de l'univers moral », et que l'amour de soi est « la seule base sur laquelle on puisse jeter les fondements d'une morale utile » [90]. Il doit connaître cette mécanique des passions qui règle le jeu des besoins et des intérêts, et remonter jusqu'à leur principe :

« Tout l'art du législateur consiste (donc) à forcer les hommes, par le sentiment de l'amour d'eux-mêmes, d'être toujours justes les uns envers les autres. Or, pour composer de pareilles lois, il faut connaître le cœur humain; et préliminairement savoir que les hommes, sensibles pour eux seuls, indifférents pour les autres, ne sont nés ni bons ni méchants, mais prêts à être l'un ou l'autre, selon qu'un intérêt commun les réunit ou les divise; que le sentiment de préférence que chacun éprouve pour soi, sentiment auquel est attachée la conservation de l'espèce, est gravé par la nature d'une manière ineffaçable; que la sensibilité physique a produit en nous l'amour du plaisir et la haine de la douleur; que le plaisir et la douleur ont ensuite déposé et fait éclore dans tous les cœurs le germe de l'amour de soi, dont le déve-

86. Voir les notes 2 et 3 de la Section VI, IV, p. 108 et 109.
87. *De l'Homme*, Préface, III, p. VI.
88. *Ibid.*, Section IX, ch. 4, IV, p. 249.
89. *Ibid.*, ch. 2 : « Des premières questions à se faire, lorsqu'on veut donner de bonnes lois. »
90. *De l'Esprit*, Discours II, ch. 24, I, p. 302.

loppement a donné naissance aux passions, d'où sont sortis tous nos vices et toutes nos vertus [91]. »

Il ne doit point ignorer que les passions des hommes sont l'âme du corps social, que la puissance d'un état tient « au mouvement, au jeu de toutes les passions contraires » [92] et que « le plus vicieux des gouvernements est un gouvernement sans principe moteur » [93], parce qu'un peuple sans objets de désirs est sans action :

   « Dans le corps politique, comme dans le corps humain, il faut un certain degré de fermentation pour y entretenir le mouvement et la vie [94]. »

De là il conclura qu'il ne faut point confondre le luxe utile aux sociétés parce qu'il est principe d'activité, et le luxe excessif, qui est l'effet du despotisme et suppose l'inégale répartition des richesses [95], qu'on ne peut attenter au droit de propriété, fondement de l'état de lois, sans mettre fin à celui-ci, que le problème essentiel à résoudre pour une société déjà partagée entre propriétaires et non-propriétaires est celui de l'équilibre entre la production et la répartition des richesses [96].

Ainsi, sans rêver d'une régression économique devenue impossible dans les pays où l'argent a cours [97], le législateur se donnerait pour but de régler le mouvement de la machine sociale, en agissant sur les différents ressorts dont elle se compose, en gouvernant les passions des hommes sans les détruire. La politique d'Helvétius, art de diriger les passions et de concilier les intérêts, regarde la morale et la législation comme « une seule et même science » [98]. Elle prolonge une théorie générale de l'homme social, qui lie fortement les principes d'une anthropologie matérialiste à l'analyse du mouvement des sociétés humaines [99].

---

91. *Ibid.*, p. 312-314.
92. *De l'Homme*, note 26 de la Section VI, IV, p. 116 (à propos de l'Angleterre).
93. *Ibid.*, Section VI, ch. 16, IV, p. 103.
94. *Ibid.*, Section IX, ch. 13, IV, p. 273.
95. Voir les chapitres III à V de la Section VI, où Helvétius réfute les arguments des adversaires du luxe, et le chapitre XVIII, où il montre que c'est à l'inégale répartition des richesses, « cause productrice » du luxe, et non au luxe lui-même, qu'il faut remédier. Il admet même que le luxe est un moindre mal dans un état corrompu, car il reporte l'argent et la vie dans la classe inférieure, et reste donc un principe d'activité.
96. Voir la Section VI du livre *De l'Homme*, ch. XVI et notes 6, 13, 19.
97. *De l'Homme*, Section VI, ch. 14, « Des pays où l'argent a cours ».
98. *De l'Esprit*, Discours II, ch. XXIV, I, p. 315.
99. Définissant le bon gouvernement comme celui qui assure le bonheur du plus grand nombre des citoyens, en liant l'intérêt particulier à l'intérêt public, Helvétius définit du même coup le mauvais gouvernement, qui substitue aux lois d'une morale naturelle, fondée sur les véritables besoins de l'homme, un despotisme de la vanité qui favorise les passions factices. Symptômes d'un mal dont souffre la monarchie française, atteint de cette maladie

VII. Une science de l'homme

Les théories d'Helvétius sur l'origine et la croissance des sociétés sont donc étroitement liées à sa théorie générale de l'homme. Pour lui, l'histoire de l'homme ne peut s'écrire que sur la base d'une anthropologie, qui fixe les lois du développement de l'individu et du progrès de l'espèce, et découvre dans les sociétés humaines l'effet multiplié de ces mêmes lois. Attentif à leur mouvement, Helvétius s'intéresse assez peu à leur singularité : des Hottentots, il ne note que leur paresse, qui les rapproche des Caraïbes, et définit cet état d'inertie et de stupidité dans lequel sont demeurés certains sauvages. Des Canadiens, il ne souligne que la cruauté, naturelle à l'homme dans l'état de guerre. Il explique la bizarrerie des coutumes par la « diversité des intérêts » des peuples : le vol était permis à Sparte, il est en honneur au royaume de Congo, parce qu'ici et là il entretient le courage nécessaire à des nations pauvres et guerrières; au contraire la vie pastorale des Scythes ne pouvait s'accommoder du vol des troupeaux, qui était sévèrement puni [100].

Le meurtre des vieillards et des malades est un acte d'humanité chez des peuples chasseurs, nécessairement nomades [101]. Le désir d'inspirer à des peuples encore sauvages le respect des lois a poussé le premier des Incas à se présenter comme le fils du soleil [102]. Partout on a posé comme juste ce qui était utile à la société, partout la vertu n'est que « l'habitude des actions utiles à sa nation » [103].

Il y a cependant des coutumes si bizarres et si atroces qu'il est impossible de les considérer comme utiles à la société. A côté des vraies vertus, qui ont leur source dans l'intérêt commun, il y a des « vertus de préjugé », qui sont l'effet de la superstition : telles sont les austérités insensées des Fakirs et des Bramines, les odieuses pratiques des prêtresses de Formose, l'anthropophagie des Giagues qui sacrifient leurs propres enfants, les détestables coutumes des nègres qui se vendent entre eux, la corruption des mœurs autorisée par la loi ou consacrée par la religion [104]. Helvétius nomme cette dernière « corruption religieuse », pour la

---

de vieillesse qui caractérise les empires pourrissants. La critique des abus n'est pour Helvétius qu'un palliatif : il croit le mal incurable, et, sur le plan théorique, il admet que le « problème d'une législation parfaite et durable » est, dans un pays parvenu à cet état de corruption (sinon dans tout pays où l'argent a cours), « trop compliqué pour pouvoir être encore résolu » (*De l'Homme*, Section VI, ch. 13, IV, p. 97).

100. *De l'Esprit*, Discours II, ch. XIII, I, p. 174 et 175.
101. *Ibid.*, p. 176.
102. *Ibid.*, p. 180.
103. *Ibid.*, p. 182.
104. Elles sont énumérées dans le ch. XIV du Discours II *De l'Esprit*.

distinguer de la « corruption politique » qui est l'effet d'un mauvais gouvernement, et de cette anarchie des intérêts qui ne permet plus de savoir ce qui est utile ou nuisible à la société livrée à des passions contradictoires.

Cette distinction le conduit à considérer la vertu « philosophiquement et indépendamment des rapports que la religion a avec la société » [105],

et à refuser toute confusion entre les principes de la religion d'une part, et d'autre part ceux de la politique et de la morale, considérées comme une seule et même science [106]. Alors que la corruption politique est toujours nuisible à la société, la corruption religieuse peut n'être pas incompatible avec la pratique des vertus les plus utiles, avec la grandeur et la félicité d'un état. Ainsi

« (...) le libertinage n'est politiquement dangereux dans un état, que lorsqu'il est en opposition avec les lois du pays, ou qu'il se trouve uni à quelqu'autre vice du gouvernement [107]. »

Il y a donc des actions « indifférentes en elle-mêmes » [108], qui n'étant ni utiles ni nuisibles à la société, ne sont proprement ni vicieuses ni vertueuses, et ne deviennent telles qu'au regard de la loi qui décide seule du juste et de l'injuste [109]

« (...) il est deux espèces différentes de mauvaises actions : les unes qui sont vicieuses dans toute forme de gouvernement, et les autres qui ne sont nuisibles et par conséquent criminelles, chez un peuple, que par l'opposition entre ces mêmes actions et les lois du pays [110]. »

Toute la morale du *Supplément,* est en germe dans ces réflexions d'Helvétius, et aussi bien des pages où Voltaire, sans nommer son adversaire, s'efforce de détruire des maximes si pernicieuses, si contraires à l'idée d'une loi naturelle et d'une morale universelle [111]. Il est en effet bien peu d'actions, qui puis-

105. *Ibid.,* I, p. 189, note h.
106. « (...) La Morale et la Législation, que je regarde comme une seule et même science (...) », *ibid.,* Discours II, fin du ch. XXIV.
107. *Ibid.,* ch. XIV, I, p. 194.
108. *Ibid.,* ch. XVII, I, p. 219.
109. Cf. HOBBES, *Eléments philosophiques du citoyen* (...), trad. Sorbière, Amsterdam, 1649, p. 103-104 : « Le larcin, le meurtre, l'adultère, et toutes sortes d'actions sont défendues par les lois de nature. Mais ce n'est pas la loi de nature qui enseigne ce que c'est qu'il faut nommer larcin, meurtre, adultère, ou injure en un citoyen, c'est à la loi civile qu'il faut s'en rapporter. »
110. *De l'Esprit,* Discours II, ch. XIV, I, p. 206-207. Voir aussi p. 189-190, où parlant du libertinage, Helvétius note : « Différents peuples ont cru et croient encore que cette espèce de corruption n'est pas criminelle; elle l'est sans doute en France, puisqu'elle blesse les lois du pays : mais elle le serait moins, si les femmes étaient communes, et les enfants déclarés enfants de l'état; car crime n'aurait alors, politiquement, rien de dangereux. » L'exemple d'Otaïti servira chez Diderot à démontrer précisément cette vérité.
111. Voir le chapitre sur l'anthropologie de Voltaire.

sent être regardées comme « vicieuses dans toute forme de gouvernement » : le mensonge, l'incontinence, le larcin et le meurtre, considérés par Voltaire comme des crimes défendus par toutes les nations, ne sont pour Helvétius que des actions « indifférentes », si on les rapporte aux vrais principes de l'univers moral : douleur, plaisir, amour de soi et intérêt commun.

Il va de soi qu'Helvétius juge la religion incapable de fonder et de soutenir une telle morale. L'homme ne s'est donné que « des dieux cruels », et partout « la terre fumante du sang des victimes immolées aux faux dieux ou à l'Etre suprême » offrent le vaste, le dégoûtant et l'horrible charnier de l'intolérance [112]. Des premiers âges du monde à la conquête de l'Amérique, les cruautés des Sarrasins, les Croisades, le massacre des hérétiques, les bûchers de l'inquisition, la destruction des Indiens, démontrent les funestes effets du fanatisme religieux. L'existence de peuples athées, parmi lesquels les Mariannais, les Caraïbes, les Chiriguanes, les Giagues, prouve que la religion n'est pas nécessaire à la société, et que les lois suffisent à rendre les hommes vertueux, au sens philosophique du terme, c'est-à-dire à lier l'intérêt personnel à l'intérêt public [113].

Cette théorie de l'homme et des sociétés humaines débouche donc sur une définition de la politique, science des mœurs et science de la législation. Puisqu'aucune régression économique n'est possible ou souhaitable, il faut tenter de revenir artificiellement, par une pratique scientifiquement fondée, au point d'équilibre dont on s'est écarté, de rompre le cycle des révolutions, de remédier au mal, avant qu'il ne devienne incurable. Si désormais l'évolution des sociétés humaines se fait sous le signe de la loi, on peut espérer agir sur les véritables ressorts de l'univers moral et du monde social. Seules les « découvertes en législation » auraient ainsi le pouvoir de ramener les sociétés au début de l'état de lois. Les premières conventions, comme les lois destinées à garantir le droit de propriété, ont marqué un progrès essentiel dans les rapports des hommes entre eux; le temps de la meilleure législation possible n'est-il pas aujourd'hui venu, qui fixerait les sociétés policées au sommet de leur période et les préserverait d'une révolution fatale ? Ainsi le schéma état de nature, état de guerre, état de lois, dans lequel ce dernier apparaît comme la résolution des contradictions nées de la croissance même des sociétés, a moins une valeur historique qu'une fonction théorique. Instrument d'analyse et de compréhension, il propose moins une lecture du passé humain qu'une philosophie de l'homme moderne, dont le bonheur dépend de l'emprise qu'il saura exercer sur la société où il vit.

---

112. *De l'Esprit*, Discours II, ch. XXIV, note f et p. 308-309.
113. *Ibid.*, note k. Sources : Le Gobien, pour les Mariannais; Laborde, pour les Caraïbes; les *Lettres édifiantes*, tome XXIV, pour les Chiriguanes: Cavazzi, pour les Giagues.

« En vain dirait-on que ce grand œuvre d'une excellente législation n'est point celui de la sagesse humaine, que ce projet est
une chimère. Je veux qu'une aveugle et longue suite d'événements dépendants tous les uns des autres, et dont le premier
jour du monde développa le premier germe, soit la cause universelle de tout ce qui a été, est, et sera : en admettant même ce
principe, pourquoi, répondrai-je, si, dans cette longue chaîne
d'événements, sont nécessairement compris les sages et les fous,
les lâches et les héros qui ont gouverné le monde, n'y compren-
drait-on pas aussi la découverte des vrais principes de la législation, auxquels cette science devra sa perfection, et le monde
son bonheur ? [114] »

VIII. L'HUMANISME D'HELVÉTIUS

L'identité d'organisation entraîne une égale aptitude à l'esprit.
Il n'y a donc pas pour Helvétius de peuples « stupides », il n'y
a que des peuples ignorants [115]. L'infériorité réelle des sauvages
n'est pas le résultat d'un vice de constitution, elle est d'ordre
purement historique. Si partout « les hommes naissent avec les
mêmes besoins et les mêmes désirs de les satisfaire », les sociétés
les plus étendues, en multipliant les besoins, et en faisant naître
les désirs « de vanité », rendent l'homme nécessairement plus
actif et plus industrieux. Les sociétés sauvages sont plus ou
moins éclairées selon leur degré d'industrie, et la force de leurs
passions : il y a donc autant de différence, sous le rapport de
l'esprit, entre les Africains et les Canadiens, qu'entre ceux-ci et
les nations les plus anciennement civilisées. Toute société, même
la plus imparfaite, porte en elle le germe de sa perfectibilité,
puisqu'elle sollicite sans cesse les individus à de nouveaux progrès. Considérées sous le rapport de la morale, seules les sociétés
passées à l'état de lois produisent les passions fortes, criminelles
ou vertueuses, qui sont la source des grandes actions. Les seules
vertus de l'homme sauvage sont la force et l'adresse, celles de
l'homme policé sont « l'amour de la justice et de la patrie » [116].
La supériorité des nations civilisées tient tout entière à la puissance de la loi et de l'éducation qui les forcent à acquérir les
talents et les vertus utiles à l'Etat. Il y a une constante proportion entre « les lumières des citoyens, la force de leurs passions, la forme de leurs gouvernements, et par conséquent l'inté-

---

114. *De l'Esprit*, Discours II, ch. XVII, note d.
115. Helvétius emploie presque toujours ce terme dans son sens étymolo-
gique. La « stupidité » de certains sauvages est l'effet de leur « inertie ».
La « sagacité » du sauvage capable de reconnaître dans la forêt les traces
d'un ennemi, est le résultat d'une multitude d'expériences, et non l'effet
d'une faculté particulière (*De l'Homme*, Section X, ch. I, IV, p. 332, note a.
116. *Ibid.*, p. 335, note b.

rêt qu'ils ont de s'éclairer » [117]. L'humanité, qui « commande
l'amour de tous les hommes » [118], et qui au-delà de l'intérêt particulier et de l'intérêt public, suppose la reconnaissance de l'intérêt supérieur qui doit lier tous les peuples de la terre, ne peut
être que le fruit d'une société où brillent les perfections de l'état
de lois [119] : le sauvage est communément cruel pour son semblable, si souvent son ennemi, la plupart des peuples policés se
déshonorent par de sanglantes barbaries, qui prouvent combien
ils sont encore éloignés de cet état d'excellence. Ainsi la traite
des nègres, le pouvoir absolu des maîtres, les atrocités commises
par les Espagnols en Amérique sont dénoncés comme les symptômes du mal qui ronge ces nations opulentes et orgueilleuses
qui, parvenues au période de leur grandeur, et emportées par
le désir effréné des richesses, seront bientôt les victimes du despotisme. La barbarie est toujours un signe d'ignorance, ou de
superstition [120] et un peuple, qui s'avilit en traitant ses esclaves
comme un despote ses sujets, manque bientôt des vertus nécessaires à sa conservation et à sa liberté. La décadence de l'Espagne et celle du Portugal le démontrent assez.

C'est donc par une suite de comparaisons entre l'état intérieur
de chaque nation et les injustices dont elle se rend coupable
au-dehors qu'Helvétius essaie de rendre sensible cette vérité politique : le commerce des nègres doit être condamné comme tout
commerce trop étendu, qui dépeuple un pays et le laisse sans
ressources :

« Si l'on suppute le nombre d'hommes qui périt, tant par les
guerres que dans la traversée d'Afrique en Amérique; qu'on y
ajoute celui des Nègres, qui, arrivés à leur destination, deviennent la victime des caprices, de la cupidité et du pouvoir arbitraire d'un maître; et qu'on joigne à ce nombre celui des citoyens
qui périssent par le feu, le naufrage ou le scorbut; qu'enfin on
y ajoute celui des matelots qui meurent pendant leur séjour à
Saint-Domingue, ou par les maladies affectées à la température
particulière de ce climat, ou par les suites d'un libertinage toujours si dangereux en ce Pays, on conviendra qu'il n'arrive
point de barrique de sucre en Europe qui ne soit teinte de sang
humain [121]. »

---

117. *Ibid.*
118. *De l'Esprit*, Discours I, ch. III, I, p. 34, note e.
119. Ce moment, où tous les peuples, selon le vœu de l'abbé de Saint-
Pierre, ne formeront plus « qu'une grande et même nation », semble à Helvétius encore lointain. *De l'Homme*, Section IX, ch. IV, p. 245, note c.
120. « L'ignorance plonge non seulement les peuples dans la mollesse,
mais éteint en eux jusqu'au sentiment de l'humanité. » L'ignorant Portugais
est « le plus inhumain des peuples. » *De l'Homme*, Section VI, ch. I, IV, p. 65.
« Les Espagnols moins superstitieux eussent été moins barbares envers les
Américains. » *Ibid.*, Section VII, ch. I, IV, p. 120.
121. On cite souvent ce texte célèbre comme fragment d'un discours antiesclavagiste, pour montrer que les philosophes ont dénoncé le crime d'esclavage. Mais on avouera que les Nègres ne sont ici que des victimes parmi

De même « l'esprit de juiverie » dont les Anglais font preuve à l'égard de leurs colonies, dont ils traient « les colons en nègres », la destruction des Sauvages du Nord de l'Amérique, le despotisme des maîtres qui dépeuple les plantations, la mauvaise politique des princes qui accablent leurs sujets d'impôts et mettent ainsi obstacle à leur activité, sont les funestes effets d'un esprit d'avarice contraire au bonheur des nations. C'est donc moins l'esclavage ou le système colonial qui sont condamnés que l'erreur politique qui consiste à détruire en l'homme, quel qu'il soit, le principe d'intérêt. La critique d'Helvétius rejoint celle des physiocrates, qui voient dans le travail servile une forme archaïque du travail humain, un gaspillage de vies et de forces, mais l'économique n'est pour lui qu'un aspect du politique : toute société qui contredit aux lois qui règlent le mouvement du corps social est condamnée à dépérir, par l'indifférence ou la révolte de ceux qui sont les victimes de la division des intérêts. Ainsi, qu'il s'agisse de l'Ancien ou du Nouveau Monde, du despotisme des maîtres ou de celui des Princes, des nations européennes ou de la société coloniale, les mêmes causes produisent les mêmes effets, et il n'y a d'autre remède que la conscience qu'une nation peut acquérir de ses vrais intérêts.

De même les conquêtes des Espagnols et leurs cruautés à l'égard des Américains ne sont que la conséquence d'un vice moral, qui mine sourdement les nations catholiques, où les prêtres et les moines ont dénaturé l'idée de *vertu*, en prêchant les Croisades : les Croisés, qui ont déserté l'Europe pour ravager l'Asie, et s'emparer à force des terres d'autrui, ont donné l'exemple d'une violence exercée de nation à nation, dont les Espagnols se sont ensuite prévalus contre les peuples païens [122]. Le droit du premier occupant, reconnu par toutes les nations civilisées, par crainte des représailles, n'est plus respecté quand il s'agit de peuples sauvages, dont elles n'ont rien à redouter; l'on en revient ainsi à l'état de guerre qui a précédé l'état de loi et les conquêtes coloniales, comme les Croisades, et les anciennes invasions, démontrent que « dans leurs entreprises, c'est leur force et non la justice que les nations consultent » [123]. Loin de mettre un frein à leurs ambitions, la religion chrétienne les a au contraire justifiées par son intolérance, et par l'exemple pernicieux des cruautés exercées contre les Vaudois et les Albi-

d'autres, dont la traite — commerce d'hommes sans profit réel pour les nations qui le pratiquent — est responsable. Helvétius met au même rang la mort de ses « compatriotes », et celle des Africains, tant en Afrique, où ils sont victimes des marchands d'esclaves, qu'aux Antilles, où ils périssent par l'effet des mauvais traitements. De plus la conclusion témoigne d'un sentiment d'impuissance devant un système qui entraine une si grande « consommation d'hommes » : Détournons nos regards d'un spectacle si funeste, et qui fait tant de honte et d'horreur à l'humanité. » *De l'Esprit*, Disc. I, ch. 3, note e.
122. *De l'Homme*, Section II, ch. 16.
123. Section IV, ch 9.

geois [124]. L'amour des richesses et de la puissance, qui est le
moteur des actions des individus et des nations, ne peut donc
être tourné au bien que par une sage législation, qui, partageant
le pouvoir entre toutes les classes de citoyens, empêche leur division en oppresseurs et opprimés, et le retour au droit du plus
fort. L'injustice à l'égard du monde sauvage n'est qu'un effet,
parmi d'autres, des vices internes aux nations dites civilisées,
entretenus par l'esprit d'intolérance :

« Tant que le dogme d'intolérance subsiste, l'univers moral
renferme dans son sein le germe de nouvelles calamités. C'est
un volcan demi-éteint, qui se rallumant un jour avec plus de
violence, peut de nouveau porter l'incendie et la désolation » [125].

Ainsi la violence coloniale apparaît moins comme une nouvelle forme de violence que comme le prolongement, ou la résurgence, d'un mal historique, dont le germe est dans une forme
de gouvernement qui n'oppose aucun obstacle aux « passions
factices » : avarice, ambition, fanatisme. Ayant nommé ses ennemis principaux, Helvétius s'emploie à les combattre, et à la
réforme de l'état : alors toute forme d'injustice devrait disparaître de ce nouvel univers moral et politique. Encore une fois
la lutte engagée contre la barbarie et l'obscurantisme dissimule
la vraie nature du fait colonial, et du système d'exploitation né
de la conquête. L'illusion réformiste, en faisant dépendre le sort
des Indiens et des Nègres de la victoire des Lumières en Europe, laisse le champ libre à tous les mythes civilisateurs.

124. *Ibid.*, ch. 18, 19 et 20, et note 61 de cette section.
125. Section IV, ch. 21, III, p. 297.

5

L'anthropologie de Diderot

On sait la place que tiennent dans la pensée et l'œuvre de Diderot aussi bien Buffon que Rousseau et Helvétius. L'*Histoire naturelle*, mise par lui dès le début au même rang que l'*Esprit des Lois*[1], restera un ouvrage majeur, auquel il ne cesse de se référer. Les *Réflexions sur le livre de l'Esprit* et la *Réfutation* de l'ouvrage posthume d'Helvétius intitulé l'*Homme* disent assez tout ce qu'il leur doit. Avec Rousseau enfin, frère devenu ennemi, le débat ouvert au moment du premier *Discours* ne s'est en fait jamais interrompu[2].

Mais si ce triple dialogue est bien au centre de « l'anthropologie » de Diderot, elle ne saurait s'y réduire. Si elle ne s'est jamais constituée en « système », elle ne se laisse ramener à aucun des systèmes que nous avons tenté de décrire. Au niveau du langage même, toute confusion est impossible : le vivant, l'animé, l'être organisé, l'individu, l'espèce, une morale universelle fondée sur l'identité des besoins et des passions, une politique fondée sur l'accord du Code des lois et du Code de la nature, ces formules clefs renvoient à une conception de la nature et du social où le biologique et le politique se trouvent associés dans une configuration singulière.

---

1. Article *Encyclopédie*, dans *O. C.* (éd. Club du Livre, désignée ici par O.C., tandis que l'édition Assézat-Tourneux sera désignée par les lettres A.T.), II, p. 453.
2. Voir Jean FABRE, « Deux frères ennemis : Diderot et Jean-Jacques », dans *Diderot Studies*, III (1961), repris dans *Lumières et Romantisme*, p. 19-65.

I. LES TEXTES

1. *Autour de l'« Encyclopédie »*

Pour une telle étude, il est nécessaire d'embrasser l'œuvre dans son ensemble, sans négliger ni la *Correspondance,* dont l'édition est à peine achevée [3], ni l'important massif constitué par l'*Encyclopédie.* Jacques Proust a montré d'une manière décisive quel rôle cet ouvrage collectif, dont Diderot fut tout à la fois le maître d'œuvre et, quand il le fallait, le tâcheron, a joué dans la formation de sa pensée, de la jeunesse à la maturité [4]. Deux sortes d'articles intéressent surtout notre propos. Ceux d'abord que Diderot a rédigés et signés de l'astérisque, en tant qu'auteur [5]. Tous ceux ensuite dont il a assumé la responsabilité, en tant que directeur. De la première sorte sont par exemple les articles « Animal » et « Espèce humaine », dont la matière est empruntée à Buffon, les articles « Droit naturel », « Grecs », « Hobbisme », « Scythes », qui éclairent les « principes » d'une politique [6], différents articles d'histoire de la philosophie, dont la matière vient de Brucker [7]. De la seconde sorte sont les différents articles de l'*Encyclopédie* qui concernent le monde sauvage, américain ou africain, et qui sont extrêmement nombreux. Il n'est pas légitime cependant de les mettre tous au même rang, et c'est pourquoi il nous faut en dire ici quelques mots.

On peut les classer en trois catégories : la première comprend tous les articles qui concernent les différents peuples sauvages, leur situation, leurs mœurs. Ils sont pour la plupart purement et simplement copiés dans l'*Histoire des Voyages* ou dans d'autres *Relations.* La seconde comprend une série d'articles beaucoup plus intéressants, qui concernent les différents « instruments » des sauvages (article « Canot », article « Marimba » — instrument à percussion —, article « Cabane », articles « Pont », « Couleuvre », « Maby », « Matatou » [Meubles des Caraïbes], par exemple) : ils manifestent l'intérêt des Encyclopédistes pour les arts et les techniques, pour la vie matérielle des sauvages. Une troisième catégorie comprend les articles d'*Histoire moderne* et d'*Histoire des superstitions.* M. Lough croit pouvoir attribuer la plupart d'entre eux au baron d'Holbach, non sans vraisemblance : constitués en *corpus* dans son livre sur l'*Encyclopédie* [8],

3. Par Georges ROTH et Jean VARLOOT. Cette édition sera désignée ici par le sigle *Cce.*

4. Voir Jacques PROUST, *Diderot et l'Encyclopédie,* chapitre IV, « La collaboration personnelle de Diderot à l'*Encyclopédie* » et l'Annexe II (Liste des articles dont il est l'auteur).

5 : *Ibid.,* chapitre IV, « Les critères d'un choix : l'astérisque et Naigeon ».

6. *Ibid.,* chapitre XI.

7. *Ibid.,* chapitres VII et VIII.

8. *Essays on the Encyclopédie* (...), III, *D'Holbach's Contribution,* p. 111-229.

ils forment un tout homogène, où le rôle funeste des prêtres et les pernicieux effets de la théocratie [9] sont dénoncés avec une insistance et une persévérance qui supposent au moins l'accord, voire la complicité de Diderot. Il suffit de comparer les articles « Huscanaouiment » (cérémonie d'initiation des jeunes gens en Virginie), « Michabou » (Etre suprême chez les Algonquins), « Kanno » (Etre suprême en Sierra-Leone), « Mumbo-Jumbo » (idole des Mandingues) à l'article « Mabouya » (théologie caraïbe) rédigé par Le Romain [10], pour mesurer la différence, et apprécier le rôle polémique dévolu à cet ensemble d'articles, volontairement appelés par des mots exotiques, d'apparence inoffensive [11]. Décentrée, démultipliée, la critique des religions prend ainsi une valeur universelle : sous des noms divers, tous les peuples du monde adorent les mêmes dieux, partout des prêtres habiles « ont le secret de tirer un profit immense des peuples séduits [12] ». Partout l'on voit « la superstition » venir « à l'appui des despotes et des tyrans, qui sont quelquefois eux-mêmes les victimes du pouvoir qu'ils lui ont accordé » [13]. Partout les sectes religieuses sont « les plus fermes supports de la tyrannie et du despotisme » [14]. Par le jeu de tels articles, l'esprit du *Christianisme dévoilé* et de la *Contagion sacrée* se propage et se diffuse à travers l'*Encyclopédie*.

Enfin l'article « Sauvages » pose un problème particulier. Dans la première édition de l'*Encyclopédie*, il est fort court. Le rédacteur est De Jaucourt, comme pour la plupart des articles concernant les peuples sauvages. Mais dans l'*Encyclopédie* dite d'Yverdon [15], publiée à partir de 1770 par De Felice, l'article est fort substantiel : le texte de De Jaucourt subit quelques suppressions, mais il est suivi d'une longue addition, empruntée à l'*Histoire des Deux Indes* de l'abbé Raynal [16]. Il s'agit d'un parallèle entre l'homme sauvage et l'homme civilisé, parallèle qui tourne à l'avantage de l'homme sauvage, plus

9. L'article « Théocratie » est aussi de d'Holbach ; il figure dans la liste des articles du baron établie par son fils et retrouvée par H. Dieckmann dans le *Fonds Vandeul* (voir « L'Encyclopédie et le fonds Vandeul », dans *R.H.L.F.*, 1951).

10. Sur Le Romain, voir le chapitre « L'information ».

11. Les mots *Piaie, Jammabos, Quiay*, ou *Talapoins* n'attirent guère l'attention que des initiés.

12. Article « Ombiasses » (LOUGH, *op. cit.*, p. 167). Voir aussi « Ngombos ».

13. Article « Samba-Pongo » (*Ibid.*, p. 170).

14. Article « Taba » (*Ibid.*, p. 173).

15. Titre complet : *Encyclopédie, ou Dictionnaire universel raisonné des connaissances humaines, mises en ordre par M. De Felice*, 48 vol., in-4°, (1770-1776) et 10 vol. de planches (1775-1789).

16. *Encyclopédie* d'Yverdon, tome XXXVII (1774) et *Histoire...*, livre XVII, ch. 4 (VIII, p. 21-27). L'édition utilisée par le rédacteur, Courtépée, est celle de 1770 ; deux passages insérés par la suite dans l'*Histoire* ne figurent pas dans l'article, en particulier un des *Fragments échappés*, A.T., VI, p. 445 et *Histoire*, p. 21-22.

heureux et plus libre. Or, le texte se retrouve dans le cahier des *Pensées détachées* du Fonds Vandeul, composé de fragments recopiés de l'*Histoire* et agencés en chapitres par M. de Vandeul[17]. L'étude des textes de l'*Encyclopédie* recoupe ainsi en partie celle des contributions de Diderot à l'ouvrage célèbre de Raynal. Car l'exemple de l'article « Sauvages » — dont on peut supposer que De Felice ignorait l'auteur; il lui suffisait de copier l'*Histoire des Indes* — n'est pas isolé : les *Suppléments* de l'Encyclopédie contiennent de nombreux articles empruntés à Raynal. Citons l'article « Afrique », l'article « Guadeloupe », les articles « Pérou », « Guyane », « Mexico », « Quito ». Elle-même compilée à partir de relations plus récentes ou de mémoires inédits, l'*Histoire des Indes* remplace l'*Histoire des voyages* et fait autorité. Mais n'est-ce pas aussi que la parenté d'esprit est évidente entre ces trois ouvrages, qui se partagent l'audience des hommes des Lumières ? Il ne semble pas non plus que ce soit le fait du hasard, si dans les *Suppléments*, il est fait appel à De Pauw — dont les thèses sont celles de Buffon — pour la rédaction de l'important article « Amérique », dont la partie géographique est laissée au bailli Engel. Au plan de l'histoire naturelle de l'homme comme au plan de l'histoire des religions, il y a dans l'*Encyclopédie* — et ses *Suppléments* — une forte cohérence, que l'on n'a pas assez soulignée à notre sens, faute des documents dont nous pouvons disposer aujourd'hui[18].

2. *Autour de l'« Histoire des Deux Indes »*

Nous ne pouvons traiter ici l'ensemble des problèmes qui concernent la collaboration de Diderot à cette *Encyclopédie du Nouveau Monde*, selon l'heureuse expression de M. Debien[19]. Une chose est certaine : les traces de cette collaboration sont partout visibles dans les écrits du philosophe, du *Supplément* à la *Réfutation d'Helvétius*, des articles de l'*Encyclopédie* ou des *Salons* aux *Observations* à Catherine II[20]. Pour s'en tenir aux

---

17. Voir Michèle Duchet, « Diderot collaborateur de Raynal (...), *R.H. L.F.*, 1960.

18. Le livre, toujours précieux, de M. Hubert, *Les sciences sociales dans l'Encyclopédie*, s'attache surtout aux contradictions de la politique des Encyclopédistes.

19. Voir Michèle Duchet, art. cit. et *C.A.I.E.F.*, 1961 : « *Le Supplément au voyage de Bougainville et la collaboration de Diderot à l'Histoire des Deux Indes* ». De plus, nous avons consacré à ce problème un livre, à paraître en 1972, où le lecteur trouvera toutes les précisions qu'il souhaite et le tableau complet des contributions de Diderot. Voir plus loin un tableau des *Fragments* sur les nations civilisées et les nations sauvages.

20. Pour ce dernier texte, précisons que 26 passages tirés de l'*Histoire* entrent dans le manuscrit le plus complet, ce qui représente à peu près 60 pages de l'édition in-8°. Si on les supprime, certains articles cessent d'exister (par exemple l'article LXXXII). M. Vernière a signalé quelques-uns de ces passages dans son édition des *Observations sur le Nakaz*, dans *Œuvres politiques*, éd. Garnier.

documents du Fonds Vandeul, comment imaginer que le gendre de Diderot ait pu composer le cahier des *Pensées détachées* et le recueil des *Mélanges* [21] à partir de fragments détachés de i'*Histoire*, s'il n'avait eu pour cela des indications précises de l'auteur? Disons donc — sans donner ici toutes nos preuves — qu'à condition de respecter les règles de lecture établies par Jacques Proust pour les articles de l'*Encyclopédie*, c'est-à-dire de tenir compte de leur « fabrication » à partir des sources les plus diverses [22], il est légitime de regarder Diderot comme l'auteur — au sens encyclopédiste du terme — des morceaux aujourd'hui rassemblés dans les *Pensées détachées* et les *Mélanges,* et que Pierre Hermand avait déjà utilisés pour son étude des *Idées morales de Diderot* [23]. C'est surtout dans les *Pensées détachées* que se trouvent les textes utiles à notre propos : ils figurent dans les chapitres « Religion » et « Morale » [24], et surtout dans deux chapitres qui se font pendant : « Sur les nations civilisées » / « Sur les nations sauvages » [25]. Enfin les sections *Gouvernement* et *Despotisme,* à l'intérieur du chapitre « Sur les nations en général [26] », contiennent d'importants fragments politiques. Nous donnons plus loin la description détaillée des chapitres qui concernent le couple sauvages/civilisés, en proposant un titre pour chaque passage, pour en préciser le contenu.

Mais, dira-t-on, entre les articles rédigés pour l'*Encyclopédie* et les contributions de Diderot à l'*Histoire des Indes*, n'y a-t-il pas une différence de nature, et donc de qualité ? Entre l'œuvre collective, où s'est dépensée la force vive des hommes des Lumières, et ce fatras, où la compilation le dispute à des morceaux sans génie et sans goût, certes la distance est immense. Si l'*Encyclopédie* a joué un rôle décisif dans la formation de la pensée de Diderot, ce n'est pas, semble-t-il, le cas de l'ouvrage de l'abbé Raynal. Ces arguments ne sont pas sans poids. Ils ont pourtant contre eux la réalité des faits. Car après avoir maugréé contre « l'abbé du Nouveau Monde » et ses exigences, Diderot s'est engagé profondément dans l'entreprise, au point de prendre fait et cause pour Raynal contre Grimm et de s'identifier à son personnage :

« (...) Raynal est un historien comme il n'y en a point encore eu, et tant mieux pour lui, et tant pis pour l'histoire. Si l'histoire avait, dès les premiers temps, saisi et traîné par les cheveux les tyrans civils et les tyrans religieux, je ne crois pas qu'ils en

21. Fonds Vandeul, N.a.fr. 24.939 et 13.768.
22. *Op. cit.,* chapitre VIII, « Diderot traducteur de Brucker »..., « Diderot devant Brucker ».
23. Paris, 1923.
24. N.a.fr. 24.939, p. 1-19 et 43-51. Le chapitre « Religion » contient une section sur le *Gouvernement théocratique,* p. 5-11, qui répond en quelque sorte à l'article « Théocratie » de d'Holbach.
25. P. 53-60 et p. 128-172.
26. P. 60-127.

fussent devenus meilleurs; mais ils en auraient été plus détestés, et leurs malheureux sujets en seraient peut-être devenus moins patients (...). Le livre que j'aime et que les rois et leurs courtisans détestent, c'est le livre qui fait naître des Brutus (...) [27]. »

C'est plus qu'un éloge, c'est presque un manifeste. Dans le combat contre les tyrans civils et les tyrans religieux, *l'Histoire des Indes* a pris la relève de *l'Encyclopédie*. Son prodigieux succès en fait un instrument de diffusion incomparable. C'est bien le livre par où la philosophie du *Supplément*, et de la *Réfutation d'Helvétius* a pu filtrer jusqu'aux contemporains, grâce aux morceaux véhéments, que l'abbé prenait soin de disperser à travers toute l'œuvre. Mais cela, *l'Histoire des Indes* ne l'est devenue qu'insensiblement, au fur et à mesure que les écrits non publiés — et pour cause — s'accumulaient dans le « portefeuille » du philosophe. Les contributions de Diderot à la première édition — celle de 1770 — sont plus proches de l'histoire naturelle que de la politique. Ainsi dans le chapitre « Sur les nations civilisées », trois fragments sur la perfectibilité des espèces animales, sur les progrès dûs à la domesticité des animaux, cette « invention des sociétés », et sur la lutte des espèces entre elles, et de l'homme contre toutes, prolongent le dialogue de l'article « Animal » et font aux thèses de Buffon la part aussi belle que dans *l'Encyclopédie* [28]. Dans le chapitre « Sur les nations sauvages », de nombreux fragments montrent que le *Supplément* a commencé de s'élaborer en marge du livre de Raynal, par une sorte de méditation sur le bonheur de l'état sauvage et le malheur de l'homme civilisé : double constat dont le dialogue de 1772 tirera toutes les conséquences.

Si, au plan politique, *l'Histoire des Indes* a surtout été un moyen d'expression, une « machine de guerre » [29] dont Diderot et ses amis ont su utiliser la puissance, l'anthropologie de Diderot lui doit au contraire beaucoup. A travers elle, il a recueilli le meilleur de la littérature des voyages, et le témoignage des naturalistes, ou des administrateurs-philosophes, dont Raynal s'est servi pour mettre à jour son encyclopédie du monde colonial. Ainsi les fragments qui composent le chapitre « Sur les nations sauvages » concernent les peuples les plus divers : Sauvages du Canada (Fragments 1, 8, 13, 14, 15); Brésiliens (Fragments 4, 6, 7); les Hottentots (Fragment 3); les Californiens (Fragment 5); les habitants du Chili (Fragment 9); les Nègres (Fragment 2); les Caraïbes (Fragment 10), et, disséminés au hasard des pages

27. *Lettre apologétique de l'abbé Raynal à M. Grimm*, édition H. Dieckmann, p. 250. (Nous avons modernisé l'orthographe et la ponctuation.)
28. Les passages de *l'Histoire* empruntés à Buffon sont nombreux dès 1770. Diderot en profite pour développer ses propres idées, à propos des castors (fragment E), des animaux du Nouveau Monde (fragment D), ou de la « froideur » des Américains (fragment 16). Voir Tableau p. 469 sq.
29. L'expression est de M. Hans WOLPE, *Raynal et sa machine de guerre*.

de l'*Histoire,* lui empruntent la matière de « réflexions » sur les mœurs des sauvages, les maux entraînés par l'avidité et les vices des Européens, le bonheur et les vertus de l'homme naturel et la corruption des civilisés. Tous les éléments d'une thématique s'y ordonnent peu à peu en système, jusqu'à ce qu'enfin les écrits personnels du philosophe en soient pénétrés, par une lente osmose [30].

Ainsi l'on ne peut dire que la matière même du livre de Raynal soit restée étrangère au plus illustre de ses collaborateurs. Il se l'est au contraire si parfaitement assimilée qu'elle est devenue sienne, et nous aurons souvent à citer comme les morceaux d'un même discours des fragments écrits pour Raynal et des pages du *Supplément* ou de la *Réfutation d'Helvétius.*

II. Le système de la nature

Il y a dans l'*Essai sur le Mérite et la vertu,* que Diderot traduit de Shaftesbury en 1745, un texte qui pourrait servir de prologue à une étude comparée de l'anthropologie de Diderot et de celle de Rousseau:

« Si un historien ou quelque voyageur nous faisait la description d'une créature parfaitement isolée, sans supérieure, sans égale, sans inférieure, à l'abri de tout ce qui pourrait émouvoir ses passions, seule en un mot de son espèce, nous dirions sans hésiter *que cette créature singulière doit être plongée dans une affreuse mélancolie; car quelle consolation pourrait-elle avoir en un monde qui n'est pour elle qu'une vaste solitude?* Mais si l'on ajoutait *qu'en dépit des apparences cette créature jouit de la vie, sent le bonheur d'exister, et trouve en elle-même de la félicité;* alors nous pourrions convenir *que ce n'est pas tout à fait un monstre, et que, relativement à elle-même, sa constitution naturelle n'est pas entièrement absurde; mais nous n'irions jamais jusqu'à dire que cet être est bon.* Cependant, si l'on insistait et qu'on nous objectât *qu'il est parfait dans sa manière, et conséquemment que nous lui refusons à tort l'épithète de bon; car qu'importe qu'il ait quelque chose à démêler avec d'autres ou non?* Il faudrait bien franchir le mot, et reconnaître *que cet être est bon; s'il est possible toutefois qu'il soit parfait en soi-même sans avoir aucun rapport avec l'univers où il est placé.* Mais si l'on venait à découvrir à la longue quelque système dans la nature dont on pût considérer ce vivant automate comme faisant partie, il perdrait incontinent le titre de bon, dont nous l'avions décoré. Car comment conviendrait-il à un

---

30. L'impression de disparate qu'on pouvait éprouver à la lecture des *Fragments échappés* et des *Fragments politiques* (A.T., tomes IV et VI) disparaît complètement si on les rapporte à cet ensemble.

individu qui, par sa solitude et son inaction, tendrait aussi directement à la ruine de son espèce [31]. »

Il n'y a donc de *bonté* qu'à l'intérieur d'un système de relations qui unit tout être à son espèce, et si toute une espèce
« contribue à l'existence ou au bien-être d'une autre espèce »,
l'espèce sacrifiée fait partie d'un autre système. Certaines espèces
sont destinées à être des *proies,* d'autres sont composées d'animaux *prédateurs :*

« C'est ainsi qu'une multitude de systèmes différents se réunissent et se fondent, pour ainsi dire, les uns dans les autres pour
ne former qu'un seul ordre de choses (...). Enfin si la nature
entière n'est qu'un seul et vaste système que tous les autres
êtres composent, il n'y aura aucun de ces êtres qui ne soit mauvais ou bon par rapport à ce grand tout, dont il est une partie [32]. »

Pour Shaftesbury et Diderot, bonté et sociabilité ne sont donc
qu'une seule et même chose; elles ne sont que l'expression du
lien nécessaire qui unit entre eux les êtres d'une même espèce,
d'une solidarité biologique qui les oblige à confondre, pour leur
conservation, leur intérêt particulier et le bien général de leur
espèce : « la tendresse paternelle, le penchant à la propagation,
l'éducation des enfants, l'amour de la compagnie, la reconnaissance, la compassion, la conspiration mutuelle dans les dangers »
sont autant d'inclinations naturelles.

« (...) il est aussi *naturel* à la créature de travailler au bien
général de son espèce qu'à une plante de porter son fruit, et à un
organe ou à quelque autre partie de notre corps, de prendre
l'étendue et la conformation qui conviennent à la machine entière;
et (qu')il n'est pas plus *naturel* à l'estomac de digérer, aux poumons de respirer, aux glandes de filtrer et aux autres viscères de
remplir leurs *fonctions* (...) [33]. »

L'idée d'un *système* de la nature, d'un univers où « tout est
uni » [34], ne fait que reprendre, sous une autre forme, celle d'une
chaîne des êtres : elle peut, pour un théiste, s'identifier avec la
notion d'un ordre divin. Mais elle peut aussi recevoir un nouveau développement chez un penseur matérialiste, et signifier
« l'ordre nécessaire » de toutes les parties de l'univers [35]. Mais
ce qui nous intéresse ici, c'est l'extension du mot *naturel* du
physique au moral, de l'organique au social. Taine dira plus
tard : « Le vice et la vertu sont des *produits* comme le sucre et
le vitriol. » Diderot et Shaftesbury font des vertus sociales des

31. *O. C.*, I, p. 43-45, souligné dans le texte.
32. *O. C.*, I, p. 47.
33. *Ibid.*, p. 135.
34. *Ibid.*, note de Diderot, p. 46.
35. Voir J.S. SPINK, « L'échelle des êtres et des valeurs dans l'œuvre de
Diderot », *C.A.I.E.F.*, 1961, p. 343.

fonctions naturelles [35 bis] à l'homme, dont l'être moral est entièrement déterminé par sa relation au tout :

« (...) nous sommes chacun, dans la société, ce qu'est une partie, relativement à un tout organisé »,

précise Diderot en note [36].

Or, on s'en souvient, cette relation de chacun au tout est pour Rousseau non un fait de nature, mais le résultat d'une histoire, d'une culture. Pendant des siècles, des hommes ont pu vivre isolés, sans constituer un « corps social », sans éprouver le besoin de ces affections prétendues « naturelles » à l'espèce, et sans qu'il soit possible de les considérer comme « bons » ou comme « méchants », puisque, parfaitement indifférents à tout ce qui n'est pas eux, ils ne tendent ni au bien général, ni à la ruine de leur espèce. Lorsque nous avons étudié l'anthropologie de Rousseau, nous avons signalé tout ce qui l'oppose, dès les années 1750, à Buffon et à Diderot. Mais si l'on remarque que, dans une note de l'*Essai sur l'origine des langues*, Rousseau a pris soin de marquer son opposition à la thèse de Shaftesbury [37], il est permis de penser que dès la publication de l'*Essai sur le mérite et la vertu*, il a vu dans ce « fonctionnalisme » qui avait séduit Diderot la plus dangereuse des illusions. Car en réduisant le social au biologique, en faisant des sociétés humaines un « tout organisé », naturellement ordonné au bien de l'espèce, on plaçait toute l'histoire des hommes sous le signe de la nécessité, et dès lors, la nature omniprésente était à elle-même son propre modèle et sa propre fin. C'est bien ce « naturalisme » athée — même quand il se prétend déiste — que Rousseau ne cessera de combattre.

L'idée d'un « système » de la nature est en tout cas antérieure chez Diderot à la lecture de l'*Histoire naturelle* de Buffon, qui lui-même reprend dans le discours *Des Animaux carnassiers* les principaux thèmes de l'*Essai sur le mérite et la vertu* [38]. Mais chez Buffon, soucieux d'affirmer la supériorité de l'espèce humaine sur toutes les autres espèces vivantes, l'idée d'une gradation naturelle des êtres n'apparaît pas fortement liée à celle d'un tout organisé. Cette liaison, et les problèmes qu'elle pose aux historiens de la nature, est au contraire pour Diderot un sujet essentiel de méditation. Il est plus facile en effet de voir combien « l'homme ressemble aux animaux dans ce qu'il a de

---

35 bis. Diderot pourtant force le texte de manière très significative, lorsqu'il traduit *natural affection* par « inclinations sociales », p. 135.

36. P. 134, note 29.

37. Ed. du Graphe, p. 524, note I, La thèse de Shaftesbury est reprise à l'article « Population » de l'*Encyclopédie*.

38. Voir J. ROGER, *op. cit.*, p. 588. Sur Buffon et Diderot, voir tout le chapitre sur Diderot, p. 585-682 et J. ROGER, « Diderot et Buffon en 1749 », dans *Diderot Studies*, IV.

matériel » [39], et combien il s'en distingue par « un ordre de connaissances et d'idées particulières à l'espèce humaine, qui émanent de sa dignité et qui la constituent » [40], que de fixer le point où commence et où finit l'animalité.

« (...) s'il est vrai, comme on n'en peut guère douter, que l'univers est une seule et unique machine, où tout est lié, où les êtres s'élèvent au-dessus ou s'abaissent au-dessous les uns des autres, par des degrés imperceptibles, en sorte qu'il n'y ait aucun vide dans la chaîne, et que le ruban coloré du célèbre Père Castel, jésuite, où de nuance en nuance on passe du blanc au noir sans s'en apercevoir, soit une image véritable des progrès de la nature; il nous sera bien difficile de fixer les deux limites entre lesquelles l'*animalité*, s'il est permis de s'exprimer ainsi, commence et finit [41]. »

L'historien de la nature « contraint de l'embrasser par grandes masses », coupe « dans les endroits de la chaîne où les nuances lui paraissent trancher le plus vivement » [42]. Mais la philosophie ignore ces divisions qui ne sont pas l'ouvrage de la nature; il lui faut penser cette continuité qui, d'un bout à l'autre de la chaîne, met en relation chacun des êtres avec tous les autres. Il n'y a aucune faculté que l'on puisse attribuer en propre à une espèce, quelle qu'elle soit : « la faculté de penser, d'agir, de sentir » qui réside dans quelques hommes dans un degré éminent, et « dans un degré moins éminent en d'autres hommes », va en s'affaiblissant à mesure qu'on suit la chaîne des êtres en descendant, et s'éteint apparemment dans quelque point de la chaîne très éloigné, placé entre le règne animal et le règne végétal » [43].

On sait que les critiques contemporains ont vu dans l'article « Animal » « une pièce maîtresse de la machine de guerre encyclopédique » [44]. Si Buffon en effet constatait qu'il y avait d'une espèce à l'autre des différences souvent minimes, il n'en pensait pas moins qu'elles étaient séparées les unes des autres dès l'origine par leur organisation même. Les seules variations à l'intérieur de ce système fixe ne pouvaient venir que du climat, ou des conditions naturelles qui, en se modifiant, étaient susceptibles de produire de nouvelles « variétés ». Diderot ne récuse nullement cette vision statique pour une espèce donnée : l'article « Humaine [Espèce] », dépourvu de tout commentaire, le montre bien. Mais il s'interroge sur le processus qui a donné naissance aux différentes espèces, des moins organisées aux plus organi-

39. Buffon, *O. C.*, VIII, p. 355.
40. Diderot, Article « Droit naturel ».
41. Article « Animal ». Souligné dans le texte.
42. Article « Animal ».
43. *Ibid*.
44. J. Proust, *op. cit.*, p. 260 et p. 288.

sées, indépendamment des « variétés » dont on peut déceler l'origine dans des causes externes, soit permanentes, soit accidentelles.

Si « la faculté de penser, d'agir, de sentir » s'éteint — ou apparaît — dans un point de la chaîne « placé entre le règne animal et végétal », elle n'est plus qu'une « propriété de la matière », un degré de son organisation, et la distance infinie qui, pour Buffon, séparait le plus intelligent des animaux de l'homme le plus stupide, s'abolit. En mettant sur le même plan *penser, agir* et *sentir,* Diderot suggère une « continuité dynamique [45] » entre la sensibilité, commune à tous les êtres animés ou inanimés, le principe actif, qui, à un degré supérieur, caractérise l'animal, la pensée enfin, produit d'une organisation perfectionnée.

Dès 1753, dans les *Pensées sur l'interprétation de la nature,* Diderot imagine un « prototype de tous les animaux », dont la nature aurait tiré tous les êtres par une série de « métamorphoses », peuplant « les confins des deux règnes d'êtres incertains, ambigus, dépouillés en grande partie des formes, des qualités et des fonctions de l'un, et revêtus des formes, des qualités, des fonctions de l'autre » [46]. On a rapproché ce texte d'un passage d'un chapitre de Buffon sur *le Cheval* [47], à tort, selon nous : car Buffon parle seulement d'un « prototype général *dans chaque espèce* », qui serait à la fois « le modèle extérieur » et « le moule intérieur » sur lequel tous les individus de cette espèce ont été ensuite formés, et nullement d'un prototype qui aurait été en quelque sorte la matrice d'où la nature aurait tiré toutes les espèces possibles. On ne saurait non plus parler, à propos de ce texte, d'évolutionnisme, car Diderot n'a jamais voulu dire que les différentes espèces étaient issues l'une de l'autre. L'idée d'un modèle unique, d'où procéderaient toutes les formes de l'être par le jeu de multiples combinaisons, est pour Diderot une arme contre les « méthodistes » qui croient épuiser, par une nomenclature, la diversité du vivant. Ainsi Linné, dont les classes, les ordres, les genres et les espèces ne sont qu'une grille de lecture commode, non une véritable « histoire naturelle » :

« Il est vrai, continue le méthodiste, qu'en conséquence de mes principes d'histoire naturelle, je n'ai jamais su distinguer l'homme du singe; car il y a certains singes qui ont moins de poils que certains hommes; ces singes marchent sur deux pieds, et ils se servent de leurs pieds et de leurs mains comme les hommes. D'ailleurs la parole n'est point pour moi caractère distinctif; je n'admets, selon ma méthode, que des caractères qui dépendent du nombre, de la figure, de la proportion et de la

45. J. PROUST, *op. cit.,* p. 288 : « Ce qui était continuité statique aux yeux de Buffon devient pour Diderot continuité dynamique. »
46. *O. C.,* II, p. 723.
47. *O. C.,* X, p. 225. Diderot indique bien d'ailleurs que cette hypothèse est « rejetée » par Buffon « comme fausse », p. 723. Il renvoie cependant son lecteur à l'*Ane* (p. 722, note 2). Voir Buffon, *O. C.,* X, p. 267.

situation. Donc votre méthode est mauvaise, dit la logique. " Donc l'homme est un animal à quatre pieds ", dit le naturaliste [48]. »

Diderot voit au contraire dans la philosophie de Maupertuis [49] « une entreprise hardie sur le système universel de la nature », c'est-à-dire sur « la formation des animaux, ou plus généralement, celle de tous les corps organisés » [50], et il propose cette définition de l'*animal :*

« Un système de différentes molécules organiques qui, par l'impulsion d'une sensation semblable à un toucher obtus et sourd que celui qui a créé la matière en général leur a donné, se sont combinées jusqu'à ce que chacune ait rencontré la place la plus convenable à sa figure et à son repos [51]. »

Ce que nous prenons pour « l'histoire de la nature » n'est donc que « l'histoire très incomplète d'un instant » [52]. Les naturalistes fondent leur science sur une illusoire permanence des choses et des êtres, mais « si la nature est encore à l'ouvrage », on ne peut déduire le « pourquoi » des phénomènes de leur ordre apparent. Il faut donc renoncer à chercher des « causes finales » [53], et s'interroger sur la genèse des êtres vivants. Il ne suffit pas de dire que l'homme *ressemble* aux animaux dans ce qu'il a de matériel, il faut imaginer la succession d'états intermédiaires qui du végétal situé aux confins de l'animalité, conduit aux confins de l'animalité, c'est-à-dire à l'espèce humaine :

« (...) le philosophe (...) ne pourrait-il pas soupçonner que l'animalité avait de toute éternité ses éléments particuliers, épars et confondus dans la masse de la matière; qu'il est arrivé à ces éléments de se réunir, *parce qu'il était possible que cela se fît;* que l'embryon formé de ces éléments a passé par une infinité d'organisations, et de développements; qu'il a eu, *par succession,* du mouvement, de la sensation, des idées, de la pensée, de la réflexion, de la conscience, des sentiments, des passions, des signes, des gestes, des sons, des sons articulés, une langue, des lois, des sciences, et des arts; qu'il s'est écoulé des millions d'années entre chacun de ces développements, qu'il a peut-être encore d'autres développements à *subir,* et d'autres accroissements à prendre, qui nous sont inconnus, qu'il a eu ou qu'il aura un état stationnaire; qu'il s'éloigne, ou qu'il s'éloignera de cet état par un dépérissement éternel, pendant lequel ses facultés sortiront

48. *O. C.,* II, p. 755.
49. Sur Maupertuis et Diderot, voir J. EHRARD, *op. cit.,* p. 166-174 et J. ROGER, *op. cit.,* chapitre « Diderot », p. 585-682, et p. 468-486 sur Maupertuis.
50. *O. C.,* II, p. 759-760.
51. P. 760.
52. P. 760.
53. P. 764-766, *Des causes finales.*

de lui comme elles y étaient entrées; qu'il disparaîtra pour jamais
de la nature, ou plutôt qu'il continuera d'y exister, mais sous
une forme et avec des facultés tout autres que celles qu'on lui
remarque dans cet instant de la durée ? [54] »

« La religion nous épargne bien des écarts et bien des travaux »..., conclut hypocritement le philosophe.

Si nous avons cité longuement ce texte célèbre, c'est qu'il
illustre admirablement le principe de continuité qui commande
toute l'anthropologie de Diderot. Entre le « matériel » (le mouvement), le « spirituel » (sensation, idées, pensée, etc.) et le politique (de l'usage des signes aux sciences et aux arts), même
s'il s'est écoulé « des millions d'années », aucune rupture n'a eu
lieu, aucune mutation : l'histoire de l'espèce humaine n'est
qu'une succession de « développements », chacun d'eux étant
contenu en germe dans celui qui l'a précédé. Ces développements, aucune cause extérieure — comme chez Rousseau —,
aucun recours à un « principe supérieur » — comme chez Buffon — ne les désigne comme le produit d'une action proprement
humaine. Rien ne marque le moment où l'espèce sort de l'animalité, où se produit le saut qualitatif, au-delà duquel aucune
réduction n'est possible du supérieur à l'inférieur. Le choix et
l'ordre même des termes renvoie à une histoire de l'entendement,
celle qu'on trouve aussi bien chez Condillac que chez Buffon :

> « Une langue *suppose* une suite de pensées, lit-on dans l'article
> « Animal » et c'est par cette raison que les animaux n'ont aucune
> langue. Quand même on voudrait leur accorder quelque chose
> de semblable à nos premières appréhensions et à nos *sensations*
> grossières et les plus machinales, il paraît certain qu'ils sont
> *incapables de former cette association d'idées,* qui seule peut
> *produire* la réflexion, dans laquelle cependant consiste l'essence
> de la *pensée.* C'est parce qu'ils ne peuvent joindre ensemble au-
> cune idée qu'ils ne pensent ni ne parlent, c'est par la même
> raison qu'ils n'inventent et ne perfectionnent rien. »

La différence est pourtant essentielle : chez Diderot, chaque
« développement » *suppose* bien celui qui précède, mais non nécessairement celui qui suit : il ne s'agit pas de reconstituer
l'histoire de l'homme sentant, réfléchissant, pensant, mais de
classer par ordre de complexité croissante, les formes d'organisation dont la succession caractérise l'espèce humaine, à son stade
actuel de développement. Ce qui est ainsi refusé, c'est le vocabulaire de la *causalité,* et la notion même de *perfectibilité,* qui
chez Rousseau, est le signe de la vocation morale de l'espèce,
capable de remplir les desseins divins. Au moment de la publication de l'article « Animal », Diderot pourtant ne semble pas

---

54. *O. C.,* p. 769. La proposition « parce qu'il était possible que cela
se fit » reprend celle de Buffon : « (...) tout ce qui peut être est. » Nous
commentons plus loin les autres membres de phrase soulignés ici.

avoir remarqué que la proposition de Buffon selon laquelle « les animaux n'inventent et ne perfectionnent rien », conduisait à faire de la « faculté de se perfectionner » le privilège de la seule espèce humaine. L'article « Bête » marque plus de réserves :

> « Les nids des hirondelles et les habitations des castors ne se ressemblent pas plus que les maisons des hommes (...). Si vous délogez des castors de l'endroit où ils sont, et qu'ils aillent s'établir ailleurs, comme il n'est pas possible qu'ils rencontrent le même terrain, il y aura nécessairement variété dans les habitations qu'ils se construiront [55]. »

Un passage des *Pensées détachées* développe la même idée, et fait de la « perfectibilité » une qualité commune à toutes les espèces : ce n'est pas parce qu'il est d'une autre essence que l'homme est « le roi des animaux », mais parce que son organisation lui permet d'étendre la sphère de son activité :

> « Les animaux, dit-on, ne perfectionnent rien; leurs opérations ne peuvent donc être que mécaniques, et ne *supposent aucun principe* semblable à celui qui meut l'homme (...) le castor, qui parmi nous est errant, solitaire, timide, ignorant, ne connaissait-il pas dans le Canada le gouvernement civil et domestique, les saisons du travail et du repos, certaines règles d'architecture, l'art curieux et savant de construire des digues ? Cependant il était parvenu à ce degré de *perfectibilité* avec des instruments faibles et peu maniables. A peine peut-il voir le travail qu'il fait avec sa queue. Ses dents qui lui servent à la place de mille outils, sont circulaires et gênées par les lèvres. L'homme au contraire, avec une main qui se plie à tout et se soumet à tout, a dans ce seul organe du tact tous les instruments réunis de la force et de l'adresse. Mais ne doit-il pas principalement à cet avantage de son organisation, la supériorité de son espèce sur toutes les autres ? Ce n'est point parce qu'il lève les yeux au ciel comme tous les oiseaux, qu'il est le roi des animaux; c'est parce qu'il est armé d'une main souple, flexible, industrieuse, terrible et secourable [56]. »

Comme Helvétius, Diderot propose donc une lecture matérialiste de Buffon [57], comme lui, « il ne reconnaît de différence

---

55. On sait que pour Buffon les animaux ne font qu'une seule chose, et la font toujours de la même manière, *O. C.*, VIII, p. 356-357. « L'ordre de leurs actions est tracé dans l'espèce entière », une fois pour toutes. L'animal ne peut donc varier dans son comportement, il ne peut s'adapter à une situation nouvelle.

56. *Histoire des Indes*, VII, p. 190. C'est nous qui soulignons.

57. Voir notre chapitre sur « L'anthropologie d'Helvétius », et ce jugement de Diderot sur Buffon : « Ici Buffon pose tous les principes des matérialistes; ailleurs il avance des propositions tout à fait contraires », *Commentaire d'Hemsterhuis*, éd. cit. dans Bibl., p. 513. Diderot joue de ce double registre.

entre l'homme et la bête que celle de l'organisation [58] ». Mais il se sépare d'Helvétius, lorsque celui-ci conclut de l'identité d'organisation à celle des esprits :

« Il n'a pas vu qu'après avoir fait consister toute la différence de l'homme à la bête dans l'organisation, c'est se contredire que de ne pas faire consister aussi toute la différence de l'homme de génie à l'homme ordinaire dans la même cause [59]. »

Penser que « les hommes sortent des mains de la nature tous presque également propres à tout [60] », c'est confondre l'identité d'organisation au niveau de l'espèce et l'organisation interne propre à chaque individu. Or, on ne peut « employer la même cause pour expliquer la diversité d'un chien à un chien, et (...) la rejeter lorsqu'il s'agit des variétés d'intelligence, de sagacité, d'esprit d'un homme à un autre [61] ». Des *Réflexions sur le livre de l'Esprit* à la *Réfutation suivie de l'ouvrage* (...) *intitulé l'Homme,* l'objection est restée la même. Elle est fondamentale, puisqu'elle porte sur la distinction de l'individu et de l'espèce. Pour un matérialiste « conséquent », il y a des degrés à l'intérieur de chaque espèce, et les différences individuelles, la diversité des goûts et des talents, l'inégalité des esprits font autant de variétés d'hommes qu'il y a de races dans une seule et même espèce animale :

« L'homme est *aussi* une espèce animale, sa raison n'est qu'un instinct perfectible et perfectionné; et dans la carrière des sciences et des arts, il y a autant d'instincts divers que de chiens dans un équipage de chasse [62]. »

Ou encore :

« (...) la raison de l'homme est un instrument qui correspond à toute la variété de l'instinct animal; (...) la race humaine ressemble les *analogues* de toutes les sortes d'animaux; et (...) il n'est non plus possible de tirer un homme de sa classe qu'un animal de la sienne, sans les dénaturer l'un et l'autre (...) [63]. »

Identité d'organisation, différences d'organisation, ces deux concepts sont fortement liés dans le *Rêve de d'Alembert,* où Diderot décrit la formation de l'être vivant à partir de molécules sensibles, constituées en fils ou « brins » puis en faisceaux de

---

58. *Réflexions sur le livre de l'Esprit, O. C.,* III, p. 240.
59. *Ibid.,* p. 244.
60. *Réflexions sur le livre de l'Esprit, O. C.,* III, p. 245.
61. *Réfutation (...) d'Helvétius,* désignée ici par R.H., *Œuvres philosophiques,* éd. Vernière, p. 582.
62. *Ibid.,* p. 590.
63. *Ibid.,* p. 570, souligné par nous. Rappelons que Buffon affirme lui aussi l'inégalité naturelle des esprits. Il y a des « hommes plus ou moins stupides », et bien des degrés entre l'homme ordinaire et l'homme supérieur (*O. C.,* IX, p. 141 sq).

fils ou « fibres », dont le réseau s'étend à partir d'un « point originaire » qui demeure le centre du système, et commande son équilibre. Pour tous les êtres d'une même espèce, cette structure demeure identique [64]. Mais le « rapport » de l'origine du faisceau à ses ramifications, varie selon les individus, soit pour des raisons organiques (« un brin du faisceau plus vigoureux en eux qu'en aucun autre et que le brin semblable dans les êtres de leur espèce » [65]), soit pour des causes extérieures (les habitudes). Ces variations déterminent tous les types d'organisation possibles :

« BORDEU : Le principe ou le tronc est-il trop vigoureux relativement aux branches ? De là les poètes, les gens à imagination, les hommes pusillanimes, les enthousiastes, les fous. Trop faible ? de là ce que nous appelons les brutes, les bêtes féroces. Le système entier mol, lâche, sans énergie ? De là les imbéciles. Le système entier énergique, bien d'accord, bien ordonné ? De là les bons penseurs, les philosophes, les sages.

MLLE DE L'ESPINASSE : Et selon la branche tyrannique qui prédomine, l'instinct qui se diversifie dans les animaux, le génie qui se diversifie dans les hommes [66]. »

Un être sensible, c'est « un être abandonné à la discrétion du diaphragme » [67], un grand homme, celui qui est capable de « conserver à l'origine du faisceau tout son empire » [68].

Ce déterminisme rigoureux conduit à poser en des termes nouveaux le problème du vice et de la vertu, et celui de la liberté. De ce point de vue, le *Rêve de d'Alembert* n'est que la démonstration du principe énoncé dans la *Lettre à Landois :* « Il n'y a qu'une sorte de causes à proprement parler; ce sont les causes physiques [69]. » La liberté est un mot vide de sens, si « nous ne sommes que ce qui convient à l'ordre général, à l'organisation, à l'éducation, et à la chaîne des événements » [70]. Tandis que l'*Essai sur le mérite et la vertu* tentait de fonder une morale sur l'intérêt de l'individu porté naturellement à souhaiter le bien général de son espèce, la *Lettre à Landois* et le *Rêve de d'Alembert* ne parlent plus que de châtiments et de récompenses, et la rigueur d'une morale répressive n'y est atténuée que par « une sorte de philosophie pleine de commisération » pour ceux qui, « malheureusement nés », s'acheminent nécessairement à l'ignominie [71]. A

64. Diderot la représente comme une toile d'araignée. L'image est célèbre. Nous ne retenons ici du *Rêve* que ce qui concerne la structure de l'animal humain, et son organisation, qui sont au centre de l'anthropologie matérialiste de Diderot.
65. *Rêve* (...), éd. Vernière. p. 126 et 127.
66. *Ibid.*
67. P. 129.
68. P. 130.
69. *O. C.*, III, p. 13.
70. *Lettre à Landois, Ibid.*, p. 12-13.
71. *Ibid.*, p. 13.

un naturalisme optimiste succède un fatalisme désabusé : le bien
de l'espèce a-t-il encore un sens, si l'individu ne peut être que
ce qu'il est, ni agir autrement qu'il n'est déterminé à le faire ?
L'identité d'organisation, qui pourrait fonder une morale de la
« commisération » ou de l'intérêt commun, a finalement moins
d'importance que l'irréductible originalité de l'individu, dans
laquelle viennent s'anéantir son être moral et son être social,
moins d'importance surtout que le grand travail de la nature qui
emporte toutes les espèces vivantes vers leur dépérissement.
« (...) la sensibilité générale, la formation de l'être sentant, son
unité, l'origine des animaux, leur durée, et toutes les questions
auxquelles cela tient » [72], tels sont les « sujets graves » dont il
va être question. La physiologie, l'anatomie, la médecine, Bordeu, Bonnet et Haller fournissent les éléments d'une science de
l'homme, qui n'est déjà plus celle de Buffon.

III. « TOUT EST EN UN FLUX PERPÉTUEL »

C'est encore en lisant Diderot qu'on mesure le mieux à quel
point l'anthropologie de Buffon est anthropocentriste : dans
l'*Histoire naturelle*, tout part de l'homme, et tout converge vers
l'homme, l'être le plus intéressant de la nature, le roi des animaux, le chef-d'œuvre de la création. Certes, c'est Buffon qui
écrivait : « La Nature (...) est dans un mouvement de flux continuel [73]. » Mais l'espèce humaine, tout entière à la recherche d'un
point de perfection, s'éloigne sans cesse davantage de ses origines
et tend vers la civilisation — l'âge adulte de l'humanité —
comme une fin naturelle. L'homme de Diderot au contraire
reste pétri d'animalité : les mutations de l'espèce, l'adaptation
des organes aux fonctions et aux besoins, les écarts de la nature
dans la production des monstres, sont des phénomènes qui échappent à la vue de l'observateur qui ne sait pas se garder du « so-
phisme de l'éphémère » :

« Qui sait si ce bipède déformé, qui n'a que quatre pieds de
hauteur, qu'on appelle encore dans le voisinage du pôle un
homme, et qui ne tarderait pas à perdre ce nom en se déformant
un peu davantage, n'est pas l'image d'une espèce qui passe ? (...)
Qui sait quelle race nouvelle peut résulter derechef d'un amas
aussi grand de points sensibles et vivants ? [74] »

Diderot rêve sur la « dégénération des animaux » : n'est-elle,
comme le croyait Buffon, que l'effet d'un climat excessif, n'est-

---

72. *Rêve*, éd. cit., p. 62.
73. *Animaux communs aux deux continents*, O. C., XI, p. 386.
74. *Rêve*, éd. cit., p. 58-59.

elle pas plutôt l'indice d'un dépérissement de l'espèce, destinée à disparaître, pour renaître sous d'autres formes ? A la fin du chapitre des *Variétés dans l'espèce humaine* [75], Buffon, considérant le grand nombre des « combinaisons » susceptibles de modifier sensiblement la figure de l'homme, en concluait que de nouvelles espèces d'hommes « différentes de ce qu'elles sont aujourd'hui » pouvaient naître si les causes qui avaient modelé les formes actuelles « ne subsistaient plus, ou si elles venaient à varier dans d'autres circonstances ou par d'autres combinaisons » [76]. Mais la théorie des « moules organiques » assignait à toutes les variétés possibles une « forme » dont elles ne pouvaient être que des modifications [77]. Ainsi la chaîne des causes et des effets s'interrompait-elle aux limites de l'observation et de l'expérience.

« Mais une des principales différences de l'*observateur* de la nature et de son *interprète,* c'est que celui-ci part du point où les sens et les instruments abandonnent l'autre [78] »,

note Diderot dans les *Pensées sur l'interprétation de la nature,* qui marquent, comme l'a fort bien vu M. Lewinter, une rupture avec l'anthropocentrisme de l'*Histoire naturelle,* et le début d'un « cosmocentrisme » :

« Le lieu géométrique de la connaissance n'est plus l'individu, mais l'univers : au cercle, à l'Encyclopédie, les *Pensées,* véritable anti-prospectus, substituent la ligne, la grande chaîne des êtres, dont l'homme n'est plus le centre, mais un simple maillon [79]. »

Dans le *Rêve de d'Alembert,* l'histoire de l'espèce humaine n'est plus qu'un fragment de l'histoire « de toutes les espèces d'animaux subsistants et à venir » [80], elle-même diluée dans l'espace illimité qui l'environne, et dans l'éternité des temps.

« Suite indéfinie d'animalcules dans l'atome qui fermente, même suite indéfinie d'animalcules dans l'autre atome qu'on appelle la Terre. Qui sait les races d'animaux qui nous ont précédés. Qui sait les races d'animaux qui succéderont aux nôtres ? Tout change, tout passe, il n'y a que le tout qui reste. Le monde commence et finit sans cesse; il est à chaque instant à son commencement et à sa fin; il n'en a jamais eu d'autre, et n'en aura jamais d'autre [81]. »

75. Qui sert de conclusion à l'article « Humaine (Espèce) » dans l'*Encyclopédie.*
76. *O. C.,* IX, p. 275.
77. Voir « L'anthropologie de Buffon ».
78. DIDEROT, *O. C.,* II, p. 764.
79. Introduction aux *Pensées sur l'interprétation de la nature,* ibid., p. 710.
80. Ed. cit., p. 53.
81. *Ibid.,* p. 55-56.

Avec cette histoire hypothétique de la matière — le plus grand poème matérialiste jamais écrit depuis Lucrèce —, Diderot s'éloigne autant qu'il est possible du lieu où Rousseau s'est placé pour écrire son histoire hypothétique de l'homme, des « premiers temps » à l'état de civilisation. Paradoxalement, il en vient à privilégier l'individu, maillon irremplaçable de la grande chaîne qui lie tous les êtres : « Par la raison seule qu'aucun homme ne ressemble parfaitement à un autre »[82], que la force de ses penchants et les tendances qui sont le produit de son organisation déterminent ses actions, l'espèce est le seul être collectif dont l'existence ne soit pas contradictoire à la sienne :

« Qu'est-ce qu'un être ?... la somme d'un certain nombre de tendances... Est-ce que je puis être autre chose qu'une tendance ?... non, je vais à un terme... Et les espèces ?... les espèces ne sont que des tendances à un terme commun qui leur est propre... [83]. »

De cette définition la morale et la politique devront s'accommoder : elles ne peuvent avoir d'autre base que la « nature » de l'homme. La société naturelle sera celle qui, en reproduisant cette relation fondamentale de l'homme à ses semblables, en prenant en charge cette « somme de tendances » à un terme commun, assurera dans un même mouvement le bonheur de l'individu et le progrès de l'espèce.

IV. Nature et société

A vrai dire, Diderot a toujours posé le problème en ces termes. Jacques Proust a rappelé que la société dont il est question dans l'*Essai sur le mérite et la vertu* « n'est pas la société civile, mais la société générale du genre humain »[84], dans laquelle l'intérêt de l'individu et le bien de l'espèce se confondent. La thèse de l'abbé de Prades, inspirée par Diderot, faisait naître aussi la société d'une identité de besoins et d'intérêt qui, unissant les hommes entre eux, les poussait à se rassembler pour leur utilité commune[85]. La *Suite de l'Apologie* montre les hommes à « l'état de troupeau » rapprochés « par l'instigation simple de la nature, comme les singes, les cerfs, les corneilles », etc.[86]. L'*instinct* et non la *raison*, entraîne par son seul « développement », le passage de l'état de pure nature — où l'individu ne prête attention qu'à lui-même — à l'état de troupeau — où il noue des relations

82. *Ibid.*, p. 147.
83. *Ibid.*, p. 71.
84. J. Proust, *op. cit.*, p. 351.
85. *O. C.*, ii, p. 642.
86. *Ibid.*, p. 634.

avec ses semblables. Cet « instinct » est « une suite de l'effet puissant et continu des objets extérieurs sur nos sens » [87]; il est donc successivement cause de l'amour de soi (« notre propre corps est celui dont l'existence nous frappe le plus » [88]), et de l'intérêt porté à autrui, reconnu comme semblable à soi [89]. Diderot s'affirme le disciple de Locke :

> « (...) je pense très sincèrement, et sans m'en croire moins chrétien, que l'homme n'apporte en naissant ni connaissances, ni réflexions, ni idées. Je suis sûr qu'il resterait comme une bête brute, un automate, une machine en mouvement, si l'usage de ses sens matériels ne mettait en exercice les facultés de son âme. C'est le sentiment de Locke; c'est celui de l'expérience et de la vérité (...) [90]. »

L'état de troupeau n'est nullement hypothétique, c'est « la condition non seulement possible, mais subsistante, sous laquelle vivent presque tous les sauvages; dont il est très permis de partir, quand on se propose de découvrir philosophiquement, non la grandeur éclipsée de la nature humaine, mais *l'origine et la chaîne de ses connaissances* » [91]. Diderot rejoint ici Buffon, pour qui l'homme ne devient vraiment homme que dans et par la société, où il a « perfectionné sa raison, exercé son esprit et réuni ses forces » [92], et se sépare radicalement de Rousseau, pour qui ce n'est pas l'entendement qui fait la distinction entre l'homme isolé et l'animal en troupe, mais sa « qualité d'agent libre » [93].

Si l'on voit bien en quoi la société permet le développement « d'un ordre de connaissances et d'idées particulières à l'espèce humaine, qui émanent de sa dignité et qui la constituent », comme l'écrira Diderot dans l'article « Droit naturel », il est plus difficile de comprendre comment on passe de cet état paisible à un état de guerre qui forcera les hommes à faire entre eux des conventions. Bien avant le *Rêve de d'Alembert*, les principes de l'anthropologie de Diderot expliquent tout à la fois cette évolution, et la chronologie des différents états. L'homme, tout entier au soin de sa conservation, ne tourne pas d'abord ses regards vers ses semblables. Dans cet état, l'individu ne connaît d'autre

---

87. *Ibid.*, p. 640.
88. *Ibid.*
89. *Ibid.*, p. 641. On se souvient que pour Rousseau, cette reconnaissance suppose une longue accoutumance, et l'aide des « circonstances ».
90. *O. C.*, II, p. 628.
91. *Ibid.*, p. 633, souligné par nous.
92. *O. C.*, X, p. 195, *Animaux domestiques*, 1753. Buffon se montre dans ce texte beaucoup moins prudent qu'en 1749, où il avait fait de la société le fruit de la « faculté raisonnable », accordée à l'homme seul.
93. Sur cette opposition radicale, voir l'excellente mise au point de J. Proust, *op. cit.*, p. 357-403. Elle nous dispense de comparer terme à terme des textes qui s'entrecroisent : « Autorité politique », *Apologie* (...), « Economie politique », « Droit naturel ».

limite à ses désirs que sa force naturelle. Mais l'inégalité des
« talents de force, de sagacité, etc. que la nature (...) a distribués »[94] pousse les plus forts à s'emparer des avantages que
les plus faibles ne peuvent leur disputer que par surprise. De
là un état de guerre, ou d'« anarchie originelle », où les hommes, armés les uns contre les autres, ne connaissent que l'ancien droit d'inégalité. Préférer cette anarchie originelle aux
conventions établies, c'est être « hobbiste »[95]. Mais il ne s'agit
pas de l'état de guerre au sens où l'entendait Hobbes, bien que
chez Hobbes comme chez Diderot, le pacte social qui y met
fin soit une suite nécessaire de la *nature* de l'homme[96]. Diderot
traduit en effet en termes matérialistes ce qui chez Hobbes
ressortit à une condition humaine. Pour Diderot, l'individu
entre en lutte contre l'espèce non parce qu'il est « méchant »,
mais parce que la relation de l'individu au tout est une
relation dialectique, un système de forces, et que l'histoire
humaine n'est que le développement de cette contradiction première que, faute d'un meilleur terme, Diderot nomme « inégalité
naturelle ». Cette inégalité de talents et de forces « *détruira* entre
les hommes le commencement de lien que leur utilité propre et
leur ressemblance extérieure leur avaient suggéré pour leur
conservation réciproque ». Les conventions établies « *répareront*
l'inégalité naturelle », ou « en préviendront les suites fâcheuses ».
On comprend dès lors pourquoi l'état de guerre, premier chez
Hobbes, se situe chronologiquement chez Diderot *après* un état
d'isolement et d'errance, où les contradictions dont le pacte
social sera la solution n'existent pas encore. Dans l'histoire des
sociétés comme dans celle de la matière, rien ne peut apparaître
qui ne soit nécessaire, le passage d'un état à un autre se faisant
par un saut qualitatif : de même que l'organisation de l'être
vivant et un se fait par le passage de la contiguïté à la continuité,
celle du corps social oppose, comme un « tout » à un « agrégat »,
les hommes réunis aux hommes « rapprochés ». Ainsi on ne peut
donner le nom de société à

« (...) un nombre d'hommes ramassés à la vérité dans le plus
petit espace possible, mais qui n'ont rien qui les lie entre eux.
Cette assemblée ne constitue non plus une société, qu'une multitude infinie de cailloux mis à côté les uns des autres, et qui se
toucheraient, ne formeraient un corps solide[97] ».

---

94. *Suite de l'Apologie*, O. C., II, p. 646.
95. *Suite de l'Apologie*, O. C., II, p. 647.
96. Sur Hobbes et Diderot, voir J. PROUST, « La contribution de Diderot
à l'*Encyclopédie* et les théories du droit naturel », dans *Annales historiques
de la Révolution française*, 1963, n° 3 : « 6. Hobbes ». Mais cette étude
ne concerne que l'aspect politique de la pensée de Diderot, sur lequel nous
reviendrons. Nous cherchons plutôt à montrer ici la cohérence interne de
cette pensée, et le lien qui unit l'anthropologie de Diderot aux « principes
d'une politique ».
97. Article « Azarecah ».

Ainsi, l'histoire des sociétés humaines est le résultat d'une dynamique où les facultés propres à l'espèce sont à la fois cause et effet, où la somme des tendances communes à la partie et au tout détermine le sens d'une évolution qui se déroule dans le temps, mais dont le terme est fixé d'avance par les lois de la nature. Par rapport à cette totalité et à l'ordre cosmique, l'histoire n'est qu'une dimension supplémentaire de l'espace où se meut l'animal humain.

« Toute l'évolution de l'humanité est inscrite dans la structure même de l'animal humain. L'histoire de l'homme en société n'est qu'un moment dans la longue aventure de la matière organisée, puis pensante que Diderot évoque par ailleurs dans l'*Interprétation de la nature* »,

remarque J. Proust [98], qui voit dans ce naturalisme un obstacle à la formation d'une véritable pensée politique chez Diderot, du moins pendant les années de l'*Encyclopédie* [99]. Mais l'originalité de Diderot n'est-elle pas, à ce stade, de montrer que chez l'animal humain, pensée, langage et socialité sont également inscrits dans cette structure ? Ce qui ruine à la fois l'innéisme, et le finalisme auquel s'en tiendra, malgré tout, Rousseau, pour qui les sociétés humaines doivent remplir le projet divin, jusqu'à ce que l'homme soit enfin « tout ce qu'il peut être, en bien et en mal » [100].

Pour Diderot en effet, la société formée par les hommes à un moment déterminé de l'histoire de l'espèce, est à elle-même sa propre fin. Elle tend à assurer la conservation de l'individu, et la propagation de l'espèce, c'est là son essence et son utilité. Et en ce sens elle est naturelle et bonne. Mais cela ne s'entend que de la *société générale* du genre humain, et non des sociétés particulières, où son essence se corrompt et s'altère. S'il approuve les principes de l'anthropologie d'Helvétius, il n'admet point sa définition de la probité, qui « ne peut être », selon celui-ci, « que l'habitude des actions utiles à sa nation », ni que « les coutumes, même les plus cruelles et les plus folles », prennent leur source dans « l'utilité réelle » des peuples qui les observent [101]. « En sorte que l'auteur, note Diderot, n'admet pas de justice ni d'injustice absolue » :

---

98. *Op. cit.*, p. 371.
99. Il montre avec raison que Diderot ne pose pas en termes politiques le problème de l'origine de l'état de guerre et ne fait aucune distinction entre la violence exercée par « les forts » contre « les faibles » et l'oppression que les riches font peser sur les pauvres, et qu'il escamote la question de la propriété (*Ibid.*, p. 373 sq.). A cette époque en effet, Diderot ne pose pas le problème de l'origine du pouvoir autrement que les théoriciens du droit naturel, et que Hobbes lui-même. (Voir *art. cit.*, p. 181-182.)
100. Voir « L'anthropologie de Rousseau ».
101. *De l'Esprit*, Discours II, ch. XIII, Paris, Durand, 1769, p. 102-103.

« (...) il est possible de trouver dans nos besoins naturels, dans notre vie, dans notre existence, dans notre organisation et notre sensibilité qui nous exposent à la douleur, une *base éternelle* du juste et de l'injuste dont l'intérêt général et particulier fait ensuite varier la notion en cent mille manières différentes. C'est, à la vérité, l'intérêt général et particulier qui métamorphose l'idée de juste et d'injuste, mais son *essence* en est indépendante. (...) la probité relative à l'univers n'est autre chose qu'un sentiment de bienfaisance qui embrasse *l'espèce humaine en général* (...) [102]. »

Il y a une « essence » de la probité [103] comme il y a une « essence » de la société, à laquelle on doit rapporter toutes les actions, qui peuvent donc être conformes aux lois d'un pays et se trouver en contradiction avec la nature qui est « toute à deux fins : la conservation de l'individu, la propagation de l'espèce » [104]. C'est donc de « la nature de l'homme » qu'il faut partir pour raisonner sur les lois et les mœurs, et Helvétius se trompe quand il se laisse abuser par la diversité des coutumes :

« (...) il s'en est tenu aux faits qui lui ont montré le juste ou l'injuste sous cent mille formes opposées, et (qu')il a fermé les yeux sur la nature de l'homme où il en aurait reconnu les fondements et l'origine [105]. »

De là ce projet d'une « morale universelle », qu'on voit naître chez Diderot vers 1765, supérieure à toutes les « morales particulières (...) qui rompent ou relâchent le lien général et commun [106]. Fondée sur « l'organisation », elle vaut pour tous les lieux et pour tous les temps [107] :

« La morale se renferme donc dans l'enceinte de l'espèce (...). Qu'est-ce qu'une espèce ? une multiplicité d'individus organisés de la même manière (...). Quoi, l'organisation serait la base de la morale (...). Je le crois [108]. »

Morale matérialiste, dont les principes, une fois formulés, demeurent inchangés, puisqu'on les retrouve aussi bien dans le *Supplément au Voyage de Bougainville*, les *Fragments échappés*

102. *Réflexions sur le livre De l'Esprit*, O. C., III, p. 242-243 (souligné par nous).
103. Voir *Histoire des Deux Indes*, Livre XIX, ch. 14, « Morale », tome IX, p. 297 : « (...) Cette morale qui peut bien varier dans ses applications, mais jamais dans son *essence*. » Souligné par nous.
104. *Cce*, IV, p. 84-85 (1762).
105. *Réflexions sur le livre De l'Esprit*, O. C., III, p. 242-243.
106. *Aux lecteurs de l'Encyclopédie*, cité dans *Cce*, V, p. 80.
107. « En tout temps et partout », *Cce*, IV, p. 121; « (...) les rapports communs aux hommes sous toutes les latitudes », *Histoire des Indes*, Livre XIX, ch. 15, tome IX, p. 306; *Réfutation d'Helvétius*, A.T., II, p. 397 : « Une nation où le vice fut honoré et la vertu méprisée ne fut et ne sera jamais. »
108. *Salon de 1767*, A.T., XI, p. 124.

et l'*Histoire des Deux Indes* [109], — textes dont la filiation est évidente — que dans la *Réfutation* (...) d'*Helvétius* [110].

Une société qui respecterait les règles de cette morale serait aussi parfaite qu'il se peut. Elle offrirait l'exemple de ce que Diderot a appelé, par un juste sentiment de son impossibilité historique, « le beau idéal en politique » [111].

V. Le procès de perversion

Si « l'injustice ne fut jamais la base d'aucune société » [112], il n'en est pourtant presque aucune « dont la splendeur ne se soit accrue aux dépens de sa félicité » [113]. L'Histoire est le lieu où se développe une contradiction majeure entre les lois de la nature et celles de la politique :

« Vivre et peupler étant la destination de toutes les espèces vivantes, il semble que la sociabilité, si c'est une des premières facultés de l'homme, devrait concourir à cette double fin de la nature, et que l'instinct qui le conduit à l'état social, devrait diriger nécessairement toutes les lois morales et politiques au résultat d'une existence plus longue et plus heureuse pour la pluralité des hommes. Cependant à ne considérer que l'effet, on dirait que toutes les sociétés n'ont pour principe ou pour suprême loi, que la *sûreté de la puissance dominante*. D'où vient ce contraste singulier, entre la fin et les moyens, entre les lois de la nature et celles de la politique ? [114] »

109. *Supplément*, éd. Dieckmann, p. 51, *Fragments échappés*, A.T., VI. p. 444-445, [15 août 1772], *Histoire...*, IX, p. 290-294, Livre XIX, ch. 14, et *Pensées détachées*, p. 43 sq., « Morale ».

110. A.T., II, p. 356 : « La morale est fondée sur l'identité d'organisation, source des mêmes besoins, des mêmes peines, des mêmes plaisirs, des mêmes aversions, des mêmes désirs, des mêmes passions. » Le texte du *Supplément* est moins précis, puisqu'il ne parle ni des désirs, ni des passions. Les *F.E.* et l'*Histoire des Indes* ajoutent « de la même force, de la même faiblesse, source de la nécessité de la société », ce qui souligne l'identité des deux « essences » (p. 292).

111. *Histoire des Indes*, p. 126 (Livre XVIII, ch. I) et *Pensées détachées*, « Gouvernement », p. 64.

112. *Ibid.*

113. *Ibid.*, VIII, p. 123 (Livre XVII, ch. 30) et *P.D.*, « Gouvernement », p. 63.

114. *Ibid.*, IX, p. 40 et *P.D.*, « Gouvernement », p. 74. Ce dernier texte apparaît dans l'*Histoire* en 1774. La plupart des morceaux qui composent ce chapitre des *P.D.* sont à rapprocher, souvent textuellement, des *Observations sur le Nakaz* ou de la *Réfutation d'Helvétius* (nous avons signalé quelques-uns de ces rapprochements dans notre article de la *R.H.L.F.*, « A propos des fragments inédits du Fonds Vandeul... »). Mais si leur date est tardive, la plupart des idées se trouvent déjà çà et là dans la *Correspondance* ou d'autres écrits de Diderot, dès 1760. Comparer par exemple le texte que nous citons et une lettre à Sophie Volland, du 12 nov. 1765, *Cce*, V, p. 173. Cette « contradiction » est dénoncée aussi par Helvétius, *De l'Esprit*, Disc. I, ch. 3, « Le véritable objet de cette science [la morale] est la félicité du plus grand

Toutes sortes d'influences ont agi pour tourner l'esprit de Diderot vers l'histoire : celle des sociétés humaines, de l'état sauvage à l'état policé, l'histoire universelle, tissu de malheurs et de crimes, l'histoire moderne, où nulle nation n'échappe au vice et à la corruption. La lecture de Rousseau a sans nul doute été déterminante, pour la corruption et la misère de l'homme social; celle de Voltaire, pour les crimes du fanatisme et les dangers de l'ignorance, celle de d'Holbach pour la critique des institutions, la haine de la *théocratie* et les principes d'une *Politique naturelle*, celle d'Helvétius enfin, pour l'ordre périodique des différents gouvernements et la conception à la fois mécaniste et biologique du « corps social ». L'analyse thématique permet de rapporter à l'une ou l'autre de ces influences majeures [115] les groupes suivants : corruption et misère de l'homme social, fanatisme et lumières, rôle funeste des prêtres et des rois, cours fatal des sociétés humaines. Mais notre propos ne se limite pas à un répertoire de thèmes. Aucune de ces influences n'a agi à l'état pur : même si Diderot décrit la misère de l'homme social en termes rousseauistes, et même si le parallèle entre l'homme sauvage et l'homme civil tourne parfois au désavantage du second, c'est là pur mimétisme, comme l'a bien montré Jacques Proust [116]. Même s'il développe une conception cyclique de l'Histoire proche de celle d'Helvétius, sa politique n'est pas la sienne : du reflet au dialogue, et de la conviction au doute, Diderot ne suit que sa pente et ne consulte que sa philosophie. Obstinément, il tente d'accorder sa vision des sociétés humaines aux principes de son naturalisme, et ne pense l'histoire qu'en fonction des lois du mouvement universel.

Il s'intéresse donc davantage au mouvement de l'histoire et au devenir des sociétés qu'aux réalités économiques, à la distribution des richesses et aux fondements de l'inégalité sociale. Il y a bien sûr à cette indifférence des raisons politiques [117]. Mais

---

nombre. *Salus populi suprema lex esto*; si la morale des peuples produit si souvent l'effet contraire, c'est que le Puissant en dirige tous les préceptes à son avantage particulier, c'est qu'il se répète toujours *Salus Gubernantium suprema lex esto.* »

115. Sur Rousseau et Diderot, outre l'ouvrage de J. PROUST, voir l'article d'A. ADAM, « Rousseau et Diderot », dans *R.S.H.*, 1949, et celui de Jean FABRE, déjà cité. Pour l'influence de la lecture de *L'Essai sur les Mœurs*, voir la lettre de Diderot à Voltaire du 28 novembre 1760, et en particulier ce passage : « Il me semble que ce n'est que depuis que je vous ai lu, que je sache (...) que de toutes les séductions la plus grande est celle du despotisme (...) que la nature humaine est perverse ». Pour d'Holbach, voir l'ouvrage de Pierre NAVILLE, *Paul Thiry d'Holbach* (...) et la *Correspondance* de Diderot, en particulier les lettres d'oct. et nov. 1765 (Tome V). Sur Diderot et Helvétius, voir J. PROUST, *op. cit.*, p. 399-403, et D. CREIGHTON, « Man and Mind in Diderot and Helvétius », dans *P.M.L.A.*, sept 1956.

116. *Op. cit.*, p. 360 : « Et il ne s'agit pas seulement d'un mimétisme dans l'expression. Il y a aussi un mimétisme de la pensée, qui a pu quelquefois faire illusion. »

117. Nous sommes sur ce point entièrement d'accord avec les conclusions de J. Proust.

c'est aussi qu'il assimile l'organisme social à une espèce vivante, ayant comme elle des accroissements à prendre, des développements à subir, un état stationnaire dont il s'éloignera « par un dépérissement éternel », pour laisser place à d'autres combinaisons [118]. On reconnaîtra les différentes phases de ce devenir dans ce raccourci de l'histoire de tous les peuples :

« Tous les peuples policés ont été sauvages, et tous les peuples sauvages, abandonnés à leur impulsion naturelle, étaient destinés à devenir policés. La famille fut la première société; et le premier gouvernement fut le gouvernement patriarcal (...). La famille s'étend et se divise (...). Un peuple fond les armes à la main sur un autre. Le vaincu devient l'esclave du vainqueur (...). Dans cette anarchie, mêlée de jalousie et de férocité, la paix est bientôt troublée (...). Ils s'exterminent. Avec le temps, il ne reste qu'un monarque ou qu'un despote. Sous le monarque, (...) la législation fait quelques pas; des idées de propriété se développent; le nom d'esclave est changé en celui de sujet. Sous la suprême volonté du despote, ce n'est que terreur, bassesse, flatterie, stupidité, superstition. Cette situation intolérable cesse, ou par l'assassinat du tyran, ou par la dissolution de l'empire; et la démocratie s'élève sur ce cadavre. Alors (...) il y a des pères, des mères, des enfants, des amis, des concitoyens, des vertus publiques et domestiques. Alors les lois règnent, le génie prend son essor, les sciences naissent, les travaux utiles ne sont plus avilis. Malheureusement cet état de bonheur n'est que momentané. Partout les révolutions, dans le gouvernement, se succèdent avec une rapidité qu'on a peine à suivre. Il y a peu de contrées qui ne les aient toutes essuyées et il n'en est aucune qui, avec le temps, n'achève ce mouvement périodique (...). Toutes parcourront tous les points de ce funeste horizon. La loi de la nature, qui veut que toutes les sociétés gravitent vers le despotisme et la dissolution, que les empires naissent et meurent, ne sera suspendue pour aucune [119]. »

Ce texte, qui résume les idées de Diderot sur le développement et le dépérissement des sociétés, appelle plusieurs remarques. D'abord sur l'origine des premières sociétés, au sens politique du terme : contre Rousseau, et conformément à l'article « Autorité politique », Diderot continue à affirmer que la famille fut la première société, et la première autorité celle du père de famille : thèse qui conduit à voir dans le corps politique un agrégat de familles, donc à supprimer toute solution de continuité entre nature et société. Rappelons que, pour Rousseau,

---

118. L'idée que rien n'est « impérissable », que « la destruction d'une chose a été, est et sera à jamais la génération d'un autre », idée qu'on trouve dans l'article « Impérissable » (rédigé par Diderot), semble venir de Shaftesbury (voir *Essai sur le mérite et la vertu,*, *O. C.*, I, p. 45-47). On la rencontre aussi chez Buffon, *Animaux carnassiers*, *O. C.*, éd. cit., XI, p. 74.
119. *Histoire des Indes*, IX, p. 41-42 (Livre XIX, ch. 2) et *P.D.*, « Gouvernement ».

aucun pouvoir ne peut naître non plus du droit de conquête [120].
Ensuite, si on le compare à celui d'Helvétius, sans parler même
de Rousseau, le schéma de Diderot reste abstrait; toute allusion
à l'économie est absente, et ni l'agriculture ni la propriété ne
marquent progrès ou rupture. Les relations entre les individus
à l'intérieur du corps social restent des rapports de force. Il y
a des vainqueurs et des vaincus, des maîtres et des esclaves, des
rois et des sujets, il n'y a toujours ni riches, ni pauvres; comme
chez Helvétius, il y a bien un état de guerre dans l'état de lois,
mais il naît de la violence exercée contre les citoyens par un
despote ou un tyran qui concentre en lui tous les pouvoirs [121],
non de l'oppression qu'entraîne l'inégalité des richesses. Il y a
bien dans l'histoire des sociétés un moment d'équilibre, mais il
ne peut durer, aucun « contrat » ne peut fonder une société juste;
la loi de nature *veut que* les révolutions se succèdent et que
toutes les sociétés gravitent vers le despotisme et la dissolution.
C'est la thèse de d'Holbach aussi [122]. Mais, plus que lui, Diderot
insiste sur l'expansion des sentiments naturels qui fait du court
moment où les lois règnent un « état de bonheur » : vertus domestiques et vertus publiques se confondent, l'homme bon fils,
bon époux, bon père, ami fidèle, est aussi bon citoyen, le code
de la nature et le code civil ne sont qu'un seul et même code.

Mais cet état de bonheur n'est qu'un point : « (...) l'histoire de
l'homme civilisé n'est que l'histoire de sa misère. Toutes les
pages en sont teintes de sang [123]. » Diderot, lecteur de Rousseau,
de Voltaire, d'Helvétius, de Raynal médite sur la misère de
l'homme social, les crimes des tyrans et des conquérants, et sur
le rôle de la violence dans l'histoire. Tantôt il dénonce les superstitions et le fanatisme [124], tantôt le joug imposé à l'espèce humaine
par « une poignée de fripons » qui la gouvernent à leur profit [125],
tantôt les préjugés qui empoisonnent la vie de l'homme civilisé [126], tantôt les usages atroces qui chez les différentes nations

---

120. Voir *Discours sur l'Inégalité*, dans *O. P.*, p. 179.
121. Comme l'expliquait l'article « Autorité politique », ce pouvoir est
légitime, puisqu'il est confié au souverain pour mettre fin à l'état de guerre.
Il le reste, tant que ceux qui ont consenti le pacte de soumission ne le
remettent pas en question. Alors « la même loi qui a fait l'autorité la défait ».
Le bon usage du pouvoir fait le prince, les abus font le tyran.
122. *Système social*, chapitre II, « Origine des gouvernements (...) », éd.
cit., p. 21, « Les nations, de même que tous les individus de l'espèce humaine,
passent par des âges et des états divers (...) »
123. *Histoire des Indes*, VIII, p. 275, fragment classé dans les *Mélanges*,
au chapitre «Révolution de l'Amérique anglaise ». On y trouve un résumé des
principales idées de Diderot sur l'origine de la société, celle du pouvoir, l'inégalité naturelle.
124. Voir par exemple divers fragments des *Pensées détachées*, chapitre 1, « Religion », et en particulier la section « Gouvernement théocratique »
La plupart de ces fragments sont au livre XIX de l'*Histoire des Indes*, ch. 1,
« Religion ».
125. *Supplément*, éd. cit., p. 61.
126. *Ibid.*, p. 26-29.

contrarient la propagation de l'espèce ou les sentiments naturels de l'homme pour son semblable [127].

Mais tous ces maux désignent finalement un seul et même procès de perversion. L'homme civilisé s'éloigne sans cesse davantage d'un état social primitif, où le bien général et l'utilité particulière étaient les fondements de la morale. A cette société essentiellement bonne, parce que nécessaire à la durée et aux progrès de l'espèce, l'histoire, cet engrenage de besoins et d'appétits, a substitué « ces énormes machines qu'on appelle sociétés » [128], où le jeu déréglé des passions précipite le mouvement qui les entraîne vers le dépérissement et la mort.

Dans cette perversion de l'histoire, Diderot longtemps ne verra que l'expression politique d'une violence dont le germe est dans la nature, et qui permet aux différentes espèces de subsister aux dépens les unes des autres. Sous des formes diverses, c'est cette lutte pour la vie qui se poursuit dans la société, car aucune loi humaine ne saurait remédier à l'inégalité naturelle :

« Dans une même société, il n'y a aucune condition qui ne dévore et qui ne soit dévorée, quelles qu'aient été ou que soient les formes de gouvernement ou d'égalité artificielle qu'on ait opposées à l'inégalité primitive ou naturelle [129]. »

Diderot va jusqu'à dire que la nature a elle-même formé le germe de la tyrannie [130]. Alors que Rousseau entend *égalité* au sens politique, Diderot s'obstine à lui opposer l'inégalité des forces et des talents et à assimiler l'univers social à l'être collectif de l'espèce. A plusieurs reprises, il réfute l'idée d'un état sauvage « idéal et chimérique », où les hommes isolés n'étaient que des « ressorts épars », dont le choc était sans conséquence, tandis qu'

« (...) en les rassemblant et les ordonnant, on (a) formé ces énormes machines qu'on appelle sociétés, où bandés les uns contre les autres, ils agissent et réagissent avec toute la violence de leur énergie particulière, on crée *artificiellement* un véritable état de guerre, d'une guerre variée par une multitude innombrable d'intérêts et d'opinions. Ce fut un autre désordre, lorsque

127. *Supplément*, p. 7. L'anthropophagie, la multiplication « limitée par quelque loi superstitieuse », l'homme égorgé « sous le couteau d'un prêtre », la castration des mâles, l'infibulation des femelles, « usages d'une cruauté nécessaire et bizarre ». De même, dans le *Salon de 1767*, A.T., XI, p. 122-123, les « usages monstrueux » sont ceux qui sont opposées aux sentiments naturels (« égorgerai-je mon enfant ? (...) ») et aux lois de la génération (« hommes mutilés », harems, avortement forcé). Voir aussi *Histoire des Indes*, I, p. 308 (P.D., p. 303) et IX, p. 296 (P.D., « Morale »).
128. *Histoire des Indes*, IX, p. 38 et P.D., p. 53.
129. *Ibid.*, VIII, p. 275 et *Mélanges*, « Révolution de l'Amérique anglaise ». Voir *Observations sur le Nakaz*, éd. Vernière, p. 366 (XX). « Si le mérite a décidé du rang, cette inégalité rentre dans la classe des inégalités naturelles. Je respecte toutes ces inégalités, c'est une portion de la propriété. »
130. *Ibid.*

deux, trois, quatre ou cinq de ces terribles machines vinrent à se heurter en même temps. C'est alors qu'on vit, dans la durée de quelques heures, plus de ressorts brisés, mis en pièces, qu'il n'y en aurait eu pendant la durée de vingt siècles, avant ou sans cette sublime institution [131]. »

Si dans la *Réfutation d'Helvétius,* il semble admettre qu'il y a dans cette thèse quelque vérité, et que sans doute il se commet « dans une des trois grandes capitales de l'Europe », plus de scélératesses « qu'il ne s'en commet et ne peut s'en commettre en un siècle dans toutes les hordes sauvages de la terre » [132], cependant il nie que l'état sauvage soit pour cela préférable à l'état policé :

« Il ne suffit pas de m'avoir démontré qu'il y a plus de crimes, il faudrait encore me démontrer qu'il y a moins de bonheur. »

VI. Progrès et Lumières

Si par ce procès de perversion, les sociétés humaines s'éloignent nécessairement de leur point de perfection, l'homme n'en est pas moins l'être le plus intéressant de la nature : l'anthropologie de Diderot se rencontre avec celle de Buffon dans le sentiment des progrès accomplis depuis les origines de l'espèce jusqu'au moment où l'homme a triomphé des obstacles que la nature lui opposait.

« L'homme est le terme unique d'où il faut partir et auquel il faut tout ramener », dit l'article « Encyclopédie ».

« (...) si l'on bannit l'homme ou l'être pensant et contemplateur de dessus la surface de la terre, ce spectacle pathétique et sublime de la nature n'est plus qu'une scène triste et muette. L'univers se tait; le silence et la nuit s'en emparent. Tout se change en une vaste solitude où les phénomènes inobservés se passent d'une manière obscure et sourde. »

L'objet principal de la réunion des hommes en société a été de lutter contre la nature, et c'est par cette réunion que l'homme a triomphé de tous les maux,

« qu'il a façonné le globe à son usage, contenu les fleuves,

---

131. *Histoire des Indes,* IX, p. 38, et P.D., p. 53-54. *Mémoires pour Catherine II,* éd. Vernière, p. 173, *Supplément,* p. 61-62 (addition de Naigeon). Ce dernier texte fait dire à B. : « ... je gage que leur barbarie est moins vicieuse que notre urbanité. » La répartition des répliques est ambiguë : insérée dans la trame d'un dialogue, la thèse n'est plus récusée, elle vaut argument. Ce que confirme le texte de la *Réfutation d'Helvétius,* que nous citons ensuite.

132. A.T., II, p. 287.

asservi les mers, assuré sa subsistance, conquis une partie des animaux en les obligeant de les servir (...) [133] ».

Ce passage de l'*Histoire des Indes,* où l'on reconnaît l'influence de Buffon, assigne à l'homme un rôle de démiurge, dans une nature brute et hostile : par son activité, par son industrie, il s'est élevé au premier rang des espèces animales, il a acquis une sorte de grandeur et une dignité qui le distinguent de tous les autres êtres vivants. Tous ces thèmes se développent avec ampleur dans une autre page de l'*Histoire des Indes,* où Diderot fait l'éloge des passions qui poussent l'homme à entreprendre sans cesse de nouvelles conquêtes :

« Homme, quelquefois si pusillanime et si petit, que tu te montres grand, et dans tes projets et dans tes œuvres. Avec deux faibles leviers de chair, aidé de ton intelligence, tu attaques la nature entière et tu la subjugues. Tu affrontes les éléments conjurés, et tu les asservis. Rien ne te résiste, si ton âme est tourmentée par l'amour ou le désir de posséder une belle femme que tu haïras un jour; par l'intérêt ou la fureur de remplir tes coffres d'une richesse qui te promette des jouissances que tu te refuseras; par la gloire ou l'ambition d'être loué par tes contemporains que tu méprises, ou d'une postérité que tu ne dois pas estimer davantage [134]. »

Eloge ambigu, puisque ces passions, source d'énergie et ressort des plus grandes actions, n'ont pour mobile que le désir de jouir et la fureur d'amasser. Ainsi, l'homme, porté par ses passions, ira-t-il au-delà du but : non content de vaincre, il voudra triompher. De là une multitude de « besoins artificiels », qui l'éloigneront sans cesse davantage du bonheur [135]. La civilisation naît de cette prise de possession du monde, et en épuise en même temps les vertus. L'homme est à la fois « cet être merveilleux, qui trie le duvet pour se coucher, file le cocon du ver à soie pour se vêtir, a changé la caverne, sa première demeure, en un palais, a su varier ses commodités et ses besoins de mille

---

133. *Histoire,* VIII, p. 217, et *Mélanges,* début du ch. 3 « Révolution de l'Amérique anglaise ». Cf. *Observations,* p. 402, « (...) c'est la nécessité de lutter contre l'ennemi commun, toujours subsistant, la nature, qui a rassemblé les hommes », et *Réfutation d'Helvétius,* A.T., II, p. 431. Il s'agit ici de la société naturelle du genre humain, antérieure à toute convention. Celle-ci ne peut se dissoudre, tandis que les sociétés politiques peuvent se défaire, et se reconstituer sur d'autre bases.

134. *Histoire,* III, p. 269-270, et *Pensées détachées,* « Sur les nations civilisées », Fragment B.

135. Alors que le sauvage, n'ayant « ni mémoire du passé, ni inquiétude de l'avenir », jouit de lui-même et du présent (article « Délicieux »), l'homme civilisé ne connaît qu'un « bonheur expansif », « qui se jette sur le présent, qui embrasse l'avenir, et qui se repaît de jouissances morales et physiques, de réalités et de chimères, entassant pêle-mêle de l'argent, des éloges, des tableaux, des statues et des baisers », A.T., II, p. 306. Voir R. MAUZI, *art. cit.*

manières différentes »[136], et la victime de cette « perfection funeste »[137] dont il ne sait plus jouir.

Dans la mesure où le progrès des arts et des sciences éloigne l'homme de la barbarie — qui est la guerre de tous contre tous — Diderot s'en fait l'apologiste, et l'*Encyclopédie,* immense inventaire de l'industrie humaine, où l'histoire des arts et des techniques prolonge l'histoire de la nature[138], somme d'un savoir conquis sur les préjugés et la superstition, fonde la dignité de l'homme sur la force des Lumières. Il accepte même, pourvu que l'humanité aille de l'avant, que le moteur de ses progrès soit des passions purement égoïstes, puisqu'en recherchant sa propre jouissance, l'individu contribue au bien de l'espèce :

« Désir de jouir, liberté de jouir, il n'y a que ces deux ressorts d'activité, que ces deux principes de sociabilité parmi les hommes [139] »,

observe-t-il : tout se passe comme si les « besoins factices » avaient pris la place des besoins naturels, et que l'homme qui cherche à augmenter sans cesse ses possessions et ses jouissances tendait, par cette sociabilité pervertie, à accroître la vigueur du corps social tout entier. Aussi reproche-t-il à Helvétius de vouloir fixer des bornes à ses appétits[140]. Obliger l'homme à se contenter de peu et à limiter ses désirs, c'est le conduire « à l'insensibilité plutôt qu'au bonheur », c'est contredire la nature[141]. Le commerce des Indes augmente-t-il « la masse de nos jouissances », le commerce des Indes est une bonne chose, et le commerce en général, qui lie les nations entre elles, les fond en une « société unique, dont tous les membres ont également droit de participer aux biens de tous les autres »[142]. Le luxe, qui change l'or en « jouissances de toutes espèces », contribue à la libre circulation des biens, et à l'épanouissement des êtres, en multipliant « toutes les sortes de vices que la nature inspire, et que le fanatisme proscrit »[143]. Toute philosophie qui « tend à tenir l'homme dans une sorte d'abrutissement, et dans une médiocrité de jouissances et de félicité » est contraire à la nature, et donc absurde[144]. La splendeur des sciences, des arts libéraux et des arts mécaniques, et donc le degré de civilisation d'une nation, dépendent d'une législation qui favorise le désir de jouir et la liberté de jouir.

---

136. *Histoire,* VIII, p. 22, et *Fragments échappés,* A.T., VI, p. 445.
137. *Réfutation d'Helvétius,* A.T., II, p. 431.
138. Article « Art » : « (...) l'histoire de la nature est incomplète sans celle des arts. »
139. *Histoire,* III, p. 98.
140. *Réfutation d'Helvétius,* A.T., II, p. 440.
141. *Histoire,* III, p. 96.
142. *Ibid.,* p. 97.
143. *Observations* (...), dans *Œuvres politiques,* p. 404 (Voir aussi p. 411-412).
144. *Ibid.*

« Je veux que la société soit heureuse; mais je veux l'être aussi »[145] : sans cette double postulation, il n'est pas d'accord possible entre l'homme naturel et l'homme social. Ce sont les fausses visions de l'homme qui ont mis « l'homme de Rousseau à quatre pattes, et celui des économistes à la queue d'une charrue »[146]. Diderot, renversant la thèse de Rousseau, soutient que ce ne sont ni les arts, ni les sciences qui ont corrompu les hommes, mais tout au contraire la corruption des mœurs, conséquence du despotisme, qui ramène une nation à la barbarie; non celle dont elle était sortie, « mais une barbarie dont on ne sort plus. La première est d'un peuple qui n'a pas encore les yeux ouverts; la seconde est d'un peuple qui a les yeux crevés »[147].

Une société opulente, où les arts sont encouragés, et les beaux-arts cultivés est donc celle qui convient à la nature de l'homme. D'une morale de la volupté, qui semblait faite pour l'individu, Diderot tire les principes d'une politique du luxe, où la circulation des richesses, et le libre jeu du profit permettent à l'homme industrieux de concilier son intérêt personnel et le bien général. Ainsi, pourra écrire Diderot, « notre propre bonheur est la base de tous nos vrais devoirs »[148].

VII. « Nous vivons sous trois codes »

Dans une société opulente et heureuse, l'opposition entre les passions individuelles et l'intérêt collectif disparaît dans la mesure où la nature devient en quelque sorte le référent du politique : dès lors, toute « l'énergie de l'espèce »[149] peut se concentrer dans un procès de civilisation, il n'y a plus de solution de continuité entre la société générale du genre humain et des sociétés ordonnées aux fins mêmes de l'espèce.

Yvon Belaval a pu écrire que Diderot cherchait le positif de la morale « du côté de la biologie », et le négatif du côté du « politique », opposant un « naturel » dont l'espèce serait le garant et le dépositaire, à un univers social entièrement « artificiel »[150]. Mais cette opposition ne joue pleinement qu'au niveau

---

145. *Ibid.*
146. *Ibid.*, p. 446.
147. *Ibid.*
148. *Ibid.*, p. 404. Cf. *Commentaire d'Hemsterhuis*, p. 363 : « La notion de devoir est toujours indivisible de celle de bonheur. »
149. Voir l'article « Encyclopédie », où Diderot écrit à propos des grammaires et des dictionnaires, qui ont permis aux hommes de communiquer entre eux : « C'est par ces ouvrages que les facultés des hommes ont été rapprochées et combinées entre elles; elles restaient isolées sans cet intermède : une invention, quelque admirable qu'elle eût été, n'aurait représenté que la force d'un génie solitaire, ou d'une société particulière, et jamais *l'énergie de l'espèce* », *O. C.*, II, p. 382. Souligné par nous.
150. *Nouvelles Recherches sur Diderot*, p. 34.

du politique, entre les sociétés bien ordonnées — même si elles n'existent qu'à l'état de modèles — et les sociétés où l'ordre des devoirs contredit celui des désirs.

Le mot « artificiel » apparaît d'ailleurs assez tardivement dans le vocabulaire de Diderot, aux alentours de 1772. En 1760, il écrit à Sophie Volland :

« La nature ne nous a pas fait méchants; c'est la mauvaise éducation, le mauvais exemple, la mauvaise législation qui nous corrompent [151]. »

L'opposition est ici entre nature et société, entre la bonté de l'homme naturel et les vices de l'homme social. Mais dans *Madame de la Carlière,* Diderot précise :

« (...) j'ai mes idées (...) sur certaines actions, que je regarde moins comme des vices de l'homme que comme des conséquences de nos législations absurdes, sources de mœurs aussi absurdes qu'elles, et d'une *dépravation* que j'appellerais volontiers *artificielle* [152]. »

Dans le *Supplément,* B affirme :

« Voulez-vous savoir l'histoire abrégée de presque toutes nos misères ? La voici. Il existait un homme naturel; on a introduit au-dedans de cet homme un homme artificiel, et il s'est élevé dans la caverne une guerre civile qui dure toute la vie. Tantôt l'homme naturel est le plus fort; tantôt il est terrassé par *l'homme moral et artificiel* (...) [153]. »

Diderot n'emploie nullement le terme dans le sens où l'emploie Hobbes lorsqu'il définit l'univers social :

« La société universelle que je désigne sous le nom de Léviathan, écrit Hobbes, est un homme artificiel, quoique plus grand et plus fort que l'homme naturel, à la sûreté et à la protection duquel il est destiné [154]. »

Chez Diderot en effet l'homme naturel — c'est-à-dire l'individu formant avec son espèce un être collectif — survit à toutes ses métamorphoses : il conserve tous ses droits et toute sa vigueur, il est l'objet unique auquel la morale et la législation doivent rapporter leurs principes :

« L'empire de la nature ne peut être détruit; on aura beau le contrarier par des obstacles, il durera (...) vous ne réussirez point à me dénaturer [155]. »

---

151. 6 nov. 1760, *Cce*, III, p. 224.
152. *Contes,* éd. J. Proust, p. 133, souligné par nous.
153. *Supplément,* éd. cit., p. 59-60, souligné par nous.
154. *Léviathan,* éd. cit., *Introd.* L'article « Hobbisme » contient un résumé du *Léviathan.*
155. *Supplément,* p. 59.

Il n'y a donc aucun péché originel dans l'histoire des sociétés humaines, aucune mutation n'a eu lieu, les lois de la nature n'ont pas été détruites, elles sont seulement altérées par l'effet du temps et des circonstances. Une morale artificielle empoisonne la vie de l'homme civil, mais elle n'atteint pas l'être social dans son essence, l'ordre des devoirs est *renversé* [156], il n'est pas détruit. « Troublés dans l'état d'innocence, tranquilles dans le forfait », les hommes ont « perdu l'étoile polaire de leur chemin » [157], ils vivent dans la contradiction, mais le code de la nature reste souverain.

Les textes où Diderot oppose au code civil et au code religieux le vrai code, celui de la nature, sont si nombreux qu'il est impossible de les citer tous. Leur nombre même impose l'idée comme une idée-force. Diderot peut en avoir puisé les éléments chez Morelly [158], puisque le premier texte qui oppose le code de la République au code de la nature est de 1756 :

« Ce qui fait le malheur des hommes n'est pas la loi de la nature. Ce sont nos opinions et nos préjugés que nous avons osé lui opposer (...). Le code de la République doit être l'interprète du code de la nature. L'amour est une source féconde de bonheur et de plaisir (...) mais cette passion a des limites, un commencement et une fin, comme tout ce qui est en nous. L'homme dans sa sottise a fait de l'amour un engagement éternel qui doit durer au-delà de la volonté d'aimer, et l'Eglise, pour nous achever, a fait du mariage un sacrement et un lien indissoluble [159]. »

Pourtant l'idée d'une contradiction entre le code religieux et celui de l'humanité est antérieure. Elle vient de l'*Essai sur le mérite et la vertu* [160], et Diderot s'empresse de la resserrir à son frère, l'abbé Diderot [161]. Diderot ne parlera plus ensuite que de trois sortes de lois : la loi civile, la loi religieuse et la loi de nature. La meilleure version, parce que la plus vigoureuse, se lit dans l'*Histoire des Indes* en 1774 :

---

156. *Cce*, v, p. 134, 1765.
157. *Supplément*, p. 29.
158. « Une morale factice qui tourne le dos à la nature et se trouve perpétuellement en contradiction avec elle-même », *Code de la Nature*, Ed. Sociales, p. 50. Voir aussi p. 55, 74, 89.
159. « Sur la loi naturelle et le code de la nature », dans *Cce inédite de Grimm et de Diderot*, Paris, 1829, p. 83. C'est déjà le thème — ou plutôt l'un des thèmes — du *Supplément*. Voir aussi *Cce*, v, p. 134 (oct. 1765).
160. *O. C.*, I, p. 28-29.
161. *Cce*, I, p. 52. Voyant dans la superstition et dans le fanatisme un vice essentiel des sociétés, Diderot ne pouvait opposer seulement le code de la nature au code civil. La religion est source de corruption, et elle est souvent opposée à l'intérêt politique. D'où le système des trois codes opposés deux à deux, et enserrant l'homme social dans un réseau de contradictions. Il faut noter que Rousseau cherche lui aussi à réunir « les avantages de la religion de l'homme et de celle du citoyen », de façon que « les plus pieux théistes » soient aussi « les plus zélés citoyens » (*Contrat social*, Première version, P III, p. 342.)

« Nous vivons sous trois codes, le code naturel, le code civil, le code religieux. Il est évident que tant que ces trois sortes de législation seront contradictoires entre elles, il est impossible qu'on soit vertueux. Il faudra tantôt fouler aux pieds la nature, pour obéir aux institutions sociales; et les institutions sociales, pour se conformer aux préceptes de la religion. Qu'en arrivera-t-il ? C'est qu'alternativement infracteurs de ces différentes autorités, nous n'en respecterons aucune; et que nous ne serons ni hommes, ni citoyens, ni pieux [162]. »

Diderot conseillera donc à Catherine II de réduire ces codes à l'identité : les lois civiles et les lois religieuses devront se modeler sur la loi naturelle « qui a été, qui est, et qui sera toujours la plus forte » [163]. Mais ce code de la nature, quels sont ses préceptes ? Lorsqu'il tente de passer du plan philosophique au plan politique, Diderot éprouve quelque difficulté à définir d'une manière positive cette morale universelle, dont il a découvert les fondements dans l'organisation de l'individu et dans celle de l'espèce. L'article « Droit naturel » mettait sur le même plan « les principes du droit écrit » chez les nations policées, et les « actions sociales des peuples sauvages et barbares ». Le code de la nature ne serait donc que la transcription dans le langage du droit positif des règles du juste et de l'injuste que les hommes observent spontanément dans l'état social : si l'on imagine deux hommes conduits par la faim vers un arbre, et l'un d'entre eux s'emparant par violence des fruits cueillis par l'autre, ces deux hommes

« éprouvant dans un même instant des impressions contraires, produisant des mouvements opposés, ou poussant des cris inarticulés et sauvages »,

manifestent des sentiments qui « rendus dans la langue de l'homme policé, signifient et signifieront éternellement justice, injustice » [164]. Les sauvages les plus barbares, tels les Hottentots décrits par Kolbe, « n'agissent pas sans raison, et (...) savent le droit de la nature et des gens » [165]. La cruauté des Iroquois envers leurs prisonniers, les coutumes atroces des Jagas, les rites

---

162. IX, p. 297-298. Autres versions : *Salon de 1767*, A.T., XI, p. 121, Lettre à Falconet, *Cce*, VIII, p. 117, sept. 1768, *Pages inédites contre un tyran*, *Œuvres politiques*, p. 142, *Observations sur le Nakaz*, *ibid.*, p. 389-390.
163. *Histoire...*, IX, p. 298.
164. *De la Poésie dramatique*, dans *Œuvres esthétiques*, éd. Vernière, p. 219. Diderot imagine un tableau dont le sujet serait : « Qu'est-ce que la justice ? » La même scène sert d'argument contre Helvétius, en 1774 (*R.H.*, dans A.T., II, p. 388) : « Il y a entre ces deux sauvages une loi primitive qui caractérise les actions, et dont la loi écrite n'est que l'interpète, l'expression et la sanction. Le sauvage n'a pas de mots pour désigner le juste et l'injuste; il crie, mais son cri est-il vide de sens ? n'est-ce que le cri de l'animal ? (...) Mais l'homme n'est point une bête. »
165. Article « Athée ».

barbares des Jebuses de Formose, ne sont qu'une « dépravation artificielle », engendrée par la superstition, et entretenue par des hommes intéressés, qui en tirent le principe de leur pouvoir [166]. Sans parler de ces crimes contre nature, certains usages bizarres tirent leur origine du climat ou de la situation locale ou politique des différents peuples : ainsi la polygamie est « plus naturelle » aux pays chauds qu'aux pays froids, la nudité n'y offense pas la pudeur [167]. Le meurtre des vieillards, pratiqué par l'Iroquois ou le Huron, n'est qu'une application singulière du code de la piété filiale. Ainsi les moyens les plus opposés en apparence peuvent tendre au même but, « au maintien, à la prospérité du corps politique » [168].

Il n'en reste pas moins que la plupart des peuples n'observent pas réellement le « code de la nature », mais un code dérivé des préceptes de la nature, et qui assure leur respect par des voies différentes: « Partout on connaît le juste et l'injuste, mais *on n'a pas attaché universellement ces idées aux mêmes actions* [169] ». S'il y une « morale universelle », il n'y a donc pas de *code* universel : les bonnes lois sont calquées sur la loi de nature, mais il y a autant de systèmes moraux qu'il y a de sociétés : ainsi la « fornication », « l'adultère », l'inceste sont des actions indifférentes en elles-mêmes, elles ne sont un crime que si elles blessent les lois du pays. De même « ce qui est larcin dans un Etat où la propriété se trouve justement répartie, devient usufruit dans un Etat où les biens sont en commun ». Ainsi « le vol et l'adultère n'étaient pas permis à Sparte; mais le droit public y permettait ce qu'on regarde ailleurs comme vol et comme adultère » [170]. Il est donc vain d'accuser « les mœurs de l'Europe par celles d'Otaiti » [171], et inversement: c'est à l'intérieur de chaque système moral qu'il faut se placer, pour examiner la seule question qui importe : le droit positif y respecte-t-il la loi de nature, ou le contredit-il ? Dans le premier cas, les lois et les mœurs sont bonnes, dans le second cas, les lois et les mœurs sont mauvaises [172].

---

166. Voir *Cce*, III, p. 227, à Mme d'Epinay, nov. 1760 : « Qui est-ce qui a corrompu ces Iroquois ?... les Dieux, mon amie, les Dieux... Il n'y a pas une seule contrée, il n'y a pas eu un seul peuple, où l'ordre de Dieu n'ait consacré quelque crime. » Voir les articles « Jagas », « Jebuses », attribués à d'Holbach.
167. *Histoire des Indes*, IX, p. 296 (Livre XIX, ch. 14) et P.D., « Morale ».
168. *Ibid.*
169. *Ibid.*
170. *Ibid.* C'est la morale de Hobbes, source commune à Helvétius et Diderot. Voir « L'anthropologie d'Helvétius ».
171. *Supplément*, p. 41.
172. C'est ce principe de non-contradiction qui permet alors de dire que les lois d'Otaïti sont meilleures que celles de l'Europe (*Ibid.*, p. 22). Voir dans *Plan d'une Université*, A.T., III, p. 466, l'éloge que fait Diderot de *La Nature humaine* de Hobbes, que d'Holbach avait traduit en 1772, « ouvrage court et profond »; dans un des *Mémoires* pour Catherine II (éd. Vernière, p. 110), il déclare qu'il en aurait bien fait « le catéchisme » de sa fille.

En vertu du même principe, Diderot n'admet pas que l'individu s'érige lui-même en juge de ses actions : on ne peut isoler du système moral de la société à laquelle on appartient aucune de ses actions, puisque toutes sont également l'objet de conventions entre les membres de cette société : Dans le *Salon de 1767*, songeant aux usages atroces qu'il devrait observer, s'il était un habitant de la côte de Malabar, ou de l'île de Formose, il n'en conclut pas moins au respect des lois du pays, même si elles contredisent la nature :

« (...) s'il faut opter, être méchant ou bon citoyen; puisque je suis membre d'une société, je serai bon citoyen si je puis [173]. »

Il y a cependant des actions qui ne sont « susceptibles d'aucune moralité » [174] : ce sont celles dont il sera question dans le *Supplément*, et qui regardent l'instinct sexuel : il est vain « d'attacher des idées morales à certaines actions physiques qui n'en comportent pas » [175]. De même l'homme intempérant ne doit recevoir son châtiment que de la nature, qui punit tout excès :

« Il y a deux lois et deux grands procureurs généraux : la nature et l'homme public. La nature punit assez généralement toutes les fautes qui échappent à la loi des hommes. On ne donne impunément dans aucun excès. Vous faites un usage immodéré du vin et des femmes ? Vous aurez la goutte, vous deviendrez phtisique [176]. »

Dans ces deux domaines, l'individu peut donc se dispenser de consulter la loi écrite, et agir comme bon lui semble, avec une totale liberté : sans cette « philosophie secrète » [177], sans cet amoralisme qui accorde à l'instinct tout ce qui ne peut nuire à la conservation du corps social, les pulsions de l'animal humain, le désir de jouissance qui est dans sa nature resteraient insatisfaits. Ce sera un des thèmes essentiels du *Supplément*. Pour Orou, ceux qui se soumettent à des lois qui contrarient les mouvements de la nature sont ou des « hypocrites » qui les « foulent

---

173. A.T., XI, p. 122-123. Voir aussi *Supplément*, p. 64, *Mémoires pour Catherine II*, p. 236, *R.H.*, A.T., III, p. 387 : « Je voudrais bien ne pas autoriser le méchant à en appeler de la loi éternelle de la nature à la loi créée et conventionnelle »; enfin *Histoire des Indes*, IX, p. 295-296.
174. *Supplément*, p. 59.
175. Sous-titre du *Supplément*, et conclusion donnée en 1780 à l'histoire de Polly Baker, dans l'*Histoire des Indes*, VIII, p. 101 (Livre XVII, ch. 21). On sait que cet épisode fut par la suite inséré dans une des copies du *Supplément* (voir éd. Dieckmann, p. XXV-XXVII).
176. *Mémoires pour Catherine II*, p. 232, *Neveu de Rameau*, éd. J. Fabre, p. 70-71, *Histoire des Indes*, IX, p. 293, « La loi montre le gibet à l'assassin; la nature montre l'hydropisie ou la phtisie à l'intempérant. »
177. *Mémoires pour Catherine II*, II, p. 110, « (...) il faut l' (son enfant) élever pour la société dans laquelle il a à vivre, et espérer de son bon jugement qu'il rectifiera de lui-même beaucoup de choses contraires à la vérité et au bonheur et qu'il se fera une sorte de philosophie secrète qui ne le compromettra pas. »

secrètement aux pieds », ou « des infortunés qui sont eux-mêmes les instruments de leur supplice, en s'y soumettant », ou « des imbéciles en qui le préjugé a tout à fait étouffé la voix de la nature », ou encore des « êtres mal organisés en qui la nature ne réclame pas ses droits »[178]. Mais l'article « Jouissance » défendait déjà les passions voluptueuses, mêlant le dithyrambe érotique à l'éloge de la volupté, dont le but « auguste » est d'attacher du plaisir à l'acte de reproduction :

« Celui qui méprise les plaisirs des sens est (donc) ou un hypocrite qui ment, ou un être mal organisé[179]. »

Il faut donc vivre sous deux codes : un code, calqué sur le code de la nature[180], qui prescrit les actions utiles ou nuisibles au maintien et à l'équilibre du corps social, être collectif dont l'individu fait nécessairement partie; et le code de la nature qui se réduit finalement à deux préceptes : conservation et propagation. Le premier suppose une science des mœurs qui le fonde, le second est au contraire l'expression immédiate de l'instinct qui commande à l'espèce entière. C'est ainsi que quelque chose de la liberté originelle de l'homme sauvage subsiste chez l'homme civilisé, comme un « retour secret vers la forêt et un appel à la liberté première de notre ancienne demeure »[181], tandis qu'il est « des actions auxquelles les peuples policés ont attaché avec raison des idées de moralité tout à fait étrangères à des sauvages »[182]. Comme toujours chez Diderot, le paradoxe n'est qu'apparent : ces contradictions forment un système, où l'état de nature et l'état policé, loin d'être antithétiques, tendent à se rapprocher l'un de l'autre, pour échanger leurs vices et leurs vertus, dans une pensée qui les confronte et les réconcilie.

VIII. Des nations sauvages

Jacques Proust a rapproché, non sans raison, l'article « Scythes » de l'article « Jouissance »[183], et noté que l'homme sauvage y apparaît comme « une sorte d'animal supérieur, sain et vi-

---

178. P. 30-31.
179. Voir le texte et le commentaire de l'article dans J. Proust, p. 306-308, et notes 54 à 57. Sur cet amoralisme qui sert de contrepoids à un moralisme parfois larmoyant, voir dans le même ouvrage le remarquable chapitre intitulé « Matérialisme et Morale ».
180. *Supplément*, p. 52 : « (...) il faut que les deux dernières ne soient que des calques rigoureux de la première que nous apportons gravée au fond de nos cœurs, et qui sera toujours la plus forte. »
181. *Ibid.*, p. 56.
182. *Fragments échappés*, « Du goût antiphysique des Américains », A.T. VI, p. 453. La phrase est la conclusion du fragment, publié dans la *Cce Litt.*, le 15 sept. 1772, et inséré dans l'*Histoire des Indes*, en 1774, III, p. 165 (Livre VI, ch. 8).
183. *Op. cit.*, p. 309. Il s'agit bien entendu de l'article « Scythes (Hist. Phil.) » qui fait suite à celui de De Jaucourt qui décrit les mœurs de ce peuple.

goureux, qui n'aurait d'autre dessein que de satisfaire tous ses désirs [184]. Les sauvages dont Diderot trace le portrait dans *l'Essai sur la peinture* n'ont d'autre modèle que ces Scythes farouches et libres qui « sans loi, sans prêtres et sans roi », témoignent en faveur de la nature humaine, lorsqu'elle est abandonnée à elle-même :

« Le sauvage a les traits fermes, vigoureux et prononcés, des cheveux hérissés, une barbe touffue, la proportion la plus rigoureuse dans les membres; quelle est la fonction qui aurait pu l'altérer ? Il a chassé, il a couru, il s'est battu contre l'animal féroce, il s'est exercé; il s'est conservé, il a produit son semblable, les deux seules occupations naturelles. Il n'a rien qui sente l'effronterie ni la honte. Un air de fierté mêlé de férocité. Sa tête est droite et relevée; son regard fixe. Il est le maître dans sa forêt. Plus je le considère, plus il me rappelle la solitude et la franchise de son domicile (...). Il est sans lois et sans préjugés (...). [Sa compagne] « est nue sans s'en apercevoir. Elle a suivi son époux dans la plaine, sur la montagne, au fond de la forêt; elle a partagé son exercice; elle a porté son enfant dans ses bras. Aucun vêtement n'a soutenu ses mamelles. Sa longue chevelure est éparse. Elle est bien proportionnée [185]. »

Dans une lettre à Mme de Maux, il vante le « sentiment véhément et sublime » qui pousse le sauvage à accomplir des actions héroïques et atroces pour sa maîtresse :

« L'amour sous cet aspect est féroce, il me fait frémir; mais il ne me déplaît pas. C'est le même qui, sous des mœurs plus policées, non moins énergique, deviendrait le germe et la récompense de toutes vertus [186]. »

C'est encore cette énergie, cette fierté qu'il admire chez les peuples du Canada lorsqu'il lit dans Raynal la peinture de leurs mœurs et l'enrichit de quelques morceaux de sa façon [187]. La thèse de Buffon sur la débilité de l'homme américain, chez qui l'amour n'est qu'une passion privée de force, y est réfutée : c'est le « caractère moral » des sauvages, non leur « tempérament » qui est la véritable cause de ce manque d'ardeur pour leurs compagnes, écrit Raynal [188], qui tire toute son argumentation d'Helvétius : l'amour n'est un principe d'énergie que là où les plaisirs des sens sont la récompense des héros et des hommes vertueux [189]. C'est

---

184. *Op. cit.*, p. 309.
185. *Œuvres Esthétiques*, éd. Vernière, p. 699.
186. Nov. 1769, *Cce*, IX, p. 199. La lettre est d'ailleurs écrite au moment où Diderot remanie l'*Essai sur la peinture*.
187. Livre XV, ch. 4, tome VII, p. 130-163.
188. P. 142-143.
189. *De l'Esprit*, Discours III, ch. XV, éd. cit., p. 269-274. Nous avons vu que Diderot partage ce point de vue (voir la lettre à Mme de Maux, citée plus haut). Peut-être a-t-il suggéré cette réfutation à Raynal. Le texte de Buffon qui est l'objet du débat est emprunté aux *Animaux communs aux deux continents*, *O. C.*, XI, p. 372-373, résumé dans Raynal, p. 141-142.

aussi que la vie errante et pénible de ces peuples chasseurs ne facilite pas la population. Les Américains sont « aussi propres à la génération que nos peuples du nord », mais, comme ceux-ci, « ils usent toute leur vigueur à leur conservation », et cette seconde passion nuit à la première [190]. La force des sentiments naturels se manifeste d'ailleurs chez ces sauvages par l'amour qu'ils portent à leurs enfants [191] et par l'amitié dont Raynal vante la vivacité, d'après Charlevoix [192]. Dans un des *Fragments échappés*, donné à Grimm en 1772, puis à Raynal pour l'édition de 1774, Diderot revient sur le problème de la « faiblesse » des Américains, à propos du « goût antiphysique » que plusieurs auteurs leur prêtaient.

« Il faut en chercher la cause dans la chaleur du climat, dans le mépris pour un sexe faible; dans l'insipidité du plaisir entre les bras d'une femme harassée de fatigue; dans l'inconstance du goût; dans la bizarrerie qui pousse en tout à des jouissances moins communes; dans une recherche de volupté, plus facile à concevoir qu'honnête à expliquer »,

ou encore dans ces chasses qui séparaient les époux pendant des mois entiers.

« Le reste n'est plus que la suite d'une passion générale et violente, qui foule aux pieds, même dans les contrées policées, l'honneur, la vertu, la décence, la probité, les lois du sang, le sentiment patriotique; sans compter qu'il est des actions aux-quelles les peuples policés ont attaché avec raison des idées de moralité tout à fait étranges à des sauvages [193]. »

La discussion montre bien en quoi la thèse de Buffon et de De Pauw pouvait choquer Diderot : toute sa vision de l'homme sauvage est nourrie aux sources mêmes de son naturalisme : « Tout ce qui est ne peut être ni contre nature, ni hors de nature », disait le Dr Bordeu dans la *Suite de l'Entretien* avec d'Alembert [194]. Il ne se peut donc pas que l'homme naturel ait des passions contre nature, ou que les passions aient chez lui moins de force que chez un civilisé; le climat et les conditions de vie peuvent en modifier le cours, faire les peuples du Midi plus ardents que ceux du Nord, ou favoriser l'homosexualité [195], mais

---

190. P. 143-144.
191. Ce que niait Buffon, *loc. cit.*, p. 373, mais ce que rapportait Charlevoix, pour preuve de la bonté naturelle de ces sauvages qui les préparait aux vertus chrétiennes, *Histoire et description (...) de la Nouvelle-France...*, III, p. 372-373.
192. P. 145-146 (Cf. Charlevoix, *op. cit.*, p. 310.)
193. A.T. VI, p. 453 sq., *Histoire des Indes*, III, p. 165 (Livre VI, ch. 8).
194. Ed. Vernière, p. 159, « je n'en excepte pas même la chasteté et la continence volontaires qui seraient les premiers des crimes contre nature, si l'on pouvait pêcher contre nature », ajoutait Diderot.
195. Cf. *Suite de l'Entretien (...)*, éd. cit., p. 158, qui met sur le même plan les relations « avec un être semblable mâle ou femelle », équivalentes si on les considère comme des « actions également restreintes à la volupté »,

partout l'homme tend au plaisir et à la volupté, qui sont l'âme de l'univers physique, et du monde moral.

« Je veux être heureux, est le premier article d'un code antérieur à toute législation, à tout système religieux [196]. »

C'est là pour Diderot le fondement de ce que l'on n'ose appeler une morale de la volupté, et c'est aussi ce qui séduit son imagination lorsqu'il lit Raynal, Bougainville ou Commerson, et qu'on lui vante la liberté et le bonheur de la vie sauvage. Il admire l'énergie et le courage des Canadiens, leur éloquence mâle et vigoureuse, leur langage « vivant et poétique », leurs harangues « remplies d'images, d'énergie et de mouvement », il s'indigne que Charlevoix puisse trouver leur chant monotone [197], il loue leurs danses dont les « images vigoureuses et parlantes » retracent les premiers sentiments de la nature [198]. Il lui plaît qu'ils aient l'usage de la polygamie, et que « l'idée d'un lien indissoluble » ne soit pas encore entrée dans l'esprit de « ces hommes libres jusqu'à la mort ». « Le grand esprit, disent-ils, nous a créés pour être heureux » [199].

C'est alors que, comparant la vie libre et naturelle des Américains à la condition de l'homme civil, il conclut à l'avantage des premiers; l'homme sauvage ne souffre « que les maux de la nature », l'homme civil est exposé à toutes les vexations nées

---

indépendamment du bien de l'espèce. Comme dans *Jacques le Fataliste,* Diderot s'excuse de cette franchise toute médicale : « Je m'explique d'autant plus librement que je suis net et que la pureté connue de mes mœurs ne laisse prise d'aucun côté. »

196. La formule est empruntée à La Mettrie, *L'Homme-machine,* éd. Vartanian, p. 175. Nous citons d'après *Les Observations sur le Nakaz,* p. 371, mais la même idée se trouve dans les *Mémoires pour Catherine II,* p. 312, à deux reprises reprises dans l'*Histoire des Indes,* I, p. 349 et IX, p. 293, dans les *Éléments de Physiologie,* A.T., IX, p. 429. Dans l'article « Charité », Diderot invoque l'autorité de saint Augustin pour montrer que l'homme ne poursuit que son propre bonheur, à travers les différentes formes du sentiment religieux.

197. *Histoire des Indes,* VII, p. 135.

198. P. 147 (Cf. CHARLEVOIX, *op. cit.,* III, p. 84). Ce passage, comme le suivant, fait partie des *Pensées détachées,* p. 152-154. Il est à mettre en relation avec l'esthétique musicale de Diderot, en particulier avec ce qu'il dit du « cri de la nature » dans le *Neveu,* éd. J. Fabre, p. 000 et avec ses réflexions sur le langage et les difficultés d'entendre une autre langue que la sienne dans la *Lettre sur les Sourds et Muets,* éd. J.-J. Pauvert, p. 109.

199. P. 147-148, et *Pensées détachées.* Nous mêlons volontairement ici les textes des *Pensées détachées* et le reste de ce chapitre, où l'influence de Diderot est sensible, et où parfois au détour de la phrase surgit telle ou telle de ses idées, à propos de la polygamie par exemple. Nous avons montré il y a quelques années (voir « Bougainville, Raynal, Diderot et les sauvages du Canada », *art. cit.*) que de nombreux détails de cette peinture viennent d'un mémoire de Bougainville sur les sauvages du Canada publié en 1762 : nous voyons mieux encore aujourd'hui à quel point, par un véritable travail de marqueterie, Raynal et Diderot ont infléchi l'image qu'en donnait Charlevoix dans le sens d'une philosophie naturaliste éparse dans tout l'ouvrage, et qui culmine au livre XIX de l'édition de 1780, dans le chapitre « Morale ».

de « l'inégalité factice des fortunes et des conditions » [200]. Certes les guerres entre les sauvages sont terribles, mais Diderot avouait dans l'article « Scythes » préférer « un crime atroce et momentané » à « une corruption policée et permanente », « un violent accès de fièvre », à « des taches de gangrène ». Tout compte fait, la condition de « l'homme brut, abandonné au pur instinct animal, dont une journée est employée à chasser, se nourrir, produire son semblable et se reposer » est meilleure que celle d'une multitude d'hommes qui supportent dans une société policée les travaux les plus pénibles [201].

Les arguments employés dans cette longue comparaison sont apparemment assez divers, mais ils vont tous dans le même sens. Le point de départ de sa réflexion est la durée de la vie dans les deux états [202]. Il lui semble qu'on ne peut raisonner sur la « population » des Américains sans tenir compte des différences qui résultent, dans les sociétés policées, de l'inégalité des conditions :

> « Non : il n'est pas vrai que les hommes occupés des pénibles arts de la société vivent aussi longtemps que l'homme qui jouit du fruit de leurs sueurs. Le travail modéré fortifie, le travail excessif accable. Un paysan est un vieillard à soixante ans, tandis que les citoyens de nos villes qui vivent dans l'opulence avec quelque sagesse, atteignent et passent souvent quatre-vingts ans (...). Loin des livres modernes, ces cruels sophismes dont on berce les riches et les grands qui s'endorment sur les labeurs du pauvre, ferment leurs entrailles à ses gémissements, et détournent leur sensibilité de dessus leurs vassaux, pour la porter toute entière sur leurs chiens et leurs chevaux [203]. »

Pour sentir les avantages de l'état sauvage, c'est donc la politique qu'il faut consulter : dans les campagnes, « le colon serf de la glèbe, ou mercenaire libre », dans les villes, « l'ouvrier et l'artisan sans atelier », la pénible condition de ceux qui travaillent dans les carrières, les mines ou les forges, témoignent de

---

200. VIII, p. 23 et 25, Livre XVII, ch. 4. Cette comparaison se place après un développement de Raynal, en partie emprunté à Buffon, sur l'origine et l'ancienneté des Américains. Elle figure dans les *Pensées détachées*, p. 128-137.

201. *Ibid.*, p. 23, et *Fragments échappés*, A.T., VI, p. 445 (1772) : le morceau est inséré dans l'*Histoire* en 1780. Rappelons que toute la comparaison est dans l'article « Sauvages » de l'*Encyclopédie* d'Yverdon.

202. *Hist.* VII, p. 134. La question est fort débattue au XVIIIᵉ : Lafitau, Charlevoix, Robertson, pensent que les sauvages vivent moins longtemps que les civilisés. Pernety cite plusieurs auteurs qui disent le contraire, dans sa *Dissertation sur l'Amérique*, II, p. 66-67 dans l'éd. cit. Pour Buffon, la durée de la vie est à peu près la même pour tous les peuples, O. C., IX, p. 48-49. Dans l'article « Amérique » des *Suppléments* de l'*Encyclopédie*, le bailli Engel résume le débat, et remarque qu'il est impossible de connaître exactement l'âge des sauvages. Il incline à penser comme Buffon.

203. *Hist.*, VIII, p. 25-26.

la misère de l'homme social et de sa dégradation. La démonstration tourne au manifeste :

« En vain l'habitude, les préjugés, l'ignorance et le travail abrutissent le peuple jusqu'à l'empêcher de sentir sa dégradation; ni la religion, ni la morale ne peuvent lui fermer les yeux sur l'injustice de la répartition des maux et des biens de la condition humaine, dans l'ordre politique. »

Si donc « nous préférons notre état à celui des peuples sauvages », c'est parce que nous sommes devenus incapables de souffrir les maux de la nature, c'est parce que nous sommes habitués à la douceur de la vie policée. Encore a-t-on vu des civilisés rentrer dans l'état de nature — tel l'Ecossais Selkirk qui servit de modèle à Robinson Crusoé [204]. Après tout :

« un mot peut terminer ce grand procès. Demandez à l'homme civil s'il est heureux. Demandez à l'homme sauvage s'il est malheureux. Si tous deux vous répondent non, la dispute est finie [205] ».

Dans ces fragments de 1770, le passage de la morale à la politique semble se faire sous la double influence de Rousseau et d'Helvétius [206] : la liberté, l'indépendance des sauvages font partie de leur condition naturelle au même titre que leur vigueur et la force de leurs passions. A l'homme civil « abruti » et « dégradé », opprimé et tyrannisé, l'homme sauvage révèle les maux dont il souffre. La connaissance du monde sauvage a éclairé les peuples policés, et a produit une véritable révolution dans la « philosophie morale » :

« Jusqu'ici les moralistes avaient cherché l'origine et les fondements de la société, dans les sociétés qu'ils avaient sous leurs yeux. Supposant à l'homme des crimes, pour lui donner des expiateurs; le jetant dans l'aveuglement pour devenir ses guides et ses maîtres, ils appelaient mystérieux, surnaturel et céleste, ce qui n'est que l'ouvrage du temps, de l'ignorance, de la faiblesse ou de la fourberie. Mais depuis qu'on a vu que les institutions sociales ne dérivaient ni des besoins de la nature, ni des dogmes de la religion, puisque des peuples innombrables vivaient indé-

---

204. VIII. p. 26.
205. VIII, p. 27.
206. Cf. Helvétius, *De l'Esprit*, Discours I, ch. I, éd. cit., p. 16, note c : « Qui doute que l'état du sauvage ne soit préférable à celui du paysan ? Le sauvage n'a point, comme lui, à craindre la prison, la surcharge des impôts, la vexation d'un Seigneur, le pouvoir arbitraire d'un subdélégué; il n'est point perpétuellement humilié et abruti par la présence journalière d'hommes plus riches et plus puissants que lui; sans supérieur, sans servitude... il jouit du bonheur de l'égalité, et surtout du bien inestimable de la liberté... » Nous reviendrons sur l'influence de Rousseau, à qui Diderot reprochera bientôt d'avoir « faiblement parlé » contre l'état social.

pendants et sans culte, on a découvert les vices de la morale et de la législation dans l'établissement des sociétés. On a senti que ces maux originels venaient des fondateurs et des législateurs, qui, la plupart, avaient créé la police pour leur utilité propre, ou dont les sages vues de justice et de bien public avaient été perverties par l'ambition de leurs successeurs, par l'altération des temps et des mœurs [207]. »

Un dernier thème apparaît dans ces fragments : la menace que la présence des Européens fait peser sur le monde sauvage, dont la vie est déjà rude et précaire :

« Si l'on considère la haine que les sauvages se portent de horde à horde, leur vie dure et disetteuse, la continuité de leurs guerres, leur peu de population, les pièges sans nombre que nous ne cessons de leur tendre, on ne pourra s'empêcher de prévoir qu'avant qu'il se soit écoulé trois siècles, ils auront disparu de la terre. Alors que penseront nos descendants, de cette espèce d'hommes, qui ne sera plus que dans l'histoire des voyageurs ? Les temps de l'homme sauvage ne seront-ils pas pour la postérité, ce que sont pour nous les temps fabuleux de l'antiquité ? Ne parlera-t-elle pas de lui, comme nous parlons des centaures et des lapithes ? (...) ils prouveront qu'il [l'homme] n'a jamais été nu, errant, sans police, sans lois, réduit enfin à la condition animale [208]. »

Outre l'intérêt philosophique qui s'attache à la connaissance de la condition naturelle de l'homme, la lecture de Raynal et sans doute aussi celle des *Recherches philosophiques sur les Américains* de Cornélius de Pauw ont rendu Diderot sensible au sort affreux des esclaves [209] et aux ravages entraînés par l'arrivée des Européens au Nouveau Monde [210]. Ce thème prendra plus d'ampleur dans les fragments écrits pour l'édition de 1774 et celle de 1780, et dans le *Supplément*.

Plusieurs textes des années 1769-1770 confirment cet attrait pour le bonheur de la vie sauvage, et soulignent en même temps la coloration politique du thème chez Diderot. Le premier est un commentaire d'un recueil de traités sur le bonheur intitulé le *Temple du Bonheur*, et publié anonymement en 1769 [211]. M. Robert Mauzi voit dans ce fragment [212] une critique de

207. *Histoire des Indes...*, VII, p. 163, et P.D., « Morale ».
208. *Ibid.*, p. 161-162. Senancour avait pour ce passage la plus vive admiration (*Rêveries sur la nature primitive de l'homme*, 42ᵉ Rêverie).
209. Voir Raynal, V, p. 256 sq. C'est dans ces pages que s'inséreront en 1774 et 1780 une dizaine de fragments sur l'esclavage, dont Diderot sera l'auteur.
210. Sur ce thème de la destruction des Indiens, voir Première partie, ch. 4. Le livre de Pauw est de 1768.
211. Ce fragment est dans A.T., VI, p. 439 sq.
212. « Les rapports du bonheur et de la vertu dans l'œuvre de Diderot », dans *C.A.I.E.F.*, 1961, p. 255-268.

« l'hédonisme vertueux », au nom d'un « humanisme biologique » dont le *Rêve de d'Alembert* jette le fondement, et aussi d'un non-conformisme, que pour notre part nous avons confondu avec cet humanisme même en parlant d'une morale de la volupté. Mais Diderot y pose aussi le problème du bonheur social,

« Voulez-vous que je vous dise un beau paradoxe. C'est que je suis convaincu, écrit-il, qu'il ne peut y avoir de vrai bonheur pour l'espèce humaine que dans un état social où il n'y aurait ni roi, ni magistrat, ni prêtre, ni lois, ni tien, ni mien, ni propriété mobilière, ni propriété foncière, ni vices, ni vertus; et cet état social est diablement idéal (...). Voulez-vous que je vous dise une idée vraie ? c'est qu'il est tout à fait indifférent d'être homme ou lapin. Le bonheur peut varier entre les individus d'une même espèce; mais je crois qu'il est le même d'une espèce à l'autre [213]. »

Il faut en effet rapprocher ce texte d'un fragment — sans doute détaché d'une lettre à Mme de Maux — où Diderot rend ce « paradoxe » à son auteur : Dom Deschamps.

« Un moine appelé Dom Deschamps m'a fait lire un des ouvrages les plus violents et les plus originaux que je connaisse. C'est l'idée d'un état social où l'on arriverait en partant de l'état sauvage, en passant par l'état policé, au sortir duquel on a l'expérience de la vanité des choses les plus importantes, et où l'on conçoit enfin que l'espèce humaine sera malheureuse tant qu'il y aura des rois, des prêtres, des magistrats, des lois, un tien, un mien, les mots de vices et de vertus. Jugez combien cet ouvrage, tout mal écrit qu'il est, a dû me faire de plaisir, puisque je me suis retrouvé tout à coup dans le monde pour lequel j'étais né [214]. »

Cet ouvrage était *Le Vrai Système* où Dom Deschamps affirme que l'état de lois est « le vrai péché d'origine » [215], que « l'homme n'est méchant que par l'état de lois qui le contredit sans cesse » [216], que « le bonheur particulier ne peut exister que par le bonheur général » [217], et que « l'état de mœurs » réalisera « tout ce qui était promesse dans l'état sauvage, tout ce qu'obscurément nous y cherchions » [218]. « Ce n'est point la morale, écrivait Dom Deschamps. C'est la politique qui constitue le fond de nos mœurs » [219].

---

213. A.T., VI, p. 439.
214. *Cce*, IX, p. 245.
215. Ed. J. Thomas et F. Venturi, p. 103.
216. *Ibid.*, p. 105.
217. *Ibid.*, p. 155.
218. *Ibid.*, p. 177.
219. P. 117. Evidemment, la philosophie de Dom Deschamps qui voulait absoudre la religion du mal social, et remplacer l'idée de Dieu par celle du grand Tout, ne pouvait séduire longtemps Diderot. Mais, en fait, il a lu l'ou-

Il semble que cette lecture ait eu une influence profonde sur Diderot : le bonheur de l'état sauvage lui paraît moins évident que les vices de l'état de lois, et si « l'état de mœurs » imaginé par Dom Deschamps lui paraît « diablement idéal », la dialectique du bénédictin le séduit : ne peut-on imaginer une société où le vice et la vertu, la propriété, le pouvoir des rois et des prêtres seraient des mots vides de sens, un état où l'on serait homme et citoyen sans cesser d'obéir à la nature, où l'on jouirait de ses penchants sans remords, et de la société de ses semblables sans vanité ni préjugés ? Cette société, dans laquelle un humanisme biologique et un anarchisme éclairé se répondent et s'équilibrent, ce sera l'heureuse Tahiti où la nudité des corps, la volupté et la pureté des mœurs ont des charmes inexprimables : sorte d'Eden matérialiste, opposé au mythe de Clarens.

IX. « L'ÎLE ENTIÈRE OFFRAIT L'IMAGE D'UNE SEULE FAMILLE NOMBREUSE »

On ne peut séparer la genèse du *Supplément* de celle des *Contes* moraux, qui illustrent la difficulté d'être heureux et passionné et de concilier l'amour et les mœurs dans une société artificielle [220]. Mais on ne peut la séparer non plus des *Fragments échappés;* entre août et novembre 1772, Diderot écrit à la fois pour Grimm, pour Raynal, pour lui-même, tissant au fil des jours un réseau de correspondances entre tous ces écrits; les *Fragments,* l'*Essai sur les femmes* [221], les *Contes* et le *Supplément* forment un tout, et il faut les interpréter ensemble. Ainsi le compte rendu d'un ouvrage de Thomas sur les femmes [221 bis] donne à Diderot l'idée d'extraire d'une relation du jésuite Gumilla le discours d'une Indienne, à laquelle un missionnaire reprochait d'avoir fait mourir une fille dont elle venait d'accoucher : il

vrage à sa façon, et il lui a beaucoup emprunté. Il retient par exemple l'idée qu'il faut obéir à l'état de lois tant qu'il subsiste (p. 112), que la propriété des terres entraîne nécessairement celle des femmes (p. 124), que ce sont les fausses mœurs qui nous forcent à méditer le meilleur état social possible (p. 142), que l'inceste ou la communauté des femmes ne sont pas contre nature, mais « contre la nature de nos mœurs », et que c'est la loi seule qui a pu en faire un crime (p. 126 et p. 171), que dans l'état de mœurs, les hommes ne rougiraient pas de leur nudité, et ne connaîtraient ni vices ni vertus (p. 176). On retrouve tous ces éléments dans le *Supplément.* Sur Dom Deschamps et le *Vrai Système,* on consultera la préface de l'édition déjà citée, et V.P. VOLGUINE, « Le vrai système de D.D. », dans *La Pensée,* mai-juin 1958.

220. Dans son Introduction au *Supplément,* M. DIECKMANN a mis en évidence ce lien interne et rappelé aussi que Diderot est alors en pleine crise passionnelle, à cause de sa liaison orageuse avec Mme de Maux, et en pleine crise familiale, à la suite du mariage de sa fille; éd. cit., p. XXVII-XXIV et CXII-CXXX. Sur la morale des deux contes : *Inconséquence du Jugement Public* et *Ceci n'est pas un conte,* voir aussi J. PROUST, éd. cit., *Introduction.*

221. Voir DIECKMANN, *Inventaire* (...), p. 94.

221 bis. Voir Bibl.

l'insère une première fois dans son compte rendu [222], puis une seconde fois dans l'*Histoire des Indes* [223]. Il commence un premier compte rendu du voyage de Bougainville, puis le redemande à Grimm : ce sera le noyau du *Supplément*. Or ce fragment contient une violente diatribe contre la barbarie des civilisés :

« Vous êtes le plus fort, disent les Tahitiens à Bougainville, et qu'est-ce que cela fait ? Vous criez contre l'hobbisme social et vous l'exercez de nation à nation [224]. »

On reconnaît le thème du discours du Vieillard. Mais cette phrase n'y figure pas; elle se retrouve en revanche dans l'*Histoire des Indes* en 1780, dans un passage où Diderot attaque le droit de colonisation [225]. Quant au discours du Vieillard, il se dédouble en quelque sorte dans l'*Histoire* en une apostrophe aux malheureux Hottentots et en une discussion sur le droit de colonisation, où un autre fragment du *Supplément* se retrouve encore [226]. Enfin nous avons montré que la morale du *Supplément* était développée dans l'ensemble des fragments qui forment en 1780 le chapitre « Morale » du livre XIX de l'*Histoire* [227]. Ces rapprochements mettent en relief l'unité profonde des trois thèmes majeurs du *Supplément :* la condamnation des abus du système colonial, la condition des femmes, les principes d'une morale naturelle, fondement d'une société heureuse. Un des *Fragments échappés,* inséré ensuite dans le chapitre où Diderot plaide la cause des noirs esclaves, les rattache explicitement au problème de la propriété et de la liberté :

« La véritable notion de la propriété entraînant le droit d'us et d'abus, jamais un homme ne peut être la propriété d'un souverain, un enfant la propriété d'un père, une femme la propriété d'un mari, un domestique la propriété d'un maître, un nègre la propriété d'un colon [228]. »

Sont donc contraires à la nature l'esclavage auquel seront réduits les Tahitiens ou les Hottentots, dépossédés de leurs terres (« Qui es-tu donc pour faire des esclaves ? », dit le Vieillard à Bougainville [229]) et la « propriété » des femmes (principe en vertu

---

222. *Cce Litt.*, 1er avril 1772. Pour Gumilla, voir Bibl. L'anecdote était déjà dans l'article « Luxe » de Saint-Lambert, mais non le discours.
223. IV, p. 27-28 (Livre VII, ch. 17), en 1780.
224. Non publié par Grimm, ce début de compte rendu a été retrouvé dans les mss. de l'Ermitage. Voir A.T., II, p. 195. sq.
225. VI, p. 151 (Livre XIII, ch. 13).
226. Sur ces rapprochements, voir M. DUCHET, « Le Supplément au voyage de Bougainville et la collaboration de Diderot à l'Histoire des Deux Indes », *loc. cit.*
227. *Ibid.*
228. A.T., VI, p. 459, et *Histoire*, V, p. 280. Voir aussi, V, p. 276 : « Sans la liberté ou la propriété de son corps et la jouissance de son esprit, on n'est ni époux, ni père, ni parent, ni ami. On n'a ni patrie, ni concitoyen, ni dieu. » On retrouve ici le thème des trois codes.
229. *Supplément*, p. 13.

duquel « un homme *appartient* à une femme, et n'appartient qu'à elle; une femme *appartient* à un homme et n'appartient qu'à lui » [230]). Contraires à la nature parce que tout individu doit jouir de sa liberté, et que tout citoyen se réserve le droit de disposer de sa personne [231],

« Contraires à la nature parce qu'ils supposent qu'un être pensant, sentant et libre peut être la propriété d'un être semblable à lui (...). Ne vois-tu pas qu'on a confondu dans ton pays la chose qui n'a ni sensibilité, ni pensée, ni désir, ni volonté, qu'on quitte, qu'on prend, qu'on garde, qu'on échange, sans qu'elle souffre et sans qu'elle se plaigne, avec la chose qui ne s'échange point, qui ne s'acquiert point, qui a liberté, volonté, désir, qui peut se donner ou se refuser pour un moment, se donner ou se refuser pour toujours, qui se plaint et qui souffre, et qui ne saurait devenir un effet de commerce sans qu'on oublie son caractère et qu'on fasse violence à la nature ? [232] »

De cette violence initiale découlent tous les maux qui empoisonnent la vie des civilisés :

« Car aussitôt qu'on s'est permis de disposer à son gré des *idées de justice et de propriété,* d'ôter ou de donner un caractère arbitraire aux choses... on se blâme, on s'accuse, on se suspecte, on se tyrannise, on est envieux, on est jaloux, on se trompe, on s'afflige, on se cache, on dissimule, on s'épie, on se surprend, on se querelle, on ment [233]. »

Si le problème des relations amoureuses est au centre de l'ouvrage, c'est parce que le pacte ou « serment d'immutabilité » par lequel on a voulu lier « deux êtres de chair », instables et changeants comme la nature elle-même [234], est le vice fondamental de tout l'édifice social. C'est ce que démontrent les mœurs de Tahiti, où toutes les attitudes sociales sont la conséquence nécessaire de la règle inverse : de la communauté des femmes découle en effet celle des biens, il s'établit une circulation d'hommes, de femmes et d'enfants qui fait de l'île entière une « seule

---

230. *Ibid.*, p. 25. Orou au contraire dit : « Elles m'*appartiennent,* et je te les *offre,* elles *sont à* elles, et elles *se donnent* à toi. »

231. Ainsi Diderot condamne la cession de la Louisiane et les princes qui s'arrogent le droit barbare « d'aliéner ou d'hypothéquer leurs provinces et leurs sujets, comme des biens meubles ou immeubles » (*Histoire,* VII, p. 255, Livre XVI, ch. 10, et *Pensées détachées,* « Des nations en général »).

232. *Supplément,* p. 26.

233. *Ibid.*, p. 30.

234. *Ibid.*, p. 27. Nous avons rencontré ce thème dès 1756 (voir supra, note 159) et il est fréquent chez Diderot. Toutefois l'expression la plus poétique, parce que toute pénétrée de cette rêverie sur le mouvement de la nature et la force de la matière, s'en trouve dans le *Salon de 1767.* Le passage est trop connu pour que nous ayons besoin de le citer, *Œuvres esthétiques,* p. 644. Dans le *Supplément,* le rappel est discret, mais significatif : on ne peut séparer ce rêve d'une société naturelle de toute une philosophie de la nature.

famille nombreuse » dont tous les membres sont unis par des
liens d'affection et d'intérêt. La vraie richesse de Tahiti, c'est la
population : « un enfant qui naît occasionne la joie domestique
et publique », tandis que dans les contrées prétendues policées,
le paysan misérable craint de pécher, « excède sa femme pour
soulager son cheval, laisse périr son enfant sans secours et
appelle le médecin pour son bœuf » [235]. Là l'homme attaché à la
conservation de son semblable comme à son bien le plus précieux éprouve avec vivacité tous les sentiments naturels, ici on
n'est ni fils, ni époux, ni père, et l'on préfère sa fortune au
bonheur des siens [236]. Les Tahitiens n'ont d'autre fin que celle
que prescrit la Nature :

« Ils mangent pour vivre et pour croître; ils croissent pour
multiplier et ils n'y trouvent ni vice ni honte [237]. »

Ils bornent leurs besoins à ce qui leur est nécessaire, et ignorent les besoins superflus; dédaignant des biens imaginaires et
des vertus chimériques, ils pratiquent cette morale de la volupté,
dont tous les préceptes sont tirés du code de la nature [238]. Il y
a donc un miracle tahitien, mais il est le fruit de la sagesse et
de l'expérience. Le discours d'Orou, quoique conforme à ce que
les voyageurs et les missionnaires rapportaient de la « philosophie » des sauvages, n'en est pas moins « modelé à l'européenne », de l'aveu de Diderot lui-même [239] : il a pour référent
non la réalité du monde sauvage, mais l'absurdité d'une morale
factice, représentée par l'Aumônier, qui dénote tout à la fois les
prêtres, la loi religieuse, le célibat, et dont la robe noire, opposée
à la nudité des Tahitiens, résume tous les interdits d'une morale
qui viole — et voile — la nature, et qui masque la réalité du
désir [240]. L'entretien entre l'aumônier et Orou a comme prolo-

---

235. *Supplément*, p. 46. Cf. *Histoire des Indes*, IX, p. 223 : « (Les paysans) mal assurés d'une subsistance qui dépend de leur santé (...) craignent
d'enfanter des malheureux. » Cf. surtout dans le *Salon de 1767* l'essai sur
le luxe, « Le riche craint de multiplier ses enfants, le pauvre craint de
multiplier les malheureux », A.T., XI, p. 93.
236. P. 45.
237. P. 17.
238. P. 35, « A. — Qu'est-ce que je vois là en marge ? B. — C'est une
note où le bon aumônier dit que les préceptes des parents sur le choix des
garçons et des filles étaient pleins de bon sens et d'observations très fines et
très utiles; mais qu'il a supprimé ce catéchisme qui aurait paru à des gens
aussi corrompus et aussi superficiels que nous, d'une licence impardonnable,
ajoutant toutefois que ce n'était pas sans regret qu'il avait retranché des détails où l'on aurait vu (...) jusqu'où une nation qui s'occupe sans cesse d'un
objet important peut être conduite dans ses recherches sans les secours de la
physique et de l'anatomie. » L'eugénisme pratiqué à Otahiti reflète les préoccupations des « populationnistes ». Voir les auteurs cités par SPENGLER, *Economie et Population, les doctrines françaises avant 1800*, et en particulier
d'Argenson, Faiguet de Villeneuve, d'Holbach, etc.
239. P. 50.
240. Aussi l'Aumônier sera-t-il tenté de « jeter ses vêtements », et de
passer le reste de ses jours à Tahiti, p. 51.

gue [241] le discours du Vieillard, qui annonce la mort d'une société jusqu'alors préservée de tout contact avec les Européens; venus pour s'approprier l'île, ils ont apporté avec eux les germes de sa destruction : l'esprit de propriété et aussi la maladie qui fait de la jouissance un tourment [242]. Le dialogue entre A et B, qui suit l'entretien, tire les « conséquences » du tableau tracé par Orou et tente de déduire de l'exemple tahitien les principes d'une morale et d'une politique à l'usage des peuples civilisés. Ainsi le texte a comme pivot le discours d'Orou, et comme fin le renversement de la situation initiale : au péché de violence et au crime de corruption commis par des hommes dénaturés, il n'y a de remède que dans leur conversion aux lois de la nature.

« Que le code des nations serait court, si on le conformait rigoureusement à celui de la nature [243]. »

La leçon n'est pas neuve, et Diderot a déjà énoncé ailleurs les préceptes d'une morale fondée sur l'identité d'organisation [244]. En dépit d'une croyance bien établie, le *Supplément* ne se situe pas non plus à l'extrême pointe d'une tentation « primitiviste » : Diderot n'ose plus affirmer que « l'état de nature brute et sauvage » est préférable à l'état policé, puisqu'en prenant une mesure commune à ces deux conditions et en ne considérant que le bien de l'espèce, on ne peut douter que « la vie moyenne de l'homme civilisé ne soit plus longue que la vie moyenne de l'homme sauvage » [245]. En fait la conclusion du *Supplément* est assez pessimiste : Tahiti est le seul « recoin » du globe où l'homme ait été assez sage pour s'arrêter de lui-même à une heureuse médiocrité [246]; partout ailleurs les peuples vivent sous

---

241. Le « Jugement du voyage de Bougainville » n'est qu'un point de départ.
242. P. 15-18. On sait que les nations européennes s'accusaient mutuellement d'avoir transmis ce mal aux sauvages, et accusaient les Américains de le leur avoir transmis. Prévost et Voltaire admettaient cette thèse, qui était celle d'Astruc, « Traité des maladies vénériennes », (*Histoire des Voyages,* XII, p. 221, note 90; *Questions sur l'Encyclopédie,* art. « Vérole »). La thèse inverse était soutenue par Sanchès, *Dissertation sur l'origine de la maladie vénérienne* (...). Voir Bibl.
243. *Supplément,* p. 59.
244. Voir *supra.*
245. *Supplément,* p. 62, addition de la copie Naigeon, après la révision du ms. vers 1780 (DIECKMANN, *Préface,* p. XXVII). Mais nous savons par les *Fragments échappés* que c'est bien en 1772 que Diderot change d'avis sur ce point, très exactement entre le 15 août (Fragment 2) et le 15 sept. (Fragment 11), à la suite d'une observation de Grimm. Voir M. DUCHET, *art. cité.,* p. 183. Dans la *Réfutation d'Helvétius,* A.T., II, p. 411, l'argument est accompagné d'un autre qui va dans le même sens : « la population de l'espèce va toujours en croissant chez les peuples policés, et en diminuant chez les nations sauvages. »
246. P. 51 et 52. Cf. le discours du Vieillard, « (...) nous n'avons pas su nous faire des besoins superflus, (...) permets à des êtres sensés de s'arrêter, lorsqu'ils n'auraient à obtenir de la continuité de leurs pénibles efforts que des biens imaginaires. », p. 14-15.

la tyrannie des trois codes, et il est presque impossible de réformer leurs abus [247]. Le sage ne peut que parler « contre les lois insensées jusqu'à ce qu'on les réforme », et cependant s'y soumettre, car :

« Celui qui de son autorité privée enfreint une mauvaise loi autorise tout autre à enfreindre les bonnes. Il y a moins d'inconvénient à être fou avec des fous, qu'à être sage tout seul [248]. »

Plus pessimiste encore l'idée que le bonheur ou le malheur d'une espèce animale quelconque a sa limite naturelle, et que tout effort pour « accroître les deux membres d'une équation entre lesquels il subsist[e] une éternelle et nécessaire égalité » [249], est vain, en sorte qu'il est tout à fait indifférent pour l'espèce humaine de vivre dans un état ou dans un autre. Cette idée, Diderot l'avait rencontrée une première fois lorsqu'il cherchait à définir sa position, par rapport aux systèmes opposés de Rousseau et de Hobbes :

« Entre le système de l'un et de l'autre, lit-on en effet dans l'article " Hobbisme ", il y en a un autre qui peut-être est le vrai : c'est que, quoique l'état de l'espèce humaine soit dans une vicissitude perpétuelle, sa bonté et sa méchanceté sont les mêmes, son bonheur et son malheur circonscrits par des limites qu'on ne peut franchir. Tous les avantages artificiels se compensent par des maux, tous les maux naturels par des biens [250]. »

Dans le *Supplément* et dans l'*Histoire des Indes* [251], elle sert de conclusion au débat sur les avantages respectifs de l'état sauvage et de l'état civilisé. Débat truqué en somme, puisque Diderot ne voit dans les sociétés humaines et leurs vicissitudes que des avatars de l'histoire de l'espèce, des organismes artificiels où tant bien que mal une sorte d'équilibre naturel subsiste, qui assure le devenir d'un être collectif dont le bonheur et le malheur restent circonscrits dans des limites qui ne changent pas. La vraie question pour Diderot n'est pas de choisir entre deux états où tout se compense à peu près, mais de faire en sorte que l'équilibre entre les avantages et les maux propres à chacun d'eux ne soit pas rompu, et que l'homme naturel ne soit

---

247. P. 52, 53.
248. P. 64.
249. P. 62, addition de la copie Naigeon.
250. A.T., xv, p. 122-123. Voir aussi *Commentaire d'Hemsterhuis*, p. 507, éd. cit.
251. III. p. 259 : « Ce n'est pas toutefois que je préférasse l'état sauvage à l'état civilisé. C'est une protestation que j'ai déjà faite plus d'une fois. Mais plus j'y réfléchis, plus il me semble que depuis la condition de la nature la plus brute jusqu'à l'état le plus civilisé, tout se compense à peu près, vices et vertus, biens et maux physiques. Dans la forêt, ainsi que dans la société, le bonheur d'un individu peut être moins ou plus grand que celui d'un autre individu ; mais je soupçonne que la nature a posé des limites à celui de toute portion considérable de l'espèce humaine, au-delà desquelles il y a à peu près autant à perdre qu'à gagner. » [1780].

pas « enchaîné sous les pieds de l'homme moral » [252], c'est-à-dire que les lois ne prescrivent rien qui soit contraire à son bonheur. En ce cas en effet l'homme qui ne jouit plus des avantages de l'état de nature, cesse également de jouir des avantages de l'état de lois, et sa condition devient « pire que celle de l'animal » [253]. Le *Supplément* n'appelle donc pas à détruire l'état de lois, ni à rentrer dans l'état de nature, mais il peint si fortement la tyrannie des mauvaises lois, le bonheur de l'individu soumis à la seule loi de nature [254], et les plaisirs d'une volupté innocente, qu'il rend insupportables à l'homme civilisé tous les maux dont il souffre. De cet écart, de cette tension ne peut naître qu'une aspiration à une société autre. Il suffit de remonter des effets aux causes, c'est-à-dire aux institutions civiles, religieuses et politiques, qui font le malheur de « l'espèce humaine pliée de siècle en siècle au joug qu'une poignée de fripons se promettait de lui imposer » [255]. En 1774, Diderot, relisant le parallèle écrit naguère pour Raynal, conclut :

« Peuples civilisés, ce parallèle est sans doute, affligeant pour vous : mais vous ne sauriez *ressentir trop vivement* les calamités sous le poids desquelles vous gémissez. *Plus cette sensation sera douloureuse, plus elle sera propre à vous rendre attentifs aux véritables causes de vos maux.* Peut-être parviendrez-vous à vous convaincre qu'ils ont leur source dans le dérèglement de vos opinions, dans les vices de vos constitutions politiques, dans les lois bizarres par lesquelles celles de la nature sont sans cesse outragées [256]. »

Expression d'un mythe personnel, Tahiti est donc aussi un mythe politique, dont la structure demeure identique lorsqu'on passe du *Supplément* à l'*Histoire des Indes,* où le sauvage canadien a la même fonction que l'Otahitien. Diderot ne semble pas avoir senti que ces deux figures n'étaient pourtant pas permutables. Elles sont pour lui complémentaires : l'énergie, voire la férocité des sauvages canadiens, tout autant que l'indolence voluptueuse des Tahitiens se fondent dans une seule et même image, à la fois réelle et phantasmatique. Les Canadiens ont ce « quelque chose d'énorme, de barbare et de sauvage » qu'il admire chez les grands criminels et dans la poésie antique [257], tandis que chez les Tahitiens une douceur rêveuse, un mélange de grandeur, de noblesse, d'innocence et de simplicité s'accor-

---

252. *Supplément,* p. 61.
253. *Ibid.,* p. 27.
254. P. 53 : « Le peuple le plus sauvage de la terre, l'Otaïtien (...) s'en est tenu scrupuleusement à la loi de nature. »
255. P. 61.
256. VIII, p. 27, souligné par nous.
257. Voir *De la Poésie dramatique, Œuvres esthétiques,* p. 240. Ce caractère de la vie des sauvages canadiens est fortement mis en relief par Bougainville. N'oublions pas en effet que ces deux images ont la même source : il y a d'ailleurs chez Bougainville des traits de sensualité (« Il aime les fem-

dent avec son goût pour les tableaux de Raphaël, du Guide et du Titien [258]. C'est de ces contrastes qui parlent fortement à son imagination que la figure de l'homme sauvage, créature philosophique, mais aussi être éminemment poétique, tire tout son relief et toute son originalité. Et s'il lui faut absolument un modèle, ce n'est ni chez Homère ni chez Tacite qu'on le trouverait, mais chez Lucrèce [259].

X. « UNE ESPÈCE DE SOCIÉTÉ MOITIÉ POLICÉE MOITIÉ SAUVAGE »

Au terme du *Supplément*, la distance qui sépare l'homme sauvage de l'homme civilisé tend ainsi à se réduire, puisque finalement l'homme civilisé retrouve en lui-même les pulsions de la nature et ressent un « appel » à sa liberté première. Quant au paradis tahitien, il touche déjà à sa fin, et, malgré lui, l'Otahitien devra se défaire de son « trop de rusticité » [260], et se civiliser. Loin d'être antithétiques, ces deux états dont l'un touche à l'origine du monde et l'autre à sa vieillesse [261], doivent nécessairement se rapprocher l'un de l'autre, par deux mouvements de sens contraire : l'homme sauvage sera forcé de périr ou de s'avancer pas à pas vers la civilisation, tandis qu'un excès de civilisation, funeste aux peuples policés, les contraindra à revenir en arrière. L'idée d'un état intermédiaire, où l'espèce aurait dû s'arrêter, est esquissée dans le *Supplément*, mais c'est la lecture d'Helvétius qui achève de lui donner corps :

« Helvétius a dit avec raison que le bonheur d'un opulent était une machine où il y avait toujours à refaire. Cela me semble bien plus vrai de nos sociétés. Je ne pense pas, comme Rousseau, qu'il fallût les détruire quand on le pourrait, mais je suis convaincu que l'industrie de l'homme est allée beaucoup trop loin (...). Helvétius a placé le bonheur de l'homme social dans la médiocrité, et je crois qu'il y a pareillement un terme dans la civilisation, un terme plus conforme à la félicité de l'homme en général et bien moins éloigné de la condition sauvage qu'on ne l'imagine. Mais comment y revenir quand on s'en est écarté, comment y rester quand on y serait ? Je l'ignore [262]. »

---

mes », note Diderot, p. 4) et un certain goût des émotions fortes, qui le rapprochent de Diderot.

258. *O. Esth.*, p. 708, *Essais sur la peinture*.

259. *De la poésie dramatique, ibid.*, p. 240 : « Lucrèce a bien connu ce que pouvait l'opposition du terrible et du voluptueux (...) », cf. *Essais sur la peinture*, p. 738, où l'âme mobile du philosophe se plaît au passage « de la douce et voluptueuse émotion du plaisir au sentiment de la terreur (...) ».

260. *Supplément*, p. 53.

261. P. 11.

262. *Réfutation d'Helvétius*, A.T., II, p. 431.

Dès 1772, nous avons vu en effet que Diderot s'avise qu'il est allé trop loin dans son éloge de l'état sauvage et qu'il y avait quelque contradiction dans ses propos. N'écrivait-il pas en 1768, dans un compte rendu de l'*Histoire de la Russie* de Lomonosoff :

« Quoiqu'en disent J.-J. Rousseau et les fanatiques ennemis des progrès de l'esprit humain, il est difficile de lire l'histoire des siècles barbares de quelque peuple que ce soit sans se féliciter d'être né dans un siècle éclairé et chez une nation policée [263]. »

Il y avait quelque paradoxe à faire en toute occasion l'éloge des Lumières et de la civilisation, et à parler en même temps le langage de ces fanatiques ennemis des progrès de l'esprit humain.

Sans doute s'avise-t-il aussi que, par certains aspects, l'état sauvage est un état misérable, où la vie est précaire et rude. Ayant lu le *Voyage autour du monde* de Bougainville, il ne pouvait manquer de lire celui de Cook et d'y trouver peinte l'horrible condition des habitants de la Terre de Feu : « les plus misérables et les plus stupides des créatures humaines, le rebut de la nature, nés pour consumer leur vie à errer dans des déserts affreux » [264]. Par Raynal, il connaît le récit des voyageurs qui ont pénétré à l'intérieur des terres en Guyane, et y ont aperçu

« l'oppression des femmes, des superstitions qui empêchent la multiplication des hommes, des haines qui ne s'éteignent que par la destruction des familles et des peuplades, l'abandon révoltant des vieillards et des malades, l'usage habituel des poisons les plus variés et les plus subtils » [265].

Il a beau affirmer encore que les Hottentots connaissent le bonheur, l'innocence et le repos, qu'ils sont libres et satisfont leurs penchants sans remords [266], il doit bien s'avouer qu'il aime mieux :

« le vice raffiné sous un habit de soie que la stupidité féroce sous une peau de bête (...) la volupté entre les lambris dorés et sur la mollesse des coussins d'un palais, que la misère pâle, sale et hideuse étendue sur la terre humide et malsaine et recélée avec la frayeur dans le fond d'un antre sauvage [267] ».

263. A.T., XVII, p. 495.
264. Premier voyage de Cook, dans HAWKESWORTH, *Relation des Voyages* (...), [voir Bibl.], IV, p. 30.
265. *Histoire* (...), VI, p. 143-144 (Livre XIII, ch. 10). Le passage est emprunté au *Précis sur les Indiens* du baron de BESSNER, rédigé en 1765, et que Bessner — ou Malouet — a dû communiquer à Raynal à son retour en France. Voir supra.
266. *Ibid.*, I, p. 239, Livre II, ch. 18.
267. *Réfutation d'Helvétius*, A.T., II, p. 411.

Dans la dernière édition de l'*Histoire des Indes,* il laisse subsister le long parallèle entre les Canadiens et les Européens, et l'éloge des mœurs patriarcales des Hottentots, mais il se contredit lui-même dans d'autres passages, où il met en doute ce bonheur imaginaire, pour conclure :

« (...) Que la misanthropie exagère, tant qu'il lui plaira, les vices de nos cités, elle ne réussira pas à nous dégoûter de ces conventions expresses ou tacites, et de ces vertus artificielles qui sont la sécurité et le charme de nos sociétés [268]. »

Tantôt son individualisme proteste contre la tyrannie des lois, tantôt il se sent un « civilisé » jusqu'au fond de l'âme, dans la mesure où il continue de croire que les lois protègent les faibles contre les forts, et que l'égalité factice remédie aux us et aux abus de l'inégalité naturelle [269]. Son pessimisme biologique — et aussi sa conception de l'histoire et du mouvement périodique des sociétés humaines — l'empêche de donner à ces contradictions une solution dialectique, que ce soit celle de Rousseau, ou celle de Dom Deschamps. Tantôt il lui semble que de l'excès du mal le bien doit sortir, tantôt il craint qu'on ne glisse du despotisme à la barbarie; car il est « mille fois plus facile (...) pour un peuple éclairé, de retourner à la barbarie, que pour un peuple barbare d'avancer d'un seul pas vers la civilisation ».

« Il semble en vérité que toute chose, le bien comme le mal, ait son temps de maturité. Quand le bien atteint son point de perfection, il commence à tourner au mal; quand le mal est complet, il s'élève vers le bien [270]. »

L'idée d'un *point d'équilibre,* voire d'un point de perfection auquel pourraient prétendre les sociétés humaines est, nous l'avons vu, une des clefs de la politique d'Helvétius. Diderot le voit dans une « espèce de société moitié policée et moitié sauvage », où l'homme trouverait peut-être la félicité, et il reproche à Rousseau de n'avoir pas cherché à « imaginer » une telle

---

268. *Histoire des Indes,* IX, p. 229 (Livre XIX, ch. 10) et *Mélanges,* chapitre « Impôts ». Le début du passage conteste les avantages de la vie sauvage, dont la liberté n'est point « la compensation d'une vie précaire et des meurtrissures, des combats journaliers pour un coin de forêt, une caverne, un arc, une flèche, un fruit, un poisson, un oiseau, un quadrupède, la peau d'une bête, ou la possession d'une femme ». Diderot en revient presque à une vision « hobbiste » de l'état de nature. Cf. *Court Essai sur le caractère de l'homme sauvage,* A.T., VI, p. 455, « L'homme sauvage connaît peu la générosité et les autres vertus produites, à la longue, par le raffinement de la morale. »

269. En garantissant la propriété; voir *ibid.,* p. 230, « Je n'en bénirai pas moins la force publique qui garantit le plus ordinairement ma personne et mes propriétés ». Comme Helvétius, Diderot voit dans la propriété « le Dieu moral des empires », et l'un des principaux avantages de l'état civil.

270. Lettre à la Princesse Daschkoff, avril 1771, *Cce,* XI, p. 21. Diderot vient d'exprimer l'espoir d'une victoire de l'esprit de liberté contre la superstition et le despotisme, mais aussi ses craintes : « Nous touchons à une crise qui aboutira à l'esclavage ou à la liberté », p. 20.

société « au lieu de nous prêcher le retour dans la forêt »[271]. A
mi-distance de l'état sauvage, vraiment trop misérable, et de
l'état policé, par trop corrompu, Diderot rêve d'une société où
l'homme jouirait des commodités et des douceurs de la civilisation, tout en conservant la liberté et l'insouciance des sauvages,
d'une « colonie dans quelque recoin ignoré de la terre », fondée
par un sage législateur qui trouverait

« entre l'état sauvage et notre merveilleux état policé un milieu
qui *retarderait* les progrès de l'enfant de Prométhée, qui le garan-
tirait du vautour, et qui *fixerait* l'homme civilisé entre l'enfance
du sauvage et notre décrépitude »[272].

Dans l'*Histoire des Indes,* en 1780, Diderot tente de transformer cette recherche d'un point d'équilibre en loi générale d'évolution des sociétés humaines, à la manière d'Helvétius, et de
concilier sa philosophie de l'histoire, qui veut qu'elles soient
entraînées nécessairement par un mouvement périodique qui les
ramène à leur point de départ, et ce fixisme qui les immobilise
à leur acmé.

« Dans tous les siècles à venir, l'homme sauvage s'avancera
pas à pas vers l'état civilisé. L'homme civilisé reviendra vers
son état primitif; d'où le philosophe conclura qu'il existe dans
l'intervalle qui les sépare un point où réside la félicité de l'espèce. Mais qui est-ce qui fixera ce point ? Et s'il était fixé, quelle
serait l'autorité capable d'y diriger, d'y arrêter l'homme ?[273] »

Problème d'anthropologie que de décider de l'existence d'un
tel état, et de la possibilité pour l'espèce humaine de s'y arrêter.
Mais problème de politique, que d'imaginer la société qui lui
correspond, et les moyens d'assurer sa durée par le jeu des lois
— ce qui est le projet rousseauiste — ou par celui des passions
et des intérêts — ce qui est le projet d'Helvétius. Mais Diderot
n'a pas l'âme d'un théoricien, et d'ailleurs toute sa philosophie

---

271. *Réfutation d'Helvétius,* A.T., II, p. 431. Sur l'importance des références
à Rousseau dans ce « débat entre matérialistes », voir J. Fabre, *Lumières et
Romantisme,* p. 59-60. Le mot *prêcher* souligne évidemment l'hostilité de
Diderot à la religiosité de Rousseau, à un idéal de frugalité bien éloigné de
la volupté tempérante qui fait pour Diderot le bonheur de l'individu, fort
distinct de celui du citoyen. Pourtant Diderot, même s'il refuse la société
du *Contrat* et la solution donnée par Rousseau aux contradictions de l'état
social et aux maux engendrés par l'inégalité des citoyens, sent bien la vérité
profonde de sa philosophie de l'homme social, et le bien-fondé de sa critique
de la civilisation. Cf. Préface du *Discours sur l'Inégalité* : « Il y a, je le
sens, un âge auquel l'homme individuel voudrait s'arrêter: tu chercheras
l'âge auquel tu désirerais que ton espèce se fût arrêtée. » La ressemblance
est frappante, mais le malentendu profond. Car pour Rousseau, il n'y a nulle
félicité pour « l'espèce » en dehors d'une société fondée sur la moralité. La
notion d'un équilibre quasi biologique dont la société ne serait que le moyen,
lui est évidemment tout à fait étrangère, tandis que Diderot ne cesse jamais
de raisonner en naturaliste.
272. P. 432, souligné par nous.
273. *Histoire...,* IV, p. 246, Livre IX, ch. 5.

de l'histoire contredit la notion d'un « beau idéal »[274]. Cependant, moins nettement que chez Rousseau et Helvétius, sa réflexion sur l'homme et sur le mouvement des sociétés humaines finit par déboucher sur une politique. Dans tous les écrits de la dernière période, l'idée d'une espèce de société moitié sauvage et moitié policée sert de fondement à l'analyse politique; elle entraîne en effet une distinction, capitale à notre sens, entre deux types de sociétés, situées de part et d'autre de cette zone d'équilibre. D'un côté les nations, où un excès de civilisation a déjà entraîné une maladie de dégénérescence — telles sont la plupart des nations d'Europe —, de l'autre les nations proches encore de la barbarie, et point trop éloignées par conséquent de l'état sauvage — telle la Russie ou l'Amérique — qui peuvent, en se policant, éviter les maux qui les menacent, et recevoir la meilleure législation possible. Les premières ont besoin de censeurs et de réformateurs, ou encore elles peuvent espérer une crise violente qui les rajeunira et, les faisant rétrograder, les rapprochera du point d'équilibre. Les secondes méritent d'avoir des législateurs, qui sauront les empêcher de s'en écarter.

XI. Un cas limite : la « civilisation » de la Russie

Dans l'*Histoire des Indes,* Diderot distingue deux sortes de gouvernement, l'un qui a « son commencement, ses progrès et son moment de perfection, lorsqu'il est bien conçu »; l'autre « vicieux à son origine », qui atteint son « moment d'extrême corruption », sans passer par ce point d'équilibre »[275]. Pendant longtemps Diderot a cru que la Russie, que Falconet lui peint comme une nation à peine sortie de la barbarie[276], pourrait se civiliser sans se corrompre, et que Catherine II serait son législateur; plein d'admiration pour l'ouvrage de Mercier de la Rivière, l'*Ordre naturel et essentiel des sociétés politiques*[277], il le recommande chaudement à l'impératrice, le présentant comme un nouveau Solon[278], capable de l'aider dans le grand projet qu'elle médite : donner un code de lois à la Russie :

274. Voir le texte déjà cité de l'*Histoire des Indes,* VIII, p. 126.
275. *Histoire..,.* I, p. 171, Livre I, ch. 28 (à propos du Portugal).
276. *Cce,* VII, p. 34 (fév. 1767). « Un pays qui n'était, il y a soixante-quatre ans, que forêts et déserts marécageux. » Voltaire fait commencer lui aussi la « civilisation » de la Russie à Pierre le Grand.
277. Lettre à Damilaville (juin ou juillet 1767), *Cce,* VII, p. 75 sq.: « (...) personne ne me paraît avoir vu, comme lui, que l'ordre des sociétés était donné essentiellement par l'ordre de nature, et que vouloir une bonne société et s'écarter de cet ordre, c'était vouloir une impossibilité. » C'est en effet une politique « naturelle » que Diderot croit trouver chez les physiocrates.
278. L'affaire se fit par l'intermédiaire de Raynal. Voir *Cce,* VIII, p. III. On sait que Mercier de la Rivière ne réussit pas dans sa tâche, et que l'impératrice ne tarda pas à le renvoyer.

« (...) notre Catherine est jusqu'à présent la seule souveraine qui, maîtresse d'imposer à ses sujets telles lois, telle forme de gouvernement, tel joug qu'il lui aurait plu de leur imposer, se soit avisée de leur dire : " Nous sommes tous faits pour vivre sous des lois. *Les lois ne sont faites que pour nous rendre plus heureux.* Personne, mes enfants, ne sait mieux que vous à quelles conditions vous pouvez être heureux. Venez donc tous me l'apprendre " [279]. »

En 1768, il dira à Falconet :

« J'aimerais mieux avoir à policer des sauvages que des Russes, et des Russes que des Anglais, des Français, des Espagnols ou des Portugais. Je trouverais chez eux l'aire à peu près nettoyée [280]. »

Et à Catherine :

« Il y a bien de la différence entre un peuple policé et un peuple à policer (...) l'un est sain et l'autre est attaqué d'un vieux mal presque incurable [281]. »

Diderot a cru sincèrement que, dans cette « nation naissante » [282], l'Impératrice abdiquerait le despotisme, symptôme d'une corruption prochaine, pour devenir « le premier esclave des lois » [283]. D'où l'assurance avec laquelle il rédige ses *Observations* sur le projet de code que lui soumet Catherine, l'ivresse même avec laquelle il cède à la tentation de se faire lui-même le législateur de cette nation, à laquelle on peut donner non, comme Solon dut le faire, les « meilleures loi qu'un peuple peut recevoir », mais « les meilleures lois possibles » [284]. On retrouve dans cet écrit les principes d'une politique naturelle, fondée sur l'identité des trois codes, le désir d'être heureux, la haine du despotisme et des prêtres, dont il invite Catherine à limiter la puissance [285]. L'*Histoire des Indes* en 1774 vante le projet de législation, et un nouvel ordre de choses, dans lequel « les intérêts du monarque ne seront plus que ceux de ses sujets » [286].

Mais Diderot ne tarda pas à être désabusé, comme on le sait. Dans l'édition de 1780 de l'*Histoire des Indes,* un nouveau développement sur la civilisation de la Russie annule en fait —

---

279. *Cce,* VII, p. 87, à Falconet, juillet 1767.
280. *Cce,* VIII, p. 117.
281. *Observations sur le Nakaz,* dans *Œuvres politiques,* éd. cit., p. 365.
282. *Cce,* VII, p. 54.
283. *Observations...,* p. 353.
284. *Ibid.,* p. 370-371.
285. *Ibid.,* p. 389-390 (LV), p. 371 (XXVII), p. 354-355 (VII) et p. 345-349 (III).
286. III, p. 51. Le morceau (dans l'édition de 1774) reproduit le fragment « Sur la Russie » qui avait été publié dans la *Cce littéraire* le 15 nov. 1772 : il figure dans le manuscrit de Stockholm de la *Cce.* Voir H. DIECKMANN, « Les contributions de Diderot à la *Correspondance littéraire* et à l'*Histoire des Deux Indes* », *R.H.L.F.,* 1951, p. 417-440.

bien qu'il ait pris soin de le placer non plus au livre v, mais au livre xix — les éloges de 1772 et de 1774. Diderot se désavoue lui-même :

« En lisant avec attention ses instructions aux députés de l'Empire, chargés en apparence de la confection des lois, y reconnaît-on quelque chose de plus que le désir de changer les dénominations, d'être appelée monarque au lieu d'autocratrice, d'appeler ses peuples sujets au lieu d'esclaves [287] ? »

La « civilisation de la Russie » [288] lui paraît une entreprise presque impossible, non seulement parce qu'elle se heurte à des obstacles matériels : le climat, l'étendue de l'empire, la difficulté des communications, mais pour des raisons politiques : la Russie se trouve partagée en deux classes d'hommes, « celle des maîtres et celle des esclaves », et jamais les tyrans « ne consentiront librement à l'extinction de la servitude »; la création d'un tiers état demande plusieurs siècles, et si l'on veut la provoquer artificiellement en faisant venir des « colons », on ne peut assurer la sûreté des personnes et des biens dans un pays où la justice ne règne pas. Pas de civilisation sans justice, mais pas de civilisation non plus sans liberté [289]. L'importance théorique du morceau est clairement soulignée par son point d'insertion dans l'*Histoire,* où il vient immédiatement après la réfutation du despotisme éclairé, elle-même rendue plus violente par des additions successives au texte initial de 1772 [290]. Contre Helvétius et contre Grimm [291], Diderot dénonce l'illusion du bon despote :

« Un premier despote juste, ferme, éclairé, est un grand mal; un second despote juste, ferme, éclairé, serait un plus grand mal, un troisième qui leur succéderait avec ces grandes qualités serait le plus terrible fléau dont une nation pourrait être frappée. On sort de l'esclavage où l'on est précipité par la violence, on ne sort point de celui où l'on a été conduit par le temps et par la justice [292]. »

---

287. IX, p. 56.

288. Le morceau est en effet la première partie d'un opuscule retrouvé dans le *Fonds Vandeul* (N.a.fr. 13.766), qui porte en titre, de la main de M. de Vandeul, « Sur la civilisation de la Russie ». La deuxième partie de l'opuscule est constituée par le fragment « Sur la Russie ». Voir H. Dieckmann, *Inventaire du Fonds Vandeul et art. cit.* Le mot *civilisation,* et le verbe *civiliser* sont employés plusieurs fois dans le morceau.

289. *Histoire* (...), IX, p. 53. « L'affranchissement, ou ce qui est le même, sous un autre nom, la civilisation d'un empire (...) », voir supra, p. 224.

290. *Fragments échappés,* A.T., VI, p. 448.

291. *Réfutation d'Helvétius,* dans *Œuvres philosophiques,* p. 619-620. Quant à Grimm, il avait accompagné la publication du fragment « Sur la Russie » dans la *Correspondance littéraire* d'une note qui faisait l'éloge des princes vertueux et éclairés, enivrés de la passion du bien : « Alors tout respire, tout prospère, le siècle d'or renaît (...) », A.T., VI, p. 450, note I. Précisons toutefois que Diderot ne met nullement Helvétius sur le même pied que Grimm : il y a chez Helvétius la plus violente critique du despotisme.

292. IX, p. 52.

Certes il avait déjà exprimé cette idée dans les *Observations* [293], en s'adressant à Catherine elle-même, mais alors Catherine affirmait son intention de n'être pas « despote », et toutes les instructions de Diderot tendaient à l'encourager dans cette renonciation au pouvoir absolu [294]. Au contraire dans l'*Histoire des Indes*, l'arrangement des textes, la différence de ton et la netteté du propos consacrent l'échec d'une politique, et d'un plan de « civilisation » :

« Tirer un peuple de l'état de barbarie, le soutenir dans sa splendeur, l'arrêter sur le penchant de sa chute, sont trois opérations difficiles : mais la dernière l'est davantage. »

Dans ces trois « opérations », Diderot résume le destin des empires [295] : seul le fondateur d'une nation peut être son législateur, les grands hommes peuvent « former et mûrir une nation naissante » [296]. Mais « la civilisation » a plutôt été, chez toutes les nations « l'ouvrage des circonstances » que celui des souverains.

« Les nations ont toutes oscillé de la barbarie à l'état policé, de l'état policé à la barbarie, jusqu'à ce que des causes imprévues les aient amenées à un à-plomb qu'elles ne gardent jamais parfaitement [297]. »

Si l'on tient compte de ce mouvement pendulaire qui s'inscrit à l'intérieur du mouvement périodique plus ample qui commence avec la horde et s'achève par l'état de corruption né du despotisme, on conclura que l'état de civilisation n'existe pour Diderot, comme pour Helvétius, que comme un idéal jamais atteint, un point de perfection où nulle société peut-être ne saurait se maintenir. C'est pourquoi le mot même de civilisation a le plus souvent chez lui un sens actif. Entre la civilisation de la Russie et le plan de civilisation des Indiens ou des Madécasses, dont l'*Histoire des Indes* approuve les principes, nous avons déjà signalé d'étonnantes correspondances [298]. Elles s'expliquent par la manière dont Diderot est conduit, dans l'ouvrage de Raynal, à aborder les problèmes de législation et de politique par le biais

---

293. Ed. cit., p. 354-355.
294. P. 345 : « L'Impératrice de Russie est certainement despote. Son intention est-elle de garder le despotisme (...) ou de l'abdiquer ? (...) Si cette abdication est sincère, qu'elle s'occupe conjointement avec sa nation des moyens les plus sûrs d'empêcher le despotisme de renaître (...) ». Dans la conclusion cependant, Diderot doutait de sa résolution, p. 457 : « (Je vois) le nom de despote abdiqué; mais la chose conservée, mais le despotisme appelé monarchie. »
295. *Fragments politiques*, A.T., IV, p. 44. *Histoire...*, VII, p. 201, Livre XV, ch. 12, et *Pensées détachées*, ch. « Gouvernement ».
296. *Ibid.*, V, p. 169, Livre XI, ch. 4, et *Pensées détachées*, ch. « Gouvernement ».
297. *Histoire...*, IX, p. 53, et « Sur la civilisation de la Russie », loc. cit.
298. Voir Première Partie, chap. 4 « De la destruction des Indiens à la civilisation des sauvages ».

des affaires coloniales [299] : ainsi certaines des additions faites
après 1780 au texte des *Observations* appliquent tout naturellement à l'expérience russe des considérations qui, dans le
contexte de l'*Histoire*, valaient pour les colonies danoises [300],
pour la Guyane [301], pour la Nouvelle-France [302], ou pour les
Antilles françaises [303]. Mais il y a plus : le principal obstacle
à un plan d'administration ou à un plan de civilisation n'est
pas d'ordre économique; il tient à la nature de la société elle-
même, à la nature du *gouvernement*. Partout où le pouvoir despotique prétend s'exercer sans limites, partout où le peuple est
esclave, l'Etat n'est plus une « machine » dont on peut régler
les ressorts, c'est un organisme atteint d'une maladie mortelle [304].
La condition du « restaurateur » d'une nation corrompue ressemble à celle d'un « architecte qui se propose de bâtir sur une
aire couverte de ruines », d'un « médecin qui tente la guérison
d'un cadavre gangrené ». Une telle nation

« ne se régénère que dans un bain de sang. C'est l'image du
vieil Eson à qui Médée ne rendit la jeunesse qu'en le dépeçant
et en le faisant bouillir [305]. »

On voit à quel point la politique de Diderot tend à se rapprocher de celle d'Helvétius, bien que l'illusion réformiste soit
plus durable chez Diderot : de là le double rôle qu'il s'assigne
volontiers dans l'*Histoire des Indes* et dans ses derniers écrits,

---

299. A propos de la cession de la Louisiane aux Espagnols (*Histoire...*,
VIII, p. 81, Livre 17, ch. 16) ou de l'attitude des Anglais envers les Acadiens
(*Ibid.*, VII, p. 252, Livre XVI, ch. 10), il dénonce par exemple l'abus de
pouvoir des princes qui traitent leurs sujets comme « un troupeau de bêtes ».
300. *Histoire...*, VI, p. 102, à propos des peines contre les débiteurs insol-
vables. Cf. *Observations*, éd. cit., p. 400-401 ; *Histoire...*, VI, p. 104-105, Appliquer de mauvaises lois revient à « brûler ses moissons » ; cf. *Observations*,
p. 353 [*moissons*, et non *maisons*, comme l'écrit Paul Vernière, en suivant
la leçon de N.a.fr. 24.939. Il y a bien *moissons* dans les autres mss., comme
dans l'*Histoire* et comme dans une lettre à Falconet, *Cce*, VIII, p. 114].
301. *Histoire...*, VI, p. 147-148, et *Observations*, p. 366 : difficultés pour
le philosophe de faire admettre ses vues en matière de gouvernement.
302. *Histoire...*, VII, p. 210-211 et *Observations*, p. 397-398 : créanciers et
débiteurs.
303. *Histoire...*, VI, p. 280, et *Observations*, p. 434-435, contre le droit de
primo-géniture. *Histoire...*, VI, p. 289 et *Observations*, p. 400, sur les peines
infamantes.
304. Cf. Helvétius, *De l'Esprit*, Discours I, ch. 3, note h : « (...) un Etat est
une machine mue par différents ressorts, dont il faut augmenter ou diminuer
la force proportionnément au jeu des ressorts entre eux, et à l'effet qu'on
veut produire. » et Diderot, *Histoire...*, I, p. 171, Livre I, ch. 28 : « Un
gouvernement est toujours une machine très compliquée (...) ». La politique
est l'art de trouver un point d'équilibre pour un système de forces donné,
mais elle est sans effet sur un corps malade, auquel les forces font défaut :
« On ne sait comment ranimer, agrandir, fortifier des âmes une fois avilies »,
Observations, p. 401. Diderot reproche à Mercier de la Rivière — après
avoir tant vanté son système — de ne pas tenir compte de la folie, des
passions, des intérêts, c'est-à-dire d'oublier que la société est *à la fois* une
machine, dont on peut régler les rouages, et un corps vivant, où la nature
parle plus fort que la raison.
305. *Histoire...*, V, p. 170; cf. *Réfutation d'Helvétius*, A.T., II, p. 276.

celui de censeur, proposant des réformes et dénonçant les abus, celui de prophète, saisissant aux cheveux les tyrans du genre humain, et appelant les peuples à la révolte. Le passage d'un ton à l'autre, et d'une attitude à l'autre est parfaitement illustré par les fragments sur l'esclavage, où les arguments juridiques et les appels à l'intérêt et à l'humanité des maîtres sont suivis de l'annonce quasi prophétique de la révolution de Saint-Domingue :

« Vos esclaves n'ont besoin ni de votre générosité, ni de vos conseils pour briser le joug sacrilège qui les opprime. La nature parle plus haut que la philosophie et que l'intérêt. Déjà se sont établies deux colonies de nègres fugitifs (...). Ces éclairs annoncent la foudre. »

Il ne manque aux Noirs opprimés qu'un héros pour les conduire à la victoire, rétablir les « droits de l'espèce humaine », et remplacer « le Code noir » par « le Code blanc »[306]. Dans l'*Histoire des Indes* encore, il s'en prend aux peuples qui acceptent le joug de la servitude, peuples « lâches », peuples « stupides », « imbécile troupeau », qui gémissent inutilement au lieu de reconquérir leur liberté[307]. Il admire les Insurgents d'Amérique, et les adjure de reculer,

« au moins pour quelques siècles, le décret prononcé contre toutes les choses de ce monde; décret qui les a condamnées à avoir leur naissance, leur temps de vigueur, leur décrépitude et leur fin »[308].

Si donc il n'est aucun moyen d'arrêter le mouvement des sociétés humaines, il est possible qu'avec le progrès des Lumières, l'homme puisse retarder leur déclin, et en passant du despotisme à la démocratie, de l'esclavage à la liberté, retrouver une sorte de vigueur et revenir en arrière. En donnant aux peuples le pouvoir d'agir sur leur destinée, Diderot transfère au corps politique l'immense énergie dont toute espèce dispose pour assurer sa conservation et son bonheur. L'ère des révolutions annonce que, dans l'être collectif engagé dans un procès de civilisation, la nature est encore à l'ouvrage.

---

306. *Histoire...*, v, p. 288-289.

307. « Apostrophe aux Danois », *ibid.*, vi, p. 95. Cf. *Entretiens avec Catherine II, Œuvres politiques*, p. 320 : « Le philosophe attend le cinquantième bon roi qui profitera de ses travaux. En attendant, il éclaire les hommes sur leurs droits inaliénables. Il tempère le fanatisme religieux. Il dit aux peuples qu'ils sont les plus forts, et que, s'ils vont à la boucherie, c'est qu'ils s'y laissent mener. Il prépare aux révolutions (...) ».

308. *Essai sur les règnes de Claude et de Néron, Ibid.*, p. 491. Cf. *Histoire...*, ix, p. 21-27. Il y a de fortes ressemblances entre les deux textes : il semble que Diderot ait rédigé deux versions. Le texte de l'*Histoire* figure dans les *Mélanges* (Fonds Vandeul, ms. 13.768), à la fin du ch. « Révolution de l'Amérique anglaise ».

APPENDICE I : PENSEES DETACHEES (N.a. fr. 24939)

1. *Chapitre III des* Pensées détachées :
« *Sur les nations civilisées* » [309]

P.D.	Analyse de contenu	Histoire des Indes [310]	Œuvres de Diderot *
L'homme est fait pour la société [310]			*Mémoires pour Catherine II* [311], p. 173-174
A. « On a comparé les hommes isolés (...) grands avantages » (p. 53-54)	Passage de l'état de nature à « ces énormes machines qu'on appelle sociétés »	Livre XIV, ch. 2 (IX, p. 38-39) 1780	*Supplément* [312], variante donnée en note, p. 61.
B. « Que ne peuvent point les nations actives (...) tes vertus me transportent d'adration » (p. 54-56)	Puissance de l'homme sur la nature	Livre VI, ch. 24 (III, p. 269-70) 1780	
C. « L'homme, sans doute, est fait pour la société (...) du nouveau continent » (p. 56-57)	Les sociétés trop nombreuses sont « des monstres dans la nature »	Livre IX, ch. 5 (IV, p. 241-242) 1780	
D. « La domesticité des animaux... dompter les animaux » (p. 57-58)	Domesticité des animaux	Livre XVIII, ch. 27 (VIII, p. 217) 1770 (F) ** 1774-1780	
E. « Les animaux... besoin de la peau » (p. 58-60)	L'homme et l'animal Dialogue avec Buffon	Livre XV, ch. 9 (VII, p. 190-191) 1770-1774-1780	
F. « O Nature !... l'homme contre tous » (p. 60)	« O Nature, où est ta providence, où est ta bienfaisance d'avoir armé les animaux, espèce contre espèce, et l'homme contre tous » (Le passage ne comprend que cette phrase)	Livre XV, ch. 9 (VII, p. 189) 1770-1774-1780	

Remarques : on constate que dans ces fragments il y a deux groupes. Les uns sont d'ordre politique, et n'apparaissent qu'en 1780. Les autres concernent l'histoire naturelle des espèces, et sont antérieurs. Il semble que Diderot y continue le dialogue entamé dans l'article « Animal ».

309. Sous-titre donné dans le texte.
310. Edition de Neuchâtel et Genève, Libraires associés, 1780, 10 vol., in-8°. L'indication du livre et du chapitre permet de se reporter à n'importe quelle autre édition de 1770. Nous notons 1770 ou 1774 quand le passage figure déjà dans l'une des deux premières éditions.
311. Edition Paul Vernière, Garnier, 1966.
312. Edition Herbert Dieckmann, Droz, 1955.

* Les textes ne sont évidemment jamais identiques, sauf pour les *Fragments Echappés*. Mais les ressemblances sont assez nettes pour autoriser les rapprochements.
** F = Fragmentaire.

2. *Chapitre IV des* Pensées détachées :
« *Sur les nations sauvages* »

P.D.	Analyse de contenu	Histoire des Indes	Œuvres de Diderot
1. « L'on ne peut rien assurer... sans cesse outragées » (p. 128-137)	Comparaison de l'homme sauvage et de l'homme civilisé Bonheur du premier, le despotisme fait le malheur du second	Livre XVII, ch. 4 (VIII, p. 21-27) 1770 (F) 1774-1780	*Fragments échappés* (un passage) A.T., VI, p. 445 [313]
2. « Plus les hommes s'éloignent... actifs et laborieux » (p. 137-138)	Plus les hommes s'éloignent de la nature, moins ils doivent se ressembler	Livre XI, ch. 15 (V, p. 217-218) 1770-1774-1780	
3. « On l'a souvent remarqué... que j'ai pour vous » (p. 138-143)	Usage des signes distinctifs chez les sauvages. Bonheur des sauvages	Livre II, ch. 18 (I, p. 237-241) 1780	*Supplément,* p. 13, 14, 18
4. « La plupart des peuples sauvages... sa patrie est partout » (p. 143-145)	Comparaison de l'homme sauvage et du civilisé : le cours de leur vie morale est différent	Livre IX, ch 5 (IV, p. 244-245) 1770-74-80	
5. « Un respect qui n'est point exigé... autant à perdre qu'à gagner » (p. 145-148)	Chez les sauvages, il n'y a ni mauvais père ni mauvais fils. Comparaison avec le sort des civilisés	Livre VI, ch. 23 (III, p. 257-259) 1780	*Supplément,* p. 45-46 *Fragments échappés,* A.T., VI, p. 445
6. « En général, les suites de couches... d'y arrêter l'homme » (p. 148-149)	Les suites de couches moins fâcheuses pour les femmes sauvages. Comparaison des deux états	Livre IX, ch. 5 (IV, p. 245-246) 1780	*Réfutation d'Helvétius,* A.T., II, p. 431
7. « Les voyageurs étaient reçus au Brésil... partout ailleurs » (p. 149-152)	Hospitalité des sauvages. Réflexions sur l'état « immoral » du voyageur	Livre IX, ch. 5 (IV, p. 246-248) 1770 (F) - 1780	*Salon de 1767,* A.T., XI, p. 219 sq. Cce, VII, p. 132 *Essai sur les règnes* (...) A.T., II, p. 201 et 202 [314]
8. « Au lieu de méditation... images vigoureuses et parlantes des sauvages du Canada » (p. 152-154)	Chants et danses des sauvages	Livre XV, ch. 4 (VII, p. 146-148) 1770-74-80	

313. L'ensemble du morceau est publié dans l'Encyclopédie d'Yverdon, article « Sauvages ».
314. Dans ces différents textes, on trouve des réflexions semblables sur l'immoralité de l'état de voyageur. La lettre citée est une lettre à Sophie du 12 octobre 1760.

9. « Ce n'est pas au fond des forêts... autour du globe »	Les Européens ont corrompu les sauvages. Les corrupteurs sont châtiés par ceux qu'ils ont corrompus	Livre VIII, ch. 6 (IV, p. 117-119) 1780	
10. Voir note 315			
11. « Si quelqu'un doutait... entreprises » (p. 156-157)	Heureux effets de l'humanité sur les sauvages. Exemple des jésuites. Pourtant leur condamnation était nécessaire	Livre IX, ch. 6 (IV, p. 253) 1770-74-80	
12. « Il est impossible... finir mes jours » (p. 157-159)	Réflexions sur l'état de missionnaire	Livre IX, ch. 11 (IV, p. 280-281) 1780	
13. « (...) il y aurait de l'imprudence... à chercher les causes » (p. 159-160)	Importance des préjugés des sauvages, dont le savant peut faire son profit	Livre X, ch. 5 (V, p. 71) 1770-74-80	
14. « Rien n'est si naturel... de la patrie » (p. 160-167)	Songes des sauvages. Leurs guerres	Livre XV, ch. 4 (VII, p. 149-155) 1770-74-80	
15.« On frémit de penser... les peuples policés » (p. 167-172)	Extinction progressive des sauvages. Importance de ne pas perdre le tableau de leurs mœurs	*Ibid.*, p. 160-163 1770-74-80	Cf. p. 163 et *Supplément*, p. 61 (voir note 316)
16. « On a voulu attribuer cette dégradation (...) des idées de moralité tout à fait étrangères à des sauvages » 317	« Du goût antiphysique des Américains »	Livre VI, ch. 8 (III, p. 165) 1774-1780	F.E. (A.T., VI, p. 452-453)

315. A la page 155 bis des P.D. se trouve ce renvoi : « Les Caraïbes n'avaient aucune espèce de gouvernement (...) que les larmes des rois vaudraient de bien aux peuples. » Ce passage se trouve dans le Livre X, ch. 6 de l'*Histoire...* (V, p. 73-74), 1774. Il y est question de cette « pitié innée » qui précède toute réflexion, et d'où découlent les vertus sociales », de « cette douce compassion [qui] prend sa source dans l'organisation de l'homme, auquel il suffit de s'aimer lui-même pour haïr le mal de ses semblables. » Pour humaniser les despotes, il faudrait leur offrir le spectacle des maux qu'ils causent, et des souffrances de leurs victimes.

316. *Histoire...* : « (...) on a découvert les vices de la morale et de la législation dans l'établissement des sociétés. On a senti que ces maux originels venaient des fondateurs et des législateurs qui, la plupart, avaient créé la police pour leur utilité propre (...) » et *Supplément* : « (...) demeurez à jamais convaincu que ce n'est pas pour vous, mais pour eux que ces sages législateurs vous ont paîtri et maniéré comme vous l'êtes (...) », etc.

317. Ce dernier morceau ne figure pas dans le Cahier des *Pensées détachées*.

Si l'on ajoute à ces textes les chapitres « Morale » et « Gouvernement », on s'aperçoit que l'*Histoire des Indes* fait la synthèse des vues philosophiques et politiques de Diderot. Comme le *Bon Sens* du baron d'Holbach, l'ouvrage doit divulguer l'essentiel d'une doctrine. Ainsi le chapitre « Morale » contient un résumé exemplaire des thèses de Diderot et de ses amis : la morale universelle ne peut être fondée sur les opinions religieuses, essentiellement variables [318] — toutes les nations ont honoré comme des vertus tous les sentiments qui forment un lien général entre les hommes [319] —, « la morale est une science dont l'objet est la conservation et le bonheur commun de l'espèce humaine » [320]. Son principe

« est dans l'homme même, dans la similitude d'organisation qui entraîne celle des mêmes besoins, des mêmes peines, de la même force, de la même faiblesse; source de la nécessité de la société [thèse de Diderot dans l'*Apologie*], ou d'une lutte commune contre les dangers communs et naissant du sein de la nature même... [complétée par celle de Buffon et d'Helvétius] » [321].

« Il n'y a proprement qu'une vertu, c'est la justice, et qu'un devoir, c'est de se rendre heureux » [322] [principe hédoniste, commun à Buffier, Diderot et d'Holbach]. « Il y a deux tribunaux, celui de la nature et celui des lois [323]. » Le terme au-delà duquel les vertus dégénèrent en vices est marqué par « les règles invariables de la justice par essence, ou, ce qui revient au même, par l'intérêt commun des hommes réunis en société (...) » [identité des deux essences][324]. Les obligations de l'homme « isolé » n'existent pas, « il doit tout au corps politique auquel il appartient » [325], le devoir est donc « l'obligation rigoureuse de faire ce qui convient à la société » [326]. On ne peut mépriser les « institutions de convenance » [327]. Contradiction entre cette morale et les mœurs de l'Europe : « nous vivons sous trois codes... » [328]. Il faudrait les réduire à l'identité — le vrai législateur est encore à naître [329] — les hommes seraient peut-être moins éloignés du bien, s'ils

---

318. *Histoire* (...), IX, p. 291.
319. *Ibid.*
320. P. 292.
321. *Ibid.*
322. P. 293.
323. *Ibid.*
324. P. 294.
325. *Ibid.*
326. P. 295.
327. P. 295. Ainsi « rien ne peut autoriser l'adultère et la fornication (...) quand les conventions ont établi les lois du mariage ou de la propriété dans l'usage des femmes », p. 296.
328. IX, p. 297.
329. *Ibid.*, p. 297-298.

étaient restés « sous l'état simple et innocent de certains sauvages » [330].

On a là un véritable code moral, comme tel petit ouvrage de Barbeu-Dubourg, dont Diderot recommandait la lecture à Catherine, après lui avoir débité les moins dangereux de ces principes, pour en former une morale à l'usage des rois [331]. Cette présentation, qui répond à un souci d'efficacité et à une intention didactique, n'en souligne pas moins le lien qui unit fortement anthropologie, morale et politique, et l'unité d'une science de l'homme et des sociétés humaines, proposée comme « catéchisme » à l'ensemble des lecteurs éclairés.

APPENDICE II : *Les Fragments divers*

Fragments échappés et Fragments politiques

Abréviations : F.E. : Fragments échappés.

F.P. : Fragments politiques.

P.D. : Pensées détachées — Fonds Vandeul. N.a. fr. 24.939.

Mélanges : Fonds Vandeul, N.a. fr. 13.768.

Correspondance Littéraire : Manuscrit de Stockholm, Kungl. Bibliioteket.
Carton V U 29-10 (1769-72). Fascicules XVI à XXII. Add., passim, 15 août-15 nov. 1772.

Furne : « Correspondance inédite de Grimm et de Diderot et recueil de lettres, poésies, morceaux et fragments retranchés par la censure impériale en 1812 et 1813 », Paris, 1829, in-8° (B.N. 50.005 Z).

Belin : « Supplément aux œuvres complètes de Denis Diderot », Paris, 1819, in-8°.

F. : Fragmentaire.

---

330. *Ibid.*
331. *Mémoires pour Catherine II*, éd. cit., p. 237. Cf. J. BARBEU-DUBOURG, *Petit Code de la raison humaine*, Londres (Amsterdam), 1774.

FRAGMENTS DIVERS

Fragments échappés	N°	Histoire	Dates		Cce Lit. 1772	Furne	Belin	Thème	Autre emploi
A.T., VI, 444-45	F.E. 1	IX, 290-92	1774 (F)	1780	15 août	+	—	Morale	P.D.
A.T., VI, 445-46	F.E. 2	VIII, 21-22 III, 259	1774 (F)	1780 (F) 1780 (F)	15 août	—	—	Sauvages et civilisés	P.D.
A.T., VI, 446	F.E. 3	IX, 84	1774	1780	15 août	—	—	Hollandais	
A.T., VI, 447	F.E. 4	I, 135	1774	1780 (F)	15 août	—	—	Des Chinois	Mélanges
A.T., VI, 447-48	F.E. 5	IX, 93	1774	1780 (F)	15 août	—	—	Venise	
A.T., VI, 448	F.E. 6	IX, 51-52	1774 (F)	1780 (F)	15 août	—	—	Despote	P.D. (F)
A.T., VI, 449-50	F.E. 7	V, 37-38	1774	1780	15 août	—	—	Liberté et propriété	
A.T., VI, 450	F.E. 7	V, 280	1774	1780	15 août	—	—	Esclavage	Mélanges
A.T., VI, 451-52	F.E. 8	IV, 196-97	1774	1780	15 sept.	+	—	Férocité des Espagnols	P.D.
A.T., VI, 452-53	F.E. 9	III, 165	1774	1780	15 sept.	—	—	Goût anti-physique des Américains.	
A.T., VI, 453-54	F.E. 10	IV, 250	1774	—	15 sept.	—	—	Anthropophagie	
A.T., VI, 454-56	F.E. 11	VII, 158	1770 et 1774 (F)	1780 (F)	15 sept.	—	—	Court essai sur le caractère de l'homme sauvage	

Fragments politiques	N°								
A.T., IV, 41-42	F.P. 1	III, 137-138	1774	1780	1er sept.	—	+	Découverte d'un nouveau monde	
A.T., IV, 43-44	F.P. 1	—	—	—	1er sept.	—	+	Décadence des arts dans une société mercantile	
A.T., IV, 44	F.P. 1	VII, 201	1774	1780	1er sept.	—	+	Il faut des règnes courts aux nations heureuses	P.D.
A.T., IV, 44-45	F.P. 1	III, 139	1774	1780	1er sept.	—	+	Découverte d'un nouveau monde	
A.T., IV, 45-46	F.P. 2	I, 137	1774 (F)	1780	15 oct.	—	+	Chine	Mélanges
A.T., IV, 46-47	F.P. 2	I, 142	—	1780	15 oct.	—	+	Chine	Mélanges
A.T., IV, 47	F.P. 2	—	—	—	15 oct.	—	+	Chine	Mélanges
A.T., IV, 47-48	F.P. 2	—	—	—	15 oct.	—	+	Chine	Mélanges
A.T., IV, 49-50	F.P. 3	IV, 197	1774 (F)	1780 (F)	15 oct.	—	+	Mines	
Sur la Russie		III, 49-53	1774 (F)	1780 (F)	15 nov.	—	—		Décade, 30 Frimaire an V
Révolution de Suède		IX, 59-61	1774	1780	[1er oct.]	+ 332	—		

332. Mais les éditeurs ne songent pas à attribuer le morceau à Diderot à cause de « la note, un peu sévère, de Grimm », qui l'accompagne.

Conclusion

Parvenue au terme de ce travail, nous ne chercherons pas à en prendre une vue rétrospective. Nous nous demanderons plutôt quelles en sont les lacunes, et dans quelle direction la recherche pourrait progresser.

1. Le domaine circonscrit touche à la fois à l'histoire proprement dite (histoire de la colonisation, histoire de l'administration sous l'Ancien Régime), à l'histoire des idées (nouveaux horizons géographiques, naissance de l'idéologie coloniale, formation d'une science de l'homme, histoire de l'idée de civilisation), à celle des œuvres (surtout en ce qui concerne Rousseau et Diderot), enfin à l'étude de la littérature d'idées, dans ses caractères spécifiques (discours non-littéraire, mais utilisant comme système de formalisation un genre littéraire : dialogue, roman, conte). A l'intérieur de ce domaine, nous avons constaté que le déchiffrement des textes exigeait le recours à plusieurs disciplines complémentaires, chacune d'entre elles s'avérant insuffisante pour une lecture rigoureuse.

2. L'étude des sources n'a pas été exhaustive. Notre bibliographie des récits de voyage couvre à peu près la période 1500-1790, mais il faudrait la compléter par un inventaire détaillé des collections et des recueils, des périodiques et des mémoires académiques. Nous n'avons répertorié que les ouvrages lus, parcourus ou utilisés par les philosophes. Une Bibliographie de la littérature des voyages devrait recenser l'ensemble des relations, au niveau de la production, sans tenir compte de tel ou tel public : du moins avons-nous posé les principes d'un tel travail, et montré la nécessité de tenir compte des problèmes de traduction et de diffusion, et des publications partielles.

3. En ce qui concerne l'*Histoire des Indes*, et les sources manuscrites disponibles dans les différents fonds d'archives, nous
n'avons exploré qu'une partie du champ de la recherche. La
« fabrication » de l'ouvrage mériterait d'être étudiée non seulement en ce qui concerne les colonies françaises, mais aussi pour
le domaine colonial dans son ensemble : colonies anglaises, espagnoles, portugaises. Mais il serait encore plus intéressant d'étendre l'enquête à toute la partie politique de l'ouvrage (une fois
mises à part les contributions de Diderot). Sans doute, preuves à
l'appui, pourrait-on montrer que l'œuvre entière est un manifeste politique, bien plus réformiste que révolutionnaire, inspiré
par une fraction éclairée de la bourgeoisie, associée d'ores et
déjà à la conduite des affaires, et disposant de solutions de
rechange pour les principaux problèmes de l'administration intérieure et de la politique extérieure. L'impact du livre, son importance idéologique, et les raisons de son succès persistant au-delà
de la période révolutionnaire, cesseraient d'être interprétés en
fonction de quelques pages particulièrement hardies, dont Diderot est l'auteur, et devraient faire l'objet d'une nouvelle analyse.
S'il est certain que le livre est une machine de guerre, encore
faut-il savoir exactement contre qui, et plus encore, quels intérêts il sert.

4. La vision du monde sauvage

Dans la première partie de ce travail, nous avons dessiné les
contours du monde reconnu, et à l'intérieur de celui-ci, délimité
une aire de colonisation, où nulle société sauvage ne peut échapper au procès de civilisation. Mais nous avons dû nous limiter
à l'essentiel. Resterait à dresser l'inventaire des différentes nations sauvages observées et décrites, de la découverte de l'Afrique noire à la fin du XVIII⁰ siècle. On pourrait imaginer une
sorte de dictionnaire, comparable aux *Handbooks* récemment
publiés, où figureraient les caractères physiques et moraux des
peuples alors connus, leurs mœurs et leurs usages, les interprétations auxquelles ils ont donné lieu. Tant que cette recherche ne sera pas faite, on ne pourra parler de « vision » du
monde sauvage : celle-ci suppose en effet qu'on fasse abstraction
de la qualité ou de la position de l'observateur, pour atteindre,
au niveau des stéréotypes, l'imaginaire collectif. Toute mutation,
comme celle qui affecte la représentation des Jalofs ou des Madécasses, et que nous avons signalée, devrait alors faire l'objet
d'une double analyse : historique et sémantique, qui rendrait
compte à la fois du changement intervenu dans la position de
l'observateur, et des transformations internes qui, au niveau du
langage (en particulier par le jeu des adjectifs et des négations)
assurent la révision des stéréotypes.

Les sources de cet inventaire sont ici répertoriées : littérature
de voyages, observations des naturalistes, souvent inédites, dic-

tionnaires, *Encyclopédie,* répertoires, comme l'*Esprit des Usages*
de Démeunier, enfin essais d'anthropologie comparée, comme
ceux de Lafitau ou de Cornélius de Pauw.

5. Anthropologie et anthropologies

L'analyse des systèmes retenus a conduit à définir non une
anthropologie, mais plusieurs anthropologies possibles, c'est-à-
dire à reconnaître la nature et la fonction idéologiques d'une
« science générale de l'homme », à la fois dans ses présupposés
et dans sa démarche : à la fin du XVIIIᵉ s., l'européocentrisme, lié
au procès de colonisation et à une idéologie de la civilisation,
commande tout discours anthropologique, partie intégrante du
discours sur l'histoire. Il ordonne la diversité des races et des
peuples, et leur assigne un rang, c'est-à-dire un rôle dans l'histoire humaine.

Buffon estime qu'il ne saurait y avoir d'objet d'étude plus
intéressant pour un philosophe que *l'homme sauvage,* « de tous
les animaux le plus singulier, le moins connu, et le plus difficile
à décrire, « sauvage absolument sauvage », distinct par son isolement de tous les sauvages connus, qui vivent en société. Mais
il en parle peu [1]. Dans son livre sur l'*Homme sauvage, homo ferus
et homo sylvestris* [1 bis], Franck Tinland note une différence de statut entre l'*homo ferus,* que sa monstruosité situe hors de l'histoire,
et l'*homo sylvestris,* chez qui on peut percevoir « quelques-uns
des linéaments de l'homme originaire » (p. 255). Chez Rousseau
même, l'homme des « premiers temps » n'est homme que par ce
qui le distingue à la fois de l'*homo ferus* et de l'*homo sylvestris,*
et, chez tous les philosophes, le point de vue historique l'emporte
ainsi sur le point de vue anthropologique; l'objet principal de
leur science de l'homme est de combler les lacunes et les silences
de l'histoire, pour les siècles qui séparent l'homme des origines
de l'invention de l'écriture.

Pour devenir science, l'anthropologie devra se situer dans
un espace où nature et culture, au lieu de se succéder comme
deux moments de l'histoire humaine, se trouvent en chacun
de ses points confondues en une seule manière d'être homme,
dans une société donnée. Nous croyons que cette mutation se
produit à la fin du XVIIIᵉ siècle, et que toute la philosophie des
Lumières l'avait rendue possible. Il resterait à montrer pourquoi elle est devenue nécessaire, comment elle s'est opérée, et
quelle place il convient de lui assigner dans l'histoire des idéologies.

Remarquons seulement ici que la naissance de l'anthropologie
structurale a accompagné le procès de décolonisation, et la fin
de l'européocentrisme. L'anthropophagie culturelle, qui a, pendant des siècles, exercé ses ravages dans toute l'étendue des

1. *O. C.,* IX, p. 242.
1 bis. Voir Bibliographie.

empires coloniaux, dont les peuples ont été assimilés, incorporés de force aux nations dites civilisées, n'est plus aujourd'hui la règle, bien que ses effets se fassent toujours sentir chez ceux qui, dépossédés de leur propre culture, doivent aujourd'hui renouer avec elle, sans pouvoir échapper à l'attraction universelle qui les entraîne vers une civilisation de type industriel. Le monde existe enfin dans la multiplicité de ses cultures et de ses humanités, dont chacune a son histoire, comme autant de réponses possibles au problème de l'homme, de sa survie et de son équilibre. L'anthropologie structurale, qui se donne pour but de décrire des sociétés non dans leur rapport à une totalité historique, mais dans leur relation à elles-mêmes, remplit ainsi une nouvelle fonction idéologique : accroître la conscience que chaque société doit avoir de sa singularité, pour vivre aux soleils des indépendances [2], et préserver les peuples, qui ont échappé à la destruction de la première période coloniale, et à l'impérialisme de la seconde, de toute souillure; dans un monde à jamais « civilisé », ils sont les derniers témoins d'une humanité immobile et heureuse, telle que Rousseau l'avait imaginée. Possesseur d'un savoir qui lui permet de penser sa propre société, et l'espace où elle doit se perpétuer, créateur de mythes qui en assurent la régulation dans une histoire de type non cumulatif [3], l'homme sauvage jouit à nouveau dans la philosophie occidentale d'un statut privilégié, d'un bonheur à la mesure des doutes et des angoisses de l'homme civilisé.

6. L'analyse de la littérature d'idées

Nous avons cherché ici à décrire des *systèmes,* c'est-à-dire des ensembles, dans lesquels aucun élément n'a, pour ainsi dire, de poids spécifique, mais reçoit tout son sens de sa place et de sa fonction à l'intérieur d'une certaine configuration. Tandis que l'histoire des idées, par une démarche semblable à celle de la Descriptive, projette ces configurations sur un même plan pour rendre compte d'un ordre diachronique, nous nous sommes efforcée de les maintenir à distance les unes des autres, comme des planètes gravitant dans un même espace. Il nous semble en effet que cette sorte d'exploration peut dissiper l'illusion où nous sommes de connaître un système d'idées, quand nous connaissons seulement un jeu d'interrelations entre des systèmes synchrones. C'est en effet par une sorte d'illusion que nous les pensons aujourd'hui comme complémentaires, sans prêter attention aux phénomènes de dérive, qui éloignent toute pensée de ce qui n'est pas elle, vers cette impossible insularité, où elle tend à se constituer comme système.

---

2. Voir Kourouma Ahmadou, *Les Soleils des Indépendances,* rééd. au Seuil en 1970.
3. Voir Lévi-Strauss, « Race et histoire », dans *Le racisme devant la science,* publication de l'U.N.E.S.C.O., 1960, p. 241-281.

L'étude de la logique interne des systèmes et des œuvres, dont procède toute littérature d'idées, où coexistent les systèmes enfantés comme des œuvres — par exemple le *Contrat social* —, et les œuvres enfantées comme des systèmes — par exemple la *Nouvelle Héloïse* — suppose une analyse rigoureuse. Or celle-ci exige que soient d'abord identifiés et distingués les différents discours qui participent à la production d'un texte. Nous en sommes restée ici à ce premier stade, et nous avons reconnu ces parties de discours que sont le discours anti-esclavagiste, le discours sur la civilisation et la barbarie des civilisés, le discours sur l'état sauvage et l'homme civil, le discours sur la nature et le discours sur l'histoire, chacune d'entre elles entrant dans la formation d'un nouveau type de discours, le discours anthropologique. Nous espérons pouvoir aller plus loin, et proposer une méthode de lecture, fondée sur une science *des* discours. Nous pensons du moins avoir montré que l'histoire, l'histoire des idées et celle des idéologies, l'analyse interne des œuvres et de leur écriture, devraient nécessairement concourir à une telle science.

Bibliographie

I. INVENTAIRE DES PRINCIPAUX RECITS DE VOYAGES LUS ET UTILISES PAR LES PHILOSOPHES

Nous ne proposons pas ici une bibliographie exhaustive de la littérature des voyages. Nous n'avons retenu que les relations qui concernent, d'une manière générale, le « monde sauvage » et, parmi celles-ci, les relations que nous avons rencontrées au cours de ce travail, et qui ont été effectivement lues ou utilisées par Buffon, Voltaire, Helvétius, Rousseau, Diderot, Raynal, De Pauw, ou encore qui figurent dans la bibliothèque de Turgot, De Brosses, d'Holbach. Pour les collections et les recueils, nous renvoyons le lecteur à l'ouvrage d'Edward Godfrey Cox, *A reference guide to the literature of travel* [1], sauf pour quelques recueils moins connus, qui n'y figurent pas. En revanche, il était nécessaire d'établir une bibliographie mieux adaptée à l'objet de notre enquête, ou de celles qui pourraient être conduites dans le même champ : E.G. Cox a pris en effet pour base la littérature des voyages de langue anglaise (originaux et traductions), d'où des lacunes importantes pour le domaine français: s'il donne souvent la date de la traduction française, il lui arrive aussi de l'omettre, ou de signaler une traduction qui n'est pas la première, mais la plus connue.

Nous avons adopté un double principe de classement : classement géographique et classement chronologique.

A. *Classement géographique :* il s'établit selon les rubriques suivantes :

1. *Recueils, Collections.*

    Voyages en différentes régions [2], Géographie.

---

1. Seattle, 1936-1938, 4 vol., in-8°. Collections et recueils sont au tome I, p. 1-35.
2. Ce que le catalogue O (voir *Recueils...*) de la Bibliothèque nationale nomme *Peregrinationes.*

2. *Voyages au Nord.*
>   I. Nord de l'Amérique, baie d'Hudson, Groënland.
>   II. Nord de l'Europe, Laponie, Tartarie, Grande Russie, Sibérie, Kamtchatka.
>   III. Passages au nord-est et au nord-ouest.

3. *Afrique noire.*

4. *Madagascar.*

5. *Amériques.*
>   I. Amérique du nord et Darien.
>   II. Amérique méridionale.
>   III. Guyane.
>   IV. Patagons.

6. *Terres australes et Voyages autour du monde.*

7. *Antilles.*

8. *Indes Orientales.*

On voit qu'à l'intérieur de ce cadre géographique, nous avons fait une place particulière à certaines régions (comme la Guyane) et à certains peuples (comme les Patagons) qui ont suscité, pour diverses raisons exposées dans ce travail, la curiosité des philosophes.

B. *Classement chronologique :*

Il permet de suivre le progrès des connaissances ou de mesurer l'intérêt provoqué par les découvertes et les explorations, par les problèmes de peuplement et de colonisation. Lorsqu'il s'agit d'un ouvrage étranger, c'est la date de la *première* traduction française qui est prise en compte : il s'agit parfois de résumés ou d'extraits parus dans les Journaux, ou dans des Recueils. La date de l'original est ensuite donnée : elle permet de mesurer l'écart qui sépare la production de la diffusion; nous avons indiqué aussi les principales rééditions, ou les traductions en d'autres langues, révélatrices du succès d'un ouvrage.

Nous avons en outre utilisé les indications suivantes :

BN : Bibliothèque nationale, suivi de la cote, donnée entre crochets.

BN Cat. : Catalogue de la Bibliothèque nationale.

Cox : ouvrage d'E.G. Cox cité plus haut.

De Brosses : *Catalogue des livres de feu M. de Brosses, premier président du Parlement de Dijon,* Dijon, L.N. Frantin, 1778, BN [△ 1035].

Voltaire : *Biblioteca Voltera, Catalog knig,* Moscou-Leningrad, 1961, 1167 p.; 3867 ouvrages répertoriés sont désignés par leur numéro.

D'Holbach : *Catalogue des livres de la bibliothèque de feu M. le baron d'Holbach,* Paris, Debure, 1789, BN [△ 2004]. Ouvrages numérotés.

Turgot : *Catalogue des livres de la bibliothèque de feu M. Turgot, ministre d'Etat,* Paris, Barrois l'aîné, 1782, Bibl. de la Sorbonne, B S a 103 (2) 8°. Ouvrages numérotés également.

I. RECUEILS, COLLECTIONS

Voyages en différentes régions (Peregrinationes),
Géographie, Généralités

BRY, Théodore de, *Collection des grands et petits voyages (1590-1634).* A. Voir COX, Edward-Godfrey, *A reference guide to the literature of travel,* Seattle, University of Washington, 1935-1938, 4 vol. in-8°. [Ouvrage désigné dans le présent ouvrage par COX.]

BIBLIOTHÈQUE NATIONALE, BN, Paris, hémicycle 32, in-8° : *Historia exotica, peregrina, sive Rerum africanarum, asiaticarum, americanarum, et novi orbis (...) scriptores, itinera, seu peregrinationes, et navigationes variae.* Index priorum catalogorum, 1500-1864. [Ce catalogue, dont la matière a été ensuite répartie dans les nouveaux catalogues aux noms d'auteurs, peut rendre les plus grands services, parce qu'il regroupe tout ce qui concerne la « littérature des voyages » entre 1500 et 1720, *Catalogue mss.*]

CAMUS, A.G., *Mémoire sur la collection des grands et petits voyages [coll. De Bry] et sur la collection des Voyages de Melchisedech Thevenot,* Paris, Baudoin, 1802, 1 vol. in-4°, BN, *Géographie,* n° 43 (usuels).

DICTIONNAIRES ET GRAMMAIRES,
— Voir *Bibliotheca Americana (...), infra,* 1789, p. 225 sq. « Authors of grammars and dictionaries ». [Concerne les langues de la Nouvelle Espagne.]
— Voir *Catalogue de vente de la Bibliothèque de M. Turgot,* à TURGOT, *supra.*

FARIBAULT, G.B., *Catalogue d'ouvrages sur l'histoire de l'Amérique (...),* Québec, W. Cowan, 1837, in-8°, 207 p., BN [Q 5093].

TIELE, P.A., *Mémoire bibliographique sur les journaux des navigations néerlandais réimprimés dans les collections de De Bry et de Hulsius, et les collections hollandaises du XVII⁰ s., et sur les éditions hollandaises des journaux de navigateurs étrangers* (avec une table des voyages, des éditions et des matières), Amsterdam, F. Muller, 1867, 384 p.; réimp. ibid. 1960.

B. 1480, MANDEVILLE, Jean de, *Voyage à Jérusalem (...),* Lyon, 1480, in-fol., BN [Rés. 02f3], COX I. 319. — *Recueil ou abregé des voiages et observations du Sr. Jean de Mandeville (...) faites dans l'Asie, l'Affrique, etc. (...) dans lesquelles sont compris grand nombre des choses inconnues,* par M. Bale, dans BERGERON, *Voyages,* 1734.

1598, VEER, Gerrit de, *Vraye description de trois voyages de mer très admirables (...),* Amsterdam, 1598; Orig. hollandais : 1598; réimpr. à Paris, 1599; Amsterdam 1600 et 1609. — Tiele, 103 et suiv.; COX, II. 12.

1608-1613, DU JARRIC, Pierre, *Histoire des choses plus mémorables advenues tant es Indes Orientales que autres pais de la decouverte des Portugais,* Bordeaux, S. Millanges, 1608-1613, 3 vol. in-4°; BN [4° 02k260].

1610, LINSCHOTEN, Jan-Huyghen van, *Histoire de la navigation de J.H. de Linschoten, hollandais, aux Indes Orientales (...),* Amsterdam, Th. Pierre, 1610; 3ᵉ éd. augmentée, Amsterdam, 1638; Voltaire n° 2137. De Brosses, Cox, ɪ, 263 [Nouvelle-France, Floride, Antilles, Cuba, Jamaïque].

1616, Mocquet, Jean, *Voyages en Afrique, Asie, Indes orientales et occidentales* (...), Paris, 1616. BN Cat. signale éd. de Paris, 1617 (G 26745), Rouen 1645, 1665.

1648, Le Blanc, Vincent, *Les voyages fameux de* (...) *aux quatre parties du monde, à savoir, aux Indes Orientales et Occidentales, en Perse et Pégu, aux royaumes de Fez, de Maroc et de Guinée et dans toute l'Afrique intérieure, depuis le Cap de Bonne Espérence jusques en Alexandrie* (...) *aux isles de la Méditerranée et aux principales provinces de l'Europe* (...) *recueilly de ses mémoires par le Sr Coulon,* Paris, G. Clousier, 1648; 3 part, en 1 vol. in-4°; BN [G 6257], Cox, ɪ, 74.

1652, Heylin, Peter, *Cosmographie* (...) *containing the chorographie and historie of the whole world* (...); London, 1652; autres éd. : 1657, 1660, 1665, 1666, 1669, 1670, 1703; BN possède éd. de 1666 [G 520].

1653, La Boullaye le Gouz, François de, *Les voyages et observations du sieur de la Boullaye Le Gouz* (...) *où sont décrites les religions, gouvernemens, et situations des estats et royaumes d'Italie, Grèce, Natolie, Syrie, Palestine, Karaminie, Kaldée, Assyrie, Grand Mogol, Bijapour, Indes orientales des Portugais, Arabie, Egypte, Hollande, Grande-Bretagne, Irlande, Dannemark, Pologne, isles et autres lieux d'Europe, Asie, et Afrique* (...), Paris, G. Clousier, 1653, in-4°, pièces limin., 540 p. et la table, fig, et pl.; BN [G 6192], De Brosses; autre édition, Paris, 1657.

1663, Thevenot, Melchisedech, *Relations des divers voyages curieux* (...), Paris, 1663, 4 vol. in-fol. ɪ : 1663. ɪɪ : 1664. ɪɪɪ : 1666. ɪᴠ : 1672. ᴠ : 1696. [Description détaillée dans Camus, Sabin, BN Cat. Camus p. 284 : « Il n'y a qu'une éd. des recueils de Th. mais il y a eu des front. différents » (1664, 1672, 1683, 1696).] — Voltaire, n° 3276, d'Holbach, n° 1907, Turgot, n° 2226, De Brosses.

1669, Berquen, Robert de, *Les merveilles des Indes orientales et occidentales* (...), Paris, Lambin, 1669, in-4°; d'Holbach, n° 753.

1674, Justel, Henri, *Recueil de divers voyages faits en Afrique et en Amérique* (...), Paris, L. Billaine, 1674, in-4°. BN [4° O3.14], Cox, ɪ, 31.

1681, Struys, Jan-Janszoon, *Les voyages de* (...) *en Moscovie, en Tartarie, en Perse, aux Indes et en plusieurs païs étrangers* (...), Amsterdam, Vve J. Van Meers, 1681, 2 part. en 1 vol. in-4°. BN [G 6750]; d'Holbach, n° 1926, Voltaire, n° 3216, De Brosses. — Orig. hollandais : 1670; BN Cat. signale éd. de Lyon, 1682, Amsterdam 1718, Rouen 1719 et 1724; Cox, ɪ, 75.

1692, Boyle, Robert, *General heads for the natural history of a country, great or small, drawn out for the use of travellers and navigators,* London, 1692. BN [S 23827].

1698, Froger, François, *Relation d'un voyage aux côtes d'Afrique, détroit de Magellan, Brésil, Cayenne et isles Antilles* (...), Paris, quay de l'Horloge, 1698, in-12, front., pièce limin., 220 p., cartes et pl.; BN [G 23686]; BN Cat. signale éd. de Paris, 1699, 1700; Cox, I, 367.

1702, [J.F. BERNARD] [RENNEVILLE, René-Auguste-Constantin de], *Recueil des voyages qui ont servi à l'établissement et aux progrès de la Compagnie des Indes orientales* (...), Amsterdam, E. Roger, 1702-1706, 5 vol. in-12; BN [M 32500-32504]; Sabin 16.422-423; Cox, I, 31. — 2ᵉ éd. rev.: 1710 et 1716. — 2ᵉ éd. rev. & augm.: J.F. Bernard, 1725, 5 vol. et 1754, 6 vol. — Nouv. éd. rev. & augm.: Rouen, J.-B. Machuel, 1725, 10 vol. Sabin donne le sommaire de l'éd. la plus complète, Rouen, 1725. — D'Holbach, n° 1895 (éd. de 1725).

1702-1776, *Lettres édifiantes et curieuses, écrites des missions étrangères par quelques missionnaires de la Compagnie de Jésus*, Paris, Le Clerc, 1702-1776, 34 vol. in-12; Voltaire, n° 2104. — Nouv. éd., 1780-83, 26 vol. in-12; BN [H 16023-16048], Turgot, n° 2851. — Voir ROUSSELOT DE SURGY, 1767. — *Etudes :* RETIF, André, « Brève histoire des *Lettres édifiantes et curieuses* », dans *Neue Zeitschrift für Missions Wissenschaft*, 1951, 1. — THWAITES, R.G., *The Jesuit relations* (...) [avec une table générale aux tomes 72-73, Cleveland, 1896-1901, 73 vol.

1705, GUEUDEVILLE, Nicolas, *Atlas historique, ou Nouvelle introduction à l'histoire, à la chronologie et à la géographie ancienne et moderne, représentée dans de nouvelles cartes* (...) *avec des dissertations sur l'histoire de chaque état*, Amsterdam, F. L'Honoré, 1705-1708, 2 t. en 3 vol. in-fol., cartes et plans; BN [G 837-839]. — 2ᵉ éd. : (...) *Supplément* (...) *avec des dissertations sur chaque sujet*, par M. H.P. de LIMIERS (...), Amsterdam, les frères Chatelain, 1708-1720, 7 vol. in-fol.; BN [G 840-846]. — 3ᵉ éd. : Amsterdam, L. Honoré et Chatelain, 1718-1721, 7 vol. in-fol.; BN [Fol. G 274].

1707, MORVAN DE BELLEGARDE, Jean-Baptiste, *Histoire universelle des voyages...* [publ. par Du Périer de Montfraisier], Paris, P. Giffart, 1707, in-12. — BN [G 24493].

1710, SENEX, John, *General atlas*, London, 1710. — *A new general atlas, containing a geographical and historical account of the all empires* (...), London, 1721. Sabin 19 n. 79123 et 79124. — Cox. II, 401, 350; 400 : *Atlas containing* (...), 1708-1725. [Utilisé par Buffon.]

1715-1737, [J.-F. BERNARD], *Recueil des voiages du nord* (...), Amsterdam, J.-F. BERNARD, 1715-1718, 4 vol. in-12, repris comme v. 1-4 d'une nouvelle série, 1715-1736, 8 vol. in-12. — *Nouv. éd. corr. et mise en meilleur ordre*, 10 vol. in-12, 1731-1737, BN [G 28280-289]. Voir Voltaire, n° 366-367.

Description sommaire de l'édition en 10 vol.:

1. Voyage de F. Martens [Spitzberg], Relation de l'Islande, quelques mémoires sur la pêche à la baleine, Relation du Groënland [La Peyrere], navigations de M. Frobisher.

2. [Peu de choses intéressantes].

3. Voyages de Linschoten.

4. Lettre du père Jartoux sur le ginseng (1711), Relation de la Tartarie (père Martini).

5. Relations de la Louisiane, dont celle de Tonti, Voyage d'Henpin, Relation de Jérémie.
6. Arménie, conquête de la Chine par les Tartares.
7. Histoire des conquérants Tartares (père d'Orléans), Relation des Tartares (Jean de Luca), Relation de Mingrélie (père Lamberti), de la Colchide, Extrait des écrits de Perry (Caspienne), Voyage de Jean Duplan Carpin en Tartarie.
8. Voyage d'Evert Ysbrandts Ides, Journal de Lange, Mœurs des Ostiackes de Müller.
9. Relation des Natchez (père Le Petit), Voyage d'Hennepin.
10. Tartarie.

1716, LENGLET DU FRESNOY, Nicolas, *Méthode pour étudier la géographie, dans laquelle on donne un discours préliminaire sur l'étude de cette science et un catalogue des cartes et descriptions les plus nécessaires* [rédigé d'après la « Nouvelle géographie » de D. Martineau du Plessis], Paris, C.E. Hochereau, 1716, 4 vol. in-12, cartes, BN [G 10525-10528]. — BN Cat. : 1736, 1742 (3e éd.), 1768 (4e éd. rev. et augm. par J.-L. Barbeau de la Bruyère et E.-E. Drouet). — Voltaire, nos 2039 et 2040.

1720, *Recueil d'arrests et autres pièces pour l'établissement de la Compagnie d'occident* (...), Amsterdam, J.F. Bernard, 1720; BN [V 50575].
1re part. Relation de la baie de Hudson, par Monsieur Jérémie : p. 1-39.
Les trois navigations de Martin Frobisher pour chercher un passage à la Chine et au Japon par la Mer glaciale... : p. 41-100.
2e part. Concession de la Louisiane à M. Crosat, pour dix années, lettres patentes du roi du 14 sept. 1712. Recueil d'arrests du roi. Sabin 16 n. 415 : « the last part is a reprint from the 5th. v. of Bernard's, *Recueil de voyages du nord* ».

1722, LOCKE, John, *Histoire de la navigation, son commencement, ses progrès et ses découvertes jusqu'à présent.* Trad. de l'anglais (...); Paris, E. Ganeau, 1722, 2 vol. in-12; BN [V 45195-45196]; orig. angl. : 1704, BN [G 1218]; Sabin 4 n. 13018 : « transl. with some augm. of the introd. on Churchill's collection of voyages ».

1722, CORÉAL, François, *Voyages de François Coréal aux Indes Occidentales, contenant ce qu'il y a vu de plus remarquable pendant son séjour* (...), trad. de l'espagnol. [Avec une relation de la Guyane de Walter Raleigh et le voyage de Narborough à la mer du sud par le détroit de Magellan, trad. de l'anglais], Amsterdam, J.-F. Bernard, 1722, 3 vol. in-12; BN [P 63 A],
1. Relation des voyages de François Coréal aux Indes occidentales (1-2).
2. Relation des voyages de François Coréal (3).
Relation de la Guyane, du lac de Parimé et des provinces d'Eméria, d'Arromaia et d'Amapaia, découvertes par le chevalier Walter Raleigh. Trad. de l'anglais.
Relation de la Guyane. Trad. de l'anglais du capitaine Keimis.
Relation en forme de journal, de la découverte des îles de Palaos, ou Nouvelles Philippines.
3. Journal du voyage du capitaine Narbrough à la mer du Sud.

Relation d'un voyage aux Terres australes inconnues tirée du Journal du capitaine Abel Jansen Tasman.
Lettre du Père Nyel sur la mission des Moxes...
Relation espagnole de la mission des Moxes dans le Pérou [par Antonio de Orellana]...
Nouv. éd. rev., corr. et augm. d'une nouvelle découverte des Indes méridionales et des Terres australes (...), Paris, A. Cailleau [ou G. Amaulry], 1722, 2 vol.

1723-1743, Picart, Bernard, *Cérémonies et coutumes religieuses de tous les peuples du monde* (...), Amsterdam, J.F. Bernard, 1723-1743, 11 vol. in-4°; nouv. éd. : Amsterdam, 1783, 4 vol., in-fol. — D'Holbach, n°ˢ 2058 et 2059.

1726-1739, Bruzen de la Martinière, Antoine-Augustin, *Le grand dictionnaire géographique et critique* (...), La Haye, P. Gosse, B.-C. Alberts, P. de Hondt, 1726-1739, 9 t. en 10 vol. in-fol., Voltaire, n° 564. [BN Cat. : Paris, 1731-1741, 6 vol. in-fol; nouv. éd. : Paris, 1768, 6 vol. in-fol.] — Voir 1747, Ladvocat.

1727, La Mottraye, Aubry de, *Voyages du Sr A. de la Mottraye en Europe, Asie et Afrique* (...), La Haye, 1727, 2 vol. in-fol., cartes et pl.; BN [J 918-919]; d'Holbach, n° 1908; Voltaire, n° 1905.

1733, Lafitau, Joseph-François, *Histoire des découvertes et conquestes des Portugais dans le Nouveau Monde* (...), Paris, Saugrain père, 1733, 2 vol. in-4°; BN [4° 0 y 131]; d'Holbach, n° 2568; Voltaire, n° 1850-1851.

1734, Ben Jonah de Tudela, Benjamin, *Voyages de rabbi B. fils de J. de T., en Europe, en Asie et en Afrique* (...), trad. de l'hébreu (...), Amsterdam, aux dépens de la compagnie, 1734, 2 vol. in-12; Voltaire, n° 345 (tome 2).

1735, Bruzen de la Martinière, Antoine-Augustin, *Introduction à l'histoire de l'Asie, de l'Afrique et de l'Amérique, pour servir de suite à l'Introduction à l'histoire de Pufendorff* (...), Amsterdam, Z. Chatelain, 1735, 2 vol. in-12; BN [G 12769-70], original anglais 1705; Cox, I, 77; BN Cat. signale éd. de Amsterdam, 1738, 1739; Voltaire, n° 565.

1738, Bernard, J.F., *Recueil de voyages dans l'Amérique Méridionale, contenant diverses observations remarquables touchant le Pérou, la Guyane et le Brésil, etc.*, trad. de l'espagnol et de l'anglais, Amsterdam, J.-F. Bernard, 1738, 3 vol. in-12; BN [P 64]; Cox, II, 267; Voir Coréal, *Voyages;* Voltaire, n° 2900, De Brosses.

1742, Rothelin, Charles d'Orléans de, *Observations et détails sur la collection des grands et des petits voyages* [coll. de Bry]; S.l., 1742, in-4°, 44 p.; BN [GeFF 6925]; Sabin 18 n. 78435 : « Reprint. with some add. in Lenglet du Fresnoy's, *Méthode pour étudier la géographie*, Paris, 1768, I, p. 324-361 ».

1745, Green, John, [Astley], *A new general collection of voyages and travels* (...), London, Thomas Astley, 1745-1747, 4 vol. in-4°. [Cf. Prévost, *Histoire générale des voyages* (...), 1-7.]

1745, Smollett, Tobias et Campbell, John, *Histoire universelle* (...), Paris, 45 vol. in-4°. Original anglais, 1736-1765. D'Holbach, n° 1966, éd. 67 vol. in-8°, Dublin, Owen, 1745.

1746-1789, PRÉVOST, Antoine-François, *Histoire générale des voyages, ou Nouvelle collection de toutes les relations de voyages* (...), Paris, Didot, 1746-1789, 20 vol. in-4°. Voir *infra*, à PRÉVOST.

1746, HÜBNER, Johann, fils, *La Géographie universelle, où l'on donne une idée abrégée des quatre parties du monde* (...), trad. de l'allemand, Basle, J.R. Im-Hoff, 1746, 5 vol. in-8°; BN [G 9261-9265], éd. 1757. Autre édition, revue et augmentée, en 1761. Voir Voltaire, n° 1686 et 1687.

1747, ECHARD, Laurent, *Dictionnaire géographique portatif, ou Description de tous les royaumes, provinces, villes... des quatre parties du monde* (...) *trad. de l'anglois sur la 13ᵉ éd. de Laurent Echard avec des add. et des corr.* (...) *par M. Vosgien* [J.-B. Ladvocat] (...), Paris, Didot, 1747, in-8°; BN [G 10636]; nouv. éd. augm. 1759, Voltaire, n° 1199. BN Cat : 1748, 1749, 1767, 1777, 1778, 1779, 1784. — 1790 : « (...) Nouv. éd. (...) avec la nouvelle division de la France, la géographie ancienne et une explication des termes de marine (...) par le citoyen Leclerc. »
[« Cet ouvrage (...) donné comme une trad. de l'anglais de Laurent Echard, est un abrégé du Dictionnaire géographique de La Martinière », *Nouv. biogr. gén.*, t. 28, p. 647.]

1749, LAMBERT, Claude-François, *Recueil d'observations sur les mœurs* (...) *les différentes langues, le gouvernement* (...) *de différents peuples de l'Asie, de l'Afrique et de l'Amérique* (...), Paris, David le jeune, 1749, 4 vol. in-8°; BN [G 28259-28262].

1749, LAMBERT, Claude-François, abbé, *Recueil d'observations curieuses sur les mœurs, les coutumes, les usages, les différentes langues, le gouvernement, la mythologie, la chronologie, la géographie ancienne et moderne, les cérémonies, la religion, les méchaniques, l'astronomie, la médecine, la physique particulière, l'histoire naturelle, le commerce, la navigation, les arts et les sciences des différens peuples de l'Asie, de l'Afrique et de l'Amérique* (...), Paris, Prault fils, 1749, 4 vol. in-8°; Voltaire, n° 2885; d'Holbach, n° 2511.

1750, EIDOUS, N.A., trad., *Mémoires littéraires, contenant des reflexions sur l'origine des nations, la pierre philosophale, l'histoire naturelle, la médecine et la géographie, trad. de l'anglois*, Paris, Cailleau, 1750, in-12; BN [25784], Voltaire, n° 1206.

1750, ELLIS, Henry, *Recueil de voyages nouveaux et remarquables par terre et par mer, avec celui de la baie d'Hudson* (...), Gottingue, 1750, 3 vol. in-8°.

1750, LAMBERT, Claude-François, *Histoire générale civile, naturelle, politique et religieuse de tous les peuples du monde* (...), Paris, Prault fils, 1750, 14 t. en 15 vol. in-12; BN [G 11361-11375].

1755, VARENIUS, Bernardus, *Géographie générale* (...), rev. par Isaac Newton, augm. par Jac. Jurin(...), trad, de l'anglois en français par Ph.-Fl. de Puisieux, Paris, 1755, 4 vol. in-12; BN [G 9230-9233]; Orig. latin : 1664; éd. Newton : 1672; trad. angl. : 1734. Cox, II, 343. [Utilisé par Buffon.]

1763. ROUSSELOT DE SURGY, Jacques-Philibert, *Mélanges intéressans et curieux, ou Abrégé d'histoire naturelle, morale, civile et politique de l'Asie, l'Afrique, l'Amérique, et des terres polaires, par*

M.R. D.S., Paris, Durand (Panckoucke), 1763-1765, 10 vol. in-12; BN [G 26607-26616]. Ed. 1766, 9 vol. in-8°; Voltaire, n° 3045.

1764, BARROW, Jean, *Nouveau recueil de voyages, découvertes... contenant tout ce qui est digne de remarque en Europe, en Asie, en Afrique et en Amérique, fait d'après les auteurs les plus estimés, anglais et étrangers*, Londres, Knox, 1764, 7 vol. in-8°. Original anglais, 1755; Cox, I, 16. — Voir 1766. — Recueil traduit en allemand, italien, hollandais, danois et suédois. — D'Holbach, n° 1892 et 1893 (en anglais); De Brosses.

1765-1795, LA PORTE, Joseph de, *Le voyageur français ou la Connaissance de l'ancien et du nouveau monde* (...), Paris, Moutard, 1765-1795, 42 vol. in-12; [t. 1-26 : LA PORTE, 27-28 : L.A. BONAFOUS, abbé de Fontenay, 29-42 : L. DOMAIRON]; BN [G 22483-22516]; Voltaire, n° 1921.

1766, BARROW, John, *Abrégé chronologique, ou Histoire des découvertes faites par les Européens dans les différentes parties du monde* (...), trad. de l'anglois par M. Targe, Paris, Saillant, 1766, 12 vol. in-12; BN [G 19188-19199].

1766, [DE PUISIEUX], *Les voyageurs modernes ou abrégé de plusieurs voyages faits en Europe, Asie et Afrique*, trad. de l'anglois [par de Puisieux], Paris, Nyon, 1766, 4 vol. in-12; Bibliothèque de d'Holbach, n° 1894.

1767, LE BEAU, X., *Tableau précis du globe terrestre pour l'intelligence de la géographie*, Paris, 1767, in-12; réimpr. en 1770 et 1781 avec quelques add. sous : *Géographie familière du tour du monde ou Tableau précis et général du globe terrestre* (...).

1767, KNOX, John, *A new collection of voyages discoveries and travels* (...), London, J. Knox, 1767, 7 vol. in-8°; Cox, I, 18; d'Holbach, n° 1892.

1767, ROUSSELOT DE SURGY, Jacques-Philibert, *Mémoires géographiques, physiques et historiques sur l'Asie, l'Afrique et l'Amérique, tirés des Lettres édifiantes et des voyages des missionnaires jésuites* (...), Paris, Durand, 1767, 4 vol. in-12; [Sabin 18 n. 73492. — BN Cat., même éd., mai 1777. — Congress Cat., même éd., 1795, sous : *Voyages en Asie, en Afrique et en Amérique, ou Mémoires* (...)]; C.R. dans *Cce Litt.*, avril 1767 (VII, 286). D'Holbach, n° 2509.

1768, POIVRE, Pierre, *Voyages d'un philosophe, ou Observations sur les mœurs et les arts des peuples de l'Afrique, de l'Asie et de l'Amérique*, Paris, 1768, in-12, 142 p.

1769, *Histoire des découvertes faites par divers savans voyageurs dans plusieurs contrées de la Russie et de la Perse* (...), Berne, 1769, 3 vol. in-4°; BN [M 11066-11068]. — Barbier 2.744 cite l'éd. de Berne, Soc. typ., 1781-1787, 3 vol. in-4° et 6 vol. in-8° : *Histoire des découvertes faites par divers savans voyageurs (principalement par P.S. Pallas, Sim.-Théoph. Gmelin et Lepechin (ou mieux Lepekhin) dans plusieurs contrées de la Russie et de la Perse, relativement à l'histoire civile et naturelle, à l'économie rurale, au commerce, etc.* (abrégé de l'allemand par J.-R. Frey des Landres). — Les t. I et II ont été réimpr. en 1792 sous : *Fragments de voyages dans toute la Russie* (...). Voir Turgot, n° 1189.

1769, POINSINET DE SIVRY, Louis, *Origine des premières sociétés, des peuples, des sciences, des arts et des idiomes anciens et modernes*, Amsterdam et Paris, Lacombe, 1769, in-8°, 614 p. (Par M. de Poinsinet de Sivry, d'après une note mss.) BN [J 15293]; Voltaire, n° 2779; d'Holbach, n° 1984.

1770, CONTANT D'ORVILLE, André-Guillaume, *Histoire des différens peuples du monde, contenant les cérémonies religieuses et civiles, l'origine des religions, leurs sectes et superstitions, et les mœurs et usages de chaque nation* (...), Paris, Hérissant et fils, 1770-1771, 6 vol. in-8°; BN [P. Angrand 803-808]; Voltaire, n° 852.

1770, LA CROIX, Jean-François de, *Dictionnaire historique des cultes religieux établis dans le monde depuis son origine jusqu'à présent* (...), Paris, Vincent, 1770, 3 vol. in-8°, pl. BN [16° G 859], Voltaire, n° 1821; d'Holbach, n° 2052. [BN Cat. signale éd. de Paris 1776 et Quérard éd. de Paris 1777].

1770, PERNETY, Antoine-Joseph, *Dissertation sur l'Amérique et les Américains, contre les Recherches philosophiques de M. de Pauw*, par Dom Pernety, Berlin, 1770, in-8°, 240 p.; Voltaire, n° 2692; d'Holbach, n° 2565 (dans DE PAUW, *Recherches*), De Brosses.

1770-1775, ROUBAUD, Pierre-Joseph-André, *Histoire générale de l'Asie, de l'Afrique et de l'Amérique* (...), Paris, Desvantes de la Doué, 1770-1775, 15 vol. in-8°; 1. Japon, Chine, Tartarie. 3-5. Les Indes. 6. Perse. Suppl. à l'histoire des Indes. 7. Arabie. 8-9. Empire ottoman. 10-12. Afrique. 13-15. Amérique. — BN [G 24468-24482]. D'Holbach, n° 2510.

1773, OROSE, Paul, *The anglo-saxon version from the historian Orosius by Alfred the Great, together with an english transl. from the anglo-saxon* [by Daines Barrington, with remarks by John Reinhold Forster], London, 1773; BN [G 12239]; Cox, I, 184 [utilisé par Buffon].

1774, DALRYMPLE, A., *An historical collection of several voyages and discoveries in the South Pacific Ocean*, London, 1770-1771, 2 vol. in-4°; trad. De Fréville: *Histoire des nouvelles découvertes faites dans la mer du Sud en 1767, 1768, 1769, 1770*, Paris, 1774, 2 vol. in-8°, Turgot, n° 2264, d'Holbach, n° 1906; autre édition, sous le titre *Voyages dans les mers du Sud* (...), Paris, Saillant, 1774, in-8°; d'Holbach, n° 1905.

1775, DUBOIS-FONTANELLE, Joseph-Gaspard, *Anecdotes africaines, depuis l'origine de la découverte des différents royaumes qui composent l'Afrique jusqu'à nos jours*, Paris, Vincent, 1775, 8 vol. in-8°; BN [8° Q 3300].

1776, HORNOT, Antoine, [*pseud.* DÉJEAN], *Anecdotes américaines, ou Histoire abrégée des principaux événements arrivés dans le Nouveau Monde, depuis sa découverte jusqu'à l'époque présente*, Paris, Vincent, 1776, in-8°, XVI-782 p.; BN [8° P 348].

1780 (?), *Atlas de toutes les parties connues du globe terrestre, dressé pour l'Histoire philosophique*, s.l., ni d., in-4°, XXX p., LXXI pl.

1786, DEVÉRITÉ, Louis-Alexandre, *Tableau de la terre, ou Exposition de ce que les voyages ont appris de plus remarquable* (...) *sur la religion, le gouvernement* (...) *le caractère des peuples* (...),

Abbeville, L.-A. Devérité, 1786-1787, 2 vol. in-4°; BN [G 29513-29514]. Attribué aussi à l'abbé de La Porte.

1788, MARÉCHAL, Pierre-Sylvain, *Costumes civils actuels de tous les peuples connus* [par J. Grasset Saint-Sauveur] *accompagnés d'une notice historique sur leurs coutumes, mœurs, religions, rédigés par M.S.M.*, Paris, 1788, 4 vol. in-4°. D'Holbach, n° 2061.

1789, *Bibliotheca americana, or a Chronological catalogue of the most curious and interesting books, pamphlets, State papers, etc. upon the subject of North and South America, from the earliest period to the present, in print and manuscript, for which research has been made in the British Museum and the most celebrated public and private libraries, reviews, catalogues, etc., with an introductory discourse on the present state of literature in those countries*, London, 1789, in-4°, I-127 p.; BN [Q 1226]. Attribué à Henry Homer.

II. VOYAGES AU NORD

1. *Nord de l'Amérique, Baie d'Hudson, Groënland*

ARCH. NAT., Col. C^{11} A-109 : Relation de COURTEMANCHE, 1717, f° 47. — Relation de FORNEL Louis, 1743, f° 272. — Relation anonyme, 1723, f° 60. [Sur les Eskimaux.]

1647, LA PEYRÈRE, Isaac de, *Relation du Groenland*, Paris, A. Courbé, 1647, in-8°, pièces limin., 282 p., pl., cartes gr.; Cox, II, 16; Biblioth. De Brosses. — Dans *Recueil des voyages du Nord*, I, p. 171-172.

1647, MONCK, J., Voir LA PEYRÈRE, *Relation du Groenland*, Paris, 1647. Cox, II, 6. — CHURCHILL, *Collection*, PRÉVOST, tome XV. PRÉVOST, *Voyages de Robert Lade.* — Original danois, 1650.

1715, MARTENS, Friedrich, *Journal d'un voyage au Spitzberg et au Groenland* (...), dans *Recueil des Voyages du nord*, tome I. Original allemand, 1675, trad. anglaise, 1694, Cox, II, 15.

1720, JÉRÉMIE, Nicolas, *Relation [du détroit et] de la baie de Hudson* (...), dans « Recueil d'arrêts et autres pièces pour l'établissement de la Compagnie d'Occident... », Amsterdam, J.-F. Bernard, 1720, in-8°, 1re part. — Dans *Recueil des voiages du nord* (...), t. 5, 1732.

1720, MÉSANGE, Pierre de, *Sa vie, ses aventures et le voyage de Groenland*, Amsterdam, 1720, 2 vol. in-12.

1749, ELLIS, Henry, Voir infra : 3. *Passages au Nord-Est et au Nord-Ouest* et : 1. *Recueils.*

1750, ANDERSON, Johann, *Histoire naturelle de l'Islande, du Groenland, du détroit de Davis* (...), trad. de l'allemand (...) par M. [Gottfried Sellius], Paris, S. Jarry, 1750, 2 vol. in-12; BN [S 22397-22398]; d'Holbach, n° 831; BN Cat. signale éd. de Paris, 1754. Orig. allemand : 1747 [?]; BN [M 18644].

1763, EGEDE, Hans, *Description et histoire naturelle du Groenland...*, trad. par Mr . D.R.D.P. [Des Roches de Parthenay], Copenhague et Genève, C. et A. Philibert, 1763, in-8°, xxxii-171 p., carte, pl. gr.; BN [M 18675]; orig. danois : 1729; BN [M 18668], trad. angl. 1745; Cox, ii, 17. — Extrait dans ROUSSELOT DE SURGY, *Mélanges intéressants et curieux*, 1763-1765. — Turgot, n° 2839.

1767, CRANTZ, David, *Histoire du Groënland, contenant la description de la contrée et de ses habitants* (...), Londres, J. Dodsley, 1767, 2 vol. in-8°; original allemand, 1765; Cox, ii, 18; trad. angl., 1767. — Dans PRÉVOST, *Histoire des voyages*, xix.

1771, KERGUELEN-TRÉMAREC de, *Relation d'un voyage dans la mer du nord, aux côtes d'Islande, du Groënland*, (...) *fait en 1767 et 1768*, Paris, Prault, 1771, 1 vol. in-4°.

2. *Nord de l'Europe et de l'Asie* (*Laponie, Tartarie, Sibérie, Kamtchatka, Grande Russie*)

1671, LA MARTINIÈRE, Pierre de, *Voyage des païs septentrionaux* (...), Paris. L. Vendame, 1671, in-8°, xiv-101 p., portrait; BN [M 18686]; BN Cat. signale éd. de Paris 1682 (3° éd.), Amsterdam s.d. (*Nouveau voyage du nord...*) et Amsterdam 1708 (*Nouveau voyage vers le septentrion...*); Cox, i, 178; Voltaire, n° 1886 (éd. 1672, Paris, L. Vendame).

1678, SCHEFFER, Johannes-Gerhard, *Histoire de la Laponie* (...), trad. du latin (...), Paris, Vve O. de Varennes, 1678, in-4°, pièces limin., 408 p., fig., pl., carte; (trad. par Lubin, et pour ch. 1-5 par P. Richelet, d'après Barbier); BN [M 7449]; orig. latin : 1670; Cox, i, 178; d'Holbach, n° 163 (éd. allemande); Voltaire, n° 3113; Turgot, n° 2843; De Brosses.

1717, PERRY, John, *Etat présent de la grande Russie* (...), trad. de l'anglais [par Hugony], La Haye, H. Dusanzet, 1717, in-12; orig. angl. : 1716; BN [M 17597]; Cox, i, 192; Voltaire, n° 2699.

1718, IDES, Evert Ysbrandts, voir BRUIN, *Voyage*, 1718; Cox, i, 330-331; BN Cat. signale une éd. hollandaise de 1704. — Voir *Recueil des voyages du Nord*. — [Ides a été le premier à décrire les mœurs et usages des Ostiaques, Tunguses et Buriates.]

1725, WEBER, Friedrich-Christian, *Nouveaux mémoires sur l'état présent de la grande Russie ou Moscovie*, [contient au tome 2 le mémoire de J.-B. MÜLLER, voir ci-après]; Voltaire, n° 3833.

MÜLLER, Johann-Bernhard, *Les mœurs et usages des Ostierkes* (...), trad. sur l'orig. russien et publ. par ordre de sa majesté czarienne, s.l.n.d., in-8°, 426 p., plan; BN [M 17481]; *Recueil des voyages du Nord*, t. 8.

1726, ABOUL GAZI BAHADOUR KHAN, *Histoire généalogique des Tartares*, trad. du manuscrit tartare, par M.D. [Bentinck], Lyon, A. Kallewer, 1726, in-12; BN [03 r 21]; Quérard (i, 4) remarque que la trad. est faite sur la trad. allemande. Cox, i, 252.

1731, REGNARD, Jean-François Renard, dit, [*Voyage de Laponie*], dans *Œuvres*, t. 1, Paris, Vve de P. Ribou, 1731. BN [Yf 3728]; Voltaire, n° 2918.

1738, MAUPERTUIS, Pierre-Louis Moreau de, *La figure de la terre, déterminée par les observations* (...) *faites* (...) *au cercle polaire* (...), Paris, Impr. royale, 1738, in-8°, xxviii-184 p., fig., pl., carte; BN [V 20759].

1746, OUTHIER, abbé, *Journal d'un voyage au Nord en 1736 et 1737* (...), Amsterdam, H.G. Löhner, 1746, 1 vol. in-12.

1748, HÖGSTRÖM, Pehr, *Beschreibung von dem unter schwedischer Crone gehöriger Lappland* (...), Stockholm et Leipzig, 1748, BN [M 19057], utilisé ,par Buffon; BN Cat. signale autre éd. (autre ouvrage?) de Copenhague et Leipzig, 1748.

1757, STRAHLENBERG, Philip-Johan Tabbert von, *Description historique de l'empire russien*, trad. de l'ouvrage allemand..., Amsterdam, Paris, Desaint et Saillant, 1757, 2 vol. in-8°; BN [M 18074-18075]; orig. allemand : 1730; Cox, I, 194. [Trad. partielle et remaniée de l'éd. allemande de 1730. — Le trad. Barbeau de La Bruyère (d'après Barbier) a ajouté au t. I, *l'Eloge du czar Pierre Ier*, par Fontenelle; au t. 2, un projet de réunion de l'église russe avec l'église romaine présenté à Pierre Ier, en 1717, par des docteurs en Sorbonne, deux relations de voyages de V.J. Bering au Kamtchatka et une *Grammaire des Tartares mungoles*, trad. d'un mss. arabe par M. Thévenot (note de BN Cat.)]. Bibl. d'Holbach, n° 2492; de Turgot, n° 2845; de Voltaire, n° 3215.

1762, MERZAHN VON KLINGSTÖD, Timotheus, *Mémoire sur les Samojèdes et les Lappons*, s.l., 1762, in-8°, 16-112 p.; BN [M 29678]; [BN Cat. signale une éd. de Copenhague, 1766]; utilisé par Buffon.

1762, KNUDS LEEMS, *Mémoire sur les Samoyèdes et les Lapons*, Paris, 1762, 1 vol. in-12.

1766, BELL, John, *Voyage depuis S.-Pétersbourg en Russie dans diverses contrées de l'Asie. On y a joint une description de la Sibérie* (...), trad. de l'anglois par M. [M.-A. Eidous], Paris, Robin, 1766, 3 vol. in-12; BN [O 2.68]; orig. angl. : 1763; BN [G 3565-3566]; Cox, I, 332.

1766, MÜLLER, Gerhardt-Friedrich, *Voyages et découvertes faites par les russes le long des côtes de la Mer glaciale et sur l'Océan oriental tant vers le Japon que vers l'Amérique* (...), trad. de l'allemand (...) par E.G.F. Dumas (...), Amsterdam, M.M. Rey, 1766, 2 t. en 1 vol. in-12, cartes; BN [M 18086-18087], Turgot, n° 2240, Voltaire, n° 2533. — Extrait dans *Histoire des Voyages*, XIX, 367-382.

1767, GMELIN, Johann Georg, *Voyage en Sibérie*, trad. libre de l'orig. allemand par M. de Kéralio, Paris, Desain, 1767, 2 vol. in-8°; BN [M 18102-18103], orig. allemand : 1751-1752 (BN [M 18098-18101]), Cox, I. 351, d'Holbach, n° 1939 et n° 142 (en allemand). — *Journal du voyage fait en Sibérie*, dans *Histoire des Voyages*, XVIII, p. 71-482. — *Voyages tentés par les Russes* (...) tirés du Journal de M. Gmelin, *ibid.*, p. 484-495.

1767, KRACHENINNIKOV, Stepan-Petrovitch, *Histoire de Kamtchatka, des îles Kurilski et des contrées voisines*, trad. par M. [Eidous], Lyon, B. Duplain, 1767, 2 vol. in-12, cartes; BN [GeFF 5712-5713]; d'Holbach, n°2555; Turgot, n° 2874; orig. russe : 1754; trad. anglaise, 1763; d'Holbach, n° 2557; Cox, I, 351; BN Cat. signale une éd. de Lyon, 1771 sous : *Voyages de Kamtschatka* (...), trad. de l'anglois (...).

1768, CHAPPE D'AUTEROCHE, Jean, *Voyage en Sibérie...* [suivi de : KRACHENINNIKOV, *Description du Kamtschatka*, trad. du russe], Paris, Debure père, 1768, 2 t. en 3 vol. in-fol., pl.; BN [M 1873-

1875]; BN Cat. signale éd. de Amsterdam 1769-1770; d'Holbach, n° 1940; Turgot, n° 2239; Cox, I, 332.

1770, COOK, John, *Voyages and travels through the Russian empire, Tartary and part of the empire of Persia* (...), Edinburgh, 1770, 2 vol. in-8°; d'Holbach, n° 1920; BN [G 21663-21664]; Cox, I, 196.

1770, KRACHENINNIKOV, Stepan-Petrovitch, *Histoire et description du Kamtschatka...*, trad. du russe [par M. de Saint-Pré], Amsterdam, M.M. Rey, 1770, 2 vol. in-8°, pl., cartes; BN [M 24810-24811]; original russe, 1754, trad. angl., 1763; D'Holbach, n° 2556.

1771, KNUDS LEEMS, *Mémoire sur les Lappons de Dannemarc, leur langue, leurs mœurs, leurs usages et leur ancienne religion* (...), Leipzig, 1771, in-8°.

1773, PALLAS, Peter-Simon, « Résumé d'une communication à l'Académie impériale de Pétersbourg », dans *Journal historique et politique des principaux événements des différentes cours de l'Europe*, N° 33, 30 nov. 1773, p. 9-10.

1774, STELLER, Georg Wilhelm, *Beschreibung von dem Land Kamtschatka* (...), Frankfurt & Leipzig, 1774; BN [M 34052]; Cox, II, 23.

1779, FREY DES LANDRES, J.-Rodolphe, cf. *Histoire des découvertes faites par divers savans voyageurs dans plusieurs contrées de la Russie et de la Perse*, Berne, 1779, in-4°; Turgot, n° 1189.

1780, DE KERALIO, *Collection de différents matériaux sur l'histoire naturelle et civile du nord*, Paris, in-12; Turgot, n° 1188.

1781, COXE, William, *Les nouvelles découvertes des Russes entre l'Asie et l'Amérique, avec l'histoire de la conquête de la Sibérie et du commerce des Russes et des Chinois...*, trad. de l'anglois, Paris, Hôtel de Thou, 1781, in-4°, XXII-314 p., carte, pl.; BN [P. Angrand 341]; orig. angl., 1780; BN [G 5670]; Cox, II, 24-25, donne comme trad. Démeunier.

1782, ELLIS, William, *An authentic narrative of a voyage performed by captain Cook and captain Clark* (...) *in search of a North-West passage between the continents of Asia and America* (...), London, 1782, 2 vol. in-8°, carte, pl.; BN [G 21263-21264]. D'Holbach, n° 139 (éd. allemande); Cox, II, 26.

1784, SPANGBERG, Morten, *Udforlige og troevoerdige Efterretninger om de fra Rusland* (...), Kiobenhavn, 1784; BN [G 29822].

1788, FORSTER, Johann Reinhold, *Histoire des découvertes et des voyages faits dans le Nord* (...) *mise en français par M. Broussonet* (...), Paris, Cuchet, 1788, 2 vol. in-8°; BN [G 23598-23599]; orig. anglais, paru en Allemagne, 1776; Cox, II, 10.

1793, STELLER, Georg Wilhelm, *Reise vom Kamtschatka* (...), St-Petersburg, 1793.

3. Passages au nord-est et au nord-ouest

FROBISHER, Martin, Voir BEST, George. — *Recueil d'arrêts et autres pièces...* », J.-F. BERNARD, 1720. — *Recueil des voyages du nord.*

1578, BEST, George, *La navigatyon du capitaine Martin Frobisher es régions du west et du nord-west...* [Préf. par Nicolas Pithou sr.

de Champ-Gobert], Genève, A. Chappin, 1578, in-8°, sign. A.-E., pl.; BN [Rés. G 2298]; orig. angl. : 1578; Cox, II, 2 et 3. Dans *Recueil des voyages du nord*, t. 5, Amsterdam, 1732 et dans : *Recueil d'arrêts et autres pièces pour l'établissement de la Compagnie d'Occident*, Amsterdam, 1720, sous : *Les trois navigations de Martin Frobisher pour chercher un passage à la Chine et au Japon par la mer Glaciale*. — Dans : HAKLUYT, *Collection*...

1595, DAVIS, John, *Account of his second voyage to discover a Northwest passage* (...), London, 1595; Cox, II, 3-4.

1596, DAVIS, John, *A traverse book in his third voyage for the discoverie of the north-west passage* (...), London, 1596; Cox, II, 4.

1635, Fox, Luke, *North-west Fox, or Fox from the North-west passage* (...), London, 1635, in-4°; BN [G 5908 bis]; Cox, II, 5.

1732, WOOD, John, *Discours préliminaire sur le passage par le nord-est de l'Europe dans les mers des Indes* (...), suivi de *Journal* (...) *allant à la découverte d'un passage pour les Indes orientales par le nord-est* (...), dans BERNARD, *Recueil des voyages du nord*, 2, Amsterdam, 1732, p. 283-299 et 299-324; org. angl., 1694; Cox, II, 13.

1743, MIDDLETON, Christopher, *A vindication of the conduct* (...) *in a late voyage* (...) *for discovering a North-West passage* (...) *in answer to certain objections and aspersions of Arthur Dobbs*, London, 1743; Cox, II, 6.

1744, DOBBS, Arthur, *Remarks on capt. Middleton defence* (...), London, 1744, Cox, II, 7.

1749, ELLIS, Henry, *Voyage à la baye de Hudson* (...) *pour la découverte du passage du nord-ouest* (...), trad. de l'anglois [par G. Sellius]..., Paris, Ballard fils, 1749, 2 vol. in-12, pl., carte; BN [G 23261-23262], orig. angl. : 1748, BN [G 23263]. — Voir aussi *Recueils*. Voltaire, n° 1214, d'Holbach, n° 139 (en allemand). — Voir HEAWOOD, ouv. cit., *Appendice*, p. 413.

1764, JEFFERYS, Thomas, *Voyages d'Asie en Amérique, pour compléter les découvertes de la côte nord-ouest de l'Amérique, précédés d'un abrégé des voyages entrepris par les Russes pour découvrir un passage au nord-est*, Londres, 1764, 1 vol. in-4°.

1768, JEFFERYS, Thomas, *The great possibility of a North-West passage* (...), London, 1768, in-4°; BN [G 6111].

1772, BOUGAINVILLE, Louis-Antoine de, *Projet d'un voyage au pôle arctique*, dans *Arch. Nat.* Marine E 130, 14 février 1772. Publié par J.-E. MARTIN-ALLANIC, *Bougainville navigateur* (...), p. 1295-1300.

1774, « Relation d'un officier du vaisseau de Phipps (...) », publiée par M. de la Londe dans *Journal des Savants*, avril 1774.

1775, PHIPPS, J., *Voyage au pôle boréal fait en 1773*, trad. Havré, Paris, 1775, 1 vol. in-4°, original anglais, 1774; Turgot, n° 2274.

1782, PICKERSGILL, Richard, *A concise account of the voyages for the discovery of a Nord-West passage undertaken for finding a way to the East Indies*, London, 1782; Cox, I, 21.

1779, ENGEL, Samuel, *Extraits raisonnés des voyages faits dans les parties septentrionales de l'Asie et de l'Amérique, ou Nouvelles preuves d'un passage aux Indes par le Nord* (...), Lausanne, J.-H. Pott, 1779, in-4°, xiv-268 p., cartes; BN [G 5839].

1780, Brooke, Robert, *Remarks and conjectures on the voyage* (...), *in search of a northerly passage from Kamtschatka to England* (...), London, 1780, in-8°, Cox, ii, 24.

1782, Croÿ, Emmanuel, maréchal duc de, *Mémoire sur le passage par le Nord, qui contient aussi des réflexions sur les glaces* (...), Paris, Valade, 1782, in-4°, 23 p.; BN [G 7133].

1791, Zorgdrager, Cornelis-Gisbert, *Histoire des pêches, des découvertes et des établissements des Hollandais dans les mers du Nord...* [trad. : Bernard de Reste], Paris, 1791, 3 vol. in-8°; BN [M 36477-36480]; Orig. hollandais : 1646; Cox, ii, 16. — [Bougainville s'était fait traduire cet ouvrage, voir J. Martin-Allanic, *op. cit.*, p. 1278, 1303, note 24, et 1344].

III. Afrique

Hottentots, voir en particulier Ten Rhyne, Dapper, Kolb, La Caille et les voyages aux Indes orientales et autour du monde (La Loubère, Graaf, Ovington, Leguat, Tavernier, Dampier, Linschoten, Tachard).

Battel, Andrew, *The strange adventures...* [*in Angola and adjoining regions*], dans *Purchas his pilgrims;* résumé dans Green (Astley); Cox, i, 379.

Compagnon, Sieur, *An account of the discovery of the kingdom of Bambuk...,* dans Green (Astley); Cox, i, 380.

1591, Lopes, Odoardo, *Relatione des reame di Congo* (...), Roma, 1591, trad. en anglais dans la coll. Osborne, 1597, et en latin dans la coll. De Bry, 1598; Cox, i, 354.

1669, Villault, Nicolas, sieur de Bellefond, *Relation des costes d'Afrique appellées Guinée* (...), Paris, D. Thierry, 1669; Cox. i. 362.

1670, Ogilby, John, *Africa* (...), London, 1670, in-fol.; BN [Gr. Fol. O 2.12]; Cox, i, 361.

1672, Lobo, Jeronymo, *Relation de l'empire des Abyssins* (...), dans Thevenot, *Relation de divers voyages*, 1672. BN Cat. signale éd. 1673, 1694, 1696; voir aussi 1728.

1686, Dapper, Olfert, *Description de l'Afrique* (...), trad. du flamand (...), Amsterdam, W. Waesberge, Boenn et van Someren, 1686. in-fol., vi-534 p. et la table, front., fig., pl. et cartes gravés; BN [Fol. O 3.12]; d'Holbach, n° 2558; De Brosses; orig. hollandais : 1670; Cox, i, 361.

1686, Ten Rhyne, Wilhelm, *Schediasma de promontorio Bonae Spei, ejusque tractus incolis Hottentottis* (...), Scafesii, 1686, in-8°; BN [M 3433]; BN Cat. signale éd. de Bâle, 1716; Cox i, 374; Churchill, iv, p. 768-782; Prévost, v.

1688, Lacroix, A. Phérotée de, *Relation universelle de l'Afrique ancienne et moderne* (...), Lyon, T. Amaudry, 1688, 4 vol. in-12;

BN [8° O 2.16]; Quérard 4.376 signale une « nouv. éd. » de Lyon, 1713, 2 vol. in-8°.

1695, LEMAIRE, Jacques-Joseph, *Les voyages* (...) *aux îles Canaries, Cap-Vert, Sénégal et Guinée* (...), Paris, J. Collombet, 1695, in-8°, VIII-215 p. et table, pl. et cartes; BN [G 33098]; Cox, I, 366.

1705, BOSMAN, Willem, *Voyage de Guinée* (...), Utrecht, A. Schouten, 1705, in-8°, XVI-520 p. et pl.: BN [O 3. n. 8]; orig. hollandais: 1704; BN [O 3. n. 7]; d'Holbach, n° 1942; Cox, I, 368.

1714, LOYER, Godefroy, *Relation du royaume d'Issyny, Côte-d'Or, païs de Guinée, en Afrique* (...), Paris, A. Senenze et J.-R. Morel, 1714, in-12, XII-298 p., pl.; BN [8° O 3. n. 34]; Cox, I, 381.

1718, PURRY, Jean-Pierre, *Mémoire sur le pays des Cafres et la terre de Nuyts*, Amsterdam, Humbert, 1718, in-12; Voltaire, n° 2832.

1728, LABAT, Jean-Baptiste, *Nouvelle relation de l'Afrique occidentale* (...), Paris, G. Cavelier, 1728, 5 vol. in-12, pl. et cartes; BN [8° Lk 11.90]. — *Voyage du Ch*ʳ *Des Marchais* (...), 1730, 4 vol. in-8°.

1728, LOBO, Jeronimo, *Relation historique de l'Abissinie...*, trad. du portugais, continuée et augm. de plusieurs dissertations, lettres et mémoires par M. Le Grand (...), Paris, Vve d'A.-U. Coustelier et J. Guérin, 1728, in-4°, XVIII-514 p., front. gravé et cartes; BN [8° O 3 e 2]; BN Cat, signale éd. de Amsterdam, 1728 et Paris, La Haye, 1728, sous: *Voyage historique d'Abissinie...;* Cox, I, 376; Bibl. De Brosses, éd. française et éd. anglaise.

1732, CAVAZZI, Giovanni-Antonio [LABAT], *Relation historique de l'Éthiopie, contenant la description des royaumes de Congo, Angola et Matamba, trad. de l'italien* (...), augm. de plusieurs relations portugaises (...), par le R.P. J.-B. LABAT, Paris, C.-J.-B. Delespine, 1732, 5 vol. in-12; BN [8° O 3 c 8]; Voltaire, n° 675; De Brosses; Orig. italien: Congress. Cat. signale une éd. de Bologne, 1687, et BN Cat. une de Milan, 1690 (K 425.11).

1735, ATKINS, John, *A voyage to Guinea, Brasil and the West Indies* (..), London, 1735; Cox, I, 73-74; 2ᵉ éd.: London, 1737; BN [O 3 n 13].

1735, SNELGRAVE, William, *Nouvelle relation de quelques endroits de Guinée et du commerce d'esclaves qu'on y fait* (...), trad. de l'anglois (...) par Mr. A. Fr. D. de Coulange, Amsterdam, aux dépens de la Compagnie, 1735, in-12, pièces limin., 348 p., carte; BN [8° O 3 n 12]; Biblioth. De Brosses; orig. angl.: 1734; Cox, I, 374-375.

1738, MOORE, Francis, *Travels into the inland parts of Africa* (...) *to which is added capt. Stibb's voyage up the Gambia* (...), London, J. Staag, 1738, 4 part. en 1 vol. in-8°, carte; BN [8° O 3.568]; Vocabulaire mandingue; Cox, I, 376.

1741, KOLB, Peter, *Description du cap de Bonne-Espérance* (...) *tirée des mémoires de M. Pierre Kolbe* (...), [par Jean Bertrand], Amsterdam, J. Catuffe, 1741, 3 vol. in-12, pl. et cartes; BN [M 28502-4]; orig. allemand: 1719, BN [M 2353]; Cox, I, 372.

1751, SMITH, William, inspecteur de la Roy. African Co., *Nouveau voyage de Guinée* (...), trad. de l'anglais (...), Paris, Durand, 1751, 2 vol. in-12; BN [8° O 3 n 14]; orig. angl.: 1744; Cox, I, 378-379.

1753, HOUTMAN, Cornelius de, *Premier voyage des Hollandais aux*

Indes..., dans PRÉVOST, *Histoire générale des voyages*, La Haye, 1753, t. XI, p. 85-139, carte; orig. hollandais : 1598; Cox, I, 262.

1757, ADANSON, Michel, *Histoire Naturelle du Sénégal... avec une relation d'un voyage fait en ce pays* (...), Paris, C.J.B. Bauche, 1757, in-4°; BN [S 6815]; Cox, I, 383; d'Holbach, n° 834; Turgot, n° 1185. — Arch. Nat. C 6-15, f° 1 à 36 : « Pièces instructives concernant l'île de Gorée », 1763 (voir FROIDEVAUX, Henri). — Arch. Nat. C 14-26, f° 348 et suiv.; Lettres au Ministre (projet de voyage en Guyane). Voir FROIDEVAUX, Henri.

1763, LA CAILLE, Nicolas-Louis de, *Journal historique du voyage fait au cap de Bonne-Espérance* (...), Paris, Guillyn, 1763, in-8°, XXVI-380 p. et le priv., fig., carte gravée; BN [M 28709].

1764, ABREU DE GALINDO, Juan, *The history of the discovery and conquest of the Canary islands, tr. from a Spanish manuscript* (...), London, R. & J. Dodsley, 1764; Cox, I, 384.

1767, DEMANET, abbé, *Nouvelle Histoire de l'Afrique française* (...), Paris, Vve Duchesne, 1727, in-12. (Voir LAMIRAL, 1790.)

1776, LE BRASSEUR, Arch. Nat. C 6-17, pièce 16, « Questions sur nos possessions de la côte d'Afrique, avec les réponses de M. Le Brasseur », 1776.

1776, PROYART, Liévin-Bonaventure, *Histoire de Loango, Kakongo et autres royaumes d'Afrique*, réd. d'après les mémoires des préfets apostoliques de la mission française (...), Paris, C.-P. Berton et N. Cropart, 1776, in-12, VIII-393 p., carte; BN [8° O 3 n 51].

1778, HOP, *Nouvelle description du cap de Bonne-Espérance*, Paris, 1778, in-8°.

1786, SPARRMAÑ, Anders, *Voyage au Cap de Bonne-Espérance, au pôle méridional depuis les années 1772-1776*, trad. de l'anglois par J.-P. Brissot, Londres et Paris, 1786, 2 vol. in-4°. Original suédois, 1783; Cox, I, 386; d'Holbach, n° 1903.

1787, SPARRMAN, Anders, *Voyage au Cap de Bonne-Espérance et autour du monde avec le capitaine Cook, et principalement dans les pays des Hottentots et des Caffres* (...), trad. par M. Le Tourneur (...), Paris, Buisson, 1787, 2 vol. in-4°, front., carte et pl. gr.; BN [4° G 2977]; d'Holbach, n° 1903; original suédois, 1783; Cox, I, 386.

1790, LAMIRAL (député du Sénégal), *Les métamorphoses aristocratiques ou généalogie de la Compagnie exclusive du Sénégal*, [pamphlet contre l'Exclusif], Paris, s.d., [1790 ou 1791 ?], in-8°; BN [Lk 11.266].

1790, LEVAILLANT, *Voyage* (...) *dans l'intérieur de l'Afrique* (...) *par le cap de Bonne-Espérance, dans les années 1780* (...) *1785*, Paris, Le Roy, 1790, in-8°, rééd., Paris, Plon, 1932.

1790, PATERSOÑ, William, *Quatre voyages chez les Hottentots et chez les Cafres...*, trad. de l'anglois [par J.-B. de La Borde], Paris, Didot l'aîné, 1790, in-8°, XI-329 p.; BN [8° O 3.1351]; orig. allemand : 1790; BN Cat. signale une autre trad. (Paris, 1791) par M. Castera, à la suite de BRUCE, *Voyage en Nubie et en Abyssinie;* Cox, I, 390.

IV. Madagascar

Grandidier, A. (Charles-Roux, Delhorbe, Froidevaux, Grandidier G.), *Collection d'ouvrages anciens concernant Madagascar*, Paris, 1910, 9 vol. in-8°.

1651, Cauche, François, *Relation du voyage* (...) *à Madagascar, isles adjacentes et reste d'Afrique...*, dans Morisot, Claude-Barthélemy, *Relations véritables et curieuses de l'isle de Madgascar et du Brésil...*, Paris, A. Courbe, 1651, in-4°; BN [Lk 11.59].

1658, Flacourt, Etienne de, *Histoire de la grande isle Madagascar* (..), Paris, J. Henault, 1658, in-4°, 384 p., pl. et cartes; BN [4° Lk 11.60]; Turgot, n° 2250; De Brosses; dans Grandidier, *Collection* (...), tomes VIII, IX, *Cause pour laquelle les intéressés de la compagnie n'ont pas fait de grands profits à Madagascar;* s.l.n.d., in-4°, 42 p.; BN [4° Lk 11.60 (2)]; BN Cat. signale éd. de : Paris, A. Lesselin, 1658; Troyes et Paris, G. Clouzier, 1661; Congress Cat. décrit une éd. de Paris, G. de Luyne, 1658, 2 t. en 1 vol., contenant les 2 ouvrages; Prévost, tome VIII.

1668, Souchu de Rennefort, Urbain, *Relation du premier voyage de la Compagnie des Indes orientales en l'isle de Madagascar* (...), Paris, Auboüin, 1668, in-12, VI-340 p.; BN [8° Lk 11.61]; Prévost, VIII.

1729, Drury, Robert, *Madagascar, or* (...) *Journal during fifteen years captivity on that island* (...), London, 1729, BN [8° Lk 11.56]; Cox, I, 371, pas de trad. en français.

1764, Barry, De, *Lettre* (...) *contenant l'état actuel des mœurs, usages, commerce, cérémonies et musique des habitants de l'isle Malgache*, Paris, L. Prault, 1764, in-12, 23 p.; BN [Rés. Lk 11.66].

1791, Rochon, Alexis-Marie de, *Voyage à Madagascar et aux Indes orientales* (...), Paris, Impr. de Prault, 1791, in-8°, LXIV-322 p., carte; BN [8° Lk 11.67]; Cox, I, 392.

— Voir aussi Commerson, dans B⁸ générale.

V. Amériques

Angrand, P., *Inventaire des livres et documents relatifs à l'Amérique, recueillis et légués à la Bibliothèque nationale*, Paris, 1887.

Sabin, J., *A dictionary of books relating to America from its discovery to the present time*, New York, 1868-1936, 28 vol. in-8°.

1652, Horn, Georgius, *De originibus americanis libri quatuor*, Hagae Comitis, A. Vlaq, 1652, in-8°, pièces limin. et 282 p.; BN [8° P. 391].

1724, Lafitau, Pierre-François, *Mœurs des sauvages américains comparées aux mœurs des premiers temps*, Paris, Saugrain aîné, 1724, 2 vol. in-4°, planches gravées.

1768, Touron, père, *Histoire générale de l'Amérique* (...), Paris, 14 vol. in-12.

1. *Amérique du nord*

ARCHIVES NATIONALES
Série B, *Canada*, Correspondance au départ.
Voir RICHARD, Edouard, *Supplément au rapport du Dr Brymner sur les archives canadiennes*, Paris, 1899.

BIBLIOTHÈQUE NATIONALE, MANUSCRITS
— Fonds Margry, BN, N.a. fr., 9256 à 9510.
 [Collection de documents sur l'histoire des découvertes et des voyages par terre et par mer. On y trouve copie de pièces rares, disparues des Archives, par exemple, du *Journal* de Vivès, compagnon de Bougainville.]
 Voir notamment
— « Mémoire ou Journal sommaire de Jacques le Gardeur de Saint-Pierre », 1750, N.a. fr. 9308.
— « Mémoire concernant les parties de l'Amérique situées à l'Ouest du Canada (...) présenté par M. de La Condamine », 1752, *Ibid.*
— *Journal* des fils de la Verendrye. *Ibid.* [publié par Lawrence J. Burpee, dans *Journals and letters of Pierre Gaultier de Varennes de la Verendrye and his sons*, Toronto, The Champlain Society, 1927].
— Mémoire de Bougainville sur l'état de la Nouvelle-France à l'époque de la guerre de sept ans, N.a. fr. 9273.
— Notes sur le *Journal* de Bougainville, N.a. fr. 9307.
— *Journal* de Bougainville, N.a. fr. 9406.
— *Journal* de Vivès, N.a. fr. 9407.
— Documents sur les familles créoles [les Dubuq entre autres], N.a. fr. 9324.
— *Collection des manuscrits du Maréchal de Lévis, publiée sous la direction de l'abbé Casgrain.*
   1. *Journal* du Ch^r de Lévis.
   2. *Lettres* du Ch^r de Lévis.
   3. Lettres de la Cour de Versailles.
   4. Pièces militaires.
   5. Lettres de M. de Bourlamaqui.
   6. Lettres du Mis de Montcalm.
   7. Journal du Mis de Montcalm durant ses campagnes au Canada (1756-1759). Québec, Demers et frères, 1895, 7 vol. in-4° (BN, cote 4° Lk 12 1477). [Au tome III, plusieurs Mémoires sur les Abenaquis.]
— *Collection de manuscrits contenant lettres, Mémoires et autres documents historiques relatifs à la Nouvelle-France*, Québec, 1883-1885, 4 vol in-4°.
— « Dénombrement des nations sauvages qui ont rapport au gouvernement de Canada; des guerriers de chaque nation avec les armoiries », 1736, dans *Bulletin des recherches historiques*, vol. XXXIV, 1928-1929, p. 551 sq.

WARDENS, D.B., *Bibliotheca americo-septentrionalis*, Paris, 1820, 1 vol. in-8°.

1545, CARTIER, Jacques, *Brief recit et succinte narration de la navigation faicte es ysles de Canada, Hochelage et Saguenay et autres* (...), Paris, 1545.

1598, CARTIER, Jacques, *Discours du voyage fait... aux Terres neufves de Canada, Norembergue, Hochelage, Labrador, et pays adjacents, dite Nouvelle-France* (...), Rouen, R. Du Petit Val, 1598, in-8°, 64 p.; BN [Rés. Lk 12.717]; trad. de Ramusio, *Navigationi e viaggi*, Venezia, 1556, t. 3.

1604, CHAMPLAIN, Samuel, *Des sauvages, ou Voyage... fait en la France nouvelle l'an mil six cens trois...*, Paris, C. de Monstr'œil, 1604, in-8°, IV-36 f.; BN [Rés. Lk 12.719 A]; Turgot, n° 2261; Cox, II, 191.

1609, LESCARBOT, Marc, *Histoire de la Nouvelle-France, contenant les navigations, découvertes et habitations faites par les Français ès Indes Occidentales et Nouvelle-France* (...) *en quoy est comprise l'Histoire morale, naturelle et géographique de la dite province* (...), Paris, J. Milot, 1609, in-8°, pièces limin., 888 p. et cartes; BN [Rés. Lk 12.724 (1)]; BN Cat. signale une 2ᵉ éd. (Paris, 1611) et une 3ᵉ (Paris, 1617); Cox, II, 44.

1632, CHAMPLAIN, Samuel, *Les voyages de la Nouvelle-France occidentale, dicte Canada* (...) *depuis l'an 1603 jusques en l'an 1629* (...), Paris, impr. de L. Sevestre, 1632, 5 part. en 1 vol. in-4°, fig. et cartes; BN [Rés. Lk 12.722]; Autre éd. : Paris, C. Collet, 1632; BN [Lk 12.722 A]; Autre éd. 1640; Turgot, n° 2261; Cox, II, 191.

1632, SAGARD, Gabriel, *dit* Théodat, *Le Grand voyage du pays des Hurons* (...) *avec un Dictionnaire de la langue huronne...*, Paris, D. Moreau, 1632, 2 part. en 1 vol. in-8°, front. gravé; BN [Rés. 8° Lk 12.730]; Voltaire, n° 3059.

1633, LAET, Jean de, *Descriptio Indiae occidentalis*, Paris, 1633, in-fol.; De Brosses.

1636, SAGARD, Gabriel, *dit* Théodat, *Histoire du Canada et voyages que les Frères Mineurs Récollects y ont faicts* (...), Paris, C. Sonnius, 1636, in-8°, 1016 p. avec table et errata; BN [Rés. 8° Lk 12.731].

1664, BOUCHER, Pierre, *Histoire véritable et naturelle des mœurs et productions des pays de la Nouvelle-France vulgairement dite le Canada*, Paris, Flambert, 1664, 1 vol. in-12.

1672, DENYS, Nicolas, *Description géographique et historique des costes de l'Amérique septentrionale, avec l'histoire naturelle du pays* (...), Paris, L. Billaine, 1672, 2 vol. in-8°.

1683, HENNEPIN, Louis, *Description de la Louisiane* (...), Paris, Vve S. Huté, 1683, 2 part. en 1 vol. in-12, carte; BN [Rés. 8° Lk 12.854]; Bibl. De Brosses; Turgot, n° 2888.

1688, BLOME, Richard, *L'Amérique anglaise, ou Description des isles et terres du roi d'Angleterre dans l'Amérique* (...), trad. de l'anglais, Amsterdam. A. Wolfgang, 1688, in-12, II-332 p.; BN [Nt. 435]; Voltaire (Ferney); orig. anglais : 1686; Cox, II, 81.

1697, HENNEPIN, Louis, *Nouvelle découverte d'un très grand pays situé dans l'Amérique antre le Nouveau Mexique et la Mer Glaciale* (...), Utrecht, G. Broedelet, 1697, in-12, pièces limin., 506 p., titre et pl. gravés, cartes; BN [16 P. 5], 1698, Utrecht, A. Schouten [autre titre]; BN Cat. : Amsterdam, 1698, 1704 et 1711; Cox, II, 84-85.

1697, TONTI, Henri de, *Dernières découvertes dans l'Amérique sep-
tentrionale de M. de La Salle, mises à jour par M. le chevalier
Tonti* (...), Paris, J. Guignard, 1697, in-16, II-323 p. et la table;
BN [8° P. 54]; Cox, II, 86.

1703, LAHONTAN, Louis-Armand de Lom d'Arce, baron de, *Nouveaux
voyages de* (...) *dans l'Amérique septentrionale* (...), La Haye, les
frères L'Honoré, 1703, 2 vol. in-12, pl., cartes; BN [8° P. 57];
Bibl. De Brosses, [1704, 3 vol. in-12]; d'Holbach, n° 1944; Voltaire, n° 1876 et BN Cat. : La Haye, 1715; 2ᵉ éd. rev. et augm. :
La Haye, 1728; Cox, II, 88-89 : Mémoires de l'Amérique septentrionale, ou la suite des voyages de M. le baron de Lahontan...
[Publ. et en partie rééd. par Nicolas Gueudeville.]

1707, BEVERLEY, Robert, *Histoire de la Virginie* (...), Amsterdam,
T. Lombrail, 1707, in-12, 433 p., front. gravé et fig.; BN [Nt.
1122]; Cox, II, 89; Bibl. De Brosses; autre éd. : Impr. à Orléans,
et se vend à Paris, chez P. Ribou, 1707, in-12, 417 p., front. gravé
et fig.; BN [Nt. 1122 A]; orig. anglais : 1705.

1715, LAHONTAN, Louis-Armand, baron de [Gueudeville, N.], *Nouveaux voyages de M. le baron de Lahontan dans l'Amérique
septentrionale, qui contient une relation des différents peuples qui
y habitent, la nature de leur gouvernement, leur commerce, leur
coutume, leur religion, et leur manière de faire la guerre* (...),
La Haye, Fr. l'Honoré, 1715, 2 vol. in-8°; Voltaire, n° 1876.

1720, TONTI, Henri de, *Relations de la Louisiane et du fleuve Mississipi* (...), Amsterdam, J.-F. Bernard, 1720, 2 vol. in-8°, fig.,
cartes; BN [8° Lk 12.856]. Par Tonti d'après Barbier. Aucun des
2 vol. ne porte de mention de tomaison mais l'épître déd. de
J.-F. Bernard, placée en tête du vol. qui contient les Relations
proprement dites, indique que l'autre vol. est la suite de celui-ci.
      1. Relation de la Louisiane ou Mississipi, écrite à une dame
par un officier de Marine. — Relation de la Louisiane et du
Mississipi par le chevalier de Tonti. — Voyage en un pays plus
grand que l'Europe, entre la Mer Glaciale et le Nouveau-Mexi-
que, par le P. Hennepin. — Relation des voyages de Gosnol,
Pringe et Gilbert à la Virginie en 1602 et 1603, trad. de l'anglais.
      2. Concession de la Louisiane à M. Crosat pour 10 années (...).
— Recueil d'arrests du roi.

1722, BACQUEVILLE DE LA POTHERIE, Claude-Charles Le Roy, *Histoire de l'Amérique septentrionale* (...), impr. à Rouen, et se vend
à Paris, chez J.-L. Nion et F. Didot, 1722, 4 vol. in-12; BN
[P 340]; d'Holbach, n° 2573; BN Cat. signale une autre éd. de
Paris 1753, ainsi que : *Voyage de l'Amérique, contenant ce qui
s'est passé de plus remarquable dans l'Amérique septentrionale
depuis 1534 jusqu'à présent...*, Amsterdam, H. Des Bordes, 1723,
4 vol. in-8°.

1727, COLDEN, Cadwallader, *The history of the five Indian nations
of Canada* (...), New York, 1727; 2ᵉ éd. : London, 1750 (BN
[Lk 12.764]); 3ᵉ éd. : London, 1755; Cox, II, 111.

1731-1743, CATESBY, Mark, *The natural history of Carolina, Florida,
and the Bahama islands* (...) [Histoire naturelle de la Caroline,

la Floride, et les isles Bahama (...)], London, the author, 1731-1743, in-fol., pl.; BN [S. 1381] (complet ?); Voltaire [Ferney]; 2ᵉ éd. rev. par M. Edwards, Londres, 1754 (BN [S. 125-126]); Cox, II, 101.

1732, OGLETHORPE, James Edward, *A New accurate account of the provinces of South Carolina and Georgia* (...), London, 1732, in-12; Cox, II, 100; réimpr.: London, J. Worrall, 1733, in-8°, 76 p.; BN [8° Nt 552].

1738, LEBEAU, Claude, *Aventures du sieur* (...), *ou Voyage curieux et nouveau parmi les sauvages de l'Amérique septentrionale, dans lequel on trouvera la description du Canada* (...), Amsterdam, Uytwerf, 1738, 2 vol. in-8°, carte et pl.; BN [8° Lk 12.758].

1744, CHARLEVOIX, Pierre-François-Xavier de, *Histoire et description générale de la Nouvelle-France, avec le Journal historique d'un voyage* (...) *dans l'Amérique septentrionale* (...), Paris, P.-F. Griffart, 1744, 3 vol. in-4°, pl. et cartes; BN [Rés. Lk 12]; Cox, II, 130; Voltaire, n° 718.

1752, 6 janvier, LA CONDAMINE, Charles-Marie de, *Mémoire concernant les parties de l'Amérique situées à l'ouest du Canada*, dans *Collection Margry*.

1753, CHABERT, Joseph-Bernard de, *Voyage* (...) *dans l'Amérique septentrionale, pour rectifier les cartes des côtes de l'Acadie, de l'île-Royale et de l'île de Terre-Neuve, et pour en fixer les principaux points par des observations astronomiques* (...), Paris, Impr. royale, 1753, in-4°, VIII-188 p. et la table, cartes; BN [Lk 12.765]; Turgot, n° 2260.

1753, LEMASCRIER, Jean-Baptiste, *Mémoires historiques sur la Louisiane* (...) *composés sur les Mémoires de M. Dumont*, par *M.L.L.M.*, Paris, C.-J.-B. Bauche, 1753, 2 vol. in-12; BN [8° Lk 12.858].

1755, BUTEL-DUMONT, Georges-Marie, *Histoire du commerce des colonies anglaises dans l'Amérique septentrionale* (...), Londres, et se vend à Paris, Le Breton, 1755, in-12, XIV-336 p.; BN [Nt. 439]; Cox, II, 118; Bibl. De Brosses.

1758, LE PAGE DU PRATZ, *Histoire de la Louisiane* (...), Paris, de Bure l'aîné, 1758, 3 vol. in-12, pl., plans et cartes gravés; BN [8° Lk 12.859]; d'Holbach, n° 2574; Voltaire, n° 2049; Cox, II, 133.

1762, « Mémoire anonyme sur les Iroquois », dans *Journal Etranger*, avril et mai 1762 (p. 123-147 et 5-24). Repris dans *Variétés littéraires*, 1768, I, p. 503-545.

1762, BOUGAINVILLE, Louis-Antoine, Extraits du *Journal* canadien, dans *Journal Etranger*, mai 1762, p. 25-38. Voir Bibl. générale, à BOUGAINVILLE.

1765, ROGERS, Robert, *A concise account of North America* (...), Cox, II, 135-136.

[1766], 1797, TIMBERLAKE, Henry, *Voyage du lieutenant... qui fut chargé, dans l'année 1760, de conduire en Angleterre trois sauvages de la tribu des Cherokee* (...), trad. de l'anglais par J.B.L. J. Billecocq, Paris, impr. de Hautbout l'aîné, an V [1797], 14,5 cm, VIII-187 p.; orig. anglais : 1765; Cox, II, 136. Extraits dans la *Gazette littéraire*, 1766, vol. VIII, p. 171 sq.

1767, BURKE, Edmund, *Histoire des colonies européennes dans l'Amérique* (...), trad. de l'anglais par M. [Eidous], Paris, Merlin. 1767, 2 vol. in-8°, cartes; BN [P. 346]; Turgot, n° 2895; d'Holbach, n° 2569; Voltaire, n° 589; orig. anglais : 1758; Cox, II, 125.

1767, VEÑEGAS, Miguel, *Histoire naturelle et civile de la Californie* (...), trad. de l'anglois par M. [Eidous] (...), Paris, Durand, 1767, 3 vol. in-12; orig. esp. : 1757; BN [P. Angrand, 456-458]; éd. anglaise, 1759, 2 vol. in-8°; d'Holbach, n° 2583; éd. française, *ibidem*, n° 835.

1768, VALLETTE DE LAUDUN, *Journal d'un voyage à la Louisiane* (...), La Haye, Paris, Musier fils & Fournier, 1768, in-8°; Voltaire, n° 3388.

1768, BOSSU, Nicolas, *Nouveaux voyages aux Indes occidentales, contenant une relation des differens peuples qui habitent les environs du grand fleuve Saint-Louis, appelé vulgairement Mississipi* (...), Paris, Le Jay, 1768, 2 part. en 1 vol. in-12, pl.; BN [P. 74]; Voltaire, n° 481; [BN Cat. signale éd. de Paris, 1768 (2ᵉ éd.) et Amsterdam, 1769]; Cox, II, 142-143.

1768, KALM, Pehr et MITTELBERGER, Gottlieb, [ROUSSELOT DE SURGY, Jacques-Philibert, trad.], *Histoire naturelle et politique de la Pensylvanie et de l'établissement des quakers dans cette contrée*. Trad. de l'allemand (...), Paris, Ganeau, 1768, in-12, XX-372 p., carte; Voltaire, n° 3044; Turgot, n° 2892; BN [8° Nt. 625]. — Résumé dans *Journal Etranger*, 1761. — Trad. anglaise, 1770-1771. — Original suédois, 1753-1761; Cox, II, 142.

1769, SMITH, William, [BOUQUET, Henry], *Relation historique de l'expédition contre les Indiens de l'Ohio* (...) *commandée par le chevalier Henry Bouquet*, trad. de l'anglois par C.G.F. Dumas, Amsterdam, M.-M. Rey, 1769; BN [8° Nt. 468]; Bibliothèque De Brosses; d'Holbach, n° 2580; Cox, II, 137-138; original anglais, 1766. — Autre éd., sous le titre de : *Voyage historique et politique* (...), Paris, 1778.

1772, CHAPPE D'AUTEROCHE, Jean, *Voyage en Californie pour l'observation du passage de Vénus sur le disque du soleil, le 3 juin 1769, contenant les observations de ce phénomène et la description historique de la route de l'auteur à travers le Mexique* (...), Réd. et publ. par M. de Cassini fils, Paris, C.-A. Jombert, 1772, in-4°, 172 p. et 2 pl.; BN [01.567]; Turgot, n° 2258; Cox, II, 252.

1775, ADAIR, James, *The History of the American Indians particularly those nations adjoining to the Mississipi, East and West Florida, Georgia, South and North Carolina and Virginia* (...), London, E. & C. Dilly, 1775, in-4°; BN [P. 404]; Cox, II, 245.

1777, BOSSU, Nicolas, *Nouveaux voyages dans l'Amérique septentrionale* (...), Amsterdam, Changuion, 1777, in-8°, XVI-392 p. et pl.; BN [P. 82]; Cox, II, 142-143. Cox donne le titre complet : « ... contenant une collection de lettres écrites sur les lieux par l'auteur à son ami M. Douin, ci-devant son camarade dans le Nouveau Monde. »

1778, BURNABY, Andrew, *Voyages dans les colonies au milieu de l'Amérique septentrionale* (...), trad. d'après la 2ᵉ éd. par M. Wild,

Lausanne, Soc. typogr., 1778, in-12, 370 p.; BN [P. 81]; orig. anglais : 1775, BN [Nj 57 (2)]; Cox, II, 146.

1778, ROBERTSON, William, *Histoire de l'Amérique...*, trad. de l'anglais [par J.-B. A. Suard & H. Jansen], Paris, Panckoucke, 1778, 2 vol. in-12; BN [8° P. 354]; orig. anglais (livres 1-8) : 1777 (BN [4° P. 350]).

1780, ROBERTSON, William, *Histoire de l'Amérique* (...), trad. de l'anglais [par M. A. Eidous], Maestricht, J.-E. Dufour & P. Roux, 1780, in-8°; BN [8° P. 354].

1784, CARVER, Jonathan [voyage fait en 1767], *Voyage dans les parties intérieures de l'Amérique septentrionale* (...), trad. sur la 3ᵉ éd. anglaise par M. C. [Montucla], Paris, Pissot, 1784, in-8°, XXVIII-451 p. et carte; BN [P. 85]; orig. anglais : 1778; BN [P. 84]; 3ᵉ éd. : 1781; BN [P. 84 B]; Cox, II, 151-152.

1798, ROBERTSON, William, *Histoire de l'Amérique, livres IX et X, contenant l'histoire de la Virginie et celle de la Nouvelle-Angleterre* (...), trad. par André Morellet, Paris, Denné jeune, 1798, 2 vol. in-8°; BN [8° P. 355]; orig. anglais : 1796.

2. *Amérique méridionale*

Documents

KONETZKE, Richard, *Coleccion de documentos para la historia de la formacion social de hispanoamerica, 1498-1810*, Madrid, 1962, publ. *Consejo superior de investigaciones cientificas,*

I. (1493-1592), 1953, XXXII-671 p.
II. (1593-1659) et (1660-1690), 1958, 2 vol.
III. (1691-1779) et (1780-1807), 1962, 2 vol.

— Bibliographie critique des récits de voyages en Amérique latine écrits en français. Extrait du livre de Gabriel Giraldo JARAMILLO, *Bibliografia colombiana de viajes*, Bogota, éd. A.B.C., 1957, Paris, *Annales de l'idée latine*, 1963.

ULLOA, Don Antonio : Voir JUAN (...) et ULLOA.

[1516]-1530, MARTIR, Pierre, *De orbe novo Petri Martiris ab Angleria* (...), *Decades*, Alcalà, 1530, traduction anglaise, 1612; Cox, II, 5; Prévost, tome XII [1754].

1524, CORTES, Hernan, *Praeclara Fernandi Cortesii de Nova maris Oceani Hyspania narratio* (...), Nuremberg, F.P. Arthinosius, 1524, in-fol., 49 p. (BN [Res. 01.664 (1)]).

1530, VESPUCE, Americ, A la suite des *Decades* de MARTIR, Pierre (1ʳᵉ éd. lat., 1530). — Dans RAMUSIO, *Recueil*, voir Cox, I, 28.

1553, CIEZA DE LEON, Pedro, *Parte primera de la Cronica del Perú* (...), Sevilla, 1553, in-fol., pièces limin., 134 p. (BN [Rés. 01.760]). Trad. italienne, 1560. Trad. anglaise, 1700; Cox, II, 264-265.

1556, OVIEDO Y VALDES, Fernandez de, *L'histoire naturelle et générale des Indes, isles et terre ferme de la grand mer océane* (...), Paris, Imp. M. de Vascosan, 1556, in-fol., VI et 134 fol. (BN [Rés. P. 608]); original espagnol, 1535 (BN [Res. P. 330]). Dans RAMUSIO, 1565; dans HARRIS, 1705.

1558, THEVET, André, *Les singularités de la France antarctique autrement nommée Amérique* (...), Paris, 1558, in-4°, pièces limin., 166 p., fig. (BN [Rés., 4° Lk 121]).

1569, LOPEZ DE GOMARA, Francisco, *Histoire générale des Indes Occidentales et terres neuves* (...), Paris, Sonnius, 1569, in-8°, VI-252 p., table (BN [8° P. 334]).

1578, LÉRY, Jean de, *Histoire d'un voyage fait en la terre du Brésil, autrement dite Amérique* (...), Genève, A. Chuppin, 1578, in-8°, pièces limin., 424 p., table, pl.; BN [Rés. OY. 136 (1)]. Autres éditions, 1580, 1594, 1599, etc.; De Brosses. — Voir GAFFAREL, Paul, *Jean de Léry, la langue tupi*, Paris, Maisonneuve, 1877, in-8°, 29 p.

1579, BENZONI, Girolamo, *Histoire nouvelle du Nouveau-Monde* (...) *extraite de l'italien* (...) *par M. Urbain Chauveton* (...), Lyon, E. Vignon, 1579, in-8°, 726-104 p.; BN [P. 336]; original italien, 1565; éd. latine, 1578.

1582, LAS CASAS, Bartolome de, *Histoire admirable des horribles insolences, cruautés et tyrannies exercées par les Espagnols ès Indes Occidentales* (...), s.l., 1582, in-12, XVI-222 p. — Original espagnol, *Obras*, 1552-1553; Cox, II, 210; Voltaire, n° 646; De Brosses (éd. 1642); d'Holbach, n° 2567 (en latin, 1614, in-4°).

1584, LOPEZ DE GOMARA, Francisco, *Histoire générale des Indes Occidentales et terres neuves qui jusqu'à présent ont été découvertes, augmentée dans cette 5ᵉ éd. de la description de la Nouvelle-Espagne* (...), Paris, M. Sonnius, 1584, in-8°, IV-485 p., table. Trad. anglaise, 1578; Cox, II, 236. Original espagnol, 1552.

1598, ACOSTA, José de (le Père), *Histoire naturelle et morale des Indes, tant orientales qu'occidentales* (...), trad. R. Regnault, Paris, M. Orry, 1598, in-8°. Autres éditions : 1600, 1606, 1616, etc.; BN [G. 18168]. Original latin, 1598; éd. espagnole, Séville, 1590; Cox, II, 255; De Brosses.

1622, HERRERA Y TORDESILLAS, Antonio de, *Description des Indes Occidentales qu'on appelle aujourd'hui le Nouveau Monde* (...), Amsterdam, E. Colin, 1622, in-fol., VIII-254 p., avec cartes; BN [Res. P. 31]; original espagnol, 1601-1615 (5 livres en 1591); De Brosses, traduction anglaise, 1725-1726; Cox, II, 212; Prévost, XII.

1633, LAET, J. de, *Novus Orbis, seu Descriptio India occidentalis* (...), Lud., Batav. apud Elzevirios, 1633, in-fol., pièces limin. 690 p., table, fig. et cartes; BN [Rés. P. 36]; De Brosses. — *L'histoire du Nouveau Monde* (...), Leyde, B. et A. Elzeviers, 1640, in-fol., pièces limin., 632 p., tab., fig. et cartes; BN [Fol P. 37]. — *Notae J. de Laet, ad dissertationem Hugonis Grotii de origine gentium americanorum* (...), Paris, G. Pelé, 1643, in-12, 223 p.; BN [8° P. 387].

1663, GAGE, Thomas, *Histoire de l'empire mexicain représentée par figures. Relation du Mexique ou de la Nouvelle-Espagne* (...), Paris, A. Cramoisy, 1663, 2 part. en 1 vol. in-fol.; BN [Fol, Pd. 55].

1670, VEGA, Inca Garcilaso de la, *Histoire de la Floride* (...), trad. en français par P. Richelet, Paris, G. Clouzier, 1670, 2 vol. in-12; BN [8° 01.655]; orig. espagnol : 1605; BN [4° 01.653]; BN Cat. et Sabin signalent d'autres éd : 1709, 1711, 1731, 1735, 1737.

1671, HERRERA Y TORDESILLAS, Antonio de, *Histoire générale des voyages et conquêtes des castillans dans les îles et Terre-Ferme des Indes Occidentales* (...), traduction de N. de la Coste, Paris, 1671; original espagnol, 1601-1615; De Brosses. Trad. anglaise, 1725-1726; Cox, II, 212; Prévost, XII.

1674, LA BORDE, de, *Relation de l'origine, mœurs, coutumes, religion, guerres et voyages des Caraïbes*, dans JUSTEL, 1674, voir *Recueils...*; à la suite de HENNEPIN, 1704 et 1711.

1676, GAGE, Thomas, *Nouvelle relation contenant les voyages de Thomas Gage dans la Nouvelle Espagne* (...) *avec la description de la ville de Mexique* (...), trad. de l'anglais, Paris, G. Glouzier, 1676, 4 part. en 2 vol. in-8°; BN [8° 01.677]. Autres édit. 1720, 1721; De Brosses (éd. 1720); original anglais, 1600. [L'ouvrage contient une grammaire.]

1682, ACUNA, Cristóbal de, Père, *Relation de la rivière des Amazones, trad. par feu M. de Gomberville* (...) *avec une dissertation à la tête sur la même rivière (par M. de Villarmont)*, Paris, 4 t. en 1 vol. in-12; BN [Res. P. 39 ter]; original espagnol, 1641; trad. anglaise; Cox, II, 263; Voltaire, n° 12. — Dans ROGERS, Woods, *Voyage autour du monde*, 1716.

1691, SOLIS Y RIVADENEYRA, Antonio de, *Histoire de la conquête de Mexique ou la Nouvelle Espagne* (...), Paris, Bouillerot, 1691, in-4°, XXX-630 p., Index; original espagnol, 1684; De Brosses (éd. 1704); d'Holbach, n° 2581; Voltaire, n° 3190; Turgot, n° 2879 et 2880.

1698, FROGER, François, *Relation d'un voyage fait en 1695, 1696 et 1697 aux côtes d'Afrique, détroit de Magellan, Brésil, Cayennes et les Antilles* (...), Paris, Quai de l'Horloge, 1698, in-16, pièces limin., 220 p., cartes et pl.; BN [G. 23686]. Autres édit. 1699, 1700, 1715.

1700, ZARATE, Agustin de, *Histoire de la découverte et de la conquête du Pérou* (...), Amsterdam, 1700, in-4°; original espagnol, 1555; trad. anglaise, 1581; Cox, II, 5; Voltaire, n° 3865 (éd. de 1717); d'Holbach, n° 2585 (éd. de 1706). Autres éditions, 1774, 1830, etc.

1705, NYEL, Armand, Jean, Xavier, *Lettre* au R.P. de la Chaise du 20 mai 1705; dans *Lettres édifiantes*, 7ᵉ recueil, p. 41-72 (éd. 1781, t. 8, p. 119-138); « *Lettre* au R.P. Dez, de la Compagnie de Jésus, recteur du Collège de Strasbourg. A Lima, ville capitale du Pérou, le 20 mai 1705 »; dans *Lettres édifiantes*, 8ᵉ recueil, p. 1-50 (éd. 1781, t. 8, p. 138-168). Réimpr. au t. 3 des *Voyages de François Coréal;* la « Relation » n'est pas de Nyel mais elle fut envoyée par lui au P. Le Gobien et insérée dans les *Lettres édifiantes,* son véritable titre est *Abrégé d'une relation espagnole* (...).

1706, WAFER, Lionel, *Les voyages de Lionnel Waffer contenant une description très exacte de l'Isthme de l'Amérique et de toute la Nouvelle Espagne*, trad. de l'anglois par M. de Montirat (...), Paris, C. Cellier, 1706, in-12; BN [8° P 59]. Orig. angl. : 1699.

1716, FREZIER, Amédée-François, *Relation du Voyage de la mer du Sud, aux côtes du Chili et du Pérou* (...), Paris, J.-C. Nyon, 1716, in-4°, XIV-300 p., pl. et cartes; BN [4° P. 62]; De Brosses, 1ʳᵉ éd.;

Prévost, xi. [La deuxième édition, 1732, in-4°, contient en plus une chronologie des vice-rois du Pérou.]

1719, Gemelli Carreri, Giovanni, Francesco, *Voyage autour du monde*, Paris, 1719, 6 vol. in-8°; BN [G. 10882-10887]; De Brosses; Autre édition, 1727; Prévost, xii; Original italien, 1699-1701.

1722, Coréal, François, Voir *Recueils*.

1722, Orellana, Antonio de, *Abrégé d'une relation espagnole de la vie et de la mort du Père Cyprien Baraze* (...), dans *Lettres édifiantes*, 10e recueil, p. 186-253 (cf. Nyel); dans Coréal, t.iii [1722], voir *Recueils* (...); dans *Recueil de voyages dans l'Amérique méridionale*, t. iii.

1741, Campbell, John, *A concise history of the Spanish America* (...), London, Stag, 1741, in-8°, viii-330 p.; Cox, ii, 269; d'Holbach, n° 2571. (En appendice contient une description intéressante du Paraguay.)

1744, Vega, Inca Garcilaso de la, *Histoire des Incas, rois du Pérou*, Paris, 1744, 2 vol. in-8°; Original espagnol, *Comentarios reales*, 1609 (1re partie), 1617 (2e partie), sous le titre, *Historia general del Perú;* trad. anglaise, 1688; Cox, ii, 261; Turgot, n° 2886 et 2887 (éd. 1634 et 1704); d'Holbach, n° 2586 (éd. 1737); Voltaire (Ferney), éd. espagnole, puis n° 1953, éd. 1744.

1745, La Condamine, Charles-Marie de, *Relation abrégée d'un voyage fait dans l'intérieur de l'Amérique méridionale depuis la côte de la mer du Sud jusqu'aux côtes du Brésil et de la Guiane en descendant la rivière des Amazones* (...), Paris, Vve Pissot, 1745, in-12; BN [8° P. 6]; d'Holbach, n° 1947; Voltaire, n° 1818; De Brosses.

1751, Courte de la Blanchardière, abbé, *Nouveau voyage fait au Pérou* (...) auquel on a joint une description des anciennes (..). d'Espagne, traduite de l'espagnol d'Alonso Carillo Lazo, Paris, Imp. Delaguette, 1751, in-12, ii-216 p. et pl.; BN [01.788].

1751-1752, La Condamine, Charles-Marie de, *Journal du voyage fait par ordre du roi à l'équateur, servant d'introduction historique à la Mesure des trois premiers degrés du méridien* (...), Paris, Impr. royale, 1751, in-4°, xxxvi-280-xv p,, pl., carte; BN [V 7549 (1)]; d'Holbach, n° 1948. — *Mesure des trois premiers degrés du méridien dans l'hémisphère austral tirée des observations de MM. de l'Académie royale des sciences, envoyés par le roi sous l'équateur* (...), in-4°, x-266-x p., fig. et pl. gr.; BN [V 7549 (2)]. — *Supplément...*, Paris, Durand, 1752, in-4°, viii-222-xxx p.; BN [V 7550].

1752, Juan y Santacilia, Don Jorge et Ulloa, Don Antonio, *Voyage historique de l'Amérique méridionale*, Paris, Jombert, 1752, 2 vol. in-4°, pl., cartes, plans; BN [V 7558-7559]; Original espagnol, 1748; Turgot, n° 2257; Voltaire, n° 1758.

1754, Diaz del Castillo, dans Prévost, xii [1754], *Historia verdadera de la Conquista de la Nueva España* (...), Madrid, 1630, in-fol., 256 p.; BN [Fol. 01.671]; original espagnol, 1630. Pas de traduction française avant 1876 (José Maria de Heredia).

1754, Nieuhoff, dans Prévost, xii [1754]; orig. hollandais, 1682, trad. angl., 1732 (dans Churchill); Cox, i, 288.

1754, MURATORI, Lodovico, Antonio, *Relation des missions du Pa-*
raguay (...), Paris, Bordelet, 1754, in-12, XXIV-406 p.; BN [8°
01.743]. Original italien, 1743-1749; Cox, II, 276; De Brosses.

1756, CHARLEVOIX, Pierre-François, Xavier de, *Histoire du Pa-*
raguay, Paris, Didot, 1756, 3 vol. in-4°, plans, fig. et cartes; BN
[01.745]; Voltaire, n° 716.

1758, GUMILLA, Joseph, *Histoire naturelle, civile et géographique de*
l'Orénoque (...), trad. de l'espagnol sur la 2ᵉ éd. par M. Eidous
(...), Avignon, J. Mossi, 1758, 3 vol. in-12; BN [8° Ol. 931]; orig.
espagnol : 1741, 1745 : 2a impr. rev. y aum., 1791 : nueva impr.
mucho más correta (...); d'Holbach, n° 2584.

1773, GODIN DES ODONAIS, Louis, *Lettre de M.D.L.C. [de la Conda-*
mine] à M..., sur le sort des astronomes qui ont eu part aux der-
nières mesures de la terre depuis 1735. Lettre de M. Godin des
Odonais et l'aventure tragique de Mme Godin dans son voyage
de la province de Quito à Cayenne (...), s.l., 1773, in-8°, 30 p.

1779, CORTES, Hernan, *Correspondance de H.C. avec* (...) *Charles*
Quint, sur la conquête du Mexique (...), Paris, Cellot et Jombert
fils, s.d., 1779, in-12, XXVI-512 p. Autre édition, Suisse, Libraires
Associés, in-8°, XVI-471 p.; BN [01 666 et 666 A].

1780-1781, CLAVIGERO, Francesco, Saverio, *Storia antica del Messico*
(...), Cesena, 1780, 1781, 4 vol. in-4°. Traduction anglaise, 1787.

1787, ULLOA, Antonio de, *Mémoires philosophiques, historiques,*
physiques, concernant la découverte de l'Amérique, 1787, 2 vol.
in-8°; d'Holbach, n° 2566; orig. espagnol, 1772. — *Noticias ame-*
ricanas, voir JUAN.

1788, NUIX Y PERPINA, Juan, abate, *Riflessioni imparziali sopra*
l'umanitá degli spagnuoli nell' Indie, contro i pretesi filosofi et
politici, per servire di luma alle storie dei signori Raynal e Ro-
bertson, Venecia, 1780; Ed. française, Bruxelles, 1788; Trad. espagnole, 1782.

3. *Patagons*

Voir aussi *Voyages autour du monde* (BOUGAINVILLE, BYRON, COOK),
Amérique méridionale (FRÉZIER), le voyage d'ANSON, le voyage
de FROGER, dans *Recueils* (...).

1602, NOORT, Olivier van, *Description du pénible voyage fait en*
tour de l'univers ou globe terrestre (...), Amsterdam, C. Claenz,
1602, 2ᵉ éd. : Amsterdam, 1610; orig. hollandais : 1602; Cox, I, 53.

1618, SCHOUTEN, Willem Cornelis, *Journal ou description de l'admi-*
rable voyage... comme par luy est découvert vers le sud du des-
troict de Magellan un nouveau passage pour parvenir en la mer
du sud..., Amsterdam, G. Jansen, s.d. [1618], in-4°, pièces limin.,
88 p., pl.; BN [G 29088]; les différentes éd. signalées dans BN
Cat. (1618, 1619, 1630) sont décrites par Sabin 19.83-88; orig.
hollandais : 1618.

1621, LE MAIRE, Jacques, voir SPILBERGHEN, Joris van, 1621.

1621, SPILBERGHEN, Joris van, *Miroir Oest & West-Indical, auquel*
sont descriptes les deux dernières navigations... l'une par... George
de Spilberghen, par le destroict de Magellan, et ainsi tout autour

de toute la terre... l'autre faicte par Jacob le Maire, lequel au costé du zud du destroict de Magellan a descouvert un nouveau destroict..., Amsterdam, 1621, in-4°; orig. hollandais : 1619; abrégé dans : RENNEVILLE, vol. 4, 1705, p. 474-566 et vol. 8, 1725, p. 1-213; voir *Recueils*; De Brosses, I, 1756, p. 343-349.

1622, LOAYSA, García de, dans HERRERA, *Description des Indes occidentales...*, Amsterdam, 1622; Cox, II, 278.

1622, SARMIENTO DE GAMBOA, Pedro, dans HERRERA, *Description des Indes occidentales...*, Amsterdam, 1622; Cox, II, 279.

1652, WEERT, Sebald de, dans HEYLYN, *Cosmographie*, IV, London, 1652; Cox, II, 330.

1722, NARBOROUGH, John, *Journal du voyage (...) à la mer du Sud.* Voir *Voyages de François Coréal (...)*; orig. angl. : 1694 (?), BN [G 18165]; Cox, II, 262.

1722, SHARP, Bartolomew, *Journal de l'expédition (...)*, dans DAMPIER, t. 5, 1722; orig. angl. : 1684; Cox, II, 261.

1740, BOUVET DE LOZIERS, J. B. C., *Relation du voyage aux Terres australes des vaisseaux l'Aigle et la Marie*, dans *Mémoires* de TRÉVOUX, février 1740, p. 251.

1756, NODAL, Bartolomé García de et Gonzalo de, dans DE BROSSES, I, 1756; Cox, I, 53; orig. espagnol : 1621.

1760, TORRUBIA, José, *La gigantología spagnola vendicata (...)*, Neapoli, Stamperia Muziana, 1760, in-8°.

1766, WALPOLE, Horace, *An account of the giants lately discovered, in a letter to a friend in the country* [dated and signed : July 1. 1766, Your's S.T.], London, 1766; Cox, II, 277.

1769, PERNETY, Antoine-Joseph, *Journal historique d'un voyage fait aux îles Malouines en 1763 et 1764 et de deux voyages au détroit de Magellan, avec une relation sur les Patagons*, par Dom P., Berlin, 1769, 2 vol. in-8°; De Brosses; d'Holbach, n° 1951; Turgot, n° 2256.

1770, PERNETY, Antoine-Joseph, 2ᵉ éd. : *Histoire d'un voyage aux îles Malouines, avec des observations sur le détroit de Magellan et sur les Patagons...*, Nouv. éd. rev. et augm. d'un discours prél., de remarques sur l'histoire naturelle, etc. [par J.-B.-C. Delisle de Sales], Paris, Saillant et Nyon, 1770, 2 vol. in-8°; BN [P. Angrand 1182-1183].

1787, FALKNER, Thomas, *Description des terres magellaniques et des pays adjacens*, trad. de l'anglais par M. [Bourrit], Genève, F. Dufart, 1787, 2 part, en 1 vol. in-8°; BN [8° Py 7]; BN Cat. signale une autre éd. à Lausanne, J.-P. Haubach, même année 1787; Cox, II, 283.

4. Guyane

1664, BIET, Antoine, *Voyage de la France équinoxiale en l'isle de Cayenne (...) avec un dictionnaire de la langue du mesme païs*, Paris, F. Clouzier, 1664, in-4°, XXIV-430 p.; BN [Rés. Lk 12.788].

1666, LEFÈBVURE DE LA BARRE, *Description de la France équinoxiale (...)*, Paris, J. Ribou, 1666, in-4°, 52 p., carte; BN [4° Lk 12.789].

1682, [BÉCHAMEL, François-Jean et] GRILLET, Jean, *Relation du voyage qu'ont fait les pères Jean Grillet et François Béchamel (...) dans la Guyane (...)*, dans ACUÑA, *Relation de la rivière des Amazones*, 1682; dans ROGERS, *Voyage autour du monde*, II, 1716.

1722, KEYMIS, Lawrence, *Relation de la Guiane*, trad. de l'anglois (...), dans *Voyages* de François CORÉAL, 2, 1722, [voir *Recueils...*]; orig. angl. : 1596.

1722, RALEIGH, Walter, *Relation de la Guyane* (...), trad. de l'anglois, dans *Voyages* de François CORÉAL, I (1722); orig. angl. : 1596; Sabin 16.254.

1730, LOMBARD, Pierre-Aimé, *Relation à son frère, de Kourou*, 1723, dans : *Voyage du Chevalier des Marchais*, t. IV, par le P. LABAT, Paris, 1730, 4 vol. in-12.

1730-1733, LOMBARD, Pierre-Aimé, *Lettre du P. Lombard de la Compagnie de Jésus, supérieur des missions des sauvages de la Guyane (...), à Kourou*, 23 février. 1730, dans : *Lettres édifiantes*, 20ᵉ recueil, p. 217-245, éd. 1780, t. 7, p. 293-311. — *Lettre (...) à Kourou, ce 11 avril 1733*, ibid., 21ᵉ recueil, p. 466-486, éd. 1780, t. 7, p. 324-337.

1730-1751, FAUQUE, Eléazar, *Lettre du P. Fauque, missionnaire de la Compagnie de Jésus (...). A Kourou dans la Guyane, à quatorze lieues de l'île de Cayenne, ce 15 janvier 1729*, dans *Lettres édifiantes*, 19ᵉ recueil, p. 404-419, éd. 1781, t. 8, p. 283-292. — *Lettre (....). A Cayenne, le 1ᵉʳ mars 1730*, ibid., 20ᵉ recueil, p. 246-266, éd. 1781, t. 8, p. 311-324. — *Lettre (...). A Ouyapoc, le 1ᵉʳ juin 1735*, ibid., 22ᵉ recueil, p. 351-366, éd. 1781, t. 8, p. 337-346. — *Lettre (...). A Ouyapoc, le 20 septembre 1736*, ibid., 23ᵉ recueil, p. 364-396, éd. 1781, t. 8, p. 347-367. — *Lettre (...). A Ouyapoc, le 20 avril 1738*, ibid., 24ᵉ recueil, p. 327-356, éd. 1781, t. 8, p. 367-387. — *Lettre (...). A Cayenne, le 27 décembre 1744*, ibid., 27ᵉ recueil, p. 172-250, éd. 1781, t. 8, p. 387-454. — *Lettre (...). A Cayenne, le 10 mai 1751*, ibid., 29ᵉ recueil, p. 118-157.

1741-1743, BARRÈRE, Pierre, *Essai sur l'histoire naturelle de la France équinoxiale...*, Paris, 1741. — *Nouvelle relation de la France équinoxiale...*, Paris, 1743, in-8°, IV, 250 p; De Brosses; Voltaire, n° 272. — Voir FROIDEVAUX, H. (Bibl. générale).

1763, BELLIN, Jacques-Nicolas, *Description géographique de la Guyane...*, Paris, Impr. de Didot, 1763, in-4°, XVI-295 p., front., cartes; BN [Lk 12.1385]; Turgot, n° 2882; d'Holbach, n° 2587.

1765, FERMIN, Philippe, *Tableau historique et politique de l'état ancien et actuel de la colonie de Surinam et des causes de sa décadence* (...), Maestricht, J.-E. Dufour et P. Roux, 1778, in-8°, XXIV-393 p.; BN [M 26145]; Turgot, n° 2885; d'Holbach, n° 2582; Cox, II, 284; Sabin 6.393 : a supplement to : *Description générale, historique, géographique et physique de la colonie de Surinam...*, Amsterdam, 1769; BN [S 21142-21143]; réimpr. de : *Histoire naturelle de la Hollande équinoxiale...*, Amsterdam, 1765 ; BN [S 21133].

1769, BANCROFT, Edward, *An essay on the natural history of Guiana...*, London, T. Becket & P.A. de Hondt, 1769, in-8°, IV-402 p., table, fig.; BN [S 22770]; Turgot, n° 2883; Cox, II, 281.

1775, Fusée-Aublet, Jean-Baptiste-Christian, *Histoire des plantes de la Guiane française...*, Londres, Paris, P.-F. Didot jeune, 1775, 4 vol. in-4°; BN [S 4061-4064].

1778, Bajon, Dr, *Mémoires pour servir à l'histoire de la Cayenne et de la Guiane française...*, Paris, Grangé, 1777-1778, 2 vol. in-8°, pl.; BN [Lk 12.79]; Turgot, n° 2884.

VI. Terres australes
et voyages autour du Monde

1627, Drake, Francis, *Le voyage (...) à l'entour du monde (...)* [Trad. par F. de Louvencourt, sieur de Vauchelles], Paris, J. Gosselin, 1627, in-8°, 230 p.; BN [G 22828]; orig. angl. : 1600-1608; Cox, I, 38, donne 1613 pour la trad. fr.; BN Cat. signale une éd. de Paris, 1641; De Brosses; Turgot, n° 2228 (éd. 1664).

1672, Tasman, Abel Cornelius, *Voyage d'Abel Tasman, l'an 1642,* dans Thevenot, IVe part., Paris, 1672 et 1696. — *Relation d'un voyage aux terres australes inconnues, tirée du « Journal » du capitain Abel Tasman,* dans *Voyages* de François Coréal, voir *Recueils,* 1722.

1698, Dampier, William, *Nouveau voyage autour du monde (...),* Amsterdam, P. Marret, 1698, 2 part. en 1 vol. in-8°; BN [G 22369]; d'Holbach, n° 1897 (éd. 1711); Voltaire, n° 935; De Brosses; orig. angl. : 1697-(1709); BN [P. Angrand 838]; Cox, I, 42-44. *D'après BN Cat. on peut supposer que :*
Le livre a été repris comme v. 1 d'une suite en 4 vol. (Amsterdam, P. Marret, 1701-1705) :

2. Suite d'un voyage autour du monde avec un Traité des vents (...).

3. Supplément du Voyage autour du monde, contenant une description d'Achim (...) de royaume de Tonkin (...) de la baie de Campeche (...).

4. Voyage (...) aux Terres australes, à la Nouvelle Hollande, (...). Avec le voyage de Lionel de Wafer, où l'on trouve la description de l'isthme de Darien (...).
Les 4 livres sont repris dans une nouv. sér. (Amsterdam, Vve de P. Marret, 1711-1714) en 5 vol. :

5. I. Voyage (...) aux Terres australes, à la Nouvelle Hollande, etc., où l'on a joint le voyage du cap. Wood à travers le détroit de Magellan, etc., II. le Journal de l'expédition du cap. Sharp, III. le voyage autour du monde du cap. Cowley, IV. le voyage du Levant de M. Robert (...).

Cette éd. en 5 vol. est réimpr. à Rouen, J.-B. Machuel, 1715, et peut-être à Amsterdam, D.-P. Marrel, 1723.

1712, Cooke, Edward, *A voyage to the South sea and round the world (...),* London, 1712, 2 vol. in-8; BN [G 21621-21622]; Cox, I, 45.

1716, Rogers, Woodes, *Voyage autour du monde..., trad. de l'anglois... où l'on a joint quelques pièces curieuses touchant la rivière des Amazones et la Guyane,* Amsterdam, Vve de P. Marret, 1716, 2 vol. in-12, front., pl., cartes gr.; BN [P. Angrand 1245-1246]; orig. angl. : 1712; Cox, I, 46; BN Cat. signale une éd. de : Amsterdam, 1725; Voltaire, n° 3005; De Brosses.

1719, GEMELLI CARRERI, Giovanni, Francesco, *Voyage du tour du monde*, trad. de l'italien par M.L.N. [Le Noble ou Dubois de Saint-Gelais] (...), Paris, E. Ganeau, 1719, 6 vol. in-8°, front., portr., pl. gr.; BN [G. 10882-10887]; orig. italien : 1699-1700; BN [G. 10870-10875]; BN Cat. signale une « nouv. éd. » de 1727; De Brosses; (éd. de 1719).

1725, LA BARBINAIS LE GENTIL, De, *Nouveau voyage autour du monde* (...), Paris, 1725, 3 vol. in-12. Sabin 9.360 signale éd. de 1727; Amsterdam, 1728; Paris, 1728, 1731. BN Cat. signale éd. de Paris, 1727; Amsterdam, 1728 et Paris, 1729; Voltaire, n° 1788, éd. de 1730-1731.

1739, *Histoire de l'expédition de trois vaisseaux envoyés par la Compagnie des Indes occidentales des Provinces-Unies aux Terres Australes en 1721, par M. de B.*, La Haye, 1739, 2 vol. in-12; De Brosses.

1749, ANSON, George, *Voyage autour du monde...*, publ. par Richard Walter..., trad. de l'anglois [par Elie de Joncourt], Amsterdam, Leipzig, Arkstée et Merkus, 1749, in-4°; orig. angl. : 1748; BN [G 18820]; d'Holbach, n° 1898; De Brosses; Voltaire, n° 81 (éd. angl); Cox, I, 49-50; BN Cat. signale éd. de : Genève, 1750, Amsterdam-Leipzig, 1751. Ed. rev. par l'abbé Gua de Malves : Paris, 1750 et 1754.

1751, COYER, Gabriel-François, *Découverte de l'isle frivole* (...), La Haye, A. Swart, 1751, in-8°, 52 p.; BN [Rés. Y2.2594]; Cox, I, 49-50.

1752, LISLE, Joseph-Nicolas de, *Mémoire sur les nouvelles découvertes au nord de la mer du Sud*, Paris, 1752, 2ᵉ éd. augm. : Paris, 1753. — *Explication de la carte des nouvelles découvertes au nord de la mer du Sud...*, Paris, Desaint & Saillant, 1752, in-4°, 18 p.; BN [G 5571 (2)]. — *Avertissement aux astronomes sur le passage de Mercure au-devant du soleil* (...) *avec une nouvelle mappemonde où l'on voit les nouvelles découvertes faites au nord de la mer du Sud* (...), Paris, David, 1753, in-4°, 36 p.; BN [V Pl 1272].

1756, BROSSES, Charles de, *Histoire des navigations aux Terres australes contenant ce que l'on sait des mœurs et des productions des contrées découvertes jusqu'à ce jour* (...) *et des moyens d'y former un établissement* (...), Paris, Durand, 1756, 2 vol. in-4°; BN [P2.12]; d'Holbach, n° 1896; Voltaire, n° 547.

1767, BYRON, John, *Voyage autour du monde* (...), trad. de l'anglois par M. R. [Suard], Paris, Molini, 1767, in-12, LXVIII-335 p., pl.; BN [G 32448]; orig. angl. : 1767; Cox, I, 53-54; De Brosses; Turgot, nᶜ 2266.

1768, *An account of the great distress suffered by commodore Byron and his companions on the coast of Patagonia* (...), Londres, Baker, 1768, in-8°; d'Holbach, n° 1950.

1771, BOUGAINVILLE, Louis-Antoine de, *Voyage autour du monde* (...), Paris, Saillant et Nyon, 1771, in-4°, 417 p., fig., cartes; Voltaire, n° 493; d'Holbach, n° 1899 (éd. 1772); De Brosses; BN Cat. signale l'éd. de Paris : 1772 (2ᵉ éd.), Neuchâtel, 1773.

1772, [BOUGAINVILLE, L.A.], BANKS, J., SOLANDER, D., *Voyage autour du monde (...) par Louis-Antoine de Bougainville*, 2ᵉ éd. augmentée, I et II; *Supplément au voyage de M. de Bougainville ou Journal d'un voyage autour du monde fait par M.M. Banks et Solander* (...), trad. de l'anglais par M. de Fréville, Paris, Saillant et Nyon, 1772, 3 vol. in-8°; BN [P. Angrand 681-683]; d'Holbach, n° 1899-1900; Turgot, n° 2269. Voltaire a l'édition anglaise du *Journal* de BANKS, Londres, 1771, n° 259.

1772, COOK, James, [1ᵉʳ voyage]. Cf. BANKS, Joseph et SOLANDER, Daniel-Charles, supra.

1772, PARKINSON, Sydney, [*Journal* (...)], dans *Supplément au voyage de Bougainville* (...) par de Fréville. Voir 1772, BANKS. — *A Journal of a voyage in the south seas* (...), Londres, 1773, in-4°, d'Holbach, n° 1904; De Brosses.

1774, DALRYMPLE, A., voir *Recueils*.

1774, HAWKESWORTH, John, *Relation des voyages entrepris par ordre de Sa Majesté Britannique, et successivement exécutés par le commandant Byron, le capitaine Carteret, le capitaine Wallis et le capitaine Cook* (...), trad. de l'anglois (...), Paris, Saillant et Nyon, 1774, 8 vol. en 4 t. in-8°; rééd. 1789, 8 vol, in-8°; BN [G 32947]; orig. angl. : 1773; BN [4° P 2.19]; De Brosses; Turgot, n° 2267 et 2268; Voltaire, n° 1597.

1777, COOK, James, *Journal du second voyage...*, trad. de l'angl. [par A.F.L. Fréville], Amsterdam et Paris, Pissot, 1777, in-8°, carte; Cox, I, 60; Turgot, n° 2273 et 2270 (en anglais).

1778, COOK, James, *Voyage dans l'hémisphère austral et autour du monde* (...) *dans lequel on a inséré la relation du capitaine Furneaux et celle de MM. Forster*, trad. de l'anglois [par J.-B. Suard]..., Paris, Hôtel de Thou, 1778, 5 vol. in-4°, portr., pl., cartes. — T. 5. *Observations faites pendant le second voyage de M. Cook* (...) *par M. Forster père* (...); BN [G 5678-5682]; Turgot, n° 2272; orig. angl. : 1777; BN [G 5671-5672 et pour Forster : G 5906-5907]; Turgot, n° 2270-2271; Cox, I, 59-60-61. — Voir HAWKESWORTH, John.

1782, COOK, James, *Troisième voyage* (...) *ou Journal d'une expédition faite dans la mer Pacifique du sud et du nord* (...), trad. de l'anglois, Paris, Pissot, 1782, in-8°, x-508 p., pl., carte; BN [G 21631]; d'Holbach, n° 1902; orig. angl. : 1781; Cox, I, 62.

1782, PAGÈS, Pierre-Marie-François de, *Voyages autour du monde et vers les deux pôles par terre et par mer* (...), Paris, Moutard, 1782, 2 vol. in-8°; BN [G 27394-27395]; Cox, I, 65-66.

1785, COOK, James, *Troisième voyage de Cook*, ou *Voyage à l'Océan Pacifique...*, trad. de l'anglois par M.D. [Démeunier], Paris, Hôtel de Thou, 1785, 4 vol. in-4°; BN [G 5683-5686]; orig. angl. : 1784; BN [G 5675-5677].

1790, CLARET DE FLEURIEU, Charles-Pierre d'Evreux, *Découvertes des Français en 1768 et 1769 dans le sud-est de la Nouvelle-Guinée* (...) *précédées de l'abrégé historique des navigations* (...) *des Espagnols dans les mêmes parages par M.* (...), Paris, Impr. royale, 1790, in-4°, pièces limin. et 309 p., cartes; BN [P 2 b 7]; Cox, II, 304.

VII. Antilles

Anonyme, *Relation d'une conspiration tramée par les nègres de l'île de Saint-Domingue* (...), 8 p; BN [8° Lk 12-1588].

1654, Du Tertre, Jean-Baptiste, *Histoire générale des isles de S.-Christophe, de la Guadeloupe, de la Martinique et autres dans l'Amérique, où l'on verra l'establissement des colonies françoises* (...), Paris, J. Langlois, 1654, in-4°, pièces limin. et 481 p., cartes; BN [4° Lk12.11].

1654, Du Tertre, Jean-Baptiste, *Histoire naturelle et morale des îles Antilles de l'Amérique, avec un vocabulaire caraïbe* (...), Roterdam, A. Leers, 1654, pièces limin. et 527 p.; (Attribué aussi à C. de Rochefort et L. de Poincy); BN [4° Pf 2]; BN Cat. signale une 2ᵉ éd. de 1665.

1667-1671, Du Tertre, Jean-Baptiste, *Histoire générale des Antilles habitées par les François* (...), Paris, T. Jolly, 1667-1671, 3 vol. in-4°; BN [4° Lk 12.12]; Turgot, n° 2890.

1674, Ligon, Richard, *Histoire de l'île de Barbade*, 197 p. dans Justel, *Recueil de divers voyages* (...); original anglais, 1657.

1751, Sloane, Hans, *Histoire de la Jamaïque* (...), Londres, 1751, 2 vol. in-12; original anglais, 1707.

1758, Bellin, Jacques-Nicolas, *Description géographique des îles Antilles possédées par les Anglois*, Paris, Didot, in-4°, XII-171 p., cartes; BN [Nt 513]; Turgot, n° 2889.

VIII. Indes Orientales

1522, Pigafetta, Antonio, *Le voyage et navigation faict par les Espagnols ès isles de Molucques* (...), Paris, 1522, in-8°, IV-76 p.; BN [Rés. Ol. 429]; Cioranescu 16ᵉ s., 309 ajoute [par Ph. Pigafetta, trad. par Antoine Fabre] et donne comme date : 1524 ? — Dans De Bry, *India orientalis*, Prima pars, Francfort, 1598-1599.

1598-1599, Hugon, Jean, [Hugens], dans De Bry, *India orientalis*, Secunda pars, Francfort, 1598-1599

1611, Pyrard, François, *Discours du voyage des Français aux Indes Orientales*, Paris, D. Le Clerc, 1611, in-8°, 371 p.; BN [8° O 2 k 24], BN Cat. signale éd. de Paris 1615, 1619, 1679, sous : *Voyage de François Pyrard de Laval, contenant sa navigation aux Indes orientales, aux Moluques et au Brésil* (...); Cox, I, 290.

1628, Mendes Pinto, Fernão, *Les voyages adventureux de Fernand Mendez Pinto, fidèlement trad. de portugais en françois par le sieur Bernard Figuier* (...), Paris, M. Hénault, 1628, in-4°, XVI-1193 p. et la tabl.; BN [4° O 2.24]; BN Cat. signale une éd. de Paris, 1645; orig. portugais : 1614; Cox, IV, 670.

1681, Teixeira, Pedro, *Voyages de Teixeira, ou l'Histoire des rois de Perse*, trad. d'espagnol en français [par C. Cotolendi] (...), Paris,

C. Barbin, 1681, 2 part. en 1 vol. in-12; BN [8° O 2 h 83]; orig. espagnol : 1610; BN [8° O 2 h 82]; Cox, I, 284-285.

1686, TACHARD, Guy, *Voyage de Siam des Pères jésuites* (...), Paris, A. Senenze et D. Horthemels, 1686, in-4°, pièces limin., 424 p. et la table, pl. et carte; BN [4° O 2 l. 321], BN Cat. signale une éd. de 1687, Amsterdam; Cox, I, 328.

1676, TAVERNIER, Jean-Baptiste, *Les six voyages de J.-B. T.* (...) *qu'il a faits en Turquie, en Perse et aux Indes* (...), Paris, 1676, 2 vol. in-4°, fig., pl. et plans; BN [G 6772-6773], nombreuses rééditions. D'Holbach, n° 1923; De Brosses.

1685, DELLON, C., *Relation d'un voyage des Indes orientales* (...), Paris, C. Barbin, 1685, 3 part. en 1 vol.; BN [8° O 2 k 41]; nouv. éd. : Amsterdam, 1699, *Voyages... avec la Relation de l'Inquisition de Goa, augm. de diverses pièces curieuses et de l'Histoire des dieux qu'adorent les gentils des Indes*, Cologne, 1709, 3 t. en 1 vol. in-12, réimpr. en 1711; Voltaire, n° 973, éd. de 1737. [*La Relation de l'Inquisition de Goa* avait été impr. seule en 1687, 1688, 1697, 1701; Cox, I, 281].

1686, CHARDIN, Jean, *Journal du voyage du chevalier Chardin en Perse et aux Indes orientales* (...), Londres, 1686, in-fol., x-355 p., pl.; BN [0² h. 15]; d'Holbach, n° 1927; Voltaire, n° 712; De Brosses.

1688, SOUCHU DE RENNEFORT, Urbain, *Histoire des Indes orientales*, Paris, A. Senenze, 1688, in-8°, pièces limin., 404 p.; BN [4° Lk 10.1], Voltaire, n° 2951; BN Cat. signale éd. de La Haye, 1701 et Paris, 1702.

1689, TACHARD, Guy, *Second voyage* (...) *au royaume de Siam* (...), Paris, D. Horthemels, 1689, in-4°, VI-428 p., pl.; BN [4° O 2 l. 34]; Cox, I, 328.

1691, LA LOUBÈRE, Simon de, *Du royaume de Siam* (...), Paris, J.-B. Coignard, 1691, 2 vol. in-8°, carte et pl.: BN [8° O 2 l. 35]; [autre éd., Amsterdam, D. Mortier, 1714, 2 vol. in-8°, carte et pl. sous : *Description du royaume de Siam* (...); Cox, II, 329].

1692, AVRIL, le Père, *Voyages d'orient* (...), Paris, in-4°; De Brosses.

1700, LE GOBIEN, Charles, *Histoire des isles Marianes nouvellement converties à la religion chrestienne* (...), Paris, 1700, in-8°; BN [8° O l. 427]; De Brosses.

1701, RIBEYRO, João, *Histoire de l'isle de Ceylan* (...), trad. de portugais en françois [par J. Le Grand] (...), Trévoux, E. Ganeau, 1701, in-12; BN [8° O 2 k 334]; BN Cat. signale 2 autres éd. de 1701; De Brosses.

1702, CANDIDIUS, Georgius, *Relation de l'état de l'isle de Formose* (...), dans RENNEVILLE. Voir Cox, I, 333, et *Recueils*, 1702.

1702, L'HERMITE, Jacques, dans *Recueil des voyages qui ont servi à l'établissement de la Compagnie des Indes orientales*, 1702; orig. hollandais : 1626; Cox, II, 258.

1702, RECHTEREN, Seyger van, *Voyage de Rechteren aux Indes orientales*, dans RENNEVILLE, *Recueils*, 1702; orig. hollandais : 1635; Tiele p. 250-253; Cox, I, 341.

1706, LÉONARDO DE ARGENSOLA, Bartolomé Juan, *Histoire de la conquête des isles Moluques par les Espagnols, par les Portugais et par les Hollandais*, trad. de l'espagnol (...), Amsterdam, J. Desbordes, 1706, 3 vol. in-12; BN [8° Ol. 432]; De Brosses; Voltaire, n° 2048; orig. espagnol: 1609; BN [Rés. Ol. 431]; Sabin 1.259 signale une réimpr. 1707.

1708, LEGUAT, François, *Voyage et aventures* (...) *sur deux isles désertes des Indes orientales* (...), Amsterdam, J.-L. de Lorme, 1708, 2 vol. in-8°; BN [8° O 2 k 54]; BN Cat. signale éd. de Londres, 1720 et 1721; Cox, I, 284.

1718, BRUIN, Cornelis de [qq.f. BRUYS], *Voyage* (...) *par la Moscovie, en Perse et aux Indes orientales* (...). *On y a ajouté la route qu'a suivi Mr. Isbrants, en traversant la Russie et la Tartarie pour se rendre à la Chine* (...), Amsterdam, Frères Wetstein, 1718, 2 vol. in-fol.; BN [Rés. O 2.53]; d'Holbach, n° 1924; Voltaire, n° 555 (éd. 1725); De Brosses; Cox, I, 251, donne cette éd. (sous Le Brun, Cornelius) comme orig. BN Cat. signale une éd. hollandaise de 1714 et une éd. de Paris, 1725 rev. par A. Bannier.

1719, GRAAF, Nikolaas de, *Voyage aux Indes orientales et en d'autres lieux de l'Asie* (...), Amsterdam, J.-F. Bernard, 1719, in-8°, 358 p., carte; BN [8° O 2 k 58]; orig. hollandais: 1701; BN [G 5990].

1735, BERGERON, Pierre, *Voyages faits principalement en Asie dans le XII°, XIII°, XIV° et XV° siècles* (...) *précédés d'une introd. concernant les voyages et les nouvelles découvertes* (...), Paris, J. Neaulme, 1735, 12 part. en 2 vol. in-4°, cart.; BN [0². 64]; Cox, I, 32; d'Holbach, n° 1891.

1745, NIECAMP, Johan-Lucas, *Histoire de la mission danoise dans les Indes orientales qui renferme en abrégé les relations que les missionnaires évangéliques en ont données, depuis l'an 1705 jusqu'à la fin de l'année 1736*, trad. de l'allemand [par Benjamin Gaudard], Genève, H.-A. Gosse, 1745, 3 vol. in-8°; BN [8° O 2 k 554]; Voltaire, n° 2575. Autres éditions: 1747, 1772, etc.

1749, FERNANDEZ NAVARRETE, Domingo, *Voyage de Navarrete au travers de la Chine*, dans PRÉVOST, VI, 1749; orig. espagnol: 1676, BN [Fol. O 2 n 205].

1779-1781, LE GENTIL DE LA GALAISIÈRE, Guillaume-Joseph-Hyacinthe-Jean-Baptiste, *Voyage dans les mers de l'Inde* (...) *à l'occasion du passage de Vénus sur le disque du soleil* (...), Paris, Impr. royale, 1779-1781, 2 vol. in-4°, cartes et pl.; BN [4° O 2 k 85].

1780, FORREST, *Voyage aux Moluques et à la Nouvelle Guinée* (...), [trad. par J.-N. Démeunier], Paris, hôtel de Thou, 1780, in-4°, 670 p., cartes, pl.; BN [G 5900]; Turgot, n° 2253; orig. angl.: 1779; BN [G 23591]; Cox, II, 301.

1782, SONNERAT, Pierre, *Voyage aux Indes orientales et à la Chine... suivi d'Observations sur le Cap de Bonne-Espérance, les isles de France et de Bourbon* (...), Paris, l'auteur, 1782, 2 vol. in-4°, cartes; BN [4° O 2 k 87]; d'Holbach, n° 1928; Turgot, n° 2252.

II. DOCUMENTS D'ARCHIVES, MANUSCRITS

A. *Le fonds des colonies se trouve réparti entre deux séries d'Archives*

1. Les Archives Nationales, Sigle utilisé : Arch. Nat. ou Arch. Col.
La Correspondance au départ et à l'arrivée y est rassemblée.
2. Les Archives de la France d'Outre-Mer, rue Oudinot. Sigle utilisé : Arch. Col., D.F.C. (Dépôt des Fortifications des Colonies). Les documents ainsi archivés devaient être ceux qui avaient plus particulièrement un intérêt stratégique et militaire. Mais ce n'est pas toujours le cas. Des mémoires d'intérêt général s'y trouvent mêlés.

En outre certains documents se trouvent aux Archives du ministère des Affaires étrangères, dans la série *Mémoires et Documents*.

Voir BEZARD, Yvonne et VAISSIÈRE, Pierre de, *Répertoire numérique des Archives des Colonies*, ronéoté.

Séries consultées :

I. Archives Nationales, Série Colonies
1. Fonds Moreau de Saint-Méry, F 3
F 3 - 71, 72, 95, 137, 145, 146, 225
2. F 4 - 16, 19, 24
3. C 4 - 17, 18, 21, 22 : Ile de France
C 5 A - 3 : Madagascar
C 6 - 24 : Afrique
C 9 B - 36 : Saint-Domingue
C 11 A - 125 : Canada
C 14 - 18, 25, 26, 28, 31 bis, 45, 51, 52, 56, Guyane [3]
4. Papiers de Bougainville, 155 AP
5. Dossiers personnels
E 10, Aublet Fusée
E 142, 143, Dubuc Jean
E 179, Vallet de Fayolle
E 89, Commerson
E 31, Bessner
6. Dossiers administratifs
D 2 - D 8, Vallet de Fayolle.

II. Archives de la France d'Outre-Mer, D.F.C.
— D.F.C. Guyane, 166, 167, 168, 171 à 174, 182, 184, 187, 212, 218, 219, 221, 223 (Mémoires de Bessner) 284, 285 (Mémoires de Malouet), 286 (Bessner).
305 : Malouet, « Voyage de Surinam », 1777

---

3. Voir BOUGARD-CORDIER Claudine et SAROTTE Monique, *Inventaire ana-*

182 : Brodel, « Carte géographique des voyages faits dans l'intérieur de la Guyane Française », 1770

355 A : Abbé Jacquemin, « Journal d'un voyage fait chez les Indiens et chez les Nègres marrons de Surinam réfugiés sur nos terres », 1782

171 à 174 : Mentelle, « Voyage à l'intérieur de la Guyane française »

— D.F.C. Sénégal

1-33 : « Mémoire sur le commerce des côtes d'Afrique », 1739

1-34 : « Mémoire sur la situation des pays d'où les Français tirent les noirs qui sont transportés dans les colonies françaises », 1739

1-44 : « Mémoire sur les côtes d'Afrique et sur les établissements du Sénégal », 1761.

— D.F.C. Gorée

I-38 : « Mémoire sur les établissements de la côte, depuis le Cap Blanc jusqu'à la rivière de Sierra Leone »

II-96 : « Etat des esclaves que peuvent retirer de la côte occidentale d'Afrique les nations de l'Europe », vers 1775

II-97 : « Extrait du mémoire de M. Le Brasseur relativement à Gorée, avec des observations en marge », 1776

II-100 : « Questions sur nos possessions de la côte d'Afrique, avec les réponses de M. Le Brasseur », 1776.

— D.F.C. Côte d'or.

III. Archives des Affaires étrangères

— Mémoires et Documents - Afrique, 10, 11 et 12 : Mémoires sur le Sénégal, la Guinée, les mines de Bambouk, etc.

— Mémoires et Documents - Amérique-16

— Mémoires relatifs à l'abolition de l'esclavage dans les colonies françaises. 1664-1783

— Dossier personnel n° 59 : dossier de G.T. Raynal.

B. *Bibliothèque nationale de Paris, Département des Manuscrits*

— Collection Margry, N.a. fr. 9256-9510 (voir plus loin, à Margry).

lytique de la Correspondance générale de la Guyane française (1651-1790), [*Série C*14], Paris, 1952.

— N.a. fr. 2571-2582, Artur, « Histoire de la Guyane », 13 vol. in-fol.

— N.a. fr. 21015, Lettres de La Condamine.

— Ancien fonds français
  — mss. 18609 : *Mémoires* de Dumas.
  — mss. 12102-12104 : « Recueil de lettres et pièces originales sur les affaires de Saint-Domingue (1764-1799) ».
  — mss. 6244 : « Mémoires d'Adanson sur l'île de Gorée et sur la Guyane », dans *Pièces diverses* (...).

— Fonds Vandeul
  — Diderot, *Mélanges*, N.a. fr. 13768, *Pensées Détachées* (...), N.a. fr. 24939, *Fragments divers*, N.a. fr. 24938. *Sur la civilisation de la Russie*, N.a. fr. 13766, p. 76 sq.

C. *Muséum d'Histoire naturelle de Paris*

— mss. 1927 : « Commerson, Post-scriptum sur l'île de la Nouvelle-Cythère ou Tahiti.
— mss. 301 : Commerson, « Mémoire pour servir à l'histoire du voyage autour du monde (...) ».
— mss. 888 : « Mémoires pour servir à l'histoire naturelle et politique de la grande île de Madagascar ».
— mss. 887 : « Voyage de Madagascar en 1770 ».
— mss. 40 : Thierry de Menonville, « Voyage économique à Guaxaca, capitale de la province du même nom, au royaume du Mexique (...) », 156 p.
— mss. 369 : Lettres du Vte de Querhoent à Buffon (1780-1781).
— mss. 222 : J. Dombey, « Catalogue de quelques curiosités rencontrées dans les tombeaux des Péruviens ».
— mss. 1225 : « Articles communiqués à l'abbé Raynal pour l'Histoire Philosophique par Antoine-Laurent de Jussieu ».
— mss. 1625-1627 : Voyage de Joseph de Jussieu au Pérou (mss. autographe).

D. *Arsenal*, Paris

— mss. 6600 : Commerson, « Sommaire d'observations d'histoire naturelle (...) par le sieur de Commerson, à l'occasion du voyage proposé de faire autour du monde par M. de Bougainville ».
— mss. 9157-9158 : Raynal, « Mélanges historiques, critiques et littéraires ».

E. *Bibliothèque cantonale de Lausanne*

mss. A 909 : Chavannes A.C., *Anthropologie* (...). Voir Bibl. générale, à Chavannes.

III. ANTHROPOLOGIE - ETHNOLOGIE

— *Etnologia*, a cura di Herbert Tischner, éd. italienne, Milan, Feltrinelli, 1963, 417 p.
— *Ethnologie Générale*, sous la direction de Jean Poirier, Encyclopédie de la Pléiade, Paris, 1968, XVII, 1907 p.
— *Handbook of American Indians, North of Mexico*, edited by F. Webb Hodge, New-York, 1960, 2 vol. in-8°.
— *Handbook of South American Indians*, edited by J. Steward, Washington, 1946-1959, 7 vol. in-8°.
— JAULIN Robert, *la Paix blanche, introduction à l'ethnocide*, Paris, Seuil, 1970, 424 p.
— LEROI-GOURHAN A., *Le geste et la parole*, Paris, Albin Michel, 1964, 2 vol. I. « Technique et langage », II. « La mémoire et les rythmes ».
— LEROI-GOURHAN A. et POIRIER J., *Ethnologie de l'Union française*, Paris, P.U.F., Tome I, *Afrique*, Tome II, *Asie, Océanie, Amérique*.
— LÉVI-STRAUSS Cl., *Tristes tropiques*, Paris, Plon, 1958. Rééd. dans la collection 10-18, 1962, 380 p.
— *Anthropologie structurale*, Paris, Plon, 1958, II, 452 p.
— *Mythologiques*, I. *Le cru et le cuit*
　　　　　　　　II. *Du miel aux cendres*
　　　　　　　　III. *L'origine des manières de table*, Paris, Plon, 1964, 1967, 1968.
— *La pensée sauvage*, Paris, Plon, 1962, 389 p.
— « Race et histoire », dans *Le racisme devant la science*, publication de l'UNESCO, 1960, p. 241-281.
— « J.-J. Rousseau, père de l'ethnologie », *Le Courrier*, mars 1963, p. 10-14.
— « J.-J. Rousseau, fondateur des sciences de l'homme », dans *J.-J. Rousseau*, Neuchâtel, éd. de la Baconnière, 1962, p. 240.
— MERCIER P., *Histoire de l'anthropologie*, Paris, P.U.F., 1966, 221 p.
— MÉTRAUX A., « Les précurseurs de l'ethnologie en France, du XVIᵉ au XVIIIᵉ siècle », dans *Cahiers d'histoire mondiale*, VII, p. 721-738.
[L'empire inca], cours professé à l'Ecole des Hautes Etudes en 1964.
— VAN GENNEP A., « La méthode ethnographique en France au XVIIIᵉ siècle », dans *Religions, mœurs et légendes*, 5ᵉ série, Paris, Mercure de France, 1914, p. 93-215.

IV BIBLIOGRAPHIE GENERALE

I. — Ouvrages du XVIIIe siècle

1. Livres et manuscrits

ASTRUC, Jean, *Traité des maladies vénériennes* (...), *trad. du latin* (...), Paris, 1740, 3 vol., in-12.

AUBLET, Fusée, *Histoire naturelle des plantes de la Guyane* (...), Londres et Paris, 1775, 4 vol. in-4°, voir à la fin du tome II un *Mémoire* sur les Galibis, p. 105 et suiv., et des *Observations sur les nègres esclaves*, p. 111 et suiv. — Dossier personnel, Arch. Nat. E 10 (contient une *Lettre* à M. de Sartine, s.d.) — Arch. Nat. C 14-27, f° 213 et suiv. : *Voyage fait par le sieur Aublet de Cayenne à la crique Galibi par la rivière d'Oyac, 13 avril-28 mai 1763*. — Arch. Nat. C 4-9, f° 67, *Lettre de Fusée Aublet à M. de Moras*. — Arch. Outre-Mer, D.F.C. Guyane 85, *Voyage de Sinamari*.

BAILLY, Jean-Sylvain, *Lettres sur l'origine des sciences et sur celle des peuples de l'Asie, adressées à M. de Voltaire* (...) *et précédées de quelques lettres de M. de Voltaire à l'auteur*, Londres, M. Elmesly, Paris, les frères Debure, 1777, in-8°. — *Lettres sur l'Atlantide de Platon et sur l'ancienne histoire de l'Asie, pour servir de suite aux Lettres sur l'origine des sciences adressées à M. de Voltaire...*, Londres, Elmesly, Paris, les frères Debure, 1779, in-8°.

BARTHEZ, Paul-Joseph, *Nouveaux éléments de la science de l'homme* (...), Montpellier, J. Marcel aîné, 1778, in-8°, XXVII-348 p., BN [Tb7.8]; [d'Holbach, n° 665].

BEGOUEN, Jacques-François, comte de, *Précis sur l'importance des colonies et sur la servitude des noirs, suivi d'Observations sur la traite des noirs*, Versailles, s.d., in-8°, 50 p. [Cote BN 8° Lk 9.652].

BÉHAGUE, Jean-Pierre, Antoine, comte de, *Mémoire sur les colonies de l'Amérique méridionale et sur la question du jour* (...), Paris Impr. de Vézard et Le Normand, 1790, in-4°, 34 p., BN [Lk 9.106].

BEHN, Mrs Aphra, *Oronoko*, traduit par M. de La Place, Amsterdam, 1745, I vol., in-18, XV-104-168 p.

BELIN, J.-P., *Supplément aux œuvres complètes de Denis Diderot*, Paris, 1819, in-8°.

BESSNER, Ferdinand-Alexandre, Baron de [1731-1785], Etats de service dans le *Dossier* 2971 des Archives du Ministère de la Guerre. — Dossier personnel, Archives E 31. — *Précis sur les Indiens*, 1765, Arch. Col. F 3 - 95 f° 74 et suiv. et D.F.C. Guyane, 218. — *De l'esclavage des nègres*, Arch. D.F.C. Guyane, 221, 1774. — « Réflexions sur le parti provisoire à prendre par le gouvernement au plan tendant à la suppression de l'esclavage », Arch., Affaires étrangères, Mémoires et Documents, Amérique, 17, folios 356-

357. — *De l'administration spirituelle* [*en Guyane*], Arch. Col. C 14 - 56, f° 3 et suiv. — *Mémoire relatif aux limites et à la colonisation de Guyane Française*, 1783, Arch. Aff. étrangères, Mémoires et Documents, Amérique, 19. — *Précis sur la nation des nègres libres*, D.F.C. Guyane, 219.

BILLARDON DE SAUVIGNY, Etienne-Louis, *Hirza ou les Illinois*, tragédie, Genève, Pellet et fils, 1768, in-8°, III-83 p.

BORDEU, Théophile de, *Œuvres complètes*, Paris, Caille et Ravier, 1818, 2 vol., in-8°.

BOUGAINVILLE, Louis-Antoine, Arch. Nat. Papiers personnels, 155 AP (Fonds consulté avec l'aimable autorisation de Mme Bronhac de Vazeilhes). — *Journal* du séjour au Canada :
  a) BN, fonds Margry, mss, N.a. fr. 9405
  b) dans LE ROY, *Rapport de l'archiviste de la province de Québec*, 1923-1924, in-4°, p. 202-393. (BN, 4° Nt 4657).
  c) *Extraits*, dans le *Journal Etranger*, mai 1762, p. 25-38. Repris dans *Variétés littéraires*, 1768, tome I, p. 546-560 et dans *Mémoires de l'Académie des sciences morales et politiques*, III, 1799, p. 322-346, avec quelques additions.

— « Mémoire sur l'état de la Nouvelle-France », 1757, dans LE ROY, *Rapport de l'archiviste* (...), p. 42 sq. — *Voyage autour du monde* (...), Paris, Saillant et Nyon, 1771, in-4°, 417 p., fig. et cartes. (Autres éditions 1772, 1773). — *Voyage autour du Monde* (...), éd. Club des Libraires, Paris, 1960.

BROSSES, Charles de, *Traité de la formation mécanique des langues et des principes de l'étymologie*, Paris, Saillant, 1765, 2 v., in-12, pl. — *Du culte des dieux fétiches, ou Parallèle de l'ancienne religion de l'Egypte avec la religion actuelle de Nigritie*, s.l., 1760, in-12, 285 p.

BUFFON, Georges-Louis-Leclerc, comte de, *Œuvres complètes*, éd. Pourrat frères, 1833-1834, 22 vol., in-8°, dont 2 de pl. — *Les Epoques de la nature*, éd. critique par J. Roger, Paris, Editions du Muséum, 1962, CXXVII-343 p. [Bibliographie, Lexique et Index].

CARLE, Henri, *Discours sur la question proposée par M. l'abbé Raynal : la découverte de l'Amérique a-t-elle été utile ou nuisible au genre humain ? Si elle a produit des maux, quels sont les moyens d'y remédier ?*, Paris, 1790, in-8°, 32 p.

CHANVALON, Jean-Baptiste, Thibault de, *Voyage à la Martinique, contenant diverses observations sur la physique, l'histoire naturelle, l'agriculture, les mœurs et les usages de cette île, faites en 1751 et dans les années suivantes*, Paris, 1763, in-4°, VIII-192-LXXX p.

CHASTELLUX, François-Jean, Marquis de, *Discours sur les avantages ou les désavantages qui résultent pour l'Europe de la découverte de l'Amérique* (...), Londres-Paris, 1787, in-8°, 68 p.

CHAVANNES, Alexandre-César, *Anthropologie ou science générale de l'homme pour servir d'introduction à l'étude de la philosophie et des langues, et de guide dans le plan d'éducation intellectuelle ci-devant proposé par A.C. Chavannes*, 13 vol., in-8°, mss. A 909, Bibliothèque cantonale de Lausanne. — *Essai sur l'éducation intellectuelle, avec le projet d'une science nouvelle*, 1787, in-8°, VIII, 261 p.

COLLINSON, Pierre, « An account of some very large fossil teeth, found in North America », dans *Philosophical Transactions*, LVII, 1767, p. 464-467. — Lettre à M. de Buffon, 3 juillet 1767, dans BUFFON, *Epoques de la nature*, 9ᵉ note justificative.

COMMERSON, Philibert, *Sommaire d'observations d'histoire naturelle* (...) *à l'occasion du voyage proposé de faire autour du monde par M. de Bougainville*, Arsenal, mss. 6600, f° 15 et suiv. — Lettre à M. Delalande, écrite de l'île de Bourbon, le 18 avril 1771, dans *Supplément au voyage de Bougainville*, publié par M. de Fréville, Paris, 1772, tome III, p. 253 et suiv. Cette lettre contient une description des Quimosses ou Kimosses, p. 269 sq. [Le Post-scriptum sur Tahiti est à la fin de cette lettre.] De Fréville l'a insérée aussi dans *Histoire des nouvelles découvertes* (...). — Dossier personnel, Arch. Nat. E 89. — *Mémoire pour servir à l'histoire du voyage autour du monde par les vaisseaux du roi, la « Boudeuse » et « l'Etoile »* (...), Muséum, mss. 301. — *Mémoires pour servir à l'histoire naturelle et politique de la grande île de Madagascar*, Muséum, mss. 888. — Notes, Muséum, mss. 887. — *Post-scriptum sur l'île de Tahiti ou Nouvelle Cythère*, Arsenal, mss. 6650, Muséum, mss. 1927, publié dans le *Mercure de France*, nov. 1769; dans la *Décade Philosophique*, An VI, 30 messidor, t. 12; dans les *Annales* de l'Académie de Macon, 1857, tome II. — Sur Commerson, voir CAP P.A., MONTESSUS Dr, et TEISSIER.

CONDILLAC, Bonnot-Etienne, abbé de, *Œuvres complètes*, éd. Georges Le Roy, Paris, P.U.F. (Corpus général des philosophes français), 1947, 3 vol. in-4°.

CONDORCET, Jean-Antoine, marquis de, *Réflexions sur l'esclavage des nègres*, par M. Schwartz, pasteur à Bienne, Neuchâtel, 1781, in-8°, XII-99 p. Réédité en 1788. [Repris dans *Œuvres Complètes* de CONDORCET, Paris, 1804, 21 vol., in-8°, tome XI, p. 85-198.]

COURT DE GEBELIN, Antoine, *Monde primitif analysé et comparé avec le monde moderne* (...), Paris, l'auteur, 1773-1782, 9 vol. in-4°, BN [X 1520-1528]; BN Cat. donne le sommaire. Voltaire a le sommaire de l'ouvrage, 102 p., 1773, n° 885, Pot pourri 91.

COYER, Gabriel-François, *Lettre au docteur Maty... sur les géants Patagons*, Bruxelles, 1767, in-12, 138 p.

CROISŒUIL, *Réfutation du système politique qui demande l'abolition de l'esclavage dans les colonies*, 10 mai 1783, Arch. Affaires étrangères, Amérique 16, folios 349 à 354.

DÉMEUNIER, Jean-Nicolas, *Les nouvelles découvertes des Russes entre l'Asie et l'Amérique* (...), trad. de l'Anglais William Coxe, Paris, 1781, in-4°, XXII-314 p., carte, pl. BN P. Angrand 341. — C.R. dans *Journal des Savants*, 1781, VII, 191, Cox, II, 24-25 (orig. angl. 1780). — *L'esprit des usages et des coutumes des différents peuples, observations tirées des voyageurs et des historiens*, Londres, Paris, Pissot, 1776, 3 vol., in-8°.

DESCHAMPS, Dom, *Le vrai système ou le mot de l'énigme méta-*

physique et morale, éd. J. Thomas et F. Venturi, Paris, Droz, 1939, in-8°, XII-219 p.

DIDEROT, Denis, *Œuvres complètes,* éd. J. Assézat et M. Tourneux, Paris, Garnier, 1875-1877, 20 vol. in-8°. — *Œuvres complètes,* éd. Le Club Français du livre, 10 vol. parus. — *Œuvres philosophiques,* éd. P. Vernière, Paris, Garnier, 1956, in-8°. — *Œuvres esthétiques,* éd. P. Vernière, Paris, Garnier, 1959, in-8°. — *Œuvres politiques,* éd. P. Vernière, Paris, Garnier, 1963, in-8°. — *Mémoires pour Catherine II,* éd. P. Vernière, Garnier, 1966, in-8°. — *Supplément au voyage de Bougainville,* éd. H. Dieckmann, Genève, Droz, 1955, in-12, CLV-86 pages. — *Le rêve de d'Alembert, Entretien entre d'Alembert et Diderot et Suite de l'entretien,* éd. P. Vernière, Paris, Didier, 1951, LXIX-166 p. — *Correspondance,* éd. G. Roth et J. Varloot, Paris, Editions de Minuit, 16 vol. in-8°, Index général au tome XVI. — *Le Neveu de Rameau,* éd. J. Fabre, Genève, Droz, 1950, in-8°, XCV-329 p. — [HEMSTERHUIS, François], *Lettre sur l'homme et ses rapports, avec le commentaire inédit de Diderot,* éd. G. May, New Haven, Yale University Press, et Paris, P.U.F., 1964, in-8°, ·521 p. — *Quatre contes,* éd. J. Proust, Genève, Droz, 1964, in-12, LXXIX-211 p. — Voir aussi BELIN, FURNE.

DUPONT DE NEMOURS, Pierre-Samuel, *Mémoires sur la vie et les ouvrages de Turgot,* Philadelphie, 1782, 1 vol. in-8°. — *Notice sur la vie de M. Poivre, ancien intendant des îles de France et de Bourbon,* Philadelphie-Paris, 1786, in-8°, 79 p.

Encyclopédie, ou dictionnaire raisonné des sciences, des arts et des métiers, par une société de gens de lettres, Paris, Libraires associés, 1751-1765, 17 vol. in-fol. — *Suppléments,* éd. Panckoucke, 1776-1777, 4 vol. in-fol., *Table analytique et raisonnée,* 2 vol. in-fol., 1780. — Voir FÉLICE, F.B. de, *Encyclopédie* d'Yverdon.

ENGEL, Samuel, *Essai sur cette question : Quand et comment l'Amérique a-t-elle été peuplée d'hommes et d'animaux ?* (...), Amsterdam, M. M. Rey, 1767, 4 vol. in-12, BN [8° P 399], d'Holbach, n° 2563, Turgot, n° 2877.

EPINAY, Louise-Florence, marquise de, *La signora d'Epinay e l'abate Galiani, Lettere inedite (1769-1772),* con introduzione e note di Fausto Nicolini, Bari, 1929, in-8°, 399 p. — *Gli ultimi anni della Signora d'Epinay, Lettere inedite all' abate Galiani (1773-1782),* a cura di Fausto Nicolini, Bari, 1933, in-8°, 335 p.

FELICE, Fortunato-Bartholomeo de, *Code de l'humanité* (...) *composé par une société de gens de leitres, le tout revu et mis en ordre alphabétique par M. de Felice* (...), Yverdon, 1778, 13 vol. in-4°. — Ed. d'ALEMBERT, *Encyclopédie* (...), Yverdon, 1770-1780, 58 vol. in-4°.

FERGUSON, Adam, *Essai sur la société civile* (...), trad. de l'anglais par M. Bergier [et Meunier] (...), Paris, Vve Desaint, 1783, 2 vol. in-12, BN [R 24647-24648]; orig. angl. : 1767 (BN, R 6396); d'Holbach, n°ˢ 504 (en angl.), 505 (*idem.*), 506 (éd. de 1783).

FOACHE, Stanislas, *Réflexions sur le commerce, la navigation et les colonies,* Paris, 1788, in-4° [BN, V 17002].

FURNE, J., *Correspondance inédite de Grimm et de Diderot, et recueil de lettres, poésies, morceaux et fragments retranchés par la censure impériale en 1812 et 1813*, Paris, 1829, in-8°.

GENTY, Louis, abbé, *L'influence de la découverte de l'Amérique sur le bonheur du genre humain*, Paris, Nion l'aîné, 1787, in-8°.

GOGUET, Antoine-Yves, *De l'origine des lois, des arts et des sciences, et de leurs progrès chez les anciens peuples* [par A.-Y. GOGUET et A.-C. FUGÈRE] (...), Paris, Dessaint et Saillant, 1758, 3 vol. in-4°, BN [Z 4980-4982]; Voltaire, n° 1481; d'Holbach, n° 975.

GRAFIGNY, Françoise, Mme de, *Lettres d'une Péruvienne*, Paris, 1747, in-12, VIII-337 p.

HELVÉTIUS, Claude-Adrien, *Œuvres complètes*, Londre, 1776, 4 vol. in-8°.

HILLIARD D'AUBERTEUIL, Michel-René, *Considérations sur l'état présent de la colonie française de Saint-Domingue*, Paris, Grangé, 1776, 2 vol. in-8°.

HOBBES, Thomas, *Eléments philosophiques du citoyen. Traité politique où les fondements de la société civile sont découverts*, Amsterdam, Jean Blaeu, 1649, in-12. — *Œuvres philosophiques et politiques* (...), Neufchâtel, 1787, 2 vol. in-8°. — I. *Eléments du citoyen*, trad. Sorbières. — II. *Corps politique*, trad. Sorbières et *Nature humaine*, trad. d'Holbach. *Léviathan*, trad. R. Anthony, Paris, Giard, 1921, in-8°, XLI-286 p.

HOLBACH, Paul-Henri-Dietrich, baron d', *Le christianisme dévoilé, ou examen des principes et des effets de la religion chrétienne* (par feu M. Boulanger), Londres, 1756, in-8°, XXVIII-295 p. — *L'antiquité dévoilée par ses usages ou examen critique des principales opinions, cérémonies et institutions religieuses des différents peuples de la terre* (par feu M. Boulanger), Amsterdam, 1766, in-4°, VIII-412 p. — *La contagion sacrée ou histoire naturelle de la superstition*, trad. de l'anglais [de Trenchard], Londres (Amsterdam), 1768, in-8°, 169, 184 p. — *Système de la nature, ou des lois du monde physique et du monde moral*, par M. MIRABAUD, 1770, 2 vol. in-8°. — *La Politique naturelle, ou discours sur les vrais principes du gouvernement*, Londres, 1773, 2 vol. in-8°. — *Système social, ou principes naturels de la morale et de la politique, avec un examen de l'influence du gouvernement sur les mœurs*, Londres, 1773, 3 vol. in-8°. — *Catalogue des livres de feu M. le Baron d'Holbach*, Paris, De Bure, 1789.

HOME, Henry, [lord Kames], *Sketches on the history of man*, Edinburgh, W. Kreach, 1774, 2 vol. in-4°, BN [R 6286-6287], d'Holbach, n° 664. — (...) *considerably enlarged* (...), *ibid.*, 1783, 4 vol. in-8°, BN [R 13473-13476].

LA CONDAMINE, Charles-Marie de, *Lettre à M. sur le sort des Astronomes qui ont eu part aux dernières mesures de la terre, depuis 1735. Lettre de M. Godin des Odonais* (...). [Voir GODIN DES ODONAIS], s.l., 1773, in-8°, 30 p. — *Mémoire sur quelques anciens monuments du Pérou du temps des Incas. — Mémoire concernant les parties de l'Amérique situées à l'ouest du Canada*, dans Margry, BN, Mss, Ancien fonds français, 9308, p. 250 sq. — *Observations de M. de la Condamine sur l'insulaire de Polynésie amené de l'île de Tahiti en France par M. de Bougainville*, 1 cahier de 16 p. in-4°. [BN, Rés. G 1443, pièce 5]. — Voir aussi *Voyages*.

LAFITAU, Joseph-François, *Mœurs des sauvages américains comparées au mœurs des premiers temps*, Paris, Saugrain aîné, 1724, 2 vol. in-4°, pl. gravées, front. — Voir aussi *Voyages* : I. Recueils et Collections.

LAHONTAN, Louis-Armand, baron de, *Dialogues curieux entre l'auteur et un sauvage de bon sens qui a voyagé et Mémoires de l'Amérique septentrionale*, publiés par G. Chinard, The Johns Hopkins Press, Baltimore, 1931, 268 p. (avec un index).

LE CAT, Claude-Nicolas, *Traité de la couleur de la peau humaine en général, de celle des nègres en particulier et de la métamorphose d'une de ces couleurs en l'autre, soit de naissance, soit accidentellement* (...), Amsterdam, 1765, in-8°, LIV-191 p., front. et fig. gravées [BN, 8° Tb 13.4].

LEVESQUE, Pierre-Charles, *L'homme moral, ou l'homme considéré tant dans l'état de pure nature que dans la société* (...), Amsterdam, 1775, in-8°, table et 279 p.; [BN, R 19733; d'Holbach, n° 667].

MAILLET, Benoît de, *Telliamed, ou entretiens d'un philosophe indien avec un missionnaire français* (...), Amsterdam, 1748, 2 vol. in-8°.

MALOUET, Pierre-Victor, *Collection de mémoires et correspondances officielles sur l'administration des colonies*, Paris, 1802, 5 vol. in-8°. — *Voyage dans les forêts et les rivières de la Guyane*, dans SUARD, *Mélanges de Littérature*, Paris, 1803, tome I, p. 186-267, in-8°. — *Mémoires de Malouet*, publiés par son petit-fils, le baron Malouet, Paris, Didier, 1868, 2 vol. in-8°. — *Mémoire sur le traitement et l'emploi des nègres dans les colonies*, fait à Paris en 1783, par M. de Malouet, intendant de la marine à Toulon, Arch. Nantes, mss. 249, document analysé par Carl Ludwig LOKKE, dans *Annales Historiques de la Révolution Française*, 1938, p. 193 sq., « Le plaidoyer de Malouet en faveur de l'esclavage en 1789 ». — *Mémoire sur l'esclavage des nègres dans lequel on discute les motifs proposés pour leur affranchissement, ceux qui s'y opposent, et les moyens praticables pour améliorer leur sort*, Neuchâtel, 1788. [Ce Mémoire est une réplique aux *Réflexions sur l'esclavage des nègres* de Condorcet réédités en 1788. Malouet s'y prononce pour un adoucissement du Code Noir, mais contre l'affranchissement des nègres. C'est la position de Dubuq]. — *Lettre de M. Malouet sur le propos des administrateurs de Cayenne relativement à la civilisation des Indiens*, Toulon, 16 juil. 1786, dans Arch. Nat. F 3-95, fol. 53 sq. — *Voyage dans les forêts de la Guyane française*, réédité par Ferdinand Denis, Paris, 1853. — *Voyage de Surinam*, mss. dans Arch. Outre-Mer, D.F.C., Guyane, 305.

MANDRILLON, Joseph-Henri, *Recherches philosophiques sur la découverte de l'Amérique ou discours philosophique sur cette question proposée par l'Académie des Sciences, Belles-Lettres et Arts de Lyon : la découverte de l'Amérique a-t-elle été utile ou nuisible au genre humain ?*, Amsterdam, 1784, in-8°.

MARMONTEL, Jean-François, *Les Incas, ou la Destruction de l'empire du Pérou* (...), Paris, Lacombe, 1777, 2 vol. in-8°.

MAUBERT DE GOUVEST, Jean-Henry, *Lettres Iroquoises*, s.l. (Irocopolis), 1752, 2 vol. in-8°, réédité par Enéa BALMAS, avec une importante *Préface*, Paris, Nizet, 1962, in-8°. — *Lettres chérakeesiennes, mises en français de la traduction italienne par J.-J. Rufus, sauvage européen* (Rousseau), s.l. (Rome), 1769, in-8°, VIII-168 p.

MAUPERTUIS, Pierre-Louis-Moreau de, *Œuvres*, Nouvelle édition, Lyon, 1756, 4 vol. in-8°. — *Lettre sur le progrès des sciences*, s.l., 1752, in-12, IV-124 p. — *Relation d'un voyage fait dans la Laponie septentrionale*, dans Mém. Acad. Berlin, 1754, p. 349-364. — *Réflexions philosophiques sur l'origine des langues et la signification des mots*, s.l.n.d., in-8°, 47 p., rééd. par M. Duchet, dans *Varia Linguistica*, Bordeaux, éd. Ducros, 1970, p. 25-67.

MECKEL, Johann-Friedrich, *Recherches anatomiques (...) sur la diversité de couleur dans la substance médullaire du cerveau des nègres*, Berlin, 1753. — *Nouvelles observations sur l'épiderme et le cerveau des nègres*, Berlin, 1757.

MERCIER, Louis-Sébastien, *L'an deux mille quatre cent quarante, rêve s'il en fût jamais*, Londres, 1771, in-8°, VII-416 p., rééd. par R. Trousson, Bordeaux, éd. Ducros, 1971, 421 p. — *L'homme sauvage, histoire traduite* [de J.G.B. Pfeil], Paris, 1767, in-12, 310 p.

MERCIER DE LA RIVIÈRE, Paul-Pierre, *L'ordre naturel et essentiel des sociétés politiques*, Londres, 1767, in-4°, VIII-511 p. — « Mémoire adressé au roi sur la Martinique », Arch. Nat. C8A 64, 1764. Publié par LABOUQUÈRE A. dans *les Idées coloniales des Physiocrates*, p. 173-186.

MILLAR, John, *Observations sur les commencements de la société* (...), trad. de l'anglais d'après la 2e édition, Paris, 1773, in-12, [trad. par J.-B. Suard].

MIRABEAU, Victor Riqueti, marquis de, *L'ami des Hommes ou traité de la population*, Avignon, 1756-1758, in-4°, 6 part.

MORELLY, abbé, *Code de la nature, ou le véritable esprit de ses lois, de tout temps négligé ou méconnu*, introd. de V.P. Volguine, Paris, Editions sociales, 1953, in-16, 155 p. [Texte de l'éd. de 1755].

MUNIER, *Essai d'une méthode générale propre à étendre les connaissances des voyageurs*, Paris, 1779, 2 vol. in-8°, Turgot, n° 2225.

PAUW, Cornélius de, *Recherches philosophiques sur les Américains* (...), Berlin, F.J. Decker, 1768-1769, 2 vol. in-8°. — *Recherches philosophiques sur les Américains* (...). Nouv. éd. augm. *D'une Dissertation critique par Dom Pernetty et de la Défense de l'auteur des Recherches contre cette Dissertation* (...), Berlin, 1770, in-8°. Autre édition, 1774 [utilisée ici]. D'Holbach, n°⁵ 2564-2565 (éd. 1771).

POIVRE, Pierre, *Voyages d'un philosophe*, Londres-Lyon, 1769, 2 vol. in-12. [Cette deuxième édition contient le *Discours* prononcé à son arrivée à l'île de France.]

PRÉFONTAINE, chevalier Brûletout de, *Maison rustique, à l'usage des habitants de la partie de la France équinoxiale connue sous le nom de Cayenne*, Paris, Bauche, 1763, in-8°, II-215 p., pl.

PRÉVOST, Antoine-François, *Œuvres choisies*, Amsterdam et Paris, 1783-1785, 39 vol. in-8°. — *Le Monde Moral, ou mémoires pour servir à l'histoire du cœur humain...*, Genève [Paris], 1760, in-12, VIII-267, IV-286 p. — *Le Pour et le Contre, ouvrage périodique d'un goût nouveau, par l'auteur* des *Mémoires d'un homme de qualité*, Paris, 1733-1740, 20 vol. in-12. — *Voyages du Capitaine Robert Lade en différentes parties de l'Afrique, de l'Asie et de l'Amérique* (...), ouvrage traduit de l'anglais, Paris, 1744, 2 vol. in-12, XVI-370 p., II-384 p. — *Le philosophe anglais, ou histoire de M. Cleveland* (...), Tomes IV à VII des *Œuvres choisies* (Première édition, 1731). — *Histoire générale des voyages, ou nouvelle collection de toutes les relations de voyages par mer et par terre qui ont été publiées jusqu'à présent dans les différentes langues*, Tomes I à XV, Paris, 1746-1759, in-4° :

> Tomes I et II, 1746
> Tomes III et IV, 1747
> Tomes V et VI, 1748
> Tome VII, 1749
> Tome VIII, 1750
> Tome IX, 1751
> Tome X, 1752
> Tome XI, 1753
> Tome XII, 1754
> Tome XIII, 1756
> Tome XIV, 1757
> Tome XV, 1759
> Tome XVI, *Tables*, 1761.

[Les tomes suivants sont de E.M. CHOMPRÉ, A. DELEYRE, MEUSNIER DE QUERLON et ROUSSELOT DE SURGY, Tome XVII, 1761; XVIII, 1768; XIX, 1770; XX, An X.]

RAIMOND, Julien, *Observations sur l'origine et les progrès du préjugé des colons blancs contre les hommes de couleur* (...), Paris, Belin, 26 janvier 1791, in-8°, VIII-46 p. — *Réclamations en faveur des gens de couleur*, Trois mémoires mss., dans Arch. Col. F 4-16, ou dans D.F.C. *Mémoires Généraux*, Amérique Méridionale et Antilles, IV-245 p.

RAYNAL, Guillaume-Thomas, abbé, *Histoire philosophique et politique des établissements et du commerce des Européens dans les Deux Indes*, Neuchâtel et Genève, Libraires associés, 1783, 10 vol. in-8°. — *Ecole militaire, Ouvrage composé par ordre du gouvernement*, Paris, 1762, 3 vol. in-12. — *Essai sur l'administration de Saint-Domingue*, s.l., 1785, in-8°, XVI-256 p. — Voir *Mss.* — Voir *Archives*.

ROUSSEAU, Jean-Jacques, *Œuvres Complètes*, édit. la Pléiade (édition utilisée) : I. Ecrits autobiographiques; II. *La Nouvelle Héloïse*, Théâtre, Essais; III. Ecrits politiques; IV. *Emile*. — *Essai sur l'origine des langues*, éd. du Graphe, 1967, reproduction du texte de l'édition Belin de 1817. — *Essai sur l'origine des Langues*, éd. Charles Porset, Bordeaux, Ducros, 1968 [mss. de Neuchâtel, n° 7835].

SAINT-LAMBERT, Jean-François, marquis de, *Œuvres complètes*, I. *Les Saisons, poème*. — II. *Œuvres mêlées*, [*Ziméo*, p. 109-138],

CLERMONT, P. Landriot, 1814, in-18. — *Les Saisons, poème, [l'Abe-naki, Sara Th. Ziméo],* Amsterdam, 1769, in-12 (*Ziméo,* p. 245-282).

SAINT-PIERRE, Jacques-Henri-Bernardin de, *Voyage à l'Isle de France, à l'Isle de Bourbon, au Cap de Bonne-Espérance* (...), Amsterdam, Paris, Merhen, 1773, 2 vol. in-8°, pl. et tabl.

SANCHES, Antonio-Nunes-Ribeiro, *Dissertation sur l'origine de la maladie vénérienne, pour prouver que le mal n'est pas venu d'Amérique, mais qu'il a commencé en Europe par une épidémie,* Paris, Durand, 1752, in-8°, VII-122 p.

SÜSSMILCH, Johann, Peter, *Die Göttliche Ordnung in den Veränderungen des menschlichen Geschlecht* (...), Berlin, 1761, in-8°, Tableaux.

TURGOT, Anne-Robert-Jacques, *Œuvres de Turgot et documents le concernant,* avec une biographie et des notes, par G. Schelle, Paris, 1913-1923, 5 vol. in-8°. — *Réflexions sur la formation et la distribution des richesses,* s.l., 1766, in-12, et 1788, s.l., in-8°. — *Remarques critiques sur les « Réflexions philosophiques sur l'origine des langues et la signification des mots »,* de Pierre-Louis MOREAU DE MAUPERTUIS, avec les « *Réflexions* » en regard, dans O.C. II. — *Catalogue des livres de la bibliothèque de feu M. Turgot, ministre d'Etat,* Paris, Barrois l'aîné, 1782, in-8°, p. 106 sq. : « Histoire, Géographie, Voyages, Histoire universelle », n° 2185 à 3058.

VOLTAIRE, François-Marie, AROUET.

Nous indiquons ici les éditions que nous avons utilisées :

— *Bibliothèque de Voltaire, Catalogue de livres,* en russe, avec résumé en français, les titres des livres étant donnés en français, par ordre alphabétique. Sont indiquées les traces de lecture et la présence de marginalia. Moscou-Leningrad, Académie des Sciences de l'U.R.S.S., 1961.

— *Essai sur les Mœurs,* édition René Pomeau, Paris, Garnier Frères, 2 vol. in-8° (avec relevé de variantes et des additions sucsives).

— *Dictionnaire Philosophique,* édition Raymond Naves, Paris, Garnier, rééd. 1967.

— *Dialogues et anecdotes philosophiques,* édition Raymond Naves, Paris, Garnier, rééd. 1966.

— *Œuvres historiques,* édition Pléiade, Paris, 1957.

— *Romans et Contes,* édition de René Pomeau, Paris, Garnier-Flammarion, 1967.

— *Traité de métaphysique,* dans *Œuvres,* éd. Moland, Paris, Garnier, 1877-1885, 52 vol. in-8°, tome XXII, p. 189-230.

— *Questions sur l'Encyclopédie, ibidem,* tomes XVII-XX [ici numérotés de I à IV].

— *Œuvres Complètes,* Paris, Vve Péronneau, 1817-1822, 56 vol. in-16 [en partie éd. par Beuchot].

— *Voltaire's Correspondance,* éd. Th. Besterman, Genève, 1953-1965, 108 vol. in-8°. Index général aux tomes CIII et CIV.

— *Œuvres inédites,* éd. F. Caussy, Paris, Champion, 1914, in-8°, 350 p., I. *Mélanges Historiques.*
— *Voltaire's note books,* éd. Th. Besterman, Genève, Les Délices, Institut et Musée Voltaire, 1952, 2 vol. in-8°.

2) Périodiques

— *Correspondance Littéraire, philosophique et critique,* par GRIMM, DIDEROT, RAYNAL, éd. M. Tourneux, Paris, Garnier, 1877-1882, 16 vol. in-8°.
— *Ephémérides du Citoyen, ou Chronique de l'esprit national,* Paris, Lacombe, 69 vol. in-12. Bi-hebdomadaire, puis mensuel (1767) [Description partielle dans *Economie et Population...* (voir à SPENGLER) qui indique les cotes de la BN correspondant aux différents volumes.]
— 1765, V, « Des colonies françaises aux Indes Occidentales » (projet pour acheter des esclaves en Afrique et les transporter en Louisiane, où ils cultiveront les terres en hommes libres).
— 1766, VI, « Explication sur l'esclavage des nègres ».
— 1767, I, « Analyse du gouvernement des Incas du Pérou », par M.A. [Quesnay]. [Gouvernement idéal.]
— 1767, II, « Despotisme de la Chine », par M.A. Quesnay. [Eloge de ce gouvernement.]
— 1768, II, Analyse des *Voyages d'un Philosophe* [de Poivre], par Dupont de Nemours.
— 1769, IX, [Les Quakers affranchissent leurs esclaves].
— 1771, VI, « Observations sur l'esclavage des Nègres » de Saint-Lambert. [Extrait de *Ziméo.*]
— 1771, VII, Analyse des *Lettres Africaines* [de Butini].
     — « Lettre d'un voyageur à l'auteur des Ephémérides, au sujet des observations sur l'esclavage des nègres, insérées dans le 6ᵉ tome de l'année 1771. »
— 1772, II, « Analyse de l'ouvrage de l'abbé Raynal, Histoire Philosophique et Politique ».
— *Gazette littéraire de l'Europe,* par ARNAUD et SUARD, mars 1764-février 1766, Paris, in-8° (table au tome VIII). [Mais cette table n'est pas complète.]
— *Journal étranger,* par l'abbé PRÉVOST, GRIMM, TOUSSAINT, FRÉRON, DELEYRE, ARNAUD ET SUARD, 1754-1762, in-8°, [repris en 1764 sous le titre *Gazette littéraire de l'Europe*].
— *Variétés littéraires, ou recueil de pièces tant originales que traduites, concernant la philosophie, la littérature et les arts,* Paris, Lacombe, 1768, 4 vol. in-12, [par ARNAUD et SUARD].
     [Ce recueil groupe, avec quelques inédits des morceaux déjà parus dans le *Journal Etranger,* ou la *Gazette Littéraire de l'Europe.*]

II. OUVRAGES CONSULTES

1) Livres et articles en général

Abréviations

A.J.J.R. : *Annales de la Société Jean-Jacques-Rousseau.*
C.A.I.E.F. : *Cahiers de l'Association internationale des études françaises.*
M.L.N. : *Modern Language Notes.*
M.P. : *Modern Philology.*
R.H.L.F. : *Revue d'histoire littéraire de la France.*
R.L.C. : *Revue de littérature comparée.*
R.S.H. : *Revue des sciences humaines.*
P.M.L.A. : *Publications of the modern language association of America.*

— *Annales de la société J.-J. Rousseau,* Table des volumes I à XXXV, 1905-1962, Genève, 1965.

ADAM, Antoine, « Rousseau et Diderot », dans *R.S.H.,* 1949, p. 21-34. — « De quelques sources de Rousseau dans la littérature française (1700-1750) », dans *J.-J. Rousseau et son œuvre,* Paris, Klincksieck, 1964, p. 125-133. — « Sur le problème religieux dans la première moitié du XVIIᵉ s. », dans *Zaharoff lectures pour 1959.*

ATKINSON, Geoffroy, *Les relations de voyages du XVIIᵉ siècle et l'évolution des idées. Contribution à l'étude de la formation de l'esprit du XVIIIᵉ siècle,* Paris, E. Champion, 1927, in-16, 220 p.

BATAILLON, Marcel, « Montaigne et les conquérants de l'or », dans *Studi Francesi,* IX, déc. 1959, p. 353-367. — « Les douze questions péruviennes résolues par Las Casas (...) », dans *Mélanges Lucien Febvre,* Paris, Colin, 1953, in-8°, p. 221-230. — *Etudes sur Bartolomé de Las Casas,* Paris, Centre de recherches de l'institut d'études hispaniques, 1965, in-8°, XXXIX-346 p. — « L'unité du genre humain, du père Acosta au père Clavigero », dans *Mélanges Jean Sarrailh,* Paris, Centre de recherches de l'Institut d'études hispaniques, 1966, in-8°, p. 75-95. — *Las Casas et la défense des Indiens,* présenté par M.B. et A. SAINT-LU, Paris, Julliard, 1971.

BELAVAL, Yvon, « Nouvelles recherches sur Diderot », dans *Critique,* juin 1956, 74.

BOUCHARD, Marcel, *De l'humanisme à l'Encyclopédie, L'esprit public en Bourgogne sous l'ancien régime,* Paris, Hachette, 1930, in-8°, XIV-976 p.

CHINARD, Gilbert, *L'Amérique et le rêve exotique dans la littérature française au XVIIᵉ et au XVIIIᵉ siècles,* Paris, Hachette, 1913, in-12, VIII-448 p. — « L'influence des récits de voyages sur la philosophie de J.-J. Rousseau », dans *P.M.L.A.,* 1911, p. 476-495.

CREIGHTON, Douglas, Georges, « Man and mind in Diderot and Helvétius », dans *P.M.L.A.,* 1956, sept. p. 705-724.

CROCKER, L.G., « Docilité et duplicité chez J.-J. Rousseau », dans *R.H.L.F.,* 1969, p. 448-469.

DERATHÉ, R., *J.-J. Rousseau et la science politique de son temps*, Paris, P.U.F., 1950, in-8°, XIV-463 p.

DERRIDA, Jacques, *De la Grammatologie*, Edit. de Minuit, Paris, 1967, 445 p.

DIECKMANN, Herbert, *Inventaire du fonds Vandeul et inédits de Diderot*, Genève, Droz, 1951, XLIX-282 p. — « Les contributions de Diderot à la *Correspondance Littéraire* et à l'*Histoire des Deux Indes* », dans *R.H.L.F.*, oct.-déc., 1951, p. 417-440. — « L'Encyclopédie et le fonds Vandeul », dans *R.H.L.F.*, juil.-sept. 1951, p. 318-332.

DUCARRE, J., « Une supercherie littéraire, de l'abbé Prévost, les *Voyages de Robert Lade* », dans *R.L.C.*, XVI, 1936, p. 465-476.

DUCHET, Michèle, « Diderot collaborateur de Raynal, à propos des Fragments imprimés du fonds Vandeul », dans *R.H.L.F.*, oct.-déc. 1960, p. 531-556. — « Bougainville, Raynal, Diderot et les sauvages du Canada », *R.H.L.F.*, avril-juin 1963, p. 228-236. — « Esclavage et humanisme en 1787 : un mémoire inédit de Saint-Lambert sur les gens de couleur », dans *Annales historiques de la Révolution française*, 1965, n° 3, repris ici en annexe au chapitre III de la Première partie. — « Une lettre inédite de Diderot à Vallet de Fayolle », dans *Diderot Studies*, VIII, 1966. — « Le primitivisme de Diderot », dans *Europe*, numéro spécial sur Diderot, 1963, p. 126-137. — *Entretiens sur le Neveu de Rameau*, en collaboration avec Michel Launay et un groupe de chercheurs et d'étudiants, Paris, Nizet, 1967, 409 p. (Avec un Index du *Neveu de Rameau*). — « L'informatique au service de l'analyse des textes », dans *R.H.L.F.*, numéro spécial, « Méthodologies », sept.-déc. 1970, p. 798-809. — Edition de l'*Histoire naturelle de l'homme* de Buffon (texte de l'éd. Pourrat), avec une Introduction et des notes, Paris, Maspero, 1971. — « Esclavage et préjugé de couleur » », dans *Racisme et Société*, Paris, Maspero, 1969, p. 121-130. — « Le Supplément au voyage de Bougainville et la collaboration de Diderot à l'Histoire des Deux Indes », dans *C.A.I.E.F.*, 1961, p. 173-187.

DURAND, J., « Garcilaso entre le monde des Incas et les idées de la Renaissance », dans *Diogène*, 1963, n° 43, p. 24-46.

DUPRONT, A., *Espace et Humanisme*, Bibliothèque d'Humanisme et de Renaissance, VIII, 1946, p. 1-104. — « De l'acculturation », dans *12ᵉ Congrès International des sciences historiques*, Vienne, 1965, *Rapports, I*, « Grands Thèmes », p. 7-36.

EHRARD, Jean, *L'idée de nature en France dans la première moitié du XVIIIᵉ siècle*, Paris, S.E.V.P.E.N., 1963, 861 p.

ENGEL, Claire-Eliane, *Figures et aventures du XVIIIᵉ siècle. Voyages et découvertes de l'abbé Prévost*, Paris, Editions « Je Sers », 1939, in-8°, 272 p. — *Le véritable abbé Prévost*, Monaco, éd. du Rocher, 1957, in-8°, 302 p.

FABRE, Jean, *Lumières et Romantisme, Energie et Nostalgie de Rousseau à Mickiewicz*, Paris, Klincksieck, 1963, in-8°, XI-302 p.

FAIRCHILD, H.N., *The noble savage. A study in romantic Naturalism*, New York, Columbia University Press, 1928.

FEBVRE, Lucien, « Civilisation. Evolution d'un mot et d'un groupe d'idées », dans *Civilisation, le mot et l'idée,* Centre international de synthèse, 1ᵣₑ semaine, 2ᵉ fasc., 1930, in-8°.

FELLOWS, Otis, « Buffon and Rousseau, aspects of a relationship », dans *P.M.L.A.,* LXXV, 1960, p. 184-196.

FEUGÈRE, A., *Un précurseur de la Révolution. L'abbé Raynal (1713-1796). Documents inédits,* Paris, 1922, in-8°, XI-459 p. — « Raynal, Diderot et quelques autres historiens des deux Indes », dans *R.H.L.F.,* 1913, p. 343-378.

FOUCAULT, Michel, *Les Mots et les Choses,* Paris, N.R.F., Gallimard, 1966, in-8°, 400 p. — *L'Archéologie du savoir,* Paris, *N.R.F.,* Gallimard, 1969, in-8°, 275 p.

GERBI, Antonello, *Viejas polemicas sobre el nuevo mundo, En el umbral de una conciencia americana,* Lima, Banco del credito del Perù, 1946 (1ᵣₑ éd., 1943). — *La disputa del nuevo mundo, Historia de una polemica, 1750-1900,* Mexico, Buenos-Aires, Fondo de cultura economica, 1960, XIV-681 p. [Edition italienne, Milano, R. Ricciardi, 1955, in-8°.]

GRANGE, Henri, « Rousseau et la division du travail », dans *R.S.H.,* 1957, p. 143 sq. — « *L'Essai sur l'origine des langues* dans ses rapports avec le *Discours sur l'origine de l'inégalité* », dans *Annales historiques de la Révolution française,* juil.-sept. 1967, p. 291-307.

GUÉROULT, M., « Nature humaine et état de nature chez Rousseau, Kant et Fichte », dans *Cahiers pour l'Analyse,* Paris, Le Graphe, n° 6, p. 3-19.

GUSDORF, Georges, *Les sciences humaines et la pensée occidentale :* I. *De l'histoire des sciences à l'histoire de la pensées.* II. *La science de l'homme au siècle des Lumières,* Paris, Payot, 1966, 2 vol. in-8°.

HAVENS, G.R., « Diderot, Rousseau and the *Discours sur l'Inégalité* », dans *Diderot studies,* III, p. 219-262. — « Voltaire's marginalia on the pages of Rousseau », dans *Ohio State University Studies,* 6, 1933.

HERMAND, Pierre, *Les idées morales de Diderot,* Paris, P.U.F., 1923, in-8°, XIX-299 p.

HERVÉ, Georges, « Les débuts de l'ethnographie au XVIIIᵉ siècle (1701-1765), dans *Revue de l'Ecole d'anthropologie de Paris,* XIX, 1909, p. 345-366 et 381-401.

HUBERT, René, *Les sciences sociales dans l'Encyclopédie. La philosophie de l'histoire et le problème des origines sociales,* Paris, 1923, in-8°, 368 p. — « Introduction bibliographique à l'étude des sources de la science ethnographique dans l'Encyclopédie », dans *Revue d'Histoire de la Philosophie,* X, 1936, p. 107-133.

JOHANSSON, J.V., *Etudes sur Denis Diderot,* Göteborg, Paris, 1927, IX-209 p.

LABRIOLLE-RUTHEFORD, Marie-Rose, « Les sources du *Pour et Contre* (1733-1734), dans *R.L.C.,* avril-juin 1959, p. 239-257. — « Les sources anglaises du *Pour et Contre* », dans *l'Abbé Prévost, Actes du Colloque d'Aix-en-Provence, 20 et 21 déc. 1963,* éd. Ophrys, 1965, p. 93-100.

LAUNAY, Michel, *J.-J. Rousseau écrivain politique,* thèse dactylographiée, 1970.

LEMAY, Edna, « Naissance de l'anthropologie sociale en France : Jean-Nicolas Démeunier et l'étude des usages et coutumes au XVIIIe siècle », dans *Au Siècle des Lumières*, Paris-Moscou, 1970, p. 29-40.

LICHTENBERGER, André, *Le Socialisme au XVIIIe siècle, Etude sur les idées socialistes dans les écrivains français du XVIIIe siècle avant la Révolution*, Paris, Alcan, 1895, Gr. in-8°, 473 p.

LOMÉNIE, Louis de, et Charles de, *Les Mirabeau, nouvelles études sur la société française au XVIIIe siècle* (...), Paris, E. Dentu, 1879-1891, 5 vol. in-8°.

LOUGH, John, *Essays on the Encyclopédie of Diderot and d'Alembert*, Oxford University Press, 1968, VIII-552 p.

LOVEJOY, A.O., *The great chain of beings*, Cambridge, Harvard University press, 1936, in-8°, 382 p. — « The supposed primitivism of Rousseau's *Discourse on inequality* », dans *M.P.*, Chicago, 1923, XXI, n° 2, p. 165-186.

LOVEJOY, A.O. et BOAS, G., *A documentary history of Primitivism and related ideas in Antiquity*, Baltimore, Johns Hopkins University press, 1935.

MASSON, P.M., « Questions de chronologie rousseauiste », dans *A.J.J.R.*, IX, 1913, p. 37-61.

MAUZI, Robert, *L'idée du bonheur au XVIIIe siècle*, Paris, Colin, 725 p. — « Les rapports du bonheur et de la vertu dans l'œuvre de Diderot », dans *C.A.I.E.F.*, 1961, p. 255-268.

MERCIER, Roger, *La Réhabilitation de la nature humaine (1700-1750)*, Ed. La Balance, Villemonble, 1960, in-8°, 491 p. — *L'Afrique noire dans la littérature française, les premières images (XVIIe-XVIIIe siècles)*, Dakar, Publications de la Faculté des Lettres, N° 11, 1962, 242 p. — « Les Français en Amérique du Sud au XVIIIe siècle : la mission de l'Académie des sciences (1735-1745) », dans *Revue française d'histoire d'outre-mer*, N° 205, 1969, p. 327-374.

MOMDJIAN, Kh., *La Philosophie d'Helvétius*, trad. du russe, Moscou, 1959.

MORAVIA, Sergio, *La scienza dell' uomo nel Settecento*, éd. Laterza et Figli, Bari, 1970.

MOREL, Jean, « Recherches sur les sources du *Discours de l'inégalité* », dans *A.J.J.R.*, V, 1909, p. 119-198.

MORNET, Daniel, « Les enseignements des bibliothèques privées, 1750-1780 », dans *R.H.L.F.*, 1910, p. 448 sq.

MOSCONI, Alain, « Analyse et genèse : regards sur la théorie du devenir de l'entendement au XVIIIe siècle », dans *Cahiers pour l'analyse*, Paris, Le Graphe, N° 4, p. 47-82.

NAVILLE, Pierre, *Paul Thiry d'Holbach et la philosophie scientifique au XVIIIe siècle*, Paris, Gallimard, 1943, in-8°, 471 p.

PINTARD, René, *Le Libertinage érudit dans la première moitié du XVIIe siècle*, Paris, Boivin, 1943, 2 vol. in-4°.

PIRE, G., « J.-J. Rousseau et les relations de voyage », dans *R.H.L.F.*, 1956, p. 355-378. — « J.-J. Rousseau et Robinson Crusoé », dans *R.L.C.*, 1956, p. 479-496.

POMEAU, René, *La Religion de Voltaire*, 2ª éd., Paris, Nizet, 1969, 547 p.

PROUST, Jacques, *Diderot et l'Encyclopédie*, Paris, Colin, 1962, 621 p. — « La contribution de Diderot à l'Encyclopédie et les théories du droit naturel », dans *Annales historiques de la Révolution française*, 1963, n° 3, p. 257-286. — « A propos d'un fragment de lettre de Diderot », dans *Studi Francesi*, 1959, p. 88-91.

REICHENBURG, Margu., *Essai sur les lectures de Rousseau*, Philadelphie, 1932, in-8°, 209 p. — « La bibliothèque de J.-J. Rousseau », dans *A.J.J.R.*, XXI, 1932, p. 181-250.

RODDIER, Henri, *L'Abbé Prévost, l'homme et l'œuvre*, Paris, 1955, in-16, 200 p.

ROGER, Jacques, *Les Sciences de la vie dans la pensée française du XVIIIᵉ siècle*, Paris, Colin, 1963, 842 p. — « Un manuscrit perdu et retrouvé : les *Anecdotes de la nature* de N.A. Boulanger », dans *R.S.H.*, 1953, p. 231-254. — « Diderot et Buffon en 1749 », dans *Diderot Studies*, IV, 1963, p. 221-236.

SARRAILH, J., « A propos de A.R. Lesage américaniste », dans *Cahiers de l'Institut des Hautes études de l'Amérique latine*, n° 5, 1964, 72 p.

SGARD, Jean, *Prévost romancier*, Paris, Corti, 1968, 692 p. — *Le « Pour et Contre » de Prévost;* Introduction, tables et index, Paris, Nizet, 1969. — « Prévost, de l'ombre aux lumières », dans *Studies on Voltaire* (...), Transactions of the Ist international congress on the Enlightenment, vol. XXVII, p. 1479-1487.

SMURLO, E., *Voltaire et son œuvre, Histoire de l'Empire de Russie*, Prague, éd. Orbis, 1929, in-8°, 484 p.

SPENGLER, J.-J., *Economie et population. Les doctrines françaises avant 1800*, I. *De Budé à Condorcet*. II. *Bibliographie générale commentée*, Paris, P.U.F., 1954 et 1956, I.N.E.D. Cahiers 21 et 28.

SPINK, J.S., *La Libre Pensée française de Gassendi à Voltaire*, Paris, Editions sociales, trad. de l'anglais par P. Meier, 1966, 397 p.

STAROBINSKI, Jean, « Rousseau et Buffon », dans *J.-J. Rousseau et son œuvre, Problèmes et recherches*, « Actes et Colloques », 2, Paris, Klincksieck, 1964, p. 135-147. — *Discours sur l'origine et les fondements de l'inégalité...* Introduction et notes, dans ROUSSEAU, *Œuvres Complètes*, éd. Pléiade, tome III.

Studies on Voltaire and the eighteenth century, Genève, Institut et musée Voltaire, 1955 → in-8°.

TEISSIER, Octave, *Etude biographique sur Louis Girard, botaniste, suivie de plusieurs lettres inédites de Commerson*, Toulon, 1859, in-8°.

VOLGUINE, V.P., « Le vrai système de Dom Deschamps », dans *La Pensée*, mai-juin 1958.

WADE, Ira O', *The search for a new Voltaire. Studies on Voltaire based upon material deposed at the American Philosophical Society*, Philadelphie, July 1958 [Transactions of the american philosophical society, new series, vol. 48, part 4.]

WOLPE, Hans, *Raynal et sa machine de guerre, l'Histoire des deux Indes et ses perfectionnements*, Paris, 1957, in-8°, 255 p.

2) Livres et articles sur la littératures des voyages, les découvertes et explorations, les problèmes des colonies

« Quelques remarques sur les voyageurs (...) avec un catalogue des meilleurs qui ont traité des parties de l'Asie, de l'Afrique et de l'Amérique », dans *Nouveau Mercure*, mai 1721, p. 3-24.

[DELACROIX, Mgr Simon], *Histoire universelle des missions catholiques, publiée sous la direction de Mgr S. Delacroix*, Paris-Monaco, 1956-1959, 4 vol. in-8°, Tome II, XVIIe et XVIIIe s., 423 p.

Histoire universelle des explorations, publiée sous la direction de L.H. Parias. Préface de Lucien Febvre. Tome III, Pierre Charliat, *le Temps des grands voiliers*, Paris, F. Sant' Andrea, 1955, in-8°.

ALEXEIEV, P., *La Sibérie dans les relations des voyageurs européens*, Irkoustk, 1932 [en russe].

ANNAN, G.L. et WROTH, L.C., *Acts of the french royal administration concerning Canada, Guiana, the West Indies and Louisiana prior to 1791*, New York Public Library, 1930, 1 vol. in-4°, 151 p.

BÉGOUEN-DEMEAUX, Maurice, *Mémorial d'une famille du Havre, II. Stanislas Foäche, 1737-1806*, Paris, Larose, 1951, in-8°, 319 p.

BLAIR, Emma-Helen, *The indian tribes of the upper Mississipi valley and region of the great lakes, described by N. Perrot, Morel Marston and Thomas Forsyth*, translated, edited and annoted, Cleveland, 1911-1912, 2 vol. in-8°. [BN 8° Pb 5107.]

CAP, Paul-Antoine, *Philibert Commerson, naturaliste voyageur, étude biographique, suivie d'un appendice (...)*, Paris, V. Masson et fils, 1861, in-8°, 199 p.

CARBIA, Romulo, *Historia de la leyenda negra hispano americana*, Buenos-Aires, 1943, in-8°, 240 p.

CHAILLEY-BERT, J., *Les Compagnies de colonisation sous l'Ancien Régime*, Paris, Colin, 1898, in-8°.

CHAUNU, Pierre, *L'Amérique et les Amériques de la préhistoire à nos jours*, Paris, Colin, 1964, 470 p. — « Las Casas et la première crise structurelle de la colonisation espagnole », dans *Revue historique*, janvier-mars 1963, p. 59-102.

Cox, Edward, Godfrey, *A reference guide to the literature of travel (...)*, Seattle, 1936-1938, 4 vol. in-8°.

CULTRU, Prosper, *Les origines de l'Afrique occidentale : histoire du Sénégal du XVe siècle à 1870*, Paris, Larose, 1910, in-8°, 376 p.

DALLAS, Robert-Charles, *The history of the maroons, from their origine to the establishment of their chief tribe at Sierra Leone (...) and the state of the island of Jamaica (...)*, London, T.N. Longman and O. Rees, 1803, 2 vol. in-8°.

DAMPIERRE, J. de, *Essai sur les sources de l'histoire des Antilles françaises, 1492-1664*, Paris, Picard, 1904, in-8°, XI-238 p.

DAUBIGNY, E., *Choiseul et la France d'Outre-mer après le traité de Paris, étude sur la politique coloniale au XVIIIe*, Paris, 1892, in-8°.

DEBBASH, Yvon, « Le Marronnage : essai sur la désertion de l'esclave antillais », dans *l'Année Sociologique*, Troisième Série, 1961, P.U.F., 1962, p. 1-112.

DEBIEN, Gabriel, *Esprit colon et esprit d'autonomie à Saint-Domingue au XVIIIe siècle*, 2e éd., Paris, Larose, 1954, in-8°, 55 p. (*Notes d'histoire coloniale*, XXV). — *Etudes antillaises, XVIIIe siècle*, Paris, Colin, 1956, Gr., in-8°, 189 p. — *Gouverneurs, magistrats et colons, l'opposition parlementaire et coloniale à Saint-Domingue, 1763-1769*, Port-au-Prince, 1946, in-8°, 36 p. (Notes d'histoire coloniale, VIII). — *La société coloniale aux XVIIe et XVIIIe siècles*, II. *Les colons de Saint-Domingue et la Révolution, essai sur le club Massiac, août 1789-août 1792*, Paris, Colin, 1953, in-8°, 415 p. — *Esclaves et plantations de Surinam vus par Malouet, 1777* [lettre de Malouet du 28 déc. 1788, Bibl. de Nantes, mss. 249], s.l.n.d., in-8°, 53-60 p. [BN 8° R. pièce 25.979]. — « Aux origines de l'abolition de l'esclavage », dans *Revue française d'histoire des colonies*, 1949, p. 348-423. — *Plantations et esclaves à Saint-Domingue*, Dakar, 1962, Gr. in-8°, 184 p.

DELCOURT, André, « La Réponse à M. Malouet », dans *Annales historiques de la Révolution française*, 1939, p. 444 à 450. — *La France et les établissements français au Sénégal entre 1713 et 1763*, Dakar, IFAN, 1952, in-4°, 433 p. — « La finance parisienne et le commerce négrier au milieu du XVIIIe », dans *Bulletin de la société d'études historiques et géographiques de la région parisienne*, 1948, n° 58-59.

DEVÈZE, M., *Histoire de la colonisation française en Amérique et aux Indes au XVIIIe s.*, Paris, C.D.U., 1900. — « La Guyane Française de 1763 à 1799, de l'Eldorado à l'Enfer », dans *Bulletin de la société d'histoire moderne*, 1962, n° 1.

DUMÉRIL, J., « L'influence des jésuites considérés comme missionnaires sur le mouvement des idées au XVIIIe s. », dans *Mémoires de l'Académie de Dijon*, 3e série, tome II, 1874, p. 1-34.

EMMANUEL, Marthe, *La France et l'exploration polaire (1523-1788)*, Paris, Nouv. éd. latines, 1959, 396 p.

ETIENNE, Servais, *Les sources de « Bug-Jargal » et le type du Nègre généreux et révolté avant Hugo*, Liège et Bruxelles, 1923, in-8°, 161 p.

FOURY, B., *Maudave et la colonisation de Madagascar*, Paris, Société de l'histoire des colonies françaises, Larose, 1956, in-8°, 132 p.

FREYRE, Gilberto, *Maîtres et Esclaves*, trad. R. Bastide, Préface de L. Febvre, Paris, N.R.F., 1952, 1 vol. in-8°, 550 p. (avec une importante bibliographie).

FROIDEVAUX, Henri, « Notes sur le voyageur guyanais Pierre Barrère », Paris, Imprimerie Nationale, 1896 (extrait du *Bulletin de géographie historique et descriptive* de 1895). — « Les mémoires inédits d'Adanson sur l'île de Gorée et la Guyane française », dans *Bulletin de géographie historique et descriptive*, 1899, n° 1. — « Un projet de voyage du botaniste Adanson en Guyane, en 1763 », dans *Bulletin de géographie historique et descriptive*, 1893, n° 2. [BN Lk¹²-1439.] – Une faute d'impression des *Lettres édifiantes* (...) Paris, Hôtel des Sociétés savantes, 1898, in-4° (5 p.).

GARNEAU, F.X., *Histoire du Canada*, 5e éd., revue, annotée et publiée par Hector Garneau, Paris, Alcan, 2 vol. in-4°, I, 1918, II, 1920.

GIRAUD, Marcel, *Le Métis canadien, son rôle dans l'histoire des provinces de l'Ouest*, Paris, Institut d'Ethnologie, 1945, in-4°, LVI-1299 p.

GROULX, Lionel, « D'une transmigration des Canadiens en Lousiane vers 1760 », dans *Revue d'Histoire de l'Amérique française*, vol. VIII, n° 1, juin 1954, p. 97-125.

GUERNIER, E. et FROMENT-GUIYESSE, G., *Encyclopédie coloniale et maritime*, Paris, 1947, 2 vol. in-4°.

HAGEN, V.W., von, *Le continent vert des naturalistes*, Paris, Durel, 1948, 434 p. — *South America called them. Explorations of the great naturalists Charles Marie de la Condamine* (...), London, R. Hale, 1949, 401 p.

HAMY, Dr E.Th., *Joseph Dombey, médecin, journaliste, archéologue, explorateur du Pérou, du Chili et du Brésil, 1778-1785. Sa vie, son œuvre, sa correspondance, avec un choix de pièces relatives à sa mission*. Paris, E. Guilmoto, 1905, Gr. in-8°, CX-434 p.

HANKE, Lewis, *Aristotle and the American Indians. A study in race prejudice in the Modern World*, Santiago du Chili, 1958, in-8°, X-164 p. — *Colonisation et Conscience chrétienne au XVIᵉ siècle*, Paris, Plon, 1957, XXV-311 p.

HANKE, Lewis et GIMENEZ FERNANDEZ, Manuel, *Bartolomé de Las Casas, 1474-1568, Bibliografia critica y cuerpos de materiales para el estudio de su vida, escritos actuación y polémicas que suscitaron durante cuatros siglos*, Santiago de Chili, Fondo (...) José Toribio Medina, 1954, gr. in-4°, XXXVII-394 p.

HEAWOOD, Edward, *A history of geographical discovery in the seventeeth and eighteenth centuries*, Cambridge, the University Press, 1912, in-8°, XII-475 p.

HURAULT, Jean, *Les Noirs réfugiés Boni de la Guyane française*, Dakar, I.F.A.N., 1961, in-4°, XIII-362 p. — « La population des Indiens de Guyane française, I. Vue historique générale, II. Les Indiens de Guyane aux XVIIᵉ et XVIIIᵉ siècles », dans *Population*, 1965, n° 4 et 5, p. 603-632 et 801-826.

JAMESON, Russell, Parsons, *Montesquieu et l'esclavage; étude sur les origines de l'opinion antiesclavagiste en France au XVIIIᵉ siècle*, Paris, Hachette, 1911, in-8°, 371 p.

JORRE, L., « Les établissements français sur la côte occidentale d'Afrique de 1758 à 1809 », dans *Revue française d'histoire d'Outre-Mer*, 1964, LI, n° 182 à 185.

JULIEN, Ch.-André, *Les Français en Amérique, 1713-1784* (C.D.U.), Paris, Tournier et Constans, 1953, 2 fasc. in-4°.

KERALLAIN, R. de, *Les Français au Canada, La jeunesse de Bougainville et la guerre de sept ans*, Paris, 1896, in-8°.

LACROIX, Alfred, *Notice historique sur les membres et correspondants de l'Académie des Sciences ayant travaillé dans les colonies françaises de la Guyane et des Antilles de la fin du XVIIᵉ siècle au début du XIXᵉ*, Paris, 1932, in-4°, 100 p. — *Notice historique sur les membres et correspondants de l'Académie des Sciences ayant travaillé dans les colonies françaises des Mascareignes et de Madagascar au XVIIIᵉ siècle et au début du XIXᵉ*, Paris, Gauthier-Villars, 1934, in-4°, 120 p. — « Michel Adanson au Sénégal, 1749-1753 », dans *Bulletin du Comité d'Etudes historiques et scientifiques de l'Afrique occidentale française*, tome XXI, n° I, 1938.

LAMONTAGNE, R., *Aperçu structural du Canada au XVIIIe siècle*, Montréal, éd. Léméac, 1964, 145 p., préface de F. Braudel. [Choix de documents, dont des Mémoires de MAUREPAS, LA GALISSONIÈRE et BOUGAINVILLE.]

LEJEUNE, R.P.L., *Dictionnaire général du Canada*, Ottawa, 1931, 2 vol, in-4°.

LOKKE, Carl-Ludwig, *France and the colonial question, a study of contemporary French opinion* (1763-1801), New York, 1932, in-8°, 254 p. — « Malouet and the Saint-Domingue Mulatto question in 1793 », dans *Journal of Negro History*, XXIV, 1939, n° 4, p. 381-389.

MARCHAND-THÉBAULT, Jacqueline, « L'esclavage en Guyane Française sous l'Ancien Régime », dans *Revue française d'histoire d'Outre-Mer*, 1960, XLVII, p. 5-75.

MARGRY, Pierre, *Relations et mémoires inédits pour servir à l'histoire de France dans les pays d'outre-mer*, Paris, 1867, in-8°. — *Mémoires et documents pour servir à l'histoire des origines françaises des pays d'outre-mer. Découvertes et établissements des Français dans l'ouest et dans le sud de l'Amérique septentrionale*, Paris, 1879-1888, 6 vol. in-8°. — Voir Mss, BN.

MARTIN, Gaston, *Histoire de l'esclavage dans les colonies françaises*, Paris, P.U.F., 1948, in-8°, 318 p.

MARTIN-ALLANIC, Jean-Etienne, *Bougainville navigateur et les découvertes de son temps*, Paris, P.U.F., 1964, 2 vol. in-8°, 1600 p. avec une importante *Bibliographie*. (C.R. de Michèle DUCHET, dans *Annales*, « Au XVIIIe : Philosophes, savants et voyageurs », sept-oct. 1965, p. 1057-1059.)

MAY, L.Ph., « Le Mercier de la Rivière intendant des îles-du-Vent, 1759-1764 », dans *Revue d'histoire économique*, 1932, XX, p. 44-74.

MONTESSUS DE BALLORE, Dr F.B. de, *Martyrologe et biographie de Commerson*, Chalon-sur-Saône, Imp. L. Marceau, 1889, in-4°, II-225 p.

OLSEN, Orjan, *La conquête de la terre; Histoire des découvertes et des explorations depuis les origines jusqu'à nos jours*, Paris, Payot, 1933, 2 vol. in-8°.

POUGET DE SAINT-ANDRÉ, H., *La colonisation de Madagascar sous Louis XV, d'après la correspondance inédite du comte de Maudave*, Paris, Challamel aîné, 1886, in-18, 220 p.

RICHARD, G., « La noblesse en France et les sociétés par actions à la fin du XVIIIe s. », dans *Revue d'histoire économique et sociale*, 1962, p. 484-523.

ROY, G., *Rapport de l'archiviste de la province de Québec* (Années 1920, 1921 à 1924, 1925) [BN, 4° Nt. 3657].

SCHEFER, Christian, *Instructions générales données de 1763 à 1870 aux Gouverneurs et ordonnateurs des établissements français en Afrique occidentale* (...), Tome I, 1763-1831, Paris, Champion, 1921, in-8°.

SÉE, Henri, « Les économistes et la question coloniale au XVIIIe », dans *Revue d'histoire des colonies*, 1929, p. 381-392.

SEEBER, Edward Derbyshire, *Anti-slavery opinion in France during the second half of the eigtheenth century*, Baltimore, John Hopkins studies in romance Literatures, x, et Paris, Belles-Lettres, 1939, in-8°, 238 p. — « " Oroonoko " in France in the XVIIIth century », dans *P.M.L.A.*, LI, 1936, p. 953-959. — « Anti-slavery opinion in the Poems of some early French Followers of James Thomson », dans *M.L.N.*, L, 1935, p. 427-434. — « Chief Logan's speech in France », dans *M.L.N.*, 1946.

SPENCE, Sydney-Alfred, *Captain James Cook (...) A bibliography of his voyages* (...), Mitcham, 1960, in-4°, 50 p.

TARRADE, Jean, « L'administration coloniale en France à la fin de l'Ancien Régime : Projets de réformes », dans *Revue Historique*, 1963, p. 103-122.

TAYLOR, A.C., *Le Président de Brosses et l'Australie*, Thèse, Paris, 1937, in-8°.

ZAVATA, Silvio, « La défense des droits de l'homme en Amérique latine (XVIe-XVIIIe siècles) », publication de l'*UNESCO*, 1964.

BIBLIOGRAPHIE, ADDENDA

1. *Recueils, Collections :*

   SABIN, Joseph, *A Dictionary of books relating to America from its discovery to the present time,* New York, J. Sabin, 20 vol. in-8°, 1868-1892.

2. *Afrique :*

   LA COURBE, Michel Jajolet de, *Premier voyage à la côte d'Afrique en 1685, publié avec une carte de Delisle et une introduction par P. Cultru* (...), Paris, Champion, 1913, in-8°, LVIII-321 p.

3. *Amérique du Sud :*

   BOUGUER, Pierre, *La figure de la terre* (..) *avec une relation abrégée de ce voyage* (...), Paris, C.A. Jombert, 1749, in-4°, XII-CX-396 p. et pl. BN [V 7546].

4. *Antilles :*

   BROWNE, Patrick, *The civil and natural history of Jamaica* (...), London, T. Osborne and J. Shipton, 1756, in-fol., XIV-503 p. BN [Rés. Nt 592] (2ᵉ éd. 1789). Cox, II, 219.

5. *Auteurs :*

   HOBBES, Thomas, *Léviathan* (...), traduit, annoté et comparé avec le texte latin par F. Tricaud, Éditions Sirey, 1971, 1 vol., 822 p.

   ROUCHER, Jean-Antoine, *Les Mois, poème* (...), Paris, Imp. de Quillau, 1779, 2 vol. in-4°.

   SUARD, J.B., *Mélanges de littérature* (...), Paris, Dentu, An XIII-1804, 2 vol in-8°.

6. *Bibliographie générale :*

   BARNET, Miguel, *Esclave à Cuba,* biographie d'un cimarron du colonialisme à l'indépendance, Gallimard, 1967.

Davis, David Brion, *The problem of slavery in western culture*, Cornell University Press, 1966, xiv-505 p. Gr. in-8°. (Voir en particulier chap. 15 : « The changing image of the negro ».)

Fairchild, Hoxie Neale, *The noble savage; a study in Romantic Naturalism*, New York, 1928.

Kourouma, Ahmadou, *Les soleils des Indépendances*, Presses de l'université de Montréal, 1968, 2° éd. Seuil, 1970.

Smith, Edward, *The life of sir Joseph Banks* (...), London, J. Lane, 1911, in-8°, xvi-348 p.

Terrasse, Jean, *J.-J. Rousseau et la quête de l'âge d'or*, Bruxelles, Acad. Royale de langue et de littérature françaises, 1970, 314 p.

7. *A paraître :*

Certeau, Michel de : « Récits de voyage anciens (xvie-xviiie), une archéologie du discours ethnographique. »

Index

Pour la commodité du lecteur, nous avons établi un Index unique, qui groupe quatre séries de références, appelées par des caractères typographiques différents :

1. Les noms de personnes sont en petites capitales (DIDEROT, ROUSSEAU) ; Ad. Col. signale le personnel colonial.

2. Les noms de peuples et les noms de lieux sont en caractères usuels (Pérou, Péruviens).

3. Les noms de personnages (ou d'individus ayant réellement existé, mais présents ici comme « personnages » d'un récit historique ou romanesque) sont en grandes capitales (ZIMEO, MACANDAL).

4. Les concepts, notions ou thèmes, sont en italique (*Marronnage*). L'usage des guillemets distingue du nôtre le « lexique » des auteurs (« *Age des cabanes* » - *Etat de « pure nature* »).

Partout les chiffres en italique signalent les références les plus importantes.

N.B. — Les Documents annexes ne sont pas indexés. Dans la *Bibliographie*, ne sont indexés que les noms d'auteurs déjà cités dans le corps de l'ouvrage.

Abaquis (Abenaquis) : 11, 32, 111, 128, Bibl. 502.
Abyssinie : 52.
Académie de Dijon : 117 n.
Académie de Pétersbourg : 54.
Académie d'Upsal : 54, 114.
Acadiens : 467 n.
ACARETE : 75.
ACCARON (Ad. Col) : 148.
ACOSTA, père : 10, 66 n., 262, Bibl. 508.
ACUÑA, père d' : 109, Bibl. 509, 513.
ADAIR J. : 41, Bibl. 506.
ADAM A. : *10*, 331, 355 n., 431 n., Bibl. 534.
ADANSON M. : 47-49, 73, 97, 119-120, 173 n., 216, Bibl. 500, 522.
ADARIO : 31-32, 101.
Administrateurs coloniaux : 125-136, 149-160 (voir *Bureau des Colonies*).
« *Administrateurs-philosophes* » : 26, 125, 213.
Adoption (par une tribu) : 128.

Affranchis : 177-193.
Affranchissement (des nègres esclaves) : 18, 134, 154-158, 165 n., 168, 174, 219, 224.
Afrique, Africains : 34-37, 47-53, 69, 106, 119-120, 126, 130, 173, 258-260, 277 n., 289, 380, 385, 392, 400, 403, 404 n., 448 n., Bibl. 498-500, 520-521.
« *Age des cabanes* » : 343, *346-351*.
« *Agrégat* », *agrégation* : 363, 370, 371, 386, 427, 432.
AGUESSEAU, Chancelier d' : 81.
Akansas : 42.
Alaska : 262 n.
Albinos : 282, 286, 289-290, 292, 294.
ALEMBERT J. d' : 98.
Aléoutiennes (îles) : 54.
Algonquins : 27, 29, 32, 409.
Aliénation : 373.
ALMAGRO : 318.
Amazone : 16, 44, 108, Bibl. 510, 513, 514.

Amazones : 109.
Amérique, Américains : 10, 18, 30, 194-226, 246-247, 260-267, 276, 286, 289-290, 293, 300, 305, 317, 341, 384 n., 392, 412 n., 445-446, 471, 474, Bibl. 493-494, 501-514, 521.
Amérique du nord : 39-43, Bibl. 493-494, 502-507.
Amérique du sud : 43-47, Bibl. 507-514.
Amicouanes : 46, 79, 109.
Amis des Noirs : 170, 177.
Amour de soi : 340, 359, 364, 384, 398, 426.
Amour-propre : 340, 359.
Anatomie : Voir _Hottentots, Patagons, Pygmées, Hommes à queue, Américains, Dispute du Nouveau Monde._
Anatomie-Anthropologie : 12-13, 233-235, 242-243, 267-268, 282, 283 n., 290, 322 n.
ANDERSON G. : 114.
ANDERSON J. : 71, 99, Bibl. 493.
Andes : 45, 120.
Angola : 35, 91.
Anguilla (île d') : 89.
Animalité : 252, 300, 350, 416, 418-419, 423.
ANSON, Amiral G. : 60, 61, 68, 72, 74 n., 93, 99, 108, Bibl. 515.
Antarctique (continent) : 60.
Anthropologie : 12-13, 18-19, 21, 26, 117, 201-206, 214-215, 217-218, 222, 229-481.
Anthropophagie : 48, 81, 128 n., 216, 285-286, 303-304, 310, 313, 314, 400, 434, 474.
Antilles : 36, 126, 134, 144, 150, 260, 467, Bibl. 517.
« _Antipathie de ressentiment_ » (haine des colonisés) : 87, 93-94, 119, 216.
ANVILLE d' : 43.
Apalaches : 31.
AOTOUROU : 64, 110.
Apalachites : 37.
Arabes : 267.
Aradas : 35.
Araucans : 29.
ARBOULIN d' : 127.
Arctique (océan) : 40, 54.
Ardra (royaume d') : 35.
ARGENS Mis d' : 313.
ARGENSON Comte d' : 127 n.
Arguin (royaume) : 49.
ARISTOTE : 329 n.
Arouas : 45.
ARTIEDA, père d' : 109.
ARTUR (médecin du Roi) : 109, 119-120, 130, Bibl. 522.
Assimilation (Syn. « Incorporation ») : 26, 30, 127, 213, 215, 218, 221, 223-224.
Assiniboins (Assinipoels) : 39.

« _Associations_ » d'hommes : 341, 345, 346, 371.
ASTLEY (Collection) : 82, Bibl. 489, 498, à GREEN.
ASTRUC J. : 456 n., Bibl. 524.
Athées (peuples) : 311, 402.
ATKINS J. : 91 n., 99, Bibl. 499.
ATKINSON G. : 65, Bibl. 534.
AUDYFREDY, Chevalier : 46.
Australes (terres) : 61, 69, 83, 97 n., 291, 303 n., Bibl. 514-516.
Australie : 75.
Autonomisme : 131 n.

BACQUEVILLE DE LA POTHERIE : 28 n., 72, 96 n., Bibl. 504.
Bahamas (îles) : 89, Bibl. 504.
Baïkal (lac) : 54.
BAILLY J.S. : 70, 74, 248, Bibl. 524.
BAJON Dr : 73, 122, Bibl. 514.
BALMAS E. : 32.
Bambaras : 260.
Bambouk : 49, 106 n.
BANCROFT Ed. : 71, 73, 122, Bibl. 513.
BANKS, Sir J. : 58, 62-64, 69, 114, 122, Bibl. 516.
Barbade (île de la) : 89, 143, 144, Bibl. 517.
Barbare, Barbarie : 48, 50 n., 141 n., 156, 217, 224, 247-248, 278, 307-308, 312-313, 341, 349-350, 351, 435 n., 438, 441, 458-459, 461, 463, 466.
Barbarie des civilisés : 197, 207-209, 260, 278-280, 312-313, 317-320, 404-406, 453, 454 n.
Barbe : 282, 286, 289, 293, 297, 314, 317.
BARBEU-DUBOURG J. : 168 n., 473.
BARBOT : 50 n.
BARRÉ J. : 116.
BARRÈRE P. : 69 n., 71, 115, 121, 268, Bibl. 513.
BARROW J. (Collection) : 70, Bibl. 491.
BARTHES R. : 317 n.
BARTHEZ P.J. : 72, Bibl. 524.
BATAILLON M. : 195 n., 286 n., Bibl. 534.
BAUDEAU, abbé : 164, 165 n., 166, 173-174, 176, 218.
Bayle : 311 n., 313.
Bayly : 40.
BEAUCHÊNE-GOUIN : 60, 83.
BEAUHARNAIS (Ad. col.) : 39 n.
BEAUSOBRE I : 106 n.
BEGOUËN J. (négociant) : 133, 157, Bibl. 524.
BEGOUËN-DEMEAUX M. : 133 n., 157 n., 159 n., Bibl. 539.
BÉHAGUE J.J., comte de (Ad. Col.) : 46, 130, 219, Bibl. 524.

BEHN Mrs A. : 139, 140-141, 167, Bibl. 524.

BÉHOTTE Mlle, épouse de MALOUET : 133.

BELAVAL Y. : 438, Bibl. 534.

BELLE-ISLE M. de : 133.

BELLECOMBE (Ad. Col.) : 125, 135, 158, 160, 177.

BELLIN J.N. : 71, 73, Bibl. 513, 517.

Bénin : 91, 168.

BEN JONAH DE TUDELA (Benjamin Tudèle) : 101, 103, Bibl. 489.

BENZONI G. : 84, 91 n., 194-195, Bibl. 508.

BERGIER : 74 n.

BÉRING : 54, 57, 90, 262 n.

Béring (détroit de) : 54.

BERNARD J.F. : 43, 54, 69 n., 71 n., 75 n., *76*, 102 n., 108, Bibl. 487, 488, 489, 496, 497.

BERNOULLI : 109 n.

BERRIA : 109.

Besoins : 218, 220-222, 331, 334, 335, 339, 346-347, 349-350, 352, 358, 361, 362, 380-381, 436-437, 455.

BESSNER F.A., baron de : 46, 129-135, 154-158, 170-172, 212-213, 215, 219-223, 460 n., Bibl. 520-522, 524-525.

BEST, Capitaine G. : 55, Bibl. 496.

BEVERLEY R. : 71, Bibl. 504.

Bibliothèques : 66-75.

BIGOT (Ad. col.) : 71, 127 n.

BILLARDON DE SAUVIGNY E.L. : 32, Bibl. 524.

BONGARS (Ad. col) : 134, 160 n.

Bonheur : 352, 357-358, 362-368, 393, 399 n., 402-403, 433, 437-438, 447-449, 450-452, 457-459, 460-461, 464, 472.

Boni : voir *Marrons de Guyane*.

Bon(s) sauvage(s) : 214, *216 n., 217,* 446 n.

BONNET Ch. : 72, 423.

BONNIE : 139, 168, 175.

Bonté naturelle : 339-341, 349, 383, 413-414.

Borandiens : 250-251.

BORDA : 73 n.

BORDEU Th : 235, 423, Bibl. 525.

Bornéo : 38, 269.

Boshimans : 52.

BOSMAN W. : 72, Bibl. 499.

BOSSU N. : 42, 69 n., 114 n., Bibl. 506.

BOUCHARD M. : 61 n., 127 n., Bibl. 534.

BOUFFLERS, Chevalier de : 168.

BOUGAINVILLE L.A. de : 27, 28, 51, 63-64, 66, 68, 72, 74 n., 90, 92, 106-107, 110, 114, 116, *123-125, 126-129,* 132 n., 136 n., 215, 447, 453, 458 n., 460, Bibl. 497, 498, 502, 505, 515, 516, 520-521, 525.

BOUGUER P. : 58, 97 n., 103, 110-111, Bibl. Addenda.

BOULANGER N. : 247, 309 n.

BOUQUET H. : 71, Bibl. 506.

Bourbon (île de) : 116.

BOURGEOIS (Ad. Col.) : 107.

BOUVET DE LOZIERS J.B. : 61, Bibl. 512.

Bramines : 400.

BRISSON J.P. : 153 n.

BRISSOT J.J. : 108 n.

Brésil, Brésiliens : 29, 45, 80, 198, 210, 293 n., 303, 305-306.

BROOKS R.A. : 315 n.

BROSSES, Président Charles de : 20, 61, 66, 69, 70-71, 72, 74, 108 n., 312 n., Bibl. 484, 486, 491, 492, 493, 117 n., 127 n., 209, 304 n., 311 n., 494, 498, 499, 503, 505, 506, 508, 509, 510, 511, 512, 513, 514, *515,* 516, 518, 519, *525*.

BROWNE P. : 114 n., Bibl. Addenda.

BRUCE J. : 15, 52, 116, Bibl. 500.

BRUCKER : 101, 408.

BRUË (Dr de la Cie du Sénégal) : 34.

BRUZEN DE LA MARTINIÈRE A.A. : 69, 107 n., Bibl. 489, 490 (Voir ECHARD).

BRY de (Collection) : 14, 75 n., Bibl. 489, 498, 517.

BUFFON : 13, 18-20, 33, 36, 37-38, 40, 45 n., 51, 52-53, 57, 59, 64, 66, 67, 75, 76 n., 77, 79, 80, 95, 97, 98, 99, 102, 105, 109, 114, 115-117, 120, 122, 123, 197, 201-202, 206 n., 211, 214-215, 217, *229-280,* 283, 286, 293, 294-299, 301-302, 312, 319, 325, 329-334, 341 n., 353 n., 377, 378, 381, 384, 386, 388, 393, 407, 412, 415-417, 419, 420, 421 n., 423-424, 426, 432 n., 435-436, 445-446, 448 n., *479,* Bibl. 487, 490, 492, 494, 495, 522, 525.

Bureau des Colonies : 119, 126, 131, 134, 145, 148, 150, 152, 159-160, 212, Bibl. 520-522.

BURKE Ed. : 71, 73, Bibl. 506.

Buriates : 54 n., 291, Bibl. *494*-496.

BUTEL-DUMONT G.M. : 71, Bibl. 505.

BUTINI : 165 n.

BUTUA : 111.

BYRON J. : 62-63, 70, Bibl. 515, 516.

Cafres : 16, 29, 52, 53 n., 59, 259, 269, 290 n., 304, 307, 308 n., 311, Bibl. 499, 500.

CAIRE J. de : 293.

CALMET Dom : 288.

Calmouques : 252.

CAMPBELL J. : 71, 287 n., Bibl. 489, 510.

Californie : 42-44, 54, 210, 261, Bibl. 506.

CAMUS A.G. : 58, 75 n., Bibl. 485.
Canar (palais de) : 45.
Canada, Canadiens : 11, 26-29, 31-33, 34, 39-40, 80, 124, 126-128, 206, 215, 216, 288 n., 303, 317, 400, 403, 445, 447, 458-459, 461, 467, Bibl. 502-507, 520-521.
Canaries (îles) : 500.
Cannibales : 37, 313 n.
Cap Blanc : 49.
Caraïbes : 13, 16, 37, 80, 96, 115, 125, 292-293, 303 n., 335, 380, 385 n., 392, 400, 402, 471 n. Bibl. 509.
Caranes : 45.
CARBIA Romulo D. : 195 n., Bibl. 539.
Caroline : 127 n., 320, Bibl. 504, 505, 506.
CARTERET : 62-63, Bibl. 516.
Carthagène : 112.
CARVER J. : 40, 293, Bibl. 507.
Cassamance (rivière) : 49.
Castration : 434.
CATHERINE II : 57, 58, 162, 224-225, 398, 441, 463-466.
CAVAZZI, père G.A. : 34-35, 49, 69 n., 402 n., Bibl. 499.
Cayenne : 109, 115, 116, 130, 158.
Celtes : 301.
Ceylan : 38, 269, Bibl. 518.
CHABERT J.B. de : 73, Bibl. 505.
Chacrelas (Java) : 270 n.
CHAILLEY-BERT J. : 135 n., Bibl. 539.
Chaîne des êtres : 414-416.
CHAMPLAIN S. : 27 n., 73, Bibl. 503.
CHANVALON Thibault de : 36, 37, 74, Bibl. 525.
CHAPPE D'AUTEROCHE J. : 56 n., 69 n., 122 n., Bibl. 495, 506.
CHARDIN J. : 98, 99-100, 104, 253, Bibl. 518.
CHARLES XII : 289.
CHARLEVOIX, père X. : 31 n., 32 n., 35, 39, 41, 59, 69 n., 72, 77, 79, 84, 85 n., 103, 104 n., 105, 195, 208 n., 210 n., 260, 262 n., 293 n., 446-447, 448 n., Bibl. 505, 510.
CHARLIAT P.J. : 25 n.
CHASTELLUX, Mis de : 71, Bibl. 525.
CHAUNU P. : 195 n., 199 n., 203 n., 206 n., Bibl. 539.
CHAUVIGNERIE : 128 n.
CHAVANNES Alex. César : 12-13, 229, Bibl. 522, 525.
Cheroquis : 32, 41-42, 101 n., Bibl. 505.
Chicacas : 27.
Chili : 29, 45, 93 n., Bibl. 509.
CHINARD G. : 31 n., 32, 65, 77, 101 n., 263, Bibl. 534.
Chine : 58, 69, 474-475.
Chinois : 252-253, 254 n., 267, 290, 317.
Chiquitos : 43-44.
Chiriguanes : 402.

CHOISEUL, duc de : 46, 127 n., 129 n., 131, 132, 133, 136 n., 153.
Choiseul (île) : 124.
CHRISTOPHER, capitaine : 40.
CHURCHILL (Collection) : 55 n. 68 n., 80, Bibl. 493, 498.
CIEZA DE LEON P. : 83, Bibl. 507.
Circoncision : 310 n.
Civilisation : 17, 19-20, 26, 48, 157, 240, 246-247, 248, 256-257, 260, 261, 262, 264-265, 276-277, 299, 302, 317, 332, 389, 391-396, 406, 423, 436-438, 459-463, 468, 479-480.
Civilisation (sens actif) : 18, 46-47, 48, 53, 119, 129-131, 133, 134, 155, 157, 209, *211-226*, 261, 277, 278 n., 279-280, 311, 312, 319-320, 463-468.
Civilisé : 433-434, 459.
CLAIRAUT : 58.
CLARET DE FLEURIEU Ch. P. : 107, Bibl. 516.
Climat (influence du) : 202, 203, 215, 252-258, 260-261, 264-269, 275-276, 277, 288 n., 294-295, 296-298, 306 n., 310, 323, 326, 336, 352, 354, 384-385, 423-424.
CLUGNY (Ad. Col.) : 151.
Cochimes : 43.
Cochin (royaume de) : 310.
Code noir : 135, 150, 170, 177-193, 320, 468.
« *Codes* (les trois) » : 440-444, 456-457, 464, 472.
COLDEN C. : 32, 96, Bibl. 504.
Collections, Recueils : 75-95, Bibl. 485-493.
COLLINSON P. : 57, Bibl. 526.
Colonies anglaises : 89, 144, 405, Bibl. 503, 505, 517.
Colonies espagnoles : 93, 112, 197-199, 404, Bibl. 507-511.
Colonies danoises : 467 (Voir aussi Groënland).
Colonies françaises : 93, Bibl. 517, 520-522, 539, 543.
Colonies hollandaises : 93, 95, 129, 132 n., 209, Bibl. 513.
Colonisation : 17, 30, 47-53, 62, 89-94, 97, 118-119, *126-136*, *194-226*, 319-320, 453, 467-468.
Colorado : 43.
COMMERSON Ph. : 53, 63-64, 116-119, 123 n., 125, 212-213, 216, 217, 447, Bibl. 520-522, 526.
Compagnie de la Guyane : 133, 136 n.
Compagnie de la baie d'Hudson : 40.
Compagnie des Indes : 61, 120, 131, 136 n., 146 n.
Compagnie du Canada : 136 n.
Compagnie du Sénégal : 49.
Compagnies d'Afrique : 91.
COMPAGNON, sieur : 34 n., 49 n., 106 n., Bibl. 498.

CONDILLAC, abbé de : 98, 222, 330, 334, 341 n., 351 n., 419, Bibl. 526.
Congo : 35, 50, 260, 400.
CONTANT D'ORVILLE A.G. : 69 n., Bibl. 492.
Contrat social : 309 n., 355-356, 363, 370-374, 387-388, 427-428, 433.
COOK, capitaine J. : 52, 61-64, 68, 72, 92, 114, 123, 125, 460, Bibl. 496, 516.
COOKE E. : 60, Bibl. 514.
COPINEAU, abbé : 74.
CORÉAL F. : 76, 78, 87, 93, Bibl. 488.
Corps politique, Corps social : 355, 361, 362, 367-368, 368-374, 385, 387-388, 389-390, 391, 396, 399, 405, 427, 431, 432, 437, 442, 444, 468, 472.
CORTÈS H. : 73, 196-197, 309, 318, Bibl. 507, 511.
Couleur : 250, 253, 255, 259, 267-269, 282, 290, 292-293, 319.
Couleur des Noirs : 89 n., 115, 116, 161, 259, 268-269, 271, 282, 290, 292.
COURT DE GÉBELIN : 69 n., Bibl. 526.
COURTÉPÉE, abbé de : 409 n.
COURTNEY : 115.
COURTOIS L.J. : 329 n.
Coussaris : 45.
COX E.G. : 25, 40, 42 n., 70 n., 75 n., 76 n., 89 n., 96 n., 108 n., Bibl. 483, 485, 539.
COXE, Dr W. : 55 n., Bibl. 496.
COYER, abbé : 69 n., 108 n., Bibl. 515, 526.
CRANTZ D. : 58-59, Bibl. 494.
Crees : 31, 39, 89.
Créoles : 18, 36, 149 n., 161, 205 n., 214, 265.
CRÉVECŒUR, Mis de : 61.
CROCKER Lester G. : 373 n., Bibl. 534.
CROGHAN G. : 41.
CROY, Duc de : 122, Bibl. 498.
Cuba : 208 n., 318.
CUDJOC : 139.
CULTRU P. : 34 n., Bibl. 539.

DAIRE E. : 163 n.
DALLAS : 139 n.
DAPPERT Olfert : 29.
DALRYMPLE A. : 64 n., 72, Bibl. 492.
DAMPIER W. : 60, 69, 72, 83, 95, 97 n., 99, 291, Bibl. 514.
DAMPIERRE J. de : 37 n., 79 n., Bibl. 539.
DAPPER O. : 70, Bibl. 498.
Darien [Isthme de Panama] : 270 n., 293 n., Bibl. 509.
DAUBIGNY E. : 131 n., Bibl. 539.
DAVID (Ad. Col.) : 132.
DEBBASH Y. : 139, 140, 144, 145 n., 146 n., 147 n., Bibl. 539.

DEBIEN G. : 133 n., 146 n., 150, 155 n., 158 n., 159 n., 177 n., Bibl. 540.
DEFOË D. : 60, 108 n.
Déformations, Mutilations : 310.
Dégénération : 18, 204-206, 214-215, 222, 237, 246-247, 252, 263-267, 270, 274-276, 282, 292, 423-424, 462-463.
Dégénérer - Se perfectionner : 246-247, 263-264, 395-396.
DELALANDE : 117, 216 n.
DELARUELLE J. : 67 n.
DELCOURT A. : 47 n., 136 n., 157 n., Bibl. 540.
DELEYRE : 86 n.
DELISLE : 32.
DELISLE DE LA CROYÈRE : 54-55.
DELPLA J. : 65.
DEMANET, abbé : 49, 105-106, Bibl. 500.
DÉMEUNIER J.N. : 55, Bibl. 526, 537.
DEMIDOFF (?) : 57.
DERATHÉ R. : 324, 327, 355 n., 368, 370 n., 372 n., Bibl. 535.
DERRIDA J. : 322 n., 324, 327, 339, 340 n., 344, 348, 349, Bibl. 535.
DESBOULMIERS [Jullien] : 30 n.
DESCHAMPS, Dom : 451-452, 461, Bibl. 526.
DES MARCHAIS, Chevalier : 34-35, Bibl. voir LABAT, 499.
Despotisme : 224, 309, 311, 357, 385, 389-390, 391, 392, 397,-398, 404, 433, 437, 461, 465-468, 474.
Destruction (des Sauvages) : 26, 93-94, 97-98, *194-226* [*209*, 213-214], 279, 313, 318-319, 402, 404-406, 450, 471, 474, voir aussi *Ethnocide*.
DEVÈZE M. : 154 n., 163 n., Bibl. 540.
Dictionnaires (ou « Vocabulaires »), Grammaires : 40 n., 45, 74, 78, 114 n., Bibl. 485, 495, 499, 508, 512, 517.
DIDEROT : 11, 12, 17, 20, 33, 34, 44 n., 52, 67, 73, 96, 97, 102, 104, 106, 109 n., 110 n., 121, 125 n., 126, 131-132, 135 n., 136 n., 140, 162, 166 n., 172 n., *175-176*, 197 n., 208 n., 211 n., 216 n., 224-226, 234-235, 238-239, 273 n., 299, 325, 329-334, 370 n., 375, 383 n., 401, *407-475*, Bibl. 522 (mss.), 527.
DIECKMANN H. : 175 n., 409 n., 452 n., 464 n., 465 n.
DIODORE : 153 n.
« *Dispersion* » : 328, 348-349, 386.
« *Dispute du Nouveau Monde* » : 101, 201-206, 265-267.
DOBBS Arthur : 40, Bibl. 497.
DOMASCHNIEF : 57, 116.
DOMBEY J. : 45, 114, 122-123, Bibl. 522.
Dondos : 270 n.
DORTOUS DE MAIRAN : 288.

DRAKE F. : 93 n. Bibl. 514.
DUBUQ Jean (Ad. Col.) : 62 n., 126, *131-132*, 152, 213, Bibl. 502, 520.
DUCARRE J. : 89 n., Bibl. 535.
DUCHET M. : 18 n., 32 n., 74 n., 124 n., 132 n., 410 n., Bibl. 535.
DUCLOS Ch. 98.
DUHAMEL DE MONCEAU : 120.
DUMAS Jean (Ad. Col.) : 131-132, 147, 148 n., 149, Bibl. 522.
DUNMORE (gouv. de Virginie) : 33.
DU PÉRIER : voir Morvan de Bellegarde.
DUPONT DE NEMOURS : 162 n., 165, 166, 167, 171, 173 n., 321, Bibl. 527.
DUPRONT A. : 9, 219 n., Bibl. 535.
DU TERTRE, père J.B. : 37, 69 n., 73, 95, 100, 115, 145, Bibl. 517.
DUVELAËR (Dr de la Cie des Indes) : 61.

ECHARD L. : 69, Bibl. 490.
ECKHENBERG Ch. G. : 114.
EGEDE Hans : 58-59, 73 n., 74 n., 97 n., 262, Bibl. 493.
EGEDE Christian : 58-59.
EGEDE Paul : 58-59.
EHRARD J. : 38, 76 n., 79 n., 101 n., 236, 238 n., 277 n., 418 n., Bibl. 535.
EIDOUS N.A. : 44 n., Bibl. 490.
ELBÉE (d') : 94.
ELDORADO : 313-317.
Ecriture : 307-308, 310.
ELLIS Henry : 40-41, 69 n., 71, 72, 90, Bibl. 490, 493, 497.
Encyclopédie : 91, 99, 106, 107, 123-125, 145, 408-410, Bibl. 527.
Encyclopédie, Articles : [(S) = *Supplément*], *Accroissement* : 235, *Afrique* : 29 n., 50, (S) *Afrique* : 410, *Amautas* : 103, (S) *Amérique* : 42, 101-102, 103, 198-199, 205, 265 n., 410, 448 n., *Anatomie* : 12, 233, *Animal* : 235, 408, 412, 416, 419, *Anthropologie* : 12, (S) *Arauques* : 29 n., *Art* : 437 n., (S) *Assinipoels* : 39, *Athée* : 34, 441, *Autorité politique* : 432, 433, *Bête* : 420, *Brésil* : 30 n., *Cabane* : 408, *Californie* : 43, (S) *Canada* : 26-28, *Canadiens* (Philosophie des) : 100, *Canot* : 125 n., 408, *Carnaciers* : 332 n., 343 n., *Charité* : 447 n., *Chiquitos* : 44, *Couleuvre* : 125, 408, *Cruauté* : 197, *Délicieux* : 436 n., *Droit naturel* : 333, 408, 416, 426, 441, *Emmailloter* : 235, *Encyclopédie* : 407, 435, 438 n., *Eskimaux* : 59, *Eunuque* : 235, *Férocité* : 197, *Galles* : 49 n., *Grecs* : 408, (S) *Guadeloupe* : 410, (S) *Guyane* : 110, 410, *Hobbisme* : 408, 439 n., 457, *Hottentots* : 53 n.,

Hudson (*baie d'*) : 40, *Humaine* (*Espèce*) : 59 n., 235, 273 n., 408, 416, *Huscanaouiment* : 409, *Impérissable* : 432, *Iroquois* : 96, *Jagas* : 48, 81 n., 442 n., *Jammabos* : 409 n., *Jebuses* : 442 n., *Jouissance* : 444-445, *Kamtchatka* : 56, *Kanno* : 409, *Langues* : 351 n., *Laponie* : 56, 298, *Législateur* : 103, *Luxe* : 453, *Mabouya* : 125, 409, *Maby* : 125, 408, *Machines* : 125 n., *Madagascar* : 105, *Marimba* : 408, *Matatou* : 408, *Mexico* : 200, (S) *Mexico* : 200, 410, *Mexique* : 30, 33, *Michabou*, 409, *Mines* : 49 n., *Moxos* : 44, (S) *Mulâtre* : 160, 177, *Mumbo-Jumbo* : 409, *Natchez* : 32 n., *Nègres* : 126, 260 n., *Ngombos* : 409 n., *Ombiasse* : 409 n., *Ossification* : 235, *Ostiaks* : 56, (S) *Passage* (*par le nord*) : 40 n., 54 n., *Pérou* : 103, (S) *Pérou* : 410, *Piaie* : 409 n., *Pont* : 103, 408, (S) *Population* : 198 n., 415, *Quiay* : 409 n., (S) *Quito* : 410, *Samba-Pongo* : 409 n., *Samoyèdes* : 56, 298, *Sauvages* : 409, 410, *Scythes* : 408, 444, 448, *Sénégal* : 48, 119 n., *Sibérie* : 57, *Spitzberg* : 54 n., *Sucre* : 125, *Taba* : 409 n., *Talapoins* : 409 n., *Tchukotskoi* : 57 n., *Temples* : 103, *Théocratie* : 409 n., *Tongues* : 56, *Vertu* : 383, *Vie* (*durée de la vie*) : 235, *Ynca* : 103.
Encyclopédie dite *d'Yverdon* : 107, Bibl. 527.
Encyclopédie dite *d'Yverdon* : Articles : *Afrique* : 50, *Nègres* : 115 n., *Nègres blancs* : 122 n., *Sauvages* : 409-410, 470 n.
Enfants sauvages : 338.
ENGEL Cl. E. : 104 n., Bibl. 535.
ENGEL S., bailli : 39, 40, 42, 72, 74, 101-102, 410, 448 n., Bibl. 497, 527.
ENNERY d' (Ad. Col.) : 133, 134, 136, 152.
EPINAY Mme d' : 114, 175 n., Bibl. 527.
Equilibre (*des sociétés*) : 396-398, 402, 433, 461-463, 466-467.
ERCILLA Alonzo de : 29 n.
Esclavage : 26, 47, 93, 121, 126, 130, 137-193, 225, 260, 278, 305, 317-321, 385 n., 404-406, 450, 453, 468, 474.
Esclaves (*lac des*) : 40.
Espèce - Individu : 264, 360, 400, 421-423, 425, 427-429, 437, 439, 457, 462.
Espèce(s) : 251, 270-273, 412, 414, 423-425.
Espèce humaine : 232, 234-245, 254, 257-258, 266-267, 271, 274-275, 277, 278, 283, 330-333, 336-337, 338, 360,

372, 374, 375, 378-379, 384, 416, 419, 423-425, 457, 468.
Esquimaux : 55, 58-59, 89, 206, 293, Bibl. 493-494.
ESTAING, Comte d' (Ad. Col.) : 120-121, 152.
Etat civil, Etat de lois : 225, 356, 359, 371, 387-390, 393, 394, 396-397, 403, 451, 458.
« *Etat d'animalité* » : 327, 329, 330, 332.
Etat d'isolement : 330-335, 340, 386, 413, 427.
Etat de guerre : 354-357, 375, 386-387, 389-390, 400, 405, 426-427, 428 n., 433, 434.
« *Etat de mœurs* » : 451-452.
Etat de « nature » : 240-244, 280. 327, 329-330, *345* n., 357, 386, 387, 390, 392-394, 458, 461 n.
Etat de « pure nature » : 244-245, 248, 300 n., 303, 304-305, 314, 326, 327, 329-335, 343, 345, 357.
« *Etat de troupeau* » : 330, 332. 345, 425-426.
Etat policé : 246-247, 464.
Etat sauvage : 31, 205, 214, 225, 246-247, 280, 299-302.
Ethiopie : 35.
Ethnocide : 197-199, 207-209, Bibl. 523.
Ethnologie : 96.
ETIENNE S. : 170 n., Bibl. 540.
Européocentrisme : 17, 205, 478-479.
Evangélisation : 212-213.
Exclusif : 131.
Explorations : 25, 39-43, 43-47, 49, 51-53. 54-59, 61-63, 83. 97, 122, Bibl. 539.

FABRE Jean : 21 n., 407 n., 431 n., 462 n., Bibl. 535.
FALCONET : 224, 463.
Famille (s) : 341, 342, 345, 348-350, 352, 362, 365, 386, 432.
FAUQUE, père E. : 46, 153 n., Bibl. 513.
FEBVRE L. : 219 n., Bibl. 535.
FEIJOO, père : 265.
FELICE B. de : 101 n., 409 n., 410, Bibl. 527.
FELLOWS Otis : 329 n., Bibl. 536.
Femmes (Condition des) : 278, 451 n., 453-455, 460.
FÉNELON [Télémaque] : 73.
FÉNELON (Gouverneur de la Martinique) : 131 n.
FERGUSON A. : 72, Bibl. 527.
FERMIN Ph. : 71, 73, 122, Bibl. 513.
FÊTE : 149, 168, 352-353, 367, 368 n.
Fétiches : 86.
Feu (invention du) : 310, 343-344, 353.

FEUGÈRE A. : 123 n., 130 n., Bibl. 536.
FEUILLÉE, père : 100.
FIEDMONT (Ad. Col.) : 148, 152 n., 171-172.
FIELLSTROM : 74 n.
Finlande, Finnois : 292, 296-297.
FITZ-MAURICE (Ad. Col.) : 158, 212 n.
Fixité des espèces : 286, 298.
FLACOURT E. de : 66, 105, Bibl. 501.
FLEURIEU : 73 n.
Floride : 37, 213, 218, Bibl. 508.
FOACHE M. : 159.
FOACHE Stanislas (négociant) : 133, 159, Bibl. 527.
FOIGNY G. : 69, 315.
Folles-Avoines : (voir Maloumines) 124.
FONTENELLE : 283.
Formose : 38, 254 n., 267, 400, 442-443, Bibl. 518.
FORREST : 73 n., Bibl. 519.
FORSTER (fils) J.G. A. : 114.
FORSTER J.R. : 73 n., 114, 122, 123 n., Bibl. 492, 496, 516.
FOUCAULT M. : 229, 248 n., 249, 274, Bibl. 536.
FOURY B. : 53 n., Bibl. 540.
France équinoxiale : voir Guyane.
France (île de) : 117 n., 132, 147-149, Bibl. 520.
FRANKLIN : 265.
FRÉDÉRIC de Prusse : 397.
FRÉRET N. : 331 n.
FRÉVILLE de : 63 n., 64 n., 72, 117 n., 118 n., 216 n., Bibl. 516.
FRÉZIER A.F. : 90, 91, 93, 97 n., Bibl. 509.
FRITZ, père S. : 43-44.
FROBISHER M. : 55, 76, 80, Bibl. 488, 496.
FROIDEVAUX H. : 46 n., 115 n., 120 n., Bibl. 540.
FUSÉE-AUBLET J.B. Ch. : 46, 97, *119-121*, Bibl. 514, 520, 524.

GAGE Th. : 75, 78, 87, Bibl. 508, 509.
GALIANI, abbé : 114.
Galibis : 45-46, 96, 121.
Galles (occidentales et orientales) : 52.
GAMA Vasco de : 33.
GAMBOA Sarmiento de : 109.
GARAT : 107 n.
GARCÈS, père : 42.
GASSENDI : 332 n.
GÉANTS : 64, 337.
GEMELLI CARRERI G.F. : 38, 70, 78, 83, 92, 97, 200, Bibl. 510, 515.
Géographie : 69, Bibl. 488, 489, 490, 491, 492.
Géorgie : 89, 256, Bibl. 505, 506.
GERBI A. : 122 n., 205 n., 265 n., Bibl. 536.

Giagues : 400.
GILIBERT : 122.
GIMENEZ-FERNANDEZ M. : 195 n.
Ginseng : 78.
Girafe : 51.
GIRAUD M. : 128, 215 n., Bibl. 540.
GMELIN J.G. : 56, 69 n., 72, 97, Bibl. 491, 495.
Goa : 87, 313, Bibl. 518.
GODIN DES ODONAIS L. : 44-45, 109, Bibl. 511.
GOGUET A.Y. : 70, 72, Bibl. 528.
GONNEVILLE : 61.
GORDON, Lord : 33 n., 52, 116, 232.
Gorée : 49, 130, 132, Bibl. 521-522.
GORINI CORIO, Mis : 72.
GRAAF Nicolas de : 33 n., Bibl. 519.
GRAFIGNY, Mme de : 32, Bibl. 528.
GRAND (banquier de Raynal) : 129 n., 130 n.
GRANDCLOMESLÉ (armateur) : 130.
GRANGE H. : 325 n., 327 n., 348 n., 351 n., 354 n., Bibl. 536.
Grèce : 388 n.
GREEN (Collection) : voir Astley.
Grenade (ile de la) : 116, 125, 152 n.
GRESLON, père : 262 n.
GRIMM F.M. : 129 n., 411, 446, 452, 453, 465, 475 n.
Groënland, Groënlandais : 54, 58-59, 71, 97 n., 203, 250, 261, 262, 273 n., 297 n., Bibl. 493-494.
GROTIUS : 320 n.
Guadeloupe : 145-146, 148, 161-162, 292, Bibl. 517.
Guaranis : 16, 30.
GUATIMOZIN : 33, 197.
GUÉROULT M. : 338 n., Bibl. 536.
GUEUDEVILLE N. : 73 n., 100, 286 n., Bibl. 487, 504.
GUIGNES de : 56, 70, 288.
Guinée : 91, 260, 269.
GUMILLA, père : 44, 72, 452-453, Bibl. 511.
Guayaquil : 112.
GUISAN J.S. : 134.
GUSDORF G. : 9, 21, 273 n., 274, Bibl. 536.
Guyane : 36, 37, 45-47, 71, 73, 78 n., 79, 81, 96, 109, 116, 119-122, 129-135, 147, 152-160, 162, 164, 170-171, 174, 212, 218, 222, 224, 248, 460, 467, Bibl. 512-514, 520-522.
GUYON B. : 149 n., 168 n., 366 n.

HAKLUYT (Collection) : 55 n., 81, Bibl. 497.
HALLER A. von : 423.
HALLEY (?) : 99.
HAMY, Dr E. Th. : 122 n., Bibl. 541.
HANKE L. : 195 n., Bibl. 541.
HANNEMAN : 268.

HARRINGTON [*Océania*] : 73.
HARRIS (Collection) : 40 n., 80. Bibl. 507.
Hasard : 308, 334-335, 353. 354, *357 n.*
HASSELQUIST F. : 114 n.
HATUEY (Cacique) : 33.
HAWKESWORTH J. : 63, 69. 103 n., Bibl. 516.
HAWKINS : 70.
HEARNE S. : 40.
HEAWOOD Edward : 25 n., 34 n.. 39 n., 40, 41, 42 n., 43 n., 44 n., 51 n., 52 n., 60 n., 61 n., 64 n., Bibl. 497, 541.
HELVÉTIUS : 19, 20, 67, 75 n., 79, 80, 176 n., 222, 320 n., 330, 332 n., 334, 356 n., 374-375, *377-406*. 420-421, 428, 430 n., 431, 433, 437. 441 n., 445, 448, 461-462 , 465, 467. Bibl. 528.
HENDRY A. : 40.
HENNEPIN L. : 27 n., 73, 80, Bibl. 488. 503.
HÉRAULT, Mme : 127 n.
HERBELOT (d') : 69 n.
HERMAND P. : 411, Bibl. 536.
HÉRODOTE : 13.
HERRERA A. de : 103, 262, 286 n., Bibl. 508, 509, 512.
HILLIARD D'AUBERTEUIL : 159, Bibl. 528.
Histoire cyclique : 394-396, 432-433, 461.
HOBBES (Hobbisme) : 340, 349, 354-355, 386, 401 n., 427, 428 n.. 439, 442 n., 453, 457, 461 n., Bibl. Addenda.
HOCQUART (Ad. Col.) : 39 n.
HOLBACH, baron d' : 52, 62 n., 66, 67, 70, Bibliothèque : 71-74, 75, 80 n., 81 n., 109 n., 120, 125-126, 131, 134, 136 n.; 408-409, 431, 442 n., 472, Bibl. 484, 486, 487, 489, 490, 491, 492, 493, 494, 495, 496, 498, 499, 500, 504, 505, 506, 508, 509, 510, 511, 512, 513, 515, 516, 518, 519, *528.*
Hollande : 474.
HOMÈRE : 459.
Homme - Animal : 235-237, 266. 283-284, 331-333. 339, 347, 353, 358, 377-379, 412, 418-420, 436, 441 n., 469.
Hommes à queue : 81, 249, 291.
Homme sauvage : 15, 17, *110-111*, 216-217, 237, 300, 329, 331-335, 337-339, 380-381, 444-445, 459, 460, 474, 479-480.
HOP H. : 51, Bibl. 500.
Hottentots : 14, 29, 33-34, 51-53, 58, 59, 81, 91, 96, 116, 203, 209, 243, 259, 269, 274, 276, 286, 289-290, 292,

303, 310 n., 311, 313, 314, 335, 380, 400, 441, 453, 460, 461, Bibl. 498.
HUBERT R. : 333, 410, Bibl. 536.
HÜBNER J. : 69, Bibl. 490.
Hudson (baie d') : 40-41, 71, 89, 127, Bibl. 493.
« *Humanisme* » : 26, 94, 138, 145, 164, 166, 170, 177, 177-193, 278-280, 317-321, 403-406.
Humanité - Intérêt : 152, 153, 154, 155, 156, 159-160, 161-162, 164-165, 172, 209, 213, 219, 321, *368 n.*, 404.
HUMBOLDT A. de : 45.
Huns : 300.
HURAULT J. : 139 n., 147 n., 156 n., Bibl. 541.
Hurons : 27, 29, 31, 96, 203, 262 n., 314.

Idéologie coloniale : 18, 137-177, 194-226.
IDES Evert Ysbrands : 54, 76, 80, Bibl. 488, 494, 519.
IGLOU (*Cleveland*) : 95 n.
Illinois : 27, 31, 32.
Incas : 29, 30 n., 45, *112-113*, 309, 316, Bibl. 510.
Indios Bravos : 42.
Inégalité : 223-225, 305, 308-309, 342, 344, 352, 354-357, 365, 375, 379-380, 388, 389-390, 393-394, 397-399, 421, 427, 431, 433, 434, 448, 461.
Infibulation : 434.
Innéisme : 284, 382-384, 428.
Inquisition : 87, 313.
Instinct : 284, 301, 303, 304 n., 305, 306, 308, 312 n., 330, 331, 332, 340, 350, 359, 421, 425-426, 444.
Insurgents : 468.
Interdits : 91 n.
Intolérance : 405-406.
Invention : 308, 310, 342-343, 345, 346, 351, 363, 376.
Iroquois : 27, 31-32, 203, 300, 313, 441-442, Bibl. 505.
Islande : 71, Bibl. 493-494.

Jagas : 48, 81, 441.
Jalofs (Oualofs, Ouolofs) : 48, 59, 120, 216.
JAMESON R.P. : 137, Bibl. 541.
Jamaïque : 89, 95, 139, 142-145, 148, 167, Bibl. 517, Addenda.
Japonais : 253, 254 n.
JARTOUX, père : 78, Bibl. 487.
JAUCOURT, Chevalier de : 40, 48, 56, 96 n., 101, 126, 165 n., 197 n., 409.
Java : 38, 249, 267.
JÉRÉMIE N. : 39, Bibl. 488, 493.
Jésuites (Ordre) : 104, 211-212. Voir aussi : *Missionnaires*.

JOBSON : 91.
JONQUIÈRES M. de : 128 n.
Juan Fernandez (île) : 60, 108.
JUAN Y SANTACILIA don Jorge : 45, 112-113, Bibl. 510.
Juda (royaume de) : 35.
JULIEN Ch. A. : 154 n., Bibl. 541.
JUSSIEU A.L. de : 115, 120, 122 n., Bibl. 522.
JUSSIEU B. de : 163.
JUSSIEU Joseph de : 114-115.
Juste - Injuste : 285, 310, 387, 389, 400-402, 428-429, 441-442.
JUSTEL Henri (Recueil) : 80, 144 n., Bibl. 486, 517.

KALM P. : 39, 114 n., 232, Bibl. 506.
KAMES, Lord [Henry Home] : 72, Bibl. 528.
Kamtchatka, Kamtchadales : 54, 56, 262 n., 272, 291, 295, 297, Bibl. 494-496.
KEMPFER : 98, 99.
Kentucky : 41.
KERALIO Ch^r de : 72, 73 n., Bibl. 496.
KERALLAIN R. de : 127 n., Bibl. 541.
KEYSLER : 114 n.
Kimos : voir Quimosses.
KLINGSTÖD : voir MERZAHN VON KLINGSTÖD.
KNOX J. (Collection) : 71 n., Bibl. 491.
KNUDS LEEMS : 74 n., Bibl. 495, 496.
KOLB Peter : 29, 33, 51, 66, 69 n., 70, 91 n., 105, 259 n., 290 n., 441, Bibl. 499.
KONDIARONK (dit le Rat) : 31, 33.
Koriaques : 272, 297 n.
Kourou : 45, 71, 121, 133, 154, 163.
KRACHENINNIKOV S.P. : 56, 69 n., 262 n., Bibl. 495, 496.
Kurilsky (îles) : 56, Bibl. 495.

LA BARBINAIS LE GENTIL : 68, 83, 90, 93, Bibl. 515.
LA BARRE, Chevalier de : 313.
LABAT, père J.B. : 34-35, 37, 45 n., 69 n., 70, 86, 115, 126, 144, Bibl. 499, 513.
LA BORDE de : 13, 80, 402 n., Bibl. 509.
LABORDE (médecin) : 116.
LABOUQUÈRE A. : 160 n., 162 n.
LA BOURDONNAIS (Ad. Col.) : 90.
LABRIOLLE M.R. de : 142 n., Bibl. 536.
LA CAILLE N.L., abbé de : 33, 51, 52, 105, 232, Bibl. 500.
LA CONDAMINE Ch. M. de : 39 n., 44-46, 58, 69 n., 72, 79, 90, 91, 97, 98, 106, *108-110*, 120 n., 200, Bibl. 502, 505, 510, 521, 522, *528-529*.
LA COSTE N. de : 84 n.

La Courbe, sieur : 34, Bibl. Addenda.
Lacroix A. : 47, 109 n., Bibl. 498, 541.
La Croix J.F. de : 73, Bibl. 492.
Lade R. : 40, 88, 143.
Laët J. de : 84, Bibl. 503, 508.
La Faille M. de : 232.
La Fayette : 158.
Lafitau, père J.F. : 14, 69 n., 71, 72, 75 n., 99, 101, 105, 127 n., 287 n., 288, 311 n., 448 n., Bibl. 489, 501, 529.
Lahontan L.A., baron de : 16, 31, 39, 59 n., 69 n., 72, 100, *101-102*, 232, 263, Bibl. 504, 529.
La Loubère S. de : 33, Bibl. 518.
La Luzerne (Ad. Col.) : 147 n.
La Martinière P. de : 58, 71 n., Bibl. 494.
La Mettrie : 299, 447 n.
La Mothe le Vayer : 10, 66 n.
La Mottraye A. de : 69 n., 104, Bibl. 489.
Lambert, abbé Cl. F. : 69 n., Bibl. 490.
Lamiral (député du Sénégal) : 49 n., Bibl. 500.
Lange : 76.
Langage, langues : 74, 113, 115, 128, 205, 212, 215, 236, 244, 284, 301, 303-304, 307, 308, 310, 324-325, 326, 328, 337, 341, *346-351*, 352-353, 379, 381, 391, 419, 428, 439 n., 441 n., 447.
La Noue Zacharie de : 39.
La Peyrere I. de : 54, 59, 69 n., 71, 76, 80, 101, 105, Bibl. 493.
Laponie, Lapons : 56, 58, 71, 80, 108, 203, 250-252, 259, 261, 269, 272, 274-275, 278 n., 289-290, 291, 292, 295-297, 307, Bibl. 494-496.
Laporte, abbé J. de : 69 n., 80, Bibl. 491.
Las Casas B. de : 69 n., 72, 84, 85, 100, 103-104, 195-199, 208 n., 209-211, 317 n., Bibl. 508.
Launay M. : 323-325, 338 n., 360 n., Bibl. 535, 536.
Lauraguais, Comte de : 63.
Lavalette, père : 77.
La Vérendrye : 39, Bibl. 521.
Lavit, père : 46.
Lebeau, abbé : 69, Bibl. 491.
Le Brasseur (Ad. Col.) : 49 n., 106 n., 130, Bibl. 500, 521.
Le Cap : 51, 96.
Lecercle J.L. : 344.
Leczinski S. : 289.
Le Gardeur de Saint Pierre J. : 39 n.
« *Légende noire* » : 195-209.
Législateur : 357, 366, 372, 388, 399, 464-468, 471 n., 472.
Le Gobien, père : 402 n., Bibl. 509, 518.

Leguat F. : 104, Bibl. 519.
Leibniz : 101.
Lemaire J.J. : 50 n., Bibl. 499, 511.
Lemoyne (Ad. Col.) : 147 n.
Léna : 54.
Le Page du Pratz : 28 n., 32 n., 42, 69 n., 72, Bibl. 505.
Le Pers, père : 84.
Le Petit, père : 32 n., 76, 78, Bibl. 488.
Lépreux (île des) : 123 n.
Leroi-Gourhan A. : 37 n.
Le Romain : 125-126, 409.
Le Roy : 136 n.
Léry Jean de : 29, Bibl. 508.
Lesage A.R. : 38.
Lescallier D. (Ad. Col.) : 212 n.,
Lesser F.C. : 238 n.
Le Trosne : 163.
Lettres Édifiantes : 20, 43-46, 66 n., 69 n., 76-79, 81, 153 n., 402 n., Bibl. 487, 509, 510, 513.
Levaillant : 33, 53 n., Bibl. 500.
Levesque P. Ch. : 72, Bibl. 529.
Lévi-Strauss Cl. : 13, 261 n., 314-315, 322, 326, 338, 344 n., 355, 480 n., Bibl. 523.
Lewinter J. : 424.
Liberté - Nécessité : 333-334, 339-341, 350-351, *357* n., 370, 389, 422-423.
Lichtenberger A. : 65, Bibl. 537.
Ligon R. : 144 n., Bibl. 517.
Lima : 112.
Linné Carl von : 39, 58, 97, 114, 241-242, 417.
Linschoten J.H. van : 54, Bibl. 485, 487.
Lisbonne : 313, 314, 320.
Listonai de : 73 n.
Liublinsky V. : 66 n., 67 n.
Loango : 50, 106.
Lobo J. : 70, Bibl. 498, 499.
Locke John (philosophe) : 21, 284, 320, 426.
Locke J. : 68 n., 77, 285, Bibl. 488.
Loefling P. : 114 n.
LOGAN (chef shawanesse) : 33.
Loi civile : 311, 441-444.
Loi naturelle : 285-286, 310-311, 401, 441-444, 456-459.
Lokke C.L. : 131 n. Bibl. 542.
Lombard, père : 45-46, 78 n., 79, 109, Bibl. 513.
Loménie L. de : 148 n., 149 n. 161 n., 162 n., Bibl. 537.
Lomonosoff : 460.
Long E. : 143.
Longueil, Mis de : 128 n., 136 n.
Lopez, père O. : 34 n., Bibl. 498.
Lopez de Gomara F. : 194, 262, Bibl. 508.
Lorimier (fils de Bougainville ?) : 128 n.

LOUGH J. : 80 n., 408, 409 n., Bibl. 537.
Louisiane : 31, 76, 161 n., 164, 213, 218, 454 n., 467 n., Bibl. 503, 504, 505, 506.
LUCRÈCE : 329, 425, 459.
Luxe : 399, 437.

MACANDAL : 139, 147 n.
Madagascar, Madécasses : 53, 81, 91, 95, *116-119*, 126, 131, 212, 216-217, 218-219, Bibl. 501, 520, 522.
MAGNIN, père : 44, 109.
MAGON : 120, 121, 126, 136 n.
MAILLET Benoît de : 293, 298-299, Bibl. 529.
MAHN-LOT M. : 195 n.
Malaca : 38.
MALOUET P.V. : 46-47, 129-135, 136 n., 152 n., 155-157, 171-172, 176-177, 212, 222-224, 460 n., Bibl. 520-521, 529.
Malouines (îles) : 72, 122, Bibl. 512.
Maloumines (Malhominis ou Folles-Avoines) : 27.
MALPIGHI : 268, 282.
MALTE-BRUN : 25 n.
MAMA OCELLO : 113.
MANCO-CAPAC : 91 n., 112-113, 311.
MANDESLO : 83, 97.
MANDEVILLE B. de : 73.
Mandingues : 91 n., 260, 409.
Manghiens : 38.
Marañon : 43.
Maraones : 45.
MARCHAND-THÉBAULT J. : 139 n., 147 n., 155 n., 156 n., 158 n., Bibl. 542.
MARGAT, père : 79, Bibl. 521.
MARGRY P. : 215 n., Bibl. 521, 542.
Mariage (métissage) : 128, 214, 218-219.
Mariannes (îles) : 38, 254 n., 291, 303, 310 n., 402, Bibl. 518.
MARQUETTE, père : 75.
Marronnage : 129, 134, 139, 142-148, 165, 167.
Marrons de Guyane : 139, 147, 153, 155-156, 168, 171-172.
MARTENS F. : 54, Bibl. 487, 493.
MARTIN Aimé : 76.
MARTIN G. : 139, Bibl. 542.
MARTIN-ALLANIC J. : 62 n., 122 n., 127 n., Bibl. 497-498.
MARTINI, père : 78, Bibl. 487.
Martinique : 35, 77, 94-95, 131, 134, 145, 146, 152, 162, Bibl. 517.
Mascareignes : 150.
MASSON P. : 323 n., 324, Bibl. 537.
Matamba (royaume de) : 35.
MATELIEF : 83.
MATRA : 62.

MAUBERT DE GOUVEST : 32, Bibl. 530.
MAUDAVE, Comte de (Ad. Col.) : 53, 105, 117, 118-119, 131, 213, 215, 217.
MAUPERTUIS P.L. Moreau de : 34 n., 38 n., 58, 61, 90, 98, 108, 270 n., 286, 291 n., 299, 418, Bibl. 494, 530.
MAUX Mme de : 451, 452 n.
MAUZI R. : 436 n., 450-451, Bibl. 537.
MAY L.P. : 131 n., Bibl. 542.
Maynas : 43, 109, 217.
MENTELLE : 121.
MERCIER R. : 35, 45 n., 47 n., 76 n., 79 n., 137, 142, 143, 151, 166, Bibl. 537.
MERCIER L.S. : 32, 175 n., 194, Bibl. 530.
MERCIER DE LA RIVIÈRE P.P. : 162-163, 463-464, 467 n., Bibl. 530.
MEROLLA, père : 86.
MERZAHN VON KLINGSTÖD T. : 56, 272, 295-297, Bibl. 495.
Métissage : 30, 91, 103, 128, 215, 265, 267, 275, 282, 292.
MÉTRAUX A. : 13, Bibl. 523.
MEUNIER Dr : 118 n.
Meurtre des vieillards : 310, 400, 442.
Mexico : 199-200, 303, Bibl. 509.
Mexique, Mexicains : 11, 29-30, 42, 75, 87, 93, 97, 197, 198, 199-201, 204-205, 261, 263, 277 n., 307 n., 317, 318, Bibl. 507-511, 522.
Micmacs : 27.
MIDDLETON Ch. : 40, Bibl. 497.
Migrations : 202, 203, 261-263, 271-273, 286-288, 293 n., 296-297.
MIGRODDE J. de : 196 n.
MILLAR J. : 175 n., Bibl. 530.
Mina (royaume de) : 35.
Mindoro (île) : 38.
Mines (Minois) : 35, 260.
MINGRÉLIE : 76, 256.
MIRABEAU, bailli de (gouverneur de la Guadeloupe) : 148, 149-150, 161-162.
MIRABEAU, Mis de : 161-162, 167, 219 n., Bibl. 530.
Missionnaires (rôle des) : 154 n., 156 n., 212-213, 221, 223.
Missions : 41-43, 43-44, 49-50, 58, 77, 78-79, 128, 210-213, 471, Bibl. 539.
Mississipi : 41-42, 75, Bibl. 504, 506.
Modèle : 255, 269, 274-275, 336-337, 362, 372 n., 374.
Moluques : 38, Bibl. 517, 519.
MONBODDO, Lord : 70.
MONCK J. : 55, 89, Bibl. 493.
Mongols : 252, 254 n.
Monde sauvage : 26, 216-218, 220.
Monogénisme : 262, 266-267, 286-288, 298.
Monquis : 43.
Monstres : 337, 338, 423.
Montagnez : 27.

MONTAIGNE : 9-11, 29, 42, 65, 66 n., 87, 194, 199, 200.
MONTCALM, Mis de : 90, 126-128, Bibl. 502.
MONTESQUIEU : 32 n., 78, 92, 98, 137, 138, 154, 165 n., 320, 321, 375.
MONTESSUS, Dr. F.B. : 116, Bibl. 542.
MONTFORT D. : 118.
Moralité : 285, 339, 350-351, 353, 358-361, 364-365, 369, 371-374, 383, 389, 440-444, 462 n.
MORAS, Comte de : 120 n., 127 n., 524.
MORAVES : 41, 58.
MORE Th. : 73, 315.
MOREAU DE SAINT-MÉRY : 121, Bibl. 520.
MOREL J. : 67 n., 329 n., 332 n., Bibl. 537.
MORELLY : 102, 440, Bibl. 530.
MORGAN : 60.
MORNET D. : 65, Bibl. 537.
MORVAN DE BELLEGARDE J.B. : 70, Bibl. 487.
MOSCONI A. : 340-341, 342 n., Bibl. 537.
MOSES BOM SAAM : 139, 141, *142*, 175.
Mosquitos : 89 n., 143.
Moxos : 43-44, 76 n., 78, 210 n., Bibl. 489.
Mulâtres : 94, 135, 158-160, 177-193, 294.
MÜLLER J.B. : 54, 80, Bibl. 488, 494.
MÜLLER G.F. (compagnon de Béring) : 54 n., 57 n., 59 n., Bibl. 495.

NAIGEON : 172 n., 175.
Nains : 64. Voir aussi : *Pygmées, Quimos.*
Namaquas : 29, 51.
NARBOROUGH J. : 76 n., 95, Bibl. 488, 512.
Natchez : 27, 31, 32, 76, 78.
Natchitoches : 42.
Naturalistes (voyages et observations des) : 45-46, 47-48, 52, 53, 56-59, 63, 97, 105, *114-125.*
Nature - Art : 358-368, 372, 373.
Nature-Culture : 19, 216 n., 235, 265, 276-277, 293-294, 296, 309, 334-335, 344 n., 415, 479.
Naturel (sub.) : 216-217, 253, 260, 296.
Naturel - Artificiel : 438-440, 457.
NAVILLE P. : 431 n., Bibl. 537.
NECKER, Mme : 132.
Nègres blancs : 270.
NEWTON I. : 284.
NICKOLE : 40.
NICOLSON : 123 n.
Niger : 91.
NOËL : 130 n.

Noirs, 10, 116, 258-260, 289, 294, 300, 303, 304, 305, 307, 311, 317.
NOLIVOS, Comte de : 134, 136 n.
NOZIÈRES, Comte de (Ad. Col.) : 152 n.
Nouvelle-Guinée : 60, 269, Bibl. 516, 519.
Nouvelle-Hollande : 60, 75, 254, 291, 519.
    Bibl. 514.
Nouvelle-Zélande : 75.
NOYON J. de : 39.
Nubie : 52, 116.
NUX de la : 116.
NYEL, père : 43, 76 n., 78, Bibl. 489, 509.

Obi : 54.
OEXMELIN : 69 n.
OGÉ : 170.
OGILBY J. : 84, Bibl. 498.
OGLETHORPE J.E. : 89, Bibl. 505.
Ohio : 41, Bibl. 506.
Orange (rivière) : 51-52.
ORANGE (nègre marron) : 153.
Oreillons : 44, 45 n., 314-315.
ORELLANA A. de : 109, Bibl. 489, 509.
Orénoque : 16, 44-45, Bibl. 511.
Organisation : 234, 243, 284, 290, 305-306, 330, 331, 333, 378, 403, 416-417, 419-422, 429, 441, 444, 456.
ORONOKO : 140-142, 151 n., 168, 169.
Ostiaques : 54, 56, 80, 251, 291, 295, 296, 301, Bibl. 494.
OUTHIER, abbé : 108, Bibl. 495.
OVIEDO Y VALDES F. : 66 n., 286 n., Bibl. 507.
OVINGTON J. : 259 n.
Outagamis (Outaouais, Renards) : 27, 31.

Pachacamac : 122.
PAGÈS (médecin du roi) : 116.
PALAFOX Juan : 75.
PALLAS P.S. : 57, Bibl. 491, 496.
Papous : 16, 72, 81, 269.
Pâques (île de) : 64, 123 n.
Paraguay : 10, 30, 43, 77, 118, 210, *211-212*, 219, 279-280, 319, 394, Bibl. 510, 511.
PARKINSON S. : 62, 70, 72, 114 n., 118 n., 123 n., 125 n., Bibl. 516.
Passages au nord : 40, 54-55, 127, 262, 263, Bibl. 496-498.
Passions : 350, 358-359, 360 n., 361, 364, 373-374, 380-382, 385, 388-390, 398-399, 403, 436-437, 446-447, 462.
Patagons : 14, 33, 64, 77, 81, 96, 117, Bibl. 511-512.
PATERSON W. : 15, 52, Bibl. 500.
PAULTZ : 133.

PAUSANIAS : 13, 107.
PAUW Cornélius de : 14, 18, 20, 40, 41, 42 n., 45, 48, 58, 59, 64, 67, 69 n., 70, 72, 74, 75, 77, 78, 80, 95, 96-97, 99-104, 105, 107, 114, 122, 123, 197-199, *202-206*, 207-209, 210, 213-214, 222, 225 n., 260, 265-266, 286, 288 n., 293, 295, 410, 450, Bibl. 530.
PECHMÉJA J. : 172 n., 175.
PELSART : 75, 97 n., 291.
Pennsylvanie : 10, 168, 211, 319, Bibl. 506.
Perfectibilité : 236, 239-240, 332-334, 338-341, 347, 379, 381, 403, 412, 419-420.
Périodiques : 533.
Permie : 296.
PERNETY A.J. : 69 n., 72, 74, 98, 100, 101, 122, 203 n., 265, 448 n., Bibl. 492, 512.
Pérou, Péruviens : 30, 44-45, 91, 93-94, 97, 108, 109, 110-113, 122-123, 197, 198, 200-201, 204-205, 261, 263, 277 n., 303, 304, 307 n., 311, 316, 317, 318, Bibl. 507-511, 522.
PERRY J. : 69 n., Bibl. 488, 494.
« *Peuplades* » : 386.
Peuple primitif : 248.
Philippines : 38, 269, 291.
PHIPPS J. : 73 n., Bibl. 497.
Physiocrates : 47, 135, 138, 148 n., 149 n., 160-170, 218-219, 221, 321, 405, 463-464.
PICART B. : 73, Bibl. 489.
PIERRE LE GRAND : 54, 58, 256, 463 n.
PIGAFETTA : 35 n., 81 n., 99, Bibl. 517.
PINGRÉ : 70, 73 n.
PINTARD R. : 10 n., 65, Bibl. 537.
Pitié naturelle : 284, 327, 328, 329-340, 342, 349-351, 361, 384, 414, 471 n.
PIZARRE : 197, 318.
PIRE G. : 67 n., Bibl. 537.
Pirioux : 45.
PLATON : 107.
PLUCHE, abbé : 351 n.
POCOCKE : 99.
POINSINET DE SIVRY L. : 70, Bibl. 492.
POIRIER J. : 37 n., Bibl. 523.
POIVRE P. : 92, 100, 107, 118, 121, 125, 131 n., 147 n., 148-149, 162, 164, 168, 169, 222 n., Bibl. 491, 530.
Pôle nord : 127.
Polygamie : 213.
Polygénisme : 263, 281-282, 286-298.
POMEAU R. : 77 n., 96, 292 n., 302, 308, 320 n., Bibl. 538.
POMPADOUR, Mme de : 127.
PONTHEACK (chef iroquois) : 33.
Population (des Amériques, des sauva-ges, etc.) : 46-47, 198-199, 202-203, 448, 455.
PORÉE, père : 77.
Portendic (royaume) : 49.
POST Ch. F. : 41.
POUGET DE SAINT-ANDRÉ : 53, 117 n., 131 n., 218 n., Bibl. 542.
PRADES, abbé de : 333, 425.
PRASLIN, duc de : 53, 116, 131 n., 133, 136 n.
PRÉFONTAINE, chevalier Brûletout de : 149 n., 153 n., 163, Bibl. 530.
PRÉVOST A.F., abbé : 11, 27-28, 29, 32 n., 33, 36, 37, 42 n., 43, 45, 50, 55, 60, 69 n., 74 n., 75, 78, *81-95*, 98, 102, 104, 106 n., 107, 108, 109, 112, 120 n., 139, 140, *142-144*, 145 n., 167, 200-201, 290 n., 456 n., Bibl. 489, 490, 493, 498, 500, 501, 507, 508, 509, 510, 518, *531*.
PRIAPE : 310.
Progrès : 239-240, 246, 257, 263-264, 305, 306-312, 330, 332, 334, 342, 343-344, 354, 379, 388, 391, 395, 400, 435-438.
Promiscuité : 250, 254, 363.
Propriété : 345, 354, 388, 389-390, 393-394, 434, 453-454, 461 n., 474.
Protestants (voyageurs) : 104.
PROUST J. : 106, 126 n., 132 n., 146 n., 147 n., 355 n., 370 n., 372 n., 408, 411, 417 n., 425, 426 n., 428, 431, 444-445, 452 n., Bibl. 538.
Providence (île de la) : 89.
PROYART L.B. : 50, 66, 105, 106, 107, Bibl. 500.
Prusse : 397.
PUFENDORF S. : 320 n.
PUISIEUX de : 71 n., 80, Bibl. 491.
PURCHAS (Collection) : 81.
PURRY J.P. : 69 n., Bibl. 499.
Pygmées : 58, 251, 296, 337.
PYRARD F. : 87, Bibl. 517.

Quakers : 10, 128, 168, 211-212, 318-319, 320-321, Bibl. 506.
Québec : 116.
QUERHOENT, vicomte de : 52, 116, Bibl. 522.
QUERLON Meusnier de : 85 n.
Quimos (Quimosses) : 53, 117-118.
Quipos : 113, 200, 307 n.
Quito : 109, 112.

Race(s) : 251-254, 258-260, 270-273, 282-298.
RAIMOND J. : 125, 135, 158, 160, 177-193 (passim), Bibl. 531.
RALEIGH W. : 69 n., 76 n., 95, Bibl. 488, 513.
RALEIGH (Collection) : 14.

RALES, père : 32 n.
RAMEAU J. Ph. : 323.
RAMON, père : 44 .
RAYMOND J. : 125.
RAYNAL G. Th. : 9, 18 n., 27-29, 30, 31 n., 33 n., 34, 36, 37, 43-44, 45 n., 49-50, 51 n., 67, 69 n., 71, 79, 95, 102, 103, 107, 112, 115, 118, 119, 121 n., 123, 126, 128, *129-131*, 133, 135, 137, 139, 143, 144 n., 145, 154 n., 156 n., 157 n., 162, *170-177*, 199-201, 206-209, 210, 211, 213, 214, 215, 216 n., 217-220, 222 n., 224 n., 265 n., 409, 410-413, 429 n., 432 n., 433, 434, 436, 437 n., 443 n., 444 n., 445-448, 450, 452, 453, *455*, 460, 461-468, 469-473, *478*, Bibl. 521, 522, 531.
RECHTEREN S. van : 38, Bibl. 518.
REGNARD J.F. : 58, 69 n., Bibl. 494.
REICHENBURG M. : 67 n., 329 n., Bibl. 538.
Religion(s) : 86, 125-126, 304, 309, 310, 311-312, 374, 400-402, 405, 409, 433, 440-442.
Renards : voir Outagamis.
RÉTIF A. : 76 n., 487, Bibl. 487.
Révolution (s) : 257, 327, 335, 341-342, 343-345, 347-350, 353-354, 356-357, 375-376, 392, 433, 468, 475.
Révolte(s) : 89, 93-94, 140-145, 161 n., 165, 167-168, 170, 174, 318 n., 468. Voir aussi *Marronnage*.
RICCIOLI : 198.
RICHARD G. : 136 n., Bibl. 542.
RICHEPREY : 158.
RICHTER H. : 43.
RIEU : 292-293.
ROBERTS : 86.
ROBERTSON W. : 103, 110, 384 n., 448 n., Bibl. 507.
ROBINSON : 60, 108 n., 449.
ROCHON, abbé : 118, Bibl. 501.
RODDIER H. : 60 n., Bibl. 538.
ROGER J. : 230, 233 n., 236, 247 n., 251 n., 268, 270 n., 271 n., 274, 281, 282 n., 283 n., 286 n., 299, 415 n., 418 n., Bibl. 538.
ROGERS Woodes : 60, 69, 90, Bibl., 514.
ROGGEWEEN : 64 n.
ROLAND, Mme : 108 n.
Rome : 388 n.
RÖMER : 80.
ROMILLY J. : 383 n.
ROTH G. : 408 n.
ROUCHER J.A. : 103, 137, Bibl. Addenda.
ROUELLE : 120.
ROUINTONS : 11, 32 n., 111.
ROUME DE SAINT-LAURENT : 116, 125.
ROUSSEAU J.J. : 11, 16, 19, 48, 60, 65, 67, 98, 102, 105, 108 n., 149, 168,

217, 222, 240-244, 257, 260, 264, 286, 300 n., 301-302, 306 n., *309 n.*, *322-376*, 380, 383-384, 388 n., 393, 394, 396 n., 407, 413, 415, 419, 426, 428, 431-433, 438, 440 n., 448, 461-462, 479, Bibl. 531.
ROUSSEAU Pierre : 56 n.
ROUSSELOT DE SURGY J. Ph. : 69 n., 73, 78-80, 153 n., 173, Bibl. 490, 491, 506.
ROZIER, abbé : 122.
RUSH, Dr B. : 168.
Russie : 54-58, 224-225, 256, 291, 397, 463-468, 475, Bibl. 494-496.
RUYSCH : 268, 282.

Sacrifices humains : 13, 303, 304, 310, 312, 402.
SACY de : 26 n., 29.
SADE, Mis D. de : 81 n., 111.
SAGARD G. : 27 n., 68, 69 n., Bibl. 503.
SAINT-CASTEINS de : 128 n.
Saint-Domingue : 35, 79, 94, 116, 120, 121, 126, 133, 135, 139, 144 n., 145, 146, 150, 151-152, 157-160, 170, 174, 176, *177-193*, 208 n., 468, Bibl. 517, 520-522.
SAINT-LAMBERT, Mis de : 32, 94 n., 123, 126, 135, 137, 139, 165-170, *177-193* (*Mémoire inédit*), Bibl. 531.
Saint-Malo : 61 n., 130.
SAINT-PIERRE, abbé de : 404 n.
SAINT-PIERRE J.H. Bernardin de : 51, 72, 75, 76, 139, Bibl. 532.
SAINT-PREUX : 60.
Saint-Vincent (île de) : 144.
Saint-Yago : 86.
Salomon (archipel) : 124.
Salun (lac de) : 106 n.
Samoyèdes : 54, 56, 80, 250-251, 259, 290, 295, 297, 301, Bibl. 495.
SANCHÈS A.N.R. : 456 n., Bibl. 532.
SARRAILH J. : 38, Bibl. 538.
SARRASIN (médecin du roi) : 116.
SARTINES M. de : 134, 135 n., 155 n., 524.
Sauvage - Civilisé : 15, 216-217, 224-266, 257-258, 275, 336, 381-382, 385, 392-395, 403, 409-410, 411, 434-435, 436 n., 444, 447-450, 455, 456, 459, 461, 470, 474, 480.
SCHEFFER J.G. : 56, 69 n., 71 n., 72, Bibl. 494.
SCHMIDEL H. : 109.
SCHOUTEN G. : 83, 88.
SCHOUTEN W.C. : 511.
SCHOUVALOV J. : 56, 57, 288, 295.
Scythes : 400, 444-445.
SÉE H. : 160 n., Bibl. 543.
SEEBER E.D. : 33, 137, 160 n., 161, 166 n., 173 n., Bibl. 542.
SÉGUIER J.F. : 122.

SELKIRK : 60, 108 n., 449.
SENANCOUR : 450 n.
Senecas : 27.
Sénégal, Sénégalais : 35, 47-48, 73, 119, 130, 132, 259-260, 269.
Serf - Esclave : 313, 321, 405.
Sexualité : 247, 250, 259, 264-265, 278, n., 301, 303, 304, 401, 442-444, 445-447, 451-452, 454-456, 472, 474.
SGARD J. : 89 n., 91, 92 n., Bibl. 538.
SHAFTESBURY : 383, 413-415, 432 n.
SHAW : 99.
Shawanesses : 27, 32, 128 n.
Sibérie : 55-57, 291, Bibl. 494-496.
Sierra Leone : 35, 49, 86, 269, 409.
Singes : 241-244, 337-338, 378-379.
Singularités : 286, 290-294, 296.
Sioux : 40.
SLOANE, Sir Hans : 89, 142, 143, 144 n., Bibl. 517.
SMITH Ed. : 114 n.
SMITH, Dr W. : 71 n., Bibl. 506.
SMOLLET T. : 287 n., Bibl. 489.
SMURLO E. : 56, Bibl. 538
SNELGRAVE W. : 34, 70, 81 n., 91 n., Bibl. 499.
Sociabilité : 258, 285, 306, 332-333, 351, 353, 357, 358-359, 374, 382, 414, 430, 437.
Socialité : 337, 344, 345, 348-351, 352, 354, 358, 374, 428.
Société (origine de la) : 238-341, 247, 285, 301-302, *331-333, 351-353*, 355, 380 n., 386, 400, 425-426, 469.
Société de l'Approuague : 132.
Société générale (du genre humain) : 370, 425, 428, 436.
Sociétés humaines - Sociétés animales : 238-241, 284, 330.
Société « naturelle » : *345 n.*, 354, 356, 388, 425, 432, 436 n., 454 n.
Société royale de Londres : 57.
Sociétés sauvages : 335, 341, 345, 380, 388, 393, 395, 403, 441-442, 444-452, 470-471.
SOLANDER D. : 58, 63, 69, 114, 122, Bibl. 516.
SOLIS A. de : 69 n., 72, 73, 74 n., 83, 200, Bibl. 509.
Solon : 463-464.
SONNERAT P. (neveu de P. POIVRE) : 72, 97, 118, 232, Bibl. 519.
Souquas : 29.
SPANGBERG M. : 55, 90, Bibl. 496.
SPARRMANN A. : 52, Bibl. 500.
Sparte : 394, 400, 442.
SPENCE S.A. : 62 n., 63 n., Bibl. 543.
SPENGLER J.J. : 455 n., Bibl. 538.
SPINK J. : 331 n., 414 n., Bibl. 538.
Spitzberg : 54. Bibl. 493.
STAROBINSKI J. : 242 n., 324 n., 329 n., 330, 339 n., 340 n., 342, 345 n., 349, 354, 355 n., Bibl. 538.

STELLER G.W. : 57, 262 n., 297 n., Bibl. 496.
STRABON : 296.
STRAHLENBERG P.J.T. von : 56 n., 73 n., 291, Bibl. 495.
STRUYS J.J. : 97, 99, 249. Bibl. 486.
STUBBS, Dr : 89 n.
SUARD J.B. : 46 n., 70, 107, 109 n., 157 n., 212 n., Bibl. Addenda.
Suède : 54, 475.
Sumatra : 38, 269.
Surinam : 122, 139, 147, 155, 157, Bibl. 513.
Surinam (NEGRE de) : 138, 139, 153, 168, 320.
SÜSSMILCH J.P. : 198, Bibl. 532.

Tabago : 125.
TACHARD, père Guy : 33, 259 n., Bibl. 518.
TACITE : 459.
Tahiti, Tahitiens : 16, 26, 63-64, 81, 117, 123, 442, 452-459, Bibl. 515-516, 521-522.
TAMOE : 111.
TARIN : 332 n., 344 n.
TARRADE J. : 133 n., 134 n., 157 n., 158 n., 163 n., Bibl. 543.
Tartarie, Tartares : 56, 76, 78, 250-253, 254 n., 262 n., 275, 300, 317, Bibl. 494-496.
TASCHER (Ad. Col.) : 152 n.
TASMAN A.J. : 76 n., 97 n., Bibl. 489, 514.
Tasmanie : 75.
Tatouages : 123 n.
TAVERNIER J.B. : 33, 104, 252, Bibl. 518.
TAYLOR A.C. : 127 n., Bibl. 543.
TCHIRIKOV : 55.
Tebous : 35.
TEICHMEYER : 12.
TEN RHYNE W. : 35 n., Bibl. 498.
Tératologie : 42 n.
TERRASSON, abbé : 73.
Théocratie 309, 312, 409, 411 n.
THÉVENOT M. : 53 n., 75, Bibl. 486, 498, 514.
THEVET A. : 13, Bibl. 508.
THIBAULT DE CHANVALON : 162, 163, 172.
THOMAS J. : 451 n.
THWAITES R.G. : 76 n., 487.
TIMBERLAKE Henry : 33, 41-42, 101 n., Bibl. 505.
Tinian (île) : 60, 108.
TINLAND F. : 42 n., 479.
Tlascala, Tlascaltèques : 197, 309.
TOMOCHICHI (chef Cree) : 33, 89.
Tonnegrande : 133.
TONTI H. : 32 n., 76, 80, 136 n., Bibl. 488, 504.

Torée Olof : 114.
Torquemada : 84.
Torrubia, père : 64, Bibl. 512.
Tourneux M. : 125.
Transformisme : 274.
Trinité (île de la) : 125.
Troglodytes : 296-297.
Tschutsis (Tchukotsoi) : 57.
Tsonnontuans (Senecas) : 27, 32.
Tulbagh (gouverneur du Cap) : 51.
Tunguses (Tungues) : 54, 56, 251, 288 n., Bibl. 494.
Tupinambas (Topinambous) : 13, 30 n., 311.
Turcs : 317.
Turgot Anne-Robert : 20, 66, Bibliothèque : 73-74, 149 n., 166-167, 321 n., Bibl. 484, 485, 486, 487, 494, 496, 497, 503, 505, 506, 509, 510, 512, 513, 514, 516, 517, 519, 532.
Turgot, Chevalier E.F. (Ad. Col.) : 162, 163.
Tyson, Dr : 332 n.

Ulloa don Antonio : 45, 69 n., 73, 90, 91, 97, 103, 109 n., 110, 112-113, 200, 201 n., Bibl. 510, 511.
Utopie : 315-317, 362.

Vadé : 32.
Vairasse d'Allais : 315.
Vallet de Fayolle : 121, 126, 132, 135 n., Bibl. 520.
Vallette de Laudun : 69 n.
Valverda (évêque) : 318.
Vandeul M. de : 410-411, 465 n.
Vandeul Mme de : 96.
Variétés (d'hommes) : 18, 97, 249-258, 336, 338, 421, 423-425.
Varloot J. : 408 n.
Vaudreuil, Mis de : 136 n.
Vega Inca Garcilaso de la : 16, 45, 66, 68, 72, 73, 74 n. 91 n., 99, 100, 102-103, 105, 113, 201 n., 315, Bibl. 508, 510.
Venegas, père M. : 43, 71, Bibl. 506.
Venise : 474.
Venturi F. : 451 n.
Verdun : 73 n.

Vergennes, Comte de : 129 n.
Vernière P. : 410 n.
Vérole : 456.
Vertu - Vice : 285, 339-341, 359 n., 383, 384, 387-388, 398-399, 400-402, 405, 422-423.
Vespuce Americ : 109, Bibl. 507.
Vie (durée de la) : 448, 456.
Villault N. : 91, Bibl. 498.
Vissac : 129 n.
Volguine V.P. : 452 n., Bibl. 538.
Volland S. : 132.
Voltaire : 11, 14, 19, 20, 30 n., 31, 32 n., 33 n., 34, 42 n., 44 n., 54, 56, 60, 62 n., 66, Bibliothèque : 68-70, 74, 75 n., 76 n., 77, 78, 87, 95, 96, 99, 102, 104, 108 n., 109, 137, 139, 140, 196-197, 199, 200, 211-212, 216 n., 272-273, 281-321, 325, 393, 401-402, 431, 433, 456 n., 463 n., Bibl. 484, 486, 487, 488, 489, 490, 491, 492, 494, 499, 503, 504, 505, 506, 508, 509, 510, 511, 512, 513, 515, 516, 518, 519, 532.

Wade Ira O' : 293 n., 309 n., Bibl. 538.
Wafer L. : 60, Bibl. 509, 513.
Wallis : 62-64, Bibl. 516.
Wallis, Dr : 332.
Walter R. (rédacteur du voyage d'Anson) : 60, 108 n.
Webber : 114 n.
Westphalie : 308.
Wieser C. : 41.
Wilson A. : 67 n.
Wolpe H. : 412 n., Bibl. 538.
Wood J. : 85, 99, Bibl. 497, 513.
Wytlfliet C. : 83.

Yvon, abbé : 34.
Yéso (île) : 54.
Yumas : 42-43.

Zarate A. de : 69 n., 72, 91 n., 100, Bibl. 509.
Zembliens : 250.
Zimeo : 138, 139, 167-170, 175, 321.

Postface

par CLAUDE BLANCKAERT

Les archives du genre humain

Approches réflexives
en histoire des sciences anthropologiques

Depuis sa parution en 1971, la thèse de Michèle Duchet, *Anthropologie et histoire au siècle des Lumières*, s'est imposée comme un classique de l'histoire de l'anthropologie française : « Une référence fondamentale sur l'anthropologie des philosophes français du XVIIIe siècle, présentée dans le contexte du premier système colonial et esclavagiste [1] ». C'est là un paradoxe stimulant. Car ce grand livre, « qui marquera, qui restera », ainsi qu'en prophétisait l'avenir Emmanuel Le Roy Ladurie [2], est fidèle à une littérature d'idées, moins « scientifique » que philosophique. Michèle Duchet indique d'ailleurs que son projet initial était d'étudier la permanence et les variantes du thème du bon sauvage de Montaigne à Raynal. De même l'ouvrage fut-il annoncé par Jean-Marie Goulemot et Michel Launay sous un titre parlant : « Les peuples sauvages dans la littérature des Lumières [3] ». Par son titre définitif, par sa publication dans une « bibliothèque d'anthropologie », dirigée par Maurice Godelier, le livre changea d'orientation. Il ouvrit son audience, hors des milieux dix-huitiémistes, vers les historiens classiques et les ethnologues.

L'anthropologie des philosophes : une formation discursive

Il semble que, dans un premier temps, cette rencontre provoqua la déception. Non que sa perspective d'érudition, aussi louable hier qu'aujourd'hui, n'ait suscité, immédiatement, l'admiration des uns et des autres. Mais elle déçut ce qu'il est convenu d'appeler l'« horizon d'attente » de ses nouveaux lecteurs et les définitions reçues des champs disciplinaires. « Son anthropologie, commentait Le Roy Ladurie, n'est plus, ou si peu, celle des anthropologues. Et son histoire n'est pas celle des historiens. » De même, l'anthropologue Jean

Jamin notait que le livre de M. Duchet est « clair, précis, pratique »,
ajoutant : « Il lève bien des confusions même s'il réintroduit une certaine ambiguïté au sujet de l'acception du terme anthropologie et de
la compréhension de cette notion au siècle des Lumières où elle était
peu usitée, pour ne pas dire inconnue... du moins en France [4]. » L'historien et l'anthropologue obéissaient bien sûr à la logique respective
de leur « métier ». Ils se rejoignaient néanmoins pour affirmer que
l'ethnographie « vraie » était dès son origine une discipline de terrain, alors que les « anthropologues » distingués par Michèle Duchet
– Buffon, Voltaire, Rousseau, Helvétius, Diderot – gardaient le ton
spéculatif, compilatoire et personnel de la philosophie.

Mais il s'agit d'une configuration historique. M. Duchet met précisément en garde son lecteur contre toute démarche projective fondée sur l'a priori d'une définition moderne de l'ethnographie.

> Aujourd'hui, quand il est question du monde sauvage, nous savons qui parle :
> l'ethnologie et l'anthropologie sont les sciences dont l'objet spécifique est l'étude
> des sociétés dites sauvages, c'est-à-dire des sociétés sans histoire et sans écriture.
> Mais au XVIIIe siècle, le discours ethnologique et le discours anthropologique n'exis-
> tent qu'à l'intérieur du discours philosophique en général. Nous n'avons pas cher-
> ché à les isoler arbitrairement, mais seulement à les identifier comme parties
> constituantes d'un discours nouveau qui, dès la fin du XVIIIe s., portera le nom
> d'*anthropologie* [5].

Ainsi, ce serait nier la matrice unitaire du savoir du XVIIIe siècle
que de chercher, à distance de temps, un ajustement disciplinaire
conforme à notre classification et à notre concept des sciences
constituées. M. Duchet rappelle opportunément que ces frontières,
ces balisages, sont modernes, variables. Si nécessaire qu'elle
demeure lorsqu'on aborde des systèmes de type encyclopédique,
l'*interdisciplinarité* dont on se réclame aujourd'hui consacre cette
division en voulant l'abolir :

> Science de l'homme, science du langage, étude des langues, genèse de l'enten-
> dement, histoire des sociétés, production littéraire, tout cela constitue pour les
> hommes des Lumières une seule et même activité et participe d'un même dis-
> cours [6].

Il importe donc non seulement de prendre le mot « anthropologie » dans son sens le plus large, mais encore de ressaisir l'ensemble
des fragments d'un discours sur l'homme dont l'économie interne
dépend de la pensée *philosophique* et commande son fonctionnement.

L'auteur a finalement les mêmes difficultés que son lecteur à cer-
ner d'une définition obvie ce qu'il convient d'appeler l'anthropologie
des Lumières. M. Duchet le dit dans les dernières pages de son introduction. Et sans doute faut-il, avec Jacques Roger, la féliciter de
cette « loyauté [7] » qui compliquait sa tâche. Remarquons d'ailleurs
qu'une définition moderne de ce qu'est, de ce que doit être, une
discipline d'observation [« l'exploration sans *a priori*, ni donc préjugés, du réel et se voulant neutre à l'égard des phénomènes [8] »] ne lui
eût pas, quoi qu'il paraisse, servi de garde-fou, de critère d'objectivité
des œuvres ou de mesure du mouvement des idées :

Si l'enquête sur le terrain apparaît aujourd'hui comme un préalable indispensable à toute étude ethnologique, elle ne suffit pas à fonder une pratique scientifique. Ni les anciens historiens ni les premiers explorateurs de l'Amérique ou de l'intérieur de l'Afrique ne se donnèrent pour but d'observer ni de décrire les sociétés avec lesquelles ils entrèrent en contact, en faisant abstraction de leur propre civilisation, de leurs habitudes ou de leurs préjugés. Loin d'être pur objet de connaissance, le monde sauvage n'existe pour eux qu'à travers une certaine pratique sociale, qui leur interdit de renoncer à leur statut de civilisé pour devenir des observateurs-participants, à la manière des ethnographes modernes [9].

Dans les années 1960, beaucoup de manuels d'histoire de l'anthropologie usaient et abusaient de la notion de « précurseurs », appliquée rétrospectivement et sans discernement à la recherche de pionniers pré- ou para-ethnologues qui, d'Hérodote à Forster, illustraient la longue trajectoire d'une recherche empirique portant sur les peuples lointains. Or M. Duchet dénonce avec Michel Foucault « l'illusoire continuisme dont l'histoire des idées se fait une sorte de philosophie ». Elle récuse l'évidence téléologique qui conduit à situer l'ethnologie moderne dans la descendance des grandes relations de voyages consécutives à l'exploration du Nouveau Monde [10], et *a fortiori* dans la lignée des chroniques géographiques de l'Antiquité.

Il y avait là deux tentations, c'est-à-dire deux difficultés. La première, à laquelle sacrifiaient souvent les anthropologues, revenait à identifier *histoire de l'anthropologie* et *ethno-histoire*, à réifier les objets légitimes de l'anthropologie actuelle pour avoir prise sur le passé. Une relation ancienne ou une collection iconographique contemporaine des grands voyages de découverte se prête aisément à des interprétations récurrentes. Quiconque dispose d'une formation ethnographique est porté à regarder un document pour sa valeur référentielle. Il peut déchiffrer la scène qui est racontée, l'usage de l'outil dessiné, quand même le narrateur ou le dessinateur n'aurait pas compris le sens des actes qu'il va représenter. Or, avertit M. Duchet, un commentaire de type scientifique est pertinent seulement dans un registre ethnohistorique. Il ne correspond pas, néanmoins, à la recherche de l'historien. Celui-ci s'efforce de « donner le pas à la représentation sur les objets représentés », instruments ou coutumes. Il tente de comprendre les opérations mentales du narrateur, à préciser son monde propre. Tel est « le piège de l'ethnographie » :

Peut-on parler d'ethnographie, voire d'ethnologie, alors que les démarches et les pratiques sont purement empiriques et restent à l'écart de sciences qui ne se trouveront constituées qu'à la fin du XVIIIᵉ siècle ? S'il est légitime que ces sciences rassemblent aujourd'hui leurs archives, on se gardera, avec Michel Foucault (L'*Archéologie du savoir*) d'y voir les éléments d'une pré-histoire [11].

Le postulat empiriste de l'ethnographie actuelle, dirigé essentiellement contre l'anthropologiste en chambre, constitue une seconde difficulté pour l'historien. La réactivation récente du rôle de la pratique d'enquête et du contrôle des données collectées, en appuyant le privilège du rapport au « terrain », préjuge en partie la réponse au droit de la discipline à sa propre historicité. La position des anthropologues qui s'intéressent à l'histoire de leur discipline est souvent radicale. Elle consiste à maximiser le poids crucial des expériences du contact interethnique et à minimiser celui des théories, ce qui suppose que la connaissance s'opère du concret à l'abstrait. L'homogénéité de la science serait fondée dans la récurrence de son projet constitutif et dans sa méthode descriptive [12]. Or les auteurs choisis par M. Duchet pour représentatifs d'une anthropologie des Lumières, Buffon, Diderot ou Voltaire, ne répondent pas au stéréotype de l'observateur. Leur ratiocination s'appuie uniquement, dit-on, sur une « lecture attentive, quoique peu critique » des relations des voyageurs. C'est pourquoi certains anthropologues ont pu reprocher à M. Duchet d'avoir sélectionné un corpus de philosophes qui voulurent édifier une science de l'homme, penser l'autre et déployer la variété de ses réalisations concrètes sans qu'ils se soient donné les moyens matériels et cognitifs de son observation. Sous sa plume, l'anthropologie des Lumières est une réponse spéculative au formidable défi posé par le voyage exotique :

> À la différence de ces auteurs « primitifs » – ancêtres plus lointains mais également déclinés – tels Léry, Lahontan, Lafitau, lesquels firent de l'ethnologie sans le savoir, on peut dire que ces précédents auteurs la postulèrent plus qu'ils ne la firent [13].

En vérité, M. Duchet explique qu'il n'est pas si aisé d'opposer aux savants de cabinet des observateurs de terrain, libres de tout préjugé. L'enquête ne suffit pas à fonder une méthode scientifique. Ce regard décentré qu'on prête à l'ethnologue moderne, capable de se mettre à distance de lui-même pour mieux découvrir l'espace exotique, est impensable à une époque où les seuls explorateurs connus, marchands, navigateurs, soldats ou missionnaires, « sont engagés dans une entreprise dont ils escomptent un profit, qu'il soit d'ordre matériel ou d'ordre spirituel ». Dans un chapitre remarquable sur « l'information » accessible aux philosophes-anthropologues des années 1760-1780, M. Duchet démontre le peu de crédit accordé aux relations de voyages, anciens ou modernes, le doute méthodique parfois aigu avec lequel la génération des encyclopédistes accueillait les récits d'exploration biaisés par des intérêts mercantiles, des confessions religieuses pesantes ou des « préjugés d'état », selon le mot de Rousseau. C'est précisément dans la seconde moitié du XVIIIe siècle que ces savoirs de terrain, leurs travers et leur « vue d'intérêt », sont passés au crible de l'évaluation critique. Ce nouveau régime de vérité, qui nous paraît sans doute insuffisant ou trop « suffisant » au regard des motivations personnelles des philosophes qui les discutent, marque en effet la fin des crédulités.

« A beau mentir qui vient de loin. » Le proverbe trouve chez les penseurs des Lumières un écho sensible. Et il fallait certainement cette attitude sceptique, cette prise de champ vis-à-vis des chroniqueurs de la conquête, soupçonnés de « roman » ou même d'imposture, pour qu'apparaisse la figure nouvelle d'un « voyageur-philosophe » éclairé qu'illustreront des académiciens comme Maupertuis ou La Condamine [14]. On peut tenir la relation des pays lointains pour un texte littéraire. Le succès de librairie des voyageurs encourageait l'ornement, voire le mensonge. Ce problème est constant [15], mais les philosophes lui ont donné un relief incomparable parce qu'ils espéraient tenir des informateurs des documents bruts. Leur réclamation, telle que la rapporte dans le détail M. Duchet, doit encore faire date si l'on veut construire une généalogie de l'idée scientifique de « terrain », méthodique, instruite et instructive.

L'exemple du traitement de l'information par les philosophes permet de rectifier une idée répandue qui veut que les « anthropologues » des Lumières aient été peu critiques dans leur usage des sources. Il permet surtout de situer l'un des enjeux épistémologiques du livre de M. Duchet. Sur ce chapitre, elle professe une salutaire leçon d'historicisme. Chaque époque, dit-elle, cultive ses singularités. Son authenticité, ses limites idéologiques aussi, appartient à ses contemporains.

Anthropologie et histoire au siècle des Lumières ne se donne ni pour un répertoire désordonné de faits et de théories arbitrairement jointes, ni pour une défense d'hypothétiques fondateurs. Le problème est ailleurs. Au rebours – et au refus – de toute reconnaissance identitaire, M. Duchet cherche à constituer le passé dans sa différence. Foucault eût dit son « altérité ». Ce qui est le propre d'une opération historiographique. Sa méthode est « historique » en ce qu'elle regarde un moment circonscrit d'un savoir concernant des peuples réputés sauvages, sans passé assignable ni devenir autonome. Elle est aussi « structurale ». Ce mot mérite explication. Il ouvre l'Introduction comme une revendication heuristique dont le principe n'a pas été toujours bien compris. E. Le Roy Ladurie a pu dire que l'auteur sacrifiait à un « vocabulaire à la mode », moins intégré au corps du texte que « plaqué aux paragraphes de l'ouvrage » :

> Toute la seconde partie en effet, dont j'ai mentionné le contenu surtout littéraire, est centrée non pas comme on l'aurait souhaité sur des « nappes de discours », archéologiquement empilées à la Foucault, mais sur cinq grands auteurs (Buffon, Helvétius, Voltaire, Diderot, Rousseau) sagement étudiés l'un après l'autre. Une telle méthode n'a rien d'illégitime. Mais dans ces conditions pourquoi vouloir absolument dérober aux structuralistes, surpris au bain et qui n'en peuvent mais, leurs vêtements et leurs formules ? [16]

D'un autre point de vue, le lecteur est tenté de diviser le travail méthodique de M. Duchet conformément aux deux parties très distinctes de l'ouvrage : l'histoire y serait présente dans l'étude de « contexte », la méthode structurale dans l'examen des cinq grandes pensées qui circonstancient le thème anthropologique [17]. On peut néanmoins soupçonner que cette dualité de traitement n'esquive le projet novateur de M. Duchet. Elle affirme, en effet, que les deux analyses historique et structurale s'étaient trouvées « nécessairement, dialectiquement liées au cours d'une enquête qui portait à la fois sur des faits de conscience collective, et sur des œuvres constituées en systèmes [18] ».

La première partie n'échappe pas à cette tension *dialectique*. Le discours sur l'homme produit dans le XVIIIe siècle présente une unité architectonique, au-delà des sensibilités d'auteurs. Cette unité tient pour partie aux caractéristiques d'un héritage intellectuel partagé, comme le commun ralliement des philosophes au système sensualiste, au principe d'uniformité newtonien ou au canon de la méthode comparatiste. Mais elle n'y tient pas toute. M. Duchet écrit qu'il faut traiter des systèmes individuels en les maintenant séparés « comme des planètes gravitant dans un *même espace* [19] » :

> Chacun d'eux a sa logique et sa grammaire, qui lui sont propres. Ils ne dérivent pas les uns des autres, ils entrent en concurrence [...]. C'est l'ensemble de ces configurations qui constitue l'Anthropologie des Philosophes, et non la série des propositions qui leur sont communes. Ce qui les relie entre elles et permet de les articuler dans un même discours n'est donc pas une homologie de structure, mais le fait qu'elles s'inscrivent toutes, dans une certaine « configuration du savoir », si l'on nous permet d'emprunter, et la formule et le concept, à Michel Foucault [20].

Voilà l'objet de cette première partie de l'ouvrage, qui justifiera après coup la seconde : il s'agit de construire cet « espace », d'en redécouvrir les régularités [M. Duchet dirait : « les lois » [21]], et généralement de définir un domaine de connaissance par le système de ses coordonnées matérielles, politico-sociales, idéologiques, discursives. Il s'agit encore de mesurer le décalage vrai entre le savoir accessible et l'inscription de ce savoir dans un réseau d'images valorisées. Il s'agit enfin de comprendre comment cet imaginaire collectif – d'aucuns diraient cet inconscient ou cette mythologie – se distribue puis se rationalise au niveau des œuvres philosophiques personnelles.

Assurément, M. Duchet n'administre pas cette démonstration comme elle l'eût fait de divers moments d'une même analyse. C'est l'ensemble de ces déterminations qui forme structure, et le mouvement général de l'ouvrage, depuis l'ouverture au « monde sauvage » jusqu'à l'anthropologie singulière de Buffon ou de Rousseau, traduit cette scansion. On peut lire, d'un terme à l'autre, la mise en place de tous les éléments qui vont converger vers une science nouvelle, permettant de réconcilier l'exigence d'un savoir universel inhérente à la philosophie, les contraintes politico-économiques et l'expérience de l'indéfinie diversité de l'homme :

> Nous avons reconnu ces parties de discours que sont le discours anti-esclavagiste, le discours sur la civilisation et la barbarie des civilisés, le discours sur l'état sauvage et l'homme civil, le discours sur la nature et le discours sur l'histoire, chacune d'entre elles entrant dans la formation d'un nouveau type de discours, le discours anthropologique [22].

Comme on le voit dans les deux chapitres consacrés à l'idéologie coloniale, c'est par tout un jeu de miroirs que la figure de l'anthropologue réfléchit celle des « administrateurs-philosophes » du Bureau des Colonies. Elle peut lui servir de porte-parole devant l'opinion (Raynal) ou fonder théoriquement son action réformatrice (Buffon). L'intrication de ces niveaux, l'ambivalence des auteurs et l'alliance de l'humanitarisme et de l'intérêt interdiraient qu'on les sépare. À la différence de la pensée marxiste orthodoxe qui était encore influente dans les années 1960, M. Duchet ne postule aucune causalité simple, aucune « détermination en dernière instance » dans la production du texte anthropologique. D'une manière un peu idéale, il conviendrait d'envisager tous ces registres comme autant de « conditions de possibilité » qui, partant des épisodes de la conquête jusqu'à la conceptualisation de l'idée de Civilisation, se détermineraient mutuellement par leur circulation. Il est utile de rappeler qu'à cette date les historiens commençaient à discuter favorablement l'approche « systémique », fondée sur la considération d'un ensemble ouvert d'éléments en interaction dynamique et impliquant ce qu'il est convenu de nommer des « boucles de rétroaction ». C'est à une telle totalité que nous confronte *Anthropologie et histoire au siècle des Lumières*. Il semble que, abandonnant une clé dichotomique familière opposant – ou superposant – infrastructure et superstructure, la pratique et sa reprise théorique, M. Duchet ait tenté d'intégrer les systèmes d'auteurs dans un ensemble réglé et évolutif comparable à ce que M. Foucault désignait comme un « a priori historique » : savoir, « ce qui, à une époque donnée, découpe dans l'expérience un champ de savoir possible, définit le mode d'être des objets qui y apparaissent, arme le regard quotidien de pouvoirs théoriques, et définit les conditions dans lesquelles on peut tenir sur les choses un discours reconnu pour vrai [23] ». Ce schéma génératif, ou cette « formation discursive » [24], n'est à proprement parler ni un univers culturel, ni un certain état des mentalités, ni une idéologie dominante, même s'il traduit, dans un cadre formel, une conjoncture de la vie intellectuelle parfaitement datée et repérable.

L'espèce humaine et ses « damnés » : les usages de la Civilisation

Une analyse de contenu va nous permettre d'aborder de manière moins abstraite les principes d'agencement de ces séquences discursives. Réagissant à une histoire des idées littéraires trop idéaliste, M. Duchet veut montrer que la rationalisation de l'idée de Civilisation est indissociable des difficultés du système esclavagiste autour des années 1750-1780. Dans ces dates se multiplient les signes d'inquiétude : révoltes des esclaves, insécurité des établissements et faiblesse numérique de la population blanche des Antilles ou de la Guyane, organisation de bandes marronnes. Tel est l'horizon sociohistorique et comme la « courbe d'une époque » qu'épouse d'une manière plus ou moins fidèle la trajectoire des grands esprits du siècle. Cette articulation est spécifique. Même si l'écrivain garde sa réserve par rapport à l'événement colonial, il participe d'un « état de conscience collectif [25] ». « Regard » plutôt que reflet, la problématique anthropologique des auteurs distingués traduit ce sentiment d'inquiétude, de crise. Elle masque en même temps sous les alibis de l'humanisme sa base matérielle.

M. Duchet démontre que l'opinion anti-esclavagiste et sa diffusion par les cercles encyclopédistes ne procèdent pas d'une prise de conscience de l'inhumanité de l'homme qui avilit son semblable. Le progrès de la vie morale n'est pas en cause. La philanthropie est un produit de l'intérêt bien compris, un ajustement objectif à des contraintes d'ordres économique et politique. Les administrateurs coloniaux s'inquiètent en effet de la violence des propriétaires qui conduit l'esclave à fournir une quantité de travail médiocre, à joindre les fuyards ou à se suicider. Ils dénoncent un désordre qui menace de faillite la politique des possessions d'outre-mer, et, finalement, préconisent l'affranchissement progressif de la masse servile qu'on pourrait intéresser au bénéfice de la production. La loi de fraternité des hommes doit abolir la dialectique négative du maître et de l'esclave, qui tendent, selon le mot du baron de Bessner, à se « dépraver mutuellement [26] ». Aussi ne peut-on, selon la thèse de M. Duchet, séparer le texte anthropologique de son contexte, le savoir des savoir-faire. L'argument est double.

D'abord, théorie et pratiques se répondent, se prolongent. Outre une démystification salutaire des idéaux de progrès des Lumières transmis par notre tradition pédagogique, M. Duchet dévoile la collusion des administrateurs, des économistes physiocrates et des philosophes. Celle-ci dépend d'un effet de champ global, d'un unique réseau de savoir-pouvoir. La correspondance et les rapports des administrateurs ont alimenté la réflexion philosophique. Leurs écrits composent une sorte d'*intertexte* commun à bien des œuvres, soit d'une liaison directe, soit d'une manière médiate. La facture de l'*Histoire philosophique et politique* de l'abbé Raynal obéit si bien à cette logique d'influence que ce compendium en dix volumes devient « une plaque tournante, où se démêle l'écheveau embrouillé des relations individuelles et des intérêts personnels, et où les diverses "contributions" [...] se donnent pour ce qu'elles sont : les matériaux d'une politique [27] ». Attentive à l'ordre des représentations, la lecture de semblables ouvrages montre que la *forme* s'épuise dans le *fond*.

Le second argument est d'ordre lexical. Il concerne l'évolution sémantique du substantif « civilisation ». M. Duchet n'en propose pas, comme Lucien Febvre, Norbert Elias ou plus récemment Jean Starobinski, une généalogie de longue durée [28]. Elle s'attache en réalité aux plans de réorganisation rédigés par certains fonctionnaires des colonies dans les années 1760-1780. Elias notait déjà qu'à la même époque le mot « civilisation », créé semble-t-il dans son sens moderne par Mirabeau en 1756, apparaissait dans les cercles réformateurs et bourgeois de la haute administration de l'Ancien Régime. Les physiocrates avaient promu une acception dynamique du terme, répondant aux lois de la nature et opposée à tout ce qui était tenu pour conduites barbares ou déraisonnables. La civilisation ne dénotait plus un « état », ainsi qu'on l'entendait dans la tradition aristocratique de l'honnête homme, mais un « processus » collectif, lent et cumulatif [29]. Or ce concept, qui avait valeur critique des éléments rétrogrades de la vie de l'État dans la pensée réformiste, est transposé dans les projets du Bureau des Colonies et dans l'anthropologie des philosophes. Sans trahir son origine physiocratique, la notion s'enrichit alors d'autres significations. Désignée comme la marche progressive du genre humain, elle conjugue diverses instances : le mouvement d'un progrès, mais aussi bien la considération d'un terme originel (la sauvagerie) et d'un stade final érigé en norme pratique, politico-morale. La civilisation est à la fois, et non sans ambiguïté, un fait et une action jugés naturels et désirables. Elle implique surtout, dans le cadre d'une pédagogie paternaliste, « le pouvoir de *civiliser* autrui, jugé incapable de se civiliser lui-même [30] ».

L'apparition de ce mot, choisi bientôt pour concept fédérateur des sciences anthropologiques, n'est donc pas incidente. Elle décide apparemment d'une « vision nouvelle du monde » qui identifie le devenir de la civilisation au destin de l'humanité tout entière. Comme l'écrit Émile Benveniste en 1954 :

> De la barbarie originelle à la condition présente de l'homme en société, on découvrait une gradation universelle, un lent procès d'éducation et d'affinement, pour tout dire un progrès constant dans l'ordre de ce que la *civilité*, terme statique, ne suffisait plus à exprimer et qu'il fallait bien appeler la *civilisation* pour en définir ensemble le sens et la continuité. Ce n'était pas seulement une vue historique de la société ; c'était aussi une interprétation optimiste et résolument non théologique de son évolution qui s'affirmait, parfois à l'insu de ceux qui la proclamaient, et même si certains, et d'abord Mirabeau, comptaient encore la religion comme le premier facteur de la « civilisation » [31].

Cette citation condense en quelques formules une interprétation de l'idéologie des Lumières devenue courante depuis le XIXᵉ siècle. M. Duchet nuance fortement son propos. Dans les mémoires des administrateurs, la civilisation des nations sauvages s'impose comme la « notion clé » d'une politique d'assimilation ou d'incorporation. C'est donc aux colonies, en Louisiane, en Guyane ou à Madagascar, que se décidait son usage. « Civiliser et coloniser, c'est tout un [32]. » Loin d'apparaître comme une expérience de leur liberté conquise, la civilisation des sauvages maintient toute distance entre les maîtres européens et des sujets dont rien n'indique qu'ils soient capables d'autodétermination. Par quoi cette idée, fondée sur un « contrat truqué », risque toujours de « se détruire elle-même [33] ».

L'école physiocratique ne se méprend pas seulement sur l'humanité de ses solutions. Ses verdicts sont pareillement antinomiques. En affirmant l'aptitude à la civilisation de l'homme sauvage, les physiocrates tentent d'effacer des siècles de servitude et de violence. Le mythe d'un retour à l'état primitif « fonctionne ici comme un rite de conjuration ». En même temps, les observateurs et leurs porte-parole opposent, aux vertus sociales que manifesteraient ponctuellement les peuples encore sauvages, le « hideux tableau » de leurs vices et de leurs désordres. À lire Buffon, Cornélius de Pauw ou Bessner, le sauvage est physiquement et moralement dégénéré. Sa société est « malade », son génie « abruti » [34]. C'est pour ce motif, remarque M. Duchet, qu'en matière de recommandations les administrateurs adoptent une attitude pragmatique : « L'expérience l'emporte sur l'autorité d'un modèle » unique de civilisation. Et la religion y joue son rôle, qui n'est pas purement figuratif. Les philosophes défendent les missionnaires, non seulement parce qu'ils en attendent de signalés services, mais encore « parce que l'image même des sauvages sensibles à la persuasion, véhiculée pendant des siècles par la missiologie, est encore indissolublement liée à un idéal d'évangélisation [35] ». Dans son emploi, la notion de civilisation connote ensemble une condition, un élan et une valeur. Elle se charge d'une autorité *sacrée* renforçant les valeurs religieuses traditionnelles ou s'y substituant [36]. M. Duchet montre que, quel que soit leur degré d'adhésion au matérialisme, à l'athéisme ou au déisme, les philosophes et les économistes s'inspirent du modèle des « réductions » jésuites du Paraguay, qui suscite une fascination non feinte. Ils en conseilleront l'adaptation. Même si le rôle des missionnaires doit s'exercer sous tutelle administrative, ils ont tracé la voie en prouvant pratiquement qu'il faut fixer les sauvages et, selon l'expression courante depuis Acosta, leur apprendre à être des hommes avant d'en faire des chrétiens. Le plan de colonisation joue de cette ambiguïté : « Évangéliser ou civiliser, c'est tout un [37]. »

Reste l'optimisme qu'une équation rapide associe à l'idée de civilisation. Les physiocrates désiraient sédentariser les Indiens de Guyane, leur inspirer des « besoins » pour les contraindre à la production puis au commerce, à l'échange. Ont-ils cru au succès de leur entreprise, ont-ils pensé que les sauvages pouvaient encore, sous cette condition, participer de l'avenir général de l'humanité ? M. Duchet ne se prononce pas fermement, sur ce point central. Mais elle indique, par une série de remarques prises des auteurs et relatives à l'extermination des Américains, à la dépopulation qui s'étend jusqu'à l'Afrique, victime de la traite des esclaves, à la dégénération presque irrémédiable de ces peuples « malades », que le monde sauvage « s'éloigne sans cesse davantage d'une histoire qui ne deviendra jamais la sienne [38] ». La civilisation universelle, c'est tout au plus ce qui aurait dû advenir, non ce qui est ou ce qui sera. Ses bienfaits supposés ne sauraient compenser la spirale dépressive où sombrent toutes les nations décadentes. Trois siècles encore, dit Diderot, et cette espèce d'hommes ne vivra plus que dans la mémoire des recueils de voyages. Ce constat accablant permet à M. Duchet de conclure que, si l'on fait « le bilan de ces espoirs et de ces doutes », l'idée d'une civilisation du monde sauvage « ne réussit pas encore à s'imposer » dans la seconde moitié du siècle des Lumières. Son dossier nous oblige à rectifier bien des anachronismes.

On croit communément que l'histoire de la civilisation a déjà, au XVIIIe siècle, les caractéristiques d'un évolutionnisme en échelle, orienté selon le vecteur d'un progrès immanent. Mais le scepticisme des anthropologues quant au futur des peuples exotiques dément cette rationalité. La civilisation paraît un centre dont la force d'expansion « éloigne l'Autre et rapproche de Soi ». Anti-nature métaphysique du civilisé blanc et occidental, le sauvage australien ou hottentot trouve difficilement sa place dans l'ordre universel de l'histoire de l'espèce :

> Rien ne doit masquer cette contradiction majeure entre l'apologie de la civili-
> sation qui forme l'ossature du discours historique dominant et le défi lancé au
> monde « civilisé » par l'existence de sociétés « non civilisées », sorte de monstres
> spatio-temporels tout à fait énigmatiques pour la Raison occidentale[39].

Depuis les travaux de Michèle Duchet, l'historien de l'économie Ronald Meek a cherché, dans une perspective de longue durée, des anticipations de la théorie des quatre stades successifs du mode de subsistance (chasse-cueillette, élevage, agriculture, commerce), qui deviendra célèbre dans les écrits d'Adam Smith et des auteurs écossais de la fin du XVIIIe siècle[40]. À sa suite, il est couramment répété que la philosophie française, porte-drapeau de l'idée de civilisation, d'égalité et de perfectibilité, a contribué à l'essor d'une ethnologie évolutionniste et ethnocentriste[41]. Or M. Duchet nous avertit que cette histoire n'est pas mélodique ou linéaire. Son travail tend à réfuter toute filiation hâtive de l'une à l'autre[42]. Son choix méthodologique qui l'incline au discontinuisme, la période (les années 1750-1780) qu'elle étudie et le cadre national permettent de mettre à jour les apories foncières d'un système de pensée qui fait du devenir universel la loi des sociétés humaines et qui rejette dans ses marges des peuples « sans projet ni mouvement, immobiles sous le regard de l'observateur[43] ».

Le projet de civilisation des sauvages, « terrain d'expériences passionnantes[44] », a donc valeur emblématique des problèmes du temps : il conjugue sur un mode volontaire les idéaux et les réalités. Face à la mort physique des races, la civilisation est donnée pour impérative et palliatrice. Que le sauvage soit bon ou mauvais, noble ou ignoble, n'ajoute qu'un trait rhétorique à une conception de l'histoire cyclique, c'est-à-dire non progressive, qui voue les primitifs à une disparition prochaine[45]. Le sauvage n'est pas un civilisé *en puissance*, il représente *en acte* un « monde qui sombre ». Tout au plus s'efforcera-t-on de distinguer, « pour agir efficacement » entre des nations « diversement malades », l'Africain assimilable et l'Indien frappé de stérilité. M. Duchet saisit ce moment unique où toutes les certitudes se brouillent, où la thèse du sauvage-enfant de la nature rencontre celle du sauvage irrévocablement dégénéré, où l'extinction d'une partie de l'humanité contredit les plus bruyantes déclarations universalistes.

> Nous connaissons, remarque Jean-Nicholas Demeunier en 1785, presque toutes
> les nations, policées ou sauvages, il est tems de les comparer ; & comme le genre
> humain offrira désormais un spectacle monotone, on tâche de conserver les ves-
> tiges des premiers tems[46].

En 1970, l'historien américain Jacob Gruber affirmait que la curiosité pour les données ethnographiques était, au XVIIIe siècle, subordonnée au principe d'une philosophie de la nature humaine plus soucieuse de logique que de fondations empiriques. Par contraste, l'anthropologie du XIXe siècle serait caractérisée par l'urgence de la collecte, la découverte choquante de la disparition des peuples exotiques et donc par un profil théorique bas, platement comparatiste. On passait ainsi, dit Gruber, d'un univers stable à un système ouvert, changeant, soumis à la loi inexorable du progrès et de la décadence. Au début du XIXe siècle, « la reconnaissance de l'impact destructeur de la civilisation européenne sur les indigènes et leurs cultures fut à la fois soudaine et traumatisante [47] ». On ne peut certes négliger cette influence. Tous les manuels d'anthropologie du XIXe siècle se font l'écho des mêmes angoisses et des mêmes recommandations : il faut, par la mémoire et l'institution muséale, sauver autant qu'il est possible les éléments des cultures symbolique et matérielle des peuples en voie d'extermination, consigner leurs actes et leurs croyances, établir la geste d'une humanité condamnée. Tout ceci est clairement démontré par l'historiographie.

Mais la périodisation de ce problème engage une rupture émotionnelle et même théorique que Michèle Duchet nous invite à rechercher près d'un demi-siècle plus tôt dans les écrits philosophiques. Le rythme particulier que J. Gruber assigne à l'ethnographie des années 1830, centrée sur la collecte de terrain et athéorique, ne saurait donc dépendre uniquement de cette révélation. Sinon le XVIIIe siècle eût déjà répondu à cette menace sur un mode identique. Les encyclopédistes ont, à leur manière, vécu cet événement « soudain et traumatisant ». Et cette découverte, qu'on peut porter au crédit de la thèse de M. Duchet, nous oblige à réévaluer l'image traditionnelle, voire scolaire, de la philosophie de l'homme dominante durant l'époque des Lumières.

Dans un article très informé, Annie Jacob retrouvait les conclusions de M. Duchet : le sens actif du mot « civilisation » a été répandu par les physiocrates [48]. Il correspondait à un changement notoire de la théorie économique qui donnait à l'idée de travail une caution universaliste. En somme, la valeur d'un critère objectif pour classer et hiérarchiser les sociétés en fonction de leur mode de vie : « Si on recherche le discours sur le travail dans les œuvres du XVIIIe siècle, il devient alors évident que ce sont, non pas les philosophes ni les encyclopédistes, mais les économistes qui traitent ce sujet [49]. » Nonobstant l'alliance des administrateurs et des philosophes, la conception du sauvage ferait émerger, selon A. Jacob, les « contradictions entre Philosophes et Économistes » :

> pour les premiers, le Sauvage est vu positivement : il aide à penser un Monde qui pourrait être transformé, qui pourrait fonctionner de façon plus égalitaire, fraternelle et libre. Mais pour les économistes, soucieux d'organiser ce Monde, il est vu négativement, il est un contre-modèle : sa liberté et son refus de l'ordre hiérarchique rendent sa mise au travail difficile, sinon impossible [50].

Cette antithèse paraît reconduire le primitivisme très conventionnel qu'on a souvent lu, et à tort, chez Rousseau et les philosophes. Effectivement, l'idéal type du sauvage positif, ignorant des artifices de la vie civilisée et de ses hypocrisies, permet, à Diderot notamment, de dénoncer dans le « Supplément au voyage de Bougainville » les préjugés de son époque. Pourtant, il est une autre réalité plus prosaïque : les philosophes sont des savants exaltant l'industrie de l'homme « maître et possesseur de la nature ». Leur définition du sauvage, telle qu'elle apparaît dans l'*Encyclopédie*, est strictement privative : les sauvages sont des barbares errants sans foi, ni loi, ni roi. Surtout, l'idéologie civilisatrice des philosophes fait sens d'être prise dans l'actualité d'un mythe instrumental, inventé par les physiocrates, auquel ils ont donné créance et qu'ils ont parfois inspiré.

De cette réciprocité témoignent *L'Histoire des Indes* de l'abbé Raynal peignant le monde fécondé par le travail[51], mais plus encore Buffon, condamnant sans appel le sauvage apathique qui a « tout négligé, ou plutôt n'a rien entrepris, même pour son utilité ni pour ses besoins[52] ». « Vous jugerez aisément du peu de valeur de ces hommes, déclarait-il dans ses *Époques de la nature* (1778) à propos des Américains, par le peu d'impression que leurs mains ont faite sur leur sol[53]. » Ainsi le terrain d'estimation du bénéfice de la civilisation est-il, pour les philosophes comme pour les économistes, étroitement borné par le principe d'un choix dont chacun, dans sa sphère et avec sa mentalité propre, tente de ressaisir les potentialités : « L'histoire ne revient pas en arrière[54]. »

Tous s'accordent pour dire que la sauvagerie et la civilisation représentent les extrêmes d'un processus qui se justifient l'un l'autre, qui sont relatifs plus qu'antagoniques. « Car le couple sauvage-civilisé ne commande le fonctionnement de la pensée anthropologique que parce que d'avance sa structure est donnée, et les rôles distribués. » Le premier est *objet*, le second *sujet*.

> Bon gré mal gré, la pensée philosophique prend en charge la violence faite à l'homme sauvage, au nom d'une supériorité dont il participe : elle a beau affirmer que tous les hommes sont frères, elle ne peut se défendre d'un européocentrisme, qui trouve dans l'idée de progrès son meilleur alibi. Elle a beau se défendre de consentir à l'ordre des choses, elle ne peut lui opposer, dans le meilleur des cas, qu'un réformisme humanitaire[55].

Les connivences entre les administrateurs coloniaux et le groupe encyclopédiste priment de beaucoup leurs divergences d'opinion. Et c'est ici que l'on réalise le bien-fondé des remarques plus anciennes de René Hubert. Dans son livre toujours passionnant sur *Les Sciences sociales dans l'Encyclopédie*, celui-ci considérait que les descriptions de l'homme primitif tirées des récits des voyageurs prouvaient que les philosophes n'avaient pas adhéré à la théorie du bon sauvage, « malgré l'usage polémique qu'ils en ont fait à l'occasion[56] ». En définitive, les encyclopédistes partageaient avec les théologiens une conception nettement péjorative de la condition sauvage. Elle leur semblait moins un état de nature préservé, authentique, certifiant donc la grandeur de nos commencements, qu'un état *hors nature*, une dépravation[57]. La « dégénération » des sauvages ne figure pas une « variation » qui modulerait, en fonction des lieux et des climats, l'universelle humanité de l'homme, son inaliénable humanité. Au contraire, elle est comme l'erreur à la vérité. Elle rend visible un écart à la norme, une corruption non par rapport à un état antérieur où l'homme eût été plus vertueux, innocent, vivant en conformité avec les préceptes de la nature, « mais simplement par rapport à ce qu'il aurait pu être, s'il s'était uniquement développé en uniformité avec sa propre nature[58] ».

Par le canal de Condillac et de Condorcet, les Idéologues de la
période révolutionnaire donneront un autre contenu à l'idée de sauvagerie. Ils y verront la vivante illustration des Origines [59]. Mais la
génération des lecteurs qui découvraient le Lapon ou l'indigène de
la Nouvelle-Hollande dans les pages de Maupertuis ou de Buffon se
confortait dans une vérité d'expérience, bien résumée par
M. Duchet : « Comme la grâce pour les jansénistes, la qualité
d'homme ne s'acquiert point, mais elle peut se perdre et l'espèce a
ses damnés, promis à l'enfer de l'animalité [60]. » Tels sont les dilemmes de l'humanisme anthropologique : comment intégrer dans
l'espèce humaine des nations entières qui désavouent sa haute
nature ? Comment penser l'historicité et le devenir général de la
culture face à des sauvages « inertes », arrachés brutalement à une
« durée immobile » ? Comment fonder une « science nouvelle qui,
de toutes les variétés d'hommes, fasse surgir une image de l'homme,
partout divers et partout semblable [61] » alors que les mondes sauvage
et civilisé, précisément, se définissent « l'un contre l'autre », dans
une opposition constitutive [62] ?

De l'historifiable à l'ethnografiable

M. Duchet laisse finalement en suspens les tentatives multiples de
résolution de cette énigme. Son analyse des perspectives d'auteurs
est plutôt tournée vers l'archéologie d'un problème, la mise en évidence d'un ensemble de *tensions*.
La plupart des philosophes ont cru à la perfectibilité d'espèce de
tous les hommes, à l'unité de leur nature. Que la civilisation fût le
moteur de l'évolution ou son résultat contingent, elle leur paraissait
inscrite dans les aptitudes de l'homme et immanente à son progrès.
L'homme était, par *nature*, un animal voué à la *culture*. Autrement
dit, et par réciprocité, les philosophes étaient enclins à naturaliser
les phénomènes culturels, à dénier le caractère spécifique, intrinsè-
quement *arbitraire*, conventionnel, du fait social. La civilisation
devait soit procéder de la pression des besoins physiques et moraux
qui poussent l'homme à produire puis à améliorer son existence,
soit obéir, dans son mouvement, à une loi de l'histoire uniforme,
rationnelle et finalisée. D'une manière idéale, elle impliquait un
ordre de complication croissante, un principe de commensurabilité
entre les divers moments du développement social, « ni hasard, ni
providence, mais un sûr enchaînement de causes et d'effets [63] ».
Or l'étude des mœurs, telle qu'elle fut révélée par la littérature des
voyages, dérogea à cette logique. La diversité des coutumes, dont
Buffon note le « contraste » et la « contrariété », les caprices et le
ridicule des préjugés partout dévoilés portaient atteinte au projet
même d'une totalisation anthropologique. Confrontant les faits et la
règle morale, la recension empirique et la déduction intuitive selon
l'ordre des raisons, les penseurs des Lumières ont voulu prendre la
« nature » pour témoin. Sans céder au sens de la variabilité, ils ont

rejeté dans l'enfer de la dépravation ou de la superstition toutes les institutions et les usages qu'ils jugèrent contraires à la loi commune de l'humanité. À cette occasion certes, les philosophes mirent sous bon éclairage polémique les bizarreries propres de leurs contemporains, que celles-ci regardent le célibat des prêtres, le maillot des nourrissons ou l'abus des cosmétiques. Et Jean-Nicholas Demeunier de témoigner contre notre « secret amour-propre » : « Il semble que nos Coutumes & nos Loix doivent servir de modèle à toutes les contrées ; mais on sait que les pays les plus polis de l'Europe ont des usages qui nous surprendroient si nous les trouvions en Amérique ou parmi les Nègres [64]. »

Pourtant, l'assurance ethnocentriste des philosophes s'installa difficilement dans le relatif : « L'histoire morale échoue à décrire les mœurs sans prononcer de jugement sur leur nature et leur valeur [65]. » La critique des mœurs européennes n'est pas anecdotique. Mais elle reste périphérique, au regard du solide dédain que cultivent Buffon ou Voltaire pour des Nègres presque « aussi laids que les singes [66] » ou des Lapons superstitieux, lâches et sans pudeur : « Ce peuple abject n'a de mœurs qu'assez pour être méprisé [67]. » Peut-on maintenir, sous ce jugement, que l'invocation du progrès ait gardé un authentique pouvoir d'appel, que la naturalisation de la culture fût l'enjeu d'un dispositif d'exorcisme et d'occultation de la violence coloniale ? Elles ont plutôt fait surgir une difficulté immédiate :

> Quelle nature humaine décrire lorsqu'elle ne s'inscrit pas dans les mœurs, et qu'on perd sa trace dans la bestialité ? Une certaine idée de l'homme, projetée dans les multiples histoires par lesquelles la civilisation, fût-ce dans l'étrangeté, fixe son ancienneté, ses titres et son existence même, est atteinte et éprouve sa fragilité [68].

Le « refus et le rejet » des peuples sauvages dans l'extériorité de la non-histoire favorisèrent en retour l'apparition de modèles hiérarchiques.

Le catalogue des peuples de la terre est fondé dorénavant sur des critères différentiels et exclusifs alors que la philosophie de l'homme, qui court de La Hontan à Helvétius, avait jusqu'alors valorisé les ressemblances, les marqueurs unitaires. Comme l'exprime Pol Gossiaux :

> Il semblait clair en effet que certains peuples ne répondaient que lointainement à cette véritable chimère logique – une **culture naturelle** – que l'*Histoire naturelle* avait constituée en Norme. Les Nègres, les Hottentots, les Américains, les Esquimaux, etc., manifestaient de tels « écarts » dans leurs mœurs et leurs institutions qu'il fallait bien qu'ils diffèrent des autres peuples par leur statut et leur « nature » et non seulement leur apparence. Dès lors le principe de l'« égalité des peuples », postulé par l'*Histoire naturelle* en une incantation ininterrompue, se retournera contre lui-même [69].

On peut lire, au fil des pages d'*Anthropologie et histoire*, ce long procès pervers qui consacrait l'aliénation des sociétés observées. L'irréductible singularité de l'Autre est sacrifiée au profit des formes variées de l'appropriation identitaire ou autoréférentielle. Quand Buffon s'efforce à la réhabilitation des Noirs, qui ont, à son verdict, le « germe de toutes les vertus », il tire, dit M. Duchet, « les éléments d'un portrait tout en "nuances", plus utile aux négriers et aux colons qu'à l'historien de l'espèce humaine [70] ». Aussi bien, Voltaire fut-il plus radical, ou plus conséquent, en soutenant la doctrine polygéniste, la pluralité des souches humaines. Il soumettait la nouvelle caractérologie des races à la rigueur d'une métaphysique de l'Origine, qui permettait d'affecter Hottentots et Américains à des degrés préétablis d'une échelle des êtres descendant de l'homme à l'animal.

M. Duchet ne propose pas de typologie de cette réduction de l'altérité par une anthropologie des différences [71]. L'époque n'a pas encore pleinement décidé l'objectivation du sauvage, dont l'étrangeté résiste à un modèle unique de rationalité instrumentale [72]. Mais un point est acquis à l'historiographie : tant que la singularité et la dynamique propres des cultures ne sont pas reconnues ou acceptées pour elles-mêmes, l'ethnographie trouve sa règle méthodologique dans le comparatisme :

> En déduisant l'inconnu du connu, en constituant des archives avec des séries homologues, on a une image rassurante et harmonieuse de l'histoire humaine dans sa continuité et dans sa finalité. À mi-chemin entre l'ethnologie et l'histoire, le comparatisme sera le meilleur opérateur de cette sorte d'hyperhistoricité par horreur du vide [73].

Au xviiie siècle, le monogénisme différentialiste de Lafitau, de Buffon ou même de Rousseau ne connaît en fait qu'un seul vecteur de temporalité, celui de l'histoire de la civilisation occidentale. Le discours descriptif des anthropologues doit donc se confondre avec ses modalités interprétatives. Selon les cas, les sauvages seront ou valorisés (ils sont comme nous, mais *barbares*) ou dévalorisés (ils sont *dégénérés* et confinent à la bestialité). M. Duchet note néanmoins que tout cela revient au « même ». La valorisation comme la dévalorisation sont deux accentuations possibles d'une histoire jugée, qui commande d'intégrer les variables hétérogènes de la vie des peuples exotiques dans un système unique de références. C'est pourquoi on peut ramener à l'identique les figures apparemment contradictoires du « primitif » et du « dégénéré ». L'un est arrêté au « seuil de sa propre histoire », l'autre est victime d'un parcours historique contre-évolutif. En paraphrasant M. Duchet, on pourrait dire que « primitif et dégénéré, c'est tout un ». Car celui qui ne progresse pas régresse au stade ancestral ou à l'âge « végétatif » de l'enfance [74]. L'un et l'autre sont les produits d'un regard projeté, d'une manière imaginaire, sur les temps originels précédant toute l'œuvre de la civilisation [75].

> Ce n'est qu'à travers sa propre culture que l'Européen perçoit la réalité du monde sauvage qui, en soi, lui demeure étrangère, inaccessible. La métamorphose de l'homme sauvage en homme primitif, parce qu'elle fait de lui un être historique, rend du même coup possible une visée anthropologique ; en lui enfin l'homme européen peut se reconnaître et apprendre à se connaître : il lui suffit d'ouvrir l'espace de sa propre histoire, et de faire figurer l'*homo sylvestris* parmi ses ancêtres. Ainsi se trouve définitivement constitué le couple sauvage-civilisé qui, par le jeu des parallèles et des antithèses, le long d'une échelle des êtres et des valeurs, commande tout le fonctionnement de la pensée anthropologique jusqu'au début du xixe siècle. L'homme sauvage s'y confond avec ses doubles, Scythe ou Germain, et prend place à leurs côtés dans un vaste mythe des Origines [76].

Le livre de Michèle Duchet, on l'aura compris, n'est pas simplement une somme encyclopédique sur l'idée d'homme au siècle des Lumières, ou même, ce qui lui ressemblerait mieux, une archéologie du discours civilisateur. Elle n'interroge pas l'inquiétude qui saisit les contemporains de Buffon quand parvinrent à la Ménagerie royale les premiers spécimens de l'orang-outan, ce double monstrueux de l'homme sauvage qui troublait les plus nobles certitudes relatives à l'insularité de notre espèce dans la nature. Pourtant, de Linné à Rousseau et à Lord Monboddo, l'*Homo sylvestris* – ainsi nommé par une pléiade d'auteurs – provoqua des controverses durables sur l'état natif du genre humain[77]. De même, on ne saurait dire que M. Duchet poursuive, de sa patiente enquête, l'assomption de la « nature humaine », la dialectique des passions et de la Raison, ou la relation, si prégnante dans les œuvres de La Mettrie ou d'Holbach, mais aussi bien dans un large corpus médical, du « physique » et du « moral » des actions humaines. Elle ne prend pas même le primitivisme ou la quête des origines pour objets d'examen, quoique ces thématiques ressortissent sans conteste au champ des études dix-huitiémistes et qu'une série de travaux ait démontré leur incidence dans l'émergence d'un savoir de type anthropologique[78]. Plus curieusement encore, compte tenu de ses sources comme de son enjeu, le livre de M. Duchet n'explore pas comment les récits de voyage, compilés et critiqués, s'inscrivent dans l'écriture anthropologique ou les questionnaires à l'usage des voyageurs. On y chercherait encore une généalogie des schèmes taxonomiques qui, à l'exemple des couples polaires sauvages/civilisés, Progrès/Décadence ou Nature/Histoire, structurent l'entière perception du monde non occidental. Bien sûr, on aurait peu de peine à repérer ces présupposés ou ces grands thèmes directeurs – et bien d'autres, ajouterais-je, qui concernent les fondations empiristes de la connaissance ou la sécularisation de la pensée au XVIIIe siècle – dans cette œuvre d'érudition. Mais l'absence de références analytiques à la toute-puissante théorie de l'origine des langues, à l'herméneutique des religions, aux débats théologiques sur l'antiquité de l'homme ou au renouveau d'intérêt pour les civilisations d'Orient nous indique, par contraste, d'autres pistes[79]. Le but de M. Duchet, poursuivi dans des travaux ultérieurs, dont *Le Partage des savoirs* en 1984 deviendra le guide épistémologique, est de comprendre la nature des rapports entre ethnologie et histoire. Il s'agit positivement de mettre à jour la double articulation d'un discours contradictoire tenu, durant deux siècles, sur l'entité *sauvagerie*.

La *première articulation* traverse le propos colonialiste, civilisateur, des anthropologues : privé d'annales propres par l'acculturation, le monde sauvage ne subsiste « qu'à travers le prisme déformant de l'histoire européenne[80] ». Dès que l'idée de progrès et le projet physiocratique de civilisation des Nègres ou des Indiens viennent fonder moralement un « humanisme de la conquête », les nations déchues accèdent pleinement à l'humanité. Quand Rousselot de Surgy ou Le Trosne assimilent les esclaves battus au fouet à des « animaux servant à la culture [81] », les esprits éclairés dénoncent, avec Buffon ou Raynal, l'esprit de lucre des propriétaires et des « traitements odieux » qui révoltent le sentiment d'humanité. Critique intéressée, pourrait-on dire, lorsqu'on sait, grâce à M. Duchet, le sens politique du réformisme humanitaire des philosophes. Mais inflexion décisive : les animaux n'ont pas d'histoire, les hommes – tous les hommes – sont pris, activement ou passivement, dans le mouvement mondial de la civilisation.

La thèse primitiviste sera le pivot d'une science générale de l'homme. Elle impliquait en effet que le sauvage des antipodes, monstre par défaut, franchît la frontière qui le déjetait hors de son espèce et qu'il parût l'image des Origines. Il portait la trace actuelle, et mieux encore le « germe », des vertus « développées » par les sociétés policées. De la lecture des Antiques à la robinsonnade, la thèse primitiviste n'a pas eu véritablement de contenu [82]. Les origines sont immémoriales. Elles figurent un postulat théorique plutôt qu'une représentation dotée d'un sens plein. Cette thèse a cependant une grande importance philosophique. Dire que l'Indien est comparable à l'ancêtre mythique de l'homme occidental, redire après John Locke qu'« au commencement, toute la terre était une *Amérique* [83] », c'est lier une vision des premiers temps à une promesse d'avenir qui verra la régénération du sauvage. On peut tenir alors sur le genre humain un discours unitaire, insistant plus sur le changement, la plasticité et la différenciation que sur la « nature ». D'où ce premier constat :

> Lafitau, Buffon, Rousseau, quoique de manière différente, ont contribué à ce déplacement par un même *refus de la non-histoire comme mode d'existence de groupes humains*. L'ethnographie, l'ethnologie, l'anthropologie sont nées de ces refus et des limites mêmes du discours « historique » [84].

Néanmoins, M. Duchet pondère cette considération d'une autre généralité qui semble l'annuler. Au XVIIIᵉ siècle, c'est l'apparition de l'écriture qui marque le seuil initial de l'historicité. Les philosophes, à l'exception de Rousseau, restent incapables d'imaginer « un autre temps et d'autres archives ». De là la *seconde articulation* de cette étrange dialectique anthropologique : « Avant l'invention de l'écriture, une histoire est forcément dans la non-histoire, elle est non-histoire. Ce manque devient à la limite sa seule définition historiquement correcte [85]. » De là, également, un singulier plan de clivage qui traverse l'œuvre des naturalistes et qui distinguera dorénavant deux types de sauvages, les uns assimilables, les autres inaptes à profiter de l'œuvre civilisatrice. « L'on ne peut cependant se cacher qu'un nègre est un homme », écrit le bailli de Mirabeau en 1755 [86]. Par la rencontre forcée de deux humanités dont l'une asservit l'autre, le Noir a pénétré l'univers du Blanc, il a fait cause commune avec sa trajectoire expansionniste. De sorte qu'il est désormais reconnu dans sa nature « historifiable » par les abolitionnistes. Selon Maupertuis, par exemple,

> Si les premiers hommes blancs qui en virent de noirs les avoient trouvés dans les forêts, peut-être ne leur auroient-ils pas accordé le nom d'hommes. Mais ceux qu'on trouva dans de grandes villes, qui étoient gouvernés par de sages Reines

(Diodore de Sicile, liv. 3), qui faisoient fleurir les Arts & les Sciences dans des temps où presque tous les autres peuples étoient des barbares ; Ces Noirs-là auroient bien pu ne pas vouloir regarder les Blancs comme leurs frères [87].

Par la possibilité de *comparer* l'aptitude respective des Européens et des Africains à la vie sociale, le discours colonisateur vise à rendre homogènes deux « espaces-temps culturels » a priori distincts.

Mais le continent sauvage ne se laisse pas, en tous lieux, si bien réduire. La déréliction qui frappe les Australiens, les Hottentots ou les Indiens démontre qu'ils sont à jamais, en dépit des prédicats, d'un *autre* monde. L'Amérique a fasciné les commentateurs. M. Duchet a analysé, sur l'exemple de Buffon et surtout de Cornélius de Pauw, la naissance d'une problématique américaniste basée sur le refus d'un pseudo-humanisme phagocytaire. C'est d'une manière strictement négative que le « naturel » du Nouveau Monde a pénétré le champ de ce qui deviendra, par inversion du schéma civilisationnel, le territoire de l'*ethnographe*. Pour Cornélius de Pauw, l'humanité d'Amérique est frappée d'un vice rédhibitoire, essentiel. Sa déchéance est irréversible. Elle déjoue, dans les faits, le piège annexionniste de la comparaison :

> L'homme américain est à peine un homme : dégénéré de sa propre espèce, il ne pourra jamais devenir autre. Ce qu'il est *par nature* le condamne à n'avoir d'autre « histoire » que cette nature même : son état c'est l'état sauvage, mais à la différence de ce qui se passe pour d'autres peuples, il lui est impossible d'en sortir, à cause de cette complexion particulière qui lui interdit tout progrès. Il est véritablement et à jamais *hors de l'histoire* [88].

Le monde américain est ainsi reconnu comme le lieu de l'immédiateté, où le présent présage le futur.

Paradoxalement, M. Duchet nous avertit que cette vision naturaliste n'est pas si blâmable qu'il paraîtrait. À la différence de la thèse primitiviste, le discours sur la dégénération ne lui semble pas comme l'envers d'un décor planté à des fins colonisatrices. Il en serait plutôt la transgression. Pour reconnaître, d'un savoir sans démenti, la réalité et le caractère unique de l'humanité amérindienne, il fallait que cessât le discours parasite de la philosophie de l'histoire universelle. En effet, « plus l'écart est grand, plus l'histoire est en défaut, plus on est proche de l'homme naturel sur lequel on ne peut tenir qu'un discours singulier ». La ruine du comparatisme est ici consommée. Or, constate M. Duchet, « c'est de telles procédures d'exclusion qu'est né le discours proprement ethnologique [89] ». Il fallait, en fin de compte, la défaite ou la déroute empirique de la bonne conscience européenne pour que le « sentiment de la différence » l'emportât sur « l'idée d'une aventure commune à l'espèce : le monde américain se met à exister, il a ses phénomènes spécifiques, l'histoire s'y vit sur un autre rythme et l'homme s'y meut selon d'autres lois [90] ».

Certainement, cette clé dichotomique, distinguant, du nombre des sauvages des Lumières, des peuples « historifiables » et d'autres qui, à l'instar du « naturel » des Amériques, ne peuvent être rapportés à un stade quelconque de l'échelle de la civilisation, comptera comme un outil utile à l'historien. Mais l'ambition de M. Duchet est ailleurs.

Ce qui est en question, et en filigrane de ce va-et-vient entre histoire et ethnographie, c'est la genèse de l'anthropologie structurale. Dans les années 1960, Claude Lévi-Strauss a nettement marqué la division entre deux grands ensembles sociologiques : des sociétés « chaudes », « historifiables », prises dans le flux du temps et vivant d'un mouvement cumulatif, et des sociétés « froides », sans histoire de type « acquisitif » ni écriture. Des sociétés, en un mot, « ethnographiables [91] ». À l'historien l'étude des premières, à l'anthropologue la relation privilégiée aux *autres*. Or Lévi-Strauss a cherché à fonder historiquement ce grand partage, ce partage « illusoire » (M. Duchet), dans le *Discours sur l'origine de l'inégalité* et l'*Essai sur l'origine des langues* de Rousseau. Sa lecture très sélective du « fondateur des sciences de l'homme » sera, tout au long des années 1960-1970, critiquée par des philosophes et des ethnologues africanistes qui lui ont reproché un culte anachronique pour un âge de l'homme qui eût échappé au vertige de l'histoire [92]. Il ne m'appartient pas, ces querelles apaisées, d'en rappeler l'argument [93]. Cependant, que dit M. Duchet ? Si Lévi-Strauss est fondé à recomposer le passé de sa discipline pour se donner une illustre caution, la ligne de fracture inaugurale doit être cherchée non du côté de Rousseau, qu'on considère trop complaisamment pour un apologiste de l'état de nature, mais du côté de Cornélius de Pauw. Lui seul aura, d'une approche toute dépréciative, opéré la distinction postulée par le structuralisme. Même si sa compréhension des textes est moins schématique que je ne la présente à fin d'exposition, le choix de M. Duchet se laisse facilement deviner. Ainsi peut-on comprendre cette affirmation :

> À la fin de l'âge classique, le partage était donc accompli entre les sociétés que Claude Lévi-Strauss nomme « historifiables » et celles qu'il nomme « ethnographiables », entre l'histoire du monde civilisé étendue à ses possessions outre-mer et la description des sociétés demeurées tout à fait sauvages [94].

Du fait que Lévi-Strauss professe un « profond mépris » pour la théorie politique sous-jacente à l'entreprise rousseauiste [95], il se démarque de la thèse contractualiste et du jeu dialectique qu'elle mobilise entre liberté individuelle et état de droit. Or ces sociétés immobiles et équilibrées dans leur harmonie cosmique dont rêve l'anthropologue, où la liberté serait naturellement préservée, évoquent plus, selon M. Duchet, des sociétés « vouées à la mort par simple effacement que des sociétés épanouies dans leur historicité singulière [96] ». En déniant à certains peuples une forme de passé et de rapports à la temporalité qui leur soit propre, l'anthropologue actuel innocente sa pratique et rejoint C. de Pauw dans une même occultation de ce qui paraît l'essence de l'homme – sa nature politique : « L'entropologie [*sic*] ou science de l'entropie recherche les inerties et prétend faire l'économie des "révolutions" [97]. »

Suivons la thèse de M. Duchet. D'une certaine manière, il était nécessaire que la pensée sauvage, productrice de mythes, échappât à la grille établie d'une histoire *universelle* pour qu'un savoir ethnographique prît en charge le statut pluriel de l'humanité. En 1971, M. Duchet voyait ainsi dans l'anthropologie structurale un heureux expédient à l'« anthropologie culturelle » de l'époque coloniale. Elle marquait la fin d'une aliénation et permettait d'« accroître la conscience que chaque société doit avoir de sa singularité, pour vivre aux soleils des indépendances ». Elle avait encore pour vertu de « préserver les peuples, qui ont échappé à la destruction de la première période coloniale, et à l'impérialisme de la seconde, de toute souillure ; dans un monde à jamais "civilisé", ils sont les derniers témoins d'une humanité immobile et heureuse, telle que Rousseau l'avait imaginée [98] ».

M. Duchet est revenue, manifestement, de cet engouement. En 1985, les épisodes, ou les espoirs, de la décolonisation ayant laissé plus de cendres que de fleurs, elle semble regretter surtout que cette révélation de l'altérité ait abouti à l'autonomisation et à la clôture de l'anthropologie sur la synchronie. Peut-être en refusait-elle maintenant les postulats *antihumanistes* théoriques et l'équivalent, en symétrique inversé, de la « racisation » du sauvage opérée par C. de Pauw [99] ? En tout cas, elle accusait le structuralisme de « couper du temps des sociétés dites *froides* » à seule fin de « prendre la mesure de leur intolérance à l'histoire » :

> La « sauvagerie » d'un coup apparaissait non comme une forme située aux confins de l'histoire, une historicité sans l'histoire, mais comme une forme pleine : elle pesait le poids d'une civilisation, l'histoire en moins. L'histoire en moins ? Certes, mais n'était-ce pas aussi l'*histoire refusée*, et ce refus transféré à des sociétés qui étaient censées le pratiquer, à l'écart de toute contagion ? En se choisissant un objet savamment maintenu à distance de tout ce qui arrive aux sociétés dites « historiques », le structuralisme revenait à l'illusion d'un monde autre, aux frontières de l'utopie et aux limites de l'artifice, et source pour l'ethnologue de rêves fallacieux [100].

Anthropologie et histoire apparaît, après coup, comme une longue méditation sur la constitution d'un objet qu'on nommera l'ethnographiable, sur le partage du travail intellectuel et la « délégation de pouvoir » dont procède la science de l'homme. Une « historiographie militante [101] ». Ce livre d'inquiétude, qu'on a, curieusement, pris pour « une invitation souriante au voyage philosophique [102] », parle d'abord de la trahison de l'idéal humaniste des Lumières, de son « racisme latent [103] ». Denise Brahimi a pu reprocher à l'auteur son « jugement sévère et univoque » sur la génération des encyclopédistes, et, plus judicieusement, questionner, dans l'axe de son assentiment initial, si l'alternative rigoureuse « consiste à isoler le fait colonial et les peuples sauvages dans une irréductible étrangeté ». Mais Michèle Duchet ne l'a pas longtemps ralliée : ce livre « daté (et faisant date), dans la régression contemporaine de l'européocentrisme », appelait son complément. On l'a vu, dans *Le Partage des savoirs*, M. Duchet prit acte de ces critiques de Denise Brahimi : « Et sans doute n'avons-nous guère dépassé les dilemmes où elle nous montre que les meilleurs penseurs du XVIIIᵉ siècle se sont enfermés [104]. » Anthropologie et/ou histoire ? Continuité *ou* rupture d'un terme à l'autre de la problématique sociologique ? La copule n'est pas indifférente dans le titre de 1971. Elle indique un espoir plutôt qu'une solution au problème politique posé par la vision dominante au XVIIIᵉ siècle du monde des sauvages irrémissibles.

C'est pourquoi l'on peut lire une sorte de chassé-croisé, des atermoiements, une contradiction presque intime dans le jugement que M. Duchet porte sur les Lumières. Elle en refuse les refus, oserais-je dire. Elle portera ainsi au crédit des philosophes d'avoir, les premiers, embrassé d'un même regard et la « dispersion » et la « diversité » des groupes humains en cherchant le « principe de leur cohésion ». Elle confirmera pourtant que leur volonté de fournir à l'histoire « comme une certitude de la raison » abolissait l'objet « sauvagerie » dans l'inanité de la « non-valeur ». C'est à ce prix et par cette condition exorbitante que l'anthropologie, d'hier à aujourd'hui, s'est définie négativement telle la science d'un *reste*, une « science, pourrait-on dire, de la "non-histoire" [105] ». En dépit d'un rapport dialogué plutôt positif avec l'évolutionnisme culturel de Lewis Morgan et d'Engels [106], qui lui paraissait briser « la gangue des préjugés », Michèle Duchet voyait reconduite du XVIIIᵉ siècle à Lévi-Strauss la même dénégation, le même « noyau dur » idéologique, la même réification fondatrice de la relation complémentaire et conflictuelle des deux disciplines, l'histoire et l'ethnologie. Sa perspective est historienne. Son propos est tourné vers l'avenir. Elle réclamera d'une « anthropologie marxiste » conséquente qu'elle ruine dialectiquement cette partition des genres cognitifs :

> Il ne s'agit pas seulement de suivre les traces d'Engels, mais de considérer qu'il n'est pas juste d'admettre qu'il y a des sociétés sans histoire, et de montrer ce que la notion même d'*entropie* a contribué à masquer, à savoir la *solidarité* dans l'histoire de toutes les sociétés humaines. Reconnaître l'historicité du monde dit sauvage, c'est pour nous la seule façon de le *reconnaître* pleinement comme nôtre, même s'il faut pour cela repenser ce qu'on appelle *histoire*. Les peuples « civilisés » échapperont ainsi à la fascination de leur histoire singulière et au travail inconscient du racisme indéfiniment producteur d'altérités [107].

La querelle des chronologies

Peut-on, dès lors, repérer dans la thèse de M. Duchet un principe de périodisation de l'histoire de l'anthropologie qui permette de lire le discours des Lumières dans sa spécificité ? Existe-t-il même un domaine de recouvrement qu'on puisse rétrospectivement isoler de la philosophie pour construire un système discursif qu'on nommera l'« anthropologie des Lumières » ? M. Duchet a-t-elle finalement accédé à ce socle épistémologique que désigne, sous l'artifice de la traduction italienne de son grand ouvrage, « Le origini dell' antropologia [108] » ?

J'aimerais, pour répondre à ces questions cruciales, procéder de façon discursive. Elles sont en effet des plus litigieuses et, pour y répondre, il convient de situer le texte de M. Duchet dans le long terme d'une histoire polémique. Enjeu d'institution, la chronologie de l'anthropologie bénéficie toujours d'une actualité critique. Depuis plus d'un siècle, l'arbitraire des découpages, fondés sur des logiques inconciliables, grève de trop lourdes hypothèques les reconstructions historiographiques [109]. Cette confusion, l'absence de critères décisifs précisant les conditions d'émergence d'une science de l'homme, ont favorisé la dimension essayiste des principales synthèses parues sous la plume des anthropologues. Or les historiens doivent disposer d'un cadre formel, accepté par tous, qui soit le dénominateur commun de leurs travaux.

J'oublierai ici volontairement les essais à finalité mémorialiste ou militant produits de l'intérieur de la discipline. Ils présentent un profil comparable, étendant dans un passé sans âge la longue épopée des précurseurs de l'ethnographie. Ils participent encore d'un genre narratif linéaire, basé sur la continuité des œuvres, des hommes et des programmes de recherche. Je les oublierai non pour les exclure [110], mais pour témoigner, avec Michèle Duchet, que l'opération proprement historique suppose une mise à distance de la tradition disciplinaire reçue, qu'elle est une *production*, et que la constitution des sources obéit à un principe de sélection plutôt qu'au dévoilement d'un passé déjà donné [111].

Au moment où M. Duchet élaborait son ouvrage, deux grandes thèses s'affrontaient dans le domaine historiographique, respectivement illustrées, en France, par Georges Gusdorf et Michel Foucault. Parce qu'elles démontrent éloquemment que la valeur documentaire des œuvres du passé repose en dernière instance sur une philosophie de la lecture qui la suscite et la mobilise, il importe de les rappeler pour replacer l'œuvre de M. Duchet dans ce champ contradictoire.

Depuis la publication, en 1964, du livre classique de Margaret Hodgen *Early Anthropology in the Sixteenth and Seventeenth Centuries*, la plupart des historiens des idées admettent que les schèmes inducteurs d'une interrogation de l'homme sur lui-même, ou les conditions propitiatoires d'une curiosité occidentale pour les mœurs des habitants de contrées lointaines, se voyaient réunis à la Renaissance. Je ne ferai pas retour aux thématiques détaillées de M. Hodgen. Mais sa matière d'érudition, fondée sur l'examen des cabinets de curiosités, la littérature des voyageurs et missionnaires et les modèles dégénérationnistes (ou cycliques) dominant l'exégèse biblique au XVIᵉ siècle, a donné une première assise chronologique à l'histoire de l'anthropologie. C'est en particulier avec la rencontre des Indiens du Nouveau Monde – un continent ignoré des Écritures saintes et difficilement rattaché à l'Atlantide des Anciens, un monde en somme qui *n'était pas prévu* [112] – que l'objectivation du sauvage fut rapidement soumise aux règles d'une « anthropologie génétique [113] » de type historique et diffusionniste [114].

« Notre monde vient d'en trouver un autre, notait Montaigne, non moins grand, plein et membru que lui, toutefois si nouveau et si enfant qu'on lui apprend encore son a, b, c [115]. » Beaucoup d'auteurs ont agréé ce point : la Renaissance a reconnu la diversité des coutumes humaines, elle en a commencé l'inventaire. On lui doit des typologies, un usage du comparatisme [116] et des perspectives primitivistes dont l'influence s'étendra loin dans l'âge moderne. Investie d'un sens historique, la hiérarchie des modes de la culture réinsérait cette disparité des « terres neuves » (Montaigne) dans l'unité du *phénomène* humain. En France, l'historien Georges Gusdorf a popularisé cette chronologie qui voyait l'anthropologie empiriste des Lumières comme l'héritière en ligne directe de l'humanisme renaissant. Les philosophes accomplissaient selon lui les promesses d'une révolution mentale née au XVIᵉ siècle dans « le désaveu des certitudes établies, lorsque l'être humain se découvre lui-même comme question ». Cette mutation du regard et de l'intelligence de soi, Georges Gusdorf la découvrait dans les planches anatomiques de Vésale comme dans les *Essais* de Montaigne. Elle gagnait de là, malgré le moment négatif du rationalisme désincarné de Descartes, la philosophie expérimentale anglaise et continentale [117] :

> La naturalisation de la nature humaine est une des conséquences du retrait de Dieu qui, cantonné dans sa transcendance, ne fait plus obstacle à l'établissement de déterminismes au sein de la réalité globale. Avant l'anthropologie, l'homme était saisi dans sa spiritualité, dont le corps constituait un support occasionnel ; dans la perspective anthropologique, l'être humain est perçu comme une réalité unitaire ; la matérialité de la présence humaine fonde son identité [118].

Vint Foucault et toute cette construction fut remise en cause. Au motif philosophico-scientifique d'une grande « pensée anthropologique » surplombant les temps modernes, le théoricien des *Epistémès* substituait d'autres seuils épistémologiques, incompatibles :

> Quand on regarde d'un peu près les cultures des XVIᵉ, XVIIᵉ et XVIIIᵉ siècles, on s'aperçoit que l'homme n'y tient littéralement aucune place. La culture est alors occupée par Dieu, par le monde, par la ressemblance des choses, par les lois de l'espace, certainement aussi par le corps, par les passions, par l'imagination. Mais l'homme lui-même en est tout à fait absent [119].

Ce jugement exclusif, qui rejetait le protocole d'instauration de la science anthropologique à l'aube du siècle positiviste, sera abstraitement circonstancié dans *Les Mots et les Choses* en 1966. Que dit Foucault ? En résumé : à l'âge classique et durant les Lumières encore, le *sujet* souverain de toute connaissance possible ne peut pas se redoubler, par clivage, en *objet* offert à l'investigation. Par l'expérience du *Cogito*, l'être humain est transparent à lui-même dans l'ordre de la représentation. Il ne saurait accéder au statut de « spectateur regardé ». M. Foucault identifie anthropologie et analytique de la finitude, dans le cadre des nouvelles « empiricités » du XIXᵉ siècle (la vie, le langage, le travail), et il reporte donc par-delà le courant Idéologue du moment révolutionnaire l'événement décisif d'une « conscience épistémologique de l'homme comme tel ». Sans doute l'histoire naturelle, la grammaire générale ou l'économie politique parlaient-elles de l'homme, de ses races, de ses besoins ou de son imagination. Mais « l'*épistémè* classique s'articule selon des lignes qui n'isolent en aucune manière un domaine propre et spécifique de l'homme ». La « nature humaine » ne préfigure en rien l'objet d'une science de l'homme. D'où cette conclusion qu'« avant la fin du xviiie siècle l'*homme* n'existait pas » :

> Il n'était pas possible en ce temps-là que se dresse, à la limite du monde, cette stature étrange d'un être dont la nature (celle qui le détermine, le détient et le traverse depuis le fond des temps) serait de connaître la nature, et soi-même par conséquent comme être naturel [120].

Foucault, on le sait et cela lui sera souvent imputé à charge, ne questionne pas les transitions. Son but est de marquer les scansions. Tout le dispositif épistémologique qu'il nomme « classique » s'effondre en quelques années à peine, la date charnière se situant entre 1795 et 1800 avec une phase de déstabilisation amorcée vers 1775 [121]. Les problématiques liant l'essor de l'anthropologie à la rencontre des Européens avec les peuples exotiques, à la laïcisation du thème de la place de l'homme dans la nature, à la conscience d'historicité, sont donc rejetées. Inopérantes, elles relèvent d'une histoire des idées continuiste que récusera tout le travail archéologique de Foucault.

On mesure ainsi, à ces quelques repères, l'antinomie des deux principaux systèmes chronologiques qui se partageaient la faveur des historiens dès les années 1960. Je reviendrai sur les composantes idéologiques sous-jacentes à ces positionnements d'auteurs. Ce rappel nous permet cependant de préciser les choix de Michèle Duchet, et sans doute leur ambiguïté. D'une lecture première, elle semble participer des deux écoles historiques, portant à l'avantage de l'une qu'il faut brasser large les sources d'information pour comprendre l'émergence d'un savoir spécifique sur l'homme, au crédit de l'autre qu'un régime de discours est historiquement daté. Pouvait-elle les concilier quand des épistémologies opposées sous-tendent la représentation de cette histoire contrastée, qui réduisent à rien l'apparent empirisme du travail des sources ? C'est moins sûr.

Au bénéfice de la tradition continuiste, on peut découvrir que M. Duchet en accepte les présupposés chronologiques, soit qu'elle discute certaines « questions fondamentales » sur l'histoire soulevées par Margaret Hodgen [122], soit qu'elle note avec Gusdorf que la découverte d'une humanité exotique a « ébranlé jusqu'en [leurs] fondements » les doctrines religieuses centrées sur l'idée de Révélation, soit enfin qu'elle enracine l'anthropologie des encyclopédistes français dans la pensée empiriste anticartésienne de John Locke et des sensualistes [123].

D'un autre côté, M. Duchet insiste fortement, avec Foucault, sur la discontinuité qui scinde et disperse ces problématiques de savoir. Elle s'appuie sur *L'Archéologie du savoir* pour mettre en péril l'idéal de totalisation d'une « histoire de la conscience européenne » qui anime l'œuvre de Georges Gusdorf et que met en lumière sa vision humaniste générale de l'avènement des sciences humaines [124]. Pour elle, comme pour Foucault, la forme linéaire de cette interrogation « anthropologique » (au sens philosophique de ce mot) amalgame ce qui doit être théoriquement séparé, superpose l'ordre du temps et l'ordre du discours comme si le progrès des connaissances opérait d'une « transition continue et insensible », « du champ confus de l'opinion à la singularité du système ou à la stabilité définitive de la science [125] ». M. Duchet tient l'altérité du passé pour irréductible [126]. Analysant la publication des *Grands Voyages* commencée par Théodore de Bry en 1590 et poursuivie par ses fils jusqu'en 1634, elle privilégie les discordances, l'irrégularité des usages cognitifs, l'unité *sui generis* des discours qui les rend incomparables d'une époque à l'autre. L'existence de sociétés indigènes inconnues en Europe induit différentes formes de savoirs. M. Duchet s'intéresse visiblement moins à leur dérivation qu'à leur succession heurtée. Elle s'efforce, comme dirait Foucault de l'analyse *archéologique* des contradictions, « de déterminer la mesure et la forme de leur écart [127] ». Ainsi, sur l'histoire descriptive du Nouveau Monde telle qu'elle est restituée par la collection de Théodore de Bry, précisera-t-elle cette « distorsion » : on aurait tort de voir dans les gravures représentant les Indiens, ou dans leur commentaire, l'équivalent d'une préhistoire de la science anthropologique ou de « documents » faisant office d'archives officielles pour la discipline qui nous est familière.

> Pour passer de l'histoire ainsi entendue au discours ethnographique proprement dit, il a fallu que le système de références *change entièrement* et que de petites sociétés, observées pour elles-mêmes, deviennent le seul objet d'un discours décentré et comme naturalisé. Ce qui ne veut pas dire qu'on renonce à l'ethnocentrisme, mais que s'opère un déplacement théorique vers ce que Claude Lévi-Strauss a appelé « l'ethnographiable » [128].

Michèle Duchet n'en reste pourtant pas à la surface des mutations structurales. Le modèle archéologique des *Mots et les Choses*, on l'a indiqué, excluait tout énoncé relatif à l'« anthropologie des Lumières ». Foucault aurait sans doute dénoncé sous ce syntagme l'anachronisme d'un jugement moderniste ou un abus verbal. Il accordait en même temps que la périodisation est fonction du niveau d'événements délimité ou du type d'archives mobilisé par l'historien [129]. C'est en vérité ce que l'on vérifie dans *Anthropologie et histoire au siècle des Lumières*. Pour rendre au filé du temps une continuité trop vite congédiée par la conception foucaldienne des ruptures « archéologiques » et rétablir des cohérences à court terme menacées, M. Duchet a aménagé les décrochages majeurs qui vont provoquer la progressive mutation du regard anthropologique sur le fond d'une philosophie de l'histoire qui prépare, même souterrainement, cette distanciation décisive. L'anthropologie des Lumières existe, et d'abord le mot, indice d'un concept.

Alors qu'au milieu du XVIIIᵉ siècle l'*anthropologie* dénote l'étude du corps humain ou qu'elle se distribue en science de l'âme (psychologie) et science de l'économie animale (anatomie), d'autres signifiés à connotation historique apparaissent autour de 1780. Avec Alexandre Chavannes, elle désigne la « science générale de l'homme ». Et ce théologien suisse, qui introduit en français le néologisme *ethnologie*, lui assigne pour étude « la manière dont les sociétés se sont formées, établies, réglées, et comment, se trouvant placées dans des circonstances diverses, elles se sont élevées *peu à peu* et *successivement* à divers degrés de civilisation [130] ». De prime abord, M. Duchet reconnaît qu'une science de l'homme, analogue ou non à une théorie de la nature humaine, existe dès le milieu du siècle. Toute la seconde partie de son livre de 1971 intitulée « L'anthropologie des philosophes » dépose en ce sens. Elle distingue même deux de ses textes fondateurs : les *Recherches philosophiques sur les Américains* (1768-1770) de Cornélius de Pauw sont, remarque-t-elle, avec l'*Histoire naturelle de l'homme* de Buffon (1749), « notre premier traité d'anthropologie [131] ». Buffon et De Pauw, « deux "anthropologues", dont la vue s'étend au-delà des temps historiques vers le passé humain du Nouveau Monde [132] ».

En dépit de cette reconnaissance qui semblerait indiquer un seuil de positivité, M. Duchet balance entre deux affirmations. Premier point, la « science générale de l'homme » est présente à l'état de « sous-système » à peine cristallisé dans des discours déjà différenciés, dont la philosophie, l'histoire naturelle, la théologie, etc. [133]. Elle est pourtant, dans sa démarche et ses présupposés, une idéologie supplétive au silence de l'histoire sur l'état de nature. Tel est le second point. Les philosophes lui ont donc imprimé, chacun en son système, un tour idiolectal. « Ils fondent la possibilité » d'une science de l'homme mais négligent « de la constituer en discipline à part entière [134] ».

M. Duchet parcellise ainsi l'acte de naissance de l'anthropologie jusqu'à reconnaître « plusieurs anthropologies possibles » au siècle des Lumières, ce qui trahit leur fonction idéologique [135]. L'usage de la nomination sera donc extensif, à raison de l'hétérogénéité des matériaux documentaires exploités ou exploitables :

> Dès lors il était légitime de considérer tous les fragments de discours qui se donnent comme objet, entre 1750 et 1788 [date de l'*Anthropologie* de Chavannes], cette science générale de l'homme. Au premier chef bien sûr, l'*Histoire naturelle de l'homme* de Buffon, mais aussi tous les textes qui traitent de l'homme physique, de l'espèce humaine, des différentes races, des sociétés humaines, de leur formation et de leur progrès, de l'origine du langage, des inventions et des techniques [136].

En sélectionnant cinq systèmes signalés par leur rigueur discursive (ceux de Buffon, Diderot, Rousseau, Helvétius et Voltaire), M. Duchet ne fait pas œuvre limitative puisqu'aussi bien C. de Pauw prolonge Buffon en conférant à l'humanité amérindienne une réalité intrinsèque et Joseph Lafitau, dès 1724, « jette les bases d'une science de l'homme universel ; à une perspective historique et géographique, il substitue une perspective anthropologique [137] ». L'idée générale que se fait M. Duchet d'un véritable programme anthropologique commande la critique théorique de la pseudo-ethnologie des Lumières. Selon sa thèse générale, poursuivie sans véritable infléchissement dans *Le Partage des savoirs* en 1984 [138], la science en projet des années 1750-1780 reste prisonnière d'une conception de l'histoire universelle qui conduit à rejeter en deçà du seuil d'historicité tous les peuples qui portent les stigmates d'une altérité irréductible.

Il n'y aurait pas, au XVIIIᵉ siècle, dialectique de la nature et de la culture. L'enjeu scientifique, enfin décisif, de l'anthropologie à venir serait la nature fondamentalement historique du fait culturel et social, la spécificité d'un développement qui offre sans doute à la description des hétérochronies évolutives, mais jamais des schématismes binaires comme la dualité Sauvagerie *vs* Civilisation invitait à le concevoir auparavant.

De là, dans le texte de M. Duchet, des consignes d'interprétation qui réduisent l'anthropologie des Lumières à un moment négatif *mais* nécessaire du mouvement historique des sciences de l'homme. L'anthropologie des Lumières est, en somme, une science avortée. Elle est justifiée par son accomplissement réel, au prix de sa négation. Les philosophes en fonderaient l'exigence, c'est-à-dire le « manque » :

> Puisqu'il n'existe *nulle part* de discours anthropologique, distinct du discours philosophique ou historique, il fallait au moins en chercher les *linéaments* à l'intérieur de systèmes suffisamment rigoureux et cohérents pour que s'y dessine, *en creux*, la *possibilité* et comme le *manque* d'un discours nouveau, qui suppose l'éclatement des catégories selon lesquelles jusqu'alors se distribue un certain savoir. Ce qui empêche cet éclatement de se produire, ce n'est pas seulement le doute, ressenti par la plupart des philosophes, sur les données mêmes de ce savoir, c'est le besoin d'une théorie générale des sociétés humaines propre à servir de fondement à une philosophie de l'homme moderne, et qui devait nécessairement anticiper les conclusions d'une démarche expérimentale [139].

Le choix des auteurs exemplaires se trouve par là même justifié. D'une part sont exclues des pensées systématiques qui, telle celle de La Mettrie par exemple, ne participent pas directement d'une théorie de l'origine, fût-elle aporétique dans le contexte. D'autre part sont valorisés des systèmes qui déjà refusent, à des titres divers, « la non-histoire » comme mode d'existence des groupes humains ; qui mettent en échec le grand partage du temps et du devenir-humain de certaines sociétés [140].

Dorénavant, la périodisation pertinente de l'historiographie de la science de l'homme s'éclaire. Michèle Duchet accorde aux historiens continuistes qu'il y a bien un temps de préparation, consécutif aux difficultés de la politique coloniale et propice à une réflexion générale sur la dialectique de la civilisation. Elle retrouve pourtant la chronologie de Michel Foucault et dévoile, loin des études classiques sur la « nature humaine » ou de la lutte contre les préjugés qui ferait l'originalité de la pensée des Lumières, un des aspects les plus méconnus du rationalisme des encyclopédistes. Voici sa conclusion sous forme déductive/problématique :

> Pour devenir science, l'anthropologie devra se situer dans un espace où nature et culture, au lieu de se succéder comme deux moments de l'histoire humaine, se trouvent en chacun de ses points confondues en une seule manière d'être homme, dans une société donnée. Nous croyons que cette mutation se produit à la fin du XVIIIᵉ siècle et que toute la philosophie des Lumières l'avait rendue possible. Il resterait à montrer pourquoi elle est devenue nécessaire, comment elle s'est opérée, et quelle place il convient de lui assigner dans l'histoire des idéologies [141].

Les tensions de l'analyse, relevées auparavant, nous instruisent en dernier lieu d'une antinomie plus fondamentale qui traverse l'œuvre de M. Duchet. Par son travail d'archives, par sa méthode historique, elle accède à un certain sol d'expérience qu'on nommera, selon la nomenclature de Foucault, les *conditions de possibilité* d'un savoir objectif relatif à l'homme. J'ajouterai que M. Duchet s'efforçait, à cette date, de considérer l'âge des Lumières non comme un phare pour notre modernité, à la manière de Margaret Hodgen ou de Georges Gusdorf [142], mais comme une sorte de « culture » séparée de notre époque, rendue presque à son exotisme, à son étrangeté [143]. En même temps, voulant rendre justice à des peuples opprimés, dans une optique anticolonialiste et critique proche des *Damnés de la terre* de Frantz Fanon, elle tendait, par une projection à l'universel, à repousser dans un futur hypothétique l'émergence d'une science authentique, non aliénante, où sujet et objet de l'enquête ethnographique se verraient mutuellement définis par leur unité relationnelle.

À définir « en creux » les questions que l'anthropologie des Lumières ne pouvait pas résoudre – faute de les poser –, M. Duchet se condamnait à dessiner ce que les marxistes althussériens des années 1960 eussent désigné comme « la figure des *conditions d'impossibilité* du discours scientifique [144] ». C'est pourquoi elle ne dira pas quand commence cette science « en plein » qu'elle appelle de ses vœux. On comprend mieux alors l'oscillation de son jugement et ce dilemme mal maîtrisé, sans doute indécidable dans sa forme absolue :

> Attendons-nous à trouver, expliquera Jacques Roger, beaucoup de pensées, articulées, certes, mais qui, partant de l'homme, ne peuvent manquer de revenir à l'homme. Que cette nébuleuse idéologique vienne jamais à se condenser pour qu'apparaisse quelque part le noyau dur et brillant d'une science de l'homme qui n'existe peut-être pas encore, ou même le creux de son manque, c'est ce qui ne nous est pas montré ici.

Et Jacques Roger de conclure : « Les incertitudes méthodologiques sont de notre temps ; les mérites de l'ouvrage sont de l'auteur [145]. »

D'un humanisme, l'autre

Pourtant, la question de méthode et de périodisation, qui divisait les auteurs et qui prit, à cette date, la forme d'un conflit aigu entre continuisme et discontinuisme, témoignait surtout d'un combat idéologique, voire métaphysique. Quand Foucault publie *Les Mots et les Choses*, ses thèses sur la « mort de l'homme », sur la tâche qu'il assignait à la pensée contemporaine de juger au tribunal de l'impuissance toute perspective humaniste [146], lui valurent, comme le résumera Roger Garaudy, des objections de fait et de principe : Foucault fut à son tour accusé de désinvolture à l'égard de l'histoire, d'éliminer complètement le rôle de l'homme et de rendre inintelligible le mouvement de l'histoire [147]. Foucault visait en réalité les thèmes moraux de l'humanisme contemporain développés, selon ses mots, dans « les marxismes mous, chez Saint-Exupéry et Camus, chez

Teilhard de Chardin, bref chez toutes ces figures pâles de notre culture [148] ». Pour investir cette citadelle scolaire, il voulait produire une généalogie de l'idéologie humaniste dont il affirmait qu'elle n'était pas née au XVIᵉ siècle mais seulement à la fin du XIXᵉ siècle. D'où la périodisation choisie pour l'avènement des sciences humaines dans ses écrits ; d'où, également, ses affirmations tranchées et paradoxales concernant l'objectivation de l'homme dans un XIXᵉ siècle réputé fondateur.

Foucault heurtait toute la tradition lettrée et universitaire. Les partisans de l'historisme affirmaient avec Bernard Groethuysen que l'anthropologie naissait de l'exigence qui porte l'homme à se connaître lui-même pour « vivre jusqu'au bout sa nature d'homme [149] ». Faisant écho à son livre célèbre *Anthropologie philosophique* paru en 1953, Georges Gusdorf admettait que « l'humanisme renaissant fut la condition métaphysique de possibilité de l'anthropologie moderne [150] ». L'anthropologie des encyclopédistes bénéficiait alors d'un privilège de droit : elle avait, en effet, assuré la convergence des savoirs positifs et d'un humanisme moderne alliant l'esprit de liberté à ceux de tolérance et d'universalité de la nature humaine. Elle paraissait comme le vecteur de l'événement révolutionnaire, et il fallait que cette histoire de longue portée fût animée d'un souffle émancipateur, d'une dialectique de l'aliénation et de la réconciliation de l'homme avec son monde concret et spirituel. Si le progrès des sciences répond d'une marche de la « conscience » conquérante, ce mouvement demande du temps. Si ce mouvement peut être, à certains égards, interrompu, il reste ordonné à une finalité – très idéalement : l'humanisation de l'homme – et peut toujours se ressourcer dans ses modèles [151]. L'humanisme est une philosophie de l'histoire autant qu'un code moral. Il « promet l'homme à l'homme », diagnostiquera Michel Foucault en lui opposant un « rire philosophique [152] ». De son point de vue, la philosophie des ruptures qu'il défendait vouait à l'inertie, ou à la séduction trompeuse, cette « tentation dangereuse » : le « retour pur et simple au XVIIIᵉ siècle, tentation qu'illustre bien l'intérêt actuel pour le XVIIIᵉ siècle [153] ».

Mais précisément. Des générations de chercheurs se sont intéressées à l'Europe des Lumières, et accessoirement à l'anthropologie, pour de telles raisons philosophiques. On a longtemps considéré la pensée des encyclopédistes comme un analyseur de la modernité, à la fois un « paradis perdu » et un espoir. En 1980, Jacques Roger notait qu'en dépit de ces investissements variés le siècle des Lumières appartenait dorénavant au passé : « Quelque sympathie que l'historien puisse conserver pour ces héros de l'aube, une distance historique s'était creusée, qui interdisait aux nouveaux dix-huitiémistes la nostalgie qu'avaient pu ressentir leurs aînés [154]. » De fait, le doute fondé de M. Duchet à l'égard d'un idéal des Lumières dont elle dénonce le travestissement dans l'idéologie coloniale des philosophes s'inscrit dans ce processus d'éloignement. On aurait peu de peine à reconnaître dans son œuvre le portrait de l'un des « nouveaux dix-huitiémistes » décrits par Jacques Roger. Dans *Le Partage*

des savoirs, elle met en garde son lecteur : il faut prendre les Lumières pour ce qu'elles ont de singulier, en renonçant à tout « finalisme
étriqué » : « Une telle rigueur est d'autant plus nécessaire que le siècle se prête à une analyse de type téléologique : en chacune de ses
parties, on le sollicite toujours un peu d'être l'image de ce qu'il a
produit, à savoir une Révolution, la Révolution française [155]. »
M. Duchet conteste qu'on puisse avec intérêt et probité intellectuelle
interpréter l'œuvre des philosophes selon nos catégories
d'aujourd'hui. Attentive au texte, elle en refuse les extrapolations ou
le don prophétique. Malgré son avertissement, la leçon des Lumières
n'a pas cessé, non plus que les stéréotypes anthropologiques. Le livre
bien connu de William Cohen *Français et Africains*, publié en 1980,
suffirait à illustrer cette démarche contre-productive :

> À maints égards, la façon dont on aborde l'étude de l'homme au XVIIIe siècle se
> rapproche plus de l'anthropologie moderne que la façon dont on envisagera les
> choses au XIXe siècle. Par son universalisme, par la conception même qu'il se fait
> de l'homme, être dépendant de tout son milieu naturel et humain, le programme
> d'une science de l'homme établi par les penseurs du XVIIIe siècle continue d'inspirer
> l'anthropologie d'aujourd'hui [...] Les Lumières contribuèrent au développement
> de ce qui allait devenir l'ethnologie en insistant sur la nécessité de faire des obser-
> vations précises et des rapports objectifs qui tiendraient compte des valeurs et des
> modes de pensée des sociétés étudiées et ne seraient donc pas de simples projec-
> tions de l'esprit et des valeurs européennes [156].

« Tant de *modernité* inquiète », eût commenté M. Duchet [157]. Face
à une vulgate scolaire de faible expérience, mais de haut coefficient
idéologique, elle devait jeter le soupçon sur cette anthropologie des
Lumières inégalitariste, colonialiste, raciste et ethnocentriste. Plus
que pour tout autre période, l'herméneutique des œuvres dépend
des engagements. Or le « retour » au XVIIIe siècle, si patent dans les
années 1960-1970, prit des allures militantes, tournées contre la
colonisation des XIXe-XXe siècles ou les hiérarchies sociales contemporaines. Nous méconnaissons aujourd'hui le sens ou l'intensité du
combat « antihumaniste théorique » que menaient Foucault et les
marxistes althussériens [158]. Cette querelle a néanmoins structuré le
champ intellectuel à l'époque où Michèle Duchet rédigeait son
ouvrage. On peut juger, d'un jugement d'après coup, âpre ou dérisoire la violence symbolique dont s'animaient les partisans de l'un
ou l'autre camp. Il m'importe seulement de constater que cette pola-
risation n'est pas indifférente à la réception d'*Anthropologie et histoire au siècle des Lumières*. Comme elle ne sollicitait pas les textes
dans le sens d'une philosophie de l'histoire, M. Duchet fut parfois
mal comprise et rejetée dans le camp « antihumaniste ».

> Réduire la ferveur des Lumières pour la réhabilitation et la compréhension des
> peuples primitifs à une habile propagande pour une meilleure exploitation est un
> procès d'intention, dont le moins qu'on puisse dire est qu'il est plutôt prématuré.
> [...] C'est comme reprocher à Buffon de ne pas être Lévi-Strauss ou à Diderot ou
> Raynal de ne pas être Fanon [159].

En 1981, Yves Benot rééditait certaines pages choisies de l'abbé
Raynal, le « Père de la Révolution » [160]. Il dénonçait à mots voilés la
« minutie universitaire » *[sic]* des études récentes portant sur l'*His-*

toire des deux Indes car il fallait, selon lui, entendre dans son rythme et sa violence verbale propres l'appel à l'insurrection. M. Duchet était incidemment visée. Dans un ouvrage plus récent, Y. Benot portait la contradiction en des termes explicites. L'auteur fit alors grief à M. Duchet d'avoir adopté un « point de vue » unilatéral en ce qui regarde l'européocentrisme et le racisme des philosophes des Lumières. Il convenait que son livre était « infiniment plus riche et plus nuancé » qu'un tel résumé le laisserait entendre. Il n'en généralisait pas moins ce « fort actuel débat » :

> Ce qui est beaucoup moins clair, c'est l'idéal que ces critiques [i.e. = M. Duchet] opposent à celui des Lumières. Veulent-ils laisser entendre qu'il aurait mieux valu que les diverses cultures et sociétés humaines restent comme elles étaient, que l'Europe aurait dû les respecter et s'en tenir là ? En dehors du simple fait que l'histoire ne se refait pas, la question reste de savoir si ce n'est pas en réalité à la notion de progrès humain qu'ils voudraient s'en prendre. Ou bien, pour reprendre un mot créé par Rousseau – mais non l'idée –, leur bête noire ne serait-elle pas la perfectibilité humaine [161] ?

On l'aura compris, M. Duchet n'a jamais posé le problème historiographique dans ces termes restrictifs. Elle a, au contraire, écarté cette administration d'un modèle. Elle devait donc, à l'instar des historiens comme Jacques Roger, opérer un remaniement d'ordre théorique et documentaire qui l'éloignait de toute pédagogie active des encyclopédistes. Elle devait aussi minimiser le rôle de la censure dans l'euphémisation des thèses les plus révolutionnaires [162]. Dans la perspective du débat contradictoire où « humanistes » et « antihumanistes » rivalisaient pour contester au camp adverse la légitimité de son positionnement, M. Duchet divergeait sensiblement des deux bords :

> À la reconstitution historique du passé comme au déterminisme géographique, remarque-t-elle à propos de Buffon, il oppose ce que G. Gusdorf appelle une « intelligence ethnologique de la réalité humaine ». C'est précisément de ces refus que naît avec Buffon la pensée anthropologique. De ce point de vue, ni Georges Gusdorf ni Michel Foucault ne nous semblent avoir rendu pleine justice à Buffon. [...] l'interprétation linnéenne de l'*Histoire naturelle* de Buffon à laquelle s'en tient Michel Foucault dans *Les Mots et les Choses* (« classer ») estompe le caractère original de la pensée de Buffon [163].

Au nom d'un réalisme des choses advenues [164], elle contredira les prédicats universalistes de l'idée d'homme commune à toutes les philosophies continuistes. Mais elle invalidera pareillement l'image trop « présentiste » de l'émergence des sciences de l'homme forgée, à dessein, par Foucault lorsqu'il statuait artificieusement que « nulle philosophie, nulle option politique et morale, nulle science empirique quelle qu'elle soit, nulle observation du corps humain, nulle analyse de la sensation, de l'imagination ou des passions n'a jamais, au XVIIᵉ et au XVIIIᵉ siècle, rencontré quelque chose comme l'homme [165] ».

Évoluant dans la mouvance de Léon Poliakov [166], influencée par Marx, Michèle Duchet n'a pas prétendu adosser, à un modèle de « progrès » ou à une imaginaire « essence » de l'homme, une critique « juste » de l'anthropologie. Il lui suffisait qu'elle fût « ajustée » à une situation circonstancielle (la fin de l'ère coloniale) et énoncée dans un esprit de « justice », *i.e.* d'humanisme *pratique*.

Fortunes de Buffon

Le concept d'anthropologie des Lumières est-il inadéquat ? La cristallisation d'un savoir résumé dans une formule programmatique souvent reprise : « Connais-toi toi-même [167] », garantit-elle la naissance d'une discipline ? Probablement pas. Mais cette limite n'est pas dans l'objet, ni même dans les idéologies de l'Ancien Régime. Elle tient à l'organisation même des activités de connaissance en Europe au XVIIIᵉ siècle, à la faiblesse de la « réalité communicationnelle » de la science. On projette souvent sur le passé un système *disciplinaire* du champ de la recherche scientifique qui n'apparaît pourtant, dans sa spécificité et sa modernité, qu'au début du XIXᵉ siècle. Auparavant, l'homme de science, qu'il fût professionnel ou amateur, fondait dans l'individualité de sa démarche ses aspirations généralistes. Le savant du XVIIIᵉ siècle n'est pas un spécialiste, il est plutôt solitaire, et, s'il peut, en maintes occasions, dialoguer avec ses pairs par publications interposées, il n'est pas obligatoirement lié à eux par une problématique commune [168]. Ce constat a une grande valeur heuristique en histoire des sciences de l'homme. Car cette absence de structures de type institutionnel ou paradigmatique

engendre, d'une part, une prééminence de la biographie comme principe d'ordre et, d'autre part, une propension à construire un système, c'est-à-dire à essayer de reconstruire individuellement une portion suffisamment grande de la science dans sa totalité. Naturellement, le succès communicationnel de ces systèmes ne peut, dans ces conditions, qu'être réduit, puisque chacun sera tenté d'élaborer son propre système plutôt que de se rallier à une tentative existante [169].

M. Duchet était au plus près de cette réalité intellectuelle prédisciplinaire de l'anthropologie lorsqu'elle s'efforçait de recomposer la logique d'auteurs étudiés « dans leur insularité [170] ». Dans sa célèbre étude sur *Les Sciences de la vie dans la pensée française au XVIIIᵉ siècle* (1963), Jacques Roger avait adopté la même méthode, expliquant que « si les tentatives des nouveaux philosophes participent d'un état d'esprit qui leur est commun dans ses grandes lignes, elles n'en restent pas moins des recherches individuelles qu'on ne pourrait étudier ensemble sans trahir leur originalité [171] ». M. Duchet ne nie pas l'isomorphisme de structure qui donne une cohérence relative à des choix d'auteurs qu'on pourrait dire « antithétiques ». Elle indique même que la réalité du monde sauvage, affectée tantôt de traits positifs tantôt de négativités, a pour enjeu ultime le statut du civilisé et l'aventure de la raison humaine. De Voltaire à Rousseau ou Diderot, « il s'ensuit qu'un seul changement de signe suffit à inverser tout le sens du discours [172] ». Faut-il, pour autant, rendre les philosophes à l'anonymat d'un système qui les précèdent ou les surdéterminent, comme le voulait Foucault ? Faut-il, au contraire, pluraliser l'acte fondateur des anthropologies jusqu'à admettre au même titre d'existence l'« anthropologie » de Buffon et celle d'Helvétius ou de Diderot ? C'est peu vraisemblable.

En distinguant la première, en reconnaissant que Buffon « pose

le principe » d'une science de l'homme [173], en le déclarant « fondateur [174] », M. Duchet a entériné le jugement de la postérité [175]. Buffon
a capitalisé sur son nom un répertoire ordonné de la condition
humaine qui fut l'œuvre collective des voyageurs, des naturalistes et
des philosophes des Lumières. Dans une époque qui ignore la division du travail intellectuel, son « anthropologie ne fait qu'un avec
une philosophie de l'histoire qui distribue êtres, races et espèces le
long d'une échelle, dont l'homme civilisé, vivant dans les climats
tempérés, occupe le premier degré, et qui postule un type de développement commun à toutes les variétés d'hommes [176] ». Cependant,
et quoique philosophe, Buffon a changé le questionnement relatif à
la « nature humaine » en l'ouvrant aux solutions empiriques. « Tandis que Voltaire raisonne en métaphysicien, Buffon s'en tient aux
faits [177]. » Le genre d'enquête préconisé par l'Intendant du Jardin du
Roi, basé sur un réseau de correspondants qui lui assuraient une
matière d'informations sans égale, est très éloigné du huis clos rationaliste de Rousseau ou d'Helvétius. Quand Rousseau propose de
laisser « tous les livres scientifiques » ou d'« écarter tous les faits,
car ils ne touchent point à la question [178] », il reproduit un style de
pensée hypothétique et fictionnel conforme au canon cartésien des
conjectures raisonnables [179]. Et de même Helvétius, qui procède *a
priori* : sa philosophie

> n'est pas une ethnologie comparée, qui pourrait éventuellement s'achever en un
> scepticisme philosophique. Helvétius, lorsqu'il étudie l'esprit et les mœurs,
> lorsqu'il traite de l'homme, entend bien proposer des vues universelles, donner les
> fondements et les principes de toute existence humaine possible, quelles diversités
> que puissent prendre les applications de ces principes selon la diversité des cir-
> constances [180].

C'est pourquoi, quelles que fussent les motivations communes ou
convergentes qui rassemblent tous les « philosophes » en une configuration unitaire, l'anthropologie s'est vu confirmée, institutionna-
lisée tout au long du siècle suivant dans la continuité d'une *histoire
naturelle de l'homme* dont Buffon, mais également Petrus Camper
aux Pays-Bas, Johann Friedrich Blumenbach ou Alexander von
Humboldt en Allemagne, ont porté la tradition.

La plupart des continuateurs de Buffon, remarquons-le, ne partageaient ni le matérialisme d'Holbach ou d'Helvétius, ni le monisme
substantiel de Cabanis [181]. Affiché par Buffon dans ses moments
d'éloquence, le dualisme cartésien de l'âme et du corps a parfois été
souligné, comme s'il s'agissait d'un frein pour l'affirmation d'une
perspective phénoménologique unifiée des rapports du « physique »
et du « moral » [182]. Cette métaphysique resta pourtant rhétorique et
n'influença pas le débat anthropologique en profondeur, du moins
dans un cadre disciplinaire. Outre le fait que la duplicité de Buffon
sur ce point d'orthodoxie fut toujours suspectée [183], il y allait peut-
être d'une stratégie favorisant l'investigation. Celle-ci permettait, en
effet, de distinguer absolument l'homme et l'animal ; elle permettait
aussi de circonscrire un univers de sens qui fût restreint et propre
à notre espèce :

Alors que l'idée d'une chaîne continue des êtres et des espèces ordonnait toute vie selon un projet divin, Buffon coupe l'Homme de Dieu et de la Création, et ce refus de l'anthropocentrisme est précisément ce qui lui permet de concevoir une anthropologie, science de l'Homme et de ses activités spécifiques – de ses « opérations naturelles » – qui font de lui seul une « classe à part » [...] L'Homme partout sentant, vivant, agissant comme Homme, tel est l'objet que Buffon se propose d'étudier, séparant radicalement deux discours jusqu'alors confondus, écrivant un traité sur l'Homme sans traiter en même temps de Dieu [184].

Constitué dans sa différence opératoire et statutaire avec Linné, Buffon et Daubenton, vers 1750, le programme de recherche naturaliste et raciologique qui s'ensuivit a garanti, pour les premières générations d'ethnologues occasionnels ou professionnels, un corps de savoirs et savoir-faire dont la validité ne sera pas remise en cause jusqu'à l'avènement des anthropologies « physique » et « culturelle ». Celles-ci n'en sont, tardivement, que des corrélats de dissociation [185]. Si tel est bien le cas, le mouvement initié par Buffon, et que M. Duchet a bien apprécié en lui donnant, contre Foucault, la première place [186], passe outre tous les clivages chronologiques acceptés sans autre forme d'examen. À moins de conclure que, sous ce rapport au futur de la science, l'anthropologie des Lumières se prolonge jusqu'en 1860-1880, il est impératif que l'on interroge la « rupture » buffonienne en fonction du contexte politico-philosophique des études, mais sans mettre sur le même plan la théorie de Buffon et celle d'Helvétius ou de Raynal. La première a, si l'on veut, de l'« avenir » et c'est sous ce chef de conformité que sera fondée, autour de Cabanis, Cuvier, Pinel et Jauffret, la Société des Observateurs de l'Homme en 1799 [187]. La seconde n'aura guère d'écho au XIXᵉ siècle [188]. Les changements historiques qui affectent l'exercice de la science de l'homme doivent être pensés, comme nous y invite M. Duchet d'une manière suggestive et instruite, à partir d'une structure cumulative de cet ordre.

*

Anthropologie et histoire au siècle des Lumières est donc un livre précieux. Non seulement par sa surface d'érudition, à laquelle on revient toujours, par plaisir, scrupule et intérêt, mais encore par son enjeu problématique. Cette lecture en nuances d'un siècle (trop) proche et (déjà) lointain rend aux Lumières leur densité propre, c'est-à-dire leur opacité. Elle a pour autre mérite d'abandonner des découpages chronologiques qui semblaient destiner l'anthropologie prédisciplinaire à une préhistoire douteuse. Elle nous instruit enfin d'un lien constitutif, régulateur, qui voue la *positivité* de l'anthropologie naissante à une matrice philosophique. M. Duchet n'y verrait pas la preuve de la « mort de l'homme », plutôt un plaidoyer pour plus d'humanité. Que ce livre d'histoire soit lui-même pris dans l'histoire, comme le sont tous les « classiques », attesterait, si nécessaire, sa grande leçon.

NOTES

1. Patrick Menget, « Bibliographie élémentaire et critique de l'histoire de l'ethnologie », *L'Ethnographie*, 1983, n° 2, p. 204.

2. Emmanuel Le Roy Ladurie, « Une invitation au voyage philosophique », *Le Monde*, 21 janvier 1972.

3. Puis par M. Duchet, sous un nouvel intitulé, « Monde sauvage et monde civilisé au siècle des Lumières. Anthropologie et Histoire de Buffon à Raynal ».

4. Jean Jamin, « Naissance de l'observation anthropologique. La Société des Observateurs de l'Homme (1799-1805) », *Cahiers internationaux de sociologie*, vol. LXVII, 1979, p. 314, note 2.

5. M. Duchet, *Anthropologie et histoire au siècle des Lumières*, p. 12.

6. M. Duchet et Pierre Kuentz, « Introduction », dans *Langue et langages de Leibniz à l'Encyclopédie*, M. Duchet et M. Jalley, éd., Paris, UGE 10/18, 1977, p. 16.

7. Le mot est de Jacques Roger dans son compte rendu d'*Anthropologie et histoire*, *Revue d'histoire littéraire de la France*, 74ᵉ année, n° 4, juillet-août 1974, p. 703.

8. J. Jamin, *op. cit.*, p. 316.

9. M. Duchet, « Monde civilisé et monde sauvage au siècle des Lumières. Les fondements de l'anthropologie des philosophes », dans *Au siècle des Lumières*, Paris-Moscou, SEVPEN, 1970, p. 8.

10. M. Duchet, *Le Partage des savoirs. Discours historique, discours ethnologique*, Paris, La Découverte, 1984, p. 7.

11. M. Duchet, « Le texte gravé de Théodore de Bry », dans M. Duchet, Daniel Defert, Frank Lestringant, Jacques Forge : *L'Amérique de Théodore de Bry. Une collection de voyages protestante du XVIᵉ siècle. Quatre études d'iconographie*, Paris, Éd. du CNRS, 1987, p. 36.

12. Bien entendu, le champ professionnel de l'anthropologie ne se réduit pas à cette attitude univoque. Je fais seulement écho à des lectures presque contemporaines de la publication d'*Anthropologie et histoire* qui condamnaient l'« hyperthéoricisme » de l'anthropologie française courant de Durkheim et Mauss jusqu'à Lévi-Strauss. Jean Copans et Jean Jamin, dans leur « présentation » des Mémoires de la Société des Observateurs de l'Homme de l'an VIII (*Aux origines de l'anthropologie française*, Paris, Le Sycomore, 1978, p. 42-43), prononcent ainsi, de manière critique : « L'anthropologie existe lorsqu'elle a une pratique de terrain spécifique centrée sur les relations sociales. Cette pratique peut exister sans théorie explicite de méthode. La référence constante au XVIIIᵉ siècle indique qu'il existe depuis longtemps une réflexion idéologique et théorique indirecte sur la nature des relations sociales et sur la façon de les appréhender. »

13. J. Jamin, *op. cit.*, p. 315.

14. M. Duchet, *Anthropologie et histoire...*, *op. cit.*, 1ʳᵉ partie, chap. 2.

15. Voir Françoise Weil, « La relation de voyage : document anthropologique ou texte littéraire ? », *Histoires de l'anthropologie (XVIᵉ-XIXᵉ siècles)*, B. Rupp-Eisenreich éd., Paris, Klincksieck, 1984, p. 55-65, et, pour une approche historiographique d'un cas exemplaire, voir Jean-Michel Racault, « Introduction », dans François Leguat : *Aventures aux Mascareignes. Voyage et aventures de François Leguat et de ses compagnons en deux îles désertes des Indes orientales. 1707*, Paris, La Découverte, 1984, p. 5-34.

16. E. Le Roy-Ladurie, *op. cit.*

17. Cf. J. Roger, *op. cit.*, p. 701-702.

18. M. Duchet, *Anthropologie et histoire*, *op. cit.*, p. 9.

19. *Ibid.*, p. 480. Je souligne.

20. M. Duchet, « Monde civilisé et monde sauvage au siècle des Lumières », *op. cit.*, p. 12.

21. M. Duchet, *Anthropologie et histoire*, *op. cit.*, p. 21. Pour une lecture contradictoire, voir M. Duchet, « Monde civilisé et monde sauvage au siècle des Lumières », *op. cit.*, p. 28 : « C'est par une sorte d'illusion que nous les pensons aujourd'hui comme complémentaires, gravitant dans un espace dont nous croyons savoir les lois. »

22. M. Duchet, *Anthropologie et histoire*, *op. cit.*, p. 481.

23. Michel Foucault, *Les Mots et les Choses. Une archéologie des sciences humaines*, Gallimard, 1966, p. 171.

24. M. Duchet et E. Le Roy Ladurie, « Histoire et littérature. Questions de méthode », *Dix-Huitième Siècle*, n° 5, 1973, « Problèmes actuels de la recherche », p. 52.

25. L'expression est de M. Duchet, *Anthropologie et histoire, op. cit.*, p. 146, note 48.

26. Cité in *Anthropologie et histoire, op. cit.*, p. 155.

27. M. Duchet, *Anthropologie et histoire, op. cit.*, p. 129.

28. Voir la synthèse de Jean Starobinski, *Le Remède dans le mal. Critique et légitimation de l'artifice à l'âge des Lumières*, Paris, Gallimard, 1989, chap. I.

29. Norbert Elias, *Über den Prozess der Zivilisation* (1939), trad. fr. par Pierre Kamnitzer, *La Civilisation des mœurs*, Calmann-Lévy (Presses-Pocket, coll. « Agora »), 1989, p. 60 sq., et N.I. Goloubtsova, « Le problème de la culture dans quelques œuvres de la philosophie des Lumières au XVIIIe siècle », *Cahiers d'histoire mondiale. Journal of World History. Cuadernos de historia mundial*, vol. XI, n° 4, 1969, p. 657-674.

30. M. Duchet, *Le Partage des savoirs, op. cit.*, p. 14.

31. Emile Benveniste, *Problèmes de linguistique générale I*, Paris, Gallimard, 1966, p. 340.

32. M. Duchet, *Le Partage des savoirs, op. cit.*, p. 14.

33. M. Duchet, *Anthropologie et histoire, op. cit.*, p. 223-224.

34. *Ibid.*, p. 217 sq.

35. *Ibid.*, p. 210-211.

36. Cf. J. Starobinski, *op. cit.*, p. 32 sq.

37. M. Duchet, *Anthropologie et histoire, op. cit.*, p. 212 sq. Cf. « Monde civilisé et monde sauvage au siècle des Lumières », *op. cit.*, p. 18-19.

38. M. Duchet, *Anthropologie et histoire, op. cit.*, p. 225-226. Voir aussi p. 208-209 et « Monde civilisé et monde sauvage au siècle des Lumières », *op. cit.*, p. 19-20.

39. M. Duchet, *Le Partage des savoirs, op. cit.*, p. 17-18.

40. Ronald L. Meek, *Social Science and the Ignoble Savage*, Cambridge, London, New York, Melbourne, Cambridge University Press, 1976. Le chapitre III est consacré aux « pionniers français des années 1750 » (Turgot, Rousseau, Helvétius, Goguet). R. Meek conclut néanmoins que cette théorie des stades ne se rencontre ni chez Voltaire ni chez Diderot et que l'*Encyclopédie* en porte peu de traces (p. 97).

41. Annie Jacob, « L'image contrastée du Sauvage dans la pensée des Lumières. Le Bon Sauvage n'est pas productif », *Historiens-Géographes*, n° 327, p. 185-194. Cf. p. 190-191.

42. L'oubli de Condorcet dans *Anthropologie et histoire...* paraît significatif de ce refus. La lecture de M. Duchet est corroborée par Hélène Clastres, « Sauvages et civilisés au XVIIIe siècle », dans *Histoire des Idéologies*, François Châtelet dir., Paris, Hachette, 1978, t. III, p. 209-228. Cf. p. 225-226 : « l'histoire pensée au XVIIIe siècle n'est pas évolutionniste. [...] Le progrès n'est pas le chemin qui s'ouvre aux sociétés sauvages, mais celui que, à rebours, il faut bien imaginer pour rendre compte de la société présente. On s'attache ainsi à relier les diverses sociétés dont la géographie offre l'éventail, selon une séquence qui va du simple au complexe (quant aux modes de vie, aux langues, aux mœurs, aux lois), et on en fait une "histoire" qui est à lire moins selon un ordre réel – temporel – que selon un ordre des raisons ». Voir aussi, sur le cas particulier de Buffon, les remarques de John H. Eddy, « Buffon's *Histoire naturelle*. History ? A critique of Recent Interpretations », *ISIS*, t. 85, 1994, p. 658-661.

43. M. Duchet, *Le Partage des savoirs, op. cit.*, p. 21.

44. M. Duchet, « Diderot collaborateur de Raynal : à propos des "fragments imprimés" du fonds Vandeul », *Revue d'histoire littéraire de la France*, 60e année, n° 4, 1960, p. 546.

45. Cette remarque vaut pour tous les philosophes (cf. M. Duchet, « Monde civilisé et monde sauvage », *op. cit.*, p. 10-11), mais tout particulièrement pour Diderot (M. Duchet, « Le primitivisme de Diderot », *Europe*, 41e année, n° 405-406, 1963, p. 129 sq.).

46. Jean-Nicholas Demeunier, *L'Esprit des usages et des coutumes des différens peuples*, Londres, Paris, Chez Laporte, 1785, t. I, p. V.

47. Jacob W. Gruber, « Ethnographic Salvage and the Shaping of Anthropology », *American Anthropologist*, vol. 72, 1970, p. 1289-1299 ; citation p. 1292.

48. Annie Jacob, « Civilisation/sauvagerie. Le Sauvage américain et l'idée de civilisation », *Anthropologie et Sociétés*, vol. 15, 1991, n° 1, p. 18.

49. *Ibid.*, p. 27.

50. *Ibid.*, p. 31.

51. Par ex. M. Duchet, *Anthropologie et histoire, op. cit.*, p. 214-215.

52. Buffon, « L'Agami », *Œuvres complètes de Buffon*, rééd. Frédéric Cuvier, Paris, F.D. Pillot, Salmon, t. XXII, 1830, p. 402-403.

53. Buffon, « Des époques de la nature », *ibid.*, t. V, 1829, p. 330. Pour un traitement plus systématique de ce point de philosophie buffonienne, voir C. Blanckaert, « La valeur de l'homme : l'idée de nature humaine chez Buffon », *Buffon 88*, Jean Gayon éd., Paris, Vrin, 1992, p. 583-600.

54. M. Duchet, *Anthropologie et histoire, op. cit.*, p. 18.

55. *Ibid.*, p. 17. Aussi doit-on discuter le rôle correctif qu'on prête au sauvage dans une société qui serait traversée par le doute et inventant « sa propre négation, pour mieux mesurer son aliénation », p. 11. On trouve un commentaire de cette affirmation dans James A. Boon, « Comparative De-enlightenment : Paradox and Limits in the History of Ethnology », *Daedalus*, Spring 1980, p. 88.

56. René Hubert, *Les Sciences sociales dans l'Encyclopédie*, Lille, Travaux et Mémoires de l'Université de Lille, n[elle] série, section Droit-Lettres, n° 8, 1923, p. 187.

57. Voir C. Blanckaert, « L'ethnographie de la décadence. Culture morale et mort des races (XVIIe-XIXe siècles) », *Gradhiva*, n° 11, 1992, p. 47-65.

58. R. Hubert, *op. cit.*, p. 188. Sur la notion de dégénération comme « dénaturation », consulter Phillip R. Sloan, « The Idea of Racial Degeneracy in Buffon's *Histoire naturelle* », *Studies in Eighteenth-Century Culture*, vol. 3 : « Racism in the Eighteenth Century », Cleveland and London, The Press of Case Western Reserve University, 1973, p. 293-321 ; J.H. Eddy, « Buffon, Organic Alterations, and Man », *Studies in History of Biology*, vol. 7, 1984, p. 1-45 ; J. Roger, *Buffon. Un philosophe au Jardin du Roi*, Paris, Fayard, 1989, en part. chap. XVIII ; Amor Cherni, « Dégénération et dépravation : Rousseau chez Buffon », *Buffon 88, op. cit.*, p. 143-154.

59. Cette analyse est faite, par exemple, dans l'ouvrage de Gérard Leclerc *Anthropologie et colonialisme. Essai sur l'histoire de l'africanisme*, Paris, Fayard, 1972, annexe : « Les Lumières, préanthropologie et précolonialisme ». G. Leclerc ignore pourtant tout le corpus des théoriciens de la dégénération. Sur l'image ambivalente du sauvage à la fin du siècle, voir Charles Minguet, *Alexandre de Humboldt, historien et géographe de l'Amérique espagnole 1799-1804*, Paris, Maspero, 1969, p. 332-345, et surtout Sergio Moravia, *La Scienza dell' Uomo nel Settecento*, rééd. Bari, Laterza, 1978, p. 228-262.

60. M. Duchet, *Anthropologie et histoire, op. cit.*, p. 237.

61. *Ibid.*, p. 26.

62. M. Duchet, « Le primitivisme de Diderot », *op. cit.*, p. 135 : « La distance entre ces deux mondes que le hasard des découvertes met en présence est trop grande pour que l'un ne signifie pas la mort de l'autre. L'Européen ne peut "civiliser" les peuples qu'il colonise. »

63. M. Duchet, « Monde civilisé et monde sauvage au siècle des Lumières », *op. cit.*, p. 20. Cf. p. 24 : « nature et culture ne sont que les deux faces d'une même réalité, l'envers et l'endroit d'un même devenir ».

64. J.-N. Demeunier, *op. cit.*, t. I, p. VIII.

65. M. Duchet, *Le Partage des savoirs, op. cit.*, p. 15.

66. L'expression est de Voltaire. Cf. M. Duchet, *Anthropologie et histoire, op. cit.*, p. 300.

67. Buffon, *De l'homme*, présentation et notes de M. Duchet, Paris, Maspero, 1971, p. 226.

68. M. Duchet, *Le Partage des savoirs, op. cit.*, p. 16.

69. Pol-P. Gossiaux, « Anthropologie des Lumières (culture "naturelle" et racisme rituel) », *L'Homme des Lumières et la découverte de l'autre*, Daniel Droixhe et Pol-P. Gossiaux éd., Bruxelles, Éditions de l'Université de Bruxelles, 1985, p. 53.

70. M. Duchet, *Anthropologie et histoire, op. cit.*, p. 260. Ce qui fera dire à un commentateur de M. Duchet : « dès lors, la colonisation, que Buffon condamne quand elle est brutale et cruelle, devient parfaitement loisible s'il s'agit de rendre à ce mauvais sauvage l'humanité qu'il a perdue. Et Buffon se fait ainsi, sans le vouloir, le chien de garde idéologique du négrier ! » (Paul Sadrin, « Compte rendu de *De l'Homme*, M. Duchet éd., Paris, Maspero, 1971 », *Dix-Huitième Siècle*, n° 5, 1973, p. 433.)

71. Voir néanmoins son article « Racisme et sexualité au XVIIIe siècle », dans *Ni juif ni grec. Entretiens sur le racisme*, Léon Poliakov éd., Paris, La Haye, New York, Mouton, 1978, p. 127-138. Depuis les travaux de M. Duchet, la généalogie d'un regard ethnographique réducteur a été poursuivie par plusieurs anthropologues. L'ouvrage de Francis Affergan *Exotisme et altérité. Essai sur les fondements d'une critique de l'anthropologie*, Paris, PUF, 1987, est le plus remarquable de ces essais.

72. Le discours sur la beauté ou la laideur des Américains subit lui-même le contre-coup du portrait antithétique qu'en font les missionnaires et les auteurs laïcs. Cf. Michel Delon, « Corps sauvages, corps étranges », *Dix-Huitième Siècle*, t. IX, 1977, p. 27-38.

73. M. Duchet, *Le Partage des savoirs, op. cit.*, p. 221.

74. Sur cette métaphore, voir *Le Partage des savoirs, op. cit.*, p. 84 sq. L'assimilation du sauvage à l'enfant, paradigme de longue durée et de grande efficience, est déjà présente chez José de Acosta. Cf. Anthony Pagden, *The Fall of Natural Man. The American Indian and the Origins of Comparative Ethnology*, Cambridge, Cambridge University Press, 1982, p. 162.

75. « Chez tous les philosophes, le point de vue historique l'emporte ainsi sur le point de vue anthropologique. Plus exactement, la recherche des *états* successifs qui marquent l'histoire des sociétés humaines devient l'objet essentiel de l'anthropologie, appelée à combler les lacunes et les silences de l'Histoire des peuples. [...] L'anthropologie devient ainsi une sorte de discours préliminaire à toute réflexion sur l'Histoire » (M. Duchet, « Monde civilisé et monde sauvage au siècle des Lumières » *op. cit.*, p. 26 et 27).

76. M. Duchet, *Anthropologie et histoire, op. cit.*, p. 15.

77. La littérature consacrée à cette problématique des Lumières françaises et écossaises est abondante. Pour ce qui regarde la pensée française, voir par exemple Franck Tinland, *L'Homme sauvage. Homo ferus et Homo sylvestris*, Paris, Payot, 1968 ; Robert Wokler, « Perfectible Apes in Decadent Cultures : Rousseau's Anthropology Revisited », *Daedalus*, vol. 107, n° 3, 1978, p. 107-134 ; C. Blanckaert, « "Premier des singes, dernier des hommes" ? Les métamorphoses de l'homme-singe aux XVII⁰-XVIII⁰ siècles », *Alliage*, n° 7-8, 1991, p. 113-129 ; Francis Moran III, « Between Primates and Primitives : Natural Man as the Missing Link in Rousseau's *Second Discourse* », *Journal of the History of Ideas*, vol. 54, n° 1, 1993, p. 37-58 ; Frank Dougherty, « Missing Link, Chain of Being, Ape and Man in the Enlightenment. The Argument of the Naturalists », *Ape, Man, Ape-man : Changing Views since 1600*, Raymond Corbey, Bert Theunissen éds., Leiden, Leiden University, 1995, p. 63-70.

78. Quelques références seulement pour situer ce débat : Lester G. Crocker, *An Age of Crisis. Man and World in Eighteenth Century French Thought*, Baltimore, The Johns Hopkins Press, 1959 ; Albert O. Hirschman, *Les Passions et les intérêts. Justifications politiques du capitalisme avant son apogée*, trad. Pierre Andler, Paris, PUF, 1980 ; Henry Vyverberg, *Human Nature, Cultural Diversity and the French Enlightenment*, New York, Oxford, Oxford University Press, 1989. Dans l'un de ses ouvrages (*Filosofia e Scienze Umane nell' età dei Lumi*, Firenze, Sansoni, 1982, p. 58), l'historien Sergio Moravia remarquera le notable manque de l'œuvre de La Mettrie dans le choix d'auteurs étudiés par M. Duchet. On pourrait généraliser cette remarque, qui concerne, dans son ensemble, le corpus médical du XVIII⁰ siècle.

79. Je précise : par contraste, car M. Duchet ne les méconnaît nullement. En témoigne sa « Présentation » aux textes rassemblés par Charles Porset sous le titre *Varia Linguistica*, Bordeaux, Ducros, 1970, p. 15-21.

80. M. Duchet, *Anthropologie et histoire, op. cit.*, p. 16.

81. Le Trosne, cité dans M. Duchet : *Anthropologie et histoire, op. cit.*, p. 163.

82. Sa véritable incidence réside probablement dans la création d'une nouvelle attitude mentale, partie prenante dans le processus de sécularisation de l'histoire. Voir par exemple les contributions réunies par Chantal Grell et Christian Michel, *Primitivisme et mythes des Origines dans la France des Lumières 1680-1820*, Paris, Presses de l'Université de Paris-Sorbonne, 1989.

83. John Locke, *Deuxième Traité du gouvernement civil* (1690), Paris, Vrin, 1967. Cf. R. Meek, *op. cit.*, p. 20 sq.

84. M. Duchet, *Le Partage des savoirs, op. cit.*, p. 19.

85. *Ibid.*, p. 18.

86. Cité dans M. Duchet, *Anthropologie et histoire, op. cit.*, p. 149.

87. Pierre-Louis Moreau de Maupertuis, « Vénus physique », dans *Œuvres*, Lyon, 1768, t. II, p. 97.

88. M. Duchet, *Le Partage des savoirs, op. cit.*, p. 83.

89. *Ibid.*, p. 94. Cf. p. 103 : « Ce n'est qu'en reconnaissant son caractère non historique qu'on pouvait, semble-t-il, lui consacrer quelque attention. »

90. *Id., Anthropologie et histoire, op. cit.*, p. 201 sq. Citation p. 205.

91. Ces sociétés, dit Lévi-Strauss, sont « dans l'histoire » mais leur « milieu interne » est proche du zéro de température historique », *Anthropologie structurale 2*, Paris, Plon, 1973, p. 39-40.

92. Cf. Jacques Derrida, *De la grammatologie*, Paris, Éd. de Minuit, 1967, et les diverses contributions rassemblées par Jean-Loup Amselle dans *Le Sauvage à la mode*, Paris, Le Sycomore, 1979, où l'on trouvera toutes références utiles.

93. Je rappelle ici quelques éléments d'une controverse, plus pour situer l'engagement de M. Duchet que pour estimer la vérité des propositions soutenues. Celle-ci devrait tenir le plus grand compte de l'évolution chronologique du rapport de Lévi-Strauss à Rousseau, mais aussi bien du développement de la pensée de M. Duchet. Celle-ci a inspiré les critiques anthropologiques portées contre le primitivisme de Lévi-Strauss. On lui a reproché en retour, du point de vue des anthropologues, de mesurer Lévi-Strauss « à la définition (pseudo-rousseauiste) qu'il donne lui-même de l'anthropologie » : « M. Duchet n'avait rien à faire d'une critique du Rousseau de Lévi-Strauss, mais l'on peut penser que sa mise en lumière des contradictions et des illusions rousseauistes débouche implicitement sur une critique du discours "naïf" de l'anthropologue » (Jean Copans, « Lévi-Strauss face à Rousseau ou la censure du politique », *Le Sauvage à la mode, op. cit.*, p. 61 et 63-64).

94. M. Duchet, *Le Partage des savoirs, op. cit.*, p. 19.

95. *Ibid.*, p. 208 sq.

96. *Ibid.*, p. 217.

97. *Ibid.*, p. 211. Cf. aussi M. Duchet, « Les sociétés dites "sans histoire" devant l'Histoire », *Pour Léon Poliakov. Le racisme. Mythes et sciences*, Maurice Olender éd., Bruxelles, Éd. Complexe, 1981, p. 354. Rappelons, pour la compréhension de ce contentieux, que, à l'inverse, M. Duchet avait conclu de sa propre étude que Rousseau « apparaît bien comme le fondateur de la pensée politique moderne » (M. Duchet, *Anthropologie et histoire, op. cit.*, p. 376). Voir aussi J. Copans, « Lévi-Strauss face à Rousseau », *op. cit.*, p. 32 : « Les remarques de J.-L. Lecercle et M. Duchet donnaient au Rousseau politique une consistance qu'il était impossible de passer sous silence. »

98. M. Duchet, *Anthropologie et histoire, op. cit.*, p. 479-480.

99. Cf. M. Duchet, *Le Partage des savoirs, op. cit.*, p. 83 : C. de Pauw « transfère en quelque sorte à l'être même de la race un ensemble de différences que Buffon mettait au compte de l'histoire, ce qui a pour résultat de "raciser" (comme nous dirions aujourd'hui) tous les caractères, qu'il s'agisse de caractères physiques ou sexuels, ou de leur comportement ».

100. *Ibid.*, p. 28. Je souligne.

101. François Laplanche, « Les religions du paganisme antique dans l'Europe chrétienne, tendances actuelles de la recherche ; présentation générale des XVIᵉ et XVIIᵉ siècles », *Les Religions du paganisme antique dans l'Europe chrétienne, XVIᵉ-XVIIIᵉ siècle*, Paris, Presses de l'Université de Paris-Sorbonne, 1988, p. 13.

102. E. Le Roy Ladurie, *op. cit.*, ou une « invitation *puissante* au voyage philosophique », selon la nouvelle version de ce compte rendu publiée par E. Le Roy Ladurie, *Parmi les historiens*, Gallimard, 1983, p. 160-162 (je souligne).

103. M. Duchet, *Anthropologie et histoire, op. cit.*, p. 18 : les philosophes « ont cherché à remédier aux abus, et par là contribué au maintien de l'ordre établi ».

104. Denise Brahimi, « Compte rendu de M. Duchet, *Anthropologie et histoire* », *Dix-Huitième Siècle*, nᵒ 5, 1973, p. 461-462. Tous mes remerciements à Laurent Loty pour ce signalement.

105. M. Duchet, « Les sociétés dites "sans histoire" devant l'Histoire », *op. cit.*, en part. p. 345-346.

106. *Ibid.*, p. 349 : « L'on peut dire que l'ethnologie ne s'affirme que chez Lewis Morgan, avec la découverte des systèmes de parenté comme base de l'organisation primitive des sociétés humaines. » Voir les développements donnés par M. Duchet, *Le Partage des savoirs, op. cit.*, p. 21 sq. et surtout chap. 6 (Morgan) et 7 (Engels).

107. M. Duchet, « Les sociétés dites "sans histoire" devant l'Histoire », *op. cit.*, p. 355.

108. C'est le titre de l'édition italienne d'*Anthropologie et histoire au siècle des Lumières*, parue en quatre volumes à Bari en 1976-1977 dans la traduction de Sergio Moravia.

109. Voir les récentes remarques de Han F. Vermeulen et Arturo Alvarez Roldán, « Introduction. The History of Anthropology and Europe », dans *Fieldwork and Footnotes. Studies in the History of European Anthropology*, H. Vermeulen et A.A. Roldán éds., London, Routledge, 1995, en particulier p. 4 sq.

110. Leur finalité stratégique de même que leur rhétorique de valorisations et de censures démontrent que ces multiples « histoires » de l'anthropologie sont une composante symbolique de l'institution scientifique. Il faut donc les étudier pour elles-mêmes. Par là ces inventaires souvent fantaisistes deviennent un nouvel objet de recherche pour

une historiographie de type réflexif. Cf. C. Blanckaert, « Fondements disciplinaires de l'anthropologie française au XIXᵉ siècle. Perspectives historiographiques », *Politix*, n° 29, 1995, p. 31-54.

111. Ces problèmes de méthode ont été développés par Michel de Certeau, *L'Écriture de l'histoire*, Paris, Gallimard, 1975.

112. J'emprunte l'expression à C. Lévi-Strauss, cité dans C. Blanckaert : « Unité et altérité. La parole confisquée », *Naissance de l'ethnologie ? Anthropologie et missions en Amérique XVIᵉ-XVIIIᵉ siècle*, C. Blanckaert éd., Paris, Éd. du Cerf, 1985, p. 11-22 ; citation p. 19-20.

113. Voir G. Gusdorf, *La Révolution galiléenne*, Paris, Payot, 1969, t. II, p. 196.

114. Margaret T. Hodgen, *Early Anthropology in the Sixteenth and Seventeenth Centuries*, Philadelphia, University of Pennsylvania Press, 1964. Voir en particulier chap. 10 et 11. La plus significative étude sur ce thème a été publiée par Giuliano Gliozzi, *Adamo e il Nuovo Mondo. La nascita dell'antropologia come ideologia coloniale : dalle genealogie bibliche alle teorie razziali (1500-1700)*, Firenze, Éd. La Nuova Italia, 1977. Consulter aussi la thèse de Jean-Paul Duviols, *L'Amérique espagnole vue et rêvée. Les livres de voyages de Christophe Colomb à Bougainville*, Paris, Promodis, 1985.

115. Montaigne, *Essais*, livre III, chap. 6, *Œuvres complètes*, Le Seuil, 1967, p. 367.

116. L'acquisition d'une perspective comparatiste et historique nouvelle a été, par ailleurs, stimulée par la redécouverte de l'Antiquité dans l'Italie des XIVᵉ-XVᵉ siècles. John Howland Rowe, « The Renaissance Foundations of Anthropology », *American Anthropologist*, vol. 67 (1), 1965, p. 1-20. Une autre perspective originale, centrée sur les mêmes dates, est proposée par Pol-P. Gossiaux, *L'Homme et la Nature. Genèses de l'Anthropologie à l'âge classique 1580-1750*, Bruxelles, De Bœck, 1993.

117. G. Gusdorf, *La Révolution galiléenne, op. cit.*, t. II, p. 182 sq. Voir aussi sa « Préface » à F. Tinland, *L'Homme sauvage, op. cit.* Le rationalisme cartésien constitue pour la plupart des auteurs un véritable obstacle épistémologique. En consacrant le « mythe dualiste du fantôme dans la machine », Descartes ruinait pour un temps la nouvelle phénoménologie humaine.

118. G. Gusdorf, *Dieu, la nature, l'homme au siècle des Lumières*, Paris, Payot, 1972, p. 358.

119. M. Foucault, « L'homme est-il mort ? » [entretien avec C. Bonnefoy, 1966], *Dits et écrits 1954-1988*, Daniel Defert, François Ewald dir., avec la collaboration de Jacques Lagrange, Paris, Gallimard, 1994, t. I, p. 540.

120. M. Foucault, *Les Mots et les Choses, op. cit.*, chap. IX, p. 319 sq. Sur le thème, complexe de la finitude, voir en part. p. 324 sq.

121. *Ibid.*, p. 233 sq. Voir le commentaire de Gilles Deleuze, *Foucault*, Paris, Éd. de Minuit, 1986, Annexe, p. 131 sq.

122. M. Duchet, *Le Partage des savoirs, op. cit.*, p. 12.

123. M. Duchet, *Anthropologie et histoire, op. cit.*, p. 9 et 21, et « Monde civilisé et monde sauvage au siècle des Lumières », *op. cit.*, p. 9-10.

124. G. Gusdorf, *De l'histoire des sciences à l'histoire de la pensée* (1966), Paris, Payot, rééd. 1977, citation p. 195.

125. M. Foucault, *L'Archéologie du savoir*, Paris, Gallimard, 1969, p. 182.

126. Là encore, l'influence de Foucault paraît manifeste. Dans *L'Archéologie du savoir* (*op. cit.*, p. 21), le philosophe invitait à « dissocier la forme rassurante de l'identique », à « penser l'*Autre* dans le temps de notre propre pensée ».

127. M. Foucault, *L'Archéologie du savoir, op. cit.*, p. 199.

128. M. Duchet, « Le texte gravé de Théodore de Bry », *op. cit.*, p. 36. Je souligne.

129. M. Foucault, « Sur les façons d'écrire l'histoire » [entretien avec R. Bellour, 1967], *Dits et écrits, op. cit.*, t. I, p. 586.

130. Je me borne ici à suivre la démonstration. Voir M. Duchet, *Anthropologie et histoire, op. cit.*, p. 12-13 ; *Le Partage des savoirs, op. cit.*, p. 19-20, citation p. 20. Depuis la publication de ces deux ouvrages, de nombreuses études ont enrichi cette approche lexicographique. On trouvera des synthèses des travaux historiques des trente dernières années ainsi que des prolongements significatifs dans C. Blanckaert, « L'anthropologie en France. Le mot et l'histoire (XVIᵉ-XIXᵉ siècle) », *Histoire de l'Anthropologie : hommes, idées, moments*, C. Blanckaert, A. Ducros, J.-J. Hublin éd., *Bulletins et Mémoires de la Société d'anthropologie de Paris*, n° spécial, nᵉˡˡᵉ série, t. 1, 1989, n° 3-4, p. 13-44 ; Fernando Vidal, « Psychology in the 18ᵗʰ Century : a view from Encyclopaedias », *History of the Human Sciences*, vol. VI, n° 1, p. 89-119 ; H.F. Vermeulen, « Origins and Institutionalization of Ethnography and Ethnology in Europe and the USA, 1771-1845 », *Field-*

work and Footnotes, H.F. Vermeulen, A.A. Roldán éd., *op. cit.*, p. 39-59. Sur Chavannes, voir Gérald Berthoud, « Une "science générale de l'homme". L'œuvre d'Alexandre-César Chavannes », *Annales Benjamin Constant*, 13, 1992, p. 29-41.

131. M. Duchet, *Anthropologie et histoire, op. cit.*, p. 114.

132. *Ibid.*, p. 206.

133. *Ibid.*, p. 20-21. Je cite la théologie en référence au jésuite Lafitau mais également à l'anthropologie de Voltaire, nourrie de physico-théologie et qui « demeure impuissante à séparer deux discours jusque-là confondus en un seul, à parler de l'homme sans traiter nécessairement de Dieu », *ibid.*, p. 299.

134. *Ibid.*, p. 20.

135. *Ibid.*, p. 479.

136. *Ibid.*, p. 13.

137. *Ibid.*, p. 15. Ces deux auteurs feront l'objet de monographies dans *Le Partage des savoirs, op. cit.*, chap. 1 et 4.

138. La philosophie de l'histoire de Voltaire y sera pourtant réévaluée. Voir M. Duchet, *Le Partage des savoirs, op. cit.*, chap. 2. Ces changements sont indiqués dès le début du chapitre.

139. M. Duchet, *Anthropologie et histoire, op. cit.*, p. 20. Je souligne.

140. On pourra regretter ici, face à Helvétius, l'absence de Montesquieu, de Demeunier, Condillac ou d'autres auteurs.

141. M. Duchet, *Anthropologie et histoire, op. cit.*, p. 479.

142. Ou de l'anthropologue Marvin Harris qui, dans son ouvrage *The Rise of Anthropological Theory* publié à New York en 1968, affirmait que « tout ce qui est nouveau en théorie anthropologique commence avec le siècle des Lumières ».

143. Cette idée sera développée par James A. Boon (*op. cit.*, p. 88-89). P.B. Wood a judicieusement noté « l'exception manifeste » de M. Duchet dans la connivence habituelle des auteurs étudiant la pensée du XVIIIᵉ siècle en fonction des débats ultérieurs (« The Natural History of Man in the Scottish Enlightenment », *History of Science*, vol. XXVII, 1989, p. 116, note 4).

144. J'emprunte ce concept, pour sa valeur signalétique du temps, à Jacques Rancière, *Lire le Capital III*, Paris, Maspero, 1973, p. 31.

145. J. Roger, « Compte rendu de *Anthropologie et histoire* », *op. cit.*, p. 703-704.

146. M. Foucault, « Entretien avec Madeleine Chapsal » (1966) et « L'homme est-il mort ? » [entretien avec C. Bonnefoy, 1966], *Dits et Écrits, op. cit.*, t. 1, p. 516 sq. et 540-542.

147. Roger Garaudy, « Structuralisme et "mort de l'homme" », *La Pensée*, nᵒ spécial « Structuralisme et marxisme », nᵒ 135, octobre 1967, p. 107-119.

148. M. Foucault, « L'homme est-il mort ? », *op. cit.*, p. 541.

149. Bernard Groethuysen, *Anthropologie philosophique*, Paris, Gallimard, 1953, en part. chap. XI.

150. G. Gusdorf, *Dieu, la nature, l'homme, op. cit.*, p. 408.

151. Ou s'inquiéter de ses défaites. On lira avec profit la synthèse de combat de G. Gusdorf *Introduction aux sciences humaines*, Paris, Les Belles Lettres, 1960 (Publications de la Faculté des lettres de l'Université de Strasbourg).

152. M. Foucault, « L'homme est-il mort ? », *op. cit.*, p. 541, et *Les Mots et les Choses, op. cit.*, p. 353-354.

153. *Id.*, « L'homme est-il mort ? », op. cit., p. 542.

154. Jacques Roger, « Présentation. Pourquoi dix-huitiémistes ? », *Revue de synthèse*, nᵒ spécial, nᵒ 97-98, 1980, p. 7-9.

155. M. Duchet, *Le Partage des savoirs, op. cit.*, p. 7.

156. William B. Cohen, *Français et Africains. Les Noirs dans le regard des Blancs, 1530-1880*, trad. Camille Garnier, Paris, Gallimard, 1981, p. 99.

157. Je transpose au livre de B. Cohen ce que M. Duchet dénonce dans un compte rendu de Yves Benot [*Diderot, de l'athéisme à l'anticolonialisme*, Paris, Maspero, 1970], *Revue d'histoire littéraire de la France*, t. 72, nᵒ 3, 1972, p. 531.

158. Le texte théorique classique en cette matière est écrit par Louis Althusser (*Pour Marx*, Paris, Maspero, 1965, chap. VII).

159. Furio Diaz, Compte rendu de *Anthropologie et histoire au siècle des Lumières*, *Rivista storica italiana*, anno LXXXV, nᵒ 1, p. 232-236 ; citation p. 236.

160. Yves Benot, « Avertissement », dans G. Raynal, *Histoire philosophique et politique des deux Indes*, Paris, Maspero, 1981. Cf. p. 11.

161. Y. Benot, *La Démence coloniale sous Napoléon*, Paris, La Découverte, 1992, p. 223, et note 19, p. 346.

162. En ce qui regarde la position des encyclopédistes et de Raynal dans l'argumentaire anti-esclavagiste, la lecture de M. Duchet est confirmée par Louis Sala-Molins, *Le Code noir ou le calvaire de Canaan*, Paris, PUF, 1987, 3ᵉ partie.

163. M. Duchet, *Anthropologie et histoire, op. cit.*, p. 273-274.

164. Cf. Karl Marx et Friedrich Engels, *L'Idéologie allemande (1ʳᵉ partie. Feuerbach)*, trad. R. Cartelle et G. Badia, Paris, Éd. sociales, 1970, p. 69 : « dans cette conception qui voit les choses telles qu'elles sont réellement et se sont passées réellement, tout problème philosophique abscons se résout tout bonnement en un fait empirique ».

165. M. Foucault, *Les Mots et les Choses, op. cit.*, p. 355.

166. Qui tenait, sur le « racisme » des Lumières, des propos similaires (*Histoire de l'antisémitisme. De Voltaire à Wagner*, Paris, Calmann-Lévy, 1968, p. 148 sq.).

167. Cette réclamation figure en exergue ou à l'incipit des œuvres dites anthropologiques depuis Linné, Buffon et Rousseau jusqu'aux « Observateurs de l'homme » réunis en société savante en 1799.

168. Un tel descriptif relatif à l'histoire naturelle, à ses divisions et à son régime de production a été envisagé par J. Roger dans « Le monde vivant », *Pour une histoire des sciences à part entière*, Paris, Albin Michel, 1995 [ce texte date de 1980].

169. Rudolf Stichweh, *Études sur la genèse du système scientifique moderne*, trad. Fabienne Blaise, Lille, Presses universitaires de Lille, 1991, p. 19.

170. M. Duchet, *Anthropologie et histoire, op. cit.*, p. 21.

171. J. Roger, *Les Sciences de la vie dans la pensée française au XVIIIᵉ siècle* (1963), rééd. Paris, Albin Michel, 1993, p. 458.

172. M. Duchet, *Anthropologie et histoire, op. cit.*, p. 11.

173. *Ibid.*, p. 21.

174. La couverture de Buffon, *De l'homme*, éditée par M. Duchet en 1971, précise que « le premier livre qui se propose de fonder une "science générale de l'homme" est l'*Histoire naturelle* de Buffon. À ce titre, elle mérite de figurer parmi les classiques de l'anthropologie. » Toutefois, dans *Anthropologie et histoire, op. cit.*, p. 233, M. Duchet revient sur cette concession : « L'*Histoire de l'homme* ouvre la voie à l'anthropologie sans la fonder véritablement : il faudra pour cela non un espace ouvert sur l'inconnu et le fantastique, mais un espace clos, où les horizons de l'exotisme se seront refermés sur la dernière *terra incognita*. »

175. Cf. C. Blanckaert, « Buffon and the Natural History of Man : Writing History and the "Foundational Myth" of Anthropology », *History of the Human Sciences*, vol. 6, n° 1, 1993, p. 13-50.

176. M. Duchet, *Anthropologie et histoire, op. cit.*, p. 19-20.

177. *Ibid.*, p. 263. Cette remarque concerne le rapport au polygénisme et à la doctrine rivale du monogénisme.

178. Jean-Jacques Rousseau, *Discours sur l'origine et les fondemens de l'inégalité parmi les hommes*, *Œuvres complètes*, Paris, Gallimard (Bibliothèque de la Pléiade), 1964, t. III, p. 125 et 132.

179. René Descartes, *Principes de philosophie*, *Œuvres de Descartes*, Charles Adam et Paul Tannery dir., Paris, Vrin, 1978, t. IX-2, p. 123-124 (3ᵉ partie, § 45).

180. Jacques Moutaux, « Helvétius et l'idée de l'humanité », *Corpus*, n° 7, 1988, p. 31-53 ; citation p. 45-46. Voir aussi mon analyse « Buffon and the Natural History of Man », *op. cit.*, p. 31 sq., et, d'une manière générale, l'important chapitre de R. Hubert, *op. cit.*, consacré à « la théorie de la nature humaine », p. 166 sq.

181. Cf. C. Blanckaert, « J.-J. Virey, observateur de l'homme (1800-1825) », *Julien-Joseph Virey, naturaliste et anthropologue*, Paris, Vrin, 1988, p. 97-182 ; « Le trou occipital et la "crâniotomie" comparée des races humaines (XVIIIᵉ-XIXᵉ siècle) », *Le Trou*, Jacques Hainard, Roland Kaehr éd., Neuchâtel, Musée d'ethnographie, 1990, p. 253-299 ; « Une anthropologie de transition. Lacepède et l'histoire naturelle de l'homme (1795-1830) », *Annales Benjamin Constant*, n° 13, 1992, p. 95-111.

182. C'est l'idée de Sergio Moravia, *Il Pensiero degli Ideologues. Scienza e filosofia in Francia (1780-1815)*, Firenze, La Nuova Italia, 1974, 1ʳᵉ partie, chap. IV, et de Giulio Barsanti dans sa synthèse *La Mappa della Vita*, Napoli, Guida Editori, 1983, chap. IV.

183. Le matérialisme de l'âme selon Buffon paraît avéré par sa lettre à Du Tour de janvier 1739, publiée dans *Buffon*, Paris, Muséum national d'histoire naturelle et Publications françaises, 1952, p. 189. L'ambiguïté de ses idées religieuses a été notée par Jacques Roger dans l'« Introduction » à l'ouvrage de Buffon *Les Époques de la Nature*,

Paris, Éd. du Muséum (*Mémoires du Muséum national d'histoire naturelle*, nᵉ série, série C, Sciences de la terre, t. X), 1962, p. CIV sq. C'est ce texte qui sert de base à M. Duchet, comme le démontre son compte rendu paru dans la *Revue d'histoire littéraire de la France*, 64ᵉ année, n° 1, 1964, p. 111-113. Cf. p. 113 : « J. Roger, sur la foi des textes, pense qu'à la fin de sa vie Buffon était pratiquement athée. Dans les *Époques de la Nature*, c'est, nous semble-t-il, son anthropologie qui va le plus loin dans ce sens. Il est remarquable que l'image du "rayon divin" y fasse place à celle de "l'arbre de la science" qui nourrit l'homme de ses fruits : l'Homme est l'artisan de sa propre "perfectibilité". »

184. M. Duchet, « Monde civilisé et monde sauvage au siècle des Lumières », *op. cit.*, p. 22 et 23.

185. Cette validité étant bien sûr parfaitement douteuse au regard des critères scientifiques et éthiques d'aujourd'hui. Mais le moment naturaliste de la science de l'homme au XIXᵉ siècle est indéniable. Pour le seul domaine français, on trouvera une synthèse et une bibliographie des études récentes dans C. Blanckaert, « Fondements disciplinaires de l'anthropologie française au XIXᵉ siècle. Perspectives historiques », *op. cit.*, p. 42 sq.

186. À propos de l'emploi du mot « anthropologie », M. Duchet note : « Parfaitement accordé à l'objet principal de l'*Histoire naturelle de l'homme* de Buffon, qui est bien de constituer une science générale de l'homme, il peut paraître artificiel lorsqu'il s'agit de Voltaire, de Rousseau, de Diderot et d'Helvétius, chez qui cette science n'est qu'un moyen de fonder une morale et une politique », *Anthropologie et histoire, op. cit.*, p. 19. En référence au dernier point, M. Duchet a développé cette lecture politique dans un livre ultérieur, *Diderot et l'histoire des deux Indes ou l'écriture fragmentaire*, Paris, Nizet, 1978, 3ᵉ partie.

187. Je désigne ici la fortune et l'approfondissement d'un paradigme plutôt qu'une relation de maître à disciple, qui n'est pas en cause à cette époque. Ce programme naturaliste est étudié par George W. Stocking, « French Anthropology in 1800 », *ISIS*, vol. 55 (2), n° 180, 1964, p. 134-150, et par Sergio Moravia, *La Scienza dell' Uomo, op. cit.*

188. Il faudrait ici réétudier le destin différentiel de chaque auteur, notamment Rousseau et Voltaire. Au début du XXᵉ siècle, par exemple, Voltaire fut redécouvert pour son polygénisme, ses vues sur le début de l'humanité, et réinscrit, après un long silence, parmi les « glorieux précurseurs de l'Anthropologie » (Georges Hervé, « L'anthropologie de Voltaire », *Revue de l'École d'anthropologie de Paris*, t. XVIII, 1908, p. 225-254). Voltaire a ainsi gardé une actualité critique pour ses vues hétérodoxes et sa philosophie de l'histoire. Son influence sur les études anthropologiques à la fin du XVIIIᵉ siècle est à peu près ignorée. Voir pourtant Karl J. Fink, « Storm and Stress Anthropology », *History of the Human Sciences*, vol. 6, n° 1, 1993, p. 51-53.

ERRATA

Lire partout Pigafetta, pour Pigasetta.
Dans les notes, lire partout Voir Bibl., pour Bibl.

Lire :

P. 27 : Alibamons, pour Alimabons.
P. 27, n. 12 : Butel-Dumont, pour Dumont.
P. 28, n. 17 : Bacqueville de la Potherie, pour La Potherie.
P. 57, l. 1 : celles de Steller, pour de Steller.
P. 62, n. 243 : *a bibliography of his voyages,* pour *a bibliography his voyage.*
P. 70, l. 7 : Poinsinet de Sivry, pour Poisinet de Sivry.
P. 71, l. 8 : de Bigot, pour *de Bigot.*
P. 74, n. 54 : KNUDS, pour Knuds.
P. 76, n. 69 : aux tomes 72 et 73, pour au tome 72.
P. 84, l. 22 : Laët, pour Laet.
P. 89 : *Voyages de Lade,* pour *Lade.*
P. 109, l. 15 : Ulrich Schmidel, pour Hulderic Schmidel.
P. 112, l. 19 et plus loin : Don Jorge et Antonio de Ulloa, pour Jorge Juan et Ulloa.
P. 119, n. 317 : Voir ci-après chapitre IV, pour Voir plus loin chapitre IV.
P. 125, l. 20, n. 322 : pp. 146-147, pour p. 146-47.
P. 125, l. 20 : du gouverneur Bellecombe (v. *infra*), pour du baron de Bessner.
P. 128, n. 382 : art. cité (voir Bibl.), pour art. cité.
P. 132, n. 405 : à la B.N., pour à B.N.
P. 133, l. 25 : Belle-Isle, pour Bellisle.
P. 136, n., l. 6 : Vaudreuil, pour Vandreuil.
P. 145, l. 5 : Du Tertre, pour Dutertre.
P. 146, l. 20 : au lieudit Les Grands Fonds, pour dans les Grands Fonds.
P. 162, l. 22 : Chanvalon, pour Chauvalon.
P. 196, l. 32 : Las Casas, pour Las Casa.
P. 216, l. 6 : Jalofs, pour Jalos.
P. 217, l. 39 : policées, pour polices.
P. 250, l. 34 : sexualité, pour sexualié.

P. 255, l. 19 : assurément, pour asurément.

P. 260, l. 14 : Mines, pour Mimes.

P. 265, l. 4-5 : « la nature a plus maltraité et rapetissé les sauvages »,
pour La Nature l'a plus maltraité et plus rapetissé.

P. 265, l. 34 : Pernety, pour Perneti.

P. 288, l. 9 : Schouvalov, pour Schuvalov.

P. 291, l. 28 : Buriates, pour Burates.

P. 303, n. 137 : anthropophagie, pour anthropologie.

P. 307, l. 15 : risquent, pour risque.

P. 329, n. 34 : G. Pire, « J.-J. Rousseau et les relations de voyage »,
R.H.L.F., 1956, pp. 355-378 ; M. Reichenbourg, « La bibliothèque de Rousseau », *Annales J.-J. Rousseau*, XXI, et *Essai
sur les lectures de Rousseau*, Genève, 1934, pour Pine.

P. 336, n. 78 : p. 273-275, pour p. 000.

P. 338, n. 83 : *Cahiers pour l'analyse*, 6, s.d., pour *Cahiers pour l'analyse*, 6.

P. 341, n. 99 : *Cahiers pour l'analyse*, 4, sept.-oct. 1966, pour *Cahiers
pour l'analyse*, 4.

P. 344, n. 114 : note I, éd. J.-L. Lecercle, 1954, pour note I.

P. 356, n. 145 : mais de sa conception, pour et.

P. 362, n. 170 : p. 547 (souligné par nous), pour p. 547.

P. 367, l. 31 : « rappelle au cœur (...) tous les charmes de l'âge d'or »,
pour « répand dans l'âme des spectateurs un charme discret ».

P. 367, n. 204 : p. 603, pour p. 608.

P. 385, n. 38 : parut, pour avait paru.

P. 399, n. 99 : atteinte, pour atteint.

*(P. 403, l. 14 : erreur de placement de l'appel de note 115 ; il vient après
« stupides ».)*

P. 412, n. 27 : H. Dieckmann, dans *Inventaire du fonds Vandeul*, pour
H. Dieckmann.

*(P. 413 : erreur de placement de l'appel de note 30 ; il vient à la fin du
deuxième paragraphe.)*

P. 415, n. 37 : Graphe, s.d., pour Graphe.

P. 430, n. 114, l. 6 : fragments imprimés, pour fragments inédits.

P. 446, l. 26 : étrangères, pour étranges.

P. 452, n. 220 : Mme de Meaux, pour Mme de Maux.

(P. 454, l. 1-2 : les mots sont soulignés par nous.)

(P. 454, l. 19 : id.)

P. 469, n. 310, l. 3 : notons 1774, pour notons 1770 ou 1774.

*(P. 470 : erreur de placement de l'appel de note 314 ; il vient après Cce,
VII, p. 132.)*

P. 485, l. 6 : Catalogue Clément, B.N., Paris, hémicycle 32, in-8, pour
catalogue 0. Plus loin, 1720, pour 1804, catalogue mss.

P. 486, à la date de 1653 : LA BOULLAYE, pour La BOULLAYE.

P. 493, à la date de 1647 : LA PEYRÈRE, Recueil, *Relation du Groenland*, pour LA PEYRÈRE, *Relation du Groenland*.

P. 493, à la date de 1720 : MESANGE, TYSSOT DE PATOT, pour MESANGE.

P. 500, à la date de 1778 : HOP Hendrik, pour HOP.

P. 501, à la date de 1724 : LAFITAU Joseph, pour LAFITAU Pierre.

P. 505, à la date de 1753, rajouter : *Mémoires sur la Louisiane*, 2 vol. in-18.

P. 508, à la date de 1578, rajouter : rééd. dans Bibliothèque romande, Lausanne, 1973, et dans la Bibliothèque classique, en « Livre de poche ».

P. 519, rajouter : 1725, OVINGTON Jean, *Voyage à Surate*, Paris, 2 vol., in-12.

P. 530, à PAUW, rajouter : (voir 1770, PERNETY Antoine).

Table

INTRODUCTION 9

I. DU MYTHE AUX IMAGES 23
  1. L'espace humain – Horizons et contacts 25
  2. L'information : de la littérature des voyages aux mémoires d'administration 65
  3. L'idéologie coloniale
    La critique du système esclavagiste 137
  4. L'idéologie coloniale
    De la destruction des Indiens à la civilisation des sauvages 194

II. L'ANTHROPOLOGIE DES PHILOSOPHES 227
  1. L'anthropologie de Buffon 229
  2. L'anthropologie de Voltaire 281
  3. L'anthropologie de Rousseau 322
  4. L'anthropologie d'Helvétius 377
  5. L'anthropologie de Diderot 407

CONCLUSION 477

BIBLIOGRAPHIE 483

BIBLIOGRAPHIE, ADDENDA 545

INDEX 547

POSTFACE, par Claude Blanckaert 563

ERRATA 609

*La reproduction photomécanique de ce livre
et l'impression ont été effectuées
par Normandie Roto Impression s.a. à Lonrai (61250)
pour les Éditions Albin Michel*

*Achevé d'imprimer en septembre 1995
Nº d'édition : 14634. Nº d'impression : I5-0908
Dépôt légal : octobre 1995*

Annales –
S. Tomas – vérité d l'intelectus